CHINA REAL ESTATE YEARBOOK

2020

中国房地产年鉴

中国房地产业协会◎编著

企业管理出版社
ENTERPRISE MANAGEMENT PUBLISHING HOUSE

图书在版编目（CIP）数据

2020中国房地产年鉴／中国房地产业协会编著．—北京：企业管理出版社，2020.5
ISBN 978-7-5164-2135-2

Ⅰ.①2…　Ⅱ.①中…　Ⅲ.①房地产业—中国—2020—年鉴　Ⅳ.①F299.233-54

中国版本图书馆CIP数据核字（2020）第067572号

书　　名：2020中国房地产年鉴
作　　者：中国房地产业协会
责任编辑：刘一玲
书　　号：ISBN 978-7-5164-2135-2
出版发行：企业管理出版社
地　　址：北京市海淀区紫竹院南路17号　　邮编：100048
网　　址：http：//www.emph.cn
电　　话：编辑部010-68701322　发行部010-68414644
电子信箱：80147@sina.com　zbs@emph.cn
印　　刷：北京市青云兴业印刷有限公司
经　　销：新华书店
规　　格：889毫米×1194毫米　16开本　50.75印张　1500千字　彩插　6.5印张
版　　次：2020年5月第1版　　2020年5月第1次印刷
定　　价：598.00元

《2020中国房地产年鉴》编委会

编辑说明

2019年房地产市场先扬后抑，开发企业竞合加剧，新建商品房销售面积与2018年基本持平。为客观如实地反映中国房地产的年度发展，更好地为政府决策服务、为行业平稳健康发展服务、为会员单位提供市场信息服务，中国房地产业协会在连续九年编撰房地产年鉴的基础上，结合行业最新发展态势和优化各类研究成果的收录范围，并在保持篇章结构基本稳定的情况下编撰了《2020中国房地产年鉴》（以下简称2020版《年鉴》）。

2020版《年鉴》共有八个篇章。“政策篇”“大事记”以文字记录为主；“宏观篇”“产业篇”“城市篇”以数据图表为主；“市场篇”“企业篇”“发展篇”则文字叙述和图表展示并重。2020版《年鉴》主体结构及内容延续了《2019中国房地产年鉴》的体例，个别篇章内容有所增加。

提供准确、全面、及时、连续的数据并科学分类，是《年鉴》内容的基本要求与核心。2020版《年鉴》收录的绝大部分是2019年年度的数据，个别部分是有关部门最新公布的2018年年度的数据。

“宏观篇”新增“人口、就业及消费支出数据和区域经济社会发展情况数据”。

“产业篇”新增“全国各地区成套住宅竣工与销售数据”；《2019中国房地产年鉴》中的“建设用地、市政建设、农村住户固定资产投资建设等数据”在2020版《年鉴》中合并为“城乡建设发展数据”。

“市场篇”在“土地市场”和“新房市场”两部分基础上，新增“二手房市场”内容，反映全国及重点城市存量市场的交易情况。

“企业篇”继续发布中国房地产业协会的三次年度重要测评榜单、收录中国房地产业协会“广厦奖”和信用评级结果，以此彰显业内优秀企业品牌影响力，记录企业公民的社会责任。

“发展篇”除了“住房保障”“物业管理”“房地产估价”“房地产金融”和“境外投资”等内容外，新增了“城市轨道交通场站综合开发”的内容。

“政策篇”“城市篇”“大事记”保持原有框架。

2020版《年鉴》内容涉及面广、专业性强，同时由于编辑时间短和我们的水平有限，难免还存在一定的局限和不足。我们愿意听取广大读者的意见，继续对《年鉴》进行改进和完善。

2020版《年鉴》在编写过程中，得到住房和城乡建设部相关司局、中国物业管理协会、北京市住房和城乡建设委员会、上海市统计局、广东省房地产业协会、重庆市房地产开发协会、中国国土勘测规划院、中国民生银行地产金融事业部、中国房地产测评中心、上海易居房地产研究院等机构的协助，中国房地产业协会相关专业委员会、协会副会长单位对2020版《年鉴》内容和宣传推广等方面提出了宝贵意见，在此一并表示感谢！

《2020中国房地产年鉴》编委会

2020年5月

目 录

Ⅰ.政策篇

Ⅱ. 宏观篇

Ⅲ. 产业篇

Ⅳ. 市场篇

Ⅴ. 城市篇

Ⅵ.企业篇

Ⅶ.发展篇

Ⅷ. 大事记

Ⅰ.政策篇

导 读

为综合反映2019年度房地产的法律法规、政策措施和重要会议精神，本篇收录了党中央、全国人大和国务院及其直属机构的相关文件，有的是内容节选，有的是全文转载。中国房地产业协会的一篇重要报告也编入其中。由于新冠肺炎疫情，2020年第十三届全国人民代表大会第三次会议延期召开，因此，2020年政府工作报告无法收录。

一、党中央、全国人大和国务院重要会议及决定

2019年政府工作报告（节选）

2019年3月5日

国务院总理李克强在第十三届全国人大二次会议上作《政府工作报告》：

一、2018年工作回顾（略）

二、2019年经济社会发展总体要求和政策取向

2019年是中华人民共和国成立70周年，是全面建成小康社会、实现第一个百年奋斗目标的关键之年。做好政府工作，要在以习近平同志为核心的党中央坚强领导下，以习近平新时代中国特色社会主义思想为指导，全面贯彻党的十九大和十九届二中、三中全会精神，统筹推进“五位一体”总体布局，协调推进“四个全面”战略布局，坚持稳中求进工作总基调，坚持新发展理念，坚持推动高质量发展，坚持以供给侧结构性改革为主线，坚持深化市场化改革、扩大高水平开放，加快建设现代化经济体系，继续打好三大攻坚战，着力激发微观主体活力，创新和完善宏观调控，统筹推进稳增长、促改革、调结构、惠民生、防风险、保稳定工作，保持经济运行在合理区间，进一步稳就业、稳金融、稳外贸、稳外资、稳投资、稳预期，提振市场信心，增强人民群众获得感、幸福感、安全感，保持经济持续健康发展和社会大局稳定，为全面建成小康社会收官打下决定性基础，以优异成绩庆祝中华人民共和国成立70周年。

综合分析国内外形势，2019年我国发展面临的环境更复杂更严峻，可以预料和难以预料的风险挑战更多更大，要做好打硬仗的充分准备。困难不容低估，信心不可动摇，干劲不能松懈。我国发展仍处于重要战略机遇期，拥有足够的韧性、巨大的潜力和不断迸发的创新活力，人民群众追求美好生活的愿望十分强烈。我们有战胜各种困难挑战的坚定意志和能力，经济长期向好趋势没有也不会改变。

2019年经济社会发展的主要预期目标是：国内生产总值增长6%~6.5%；城镇新增就业1100万人以上，城镇调查失业率5.5%左右，城镇登记失业率4.5%以内；居民消费价格涨幅3%左右；国际收支基本平衡，进出口稳中提质；宏观杠杆率基本稳定，金融财政风险有效防控；农村贫困人口减少1000万以上，居民收入增长与经济增长基本同步；生态环境进一步改善，单位国内生产总值能耗下降3%左右，主要污染物排放量继续下降。上述主要预期目标，体现了推动高质量发展要求，符合我国发展实际，与全面建成小康社会目标相衔接，是积极稳妥的。实现这些目标，需要付出艰苦努力。

要正确把握宏观政策取向，继续实施积极的财政政策和稳健的货币政策，实施就业优先政策，加强政策协调配合，确保经济运行在合理区间，促进经济社会持续健康发展。

积极的财政政策要加力提效。2019年赤字率拟按2.8%安排，比上年预算高0.2个百分点；财政赤字2.76万亿元，其中中央财政赤字1.83万亿元，地方财政赤字9300亿元。适度提高赤字率，综合考虑了财政收支、

专项债券发行等因素，也考虑为应对今后可能出现的风险留出政策空间。2019 年财政支出超过 23 万亿元，增长 6.5%。中央对地方均衡性转移支付增长 10.9%。改革完善县级基本财力保障机制，缓解困难地区财政运转压力，决不让基本民生保障出问题。

稳健的货币政策要松紧适度。广义货币 M_2 和社会融资规模增速要与国内生产总值名义增速相匹配，以更好满足经济运行保持在合理区间的需要。在实际执行中，既要把好货币供给总闸门，不搞“大水漫灌”，又要灵活运用多种货币政策工具，疏通货币政策传导渠道，保持流动性合理充裕，有效缓解实体经济特别是民营和小微企业融资难融资贵问题，防范化解金融风险。深化利率市场化改革，降低实际利率水平。完善汇率形成机制，保持人民币汇率在合理均衡水平上的基本稳定。

就业优先政策要全面发力。就业是民生之本、财富之源。2019 年首次将就业优先政策置于宏观政策层面，旨在强化各方面重视就业、支持就业的导向。当前和今后一个时期，我国就业总量压力不减、结构性矛盾凸显，新的影响因素还在增加，必须把就业摆在更加突出位置。稳增长首要是为保就业。2019 年城镇新增就业要在实现预期目标的基础上，力争达到近几年的实际规模，既保障城镇劳动力就业，也为农业富余劳动力转移就业留出空间。只要就业稳、收入增，我们就更有底气。

要继续坚持以供给侧结构性改革为主线，在“巩固、增强、提升、畅通”八个字上下功夫。更多采取改革的办法，更多运用市场化、法治化手段，巩固“三去一降一补”成果，增强微观主体活力，提升产业链水平，畅通国民经济循环，推动经济高质量发展。

要继续打好三大攻坚战，精准发力、务求实效。防范化解重大风险要强化底线思维，坚持结构性去杠杆，防范金融市场异常波动，稳妥处理地方政府债务风险，防控输入性风险。精准脱贫要坚持现行标准，聚焦深度贫困地区和特殊贫困群体，加大攻坚力度，提高脱贫质量。污染防治要聚焦打赢蓝天保卫战等重点任务，统筹兼顾、标本兼治，使生态环境质量持续改善。

做好 2019 年政府工作，要注重把握好以下关系。一要统筹好国内与国际的关系，凝心聚力办好自己的事。我国仍处于并将长期处于社会主义初级阶段，仍是世界最大发展中国家。发展是解决我国一切问题的基础和关键，必须牢牢扭住经济建设这个中心，毫不动摇坚持发展是硬道理、发展应该是科学发展和高质量发展的战略思想，不断解放和发展社会生产力。在国际形势复杂多变的背景下，我们要保持战略定力，按确定的目标和部署推进工作，更好利用国际国内两个市场两种资源，敢于应对挑战，善于化危为机，牢牢把握发展主动权。二要平衡好稳增长与防风险的关系，确保经济持续健康发展。长期积累的诸多风险隐患必须加以化解，但要遵循规律，讲究方式方法，按照坚定、可控、有序、适度要求，在发展中逐步化解，坚决避免发生系统性、区域性风险。在当前经济下行压力加大情况下，出台政策和工作举措要有利于稳预期、稳增长、调结构，防控风险要把握好节奏和力度，防止紧缩效应叠加放大，决不能让经济运行滑出合理区间。同时，也不能只顾眼前，采取损害长期发展的短期强刺激政策，产生新的风险隐患。三要处理好政府与市场的关系，依靠改革开放激发市场主体活力。只要市场主体有活力，就能增强内生发展动力、顶住经济下行压力。要大力推进改革开放，加快建立统一开放、竞争有序的现代市场体系，放宽市场准入，加强公正监管，打造法治化、国际化、便利化的营商环境，让各类市场主体更加活跃。从根本上说，市场活力和社会创造力源于亿万人民积极性的发挥。要坚持以人民为中心的发展思想，尽力而为、量力而行，切实保障基本民生，推动解决重点民生问题，促进社会公平正义，让人民过上好日子。中国人民勤劳智慧，具有无限的创新创造潜能，只要充分释放出来，中国的发展就一定会有更为广阔空间。

三、2019 年政府工作任务

2019 年经济社会发展任务重、挑战多、要求高。我们要突出重点、把握关键，扎实做好各项工作。

（一）继续创新和完善宏观调控，确保经济运行在合理区间

坚持以市场化改革的思路和办法破解发展难题，发挥好宏观政策逆周期调节作用，丰富和灵活运用财政、货币、就业政策工具，增强调控前瞻性、针对性和有效性，为经济平稳运行创造条件。

实施更大规模的减税。普惠性减税与结构性减税并举，重点降低制造业和小微企业税收负担。深化增值税改革，将制造业等行业现行 16%的税率降至 13%，将交通运输业、建筑业等行业现行 10%的税率降至 9%，确保主要行业税负明显降低；保持 6%一档的税率不变，但通过采取对生产、生活性服务业增加税收抵扣等配套措施，确保所有行业税负只减不增，继续向推进税率三档并两档、税制简化方向迈进。抓好年初出台的小微企业普惠性减税政策落实。这次减税，着眼"放水养鱼"、增强发展后劲并考虑财政可持续，是减轻企业负担、激发市场活力的重大举措，是完善税制、优化收入分配格局的重要改革，是宏观政策支持稳增长、保就业、调结构的重大抉择。

明显降低企业社保缴费负担。下调城镇职工基本养老保险单位缴费比例，各地可降至 16%。稳定现行征缴方式，各地在征收体制改革过程中不得采取增加小微企业实际缴费负担的做法，不得自行对历史欠费进行集中清缴。继续执行阶段性降低失业和工伤保险费率政策。2019 年务必使企业特别是小微企业社保缴费负担有实质性下降。加快推进养老保险省级统筹改革，继续提高企业职工基本养老保险基金中央调剂比例、划转部分国有资本充实社保基金。我们既要减轻企业缴费负担，又要保障职工社保待遇不受影响、养老金合理增长并按时足额发放，使社保基金可持续、企业与职工同受益。

确保减税降费落实到位。减税降费直击当前市场主体的痛点和难点，是既公平又有效率的政策。全年减轻企业税收和社保缴费负担近 2 万亿元。这会给各级财政带来很大压力。为支持企业减负，各级政府要过紧日子，想方设法筹集资金。中央财政要开源节流，增加特定国有金融机构和央企上缴利润，一般性支出压减 5%以上、"三公"经费再压减 3%左右，长期沉淀资金一律收回。地方政府也要主动挖潜，大力优化支出结构，多渠道盘活各类资金和资产。我们要切实让市场主体特别是小微企业有明显减税降费感受，坚决兑现对企业和社会的承诺，困难再多也一定要把这件大事办成办好。

着力缓解企业融资难融资贵问题。改革完善货币信贷投放机制，适时运用存款准备金率、利率等数量和价格手段，引导金融机构扩大信贷投放、降低贷款成本，精准有效支持实体经济，不能让资金空转或脱实向虚。加大对中小银行定向降准力度，释放的资金全部用于民营和小微企业贷款。支持大型商业银行多渠道补充资本，增强信贷投放能力，鼓励增加制造业中长期贷款和信用贷款。2019 年国有大型商业银行小微企业贷款要增长 30%以上。清理规范银行及中介服务收费。完善金融机构内部考核机制，激励加强普惠金融服务，切实使中小微企业融资紧张状况有明显改善，综合融资成本必须有明显降低。

有效发挥地方政府债券作用。2019 年拟安排地方政府专项债券 2.15 万亿元，比上年增加 8000 亿元，为重点项目建设提供资金支持，也为更好防范化解地方政府债务风险创造条件。合理扩大专项债券使用范围。继续发行一定数量的地方政府置换债券，减轻地方利息负担。鼓励采取市场化方式，妥善解决融资平台到期债务问题，不能搞"半拉子"工程。

多管齐下稳定和扩大就业。扎实做好高校毕业生、退役军人、农民工等重点群体就业工作，加强对城镇各类就业困难人员的就业帮扶。对招用农村贫困人口、城镇登记失业半年以上人员的各类企业，三年内给予定额

税费减免。加强对灵活就业、新就业形态的支持。坚决防止和纠正就业中的性别和身份歧视。实施职业技能提升行动，从失业保险基金结余中拿出1000亿元，用于1500万人次以上的职工技能提升和转岗转业培训。健全技术工人职业发展机制和政策。加快发展现代职业教育，既有利于缓解当前就业压力，也是解决高技能人才短缺的战略之举。改革完善高职院校考试招生办法，鼓励更多应届高中毕业生和退役军人、下岗职工、农民工等报考，2019年大规模扩招100万人。扩大高职院校奖助学金覆盖面、提高补助标准，加快学历证书和职业技能等级证书互通衔接。改革高职院校办学体制，加强师资队伍建设，提高办学质量。引导一批普通本科高校转为应用型大学。中央财政大幅增加对高职院校的投入，地方财政也要加强支持。设立中等职业教育国家奖学金。支持企业和社会力量兴办职业教育，加快产教融合实训基地建设。我们要以现代职业教育的大改革大发展，加快培养国家发展急需的各类技术技能人才，让更多青年凭借一技之长实现人生价值，让三百六十行人才荟萃、繁星璀璨。

（二）激发市场主体活力，着力优化营商环境

我国有上亿市场主体，而且还在不断增加。把市场主体的活跃度保持住、提上去，是促进经济平稳增长的关键所在。要深化“放管服”改革，降低制度性交易成本，下硬功夫打造好发展软环境。

以简审批优服务便利投资兴业。市场配置资源是最有效率的形式。要进一步缩减市场准入负面清单，推动“非禁即入”普遍落实。政府要坚决把不该管的事项交给市场，最大限度减少对资源的直接配置，审批事项应减尽减，确需审批的要简化流程和环节，让企业多用时间跑市场、少费功夫跑审批。2019年，要对所有涉企经营许可事项实行“证照分离”改革，使企业更便捷拿到营业执照并尽快正常运营，坚决克服“准入不准营”的现象；在全国推开工程建设项目审批制度改革，使全流程审批时间大幅缩短。继续压缩专利审查和商标注册时间。推行网上审批和服务，抓紧建成全国一体化在线政务服务平台，加快实现一网通办、异地可办，使更多事项不见面办理，确需到现场办的要“一窗受理、限时办结”“最多跑一次”。持续开展“减证便民”改革行动，不能让繁琐证明来回折腾企业和群众。建立政务服务“好差评”制度，服务绩效由企业和群众来评判。政府部门做好服务是本分，服务不好是失职。

以公正监管促进公平竞争。公平竞争是市场经济的核心，公正监管是公平竞争的保障。改革完善公平竞争审查和公正监管制度，加快清理妨碍统一市场和公平竞争的各种规定和做法。政简易从。规则越简约透明，监管越有力有效。国家层面重在制定统一的监管规则和标准，地方政府要把主要力量放在公正监管上。推进“双随机、一公开”跨部门联合监管，推行信用监管和“互联网+监管”改革，优化环保、消防、税务、市场监管等执法方式，对违法者依法严惩、对守法者无事不扰。深化综合行政执法改革，清理规范行政处罚事项，坚决治理多头检查、重复检查。对监管者也要强监管、立规矩，决不允许搞选择性执法、任性执法，决不允许刁难企业和群众。依法打击制售假冒伪劣商品等违法行为，让严重违法者付出付不起的代价。完善失信联合惩戒机制，促进各类市场主体守法诚信经营。用公正监管管出公平、管出效率、管出活力。

以改革推动降低涉企收费。深化电力市场化改革，清理电价附加收费，降低制造业用电成本，一般工商业平均电价再降低10%。深化收费公路制度改革，推动降低过路过桥费用，治理对客货运车辆不合理审批和乱收费、乱罚款。两年内基本取消全国高速公路省界收费站，实现不停车快捷收费，减少拥堵、便利群众。取消或降低一批铁路、港口收费。专项治理中介服务收费。继续清理规范行政事业性收费。加快收费清单“一张网”建设，让收费公开透明，让乱收费无处藏身。

（三）坚持创新引领发展，培育壮大新动能

发挥我国人力人才资源丰富、国内市场巨大等综合优势，改革创新科技研发和产业化应用机制，大力培育

专业精神，促进新旧动能接续转换。

推动传统产业改造提升。围绕推动制造业高质量发展，强化工业基础和技术创新能力，促进先进制造业和现代服务业融合发展，加快建设制造强国。打造工业互联网平台，拓展“智能+”，为制造业转型升级赋能。支持企业加快技术改造和设备更新，将固定资产加速折旧优惠政策扩大至全部制造业领域。强化质量基础支撑，推动标准与国际先进水平对接，提升产品和服务品质，让更多国内外用户选择中国制造、中国服务。

促进新兴产业加快发展。深化大数据、人工智能等研发应用，培育新一代信息技术、高端装备、生物医药、新能源汽车、新材料等新兴产业集群，壮大数字经济。坚持包容审慎监管，支持新业态新模式发展，促进平台经济、共享经济健康成长。加快在各行业各领域推进“互联网+”。持续推动网络提速降费。开展城市千兆宽带入户示范，改造提升远程教育、远程医疗网络，推动移动网络扩容升级，让用户切实感受到网速更快更稳定。2019 年中小企业宽带平均资费再降低 15%，移动网络流量平均资费再降低 20%以上，在全国实行“携号转网”，规范套餐设置，使降费实实在在、消费者明明白白。

提升科技支撑能力。加大基础研究和应用基础研究支持力度，强化原始创新，加强关键核心技术攻关。抓紧布局国家实验室，重组国家重点实验室体系。完善重大科技项目组织管理。健全以企业为主体的产学研一体化创新机制，支持企业牵头实施重大科技项目。加快建设科技创新资源开放共享平台，强化对中小企业的技术创新服务。扩大国际创新合作。全面加强知识产权保护，健全知识产权侵权惩罚性赔偿制度，促进发明创造和转化运用。科技创新本质上是人的创造性活动。要充分尊重和信任科研人员，赋予创新团队和领军人才更大的人财物支配权和技术路线决策权。进一步提高基础研究项目间接经费占比，开展项目经费使用“包干制”改革试点，不设科目比例限制，由科研团队自主决定使用。完善科技成果评价机制。要在推动科技体制改革举措落地见效上下功夫，决不能让改革政策停留在口头上、纸面上。大力简除烦苛，使科研人员潜心向学、创新突破。加强科研伦理和学风建设，惩戒学术不端，力戒浮躁之风。我国有世界上最大规模的科技人才队伍，营造良好的科研生态，就一定能够迎来各类英才竞现、创新成果泉涌的生动局面。

进一步把大众创业万众创新引向深入。鼓励更多社会主体创新创业，拓展经济社会发展空间，加强全方位服务，发挥双创示范基地带动作用。强化普惠性支持，落实好小规模纳税人增值税起征点从月销售额 3 万元提高到 10 万元等税收优惠政策。改革完善金融支持机制，设立科创板并试点注册制，鼓励发行双创金融债券，扩大知识产权质押融资，支持发展创业投资。改革完善人才培养、使用、评价机制，优化归国留学人员和外籍人才服务。把面向市场需求和弘扬人文精神结合起来，善聚善用各类人才，中国创新一定能更好发展，为人类文明进步作出应有贡献。

（四）促进形成强大国内市场，持续释放内需潜力

充分发挥消费的基础作用、投资的关键作用，稳定国内有效需求，为经济平稳运行提供有力支撑。

推动消费稳定增长。多措并举促进城乡居民增收，增强消费能力。落实好新修订的个人所得税法，使符合减税政策的约 8000 万纳税人应享尽享。要顺应消费需求的新变化，多渠道增加优质产品和服务供给，加快破除民间资本进入的堵点。我国 60 岁以上人口已达 2.5 亿。要大力发展养老特别是社区养老服务业，对在社区提供日间照料、康复护理、助餐助行等服务的机构给予税费减免、资金支持、水电气热价格优惠等扶持，新建居住区应配套建设社区养老服务设施，加强农村养老服务设施建设，改革完善医养结合政策，扩大长期护理保险制度试点，让老年人拥有幸福的晚年，后来人就有可期的未来。婴幼儿照护事关千家万户。要针对实施全面两孩政策后的新情况，加快发展多种形式的婴幼儿照护服务，支持社会力量兴办托育服务机构，加强儿童安全保障。促进家政服务业提质扩容。发展全域旅游，壮大旅游产业。稳定汽车消费，继续执行新能源汽车购置优

惠政策，推动充电、加氢等设施建设。发展消费新业态新模式，促进线上线下消费融合发展，培育消费新增长点。健全农村流通网络，支持电商和快递发展。加强消费者权益保护，让群众放心消费、便利消费。

合理扩大有效投资。紧扣国家发展战略，加快实施一批重点项目。完成铁路投资 8000 亿元、公路水运投资 1.8 万亿元，再开工一批重大水利工程，加快川藏铁路规划建设，加大城际交通、物流、市政、灾害防治、民用和通用航空等基础设施投资力度，加强新一代信息基础设施建设。2019 年中央预算内投资安排 5776 亿元，比去年增加 400 亿元。创新项目融资方式，适当降低基础设施等项目资本金比例，用好开发性金融工具，吸引更多民间资本参与重点领域项目建设。落实民间投资支持政策，有序推进政府和社会资本合作。改革完善招投标制度。政府要带头讲诚信守契约，决不能“新官不理旧账”，对拖欠企业的款项年底前要清偿一半以上，决不允许增加新的拖欠。

（五）对标全面建成小康社会任务，扎实推进脱贫攻坚和乡村振兴

坚持农业农村优先发展，加强脱贫攻坚与乡村振兴统筹衔接，确保如期实现脱贫攻坚目标、农民生活达到全面小康水平。

打好精准脱贫攻坚战。重点解决实现“两不愁三保障”面临的突出问题，加大“三区三州”等深度贫困地区脱贫攻坚力度，加强基础设施建设，落实对特殊贫困人口的保障措施。脱贫致富离不开产业支撑，要大力扶持贫困地区发展特色优势产业。开展贫困地区控辍保学专项行动、明显降低辍学率，继续增加重点高校专项招收农村和贫困地区学生人数，用好教育这个阻断贫困代际传递的治本之策。基本完成“十三五”易地扶贫搬迁规划建设任务，加强后续扶持。对摘帽县和脱贫人口的扶持政策要保持一段时间，巩固脱贫成果。完善考核监督，用好中央脱贫攻坚专项巡视成果。越是到脱贫攻坚的关键阶段，越要抓实抓细各项工作，确保脱贫有实效、可持续、经得起历史检验。

抓好农业特别是粮食生产。近 14 亿中国人的饭碗，必须牢牢端在自己手上。要稳定粮食产量，优化品种结构。加强农田水利建设，新增高标准农田 8000 万亩以上。稳定生猪等畜禽生产，做好非洲猪瘟等疫病防控。加快农业科技改革创新，大力发展现代种业，加强先进实用技术推广，实施地理标志农产品保护工程，推进农业全程机械化。培育家庭农场、农民合作社等新型经营主体，加强面向小农户的社会化服务，发展多种形式规模经营。扶持主产区发展农产品精深加工。支持返乡入乡创业创新，推动一、二、三产业融合发展，壮大县域经济。务工收入是农民增收的大头。要根治拖欠农民工工资问题，抓紧制定专门行政法规，确保付出辛劳和汗水的农民工按时拿到应有的报酬。

扎实推进乡村建设。科学编制和实施建设规划，大力改善生产生活条件。加快实施农村饮水安全巩固提升工程，2019—2020 年要解决好饮水困难人口的饮水安全问题，提高 6000 万农村人口供水保障水平。完成新一轮农村电网升级改造。新建改建农村公路 20 万公里。继续推进农村危房改造。因地制宜开展农村人居环境整治，推进“厕所革命”、垃圾污水治理，建设美丽乡村。

全面深化农村改革。推广农村土地征收、集体经营性建设用地入市、宅基地制度改革试点成果。深化集体产权、集体林权、国有林区林场、农垦、供销社等改革。改革完善农业支持保护体系，健全粮食价格市场化形成机制，扩大政策性农业保险改革试点，创新和加强农村金融服务。持续深化农村改革，广袤乡村必将焕发新的生机活力。

（六）促进区域协调发展，提高新型城镇化质量

围绕解决发展不平衡不充分问题，改革完善相关机制和政策，促进基本公共服务均等化，推动区域优势互补、城乡融合发展。

优化区域发展格局。 制定西部开发开放新的政策措施，西部地区企业所得税优惠等政策到期后继续执行。落实和完善促进东北全面振兴、中部地区崛起、东部率先发展的改革创新举措。京津冀协同发展重在疏解北京非首都功能，高标准建设雄安新区。落实粤港澳大湾区发展规划纲要，促进规则衔接，推动生产要素流动和人员往来便利化。将长三角区域一体化发展上升为国家战略，编制实施发展规划纲要。长江经济带发展要坚持上中下游协同，加强生态保护修复和综合交通运输体系建设，打造高质量发展经济带。支持资源型地区经济转型。加快补齐革命老区、民族地区、边疆地区、贫困地区发展短板。大力发展蓝色经济，保护海洋环境，建设海洋强国。

深入推进新型城镇化。 坚持以中心城市引领城市群发展。抓好农业转移人口落户，推动城镇基本公共服务覆盖常住人口。更好解决群众住房问题，落实城市主体责任，改革完善住房市场体系和保障体系，促进房地产市场平稳健康发展。继续推进保障性住房建设和城镇棚户区改造，保障困难群体基本居住需求。继续推进地下综合管廊建设。城镇老旧小区量大面广，要大力进行改造提升，更新水电路气等配套设施，支持加装电梯和无障碍环境建设，健全便民市场、便利店、步行街、停车场等生活服务设施。新型城镇化要处处体现以人为核心，提高柔性化治理、精细化服务水平，让城市更加宜居，更具包容和人文关怀。

（七）加强污染防治和生态建设，大力推动绿色发展

绿色发展是构建现代化经济体系的必然要求，是解决污染问题的根本之策。要改革完善相关制度，协同推动高质量发展与生态环境保护。

持续推进污染防治。 巩固扩大蓝天保卫战成果，2019 年二氧化硫、氮氧化物排放量要下降 3%，重点地区细颗粒物（$PM_{2.5}$）浓度继续下降。持续开展京津冀及周边、长三角、汾渭平原大气污染治理攻坚，加强工业、燃煤、机动车三大污染源治理。做好北方地区清洁取暖工作，确保群众温暖过冬。强化水、土壤污染防治，2019 年化学需氧量、氨氮排放量要下降 2%。加快治理黑臭水体，防治农业面源污染，推进重点流域和近岸海域综合整治。加强固体废弃物和城市垃圾分类处置，促进减量化、资源化、无害化。加强污染防治重大科技攻关。企业作为污染防治主体，必须依法履行环保责任。改革创新环境治理方式，对企业既依法依规监管，又重视合理诉求、加强帮扶指导，对需要达标整改的给予合理过渡期，避免处置措施简单粗暴、一关了之。企业有内在动力和外部压力，污染防治一定能取得更大成效。

壮大绿色环保产业。 坚持源头治理，加快火电、钢铁行业超低排放改造，实施重污染行业达标排放改造。调整优化能源结构。推进煤炭清洁化利用。健全天然气产供储销体系。大力发展可再生能源，加快解决风、光、水电消纳问题。加大城市污水管网和处理设施建设力度。促进资源节约集约和循环利用，推广绿色建筑、绿色快递包装。改革完善环境经济政策，健全排污权交易制度，加快发展绿色金融，培育一批专业化环保骨干企业，提升绿色发展能力。

加强生态系统保护修复。 推进山水林田湖草生态保护修复工程试点，持续抓好国土绿化，加强荒漠化、石漠化、水土流失治理。加大生物多样性保护力度。继续开展退耕还林还草还湿。深化国家公园体制改革。健全生态补偿机制。绿色发展人人有责，贵在行动、成在坚持。我们要共同努力，让人民群众享有美丽宜居环境。

（八）深化重点领域改革，加快完善市场机制

聚焦突出矛盾和关键环节，推动相关改革深化，健全与高质量发展相适应的体制机制，把市场活力和社会创造力充分释放出来。

加快国资国企改革。 加强和完善国有资产监管，推进国有资本投资、运营公司改革试点，促进国有资产保值增值。积极稳妥推进混合所有制改革。完善公司治理结构，健全市场化经营机制，建立职业经理人等制度。

依法处置“僵尸企业”。深化电力、油气、铁路等领域改革，自然垄断行业要根据不同行业特点实行网运分开，将竞争性业务全面推向市场。国有企业要通过改革创新、强身健体，不断增强发展活力和核心竞争力。

下大气力优化民营经济发展环境。坚持“两个毫不动摇”，鼓励、支持、引导非公有制经济发展。按照竞争中性原则，在要素获取、准入许可、经营运行、政府采购和招投标等方面，对各类所有制企业平等对待。构建亲清新型政商关系，健全政企沟通机制，激发企业家精神，促进民营经济发展升级。保护产权必须坚定不移，对侵权行为要依法惩处，对错案冤案要有错必纠。要努力打造良好营商环境，让企业家安心搞经营、放心办企业。

深化财税金融体制改革。加大预算公开改革力度，全面实施预算绩效管理。深化中央与地方财政事权和支出责任划分改革，推进中央与地方收入划分改革。完善转移支付制度。健全地方税体系，稳步推进房地产税立法。规范地方政府举债融资机制。以服务实体经济为导向，改革优化金融体系结构，发展民营银行和社区银行。改革完善资本市场基础制度，促进多层次资本市场健康稳定发展，提高直接融资特别是股权融资比重。增强保险业风险保障功能。加强金融风险监测预警和化解处置。我国财政金融体系总体稳健，可运用的政策工具多，我们有能力守住不发生系统性风险的底线。

（九）推动全方位对外开放，培育国际经济合作和竞争新优势

进一步拓展开放领域、优化开放布局，继续推动商品和要素流动型开放，更加注重规则等制度型开放，以高水平开放带动改革全面深化。

促进外贸稳中提质。推动出口市场多元化。扩大出口信用保险覆盖面。改革完善跨境电商等新业态扶持政策。推动服务贸易创新发展，引导加工贸易转型升级、向中西部转移，发挥好综合保税区作用。优化进口结构，积极扩大进口。办好第二届中国国际进口博览会。加快提升通关便利化水平。

加大吸引外资力度。进一步放宽市场准入，缩减外资准入负面清单，允许更多领域实行外资独资经营。落实金融等行业改革开放举措，完善债券市场开放政策。加快与国际通行经贸规则对接，提高政策透明度和执行一致性，营造内外资企业一视同仁、公平竞争的公正市场环境。加强外商合法权益保护。赋予自贸试验区更大改革创新自主权，增设上海自贸试验区新片区，推进海南自贸试验区建设、探索建设中国特色自由贸易港。支持国家级经开区、高新区、新区开展自贸试验区相关改革试点，增强辐射带动作用，打造改革开放新高地。中国投资环境一定会越来越好，各国企业在华发展机遇一定会越来越多。

推动共建“一带一路”。坚持共商共建共享，遵循市场原则和国际通行规则，发挥企业主体作用，推动基础设施互联互通，加强国际产能合作，拓展第三方市场合作。办好第二届“一带一路”国际合作高峰论坛。推动对外投资合作健康有序发展。

促进贸易和投资自由化便利化。中国坚定维护经济全球化和自由贸易，积极参与世贸组织改革。加快构建高标准自贸区网络，推进区域全面经济伙伴关系协定、中日韩自贸区、中欧投资协定谈判，继续推动中美经贸磋商。中国秉持互利合作、共赢发展，一贯主张通过平等协商解决贸易争端。我们对作出的承诺认真履行，对自身合法权益坚决维护。

（十）加快发展社会事业，更好保障和改善民生

2019 年财政收支平衡压力加大，但基本民生投入确保只增不减。支持社会力量增加非基本公共服务供给，满足群众多层次、多样化需求。

发展更加公平更有质量的教育。深化教育教学改革。推进城乡义务教育一体化发展，加快改善乡村学校办学条件，加强乡村教师队伍建设，抓紧解决城镇学校“大班额”问题，保障进城务工人员随迁子女教育，发展

“互联网+教育”，促进优质资源共享。多渠道扩大学前教育供给，无论是公办还是民办幼儿园，只要符合安全标准、收费合理、家长放心，政府都要支持。推进高中阶段教育普及，办好民族教育、特殊教育、继续教育，依法支持民办教育发展。持续抓好义务教育教师工资待遇落实。推进一流大学和一流学科建设，支持中西部建设有特色、高水平大学。今年财力虽然很紧张，国家财政性教育经费占国内生产总值比例继续保持在4%以上，中央财政教育支出安排超过1万亿元。我们要切实把宝贵的资金用好，努力办好人民满意的教育，托起明天的希望。

保障基本医疗卫生服务。继续提高城乡居民基本医保和大病保险保障水平，居民医保人均财政补助标准增加30元，一半用于大病保险。降低并统一大病保险起付线，报销比例由50%提高到60%，进一步减轻大病患者、困难群众医疗负担。加强重大疾病防治。我国受癌症困扰的家庭以千万计，要实施癌症防治行动，推进预防筛查、早诊早治和科研攻关，着力缓解民生的痛点。做好常见慢性病防治，把高血压、糖尿病等门诊用药纳入医保报销。加快儿童药物研发。加强罕见病用药保障。深化医保支付方式改革，优化医保支出结构。抓紧落实和完善跨省异地就医直接结算政策，尽快使异地就医患者在所有定点医院能持卡看病、即时结算，切实便利流动人口和随迁老人。完善药品集中采购和使用机制。深化公立医院综合改革。促进社会办医。发展“互联网+医疗健康”，加快建立远程医疗服务体系，加强基层医疗卫生机构能力建设和医护人员培养，提升分级诊疗和家庭医生签约服务质量。坚持预防为主，将新增基本公共卫生服务财政补助经费全部用于村和社区，务必让基层群众受益。抓好传染病、地方病、青少年近视防治。完善生育配套政策，加强妇幼保健服务。支持中医药事业传承创新发展。加强健康教育和健康管理。药品疫苗攸关生命安全，必须强化全程监管，对违法者要严惩不贷，对失职渎职者要严肃查办，坚决守住人民群众生命健康的防线。

完善社会保障制度和政策。推进多层次养老保障体系建设。继续提高退休人员基本养老金。落实退役军人待遇保障，完善退役士兵基本养老、基本医疗保险接续政策。适当提高城乡低保、专项救助等标准，加强困境儿童保障。加大城镇困难职工脱困力度。提升残疾预防和康复服务水平。我们要尽力为群众救急解困、雪中送炭，基本民生的底线要坚决兜牢。

丰富人民群众精神文化生活。培育和践行社会主义核心价值观，广泛开展群众性精神文明创建活动，大力弘扬奋斗精神、科学精神、劳模精神、工匠精神，汇聚起向上向善的强大力量。加快构建中国特色哲学社会科学。加强互联网内容建设。繁荣文艺创作，发展新闻出版、广播影视和档案等事业。加强文物保护利用和非物质文化遗产传承。推动文化事业和文化产业改革发展，提升基层公共文化服务能力。倡导全民阅读，推进学习型社会建设。深化中外人文交流。广泛开展全民健身活动。扎实做好2020年奥运会、残奥会备战工作，精心筹办北京冬奥会、冬残奥会，办好第七届世界军人运动会。人民群众身心健康，社会就充满活力，国家就繁荣兴旺。

加强和创新社会治理。推动社会治理重心向基层下移，推广促进社会和谐的“枫桥经验”，构建城乡社区治理新格局。引导支持社会组织、人道救助、志愿服务和慈善事业健康发展。健全社会信用体系。保障妇女、儿童、老人、残疾人合法权益。改进信访工作，依法及时解决群众合理诉求。加强社会心理服务。健全国家应急体系，提高防灾减灾救灾能力。加强安全生产，防范遏制重特大事故。做好地震、气象、水文、地质、测绘等工作。健全公共法律服务体系，深化普法宣传教育。加强国家安全能力建设。完善立体化社会治安防控体系，深入推进扫黑除恶专项斗争，依法惩治盗抢骗黄赌毒等违法犯罪活动，打击非法集资、传销等经济犯罪，整治侵犯公民个人信息等突出问题，坚决守护好人民群众的平安生活。

关于修改《中华人民共和国土地管理法》《中华人民共和国城市房地产管理法》的决定

（2019 年 8 月 26 日第十三届全国人民代表大会常务委员会第十二次会议通过）

第十三届全国人民代表大会常务委员会第十二次会议决定：

一、对《中华人民共和国土地管理法》做出修改

（一）增加一条，作为第六条："国务院授权的机构对省、自治区、直辖市人民政府以及国务院确定的城市人民政府土地利用和土地管理情况进行督察。"

（二）将第十一条、第十二条、第十三条合并，作为第十二条，修改为："土地的所有权和使用权的登记，依照有关不动产登记的法律、行政法规执行。

"依法登记的土地的所有权和使用权受法律保护，任何单位和个人不得侵犯。"

（三）将第十四条、第十五条合并，作为第十三条，修改为："农民集体所有和国家所有依法由农民集体使用的耕地、林地、草地，以及其他依法用于农业的土地，采取农村集体经济组织内部的家庭承包方式承包，不宜采取家庭承包方式的荒山、荒沟、荒丘、荒滩等，可以采取招标、拍卖、公开协商等方式承包，从事种植业、林业、畜牧业、渔业生产。家庭承包的耕地的承包期为三十年，草地的承包期为三十年至五十年，林地的承包期为三十年至七十年；耕地承包期届满后再延长三十年，草地、林地承包期届满后依法相应延长。

"国家所有依法用于农业的土地可以由单位或者个人承包经营，从事种植业、林业、畜牧业、渔业生产。

"发包方和承包方应当依法订立承包合同，约定双方的权利和义务。承包经营土地的单位和个人，有保护和按照承包合同约定的用途合理利用土地的义务。"

（四）将第十九条改为第十七条，修改为："土地利用总体规划按照下列原则编制：

"（一）落实国土空间开发保护要求，严格土地用途管制；

"（二）严格保护永久基本农田，严格控制非农业建设占用农用地；

"（三）提高土地节约集约利用水平；

"（四）统筹安排城乡生产、生活、生态用地，满足乡村产业和基础设施用地合理需求，促进城乡融合发展；

"（五）保护和改善生态环境，保障土地的可持续利用；

"（六）占用耕地与开发复垦耕地数量平衡、质量相当。"

（五）增加一条，作为第十八条："国家建立国土空间规划体系。编制国土空间规划应当坚持生态优先，绿色、可持续发展，科学有序统筹安排生态、农业、城镇等功能空间，优化国土空间结构和布局，提升国土空间开发、保护的质量和效率。

"经依法批准的国土空间规划是各类开发、保护、建设活动的基本依据。已经编制国土空间规划的，不再编制土地利用总体规划和城乡规划。"

（六）将第二十四条改为第二十三条，第二款修改为："土地利用年度计划，根据国民经济和社会发展计

划、国家产业政策、土地利用总体规划以及建设用地和土地利用的实际状况编制。土地利用年度计划应当对本法第六十三条规定的集体经营性建设用地做出合理安排。土地利用年度计划的编制审批程序与土地利用总体规划的编制审批程序相同，一经审批下达，必须严格执行。”

（七）将第二十九条改为第二十八条，第二款、第三款修改为：“县级以上人民政府统计机构和自然资源主管部门依法进行土地统计调查，定期发布土地统计资料。土地所有者或者使用者应当提供有关资料，不得拒报、迟报，不得提供不真实、不完整的资料。

“统计机构和自然资源主管部门共同发布的土地面积统计资料是各级人民政府编制土地利用总体规划的依据。”

（八）将第三十三条改为第三十二条，修改为：“省、自治区、直辖市人民政府应当严格执行土地利用总体规划和土地利用年度计划，采取措施，确保本行政区域内耕地总量不减少、质量不降低。耕地总量减少的，由国务院责令在规定期限内组织开垦与所减少耕地的数量与质量相当的耕地；耕地质量降低的，由国务院责令在规定期限内组织整治。新开垦和整治的耕地由国务院自然资源主管部门会同农业农村主管部门验收。

“个别省、直辖市确因土地后备资源匮乏，新增建设用地后，新开垦耕地的数量不足以补偿所占用耕地的数量的，必须报经国务院批准减免本行政区域内开垦耕地的数量，易地开垦数量和质量相当的耕地。”

（九）将第三十四条第一款、第二款改为第三十三条，修改为：“国家实行永久基本农田保护制度。下列耕地应当根据土地利用总体规划划为永久基本农田，实行严格保护：

“（一）经国务院农业农村主管部门或者县级以上地方人民政府批准确定的粮、棉、油、糖等重要农产品生产基地内的耕地；

“（二）有良好的水利与水土保持设施的耕地，正在实施改造计划以及可以改造的中、低产田和已建成的高标准农田；

“（三）蔬菜生产基地；

“（四）农业科研、教学试验田；

“（五）国务院规定应当划为永久基本农田的其他耕地。

“各省、自治区、直辖市划定的永久基本农田一般应当占本行政区域内耕地的百分之八十以上，具体比例由国务院根据各省、自治区、直辖市耕地实际情况规定。”

（十）将第三十四条第三款改为第三十四条，修改为：“永久基本农田划定以乡（镇）为单位进行，由县级人民政府自然资源主管部门会同同级农业农村主管部门组织实施。永久基本农田应当落实到地块，纳入国家永久基本农田数据库严格管理。

“乡（镇）人民政府应当将永久基本农田的位置、范围向社会公告，并设立保护标志。”

（十一）增加一条，作为第三十五条：“永久基本农田经依法划定后，任何单位和个人不得擅自占用或者改变其用途。国家能源、交通、水利、军事设施等重点建设项目选址确实难以避让永久基本农田，涉及农用地转用或者土地征收的，必须经国务院批准。

“禁止通过擅自调整县级土地利用总体规划、乡（镇）土地利用总体规划等方式规避永久基本农田农用地转用或者土地征收的审批。”

（十二）将第三十五条改为第三十六条，修改为：“各级人民政府应当采取措施，引导因地制宜轮作休耕，改良土壤，提高地力，维护排灌工程设施，防止土地荒漠化、盐渍化、水土流失和土壤污染。”

（十三）将第三十七条改为第三十八条，删去第三款。

（十四）删去第四十三条。

（十五）将第四十四条第二款、第三款、第四款修改为：“永久基本农田转为建设用地的，由国务院批准。

“在土地利用总体规划确定的城市和村庄、集镇建设用地规模范围内，为实施该规划而将永久基本农田以外的农用地转为建设用地的，按土地利用年度计划分批次按照国务院规定由原批准土地利用总体规划的机关或者其授权的机关批准。在已批准的农用地转用范围内，具体建设项目用地可以由市、县人民政府批准。

“在土地利用总体规划确定的城市和村庄、集镇建设用地规模范围外，将永久基本农田以外的农用地转为建设用地的，由国务院或者国务院授权的省、自治区、直辖市人民政府批准。”

（十六）增加一条，作为第四十五条：“为了公共利益的需要，有下列情形之一，确需征收农民集体所有的土地的，可以依法实施征收：

“（一）军事和外交需要用地的；

“（二）由政府组织实施的能源、交通、水利、通信、邮政等基础设施建设需要用地的；

“（三）由政府组织实施的科技、教育、文化、卫生、体育、生态环境和资源保护、防灾减灾、文物保护、社区综合服务、社会福利、市政公用、优抚安置、英烈保护等公共事业需要用地的；

“（四）由政府组织实施的扶贫搬迁、保障性安居工程建设需要用地的；

“（五）在土地利用总体规划确定的城镇建设用地范围内，经省级以上人民政府批准由县级以上地方人民政府组织实施的成片开发建设需要用地的；

“（六）法律规定为公共利益需要可以征收农民集体所有的土地的其他情形。

“前款规定的建设活动，应当符合国民经济和社会发展规划、土地利用总体规划、城乡规划和专项规划；第（四）项、第（五）项规定的建设活动，还应当纳入国民经济和社会发展年度计划；第（五）项规定的成片开发并应当符合国务院自然资源主管部门规定的标准。”

（十七）将第四十五条改为第四十六条，删去第二款中的“并报国务院备案”。

（十八）将第四十六条、第四十八条合并，作为第四十七条，修改为：“国家征收土地的，依照法定程序批准后，由县级以上地方人民政府予以公告并组织实施。

“县级以上地方人民政府拟申请征收土地的，应当开展拟征收土地现状调查和社会稳定风险评估，并将征收范围、土地现状、征收目的、补偿标准、安置方式和社会保障等在拟征收土地所在的乡（镇）和村、村民小组范围内公告至少三十日，听取被征地的农村集体经济组织及其成员、村民委员会和其他利害关系人的意见。

“多数被征地的农村集体经济组织成员认为征地补偿安置方案不符合法律、法规规定的，县级以上地方人民政府应当组织召开听证会，并根据法律、法规的规定和听证会情况修改方案。

“拟征收土地的所有权人、使用权人应当在公告规定期限内，持不动产权属证明材料办理补偿登记。县级以上地方人民政府应当组织有关部门测算并落实有关费用，保证足额到位，与拟征收土地的所有权人、使用权人就补偿、安置等签订协议；个别确实难以达成协议的，应当在申请征收土地时如实说明。

“相关前期工作完成后，县级以上地方人民政府方可申请征收土地。”

（十九）将第四十七条改为第四十八条，修改为：“征收土地应当给予公平、合理的补偿，保障被征地农民原有生活水平不降低、长远生计有保障。

“征收土地应当依法及时足额支付土地补偿费、安置补助费以及农村村民住宅、其他地上附着物和青苗等的补偿费用，并安排被征地农民的社会保障费用。

“征收农用地的土地补偿费、安置补助费标准由省、自治区、直辖市通过制定公布区片综合地价确定。制定区片综合地价应当综合考虑土地原用途、土地资源条件、土地产值、土地区位、土地供求关系、人口以及经济社会发展水平等因素，并至少每三年调整或者重新公布一次。

“征收农用地以外的其他土地、地上附着物和青苗等的补偿标准，由省、自治区、直辖市制定。对其中的农村村民住宅，应当按照先补偿后搬迁、居住条件有改善的原则，尊重农村村民意愿，采取重新安排宅基地建房、提供安置房或者货币补偿等方式给予公平、合理的补偿，并对因征收造成的搬迁、临时安置等费用予以补偿，保障农村村民居住的权利和合法的住房财产权益。

“县级以上地方人民政府应当将被征地农民纳入相应的养老等社会保障体系。被征地农民的社会保障费用主要用于符合条件的被征地农民的养老保险等社会保险缴费补贴。被征地农民社会保障费用的筹集、管理和使用办法，由省、自治区、直辖市制定。”

（二十）将第五十五条第二款修改为：“自本法施行之日起，新增建设用地的土地有偿使用费，百分之三十上缴中央财政，百分之七十留给有关地方人民政府。具体使用管理办法由国务院财政部门会同有关部门制定，并报国务院批准。”

（二十一）将第五十八条修改为：“有下列情形之一的，由有关人民政府自然资源主管部门报经原批准用地的人民政府或者有批准权的人民政府批准，可以收回国有土地使用权：

“（一）为实施城市规划进行旧城区改建以及其他公共利益需要，确需使用土地的；

“（二）土地出让等有偿使用合同约定的使用期限届满，土地使用者未申请续期或者申请续期未获批准的；

“（三）因单位撤销、迁移等原因，停止使用原划拨的国有土地的；

“（四）公路、铁路、机场、矿场等经核准报废的。

“依照前款第（一）项的规定收回国有土地使用权的，对土地使用权人应当给予适当补偿。”

（二十二）将第六十二条第二款、第三款、第四款修改为：“人均土地少、不能保障一户拥有一处宅基地的地区，县级人民政府在充分尊重农村村民意愿的基础上，可以采取措施，按照省、自治区、直辖市规定的标准保障农村村民实现户有所居。

“农村村民建住宅，应当符合乡（镇）土地利用总体规划、村庄规划，不得占用永久基本农田，并尽量使用原有的宅基地和村内空闲地。编制乡（镇）土地利用总体规划、村庄规划应当统筹并合理安排宅基地用地，改善农村村民居住环境和条件。

“农村村民住宅用地，由乡（镇）人民政府审核批准；其中，涉及占用农用地的，依照本法第四十四条的规定办理审批手续。

“农村村民出卖、出租、赠与住宅后，再申请宅基地的，不予批准。

“国家允许进城落户的农村村民依法自愿有偿退出宅基地，鼓励农村集体经济组织及其成员盘活利用闲置宅基地和闲置住宅。

“国务院农业农村主管部门负责全国农村宅基地改革和管理有关工作。”

（二十三）将第六十三条修改为：“土地利用总体规划、城乡规划确定为工业、商业等经营性用途，并经依法登记的集体经营性建设用地，土地所有权人可以通过出让、出租等方式交由单位或者个人使用，并应当签订书面合同，载明土地界址、面积、动工期限、使用期限、土地用途、规划条件和双方其他权利义务。

“前款规定的集体经营性建设用地出让、出租等，应当经本集体经济组织成员的村民会议三分之二以上成员或者三分之二以上村民代表的同意。

“通过出让等方式取得的集体经营性建设用地使用权可以转让、互换、出资、赠与或者抵押，但法律、行政法规另有规定或者土地所有权人、土地使用权人签订的书面合同另有约定的除外。

"集体经营性建设用地的出租，集体建设用地使用权的出让及其最高年限、转让、互换、出资、赠与、抵押等，参照同类用途的国有建设用地执行。具体办法由国务院制定。"

（二十四）增加一条，作为第六十四条："集体建设用地的使用者应当严格按照土地利用总体规划、城乡规划确定的用途使用土地。"

（二十五）将第六十五条改为第六十六条，增加一款，作为第三款："收回集体经营性建设用地使用权，依照双方签订的书面合同办理，法律、行政法规另有规定的除外。"

（二十六）将第六十六条改为第六十七条，增加一款，作为第二款："县级以上人民政府农业农村主管部门对违反农村宅基地管理法律、法规的行为进行监督检查的，适用本法关于自然资源主管部门监督检查的规定。"

（二十七）将第七十条改为第七十一条，修改为："县级以上人民政府自然资源主管部门在监督检查工作中发现国家工作人员的违法行为，依法应当给予处分的，应当依法予以处理；自己无权处理的，应当依法移送监察机关或者有关机关处理。"

（二十八）将第七十四条改为第七十五条，其中的"土地行政主管部门"修改为"自然资源主管部门、农业农村主管部门等按照职责"。

（二十九）将第七十七条改为第七十八条，其中的"土地行政主管部门"修改为"农业农村主管部门"。

（三十）将第八十一条改为第八十二条，修改为："擅自将农民集体所有的土地通过出让、转让使用权或者出租等方式用于非农业建设，或者违反本法规定，将集体经营性建设用地通过出让、出租等方式交由单位或者个人使用的，由县级以上人民政府自然资源主管部门责令限期改正，没收违法所得，并处罚款。"

（三十一）删去第八十二条。

（三十二）将第八十四条中的"土地行政主管部门"修改为"自然资源主管部门、农业农村主管部门"。

（三十三）将第八十五条修改为："外商投资企业使用土地的，适用本法；法律另有规定的，从其规定。"

（三十四）增加一条，作为第八十六条："在根据本法第十八条的规定编制国土空间规划前，经依法批准的土地利用总体规划和城乡规划继续执行。"

（三十五）将有关条款中的"土地行政主管部门"修改为"自然资源主管部门"，"基本农田"修改为"永久基本农田"，"行政处分"修改为"处分"。

二、对《中华人民共和国城市房地产管理法》做出修改

将第九条修改为："城市规划区内的集体所有的土地，经依法征收转为国有土地后，该幅国有土地的使用权方可有偿出让，但法律另有规定的除外。"

三、修改土地管理法、城市房地产管理法，依法保障农村土地征收、集体经营性建设用地入市、宅基地管理制度等改革在全国范围内实行，对促进乡村振兴和城乡融合发展具有重大意义

国务院及其有关部门和各省、自治区、直辖市应当坚持土地公有制性质不改变、耕地红线不突破、农民利益不受损，加强组织领导，做好法律宣传，制定、完善配套法规、规章，确保法律制度正确、有效实施。

本决定自 2020 年 1 月 1 日起施行。

《中华人民共和国土地管理法》《中华人民共和国城市房地产管理法》根据本决定作相应修改，重新公布。

重要会议关于房地产要点汇总

会议名称	日　期	主要内容
中共中央政治局会议	4 月 19 日	坚持“房子是用来住的、不是用来炒的”定位，落实好一城一策、因城施策、城市政府主体责任的长效调控机制
	7 月 30 日	坚持“房子是用来住的、不是用来炒的”定位，落实房地产长效管理机制，不将房地产作为短期刺激经济的手段
国务院常务会议	9 月 4 日	强调专项债资金不得用于土地储备和房地产相关领域、置换债务以及可完全商业化运作的产业项目
中国共产党第十九届中央委员会第四次全体会议	10 月 31 日	加快建立多主体供给、多渠道保障、租购并举的住房制度
中央经济工作会议	12 月 10—12 日	要加大城市困难群众住房保障工作，加强城市更新和存量住房改造提升，做好城镇老旧小区改造，大力发展租赁住房；要坚持房子是用来住的、不是用来炒的定位，全面落实因城施策，稳地价、稳房价、稳预期的长效管理调控机制，促进房地产市场平稳健康发展

二、中华人民共和国国务院

关于坚持农业农村优先发展做好“三农”工作的若干意见（节选）

中发〔2019〕1 号　2019 年 1 月 3 日

一、聚力精准施策，决战决胜脱贫攻坚（略）

二、夯实农业基础，保障重要农产品有效供给（略）

三、扎实推进乡村建设，加快补齐农村人居环境和公共服务短板

（一）抓好农村人居环境整治三年行动

深入学习推广浙江“千村示范、万村整治”工程经验，全面推开以农村垃圾污水治理、厕所革命和村容村貌提升为重点的农村人居环境整治，确保到 2020 年实现农村人居环境阶段性明显改善，村庄环境基本干净整

洁有序，村民环境与健康意识普遍增强。鼓励各地立足实际、因地制宜，合理选择简便易行、长期管用的整治模式，集中攻克技术难题。建立地方为主、中央补助的政府投入机制。中央财政对农村厕所革命整村推进等给予补助，对农村人居环境整治先进县给予奖励。中央预算内投资安排专门资金支持农村人居环境整治。允许县级按规定统筹整合相关资金，集中用于农村人居环境整治。鼓励社会力量积极参与，将农村人居环境整治与发展乡村休闲旅游等有机结合。广泛开展村庄清洁行动。开展美丽宜居村庄和最美庭院创建活动。农村人居环境整治工作要同农村经济发展水平相适应、同当地文化和风土人情相协调，注重实效，防止做表面文章。

（二）实施村庄基础设施建设工程

推进农村饮水安全巩固提升工程，加强农村饮用水水源地保护，加快解决农村“吃水难”和饮水不安全问题。全面推进“四好农村路”建设，加大“路长制”和示范县实施力度，实现具备条件的建制村全部通硬化路，有条件的地区向自然村延伸。加强村内道路建设。全面实施乡村电气化提升工程，加快完成新一轮农村电网改造。完善县乡村物流基础设施网络，支持产地建设农产品贮藏保鲜、分级包装等设施，鼓励企业在县乡和具备条件的村建立物流配送网点。加快推进宽带网络向村庄延伸，推进提速降费。继续推进农村危房改造。健全村庄基础设施建管长效机制，明确各方管护责任，鼓励地方将管护费用纳入财政预算。

（三）提升农村公共服务水平

全面提升农村教育、医疗卫生、社会保障、养老、文化体育等公共服务水平，加快推进城乡基本公共服务均等化。推动城乡义务教育一体化发展，深入实施农村义务教育学生营养改善计划。实施高中阶段教育普及攻坚计划，加强农村儿童健康改善和早期教育、学前教育。加快标准化村卫生室建设，实施全科医生特岗计划。建立健全统一的城乡居民基本医疗保险制度，同步整合城乡居民大病保险。完善城乡居民基本养老保险待遇确定和基础养老金正常调整机制。统筹城乡社会救助体系，完善最低生活保障制度、优抚安置制度。加快推进农村基层综合性文化服务中心建设。完善农村留守儿童和妇女、老年人关爱服务体系，支持多层次农村养老事业发展，加强和改善农村残疾人服务。推动建立城乡统筹的基本公共服务经费投入机制，完善农村基本公共服务标准。

（四）加强农村污染治理和生态环境保护

统筹推进山水林田湖草系统治理，推动农业农村绿色发展。加大农业面源污染治理力度，开展农业节肥节药行动，实现化肥农药使用量负增长。发展生态循环农业，推进畜禽粪污、秸秆、农膜等农业废弃物资源化利用，实现畜牧养殖大县粪污资源化利用整县治理全覆盖，下大力气治理白色污染。扩大轮作休耕制度试点。创建农业绿色发展先行区。实施乡村绿化美化行动，建设一批森林乡村，保护古树名木，开展湿地生态效益补偿和退耕还湿。全面保护天然林。加强“三北”地区退化防护林修复。扩大退耕还林还草，稳步实施退牧还草。实施新一轮草原生态保护补助奖励政策。落实河长制、湖长制，推进农村水环境治理，严格乡村河湖水域岸线等水生态空间管理。

（五）强化乡村规划引领

把加强规划管理作为乡村振兴的基础性工作，实现规划管理全覆盖。以县为单位抓紧编制或修编村庄布局规划，县级党委和政府要统筹推进乡村规划工作。按照先规划后建设的原则，通盘考虑土地利用、产业发展、居民点建设、人居环境整治、生态保护和历史文化传承，注重保持乡土风貌，编制多规合一的实用性村庄规划。加强农村建房许可管理。

四、发展壮大乡村产业，拓宽农民增收渠道（略）

五、全面深化农村改革，激发乡村发展活力

（一）巩固和完善农村基本经营制度

坚持家庭经营基础性地位，赋予双层经营体制新的内涵。突出抓好家庭农场和农民合作社两类新型农业经营主体，启动家庭农场培育计划，开展农民合作社规范提升行动，深入推进示范合作社建设，建立健全支持家庭农场、农民合作社发展的政策体系和管理制度。落实扶持小农户和现代农业发展有机衔接的政策，完善“农户+合作社”“农户+公司”利益联结机制。加快培育各类社会化服务组织，为一家一户提供全程社会化服务。加快出台完善草原承包经营制度的意见。加快推进农业水价综合改革，健全节水激励机制。继续深化供销合作社综合改革，制定供销合作社条例。深化集体林权制度和国有林区林场改革。大力推进农垦垦区集团化、农场企业化改革。

（二）深化农村土地制度改革

保持农村土地承包关系稳定并长久不变，研究出台配套政策，指导各地明确第二轮土地承包到期后延包的具体办法，确保政策衔接平稳过渡。完善落实集体所有权、稳定农户承包权、放活土地经营权的法律法规和政策体系。在基本完成承包地确权登记颁证工作基础上，开展“回头看”，做好收尾工作，妥善化解遗留问题，将土地承包经营权证书发放至农户手中。健全土地流转规范管理制度，发展多种形式农业适度规模经营，允许承包土地的经营权担保融资。总结好农村土地制度三项改革试点经验，巩固改革成果。坚持农村土地集体所有、不搞私有化，坚持农地农用、防止非农化，坚持保障农民土地权益、不得以退出承包地和宅基地作为农民进城落户条件，进一步深化农村土地制度改革。在修改相关法律的基础上，完善配套制度，全面推开农村土地征收制度改革和农村集体经营性建设用地入市改革，加快建立城乡统一的建设用地市场。加快推进宅基地使用权确权登记颁证工作，力争2020年基本完成。稳慎推进农村宅基地制度改革，拓展改革试点，丰富试点内容，完善制度设计。抓紧制定加强农村宅基地管理指导意见。研究起草农村宅基地使用条例。开展闲置宅基地复垦试点。允许在县域内开展全域乡村闲置校舍、厂房、废弃地等整治，盘活建设用地重点用于支持乡村新产业新业态和返乡下乡创业。严格农业设施用地管理，满足合理需求。巩固“大棚房”问题整治成果。按照“取之于农，主要用之于农”的要求，调整完善土地出让收入使用范围，提高农业农村投入比例，重点用于农村人居环境整治、村庄基础设施建设和高标准农田建设。扎实开展新增耕地指标和城乡建设用地增减挂钩节余指标跨省域调剂使用，调剂收益全部用于巩固脱贫攻坚成果和支持乡村振兴。加快修订土地管理法、物权法等法律法规。

（三）深入推进农村集体产权制度改革

按期完成全国农村集体资产清产核资，加快农村集体资产监督管理平台建设，建立健全集体资产各项管理制度。指导农村集体经济组织在民主协商的基础上，做好成员身份确认，注重保护外嫁女等特殊人群的合法权利，加快推进农村集体经营性资产股份合作制改革，继续扩大试点范围。总结推广资源变资产、资金变股金、农民变股东经验。完善农村集体产权权能，积极探索集体资产股权质押贷款办法。研究制定农村集体经济组织法。健全农村产权流转交易市场，推动农村各类产权流转交易公开规范运行。研究完善适合农村集体经济组织特点的税收优惠政策。

（四）完善农业支持保护制度

按照增加总量、优化存量、提高效能的原则，强化高质量绿色发展导向，加快构建新型农业补贴政策体系。按照适应世贸组织规则、保护农民利益、支持农业发展的原则，抓紧研究制定完善农业支持保护政策的意见。调整改进“黄箱”政策，扩大“绿箱”政策使用范围。按照更好发挥市场机制作用取向，完善稻谷和小麦最低收购价政策。完善玉米和大豆生产者补贴政策。健全农业信贷担保费率补助和以奖代补机制，研究制定担保机构业务考核的具体办法，加快做大担保规模。按照扩面增品提标的要求，完善农业保险政策。推进稻谷、小麦、玉米完全成本保险和收入保险试点。扩大农业大灾保险试点和“保险+期货”试点。探索对地方优势特色农产品保险实施以奖代补试点。打通金融服务“三农”各个环节，建立县域银行业金融机构服务“三农”的激励约束机制，实现普惠性涉农贷款增速总体高于各项贷款平均增速。推动农村商业银行、农村合作银行、农村信用社逐步回归本源，为本地“三农”服务。研究制定商业银行“三农”事业部绩效考核和激励的具体办法。用好差别化准备金率和差异化监管等政策，切实降低“三农”信贷担保服务门槛，鼓励银行业金融机构加大对乡村振兴和脱贫攻坚中长期信贷支持力度。支持重点领域特色农产品期货期权品种上市。

六、完善乡村治理机制，保持农村社会和谐稳定（略）

关于建立健全城乡融合发展体制机制和政策体系的意见（节选）

2019 年 4 月 15 日

一、总体要求

（一）指导思想

以习近平新时代中国特色社会主义思想为指导，全面贯彻党的十九大和十九届二中、三中全会精神，紧紧围绕统筹推进“五位一体”总体布局和协调推进“四个全面”战略布局，坚持和加强党的全面领导，坚持以人民为中心的发展思想，坚持稳中求进工作总基调，坚持新发展理念，坚持推进高质量发展，坚持农业农村优先发展，以协调推进乡村振兴战略和新型城镇化战略为抓手，以缩小城乡发展差距和居民生活水平差距为目标，以完善产权制度和要素市场化配置为重点，坚决破除体制机制弊端，促进城乡要素自由流动、平等交换和公共资源合理配置，加快形成工农互促、城乡互补、全面融合、共同繁荣的新型工农城乡关系，加快推进农业农村现代化。

（二）基本原则

——坚持遵循规律、把握方向。顺应城镇化大趋势，牢牢把握城乡融合发展正确方向，树立城乡一盘棋理念，突出以工促农、以城带乡，构建促进城乡规划布局、要素配置、产业发展、基础设施、公共服务、生态保护等相互融合和协同发展的体制机制。

——坚持整体谋划、重点突破。围绕乡村全面振兴和社会主义现代化国家建设目标，强化统筹谋划和顶层设计，增强改革的系统性、整体性、协同性，着力破除户籍、土地、资本、公共服务等方面的体制机制弊端，为城乡融合发展提供全方位制度供给。

——坚持因地制宜、循序渐进。充分考虑不同地区城乡融合发展阶段和乡村差异性，稳妥把握改革时序、节奏和步骤，尊重基层首创精神，充分发挥地方积极性，分类施策、梯次推进，试点先行、久久为功，形成符合实际、各具特色的改革路径和城乡融合发展模式。

——坚持守住底线、防范风险。正确处理改革发展稳定关系，在推进体制机制破旧立新过程中，守住土地所有制性质不改变、耕地红线不突破、农民利益不受损底线，守住生态保护红线，守住乡村文化根脉，高度重视和有效防范各类政治经济社会风险。

——坚持农民主体、共享发展。发挥农民在乡村振兴中的主体作用，充分尊重农民意愿，切实保护农民权益，调动亿万农民积极性、主动性、创造性，推动农业全面升级、农村全面进步、农民全面发展，不断提升农民获得感、幸福感、安全感。

（三）主要目标

——到 2022 年，城乡融合发展体制机制初步建立。城乡要素自由流动制度性通道基本打通，城市落户限制逐步消除，城乡统一建设用地市场基本建成，金融服务乡村振兴的能力明显提升，农村产权保护交易制度框架基本形成，基本公共服务均等化水平稳步提高，乡村治理体系不断健全，经济发达地区、都市圈和城市郊区在体制机制改革上率先取得突破。

——到 2035 年，城乡融合发展体制机制更加完善。城镇化进入成熟期，城乡发展差距和居民生活水平差距显著缩小。城乡有序流动的人口迁徙制度基本建立，城乡统一建设用地市场全面形成，城乡普惠金融服务体系全面建成，基本公共服务均等化基本实现，乡村治理体系更加完善，农业农村现代化基本实现。

——到 21 世纪中叶，城乡融合发展体制机制成熟定型。城乡全面融合，乡村全面振兴，全体人民共同富裕基本实现。

二、建立健全有利于城乡要素合理配置的体制机制

坚决破除妨碍城乡要素自由流动和平等交换的体制机制壁垒，促进各类要素更多向乡村流动，在乡村形成人才、土地、资金、产业、信息汇聚的良性循环，为乡村振兴注入新动能。

（四）健全农业转移人口市民化机制

有力有序有效深化户籍制度改革，放开放宽除个别超大城市外的城市落户限制。加快实现城镇基本公共服务常住人口全覆盖。以城市群为主体形态促进大中小城市和小城镇协调发展，增强中小城市人口承载力和吸引力。建立健全由政府、企业、个人共同参与的农业转移人口市民化成本分担机制，全面落实支持农业转移人口市民化的财政政策、城镇建设用地增加规模与吸纳农业转移人口落户数量挂钩政策，以及中央预算内投资安排向吸纳农业转移人口落户数量较多的城镇倾斜政策。维护进城落户农民土地承包权、宅基地使用权、集体收益分配权，支持引导其依法自愿有偿转让上述权益。提升城市包容性，推动农民工特别是新生代农民工融入城市。

（五）建立城市人才入乡激励机制

制定财政、金融、社会保障等激励政策，吸引各类人才返乡入乡创业。鼓励原籍普通高校和职业院校毕业生、外出农民工及经商人员回乡创业兴业。推进大学生村官与选调生工作衔接，鼓励引导高校毕业生到村任职、扎根基层、发挥作用。建立选派第一书记工作长效机制。建立城乡人才合作交流机制，探索通过岗编适度分离等多种方式，推进城市教科文卫体等工作人员定期服务乡村。推动职称评定、工资待遇等向乡村教师、医生倾斜，优化乡村教师、医生中高级岗位结构比例。引导规划、建筑、园林等设计人员入乡。允许农村集体经

济组织探索人才加入机制，吸引人才、留住人才。

（六）改革完善农村承包地制度

保持农村土地承包关系稳定并长久不变，落实第二轮土地承包到期后再延长 30 年政策。加快完成农村承包地确权登记颁证。完善农村承包地“三权分置”制度，在依法保护集体所有权和农户承包权前提下，平等保护并进一步放活土地经营权。健全土地流转规范管理制度，强化规模经营管理服务，允许土地经营权入股从事农业产业化经营。

（七）稳慎改革农村宅基地制度

加快完成房地一体的宅基地使用权确权登记颁证。探索宅基地所有权、资格权、使用权“三权分置”，落实宅基地集体所有权，保障宅基地农户资格权和农民房屋财产权，适度放活宅基地和农民房屋使用权。鼓励农村集体经济组织及其成员盘活利用闲置宅基地和闲置房屋。在符合规划、用途管制和尊重农民意愿前提下，允许县级政府优化村庄用地布局，有效利用乡村零星分散存量建设用地。推动各地制定省内统一的宅基地面积标准，探索对增量宅基地实行集约有奖、对存量宅基地实行退出有偿。

（八）建立集体经营性建设用地入市制度

加快完成农村集体建设用地使用权确权登记颁证。按照国家统一部署，在符合国土空间规划、用途管制和依法取得前提下，允许农村集体经营性建设用地入市，允许就地入市或异地调整入市；允许村集体在农民自愿前提下，依法把有偿收回的闲置宅基地、废弃的集体公益性建设用地转变为集体经营性建设用地入市；推动城中村、城边村、村级工业园等可连片开发区域土地依法合规整治入市；推进集体经营性建设用地使用权和地上建筑物所有权房地一体、分割转让。完善农村土地征收制度，缩小征地范围，规范征地程序，维护被征地农民和农民集体权益。

（九）健全财政投入保障机制

鼓励各级财政支持城乡融合发展及相关平台和载体建设，发挥财政资金四两拨千斤作用，撬动更多社会资金投入。建立涉农资金统筹整合长效机制，提高资金配置效率。调整土地出让收入使用范围，提高农业农村投入比例。支持地方政府在债务风险可控前提下发行政府债券，用于城乡融合公益性项目。

（十）完善乡村金融服务体系

加强乡村信用环境建设，推动农村信用社和农商行回归本源，改革村镇银行培育发展模式，创新中小银行和地方银行金融产品提供机制，加大开发性和政策性金融支持力度。依法合规开展农村集体经营性建设用地使用权、农民房屋财产权、集体林权抵押融资，以及承包地经营权、集体资产股权等担保融资。实现已入市集体土地与国有土地在资本市场同地同权。建立健全农业信贷担保体系，鼓励有条件有需求的地区按市场化方式设立担保机构。加快完善农业保险制度，推动政策性保险扩面、增品、提标，降低农户生产经营风险。支持通过市场化方式设立城乡融合发展基金，引导社会资本培育一批国家城乡融合典型项目。完善农村金融风险防范处置机制。

（十一）建立工商资本入乡促进机制

深化“放管服”改革，强化法律规划政策指导和诚信建设，打造法治化便利化基层营商环境，稳定市场主体预期，引导工商资本为城乡融合发展提供资金、产业、技术等支持。完善融资贷款和配套设施建设补助等政策，鼓励工商资本投资适合产业化规模化集约化经营的农业领域。通过政府购买服务等方式，支持社会力量进入乡村生活性服务业。支持城市搭建城中村改造合作平台，探索在政府引导下工商资本与村集体合作共赢模式，发展壮大村级集体经济。建立工商资本租赁农地监管和风险防范机制，严守耕地保护红线，确保农地农用，防止农村集体产权和农民合法利益受到侵害。

（十二）建立科技成果入乡转化机制

健全涉农技术创新市场导向机制和产学研用合作机制，鼓励创建技术转移机构和技术服务网络，建立科研人员到乡村兼职和离岗创业制度，探索其在涉农企业技术入股、兼职兼薪机制。建立健全农业科研成果产权制度，赋予科研人员科技成果所有权。发挥政府引导推动作用，建立有利于涉农科研成果转化推广的激励机制与利益分享机制。探索公益性和经营性农技推广融合发展机制，允许农技人员通过提供增值服务合理取酬。

三、建立健全有利于城乡基本公共服务普惠共享的体制机制（略）

四、建立健全有利于城乡基础设施一体化发展的体制机制

把公共基础设施建设重点放在乡村，坚持先建机制、后建工程，加快推动乡村基础设施提挡升级，实现城乡基础设施统一规划、统一建设、统一管护。

（十九）建立城乡基础设施一体化规划机制

以市县域为整体，统筹规划城乡基础设施，统筹布局道路、供水、供电、信息、广播电视、防洪和垃圾污水处理等设施。统筹规划重要市政公用设施，推动向城市郊区乡村和规模较大中心镇延伸。推动城乡路网一体规划设计，畅通城乡交通运输连接，加快实现县乡村（户）道路联通、城乡道路客运一体化，完善道路安全防范措施。统筹规划城乡污染物收运处置体系，严防城市污染上山下乡，因地制宜统筹处理城乡垃圾污水，加快建立乡村生态环境保护和美丽乡村建设长效机制。加强城乡公共安全视频监控规划、建设和联网应用，统一技术规范、基础数据和数据开放标准。

（二十）健全城乡基础设施一体化建设机制

明确乡村基础设施的公共产品定位，构建事权清晰、权责一致、中央支持、省级统筹、市县负责的城乡基础设施一体化建设机制。健全分级分类投入机制，对乡村道路、水利、渡口、公交和邮政等公益性强、经济性差的设施，建设投入以政府为主；对乡村供水、垃圾污水处理和农贸市场等有一定经济收益的设施，政府加大投入力度，积极引入社会资本，并引导农民投入；对乡村供电、电信和物流等经营性为主的设施，建设投入以企业为主。支持有条件的地方政府将城乡基础设施项目整体打包，实行一体化开发建设。

（二十一）建立城乡基础设施一体化管护机制

合理确定城乡基础设施统一管护运行模式，健全有利于基础设施长期发挥效益的体制机制。对城乡道路等公益性设施，管护和运行投入纳入一般公共财政预算。明确乡村基础设施产权归属，由产权所有者建立管护制度，落实管护责任。以政府购买服务等方式引入专业化企业，提高管护市场化程度。推进城市基础设施建设运营事业单位改革，建立独立核算、自主经营的企业化管理模式，更好行使城乡基础设施管护责任。

五、建立健全有利于乡村经济多元化发展的体制机制

围绕发展现代农业、培育新产业新业态，完善农企利益紧密联结机制，实现乡村经济多元化和农业全产业链发展。

（二十二）完善农业支持保护制度

以市场需求为导向，深化农业供给侧结构性改革，走质量兴农之路，不断提高农业综合效益和竞争力。全面落实永久基本农田特殊保护制度，划定粮食生产功能区和重要农产品生产保护区，完善支持政策。按照增加

总量、优化存量、提高效能的原则，强化高质量发展导向，加快构建农业补贴政策体系。发展多种形式农业适度规模经营，健全现代农业产业体系、生产体系、经营体系。完善支持农业机械化政策，推进农业机械化全程全面发展，加强面向小农户的社会化服务。完善农业绿色发展制度，推行农业清洁生产方式，健全耕地草原森林河流湖泊休养生息制度和轮作休耕制度。

（二十三）建立新产业新业态培育机制

构建农村一、二、三产业融合发展体系，依托“互联网+”和“双创”推动农业生产经营模式转变，健全乡村旅游、休闲农业、民宿经济、农耕文化体验、健康养老等新业态培育机制，探索农产品个性化定制服务、会展农业和农业众筹等新模式，完善农村电子商务支持政策，实现城乡生产与消费多层次对接。适应居民消费升级趋势，制定便利市场准入、加强事中事后监管政策，制定相关标准，引导乡村新产业改善服务环境、提升品质。在年度新增建设用地计划指标中安排一定比例支持乡村新产业新业态发展，探索实行混合用地等方式。严格农业设施用地管理，满足合理需求。

（二十四）探索生态产品价值实现机制

牢固树立绿水青山就是金山银山的理念，建立政府主导、企业和社会各界参与、市场化运作、可持续的城乡生态产品价值实现机制。开展生态产品价值核算，通过政府对公共生态产品采购、生产者对自然资源约束性有偿使用、消费者对生态环境附加值付费、供需双方在生态产品交易市场中的权益交易等方式，构建更多运用经济杠杆进行生态保护和环境治理的市场体系。完善自然资源资产产权制度，维护参与者权益。完善自然资源价格形成机制，建立自然资源政府公示价格体系，推进自然资源资产抵押融资，增强市场活力。

（二十五）建立乡村文化保护利用机制

立足乡村文明，吸取城市文明及外来文化优秀成果，推动乡村优秀传统文化创造性转化、创新性发展。推动优秀农耕文化遗产保护与合理适度利用。建立地方和民族特色文化资源挖掘利用机制，发展特色文化产业。创新传统工艺振兴模式，发展特色工艺产品和品牌。健全文物保护单位和传统村落整体保护利用机制。鼓励乡村建筑文化传承创新，强化村庄建筑风貌规划管控。培育挖掘乡土文化本土人才，引导企业积极参与，显化乡村文化价值。

（二十六）搭建城乡产业协同发展平台

培育发展城乡产业协同发展先行区，推动城乡要素跨界配置和产业有机融合。把特色小镇作为城乡要素融合重要载体，打造集聚特色产业的创新创业生态圈。优化提升各类农业园区。完善小城镇联结城乡的功能，探索创新美丽乡村特色化差异化发展模式，盘活用好乡村资源资产。创建一批城乡融合典型项目，形成示范带动效应。

（二十七）健全城乡统筹规划制度

科学编制市县发展规划，强化城乡一体设计，统筹安排市县农田保护、生态涵养、城镇建设、村落分布等空间布局，统筹推进产业发展和基础设施、公共服务等建设，更好发挥规划对市县发展的指导约束作用。按照“多规合一”要求编制市县空间规划，实现土地利用规划、城乡规划等有机融合，确保“三区三线”在市县层面精准落地。加快培育乡村规划设计、项目建设运营等方面人才。综合考虑村庄演变规律、集聚特点和现状分布，鼓励有条件的地区因地制宜编制村庄规划。

六、建立健全有利于农民收入持续增长的体制机制（略）

七、组织保障（略）

（文件来源：国务院公报2019年第14号）

关于推进养老服务发展的意见（节选）

国办发〔2019〕5号　2019年4月16日

一、深化放管服改革

（一）建立养老服务综合监管制度

制定“履职照单免责、失职照单问责”的责任清单，制定加强养老服务综合监管的相关政策文件，建立各司其职、各尽其责的跨部门协同监管机制，完善事中事后监管制度。健全“双随机、一公开”工作机制，加大对违规行为的查处惩戒力度，坚持最严谨的标准、最严格的监管、最严厉的处罚、最严肃的问责。市场监管部门要将企业登记基本信息共享至省级共享平台或省级部门间数据接口；民政部门要及时下载养老机构相关信息，加强指导和事中事后监管。加快推进养老服务领域社会信用体系建设，2019年6月底前，建立健全失信联合惩戒机制，对存在严重失信行为的养老服务机构（含养老机构、居家社区养老服务机构，以及经营范围和组织章程中包含养老服务内容的其他企业、事业单位和社会组织）及人员实施联合惩戒。养老服务机构行政许可、行政处罚、抽查检查结果等信息按经营性质分别通过全国信用信息共享平台、国家企业信用信息公示系统记于其名下并依法公示。（民政部、国家发展改革委、人民银行、市场监管总局按职责分工负责，地方各级人民政府负责）

（二）继续深化公办养老机构改革

充分发挥公办养老机构及公建民营养老机构兜底保障作用，在满足当前和今后一个时期特困人员集中供养需求的前提下，重点为经济困难失能（含失智，下同）老年人、计划生育特殊家庭老年人提供无偿或低收费托养服务。坚持公办养老机构公益属性，确定保障范围，其余床位允许向社会开放，研究制定收费指导标准，收益用于支持兜底保障对象的养老服务。探索具备条件的公办养老机构改制为国有养老服务企业。制定公建民营养老机构管理办法，细化评审标准和遴选规则，加强合同执行情况监管。公建民营养老机构运营方应定期向委托部门报告机构资产情况、运营情况，及时报告突发重大情况。（民政部、国家发展改革委、财政部、中央编办、国资委、卫生健康委按职责分工负责，地方各级人民政府负责）

（三）解决养老机构消防审验问题

依照《建筑设计防火规范》，做好养老机构消防审批服务，提高审批效能。对依法申报消防设计审核、消防验收和消防备案的养老机构，主动提供消防技术咨询服务，依法尽快办理。各地要结合实际推行养老服务行业消防安全标准化管理，注重分类引导，明确养老机构建筑耐火等级、楼层设置和平面布置、防火分隔措施、安全疏散和避难设计、建筑消防设施、消防管理机构和人员、微型消防站建设等配置要求，推动养老机构落实消防安全主体责任，开展隐患自查自改，提升自我管理水平。农村敬老院及利用学校、厂房、商业场所等举办的符合消防安全要求的养老机构，因未办理不动产登记、土地规划等手续问题未能通过消防审验的，2019 年 12 月底前，由省级民政部门提请省级人民政府组织有关部门集中研究处置。具备消防安全技术条件的，由相关主管部门出具意见，享受相应扶持政策。（应急部、住房城乡建设部、自然资源部、民政部、市场监管总局按职责分工负责，地方各级人民政府负责）

（四）减轻养老服务税费负担

聚焦减税降费，养老服务机构符合现行政策规定条件的，可享受小微企业等财税优惠政策。研究非营利性养老服务机构企业所得税支持政策。对在社区提供日间照料、康复护理、助餐助行等服务的养老服务机构给予税费减免扶持政策。落实各项行政事业性收费减免政策，落实养老服务机构用电、用水、用气、用热享受居民价格政策，不得以土地、房屋性质等为理由拒绝执行相关价格政策。（财政部、税务总局、国家发展改革委、市场监管总局按职责分工负责，地方各级人民政府负责）

（五）提升政府投入精准化水平

民政部本级和地方各级政府用于社会福利事业的彩票公益金，要加大倾斜力度，到 2022 年要将不低于 55%的资金用于支持发展养老服务。接收经济困难的高龄失能老年人的养老机构，不区分经营性质按上述老年人数量同等享受运营补贴，入住的上述老年人按规定享受养老服务补贴。将养老服务纳入政府购买服务指导性目录，全面梳理现行由财政支出安排的各类养老服务项目，以省为单位制定政府购买养老服务标准，重点购买生活照料、康复护理、机构运营、社会工作和人员培养等服务。（财政部、民政部、卫生健康委按职责分工负责，地方各级人民政府负责）

（六）支持养老机构规模化、连锁化发展

支持在养老服务领域着力打造一批具有影响力和竞争力的养老服务商标品牌，对养老服务商标品牌依法加强保护。对已经在其他地方取得营业执照的企业，不得要求其在本地开展经营活动时必须设立子公司。开展城企协同推进养老服务发展行动计划。非营利性养老机构可在其登记管理机关管辖区域内设立多个不具备法人资格的服务网点。（市场监管总局、知识产权局、民政部、国家发展改革委按职责分工负责，地方各级人民政府负责）

（七）做好养老服务领域信息公开和政策指引

建立养老服务监测分析与发展评价机制，完善养老服务统计分类标准，加强统计监测工作。2019 年 6 月底前，各省级人民政府公布本行政区域现行养老服务扶持政策措施清单、养老服务供需信息或投资指南。制定养老服务机构服务质量信息公开规范，公开养老服务项目清单、服务指南、服务标准等信息。集中清理废除在养老服务机构公建民营、养老设施招投标、政府购买养老服务中涉及地方保护、排斥营利性养老服务机构参与竞争等妨碍统一市场和公平竞争的各种规定和做法。（统计局、国家发展改革委、民政部、财政部、市场监管总局按职责分工负责，各省级人民政府负责）

二、拓宽养老服务投融资渠道

（八）推动解决养老服务机构融资问题

畅通货币信贷政策传导机制，综合运用多种工具，抓好支小再贷款等政策落实。对符合授信条件但暂时遇到经营困难的民办养老机构，要继续予以资金支持。切实解决养老服务机构融资过程中有关金融机构违规收取手续费、评估费、承诺费、资金管理费等问题，减少融资附加费用，降低融资成本。鼓励商业银行探索向产权明晰的民办养老机构发放资产（设施）抵押贷款和应收账款质押贷款。探索允许营利性养老机构以有偿取得的土地、设施等资产进行抵押融资。大力支持符合条件的市场化、规范化程度高的养老服务企业上市融资。支持商业保险机构举办养老服务机构或参与养老服务机构的建设和运营，适度拓宽保险资金投资建设养老项目资金来源。更好发挥创业担保贷款政策作用，对从事养老服务行业并符合条件的个人和小微企业给予贷款支持，鼓励金融机构参照贷款基础利率，结合风险分担情况，合理确定贷款利率水平。（人民银行、财政部、银保监会、证监会、自然资源部按职责分工负责）

（九）扩大养老服务产业相关企业债券发行规模

根据企业资金回流情况科学设计发行方案，支持合理灵活设置债券期限、选择权及还本付息方式，用于为老年人提供生活照料、康复护理等服务设施设备，以及开发康复辅助器具产品用品项目。鼓励企业发行可续期债券，用于养老机构等投资回收期较长的项目建设。对于项目建成后有稳定现金流的养老服务项目，允许以项目未来收益权为债券发行提供质押担保。允许以建设用地使用权抵押担保方式为债券提供增信。探索发行项目收益票据、项目收益债券支持养老服务产业项目的建设和经营。（国家发展改革委、人民银行、银保监会、证监会按职责分工负责）

（十）全面落实外资举办养老服务机构国民待遇

境外资本在内地通过公建民营、政府购买服务、政府和社会资本合作等方式参与发展养老服务，同等享受境内资本待遇。境外资本在内地设立的养老机构接收政府兜底保障对象的，同等享受运营补贴等优惠政策。将养老康复产品服务纳入中国国际进口博览会招展范围，探索设立养老、康复展区。（民政部、国家发展改革委、商务部按职责分工负责）

三、扩大养老服务就业创业（略）

四、扩大养老服务消费（略）

五、促进养老服务高质量发展（略）

六、促进养老服务基础设施建设

（二十四）实施特困人员供养服务设施（敬老院）改造提升工程

将补齐农村养老基础设施短板、提升特困人员供养服务设施（敬老院）建设标准纳入脱贫攻坚工作和乡村振兴战略。从2019年起实施特困人员供养服务设施（敬老院）改造提升工程，积极发挥政府投资引导作用，充分调动社会资源，利用政府和社会资本合作、公建民营等方式，支持特困人员供养服务设施（敬老院）建设、改造升级照护型床位，开辟失能老年人照护单元，确保有意愿入住的特困人员全部实现集中供养。逐步将特困人员供养服务设施（敬老院）转型为区域性养老服务中心。（民政部、国家发展改革委按职责分工负责，地方各级人民政府负责）

（二十五）实施民办养老机构消防安全达标工程

从2019年起，民政部本级和地方各级政府用于社会福利事业的彩票公益金，采取以奖代补等方式，引导和帮助存量民办养老机构按照国家工程建设消防技术标准配置消防设施、器材，针对重大火灾隐患进行整改。对因总建筑面积较小或受条件限制难以设置自动消防系统的建筑，加强物防、技防措施，在服务对象住宿、主要活动场所和康复医疗用房安装独立式感烟火灾探测报警器和局部应用自动喷水灭火系统，配备应急照明设备和灭火器。（财政部、民政部、应急部按职责分工负责）

（二十六）实施老年人居家适老化改造工程

2020年年底前，采取政府补贴等方式，对所有纳入特困供养、建档立卡范围的高龄、失能、残疾老年人家庭，按照《无障碍设计规范》实施适老化改造。有条件的地方可积极引导城乡老年人家庭进行适老化改造，根据老年人社会交往和日常生活需要，结合老旧小区改造等因地制宜实施。（民政部、住房城乡建设部、财政部、卫生健康委、扶贫办、中国残联按职责分工负责，地方各级人民政府负责）

（二十七）落实养老服务设施分区分级规划建设要求

2019年在全国部署开展养老服务设施规划建设情况监督检查，重点清查整改规划未编制、新建住宅小区与配套养老服务设施“四同步”（同步规划、同步建设、同步验收、同步交付）未落实、社区养老服务设施未达标、已建成养老服务设施未移交或未有效利用等问题。完善“四同步”工作规则，明确民政部门在“四同步”中的职责，对已交付产权人的养老服务设施由民政部门履行监管职责，确保养老服务用途。对存在配套养老服务设施缓建、缩建、停建、不建和建而不交等问题的，在整改到位之前建设单位不得组织竣工验收。按照国家相关标准和规范，将社区居家养老服务设施建设纳入城乡社区配套用房建设范围。对于空置的公租房，可探索允许免费提供给社会力量，供其在社区为老年人开展日间照料、康复护理、助餐助行、老年教育等服务。市、县级政府要制定整合闲置设施改造为养老服务设施的政策措施；整合改造中需要办理不动产登记的，不动产登记机构要依法加快办理登记手续。推进国有企业所属培训中心和疗养机构改革，对具备条件的加快资源整合、集中运营，用于提供养老服务。凡利用建筑面积1000平方米以下的独栋建筑或者建筑物内的部分楼层改造为养老服务设施的，在符合国家相关标准的前提下，可不再要求出具近期动迁计划说明、临时改变建筑使用功能说明、环评审批文件或备案回执。对养老服务设施总量不足或规划滞后的，应在城市、镇总体规划编制或修改时予以完善，有条件的地级以上城市应当编制养老服务设施专项规划。（住房城乡建设部、自然资源部、生态环境部、民政部、国资委按职责分工负责，地方各级人民政府负责）

（二十八）完善养老服务设施供地政策

举办非营利性养老服务机构，可凭登记机关发给的社会服务机构登记证书和其他法定材料申请划拨供地，自然资源、民政部门要积极协调落实划拨用地政策。鼓励各地探索利用集体建设用地发展养老服务设施。存量商业服务用地等其他用地用于养老服务设施建设的，允许按照适老化设计要求调整户均面积、租赁期限、车位配比及消防审验等土地和规划要求。（自然资源部、住房城乡建设部、民政部按职责分工负责，地方各级人民政府负责）

关于建立国土空间规划体系并监督实施的若干意见

中发〔2019〕18号　2019年5月23日

一、重大意义

各级各类空间规划在支撑城镇化快速发展、促进国土空间合理利用和有效保护方面发挥了积极作用，但也存在规划类型过多、内容重叠冲突，审批流程复杂、周期过长，地方规划朝令夕改等问题。建立全国统一、责权清晰、科学高效的国土空间规划体系，整体谋划新时代国土空间开发保护格局，综合考虑人口分布、经济布局、国土利用、生态环境保护等因素，科学布局生产空间、生活空间、生态空间，是加快形成绿色生产方式和生活方式、推进生态文明建设、建设美丽中国的关键举措，是坚持以人民为中心、实现高质量发展和高品质生活、建设美好家园的重要手段，是保障国家战略有效实施、促进国家治理体系和治理能力现代化、实现“两个一百年”奋斗目标和中华民族伟大复兴中国梦的必然要求。

二、总体要求

（一）指导思想

以习近平新时代中国特色社会主义思想为指导，全面贯彻党的十九大和十九届二中、三中全会精神，紧紧围绕统筹推进“五位一体”总体布局和协调推进“四个全面”战略布局，坚持新发展理念，坚持以人民为中心，坚持一切从实际出发，按照高质量发展要求，做好国土空间规划顶层设计，发挥国土空间规划在国家规划体系中的基础性作用，为国家发展规划落地实施提供空间保障。健全国土空间开发保护制度，体现战略性、提高科学性、强化权威性、加强协调性、注重操作性，实现国土空间开发保护更高质量、更有效率、更加公平、更可持续。

（二）主要目标

到2020年，基本建立国土空间规划体系，逐步建立“多规合一”的规划编制审批体系、实施监督体系、法规政策体系和技术标准体系；基本完成市县以上各级国土空间总体规划编制，初步形成全国国土空间开发保护“一张图”。到2025年，健全国土空间规划法规政策和技术标准体系；全面实施国土空间监测预警和绩效考核机制；形成以国土空间规划为基础，以统一用途管制为手段的国土空间开发保护制度。到2035年，全面提升国土空间治理体系和治理能力现代化水平，基本形成生产空间集约高效、生活空间宜居适度、生态空间山清水秀，安全和谐、富有竞争力和可持续发展的国土空间格局。

三、总体框架

（三）分级分类建立国土空间规划

国土空间规划是对一定区域国土空间开发保护在空间和时间上作出的安排，包括总体规划、详细规划和相关专项规划。国家、省、市县编制国土空间总体规划，各地结合实际编制乡镇国土空间规划。相关专项规划是指在特定区域（流域）、特定领域，为体现特定功能，对空间开发保护利用作出的专门安排，是涉及空间利用的专项规划。国土空间总体规划是详细规划的依据、相关专项规划的基础；相关专项规划要相互协同，并与详细规划做好衔接。

（四）明确各级国土空间总体规划编制重点

全国国土空间规划是对全国国土空间作出的全局安排，是全国国土空间保护、开发、利用、修复的政策和总纲，侧重战略性，由自然资源部会同相关部门组织编制，由党中央、国务院审定后印发。省级国土空间规划是对全国国土空间规划的落实，指导市县国土空间规划编制，侧重协调性，由省级政府组织编制，经同级人大常委会审议后报国务院审批。市县和乡镇国土空间规划是本级政府对上级国土空间规划要求的细化落实，是对本行政区域开发保护作出的具体安排，侧重实施性。需报国务院审批的城市国土空间总体规划，由市政府组织编制，经同级人大常委会审议后，由省级政府报国务院审批；其他市县及乡镇国土空间规划由省级政府根据当地实际，明确规划编制审批内容和程序要求。各地可因地制宜，将市县与乡镇国土空间规划合并编制，也可以几个乡镇为单元编制乡镇级国土空间规划。

（五）强化对专项规划的指导约束作用

海岸带、自然保护地等专项规划及跨行政区域或流域的国土空间规划，由所在区域或上一级自然资源主管部门牵头组织编制，报同级政府审批；涉及空间利用的某一领域专项规划，如交通、能源、水利、农业、信息、市政等基础设施，公共服务设施，军事设施，以及生态环境保护、文物保护、林业草原等专项规划，由相关主管部门组织编制。相关专项规划可在国家、省和市县层级编制，不同层级、不同地区的专项规划可结合实际选择编制的类型和精度。

（六）在市县及以下编制详细规划

详细规划是对具体地块用途和开发建设强度等作出的实施性安排，是开展国土空间开发保护活动、实施国土空间用途管制、核发城乡建设项目规划许可、进行各项建设等的法定依据。在城镇开发边界内的详细规划，由市县自然资源主管部门组织编制，报同级政府审批；在城镇开发边界外的乡村地区，以一个或几个行政村为单元，由乡镇政府组织编制“多规合一”的实用性村庄规划，作为详细规划，报上一级政府审批。

四、编制要求

（七）体现战略性

全面落实党中央、国务院重大决策部署，体现国家意志和国家发展规划的战略性，自上而下编制各级国土空间规划，对空间发展作出战略性系统性安排。落实国家安全战略、区域协调发展战略和主体功能区战略，明确空间发展目标，优化城镇化格局、农业生产格局、生态保护格局，确定空间发展策略，转变国土空间开发保护方式，提升国土空间开发保护质量和效率。

（八）提高科学性

坚持生态优先、绿色发展，尊重自然规律、经济规律、社会规律和城乡发展规律，因地制宜开展规划编制工作；坚持节约优先、保护优先、自然恢复为主的方针，在资源环境承载能力和国土空间开发适宜性评价的基础上，科学有序统筹布局生态、农业、城镇等功能空间，划定生态保护红线、永久基本农田、城镇开发边界等空间管控边界以及各类海域保护线，强化底线约束，为可持续发展预留空间。坚持山水林田湖草生命共同体理念，加强生态环境分区管治，量水而行，保护生态屏障，构建生态廊道和生态网络，推进生态系统保护和修复，依法开展环境影响评价。坚持陆海统筹、区域协调、城乡融合，优化国土空间结构和布局，统筹地上地下空间综合利用，着力完善交通、水利等基础设施和公共服务设施，延续历史文脉，加强风貌管控，突出地域特色。坚持上下结合、社会协同，完善公众参与制度，发挥不同领域专家的作用。运用城市设计、乡村营造、大数据等手段，改进规划方法，提高规划编制水平。

（九）加强协调性

强化国家发展规划的统领作用，强化国土空间规划的基础作用。国土空间总体规划要统筹和综合平衡各相关专项领域的空间需求。详细规划要依据批准的国土空间总体规划进行编制和修改。相关专项规划要遵循国土空间总体规划，不得违背总体规划强制性内容，其主要内容要纳入详细规划。

（十）注重操作性

按照谁组织编制、谁负责实施的原则，明确各级各类国土空间规划编制和管理的要点。明确规划约束性指标和刚性管控要求，同时提出指导性要求。制定实施规划的政策措施，提出下级国土空间总体规划和相关专项规划、详细规划的分解落实要求，健全规划实施传导机制，确保规划能用、管用、好用。

五、实施与监管

（十一）强化规划权威

规划一经批复，任何部门和个人不得随意修改、违规变更，防止出现换一届党委和政府改一次规划。下级国土空间规划要服从上级国土空间规划，相关专项规划、详细规划要服从总体规划；坚持先规划、后实施，不得违反国土空间规划进行各类开发建设活动；坚持“多规合一”，不在国土空间规划体系之外另设其他空间规划。相关专项规划的有关技术标准应与国土空间规划衔接。因国家重大战略调整、重大项目建设或行政区划调整等确需修改规划的，须先经规划审批机关同意后，方可按法定程序进行修改。对国土空间规划编制和实施过程中的违规违纪违法行为，要严肃追究责任。

（十二）改进规划审批

按照谁审批、谁监管的原则，分级建立国土空间规划审查备案制度。精简规划审批内容，管什么就批什么，大幅缩减审批时间。减少需报国务院审批的城市数量，直辖市、计划单列市、省会城市及国务院指定城市的国土空间总体规划由国务院审批。相关专项规划在编制和审查过程中应加强与有关国土空间规划的衔接及“一张图”的核对，批复后纳入同级国土空间基础信息平台，叠加到国土空间规划“一张图”上。

（十三）健全用途管制制度

以国土空间规划为依据，对所有国土空间分区分类实施用途管制。在城镇开发边界内的建设，实行“详细规划+规划许可”的管制方式；在城镇开发边界外的建设，按照主导用途分区，实行“详细规划+规划许可”和“约束指标+分区准入”的管制方式。对以国家公园为主体的自然保护地、重要海域和海岛、重要水源地、文物等实行特殊保护制度。因地制宜制定用途管制制度，为地方管理和创新活动留有空间。

（十四）监督规划实施

依托国土空间基础信息平台，建立健全国土空间规划动态监测评估预警和实施监管机制。上级自然资源主管部门要会同有关部门组织对下级国土空间规划中各类管控边界、约束性指标等管控要求的落实情况进行监督检查，将国土空间规划执行情况纳入自然资源执法督察内容。健全资源环境承载能力监测预警长效机制，建立国土空间规划定期评估制度，结合国民经济社会发展实际和规划定期评估结果，对国土空间规划进行动态调整完善。

（十五）推进“放管服”改革

以“多规合一”为基础，统筹规划、建设、管理三大环节，推动“多审合一”“多证合一”。优化现行建设项目用地（海）预审、规划选址以及建设用地规划许可、建设工程规划许可等审批流程，提高审批效能和监管服务水平。

六、法规政策与技术保障

（十六）完善法规政策体系

研究制定国土空间开发保护法，加快国土空间规划相关法律法规建设。梳理与国土空间规划相关的现行法律法规和部门规章，对“多规合一”改革涉及突破现行法律法规规定的内容和条款，按程序报批，取得授权后施行，并做好过渡时期的法律法规衔接。完善适应主体功能区要求的配套政策，保障国土空间规划有效实施。

（十七）完善技术标准体系

按照“多规合一”要求，由自然资源部会同相关部门负责构建统一的国土空间规划技术标准体系，修订完善国土资源现状调查和国土空间规划用地分类标准，制定各级各类国土空间规划编制办法和技术规程。

（十八）完善国土空间基础信息平台

以自然资源调查监测数据为基础，采用国家统一的测绘基准和测绘系统，整合各类空间关联数据，建立全国统一的国土空间基础信息平台。以国土空间基础信息平台为底板，结合各级各类国土空间规划编制，同步完成县级以上国土空间基础信息平台建设，实现主体功能区战略和各类空间管控要素精准落地，逐步形成全国国土空间规划“一张图”，推进政府部门之间的数据共享以及政府与社会之间的信息交互。

七、工作要求

（十九）加强组织领导

各地区各部门要落实国家发展规划提出的国土空间开发保护要求，发挥国土空间规划体系在国土空间开发保护中的战略引领和刚性管控作用，统领各类空间利用，把每一寸土地都规划得清清楚楚。坚持底线思维，立足资源禀赋和环境承载能力，加快构建生态功能保障基线、环境质量安全底线、自然资源利用上线。严格执行规划，以钉钉子精神抓好贯彻落实，久久为功，做到一张蓝图干到底。地方各级党委和政府要充分认识建立国土空间规划体系的重大意义，主要负责人亲自抓，落实政府组织编制和实施国土空间规划的主体责任，明确责任分工，落实工作经费，加强队伍建设，加强监督考核，做好宣传教育。

（二十）落实工作责任

各地区各部门要加大对本行业本领域涉及空间布局相关规划的指导、协调和管理，制定有利于国土空间规划编制实施的政策，明确时间表和路线图，形成合力。组织、人事、审计等部门要研究将国土空间规划执行情况纳入领导干部自然资源资产离任审计，作为党政领导干部综合考核评价的重要参考。纪检监察机关要加强监督。发展改革、财政、金融、税务、自然资源、生态环境、住房城乡建设、农业农村等部门要研究制定完善主体功能区的配套政策。自然资源主管部门要会同相关部门加快推进国土空间规划立法工作。组织部门在对地方党委和政府主要负责人的教育培训中要注重提高其规划意识。教育部门要研究加强国土空间规划相关学科建设。自然资源部要强化统筹协调工作，切实负起责任，会同有关部门按照国土空间规划体系总体框架，不断完善制度设计，抓紧建立规划编制审批体系、实施监督体系、法规政策体系和技术标准体系，加强专业队伍建设和行业管理。自然资源部要定期对本意见贯彻落实情况进行监督检查，重大事项及时向党中央、国务院报告。

关于推进国家级经济技术开发区创新提升打造改革开放新高地的意见（节选）

国发〔2019〕11 号　2019 年 5 月 28 日

一、总体要求

（一）指导思想

以习近平新时代中国特色社会主义思想为指导，全面贯彻党的十九大和十九届二中、三中全会精神，按照党中央、国务院决策部署，坚持稳中求进工作总基调，坚持新发展理念，以供给侧结构性改革为主线，以高质量发展为核心目标，以激发对外经济活力为突破口，着力推进国家级经开区开放创新、科技创新、制度创新，提升对外合作水平、提升经济发展质量，打造改革开放新高地。

（二）基本原则

——坚持开放引领、改革创新。充分发挥国家级经开区的对外开放平台作用，坚定不移深化改革，持续优化投资环境，激发对外经济活力，打造体制机制新优势。

——坚持质量第一、效益优先。集聚知识、技术、信息、数据等生产要素，推动质量变革、效率变革、动力变革，提高全要素生产率，促进产业升级，拓展发展新空间。

——坚持市场主导、政府引导。充分发挥市场在资源配置中的决定性作用，更好发挥政府作用，弘扬企业家精神，激发市场活力和创造力，培育经济发展新动能。

二、提升开放型经济质量（略）

三、赋予更大改革自主权（略）

四、打造现代产业体系

（十一）加强产业布局统筹协调

加强上下游产业布局规划，推动国家级经开区形成共生互补的产业生态体系。国家重大产业项目优先规划布局在国家级经开区。充分发挥中央层面现有各类产业投资基金作用，支持发展重大产业项目。地方人民政府要对国家级经开区推进主导产业升级予以适当支持。（国家发展改革委、工业和信息化部、财政部等单位与地方各级人民政府按职责分工负责）

（十二）实施先进制造业集群培育行动

支持国家级经开区创建国家新型工业化产业示范基地，坚持市场化运作、内外资企业一视同仁，培育先进制造业集群。加快引进先进制造业企业、专业化“小巨人”企业、关键零部件和中间品制造企业，支持企业建设新兴产业发展联盟和产业技术创新战略联盟。（国家发展改革委、工业和信息化部等单位与地方各级人民政府按职责分工负责）加强与相关投资基金合作，充分发挥产业基金、银行信贷、证券市场、保险资金以及国家融资担保基金等作用，拓展国家级经开区发展产业集群的投融资渠道。（国家发展改革委、工业和信息化部、财政部、人民银行、银保监会、证监会等单位按职责分工负责）鼓励国家级经开区内企业承担智能制造试点示范项目，鼓励企业研发、采购先进设备、引进人才、国际化发展等。（地方各级人民政府按职责分工负责）

（十三）实施现代服务业优化升级行动

地方人民政府可结合地方服务业发展实际，利用现有政策和资金渠道，支持在符合条件的国家级经开区内发展医疗健康、社区服务等生活性服务业，以及工业设计、物流、会展等生产性服务业。（国家发展改革委、民政部、财政部、商务部、卫生健康委等单位与各省级人民政府按职责分工负责）

（十四）加快推进园区绿色升级

充分发挥政府投资基金作用，支持国家级经开区加大循环化改造力度，实施环境优化改造项目。（国家发展改革委、财政部、商务部等单位与各省级人民政府按职责分工负责）支持国家级经开区创建国家生态工业示范园区，省级人民政府相应予以政策支持。在符合园区规划环评结论和审查要求的基础上，对国家生态工业示范园区内的重大项目依法简化项目环评内容，提高审批效率。依法推进国家级经开区规划环境影响评价工作。（生态环境部、商务部等单位与各省级人民政府按职责分工负责）

（十五）推动发展数字经济

鼓励各类资本在具备条件的国家级经开区投资建设信息技术基础设施，省级人民政府可将此类投资纳入当地数字经济发展规划并予以支持。支持国家级经开区内企业创建数字产业创新中心、智能工厂、智能车间等。（中央网信办、国家发展改革委、工业和信息化部等单位与地方各级人民政府按职责分工负责）

（十六）提升产业创新能力

鼓励国家级经开区复制推广自贸试验区、自主创新示范区等试点经验，率先将国家科技创新政策落实到位，成效明显的可加大政策先行先试力度，打造成为科技创新集聚区。在服务业开放、科技成果转化、科技金融发展等方面加强制度创新。对新兴产业实行包容审慎监管。（科技部、商务部、人民银行、市场监管总局、知识产权局等单位与地方各级人民政府按职责分工负责）支持国家级经开区建设国家大科学装置和国家科技创新基地。支持符合条件的国家级经开区打造特色创新创业载体，推动中小企业创新创业升级。（国家发展改革委、科技部、工业和信息化部、财政部、商务部等单位与地方各级人民政府按职责分工负责）国家级经开区内科研院所转化职务发明成果收益给予参与研发的科技人员的现金奖励，符合税收政策相关规定的，可减按50%计入科技人员工资、薪金所得缴纳个人所得税。（财政部、税务总局等单位与地方各级人民政府按职责分工负责）鼓励国家级经开区对区内企业开展专利导航、知识产权运营、知识产权维权援助等给予支持。（市场监管总局、知识产权局等单位与地方各级人民政府按职责分工负责）支持在有条件的国家级经开区开展资本项目收入结汇支付便利化、不动产投资信托基金等试点。（人民银行、证监会、外汇局等单位与地方各级人民政府按职责分工负责）

五、完善对内对外合作平台功能

（十七）积极参与国际合作

支持国家级经开区积极探索与境外经贸合作区开展合作。支持中西部地区有关国家级经开区参与中国—新加坡（重庆）战略性互联互通示范项目“国际陆海贸易新通道”建设。（外交部、国家发展改革委、交通运输部、商务部、海关总署等单位与地方各级人民政府按职责分工负责）

（十八）打造国际合作新载体

在科技人才集聚、产业体系较为完备的国家级经开区建设一批国际合作园区，鼓励港澳地区及外国机构、企业、资本参与国际合作园区运营。支持金融机构按照风险可控、商业可持续原则，做好国际合作园区的金融服务。鼓励地方人民政府用足用好现有政策，依法、合规支持国家级经开区建设国际合作园区。（财政部、商务部、人民银行、港澳办、银保监会、证监会、进出口银行、开发银行等单位与地方各级人民政府按职责分工负责）

（十九）拓展对内开放新空间

鼓励地方人民政府依法完善财政、产业政策，支持国家级经开区根据所在区域产业布局，增强产业转移承载能力，开展项目对接。充分发挥外经贸发展专项资金作用，支持国家级经开区与边境经济合作区、跨境经济合作区开展合作，共同建设项目孵化、人才培养、市场拓展等服务平台和产业园区，为边境经济合作区、跨境经济合作区承接产业转移项目创造条件。省级人民政府要加大对共建园区基础设施建设的支持力度。（国家发展改革委、财政部、自然资源部、商务部、人民银行、银保监会等单位与地方各级人民政府按职责分工负责）

（二十）促进与所在城市互动发展

在保障信息安全的前提下，支持国家级经开区与所在地人民政府相关机构共享公共资源交易、人口、交通、空间地理等信息。国家级经开区可在国土空间基础信息平台的基础上建设城市空间基础信息平台。（公安部、自然资源部、住房城乡建设部、交通运输部等单位与地方各级人民政府按职责分工负责）推动国家级经开区完善高水平商贸旅游、医疗养老、文化教育等功能配套，规划建设城市综合体、中央商务区、专家公寓等。对公共服务重点项目，地方人民政府和国家级经开区可提供运营支持。支持有条件的国家级经开区建设国际化社区和外籍人员子女学校。（教育部、民政部、商务部、卫生健康委等单位与地方各级人民政府按职责分工负责）

六、加强要素保障和资源集约利用（节选）

（二十一）强化集约用地导向

支持国家级经开区开展旧城镇、旧厂房、旧村庄等改造，并按规定完善历史用地手续。积极落实产业用地政策，支持国家级经开区内企业利用现有存量土地发展医疗、教育、科研等项目。原划拨土地改造开发后用途符合《划拨用地目录》的，仍可继续按划拨方式使用。对符合协议出让条件的，可依法采取协议方式办理用地手续。鼓励地方人民政府通过创新产业用地分类、鼓励土地混合使用、提高产业用地土地利用效率、实行用地弹性出让、长期租赁、先租后让、租让结合供地等，满足国家级经开区的产业项目用地需求。加强国家级经开区存量用地二次开发，促进低效闲置土地的处置利用。鼓励新入区企业和土地使用权权属企业合作，允许对具备土地独立分宗条件的工业物业产权进行分割，用以引进优质项目。省级人民政府对国家级经开区盘活利用存量土地的，可给予用地指标奖励。除地方人民政府已分层设立建设用地使用权的地下空间外，现有项目开发地下空间作为自用的，其地下空间新增建筑面积可以补缴土地价款的方式办理用地手续。（自然资源部等单位与地方各级人民政府按职责分工负责）

关于促进乡村产业振兴的指导意见（节选）

国发〔2019〕12号　2019年6月28日

一、总体要求

（一）指导思想

以习近平新时代中国特色社会主义思想为指导，全面贯彻党的十九大和十九届二中、三中全会精神，牢固树立新发展理念，落实高质量发展要求，坚持农业农村优先发展总方针，以实施乡村振兴战略为总抓手，以农业供给侧结构性改革为主线，围绕农村一、二、三产业融合发展，与脱贫攻坚有效衔接、与城镇化联动推进，充分挖掘乡村多种功能和价值，聚焦重点产业，聚集资源要素，强化创新引领，突出集群成链，延长产业链、提升价值链，培育发展新动能，加快构建现代农业产业体系、生产体系和经营体系，推动形成城乡融合发展格局，为农业农村现代化奠定坚实基础。

（二）基本原则

因地制宜、突出特色。依托种养业、绿水青山、田园风光和乡土文化等，发展优势明显、特色鲜明的乡村产业，更好彰显地域特色、承载乡村价值、体现乡土气息。

市场导向、政府支持。充分发挥市场在资源配置中的决定性作用，激活要素、市场和各类经营主体。更好发挥政府作用，引导形成以农民为主体、企业带动和社会参与相结合的乡村产业发展格局。

融合发展、联农带农。加快全产业链、全价值链建设，健全利益联结机制，把以农业农村资源为依托的二、三产业尽量留在农村，把农业产业链的增值收益、就业岗位尽量留给农民。

绿色引领、创新驱动。践行绿水青山就是金山银山理念，严守耕地和生态保护红线，节约资源，保护环境，促进农村生产生活生态协调发展。推动科技、业态和模式创新，提高乡村产业质量效益。

（三）目标任务

力争用5~10年时间，农村一、二、三产业融合发展增加值占县域生产总值的比重实现较大幅度提高，乡村产业振兴取得重要进展。乡村产业体系健全完备，农业供给侧结构性改革成效明显，绿色发展模式更加成熟，乡村就业结构更加优化，农民增收渠道持续拓宽，产业扶贫作用进一步凸显。

二、突出优势特色，培育壮大乡村产业

（四）做强现代种养业

创新产业组织方式，推动种养业向规模化、标准化、品牌化和绿色化方向发展，延伸拓展产业链，增加绿色优质产品供给，不断提高质量效益和竞争力。巩固提升粮食产能，全面落实永久基本农田特殊保护制度，加强高标准农田建设，加快划定粮食生产功能区和重要农产品生产保护区。加强生猪等畜禽产能建设，提升动物疫病防控能力，推进奶业振兴和渔业转型升级。发展经济林和林下经济。（农业农村部、国家发展改革委、自然资源部、国家林草局等负责）

（五）做精乡土特色产业

因地制宜发展小宗类、多样性特色种养，加强地方品种种质资源保护和开发。建设特色农产品优势区，推进特色农产品基地建设。支持建设规范化乡村工厂、生产车间，发展特色食品、制造、手工业和绿色建筑建材等乡土产业。充分挖掘农村各类非物质文化遗产资源，保护传统工艺，促进乡村特色文化产业发展。（农业农村部、工业和信息化部、文化和旅游部、国家林草局等负责）

（六）提升农产品加工流通业

支持粮食主产区和特色农产品优势区发展农产品加工业，建设一批农产品精深加工基地和加工强县。鼓励农民合作社和家庭农场发展农产品初加工，建设一批专业村镇。统筹农产品产地、集散地、销地批发市场建设，加强农产品物流骨干网络和冷链物流体系建设。（农业农村部、国家发展改革委、工业和信息化部、商务部、国家粮食和储备局、国家邮政局等负责）

（七）优化乡村休闲旅游业

实施休闲农业和乡村旅游精品工程，建设一批设施完备、功能多样的休闲观光园区、乡村民宿、森林人家和康养基地，培育一批美丽休闲乡村、乡村旅游重点村，建设一批休闲农业示范县。（农业农村部、文化和旅游部、国家卫生健康委、国家林草局等负责）

（八）培育乡村新型服务业

支持供销、邮政、农业服务公司、农民合作社等开展农资供应、土地托管、代耕代种、统防统治、烘干收储等农业生产性服务业。改造农村传统小商业、小门店、小集市等，发展批发零售、养老托幼、环境卫生等农村生活性服务业。（农业农村部、国家发展改革委、财政部、商务部、国家邮政局、供销合作总社等负责）

（九）发展乡村信息产业

深入推进“互联网+”现代农业，加快重要农产品全产业链大数据建设，加强国家数字农业农村系统建设。全面推进信息进村入户，实施“互联网+”农产品出村进城工程。推动农村电子商务公共服务中心和快递物流园区发展。（农业农村部、中央网信办、工业和信息化部、商务部、国家邮政局等负责）

三、科学合理布局，优化乡村产业空间结构

（十）强化县域统筹

在县域内统筹考虑城乡产业发展，合理规划乡村产业布局，形成县城、中心镇（乡）、中心村层级分工明显、功能有机衔接的格局。推进城镇基础设施和基本公共服务向乡村延伸，实现城乡基础设施互联互通、公共服务普惠共享。完善县城综合服务功能，搭建技术研发、人才培训和产品营销等平台。（国家发展改革委、自然资源部、生态环境部、住房城乡建设部、农业农村部等负责）

（十一）推进镇域产业聚集

发挥镇（乡）上连县、下连村的纽带作用，支持有条件的地方建设以镇（乡）所在地为中心的产业集群。支持农产品加工流通企业重心下沉，向有条件的镇（乡）和物流节点集中。引导特色小镇立足产业基础，加快要素聚集和业态创新，辐射和带动周边地区产业发展。（国家发展改革委、住房城乡建设部、农业农村部等负责）

（十二）促进镇村联动发展

引导农业企业与农民合作社、农户联合建设原料基地、加工车间等，实现加工在镇、基地在村、增收在户。支持镇（乡）发展劳动密集型产业，引导有条件的村建设农工贸专业村。（国家发展改革委、农业农村部、商务部等负责）

（十三）支持贫困地区产业发展

持续加大资金、技术、人才等要素投入，巩固和扩大产业扶贫成果。支持贫困地区特别是“三区三州”等深度贫困地区开发特色资源、发展特色产业，鼓励农业产业化龙头企业、农民合作社与贫困户建立多种形式的利益联结机制。引导大型加工流通、采购销售、投融资企业与贫困地区对接，开展招商引资，促进产品销售。鼓励农业产业化龙头企业与贫困地区合作创建绿色食品、有机农产品原料标准化生产基地，带动贫困户进入大市场。（农业农村部、国家发展改革委、财政部、商务部、国务院扶贫办等负责）

四、促进产业融合发展，增强乡村产业聚合力

（十四）培育多元融合主体

支持农业产业化龙头企业发展，引导其向粮食主产区和特色农产品优势区集聚。启动家庭农场培育计划，开展农民合作社规范提升行动。鼓励发展农业产业化龙头企业带动、农民合作社和家庭农场跟进、小农户参与的农业产业化联合体。支持发展县域范围内产业关联度高、辐射带动力强、多种主体参与的融合模式，实现优势互补、风险共担、利益共享。（农业农村部、国家发展改革委、财政部、国家林草局等负责）

（十五）发展多类型融合业态

跨界配置农业和现代产业要素，促进产业深度交叉融合，形成“农业+”多业态发展态势。推进规模种植与林牧渔融合，发展稻渔共生、林下种养等。推进农业与加工流通业融合，发展中央厨房、直供直销、会员农业等。推进农业与文化、旅游、教育、康养等产业融合，发展创意农业、功能农业等。推进农业与信息产业融

合，发展数字农业、智慧农业等。（农业农村部、国家发展改革委、教育部、工业和信息化部、文化和旅游部、国家卫生健康委、国家林草局等负责）

（十六）打造产业融合载体

立足县域资源禀赋，突出主导产业，建设一批现代农业产业园和农业产业强镇，创建一批农村产业融合发展示范园，形成多主体参与、多要素聚集、多业态发展格局。（农业农村部、国家发展改革委、财政部、国家林草局等负责）

（十七）构建利益联结机制

引导农业企业与小农户建立契约型、分红型、股权型等合作方式，把利益分配重点向产业链上游倾斜，促进农民持续增收。完善农业股份合作制企业利润分配机制，推广"订单收购+分红""农民入股+保底收益+按股分红"等模式。开展土地经营权入股从事农业产业化经营试点。（农业农村部、国家发展改革委等负责）

五、推进质量兴农绿色兴农，增强乡村产业持续增长力（略）

六、推动创新创业升级，增强乡村产业发展新动能（略）

七、完善政策措施，优化乡村产业发展环境

（二十四）健全财政投入机制

加强一般公共预算投入保障，提高土地出让收入用于农业农村的比例，支持乡村产业振兴。新增耕地指标和城乡建设用地增减挂钩节余指标跨省域调剂收益，全部用于巩固脱贫攻坚成果和支持乡村振兴。鼓励有条件的地方按市场化方式设立乡村产业发展基金，重点用于乡村产业技术创新。鼓励地方按规定对吸纳贫困家庭劳动力、农村残疾人就业的农业企业给予相关补贴，落实相关税收优惠政策。（财政部、自然资源部、农业农村部、税务总局、国务院扶贫办等负责）

（二十五）创新乡村金融服务

引导县域金融机构将吸收的存款主要用于当地，重点支持乡村产业。支持小微企业融资优惠政策适用于乡村产业和农村创新创业。发挥全国农业信贷担保体系作用，鼓励地方通过实施担保费用补助、业务奖补等方式支持乡村产业贷款担保，拓宽担保物范围。允许权属清晰的农村承包土地经营权、农业设施、农机具等依法抵押贷款。加大乡村产业项目融资担保力度。支持地方政府发行一般债券用于支持乡村振兴领域的纯公益性项目建设。鼓励地方政府发行项目融资和收益自平衡的专项债券，支持符合条件、有一定收益的乡村公益性项目建设。规范地方政府举债融资行为，不得借乡村振兴之名违法违规变相举债。支持符合条件的农业企业上市融资。（人民银行、财政部、农业农村部、银保监会、证监会等负责）

（二十六）有序引导工商资本下乡

坚持互惠互利，优化营商环境，引导工商资本到乡村投资兴办农民参与度高、受益面广的乡村产业，支持发展适合规模化集约化经营的种养业。支持企业到贫困地区和其他经济欠发达地区吸纳农民就业、开展职业培训和就业服务等。工商资本进入乡村，要依法依规开发利用农业农村资源，不得违规占用耕地从事非农产业，不能侵害农民财产权益。（农业农村部、国家发展改革委等负责）

（二十七）完善用地保障政策

耕地占补平衡以县域自行平衡为主，在安排土地利用年度计划时，加大对乡村产业发展用地的倾斜支持力

度。探索针对乡村产业的省市县联动“点供”用地。推动制修订相关法律法规，完善配套制度，开展农村集体经营性建设用地入市改革，增加乡村产业用地供给。有序开展县域乡村闲置集体建设用地、闲置宅基地、村庄空闲地、厂矿废弃地、道路改线废弃地、农业生产与村庄建设复合用地及“四荒地”（荒山、荒沟、荒丘、荒滩）等土地综合整治，盘活建设用地重点用于乡村新产业新业态和返乡入乡创新创业。完善设施农业用地管理办法。（自然资源部、农业农村部、司法部、国家林草局等负责）

（二十八）健全人才保障机制

各类创业扶持政策向农业农村领域延伸覆盖，引导各类人才到乡村兴办产业。加大农民技能培训力度，支持职业学校扩大农村招生。深化农业系列职称制度改革，开展面向农技推广人员的评审。支持科技人员以科技成果入股农业企业，建立健全科研人员校企、院企共建双聘机制，实行股权分红等激励措施。实施乡村振兴青春建功行动。（科技部、教育部、人力资源和社会保障部、农业农村部、退役军人部、共青团中央、全国妇联等负责）

八、强化组织保障，确保乡村产业振兴落地见效（略）

关于完善建设用地使用权转让、出租、抵押二级市场的指导意见

国办发〔2019〕34 号　2019 年 7 月 19 日

一、总体要求

（一）指导思想

以习近平新时代中国特色社会主义思想为指导，全面贯彻党的十九大和十九届二中、三中全会精神，紧紧围绕统筹推进“五位一体”总体布局和协调推进“四个全面”战略布局，认真落实党中央、国务院决策部署，充分发挥市场在资源配置中的决定性作用，更好发挥政府作用，坚持问题导向，以建立城乡统一的建设用地市场为方向，以促进土地要素流通顺畅为重点，以提高存量土地资源配置效率为目的，以不动产统一登记为基础，与国土空间规划及相关产业规划相衔接，着力完善土地二级市场规则，健全服务和监管体系，提高节约集约用地水平，为完善社会主义市场经济体制、推动经济高质量发展提供用地保障。

（二）基本原则

把握正确方向。坚持社会主义市场经济改革方向，突出市场在资源配置中的决定性作用，着力减少政府微观管理和直接干预。落实“放管服”改革总体要求，强化监管责任，减少事前审批，创新和完善事中事后监管，激发市场活力，增强内生动力。

规范市场运行。完善交易规则，维护市场秩序，保证市场主体在公开、公平、公正的市场环境下进行交易，保障市场依法依规运行和健康有序发展，促进要素流动和平等交换，提高资源配置效率。

维护合法权益。坚持平等、全面、依法保护产权。充分尊重权利人意愿，保障市场主体合法权益，实现各类市场主体按照市场规则和市场价格依法平等使用和交易建设用地使用权，实现产权有效激励。切实维护土地所有权人权益，防止国有土地资产流失。

提高服务效能。强化服务意识，优化交易流程，降低交易成本，提高办事效率，方便群众办事，全面提升土地市场领域政府治理能力和水平。

（三）目标任务

建立产权明晰、市场定价、信息集聚、交易安全、监管有效的土地二级市场，市场规则健全完善，交易平台全面形成，服务和监管落实到位，市场秩序更加规范，制度性交易成本明显降低，土地资源配置效率显著提高，形成一、二级市场协调发展、规范有序、资源利用集约高效的现代土地市场体系。

（四）适用范围

建设用地使用权转让、出租、抵押二级市场的交易对象是国有建设用地使用权，重点针对土地交易以及土地连同地上建筑物、其他附着物等整宗地一并交易的情况。涉及到房地产交易的，应当遵守《中华人民共和国城市房地产管理法》《城市房地产开发经营管理条例》等法律法规规定。

二、完善转让规则，促进要素流通

（五）明确建设用地使用权转让形式

将各类导致建设用地使用权转移的行为都视为建设用地使用权转让，包括买卖、交换、赠与、出资，以及司法处置、资产处置、法人或其他组织合并或分立等形式涉及的建设用地使用权转移。建设用地使用权转移的，地上建筑物、其他附着物所有权应一并转移。涉及到房地产转让的，按照房地产转让相关法律法规规定，办理房地产转让相关手续。

（六）明晰不同权能建设用地使用权转让的必要条件

以划拨方式取得的建设用地使用权转让，需经依法批准，土地用途符合《划拨用地目录》的，可不补缴土地出让价款，按转移登记办理；不符合《划拨用地目录》的，在符合规划的前提下，由受让方依法依规补缴土地出让价款。以出让方式取得的建设用地使用权转让，在符合法律法规规定和出让合同约定的前提下，应充分保障交易自由；原出让合同对转让条件另有约定的，从其约定。以作价出资或入股方式取得的建设用地使用权转让，参照以出让方式取得的建设用地使用权转让有关规定，不再报经原批准建设用地使用权作价出资或入股的机关批准；转让后，可保留为作价出资或入股方式，或直接变更为出让方式。

（七）完善土地分割、合并转让政策

分割、合并后的地块应具备独立分宗条件，涉及公共配套设施建设和使用的，转让双方应在合同中明确有关权利义务。拟分割宗地已预售或存在多个权利主体的，应取得相关权利人同意，不得损害权利人合法权益。

（八）实施差别化的税收政策

各地可根据本地实际，在地方权限内探索城镇土地使用税差别化政策，促进土地节约集约利用。

三、完善出租管理，提高服务水平

（九）规范以有偿方式取得的建设用地使用权出租管理

以出让、租赁、作价出资或入股等有偿方式取得的建设用地使用权出租或转租的，不得违反法律法规和有偿使用合同的相关约定。

（十）规范划拨建设用地使用权出租管理

以划拨方式取得的建设用地使用权出租的，应按照有关规定上缴租金中所含土地收益，纳入土地出让收入管理。宗地长期出租，或部分用于出租且可分割的，应依法补办出让、租赁等有偿使用手续。建立划拨建设用地使用权出租收益年度申报制度，出租人依法申报并缴纳相关收益的，不再另行单独办理划拨建设用地使用权出租的批准手续。

（十一）营造建设用地使用权出租环境

市、县自然资源主管部门应当提供建设用地使用权出租供需信息发布条件和场所，制定规范的出租合同文本，提供交易鉴证服务，保障权利人的合法权益。统计分析建设用地使用权出租情况及市场相关数据，定期发布出租市场动态信息和指南。

四、完善抵押机制，保障合法权益

（十二）明确不同权能建设用地使用权抵押的条件

以划拨方式取得的建设用地使用权可以依法依规设定抵押权，划拨土地抵押权实现时应优先缴纳土地出让收入。以出让、作价出资或入股等方式取得的建设用地使用权可以设定抵押权。以租赁方式取得的建设用地使用权，承租人在按规定支付土地租金并完成开发建设后，根据租赁合同约定，其地上建筑物、其他附着物连同土地可以依法一并抵押。

（十三）放宽对抵押权人的限制

自然人、企业均可作为抵押权人申请以建设用地使用权及其地上建筑物、其他附着物所有权办理不动产抵押相关手续，涉及企业之间债权债务合同的须符合有关法律法规的规定。

（十四）依法保障抵押权能

探索允许不以公益为目的的养老、教育等社会领域企业以有偿取得的建设用地使用权、设施等财产进行抵押融资。各地要进一步完善抵押权实现后保障原有经营活动持续稳定的配套措施，确保土地用途不改变、利益相关人权益不受损。探索建立建设用地使用权抵押风险提示机制和抵押资金监管机制，防控市场风险。

五、创新运行模式，规范市场秩序

（十五）建立交易平台

各地要在市、县自然资源主管部门现有的土地交易机构或平台基础上搭建城乡统一的土地市场交易平台，汇集土地二级市场交易信息，提供交易场所，办理交易事务，大力推进线上交易平台和信息系统建设。

（十六）规范交易流程

建立“信息发布—达成意向—签订合同—交易监管”的交易流程。交易双方可通过土地二级市场交易平台等渠道发布和获取市场信息；可自行协商交易，也可委托土地二级市场交易平台公开交易；达成一致后签订合同，依法申报交易价格，申报价格比标定地价低20%以上的，市、县人民政府可行使优先购买权。各地要加强交易事中事后监管，对违反有关法律法规或不符合出让合同约定、划拨决定书规定的，不予办理相关手续。

（十七）加强信息互通共享

加强涉地司法处置工作衔接，涉及建设用地使用权转移的案件，自然资源主管部门应当向人民法院提供所涉不动产的权利状况、原出让合同约定的权利义务情况等。建立健全执行联动机制，司法处置土地可进入土地二级市场交易平台交易。加强涉地资产处置工作衔接，政府有关部门或事业单位进行国有资产处置时涉及划拨建设用地使用权转移的，应征求自然资源主管部门意见，并将宗地有关情况如实告知当事人。自然资源、住房城乡建设、税务、市场监管等主管部门应加强对涉地股权转让的联合监管。加强建设用地使用权与房地产交易管理的衔接，建设用地使用权转让、出租、抵押涉及房地产转让、出租、抵押的，住房城乡建设主管部门与自然资源主管部门应当加强信息共享。

六、健全服务体系，加强监测监管

（十八）提供便捷高效的政务服务

在土地交易机构或平台内汇集交易、登记、税务、金融等相关部门或机构的办事窗口，大力发展“互联网+政务服务”，积极推进“一窗受理、一网通办、一站办结”，大力精简证明材料，压缩办理时间，提高办事效率和服务水平。发挥土地交易机构或平台的专业优势，提供法律、政策咨询服务，协调矛盾，化解纠纷，营造良好的交易环境。

（十九）培育和规范中介组织

发挥社会中介组织在市场交易活动中的桥梁作用，发展相关机构，为交易各方提供推介、展示、咨询、估价、经纪等服务。各地要加强指导和监管，引导社会中介组织诚信经营。

（二十）加强市场监测监管与调控

健全土地二级市场动态监测监管制度，完善监测监管信息系统。严格落实公示地价体系，定期更新和发布基准地价或标定地价；完善土地二级市场的价格形成、监测、指导、监督机制，防止交易价格异常波动。土地转让涉及房地产开发的相关资金来源应符合房地产开发企业购地和融资的相关规定。强化土地一、二级市场联动，加强土地投放总量、结构、时序等的衔接，适时运用财税、金融等手段，加强对土地市场的整体调控，维护市场平稳运行。

（二十一）完善土地市场信用体系

土地转让后，出让合同所载明的权利义务随之转移，受让人应依法履约。要加强对交易各方的信用监管，健全以“双随机、一公开”为基本手段、以重点监管为补充、以信用监管为基础的新型监管机制。各地要结合本地区实际，制定土地市场信用评价规则和约束措施，对失信责任主体实施联合惩戒，推进土地市场信用体系共建共治共享。

七、保障措施

（二十二）加强组织领导

各地区各有关部门要充分认识完善土地二级市场的重要性，结合实际研究制定实施细则和配套措施，确保各项工作举措和要求落实到位。各级自然资源、财政、住房城乡建设、国有资产监督管理、税务、市场监管、金融等主管部门要建立联动机制，明确分工，落实责任，做好人员和经费保障，有序推进土地二级市场建设。已依法入市的农村集体经营性建设用地使用权转让、出租、抵押，可参照本意见执行。

（二十三）重视宣传引导

加大对土地二级市场相关政策的宣传力度，及时总结推广各地典型经验和创新做法，扩大土地二级市场影响力、吸引力，调动市场主体参与积极性。合理引导市场预期，及时回应公众关切，营造良好的土地市场舆论氛围，提升市场主体和全社会依法规范、节约集约用地的意识，切实提高资源利用效率。

（二十四）严格责任追究

强化监督问责，对违反土地二级市场相关规定的地方政府和有关部门、单位以及责任人员严格实行责任追究，坚决打击各种腐败行为。

关于支持深圳建设中国特色社会主义先行示范区的意见

2019 年 8 月 9 日

一、总体要求

（一）指导思想

以习近平新时代中国特色社会主义思想为指导，全面贯彻党的十九大和十九届二中、三中全会精神，紧紧围绕统筹推进“五位一体”总体布局和协调推进“四个全面”战略布局，坚持和加强党的全面领导，坚持新发展理念，坚持以供给侧结构性改革为主线，坚持全面深化改革，坚持全面扩大开放，坚持以人民为中心，践行高质量发展要求，深入实施创新驱动发展战略，抓住粤港澳大湾区建设重要机遇，增强核心引擎功能，朝着建设中国特色社会主义先行示范区的方向前行，努力创建社会主义现代化强国的城市范例。

（二）战略定位

——高质量发展高地。深化供给侧结构性改革，实施创新驱动发展战略，建设现代化经济体系，在构建高质量发展的体制机制上走在全国前列。

——法治城市示范。全面提升法治建设水平，用法治规范政府和市场边界，营造稳定公平透明、可预期的国际一流法治化营商环境。

——城市文明典范。践行社会主义核心价值观，构建高水平的公共文化服务体系和现代文化产业体系，成为新时代举旗帜、聚民心、育新人、兴文化、展形象的引领者。

——民生幸福标杆。构建优质均衡的公共服务体系，建成全覆盖可持续的社会保障体系，实现幼有善育、学有优教、劳有厚得、病有良医、老有颐养、住有宜居、弱有众扶。

——可持续发展先锋。牢固树立和践行绿水青山就是金山银山的理念，打造安全高效的生产空间、舒适宜居的生活空间、碧水蓝天的生态空间，在美丽湾区建设中走在前列，为落实联合国 2030 年可持续发展议程提供中国经验。

（三）发展目标

到 2025 年，深圳经济实力、发展质量跻身全球城市前列，研发投入强度、产业创新能力世界一流，文化软实力大幅提升，公共服务水平和生态环境质量达到国际先进水平，建成现代化国际化创新型城市。到 2035 年，深圳高质量发展成为全国典范，城市综合经济竞争力世界领先，建成具有全球影响力的创新创业创意之都，成为我国建设社会主义现代化强国的城市范例。到 21 世纪中叶，深圳以更加昂扬的姿态屹立于世界先进城市之林，成为竞争力、创新力、影响力卓著的全球标杆城市。

二、率先建设体现高质量发展要求的现代化经济体系

（四）加快实施创新驱动发展战略

支持深圳强化产学研深度融合的创新优势，以深圳为主阵地建设综合性国家科学中心，在粤港澳大湾区国际科技创新中心建设中发挥关键作用。支持深圳建设 5G、人工智能、网络空间科学与技术、生命信息与生物

医药实验室等重大创新载体，探索建设国际科技信息中心和全新机制的医学科学院。加强基础研究和应用基础研究，实施关键核心技术攻坚行动，夯实产业安全基础。探索知识产权证券化，规范有序建设知识产权和科技成果产权交易中心。支持深圳具备条件的各类单位、机构和企业在境外设立科研机构，推动建立全球创新领先城市科技合作组织和平台。支持深圳实行更加开放便利的境外人才引进和出入境管理制度，允许取得永久居留资格的国际人才在深圳创办科技型企业、担任科研机构法人代表。

（五）加快构建现代产业体系

大力发展战略性新兴产业，在未来通信高端器件、高性能医疗器械等领域创建制造业创新中心。开展市场准入和监管体制机制改革试点，建立更具弹性的审慎包容监管制度，积极发展智能经济、健康产业等新产业新业态，打造数字经济创新发展试验区。提高金融服务实体经济能力，研究完善创业板发行上市、再融资和并购重组制度，创造条件推动注册制改革。支持在深圳开展数字货币研究与移动支付等创新应用。促进与港澳金融市场互联互通和金融（基金）产品互认。在推进人民币国际化上先行先试，探索创新跨境金融监管。

（六）加快形成全面深化改革开放新格局

坚持社会主义市场经济改革方向，探索完善产权制度，依法有效保护各种所有制经济组织和公民财产权。支持深圳开展区域性国资国企综合改革试验。高标准高质量建设自由贸易试验区，加快构建与国际接轨的开放型经济新体制。支持深圳试点深化外汇管理改革。推动更多国际组织和机构落户深圳。支持深圳举办国际大型体育赛事和文化交流活动，建设国家队训练基地，承办重大主场外交活动。支持深圳加快建设全球海洋中心城市，按程序组建海洋大学和国家深海科考中心，探索设立国际海洋开发银行。

（七）助推粤港澳大湾区建设

进一步深化前海深港现代服务业合作区改革开放，以制度创新为核心，不断提升对港澳开放水平。加快深港科技创新合作区建设，探索协同开发模式，创新科技管理机制，促进人员、资金、技术和信息等要素高效便捷流动。推进深莞惠联动发展，促进珠江口东西两岸融合互动，创新完善、探索推广深汕特别合作区管理体制机制。

三、率先营造彰显公平正义的民主法治环境

（八）全面提升民主法治建设水平

在党的领导下扩大人民有序政治参与，坚持和完善人民代表大会制度，加强社会主义协商民主制度建设。用足用好经济特区立法权，在遵循宪法和法律、行政法规基本原则前提下，允许深圳立足改革创新实践需要，根据授权对法律、行政法规、地方性法规作变通规定。加强法治政府建设，完善重大行政决策程序制度，提升政府依法行政能力。加大全面普法力度，营造尊法学法守法用法的社会风尚。

（九）优化政府管理和服务

健全政企沟通机制，加快构建亲清政商关系，进一步激发和弘扬优秀企业家精神，完善企业破产制度，打造法治化营商环境。深化“放管服”改革，全面推行权力清单、责任清单、负面清单制度，推进“数字政府”改革建设，实现主动、精准、整体式、智能化的政府管理和服务。改革完善公平竞争审查和公正监管制度，推进“双随机、一公开”监管，推行信用监管改革，促进各类市场主体守法诚信经营。

（十）促进社会治理现代化

综合应用大数据、云计算、人工智能等技术，提高社会治理智能化专业化水平。加强社会信用体系建设，率先构建统一的社会信用平台。加快建设智慧城市，支持深圳建设粤港澳大湾区大数据中心。探索完善数据产权和隐私保护机制，强化网络信息安全保障。加强基层治理，改革创新群团组织、社会力量参与社会治理模式。

四、率先塑造展现社会主义文化繁荣兴盛的现代城市文明

（十一）全面推进城市精神文明建设

进一步弘扬开放多元、兼容并蓄的城市文化和敢闯敢试、敢为人先、埋头苦干的特区精神，大力弘扬粤港澳大湾区人文精神，把社会主义核心价值观融入社会发展各方面，加快建设区域文化中心城市和彰显国家文化软实力的现代文明之城。推进公共文化服务创新发展，率先建成普惠性、高质量、可持续的城市公共文化服务体系。支持深圳规划建设一批重大公共文化设施，鼓励国家级博物馆在深圳设立分馆，研究将深圳列为城市社区运动场地设施建设试点城市。鼓励深圳与香港、澳门联合举办多种形式的文化艺术活动，开展跨界重大文化遗产保护，涵养同宗同源的文化底蕴，不断增强港澳同胞的认同感和凝聚力。

（十二）发展更具竞争力的文化产业和旅游业

支持深圳大力发展数字文化产业和创意文化产业，加强粤港澳数字创意产业合作。支持深圳建设创新创意设计学院，引进世界高端创意设计资源，设立面向全球的创意设计大奖，打造一批国际性的中国文化品牌。用好香港、澳门会展资源和行业优势，组织举办大型文创展览。推动文化和旅游融合发展，丰富中外文化交流内容。有序推动国际邮轮港建设，进一步增加国际班轮航线，探索研究简化邮轮、游艇及旅客出入境手续。

五、率先形成共建共治共享共同富裕的民生发展格局

（十三）提升教育医疗事业发展水平

支持深圳在教育体制改革方面先行先试，高标准办好学前教育，扩大中小学教育规模，高质量普及高中阶段教育。充分落实高等学校办学自主权，加快创建一流大学和一流学科。建立健全适应“双元”育人职业教育的体制机制，打造现代职业教育体系。加快构建国际一流的整合型优质医疗服务体系和以促进健康为导向的创新型医保制度。扩大优质医疗卫生资源供给，鼓励社会力量发展高水平医疗机构，为港资澳资医疗机构发展提供便利。探索建立与国际接轨的医学人才培养、医院评审认证标准体系，放宽境外医师到内地执业限制，先行先试国际前沿医疗技术。

（十四）完善社会保障体系

实施科学合理、积极有效的人口政策，逐步实现常住人口基本公共服务均等化。健全多层次养老保险制度体系，构建高水平养老和家政服务体系。推动统一的社会保险公共服务平台率先落地，形成以社会保险卡为载体的“一卡通”服务管理模式。推进在深圳工作和生活的港澳居民民生方面享有“市民待遇”。建立和完善房地产市场平稳健康发展长效机制，加快完善保障性住房与人才住房制度。

六、率先打造人与自然和谐共生的美丽中国典范

（十五）完善生态文明制度

落实生态环境保护“党政同责、一岗双责”，实行最严格的生态环境保护制度，加强生态环境监管执法，对违法行为“零容忍”。构建以绿色发展为导向的生态文明评价考核体系，探索实施生态系统服务价值核算制度。完善环境信用评价、信息强制性披露等生态环境保护政策，健全环境公益诉讼制度。深化自然资源管理制度改革，创新高度城市化地区耕地和永久基本农田保护利用模式。

（十六）构建城市绿色发展新格局

坚持生态优先，加强陆海统筹，严守生态红线，保护自然岸线。实施重要生态系统保护和修复重大工程，

强化区域生态环境联防共治，推进重点海域污染物排海总量控制试点。提升城市灾害防御能力，加强粤港澳大湾区应急管理合作。加快建立绿色低碳循环发展的经济体系，构建以市场为导向的绿色技术创新体系，大力发展绿色产业，促进绿色消费，发展绿色金融。继续实施能源消耗总量和强度双控行动，率先建成节水型城市。

七、保障措施

（十七）全面加强党的领导和党的建设

落实新时代党的建设总要求，坚持把党的政治建设摆在首位，增强“四个意识”，坚定“四个自信”，做到“两个维护”。贯彻落实新时代党的组织路线，激励特区干部新时代新担当新作为。坚定不移推动全面从严治党向纵深发展，持之以恒正风肃纪反腐。

（十八）强化法治政策保障

本意见提出的各项改革政策措施，凡涉及调整现行法律的，由有关方面按法定程序向全国人大或其常委会提出相关议案，经授权或者决定后实施；涉及调整现行行政法规的，由有关方面按法定程序经国务院授权或者决定后实施。在中央改革顶层设计和战略部署下，支持深圳实施综合授权改革试点，以清单式批量申请授权方式，在要素市场化配置、营商环境优化、城市空间统筹利用等重点领域深化改革、先行先试。

（十九）完善实施机制

在粤港澳大湾区建设领导小组领导下，中央和国家机关有关部门要加强指导协调，及时研究解决深圳建设中国特色社会主义先行示范区工作推进中遇到的重大问题，重大事项按程序向党中央、国务院请示报告。广东省要积极创造条件、全力做好各项指导支持工作。深圳市要落实主体责任，继续解放思想、真抓实干，改革开放再出发，在新时代走在前列、新征程勇当尖兵。

（文件来源：国务院公报 2019 年第 24 号）

关于印发全国深化“放管服”改革优化营商环境电视电话会议重点任务分工方案的通知

国办发〔2019〕39 号　2019 年 8 月 12 日

全国深化“放管服”改革优化营商环境电视电话会议重点任务分工方案（节选）

一、推动简政放权向纵深发展，进一步放出活力（节选）

（一）进一步放宽市场准入，缩减市场准入负面清单事项，清单之外不得另设门槛和隐性限制。（国家发展改革委、商务部牵头，国务院相关部门及各地区按职责分工负责）

具体措施：

1. 2019 年 9 月底前修订形成新版市场准入负面清单，缩减清单事项，以服务业为重点试点进一步放宽市场准入限制。推行“全国一张清单”管理模式，建立全国统一的清单代码体系，严禁各地区、各部门自行发布市

场准入性质的负面清单。（国家发展改革委、商务部负责）

2. 2019 年修订《公平竞争审查制度实施细则（暂行）》，组织各地区、各部门完成存量文件专项清理，修改、废止一批不利于公平竞争的政策措施，加快研究制定实施竞争政策的指导意见。（市场监管总局牵头，各地区、各部门负责）

3. 2019 年 9 月底前部署开展招投标领域专项整治，全面清理各级政府及有关部门规章、行政规范性文件和其他政策措施中对民营、外资企业投标设置不合理限制和壁垒的规定，纠正并查处一批不合理限制或排斥潜在投标人等违法违规行为。（国家发展改革委等国务院相关部门按职责分工负责）

4. 加强对各地区、各部门政府采购活动的指导和监管，清理政府采购领域妨碍统一市场与公平竞争的规定和做法。（财政部、市场监管总局负责）

（二）继续压减中央和地方层面设定的行政许可事项。2019 年内中央层面再取消下放一批行政许可事项。对保留的许可事项要逐项明确许可范围、条件和环节等，能简化的都要尽量简化。（国务院办公厅牵头，各地区、各部门负责）

具体措施：

1. 2019 年年底前研究提出 50 项以上拟取消下放和改变管理方式的行政许可事项，清理简并多部门、多层级实施的重复审批。编制公布中央层面设定的行政许可事项清单，逐项简化并明确许可范围、许可条件、许可有效期限等，细化审批标准、办理程序和时限等要求。（国务院办公厅牵头，国务院相关部门按职责分工负责）

2. 组织清理规范地方层面设定的行政许可事项，2019 年年底前以省为单位集中统一公布地方层面设定的行政许可事项清单。（国务院办公厅牵头，各地区负责）

3. 深化交通运输领域简政放权。简化道路客运经营许可事项和申请材料，精简道路货运从业驾驶员培训考试。优化机动车产品准入，依法整合汽车产品公告、强制性产品认证、环保型式核准目录、道路运输车辆燃料消耗量达标车型公告等，实现一次送检、全面检测、结果互认。2019 年年底前形成货车“三检合一”实施方案。（国家发展改革委、公安部、交通运输部、生态环境部、工业和信息化部、市场监管总局按职责分工负责）

（三）略

（四）大力清理简并种类过多、划分过细的资质资格许可事项。（人力资源和社会保障部、自然资源部、住房城乡建设部、交通运输部等国务院相关部门按职责分工负责）

具体措施：

1. 推动技能人员水平评价类职业资格分批调整退出国家职业资格目录，2019 年年底前建立完善职业技能等级制度，推动实现由用人单位和第三方机构开展职业技能等级认定、颁发职业技能等级证书，政府不再颁发职业技能等级证书。对涉及国家安全、公共安全、生态环境安全、人身健康、生命财产安全的水平评价类职业资格，确需实施准入管理的，依照法定程序调整为准入类职业资格。2020 年年底前将国家职业资格数量再压减一半以上。（人力资源社会保障部牵头，国务院相关部门按职责分工负责）

2. 大幅压减企业资质资格认定事项，力争 2020 年年底前将工程建设、测绘等领域企业资质类别、等级压减 1/3 以上，凡是能由市场机制调节的一律取消，对保留的事项要精简资质类别、归并等级设置。探索对部分资质资格实行告知承诺管理。（自然资源部、住房城乡建设部、交通运输部、应急部等国务院相关部门按职责分工负责）

（五）（六）（七）（八）略

（九）全面开展工程建设项目审批制度改革，压减审批时间和环节，在确保实现将审批时间压减到

120 个工作日以内的基础上，有条件的地方要进一步压减审批时间。(住房城乡建设部牵头，国务院相关部门及各地区按职责分工负责)

具体措施：

1. 继续开展工程建设项目审批制度全流程、全覆盖改革，大力精简工程建设项目审批环节和事项，分类优化审批流程，实施联合审图和联合验收等。在试点地区探索取消施工图审查（或缩小审查范围）、实行告知承诺制和设计人员终身负责制，并加强事中事后监管。2019 年年底前在东部沿海地区率先实现“互联网+工程审批”，在全国基本实现“一窗受理、并联办理”。(住房城乡建设部牵头，国务院相关部门及各地区按职责分工负责)

2. 推进环评制度改革，对不涉及有毒有害及危险品的仓储、物流配送等一批基本不产生生态环境影响的项目，统一不再纳入环评管理。试点对环境影响小、风险可控的项目，简化环评手续或纳入环境影响登记表备案管理，2019 年年底前将项目环评审批时间压缩至法定时限的一半。(生态环境部牵头，国务院相关部门及各地区按职责分工负责)

3. 推进用地规划“多审合一、多证合一”改革，合并用地预审和规划选址，整合建设用地规划许可证、建设用地批准书、国有土地划拨决定书，2019 年年底前减少用地规划相关证照，压缩办理时限。(自然资源部及各地区按职责分工负责)

(十) 治理各种不合理收费，防止地方非税收入非正常增长、抵消减税降费的政策效果，决不能再增加收费项目，确保减税降费的目标落实到位。(财政部、国家发展改革委、民政部、税务总局、市场监管总局等国务院相关部门及各地区按职责分工负责)

具体措施：

1. 2019 年 9 月底前组织开展减税降费政策实施效果监督检查工作，重点关注非税收入增速异常和乱收费等情况，坚决纠正违规开征、多征、预征非税收入的行为，坚决查处乱收费、乱罚款和各种摊派等问题。(财政部负责)

2. 治理政府部门下属单位、行业协会商会、中介机构等涉企收费行为，坚决清理整治乱收费和第三方截留减税降费红利行为。动态调整行政事业性收费和实行政府定价的经营服务性收费目录清单，全面公示收费项目、标准和依据。2019 年 9 月底前制定出台进一步加强和改进行业协会商会收费管理的有关文件。(国家发展改革委、市场监管总局、工业和信息化部、民政部、财政部等国务院相关部门按职责分工负责)

3. 降低企业物流成本，督促各地做好口岸收费目录清单公示，整治港口、船公司、物流堆场、货代、船代等乱收费、不合理收费行为，2020 年年底前将全国单个集装箱进出口环节常规收费压减至 400 美元以内。清理铁路、水路的货运和客运杂费，降低收费标准，2019 年年底前公布收费和处罚事项清单。(交通运输部、海关总署、国家发展改革委、财政部、市场监管总局、铁路局等国务院相关部门及各地区按职责分工负责)

4. 2019 年年底前开展降低融资收费专项清理行动，规范中小企业融资时强制要求办理的担保、保险、评估、公证等事项，减少融资过程中的附加费用。(银保监会牵头，国务院相关部门按职责分工负责)

二、加强公正监管，切实管出公平（节选）

(十一)(十二)(十三) 略

(十四) 加强社会信用体系建设，大力推进信用监管，推行承诺制，让市场主体和公民讲诚信，自主承诺。对违背承诺、搞虚假承诺甚至坑蒙拐骗的，一经发现要严厉惩罚。(国家发展改革委、人民银行、市场监管总局牵头，国务院相关部门及各地区按职责分工负责)

具体措施：

1. 规范认定并设立市场主体信用“黑名单”，建立健全信用修复、异议申诉等机制。2019 年年底前修订《严重违法失信企业名单管理暂行办法》，完善经营异常名录和严重违法失信企业名单管理等制度。（国家发展改革委、市场监管总局等国务院相关部门按职责分工负责）

2. 围绕信用承诺、信用修复、失信联合惩戒、信用大数据开发利用等工作，2020 年启动信用建设和信用监管试点示范。（国家发展改革委牵头，各地区、各部门负责）

3. 2020 年年底前建立全国统一的信用报告标准，推动信用报告结果实现异地互认。（国家发展改革委、人民银行牵头，各地区、各部门负责）

4. 依托国家“互联网+监管”等系统，有效整合公共信用信息、市场信用信息、投诉举报信息和互联网及第三方相关信息，充分运用大数据、人工智能等新一代信息技术，加快实现信用监管数据可比对、过程可追溯、问题可监测。（国务院办公厅、国家发展改革委、市场监管总局牵头，各部门按职责分工负责）

5. 建立完善以信用为基础的新型海关监管机制，根据企业信用等级实施差别化通关监管措施，2019 年年底前出台对跨境电子商务等企业的认证标准。（海关总署负责）

6. 推进知识产权领域信用体系建设，研究制定知识产权（专利）领域严重失信联合惩戒对象名单管理办法。加强对商标抢注和恶意注册、非正常专利申请等行为的信用监管。研究制定规范商标注册申请行为的有关规定。（知识产权局负责）

三、大力优化政府服务，努力服出便利（节选）

（十五）（十六）（十七）略

（十八）依托全国一体化在线政务服务平台，加快打造全国政务服务“一张网”，实现更大范围“一网通办”、异地可办、“掌上可办”，确需到现场办的再到政务服务大厅办理。在办理政务服务事项过程中要注意保护商业秘密和个人隐私。（国务院办公厅牵头，国务院相关部门及各地区按职责分工负责）

具体措施：

1. 2019 年 9 月底前上线运行以国家政务服务平台为总枢纽的全国一体化在线政务服务平台，建立完善全国一体化在线政务服务平台标准规范体系、安全保障体系和法规制度体系，在更大范围实现“一网通办”、异地可办。2019 年年底前首批推动 10 种高频电子证照全国标准化应用和互信互认，推动 100 项以上政务服务事项在各省（区、市）内和跨省（区、市）实现“一网通办”。2020 年年底前基本完成对依申请办理的政务服务事项名称、编码、依据、类型等基本要素和办事指南要素在国家、省、市、县四级统一。（国务院办公厅牵头，各地区、各部门负责）

2. 更大力度推动央地数据共享，建立权威高效的数据共享协调机制，2019 年再新增拓展 1000 项共享数据，将直接关系到企业和群众办事、应用频次高的数据优先纳入共享范围，满足 30 项以上全国普遍性高频政务服务事项的数据共享需求。加快推进“互联网+可信身份认证”平台、全国人口信息社会应用平台等多种网上身份认证能力融合，为全国一体化在线政务服务平台提供统一身份认证支撑。（国务院办公厅、国家发展改革委、公安部按职责分工负责）

3. 提升政务服务大厅“一站式”功能，2019 年年底前政务服务事项进驻综合性实体政务服务大厅基本实现“应进必进”，70%以上政务服务事项实现“一窗”分类受理。推动政务服务大厅与政务服务平台全面对接融合。（国务院办公厅牵头，各地区、各部门负责）

（十九）一些带有垄断性质的供电、供水、供气、供暖等公用事业单位及医院、银行等服务机构，要从方便市场主体和人民群众出发，提高服务质量和效率，大幅压减自来水、电力、燃气、供暖办理时间，提高相关政策透明度，大力推行 APP 办事、移动支付等。（国家发展改革委、住房城乡建设部、水利部、卫生健康委、人民银行、银保监会、能源局等国务院相关部门及各地区按职责分工负责）

具体措施：

1. 2019 年年底前研究制定规范水电气暖等行业收费、管理、服务等方面的综合性意见。（国家发展改革委牵头，住房城乡建设部等国务院相关部门按职责分工负责）

2. 进一步压减办电时间，加快推广低压小微企业用电报装“三零”（零上门、零审批、零投资）服务，2019 年年底前在全国各直辖市、省会城市实现低压小微企业用电报装“三零”服务，将办电时间压缩至 30 个工作日以内。地方政府要大幅压缩电力接入工程审批时间。研究建立针对供电企业停电超过一定频次和时间的处罚机制。（能源局及各地区按职责分工负责）

3. 优化水气报装服务，指导地方落实新修订的《城镇供水服务》《燃气服务导则》等国家标准，将水气设施报装提前到施工许可证核发后即可办理，2019 年年底前将供水新增、扩容改装的报装时间分别压缩至 20 个、15 个工作日以内，将燃气报装时间压缩至 16 个工作日以内，大幅压减报装、安装费用。（住房城乡建设部、国家发展改革委及各地区按职责分工负责）

4. 指导督促商业银行优化服务，2019 年年底前解决银行卡解绑和异地注销难、“睡眠卡”收费不透明等一批群众反映强烈的问题，加快推动解决继承财产支取难问题。优化电信服务，持续推进降低电信收费、异地销户、携号转网等工作。持续优化老年证、居住证、流动人员人事档案管理等证件或手续办理流程，减少公用企事业单位索要的证明材料。（银保监会、工业和信息化部、公安部、民政部、卫生健康委、人力资源社会保障部、国家发展改革委、住房城乡建设部、司法部等国务院相关部门及各地区按职责分工负责）

（二十）大力发展服务业，采用政府和市场多元化投入的方式，引导鼓励更多社会资本进入服务业，扩大服务业对外开放，结合城镇老旧小区改造，大力发展养老、托幼、家政和“互联网+教育”“互联网+医疗”等服务，有效增加公共服务供给、提高供给质量，更好满足人民群众需求。（国家发展改革委、教育部、民政部、住房城乡建设部、商务部、卫生健康委等国务院相关部门及各地区按职责分工负责）

具体措施：

1. 2019 年 8 月底前制定出台加快发展“互联网+社会服务”的意见，提出进一步推进“互联网+”与教育、健康医疗、养老、文化、旅游、体育、家政等领域深度融合发展的政策措施，充分发挥社会领域公共服务资源作用，创新服务模式，更好惠及人民群众。（国家发展改革委牵头，教育部、民政部、商务部、文化和旅游部、卫生健康委、体育总局等国务院相关部门按职责分工负责）

2. 结合城镇老旧小区改造，深入落实养老、托幼、家政等服务业有关政策意见。推进建设城乡便民消费服务中心，进一步扩大建设范围和数量，鼓励建设社区生活服务中心，在城乡社区推动包括家政服务在内的居民生活服务业发展，更好满足群众需要。支持社会力量发展普惠性托育服务，增加普惠性托育服务有效供给，促进婴幼儿照护服务标准化、规范化发展。（住房城乡建设部、商务部、民政部、卫生健康委、国家发展改革委等国务院相关部门按职责分工负责）

3. 2020 年年底前落实互联网诊疗和互联网医院管理相关政策，推动二级以上医院普遍提供分时段预约诊疗、诊间结算、移动支付等服务。探索建立老年人长期护理需求认定和等级评定标准体系，加强医疗护理员培训，促进老龄健康服务业发展。（卫生健康委、医保局按职责分工负责）

四、强化责任担当，确保“放管服”改革不断取得新成效（略）

关于加快发展流通促进商业消费的意见（节选）

国办发〔2019〕42 号　2019 年 8 月 27 日

一、促进流通新业态新模式发展

顺应商业变革和消费升级趋势，鼓励运用大数据、云计算、移动互联网等现代信息技术，促进商旅文体等跨界融合，形成更多流通新平台、新业态、新模式。引导电商平台以数据赋能生产企业，促进个性化设计和柔性化生产，培育定制消费、智能消费、信息消费、时尚消费等商业新模式。鼓励发展“互联网+旧货”“互联网+资源循环”，促进循环消费。实施包容审慎监管，推动流通新业态新模式健康有序发展。（发展改革委、工业和信息化部、生态环境部、商务部、文化和旅游部、市场监管总局、体育总局按职责分工负责）

二、推动传统流通企业创新转型升级

支持线下经营实体加快新理念、新技术、新设计改造提升，向场景化、体验式、互动性、综合型消费场所转型。鼓励经营困难的传统百货店、大型体育场馆、老旧工业厂区等改造为商业综合体、消费体验中心、健身休闲娱乐中心等多功能、综合性新型消费载体。在城市规划调整、公共基础设施配套、改扩建用地保障等方面给予支持。（工业和信息化部、自然资源部、住房城乡建设部、商务部、体育总局按职责分工负责）

三、改造提升商业步行街

地方政府可结合实际对商业步行街基础设施、交通设施、信息平台和诚信体系等新建改建项目予以支持，提升品质化、数字化管理服务水平。在符合公共安全的前提下，支持商业步行街等具备条件的商业街区开展户外营销，营造规范有序、丰富多彩的商业氛围。扩大全国示范步行街改造提升试点范围。（住房城乡建设部、商务部、市场监管总局按职责分工负责）

四、加快连锁便利店发展

深化“放管服”改革，在保障食品安全的前提下，探索进一步优化食品经营许可条件；将智能化、品牌化连锁便利店纳入城市公共服务基础设施体系建设；强化连锁企业总部的管理责任，简化店铺投入使用、营业前消防安全检查，实行告知承诺管理；具备条件的企业从事书报刊发行业务实行“总部审批、单店备案”。支持地方探索对符合条件的品牌连锁企业试行“一照多址”登记。开展简化烟草、乙类非处方药经营审批手续试点。（住房城乡建设部、商务部、应急部、市场监管总局、新闻出版署、烟草局、药监局按职责分工负责）

五、优化社区便民服务设施

打造“互联网+社区”公共服务平台，新建和改造一批社区生活服务中心，统筹社区教育、文化、医疗、

养老、家政、体育等生活服务设施建设，改进社会服务，打造便民消费圈。有条件的地区可纳入城镇老旧小区改造范围，给予财政支持，并按规定享受有关税费优惠政策。鼓励社会组织提供社会服务。（国家发展改革委、教育部、民政部、财政部、住房城乡建设部、商务部、文化和旅游部、卫生健康委、税务总局、体育总局按职责分工负责）

六、七、八、九、十、十一（略）

十二、活跃夜间商业和市场

鼓励主要商圈和特色商业街与文化、旅游、休闲等紧密结合，适当延长营业时间，开设深夜营业专区、24小时便利店和“深夜食堂”等特色餐饮街区。有条件的地方可加大投入，打造夜间消费场景和集聚区，完善夜间交通、安全、环境等配套措施，提高夜间消费便利度和活跃度。（住房城乡建设部、交通运输部、商务部、文化和旅游部、应急部按职责分工负责）

十三、拓宽假日消费空间

鼓励有条件的地方充分利用开放性公共空间，开设节假日步行街、周末大集、休闲文体专区等常态化消费场所，组织开展特色促消费活动，探索培育专业化经营管理主体。地方政府要结合实际给予规划引导、场地设施、交通安全保障等方面支持。（住房城乡建设部、交通运输部、商务部、文化和旅游部、应急部、市场监管总局按职责分工负责）

十四、搭建品牌商品营销平台

积极培育形成若干国际消费中心城市，引导自主品牌提升市场影响力和认知度，推动国内销售的国际品牌与发达国家市场在品质价格、上市时间、售后服务等方面同步接轨。因地制宜，创造条件，吸引知名品牌开设首店、首发新品，带动扩大消费，促进国内产业升级。保护和发展中华老字号品牌，对于中华老字号中确需保护的传统技艺，可按相关规定申请非物质文化遗产保护相关资金。（商务部、文化和旅游部、市场监管总局按职责分工负责）

十五、十六、十七（略）

十八、发挥财政资金引导作用

统筹用好中央财政服务业发展资金等现有专项资金或政策，补齐流通领域短板。各地可因地制宜，加强对创新发展流通、促进扩大消费的财政支持。（财政部、商务部按职责分工负责）

十九、加大金融支持力度

鼓励金融机构创新消费信贷产品和服务，推动专业化消费金融组织发展。鼓励金融机构对居民购买新能源汽车、绿色智能家电、智能家居、节水器具等绿色智能产品提供信贷支持，加大对新消费领域金融支持力度。（人民银行、银保监会按职责分工负责）

转发住房城乡建设部关于完善质量保障体系提升建筑工程品质指导意见的通知

国办函〔2019〕92号　2019年9月15日

关于完善质量保障体系提升建筑工程品质的指导意见

建筑工程质量事关人民群众生命财产安全，事关城市未来和传承，事关新型城镇化发展水平。近年来，我国不断加强建筑工程质量管理，品质总体水平稳步提升，但建筑工程量大面广，各种质量问题依然时有发生。为解决建筑工程质量管理面临的突出问题，进一步完善质量保障体系，不断提升建筑工程品质，现提出以下意见。

一、总体要求

以习近平新时代中国特色社会主义思想为指导，全面贯彻党的十九大和十九届二中、三中全会以及中央城镇化工作会议、中央城市工作会议精神，按照党中央、国务院决策部署，坚持以人民为中心，牢固树立新发展理念，以供给侧结构性改革为主线，以建筑工程质量问题为切入点，着力破除体制机制障碍，逐步完善质量保障体系，不断提高工程质量抽查符合率和群众满意度，进一步提升建筑工程品质总体水平。

二、强化各方责任

（一）突出建设单位首要责任

建设单位应加强对工程建设全过程的质量管理，严格履行法定程序和质量责任，不得违法违规发包工程。建设单位应切实落实项目法人责任制，保证合理工期和造价。建立工程质量信息公示制度，建设单位应主动公开工程竣工验收等信息，接受社会监督。（住房城乡建设部、发展改革委负责）

（二）落实施工单位主体责任

施工单位应完善质量管理体系，建立岗位责任制度，设置质量管理机构，配备专职质量负责人，加强全面质量管理。推行工程质量安全手册制度，推进工程质量管理标准化，将质量管理要求落实到每个项目和员工。建立质量责任标识制度，对关键工序、关键部位隐蔽工程实施举牌验收，加强施工记录和验收资料管理，实现质量责任可追溯。施工单位对建筑工程的施工质量负责，不得转包、违法分包工程。（住房城乡建设部负责）

（三）明确房屋使用安全主体责任

房屋所有权人应承担房屋使用安全主体责任。房屋所有权人和使用人应正确使用和维护房屋，严禁擅自变动房屋建筑主体和承重结构。加强房屋使用安全管理，房屋所有权人及其委托的管理服务单位要定期对房屋安全进行检查，有效履行房屋维修保养义务，切实保证房屋使用安全。（住房城乡建设部负责）

（四）履行政府的工程质量监管责任

强化政府对工程建设全过程的质量监管，鼓励采取政府购买服务的方式，委托具备条件的社会力量进行工程质量监督检查和抽测，探索工程监理企业参与监管模式，健全省、市、县监管体系。完善日常检查和抽查抽测相结合的质量监督检查制度，全面推行“双随机、一公开”检查方式和“互联网+监管”模式，落实监管责任。加强工程质量监督队伍建设，监督机构履行监督职能所需经费由同级财政预算全额保障。强化工程设计安全监管，加强对结构计算书的复核，提高设计结构整体安全、消防安全等水平。（住房城乡建设部、国家发展改革委、财政部、应急部负责）

三、完善管理体制

（一）改革工程建设组织模式

推行工程总承包，落实工程总承包单位在工程质量安全、进度控制、成本管理等方面的责任。完善专业分包制度，大力发展专业承包企业。积极发展全过程工程咨询和专业化服务，创新工程监理制度，严格落实工程咨询（投资）、勘察设计、监理、造价等领域职业资格人员的质量责任。在民用建筑工程中推进建筑师负责制，依据双方合同约定，赋予建筑师代表建设单位签发指令和认可工程的权利，明确建筑师应承担的责任。（住房城乡建设部、国家发展改革委负责）

（二）完善招标投标制度

完善招标人决策机制，进一步落实招标人自主权，在评标定标环节探索建立能够更好满足项目需求的制度机制。简化招标投标程序，推行电子招标投标和异地远程评标，严格评标专家管理。强化招标主体责任追溯，扩大信用信息在招标投标环节的规范应用。严厉打击围标、串标和虚假招标等违法行为，强化标后合同履约监管。（国家发展改革委、住房城乡建设部、市场监管总局负责）

（三）推行工程担保与保险

推行银行保函制度，在有条件的地区推行工程担保公司保函和工程保证保险。招标人要求中标人提供履约担保的，招标人应当同时向中标人提供工程款支付担保。对采用最低价中标的探索实行高保额履约担保。组织开展工程质量保险试点，加快发展工程质量保险。（住房城乡建设部、国家发展改革委、财政部、人民银行、银保监会负责）

（四）加强工程设计建造管理

贯彻落实“适用、经济、绿色、美观”的建筑方针，指导制定符合城市地域特征的建筑设计导则。建立建筑“前策划、后评估”制度，完善建筑设计方案审查论证机制，提高建筑设计方案决策水平。加强住区设计管理，科学设计单体住宅户型，增强安全性、实用性、宜居性，提升住区环境质量。严禁政府投资项目超标准建设。严格控制超高层建筑建设，严格执行超限高层建筑工程抗震设防审批制度，加强超限高层建筑抗震、消防、节能等管理。创建建筑品质示范工程，加大对优秀企业、项目和个人的表彰力度；在招标投标、金融等方面加大对优秀企业的政策支持力度，鼓励将企业质量情况纳入招标投标评审因素。（住房城乡建设部、国家发展改革委、工业和信息化部、人力资源社会保障部、应急部、人民银行负责）

（五）推行绿色建造方式

完善绿色建材产品标准和认证评价体系，进一步提高建筑产品节能标准，建立产品发布制度。大力发展装配式建筑，推进绿色施工，通过先进技术和科学管理，降低施工过程对环境的不利影响。建立健全绿色建筑标准体系，完善绿色建筑评价标识制度。（住房城乡建设部、国家发展改革委、工业和信息化部、市场监管总局负责）

（六）支持既有建筑合理保留利用

推动开展老城区、老工业区保护更新，引导既有建筑改建设计创新。依法保护和合理利用文物建筑。建立建筑拆除管理制度，不得随意拆除符合规划标准、在合理使用寿命内的公共建筑。开展公共建筑、工业建筑的更新改造利用试点示范。制定支持既有建筑保留和更新利用的消防、节能等相关配套政策。（住房城乡建设部、国家发展改革委、工业和信息化部、应急部、文物局负责）

四、健全支撑体系

（一）完善工程建设标准体系

系统制定全文强制性工程建设规范，精简整合政府推荐性标准，培育发展团体和企业标准，加快适应国际标准通行规则。组织开展重点领域国内外标准比对，提升标准水平。加强工程建设标准国际交流合作，推动一批中国标准向国际标准转化和推广应用。（住房城乡建设部、市场监管总局、商务部负责）

（二）加强建材质量管理

建立健全缺陷建材产品响应处理、信息共享和部门协同处理机制，落实建材生产单位和供应单位终身责任，规范建材市场秩序。强化预拌混凝土生产、运输、使用环节的质量管理。鼓励企业建立装配式建筑部品部件生产和施工安装全过程质量控制体系，对装配式建筑部品部件实行驻厂监造制度。建立从生产到使用全过程的建材质量追溯机制，并将相关信息向社会公示。（市场监管总局、住房城乡建设部、工业和信息化部负责）

（三）提升科技创新能力

加大建筑业技术创新及研发投入，推进产学研用一体化，突破重点领域、关键共性技术开发应用。加大重大装备和数字化、智能化工程建设装备研发力度，全面提升工程装备技术水平。推进建筑信息模型（BIM）、大数据、移动互联网、云计算、物联网、人工智能等技术在设计、施工、运营维护全过程的集成应用，推广工程建设数字化成果交付与应用，提升建筑业信息化水平。（科技部、工业和信息化部、住房城乡建设部负责）

（四）强化从业人员管理

加强建筑业从业人员职业教育，大力开展建筑工人职业技能培训，鼓励建立职业培训实训基地。加强职业技能鉴定站点建设，完善技能鉴定、职业技能等级认定等多元评价体系。推行建筑工人实名制管理，加快全国建筑工人管理服务信息平台建设，促进企业使用符合岗位要求的技能工人。建立健全与建筑业相适应的社会保险参保缴费方式，大力推进建筑施工单位参加工伤保险，保障建筑工人合法权益。（住房城乡建设部、人力资源和社会保障部、财政部负责）

五、加强监督管理

（一）推进信用信息平台建设

完善全国建筑市场监管公共服务平台，加强信息归集，健全违法违规行为记录制度，及时公示相关市场主体的行政许可、行政处罚、抽查检查结果等信息，并与国家企业信用信息公示系统、全国信用信息共享平台等实现数据共享交换。建立建筑市场主体黑名单制度，对违法违规的市场主体实施联合惩戒，将工程质量违法违规等记录作为企业信用评价的重要内容。（住房城乡建设部、国家发展改革委、人民银行、市场监管总局负责）

（二）严格监管执法

加大建筑工程质量责任追究力度，强化工程质量终身责任落实，对违反有关规定、造成工程质量事故和严重质量问题的单位和个人依法严肃查处曝光，加大资质资格、从业限制等方面处罚力度。强化个人执业资格管理，对存在证书挂靠等违法违规行为的注册执业人员，依法给予暂扣、吊销资格证书直至终身禁止执业的处罚。（住房城乡建设部负责）

（三）加强社会监督

相关行业协会应完善行业约束与惩戒机制，加强行业自律。建立建筑工程责任主体和责任人公示制度。企业须公开建筑工程项目质量信息，接受社会监督。探索建立建筑工程质量社会监督机制，支持社会公众参与监督、合理表达质量诉求。各地应完善建筑工程质量投诉和纠纷协调处理机制，明确工程质量投诉处理主体、受理范围、处理流程和办结时限等事项，定期向社会通报建筑工程质量投诉处理情况。（住房城乡建设部、国家发展改革委、市场监管总局负责）

（四）强化督促指导

建立健全建筑工程质量管理、品质提升评价指标体系，科学评价各地执行工程质量法律法规和强制性标准、落实质量责任制度、质量保障体系建设、质量监督队伍建设、建筑质量发展、公众满意程度等方面状况，督促指导各地切实落实建筑工程质量管理各项工作措施。（住房城乡建设部负责）

六、抓好组织实施

各地区、各相关部门要高度重视完善质量保障体系、提升建筑工程品质工作，健全工作机制，细化工作措施，突出重点任务，确保各项工作部署落到实处。强化示范引领，鼓励有条件的地区积极开展试点，形成可复制、可推广的经验。加强舆论宣传引导，积极宣传各地的好经验、好做法，营造良好的社会氛围。

关于促进全民健身和体育消费推动体育产业高质量发展的意见（节选）

国办发〔2019〕43 号　2019 年 9 月 17 日

一、深化“放管服”改革，释放发展潜能（略）

二、完善产业政策，优化发展环境（略）

三、促进体育消费，增强发展动力（略）

四、建设场地设施，增加要素供给

（十二）优化体育产业供地

各地区在编制国土空间规划时要统筹考虑体育用地布局，在安排年度土地利用计划时，加大对体育产业新增建设用地的支持力度。利用以划拨方式取得的存量房产、土地兴办体育产业，符合《划拨用地目录》的可按划拨方式办理用地手续，不符合《划拨用地目录》的可采取协议出让方式办理。鼓励各地探索利用集体建设用地、符合条件的“四荒”（荒山、荒沟、荒丘、荒滩）土地发展体育产业。（自然资源部、林草局负责）

（十三）因地制宜建设体育设施

鼓励各类市场主体利用工业厂房、商业用房、仓储用房等既有建筑及屋顶、地下室等空间建设改造成体育设施，并允许按照体育设施设计要求，依法依规调整使用功能、租赁期限、车位配比及消防等土地、规划、设计、建设要求，实行在五年内继续按原用途和土地权利类型使用土地的过渡期政策。合理利用公园绿地、市政用地等建设足球场、篮球场、排球场等体育设施，鼓励社会资本参与投资建设并依法按约定享受相应权益。已交付的体育设施由体育部门履行监管职责，确保落实体育用途。（国家发展改革委、自然资源部、住房城乡建设部、体育总局等相关部门按职责分工分别负责）

（十四）加大全民健身设施建设力度

组织实施全民健身提升工程，安排中央预算内投资支持全民健身和体育产业基础设施建设。开展全国社会足球场地设施建设专项行动。（国家发展改革委、体育总局负责）

（十五）挖掘学校体育场地设施开放潜力

在政策范围内采取必要激励机制，支持中小学对校园体育场地设施进行社会通道改造，在课余时间和节假日向社会开放；不具备改造条件的，也应保证在课余时间和节假日向本校师生开放；新建的学校体育场地设施应在规划设计时，创造向社会开放的条件；鼓励以购买服务方式引入专业机构运营管理。严格执行学校安全管理措施，确保校园安全。（教育部、住房城乡建设部、体育总局、自然资源部负责）

（十六）规范体育场馆公共安全服务供给

建立体育场馆安保等级评价制度。制定相关安保标准，分级分类明确体育赛事安全设施和安保人员装备配备要求，推动安保业务市场化、专业化发展。到 2022 年，大型体育场馆全部完成安保等级评价。（公安部、体育总局负责）

五、加强平台支持，壮大市场主体

（十七）发挥政府资金引导带动作用

研究设立由政府出资引导、社会资本参与的中国体育产业投资基金。以省为单位制定政府购买公共体育服务目录和标准。（体育总局、财政部、国家发展改革委和各省级人民政府负责）

（十八）建设体育产业发展平台

促进各类体育组织与体育企业合作，打造一批知名企业和自主品牌。鼓励符合条件的中小体育企业服务平台申报国家中小企业公共服务示范平台。开展全国体育科技创新大赛。（体育总局、科技部、工业和信息化部负责）

（十九）推动体育社会组织发展

体育社会组织符合直接登记条件的，可直接向民政部门依法办理登记。重点扶持一批运行良好、积极作为的基层体育组织。（体育总局、民政部负责）

六、改善产业结构，丰富产品供给（略）

七、优化产业布局，促进协调发展

（二十五）打造体育产业增长极

以京津冀、长三角、粤港澳大湾区、海南等区域为重点发展体育产业，培育一批具有较大影响力的体育城市。引导在京的全国性体育组织落户河北雄安新区，支持京津体育科研院所、体育高科技企业到河北开展技术研发、中试和产业化生产。（体育总局、国家发展改革委和相关地方人民政府负责）

（二十六）促进区域特色体育产业发展

以资源禀赋为依托，引导足球、冰雪、山地户外、水上、汽车摩托车、航空等运动项目产业合理布局。分项目制定新一轮产业发展规划，加强相关基础设施建设，鼓励各地开发一批以攀岩、皮划艇、滑雪、滑翔伞、汽车越野等为代表的户外运动项目。支持新疆、内蒙古、东北三省等地区大力发展寒地冰雪经济。（体育总局、国家发展改革委负责）

（二十七）助力"一带一路"建设

以"一带一路"沿线国家为重点，发起组建国际体育产业联盟。推动在"一带一路"沿线国家举办马拉松、自行车、帆船、汽车拉力赛等系列体育赛事。（体育总局、国家发展改革委、外交部负责）

八、实施"体育+"行动，促进融合发展

（二十八）推动体医融合发展

将体育产业发展核心指标纳入全国卫生城市评选体系。鼓励医院培养和引进运动康复师，开展运动促进健康指导，推动形成体医融合的疾病管理和健康服务模式。完善国民体质监测指标体系，将相关指标纳入居民健康体检推荐范围。为不同人群提供有针对性的运动健身方案或运动指导服务，推广科学健身，提升健身效果。加强针对老年群体的非医疗健康干预，普及健身知识，组织开展健身活动。（卫生健康委、民政部、体育总局负责）

（二十九）鼓励体旅融合发展

探索将体育旅游纳入旅游度假区等国家和行业标准。实施体育旅游精品示范工程，打造一批有影响力的体育旅游精品线路、精品赛事和示范基地。规范和引导体育旅游示范区建设。将登山、徒步、越野跑等体育运动项目作为发展森林旅游的重要方向。（文化和旅游部、林草局、国家发展改革委、体育总局负责）

（三十）加快体教融合发展

通过政府购买服务等方式，引进专业教练员、退役运动员、体育培训机构等为学校体育课外训练和竞赛提供指导。鼓励各地将体育基地、运动营地等纳入青少年研学基地。完善学校体育教学、训练和竞赛体系，支持学校与体育部门建立运动员共同培养机制。以游泳、田径等项目为试点，将教育部门主办的符合要求的赛事纳入运动员技术等级评定体系。加强普通高校高水平运动队建设，将其纳入国家竞技体育后备人才培养体系。（教育部、体育总局负责）

九、强化示范引领，打造发展载体

（三十一）鼓励建设体育服务综合体

支持推出一批体育特色鲜明、服务功能完善、经济效益良好的综合体项目，稳步推进建设一批规划科学、特色突出、产业集聚的运动休闲特色小镇。（体育总局、国家发展改革委负责）

（三十二）加强体育产业基地建设与管理

推动形成一批运转良好、带动能力强的国家体育产业示范基地、示范单位和示范项目。（体育总局负责）

（三十三）探索体育产业创新试验区建设

培育一批试验区，鼓励和引导各地在体制机制、主体培育、融合发展等方面探索实践。利用现有资源，设立国家体育产业发展协同创新中心。（体育总局、国家发展改革委负责）

十、夯实产业基础，提高服务水平（略）

印发《长江三角洲区域一体化发展规划纲要》（节选）

2019 年 12 月 1 日

第一、二章（略）

第三章　推动形成区域协调发展新格局

发挥上海龙头带动作用，苏浙皖各扬所长，加强跨区域协调互动，提升都市圈一体化水平，推动城乡融合发展，构建区域联动协作、城乡融合发展、优势充分发挥的协调发展新格局。

第一节　强化区域联动发展

提升上海服务功能。面向全球、面向未来，提升上海城市能级和核心竞争力，引领长三角一体化发展。围绕国际经济、金融、贸易、航运和科技创新“五个中心”建设，着力提升上海大都市综合经济实力、金融资源配置功能、贸易枢纽功能、航运高端服务功能和科技创新策源能力，有序疏解一般制造等非大都市核心功能。形成有影响力的上海服务、上海制造、上海购物、上海文化“四大品牌”，推动上海品牌和管理模式全面输出，为长三角高质量发展和参与国际竞争提供服务。

发挥苏浙皖比较优势。强化分工合作、错位发展，提升区域发展整体水平和效率。发挥江苏制造业发达、科教资源丰富、开放程度高等优势，推进沿沪宁产业创新带发展，加快苏南自主创新示范区、南京江北新区建设，打造具有全球影响力的科技产业创新中心和具有国际竞争力的先进制造业基地。发挥浙江数字经济领先、生态环境优美、民营经济发达等特色优势，大力推进大湾区大花园大通道大都市区建设，整合提升一批集聚发展平台，打造全国数字经济创新高地、对外开放重要枢纽和绿色发展新标杆。发挥安徽创新活跃强劲、制造特色鲜明、生态资源良好、内陆腹地广阔等优势，推进皖江城市带联动发展，加快合芜蚌自主创新示范区建设，打造具有重要影响力的科技创新策源地、新兴产业聚集地和绿色发展样板区。

加强区域合作联动。推动长三角中心区一体化发展，带动长三角其他地区加快发展，引领长江经济带开放发展。加强长三角中心区城市间的合作联动，建立城市间重大事项重大项目共商共建机制。引导长三角市场联动发展，推动跨地域跨行业商品市场互联互通、资源共享，统筹规划商品流通基础设施布局，推动内外贸融合发展，畅通长三角市场网络。加强长三角中心区与苏北、浙西南、皖北等地区的深层合作，加强徐州、衢州、安庆、阜阳等区域重点城市建设，辐射带动周边地区协同发展。探索共建合作园区等合作模式，共同拓展发展空间。依托交通大通道，以市场化、法治化方式加强合作，持续有序推进 G60 科创走廊建设，打造科技和制度创新双轮驱动、产业和城市一体化发展的先行先试走廊。深化长三角与长江中上游区域的合作交流，加强沿江港口、高铁和高速公路联动建设，推动长江上下游区域一体化发展。

第二节　加快都市圈一体化发展

推动都市圈同城化。以基础设施一体化和公共服务一卡通为着力点，加快南京、杭州、合肥、苏锡常、宁波都市圈建设，提升都市圈同城化水平。统一规划建设都市圈内路、水、电、气、邮、信息等基础设施，加强中心城市与都市圈内其他城市的市域和城际铁路、道路交通、毗邻地区公交线路对接，构建快速便捷都市通勤圈。实现都市圈内教育、医疗、文化等优质服务资源一卡通共享，扩大公共服务辐射半径，打造优质生活空间。推动中心城市非核心功能向周边城市（镇）疏解，在有条件的地方打造功能疏解承载地。推动都市圈内新型城市建设，打造功能复合、智慧互联、绿色低碳、开放包容的未来城市。

推进都市圈协调联动。加强都市圈间合作互动，高水平打造长三角世界级城市群。推动上海与近沪区域及苏锡常都市圈联动发展，构建上海大都市圈。加强南京都市圈与合肥都市圈协同发展，打造东中部区域协调发展的典范。推动杭州都市圈与宁波都市圈的紧密对接和分工合作，实现杭绍甬一体化。建设宁杭生态经济带，强化南京都市圈与杭州都市圈协调联动。加强淮河生态经济带、大运河文化带建设，发展环太湖生态文化旅游，促进都市圈联动发展。加强都市圈间重大基础设施统筹规划，加快大通道、大枢纽建设，提高城际铁路、高速公路的路网密度。加快建立都市圈间重大事项协调推进机制，探索协同治理新模式。

第三节　促进城乡融合发展

提高城乡基础设施联通水平。加快覆盖城乡的公路、电力、天然气、供水、信息、物流和垃圾污水收集处理等基础设施建设，形成联通中心城市、县城、中心镇、中心村的基础设施网络。推动中心区农村公路提挡升级、电网升级改造、天然气管网延伸布局、宽带网络建设应用、垃圾污水集中处置，鼓励有条件的县市区建设统一的供水管网，加强农村饮水安全设施建设，提高城乡基础设施互联互通和便捷高效水平。加大苏北、浙西南、皖北等城乡基础设施投入和支持力度，加强大别山革命老区对外联通通道建设，实施农村基础设施补短板工程，提高区域交通通达能力和其他基础设施综合配套水平。

推动城乡公共服务一体化。统筹推进城乡公共服务一体化发展，推动城乡公共服务便利共享，提升农村基本公共服务水平。完善统一的城乡居民基本医疗保险和基本养老保险制度，提升农村居民保障水平。优化农村基础教育学校布局，建立城乡教育联合体，推动城乡校长教师轮岗交流，提高农村基础教育整体水平。鼓励县级医院与乡村医疗卫生机构组建县域医疗服务共同体，推动城市大医院与县级医院建立对口支援、巡回医疗和远程医疗制度。加大农村医务人员培训力度，提高农村医疗服务能力。推行城乡社区服务目录制度，促进城乡社区服务标准衔接和区域统筹。

全面推进人的城镇化。加快以人为核心的综合配套改革，破除制约人全面发展的体制机制障碍，提升人的城镇化水平。深化户籍制度改革，构建城乡居民身份地位平等的户籍登记制度。推进城镇基本公共服务常住人口全覆盖，提高城市包容性，有序推进农业转移人口市民化。完善适应上海超大城市特点的户籍管理制度和南京、杭州特大城市的积分落户制度，提升中心区其他城市人口集聚能力，全面放开Ⅱ型大城市、中小城市及建制镇的落户限制，有序推动农村人口向条件较好、发展空间较大的城镇、特色小镇和中心村相对集中居住和创业发展。推动城乡人才双向流动，鼓励和引导城市人才回乡创业兴业。

提升乡村发展品质。大力实施乡村振兴战略，推动农村一、二、三产业深度融合，提高农民素质，全面建设美丽乡村。加强农产品质量安全追溯体系建设和区域公用品牌、企业品牌、产品品牌等农业品牌创建，建立区域一体化的农产品展销展示平台，促进农产品加工、休闲农业与乡村旅游和相关配套服务融合发展，发展精而美的特色乡村经济。推广浙江“千村示范、万村整治”工程经验，加快农村人居环境整治，打造农村宜居宜业生产生活生态空间。加强独具自然生态与地域文化风貌特色的古镇名村、居住群落、历史建筑及非物质文化遗产的整体性保护，全面繁荣乡村文化。建立健全党组织领导的自治、法治、德治相结合的乡村治理体系，促进农村社会全面进步。提高农民文化素养，提升农村现代文明水平。

第四节　推进跨界区域共建共享

推动省际毗邻区域协同发展。加强跨区域合作，探索省际毗邻区域协同发展新机制。推动宁波前湾沪浙合作发展区、嘉兴全面接轨上海桥头堡建设，打造上海配套功能拓展区和非核心功能疏解承载地。加强浙沪洋山区域合作开发，共同提升国际航运服务功能。支持虹桥—昆山—相城、嘉定—昆山—太仓、金山—平湖、顶山—汊河、浦口—南谯、江宁—博望等省际毗邻区域开展深度合作，加强规划衔接，统筹布局生产生活空间，共享公共服务设施，强化社会治安协同管理，加强重大污染、安全事故等联合管控与应急处置，共同推动跨区域产城融合发展。

共建省际产业合作园区。加强省际产业合作，有序推动产业跨区域转移和生产要素双向流动。推广上海临港、苏州工业园区合作开发管理模式，提升合作园区开发建设和管理水平。继续推进皖江城市带承接产业转移示范区、连云港东中西区域合作示范区、江苏沿海地区发展。加快推进沪苏大丰产业联动集聚区、上海漕河泾新兴技术开发区海宁分区、中新苏滁现代产业合作园、中新嘉善现代产业合作园等一批省际合作园区建设，推动产业深度对接、集群发展。

联合推动跨界生态文化旅游发展。加强跨界江河湖荡、丘陵山地、近海沿岸等自然与人文景观保护开发，在共同保护中开发，在共同开发中保护，形成自然生态优美、文化底蕴深厚、旅游资源充分利用的生活休闲开敞空间。统筹规划建设长江、淮河、大运河和新安江上下游两岸景观，加强环太湖、杭州湾、海洋海岛人文景观协同保护，强化跨界丘陵山地的开发管控和景观协调，加快江南水乡古镇生态文化旅游和皖南国际文化旅游发展，加强浙皖闽赣生态旅游协作，共同打造长三角绿色美丽大花园。

第四章（略）

第五章　提升基础设施互联互通水平

坚持优化提升、适度超前的原则，统筹推进跨区域基础设施建设，形成互联互通、分工合作、管理协同的基础设施体系，增强一体化发展的支撑保障。

第一节　协同建设一体化综合交通体系

共建轨道上的长三角。加快建设集高速铁路、普速铁路、城际铁路、市域（郊）铁路、城市轨道交通于一体的现代轨道交通运输体系，构建高品质快速轨道交通网。围绕打通沿海、沿江和省际通道，加快沪通铁路一期、商合杭铁路等在建项目建设，推动北沿江高铁、沿江高铁武合宁通道、沪通铁路二期、沪苏湖、通苏嘉甬、杭临绩、沪乍杭、合新、镇宣、宁宣黄、宁扬宁马等规划项目开工建设，推进沿淮、黄山—金华、温武吉铁路、安康（襄阳）—合肥、沪甬、甬台温福、宁杭二通道的规划对接和前期工作，积极审慎开展沪杭等磁悬浮项目规划研究。以都市圈同城化通勤为目标，加快推进城际铁路网建设，推动市域铁路向周边中小城市延伸，率先在都市圈实现公交化客运服务。支持高铁快递、电商快递班列发展。

提升省际公路通达能力。加快省际高速公路建设，对高峰时段拥堵严重的国省道干线公路实施改扩建，形成便捷通达的公路网络。加快推进宁马、合宁、京沪等高速公路改扩建，提升主要城市之间的通行效率。完善过江跨海通道布局，规划建设常泰、龙潭、苏通第二、崇海等过江通道和东海二桥、沪舟甬等跨海通道。滚动实施打通省际待贯通路段专项行动，取消高速公路省界收费站，提升省际公路通达水平。

合力打造世界级机场群。编制实施长三角民航协同发展战略规划，构建分工明确、功能齐全、联通顺畅的机场体系，提高区域航空国际竞争力。巩固提升上海国际航空枢纽地位，增强面向长三角、全国乃至全球的辐射能力。规划建设南通新机场，成为上海国际航空枢纽的重要组成部分。优化提升杭州、南京、合肥区域航空枢纽功能，增强宁波、温州等区域航空服务能力，支持苏南硕放机场建设区域性枢纽机场。完善区域机场协作机制，提升区域航空服务品质。加强航空货运设施建设，加快合肥国际航空货运集散中心、淮安航空货运枢纽建设，规划建设嘉兴航空联运中心。统筹空域资源利用，促进民航、通用航空融合发展。深化低空空域管理改革，加快通用航空发展。

协同推进港口航道建设。推动港航资源整合，优化港口布局，健全一体化发展机制，增强服务全国的能力，形成合理分工、相互协作的世界级港口群。围绕提升国际竞争力，加强沪浙杭州湾港口分工合作，以资本为纽带深化沪浙洋山开发合作，做大做强上海国际航运中心集装箱枢纽港，加快推进宁波舟山港现代化综合性港口建设。在共同抓好长江大保护的前提下，深化沪苏长江口港航合作，苏州（太仓）港建设上海港远洋集装箱运输的喂给港，发展近洋航线集装箱运输。加强沿海沿江港口江海联运合作与联动发展，鼓励各港口集团采用交叉持股等方式强化合作，推动长三角港口协同发展。加快建设长江南京以下江海联运港区、舟山江海联运服务中心、芜湖马鞍山江海联运枢纽、连云港亚欧陆海联运通道、淮河出海通道，规划建设南通通州湾长江集装箱运输新出海口、小洋山北侧集装箱支线码头。完善区域港口集疏运体系，推进重点港区进港铁路规划和建设。加强内河高等级航道网建设，推动长江淮河干流、京杭大运河和浙北高等级航道网集装箱运输通道建设，提高集装箱水水中转比重。

第二节　共同打造数字长三角

协同建设新一代信息基础设施。加快构建新一代信息基础设施，推动信息基础设施达到世界先进水平，建设高速泛在信息网络，共同打造数字长三角。加快推进 5G 网络建设，支持电信运营、制造、IT 等行业龙头企业协同开展技术、设备、产品研发、服务创新及综合应用示范。深入推进 IPv6 规模部署，加快网络和应用升级改造，打造下一代互联网产业生态。统筹规划长三角数据中心，推进区域信息枢纽港建设，实现数据中心和存算资源协同布局。加快量子通信产业发展，统筹布局和规划建设量子保密通信干线网，实现与国家广域量子保密通信骨干网络无缝对接，开展量子通信应用试点。加强长三角现代化测绘基准体系建设，实现卫星导航定位基准服务系统互联互通。

共同推动重点领域智慧应用。大力发展基于物联网、大数据、人工智能的专业化服务，提升各领域融合发展、信息化协同和精细化管理水平。围绕城市公共管理、公共服务、公共安全等领域，支持有条件的城市建设基于人工智能和 5G 物联的城市大脑集群。加快长三角政务数据资源共享共用，提高政府公共服务水平。支持北斗导航系统率先应用，建设南京位置服务数据中心。推进一体化智能化交通管理，深化重要客货运输领域协同监管、信息交换共享、大数据分析等管理合作。积极开展车联网和车路协同技术创新试点，筹划建设长三角智慧交通示范项目，率先推进杭绍甬智慧高速公路建设。全面推行长三角地区联网售票一网通、交通一卡通，提升区域内居民畅行长三角的感受度和体验度。加强长三角数字流域和智能水网建设。推动智慧广电建设，加快广播电视技术革新与体系重构。加强智慧邮政建设，支持快递服务数字化转型。

合力建设长三角工业互联网。积极推进以“互联网+先进制造业”为特色的工业互联网发展，打造国际领先、国内一流的跨行业跨领域跨区域工业互联网平台。统筹推进省际之间工业互联网建设，推动企业内外网改造升级，积极参与国家标识解析与标准体系构建。加快建设以跨行业跨领域跨区域平台为主体、企业级平台为支撑的工业互联网平台体系，推动企业上云和工业APP应用，促进制造业资源与互联网平台深度对接。全面建立工业互联网安全保障体系，着力推动安全技术手段研发应用，遴选推广一批创新实用的网络安全试点示范项目。

第三节　协同推进跨区域能源基础设施建设

统筹建设油气基础设施。完善区域油气设施布局，推进油气管网互联互通。编制实施长三角天然气供应能力规划，加快建设浙沪联络线，推进浙苏、苏皖天然气管道联通。加强液化天然气（LNG）接收站互联互通和公平开放，加快上海、江苏如东、浙江温州LNG接收站扩建，宁波舟山LNG接收站和江苏沿海输气管道、滨海LNG接收站及外输管道。实施淮南煤制天然气示范工程。积极推进浙江舟山国际石油储运基地、芜湖LNG内河接收（转运）站建设，支持LNG运输船舶在长江上海、江苏、安徽段开展航运试点。

加快区域电网建设。完善电网主干网架结构，提升互联互通水平，提高区域电力交换和供应保障能力。推进电网建设改造与智能化应用，优化皖电东送、三峡水电沿江输电通道建设，开展区域大容量柔性输电、区域智慧能源网等关键技术攻关，支持安徽打造长三角特高压电力枢纽。依托两淮煤炭基地建设清洁高效坑口电站，保障长三角供电安全可靠。加强跨区域重点电力项目建设，加快建设淮南—南京—上海1000千伏特高压交流输电工程过江通道，实施南通—上海崇明500千伏联网工程、申能淮北平山电厂二期、省际联络线增容工程。

协同推动新能源设施建设。因地制宜积极开发陆上风电与光伏发电，有序推进海上风电建设，鼓励新能源龙头企业跨省投资建设风能、太阳能、生物质能等新能源。加快推进浙江宁海、长龙山、衢江和安徽绩溪、金寨抽水蓄能电站建设，开展浙江磐安和安徽桐城、宁国等抽水蓄能电站前期工作，研究建立华东电网抽水蓄能市场化运行的成本分摊机制。加强新能源微电网、能源物联网、“互联网+智慧”能源等综合能源示范项目建设，推动绿色化能源变革。

第四节　加强省际重大水利工程建设

以长江为纽带，淮河、大运河、钱塘江、黄浦江等河流为骨干河道，太湖、巢湖、洪泽湖、千岛湖、高邮湖、淀山湖等湖泊为关键节点，完善区域水利发展布局。长江沿线，重点加强崩塌河段整治和长江口综合整治，实施海塘达标提标工程，探索建立长三角区域内原水联动及水资源应急供给机制，提升防洪（潮）和供水安全保障能力。淮河流域，启动实施淮河入海水道二期等淮河治理重大工程，保障淮河防洪排涝安全。太湖流域，实施望虞河拓浚、吴淞江整治、太浦河疏浚、淀山湖综合整治和环太湖大堤加固等治理工程，开展太湖生态清淤试点，形成太湖调蓄、北向长江引排、东出黄浦江供排、南排杭州湾的流域综合治理格局。以巢湖、洪泽湖、高邮湖、淀山湖、华阳湖等湖泊为重点，完善湖泊综合管控体系，加强湖泊上游源头水源涵养保护和水土保持，强化水资源保护与水生态修复。加快实施引江济淮工程，完善引江济太运行机制。

第六、七、八、九、十章（略）

第十一章　高标准建设上海自由贸易试验区新片区

加快中国（上海）自由贸易试验区新片区建设，以投资自由、贸易自由、资金自由、运输自由、人员从业自由等为重点，推进投资贸易自由化便利化，打造与国际通行规则相衔接、更具国际市场影响力和竞争力的特殊经济功能区。

第一节　打造更高水平自由贸易试验区

强化开放型经济集聚功能。在上海大治河以南、金汇港以东以及小洋山岛、浦东机场南侧区域设置新片区，先行启动面积控制在120平方公里以内。重点发展跨国公司地区运营管理、订单中心、结算中心等总部经济，积极发展生物医药、集成电路、工业互联网、高端装备制造业等前沿产业，大力发展大宗商品、金融服务、数字贸易等新型国际贸易，推动统筹国际业务、跨境金融服务、前沿科技研发、跨境服务贸易等功能集聚。

实施特殊开放政策。对标国际上公认的竞争力最强的自由贸易园区，选择国家战略需要、国际市场需求大、对开放度要求高但其他地区尚不具备实施条件的重点领域，实施具有较强国际市场竞争力的开放政策和制度，加大开放型经济的风险压力测试。推进投资贸易自由化便利化，实现区内与境外之间的投资经营便利、货物自由进出、资金流动便利、运输高度开放、人员自由执业、信息快捷联通，打造更具国际市场影响力和竞争力的特殊经济功能区。

第二节　推进投资贸易自由化便利化

实行投资自由。借鉴国际上自由贸易园区的通行做法，实施外商投资安全审查制度，进一步减少投资限制。实施更加便利的商事制度，完善外资企业投资服务体系，放宽外资企业注册资本、投资方式等限制，促进各类市场主体公平竞争。

实行贸易自由。取消不必要的贸易监管、许可和程序要求，实行高标准的货物贸易便利化和服务贸易自由化。对境外抵离海关围网区域的货物，探索实施以安全监管为主、更高水平贸易自由化便利化监管模式，提高口岸监管服务效率，增强国际中转集拼枢纽功能。推进服务贸易自由化，加快文化服务、技术产品、信息通讯、医疗健康等资本技术密集型服务贸易发展，创新跨境电商服务模式，鼓励跨境电商企业在区内建立国际配送平台，允许具有境外职业资格的金融、建筑、规划、专利代理等服务领域专业人才经备案后为区内企业提供专业服务。

实行资金自由。在风险可控的前提下，按照法律法规规定，借鉴国际通行的金融监管规则，进一步简化优质企业跨境人民币业务办理流程，推动跨境金融服务便利化。探索区内资本自由流入流出和自由兑换。支持区内企业参照国际通行规则依法合规开展跨境金融活动，在依法合规、风险可控、商业可持续的前提下支持金融机构为区内企业提供跨境金融服务。

实行国际运输自由。提升拓展全球枢纽港功能，在沿海捎带、国际船舶登记、国际航权开放等方面加强探索，提高对国际航线、货物资源的集聚和配置能力。进一步完善启运港退税相关政策，优化监管流程，扩大中资方便旗船沿海捎带政策实施效果，研究在对等原则下外籍国际航行船舶开展以洋山港为国际中转港的外贸集装箱沿海捎带业务。推动浦东机场与“一带一路”国家（地区）扩大包括第五航权在内的航权安排，吸引相关国家（地区）航空公司开辟经停航线。

实行人员从业自由。放宽现代服务业高端人才从业限制，在人员出入境、外籍人才永久居留等方面实施更加开放便利的政策措施。建立外国人在区内工作许可制度和人才签证制度，提高外籍高端人才参与创新创业的出入境和停居留便利化程度。为外籍人才申请永久居留提供便利。探索实施外籍人员配额管理制度，为区内注册企业急需的外国人才提供更加便利的服务。

提升网络信息服务能力。建设完备的国际通信设施，加快5G、云计算、物联网等新一代信息基础设施建设，提升区内宽带接入能力、网络服务质量和应用水平。

第三节　完善配套制度和监管体系

创新税制安排。探索实施具有国际竞争力的税收制度安排。对境外进入海关围网区内的货物、海关围网区内企业之间的货物交易和服务实行特殊的税收政策。扩大新片区服务出口增值税政策适用范围，研究适当的支持境外投资和离岸业务发展的新片区税收政策。在新片区集成电路、人工智能、生物医药等重点产业领域的关键环节，研究税收支持政策。

建立健全风险安全监管体系。以风险防控为底线，分类监管、协同监管、智能监管为基础，全面提升风险防范和安全监管水平。高标准建设智能化监管基础设施，实现监管信息互联互认共享。强化边界安全，守住“一线”国门安全、“二线”经济社会安全。加强信用分级管理，按照“守法便利”原则，把信用等级作为区内企业享受优惠政策和制度便利的重要依据。对金融、知识产权、生产安全、人员进出、反恐怖、反洗钱等重点领域，实施严格监管、精准监管、有效监管。

第四节　带动长三角新一轮改革开放

定期总结评估新片区在投资管理、贸易监管、金融开放、人才流动、运输管理、风险管控等方面的制度经验，制定推广清单，明确推广范围和监管要求，按程序报批后有序推广实施。加强自由贸易试验区与海关特殊监管区域、经济技术开发区联动，放大自由贸易试验区辐射带动效应。

第十二章（略）

（文件来源：新华社2019年12月1日电）

关于营造更好发展环境支持民营企业改革发展的意见

中发〔2019〕49号　2019年12月4日

一、总体要求

（一）指导思想

以习近平新时代中国特色社会主义思想为指导，全面贯彻党的十九大和十九届二中、三中、四中全会精神，深入落实习近平总书记在民营企业座谈会上的重要讲话精神，坚持和完善社会主义基本经济制度，坚持“两个毫不动摇”，坚持新发展理念，坚持以供给侧结构性改革为主线，营造市场化、法治化、国际化营商环境，保障民营企业依法平等使用资源要素、公开公平公正参与竞争、同等受到法律保护，推动民营企业改革创新、转型升级、健康发展，让民营经济创新源泉充分涌流，让民营企业创造活力充分迸发，为实现“两个一百年”奋斗目标和中华民族伟大复兴的中国梦作出更大贡献。

（二）基本原则

坚持公平竞争，对各类市场主体一视同仁，营造公平竞争的市场环境、政策环境、法治环境，确保权利平等、机会平等、规则平等；遵循市场规律，处理好政府与市场的关系，强化竞争政策的基础性地位，注重采用市场化手段，通过市场竞争实现企业优胜劣汰和资源优化配置，促进市场秩序规范；支持改革创新，鼓励和引导民营企业加快转型升级，深化供给侧结构性改革，不断提升技术创新能力和核心竞争力；加强法治保障，依法保护民营企业和企业家的合法权益，推动民营企业筑牢守法合规经营底线。

二、优化公平竞争的市场环境

（三）进一步放开民营企业市场准入

深化“放管服”改革，进一步精简市场准入行政审批事项，不得额外对民营企业设置准入条件。全面落实放宽民营企业市场准入的政策措施，持续跟踪、定期评估市场准入有关政策落实情况，全面排查、系统清理各类显性和隐性壁垒。在电力、电信、铁路、石油、天然气等重点行业和领域，放开竞争性业务，进一步引入市场竞争机制。支持民营企业以参股形式开展基础电信运营业务，以控股或参股形式开展发电配电售电业务。支持民营企业进入油气勘探开发、炼化和销售领域，建设原油、天然气、成品油储运和管道输送等基础设施。支持符合条件的企业参与原油进口、成品油出口。在基础设施、社会事业、金融服务业等领域大幅放宽市场准入。上述行业、领域相关职能部门要研究制定民营企业分行业、分领域、分业务市场准入具体路径和办法，明确路线图和时间表。

（四）实施公平统一的市场监管制度

进一步规范失信联合惩戒对象纳入标准和程序，建立完善信用修复机制和异议制度，规范信用核查和联合惩戒。加强优化营商环境涉及的法规规章备案审查。深入推进部门联合“双随机、一公开”监管，推行信用监管和“互联网+监管”改革。细化明确行政执法程序，规范执法自由裁量权，严格规范公正文明执法。完善垄断性中介管理制度，清理强制性重复鉴定评估。深化要素市场化配置体制机制改革，健全市场化要素价格形成和传导机制，保障民营企业平等获得资源要素。

（五）强化公平竞争审查制度刚性约束

坚持存量清理和增量审查并重，持续清理和废除妨碍统一市场和公平竞争的各种规定和做法，加快清理与企业性质挂钩的行业准入、资质标准、产业补贴等规定和做法。推进产业政策由差异化、选择性向普惠化、功能性转变。严格审查新出台的政策措施，建立规范流程，引入第三方开展评估审查。建立面向各类市场主体的有违公平竞争问题的投诉举报和处理回应机制并及时向社会公布处理情况。

（六）破除招投标隐性壁垒

对具备相应资质条件的企业，不得设置与业务能力无关的企业规模门槛和明显超过招标项目要求的业绩门槛等。完善招投标程序监督与信息公示制度，对依法依规完成的招标，不得以中标企业性质为由对招标责任人进行追责。

三、完善精准有效的政策环境

（七）进一步减轻企业税费负担

切实落实更大规模减税降费，实施好降低增值税税率、扩大享受税收优惠小微企业范围、加大研发费用加计扣除力度、降低社保费率等政策，实质性降低企业负担。建立完善监督检查清单制度，落实涉企收费清单制度，清理违规涉企收费、摊派事项和各类评比达标活动，加大力度清理整治第三方截留减税降费红利等行为，进一步畅通减税降费政策传导机制，切实降低民营企业成本费用。既要以最严格的标准防范逃避税，又要避免因为不当征税影响企业正常运行。

（八）健全银行业金融机构服务民营企业体系

进一步提高金融结构与经济结构匹配度，支持发展以中小微民营企业为主要服务对象的中小金融机构。深化联合授信试点，鼓励银行与民营企业构建中长期银企关系。健全授信尽职免责机制，在内部绩效考核制度中落实对小微企业贷款不良容忍的监管政策。强化考核激励，合理增加信用贷款，鼓励银行提前主动对接企业续贷需求，进一步降低民营和小微企业综合融资成本。

（九）完善民营企业直接融资支持制度

完善股票发行和再融资制度，提高民营企业首发上市和再融资审核效率。积极鼓励符合条件的民营企业在科创板上市。深化创业板、新三板改革，服务民营企业持续发展。支持服务民营企业的区域性股权市场建设。支持民营企业发行债券，降低可转债发行门槛。在依法合规的前提下，支持资管产品和保险资金通过投资私募股权基金等方式积极参与民营企业纾困。鼓励通过债务重组等方式合力化解股票质押风险。积极吸引社会力量参与民营企业债转股。

（十）健全民营企业融资增信支持体系

推进依托供应链的票据、订单等动产质押融资，鼓励第三方建立供应链综合服务平台。民营企业、中小企业以应收账款申请担保融资的，国家机关、事业单位和大型企业等应付款方应当及时确认债权债务关系。推动抵质押登记流程简便化、标准化、规范化，建立统一的动产和权利担保登记公示系统。积极探索建立为优质民营企业增信的新机制，鼓励有条件的地方设立中小民营企业风险补偿基金，研究推出民营企业增信示范项目。发展民营企业债券融资支持工具，以市场化方式增信支持民营企业融资。

（十一）建立清理和防止拖欠账款长效机制

各级政府、大型国有企业要依法履行与民营企业、中小企业签订的协议和合同，不得违背民营企业、中小企业真实意愿或在约定的付款方式之外以承兑汇票等形式延长付款期限。加快及时支付款项有关立法，建立拖欠账款问题约束惩戒机制，通过审计监察和信用体系建设，提高政府部门和国有企业的拖欠失信成本，对拖欠民营企业、中小企业款项的责任人严肃问责。

四、健全平等保护的法治环境

（十二）健全执法司法对民营企业的平等保护机制

加大对民营企业的刑事保护力度，依法惩治侵犯民营企业投资者、管理者和从业人员合法权益的违法犯罪行为。提高司法审判和执行效率，防止因诉讼拖延影响企业生产经营。保障民营企业家在协助纪检监察机关审查调查时的人身和财产合法权益。健全知识产权侵权惩罚性赔偿制度，完善诉讼证据规则、证据披露以及证据妨碍排除规则。

（十三）保护民营企业和企业家合法财产

严格按照法定程序采取查封、扣押、冻结等措施，依法严格区分违法所得、其他涉案财产与合法财产，严格区分企业法人财产与股东个人财产，严格区分涉案人员个人财产与家庭成员财产。持续甄别纠正侵犯民营企业和企业家人身财产权的冤错案件。建立涉政府产权纠纷治理长效机制。

五、鼓励引导民营企业改革创新

（十四）引导民营企业深化改革

鼓励有条件的民营企业加快建立治理结构合理、股东行为规范、内部约束有效、运行高效灵活的现代企业制度，重视发挥公司律师和法律顾问作用。鼓励民营企业制定规范的公司章程，完善公司股东会、董事会、监事会等制度，明确各自职权及议事规则。鼓励民营企业完善内部激励约束机制，规范优化业务流程和组织结构，建立科学规范的劳动用工、收入分配制度，推动质量、品牌、财务、营销等精细化管理。

（十五）支持民营企业加强创新

鼓励民营企业独立或与有关方面联合承担国家各类科研项目，参与国家重大科学技术项目攻关，通过实施技术改造转化创新成果。各级政府组织实施科技创新、技术转化等项目时，要平等对待不同所有制企业。加快向民营企业开放国家重大科研基础设施和大型科研仪器。在标准制定、复审过程中保障民营企业平等参与。系统清理与企业性质挂钩的职称评定、奖项申报、福利保障等规定，畅通科技创新人才向民营企业流动渠道。在人才引进支持政策方面对民营企业一视同仁，支持民营企业引进海外高层次人才。

（十六）鼓励民营企业转型升级优化重组

鼓励民营企业因地制宜聚焦主业加快转型升级。优化企业兼并重组市场环境，支持民营企业做优做强，培育更多具有全球竞争力的世界一流企业。支持民营企业参与国有企业改革。引导中小民营企业走“专精特新”发展之路。畅通市场化退出渠道，完善企业破产清算和重整等法律制度，提高注销登记便利度，进一步做好“僵尸企业”处置工作。

（十七）完善民营企业参与国家重大战略实施机制

鼓励民营企业积极参与“一带一路”倡议，以及京津冀协同发展、长江经济带发展、长江三角洲区域一体化发展、粤港澳大湾区建设、黄河流域生态保护和高质量发展、推进海南全面深化改革开放等重大国家战略，积极参与乡村振兴战略。在重大规划、重大项目、重大工程、重大活动中积极吸引民营企业参与。

六、促进民营企业规范健康发展

（十八）引导民营企业聚精会神办实业

营造实干兴邦、实业报国的良好社会氛围，鼓励支持民营企业心无旁骛做实业。引导民营企业提高战略规划和执行能力，弘扬工匠精神，通过聚焦实业、做精主业不断提升企业发展质量。大力弘扬爱国敬业、遵纪守法、艰苦奋斗、创新发展、专注品质、追求卓越、诚信守约、履行责任、勇于担当、服务社会的优秀企业家精神，认真总结梳理宣传一批典型案例，发挥示范带动作用。

（十九）推动民营企业守法合规经营

民营企业要筑牢守法合规经营底线，依法经营、依法治企、依法维权，认真履行环境保护、安全生产、职工权益保障等责任。民营企业走出去要遵法守法、合规经营，塑造良好形象。

（二十）推动民营企业积极履行社会责任

引导民营企业重信誉、守信用、讲信义，自觉强化信用管理，及时进行信息披露。支持民营企业赴革命老区、民族地区、边疆地区、贫困地区和中西部、东北地区投资兴业，引导民营企业参与对口支援和帮扶工作。鼓励民营企业积极参与社会公益、慈善事业。

（二十一）引导民营企业家健康成长

民营企业家要加强自我学习、自我教育、自我提升，珍视自身社会形象，热爱祖国、热爱人民、热爱中国共产党，把守法诚信作为安身立命之本，积极践行社会主义核心价值观。要加强对民营企业家特别是年轻一代民营企业家的理想信念教育，实施年轻一代民营企业家健康成长促进计划，支持帮助民营企业家实现事业新老交接和有序传承。

七、构建亲清政商关系

（二十二）建立规范化机制化政企沟通渠道

地方各级党政主要负责同志要采取多种方式经常听取民营企业意见和诉求，畅通企业家提出意见诉求通道。鼓励行业协会商会、人民团体在畅通民营企业与政府沟通等方面发挥建设性作用，支持优秀民营企业家在群团组织中兼职。

（二十三）完善涉企政策制定和执行机制

制定实施涉企政策时，要充分听取相关企业意见建议。保持政策连续性稳定性，健全涉企政策全流程评估制度，完善涉企政策调整程序，根据实际设置合理过渡期，给企业留出必要的适应调整时间。政策执行要坚持实事求是，不搞“一刀切”。

（二十四）创新民营企业服务模式

进一步提升政府服务意识和能力，鼓励各级政府编制政务服务事项清单并向社会公布。维护市场公平竞争秩序，完善陷入困境优质企业的救助机制。建立政务服务“好差评”制度。完善对民营企业全生命周期的服务模式和服务链条。

（二十五）建立政府诚信履约机制

各级政府要认真履行在招商引资、政府与社会资本合作等活动中与民营企业依法签订的各类合同。建立政府失信责任追溯和承担机制，对民营企业因国家利益、公共利益或其他法定事由需要改变政府承诺和合同约定而受到的损失，要依法予以补偿。

八、组织保障

（二十六）建立健全民营企业党建工作机制

坚持党对支持民营企业改革发展工作的领导，增强“四个意识”，坚定“四个自信”，做到“两个维护”，教育引导民营企业和企业家拥护党的领导，支持企业党建工作。指导民营企业设立党组织，积极探索创新党建工作方式，围绕宣传贯彻党的路线方针政策、团结凝聚职工群众、维护各方合法权益、建设先进企业文化、促进企业健康发展等开展工作，充分发挥党组织的战斗堡垒作用和党员的先锋模范作用，努力提升民营企业党的组织和工作覆盖质量。

（二十七）完善支持民营企业改革发展工作机制

建立支持民营企业改革发展的领导协调机制。将支持民营企业发展相关指标纳入高质量发展绩效评价体系。加强民营经济统计监测和分析工作。开展面向民营企业家的政策培训。

（二十八）健全舆论引导和示范引领工作机制

加强舆论引导，主动讲好民营企业和企业家故事，坚决抵制、及时批驳澄清质疑社会主义基本经济制度、否定民营经济的错误言论。在各类评选表彰活动中，平等对待优秀民营企业和企业家。研究支持改革发展标杆民营企业和民营经济示范城市，充分发挥示范带动作用。

三、中华人民共和国国家发展和改革委员会

关于培育发展现代化都市圈的指导意见

发改规划〔2019〕328 号　2019 年 2 月 19 日

一、总体要求

（一）指导思想

以习近平新时代中国特色社会主义思想为指导，全面贯彻党的十九大和十九届二中、三中全会精神，坚持和加强党的全面领导，坚持以人民为中心的发展思想，坚持稳中求进工作总基调，坚持新发展理念，坚持推动高质量发展，坚持以供给侧结构性改革为主线，坚持市场化改革、扩大高水平开放，以促进中心城市与周边城市（镇）同城化发展为方向，以创新体制机制为抓手，以推动统一市场建设、基础设施一体高效、公共服务共建共享、产业专业化分工协作、生态环境共保共治、城乡融合发展为重点，培育发展一批现代化都市圈，形成区域竞争新优势，为城市群高质量发展、经济转型升级提供重要支撑。

（二）基本原则

——坚持尊重规律、顺势而为。遵循城镇化发展规律，顺应产业升级、人口流动和空间演进趋势，充分考虑不同都市圈现有基础和发展潜力的差异性，科学确定都市圈功能定位、发展目标和实现路径，因地制宜推动都市圈建设。

——坚持深化改革、创新发展。以强化制度、政策和模式创新为引领，坚决破除制约各类资源要素自由流动和高效配置的体制机制障碍，科学构建都市圈协同发展机制，加快推进都市圈发展。

——坚持功能互补、共建共享。统筹都市圈整体利益和各城市比较优势，强化城市间专业化分工协作，促进城市功能互补、产业错位布局、基础设施和公共服务共建共享，在深化合作中实现互利共赢。

——坚持市场主导、政府引导。充分发挥市场配置资源的决定性作用，更好发挥政府在规划政策引领、空间开发管制、公共资源配置、体制机制改革等方面的作用，使都市圈建设成为市场主导、自然发展的过程，成为政府引导、高质量发展的过程。

——坚持统筹谋划、地方负责。统筹全国都市圈建设的总体方向、战略布局和制度安排，强化分类指导；因地制宜推进都市圈建设，避免一哄而上；尊重基层首创精神，鼓励先行先试，及时推广成功经验。

（三）主要目标

到 2022 年，都市圈同城化取得明显进展，基础设施一体化程度大幅提高，阻碍生产要素自由流动的行政

壁垒和体制机制障碍基本消除，成本分担和利益共享机制更加完善，梯次形成若干空间结构清晰、城市功能互补、要素流动有序、产业分工协调、交通往来顺畅、公共服务均衡、环境和谐宜居的现代化都市圈。到2035年，现代化都市圈格局更加成熟，形成若干具有全球影响力的都市圈。

二、推进基础设施一体化

以增强都市圈基础设施连接性贯通性为重点，以推动一体化规划建设管护为抓手，织密网络、优化方式、畅通机制，加快构建都市圈公路和轨道交通网。

（四）畅通都市圈公路网

增加城市间公路通道，密切城际公路联系，加快构建高速公路、国省干线、县乡公路等都市圈多层次公路网。鼓励地方对高频次通行车辆实施高速公路收费优惠政策，加快推广ETC应用，推动取消高速公路省界收费站，提升都市圈内高速公路通勤效率。实施“断头路”畅通工程和“瓶颈路”拓宽工程，全面摸排都市圈内各类“断头路”和“瓶颈路”，加快打通“断头路”，提升都市圈路网联通程度，推进“瓶颈路”改造扩容，畅通交界地区公路联系，全面取缔跨行政区道路非法设置限高、限宽等路障设施。打造一体化公路客运网络，完善充电桩、加气站、公交站场等布局，支持毗邻城市（镇）开行城际公交，加快推动近郊班线公交化。优化交界地区公交线网，促进与市域公交网络快速接驳。加快推进都市圈内城市间公交一卡互通、票制资费标准一致，健全运营补偿和结算机制，推动信息共享和监管协同。

（五）打造轨道上的都市圈

统筹考虑都市圈轨道交通网络布局，构建以轨道交通为骨干的通勤圈。在有条件地区编制都市圈轨道交通规划，推动干线铁路、城际铁路、市域（郊）铁路、城市轨道交通“四网融合”。探索都市圈中心城市轨道交通适当向周边城市（镇）延伸。统筹布局都市圈城际铁路线路和站点，完善城际铁路网络规划，有序推进城际铁路建设，充分利用普速铁路和高速铁路等提供城际列车服务。创新运输服务方式，提升城际铁路运输效率。大力发展都市圈市域（郊）铁路，通过既有铁路补强、局部线路改扩建、站房站台改造等方式，优先利用既有资源开行市域（郊）列车；有序新建市域（郊）铁路，将市域（郊）铁路运营纳入城市公共交通系统。探索都市圈轨道交通运营管理“一张网”，推动中心城市、周边城市（镇）、新城新区等轨道交通有效衔接，加快实现便捷换乘，更好适应通勤需求。

（六）提升都市圈物流运行效率

打造“通道+枢纽+网络”的物流运行体系，推动物流资源优化配置。统筹布局货运场站、物流中心等，鼓励不同类型枢纽协同或合并建设，支持城市间合作共建物流枢纽。结合发展需要适当整合迁移或新建枢纽设施，完善既有物流设施枢纽功能，提高货物换装的便捷性、兼容性和安全性。畅通货运场站周边道路，补齐集疏运“最后一公里”短板。提高物流活动系统化组织水平。加强干支衔接和组织协同，大力发展多式联运，推动港口型枢纽统筹对接船期、港口装卸作业、堆存仓储安排和干线铁路运输计划；鼓励空港型枢纽开展陆空联运、铁空联运、空空中转。加强现代信息技术和智能化装备应用，实行多式联运“一单制”。

（七）统筹市政和信息网络建设

强化都市圈内市政基础设施协调布局，统筹垃圾处理厂、污水及污泥处理处置设施、变电站、危险品仓库等市政基础设施规划建设。推动供水、供电、供气、供热、排水等各类市政管网合理衔接，鼓励兼并重组、规模化市场化运营。完善都市圈信息网络一体化布局，推进第五代移动通信和新一代信息基础设施布局。探索取消都市圈内固定电话长途费，推动都市圈内通信业务异地办理和资费统一，持续推进网络提速降费。

三、强化城市间产业分工协作

以推动都市圈内各城市间专业化分工协作为导向，推动中心城市产业高端化发展，夯实中小城市制造业基础，促进城市功能互补、产业错位布局和特色化发展。

（八）促进城市功能互补

增强中心城市核心竞争力和辐射带动能力，推动超大特大城市非核心功能向周边城市（镇）疏解，推动中小城市依托多层次基础设施网络增强吸纳中心城市产业转移承接能力，构建大中小城市和小城镇特色鲜明、优势互补的发展格局。统筹整合都市圈内新区、园区等各类平台，支持建设一体化发展和承接产业转移示范区，推动创新链和产业链融合发展。鼓励建立联合招商、共同开发、利税共享的产业合作发展机制。

（九）推动中心城市产业高端化发展

加快推动中心城市集聚创新要素、提升经济密度、增强高端服务功能。通过关键共性技术攻关、公共创新平台建设等方式，加快制造业转型升级，重塑产业竞争新优势。以科技研发、工业设计、金融服务、文化创意、商务会展等为重点发展生产性服务业，推动服务业与制造业深度融合，形成以现代服务经济为主的产业结构。

（十）夯实中小城市制造业基础

充分利用中小城市土地、人力等综合成本低的优势，优化营商环境，积极承接中心城市产业转移，推动制造业规模化、特色化、集群化发展，形成以先进制造为主的产业结构。适度提高制造类企业集中的开发区配套用地比例，采取整体出让、集中开发等方式，推动生产制造和生活服务等功能适度混合。强化与中心城市公共服务连通共享，提高中小城市对工程师、技术工人、高校毕业生等人才的吸引力。

四、加快建设统一开放市场

以打破地域分割和行业垄断、清除市场壁垒为重点，加快清理废除妨碍统一市场和公平竞争的各种规定和做法，营造规则统一开放、标准互认、要素自由流动的市场环境。

（十一）加快人力资源市场一体化

放开放宽除个别超大城市外的城市落户限制，在具备条件的都市圈率先实现户籍准入年限同城化累积互认，加快消除城乡区域间户籍壁垒，统筹推进本地人口和外来人口市民化，促进人口有序流动、合理分布和社会融合。推动人力资源信息共享、公共就业服务平台共建。

（十二）推动技术市场一体化

支持联合建设科技资源共享服务平台，鼓励共建科技研发和转化基地。探索建立企业需求联合发布机制和财政支持科技成果共享机制。清理城市间因技术标准不统一形成的各种障碍。建立都市圈技术交易市场联盟，构建多层次知识产权交易市场体系。鼓励发展跨地区知识产权交易中介服务，支持金融机构开展知识产权质押融资、科技型中小企业履约保证保险等业务。推动科技创新券在城市间政策衔接、通兑通用。

（十三）推动金融服务一体化

加强金融基础设施、信息网络、服务平台一体化建设，鼓励金融机构在都市圈协同布局，探索银行分支机构在都市圈内跨行政区开展业务，加快实现存取款等金融服务同城化。强化金融监管合作和风险联防联控，建立金融风险联合处置机制，合力打击非法集资等金融违法活动。

（十四）统一市场准入标准

消除商事主体异地迁址变更登记隐形阻碍，探索“一照多址、一证多址”企业开办经营模式，加快取消具有相应资质的设计、施工企业异地备案手续，推动各类审批流程标准化和审批信息互联共享。建立都市圈市场监管协调机制，统一监管标准，推动执法协作及信息共享。加快完善都市圈信用体系，实施守信联合激励和失信联合惩戒。联合打击侵权假冒行为，探索建立食品药品联动实时监控平台，推进食品安全检验检测结果互认。

五、推进公共服务共建共享

以都市圈公共服务均衡普惠、整体提升为导向，统筹推动基本公共服务、社会保障、社会治理一体化发展，持续提高共建共享水平。

（十五）促进优质公共服务资源共享

鼓励都市圈内开展多层次多模式合作办学办医，支持有条件的中小学和三级医院推进集团化办学办医，开展远程教学医疗和教师、医护人员异地交流，支持中心城市三级医院异地设置分支机构。在都市圈内率先实现与产业链相配套的中高职学校紧缺专业贯通招生。推动病历跨地区、跨机构互通共享，推动医学检验检查结果跨地区、跨机构互认。推动公共服务从按行政等级配置向按常住人口规模配置转变。允许镇区人口 10 万以上的特大镇按同等城市标准配置教育医疗资源，鼓励有条件的小城镇布局三级医院，降低与大中城市公共服务落差。增加健康、养老、家政等服务多元化供给，鼓励都市圈城市联建共建养老机构，加快城市设施适老化和无障碍改造。推动博物馆、剧院、体育场馆等共建共享。

（十六）加快社会保障接轨衔接

建设涵盖各类社会保障信息的统一平台，加强都市圈异地居住退休人员养老保险信息交换，推广通过公安信息比对进行社会保险待遇资格认证模式，加快实现养老补贴跟着老人走。扩大异地就医直接结算联网定点医疗机构数量。鼓励有条件的中心城市与毗邻城市开展基本医疗保险异地门诊即时结算合作。加快推动都市圈医保目录和报销政策统筹衔接。推动工伤认定政策统一、结果互认。推动公共租赁住房保障范围常住人口全覆盖，提高住房公积金统筹层次，建立住房公积金异地信息交换和核查机制，推行住房公积金转移接续和异地贷款。

（十七）推动政务服务联通互认

全面取消没有法律法规规定的证明事项。除法律法规另有规定或涉密等外，政务服务事项全部纳入平台办理，全面实现同城化“一网通办”。进一步便利跨省市户口迁移网上审批，居民身份证、普通护照、机动车驾驶证异地申领，异地驾考和机动车异地年检、违章联网办理。建立健全民生档案异地查询联动机制。

（十八）健全跨行政区社会治理体系

完善突发公共事件联防联控、灾害事件预防处理和紧急救援等联动机制。加强交界地区城市管理联动，强化社区自治和服务功能，建立健全治安维稳、行政执法等协作机制，建立健全安全隐患排查和社区人居环境综合整治机制。建立重大工程项目选址协商机制，充分征求毗邻城市意见。积极利用信息技术手段，推动都市圈治理精细化。

六、强化生态环境共保共治

以推动都市圈生态环境协同共治、源头防治为重点，强化生态网络共建和环境联防联治，在一体化发展中实现生态环境质量同步提升，共建美丽都市圈。

（十九）构建绿色生态网络

严格保护跨行政区重要生态空间，加强中心城市生态用地维护与建设，编制实施都市圈生态环境管控方案，联合实施生态系统保护和修复工程。加强区域生态廊道、绿道衔接，促进林地绿地湿地建设、河湖水系疏浚和都市圈生态环境修复。

（二十）推动环境联防联治

以都市圈为单元制定城市空气质量达标时间表，强化工业源、移动源和生活源排放污染治理，实现核发机动车注册登记环保标准互认与车用燃料标准统一。加快消除都市圈内劣Ⅴ类水质断面。全面开展生活垃圾分类，基本完成存量生活垃圾场治理任务。鼓励既有建筑节能化改造，城镇新建建筑100%落实强制性节能标准。将建设用地土壤环境管理要求纳入城市规划和供地管理。

（二十一）建立生态环境协同共治机制

加快生态环境监测网络一体化建设，协商建立都市圈大气污染、流域水污染、土壤污染、噪声污染综合防治和利益协调机制。探索生态保护性开发模式，建立生态产品价值实现机制、市场化生态补偿机制。

七、率先实现城乡融合发展

以促进城乡要素自由流动、平等交换和公共资源合理配置为重点，建立健全城乡融合发展体制机制，构筑功能一体、空间融合的城乡体系，在都市圈率先实现城乡融合发展。

（二十二）建立健全城乡融合发展体制机制

建立健全有利于城乡要素合理配置的体制机制，促进人才、资金、科技、信息等要素更多向乡村流动。建立健全有利于城乡基本公共服务普惠共享的体制机制，推动公共服务向农村延伸、社会事业向农村覆盖。建立健全有利于城乡基础设施一体化发展的体制机制，加快基础设施和市政公用设施向乡村延伸，推动乡村基础设施提档升级。建立健全有利于乡村经济多元化发展的体制机制，促进农业全产业链发展。建立健全有利于农民收入持续增长的体制机制，持续缩小城乡居民生活水平差距。

（二十三）搭建城乡融合发展平台

在都市圈内培育建设联结城乡的功能平台，推动城乡要素跨界配置和产业有机融合发展。有序发展特色小城镇，实施特色小镇高质量发展工程，打造一批功能多样、产业集聚、设施完善的创新创业平台。优化提升现代农业产业园等园区，有序建设农村产业融合发展示范园，推动农业现代化。

八、构建都市圈一体化发展机制

加快构建都市圈协商合作、规划协调、政策协同、社会参与等机制，凝神聚力推进都市圈建设重点任务落地。

（二十四）创新协商合作机制

都市圈建设由相关地方负责统筹推进，建立城市间多层次合作协商机制。有条件的地方可以探索设立都市圈发展及重点领域协调推进机制，负责推动落实都市圈一体化发展重大事项。

（二十五）健全规划协调机制

围绕提升都市圈发展质量和现代化水平，探索编制都市圈发展规划或重点领域专项规划。强化都市圈规划与城市群规划、城市规划的有机衔接，确保协调配合、同向发力。国家发展改革委会同有关部门要加强对都市圈规划编制的统筹指导，研究制定支持都市圈建设的政策措施。

（二十六）强化政策协同机制

积极构建都市圈互利共赢的税收分享机制和征管协调机制，加强城市间税收优惠政策协调。鼓励社会资本参与都市圈建设与运营。允许都市圈内城乡建设用地增减挂钩节余指标跨地区调剂。健全都市圈商品房供应体系，强化城市间房地产市场调控政策协同。

（二十七）完善社会参与机制

都市圈规划编制实施和相关配套政策的出台，要广泛听取社会各界特别是利益相关方意见建议，主动接受社会监督，及时回应社会关切。鼓励智库参与都市圈建设决策咨询，建立健全第三方评估机制。加强舆论引导，创新宣传方式，营造有利于都市圈建设的氛围，增强都市圈内社会各方的认同感和积极性，汇聚形成共同参与和支持都市圈建设的强大合力。

城镇化是现代化的必由之路，是我国发展最大的潜力所在。建设现代化都市圈是推进新型城镇化的重要手段，既有利于优化人口和经济的空间结构，又有利于激活有效投资和潜在消费需求，增强内生发展动力。各地区各部门要统一思想认识、加强组织领导、强化责任意识，用改革的办法和创新的精神，积极培育发展现代化都市圈。

关于开展第二批国家农村产业融合发展示范园创建工作的通知（节选）

发改办农经〔2019〕334 号　2019 年 3 月 15 日

一、总体要求

（一）指导思想

认真落实党中央、国务院决策部署，牢固树立和贯彻创新、协调、绿色、开放、共享的发展理念，以深入推进农业供给侧结构性改革、加快培育农村发展新动能为主线，以完善利益联结机制为核心，以要素集聚和模式创新为动力，以农村产业融合发展示范园建设为抓手，着力打造农村产业融合发展的示范样板和平台载体，努力构建农业与二、三产业交叉融合的现代农业产业体系，充分发挥示范引领作用，带动农村一、二、三产业融合发展，促进农业增效、农民增收、农村繁荣。

（二）基本原则

——坚持政府引导、市场主导。充分发挥市场配置资源的决定性作用，更好发挥政府作用，营造良好市场环境，加快培育市场主体，打破要素瓶颈制约和体制机制障碍，积极吸引社会资本投入，激发产业融合发展活力。

——坚持因地制宜、创新发展。根据不同地区资源禀赋、产业基础、区位优势等，探索符合本地区特点、形式多样的产业融合模式和可复制、可推广的经验。发挥首创精神，坚持在特色上做文章，避免同质化发展和重复建设。

——坚持利益联结、惠农富农。始终坚持把农民更多分享增值收益作为基本出发点，建立健全入园企业、项目与农户间紧密的利益联结机制，着力增强农民参与融合能力，让农民更多分享产业融合发展的增值收益。充分发挥示范带动作用，引领带动农民就业创业和增收致富。

——坚持严格标准、宁缺勿滥。充分考虑本省（区、市）实际，坚持高起点、高标准确定农村产业融合发展示范园创建条件，通过竞争性选拔择优推荐，确保少而精。建立健全能进能出的动态管理机制，根据创建工作考核结果实行淘汰制度，对示范效果不显著的及时撤销创建资格。

（三）主要目标

2019 年创建第二批 100 个融合特色鲜明、产业集聚发展、利益联结紧密、配套服务完善、组织管理高效、示范作用显著的农村产业融合发展示范园，实现多模式融合、多类型示范，并通过复制推广先进经验，加快延伸农业产业链、提升农业价值链、拓展农业多种功能、培育农村新产业新业态。

二、示范任务

（四）探索多种产业融合模式，构建现代农业产业体系

通过推进农业内部融合、延伸农业产业链、拓展农业多种功能、发展农业新型业态、促进产城融合等多种形式，结合当地资源禀赋、风土人情等实际，探索并总结一批适合不同地区的农村产业融合模式，加快发展根植于农业农村、由当地农民主办、彰显地域特色和乡村价值的产业体系。

（五）培育多元化产业融合主体，激发产业融合发展活力

加快培育有经济实力、发展活力和带动能力的经营主体，探索农民合作社、家庭农场、种养大户等在农村产业融合中更好发挥作用的有效途径，鼓励农民合作社发展农产品加工、销售，鼓励家庭农场、种养大户开展农产品直销。支持龙头企业通过直接投资、参股经营、签订长期供销合同等方式建设标准化、规模化原料生产基地以及营销设施，带动农户和农民合作社发展适度规模经营。

（六）健全利益联结机制，让农民更多分享产业增值收益

加快推广“订单收购+分红”“土地流转+优先雇用+社会保障”“农民入股+保底收益+按股分红”等多种利益联结方式，让农户分享加工、销售环节收益。鼓励行业协会或龙头企业与合作社、家庭农场、普通农户等组织共同营销，开展农产品销售推介和品牌运作，让农户更多分享产业链增值收益。鼓励农业产业化龙头企业通过设立风险资金、为农户提供信贷担保、领办或参办农民合作组织等多种形式，与农民建立稳定的订单和契约关系。将示范园打造成为易地扶贫搬迁配套产业和促进就业的重要载体，强化脱贫攻坚产业支撑，完善带贫减贫机制，辐射和带动贫困户实现“搬得出、稳得住、能脱贫”。

（七）创新体制机制，破解产业融合发展瓶颈约束

按照企业主导、政府支持、社会参与、市场运作的原则，完善农村产业融合投融资体制机制，吸引社会资本投入农村产业融合发展示范园建设和运营。鼓励金融机构与农村产业融合发展示范园建立紧密合作关系，推广产业链金融模式，加大信贷支持。引导农村集体经济组织挖掘集体土地、房屋、设施等资源和资产潜力，依法通过股份制、合作制、股份合作制、租赁等形式，积极参与产业融合发展。

三、申报创建类型、数量、条件与程序

（八）创建类型

各地要结合本地区实际，充分挖掘地域特色，围绕农业内部融合、产业链延伸、功能拓展、新技术渗透、产城融合、多业态复合等六种类型，有针对性地创建农村产业融合发展示范园。为统筹整合资源，强化示范效应，已认定或正在创建的农业产业园、农业科技园等园区，符合条件的，也可申请创建农村产业融合发展示范

园。为提高示范园创建的多样性，确保多出经验，避免类型过于单一或雷同，各省（区、市）要尽可能选择不同类型进行试点示范，每种类型最多选择 1 个。

（九）申报数量

2018 年农林牧渔业总产值超过 5000 亿元的省（区）申报创建数量不超过 5 个（含首批未通过认定但保留创建资格的单位，下同），其他省（区）不超过 3 个，直辖市和新疆生产建设兵团不超过 2 个，计划单列市不超过 1 个。

（十）申报条件

国家农村产业融合发展示范园原则上由县级政府申报创建，对隶属于地市级政府的项目应由地市级政府申报创建，每个县（市、区、旗、农场）或地市政府只能申报创建 1 个国家农村产业融合发展示范园。申报创建国家农村产业融合发展示范园应符合以下基本条件：申报县（市、区、旗、农场）或地市高度重视农村产业融合发展工作，已成立由本级政府主要领导挂帅的领导小组，并明确具体的示范园管理机构；具备较好的产业融合发展基础或特色产业优势，且建设示范园的意愿明确；示范园发展思路清晰、功能定位明确，用地符合国土空间规划（土地利用总体规划）、建设水平领先，产业特色鲜明、融合模式新颖，配套设施完善、组织管理高效，利益联结紧密，对区域内农民有较强的增收带动效应，具有较强的示范、引导和带动作用。具体创建条件由各省（区、市）根据上述要求，结合本地实际细化确定。各地区申报创建单位应适度向贫困县、“三区三州”深度贫困地区倾斜。同等条件下，优先支持农村产业融合发展试点示范县创建农村产业融合发展示范园。

（十一）申报创建程序

由县（市、区、旗、农场）或地市政府根据本省（区、市）创建条件，组织承建单位编制国家农村产业融合发展示范园创建方案，向省级发展改革委提出创建申请。省级发展改革委组织相关部门或专家对创建方案进行评审，按照本省区示范园申报控制数量，择优确定示范园名单，并上报国家发展改革委，国家发展改革委汇总后会同有关部门公布创建名单。按照“当年先创建、次年再认定”的原则，由县（市、区、旗、农场）或地市政府根据国家有关部门公布的示范园名单，按照省级发展改革委评审通过的创建方案，组织开展示范园创建工作。创建工作满一年后，由省级发展改单委会同有关部门组织开展初评并将初评结果上报国家发展改革委。国家发展改革委会同有关部门，采取委托第三方机构考核打分、召开专家评审会议评价论证等方式，正式认定国家农村产业融合发展示范园。对创建工作已取得一定成效但未通过认定的，可保留创建资格一年，待下一年度再次参评，届时仍未通过认定的，撤销创建资格。

（十二）申报材料

申报创建示范园应当报送以下材料，一是示范园创建申报书；二是示范园创建实施方案；三是示范园用地情况等其他相关配套材料。

四、保障措施

（十三）加大项目资金支持力度

鼓励县（市、区、旗、农场）或地市政府以国家农村产业融合发展示范园为重点，在不改变资金用途和管理要求的基础上，统筹利用各项涉农资金支持示范园符合条件的项目建设，完善示范园供水、供电、道路、通信、仓储物流、垃圾污水处理、环境美化绿化等设施条件。鼓励地方各级政府优先安排资金，支持示范园基础设施和公共服务平台建设。

（十四）优先支持发行企业债券

支持国家农村产业融合发展园区的入园农业产业化龙头企业，优先申报发行农村产业融合发展专项企业债券，为园区基础设施建设、新型农业经营主体发展开拓长期、稳定、规模化的融资渠道。支持农村产业融合发展示范园以小微企业增信集合债券形式发行农村产业融合发展专项企业债券，募集资金用于农村产业融合小微企业发展。

（十五）鼓励设立产业投资基金

鼓励有条件的地方，根据发展需要与财力可能，按照市场化方式，依法发起设立产业投资基金，按照市场运作、专业管理、科学决策、防范风险的原则，吸引和带动社会资本、金融机构、国有企业参与投资，加大对国家农村产业融合发展示范园的投入力度，充分发挥政府资金的引导作用和放大效应。

（十六）鼓励地方加大融资支持

鼓励各地引导银行业金融机构加大对国家农村产业融合发展示范园入园企业的贷款投放。鼓励各地建立健全“政银担”合作机制，引导担保机构为国家农村产业融合发展示范园入园企业贷款、发行企业债券等进行担保增信，建立多层次风险缓释措施和风险分担机制。

（十七）完善用地保障机制

根据研究明确的农村产业融合发展用地政策，指导各地在农村产业融合发展示范园建设中做好用地保障。将农村产业融合发展示范园纳入土地利用总体规划统筹安排，在年度土地利用计划安排上予以倾斜支持，依法依规办理用地手续；鼓励按照国家有关规定，通过城乡建设用地增减挂钩、工矿废弃地复垦利用、依法利用存量建设用地等途径，多渠道保障示范园用地需求。结合村庄规划编制和实施，加强乡村建设规划许可管理，整合有关审批职能，优化审查流程，支持农村产业融合发展。

（十八）支持政府与社会资本合作

支持县（市、区、旗、农场）、地市政府创新农村产业融合发展示范园建管模式，通过 PPP 等方式建设农村产业融合发展示范园，撬动更多金融和社会资本投入示范园建设和运营。

（十九）加强产业融合公共服务

搭建农村综合性信息化服务平台，提供电子商务、休闲农业与乡村旅游、农业物联网、价格信息、公共营销等服务。优化创业孵化平台，提供设计、创意、技术、市场、融资等定制化解决方案等服务。建设农村产权流转交易市场，促进农村承包土地经营权依法有序流转。

五、工作要求（略）

关于印发《2019 年新型城镇化建设重点任务》的通知

发改规划〔2019〕617 号　2019 年 3 月 31 日

2019 年新型城镇化建设重点任务

一、总体要求

以习近平新时代中国特色社会主义思想为指导，全面贯彻党的十九大和十九届二中、三中全会以及中央经济工作会议精神，紧紧围绕统筹推进“五位一体”总体布局和协调推进“四个全面”战略布局，坚持和加强党的全面领导，坚持以人民为中心的发展思想，坚持稳中求进工作总基调，坚持新发展理念，坚持推进高质量发展，加快实施以促进人的城镇化为核心、提高质量为导向的新型城镇化战略，突出抓好在城镇就业的农业转移人口落户工作，推动1亿非户籍人口在城市落户目标取得决定性进展，培育发展现代化都市圈，推进大城市精细化管理，支持特色小镇有序发展，加快推动城乡融合发展，实现常住人口和户籍人口城镇化率均提高1个百分点以上，为保持经济持续健康发展和社会大局稳定提供有力支撑，为决胜全面建成小康社会提供有力保障。

二、加快农业转移人口市民化

按照尊重意愿、自主选择原则，以农业转移人口为重点，兼顾高校和职业院校（技工院校）毕业生、城市间转移就业人员，加大非户籍人口在城市落户推进力度，推动未落户城镇的常住人口平等享有基本公共服务。

（一）积极推动已在城镇就业的农业转移人口落户

继续加大户籍制度改革力度，在此前城区常住人口100万以下的中小城市和小城镇已陆续取消落户限制的基础上，城区常住人口100~300万的Ⅱ型大城市要全面取消落户限制；城区常住人口300~500万的Ⅰ型大城市要全面放开放宽落户条件，并全面取消重点群体落户限制。超大特大城市要调整完善积分落户政策，大幅增加落户规模、精简积分项目，确保社保缴纳年限和居住年限分数占主要比例。城市政府要探索采取差别化精准化落户政策，积极推进建档立卡农村贫困人口落户。允许租赁房屋的常住人口在城市公共户口落户。压实地方政府主体责任，强化督促和监测评估。（公安部、各省级有关部门负责）

（二）推进常住人口基本公共服务全覆盖

确保有意愿的未落户常住人口全部持有居住证，鼓励各地区逐步扩大居住证附加的公共服务和便利项目。2019年年底所有义务教育学校达到基本办学条件“20条底线”要求，在随迁子女较多城市加大教育资源供给，实现公办学校普遍向随迁子女开放，完善随迁子女在流入地参加高考的政策。全面推进建立统一的城乡居民医保制度，提高跨省异地就医住院费用线上结算率，推进远程医疗和社区医院高质量发展。推进城乡居民养老保险参保扩面，指导各地区全面建立城乡居民基本养老保险待遇确定和基础养老金正常调整机制。强化全方位公共就业服务，推进农民工职业技能培训扩面提质。持续深化利用集体建设用地建设租赁住房试点，扩大公租房和住房公积金制度向常住人口覆盖范围。合理发展城镇婴幼儿照护服务机构，充分考虑婴幼儿随迁子女的照护服务需求。打通各地区各部门数据壁垒，提高公共服务供给便利性。城市政府要向已在城镇稳定就业生活但未落户的农村贫困人口，优先提供职业技能培训等基本公共服务，并加大与农村贫困人口较多地区的劳务对接力度。（公安部、国家发展改革委、教育部、财政部、人力资源和社会保障部、自然资源部、住房城乡建设部、卫生健康委、医保局、各省级有关部门负责）

（三）深化“人地钱挂钩”等配套政策

深化落实支持农业转移人口市民化的财政政策，在安排中央和省级财政转移支付时更多考虑农业转移人口落户数量，2019年继续安排中央财政奖励资金支持落户较多地区。全面落实城镇建设用地增加规模与吸纳农业转移人口落户数量挂钩政策，在安排各地区城镇新增建设用地规模时，进一步增加上年度农业转移人口落户数量的权重，探索落户城镇的农村贫困人口在原籍宅基地复垦腾退的建设用地指标由输入地使用。落实中央基建投资安排向吸纳农业转移人口落户数量较多城镇倾斜政策，完善财政性建设资金对吸纳贫困人口较多城市基础设施投资的补助机制。改进城市人口统计工作，逐年统计发布各城市的行政区常住人口及户籍人口、行政区城镇户籍人口、城区户籍人口数据，开展各城市的行政区城镇常住人口、城区常住人口统计前期工作。（财政部、自然资源部、国家发展改革委、公安部、统计局、各省级有关部门负责）

三、优化城镇化布局形态

按照统筹规划、合理布局、分工协作、以大带小的原则，立足资源环境承载能力，推动城市群和都市圈健康发展，构建大中小城市和小城镇协调发展的城镇化空间格局。

（四）深入推进城市群发展

有序实施城市群发展规划。加快京津冀协同发展、长江三角洲区域一体化发展、粤港澳大湾区建设。扎实开展成渝城市群发展规划实施情况跟踪评估，研究提出支持成渝城市群高质量发展的政策举措，培育形成新的重要增长极。有序推动哈长、长江中游、北部湾、中原、关中平原、兰州—西宁、呼包鄂榆等城市群发展规划实施，建立健全城市群协调协商机制。加快出台实施天山北坡、滇中两个边疆城市群发展规划。指导省内城市群有序发展，提高一体化建设水平。坚持以中心城市引领城市群发展，推动一些中心城市地区加快工业化城镇化，增强中心城市辐射带动力，形成高质量发展的重要助推力。（国家发展改革委、各省级有关部门负责）

（五）培育发展现代化都市圈

实施《关于培育发展现代化都市圈的指导意见》，落实重点任务部门分工。指导有关地方编制实施都市圈发展规划或重点领域专项规划。探索建立中心城市牵头的都市圈发展协调推进机制。加快推进都市圈交通基础设施一体化规划建设。支持建设一体化发展和承接产业转移示范区。推动构建都市圈互利共赢的税收分享机制和征管协调机制。鼓励社会资本参与都市圈建设与运营。在符合土地用途管制前提下，允许都市圈内城乡建设用地增减挂钩节余指标跨地区调剂。健全都市圈商品房供应体系，强化城市间房地产市场调控政策协同。（国家发展改革委、自然资源部、住房城乡建设部、交通运输部、各省级有关部门负责）

（六）推动大中小城市协调发展

超大特大城市要立足城市功能定位、防止无序蔓延，合理疏解中心城区非核心功能，推动产业和人口向一小时交通圈地区扩散。大城市要提高精细化管理水平，增强要素集聚、高端服务和科技创新能力，发挥规模效应和辐射带动作用。中小城市发展要分类施策，都市圈内和潜力型中小城市要提高产业支撑能力、公共服务品质，促进人口就地就近城镇化；收缩型中小城市要瘦身强体，转变惯性的增量规划思维，严控增量、盘活存量，引导人口和公共资源向城区集中；强化边境城市稳边戍边作用，推动公共资源倾斜性配置和对口支援；稳步增设一批中小城市，落实非县级政府驻地特大镇设市。稳妥有序调整城市市辖区规模和结构。推动经济发达镇行政管理体制改革扩面提质增效，解决法律授权、财政体制、人员编制统筹使用等问题。强化小城镇基础设施和公共服务补短板，提高服务镇区居民和周边农村的能力。指导各地区制定设镇设街道标准，规范调整乡镇行政区划。（国家发展改革委、中央编办、民政部、财政部、自然资源部、住房城乡建设部、各省级有关部门负责）

（七）支持特色小镇有序发展

建立典型引路机制，坚持特色兴镇、产业建镇，坚持政府引导、企业主体、市场化运作，逐年挖掘精品特色小镇，总结推广典型经验，发挥示范引领作用；完善政银企对接服务平台，为特色产业发展及设施建设提供融资支持，为打造更多精品特色小镇提供制度土壤。建立规范纠偏机制，逐年开展监测评估，淘汰错用概念的行政建制镇、滥用概念的虚假小镇、缺失投资主体的虚拟小镇。组织制定特色小镇标准体系，适时健全支持特色小镇有序发展的体制机制和政策措施。全面开展特色小城镇建设情况调查评估。省级发展改革委要组织特色小镇和小城镇相关部门协调推进，避免政出多门、产生乱象。（国家发展改革委、自然资源部、住房城乡建设部、农业农村部、商务部、文化和旅游部、体育总局、林草局、各省级有关部门负责）

（八）强化交通运输网络支撑

综合考虑人口规模结构和流动变化趋势，构建有前瞻性的综合交通运输网络。依托国家“十纵十横”综合运输大通道，合理建设完善西部和东北地区对外交通骨干网络，发挥优化城镇布局、承接跨区域产业转移的先导作用，带动交通沿线城市产业发展和人口集聚。在城市群和都市圈构建以轨道交通、高速公路为骨架的多层次快速交通网，推进干线铁路、城际铁路、市域（郊）铁路、城市轨道交通融合发展，促进公路与城市道路有效衔接，更好服务于城市间产业专业化分工协作。加强中小城市与交通干线、交通枢纽城市的连接，加快建设边境地区交通通道，提高公路技术等级、通行能力和铁路覆盖率，切实改善交通条件，降低交易成本及物流成本。（国家发展改革委、交通运输部、自然资源部、铁路总公司、各省级有关部门负责）

四、推动城市高质量发展

统筹优化城市国土空间规划、产业布局和人口分布，提升城市可持续发展能力，建设宜业宜居、富有特色、充满活力的现代城市。

（九）分类引导城市产业布局

以提升城市产业竞争力和人口吸引力为导向，健全有利于区域间制造业协同发展的体制机制，引导城市政府科学确定产业定位和城际经济合作模式，避免同质化竞争。引导大城市产业高端化发展，发挥在产业选择和人才引进上的优势，提升经济密度、强化创新驱动、做优产业集群，形成以高端制造业、生产性服务业为主的产业结构。引导中小城市夯实制造业基础，发挥要素成本低的优势，增强承接产业转移能力，推动制造业特色化差异化发展，形成以先进制造业为主的产业结构。提升国家新型工业化产业示范基地发展质量，推动向先进制造业集群转型升级。鼓励城市政府全面优化营商环境，加强指导、优化服务、精简审批、开放资源。（国家发展改革委、工业和信息化部、自然资源部、商务部、市场监管总局、各省级有关部门负责）

（十）优化城市空间布局

全面推进城市国土空间规划编制，强化“三区三线”管控，推进“多规合一”，促进城市精明增长。基于资源环境承载能力和国土空间开发适宜性评价，在国土空间规划中统筹划定落实生态保护红线、永久基本农田、城镇开发边界三条控制线，制定相应管控规则。科学编制详细规划，促进城市工业区、商务区、文教区、生活区、行政区、交通枢纽区科学衔接与混合嵌套，实现城市产城融合、职住平衡。加快建设国土空间基础信息平台和国土空间规划监测评估预警管理系统，为城市空间精细化治理提供智能化手段。指导各地区在编制城市国土空间规划中，统筹考虑城市开敞空间、大气输送廊道、改变局地扩散条件等因素，协同推进大气污染防治工作。（自然资源部、国家发展改革委、生态环境部、住房城乡建设部、各省级有关部门负责）

（十一）加强城市基础设施建设

优化城市交通网络体系，构建级配合理的城市路网系统，强化城市轨道交通线网规划指导，完善非机动车、行人交通系统及行人过街设施，鼓励有条件城市建设自行车专用道。落实公交优先发展政策，优先在中心城区及交通密集区形成连续、成网的公交专用道，推动轨道交通、公共汽电车等的融合衔接和便利换乘。在地铁、机场等公共场所为网络部署预留足够资源。指导各地区因地制宜建设地下综合管廊，扎实推进城市排水防涝设施补短板。持续推进节水型城市建设，推进实施海绵城市建设。继续开展城市黑臭水体整治环境保护专项行动，启动城镇污水处理提质增效三年行动。督促北方地区加快推进清洁供暖。以推进老旧小区改造、完善社区及周边区域活动和综合服务设施、开展生活垃圾分类等为着力点，办好群众关注的"民生小事"。城市政府要努力改善城乡结合部、城中村等农村贫困人口居住相对集中地区的配套设施。（住房城乡建设部、国家发展改革委、财政部、民政部、自然资源部、生态环境部、交通运输部、各省级有关部门负责）

（十二）改进城市公共资源配置

在优化大城市公共资源布局的同时，立足实际在中小城市适度增加公共资源供给。鼓励各地区优化潜力型中小城市建设用地结构布局，合理增加公共服务设施等用地规模。调整优化教育医疗资源布局，新设立和搬迁转移职业院校原则上优先布局在中小城市，将更多三级医院布局在中小城市，支持大城市知名三级医院在中小城市设立分支机构，支持大城市知名中小学对中小城市学校进行对口帮扶支教。（财政部、自然资源部、国家发展改革委、教育部、卫生健康委、各省级有关部门负责）

（十三）提升城市品质和魅力

推动城市绿色发展，塑造城市生态风貌，推广生态修复城市修补试点经验，鼓励有条件地区打造特色山城水城。提升城市人文魅力，保护传承非物质文化遗产，推动中华优秀传统文化创造性保护、创新性发展。优化提升新型智慧城市建设评价工作，指导地级以上城市整合建成数字化城市管理平台，增强城市管理综合统筹能力，提高城市科学化、精细化、智能化管理水平。鼓励城市建筑设计传承创新，彰显中国建筑文化特色。（中央网信办、住房城乡建设部、国家发展改革委、自然资源部、文化和旅游部、各省级有关部门负责）

（十四）健全城市投融资机制

平衡好防风险与稳增长关系，在有效防范地方政府债务风险前提下，推动有效投资稳定增长。统筹安排财政资金投入、政府投资、地方政府债券发行，加大对符合规划和产业政策的城市补短板项目的支持力度。大力盘活存量优质资产，回收资金补充地方财力。在坚决遏制地方政府隐性债务增量前提下综合运用多种货币政策工具，引导开发性政策性金融机构结合各自职能定位和业务范围加大支持力度，鼓励商业性金融机构适度扩大信贷投放，引导保险资金发挥长期投资优势，支持符合条件的企业发行债券进行项目融资，积极助力新型城镇化建设。支持发行有利于住房租赁产业发展的房地产投资信托基金等金融产品。筛选具备投资回报预期的优质项目并建立吸引民间投资项目库，集中向民间资本推介。全面推进地方融资平台公司市场化转型，打造竞争力强的地方基础设施和公共服务投资运营主体。（国家发展改革委、财政部、住房城乡建设部、人民银行、银保监会、开发银行、农业发展银行、各省级有关部门负责）

五、加快推进城乡融合发展

以协调推进乡村振兴战略和新型城镇化战略为抓手，以缩小城乡发展差距和居民生活水平差距为目标，建立健全城乡融合发展体制机制和政策体系，切实推进城乡要素自由流动、平等交换和公共资源合理配置，重塑新型城乡关系。

（十五）推进城乡要素合理配置

吸引各类城市人才返乡下乡创业，允许农村集体经济组织探索人才加入机制。按照国家统一部署，在符合空间规划、用途管制和依法取得前提下，允许农村集体经营性建设用地入市，允许就地入市或异地调整入市。鼓励各级财政支持城乡融合发展及载体平台建设，撬动更多社会资金投入。完善乡村金融服务体系，依法合规开展农村各类资产抵押融资，做好农地抵押贷款业务全国推广工作，允许有条件地区继续探索宅基地使用权抵押。强化法律规划政策指导和诚信建设，引导工商资本下乡创业兴业。健全涉农技术创新市场导向机制和产学研用合作机制，引导科研人员按规定到乡村兼职和离岗创业。做好实用性村庄规划，合理引导要素流动。（国家发展改革委、科技部、财政部、自然资源部、农业农村部、人力资源社会保障部、人民银行、银保监会、各省级有关部门负责）

（十六）缩小城乡基本公共服务差距

鼓励省级政府建立统筹规划、统一选拔的乡村教师补充机制，通过稳步提高待遇等措施增强乡村教师岗位吸引力。增加基层医务人员岗位吸引力，鼓励县医院与乡镇卫生院建立县域医共体，鼓励城市大医院与县医院建立对口帮扶、巡回医疗和远程医疗机制。建立公共文化服务群众需求征集和评价反馈机制，推动服务项目与居民需求有效对接。推进城乡低保制度统筹发展，健全低保标准动态调整机制，确保动态管理下应保尽保。提高城市、县城、小城镇、中心村公共服务联动性。（国家发展改革委、教育部、民政部、财政部、文化和旅游部、卫生健康委、人力资源社会保障部、各省级有关部门负责）

（十七）提高城乡基础设施建管能力

以市县域为整体，统筹规划城乡基础设施，统筹布局道路、供水、供电、信息、物流、防洪和垃圾污水处理等设施，2019 年完成新改建农村公路 20 万公里。明确乡村基础设施的公共产品定位，构建事权清晰、权责一致、中央支持、省级统筹、市县负责的城乡基础设施一体化建设机制，健全分级分类投入机制。对城乡道路和普通公路等公益性设施管护和运行投入，一般公共财政预算按规定予以支持。明确乡村基础设施产权归属，由产权所有者建立管护制度，落实管护责任。（国家发展改革委、财政部、住房城乡建设部、交通运输部、农业农村部、水利部、各省级有关部门负责）

（十八）促进乡村经济多元化发展

建立新产业新业态培育机制，构建农村一、二、三产业融合发展体系，实现城乡生产与消费多层次对接。探索建立政府主导、企业和各界参与、市场化运作、可持续的城乡生态产品价值实现机制。加强优秀农耕文化遗产保护与合理适度利用，推动农村地区传统工艺振兴，发展特色文化产业和工艺产品。培育发展城乡产业协同发展先行区，创建一批城乡融合典型项目，鼓励经营性与公益性项目综合体立项，促进资金平衡、金融支持和市场化运作，推进城乡要素跨界配置和产业有机融合。（国家发展改革委、财政部、农业农村部、商务部、文化和旅游部、各省级有关部门负责）

（十九）促进农民收入持续增长

推动形成平等竞争、规范有序、城乡统一的人力资源市场，统筹推进农村劳动力转移就业和就地创业就业。完善财政、信贷、保险、用地等政策，建立农产品优质优价正向激励机制。2019 年年底基本完成农村集体资产清产核资工作，加快推进经营性资产股份合作制改革，完善农村集体产权权能，创新农村集体经济运行机制，确保集体资产保值增值和农民收益。履行好政府再分配调节职能，完善对农民直接补贴政策，健全生产者补贴制度。（国家发展改革委、财政部、农业农村部、人力资源社会保障部、各省级有关部门负责）

六、组织实施

各地区各有关部门要高度重视、扎实推进，确保 2019 年新型城镇化建设重点任务如期完成，推动新型城镇化高质量发展取得新进展。

（二十）强化部际协调

完善推进新型城镇化工作部际联席会议制度，进一步加强对新型城镇化重大事项的会商沟通。国家发展改革委将强化统筹协调，督促落实本通知的重点任务。各有关部门要按照本通知的重点任务和责任分工，细化实化体制机制改革和政策措施，调动并督促各省级有关部门扎实推进。

（二十一）压实地方责任

地方各级有关部门要切实增强主体责任意识，由省负总责、市县抓落实，根据本通知的重点任务，结合本地实际制定务实管用的措施，以钉钉子精神抓好落实，推动各项任务落地生效。

（二十二）深化宣传引导

各地区各有关部门要加强引导指导、创新宣传方式，发挥示范带动效应。发展改革委将总结推广第二、三批国家新型城镇化综合试点典型经验，挖掘推广城市高质量发展、特色小镇健康发展等先进做法。引导有关媒体持续报道，营造良好的舆论氛围。

关于推广第二批国家新型城镇化综合试点等地区经验的通知

发改办规划〔2019〕727 号　2019 年 6 月 25 日

一、加快农业转移人口市民化

各地区按照尊重意愿和自主选择原则，以农业转移人口为重点，加快落实《推动 1 亿非户籍人口在城市落户方案》，并努力推动暂未落户城镇的常住人口平等享有基本公共服务。

（一）进一步放开放宽城市落户限制

天津拓宽农业转移人口及其他外来务工经商人员落户通道，提高居住年限指标在积分落户中的权重，将夫妻和子女投靠落户条件分别降低至结婚 3 年、本人居住满 5 年。广东广州为城市公共服务特殊艰苦岗位人员单列落户指标，允许合同制消防员和保洁员等直接落户；深圳将人才落户条件降至大专、“中专+中级职称”、紧缺工种高级工等，2018 年落户 51 万人；东莞取消积分落户制度，允许持有居住证、参加城镇社保分别满 5 年的外来人口及其配偶子女落户。

（二）改善城镇基本公共服务保障

四川成都、江苏海门、贵州玉屏组建义务教育阶段名校集团，统筹协调集团内部资源，大幅增加学位供给。广东深圳允许持有居住证、参加城镇社保分别满 1 年的外来人口随迁子女入读公办学校，将 55% 的公办学校学位提供给 50 万名随迁子女。北京大兴区利用 300 亩农村集体建设用地建设共有产权住宅，天津中北镇建成可容纳 1 万人的公寓，在外来人口集中区加强住房保障。四川眉山将重点外来人群纳入住房公积金缴存范围，允许缴满半年后申请住房公积金贷款，累计发放超过 10 亿元。重庆、浙江德清推动城乡福利并轨，梳理出 33 项依附于户口、城乡有别的居民福利政策，投入财政资金消除福利差距，已实现 20 项左右福利城乡无差别。

（三）推进农民工市民化效率变革

福建永安、山东邹城设立城市社区集体户或企业集体户，解决无房外来人口无处落户难题。江苏推行居住证在全省范围内一证通用，避免外来人口重复申报领证。四川成都设立100多个公安一站式落户服务办证点，山东开通省内跨地域户口迁移网上一站式办理业务，方便外来人口落户城市。广东佛山南海区允许7个镇（街道）的外来常住人口选举进入社区党支部和居委会。

（四）引导农民自愿有偿退出农村合法权益

江苏常州武进区引导1000多农户退出宅基地，给予每亩宅基地几十万元补偿费，并整合利用腾退宅基地和碎片化集体建设用地。贵州湄潭探索出农户承包权退出路径，累计退出农村承包地近400亩，为200多农户支付1000多万元补偿费用。宁夏平罗分别探索农民全部或部分权益的退出方式，允许退出部分权益的农民继续保留农村集体经济组织成员身份。山西泽州允许村集体自行将城乡建设用地增减挂钩指标，以货币出让或指标入股等方式与用地机构交易。

二、加快推动城市高质量发展

各地区持续提升城市可持续发展能力，努力建设宜业宜居、富有特色、充满活力的现代城市。

（五）提高中心城市辐射带动力

上海松江牵头打造G60科创走廊，实现9城市营业执照和工业产品生产许可证一网通办，助推科技协同创新和产业协作发展。四川成都加强与16个市州的产业合作，将明星企业推介给兄弟城市，探索研发在成都、转化在市州、总部在成都、基地在市州的合作方式。江苏南京与周边城市共建制造业产业链及高新技术研究院，引导企业合理转移；推动城市间合作办学就医，在其他城市设立分校分院。

（六）提高城市精细化治理水平

四川成都实行多中心和组团式的空间布局，建设若干个产业生态圈和15分钟社区生活圈，强化街道的社会治理职能，提高产城融合水平和居民生活品质。贵州贵安新区实行行政审批一章审批、一网审管、一单规范，以及政务服务一号申请、一窗受理、一网通办，提升为企业和居民服务的效率。广东佛山狮山镇取得省市区镇四级事权同办权限，承办市级和区级行政审批事项分别达100多项、2700多项，将建设项目审批时间缩短2/3。

（七）打造城市产业升级新支点

湖南长沙优化营商环境，将28项审批权限下放至产业园区管委会，提高为企服务效率、激发产业发展活力。河北高碑店引入企业共建工业设计创新工坊，与高校合作成立设计师联盟，产生几十项省著名商标和名牌。浙江德清地理信息小镇、杭州梦想小镇、山东济南中欧装备制造小镇分别发展地理信息、双创和装备制造产业，成为高效率低成本多功能的创业园。福建宁德锂电新能源小镇、江苏镇江句容绿色新能源小镇、黑龙江大庆赛车小镇分别发展新能源和赛车产业，成为新兴产业集聚发展的新引擎。浙江诸暨袜艺小镇、广东深圳大浪时尚小镇、佛山禅城陶谷小镇、吉林长春红旗智能小镇分别改造提升纺织、陶瓷和汽车产业，开辟出传统产业转型升级的新路径。

（八）创新金融服务实体经济方式

江苏常州武进区推动已入市农村集体经营性建设用地在资本市场与城市国有建设用地同地同权，为乡镇企业股改上市和抵押融资提供助力。浙江台州提供200多项个性化金融产品，缓解小微企业融资难题。江苏江阴设立混合所有制的中小企业转贷基金，已为中小企业提供6亿元的过桥资金。福建永安国企联合4个园区设立“园区贷”，为园区内企业贷款提供担保，帮助企业办理长期贷款超过10亿元。江苏苏州引入保险资金参与城市建设项目，在医疗设备、公共交通车辆和污水处理设备等方面开展融资租赁业务。

三、加快推进城乡融合发展

各地区建立健全城乡融合发展体制机制和政策体系，推进城乡要素自由流动、平等交换和公共资源合理配置，重塑新型城乡关系。

（九）探索外来人才入乡发展机制

贵州湄潭探索外来人才加入农村集体经济组织的路径，金花村在组建农民旅游合作社时，允许长期就业居住的外来人才与本村户籍人口享受同等待遇，以每户不超过 1 万元资金入股并获得分红；核桃坝村探索“评估集体资产价值—确定新增成员权价格—有偿落户—分配集体资产”的外来人才加入方式，实现 1700 多名外来农民有偿租用茶园并有偿使用宅基地建房定居。重庆推动建筑师、规划师、工程师“三师入乡”，为乡村发展与建设提供技术支撑。

（十）推动农村集体经营性建设用地入市

广东佛山南海区探索国有土地与集体土地混合出让、产业用地与住宅用地混合出让、出让与流转混合入市，增强村级工业园改造动力，本区 70%的建设用地供应来源于存量集体经营性建设用地。广西北流探索出整块用地直接入市、零星用地整理入市、城中村腾出入市等多种方式。贵州湄潭探索推进集体经营性建设用地使用权和地上建筑物所有权房地一体、分割转让。海南文昌允许村集体有偿收回农户自愿退出的宅基地，并转变为集体经营性建设用地入市。

（十一）完善乡村金融服务体系

贵州湄潭在推行乡村信用评级基础上为农户提供小额信用贷款，并科学设计农村资产抵押贷款程序，开展集体经营性建设用地使用权、农民房屋财产权抵押融资以及承包地经营权、集体资产股权等担保融资。浙江湖州扩大政策性农业保险范围，探索出长兴杨梅采摘期降雨指数保险、安吉毛竹收购价格指数保险等险种。江苏沛县建立农村金融风险防范处置机制，由政府专项风险基金代偿金融机构不良贷款损失，并由县级土地流转公司对抵押物进行处置。

（十二）搭建城乡产业协同发展平台

浙江德清莫干山镇建成 150 多家高端民宿，年接待游客几十万人次，发展形成特色小城镇。山东威海、诸城、济南章丘区和吉林梨树推动农村“三变”改革，四川成都战旗村探索“就地入市+乡村旅游”，促进农村一、二、三产业融合发展，打造形成美丽乡村。广西平果在镇区创办农民工创业园，引导农村贫困人口就业创业。江苏苏州苏绣小镇、江西大余丫山小镇、安徽合肥三瓜公社小镇、天津西青杨柳青文旅小镇、云南曲靖麒麟职教小镇、吉林安图矿泉水小镇分别发展刺绣、运动休闲、乡村电商、年画、产教融合和矿泉水产业，成为承载农业转移人口进城就业的新空间、城乡产业协同发展的新支点。

关于对房地产企业发行外债申请备案登记有关要求的通知

发改办外资〔2019〕778 号　2019 年 7 月 9 日

为进一步落实《国家发展改革委关于推进企业发行外债备案登记制管理改革的通知》（发改外资〔2015〕2044 号）、《国家发展改革委　财政部关于完善市场约束机制　严格防范外债风险和地方政府债务风险的通知》

（发改外资〔2018〕706号）等规定要求，完善房地产企业发行外债备案登记管理，强化市场约束机制，防范房地产企业发行外债可能存在的风险，促进房地产市场平稳健康发展，现对房地产企业发行外债申请备案登记提出如下要求。

一、房地产企业发行外债只能用于置换未来一年内到期的中长期境外债务。

二、房地产企业在外债备案登记申请材料中要列明拟置换境外债务的详细信息，包括债务规模、期限情况、经我委备案登记情况等，并提交《企业发行外债真实性承诺函》。

三、房地产企业发行外债要加强信息披露，在募集说明书等文件中需明确资金用途等情况。

四、房地产企业应制定发行外债总体计划，统筹考虑汇率、利率、币种及企业资产负债结构等因素，稳妥选择融资工具，灵活运用货币互换、利率互换、远期外汇买卖、期权、掉期等金融产品，合理持有外汇头寸，保持境内母公司外债与境外分支机构外债、人民币外债与外币外债、短期外债与中长期外债、内债与外债合理比例，有效防控外债风险。

关于印发《绿色生活创建行动总体方案》的通知

发改环资〔2019〕1696号　2019年10月29日

绿色生活创建行动总体方案（节选）

一、主要目标（略）

二、基本原则（略）

三、创建内容

（一）节约型机关创建行动

以县级及以上党政机关作为创建对象。健全节约能源资源管理制度，强化能耗、水耗等目标管理。加大政府绿色采购力度，带头采购更多节能、节水、环保、再生等绿色产品，更新公务用车优先采购新能源汽车。推行绿色办公，使用循环再生办公用品，推进无纸化办公。率先全面实施生活垃圾分类制度。到2022年，力争70%左右的县级及以上党政机关达到创建要求。（国管局、中直管理局牵头负责）

（二）绿色家庭创建行动

以广大城乡家庭作为创建对象。努力提升家庭成员生态文明意识，学习资源环境方面的基本国情、科普知识和法规政策。优先购买使用节能电器、节水器具等绿色产品，减少家庭能源资源消耗。主动践行绿色生活方式，节约用电用水，不浪费粮食，减少使用一次性塑料制品，尽量采用公共交通方式出行，实行生活垃圾减量分类。积极参与野生动植物保护、义务植树、环境监督、环保宣传等绿色公益活动，参与“绿色生活·最美家庭”“美丽家园”建设等主题活动。到2022年，力争全国60%以上的城乡家庭初步达到创建要求。（全国妇联牵头负责）

（三）绿色学校创建行动

以大中小学作为创建对象。开展生态文明教育，提升师生生态文明意识，中小学结合课堂教学、专家讲座、实践活动等开展生态文明教育，大学设立生态文明相关专业课程和通识课程，探索编制生态文明教材读本。打造节能环保绿色校园，积极采用节能、节水、环保、再生等绿色产品，提升校园绿化美化、清洁化水平。培育绿色校园文化，组织多种形式的校内外绿色生活主题宣传。推进绿色创新研究，有条件的大学要发挥自身学科优势，加强绿色科技创新和成果转化。到 2022 年，60% 以上的学校达到创建要求，有条件的地方要争取达到 70%。（教育部牵头负责）

（四）绿色社区创建行动

以广大城市社区作为创建对象。建立健全社区人居环境建设和整治制度，促进社区节能节水、绿化环卫、垃圾分类、设施维护等工作有序推进。推进社区基础设施绿色化，完善水、电、气、路等配套基础设施，采用节能照明、节水器具。营造社区宜居环境，优化停车管理，规范管线设置，加强噪声治理，合理布局建设公共绿地，增加公共活动空间和健身设施。提高社区信息化智能化水平，充分利用现有信息平台，整合社区安保、公共设施管理、环境卫生监测等数据信息。培育社区绿色文化，开展绿色生活主题宣传，贯彻共建共治共享理念，发动居民广泛参与。到 2022 年，力争 60% 以上的社区达到创建要求，基本实现社区人居环境整洁、舒适、安全、美丽的目标。（住房城乡建设部牵头负责）

（五）绿色出行创建行动

以直辖市、省会城市、计划单列市、公交都市创建城市及其他城区人口 100 万以上的城市作为创建对象，鼓励周边中小城镇参与创建行动。推动交通基础设施绿色化，优化城市路网配置，提高道路通达性，加强城市公共交通和慢行交通系统建设管理，加快充电基础设施建设。推广节能和新能源车辆，在城市公交、出租汽车、分时租赁等领域形成规模化应用，完善相关政策，依法淘汰高耗能、高排放车辆。提升交通服务水平，实施旅客联程联运，提高公交供给能力和运营速度，提升公交车辆中新能源车和空调车比例，推广电子站牌、一卡通、移动支付等，改善公众出行体验。提升城市交通管理水平，优化交通信息引导，加强停车场管理，鼓励公众降低私家车使用强度，规范交通新业态融合发展。到 2022 年，力争 60% 以上的创建城市绿色出行比例达到 70% 以上，绿色出行服务满意率不低于 80%。（交通运输部牵头负责）

（六）绿色商场创建行动

以大中型商场作为创建对象。完善相关制度，强化能耗水耗管理，提高能源资源利用效率。提升商场设施设备绿色化水平，积极采购使用高能效用电用水设备，淘汰高耗能落后设备，充分利用自然采光和通风。鼓励绿色消费，通过优化布局、强化宣传等方式，积极引导消费者优先采购绿色产品，简化商品包装，减少一次性不可降解塑料制品使用。提升绿色服务水平，加强培训，提升员工节能环保意识，积极参加节能环保公益活动和主题宣传，实行垃圾分类和再生资源回收。到 2022 年，力争 40% 以上的大型商场初步达到创建要求。（商务部牵头负责）

（七）绿色建筑创建行动

以城镇建筑作为创建对象。引导新建建筑和改扩建建筑按照绿色建筑标准设计、建设和运营，提高政府投资公益性建筑和大型公共建筑的绿色建筑星级标准要求。因地制宜实施既有居住建筑节能改造，推动既有公共建筑开展绿色改造。加强技术创新和集成应用，推动可再生能源建筑应用，推广新型绿色建造方式，提高绿色建材应用比例，积极引导超低能耗建筑建设。加强绿色建筑运行管理，定期开展运行评估，积极采用合同能源管理、合同节水管理，引导用户合理控制室内温度。到 2022 年，城镇新建建筑中绿色建筑面积占比达到 60%，

既有建筑绿色改造取得积极成效。（住房城乡建设部牵头负责）

四、组织实施（略）

关于开展国家城乡融合发展试验区工作的通知

发改规划〔2019〕1947 号　2019 年 12 月 19 日

国家城乡融合发展试验区改革方案

建立健全城乡融合发展体制机制和政策体系，走城乡融合发展之路，是现代化建设的应有之义。为深入贯彻落实党的十九届四中全会精神和《中共中央　国务院关于建立健全城乡融合发展体制机制和政策体系的意见》（以下简称《意见》），制定本改革方案。

一、总体要求

（一）指导思想

以习近平新时代中国特色社会主义思想为指导，深入贯彻落实党中央、国务院决策部署，把试点引路作为重要改革方法，推动国家城乡融合发展试验区坚持城乡融合发展正确方向，坚持农业农村优先发展，以缩小城乡发展差距和居民生活水平差距为目标，以协调推进乡村振兴战略和新型城镇化战略为抓手，以促进城乡生产要素双向自由流动和公共资源合理配置为关键，突出以工促农、以城带乡，破除制度弊端、补齐政策短板，率先建立起城乡融合发展体制机制和政策体系，为全国提供可复制可推广的典型经验。

（二）试验原则

——坚持中央统筹、地方为主。着眼于顶层设计与基层首创互促共进，有关部门要实事求是、扶优扶强，统筹考虑不同城市规模层级和区域“四大板块”，聚焦经济发达地区、都市圈地区和大城市郊区，确定试验区名单和试验任务；试验区要强化主体责任意识和主观能动性，大力推进体制机制破旧立新。

——坚持重点突破、强化协同。试验区既要各有侧重、扭住关键，从本地实际出发，兼顾改革基础和发展亟须，探索针对性原创性差异化的改革路径和方式；又要系统谋划、强化协同，推进各项改革相互配套，为城乡融合发展提供全方位制度供给。

——坚持守住底线、防范风险。试验区要采取积极稳妥的工作方式，确保封闭运行、风险可控，守住土地所有制性质不改变、耕地红线不突破、农民利益不受损的底线，守住生态保护红线，守住乡村文化根脉。各地区各有关部门要在试验区守住底线的前提下，宽容改革探索中出现的失误。

——坚持深度指导、总结推广。各有关部门既要加强对试验区的指导督促，强化培训、解放思想，确保改革见底见效，防止走样变形；又要加强对试验区改革的监测评估，及时总结推广典型经验，条件成熟时上升为全国性或区域性制度安排和政策设计，在更大范围内释放改革效应。

（三）试验目标

2022—2025 年，试验区实现城乡生产要素双向自由流动的制度性通道基本打通，城乡有序流动的人口迁徙制度基本建立，城乡统一的建设用地市场全面形成，城乡普惠的金融服务体系基本建成，农村产权保护交易制度基本建立，农民持续增收体制机制更加完善，城乡发展差距和居民生活水平差距明显缩小。试验区的引领示范带动效应充分释放，形成一批可复制可推广的典型经验和体制机制改革措施。

二、试验任务

试验区要在全面贯彻落实《意见》基础上，聚焦以下方面深入探索、先行先试。

（一）建立城乡有序流动的人口迁徙制度

全面放开放宽除个别超大城市外的城市落户限制，健全农业转移人口市民化成本分担机制。建立人才加入乡村制度，允许符合条件的返乡就业创业人员在原籍地或就业创业地落户。

（二）建立进城落户农民依法自愿有偿转让退出农村权益制度

维护进城落户农民在农村的“三权”，按照依法自愿有偿原则，在完成农村不动产确权登记颁证的前提下，探索其流转承包地经营权、宅基地和农民房屋使用权、集体收益分配权，或向农村集体经济组织退出承包地农户承包权、宅基地资格权、集体资产股权的具体办法。结合深化农村宅基地制度改革试点，探索宅基地“三权分置”制度。

（三）建立农村集体经营性建设用地入市制度

在符合国土空间规划、用途管制和依法取得、确权登记的前提下，推进集体经营性建设用地就地入市或异地调整入市，其使用权的出让及最高年限、转让、互换、出资、赠与、抵押等，参照同类用途的国有建设用地执行，把握好入市的规模与节奏。允许农民集体妥善处理产权和补偿关系后，依法收回农民自愿退出的闲置宅基地、废弃的集体公益性建设用地使用权，按照国土空间规划确定的经营性用途入市。推进集体经营性建设用地使用权和地上建筑物所有权房地一体、分割转让。建立集体经营性建设用地使用权转让、出租、抵押二级市场。

（四）完善农村产权抵押担保权能

推进农村集体经营性建设用地使用权、集体林权等抵押融资以及承包地经营权、集体资产股权等担保融资，在深化农村宅基地制度改革试点地区探索农民住房财产权、宅基地使用权抵押贷款，推进已入市集体经营性建设用地与国有建设用地在资本市场同地同权，健全农业信贷担保机构。

（五）建立科技成果入乡转化机制

推动高等院校和科研院所设立技术转移机构，按照国家有关规定，落实科研人员入乡兼职兼薪、离岗创业、技术入股政策，探索赋予科研人员科技成果所有权。探索公益性和经营性农技推广融合发展机制，允许农技人员通过提供增值服务合理取酬。

（六）搭建城中村改造合作平台

探索在政府引导下工商资本与农民集体合作共赢模式，统筹利用乡村资源资产、工商资本和金融资本，发展壮大集体经济。

（七）搭建城乡产业协同发展平台

在试验区内选择一批产业园区或功能区，率先打造城乡产业协同发展先行区。在先行区内重点优化提升特色小镇、特色小城镇、美丽乡村和各类农业园区，创建一批城乡融合发展典型项目，实现城乡生产要素的跨界流动和高效配置。

（八）建立生态产品价值实现机制

探索开展生态产品价值核算，完善自然资源价格形成机制，建立政府主导、企业和社会各界参与、可持续的城乡生态产品价值实现机制。

（九）建立城乡基础设施一体化发展体制机制

推动城乡基础设施统一规划、统一建设、统一管护，构建分级分类投入机制，建设市域（郊）铁路、乡村产业路旅游路、城乡垃圾污水一体处理体系和冷链物流设施等，明确投入主体和产权归属。

（十）建立城乡基本公共服务均等化发展体制机制

建立乡村教师和医务人员补充机制，实行义务教育学校教师“县管校聘”，研究推动乡村医生“乡聘村用”，通过稳步提高待遇等措施增强乡村岗位吸引力。建立城乡教育联合体和县域医共体。

（十一）健全农民持续增收体制机制

推进农村集体经营性资产股份合作制改革。加强现代农民职业培训，突出抓好农民合作社和家庭农场两类经营主体发展。推动农民工与城镇职工平等就业，健全农民工输出输入地劳务对接机制。

三、政策保障

各地区各有关部门要凝聚改革合力、加强政策协同，为试验区改革提供有力有效的激励性政策保障。

（一）实行改革授权

有关部门要针对涉及突破现有制度规定的重点改革事项，如允许符合条件的试验区开展深化农村宅基地制度改革试点、农村各类产权抵押担保融资等，通过有效路径和程序进行授权，积极创造有利条件，允许并深度指导试验区进行改革探索。

（二）加强财力保障

有关部门要在中央预算内投资中设立城乡融合发展专项资金，支持省级人民政府发行地方政府专项债券，用于试验区内符合条件的特色小镇等城乡融合发展典型项目，分担试验区改革的前期成本。试验区所在省级人民政府要通过财政转移支付支持试验区发展。

（三）加强金融支持

有关部门要优先支持试验区内符合条件企业发行城乡融合发展典型项目企业债券等公司信用类债券；利用城乡融合发展基金，重点引导社会资本培育一批国家城乡融合发展典型项目。有关金融机构要根据职能定位和业务范围，加大对试验区内符合条件企业的中长期贷款投放规模和力度，支持整体打包立项的城乡联动建设项目融资。

（四）加强政策集成

有关部门要在试验区开展国家农村产业融合发展示范园、农民专业合作社质量提升整县推进试点、民营企业下乡发展试点等；支持客流有需求、财力能支撑的试验区利用既有铁路资源开行市域（郊）列车，实施市域（郊）铁路新建项目；支持试验区内符合条件的涉农企业上市挂牌融资、村镇银行设立、村级综合服务平台建设、乡村教师生活补助提标、中等职业学校建设、“特岗计划”实施等。试验区所在省级人民政府在申报以上试点及全域土地综合整治试点等时，要优先支持试验区；在分配新增建设用地指标时，要倾斜支持试验区。

四、试验方式

有关部门要明确试验区基本条件、科学选择试验对象，并建立监测评估工作机制。

（一）试验对象

试验区应具有较好的发展改革基础、较强的试验意愿和地方政策保障。应在前期已开展自发性改革探索工作，或已开展全国统筹城乡综合配套改革试验区、农村土地制度改革三项试点、农村改革试验区、农村“两权”抵押贷款试点、国家现代农业示范区、国家农村产业融合发展示范园、国家全域旅游示范区等工作。超大特大城市和Ⅰ型大城市试验范围为市郊的部分连片区县，Ⅱ型大城市和中小城市试验范围为全域。

（二）试验机制

国家发展改革委要会同城镇化工作暨城乡融合发展工作部际联席会议成员单位以及有关地区，按少而精原则确定试验区，并建立试验区监测评估机制，实行动态监测、年度评估、奖惩并举、有进有退。

五、组织实施

各地区各有关部门要高度重视、担起责任，纵横联动地推进试验区改革取得实质性突破。

（一）全面加强党的领导

确保党在试验区改革中始终总揽全局、协调各方，充分发挥城乡基层党组织的战斗堡垒作用，实现组织共建、资源共享、机制衔接、功能优化，为城乡融合发展提供坚强政治保证和组织保证。

（二）建立省部共担机制

国家发展改革委要依托城镇化工作暨城乡融合发展工作部际联席会议制度，统筹协调试验区重大事项。中央农办、农业农村部、公安部、自然资源部、财政部、教育部、卫生健康委、科技部、交通运输部、文化和旅游部、生态环境部、人民银行、银保监会、证监会、工商联、开发银行、农业发展银行等成员单位要分头抓好政策支持保障。试验区所在省级人民政府要成立省级城镇化工作暨城乡融合发展工作领导小组，省级有关部门和试验区所在的各地级及以上城市党委或政府主要负责同志参加，整合力量支持试验区改革探索，并以地方性法规等方式固化改革成果。

（三）强化试验区主体责任

省级城镇化工作暨城乡融合发展工作领导小组办公室（省级发展改革委）要指导试验区制定实施方案（含发展改革基础、试验措施、地方政策保障及城乡产业协同发展先行区等），经省级人民政府审核同意后，报备国家发展改革委。试验区所在的各地级及以上城市要分别成立由党委或政府主要负责同志任组长的城镇化工作暨城乡融合发展工作领导小组，将试验任务落实到事、责任到人，确保试验扎实落地。

国家城乡融合发展试验区名单

国家城乡融合发展试验区（11个）：浙江嘉湖片区、福建福州东部片区、广东广清接合片区、江苏宁锡常接合片区、山东济青局部片区、河南许昌、江西鹰潭、四川成都西部片区、重庆西部片区、陕西西咸接合片区、吉林长吉接合片区。

中华人民共和国国家发展和改革委员会

中央农村工作领导小组办公室

中华人民共和国农业农村部

中华人民共和国公安部

中华人民共和国自然资源部

中华人民共和国财政部

中华人民共和国教育部
中华人民共和国国家卫生健康委员会
中华人民共和国科技部
中华人民共和国交通运输部
中华人民共和国文化和旅游部
中华人民共和国生态环境部
中国人民银行
中国银行保险监督管理委员会
中国证券监督管理委员会
中华全国工商业联合会
国家开发银行
中国农业发展银行

关于加快促进有能力在城镇稳定就业生活的农村贫困人口落户城镇的意见

发改规划〔2019〕1976号　2019年12月21日

一、总体要求

以习近平新时代中国特色社会主义思想为指导，深入贯彻落实《中共中央　国务院关于打赢脱贫攻坚战的决定》，落实中央脱贫攻坚专项巡视要求，以实施新型城镇化战略为依托，以尊重意愿、自主选择为原则，精准识别进城常住的建档立卡农村贫困人口，因城施策降低落户门槛、提高落户便利性，维护落户人口农村权益，为2020年如期打赢脱贫攻坚战、全面建成小康社会提供支撑。

二、主要任务

（一）精准识别进城就业生活的建档立卡农村贫困人口

扶贫办会同公安部在建档立卡农村贫困人口中，识别出已落户和未落户城镇的人口，并将信息录入全国扶贫开发信息系统。各省级扶贫、公安等有关部门在尚未落户城镇的本省份户籍农村贫困人口中，摸排统计进城人口及其流向，将信息录入全国扶贫开发信息系统；在此基础上，建立在本省份城镇常住的农村贫困人口名单。

（二）督促城区常住人口300万以下城市取消落户限制

各省级发展改革、公安等部门要严格落实此前印发的《2019年新型城镇化建设重点任务》，督促Ⅱ型大城市、中小城市和小城镇全面取消落户限制，彻底打通进城常住的农业转移人口特别是建档立卡农村贫困人口的落户通道。

（三）推动城区常住人口300万以上城市放宽落户条件

各省级发展改革、公安、扶贫等部门要加强指导，推动Ⅰ型大城市探索进城常住的建档立卡农村贫困人口应落尽落，鼓励其中有条件的城市探索取消落户限制；引导除个别超大城市外的其他超大特大城市在积分落户政策中，结合实际对农村贫困人口在本市落户给予帮扶，并区分不同类型城区制定差别化落户政策，探索推进郊区和新区取消落户限制。

（四）提高建档立卡农村贫困人口落户城镇的便利性

各省级发展改革、公安、扶贫等部门要引导各城市结合实际制定便利于农村贫困人口落户的措施，允许租赁房屋的常住人口在城市公共户口落户；探索在农村贫困人口集中区域特别是易地扶贫搬迁贫困人口集中的城镇安置区，实行进一步缩短办理时限、改进落户服务质量的有效措施；加强对农村贫困人口落户政策的宣传解读，切实解决信息不对称问题。

（五）维护进城落户建档立卡农村贫困人口的农村权益

各省级农业农村等部门要引导各市县维护其在农村的承包地、宅基地和集体资产等权益，不得强行要求其转让退出上述权益或将此作为落户的前置条件，使农村贫困人口安心放心落户；按照依法自愿有偿原则，在完成农村不动产确权登记颁证的前提下，探索其流转承包地经营权、宅基地使用权、集体收益分配权，或向农村集体经济组织退出承包地农户承包权、宅基地资格权、集体资产股权的具体办法。

三、保障措施

（六）压实地方责任

省级有关部门要强化责任意识，切实做好指导引导、政策激励和督促落实工作。市县政府要担起主体责任，切实做好各项落实性工作，确保取得实质性成效。

（七）实行奖优惩劣

国家发展改革委会同公安部、扶贫办、农业农村部等有关部门开展动态监测，对地方取得的典型经验和突出成效，以适当方式予以总结推广；对落实不到位、工作进展差的地方，予以约谈通报。

中华人民共和国国家发展和改革委员会

中华人民共和国公安部

国务院扶贫开发领导小组办公室

中华人民共和国农业农村部

四、中华人民共和国住房和城乡建设部

关于开展农村住房建设试点工作的通知

建办村〔2019〕11号　2019年2月2日

一、总体要求

（一）指导思想

以习近平新时代中国特色社会主义思想为指导，认真贯彻中央经济工作会议精神，全面落实全国住房和城乡建设工作会议部署，坚持以人民为中心的发展思想，坚持共建共治共享的理念和方法，坚持政府引导、村民主体的基本原则，在尊重农民安居需求和农房建设实际的基础上，通过农村住房建设试点工作，提升农房建设设计和服务管理水平，建设一批功能现代、风貌乡土、成本经济、结构安全、绿色环保的宜居型示范农房，改善农民居住条件和居住环境，提升乡村风貌。

（二）任务目标

到2020年，各省（区、市）试点县（市、区、旗）建成一批可复制可推广的示范农房，农房设计服务、工匠培训管理等农房建设管理体系初步建立，形成可复制可推广的农房设计和建设管理经验。条件较好的省（区、市）争取在2019年底前建成一批示范农房。到2022年，多数县（市、区、旗）建成示范农房，试点经验得到推广应用，农房设计服务、工匠培训管理等农房建设管理机制初步健全。到2035年，农房建设普遍有管理，农民居住条件和乡村风貌普遍改善，农民基本住上适应新的生活方式的宜居型农房。

二、明确试点内容

（一）探索支持农民建设宜居型农房机制

大力开展农村住房建设试点，积极探索如何支持群众建设一批农民喜闻乐见且功能现代、风貌乡土、成本经济、结构安全、绿色环保的宜居型示范农房，按照宜点则点、宜面则面的原则建设宜居型示范农房和示范农房组团，形成可复制、可推广的示范经验，通过示范引领，推动提高农房设计和建设水平。

（二）探索组织农房设计力量下乡服务机制

试点县（市、区、旗）要组织调研农房建设现状，了解农民安居需求，依据当地气候变化、地域风貌、民俗风情、文化传承、功能需求，研究提炼地域传统建筑文化元素和空间结构，提出农房建设基本标准和技术导则，组织建筑师、规划师等专家以及从农村走出去的懂建设、爱农村的技术人员和专家开展农房设计下乡服务。

（三）探索建立农村建筑工匠培养和管理制度

联合大专院校、学术团体，加强农村建筑工匠队伍建设，积极组织开展相关培训，并探索建立符合农村实际的农村建筑工匠培训制度和管理制度，提高农村工程施工人员能力素质。探索建立村级农房建设协管员机制，吸收下乡服务的专家和大学生村官兼职村级农房建设协管员，有条件的地方可推动将村级农房建设协管员纳入公益性岗位指导目录。

三、做好试点组织实施

（一）选好试点县（市、区、旗）

选取当地政府重视且农房建设管理工作有基础的县级地区开展试点，原则上每省（区、市）选择 3~5 个试点县（市、区、旗）。各省（区、市）住房和城乡建设部门要于 2019 年 2 月底前将试点县（市、区、旗）名单和试点工作方案报我部村镇建设司。

（二）建立设计师下乡长效机制

各省（区、市）住房和城乡建设部门要组织制定符合区域实际的农房设计和建设标准规范、技术导则，加强对农房设计和建设的技术指导。组织引导建筑师、规划师等专家和技术骨干参与农房设计和建设的实施指导。要联合各级建筑学会、规划学会等相关学协会，加强农房设计和建设队伍建设，积极开展相关培训，组织发动学协会会员下乡服务。鼓励高校开设相应专业课程，鼓励科研单位、学协会开展农房设计和建设研究，培养乡村设计师队伍。

（三）推行政府、专家、农民“共同缔造”的农房建设理念

按照“从群众中来，到群众中去”工作原则，加强对农房设计和建设人员的组织和培训，宣传推行“美好环境与幸福生活共同缔造”的工作理念和方法，充分尊重农户意愿，实践决策共谋、发展共建、建设共管、效果共评、成果共享的陪伴式服务，确保村民熟知并参与农房设计和建设过程。设计人员要根据与村民共谋的结果，帮助农户设计或由农户自己选择适宜农房设计方案。地方各级住房和城乡建设部门要将村民参与情况、满意程度作为宜居型示范农房建设和项目验收的重要依据。

（四）科学设计农房功能空间布局

要把握乡村振兴要求和城乡一体发展趋势，尊重农村生产生活演变规律，适应农民追求品质生活、发展现代农业、承接城市功能等美好生活的需求，合理设计农房居住空间、储物空间和生产空间等建筑功能空间。

（五）推广应用农房现代建造方式

要结合当地的气候条件、传统习俗等因素，综合考虑农房建筑结构安全和农户经济承受能力等方面，因地制宜推广农房现代建造方式。要应用绿色节能的新技术、新产品、新工艺，探索装配式建筑、被动式阳光房等建筑应用技术，注重绿色节能技术设施与农房的一体化设计；加强对传统建造方式的传承和创新，注重采用乡土材料、乡土工艺，实现在传统基础上应用好现代建造方式。

（六）以农房建设促进村容村貌提升

农房设计要充分研究分析所在区域的地域特征和文化特色，积极探索村庄整体风貌下的单体设计。农房设计要处理好传统与现代、继承与发展的关系，既深入挖掘历史文化资源，又充分体现时代气息，既注重农房单体的个性特色，更注重村居整体的错落有致，有序构建村庄院落、农房组团等空间，着力探索形成具有地方特色的新时代民居范式，以点带面促进村容村貌提升。

（七）组织试点验收

各地要因地制宜制定试点工作要求和验收标准，组织专家对宜居型示范农房进行验收，原则上应于 2019 年 10 月底前完成建设和验收。验收合格的，有条件的地方应以奖代补给予一定的资金支持，我部将协商财政

部门争取采取以奖代补方式给予资金支持。

（八）总结推广经验

各地要通过电视、广播、报刊、互联网等渠道，广泛开展农房设计和宜居示范型农房等宣传，推进示范引导，普及农房设计和建设相关知识。农房设计通用图集和宜居示范农房应在各省（区、市）的设计服务平台中公布，供农户查阅咨询和下载使用。各试点县（市、区、旗）要适时组织开展现场会推广试点经验，组织农户就近参观学习宜居型示范农房。我部将择时召开农房建设试点工作现场会。

关于进一步规范发展公租房的意见

建保〔2019〕55号　2019年5月7日

一、总体要求和基本原则

（一）总体要求

以习近平新时代中国特色社会主义思想为指导，认真贯彻党的十九大和十九届二中、三中全会精神，坚持以人民为中心的发展思想，牢固树立“四个意识”，坚定“四个自信”，坚决做到“两个维护”，切实提高政治站位，加快完善主要由配租型的公租房和配售型的共有产权住房构成的城镇住房保障体系，多渠道满足住房困难群众的基本住房需要；进一步规范发展公租房，努力实现本地区低保、低收入住房困难家庭应保尽保，城镇中等偏下收入住房困难家庭在合理的轮候期内得到保障，促进解决新就业无房职工和在城镇稳定就业外来务工人员等新市民的住房困难，不断增强困难群众对住房保障的获得感、幸福感和安全感。

（二）基本原则。

1. 以政府为主提供基本保障。要将规范发展公租房列入重要议事日程，坚持既尽力而为又量力而行，在国家统一政策目标指导下，因地制宜加大公租房发展力度。同时，要防止保障与市场出现错位，既不能把公租房违规转为商品住房，也不能将对公租房的支持政策用于发展商品住房。

2. 分类合理确定准入门槛。要针对不同困难群体，合理设置相应准入条件，采取适当的保障方式和保障标准，统筹做好城镇中等偏下及以下收入住房困难家庭和新市民的公租房保障工作，加大对符合条件新市民的保障力度。

3. 坚持实物保障与租赁补贴并举。要继续做好公租房实物保障工作。同时，积极发展公租房租赁补贴，满足困难群众多样化的居住需求。

二、继续做好城镇中等偏下及以下收入住房困难家庭的保障工作

（一）保障范围和目标

各地要全面梳理低收入特别是低保家庭、分散供养特困人员的住房状况，凡申请并符合条件的要实现应保尽保。持续做好城镇中等偏下收入住房困难家庭的保障工作，明确合理的轮候期，在轮候期内给予保障。城镇中等偏下及以下收入住房困难家庭的收入、住房困难等具体准入条件由直辖市、市县人民政府住房保障主管部门合理确定，报经本级人民政府批准后，向社会公布实施，并及时进行动态调整。

（二）保障方式和标准

对低保、低收入住房困难家庭和分散供养特困人员，可以实物配租为主、租赁补贴为辅；对中等偏下收入住房困难家庭，可以租赁补贴为主、实物配租为辅。具体保障方式可结合保障对象意愿和公租房供给因地制宜确定。严格保障标准，实物配租公租房单套建筑面积原则上控制在60平方米以内。合理确定租赁补贴标准，建立动态调整机制，并根据保障对象的收入水平实行分档补贴，支持保障对象租赁到适宜的住房。

（三）多渠道筹集房源

有新增公租房实物供给需求的，可立足当地实际，制定在商品住房项目中配建公租房的政策，明确配建比例。利用集体建设用地建设租赁住房的试点城市，可将集体建设用地建设的租赁住房长期租赁作为公租房，租赁期限一般不低于5年。鼓励政府将持有的存量住房用作公租房。新筹集的公租房要做到布局合理、设计科学、质量可靠、配套完善。

（四）准入、使用、退出管理

各地要建立常态化申请受理机制，强化部门协同和信息共享，加强资格审核，确保保障对象符合相应的准入条件。完善公租房配租方式，根据保障对象的住房、收入和财产以及申请时间等因素，可通过综合评分、随机摇号等方式确定排序。定期检查公租房使用情况，确保公租房房源依法合规使用。定期复核保障对象家庭人口、住房和经济状况变化情况，及时调整保障方式、保障标准等。健全公租房退出管理机制，对违规使用公租房或不再符合保障条件的承租人，综合运用租金上调、门禁管控、信用约束、司法追究等多种方式，提升退出管理效率。

三、加大对新就业无房职工、城镇稳定就业外来务工人员的保障力度

（一）保障范围和目标

各地要坚持既尽力而为又量力而行，根据财政承受能力，重点保障环卫、公交等公共服务行业以及重点发展产业符合条件的青年职工和外来务工人员，具体准入条件由直辖市、市县人民政府住房保障主管部门合理确定，报经本级人民政府批准后，向社会公布实施，并及时进行动态调整。可设立最长保障期限，重在解决阶段性住房困难。住房保障主管部门要与用人单位精准对接，搞清需求，合理确定公租房供给数量、租金标准等。

（二）保障方式和标准

实物保障以配租集体宿舍为主，以小户型住宅为辅。新就业无房职工和外来务工人员较为集中的开发区和产业园区，根据用工数量，在产业园区配套建设行政办公及生活服务设施的用地中，可通过集中建设或长期租赁、配建等方式，增加集体宿舍形式的公租房供应，面向用工单位或园区就业人员出租。按照国务院规定开展试点的城市，企业（单位）依法取得使用权的土地，在符合规划、权属不变的前提下，可建设公租房，面向本单位职工出租，促进职住平衡。租赁补贴发放范围、补贴标准等由各地因地制宜确定。

（三）准入、使用、退出管理

对新就业无房职工和城镇稳定就业外来务工人员，政府筹集的公租房主要面向其用人单位定向供应，职工向用人单位提交申请。用人单位依照当地有关规定，协助住房保障等部门对职工保障资格进行审核，对定向供应的公租房进行分配，切实履行对入住职工的管理责任，并督促不再符合条件的人员退出保障，确保公租房合规使用。研究制定面向用人单位定向供应公租房的管理办法，并指导用人单位制定本单位的实施细则，加强对用人单位的监督管理。

四、加强公租房建设运营管理

（一）加强公租房建设管理

各地要强化对招投标、设计、施工、竣工验收等建设全过程的监督管理，严格落实各参建主体质量安全责任，强化建设单位首要责任，全面落实质量终身责任制。对偷工减料等违法违规行为严肃追责，督促参建主体对易产生质量常见问题的部位和环节采取针对性防治措施，切实保证公租房建设质量安全。

（二）积极实施政府购买公租房运营管理服务

有条件的地方要逐步推广政府购买公租房运营管理服务，吸引企业和其他机构参与公租房运营管理。明确购买主体，合理确定购买内容，将适合通过政府购买服务方式提供的公租房运营管理服务事项纳入政府购买服务指导性目录。公开择优确定承接主体，规范服务标准，全面实施绩效管理，切实提升公租房运营管理专业化、规范化水平，增强群众满意度。

（三）加快推进住房保障领域信用体系建设

各地要结合实际制定住房保障领域信用体系建设实施方案，建立健全信用信息归集和应用制度，建立完善守信联合激励和失信联合惩戒机制。对公租房申请、使用、退出等环节失信主体实行分级分类管理，存在严重失信行为的列入失信联合惩戒对象名单予以联合惩戒；发生较重失信行为或多次发生轻微失信行为但尚未达到严重失信行为标准的，列入重点关注对象名单，依法实施与其失信程度相适应的惩戒措施。

（四）完善公租房配套基础设施和公共服务

各地要充分考虑保障对象日常生活、出行等需要，加快完善公租房小区的基础设施及公共服务设施，使群众享有更好的居住环境。将公租房小区及时纳入街道和社区管理，积极发展各项便民利民服务和社区志愿服务，推进信息化、智能化技术成果的应用，切实提升公租房社区居住品质。

五、落实各项支持政策

各地对列入市县年度计划的公租房项目，要落实好土地、资金、税费等各项支持政策，确保公租房工作顺利实施。

（一）确保用地供应

新建公租房的地方，要依据公租房发展规划和年度建设计划，科学编制土地供应计划，公租房用地应保尽保。储备土地和收回使用权的国有土地，优先安排保障性住房建设。

（二）加强资金保障

各地要根据财政承受能力，合理制定公租房建设规划，统筹各项资金用于公租房房源筹集、租赁补贴发放。政府投资公租房租金收入专项用于偿还公租房贷款本息及维修养护、管理等，维修养护费用主要通过公租房租金收入及配套商业服务设施租金收入解决，不足部分由财政预算安排解决。

（三）落实税费减免政策

对公租房建设筹集、经营管理所涉及的土地使用税、印花税、契税、土地增值税、房产税、增值税、个人所得税等，以及城市基础设施配套费等政府性基金、行政事业性收费，继续按规定落实优惠政策。

六、加强组织领导

（一）落实工作责任

地方各级住房和城乡建设、发展改革、财政、自然资源等有关部门要按照各自职责负责相关工作。市县要结合实际，认真组织落实，积极推进公租房工作。2019 年底前，各省级住房和城乡建设部门要将本地区公租房发展情况报住房和城乡建设部。

（二）加强监督检查

各省级住房和城乡建设部门要会同有关部门建立有效的监督检查制度，对市县公租房工作加强督促指导，确保各项工作任务和政策措施落到实处。

（三）总结推广经验

各省级住房和城乡建设部门要及时总结规范发展公租房工作中的经验和问题，并报住房和城乡建设部。对地方的先进经验，住房和城乡建设部将及时进行宣传推广。

中华人民共和国住房和城乡建设部

中华人民共和国国家发展和改革委员会

中华人民共和国财政部

中华人民共和国自然资源部

关于建立健全住房公积金综合服务平台的通知

建金〔2019〕57 号　2019 年 5 月 9 日

一、充分认识建设服务平台重要意义

服务平台建设是落实国务院“放管服”改革要求，全面提升住房公积金服务水平的基础性工作，对满足缴存职工多样化需求，充分发挥住房公积金制度作用具有重要意义。各地要切实转变观念，提高服务意识，增强紧迫感，以“互联网+”为导向，充分利用大数据、云计算等信息技术，加快服务平台建设，完善服务平台功能，丰富线上业务办理种类，有效提高离柜率，切实提高住房公积金服务便捷度。

二、全面加强组织领导

服务平台建设涉及面广，政策性强，技术要求高，管理中心要成立服务平台建设工作领导小组，由一把手牵头负责，集中技术部门和业务部门骨干力量，制定工作方案，明确工作任务、关键环节和完成时限。根据线上服务特点，优化内部组织架构，组建专门的运营管理部门。重点抓好梳理服务事项、优化服务流程、建设综合管理系统和建立安全保障机制等关键环节。对服务平台承建单位明确提出建设需求、工作要求，跟踪考核工作进度和质量，严格项目评审。服务平台建设效果不符合《住房公积金综合服务平台建设导则》要求的，管理中心应督促承建单位及时改进。

三、合理确定资金投入

要坚持以缴存职工需求为中心、以服务工作中存在的问题为导向，按照经济适用原则，充分运用成熟、稳定、安全的技术手段，立足现有信息化设施，推进服务平台建设。综合考虑服务对象规模、管理运作的资金量、日常服务量等因素，在广泛调研、论证比较的基础上，合理确定建设费用，实现节约集约化建设。独立运作的分中心和管理部，原则上要接入和使用所在设区城市管理中心服务平台，减少重复投资，降低建设和运行维护成本。有条件的省、自治区，可集中组织建设部分服务渠道。各省、自治区住房和城乡建设厅和各地管理中心要积极与财政部门沟通，将服务平台建设、运行维护和信息安全评测等费用列入专项经费预算。

四、严格规范线上服务

管理中心要按照线上业务特点，梳理确定服务事项清单，制订住房公积金服务指南、服务平台操作手册，明确线上业务审核规则和评价指标。进一步优化线上服务流程，精简服务环节与要件，缩短办理时限。加强与相关部门沟通协调，不断扩大数据共享范围。充分利用管理中心自有数据和外部共享数据，加快实现后台自动审核比对，满足在线快速审批要求，提升在线服务效率。明晰服务工作相关岗位职责，严格设置服务平台管理和业务审核权限，规范线上操作行为。强化服务进度查询、办结时限监控和线上服务评价等功能，精准把握缴存职工诉求，及时化解服务工作中的堵点和痛点，主动接受社会监督。

五、统一管控各类渠道

管理中心要严格按照《住房公积金综合服务平台建设导则》要求，建设服务平台综合管理系统，有效管控各服务渠道，及时掌握服务情况。通过综合管理系统，确保各服务渠道协同一致，实现服务对象一个渠道注册，全渠道登录。综合管理系统应有效调节各电子渠道服务量，在线上服务并发高峰期，及时引导服务申请在不同渠道间合理分流。强化综合管理系统运行绩效分析功能，深度分析渠道运行、业务办理、用户信息、咨询投诉热点等指标，为持续改进服务提供数据支撑。

六、妥善对接政务平台

省、自治区或城市人民政府要求将服务平台纳入当地政务平台统一管理的，管理中心要积极做好对接工作，梳理拟纳入政务平台的服务事项，与政务平台管理部门明确管理、服务和安全运行维护等职责。通过与政务平台对接，更好地利用部门共享数据，开展业务信息联网核查，提升线上服务效率。通过政务平台受理的住房公积金服务事项，纳入服务平台统一管理。管理中心要以服务平台作为住房公积金线上服务主渠道，不得以政务平台替代服务平台建设，不得取消已建成并被缴存职工广泛使用的电子服务渠道。按照国办公开办函〔2018〕89号文件要求，住房公积金12329服务热线可与城市政务服务热线实现并行接听、联动服务，但不得取消。

七、强化安全保障机制

管理中心要严格执行国家信息系统安全规范，落实物理环境安全、网络安全和数据保护安全等各项措施，加强服务平台运行监测和风险分析，借助第三方安全测评机构定期进行信息安全评测，及时排除风险隐患。管理中心要与承建单位和运营服务商签署协议，明确各方在平台建设、维护和安全等方面的责任。切实加强数据管理和使用工作，做好数据备份，定期校验备份数据有效性、完整性。建立健全电子档案，完善相关制度标准，加强线上线下各类业务票据、数据、资料管理。通过访问控制、数据脱敏、操作日志和系统留痕等措施，做到防泄漏、防窃取、防篡改，确保数据安全。除法律法规有明确规定外，管理中心原则上不得向第三方提供原始数据信息。用户登录服务平台各渠道时，应提醒其不得将用户名和密码等信息提供给非官方的第三方机构。管理中心与相关部门实现数据共享时，要签订安全协议，明确数据安全责任。基于缴存职工信息与第三方合作提供增值服务的，必须经缴存职工本人授权，明确法律责任。综合管理系统应采用松耦合的方式与管理中心业务系统对接，确保安全稳定。

八、加大监督指导力度

各省、自治区住房和城乡建设厅要加强对本行政区域各管理中心服务平台建设工作的督促指导，加大与省级相关部门协调力度，积极推进信息共享。对省级统建的服务平台或服务渠道，加强管理和运行维护。通过召开服务推进会、组织验收、举办人员培训等方式，推进服务平台建设。对服务平台已建成的管理中心，组织开展自评和验收。对已验收的管理中心，督促其按照验收意见及时整改，并做好推广、使用工作。重点督导未完成服务平台建设的管理中心加快工作进度。督促管理中心认真填报服务平台建设使用情况报表，严格审核填报数据的及时性、完整性和准确性。填报情况将作为我部评价各地服务平台建设使用情况的主要依据。对服务平台建设滞后的地方，我部将定期予以通报。

关于组织开展住房和城乡建设领域安全生产隐患大排查的紧急通知

建办质函〔2019〕325号　2019年5月23日

当前住房和城乡建设领域安全生产形势严峻，接连发生上海市长宁区“5·16”厂房坍塌事故和广西壮族自治区百色市“5·20”酒吧屋顶坍塌事故，造成多人伤亡，社会影响恶劣，教训极其惨痛。为贯彻落实党中央、国务院决策部署，深刻汲取事故教训，举一反三，切实强化风险管控和隐患整治，坚决防范事故发生，现就组织开展住房和城乡建设领域安全生产隐患大排查紧急通知如下：

一、总体要求

深入贯彻落实习近平总书记关于安全生产的重要指示精神，进一步提高政治站位，坚决树牢安全发展理念，坚持守土有责、守土负责、守土尽责，勇于担当、敢于作为，切实履行安全生产监管职责，着力防范化解重大安全生产风险，着力排查整治安全生产隐患，坚决扭转事故多发频发局面，切实维护社会和谐稳定。

二、排查重点

（一）未办理施工许可等手续的新建、改建、扩建工程，涉及改动承重柱、梁、墙的装饰装修工程。

（二）私搭乱建的建筑与设施，未经竣工验收即投入使用的工程。

（三）施工现场的建筑起重机械、高支模、深基坑等危险性较大的分部分项工程。

（四）城镇燃气、供水、排水与污水处理、供热、桥梁等市政公用设施运行以及城镇危旧房屋使用等领域的安全生产隐患。

三、有关要求

（一）加强组织领导

地方各级住房和城乡建设主管部门要深刻认识2019年安全生产工作的重大意义，高度重视此次大排查，以极端负责的态度抓好落实。要成立以主要负责同志为组长的安全生产隐患排查工作领导小组，制定详细工作方案，明确任务分工，强化责任落实，迅速组织开展工作。

（二）逐项排查隐患

地方各级住房和城乡建设主管部门要督促各方主体落实安全生产主体责任，认真开展自查自纠，全面建立隐患排查治理工作台账。对本地区安全生产隐患进行逐项排查、逐项整治，不放过一座建筑、不遗漏一台设备。

（三）强化责任追究

地方各级住房和城乡建设主管部门要对大排查中发现的违法违规行为，从严从重从快坚决予以查处，特别是对查出隐患不制定整改措施或不执行整改要求的企业或个人，严肃追究责任。

关于加强建筑施工安全事故责任企业人员处罚的意见

建质规〔2019〕9号　2019年11月20日

一、推行安全生产承诺制

建筑施工企业承担安全生产主体责任，必须遵守安全生产法律、法规，建立、健全安全生产责任制和安全生产规章制度。地方各级住房和城乡建设主管部门要督促建筑施工企业法定代表人和项目负责人分别代表企业和项目向社会公开承诺：严格执行安全生产各项法律法规和标准规范，严格落实安全生产责任制度，自觉接受政府部门依法检查；因违法违规行为导致生产安全事故发生的，承担相应法律责任，接受政府部门依法实施的处罚。

二、吊销责任人员从业资格

建筑施工企业主要负责人、项目负责人和专职安全生产管理人员等必须具备相应的安全生产知识和管理能力。对没有履行安全生产职责、造成生产安全事故特别是较大及以上事故发生的建筑施工企业有关责任人员，住房和城乡建设主管部门要依法暂停或撤销其与安全生产相关执业资格、岗位证书，并依法实施职业禁入；构成犯罪的，依法追究刑事责任。对负有事故责任的勘察、设计、监理等单位有关注册执业人员，也要依法责令停止执业直至吊销相关注册证书，不准从事相关建筑活动。

三、依法加大责任人员问责力度

建筑施工企业应当建立完善安全生产管理制度，逐级建立健全安全生产责任制，建立安全生产考核和奖惩机制，严格安全生产业绩考核。对没有履行安全生产职责、造成事故特别是较大及以上生产安全事故发生的企业责任人员，地方各级住房和城乡建设主管部门要严格按照《建设工程安全生产管理条例》和地方政府事故调查结论进行处罚，对发现负有监管职责的工作人员有滥用职权、玩忽职守、徇私舞弊行为的，依法给予处分。

四、依法强化责任人员刑事责任追究

建筑施工企业主要负责人、项目负责人和专职安全生产管理人员等应当依法履行安全生产义务。对在事故调查中发现建筑施工企业有关人员涉嫌犯罪的，应当按照《安全生产行政执法与刑事司法衔接工作办法》，及时将有关材料或者其复印件移交有管辖权的公安机关依法处理。地方各级住房和城乡建设主管部门、应急管理主管部门要积极配合司法机关依照刑法有关规定对负有重大责任、构成犯罪的企业有关人员追究刑事责任。

五、强化责任人员失信惩戒

地方各级住房和城乡建设主管部门、应急管理主管部门要积极推进建筑施工领域安全生产诚信体系建设，依托各相关领域信用信息共享平台，建立完善建筑施工领域安全生产不良信用记录和诚信“黑名单”制度。按规定将不履行安全生产职责、造成事故特别是较大及以上生产安全事故发生的企业主要负责人、项目负责人和专职安全生产管理人员等，纳入建筑施工领域安全生产不良信用记录和安全生产诚信“黑名单”。进一步加强联合失信惩戒，依照《关于印发〈关于对安全生产领域失信生产经营单位及其有关人员开展联合惩戒的合作备忘录〉的通知》（发改财金〔2016〕1001 号）等相关规定，对生产安全事故责任人员予以惩戒。

中华人民共和国住房和城乡建设部

中华人民共和国应急管理部

关于整顿规范住房租赁市场秩序的意见

建房规〔2019〕10 号　2019 年 12 月 13 日

一、严格登记备案管理

从事住房租赁活动的房地产经纪机构、住房租赁企业和网络信息平台，以及转租住房 10 套（间）以上的单位或个人，应当依法办理市场主体登记。从事住房租赁经纪服务的机构经营范围应当注明“房地产经纪”，从事住房租赁经营的企业经营范围应当注明“住房租赁”。住房和城乡建设、市场监管部门要加强协作，及时通过相关政务信息共享交换平台共享登记注册信息。房地产经纪机构开展业务前，应当向所在直辖市、市、县住房和城乡建设部门备案。住房租赁企业开展业务前，通过住房租赁管理服务平台向所在城市住房和城乡建设部门推送开业信息。直辖市、市、县住房和城乡建设部门应当通过门户网站等渠道公开已备案或者开业报告的房地产经纪机构、住房租赁企业及其从业人员名单并实时更新。

二、真实发布房源信息

已备案的房地产经纪机构和已开业报告的住房租赁企业及从业人员对外发布房源信息的，应当对房源信息真实

性、有效性负责。所发布的房源信息应当实名并注明所在机构及门店信息，并应当包含房源位置、用途、面积、图片、价格等内容，满足真实委托、真实状况、真实价格的要求。同一机构的同一房源在同一网络信息平台仅可发布一次，在不同渠道发布的房源信息应当一致，已成交或撤销委托的房源信息应在5个工作日内从各种渠道上撤销。

三、落实网络平台责任

网络信息平台应当核验房源信息发布主体资格和房源必要信息。对机构及从业人员发布房源信息的，应当对机构身份和人员真实从业信息进行核验，不得允许不具备发布主体资格、被列入经营异常名录或严重违法失信名单等机构及从业人员发布房源信息。对房屋权利人自行发布房源信息的，应对发布者身份和房源真实性进行核验。对发布10套（间）以上转租房源信息的单位或个人，应当核实发布主体经营资格。网络信息平台要加快实现对同一房源信息合并展示，及时撤销超过30个工作日未维护的房源信息。住房和城乡建设、市场监管等部门要求网络信息平台提供有关住房租赁数据的，网络信息平台应当配合。

四、动态监管房源发布

对违规发布房源信息的机构及从业人员，住房和城乡建设、网信等部门应当要求发布主体和网络信息平台删除相关房源信息，网络信息平台应当限制或取消其发布权限。网络信息平台未履行核验发布主体和房源信息责任的，网信部门可根据住房和城乡建设等部门的意见，对其依法采取暂停相关业务、停业整顿等措施。网络信息平台发现违规发布房源信息的，应当立即处置并保存相关记录。住房和城乡建设部门应当建立机构及从业人员数据库，有条件的可建立房源核验基础数据库，通过提供数据接口、房源核验码等方式，向房地产经纪机构、住房租赁企业、网络信息平台提供核验服务。

五、规范住房租赁合同

经由房地产经纪机构、住房租赁企业成交的住房租赁合同，应当即时办理网签备案。网签备案应当使用住房和城乡建设、市场监管部门制定的住房租赁合同示范文本。尚未出台合同示范文本的城市，应当加快制定住房租赁合同示范文本。合同示范文本应当遵循公平原则确定双方权利义务。住房和城乡建设部门应当提供住房租赁管理服务平台数据接口，推进与相关企业业务系统联网，实现住房租赁合同即时网签备案。

六、规范租赁服务收费

房地产经纪机构、住房租赁企业应当实行明码标价。收费前应当出具收费清单，列明全部服务项目、收费标准、收费金额等内容，并由当事人签字确认。房地产经纪机构不得赚取住房出租差价，住房租赁合同期满承租人和出租人续约的，不得再次收取佣金。住房租赁合同期限届满时，除冲抵合同约定的费用外，剩余租金、押金等应当及时退还承租人。

七、保障租赁房屋安全

住房和城乡建设部门应当制定闲置商业办公用房、工业厂房等非住宅依法依规改造为租赁住房的政策。改造房屋用于租赁住房的，应当符合建筑、消防等方面的要求。住房租赁企业应当编制房屋使用说明书，告知承租人房屋及配套设施的使用方式，提示消防、用电、燃气等使用事项。住房租赁企业对出租房屋进行改造或者装修的，应当取得产权人书面同意，使用的材料和设备符合国家和地方标准，装修后空气质量应当符合国家有关标准，不得危及承租人安全和健康。

八、管控租赁金融业务

住房租赁企业可依据相关法律法规以应收账款为质押申请银行贷款。金融监管部门应当加强住房租赁金融业务的监管。开展住房租金贷款业务，应当以经网签备案的住房租赁合同为依据，按照住房租赁合同期限、租金趸交期限与住房租金贷款期限相匹配的原则，贷款期限不得超过住房租赁合同期限，发放贷款的频率应与借款人支付租金的频率匹配。做好贷前调查，认真评估借款人的还款能力，确定融资额度。加强贷后管理，严格审查贷款用途，防止住房租赁企业形成资金池、加杠杆。住房租赁企业不得以隐瞒、欺骗、强迫等方式要求承租人使用住房租金消费贷款，不得以租金分期、租金优惠等名义诱导承租人使用住房租金消费贷款。住房和城乡建设部门应当通过提供数据接口等方式，向金融机构提供住房租赁合同网签备案信息查询服务。加强住房和城乡建设部门与金融监管部门有关住房租赁合同网签备案、住房租金贷款的信息共享。

九、加强租赁企业监管

住房和城乡建设等部门加强对采取“高进低出”（支付房屋权利人的租金高于收取承租人的租金）、“长收短付”（收取承租人租金周期长于给付房屋权利人租金周期）经营模式的住房租赁企业的监管，指导住房租赁企业在银行设立租赁资金监管账户，将租金、押金等纳入监管账户。住房租赁企业租金收入中，住房租金贷款金额占比不得超过 30%，超过比例的应当于 2022 年年底前调整到位。对不具备持续经营能力、扩张规模过快的住房租赁企业，可采取约谈告诫、暂停网签备案、发布风险提示、依法依规查处等方式，防范化解风险。涉及违规建立资金池等影响金融秩序的，各相关监管部门按照职责，加强日常监测和违法违规行为查处；涉及无照经营、实施价格违法行为、实施垄断协议和滥用市场支配地位行为的，由市场监管部门依法查处；涉及违反治安管理和犯罪的，由公安机关依法查处。

十、建设租赁服务平台

直辖市、省会城市、计划单列市以及其他租赁需求旺盛的城市应当于 2020 年年底前建设完成住房租赁管理服务平台。平台应当具备机构备案和开业报告、房源核验、信息发布、网签备案等功能。建立房地产经纪机构、住房租赁企业及从业人员和租赁房源数据库，加强市场监测。逐步实现住房租赁管理服务平台与综合治理等系统对接。

十一、建立纠纷调处机制

房地产经纪机构、住房租赁企业、网络信息平台要建立投诉处理机制，对租赁纠纷承担首要调处职责。相关行业组织要积极受理住房租赁投诉，引导当事人妥善化解纠纷。住房和城乡建设等部门应当畅通投诉举报渠道，通过门户网站开设专栏，并加强与 12345 市长热线协同，及时调查处理投诉举报。各地要将住房租赁管理纳入社会综合治理的范围，实行住房租赁网格化管理，发挥街道、社区等基层组织作用，化解租赁矛盾纠纷。

十二、加强部门协同联动

城市政府对整顿规范住房租赁市场秩序负主体责任。住房和城乡建设、发展改革、公安、市场监管、金融监管、网信等部门要建立协同联动机制，定期分析研判租赁市场发展态势，推动部门信息共享，形成监管合力。按照职责分工，加大整治规范租赁市场工作力度。建立部、省、市联动机制，按年定期报送整顿规范住房租赁市场工作进展情况。

十三、强化行业自律管理

各地住房和城乡建设部门要充分发挥住房租赁、房地产经纪行业协会（学会）作用，支持行业协会（学会）制定执业规范、职业道德准则和争议处理规则，定期开展职业培训和继续教育，加强风险提示。房地产经纪机构、住房租赁企业及从业人员要自觉接受行业自律管理。

十四、发挥舆论引导作用

各地要充分运用网络、电视、报刊、新媒体等渠道，加强宣传报道，营造遵纪守法、诚信经营的市场环境。发挥正反典型的导向作用，及时总结推广经验，定期曝光典型案例，发布风险提示，营造住房租赁市场良好舆论环境。

中华人民共和国住房和城乡建设部
中华人民共和国国家发展和改革委员会
中华人民共和国公安部
中华人民共和国国家市场监督管理总局
中国银行保险监督管理委员会
中华人民共和国国家互联网信息办公室

关于进一步加强房屋建筑和市政基础设施工程招标投标监管的指导意见

建市规〔2019〕11 号　2019 年 12 月 19 日

一、夯实招标人的权责

（一）落实招标人首要责任

工程招标投标活动依法应由招标人负责，招标人自主决定发起招标，自主选择工程建设项目招标代理机构、资格审查方式、招标人代表和评标方法。夯实招标投标活动中各方主体责任，党员干部严禁利用职权或者职务上的影响干预招标投标活动。

（二）政府投资工程鼓励集中建设管理方式

实施相对集中专业化管理，采用组建集中建设机构或竞争选择企业实行代建的模式，严格控制工程项目投资，科学确定并严格执行合理的工程建设周期，保障工程质量安全，竣工验收后移交使用单位，提高政府投资工程的专业化管理水平。

二、优化招标投标方法

（三）缩小招标范围

社会投资的房屋建筑工程，建设单位自主决定发包方式，社会投资的市政基础设施工程依法决定发包方式。政府投资工程鼓励采用全过程工程咨询、工程总承包方式，减少招标投标层级，依据合同约定或经招标人同意，由总承包单位自主决定专业分包，招标人不得指定分包或肢解工程。

（四）探索推进评定分离方法

招标人应科学制定评标定标方法，组建评标委员会，通过资格审查强化对投标人的信用状况和履约能力审查，围绕高质量发展要求优先考虑创新、绿色等评审因素。评标委员会对投标文件的技术、质量、安全、工期的控制能力等因素提供技术咨询建议，向招标人推荐合格的中标候选人。由招标人按照科学、民主决策原则，建立健全内部控制程序和决策约束机制，根据报价情况和技术咨询建议，择优确定中标人，实现招标投标过程的规范透明，结果的合法公正，依法依规接受监督。

（五）全面推行电子招标投标

全面推行招标投标交易全过程电子化和异地远程评标，实现招标投标活动信息公开。积极创新电子化行政监督，招标投标交易平台应当与本地建筑市场监管平台实现数据对接，加快推动交易、监管数据互联共享，加大全国建筑市场监管公共服务平台工程项目数据信息的归集和共享力度。

（六）推动市场形成价格机制

实施工程造价供给侧结构性改革，鼓励地方建立工程造价数据库和发布市场化的造价指标指数，促进通过市场竞争形成合同价。对标国际，建立工程计量计价体系，完善工程材料、机械、人工等各类价格市场化信息发布机制。改进最高投标限价编制方式，强化招标人工程造价管控责任，推行全过程工程造价咨询。严格合同履约管理和工程变更，强化工程进度款支付和工程结算管理，招标人不得将未完成审计作为延期工程结算、拖欠工程款的理由。

三、加强招标投标过程监管

（七）加强招标投标活动监管

各级住房和城乡建设主管部门应按照“双随机、一公开”的要求，加大招标投标事中事后查处力度，严厉打击串通投标、弄虚作假等违法违规行为，维护建筑市场秩序。对围标串标等情节严重的，应纳入失信联合惩戒范围，直至清出市场。

（八）加强评标专家监管

各级住房和城乡建设主管部门要结合实际健全完善评标专家动态监管和抽取监督的管理制度，严格履行对评标专家的监管职责。建立评标专家考核和退出机制，对存在违法违规行为的评标专家，应取消其评标专家资格，依法依规严肃查处。

（九）强化招标代理机构市场行为监管

实行招标代理机构信息自愿报送和年度业绩公示制度，完善全过程工程咨询机构从事招标投标活动的监管。加强招标代理机构从业人员考核、评价，严格依法查处从业人员违法违规行为，信用评价信息向社会公开，实行招标代理机构“黑名单”制度，构建守信激励、失信惩戒机制。

（十）强化合同履约监管

加强建筑市场和施工现场“两场”联动，将履约行为纳入信用评价，中标人应严格按照投标承诺的技术力量和技术方案履约，对中标人拒不履行合同约定义务的，作为不良行为记入信用记录。

四、优化招标投标市场环境

（十一）加快推行工程担保制度

推行银行保函制度，在有条件的地区推行工程担保公司保函和工程保证保险。招标人要求中标人提供履约担保的，招标人应当同时向中标人提供工程款支付担保。对采用最低价中标的探索实行高保额履约担保。

（十二）加大信息公开力度

公开招标的项目信息，包括资格预审公告、招标公告、评审委员会评审信息、资格审查不合格名单、评标结果、中标候选人、定标方法、受理投诉的联系方式等内容，应在招标公告发布的公共服务平台、交易平台向社会公开，接受社会公众的监督。

（十三）完善建筑市场信用评价机制

积极开展建筑市场信用评价，健全招标人、投标人、招标代理机构及从业人员等市场主体信用档案，完善信用信息的分级管理制度，对存在严重失信行为的市场主体予以惩戒，推动建筑市场信用评价结果在招标投标活动中规范应用，严禁假借信用评价实行地方保护。

（十四）畅通投诉渠道，规范投诉行为

招标投标监管部门要建立健全公平、高效的投诉处理机制，及时受理并依法处理招标投标投诉，加大查处力度。要规范投诉行为，投诉书应包括投诉人和被投诉人的名称地址及有效联系方式、投诉的基本事实、相关请求及主张、有效线索和相关证明材料、已提出异议的证明文件。属于恶意投诉的，应追究其相应责任。

五、强化保障措施

（十五）强化组织领导

各地住房和城乡建设主管部门要高度重视建筑市场交易活动，创新工程招标投标监管机制，完善相关配套政策，加强对建筑市场交易活动的引导和支持，加强与发展改革、财政、审计等有关部门的沟通协调，切实解决招标投标活动中的实际问题。

（十六）推动示范引领

各地住房和城乡建设主管部门要积极推动工程建设项目招标投标改革，选择部分地区开展试点，及时总结试点做法，形成可复制、可推广的经验。试点中的问题和建议及时告住房和城乡建设部。

（十七）做好宣传引导

各地住房和城乡建设主管部门要通过多种形式及时宣传报道招标投标改革工作措施和取得的成效，加强舆论引导，争取社会公众和市场主体的支持，及时回应舆论关切，为顺利推进招标投标改革工作营造良好的舆论环境。

五、中华人民共和国自然资源部

关于进一步规范储备土地抵押融资加快批而未供土地处置有关问题的通知

自然资办发〔2019〕3号　2019年1月9日

一、严禁以政府储备土地违规融资

《关于规范土地储备和资金管理等相关问题的通知》（财综〔2016〕4号，以下简称“财综4号文”）

明确规定，自 2016 年 1 月 1 日起，各地不得再向银行业金融机构举借土地储备贷款。土地储备机构不得在预算之外违法违规举借债务，不得违法为任何单位和个人的债务以任何方式提供担保。不动产登记机构不得为储备土地办理抵押登记。但据《关于 2018 年上半年国家土地督察工作情况的报告》（自然资发〔2018〕66 号）反映："2016 年 1 月 1 日后违规以储备土地抵押融资，涉及 473 宗，抵押土地面积 4786.07 公顷（7.2 万亩），融资金额 716.18 亿元。"为此，必须重申，各地要严格执行"财综 4 号文"的有关规定，坚决杜绝以政府储备土地违规抵押融资。

二、严禁将储备土地作为资产注入国有企业

土地储备工作只能由纳入名录管理的土地储备机构承担，其他机构一律不得从事土地储备工作。未经依法供地，不得以政府会议纪要、公函等形式将政府收回、收购、征收的土地直接确定给政府平台公司或其他企事业单位，不得将土地储备机构名下的土地直接划转给政府平台公司、国有企业或其他企事业单位。不动产登记机构不得办理相应的首次登记或转移登记。

三、妥善处理存量土地储备贷款，促进依法解押并合理供应

对于尚未偿还的存量土地储备贷款，包括土地储备机构的贷款和非储备机构以储备土地为担保的贷款，市、县自然资源主管部门要建立台账，逐一提出处置建议报同级政府，并积极配合财政、金融监管等部门加快处置和消化，避免储备土地因抵押而不能供应。确有必要的，可按照党中央、国务院关于防范化解地方政府隐性债务风险的精神和有关要求，商有关部门统筹偿还相关债务或依法置换抵押物。对于"财综 4 号文"出台前已抵押的储备土地，可在与有关部门、金融机构协商一致的情况下，先行组织土地供应，土地出让后统筹偿还贷款，切实化解债务风险，促进批而未供土地处置和开发利用。各省级自然资源主管部门应汇总辖区内各市、县台账及处置建议，于 2019 年 4 月底前报部备案，同时抄报各派驻地方的国家自然资源督察局。

四、加强土地储备信息报送

各地土地储备机构要严格按要求在部土地储备信息系统中填报相关信息，其中，储备土地抵押处置情况将作为 2019 年度机构名录更新的重要依据。部将进一步完善土地储备信息系统，加强与财政、金融监管等部门的数据共享与联动，逐步建立储备土地来源、入库、出库全流程监测监管机制，实现土地项目、入库土地统一编码，并与"农转用"批文、划拨决定书或有偿使用合同等关联。从 2019 年起，相关统计信息、专项债券额度分配、机构评级考核等均以系统数据为准，对于不报、迟报、瞒报、漏报、错报的，部将建立预警通报机制。各级自然资源主管部门要加强对土地储备机构系统填报的指导和监督，适时对数据进行核查，确保及时、准确掌握相关情况，并将土地储备情况纳入地方政府向同级人大报告的全民所有自然资源资产情况中。

关于福州等 5 个城市利用集体建设用地建设租赁住房试点实施方案意见的函

自然资办函〔2019〕57 号　2019 年 1 月 11 日

一、原则同意福州、南昌、青岛、海口、贵阳等 5 个城市利用集体建设用地建设租赁住房试点实施方案。

二、坚持房子是用来住的、不是用来炒的定位，按照区域协调发展和乡村振兴的要求，促进建立多主体供给、多渠道保障、租购并举的住房制度，实现城乡融合发展、人民住有所居，增加人民群众的获得感。

三、严格落实试点城市人民政府主体责任，统筹推进试点工作，要将项目选址、开工建设、运营管理等各环节监管落到实处。健全合同履约监管机制，保护租赁利益相关方合法权益；建立租金监测监管机制，租赁项目要合理确定租金，建立公开透明的租金变动约束机制，支持长期租赁。

四、试点城市要聚焦市场需求，坚持城乡统筹。项目应与周边区域基础设施、公共服务设施配套工程统一考虑，明确配套设施建设主体与标准，实现与周边地区公共服务均等化。尽量将项目安排在区位条件好、基础设施完备以及人口集中度高、市场需求旺盛的区域。积极学习借鉴先行试点城市实践经验，加强政策宣传和舆论引导，发展规范有序的住房租赁市场，形成可复制、可推广的制度成果。

五、试点城市要规范审批和监管程序，明确集体建设用地建设租赁住房的项目申报主体，完善项目审批程序，户型以 90 平方米以下中小户型为主，住房建筑质量、装饰装修符合相关标准。鼓励金融机构参与试点建设，依法依规提供金融产品服务，严禁违规提供“租金贷”。强化事中事后监管，确保有序可控。

六、试点城市要积极探索应用现代化信息管理平台和先进科技手段，在试点过程中研究加强公共服务配套，建立承租人基本公共服务保障机制，支持其依法享受教育、医疗卫生以及养老服务等基本公共服务权利，推进集体租赁住房纳入政府主导的住房信息租赁服务与监管平台管理，落实住房租赁企业备案管理，加强土地市场动态监测监管，促进节约集约用地。

七、省级自然资源、住房和城乡建设主管部门要加强对试点实施工作的指导和监督，及时研究解决试点推进过程中存在的突出问题，按时开展试点中期评估和试点总结工作，形成报告报自然资源部、住房和城乡建设部。

八、试点城市要根据上述意见，认真组织实施试点工作，不得随意改变试点实施方案内容。试点中的重大问题，及时向自然资源部、住房和城乡建设部报告。自然资源部、住房和城乡建设部将适时开展调研、督导。

中华人民共和国自然资源部办公厅

中华人民共和国住房和城乡建设部办公厅

关于加强村庄规划促进乡村振兴的通知

自然资办发〔2019〕35 号　2019 年 5 月 29 日

一、总体要求

（一）规划定位

村庄规划是法定规划，是国土空间规划体系中乡村地区的详细规划，是开展国土空间开发保护活动、实施国土空间用途管制、核发乡村建设项目规划许可、进行各项建设等的法定依据。要整合村土地利用规划、村庄建设规划等乡村规划，实现土地利用规划、城乡规划等有机融合，编制“多规合一”的实用性村庄规划。村庄规划范围为村域全部国土空间，可以一个或几个行政村为单元编制。

（二）工作原则

坚持先规划后建设，通盘考虑土地利用、产业发展、居民点布局、人居环境整治、生态保护和历史文化传承。坚持农民主体地位，尊重村民意愿，反映村民诉求。坚持节约优先、保护优先，实现绿色发展和高质量发展。坚持因地制宜、突出地域特色，防止乡村建设“千村一面”。坚持有序推进、务实规划，防止一哄而上，片面追求村庄规划快速全覆盖。

（三）工作目标

力争到2020年年底，结合国土空间规划编制在县域层面基本完成村庄布局工作，有条件、有需求的村庄应编尽编。暂时没有条件编制村庄规划的，应在县、乡镇国土空间规划中明确村庄国土空间用途管制规则和建设管控要求，作为实施国土空间用途管制、核发乡村建设项目规划许可的依据。对已经编制的原村庄规划、村土地利用规划，经评估符合要求的，可不再另行编制；需补充完善的，完善后再行报批。

二、主要任务

（四）统筹村庄发展目标

落实上位规划要求，充分考虑人口资源环境条件和经济社会发展、人居环境整治等要求，研究制定村庄发展、国土空间开发保护、人居环境整治目标，明确各项约束性指标。

（五）统筹生态保护修复

落实生态保护红线划定成果，明确森林、河湖、草原等生态空间，尽可能多的保留乡村原有的地貌、自然形态等，系统保护好乡村自然风光和田园景观。加强生态环境系统修复和整治，慎砍树、禁挖山、不填湖，优化乡村水系、林网、绿道等生态空间格局。

（六）统筹耕地和永久基本农田保护

落实永久基本农田和永久基本农田储备区划定成果，落实补充耕地任务，守好耕地红线。统筹安排农、林、牧、副、渔等农业发展空间，推动循环农业、生态农业发展。完善农田水利配套设施布局，保障设施农业和农业产业园发展合理空间，促进农业转型升级。

（七）统筹历史文化传承与保护

深入挖掘乡村历史文化资源，划定乡村历史文化保护线，提出历史文化景观整体保护措施，保护好历史遗存的真实性。防止大拆大建，做到应保尽保。加强各类建设的风貌规划和引导，保护好村庄的特色风貌。

（八）统筹基础设施和基本公共服务设施布局

在县域、乡镇域范围内统筹考虑村庄发展布局以及基础设施和公共服务设施用地布局，规划建立全域覆盖、普惠共享、城乡一体的基础设施和公共服务设施网络。以安全、经济、方便群众使用为原则，因地制宜提出村域基础设施和公共服务设施的选址、规模、标准等要求。

（九）统筹产业发展空间

统筹城乡产业发展，优化城乡产业用地布局，引导工业向城镇产业空间集聚，合理保障农村新产业新业态发展用地，明确产业用地用途、强度等要求。除少量必需的农产品生产加工外，一般不在农村地区安排新增工业用地。

（十）统筹农村住房布局

按照上位规划确定的农村居民点布局和建设用地管控要求，合理确定宅基地规模，划定宅基地建设范围，严格落实“一户一宅”。充分考虑当地建筑文化特色和居民生活习惯，因地制宜提出住宅的规划设计要求。

（十一）统筹村庄安全和防灾减灾

分析村域内地质灾害、洪涝等隐患，划定灾害影响范围和安全防护范围，提出综合防灾减灾的目标以及预防和应对各类灾害危害的措施。

（十二）明确规划近期实施项目

研究提出近期急需推进的生态修复整治、农田整理、补充耕地、产业发展、基础设施和公共服务设施建设、人居环境整治、历史文化保护等项目，明确资金规模及筹措方式、建设主体和方式等。

三、政策支持

（十三）优化调整用地布局

允许在不改变县级国土空间规划主要控制指标情况下，优化调整村庄各类用地布局。涉及永久基本农田和生态保护红线调整的，严格按国家有关规定执行，调整结果依法落实到村庄规划中。

（十四）探索规划“留白”机制

各地可在乡镇国土空间规划和村庄规划中预留不超过5%的建设用地机动指标，村民居住、农村公共公益设施、零星分散的乡村文旅设施及农村新产业新业态等用地可申请使用。对一时难以明确具体用途的建设用地，可暂不明确规划用地性质。建设项目规划审批时落地机动指标、明确规划用地性质，项目批准后更新数据库。机动指标使用不得占用永久基本农田和生态保护红线。

四、编制要求

（十五）强化村民主体和村党组织、村民委员会主导

乡镇政府应引导村党组织和村民委员会认真研究审议村庄规划并动员、组织村民以主人翁的态度，在调研访谈、方案比选、公告公示等各个环节积极参与村庄规划编制，协商确定规划内容。村庄规划在报送审批前应在村内公示30日，报送审批时应附村民委员会审议意见和村民会议或村民代表会议讨论通过的决议。村民委员会要将规划主要内容纳入村规民约。

（十六）开门编规划

综合应用各有关单位、行业已有工作基础，鼓励引导大专院校和规划设计机构下乡提供志愿服务、规划师下乡蹲点，建立驻村、驻镇规划师制度。激励引导熟悉当地情况的乡贤、能人积极参与村庄规划编制。支持投资乡村建设的企业积极参与村庄规划工作，探索规划、建设、运营一体化。

（十七）因地制宜，分类编制

根据村庄定位和国土空间开发保护的实际需要，编制能用、管用、好用的实用性村庄规划。要抓住主要问题，聚焦重点，内容深度详略得当，不贪大求全。对于重点发展或需要进行较多开发建设、修复整治的村庄，编制实用的综合性规划。对于不进行开发建设或只进行简单的人居环境整治的村庄，可只规定国土空间用途管制规则、建设管控和人居环境整治要求作为村庄规划。对于综合性的村庄规划，可以分步编制，分步报批，先编制近期急需的人居环境整治等内容，后期逐步补充完善。对于紧邻城镇开发边界的村庄，可与城镇开发边界内的城镇建设用地统一编制详细规划。各地可结合实际，合理划分村庄类型，探索符合地方实际的规划方法。

（十八）简明成果表达

规划成果要吸引人、看得懂、记得住，能落地、好监督，鼓励采用“前图后则”（即规划图表+管制规则）的成果表达形式。规划批准之日起20个工作日内，规划成果应通过“上墙、上网”等多种方式公开，30个工作日内，规划成果逐级汇交至省级自然资源主管部门，叠加到国土空间规划“一张图”上。

五、组织实施

（十九）加强组织领导

村庄规划由乡镇政府组织编制，报上一级政府审批。地方各级党委政府要强化对村庄规划工作的领导，建立政府领导、自然资源主管部门牵头、多部门协同、村民参与、专业力量支撑的工作机制，充分保障规划工作经费。自然资源部门要做好技术指导、业务培训、基础数据和资料提供等工作，推动测绘“一村一图”“一乡一图”，构建“多规合一”的村庄规划数字化管理系统。

（二十）严格用途管制

村庄规划一经批准，必须严格执行。乡村建设等各类空间开发建设活动，必须按照法定村庄规划实施乡村建设规划许可管理。确需占用农用地的，应统筹农用地转用审批和规划许可，减少申请环节，优化办理流程。确需修改规划的，严格按程序报原规划审批机关批准。

（二十一）加强监督检查

市、县自然资源主管部门要加强评估和监督检查，及时研究规划实施中的新情况，做好规划的动态完善。国家自然资源督察机构要加强对村庄规划编制和实施的督察，及时制止和纠正违反本意见的行为。鼓励各地探索研究村民自治监督机制，实施村民对规划编制、审批、实施全过程监督。

各省（区、市）可按照本意见要求，制定符合地方实际的技术标准、规范和管理要求，及时总结经验，适时开展典型案例宣传和经验交流，共同做好新时代的村庄规划编制和实施管理工作。

关于以“多规合一”为基础推进规划用地“多审合一、多证合一”改革的通知

自然资规〔2019〕2 号　2019 年 9 月 17 日

一、合并规划选址和用地预审

将建设项目选址意见书、建设项目用地预审意见合并，自然资源主管部门统一核发建设项目用地预审与选址意见书，不再单独核发建设项目选址意见书、建设项目用地预审意见。

涉及新增建设用地，用地预审权限在自然资源部的，建设单位向地方自然资源主管部门提出用地预审与选址申请，由地方自然资源主管部门受理；经省级自然资源主管部门报自然资源部通过用地预审后，地方自然资源主管部门向建设单位核发建设项目用地预审与选址意见书。用地预审权限在省级以下自然资源主管部门的，由省级自然资源主管部门确定建设项目用地预审与选址意见书办理的层级和权限。

使用已经依法批准的建设用地进行建设的项目，不再办理用地预审；需要办理规划选址的，由地方自然资源主管部门对规划选址情况进行审查，核发建设项目用地预审与选址意见书。

建设项目用地预审与选址意见书有效期为 3 年，自批准之日起计算。

二、合并建设用地规划许可和用地批准

将建设用地规划许可证、建设用地批准书合并，自然资源主管部门统一核发新的建设用地规划许可证，不

再单独核发建设用地批准书。

以划拨方式取得国有土地使用权的，建设单位向所在地的市、县自然资源主管部门提出建设用地规划许可申请，经有建设用地批准权的人民政府批准后，市、县自然资源主管部门向建设单位同步核发建设用地规划许可证、国有土地划拨决定书。

以出让方式取得国有土地使用权的，市、县自然资源主管部门依据规划条件编制土地出让方案，经依法批准后组织土地供应，将规划条件纳入国有建设用地使用权出让合同。建设单位在签订国有建设用地使用权出让合同后，市、县自然资源主管部门向建设单位核发建设用地规划许可证。

三、推进多测整合、多验合一

以统一规范标准、强化成果共享为重点，将建设用地审批、城乡规划许可、规划核实、竣工验收和不动产登记等多项测绘业务整合，归口成果管理，推进“多测合并、联合测绘、成果共享”。不得重复审核和要求建设单位或者个人多次提交对同一标的物的测绘成果；确有需要的，可以进行核实更新和补充测绘。在建设项目竣工验收阶段，将自然资源主管部门负责的规划核实、土地核验、不动产测绘等合并为一个验收事项。

四、简化报件审批材料

各地要依据“多审合一、多证合一”改革要求，核发新版证书。对现有建设用地审批和城乡规划许可的办事指南、申请表单和申报材料清单进行清理，进一步简化和规范申报材料。除法定的批准文件和证书以外，地方自行设立的各类通知书、审查意见等一律取消。加快信息化建设，可以通过政府内部信息共享获得的有关文件、证书等材料，不得要求行政相对人提交；对行政相对人前期已提供且无变化的材料，不得要求重复提交。支持各地探索以互联网、手机 APP 等方式，为行政相对人提供在线办理、进度查询和文书下载打印等服务。

本通知自发布之日起执行，有效期 5 年。各地可结合实际，制订实施细则。

关于加强规划和用地保障支持养老服务发展的指导意见

自然资规〔2019〕3 号　2019 年 11 月 27 日

一、合理界定养老服务设施用地

（一）明确养老服务设施用地范围

养老服务设施用地是指专门为老年人提供生活照料、康复护理、托管照护、医疗卫生等服务的房屋和场地设施所使用的土地，包括敬老院、老年养护院、养老院等机构养老服务设施的用地，养老服务中心、日间照料中心等社区养老服务设施的用地等。

（二）依法依规确定土地用途和年期

供应养老服务设施用地，应当依据详细规划，对照《土地利用现状分类》国家标准确定土地用途，根据法律法规和相关文件的规定确定土地使用权出让年期等。养老服务设施与其他功能建筑兼容使用同一宗土地的，根据主用途确定该宗地土地用途和土地使用权出让年期。对土地用途确定为社会福利用地，以出让方式供应的，出让年限不得超过50年；以租赁方式供应的，租赁年限不得超过20年。

二、统筹规划养老服务设施用地空间布局

（三）保障养老服务设施规划用地规模

各地要强化国土空间规划统筹协调作用，落实“多规合一”，在编制市、县国土空间总体规划时，应当根据本地区人口结构、老龄化发展趋势，因地制宜提出养老服务设施用地的规模、标准和布局原则。对现状老龄人口占比较高和老龄化趋势较快的地区，应适当提高养老服务设施用地比例。各级自然资源主管部门在组织对国土空间总体规划进行审查时要严格把关，确保养老服务设施用地规模达标、布局合理。

（四）统筹落实养老服务设施规划用地

编制详细规划时，应落实国土空间总体规划相关要求，充分考虑养老服务设施数量、结构和布局需求，对独立占地的养老服务设施要明确位置、指标等，对非独立占地的养老服务设施要明确内容、规模等要求，为项目建设提供审核依据。新建城区和新建居住（小）区要按照相应国家标准规范，配套建设养老服务设施，并与住宅同步规划、同步建设、同步验收。已建成城区养老服务设施不足的，应结合城市功能优化和有机更新等统筹规划，支持盘活利用存量资源改造为养老服务设施，保证老年人就近养老需求。

（五）严格养老服务设施规划许可和核实

市、县自然资源主管部门要严格审查新建住宅项目的建设工程设计方案等，对不符合规划条件、养老服务设施规划设计标准和规范要求的，不予核发建设工程规划许可证，不予通过规划核实。

三、保障和规范养老服务设施用地供应

（六）规范编制养老服务设施供地计划

市、县自然资源主管部门应当根据本地区养老服务需求，分阶段供应国土空间总体规划和详细规划确定的养老服务设施用地，并落实到年度建设用地供应计划，做到应保尽保。具备条件的地区，可在建设用地供应计划中明确拟供应养老服务设施用地的宗地位置、面积、用途等。涉及新增建设用地的，在土地利用年度计划中优先予以安排。

（七）明确用地规划和开发利用条件

敬老院、老年养护院、养老院等机构养老服务设施用地一般应单独成宗供应，用地规模原则上控制在3公顷以内。出让住宅用地涉及配建养老服务设施的，在土地出让公告和合同中应当明确配建、移交的养老服务设施的条件和要求。鼓励养老服务设施用地兼容建设医卫设施，用地规模原则上控制在5公顷以内，在土地出让时，可将项目配套建设医疗服务设施要求作为土地供应条件并明确不得分割转让。

（八）依法保障非营利性养老服务机构用地

市、县自然资源主管部门应结合养老服务设施用地规划布局和建设用地供应计划统筹安排，充分保障非营利性养老服务机构划拨用地需求。以划拨方式取得国有建设用地使用权的，非营利性养老服务机构可凭登记机关发给的社会服务机构登记证书和其他法定材料，向所在地的市、县自然资源主管部门提出建设用地规划许可申请，经有建设用地批准权的人民政府批准后，市、县自然资源主管部门同步核发建设用地规划许可证、国有土地划拨决定书。鼓励非营利性养老服务机构以租赁、出让等有偿使用方式取得国有建设用地使用权，支持政府以作价出资或者入股方式提供土地，与社会资本共同投资建设养老服务项目。

(九) 以多种有偿使用方式供应养老服务设施用地

对单独成宗供应的营利性养老服务设施用地，应当以租赁、先租后让、出让方式供应，鼓励优先以租赁、先租后让方式供应。国有建设用地使用权出让（租赁）计划公布后，同一宗养老服务设施用地只有一个意向用地者的，市、县自然资源主管部门可按照协议方式出让（租赁）；有两个以上意向用地者的，应当采取招标、拍卖、挂牌方式出让（租赁）。

(十) 合理确定养老服务设施用地供应价格

以出让方式供应的社会福利用地，出让底价可按不低于所在级别公共服务用地基准地价的70%确定；基准地价尚未覆盖的地区，出让底价不得低于当地土地取得、土地开发客观费用与相关税费之和。以租赁方式供应的社会福利用地，由当地人民政府制定最低租金标准，并在土地租赁合同中明确租金调整的时间间隔和调整方式。

(十一) 规范存量土地改变用途和收益管理

土地使用权人申请改变存量土地用途用于建设养老服务设施，经审查符合详细规划的，市、县自然资源主管部门应依法依规办理土地用途改变手续。建成的养老服务设施由非营利性养老机构使用的，原划拨土地可继续划拨使用，原有偿使用的土地可不增收改变规划条件的地价款等；不符合划拨条件的，原划拨使用的土地，经市、县人民政府批准，依法办理有偿使用手续，补缴土地出让价款；原有偿使用的土地，土地使用权人可以与市、县自然资源主管部门签订国有建设用地有偿使用合同变更协议或重新签订合同，调整有偿使用价款。

(十二) 利用存量资源建设养老服务设施实行过渡期政策

鼓励利用商业、办公、工业、仓储存量房屋以及社区用房等举办养老机构，所使用存量房屋在符合详细规划且不改变用地主体的条件下，可在五年内实行继续按土地原用途和权利类型适用过渡期政策；过渡期满及涉及转让需办理改变用地主体手续的，新用地主体为非营利性的，原划拨土地可继续以划拨方式使用，新用地主体为营利性的，可以按新用途、新权利类型、市场价格，以协议方式办理，但有偿使用合同和划拨决定书以及法律法规等明确应当收回土地使用权的情形除外。

(十三) 支持利用集体建设用地发展养老服务设施

农村集体经济组织可依法使用本集体经济组织所有的建设用地自办或以建设用地使用权入股、联营等方式与其他单位和个人共同举办养老服务设施。符合国土空间规划和用途管制要求、依法取得的集体经营性建设用地，土地所有权人可以按照集体经营性建设用地的有关规定，依法通过出让、出租等方式交由养老服务机构用于养老服务设施建设，双方签订书面合同，约定土地使用的权利义务关系。鼓励盘活利用乡村闲置校舍、厂房等建设敬老院、老年活动中心等乡村养老服务设施。

四、加强养老服务设施用地服务和监管

(十四) 规范养老服务设施登记

单独成宗的养老服务设施用地应当整宗登记，不得分割登记。新建住宅小区配套养老服务设施竣工后办理首次登记的，配套养老服务设施依据有关规定或者约定正式移交后办理转移登记的，营利性养老机构以有偿取得的土地、设施等资产进行抵押、商业银行向产权明晰的民办养老机构发放资产（设施）抵押贷款办理不动产抵押登记的，整合闲置设施改造为养老服务设施需要办理不动产登记的，不动产登记机构应积极予以办理。

（十五）严格限制养老服务设施用地改变用途

详细规划确定的养老服务设施用地，未经履行法定修改程序不得随意改变土地用途。养老服务机构因自身原因不再使用养老服务设施用地，属于划拨用地的，由市、县政府收回国有建设用地使用权，根据其取得成本、地上建筑物价格评估结果对原土地使用权人给予补偿；属于有偿方式用地的，可以整体转让继续用于养老服务，原土地有偿使用合同中约定的义务由受让人承担，或者由政府收回国有建设用地使用权并给予合理补偿。本文件发布前，土地使用者依法取得的养老服务设施用地，继续按划拨决定书规定或者合同约定管理。

（十六）加强养老服务设施规划和用地监管

市、县自然资源主管部门应当在国有建设用地使用权出让合同或划拨决定书中明确配建养老服务设施的面积、开发投资条件和开发建设周期，以及建成后交付、运营、管理、监管方式等。各级自然资源部门要积极参与跨部门养老服务综合监管制度建设，与相关部门建立养老服务设施规划和用地协同监管机制。养老服务机构用地情况应当纳入土地市场信用体系，实施守信激励、失信惩戒。

本指导意见自下发之日起执行，有效期5年。

六、中华人民共和国财政部　国家税务总局

关于公共租赁住房税收优惠政策的公告

财政部　税务总局公告2019年第61号　2019年4月15日

一、对公租房建设期间用地及公租房建成后占地，免征城镇土地使用税。在其他住房项目中配套建设公租房，按公租房建筑面积占总建筑面积的比例免征建设、管理公租房涉及的城镇土地使用税。

二、对公租房经营管理单位免征建设、管理公租房涉及的印花税。在其他住房项目中配套建设公租房，按公租房建筑面积占总建筑面积的比例免征建设、管理公租房涉及的印花税。

三、对公租房经营管理单位购买住房作为公租房，免征契税、印花税；对公租房租赁双方免征签订租赁协议涉及的印花税。

四、对企事业单位、社会团体以及其他组织转让旧房作为公租房房源，且增值额未超过扣除项目金额20%的，免征土地增值税。

五、企事业单位、社会团体以及其他组织捐赠住房作为公租房，符合税收法律法规规定的，对其公益性捐赠支出在年度利润总额12%以内的部分，准予在计算应纳税所得额时扣除，超过年度利润总额12%的部分，准予结转以后3年内在计算应纳税所得额时扣除。

个人捐赠住房作为公租房，符合税收法律法规规定的，对其公益性捐赠支出未超过其申报的应纳税所得额30%的部分，准予从其应纳税所得额中扣除。

六、对符合地方政府规定条件的城镇住房保障家庭从地方政府领取的住房租赁补贴，免征个人所得税。

七、对公租房免征房产税。对经营公租房所取得的租金收入，免征增值税。公租房经营管理单位应单独核

算公租房租金收入，未单独核算的，不得享受免征增值税、房产税优惠政策。

八、享受上述税收优惠政策的公租房是指纳入省、自治区、直辖市、计划单列市人民政府及新疆生产建设兵团批准的公租房发展规划和年度计划，或者市、县人民政府批准建设（筹集），并按照《关于加快发展公共租赁住房的指导意见》（建保〔2010〕87号）和市、县人民政府制定的具体管理办法进行管理的公租房。

九、纳税人享受本公告规定的优惠政策，应按规定进行免税申报，并将不动产权属证明、载有房产原值的相关材料、纳入公租房及用地管理的相关材料、配套建设管理公租房相关材料、购买住房作为公租房相关材料、公租房租赁协议等留存备查。

十、本公告执行期限为2019年1月1日至2020年12月31日。

关于个人取得有关收入适用个人所得税应税所得项目的公告

财政部　税务总局公告2019年第74号　2019年6月13日

一、个人为单位或他人提供担保获得收入，按照“偶然所得”项目计算缴纳个人所得税。

二、房屋产权所有人将房屋产权无偿赠与他人的，受赠人因无偿受赠房屋取得的受赠收入，按照“偶然所得”项目计算缴纳个人所得税。按照《财政部　国家税务总局关于个人无偿受赠房屋有关个人所得税问题的通知》（财税〔2009〕78号）第一条规定，符合以下情形的，对当事双方不征收个人所得税：

（一）房屋产权所有人将房屋产权无偿赠与配偶、父母、子女、祖父母、外祖父母、孙子女、外孙子女、兄弟姐妹；

（二）房屋产权所有人将房屋产权无偿赠与对其承担直接抚养或者赡养义务的抚养人或者赡养人；

（三）房屋产权所有人死亡，依法取得房屋产权的法定继承人、遗嘱继承人或者受遗赠人。

前款所称受赠收入的应纳税所得额按照《财政部　国家税务总局关于个人无偿受赠房屋有关个人所得税问题的通知》（财税〔2009〕78号）第四条规定计算。

三、企业在业务宣传、广告等活动中，随机向本单位以外的个人赠送礼品（包括网络红包，下同），以及企业在年会、座谈会、庆典以及其他活动中向本单位以外的个人赠送礼品，个人取得的礼品收入，按照“偶然所得”项目计算缴纳个人所得税，但企业赠送的具有价格折扣或折让性质的消费券、代金券、抵用券、优惠券等礼品除外。

前款所称礼品收入的应纳税所得额按照《财政部　国家税务总局关于企业促销展业赠送礼品有关个人所得税问题的通知》（财税〔2011〕50号）第三条规定计算。

四、个人按照《财政部　税务总局　人力资源社会保障部　中国银行保险监督管理委员会　证监会关于开展个人税收递延型商业养老保险试点的通知》（财税〔2018〕22号）的规定，领取的税收递延型商业养老保险的养老金收入，其中25%部分予以免税，其余75%部分按照10%的比例税率计算缴纳个人所得税，税款计入“工资、薪金所得”项目，由保险机构代扣代缴后，在个人购买税延养老保险的机构所在地办理全员全额扣缴申报。

五、本公告自2019年1月1日起执行。下列文件或文件条款同时废止：

（一）《财政部　国家税务总局关于银行部门以超过国家利率支付给储户的揽储奖金征收个人所得税问题

的批复》（财税字〔1995〕64 号）；

（二）《国家税务总局对中国科学院院士荣誉奖金征收个人所得税问题的复函》（国税函〔1995〕351 号）；

（三）《国家税务总局关于未分配的投资者收益和个人人寿保险收入征收个人所得税问题的批复》（国税函〔1998〕546 号）第二条；

（四）《国家税务总局关于个人所得税有关政策问题的通知》（国税发〔1999〕58 号）第三条；

（五）《国家税务总局关于股民从证券公司取得的回扣收入征收个人所得税问题的批复》（国税函〔1999〕627 号）；

（六）《财政部　国家税务总局关于个人所得税有关问题的批复》（财税〔2005〕94 号）第二条；

（七）《国家税务总局关于个人取得解除商品房买卖合同违约金征收个人所得税问题的批复》（国税函〔2006〕865 号）；

（八）《财政部　国家税务总局关于个人无偿受赠房屋有关个人所得税问题的通知》（财税〔2009〕78 号）第三条；

（九）《财政部　国家税务总局关于企业促销展业赠送礼品有关个人所得税问题的通知》（财税〔2011〕50 号）第二条第 1 项、第 2 项；

（十）《财政部　税务总局　人力资源社会保障部　中国银行保险监督管理委员会　证监会关于开展个人税收递延型商业养老保险试点的通知》（财税〔2018〕22 号）第一条第（二）项第 3 点第二段；

（十一）《国家税务总局关于开展个人税收递延型商业养老保险试点有关征管问题的公告》（国家税务总局公告 2018 年第 21 号）第二条。

七、中华人民共和国农业农村部

关于积极稳妥开展农村闲置宅基地和闲置住宅盘活利用工作的通知

农经发〔2019〕4 号　2019 年 10 月 15 日

一、总体要求

积极稳妥开展农村闲置宅基地和闲置住宅盘活利用工作，要以习近平新时代中国特色社会主义思想为指导，全面贯彻党的十九大和十九届二中、三中全会精神，以提高农村土地资源利用效率、增加农民收入为目标，在依法维护农民宅基地合法权益和严格规范宅基地管理的基础上，探索盘活利用农村闲置宅基地和闲置住宅的有效途径和政策措施，为激发乡村发展活力、促进乡村振兴提供有力支撑。

积极稳妥开展农村闲置宅基地和闲置住宅盘活利用工作，要突出服务乡村振兴。紧紧围绕实施乡村振兴战略，着眼乡村产业发展需求，推动美丽乡村建设。要守住盘活利用底线。严守土地公有制性质不改变、耕地红线不突破、农民利益不受损的底线，符合国家和地方关于宅基地管理、国土空间规划、用途管制、市场监管和传统村落保护等法律法规和政策。要坚持农民主体地位。充分尊重农民意愿，调动农民参与的积极性和主动性，切实保护农民合法权益，千方百计增加农民收入。要注重规划先行要求。与村庄规划相衔接，与乡村产业发展规划相匹配，遵守安全消防规定，符合环保卫生要求，注重绿色发展。要发挥基层首创精神。支持地方大胆创新、积极探索，不搞“一刀切”，不得强迫命令。

二、重点工作

（一）因地制宜选择盘活利用模式

各地要统筹考虑区位条件、资源禀赋、环境容量、产业基础和历史文化传承，选择适合本地实际的农村闲置宅基地和闲置住宅盘活利用模式。鼓励利用闲置住宅发展符合乡村特点的休闲农业、乡村旅游、餐饮民宿、文化体验、创意办公、电子商务等新产业新业态，以及农产品冷链、初加工、仓储等一、二、三产业融合发展项目。支持采取整理、复垦、复绿等方式，开展农村闲置宅基地整治，依法依规利用城乡建设用地增减挂钩、集体经营性建设用地入市等政策，为农民建房、乡村建设和产业发展等提供土地等要素保障。

（二）支持培育盘活利用主体

在充分保障农民宅基地合法权益的前提下，支持农村集体经济组织及其成员采取自营、出租、入股、合作等多种方式盘活利用农村闲置宅基地和闲置住宅。鼓励有一定经济实力的农村集体经济组织对闲置宅基地和闲置住宅进行统一盘活利用。支持返乡人员依托自有和闲置住宅发展适合的乡村产业项目。引导有实力、有意愿、有责任的企业有序参与盘活利用工作。依法保护各类主体的合法权益，推动形成多方参与、合作共赢的良好局面。

（三）鼓励创新盘活利用机制

支持各地统筹安排相关资金，用于农村闲置宅基地和闲置住宅盘活利用奖励、补助等。条件成熟时，研究发行地方政府专项债券支持农村闲置宅基地和闲置住宅盘活利用项目。推动金融信贷产品和服务创新，为农村闲置宅基地和闲置住宅盘活利用提供支持。结合乡村旅游大会、农业嘉年华、农博会等活动，向社会推介农村闲置宅基地和闲置住宅资源。

（四）稳妥推进盘活利用示范

各地要结合实际，选择一批地方党委政府重视、农村集体经济组织健全、农村宅基地管理规范、乡村产业发展有基础、农民群众积极性高的地区，有序开展农村闲置宅基地和闲置住宅盘活利用试点示范。突出乡村产业特色，整合资源创建一批民宿（农家乐）集中村、乡村旅游目的地、家庭工场、手工作坊等盘活利用样板。总结一批可复制、可推广的经验模式，探索一套规范、高效的运行机制和管理制度，以点带面、逐步推开。

（五）依法规范盘活利用行为

各地要进一步加强宅基地管理，对利用方式、经营产业、租赁期限、流转对象等进行规范，防止侵占耕地、大拆大建、违规开发，确保盘活利用的农村闲置宅基地和闲置住宅依法取得、权属清晰。要坚决守住法律和政策底线，不得违法违规买卖或变相买卖宅基地，严格禁止下乡利用农村宅基地建设别墅大院和私人会馆。要切实维护农民权益，不得以各种名义违背农民意愿强制流转宅基地和强迫农民“上楼”，不得违法收回农户合法取得的宅基地，不得以退出宅基地作为农民进城落户的条件。对利用闲置住宅发展民宿等项目，要按照2018年中央一号文件要求，尽快研究和推动出台消防、特种行业经营等领域便利市场准入、加强事中事后监管的措施。

三、保障措施

（一）强化组织领导

各地要高度重视农村闲置宅基地和闲置住宅盘活利用工作，加强统筹领导，搞好指导服务，强化部门协调，形成工作合力。要根据本地实际制定具体实施方案、操作细则和配套政策，进一步明确目标任务、主要内容和重点措施，确保盘活利用工作取得实效。

（二）强化政策扶持

各地要认真落实党中央、国务院关于乡村振兴、城乡融合发展、返乡下乡人员创业创新等文件要求，完善适合本地实际的农村闲置宅基地和闲置住宅盘活利用政策，出台扶持措施，简化市场准入，优化登记、备案等手续。要推动做好村庄规划编制、房地一体的宅基地使用权确权登记颁证、农村宅基地和农房调查、农村人居环境整治等基础工作，为盘活利用工作创造有利条件。

（三）强化宣传引导

各地要依托报刊、电视、网络、微博、微信、新闻客户端等媒体，深入宣传和解读农村闲置宅基地和闲置住宅利用法律法规和政策。要组织开展农村闲置宅基地和闲置住宅盘活利用典型案例征集推介活动，宣传盘活利用工作中涌现出的典型，营造良好的社会舆论氛围。

八、中国人民银行

关于新发放商业性个人住房贷款利率有关事项的公告

中国人民银行公告〔2019〕第 16 号　2019 年 8 月 25 日

为坚决贯彻落实“房子是用来住的，不是用来炒的”定位和房地产市场长效管理机制，在改革完善贷款市场报价利率（LPR）形成机制过程中，确保区域差别化住房信贷政策有效实施，保持个人住房贷款利率水平基本稳定，维护借贷双方合法权益，现就新发放商业性个人住房贷款利率有关事宜公告如下：

一、自 2019 年 10 月 8 日起，新发放商业性个人住房贷款利率以最近一个月相应期限的贷款市场报价利率为定价基准加点形成。加点数值应符合全国和当地住房信贷政策要求，体现贷款风险状况，合同期限内固定不变。

二、借款人申请商业性个人住房贷款时，可与银行业金融机构协商约定利率重定价周期。重定价周期最短为 1 年。利率重定价日，定价基准调整为最近一个月相应期限的贷款市场报价利率。利率重定价周期及调整方式应在贷款合同中明确。

三、首套商业性个人住房贷款利率不得低于相应期限贷款市场报价利率，二套商业性个人住房贷款利率不得低于相应期限贷款市场报价利率加 60 个基点。

四、人民银行省一级分支机构应按照“因城施策”原则，指导各省级市场利率定价自律机制，在国家统一的信贷政策基础上，根据当地房地产市场形势变化，确定辖区内首套和二套商业性个人住房贷款利率加点下限。

五、银行业金融机构应根据各省级市场利率定价自律机制确定的加点下限，结合本机构经营情况、客户风险状况和信贷条件等因素，明确商业性个人住房贷款利率定价规则，合理确定每笔贷款的具体加点数值。

六、银行业金融机构应切实做好政策宣传、解释和咨询服务，依法合规保障借款人合同权利和消费者权益，严禁提供个人住房贷款“转按揭”“加按揭”服务，确保相关工作平稳有序进行。

七、2019年10月8日前，已发放的商业性个人住房贷款和已签订合同但未发放的商业性个人住房贷款，仍按原合同约定执行。

八、商业用房购房贷款利率不得低于相应期限贷款市场报价利率加60个基点。公积金个人住房贷款利率政策暂不调整。

九、中国房地产业协会

紧迫任务是房地产发展方式的转变

中国房地产协会会长冯俊　2019年9月2日

本届论坛以数字化与未来居住为主题，目的是推进数字技术在房地产领域的全面应用，推进房地产业转型，提高发展质量，为人民群众创造更加美好的居住生活。

改革开放四十年来，房地产业的发展，为群众居住条件的改善，为城市面貌的改变，为生产要素市场的完善，为经济的持续增长发挥了重要作用，但是也存在许多发展中的问题。我们用十六个字来概括：成绩斐然，饱受诟病，风险渐显，亟需转型。

在新的发展阶段，我们有几个认识需要厘清。

一、房地产业发展的目的是什么

以住宅为主要产品的房地产业，在过去的四十年里，推动房地产业发展的根本动力是人民群众改善居住条件的迫切需要；在今后的发展中，人民群众对美好居住生活的向往，仍然是房地产业发展的根本动力。过去，房地产业的发展解决了人民群众住房极度短缺问题；今后，房地产业的发展是为了人民群众居住得更舒适、更幸福。

四十年里，城镇居民家庭住房条件改善的同时，居民家庭住房财富的积累也在增加。大体上，城镇居民家庭的财富中超过70%是住房资产。这些年，以收入衡量的基尼系数在缓缓改善，但是以家庭财富衡量的基尼系数扩大得惊人。我们不能不认识到，住房的投资品属性在不恰当地膨胀，炒房现象已经成为经济社会发展中的一个顽症痼疾。这不仅扭曲了住房的本质属性，而且对群众生活条件的改善、消费增长构成巨大压力，对结构调整、经济发展构成巨大风险。

习近平总书记在党的十九大报告中明确指出："坚持房子是用来住的、不是用来炒的"定位。7月30日中央政治局会议再次明确了"坚持房子是用来住的、不是用来炒的定位，落实房地产管理长效机制"，同时明确指出"不将房地产作为短期刺激经济的手段"。这一定位彰显了中央新的发展理念，体现了以人民为中心的发展思想，同时也明确告知社会各界，不会走用房地产拉动经济的老路。今年年初，房地产市场又出现了潜流涌动，有些企业生怕"踩空"，争相"抢风口"。作为房地产企业和关联产业链企业会员之家的中国房地产业协会，还是要提请会员及广大的房地产企业，要认真领会中央对房地产的基本政策布局，不要怀疑政府的决心，不要将炒房盛行、房价上涨作为经济繁荣的标志，不要去"赌"中央放松房地产调控，不忘初心，脚踏实地地为改善人民群众居住条件、满足不断增长的美好居住生活的需要，提供好产品、好服务。

二、房地产业为什么人提供产品和服务

我们必须认识到，住房是群众生活的基本消费品，支撑房地产业发展的是广大群众的生活需求。房地产市场是大众市场，绝不是富裕阶层的专属市场。房地产企业当然要根据消费者支付能力不同，提供不同层次的产品和服务。但如果只把眼光盯在富裕群体上，必然是自我萎缩，自取淘汰。邓小平同志当年说，让一部分人先富起来，最终达到共同富裕，我们有些同志只记住了前半句，却忘了后半句。我们试想一下，如果房地产发展一开始就是为富裕阶层服务的，会有我们今天的市场规模吗？会有我们今天的产业地位吗？事实上，成功的、发展好的房地产企业，包括供应链企业，也是坚守服务大众这一理念。作为一个企业，可以有目标客户的定位选择，因为消费者收入有差异，消费偏好有不同，但是作为一个行业，尤其是为社会提供必要生活资料的行业，必然地要服务于大众市场，而不是小众市场。

这好像是一个简单的道理，其实不然。我们不少房地产企业的售楼广告，极力渲染“投资佳选，增值良房”，目标客户很明确。这一目标客户的定位，就会使我们的产品设计并不注重居住使用功能，并不注重产品的性价比，并不注重产品的技术进步，并不注重产品的售后服务。因为这些不是投资者所关心的，他们只关心房价增长幅度。这恐怕也是我们的产品技术进步慢的原因之一。住房投资需求并不一定是坏事，如果投资的住房转化为租赁市场的供应，市场的总供给没有减少，但相当数量的住房投资是待价而沽，形成空置，这就在一定时期内减少住房的有效供给，而且积累资产泡沫。

现在有一种颇为惑人的说法，说老百姓住房投资是为了养老，应该鼓励居民家庭都拥有两、三套房。我们房地产业发展的目标是让每个家庭都拥有两套以上住房吗？我看绝不是。因为用不着到套户比达到2，哪怕达到1.5，房地产市场就过剩了，而且是极度过剩了，那一定是房地产市场的悲剧，也是经济社会发展的悲剧。同时，大家想过没有，如果真是套户比达到2，这住房还有投资价值吗？还能变现用于养老吗？住房成为投资品的必要条件，是房价上涨比资本价值增值速度要快。靠制造泡沫来推进房地产业发展是不可行的，是危险的。

所以，我们的产品和服务，目标客户一定是大多数群众，而且是满足他们切实的居住需求。不少房地产企业还承担建设保障房和租赁住房的任务，要把保障房和租赁住房也建设成高质量的住房，在有限的面积里创造更加舒适的居住生活条件。房地产企业应当积极维护人的居住权，因为它是人的生存发展权利的内涵之一；要尊重人的尊严，积极为不断改善居民居住条件作贡献。

三、房地产业在未来经济社会发展中要担当什么角色

就住房发展来说，还有五件事要做：一是为至少两亿从农村转移的人口提供住房；二是为近1亿在城镇间转移就业的人口提供住房，这部分人口就业地的变化，并不增加城镇居民总量，但产生住房需求；三是要改造现有不成套的、不符合健康标准的住房；四是农村住房需要从比较简陋进步到比较现代；五是要满足居民家庭随着收入增长而产生的改善住房条件的需要。总体上，还需要在相当长的时期里保持现有的住房建设规模。房地产企业仍然要承担住房供应的重要使命。同时还需要承担住房配套建筑、配套设施的建设。

就商业用房、办公用房的供应来说，虽然这两种房地产短期闲置有点大，但并不能简单下结论过剩了，因为存在这两种房地产经营内容、经营方式转变的问题。商业用房和办公用房在于使用，相当数量是投资者持有、供众多客户租赁使用，出售的模式不应作为主导。同时，这租赁房屋的服务内容也需要适应消费行为、商业模式、办公方式的变化。

智者识势，凡人识事。我们再不能期望房地产市场的跌宕起伏了，更不能期望乱中取胜了。“抢风口”之举，会害人、害己。中央明确要求落实房地产管理长效机制。我理解，长效机制是用经济和法律手段治理市场，辅之以必要的行政措施，实现供需平衡，市场平稳，价格稳定，杠杆适度，风险可控，供应结构合理，需求管理正确。达到这个状态，当然需要制度与政策保障，同时也需要房地产企业努力做良好秩序的维护者，而不是做搅局者。房地产发展对经济影响很大，它的发展又依赖于经济健康稳定发展。房地产发展对经济发展的不利影响已经显现出来，泡沫增大，风险积累。皮之不存，毛将焉附？真要经济出了问题，房地产也难以独善其身。经济社会的发展需要房地产市场的良好秩序，房地产企业的发展也需要房地产市场的良好秩序。房地产市场的秩序，影响着市场预期的稳定性，影响着市场主体的可预期能力。事实上，参与房地产市场活动的各类主体，房地产企业、供应链企业、银行、中介机构、消费者，都期望达到房地产市场健康稳定这个状态。

房地产业还要为居民家庭消费升级作贡献。房地产投资继续较高速度增长的可能性、必要性都不是很大了，但是居民家庭的生活消费有相当部分是与居住生活相关联的，把住宅的事情做好了，把与居住相关的延展服务做好了，有益于消费的增长。

在新的发展阶段，房地产企业面临的紧迫任务是转型。我们讲的转型，不是指企业经营方向的变化或拓展，那是企业转行或是跨界，而是指房地产发展方式的转变。就房地产的产品和服务而言，我们面临的主要问题是，能源消耗大，材料浪费大，建造精度低，生产效率低，健康保障水平低，居住服务能力低。解决这些问题，得依靠技术进步。房地产业的技术进步，重点是三个方面：一是数字技术；二是绿色技术；三是工业化建造技术。

Ⅱ.宏 观 篇

导 读

本篇收录了2019年（部分为最新公布的2018年数据）宏观经济发展指标，包括国内生产总值、投资、贸易、消费、收入、物价、人口、就业、交通、教育、医疗卫生、主要产业、重要产品、货币金融、财政收支等方面的宏观数据。数据来源于国家统计局及各省市统计局、人民银行、财政部等。本篇所列全国数据，指中国大陆地区，暂不包括港澳台地区的数据。

一、国民经济主要数据

表 2-1　2019 年全国宏观经济数据（单月）

类　别	1月	2月	3月	4月	5月	6月	7月	8月	9月	10月	11月	12月
工业增加值同比增幅（%）	—	—	8.5	5.4	5.0	6.3	4.8	4.4	5.8	4.7	6.2	6.9
固定资产投资额（亿元）	—	44849	57022	53876	61808	81545	49792	51736	60576	49676	22838	17760
同比增幅（%）	—	6.1	6.3	6.1	5.6	5.8	5.7	5.5	5.4	5.2	5.2	5.4
进口总额（亿美元）	1784	1311	1660	1796	1722	1619	1769	1800	1785	1699	1834	1911
同比增幅（%）	-1.6	-5.2	-7.6	4.0	-8.5	-7.3	-5.3	-5.6	-8.2	-6.2	0.8	16.5
出口总额（亿美元）	2176	1352	1987	1935	2138	2128	2216	2148	2181	2129	2213	2383
同比增幅（%）	9.3	-20.8	14.2	-2.7	1.1	-1.3	3.3	-1.0	-3.2	-0.8	-1.3	7. 9
社会消费品零售总额（亿元）	—	66064	31726	30586	32956	33878	33073	33896	34495	38104	38094	38777
同比增幅（%）	—	8.2	8.7	7.2	8.6	9.8	7.6	7.5	7.8	7.2	8.0	8.0
生产价格指数（PPI）同比增幅（%）	0.1	0.1	0.4	0.9	0.6	0.0	-0.3	-0.8	-1.2	-1.6	-1.4	-0.5
居民消费价格指数（CPI）同比增幅（%）	1.7	1.5	2.3	2.5	2.7	2.7	2.8	2.8	3.0	3.8	4.5	4.5
制造业采购经理指数（PMI）（%）	49.5	49.2	50.5	50.1	49.4	49.4	49.7	49.5	49.8	49.3	50.2	50.2
城镇调查失业率（%）	5.1	5.3	5.2	5.0	5.0	5.1	5.3	5.2	5.2	5.1	5.1	5.2

注：2 月固定资产投资总额、社会消费品零售总额为 1—2 月累计值。
数据来源：国家统计局。

表 2-2　2019 年全国宏观经济数据（月度累计）

类　别	1—2月	1—3月	1—4月	1—5月	1—6月	1—7月	1—8月	1—9月	1—10月	1—11月	1—12月
工业增加值累计增幅（%）	5.3	6.5	6.2	6.0	6.0	5.8	5.6	5.6	5.6	5.6	5.7
固定资产投资额（亿元）	44849	101871	155747	217555	299100	348892	400628	461204	510880	533718	551478
同比增幅（%）	6.1	6.3	6.1	5.6	5.8	5.7	5.5	5.4	5.2	5.2	5.4
进口总额累计（亿美元）	3093	4754	6552	8279	9900	11674	13478	15267	16974	18820	20771
同比增幅（%）	-3.2	-4.8	-2.5	-3.7	-4.3	-4.4	-4.6	-5.0	-5.1	-4.6	-2.7
出口总额累计（亿美元）	3532	5517	7446	9583	11712	13926	16070	18251	20379	22601	24990
同比增幅（%）	-4.6	1.4	0.2	0.4	0.1	0.6	0.4	-0.1	-0.2	-0.3	0.5
社会消费品零售总额（亿元）	66064	97790	128376	161332	195210	228283	262179	296674	334779	372872	411649
同比增幅（%）	8.2	8.3	8.0	8.1	8.4	8.3	8.2	8.2	8.1	8.0	8.0

数据来源：国家统计局。

表 2-3　2019 年国内生产总值及同比增幅数据（单季度）

类　别	绝对值（亿元）				增长幅度（%）			
	一季度	二季度	三季度	四季度	一季度	二季度	三季度	四季度
国内生产总值	218063	242574	252209	278020	6.4	6.2	6.0	6.0
第一产业	8769	14438	19798	27462	2.7	3.3	2.7	3.4
第二产业	81807	97316	97790	109253	6.1	5.6	5.2	5.8
第三产业	127487	130821	134620	141305	7.0	7.0	7.1	6.6
农林牧渔业	9249	15109	20629	28580	2.9	3.4	2.9	3.5
工业	71065	79821	79502	86722	6.1	5.6	5.0	5.9
制造业	60357	68042	66824	73952	6.5	5.5	4.8	5.9
建筑业	11143	17954	18735	23072	6.2	5.1	6.1	5.3
批发和零售业	21959	23097	23994	26796	5.8	6.0	5.5	5.4
交通运输、仓储和邮政业	9387	10861	11310	11244	7.3	7.3	7.5	6.3
住宿和餐饮业	4235	4123	4611	5071	6.0	6.4	6.7	6.2
金融业	19650	19065	19388	18974	7.1	7.6	6.9	7.0
房地产业	15979	17484	17369	18799	2.6	2.5	4.2	2.5
信息传输、软件和信息技术服务业	8425	8396	7528	8341	21.2	20.1	18.1	15.6
租赁和商务服务业	7665	7597	8409	9263	8.5	7.5	8.6	9.9
其他行业	39306	39067	40735	41158	5.5	5.7	6.4	6.0

数据来源：国家统计局。

表 2-4　2019 年国内生产总值及同比增幅数据（季度累计）

类　别	绝对值（亿元）				增长幅度（%）			
	一季度	上半年	前三季度	全年	一季度	上半年	前三季度	全年
国内生产总值	218063	460637	712845	990865	6.4	6.3	6.2	6.1
第一产业	8769	23207	43005	70467	2.7	3.0	2.9	3.1
第二产业	81807	179122	276913	386165	6.1	5.8	5.6	5.7
第三产业	127487	258308	392928	534233	7.0	7.0	7.0	6.9
农林牧渔业	9249	24358	44987	73567	2.9	3.2	3.1	3.2
工业	71065	150885	230387	317109	6.1	5.8	5.6	5.7
制造业	60357	128399	195223	269175	6.5	6.0	5.6	5.7
建筑业	11143	29097	47832	70904	6.2	5.5	5.8	5.6
批发和零售业	21959	45056	69050	95846	5.8	5.9	5.8	5.7
交通运输、仓储和邮政业	9387	20248	31558	42802	7.3	7.3	7.4	7.1
住宿和餐饮业	4235	8358	12968	18040	6.0	6.2	6.4	6.3
金融业	19650	38715	58103	77077	7.1	7.4	7.2	7.2
房地产业	15979	33464	50833	69632	2.6	2.6	3.1	3.0
信息传输、软件和信息技术服务业	8425	16820	24348	32690	21.2	20.6	19.8	18.7
租赁和商务服务业	7665	15262	23671	32934	8.5	8.0	8.2	8.7
其他行业	39306	78373	119108	160266	5.5	5.6	5.8	5.9

数据来源：国家统计局。

表 2-5 2015—2019 年国内（地区）生产总值

单位：亿元

地 区	2015 年	2016 年	2017 年	2018 年	2019 年
全 国	**676708. 00**	**744127. 00**	**827122. 00**	**900310. 00**	**990865. 00**
北 京	23014. 59	25669. 13	28014. 94	30320. 00	35371. 30
天 津	16538. 19	17885. 39	18549. 19	18809. 64	14104. 28
河 北	29806. 11	32070. 45	34016. 32	36010. 30	35104. 50
上 海	25123. 45	28178. 65	30632. 99	32679. 87	38155. 32
江 苏	70116. 38	77388. 28	85869. 76	92595. 40	99631. 52
浙 江	42886. 49	47251. 36	51768. 26	56197. 00	62351. 74
福 建	25979. 82	28810. 58	32182. 09	35804. 04	42395. 00
山 东	63002. 33	68024. 49	72634. 15	76469. 70	71067. 50
广 东	72812. 55	80854. 91	89705. 23	97277. 77	107671. 07
海 南	3702. 76	4053. 20	4462. 54	4832. 05	5308. 94
山 西	12766. 49	13050. 41	15528. 42	16818. 10	17026. 68
安 徽	22005. 63	24407. 62	27018. 00	30006. 82	37114. 00
江 西	16723. 78	18499. 00	20006. 31	21984. 80	24757. 50
河 南	37002. 16	40471. 79	44552. 83	48055. 86	54259. 20
湖 北	29550. 19	32665. 38	35478. 09	39366. 55	45828. 31
湖 南	28902. 21	31551. 37	33902. 96	36425. 80	39752. 10
内蒙古	17831. 51	18128. 10	16096. 21	17289. 20	17212. 50
广 西	16803. 12	18317. 64	18523. 26	20352. 51	21237. 14
重 庆	15717. 27	17740. 59	19424. 73	20363. 19	23605. 77
四 川	30053. 10	32934. 54	36980. 22	40678. 10	46615. 82
贵 州	10502. 56	11776. 73	13540. 83	14806. 45	16769. 34
云 南	13619. 17	14788. 42	16376. 34	17881. 12	23223. 75
西 藏	1026. 39	1151. 41	1310. 92	1477. 63	1697. 82
陕 西	18021. 86	19399. 59	21898. 81	24438. 32	25793. 17
甘 肃	6790. 32	7200. 37	7459. 90	8246. 10	8718. 30
青 海	2417. 05	2572. 49	2624. 83	2865. 23	2965. 95
宁 夏	2911. 77	3168. 59	3443. 56	3705. 18	3748. 48
新 疆	9324. 80	9649. 70	10881. 96	12199. 08	13597. 11
辽 宁	28669. 02	22246. 90	23409. 24	25315. 40	24909. 50
吉 林	14063. 13	14776. 80	14944. 53	15074. 62	11726. 82
黑龙江	15083. 67	15386. 09	15902. 68	16361. 60	13612. 70

数据来源：国家及各地统计局。

表 2-6 2015—2019 年全国及各地区城镇居民人均可支配收入

单位：元

地区	2015 年	2016 年	2017 年	2018 年	2019 年
全 国	**31195**	**33616**	**36396**	**39251**	**42359**
北 京	52859	57275	62406	67990	73849
天 津	34101	37110	40278	42976	46119
河 北	26152	28249	30548	32997	35738
上 海	52962	57692	62596	68034	73615
江 苏	37173	40152	43622	47200	51056
浙 江	43714	47237	51261	55574	60182
福 建	33275	36014	39001	42121	45620
山 东	31545	34012	36789	39549	42329
广 东	34757	37684	40975	44341	48118
海 南	26356	28453	30817	33349	36017
山 西	25828	27352	29132	31035	33262
安 徽	26936	29156	31640	34393	37540
江 西	26500	28673	31198	33819	36546
河 南	25576	27233	29558	31874	34201
湖 北	27051	29386	31889	34455	37601
湖 南	28838	31284	33948	36698	39842
内蒙古	30594	32975	35670	38305	40782
广 西	26416	28324	30502	32436	34745
重 庆	27239	29610	32193	34889	37939
四 川	26205	28335	30727	33216	36154
贵 州	24580	26743	29080	31592	34404
云 南	26373	28611	30996	33488	36238
西 藏	25457	27802	30671	33797	37410
陕 西	26420	28440	30810	33319	36098
甘 肃	23767	25693	27763	29957	32323
青 海	24542	26757	29169	31515	33830
宁 夏	25186	27153	29472	31895	34328
新 疆	26275	28463	30775	32764	34664
辽 宁	31126	32876	34993	37342	39777
吉 林	24901	26530	28319	30172	32299
黑龙江	24203	25736	27446	29191	30945

数据来源：国家及各地统计局。

表 2-7 2015—2019 年全国及各地区城镇居民人均消费支出

单位：元

地区	2015 年	2016 年	2017 年	2018 年	2019 年
全　国	**21392**	**23079**	**24445**	**26112**	**28063**
北　京	36642	38256	40346	42926	46358
天　津	26230	28345	30284	32655	34811
河　北	17587	19106	20600	22127	23483
上　海	36946	39857	42304	46015	48272
江　苏	24966	26433	27726	29462	31329
浙　江	28661	30068	31924	34598	37508
福　建	23520	25006	25981	28145	30946
山　东	19854	21495	23072	24798	26731
广　东	25673	28613	30198	30924	34424
海　南	18448	19016	20372	22971	25317
山　西	15819	16993	18404	19790	21159
安　徽	17234	19606	20740	21523	23782
江　西	16732	17696	19245	20760	22714
河　南	17154	18088	19422	20989	21972
湖　北	18192	20040	21276	23996	26422
湖　南	19501	21420	23163	25064	26924
内蒙古	21877	22745	23638	24437	25383
广　西	16321	17269	18349	20159	21591
重　庆	19742	21031	22759	24154	25785
四　川	19277	20660	21991	23484	25367
贵　州	16914	19202	20348	20788	21402
云　南	17675	18622	19560	21626	23455
西　藏	17022	19441	21088	23029	25637
陕　西	18464	19369	20388	21966	23514
甘　肃	17451	19539	20659	22606	24454
青　海	19201	20853	21473	22998	23799
宁　夏	18984	20364	20220	21977	24161
新　疆	19415	21229	22797	24191	25594
辽　宁	21557	24996	25379	26448	27355
吉　林	17973	19166	20051	22394	23394
黑龙江	17152	18145	19270	21036	22165

数据来源：国家及各地统计局。

表 2-8 2018 年东、中、西部及东北地区国民经济和社会发展主要指标

类别	全国总计	东部地区		中部地区		西部地区		东北地区	
		绝对数	占全国比重（%）	绝对数	占全国比重（%）	绝对数	占全国比重（%）	绝对数	占全国比重（%）
总人口（年末）（万人）	139538.0	53750.0	38.5	37111.0	26.6	37956.0	27.2	10836.0	7.8
国内（地区）生产总值（亿元）	900309.5	480995.8	52.6	192657.9	21.1	184302.1	20.1	56751.6	6.2
第一产业（亿元）	64734.0	22004.4	34.0	16176.5	25.0	20358.3	31.4	6195.0	9.6
第二产业（亿元）	366000.9	196449.5	52.2	84758.8	22.5	74645.5	19.8	20466.9	5.4
第三产业（亿元）	469574.6	262542.0	55.4	91722.6	19.4	89298.3	18.9	30089.7	6.4
居民人均可支配收入（元）	28228.0	36298.2	—	23798.3	—	21935.8	—	25543.2	—
城镇居民人均可支配收入（元）	39250.8	46432.6	—	33803.2	—	33388.6	—	32993.7	—
农村居民人均可支配收入（元）	14617.0	18285.7	—	13954.1	—	11831.4	—	14080.4	—
地方一般公共预算收入（亿元）	97903.4	56093.3	57.3	17648.3	18.0	19022.2	19.4	5139.6	5.2
地方一般公共预算支出（亿元）	188196.3	79293.4	42.1	40479.2	21.5	54619.7	29.0	13804.1	7.3
社会消费品零售总额（亿元）	380986.9	193865.4	51.4	81571.6	21.6	70554.0	18.7	30980.6	8.2
货物进出口总额（亿元）	305008.1	248568.3	81.5	19799.9	6.5	24811.9	8.1	11828.1	3.9
出口（亿元）	164127.8	134675.0	82.1	12597.8	7.7	12349.6	7.5	4505.4	2.7
进口（亿元）	140880.3	113893.3	80.8	7202.0	5.1	12462.3	8.8	7322.7	5.2
主要农产品产量									
谷物（万吨）	61003.6	14798.3	24.3	19373.7	31.8	14418.5	23.6	12413.1	20.3
棉花（万吨）	610.3	50.3	8.2	43.7	7.2	516.2	84.6	0.0	0.0
油料（万吨）	3433.4	685.4	20.0	1462.3	42.6	1108.8	32.3	176.9	5.2
主要工业产品产量									
原煤（亿吨）	36.8	2.1	5.6	11.8	32.1	21.9	59.3	1.1	3.0
天然气（亿立方米）	1602.7	190.2	11.9	62.9	3.9	1281.7	80.0	67.8	4.2
水泥（万吨）	220770.7	77663.8	35.2	59260.8	26.8	76255.1	34.5	7591.1	3.4
粗钢（万吨）	92800.9	51208.5	55.2	19260.7	20.8	13478.9	14.5	8852.8	9.5
钢材（万吨）	110551.7	65690.7	59.4	20355.2	18.4	15744.5	14.2	8761.4	7.9
汽车（万辆）	2781.9	1347.0	48.4	501.9	18.0	545.0	19.6	388.0	13.9
发电量（亿千瓦小时）	71117.7	26996.2	38.0	14615.0	20.6	25656.4	36.1	3850.1	5.4
铁路营业里程（公里）	131651.3	31528.0	23.9	28863.9	21.9	52797.1	40.1	18462.3	14.0
公路里程（公里）	4846531.7	1161526.3	24.0	1297781.8	26.8	1991735.4	41.1	395488.2	8.2
#高速公路	142593.2	40763.7	28.6	36063.6	25.3	53624.3	37.6	12141.5	8.5
客运量（万人）	1732646.6	630643.3	36.4	463320.2	26.7	503816.1	29.1	134866.9	7.8
货运量（万吨）	5152731.6	1861034.5	36.8	1486690.0	29.4	1383642.9	27.3	330692.1	6.5
邮政业务总量（亿元）	12345.2	9355.5	75.8	1617.7	13.1	1045.0	8.5	327.0	2.6
电信业务总量（亿元）	65633.9	29688.8	45.3	13710.5	20.9	18101.7	27.6	3984.3	6.1
普通高等学校数（个）	2663.0	1015.0	38.1	695.0	26.1	695.0	26.1	258.0	9.7
本专科在校学生数（万人）	2831.0	1077.0	38.0	786.5	27.8	732.2	25.9	235.4	8.3
医院数（个）	33009.0	11667.0	35.3	7596.0	23.0	10492.0	31.8	3254.0	9.9
执业（助理）医师（万人）	360.7	153.0	42.4	88.2	24.5	90.8	25.2	28.7	8.0
医院床位数（万张）	652.0	236.1	36.2	167.4	25.7	187.0	28.7	61.6	9.4

数据来源：国家统计局。

表 2-9　2018 年京津冀及长江经济带国民经济和社会发展主要指标

类　别	全国总计	京津冀地区		长江经济带	
		绝对数	占全国比重（%）	绝对数	占全国比重（%）
总人口（年末）（万人）	139538.0	11270.0	8.1	59873.0	42.9
国内（地区）生产总值（亿元）	900309.5	85139.9	9.3	402985.2	44.1
第一产业（亿元）	64734.0	3629.4	5.6	27822.9	43.0
第二产业（亿元）	366000.9	29297.5	7.8	166486.2	44.2
第三产业（亿元）	469574.6	52213.0	11.0	208676.1	44.1
地方一般公共预算收入（亿元）	97903.4	11406.0	11.7	43823.9	44.8
地方一般公共预算支出（亿元）	188196.3	18300.8	9.7	80969.1	43.0
社会消费品零售总额（亿元）	380986.9	33817.8	9.0	161574.1	42.9
货物进出口总额（亿元）	305008.1	23515.3	7.7	133828.7	43.9
出口（亿元）	164127.8	8157.2	5.0	76017.0	46.3
进口（亿元）	140880.3	15358.1	10.9	57811.7	41.0
主要农产品产量					
谷物（万吨）	61003.6	3765.2	6.2	21714.0	35.6
棉花（万吨）	610.3	25.8	4.2	42.9	7.0
油料（万吨）	3433.4	122.4	3.6	1531.8	44.6
主要工业产品产量					
原煤（亿吨）	36.8	0.6	1.5	3.9	10.7
天然气（亿立方米）	1602.7	57.4	3.6	466.1	29.1
水泥（万吨）	220770.7	10570.7	4.8	114858.4	52.0
粗钢（万吨）	92800.9	25746.3	27.7	29683.5	32.0
钢材（万吨）	110551.7	31830.6	28.8	35549.0	32.2
汽车（万辆）	2781.9	372.6	13.4	1234.7	44.4
发电量（亿千瓦小时）	71117.7	4295.1	6.0	27491.1	38.7
铁路营业里程（公里）	131651.3	9779.5	7.4	39043.9	29.7
公路里程（公里）	4846531.7	231764.8	4.8	2117275.0	43.7
#高速公路（公里）	142593.2	9656.5	6.8	55690.5	39.1
客运量（万人）	1732646.6	123730.7	7.1	857563.9	49.5
货运量（万吨）	5152731.6	322416.6	6.4	2183615.2	43.1
邮政业务总量（亿元）	12345.2	893.4	7.2	5920.7	48.0
电信业务总量（亿元）	65633.9	5283.4	8.1	28252.4	43.1
普通高等学校数（个）	2663.0	270.0	10.1	1147.0	43.1
本专科在校学生数（万人）	2831.0	246.1	8.7	1208.2	42.7
医院数（个）	33009.0	3176.0	9.6	13635.0	41.3
执业（助理）医师（万人）	360.7	35.4	9.8	150.5	41.7
医院床位数（万张）	652.0	49.7	7.6	287.4	44.1

数据来源：国家统计局。

二、金融数据

表 2-10　2019 年新增贷款

单位：亿元

月份	各项贷款								
		境内贷款							
			住户贷款						
				短期贷款			中长期贷款		
					消费贷款	经营贷款		消费贷款	经营贷款
1	32289	32305	9944	-383	-1348	965	10327	9195	1133
2	8858	8856	-706	-2932	-2581	-351	2226	2325	-99
3	16943	16862	8904	4295	2929	1366	4610	3837	773
4	10160	10146	5258	1093	1099	-6	4165	3593	572
5	11837	11907	6625	1948	1548	400	4677	3923	754
6	16636	16580	7582	2691	1657	1034	4891	3953	937
7	10558	10415	5112	695	684	11	4417	3735	682
8	12089	12105	6538	1998	1535	463	4540	3924	616
9	16910	16942	7566	2657	1699	958	4909	4177	732
10	6613	6595	4210	623	769	-146	3587	3391	196
11	13881	13899	6831	2142	1850	292	4689	4137	552
12	11382	11252	6485	1648	1392	256	4837	4344	492

数据来源：中国人民银行。

表 2-11　2019 年货币供应量

单位：亿元

月份	货币和准货币（M_2）	货币（M_1）	流通中货币（M_0）
1	1865935	545638	87471
2	1867427	527190	79485
3	1889412	547576	74942
4	1884670	540615	73966
5	1891154	544356	72798
6	1921360	567696	72581
7	1919411	553043	72689
8	1935492	556798	73153
9	1952250	557138	74130
10	1945601	558144	73395
11	1961430	562487	73974
12	1986489	576009	77189

数据来源：中国人民银行。

表 2-12　2019 年社会融资规模增量

单位：亿元

月份	社会融资规模增量	其中									
		人民币贷款	外币贷款（折合人民币）	委托贷款	信托贷款	未贴现银行承兑汇票	企业债券	政府债券	非金融企业境内股票融资	存款类金融机构资产支持证券	贷款核销
1	46791	35668	343	-699	345	3787	4829	1700	289	-466	249
2	9665	7641	-105	-508	-37	-3103	875	4347	119	-14	201
3	29602	19584	3	-1070	528	1365	3546	3412	122	261	1227
4	16710	8733	-330	-1197	129	-357	3949	4433	262	243	316
5	17124	11855	191	-631	-52	-768	1033	3857	259	383	392
6	26243	16737	-4	-827	15	-1311	1439	6867	153	607	1806
7	12872	8086	-221	-987	-676	-4562	2944	6427	593	286	244
8	21956	13045	-247	-513	-658	157	3384	5059	256	269	351
9	25142	17612	-440	-22	-672	-431	2431	3777	289	284	1692
10	8680	5470	-10	-667	-624	-1053	2032	1871	180	623	416
11	19937	13633	-249	-959	-673	570	3330	1716	524	693	639
12	21030	10770	-205	-1316	-1092	951	3593	3738	432	865	3018

数据来源：中国人民银行。

表 2-13　2019 年各地区社会融资规模增量

单位：亿元

地　区	一季度	上半年	前三季度	全年
北　京	4182	5918	10586	14630
天　津	1354	2321	2892	2866
河　北	2453	4066	6431	8339
上　海	3061	5610	7091	8642
江　苏	11746	16016	20188	24104
浙　江	6683	11222	16415	22162
福　建	2915	5154	7661	8974
山　东	5440	8410	11811	13831
广　东	7052	14570	21273	29190
海　南	218	447	698	954
山　西	1339	2063	3302	4222
安　徽	2704	4549	6431	7255
江　西	2356	3811	5716	6726
河　南	4307	6379	8910	11323
湖　北	3594	5273	6917	8734
湖　南	2785	4419	7008	8850
内蒙古	236	661	1281	1492
广　西	1569	3082	3935	5484
重　庆	1964	3426	3879	5970
四　川	3508	5774	7909	9653
贵　州	1540	2516	3705	5367
云　南	1637	2454	3820	4926
西　藏	29	-13	16	23

续表

地　区	一季度	上半年	前三季度	全年
陕　西	1490	2259	3644	4522
甘　肃	835	1098	1497	2445
青　海	573	853	1057	1278
宁　夏	240	416	604	801
新　疆	745	1072	2071	2948
辽　宁	1905	2510	2859	2942
吉　林	930	1608	2261	2965
黑龙江	1131	1781	2085	3097

数据来源：中国人民银行。

表 2-14　2019 年官方储备资产

月份	单位	外汇储备	基金组织储备头寸	特别提款权	黄金	其他储备资产
1	亿美元	30879. 24	84. 85	107. 86	793. 19	-1. 63
	亿 SDR	22045. 61	60. 58	77. 01	566. 29	-1. 16
2	亿美元	30901. 80	84. 68	107. 94	794. 98	-1. 54
	亿 SDR	22104. 67	60. 58	77. 21	568. 66	-1. 10
3	亿美元	30987. 61	84. 09	107. 22	785. 25	-2. 99
	亿 SDR	22321. 33	60. 58	77. 23	565. 64	-2. 16
4	亿美元	30949. 53	83. 46	107. 08	783. 49	1. 05
	亿 SDR	22333. 98	60. 23	77. 27	565. 39	0. 76
5	亿美元	31010. 04	82. 83	106. 83	798. 25	0. 16
	亿 SDR	22509. 88	60. 12	77. 54	579. 44	0. 11
6	亿美元	31192. 34	82. 33	108. 11	872. 68	-3. 11
	亿 SDR	22437. 12	59. 22	77. 77	627. 73	-2. 24
7	亿美元	31036. 97	85. 39	108. 50	888. 76	-4. 65
	亿 SDR	22565. 49	62. 08	78. 88	646. 18	-3. 38
8	亿美元	31071. 76	84. 46	108. 22	954. 50	-3. 95
	亿 SDR	22707. 64	61. 73	79. 09	697. 56	-2. 89
9	亿美元	30924. 31	84. 15	107. 85	930. 45	-2. 25
	亿 SDR	22683. 32	61. 73	79. 11	682. 49	-1. 65
10	亿美元	31051. 61	85. 05	109. 16	946. 51	-1. 09
	亿 SDR	22511. 11	61. 66	79. 14	686. 18	-0. 79
11	亿美元	30955. 91	84. 65	108. 99	914. 69	-1. 61
	亿 SDR	22547. 82	61. 66	79. 38	666. 25	-1. 17
12	亿美元	31079. 24	84. 44	111. 26	954. 06	0. 33
	亿 SDR	22475. 17	61. 06	80. 46	689. 94	0. 24

数据来源：中国人民银行。

注：自 2016 年 4 月 1 日起，除按美元公布官方储备资产外，增加以国际货币基金组织特别提款权（SDR）公布相关数据，折算汇率来源于国际货币基金组织网站，其中 2019 年 1 月 USD/SDR = 0. 71393，2019 年 2 月 USD/SDR = 0. 71532，2019 年 3 月 USD/SDR = 0. 720331，2019 年 4 月 USD/SDR = 0. 721626，2019 年 5 月 USD/SDR = 0. 72589，2019 年 6 月 USD/SDR = 0. 719315，2019 年 7 月 USD/SDR = 0. 727052，2019 年 8 月 USD/SDR = 0. 730813，2019 年 9 月 USD/SDR = 0. 733511，2019 年 10 月 USD/SDR = 0. 724958，2019 年 11 月 USD/SDR = 0. 728385，2019 年 12 月 USD/SDR = 0. 723157。

表 2-15　2019 年主要外币兑人民币汇率（期末值）

类　别	1 月	2 月	3 月	4 月	5 月	6 月	7 月	8 月	9 月	10	11 月	12 月
一特别提款权单位折合人民币元	9. 3882	9. 3526	9. 3479	9. 3242	9. 5045	9. 5573	9. 4685	9. 6907	9. 6426	9. 7293	9. 6512	9. 6975
一美元折合人民币	6. 7025	6. 6901	6. 7335	6. 7286	6. 8992	6. 8747	6. 8841	7. 0879	7. 0729	7. 0533	7. 0298	6. 9762
一欧元折合人民币	7. 6981	7. 6082	7. 5607	7. 5256	7. 6833	7. 8170	7. 6803	7. 8661	7. 7538	7. 8676	7. 7406	7. 8155
一英镑折合人民币	8. 7890	8. 9057	8. 7908	8. 7017	8. 7042	8. 7113	8. 3705	8. 6791	8. 7176	9. 1016	9. 0763	9. 1501
一百日元折合人民币	6. 1478	6. 0321	6. 0867	6. 0255	6. 3019	6. 3816	6. 3401	6. 6845	6. 5699	6. 4827	6. 4186	6. 4086
一澳元折合人民币	4. 8577	4. 7802	4. 7675	4. 7473	4. 7704	4. 8156	4. 7320	4. 7940	4. 7981	4. 8659	4. 7585	4. 8843
一加元折合人民币	5. 0972	5. 0882	5. 0127	5. 0013	5. 1137	5. 2490	5. 2350	5. 3615	5. 3586	5. 3587	5. 2933	5. 3421

数据来源：中国人民银行。

三、财政数据

表 2-16　2015—2019 年全国财政收入情况

单位：亿元

类　别	2015 年	2016 年	2017 年	2018 年	2019 年
全国一般公共财政收入	152269	159552	172593	183352	190382
中央一般公共财政收入	69267	72357	81123	85447	89305
地方一般公共财政收入（本级）	83002	87239	91469	97905	101077
税收收入	124922	130354	144370	156401	157992
全国政府性基金收入	42338	46619	61480	75405	84516
#中央政府性基金收入	4118	4178	3825	4033	4040
#地方政府性基金收入（本级）	38220	42441	57655	71372	80476
##国有土地使用权出让收入	32546	37457	52074	65096	72517

数据来源：财政部。
注：国有土地使用权出让收入根据增幅 11.4%计算得出。

表 2-17　2015—2019 年全国财政支出情况

单位：亿元

类　别	2015 年	2016 年	2017 年	2018 年	2019 年
全国一般公共财政支出	175878	187755	203085	220906	238874
中央一般公共财政支出	25542	27404	29857	32708	35115
地方一般公共财政支出	150336	160351	173228	188198	203759
全国政府性基金支出	42347	46878	60969	80562	91365
#中央政府性基金支出	4363	4000	3669	3089	3113
#地方政府性基金支出	39323	43988	58285	77473	88252
##国有土地使用权出让收入相关支出	32858	38518	52129	69941	76096

数据来源：财政部。
注：国有土地使用权出让收入相关支出根据增幅 8.8%计算得出。

表 2-18 2015—2019 年全国地方财政收入和土地出让金比较

单位：亿元，%

年 份	地方财政收入	增 幅	土地出让金	增 幅	出让金收入占地方财政收入比重
2015	83002	9.4	32546	-23.6	39.2
2016	87239	5.1	37479	15.2	43.0
2017	91469	4.8	52074	38.9	56.9
2018	97905	7.0	65096	25.0	66.5
2019	101077	3.2	72517	11.4	71.7

数据来源：财政部。
注：土地出让金根据增幅计算得出。

表 2-19 2015—2019 年各地区公共财政收入情况

单位：亿元

地 区	2015 年	2016 年	2017 年	2018 年	2019 年
总计	**83002.04**	**87239.35**	**91469.41**	**97903.38**	**101077.03**
北 京	4723.86	5081.26	5430.79	5785.92	5817.10
天 津	2667.11	2723.50	2310.36	2106.24	2410.25
河 北	2649.18	2849.87	3233.83	3513.86	3742.70
上 海	5519.50	6406.13	6642.26	7108.15	7165.10
江 苏	8028.59	8121.23	8171.53	8630.16	8802.36
浙 江	4809.94	5301.98	5804.38	6598.21	7048.00
福 建	2544.24	2654.83	2809.03	3007.41	3052.72
山 东	5529.33	5860.18	6098.63	6485.40	6526.60
广 东	9366.78	10390.35	11320.35	12105.26	12651.46
海 南	627.70	637.51	674.11	752.67	814.13
山 西	1642.35	1557.00	1867.00	2292.70	2347.60
安 徽	2454.30	2672.79	2812.45	3048.67	3183.00
江 西	2165.74	2151.47	2247.06	2373.01	2486.50
河 南	3016.05	3153.47	3407.22	3766.02	4041.60
湖 北	3005.53	3102.06	3248.32	3307.08	3388.39
湖 南	2515.43	2697.88	2757.82	2860.84	3006.99
内蒙古	1964.48	2016.43	1703.21	1857.65	2059.70
广 西	1515.16	1556.27	1615.13	1681.45	1811.89
重 庆	2154.83	2227.91	2252.38	2265.54	2134.90
四 川	3355.44	3388.85	3577.99	3910.90	4070.70
贵 州	1503.38	1561.34	1613.84	1726.85	1767.36
云 南	1808.15	1812.29	1886.17	1994.35	2073.53
西 藏	137.13	155.99	185.83	230.35	222.00
陕 西	2059.95	1833.99	2006.69	2243.14	2287.73
甘 肃	743.86	786.97	815.73	871.05	850.20
青 海	267.13	238.51	246.20	272.89	282.14
宁 夏	373.45	387.66	417.59	436.52	423.55
新 疆	1330.85	1298.95	1466.52	1531.42	1577.37

续表

地 区	2015 年	2016 年	2017 年	2018 年	2019 年
辽 宁	2127. 39	2200. 49	2392. 77	2616. 08	2652. 00
吉 林	1229. 35	1263. 78	1210. 91	1240. 89	1116. 86
黑龙江	1165. 88	1148. 41	1243. 31	1282. 60	1262. 60

数据来源：财政部及地方财政厅/局。

表 2-20 2015—2019 年各地区公共财政支出情况

单位：亿元

地 区	2015	2016	2017	2018 年	2019 年
总计	**150336. 62**	**160351. 36**	**173228. 34**	**188196. 32**	**203755. 32**
北 京	5737. 70	6406. 77	6824. 53	7471. 43	7408. 30
天 津	3232. 35	3699. 43	3282. 54	3103. 16	3508. 71
河 北	5632. 19	6049. 53	6639. 18	7726. 21	8313. 70
上 海	6191. 56	6918. 94	7547. 62	8351. 54	8179. 28
江 苏	9687. 58	9981. 96	10621. 03	11657. 35	12573. 60
浙 江	6645. 98	6974. 26	7530. 32	8629. 53	10052. 99
福 建	4001. 58	4275. 40	4684. 15	4832. 69	5097. 25
山 东	8250. 01	8755. 21	9258. 40	10100. 96	10736. 80
广 东	12827. 80	13446. 09	15037. 48	15729. 26	17314. 12
海 南	1239. 43	1376. 48	1443. 97	1691. 30	1859. 08
山 西	3422. 97	3428. 86	3756. 42	4283. 91	4713. 10
安 徽	5239. 01	5522. 95	6203. 81	6572. 15	7392. 00
江 西	4412. 55	4617. 40	5111. 47	5667. 52	6402. 60
河 南	6799. 35	7453. 74	8215. 52	9217. 73	10176. 26
湖 北	6132. 84	6422. 98	6801. 26	7258. 27	7967. 73
湖 南	5728. 72	6339. 16	6869. 39	7479. 61	8034. 10
内蒙古	4252. 96	4512. 71	4529. 93	4831. 46	5097. 90
广 西	4065. 51	4441. 70	4908. 55	5310. 74	5849. 02
重 庆	3792. 00	4001. 81	4336. 28	4540. 95	4847. 80
四 川	7497. 51	8008. 89	8694. 76	9707. 50	10349. 60
贵 州	3939. 50	4262. 36	4612. 52	5029. 68	5921. 40
云 南	4712. 83	5018. 86	5712. 97	6075. 03	6770. 09
西 藏	1381. 46	1587. 98	1681. 94	1970. 68	2180. 88
陕 西	4376. 06	4389. 37	4833. 19	5302. 44	5721. 56
甘 肃	2958. 31	3150. 03	3304. 44	3772. 23	3956. 70
青 海	1515. 16	1524. 80	1530. 44	1647. 43	1863. 74
宁 夏	1138. 49	1254. 54	1372. 78	1419. 06	1438. 40
新 疆	3804. 87	4138. 25	4637. 24	5012. 45	5322. 30
辽 宁	4481. 61	4577. 47	4879. 42	5337. 72	5761. 40
吉 林	3217. 10	3586. 09	3725. 72	3789. 59	3933. 42
黑龙江	4020. 66	4227. 34	4641. 08	4676. 75	5011. 50

数据来源：财政部及地方财政厅/局。

表 2-21　2015—2019 年房地产五项税收收入情况

单位：亿元

类　别	2015 年	2016 年	2017 年	2018 年	2019 年
房产税	2051	2221	2604	2889	2988
契　税	3899	4300	4910	5730	6213
土地增值税	3832	4212	4911	5642	6465
耕地占用税	2097	2029	1652	1319	1390
城镇土地使用税	2142	2256	2361	2388	2195

数据来源：财政部。

表 2-22　2014—2018 年各地区房产税收入情况

单位：亿元

地　区	2014 年	2015 年	2016 年	2017 年	2018 年
总计	**1851.64**	**2050.90**	**2220.91**	**2604.33**	**2888.56**
北　京	140.22	152.06	198.22	273.11	299.52
天　津	65.86	71.81	72.18	76.45	76.20
河　北	47.18	51.34	54.63	62.21	71.28
上　海	99.95	123.81	170.96	203.69	213.84
江　苏	228.73	248.01	256.60	291.19	310.82
浙　江	158.43	179.98	184.30	195.35	233.29
福　建	61.91	63.23	63.74	79.01	87.20
山　东	122.49	133.86	143.36	157.81	168.25
广　东	233.89	241.00	243.97	299.46	361.21
海　南	12.52	15.87	15.62	19.45	22.98
山　西	34.29	35.20	33.31	34.39	41.11
安　徽	38.64	46.15	51.58	59.33	65.10
江　西	27.71	34.29	34.37	40.24	39.82
河　南	45.91	52.52	53.78	65.12	71.52
湖　北	43.83	53.14	59.70	82.67	89.31
湖　南	40.08	44.02	46.07	58.04	63.55
内蒙古	38.39	42.87	49.20	51.64	59.05
广　西	23.56	27.52	30.71	32.67	33.17
重　庆	40.37	52.46	56.88	64.90	67.33
四　川	65.80	73.91	79.79	88.66	106.78
贵　州	23.43	29.48	30.51	38.61	35.36
云　南	34.53	35.90	37.92	41.96	46.96
西　藏	—	—	—	—	—
陕　西	37.61	41.59	42.84	44.72	59.57
甘　肃	14.28	17.71	19.54	21.04	23.87
青　海	5.37	5.52	5.67	6.53	7.35
宁　夏	8.30	9.69	10.02	12.15	12.59
新　疆	24.57	26.62	32.11	37.12	42.93
辽　宁	82.20	82.37	84.10	95.22	101.83
吉　林	23.96	27.61	27.31	33.33	35.63
黑龙江	27.62	31.38	31.92	38.27	41.14

数据来源：财政部。

表 2-23 2014—2018 年各地区契税收入情况

单位：亿元

地 区	2014 年	2015 年	2016 年	2017 年	2018 年
总计	**4000. 70**	**3898. 55**	**4300. 00**	**4910. 42**	**5729. 94**
北 京	192. 52	210. 23	254. 29	197. 46	245. 30
天 津	96. 40	92. 59	171. 10	151. 00	105. 61
河 北	114. 84	109. 20	136. 74	181. 08	220. 66
上 海	214. 33	270. 99	345. 83	271. 55	284. 95
江 苏	401. 69	370. 11	335. 41	488. 20	635. 10
浙 江	267. 09	243. 37	304. 79	381. 59	459. 45
福 建	126. 66	123. 90	136. 32	167. 57	190. 28
山 东	273. 67	247. 76	267. 63	312. 52	428. 58
广 东	419. 91	427. 24	513. 67	578. 75	601. 70
海 南	37. 42	31. 88	27. 30	36. 95	44. 52
山 西	46. 82	30. 10	30. 06	38. 68	47. 91
安 徽	195. 66	172. 52	185. 40	244. 30	237. 65
江 西	130. 62	136. 33	140. 29	168. 18	177. 89
河 南	142. 01	138. 75	186. 95	208. 54	246. 79
湖 北	145. 89	153. 50	149. 64	204. 87	230. 54
湖 南	148. 46	184. 76	178. 58	220. 42	264. 52
内蒙古	45. 85	36. 60	48. 44	34. 83	41. 42
广 西	75. 24	77. 15	88. 03	101. 35	122. 92
重 庆	128. 96	134. 48	129. 84	178. 57	200. 69
四 川	211. 83	213. 10	184. 14	209. 95	280. 99
贵 州	66. 93	73. 40	91. 92	89. 29	96. 11
云 南	60. 96	56. 16	52. 35	63. 36	90. 57
西 藏	—	—	—	—	—
陕 西	80. 27	68. 53	50. 81	72. 56	90. 67
甘 肃	19. 06	16. 85	23. 47	22. 55	27. 47
青 海	7. 66	6. 07	3. 68	4. 60	8. 87
宁 夏	16. 03	14. 53	12. 84	13. 50	17. 57
新 疆	37. 04	41. 93	38. 20	33. 89	42. 45
辽 宁	163. 84	105. 05	100. 25	105. 42	130. 56
吉 林	78. 00	66. 35	65. 36	70. 62	89. 14
黑龙江	55. 05	45. 13	46. 67	58. 23	69. 07

数据来源：财政部。

表 2-24　2014—2018 年各地区土地增值税收入情况

单位：亿元

地　区	2014 年	2015 年	2016 年	2017 年	2018 年
总计	**3914.68**	**3832.18**	**4212.19**	**4911.28**	**5641.38**
北　京	214.33	174.86	177.34	288.99	209.13
天　津	117.04	139.99	120.41	126.60	99.92
河　北	116.09	118.58	138.74	168.70	247.65
上　海	266.18	253.31	334.25	387.73	421.84
江　苏	444.89	437.01	480.58	458.93	494.48
浙　江	205.72	210.16	234.55	288.90	342.20
福　建	213.37	196.43	215.87	274.25	262.37
山　东	257.74	259.51	293.15	367.18	390.79
广　东	505.90	576.75	681.58	839.11	1056.11
海　南	75.22	75.55	90.29	98.66	133.81
山　西	30.92	29.57	31.62	43.63	57.52
安　徽	96.67	90.42	104.83	120.85	147.88
江　西	113.84	128.84	118.75	118.05	133.90
河　南	132.51	139.43	144.83	192.24	237.40
湖　北	174.07	187.76	201.55	215.80	236.79
湖　南	76.75	84.20	96.48	129.44	169.19
内蒙古	51.29	39.89	40.06	22.42	30.93
广　西	68.30	57.09	62.58	72.79	84.65
重　庆	96.22	94.36	102.77	83.95	121.06
四　川	150.53	149.14	143.98	172.19	215.52
贵　州	64.64	86.57	95.01	108.66	98.34
云　南	43.86	56.34	42.63	50.53	71.93
西　藏	1.06	1.08	1.62	1.41	3.18
陕　西	50.07	40.86	34.89	44.82	87.82
甘　肃	14.35	16.97	23.58	28.84	34.76
青　海	3.14	3.53	3.26	4.60	9.26
宁　夏	6.15	6.61	7.76	8.59	9.50
新　疆	32.40	31.60	41.69	33.26	33.85
辽　宁	177.57	46.14	60.08	65.74	76.39
吉　林	48.47	36.15	34.15	31.03	43.41
黑龙江	65.40	63.46	53.31	63.41	79.81

数据来源：财政部。

表 2-25　2014—2018 年各地区耕地占用税收入情况

单位：亿元

地　区	2014 年	2015 年	2016 年	2017 年	2018 年
总计	**2059.05**	**2097.21**	**2028.89**	**1651.89**	**1318.85**
北　京	4.69	4.54	3.34	2.72	2.82
天　津	11.51	10.41	8.02	10.82	9.11
河　北	49.12	49.37	67.24	58.50	63.40
上　海	14.48	7.26	4.62	5.89	5.71
江　苏	34.74	31.76	26.63	53.00	54.17
浙　江	63.24	62.51	82.65	64.97	45.63
福　建	33.67	28.13	16.43	15.96	15.30
山　东	255.42	251.52	217.30	163.24	119.29
广　东	86.35	95.38	76.67	66.26	53.78
海　南	13.68	12.74	12.23	0.95	2.55
山　西	20.30	11.43	11.75	12.08	11.62
安　徽	35.76	45.12	68.38	52.12	52.99
江　西	76.83	86.30	86.04	78.01	44.12
河　南	125.31	184.74	184.34	189.15	175.73
湖　北	107.32	116.42	115.60	106.37	105.47
湖　南	75.72	59.83	63.36	60.96	49.63
内蒙古	201.21	282.44	262.01	88.81	49.78
广　西	104.18	128.25	122.07	90.43	41.16
重　庆	38.26	48.80	48.67	43.41	36.18
四　川	107.95	121.96	118.36	105.12	89.11
贵　州	122.03	146.26	146.15	153.10	93.14
云　南	55.35	67.06	61.28	52.99	35.72
西　藏	0.34	1.32	1.72	1.09	1.62
陕　西	78.72	71.55	54.75	51.15	34.19
甘　肃	4.88	5.46	5.52	6.81	4.89
青　海	4.52	9.24	5.64	5.03	5.89
宁　夏	3.71	10.93	7.33	10.63	8.07
新　疆	46.16	49.62	53.21	48.28	63.32
辽　宁	203.89	15.07	14.97	13.27	10.14
吉　林	56.98	63.21	61.11	19.83	18.34
黑龙江	22.74	18.57	21.50	20.92	16.00

数据来源：财政部。

表 2-26　2014—2018 年各地区城镇土地使用税收入情况

单位：亿元

地　区	2014 年	2015 年	2016 年	2017 年	2018 年
总计	**1992.62**	**2142.04**	**2255.74**	**2360.55**	**2387.60**
北　京	17.76	17.88	19.18	19.92	19.65
天　津	25.19	25.07	23.47	18.59	16.88
河　北	104.04	106.84	101.65	112.14	122.98
上　海	34.69	37.44	42.97	47.58	43.99
江　苏	176.06	180.06	185.12	202.72	199.22
浙　江	121.04	132.86	134.13	116.29	127.65
福　建	38.34	37.59	36.13	44.41	44.53
山　东	264.69	358.75	393.74	398.18	396.84
广　东	151.00	143.69	133.60	111.98	158.52
海　南	20.71	30.97	21.52	28.20	28.57
山　西	40.40	36.02	34.18	35.59	39.49
安　徽	100.38	133.05	141.87	143.62	122.52
江　西	40.62	44.12	46.26	55.48	48.93
河　南	95.90	102.81	104.77	116.22	126.84
湖　北	44.92	50.33	52.53	67.66	63.10
湖　南	35.17	53.59	58.89	73.62	70.23
内蒙古	86.74	93.20	122.03	81.19	89.28
广　西	23.45	26.05	26.14	31.11	26.61
重　庆	63.36	121.31	139.14	147.00	110.32
四　川	61.11	64.64	65.10	72.05	81.66
贵　州	18.44	27.91	30.12	37.90	36.49
云　南	23.98	25.04	30.39	37.11	38.82
西　藏	0.16	0.17	0.20	0.21	0.21
陕　西	28.07	28.34	27.69	36.71	40.79
甘　肃	16.06	18.84	19.20	19.40	22.25
青　海	3.75	4.19	5.70	4.58	4.17
宁　夏	10.00	9.01	8.68	12.34	12.53
新　疆	15.83	14.85	39.50	43.39	48.64
辽　宁	248.05	125.41	125.21	139.10	142.60
吉　林	33.07	30.60	28.69	31.03	30.54
黑龙江	49.65	61.41	57.94	75.21	72.76

数据来源：财政部。

四、人口及就业数据

1. 人口数据

表 2-27　2014—2018 年全国人口情况

类别	2014 年	2015 年	2016 年	2017 年	2018 年
总人口（万人）	136782	137462	138271	139008	139538
男（万人）	70079	70414	70815	71137	71351
比重（%）	51. 23	51. 22	51. 21	51. 17	51. 13
女（万人）	66703	67048	67456	67871	68187
比重（%）	48. 77	48. 78	48. 79	48. 83	48. 87
城镇（万人）	74916	77116	79298	81347	83137
比重（%）	54. 77	56. 10	57. 35	58. 52	59. 58
乡村（万人）	61866	60346	58973	57661	56401
比重（%）	45. 23	43. 90	42. 65	41. 48	40. 42
0-14 岁人口（万人）	22558	22715	23008	23348	23523
比重（%）	16. 50	16. 50	16. 70	16. 80	16. 90
15-64 岁人口（万人）	100469	100361	100260	99829	99357
比重（%）	73. 40	73. 00	72. 50	71. 80	71. 20
65 岁及以上（万人）	13755	14386	15003	15831	16658
比重（%）	10. 10	10. 50	10. 80	11. 40	11. 90
出生率（‰）	12. 37	12. 07	12. 95	12. 43	10. 94
死亡率（‰）	7. 16	7. 11	7. 09	7. 11	7. 13
自然增长率（‰）	5. 21	4. 96	5. 86	5. 32	3. 81
人户分离人口（亿人）	2. 98	2. 94	2. 92	2. 91	2. 86
流动人口（亿人）	2. 53	2. 47	2. 45	2. 44	2. 41

数据来源：国家统计局。

表 2-28　2014—2018 年各地区年末常住人口数

单位：万人

地区	2014 年	2015 年	2016 年	2017 年	2018 年
北　京	2152	2171	2173	2171	2154
天　津	1517	1547	1562	1557	1560
河　北	7384	7425	7470	7520	7556
上　海	2426	2415	2420	2418	2424
江　苏	7960	7976	7999	8029	8051

续表

地区	2014 年	2015 年	2016 年	2017 年	2018 年
浙　江	5508	5539	5590	5657	5737
福　建	3806	3839	3874	3911	3941
山　东	9789	9847	9947	10006	10047
广　东	10724	10849	10999	11169	11346
海　南	903	911	917	926	934
山　西	3648	3664	3682	3702	3718
安　徽	6083	6144	6196	6255	6324
江　西	4542	4566	4592	4622	4648
河　南	9436	9480	9532	9559	9605
湖　北	5816	5852	5885	5902	5917
湖　南	6737	6783	6822	6860	6899
内蒙古	2505	2511	2520	2529	2534
广　西	4754	4796	4838	4885	4926
重　庆	2991	3017	3048	3075	3102
四　川	8140	8204	8262	8302	8341
贵　州	3508	3530	3555	3580	3600
云　南	4714	4742	4771	4801	4830
西　藏	318	324	331	337	344
陕　西	3775	3793	3813	3835	3864
甘　肃	2591	2600	2610	2626	2637
青　海	583	588	593	598	603
宁　夏	662	668	675	682	688
新　疆	2298	2360	2398	2445	2487
辽　宁	4391	4382	4378	4369	4359
吉　林	2752	2753	2733	2717	2704
黑龙江	3833	3812	3799	3789	3773

数据来源：国家统计局。

表 2-29　2014—2018 年各地区年末城镇常住人口数

单位：万人

地区	2014 年	2015 年	2016 年	2017 年	2018 年
北　京	1858	1878	1880	1878	1863
天　津	1248	1278	1295	1291	1297
河　北	3642	3811	3983	4136	4264
上　海	2173	2116	2127	2121	2136

续表

地区	2014 年	2015 年	2016 年	2017 年	2018 年
江　苏	5191	5306	5417	5521	5604
浙　江	3573	3645	3745	3847	3953
福　建	2352	2403	2464	2534	2594
山　东	5385	5614	5871	6062	6147
广　东	7292	7454	7611	7802	8022
海　南	486	502	521	537	552
山　西	1962	2016	2070	2123	2172
安　徽	2990	3103	3221	3346	3459
江　西	2281	2357	2438	2524	2604
河　南	4265	4441	4623	4795	4967
湖　北	3238	3327	3419	3500	3568
湖　南	3320	3452	3599	3747	3865
内蒙古	1491	1514	1542	1568	1589
广　西	2187	2257	2326	2404	2474
重　庆	1783	1838	1908	1971	2032
四　川	3769	3913	4066	4217	4362
贵　州	1404	1483	1570	1648	1711
云　南	1967	2055	2148	2241	2309
西　藏	82	90	98	104	107
陕　西	1985	2045	2110	2178	2246
甘　肃	1080	1123	1166	1218	1258
青　海	290	296	306	317	328
宁　夏	355	369	380	395	405
新　疆	1059	1115	1159	1207	1266
辽　宁	2944	2952	2949	2949	2968
吉　林	1509	1523	1530	1539	1556
黑龙江	2224	2241	2249	2250	2268

数据来源：国家统计局。

表 2-30　2014—2018 年各地区年末城镇常住人口数比重

单位：%

地区	2014 年	2015 年	2016 年	2017 年	2018 年
北　京	86. 35	86. 50	86. 50	86. 50	86. 50
天　津	82. 27	82. 64	82. 93	82. 93	83. 15
河　北	49. 33	51. 33	53. 32	55. 01	56. 43

续表

地区	2014 年	2015 年	2016 年	2017 年	2018 年
上　海	89.60	87.60	87.90	87.70	88.10
江　苏	65.21	66.52	67.72	68.76	69.61
浙　江	64.87	65.80	67.00	68.00	68.90
福　建	61.80	62.60	63.60	64.80	65.82
山　东	55.01	57.01	59.02	60.58	61.18
广　东	68.00	68.71	69.20	69.85	70.70
海　南	53.76	55.12	56.78	58.04	59.06
山　西	53.79	55.03	56.21	57.34	58.41
安　徽	49.15	50.50	51.99	53.49	54.69
江　西	50.22	51.62	53.10	54.60	56.02
河　南	45.20	46.85	48.50	50.16	51.71
湖　北	55.67	56.85	58.10	59.30	60.30
湖　南	49.28	50.89	52.75	54.62	56.02
内蒙古	59.51	60.30	61.19	62.02	62.71
广　西	46.01	47.06	48.08	49.21	50.22
重　庆	59.60	60.94	62.60	64.08	65.50
四　川	46.30	47.69	49.21	50.79	52.29
贵　州	40.01	42.01	44.15	46.02	47.52
云　南	41.73	43.33	45.03	46.69	47.81
西　藏	25.75	27.74	29.56	30.89	31.14
陕　西	52.57	53.92	55.34	56.79	58.13
甘　肃	41.68	43.19	44.69	46.39	47.69
青　海	49.78	50.30	51.63	53.07	54.47
宁　夏	53.61	55.23	56.29	57.98	58.88
新　疆	46.07	47.23	48.35	49.38	50.91
辽　宁	67.05	67.35	67.37	67.49	68.10
吉　林	54.81	55.31	55.97	56.65	57.53
黑龙江	58.01	58.80	59.20	59.40	60.10

数据来源：国家统计局。

表 2-31　2014—2018 年各地区年末乡村人口数

单位：万人

地区	2014 年	2015 年	2016 年	2017 年	2018 年
北　京	294	293	293	293	291
天　津	269	269	267	266	263

续表

地区	2014 年	2015 年	2016 年	2017 年	2018 年
河　北	3741	3614	3487	3383	3292
上　海	252	299	293	297	288
江　苏	2769	2670	2582	2508	2447
浙　江	1935	1894	1845	1810	1784
福　建	1454	1436	1410	1377	1347
山　东	4404	4233	4076	3944	3900
广　东	3432	3395	3388	3367	3324
海　南	418	409	396	389	382
山　西	1686	1648	1612	1579	1546
安　徽	3093	3041	2975	2909	2865
江　西	2261	2209	2154	2098	2044
河　南	5171	5039	4909	4764	4638
湖　北	2578	2525	2466	2402	2349
湖　南	3417	3331	3223	3113	3034
内蒙古	1014	997	978	961	945
广　西	2567	2539	2512	2481	2452
重　庆	1209	1178	1140	1105	1070
四　川	4371	4291	4196	4085	3979
贵　州	2104	2047	1985	1932	1889
云　南	2747	2687	2623	2559	2521
西　藏	236	234	233	233	237
陕　西	1791	1748	1703	1657	1618
甘　肃	1511	1477	1444	1408	1379
青　海	293	292	287	281	275
宁　夏	307	299	295	287	283
新　疆	1240	1245	1239	1238	1221
辽　宁	1447	1431	1429	1420	1391
吉　林	1244	1230	1203	1178	1148
黑龙江	1609	1571	1550	1538	1505

数据来源：国家统计局。

表 2-32　2014—2018 年各地区年末乡村人口数比重

单位：%

地区	2014 年	2015 年	2016 年	2017 年	2018 年
北　京	13.65	13.50	13.50	13.50	13.50
天　津	17.73	17.36	17.07	17.07	16.85
河　北	50.67	48.67	46.68	44.99	43.57

续表

地区	2014 年	2015 年	2016 年	2017 年	2018 年
上　海	10. 40	12. 40	12. 10	12. 30	11. 90
江　苏	34. 79	33. 48	32. 28	31. 24	30. 39
浙　江	35. 13	34. 20	33. 00	32. 00	31. 10
福　建	38. 20	37. 40	36. 40	35. 20	34. 18
山　东	44. 99	42. 99	40. 98	39. 42	38. 82
广　东	32. 00	31. 29	30. 80	30. 15	29. 30
海　南	46. 24	44. 88	43. 22	41. 96	40. 94
山　西	46. 21	44. 97	43. 79	42. 66	41. 59
安　徽	50. 85	49. 50	48. 01	46. 51	45. 31
江　西	49. 78	48. 38	46. 90	45. 40	43. 98
河　南	54. 80	53. 15	51. 50	49. 84	48. 29
湖　北	44. 33	43. 15	41. 90	40. 70	39. 70
湖　南	50. 72	49. 11	47. 25	45. 38	43. 98
内蒙古	40. 49	39. 70	38. 81	37. 98	37. 29
广　西	53. 99	52. 94	51. 92	50. 79	49. 78
重　庆	40. 40	39. 06	37. 40	35. 92	34. 50
四　川	53. 70	52. 31	50. 79	49. 21	47. 71
贵　州	59. 99	57. 99	55. 85	53. 98	52. 48
云　南	58. 27	56. 67	54. 97	53. 31	52. 19
西　藏	74. 25	72. 26	70. 44	69. 11	68. 86
陕　西	47. 43	46. 08	44. 66	43. 21	41. 87
甘　肃	58. 32	56. 81	55. 31	53. 61	52. 31
青　海	50. 22	49. 70	48. 37	46. 93	45. 53
宁　夏	46. 39	44. 77	43. 71	42. 02	41. 12
新　疆	53. 93	52. 77	51. 65	50. 62	49. 09
辽　宁	32. 95	32. 65	32. 63	32. 51	31. 90
吉　林	45. 19	44. 69	44. 03	43. 35	42. 47
黑龙江	41. 99	41. 20	40. 80	40. 60	39. 90

数据来源：国家统计局。

2. 就业数据

表 2-33　2014—2018 年全国就业基本情况

类　别	2014 年	2015 年	2016 年	2017 年	2018 年
劳动力（万人）	**79690**	**80091**	**80694**	**80686**	**80567**
就业人员合计（万人）	**77253**	**77451**	**77603**	**77640**	**77586**
第一产业	22790	21919	21496	20944	20258

续表

类 别	2014 年	2015 年	2016 年	2017 年	2018 年
第二产业	23099	22693	22350	21824	21390
第三产业	31364	32839	33757	34872	35938
就业人员构成（%）					
第一产业	29.5	28.3	27.7	27.0	26.1
第二产业	29.9	29.3	28.8	28.1	27.6
第三产业	40.6	42.4	43.5	44.9	46.3
按城乡分就业人员（万人）					
城镇就业人员	39310	40410	41428	42462	43419
#国有单位	6312	6208	6170	6064	5740
城镇集体单位	537	481	453	406	347
股份合作单位	103	92	86	77	66
联营单位	22	20	18	13	12
有限责任公司	6315	6389	6381	6367	6555
股份有限公司	1751	1798	1824	1846	1875
私营企业	9857	11180	12083	13327	13952
港澳台商投资单位	1393	1344	1305	1290	1153
外商投资单位	1562	1446	1361	1291	1212
个体	7009	7800	8627	9348	10440
乡村就业人员	37943	37041	36175	35178	34167
#私营企业	4533	5215	5914	6554	7424
个体	3575	3882	4235	4878	5597
城镇登记失业人数（万人）	**952**	**966**	**982**	**972**	**974**
城镇登记失业率（%）	**4.09**	**4.05**	**4.02**	**3.90**	**3.80**

数据来源：国家统计局。

表 2-34　2014—2018 年分行业城镇非私营单位就业人员年末人数

单位：万人

类 别	2014 年	2015 年	2016 年	2017 年	2018 年
合　　计	**18277.8**	**18062.5**	**17888.1**	**17643.8**	**17258.2**
农、林、牧、渔业	284.6	270.0	263.2	255.4	192.6
采矿业	596.5	545.8	490.9	455.4	414.4
制造业	5243.1	5068.7	4893.8	4635.5	4178.3
电力、热力、燃气及水生产和供应业	403.7	396.0	387.6	377.0	369.2
建筑业	2921.2	2796.0	2724.7	2643.2	2710.9
批发和零售业	888.6	883.3	875.0	842.8	823.3

续表

类　别	2014 年	2015 年	2016 年	2017 年	2018 年
交通运输、仓储和邮政业	861.4	854.4	849.5	843.9	819.0
住宿和餐饮业	289.3	276.1	269.7	265.9	269.8
信息传输、软件和信息技术服务业	336.3	349.9	364.1	395.4	424.3
金融业	566.3	606.8	665.2	688.8	699.3
房地产业	402.2	417.3	431.7	444.8	466.0
租赁和商务服务业	449.4	474.0	488.4	522.6	529.5
科学研究和技术服务业	408.0	410.6	419.6	420.4	411.5
水利、环境和公共设施管理业	269.1	273.3	269.6	268.5	260.6
居民服务、修理和其他服务业	75.4	75.2	75.4	78.2	77.4
教育	1727.3	1736.5	1729.2	1730.4	1735.6
卫生和社会工作	810.4	841.6	867.0	897.9	912.4
文化、体育和娱乐业	145.5	149.1	150.8	152.2	146.6
公共管理、社会保障和社会组织	1599.3	1637.8	1672.6	1725.6	1817.5

数据来源：国家统计局。

表 2-35　2014—2018 年分行业城镇非私营单位就业人员平均工资

单位：元

类　别	2014 年	2015 年	2016 年	2017 年	2018 年
平均工资	**56360**	**62029**	**67569**	**74318**	**82413**
农、林、牧、渔业	28356	31947	33612	36504	36466
采矿业	61677	59404	60544	69500	81429
制造业	51369	55324	59470	64452	72088
电力、热力、燃气及水生产和供应业	73339	78886	83863	90348	100162
建筑业	45804	48886	52082	55568	60501
批发和零售业	55838	60328	65061	71201	80551
交通运输、仓储和邮政业	63416	68822	73650	80225	88508
住宿和餐饮业	37264	40806	43382	45751	48260
信息传输、软件和信息技术服务业	100845	112042	122478	133150	147678
金融业	108273	114777	117418	122851	129837
房地产业	55568	60244	65497	69277	75281
租赁和商务服务业	67131	72489	76782	81393	85147
科学研究和技术服务业	82259	89410	96638	107815	123343
水利、环境和公共设施管理业	39198	43528	47750	52229	56670
居民服务、修理和其他服务业	41882	44802	47577	50552	55343
教育	56580	66592	74498	83412	92383
卫生和社会工作	63267	71624	80026	89648	98118
文化、体育和娱乐业	64375	72764	79875	87803	98621
公共管理、社会保障和社会组织	53110	62323	70959	80372	87932

数据来源：国家统计局。

表 2-36　2014—2018 年各地区城镇非私营单位就业人员平均工资

单位：元

地　区	2014 年	2015 年	2016 年	2017 年	2018 年
北　京	102268	111390	119928	131700	145766
天　津	72773	80090	86305	94534	100731
河　北	45114	50921	55334	63036	68717
上　海	100251	109174	119935	129795	140400
江　苏	60867	66196	71574	78267	84688
浙　江	61572	66668	73326	80750	88883
福　建	53426	57628	61973	67420	74316
山　东	51825	57270	62539	68081	73593
广　东	59481	65788	72326	79183	88636
海　南	49882	57600	61663	67727	75885
山　西	48969	51803	53705	60061	65917
安　徽	50894	55139	59102	65150	74378
江　西	46218	50932	56136	61429	68573
河　南	42179	45403	49505	55495	63174
湖　北	49838	54367	59831	65912	73777
湖　南	47117	52357	58241	63690	70221
内蒙古	53748	57135	61067	66679	73835
广　西	45424	52982	57878	63821	70606
重　庆	55588	60543	65545	70889	78928
四　川	52555	58915	63926	69419	77686
贵　州	52772	59701	66279	71795	78316
云　南	46101	52564	60450	69106	75701
西　藏	61235	97849	103232	108817	116015
陕　西	50535	54994	59637	65181	71983
甘　肃	46960	52942	57575	63374	70695
青　海	57084	61090	66589	75701	85379
宁　夏	54858	60380	65570	70298	78384
新　疆	53471	60117	63739	67932	75457
辽　宁	48190	52332	56015	61153	67324
吉　林	46516	51558	56098	61451	68533
黑龙江	44036	48881	52435	56067	60780

数据来源：国家统计局。

表 2-37 2014—2018 年分行业城镇私营企业和个体就业人员年末人数

单位：万人

类 别	2014 年	2015 年	2016 年	2017 年	2018 年
合 计	**16866.7**	**18979.6**	**20710.4**	**22674.7**	**24391.9**
制造业	2717.5	2770.3	2814.7	2937.1	3007.9
建筑业	792.8	913.0	992.1	1046.2	1176.2
批发和零售业	7198.5	8032.3	8725.8	9355.1	9838.2
交通运输、仓储和邮政业	412.4	431.8	464.2	512.1	592.3
住宿和餐饮业	1179.5	1409.2	1673.4	1955.8	2151.5
租赁和商务服务业	1271.3	1678.0	1815.7	2095.3	2273.6
居民服务、修理和其他服务业	1026.4	1151.6	1306.0	1491.6	1563.6

数据来源：国家统计局。

表 2-38 2014—2018 年分行业城镇私营单位就业人员平均工资

单位：元

类 别	2014 年	2015 年	2016 年	2017 年	2018 年
平均工资	**36390**	**39589**	**42833**	**45761**	**49575**
农、林、牧、渔业	26862	28869	31301	34272	36375
采矿业	35819	38192	39600	41236	44096
制造业	35653	38948	42115	44991	49275
电力、热力、燃气及水生产和供应业	33184	34631	38605	41510	44239
建筑业	38838	41710	44803	46944	50879
批发和零售业	33894	36635	39589	42359	45177
交通运输、仓储和邮政业	38891	40495	42705	45852	50547
住宿和餐饮业	29483	31889	34712	36886	39632
信息传输、软件和信息技术服务业	51044	57719	63578	70415	76326
金融业	41553	44898	50366	52289	62943
房地产业	37826	41767	46063	48025	51393
租赁和商务服务业	39414	43770	47836	51394	53382
科学研究和技术服务业	47462	50441	54764	58102	61876
水利、环境和公共设施管理业	33847	37222	40099	41061	42409
居民服务、修理和其他服务业	30580	33203	35824	38417	41058
教 育	33678	37040	39508	43263	46228
卫生和社会工作	37205	40558	43993	47296	52343
文化、体育和娱乐业	32024	34974	38228	41201	44592

数据来源：国家统计局。

表 2-39　2014—2018 年各地区城镇私营单位就业人员平均工资

单位：元

地　区	2014 年	2015 年	2016 年	2017 年	2018 年
北　京	52902	58689	65881	70738	76908
天　津	47838	53352	57216	59740	62316
河　北	31459	34084	36507	38136	39512
上　海	37377	41762	47177	52038	57056
江　苏	39975	43689	47156	49345	54161
浙　江	38689	41272	45005	48289	52564
福　建	40813	43385	46326	48830	52930
山　东	38911	43608	48156	51992	55350
广　东	41295	44838	48236	53347	58258
海　南	32707	37093	40675	45640	49541
山　西	29203	30195	30501	31745	34535
安　徽	35268	37148	39110	41199	44964
江　西	30149	33329	36868	40310	43733
河　南	27414	30546	33312	36730	40209
湖　北	28534	31051	34167	37142	40126
湖　南	30568	33033	34582	36978	40175
内蒙古	34778	35512	36114	36626	40018
广　西	31638	33519	36089	38227	39948
重　庆	40139	44213	47345	50450	52558
四　川	32671	35127	37763	40087	43352
贵　州	32785	36044	39058	41796	43582
云　南	32055	35015	38183	40656	43588
西　藏	—	—	—	—	—
陕　西	30483	33220	35676	37472	40783
甘　肃	27273	31091	35685	37704	39834
青　海	30337	32248	34908	36588	38451
宁　夏	33229	36322	37926	38982	40586
新　疆	36199	37598	38776	39958	41777
辽　宁	32123	33812	34615	35654	38269
吉　林	26140	27774	30184	33209	35026
黑龙江	26960	28586	30533	32422	34801

数据来源：国家统计局。

Ⅲ.产 业 篇

导 读

本篇收录的房地产建设、交易和信贷数据，都是2019年年度的统计数据，并按省、市（直辖）、自治区分别披露。

收录的城乡建设发展数据，都是2018年年度的统计数据。这是因为这些数据都是最新公开公布的。其中城市面积、用地结构是按城市分别披露。

数据主要来源于国家统计局、住房和城乡建部和中国人民银行。港澳台房地产业数据，来自于当地官方机构和市场组织。

一、全国房地产建设和交易数据

（一）房地产业数据概览

表 3-1　2019 年全国房地产开发投资情况

类　别	绝对量（亿元）		比上年增长（%）	比重（%）	
	自年初累计	上年		自年初累计	上年
完成投资	**132194. 26**	**120263. 51**	**9. 9**	**100. 0**	**100. 0**
一、按工程用途分：					
住宅	97070. 74	85192. 25	13. 9	73. 4	70. 8
其中：90 平方米及以下住房	19568. 49	20539. 08	-4. 7	14. 8	17. 1
144 平方米以上住房	17288. 31	16275. 52	6. 2	13. 1	13. 5
其中：别墅、高档公寓	3875. 71	4419. 02	-12. 3	2. 9	3. 7
办公楼	6162. 60	5996. 33	2. 8	4. 7	5. 0
商业营业用房	13225. 85	14177. 09	-6. 7	10. 0	11. 8
其他	15735. 07	14897. 84	5. 6	11. 9	12. 4
二、按构成分：					
建筑工程	75248. 12	67318. 84	11. 8	56. 9	56. 0
安装工程	6714. 39	8673. 16	-22. 6	5. 1	7. 2
设备工器具购置	1713. 48	1524. 58	12. 4	1. 3	1. 3
其他费用	48518. 27	42746. 94	13. 5	36. 7	35. 5
其中：土地购置费	41675. 39	36387. 01	14. 5	31. 5	30. 3
计划总投资	**839883. 16**	**740022. 33**	**13. 5**		
新增固定资产	**43009. 57**	**37017. 72**	**16. 2**		

数据来源：国家统计局。

表 3-2　2019 年全国房地产开发企业实际到位资金情况

类　别	绝对量（亿元）		比上年增长（%）	比重（%）	
	自年初累计	上年		自年初累计	上年
一、本年实际到位资金合计	**245790. 60**	**225359. 90**	**9. 1**	—	—
1. 上年年底结余资金	**67182. 01**	**59397. 01**	**13. 1**	—	—
2. 本年实际到位资金	**178608. 59**	**165962. 89**	**7. 6**	**100. 0**	**100. 0**
（1）国内贷款	25228. 77	24004. 52	5. 1	14. 1	14. 5
其中：银行贷款	20254. 28	19025. 96	6. 5	11. 3	11. 5
非银行金融机构贷款	4974. 49	4978. 56	-0. 1	2. 8	3. 0
（2）利用外资	175. 72	107. 98	62. 7	0. 1	0. 1
（3）自筹资金	58157. 84	55830. 65	4. 2	32. 6	33. 6
（4）定金及预收款	61358. 88	55418. 17	10. 7	34. 4	33. 4
（5）个人按揭贷款	27281. 03	23705. 89	15. 1	15. 3	14. 3
（6）其他到位资金	6406. 34	6895. 68	-7. 1	3. 6	4. 2
二、本年各项应付款合计	**41884. 30**	**37273. 50**	**12. 4**	**100. 0**	**100. 0**
其中：工程款	22964. 76	19441. 96	18. 1	54. 8	52. 2

数据来源：国家统计局。

表 3-3　2019 年全国房地产土地购置与销售情况

类　别	绝对量		比上年增减	
	自年初累计	上年	绝对数	（%）
一、土地购置与待开发情况				
1. 土地购置面积（万平方米）	25822.29	29141.57	-3319.28	-11.4
2. 土地成交价款（亿元）	14709.28	16102.16	-1392.88	-8.7
3. 待开发土地面积（万平方米）	48976.94	45617.86	3359.08	7.4
二、房屋建筑、销售面积				
1. 施工面积（万平方米）	893820.89	822300.24	71520.65	8.7
其中：新开工面积	227153.58	209341.79	17811.79	8.5
2. 竣工面积（万平方米）	95941.53	93550.11	2391.42	2.6
其中：不可销售面积	5845.06	5473.02	372.05	6.8
3. 商品房销售面积（万平方米）	171557.87	171654.36	-96.49	-0.1
其中：期房销售面积	146664.13	140610.27	6053.86	4.3
三、房屋竣工价值（亿元）	**34045.90**	**29902.01**	**4143.89**	**13.9**
四、商品房销售额（亿元）	**159725.12**	**149972.74**	**9752.38**	**6.5**
其中：期房销售额	139909.28	127773.82	12135.46	9.5

数据来源：国家统计局。

表 3-4　2019 年全国房地产数据（单月）

单位：亿元，万平方米

类　别	1—2 月	3 月	4 月	5 月	6 月	7 月	8 月	9 月	10 月	11 月	12 月
房地产开发投资额	12090	11713	10415	11857	15534	11234	11746	13419	11596	11662	10929
住宅开发投资额	8711	8545	7669	8855	11387	8299	8720	9959	8520	8566	7838
开发企业到位资金	24497	14451	13518	14222	18277	14835	13923	16847	14580	15381	18077
土地购置面积	1545	998	1039	1588	2866	1726	2475	3218	2929	3337	4103
土地成交价款	690	503	396	680	1542	984	1579	1812	1735	2039	2749
房屋新开工面积	18814	19915	19824	21231	25725	20207	19417	20574	19928	19560	21959
住宅新开工面积	13597	14870	14868	15790	18873	14829	14227	15255	14628	14511	16016
房屋竣工面积	12500	5974	4090	4143	5719	4905	4280	5138	7463	9635	32095
住宅竣工面积	8926	4118	2997	2795	4094	3445	2962	3748	5390	6800	22737
全国商品房销售面积	14102	15727	12257	13433	20268	12997	13066	17330	14072	15654	22653
住宅销售面积	12320	13634	10842	11912	17472	11575	11654	15240	12483	13673	19339
全国商品房销售额	12803	14235	12102	12632	18925	12464	12211	16118	12926	14589	20719
住宅销售额	11028	12212	10630	11151	16324	11086	10886	14179	11451	12758	17734
国房景气指数	100.81	101.01	101.11	101.04	101.06	101.05	101.08	101.22	101.28	101.29	101.25

数据来源：根据国家统计局整理。
注：**1-2** 月国房景气指数为 **2** 月数据。

表 3-5　2019 年全国房地产数据（月度累计）

单位：亿元，万平方米，%

类　别	1—2 月	1—3 月	1—4 月	1—5 月	1—6 月	1—7 月	1—8 月	1—9 月	1—10 月	1—11 月	1—12 月
房地产开发投资额	12090	23803	34217	46075	61609	72843	84589	98008	109603	121265	132194
同比增幅	11.6	11.8	11.9	11.2	10.9	10.6	10.5	10.5	10.3	10.2	9.9
住宅开发投资额	8711	17256	24925	33780	45167	53466	62187	72146	80666	89232	97071
同比增幅	18.0	17.3	16.8	16.3	15.8	15.1	14.9	14.9	14.6	14.4	13.9
开发企业到位资金	24497	38948	52466	66689	84966	99800	113724	130571	145151	160531	178609
同比增幅	2.1	5.9	8.9	7.6	7.2	7.0	6.6	7.1	7.0	7.0	7.6
土地购置面积	1545	2543	3582	5170	8035	9761	12236	15454	18383	21720	25822
同比增幅	-34.1	-33.1	-33.8	-33.2	-27.5	-29.4	-25.6	-20.2	-16.3	-14.2	-11.4
土地成交价款	690	1194	1590	2269	3811	4795	6374	8186	9921	11960	14709
同比增幅	-13.1	-27.0	-33.5	-35.6	-27.6	-27.6	-22.0	-18.2	-15.2	-13.0	-8.7
房屋施工面积	674946	699444	722569	745286	772292	794207	813156	834201	854882	874814	893821
同比增幅	6.8	8.2	8.8	8.8	8.8	9.0	8.8	8.7	9.0	8.7	8.7
住宅施工面积	466340	484560	501832	518617	538284	554111	568025	583683	598802	613566	627673
同比增幅	8.3	9.7	10.4	10.4	10.3	10.4	10.1	10.1	10.4	10.1	10.1
房屋新开工面积	18814	38728	58552	79784	105509	125716	145133	165707	185634	205194	227154
同比增幅	6.0	11.9	13.1	10.5	10.1	9.5	8.9	8.6	10.0	8.6	8.5
住宅新开工面积	13597	28467	43335	59125	77998	92826	107053	122308	136937	151447	167463
同比增幅	4.3	11.5	13.8	11.4	10.5	9.6	8.9	8.8	10.5	9.3	9.2
房屋竣工面积	12500	18474	22564	26707	32426	37331	41610	46748	54211	63846	95942
同比增幅	-11.9	-10.8	-10.3	-12.4	-12.7	-11.3	-10.0	-8.6	-5.5	-4.5	2.6
住宅竣工面积	8926	13043	16040	18835	22929	26374	29336	33084	38474	45274	68011
同比增幅	-7.8	-8.1	-7.5	-10.9	-11.7	-10.5	-9.6	-8.5	-5.5	-4.0	3.0
全国商品房销售面积	14102	29829	42085	55518	75786	88783	101849	119179	133251	148905	171558
同比增幅	-3.6	-0.9	-0.3	-1.6	-1.8	-1.3	-0.6	-0.1	0.1	0.2	-0.1
住宅销售面积	12320	25954	36796	48708	66181	77756	89410	104650	117133	130805	150144
同比增幅	-3.2	-0.6	0.4	-0.7	-1.0	-0.4	0.6	1.1	1.5	1.6	1.5
全国商品房销售额	12803	27039	39141	51773	70698	83162	95373	111491	124417	139006	159725
同比增幅	2.8	5.6	8.1	6.1	5.6	6.2	6.7	7.1	7.3	7.3	6.5
住宅销售额	11028	23239	33870	45021	61345	72431	83317	97497	108948	121706	139440
同比增幅	4.5	7.5	10.6	8.9	8.4	9.2	9.9	10.3	10.8	10.7	10.3

数据来源：国家统计局。

（二）各地区房地产开发投资数据

表 3-6　2015—2019 年全国及各地区房地产开发投资

单位：亿元

地　区	2015 年	2016 年	2017 年	2018 年	2019 年
全　国	**95978.85**	**102580.61**	**109798.53**	**120263.51**	**132194.26**
东部地区	**49672.65**	**54138.59**	**58022.55**	**64355.24**	**69313.31**
北　京	4177.05	4000.57	3692.54	3873.35	3838.38
天　津	1871.55	2300.01	2233.39	2424.49	2727.82
河　北	4285.27	4695.63	4823.91	4476.40	4347.05
上　海	3468.94	3709.03	3856.53	4033.18	4231.38
江　苏	8153.68	8956.37	9629.11	10982.34	12009.35
浙　江	7111.93	7469.37	8226.78	9944.93	10682.97
福　建	4469.61	4588.83	4794.23	4940.34	5673.13
山　东	5892.16	6323.38	6637.25	7552.97	8614.89
广　东	8538.47	10307.80	12075.69	14412.19	15852.16
海　南	1704.00	1787.60	2053.11	1715.04	1336.18
中部地区	**19121.74**	**21404.41**	**23884.01**	**25180.17**	**27587.87**
山　西	1494.87	1597.35	1166.28	1376.59	1656.50
安　徽	4424.86	4603.56	5612.47	5974.11	6670.48
江　西	1520.10	1770.94	2013.98	2174.93	2239.11
河　南	4818.93	6179.13	7090.25	7015.47	7464.59
湖　北	4249.23	4296.38	4574.89	4693.12	5111.73
湖　南	2613.75	2957.04	3426.13	3945.95	4445.47
西部地区	**21709.43**	**23061.17**	**23876.57**	**26008.55**	**30185.61**
内蒙古	1081.05	1133.48	889.72	882.85	1041.95
广　西	1909.09	2397.99	2683.48	3004.13	3814.41
重　庆	3751.28	3725.95	3980.08	4248.76	4439.30
四　川	4813.03	5282.64	5149.89	5697.87	6573.24
贵　州	2205.09	2148.96	2201.00	2349.23	2990.81
云　南	2669.01	2688.34	2786.25	3247.23	4151.41
西　藏	50.02	48.54	40.36	92.60	129.56
陕　西	2494.29	2736.75	3101.97	3534.67	3903.65
甘　肃	768.06	850.03	944.52	1116.39	1257.85
青　海	336.00	396.92	408.59	351.82	406.29
宁　夏	633.64	728.16	652.84	449.57	403.09
新　疆	998.88	923.40	1037.86	1033.44	1074.04
东北地区	**5475.03**	**3976.45**	**4015.40**	**4719.56**	**5107.48**
辽　宁	3558.64	2094.85	2289.67	2599.27	2833.95
吉　林	924.24	1016.76	910.14	1175.88	1315.52
黑龙江	992.15	864.84	815.60	944.40	958.01

数据来源：国家统计局。

表 3-7 2019 年全国及各地区房地产开发投资（月度累计）

单位：亿元

地 区	1—2 月	1—3 月	1—4 月	1—5 月	1—6 月	1—7 月	1—8 月	1—9 月	1—10 月	1—11 月	1—12 月
全 国	**12089.84**	**23802.92**	**34217.45**	**46074.89**	**61609.30**	**72843.12**	**84589.06**	**98007.67**	**109603.45**	**121265.05**	**132194.26**
东部地区	**7206.13**	**13539.54**	**19043.10**	**25226.80**	**33179.96**	**39041.76**	**44856.80**	**51679.82**	**57614.77**	**63770.07**	**69313.31**
北 京	339.41	658.70	880.84	1212.43	1664.33	2031.95	2346.46	2740.89	3116.38	3489.97	3838.38
天 津	220.45	587.09	866.09	1198.52	1549.36	1772.75	1970.46	2261.83	2423.81	2569.69	2727.82
河 北	177.61	591.67	953.89	1369.99	2104.86	2545.56	2962.48	3400.12	3762.03	4112.55	4347.05
上 海	626.88	937.11	1230.08	1536.63	1883.14	2230.30	2584.23	2966.42	3348.76	3749.96	4231.38
江 苏	1511.82	2732.10	3803.35	4927.49	6090.86	7150.06	8139.47	9239.16	10226.99	11202.58	12009.35
浙 江	1205.26	2133.88	2965.27	3921.19	5166.87	6043.04	6960.02	8055.48	8984.13	9958.10	10682.97
福 建	648.82	1306.38	1796.77	2260.03	2826.90	3290.83	3730.74	4303.23	4773.63	5252.96	5673.13
山 东	766.10	1543.50	2265.87	3069.68	4072.71	4854.95	5588.14	6384.89	7179.87	7948.48	8614.89
广 东	1561.05	2778.68	3922.38	5277.18	7255.60	8462.79	9820.94	11464.44	12811.89	14343.82	15852.16
海 南	148.72	270.43	358.55	453.65	565.33	659.52	753.87	863.35	987.27	1141.97	1336.18
中部地区	**2337.19**	**4816.15**	**7176.88**	**9714.37**	**12893.98**	**15248.03**	**17808.64**	**20481.28**	**22822.31**	**25101.69**	**27587.87**
山 西	60.73	197.09	324.58	495.42	753.27	916.53	1073.28	1240.17	1391.15	1521.96	1656.50
安 徽	706.07	1315.92	1945.61	2640.37	3387.07	4022.94	4671.79	5278.95	5722.98	6160.13	6670.48
江 西	241.04	440.90	623.90	816.08	1025.11	1247.72	1477.49	1709.74	1895.22	2083.23	2239.11
河 南	537.26	1196.96	1818.22	2516.60	3261.12	3871.30	4499.98	5194.01	5879.16	6631.26	7464.59
湖 北	421.12	978.39	1432.00	1856.90	2599.74	2969.17	3432.74	3927.55	4356.88	4699.57	5111.73
湖 南	370.97	686.88	1032.57	1389.01	1867.66	2220.38	2653.36	3130.85	3576.93	4005.53	4445.47
西部地区	**2399.80**	**4900.62**	**7082.93**	**9637.46**	**13231.52**	**15708.36**	**18506.04**	**21753.59**	**24587.72**	**27454.69**	**30185.61**
内蒙古	5.61	46.44	110.78	210.34	361.00	520.28	677.94	851.48	957.60	1026.08	1041.95
广 西	284.60	657.44	958.23	1271.92	1738.26	1957.00	2264.58	2574.82	2903.64	3323.41	3814.41
重 庆	477.20	878.23	1236.60	1634.12	2127.93	2454.17	2829.97	3321.82	3669.24	4034.95	4439.30
四 川	736.71	1308.31	1840.71	2392.65	3101.11	3615.80	4215.66	4872.45	5474.79	6011.53	6573.24
贵 州	275.71	562.90	778.21	1014.27	1404.28	1655.51	1937.88	2194.21	2471.90	2769.57	2990.81
云 南	337.58	740.48	993.70	1313.43	1729.11	2043.45	2407.85	2843.93	3200.21	3658.06	4151.41
西 藏	0.50	4.57	12.02	27.34	38.05	54.75	69.53	85.79	105.24	124.10	129.56
陕 西	228.91	518.85	779.35	1129.66	1681.61	1985.10	2324.71	2788.23	3167.66	3531.72	3903.65
甘 肃	34.42	106.34	185.40	304.92	480.02	604.99	739.76	923.19	1055.73	1172.47	1257.85
青 海	0.73	11.23	39.88	77.05	159.41	211.80	250.23	288.92	340.25	394.85	406.29
宁 夏	5.37	34.13	69.33	107.40	157.15	204.72	248.84	306.70	345.37	380.16	403.09
新 疆	12.46	31.67	78.73	154.36	253.59	400.79	539.08	702.06	896.09	1027.80	1074.04
东北地区	**146.72**	**546.61**	**914.54**	**1496.26**	**2303.85**	**2844.97**	**3417.58**	**4092.98**	**4578.65**	**4938.60**	**5107.48**
辽 宁	132.81	473.64	713.30	992.73	1487.19	1769.68	2040.24	2372.82	2602.83	2763.92	2833.95
吉 林	11.88	45.90	118.86	319.06	477.49	633.50	830.40	1014.42	1164.14	1263.37	1315.52
黑龙江	2.02	27.06	82.38	184.46	339.17	441.79	546.93	705.75	811.68	911.31	958.01

数据来源：国家统计局。

表 3-8 2015—2019 年全国及各地区住宅开发投资

单位：亿元

地 区	2015 年	2016 年	2017 年	2018 年	2019 年
全 国	**64595.24**	**68703.87**	**75147.88**	**85192.25**	**97070.74**
东部地区	**33049.55**	**36385.45**	**39769.51**	**45351.97**	**49838.88**
北 京	1889.54	1925.86	1694.67	2026.06	2039.76
天 津	1251.53	1598.27	1559.70	1863.50	2200.01
河 北	3162.55	3475.48	3656.98	3471.11	3455.74
上 海	1813.32	1965.43	2152.40	2225.92	2318.13
江 苏	6080.21	6628.87	7315.28	8366.18	9461.98
浙 江	4450.73	4806.64	5645.98	7156.45	7727.11
福 建	2864.95	2999.29	3236.51	3456.86	4076.31
山 东	4399.44	4690.22	4929.53	5717.52	6672.22
广 东	5890.51	6977.66	8100.93	9757.86	10852.77
海 南	1246.78	1317.73	1477.53	1310.51	1034.86
中部地区	**13413.24**	**14899.74**	**17005.80**	**18804.50**	**21439.16**
山 西	1098.32	1141.08	846.38	1033.76	1296.48
安 徽	2849.19	3069.36	4007.00	4563.41	5248.06
江 西	1113.09	1247.58	1391.79	1590.64	1687.18
河 南	3529.15	4558.07	5330.80	5387.62	6055.37
湖 北	3020.54	3012.35	3235.42	3464.59	3954.72
湖 南	1802.94	1871.30	2194.41	2764.48	3197.35
西部地区	**14199.19**	**14604.61**	**15510.41**	**17602.53**	**21945.53**
内蒙古	758.51	793.70	645.85	641.99	782.13
广 西	1407.75	1725.29	1983.52	2217.50	2924.18
重 庆	2390.49	2319.97	2632.88	3012.65	3246.77
四 川	3048.72	3185.64	3182.34	3764.71	4665.31
贵 州	1327.77	1243.60	1365.33	1557.85	2078.37
云 南	1670.27	1635.38	1743.91	2115.17	3028.96
西 藏	39.60	39.14	20.10	49.99	96.87
陕 西	1827.80	1916.13	2145.56	2411.55	2957.08
甘 肃	526.56	563.75	601.25	672.35	865.93
青 海	201.38	227.78	213.66	215.89	294.08
宁 夏	396.68	435.41	387.75	300.41	281.74
新 疆	603.66	518.83	588.25	642.48	724.13
东北地区	**3933.27**	**2814.08**	**2862.16**	**3433.25**	**3847.17**
辽 宁	2603.32	1505.42	1673.91	1944.46	2188.35
吉 林	648.81	710.69	633.55	841.02	970.99
黑龙江	681.15	597.96	554.70	647.77	687.83

数据来源：国家统计局。

表 3-9　2019 年全国及各地区住宅开发投资（月度累计）

单位：亿元

地　区	1—2 月	1—3 月	1—4 月	1—5 月	1—6 月	1—7 月	1—8 月	1—9 月	1—10 月	1—11 月	1—12 月
全　国	**8711.01**	**17255.84**	**24925.29**	**33780.12**	**45166.82**	**53466.29**	**62186.77**	**72145.72**	**80666.16**	**89232.28**	**97070.74**
东部地区	**5104.39**	**9669.08**	**13685.04**	**18220.96**	**23990.29**	**28256.81**	**32487.08**	**37439.73**	**41650.77**	**46010.85**	**49838.88**
北　京	186.54	372.67	490.60	666.73	913.90	1106.72	1279.89	1485.94	1678.00	1868.33	2039.76
天　津	171.94	478.64	690.11	986.22	1258.05	1431.13	1589.04	1826.36	1946.38	2057.56	2200.01
河　北	136.89	467.90	756.78	1087.47	1656.06	2018.07	2350.38	2697.45	2985.53	3264.14	3455.74
上　海	333.96	502.34	676.17	854.76	1038.63	1230.24	1431.15	1654.42	1850.71	2068.78	2318.13
江　苏	1176.89	2140.04	2965.13	3864.42	4773.64	5609.78	6390.22	7257.65	8049.23	8832.27	9461.98
浙　江	862.20	1486.95	2129.06	2829.72	3765.29	4393.13	5074.69	5869.78	6536.59	7258.21	7727.11
福　建	456.85	892.90	1241.31	1583.76	2016.74	2362.13	2688.41	3112.51	3447.37	3787.25	4076.31
山　东	578.55	1184.65	1730.50	2348.37	3119.67	3731.27	4310.10	4931.82	5545.87	6142.64	6672.22
广　东	1084.45	1931.94	2723.30	3644.72	5013.93	5872.79	6798.67	7949.38	8849.77	9847.35	10852.77
海　南	116.11	211.04	282.08	354.78	434.37	501.55	574.53	654.42	761.34	884.32	1034.86
中部地区	**1775.56**	**3676.95**	**5467.98**	**7475.73**	**9890.43**	**11743.67**	**13729.47**	**15831.43**	**17661.84**	**19469.15**	**21439.16**
山　西	47.49	153.35	251.52	388.33	582.30	701.51	826.01	959.74	1080.03	1187.23	1296.48
安　徽	539.48	1013.69	1496.64	2046.10	2630.12	3126.84	3636.22	4149.05	4496.70	4840.86	5248.06
江　西	178.45	327.95	466.36	612.71	772.44	937.37	1103.02	1288.02	1425.36	1572.67	1687.18
河　南	425.73	955.98	1452.42	2035.37	2631.90	3142.77	3647.50	4200.36	4751.96	5380.75	6055.37
湖　北	321.99	742.68	1084.44	1415.85	1963.91	2266.80	2637.94	3020.06	3360.09	3620.95	3954.72
湖　南	262.43	483.29	716.61	977.37	1309.76	1568.38	1878.77	2214.21	2547.70	2866.70	3197.35
西部地区	**1717.04**	**3496.06**	**5066.78**	**6922.78**	**9525.27**	**11320.25**	**13403.11**	**15785.57**	**17881.37**	**20027.87**	**21945.53**
内蒙古	3.52	34.77	84.00	156.79	264.18	379.53	490.55	626.28	702.77	769.18	782.13
广　西	216.64	511.46	747.81	997.88	1347.60	1514.17	1748.08	1982.86	2245.30	2569.74	2924.18
重　庆	346.02	612.92	879.72	1180.57	1531.94	1768.27	2056.73	2415.76	2684.54	2960.86	3246.77
四　川	506.13	906.55	1280.73	1680.81	2175.51	2549.75	2976.54	3444.56	3878.88	4268.16	4665.31
贵　州	189.08	370.23	523.15	688.44	965.30	1139.56	1354.06	1540.92	1731.77	1951.14	2078.37
云　南	246.90	541.51	722.26	957.40	1254.05	1479.28	1769.01	2091.52	2352.36	2685.96	3028.96
西　藏	0.22	3.64	8.70	20.80	29.29	41.57	51.64	63.32	78.16	92.92	96.87
陕　西	173.61	393.73	573.98	816.93	1257.64	1490.52	1749.50	2104.49	2395.95	2675.14	2957.08
甘　肃	21.55	69.08	123.38	199.68	312.21	397.73	492.97	624.97	721.07	808.64	865.93
青　海	0.58	6.75	26.32	52.06	113.18	151.57	178.81	207.00	246.04	286.15	294.08
宁　夏	4.14	24.16	48.31	71.26	105.69	139.99	172.66	214.26	244.76	267.10	281.74
新　疆	8.64	21.27	48.43	100.16	168.69	268.32	362.56	469.64	599.76	692.88	724.13
东北地区	**114.02**	**413.75**	**705.49**	**1160.66**	**1760.83**	**2145.57**	**2567.10**	**3088.98**	**3472.18**	**3724.41**	**3847.17**
辽　宁	103.26	358.73	548.78	773.67	1150.15	1355.59	1563.39	1829.33	2013.38	2138.24	2188.35
吉　林	9.16	35.14	91.21	241.68	358.53	466.58	605.23	737.25	860.63	931.02	970.99
黑龙江	1.60	19.88	65.50	145.31	252.15	323.40	398.48	522.40	598.17	655.15	687.83

数据来源：国家统计局。

表 3-10　2015—2019 年全国及各地区土地购置费

单位：亿元

地　区	2015 年	2016 年	2017 年	2018 年	2019 年
全　国	**17675. 44**	**18778. 68**	**23169. 47**	**36387. 01**	**41675. 39**
东部地区	**11963. 56**	**13077. 63**	**15796. 78**	**23630. 74**	**25749. 85**
北　京	2052. 92	1921. 89	1711. 49	2047. 27	1860. 85
天　津	319. 02	579. 75	759. 71	1141. 06	1294. 08
河　北	405. 93	337. 84	373. 02	467. 19	728. 40
上　海	1004. 41	1208. 28	1523. 05	1846. 14	1963. 51
江　苏	1505. 17	1835. 03	2586. 99	3892. 20	4552. 63
浙　江	2510. 48	2634. 37	3353. 67	5597. 85	5364. 02
福　建	1072. 93	1107. 32	1404. 15	1968. 52	2151. 91
山　东	1035. 67	937. 66	959. 71	1529. 89	1848. 66
广　东	1711. 53	2243. 98	2898. 45	4917. 70	5880. 44
海　南	345. 50	271. 50	226. 55	222. 92	105. 35
中部地区	**2287. 26**	**2556. 98**	**3809. 65**	**5351. 73**	**6719. 83**
山　西	163. 27	169. 57	189. 85	328. 90	446. 05
安　徽	641. 99	622. 08	1120. 37	1679. 75	2127. 11
江　西	210. 54	200. 74	224. 17	434. 56	540. 80
河　南	362. 68	681. 51	951. 90	1137. 61	1626. 67
湖　北	665. 36	570. 12	944. 77	1209. 94	1361. 50
湖　南	243. 42	312. 97	378. 58	560. 98	617. 69
西部地区	**2866. 67**	**2663. 18**	**3051. 90**	**6049. 54**	**7511. 09**
内蒙古	87. 62	77. 89	68. 55	118. 66	201. 19
广　西	282. 07	398. 75	438. 18	675. 01	1201. 38
重　庆	733. 81	562. 48	709. 96	1484. 73	1414. 38
四　川	846. 96	832. 27	787. 73	1426. 98	1780. 39
贵　州	118. 20	82. 03	107. 64	305. 48	548. 75
云　南	323. 51	301. 11	302. 92	699. 34	977. 74
西　藏	0. 36	1. 98	4. 87	11. 50	13. 21
陕　西	226. 76	177. 96	344. 79	730. 49	760. 42
甘　肃	53. 95	56. 49	85. 91	193. 97	236. 82
青　海	50. 64	49. 83	33. 03	49. 37	97. 49
宁　夏	54. 58	62. 61	62. 11	79. 93	81. 45
新　疆	88. 21	59. 76	106. 21	274. 08	197. 87
东北地区	**557. 95**	**480. 89**	**511. 14**	**1354. 99**	**1694. 62**
辽　宁	308. 16	258. 10	304. 34	950. 86	1104. 83
吉　林	150. 29	139. 52	119. 30	244. 58	311. 80
黑龙江	99. 50	83. 27	87. 51	159. 56	277. 98

数据来源：国家统计局。

表 3-11 2019 年全国及各地区土地购置费（月度累计）

单位：亿元

地 区	1—2 月	1—3 月	1—4 月	1—5 月	1—6 月	1—7 月	1—8 月	1—9 月	1—10 月	1—11 月	1—12 月
全 国	**2911.12**	**6931.64**	**10401.39**	**14505.32**	**20164.05**	**23603.82**	**27570.73**	**32011.87**	**35650.90**	**39300.21**	**41675.39**
东部地区	**2122.72**	**4653.31**	**6878.54**	**9509.59**	**12885.72**	**15068.70**	**17358.93**	**20001.44**	**22223.71**	**24591.60**	**25749.85**
北 京	169.23	329.26	428.27	589.08	816.28	1026.10	1181.59	1364.78	1588.39	1798.25	1860.85
天 津	81.09	323.82	501.07	718.77	906.73	1005.31	1095.48	1257.70	1316.15	1347.18	1294.08
河 北	14.29	64.01	108.00	167.12	295.43	376.89	453.69	529.34	597.19	665.35	728.40
上 海	257.97	399.76	554.10	705.17	860.10	1023.95	1212.28	1391.08	1580.79	1782.73	1963.51
江 苏	354.21	906.40	1383.37	1917.87	2440.47	2849.53	3256.55	3695.44	4055.61	4381.93	4552.63
浙 江	540.19	1103.30	1578.16	2125.80	2850.88	3270.21	3745.56	4336.71	4794.38	5259.38	5364.02
福 建	261.86	519.91	710.49	883.06	1075.22	1270.06	1419.64	1610.82	1799.71	2002.99	2151.91
山 东	134.22	296.61	473.47	665.56	915.14	1071.10	1262.81	1441.13	1612.27	1788.24	1848.66
广 东	303.06	699.34	1123.68	1711.68	2681.27	3123.25	3672.78	4309.76	4806.43	5468.77	5880.44
海 南	6.60	10.90	17.94	25.49	44.19	52.30	58.54	64.69	72.79	96.79	105.35
中部地区	**348.74**	**970.63**	**1543.76**	**2181.10**	**3056.08**	**3619.38**	**4386.82**	**5107.54**	**5675.40**	**6185.06**	**6719.83**
山 西	0.06	39.84	80.05	140.00	246.54	297.22	341.71	379.58	410.95	432.83	446.05
安 徽	166.14	361.74	578.62	811.05	1056.84	1274.91	1515.15	1723.48	1853.52	1986.46	2127.11
江 西	30.43	53.60	84.38	121.75	178.33	232.66	316.46	385.69	439.55	490.22	540.80
河 南	74.30	228.44	334.97	488.26	658.17	773.48	947.38	1117.74	1269.02	1425.89	1626.67
湖 北	38.42	212.84	342.01	448.02	675.69	745.95	896.44	1064.23	1196.98	1286.50	1361.50
湖 南	39.40	74.18	123.74	172.03	240.51	295.16	369.67	436.81	505.39	563.16	617.69
西部地区	**408.11**	**1089.92**	**1641.55**	**2280.29**	**3368.05**	**3888.83**	**4621.43**	**5479.33**	**6192.16**	**6861.25**	**7511.09**
内蒙古	0.23	6.31	27.09	49.47	86.65	133.97	167.14	218.10	239.07	219.50	201.19
广 西	42.97	165.01	259.53	355.36	521.00	560.55	669.71	765.21	900.02	1045.96	1201.38
重 庆	97.91	240.23	342.18	490.91	712.59	788.75	908.07	1108.01	1208.13	1324.52	1414.38
四 川	156.54	310.75	466.33	599.75	836.19	966.29	1145.72	1339.61	1508.28	1653.51	1780.39
贵 州	29.69	112.15	137.78	177.43	273.61	315.52	377.16	395.31	452.49	513.57	548.75
云 南	40.41	144.99	210.93	286.74	384.00	441.81	539.39	660.58	735.98	848.97	977.74
西 藏	—	—	0.23	1.55	1.67	4.01	6.35	8.34	11.15	13.02	13.21
陕 西	33.14	86.64	133.24	199.97	354.38	394.99	460.06	542.94	616.83	656.66	760.42
甘 肃	6.72	17.20	27.36	48.18	75.36	94.91	118.85	173.46	196.36	218.01	236.82
青 海	—	1.45	14.98	27.43	53.02	67.22	73.04	80.35	85.82	95.29	97.49
宁 夏	0.20	1.23	10.14	18.20	28.70	39.85	52.01	67.11	72.38	79.55	81.45
新 疆	0.31	3.95	11.76	25.30	40.88	80.95	103.94	120.30	165.64	192.69	197.87
东北地区	**31.55**	**217.78**	**337.54**	**534.33**	**854.21**	**1026.90**	**1203.55**	**1423.57**	**1559.63**	**1662.30**	**1694.62**
辽 宁	31.55	211.92	302.16	383.03	609.95	717.08	808.57	946.35	1036.39	1088.27	1104.83
吉 林	—	2.09	9.42	92.47	136.63	176.37	238.84	269.67	293.28	309.45	311.80
黑龙江	—	3.77	25.96	58.83	107.63	133.46	156.14	207.55	229.96	264.58	277.98

数据来源：国家统计局。

（三）各地区房地产开发企业实际到位资金数据

表 3-12　2015—2019 年全国及各地区房地产开发企业实际到位资金

单位：亿元

地　区	2015 年	2016 年	2017 年	2018 年	2019 年
全　国	**125203.06**	**144214.05**	**156052.62**	**165962.89**	**178608.59**
东部地区	**70690.93**	**85029.70**	**89820.88**	**93382.31**	**100478.62**
北　京	7282.11	8051.29	6988.28	5726.70	5672.52
天　津	3208.66	4397.22	4366.66	3941.31	4377.94
河　北	4666.67	5102.36	5184.96	4784.39	5036.44
上　海	5531.86	6408.78	5384.65	5330.46	5444.69
江　苏	12039.99	15501.08	16563.47	17798.46	19874.24
浙　江	8675.58	10859.57	13034.21	14248.78	15343.55
福　建	5639.33	6067.78	6426.29	6551.03	6873.76
山　东	7342.90	8596.12	9472.45	10908.02	12341.73
广　东	14164.30	17666.05	19155.68	21722.28	23908.05
海　南	2139.51	2379.45	3244.23	2370.89	1605.69
中部地区	**22078.61**	**26734.73**	**30530.55**	**32982.70**	**34591.69**
山　西	1442.67	1588.02	1677.54	1804.99	2159.42
安　徽	4990.78	6209.27	7636.98	8203.27	8420.00
江　西	2101.33	2517.95	2923.34	3169.65	3420.57
河　南	5076.92	6558.25	7090.57	7128.38	7918.28
湖　北	4880.42	5696.35	6438.19	7364.34	6824.77
湖　南	3586.49	4164.90	4763.93	5312.08	5848.64
西部地区	**25769.04**	**27052.17**	**30126.89**	**33509.84**	**37020.35**
内蒙古	1196.07	1173.88	1021.53	1065.19	1381.50
广　西	2339.29	3159.72	3518.04	3989.51	5053.89
重　庆	5024.58	5006.57	5755.97	6685.28	5952.87
四　川	6079.00	6635.69	7430.97	8160.71	9349.72
贵　州	2248.27	2179.27	2296.50	2662.13	2939.41
云　南	2850.09	2590.37	2808.18	2969.57	3764.38
西　藏	43.93	53.80	53.58	95.50	110.50
陕　西	2815.01	3071.81	3886.58	4563.76	4911.22
甘　肃	939.65	1011.47	1158.01	1158.74	1246.58
青　海	361.04	423.25	412.02	335.32	445.68
宁　夏	737.39	678.74	678.50	582.16	581.76
新　疆	1134.72	1067.61	1107.01	1241.98	1282.83
东北地区	**6664.49**	**5397.44**	**5574.30**	**6088.03**	**6517.94**
辽　宁	4231.78	3080.81	3285.12	3373.31	3689.73
吉　林	1211.74	1254.99	1090.05	1427.74	1585.86
黑龙江	1220.96	1061.64	1199.12	1286.98	1242.35

数据来源：国家统计局。

表 3-13　2019 年全国及各地区房地产开发企业实际到位资金（月度累计）

单位：亿元

地　区	1—2 月	1—3 月	1—4 月	1—5 月	1—6 月	1—7 月	1—8 月	1—9 月	1—10 月	1—11 月	1—12 月
全　国	**24497. 31**	**38948. 05**	**52466. 37**	**66688. 61**	**84965. 52**	**99800. 46**	**113723. 66**	**130570. 72**	**145150. 55**	**160531. 20**	**178608. 59**
东部地区	**14401. 37**	**22670. 69**	**30391. 04**	**38403. 32**	**48328. 19**	**56544. 73**	**63986. 67**	**73253. 94**	**81152. 65**	**89884. 11**	**100478. 62**
北　京	706. 86	1243. 40	1602. 83	2082. 36	2727. 10	3082. 14	3336. 68	3820. 59	4298. 36	4892. 65	5672. 52
天　津	506. 98	995. 85	1331. 71	1737. 02	2171. 55	2516. 17	2867. 46	3429. 45	3734. 88	4057. 54	4377. 94
河　北	425. 37	859. 45	1247. 08	1643. 66	2362. 18	2857. 90	3284. 65	3800. 31	4218. 08	4641. 99	5036. 44
上　海	943. 11	1427. 57	1817. 78	2149. 11	2506. 25	2917. 98	3420. 69	3918. 88	4346. 92	4879. 85	5444. 69
江　苏	2783. 50	4648. 33	6177. 09	7728. 78	9572. 19	11259. 74	12967. 78	14726. 64	16293. 44	17877. 04	19874. 24
浙　江	1906. 70	2947. 24	4216. 65	5510. 21	7093. 49	8439. 38	9446. 98	10809. 23	12083. 49	13490. 95	15343. 55
福　建	1067. 92	1653. 28	2195. 74	2699. 69	3328. 06	3877. 64	4413. 60	5092. 59	5633. 78	6242. 61	6873. 76
山　东	1816. 18	2656. 86	3696. 37	4770. 34	5948. 83	7114. 35	8137. 91	9298. 68	10090. 34	11129. 62	12341. 73
广　东	3811. 78	5692. 03	7428. 78	9293. 12	11689. 43	13454. 81	15008. 74	17189. 00	19190. 48	21280. 56	23908. 05
海　南	432. 98	546. 68	677. 01	789. 00	929. 11	1024. 61	1102. 18	1168. 57	1262. 87	1391. 31	1605. 69
中部地区	**4759. 28**	**7472. 67**	**10095. 81**	**12850. 06**	**16470. 04**	**19423. 82**	**22248. 17**	**25427. 19**	**28358. 95**	**31222. 98**	**34591. 69**
山　西	150. 21	293. 44	453. 83	649. 40	933. 07	1110. 89	1294. 99	1555. 38	1763. 59	1981. 07	2159. 42
安　徽	1312. 83	1950. 92	2631. 31	3378. 82	4271. 24	5014. 43	5637. 84	6436. 06	7078. 06	7711. 96	8420. 00
江　西	467. 92	730. 35	993. 69	1238. 65	1584. 30	1897. 33	2269. 62	2557. 05	2858. 62	3119. 39	3420. 57
河　南	847. 66	1450. 93	2119. 83	2776. 44	3597. 09	4247. 08	4896. 88	5585. 59	6291. 22	7018. 48	7918. 28
湖　北	1173. 63	1826. 57	2262. 27	2749. 71	3422. 36	4021. 29	4510. 10	5117. 00	5671. 47	6196. 09	6824. 77
湖　南	807. 04	1220. 46	1634. 88	2057. 05	2661. 98	3132. 81	3638. 75	4176. 11	4695. 99	5195. 99	5848. 64
西部地区	**4865. 29**	**7838. 87**	**10501. 56**	**13340. 76**	**17183. 48**	**20204. 37**	**23138. 95**	**26715. 78**	**29927. 18**	**33233. 42**	**37020. 35**
内蒙古	55. 69	146. 52	228. 93	347. 14	495. 89	675. 64	867. 10	1076. 66	1230. 67	1319. 62	1381. 50
广　西	679. 59	1035. 96	1348. 65	1751. 52	2316. 29	2696. 30	3081. 35	3486. 96	3910. 29	4373. 35	5053. 89
重　庆	1129. 76	1688. 50	2137. 46	2580. 56	3129. 55	3622. 46	3963. 87	4445. 31	4936. 85	5372. 19	5952. 87
四　川	1410. 01	2227. 23	2972. 47	3660. 44	4595. 14	5259. 49	5981. 52	6832. 87	7561. 79	8310. 18	9349. 72
贵　州	384. 88	630. 92	818. 99	1031. 37	1355. 46	1583. 40	1823. 25	2062. 40	2331. 40	2614. 61	2939. 41
云　南	341. 39	577. 30	925. 39	1214. 05	1535. 79	1809. 90	2151. 88	2583. 75	2913. 37	3332. 86	3764. 38
西　藏	42. 03	54. 78	31. 83	49. 77	59. 73	64. 01	74. 59	83. 99	96. 17	104. 23	110. 50
陕　西	543. 17	984. 69	1299. 89	1682. 75	2295. 40	2759. 17	3130. 97	3636. 35	4074. 79	4523. 48	4911. 22
甘　肃	120. 17	213. 91	284. 51	388. 69	546. 17	669. 03	775. 74	941. 68	1037. 41	1177. 14	1246. 58
青　海	24. 14	40. 95	93. 22	119. 16	185. 57	226. 29	260. 59	300. 11	358. 31	413. 83	445. 68
宁　夏	49. 99	95. 67	141. 45	181. 10	232. 81	284. 01	335. 30	396. 31	453. 90	515. 17	581. 76
新　疆	84. 45	142. 44	218. 76	334. 20	435. 70	554. 69	692. 79	869. 39	1022. 24	1176. 77	1282. 83
东北地区	**471. 36**	**965. 81**	**1477. 95**	**2094. 47**	**2983. 81**	**3627. 55**	**4349. 87**	**5173. 82**	**5711. 78**	**6190. 68**	**6517. 94**
辽　宁	344. 97	655. 15	948. 95	1285. 27	1779. 60	2138. 96	2507. 20	2953. 38	3232. 22	3487. 24	3689. 73
吉　林	59. 16	170. 13	302. 93	474. 66	666. 34	822. 12	1063. 23	1248. 32	1378. 27	1525. 06	1585. 86
黑龙江	67. 23	140. 54	226. 07	334. 54	537. 87	666. 47	779. 45	972. 12	1101. 29	1178. 37	1242. 35

数据来源：国家统计局。

表 3-14 2015—2019 年全国及各地区房地产开发企业到位资金国内贷款

单位：亿元

地 区	2015 年	2016 年	2017 年	2018 年	2019 年
全 国	**20214.38**	**21512.40**	**25241.76**	**24004.52**	**25228.77**
东部地区	**12767.84**	**13741.98**	**16630.58**	**16164.91**	**16837.79**
北 京	1970.97	2148.48	1947.08	1657.07	1346.23
天 津	954.00	1066.99	1186.03	822.89	840.35
河 北	456.70	456.10	532.68	580.38	594.27
上 海	1516.59	1446.18	1393.78	1326.02	1366.59
江 苏	1877.93	2299.18	3029.54	2841.45	3091.16
浙 江	1274.79	1541.37	2052.03	2279.24	2586.11
福 建	846.73	808.76	780.62	856.00	822.32
山 东	952.50	1012.41	1186.09	1280.11	1680.45
广 东	2577.81	2559.13	4083.46	4236.05	4345.34
海 南	339.83	403.36	439.26	285.70	164.97
中部地区	**2639.28**	**3301.24**	**4039.62**	**3684.66**	**3794.79**
山 西	108.82	98.33	150.38	132.49	147.59
安 徽	564.23	657.62	965.77	796.46	826.16
江 西	230.82	291.73	419.81	360.14	418.74
河 南	475.69	698.56	897.12	665.70	659.20
湖 北	777.89	1031.66	976.97	1151.96	1065.73
湖 南	481.83	523.34	629.58	577.91	677.37
西部地区	**3948.55**	**3785.79**	**3980.91**	**3690.84**	**4088.67**
内蒙古	97.51	74.80	78.28	60.34	78.81
广 西	332.04	468.38	486.62	504.84	693.27
重 庆	1033.07	1012.91	917.21	1085.29	1036.89
四 川	916.21	751.74	890.39	887.36	1118.17
贵 州	220.30	201.46	149.60	128.31	101.44
云 南	528.40	453.50	487.01	312.31	291.94
西 藏	1.20	1.00	16.11	5.81	16.95
陕 西	372.82	379.56	495.42	386.38	372.99
甘 肃	153.02	179.05	227.04	131.91	182.70
青 海	72.94	71.58	70.09	45.54	43.69
宁 夏	96.59	96.80	70.10	58.69	64.52
新 疆	124.46	95.00	93.03	84.04	87.31
东北地区	**858.71**	**683.38**	**590.65**	**464.12**	**507.52**
辽 宁	551.43	451.39	381.33	273.99	359.95
吉 林	180.82	141.45	105.55	65.50	56.16
黑龙江	126.46	90.54	103.77	124.63	91.41

数据来源：国家统计局。

表 3-15　2019 年全国及各地区房地产开发企业到位资金国内贷款（月度累计）

单位：亿元

地　区	1—2 月	1—3 月	1—4 月	1—5 月	1—6 月	1—7 月	1—8 月	1—9 月	1—10 月	1—11 月	1—12 月
全　国	**4976.33**	**7133.82**	**8954.79**	**10761.64**	**13329.68**	**15377.40**	**17321.83**	**19689.33**	**21287.79**	**23012.61**	**25228.77**
东部地区	**3233.29**	**4683.92**	**5926.23**	**7200.90**	**8813.39**	**10206.40**	**11553.25**	**13108.64**	**14118.96**	**15292.64**	**16837.79**
北　京	217.95	410.11	515.52	665.39	825.79	835.25	885.08	974.92	1037.67	1191.01	1346.23
天　津	113.27	206.73	279.05	393.93	439.89	540.85	599.89	718.49	758.30	811.73	840.35
河　北	72.37	113.01	150.02	202.25	295.77	358.70	397.23	460.61	515.04	558.54	594.27
上　海	344.17	499.63	560.10	608.46	709.64	756.13	936.60	1068.00	1153.69	1235.49	1366.59
江　苏	620.52	956.19	1167.91	1331.30	1631.41	1931.61	2113.13	2393.09	2595.71	2775.56	3091.16
浙　江	427.53	601.87	853.04	1103.45	1348.52	1544.67	1709.40	1927.45	2071.55	2271.16	2586.11
福　建	166.27	226.54	287.67	390.30	471.16	529.55	583.88	667.32	709.76	782.42	822.32
山　东	373.77	430.96	560.88	684.36	891.85	1104.41	1229.41	1362.57	1440.46	1523.32	1680.45
广　东	844.46	1179.43	1477.43	1735.75	2102.92	2503.27	2982.02	3411.85	3705.75	3998.94	4345.34
海　南	52.97	59.45	74.61	85.72	96.43	101.97	116.60	124.32	131.02	144.49	164.97
中部地区	**783.03**	**1054.64**	**1331.43**	**1581.36**	**2028.60**	**2345.44**	**2588.58**	**2951.20**	**3257.14**	**3484.71**	**3794.79**
山　西	21.67	34.62	48.23	51.30	68.11	78.12	84.21	96.93	122.78	127.70	147.59
安　徽	141.04	194.99	274.01	315.31	426.98	504.31	535.96	627.04	701.63	761.13	826.16
江　西	39.98	75.66	106.52	125.98	198.78	254.48	308.28	328.24	360.53	374.67	418.74
河　南	117.13	148.84	188.07	229.23	292.17	337.26	421.86	477.98	533.57	597.24	659.20
湖　北	322.08	407.71	482.80	576.26	708.44	793.43	795.15	909.15	981.39	1025.19	1065.73
湖　南	141.14	192.81	231.80	283.29	334.13	377.84	443.13	511.85	557.24	598.77	677.37
西部地区	**894.23**	**1270.54**	**1514.42**	**1771.00**	**2219.05**	**2499.95**	**2786.33**	**3175.14**	**3441.71**	**3748.50**	**4088.67**
内蒙古	8.13	13.03	23.80	26.85	36.51	44.17	59.21	68.23	72.80	82.80	78.81
广　西	151.47	201.40	199.69	241.07	346.67	404.30	456.08	485.95	528.71	596.86	693.27
重　庆	291.60	407.08	473.78	512.02	583.54	685.96	728.55	793.47	892.34	964.15	1036.89
四　川	203.69	317.83	430.30	522.31	651.94	684.15	774.84	887.95	949.00	1028.82	1118.17
贵　州	27.76	42.77	46.60	55.22	70.06	69.71	72.50	82.99	89.38	95.51	101.44
云　南	56.82	62.00	80.63	87.36	129.26	141.50	169.10	213.08	237.41	251.12	291.94
西　藏	4.12	7.92	8.91	11.18	14.44	14.44	16.24	16.24	16.85	16.95	16.95
陕　西	96.11	126.87	141.89	177.87	203.72	231.28	259.10	332.26	330.59	350.17	372.99
甘　肃	32.31	56.49	64.88	79.54	109.10	128.88	136.83	158.18	164.47	181.74	182.70
青　海	4.55	6.12	7.69	8.89	10.27	16.59	19.38	28.35	36.45	40.94	43.69
宁　夏	6.46	10.73	14.65	16.03	24.04	32.68	39.05	44.13	49.20	54.64	64.52
新　疆	11.20	18.28	21.62	32.65	39.50	46.30	55.45	64.32	74.51	84.80	87.31
东北地区	**65.78**	**124.73**	**182.71**	**208.37**	**268.64**	**325.61**	**393.66**	**454.35**	**469.97**	**486.76**	**507.52**
辽　宁	50.67	81.58	116.10	136.81	182.52	225.64	280.95	324.63	343.51	354.34	359.95
吉　林	8.73	18.28	24.15	28.00	32.10	40.16	49.16	53.49	55.53	58.45	56.16
黑龙江	6.38	24.87	42.47	43.56	54.02	59.81	63.56	76.23	70.93	73.97	91.41

数据来源：国家统计局

表 3-16　2015—2019 年全国及各地区房地产开发企业到位资金利用外资

单位：亿元

地　区	2015 年	2016 年	2017 年	2018 年	2019 年
全　国	**296.53**	**140.44**	**168.19**	**107.98**	**175.72**
东部地区	**160.30**	**89.72**	**146.17**	**103.41**	**128.13**
北　京	5.75	1.00	18.48	—	1.78
天　津	6.54	2.05	0.02	—	17.00
河　北	2.31	1.71	2.01	0.04	—
上　海	33.92	2.31	5.22	0.11	6.35
江　苏	44.91	8.29	29.07	63.55	31.20
浙　江	15.65	32.33	13.15	3.64	1.77
福　建	7.98	1.57	18.28	3.58	22.57
山　东	15.25	10.22	5.05	19.21	34.25
广　东	26.65	30.23	52.66	13.28	13.21
海　南	1.35	—	2.24	—	—
中部地区	**11.99**	**16.95**	**3.50**	**0.00**	**15.66**
山　西	—	—	—	—	—
安　徽	1.02	13.69	1.36	—	4.52
江　西	6.14	0.70	—	0.00	0.09
河　南	3.22	1.76	0.99	—	0.72
湖　北	0.90	0.80	1.15	—	10.33
湖　南	0.71	0.01	—	—	—
西部地区	**85.29**	**30.14**	**14.50**	**4.28**	**24.65**
内蒙古	—	—	—	—	0.09
广　西	1.57	—	0.34	0.05	0.91
重　庆	65.90	29.06	9.32	3.19	1.50
四　川	0.97	0.88	0.55	0.17	6.55
贵　州	0.85	—	—	0.07	—
云　南	9.67	0.19	4.08	0.80	15.41
西　藏	—	—	—	—	—
陕　西	6.32	—	0.22	—	—
甘　肃	—	—	—	—	—
青　海	—	—	—	—	—
宁　夏	—	—	—	—	—
新　疆	—	—	—	—	0.19
东北地区	**38.95**	**3.63**	**4.02**	**0.29**	**7.29**
辽　宁	37.61	2.71	4.02	0.28	5.81
吉　林	0.02	0.02	—	0.01	0.01
黑龙江	1.32	0.90	—	—	1.47

数据来源：国家统计局。

表 3-17　2019 年全国及各地区房地产开发企业到位资金利用外资（月度累计）

单位：亿元

地　区	1—2 月	1—3 月	1—4 月	1—5 月	1—6 月	1—7 月	1—8 月	1—9 月	1—10 月	1—11 月	1—12 月
全　国	**52.18**	**33.29**	**33.84**	**29.68**	**42.66**	**61.33**	**81.15**	**103.58**	**131.37**	**161.22**	**175.72**
东部地区	**39.40**	**14.91**	**20.80**	**18.78**	**27.42**	**31.87**	**46.82**	**65.62**	**90.44**	**114.86**	**128.13**
北　京	1.78	1.78	1.78	1.78	1.78	1.78	1.78	1.78	1.78	1.78	1.78
天　津	—	—	—	—	—	—	—	17.00	17.00	17.00	17.00
河　北	—	—	—	—	—	—	—	—	—	—	—
上　海	—	1.75	2.68	2.68	4.17	3.39	3.39	3.39	3.39	6.35	6.35
江　苏	5.69	4.79	7.49	8.22	12.53	15.55	26.33	27.06	28.75	30.83	31.20
浙　江	3.17	2.51	4.43	0.31	0.62	1.03	1.41	1.45	1.45	1.77	1.77
福　建	1.66	1.75	1.82	1.93	2.02	2.13	5.06	5.21	22.20	22.38	22.57
山　东	25.74	0.38	0.38	0.38	1.90	1.90	1.93	1.90	5.70	22.43	34.25
广　东	1.35	1.95	2.22	3.49	4.41	6.10	6.93	7.84	10.18	12.32	13.21
海　南	—	—	—	—	—	—	—	—	—	—	—
中部地区	**2.67**	**3.60**	**1.09**	**1.12**	**1.15**	**0.90**	**7.36**	**8.74**	**10.94**	**14.79**	**15.66**
山　西	0.01	0.04	—	—	—	—	—	—	—	0.04	—
安　徽	—	—	—	—	—	—	—	—	—	3.70	4.52
江　西	0.60	0.60	0.60	0.60	0.60	0.30	—	—	—	—	0.09
河　南	—	—	—	—	—	—	—	—	0.62	0.72	0.72
湖　北	0.44	0.39	0.49	0.52	0.55	0.60	7.36	8.71	10.33	10.33	10.33
湖　南	1.61	2.57	—	—	—	—	—	0.03	—	—	—
西部地区	**9.73**	**13.65**	**9.79**	**6.80**	**10.23**	**23.68**	**21.35**	**22.73**	**22.99**	**24.29**	**24.65**
内蒙古	0.02	0.03	0.03	0.03	0.05	3.95	0.07	0.58	0.58	0.59	0.09
广　西	1.53	0.49	0.58	0.62	0.04	—	—	—	0.01	—	0.91
重　庆	0.36	0.85	1.66	1.10	1.10	1.10	1.13	1.13	1.13	1.50	1.50
四　川	4.51	4.66	4.57	0.30	2.85	5.55	5.55	5.55	5.55	6.55	6.55
贵　州	0.51	—	—	—	—	—	—	—	—	—	—
云　南	1.23	2.90	2.94	4.74	6.19	13.06	14.56	15.41	15.41	15.41	15.41
西　藏	—	—	—	—	—	—	—	—	—	0.05	—
陕　西	1.55	4.71	—	—	—	—	—	—	0.20	—	—
甘　肃	—	—	—	—	—	—	—	—	—	—	—
青　海	—	—	—	—	—	—	—	—	—	—	—
宁　夏	0.01	0.01	—	—	—	—	—	—	—	—	—
新　疆	0.02	0.02	0.02	0.02	0.02	0.02	0.04	0.06	0.11	0.19	0.19
东北地区	**0.38**	**1.13**	**2.15**	**2.98**	**3.86**	**4.90**	**5.62**	**6.49**	**6.99**	**7.29**	**7.29**
辽　宁	0.38	0.93	1.56	2.21	2.88	3.42	4.14	5.02	5.52	5.81	5.81
吉　林	—	0.01	0.01	0.01	0.01	0.01	0.01	0.01	0.01	0.01	0.01
黑龙江	—	0.20	0.58	0.77	0.97	1.47	1.47	1.47	1.47	1.47	1.47

数据来源：国家统计局。

表 3-18　2015—2019 年全国及各地区房地产开发企业到位资金自筹资金

单位：亿元

地　区	2015 年	2016 年	2017 年	2018 年	2019 年
全　国	**49037.56**	**49132.85**	**50872.22**	**55830.65**	**58157.84**
东部地区	**24475.85**	**25031.85**	**26075.61**	**29568.40**	**30392.25**
北　京	2277.20	1978.50	1732.12	1534.85	1205.02
天　津	932.39	899.63	783.86	1073.90	1277.38
河　北	3099.11	3224.49	3133.32	2834.91	2556.61
上　海	1519.99	1490.78	1549.20	1896.42	1806.70
江　苏	3416.80	3172.21	3278.81	4220.67	4491.33
浙　江	2659.44	2672.05	3485.93	4503.43	4273.43
福　建	2300.58	2263.99	2321.35	2660.60	2871.84
山　东	3328.96	3451.65	3431.76	3657.65	3995.64
广　东	3933.40	4844.00	5341.58	6292.10	7218.31
海　南	1007.98	1034.56	1017.68	893.86	696.01
中部地区	**9960.13**	**10584.35**	**11824.45**	**12394.90**	**12875.06**
山　西	809.31	811.06	652.23	680.84	976.24
安　徽	1860.13	1906.23	2686.50	2399.71	2446.04
江　西	730.78	790.71	760.26	868.53	887.38
河　南	2956.20	3671.81	4171.17	4418.06	4635.67
湖　北	2357.67	2175.22	2257.39	2503.70	2094.25
湖　南	1246.05	1229.32	1296.89	1524.05	1835.50
西部地区	**11043.87**	**11030.16**	**10825.28**	**11522.64**	**12274.69**
内蒙古	838.47	815.14	579.06	586.36	629.51
广　西	823.72	1115.04	1065.01	1067.83	1422.94
重　庆	1666.53	1488.38	1482.81	1641.94	1162.39
四　川	2645.83	2679.98	2779.07	2933.34	3039.82
贵　州	898.35	834.77	779.40	823.45	1084.77
云　南	1337.54	1157.71	1172.89	983.33	1262.53
西　藏	28.70	36.85	17.51	68.47	58.75
陕　西	1405.06	1550.64	1631.29	2146.52	2253.89
甘　肃	429.93	456.50	436.04	448.07	530.07
青　海	153.80	197.17	199.13	127.37	206.90
宁　夏	323.68	260.03	241.57	162.12	125.89
新　疆	492.26	437.97	441.52	533.83	497.24
东北地区	**3557.71**	**2486.49**	**2146.88**	**2344.71**	**2615.84**
辽　宁	2269.32	1351.14	1116.37	1129.19	1375.43
吉　林	557.72	583.16	445.14	663.55	649.20
黑龙江	730.67	552.19	585.37	551.97	591.21

数据来源：国家统计局。

表 3-19 2019 年全国及各地区房地产开发企业到位资金自筹资金（月度累计）

单位：亿元

地 区	1—2 月	1—3 月	1—4 月	1—5 月	1—6 月	1—7 月	1—8 月	1—9 月	1—10 月	1—11 月	1—12 月
全 国	**7279.10**	**11794.59**	**15687.02**	**20276.11**	**26730.65**	**31031.63**	**36035.57**	**42023.80**	**46996.30**	**52511.27**	**58157.84**
东部地区	**3962.12**	**6278.51**	**8410.70**	**10760.33**	**13993.62**	**16028.29**	**18635.64**	**21718.14**	**24198.22**	**27175.37**	**30392.25**
北 京	211.90	315.63	336.15	409.09	597.81	668.91	623.92	799.13	877.34	1025.60	1205.02
天 津	132.61	338.63	407.11	473.25	642.96	699.05	788.45	932.63	1061.06	1197.17	1277.38
河 北	159.21	376.81	585.06	789.51	1228.01	1463.42	1713.57	1970.75	2179.89	2396.70	2556.61
上 海	321.46	464.86	633.85	731.88	841.10	1001.67	1147.99	1320.80	1411.31	1612.37	1806.70
江 苏	595.07	1058.17	1413.66	1824.31	2190.15	2514.22	3035.96	3485.77	3850.03	4240.24	4491.33
浙 江	494.61	715.46	1018.41	1303.69	1760.30	2069.04	2346.92	2836.73	3233.14	3645.60	4273.43
福 建	411.23	657.82	829.33	1029.48	1302.24	1538.79	1749.93	2027.37	2308.45	2591.97	2871.84
山 东	540.71	863.28	1243.73	1610.91	1967.28	2270.49	2564.65	2952.38	3151.70	3579.62	3995.64
广 东	914.44	1264.07	1673.11	2286.47	3092.61	3394.29	4202.77	4880.26	5578.50	6269.52	7218.31
海 南	180.87	223.77	270.29	301.73	371.15	408.41	461.49	512.33	546.81	616.58	696.01
中部地区	**1642.60**	**2696.51**	**3555.82**	**4594.86**	**6023.52**	**7039.89**	**8053.75**	**9271.45**	**10418.46**	**11593.63**	**12875.06**
山 西	48.33	107.88	185.19	287.31	431.02	507.03	600.60	740.49	821.75	939.99	976.24
安 徽	388.33	539.39	690.88	894.82	1189.92	1387.96	1569.87	1849.62	2043.74	2235.86	2446.04
江 西	165.13	233.96	289.82	353.09	447.29	521.72	603.37	651.00	739.52	807.03	887.38
河 南	440.25	808.95	1149.17	1558.07	2051.89	2429.56	2789.17	3208.60	3613.88	4081.30	4635.67
湖 北	369.76	664.83	801.34	929.23	1135.87	1288.26	1430.99	1588.38	1771.42	1919.19	2094.25
湖 南	230.80	341.50	439.43	572.35	767.53	905.35	1059.74	1233.36	1428.15	1610.26	1835.50
西部地区	**1559.28**	**2548.80**	**3268.22**	**4216.98**	**5594.67**	**6571.11**	**7644.95**	**8937.16**	**10060.87**	**11222.46**	**12274.69**
内蒙古	16.10	50.09	99.52	170.58	254.22	349.19	465.92	594.38	651.18	643.58	629.51
广 西	129.01	236.22	334.15	461.79	633.31	721.79	850.50	959.93	1099.03	1225.23	1422.94
重 庆	321.08	411.63	467.35	542.59	638.41	740.50	786.27	892.46	964.63	1054.11	1162.39
四 川	503.02	784.61	974.67	1191.27	1515.69	1753.37	1998.98	2270.35	2532.17	2775.85	3039.82
贵 州	124.73	209.97	270.06	346.93	460.14	532.19	606.56	708.55	806.58	955.86	1084.77
云 南	122.79	218.76	285.70	370.38	472.07	555.29	692.05	822.85	934.32	1136.22	1262.53
西 藏	34.62	40.34	14.55	25.92	31.31	33.29	40.86	45.79	48.88	56.91	58.75
陕 西	237.73	466.71	600.52	774.14	1089.84	1253.88	1425.09	1668.83	1896.91	2094.05	2253.89
甘 肃	32.57	66.43	89.00	134.57	204.90	258.08	312.44	392.88	442.70	494.51	530.07
青 海	6.54	11.10	49.99	60.00	103.94	120.40	135.70	149.91	170.78	197.44	206.90
宁 夏	10.74	22.96	32.81	46.98	59.24	67.56	79.55	95.47	109.17	120.04	125.89
新 疆	20.36	30.00	49.90	91.82	131.60	185.58	251.02	335.76	404.53	468.65	497.24
东北地区	**115.10**	**270.77**	**452.27**	**703.94**	**1118.83**	**1392.34**	**1701.24**	**2097.05**	**2318.74**	**2519.82**	**2615.84**
辽 宁	88.61	200.35	308.72	417.97	650.21	797.93	915.11	1127.94	1221.68	1313.37	1375.43
吉 林	7.21	32.21	72.70	148.74	236.21	307.94	443.82	516.43	582.31	634.24	649.20
黑龙江	19.27	38.21	70.85	137.23	232.41	286.47	342.31	452.68	514.76	572.21	591.21

数据来源：国家统计局。

表 3-20　2015—2019 年全国及各地区房地产开发企业到位资金其他资金

单位：亿元

地　区	2015 年	2016 年	2017 年	2018 年	2019 年
全　国	**55654.60**	**73428.37**	**79770.46**	**86019.74**	**95046.25**
东部地区	**33286.93**	**46166.15**	**46968.53**	**47545.60**	**53120.45**
北　京	3028.19	3923.32	3290.60	2534.78	3119.51
天　津	1315.72	2428.54	2396.75	2044.50	2243.21
河　北	1108.55	1420.07	1516.96	1369.06	1885.57
上　海	2461.37	3469.51	2436.45	2107.91	2265.05
江　苏	6700.36	10021.40	10226.04	10672.79	12260.55
浙　江	4725.70	6613.82	7483.09	7462.46	8482.25
福　建	2484.05	2993.45	3306.04	3030.86	3157.04
山　东	3046.20	4121.84	4849.55	5951.06	6631.39
广　东	7626.44	10232.68	9677.98	11180.85	12331.19
海　南	790.36	941.53	1785.06	1191.34	744.72
中部地区	**9467.21**	**12832.19**	**14662.98**	**16903.14**	**17906.17**
山　西	524.53	678.64	874.94	991.66	1035.59
安　徽	2565.40	3631.73	3983.35	5007.11	5143.27
江　西	1133.59	1434.81	1743.27	1940.97	2114.37
河　南	1641.82	2186.12	2021.29	2044.62	2622.69
湖　北	1743.96	2488.67	3202.68	3708.68	3654.46
湖　南	1857.90	2412.23	2837.46	3210.12	3335.78
西部地区	**10691.34**	**12206.08**	**15306.20**	**18292.08**	**20632.33**
内蒙古	260.09	283.94	364.19	418.49	673.10
广　西	1181.96	1576.30	1966.06	2416.79	2936.78
重　庆	2259.07	2476.21	3346.63	3954.85	3752.09
四　川	2515.99	3203.09	3760.96	4339.84	5185.17
贵　州	1128.77	1143.04	1367.50	1710.29	1753.21
云　南	974.48	978.96	1144.21	1673.14	2194.51
西　藏	14.03	15.95	19.96	21.20	34.81
陕　西	1030.81	1141.62	1759.64	2030.86	2284.34
甘　肃	356.70	375.92	494.93	578.76	533.81
青　海	134.30	154.50	142.81	162.41	195.09
宁　夏	317.12	321.91	366.83	361.36	391.36
新　疆	518.00	534.63	572.47	624.10	698.09
东北地区	**2209.12**	**2223.94**	**2832.75**	**3278.91**	**3387.31**
辽　宁	1373.42	1275.57	1783.41	1969.85	1948.54
吉　林	473.19	530.37	539.36	698.67	880.50
黑龙江	362.51	418.00	509.98	610.39	558.26

数据来源：国家统计局。

注：其他资金包括定金及预收款、个人按揭贷款及其他到位资金。

表 3-21 2019 年全国及各地区房地产开发企业到位资金定金及预收款（月度累计）

单位：亿元

地 区	1—2 月	1—3 月	1—4 月	1—5 月	1—6 月	1—7 月	1—8 月	1—9 月	1—10 月	1—11 月	1—12 月
全 国	**7366.16**	**12303.22**	**17248.62**	**22395.49**	**28464.76**	**33980.07**	**38376.99**	**43876.55**	**49163.42**	**54482.19**	**61358.88**
东部地区	**4423.95**	**7523.88**	**10428.37**	**13479.17**	**17008.33**	**20259.34**	**22638.41**	**25780.55**	**28808.13**	**31928.67**	**36105.03**
北 京	209.95	411.93	613.96	802.51	1062.50	1290.17	1463.74	1649.18	1933.10	2160.13	2516.71
天 津	181.39	322.88	471.27	667.71	847.77	987.71	1134.68	1352.66	1443.49	1576.61	1791.26
河 北	120.81	242.69	346.56	444.09	574.27	711.70	820.50	955.16	1057.59	1167.54	1303.93
上 海	158.77	273.25	374.61	516.62	636.82	766.13	897.92	1046.96	1233.28	1409.82	1603.61
江 苏	884.55	1572.48	2169.74	2830.15	3620.20	4322.89	4948.79	5634.92	6280.52	6937.92	7996.24
浙 江	685.26	1140.66	1654.40	2196.74	2845.20	3445.94	3830.49	4299.97	4819.30	5377.19	5984.85
福 建	266.75	407.61	596.74	696.59	847.18	991.44	1135.01	1298.04	1427.67	1560.64	1740.22
山 东	618.06	927.42	1271.49	1682.59	2122.20	2554.21	2975.30	3387.54	3706.14	4049.37	4490.29
广 东	1129.45	2004.68	2654.71	3306.88	4067.97	4758.08	5013.63	5740.26	6450.92	7201.39	8095.78
海 南	168.97	220.28	274.90	335.29	384.24	431.07	418.36	415.87	456.12	488.06	582.14
中部地区	**1306.16**	**2077.37**	**2915.74**	**3770.45**	**4826.02**	**5796.42**	**6649.94**	**7622.81**	**8542.71**	**9442.33**	**10481.86**
山 西	51.82	91.77	138.06	196.44	262.79	324.65	378.09	440.70	517.87	583.10	640.46
安 徽	416.75	633.03	849.43	1112.23	1410.35	1677.11	1847.79	2113.03	2351.34	2579.49	2833.45
江 西	152.28	247.47	354.72	448.97	553.61	657.75	770.87	884.33	990.22	1089.11	1175.38
河 南	162.23	291.06	466.05	604.22	780.59	907.04	1034.21	1176.33	1332.07	1477.40	1657.96
湖 北	304.52	458.40	603.20	777.36	981.98	1231.40	1463.94	1674.26	1853.01	2053.32	2316.71
湖 南	218.56	355.64	504.28	631.22	836.70	998.46	1155.04	1334.16	1498.21	1659.91	1857.89
西部地区	**1452.76**	**2322.06**	**3362.56**	**4375.93**	**5598.75**	**6695.50**	**7646.11**	**8793.35**	**9948.06**	**11091.03**	**12618.97**
内蒙古	22.24	50.45	69.25	99.49	136.10	177.37	225.53	271.86	337.67	394.16	455.99
广 西	229.29	316.47	445.45	593.04	746.64	893.11	1008.16	1175.59	1321.12	1459.28	1683.76
重 庆	320.28	511.67	710.77	910.06	1136.61	1322.51	1465.30	1633.45	1834.28	1992.06	2257.76
四 川	463.47	736.68	1015.22	1260.88	1599.48	1852.37	2112.01	2416.99	2702.85	3010.04	3482.52
贵 州	111.98	184.29	245.47	303.52	402.47	479.72	558.62	625.30	698.90	757.17	849.61
云 南	76.01	137.79	281.45	409.90	519.73	628.89	735.04	870.71	986.32	1121.29	1275.96
西 藏	1.52	2.95	5.15	8.02	8.85	10.45	11.14	13.58	20.26	20.37	23.89
陕 西	135.47	240.19	348.13	456.60	609.12	785.55	883.88	1010.96	1150.73	1307.41	1442.95
甘 肃	35.16	54.48	80.00	107.82	144.21	175.20	202.08	244.98	266.80	307.55	325.18
青 海	7.13	13.56	21.66	32.75	44.75	56.80	69.06	78.94	100.41	114.37	127.98
宁 夏	19.37	18.60	54.01	70.62	94.36	119.84	142.00	169.43	203.01	235.40	272.23
新 疆	30.85	54.92	86.01	123.24	156.40	193.68	233.28	281.55	325.71	371.90	421.15
东北地区	**183.28**	**379.92**	**541.95**	**769.93**	**1031.66**	**1228.81**	**1442.51**	**1679.85**	**1864.52**	**2020.17**	**2153.03**
辽 宁	125.25	243.13	336.21	482.00	604.11	716.06	849.50	969.15	1074.67	1173.00	1267.86
吉 林	28.71	83.59	130.04	183.12	248.43	285.52	347.07	422.20	449.88	507.05	533.58
黑龙江	29.33	53.20	75.70	104.82	179.13	227.24	245.94	288.49	339.98	340.12	351.59

数据来源：国家统计局。

表 3-22　2019 年全国及各地区房地产开发企业到位资金个人按揭贷款（月度累计）

单位：亿元

地　区	1—2 月	1—3 月	1—4 月	1—5 月	1—6 月	1—7 月	1—8 月	1—9 月	1—10 月	1—11 月	1—12 月
全　国	**3458.38**	**5644.85**	**8031.42**	**10251.09**	**12806.08**	**15198.02**	**17448.56**	**19900.30**	**22137.10**	**24394.83**	**27281.03**
东部地区	**1816.43**	**2883.51**	**3985.00**	**5061.25**	**6298.49**	**7511.04**	**8606.94**	**9831.68**	**10951.11**	**12094.68**	**13516.24**
北　京	39.07	48.84	70.92	90.81	118.43	142.27	191.08	229.89	266.35	309.13	362.23
天　津	26.76	47.99	61.52	78.55	102.98	120.41	148.46	171.39	197.09	206.74	232.26
河　北	57.57	102.81	139.43	175.23	220.50	276.73	309.02	364.25	408.09	457.03	515.29
上　海	56.38	100.26	132.13	160.38	183.69	223.64	243.06	260.95	298.24	335.91	361.54
江　苏	492.80	787.12	1082.12	1339.79	1655.44	1954.92	2246.21	2549.95	2824.42	3108.02	3437.33
浙　江	240.40	402.45	574.98	766.14	956.32	1148.88	1284.54	1456.22	1631.90	1815.60	2075.65
福　建	152.88	250.65	350.13	447.78	541.51	634.61	727.74	835.21	939.34	1027.61	1131.46
山　东	184.63	304.08	432.37	572.15	727.65	896.46	1042.14	1208.69	1362.45	1503.10	1660.95
广　东	554.93	822.00	1118.79	1403.11	1760.53	2076.22	2371.12	2705.66	2965.32	3265.75	3664.46
海　南	11.00	17.32	22.62	27.31	31.44	36.90	43.56	49.46	57.91	65.79	75.09
中部地区	**823.80**	**1345.99**	**1923.02**	**2439.38**	**3079.66**	**3624.55**	**4153.74**	**4682.10**	**5159.54**	**5644.25**	**6269.07**
山　西	23.70	46.87	66.44	91.29	135.82	156.00	176.83	203.32	221.86	244.96	271.28
安　徽	308.31	490.64	678.86	868.28	1077.91	1238.71	1396.85	1530.36	1636.91	1758.40	1919.09
江　西	96.78	158.29	219.90	282.98	354.11	429.54	521.99	613.52	689.02	761.88	849.49
河　南	99.94	161.54	276.62	341.40	423.69	514.64	582.05	648.46	732.58	779.49	877.76
湖　北	135.04	229.93	308.89	389.94	492.42	582.71	667.20	781.54	878.08	995.54	1125.54
湖　南	160.03	258.73	372.32	465.50	595.72	702.95	808.82	904.90	1001.10	1103.97	1225.91
西部地区	**727.62**	**1258.24**	**1868.86**	**2401.44**	**2967.46**	**3510.36**	**4034.07**	**4617.15**	**5164.46**	**5700.67**	**6469.53**
内蒙古	6.08	19.20	23.81	34.18	47.85	72.30	83.80	97.08	115.08	127.01	154.96
广　西	130.04	210.65	294.78	380.10	471.06	547.93	622.40	702.01	780.47	878.04	979.11
重　庆	136.59	240.13	337.03	439.47	543.87	634.74	718.16	825.77	915.81	996.24	1120.59
四　川	181.73	307.22	462.57	589.95	711.83	827.93	951.77	1085.25	1193.21	1297.84	1499.49
贵　州	101.81	173.03	230.54	292.49	367.21	437.46	511.41	560.98	638.06	698.96	779.67
云　南	64.88	119.95	221.88	272.81	321.65	380.31	437.31	535.60	597.74	646.76	746.20
西　藏	0.95	2.74	2.37	2.93	3.61	4.07	4.30	6.33	8.19	7.90	8.86
陕　西	56.82	107.05	157.72	204.21	265.84	326.73	377.56	420.09	479.02	535.67	613.11
甘　肃	16.63	31.51	44.82	59.33	76.58	92.63	107.76	124.53	139.33	165.12	178.17
青　海	2.94	6.66	10.15	12.90	20.12	23.53	26.90	31.66	37.04	42.72	47.65
宁　夏	9.24	4.92	26.67	34.44	42.44	50.25	60.51	71.55	80.51	92.03	105.47
新　疆	19.92	35.17	56.53	78.63	95.41	112.50	132.11	156.30	180.03	212.37	236.26
东北地区	**90.52**	**157.10**	**254.53**	**349.02**	**460.46**	**552.08**	**653.81**	**769.38**	**861.99**	**955.23**	**1026.19**
辽　宁	68.44	108.42	159.86	212.52	273.35	319.20	368.86	432.20	472.74	523.87	561.00
吉　林	13.86	30.23	64.66	98.28	129.39	162.27	190.23	219.64	250.08	282.91	301.60
黑龙江	8.22	18.46	30.01	38.21	57.72	70.61	94.71	117.54	139.16	148.45	163.59

数据来源：国家统计局。

表 3-23 2019 年全国及各地区房地产开发企业到位资金其他到位资金（月度累计）

单位：亿元

地　区	1—2 月	1—3 月	1—4 月	1—5 月	1—6 月	1—7 月	1—8 月	1—9 月	1—10 月	1—11 月	1—12 月
全　国	**1365.17**	**2038.28**	**2510.68**	**2974.60**	**3591.68**	**4152.00**	**4459.57**	**4977.15**	**5434.58**	**5969.06**	**6406.34**
东部地区	**926.18**	**1285.98**	**1619.94**	**1882.88**	**2186.93**	**2507.80**	**2505.60**	**2749.31**	**2985.79**	**3277.90**	**3499.18**
北　京	26.20	55.11	64.50	112.80	120.78	143.75	171.09	165.69	182.13	205.01	240.57
天　津	52.94	79.62	112.77	123.58	137.94	168.17	195.97	237.27	257.94	248.30	219.69
河　北	15.41	24.13	26.01	32.58	43.63	47.35	44.32	49.53	57.48	62.17	66.35
上　海	62.33	87.82	114.41	129.08	130.83	167.01	191.73	218.78	247.01	279.92	299.90
江　苏	184.86	269.58	336.17	395.02	462.47	520.55	597.36	635.85	714.02	784.47	826.98
浙　江	55.73	84.30	111.40	139.88	182.53	229.83	274.22	287.41	326.15	379.63	421.75
福　建	69.13	108.91	130.06	133.61	163.95	181.13	211.99	259.44	226.35	257.60	285.36
山　东	73.26	130.74	187.53	219.95	237.95	286.88	324.49	385.61	423.88	451.77	480.15
广　东	367.14	419.90	502.51	557.41	661.00	716.85	432.27	443.13	479.81	532.63	570.95
海　南	19.17	25.87	34.60	38.96	45.85	46.26	62.17	66.60	71.01	76.40	87.49
中部地区	**201.01**	**294.57**	**368.70**	**462.88**	**511.08**	**616.63**	**794.80**	**890.91**	**970.15**	**1043.27**	**1155.24**
山　西	4.67	12.26	15.91	23.06	35.33	45.09	55.25	73.94	79.34	85.27	123.85
安　徽	58.40	92.87	138.14	188.18	166.08	206.34	287.36	316.02	344.45	373.38	390.73
江　西	13.14	14.38	22.12	27.04	29.91	33.53	65.12	79.95	79.34	86.70	89.50
河　南	28.11	40.54	39.93	43.51	48.76	58.58	69.58	74.22	78.50	82.32	86.97
湖　北	41.80	65.32	65.55	76.40	103.11	124.88	145.46	154.96	177.24	192.51	212.21
湖　南	54.90	69.21	87.06	104.68	127.89	148.20	172.02	191.82	211.28	223.08	251.98
西部地区	**221.67**	**425.58**	**477.70**	**568.62**	**793.32**	**903.77**	**1006.14**	**1170.24**	**1289.08**	**1446.48**	**1543.83**
内蒙古	3.12	13.72	12.53	16.02	21.16	28.65	32.50	44.53	53.35	71.48	62.15
广　西	38.27	70.73	74.00	74.89	118.58	129.17	144.20	163.48	180.96	213.93	273.91
重　庆	59.86	117.14	146.88	175.33	226.00	237.65	264.46	299.03	328.66	364.13	373.74
四　川	53.59	76.23	85.14	95.73	113.34	136.13	138.36	166.79	179.01	191.08	203.16
贵　州	18.09	20.86	26.33	33.21	55.58	64.32	74.16	84.58	98.48	107.11	123.93
云　南	19.66	35.89	52.81	68.87	86.89	90.84	103.82	126.10	142.17	162.06	172.35
西　藏	0.83	0.83	0.86	1.71	1.52	1.77	2.05	2.05	2.00	2.05	2.06
陕　西	15.48	39.15	51.62	69.94	126.87	161.73	185.33	204.21	217.35	236.18	228.28
甘　肃	3.51	5.00	5.81	7.43	11.39	14.25	16.64	21.10	24.13	28.21	30.46
青　海	2.99	3.52	3.73	4.62	6.49	8.97	9.55	11.26	13.63	18.34	19.46
宁　夏	4.17	38.46	13.32	13.04	12.73	13.67	14.18	15.72	12.01	13.05	13.66
新　疆	2.11	4.04	4.68	7.82	12.77	16.61	20.90	31.40	37.35	38.86	40.68
东北地区	**16.30**	**32.16**	**44.33**	**60.23**	**100.36**	**123.81**	**153.03**	**166.70**	**189.56**	**201.41**	**208.09**
辽　宁	11.62	20.74	26.49	33.76	66.54	76.71	88.63	94.44	114.11	116.85	119.68
吉　林	0.66	5.82	11.38	16.52	20.21	26.23	32.93	36.56	40.46	42.41	45.32
黑龙江	4.02	5.60	6.46	9.95	13.61	20.87	31.47	35.70	34.99	42.16	43.08

数据来源：国家统计局。

（四）各地区土地成交数据

表 3-24 2015—2019 年全国及各地区土地成交价款

单位：亿元

地区	2015 年	2016 年	2017 年	2018 年	2019 年
全国	**7621.61**	**9129.31**	**13643.39**	**16102.16**	**14709.28**
东部地区	**4268.97**	**5635.52**	**8277.62**	**10111.77**	**8521.97**
北京	811.13	470.12	815.90	503.33	427.10
天津	74.20	239.88	177.72	348.31	503.29
河北	168.45	190.15	260.05	280.94	349.15
上海	179.98	375.12	384.53	221.85	243.26
江苏	530.42	845.47	1645.77	1723.90	1695.02
浙江	574.93	967.78	2102.79	3002.82	1860.46
福建	490.12	601.17	758.88	1165.07	779.28
山东	473.45	483.35	503.17	917.46	1221.39
广东	890.97	1399.39	1575.51	1900.20	1427.00
海南	75.32	63.08	53.29	47.91	16.03
中部地区	**1325.24**	**1743.03**	**3088.24**	**2935.47**	**3155.11**
山西	84.84	127.99	95.55	81.94	270.78
安徽	479.32	660.36	1664.38	1337.71	1350.30
江西	147.48	121.20	186.52	242.48	220.57
河南	198.21	453.46	534.87	498.93	458.20
湖北	238.74	214.93	364.06	317.48	419.46
湖南	176.66	165.09	242.87	456.94	435.81
西部地区	**1535.51**	**1428.00**	**1933.78**	**2452.84**	**2438.65**
内蒙古	52.62	32.52	44.34	56.91	117.56
广西	108.45	206.53	217.18	201.19	507.74
重庆	539.12	429.73	568.45	625.56	342.38
四川	332.42	381.60	322.53	742.95	553.07
贵州	83.75	41.54	130.49	139.76	207.81
云南	146.38	146.21	279.01	159.50	348.19
西藏	0.95	0.66	3.40	3.73	10.23
陕西	134.79	77.89	227.01	237.25	156.98
甘肃	28.71	33.53	17.28	35.83	43.21
青海	11.14	8.49	16.23	19.46	28.65
宁夏	25.70	24.63	20.04	16.10	30.91
新疆	71.49	44.68	87.83	214.60	91.93
东北地区	**491.89**	**322.76**	**343.74**	**602.07**	**593.55**
辽宁	246.07	127.52	117.10	294.73	347.03
吉林	191.72	157.90	176.33	227.29	130.01
黑龙江	54.11	37.34	50.32	80.05	116.51

数据来源：国家统计局。

表 3-25　2019 年全国及各地区土地成交价款（月度累计）

单位：亿元

地　区	1—2 月	1—3 月	1—4 月	1—5 月	1—6 月	1—7 月	1—8 月	1—9 月	1—10 月	1—11 月	1—12 月
全　国	**690.20**	**1193.54**	**1589.57**	**2269.45**	**3811.20**	**4794.82**	**6373.97**	**8185.84**	**9921.17**	**11960.37**	**14709.28**
东部地区	**429.05**	**679.48**	**861.08**	**1234.23**	**2032.36**	**2589.06**	**3544.70**	**4612.56**	**5636.79**	**6877.73**	**8521.97**
北　京	46.50	65.30	68.50	71.24	118.32	126.82	193.42	225.25	255.97	317.46	427.10
天　津	—	30.01	46.12	79.10	131.09	157.02	198.92	306.06	370.09	479.37	503.29
河　北	2.26	10.40	37.67	53.31	92.14	121.04	146.30	186.53	254.40	295.02	349.15
上　海	1.14	35.33	51.42	62.51	88.11	104.58	110.14	126.65	126.65	192.12	243.26
江　苏	112.69	225.92	265.05	351.45	508.70	617.38	841.64	1019.62	1220.43	1437.39	1695.02
浙　江	132.02	89.49	138.27	223.63	279.82	441.45	649.73	918.02	1139.87	1380.60	1860.46
福　建	13.51	14.67	52.94	89.72	200.33	281.59	400.94	497.62	585.53	724.41	779.28
山　东	76.49	103.19	130.40	211.07	343.54	439.67	547.01	724.23	836.68	1014.86	1221.39
广　东	43.66	102.05	65.86	87.35	259.09	288.28	442.85	585.57	822.68	1006.91	1427.00
海　南	0.78	3.12	4.84	4.84	11.22	11.22	13.75	23.02	24.50	29.59	16.03
中部地区	**172.03**	**345.55**	**490.50**	**642.51**	**1047.15**	**1311.70**	**1580.01**	**1959.20**	**2323.68**	**2655.03**	**3155.11**
山　西	1.01	12.65	20.70	21.41	140.23	160.33	184.04	213.69	237.64	260.75	270.78
安　徽	39.29	141.21	222.60	307.06	443.57	524.87	644.65	833.33	1060.00	1236.18	1350.30
江　西	31.61	45.28	49.95	49.59	75.78	101.84	117.05	139.51	154.49	161.54	220.57
河　南	33.53	56.03	76.14	107.74	159.80	215.17	251.42	299.44	316.50	369.17	458.20
湖　北	46.77	58.94	56.51	58.54	87.45	164.50	194.62	263.43	283.30	314.53	419.46
湖　南	19.82	31.43	64.61	98.17	140.32	144.99	188.23	209.81	271.76	312.86	435.81
西部地区	**78.16**	**144.48**	**194.35**	**302.31**	**509.84**	**630.64**	**907.22**	**1218.87**	**1499.16**	**1890.19**	**2438.65**
内蒙古	0.08	3.21	6.24	13.49	26.75	44.06	57.48	85.57	102.57	106.57	117.56
广　西	18.09	21.30	37.59	69.60	113.23	119.50	172.79	219.01	279.93	377.41	507.74
重　庆	20.97	34.67	39.50	66.11	76.48	93.63	128.62	204.48	256.15	295.59	342.38
四　川	21.02	43.83	52.81	63.80	116.34	143.70	233.92	277.87	319.91	386.37	553.07
贵　州	4.25	7.97	7.81	8.01	20.59	21.90	36.50	58.88	81.06	160.64	207.81
云　南	6.95	12.12	28.60	38.47	55.32	70.47	112.30	156.48	189.76	261.90	348.19
西　藏	1.09	1.09	2.01	7.52	7.52	7.52	8.87	9.14	9.14	10.11	10.23
陕　西	1.34	6.81	7.97	9.72	54.85	67.01	74.24	97.65	116.69	121.46	156.98
甘　肃	—	0.48	0.48	0.48	0.91	3.41	4.50	10.15	19.53	26.81	43.21
青　海	2.19	7.85	2.85	5.20	4.80	10.49	12.55	9.98	14.50	22.29	28.65
宁　夏	1.34	3.42	4.55	3.34	6.79	11.26	15.34	18.53	26.48	30.31	30.91
新　疆	0.84	1.74	3.95	16.57	26.25	37.68	50.09	71.13	83.44	90.72	91.93
东北地区	**10.96**	**24.03**	**43.64**	**90.41**	**221.85**	**263.41**	**342.05**	**395.21**	**461.53**	**537.42**	**593.55**
辽　宁	5.67	13.28	22.74	47.74	132.34	152.23	180.91	221.81	258.46	305.47	347.03
吉　林	4.56	5.58	8.16	22.73	45.42	60.95	107.90	113.28	123.05	128.59	130.01
黑龙江	0.73	5.16	12.74	19.93	44.09	50.24	53.23	60.12	80.01	103.37	116.51

数据来源：国家统计局。

表 3-26　2015—2019 年全国及各地区土地购置面积

单位：万平方米

地　区	2015 年	2016 年	2017 年	2018 年	2019 年
全　国	**22810.79**	**22025.25**	**25508.29**	**29141.57**	**25822.29**
东部地区	**8867.30**	**9937.07**	**11236.89**	**13362.45**	**10435.65**
北　京	390.96	268.50	413.30	218.19	144.03
天　津	173.98	476.91	225.99	226.32	548.94
河　北	756.86	929.93	1033.84	1150.91	1047.34
上　海	263.39	229.11	179.73	144.58	144.81
江　苏	1693.35	1736.90	2160.65	2508.77	1734.60
浙　江	1012.58	1302.96	2248.87	3026.02	1686.48
福　建	1056.72	969.81	916.44	1286.82	1031.70
山　东	1787.97	2093.90	2090.36	2709.19	2813.01
广　东	1478.80	1750.32	1841.19	1968.44	1240.33
海　南	252.70	178.72	126.53	123.22	44.41
中部地区	**5322.76**	**5505.66**	**7347.39**	**7162.84**	**7342.54**
山　西	431.66	351.74	269.39	287.80	566.36
安　徽	1805.94	2142.70	3776.54	2938.98	3094.54
江　西	542.89	443.13	576.17	534.70	562.62
河　南	951.41	1108.04	1015.47	1018.43	858.15
湖　北	729.91	648.64	676.44	954.35	784.90
湖　南	860.96	811.40	1033.39	1428.57	1475.97
西部地区	**6600.11**	**5067.21**	**5499.06**	**6791.25**	**6411.74**
内蒙古	316.27	230.28	283.98	362.59	447.48
广　西	415.94	639.10	675.19	602.95	1186.93
重　庆	1626.77	959.00	1112.22	1260.92	641.58
四　川	1061.98	1304.72	800.76	1520.10	1056.69
贵　州	601.20	317.06	438.87	596.56	534.26
云　南	826.89	518.81	822.61	571.55	869.23
西　藏	30.82	2.94	26.57	33.02	37.71
陕　西	447.59	357.28	560.14	794.76	485.11
甘　肃	239.72	131.94	111.04	180.98	144.45
青　海	48.35	18.52	44.86	56.39	165.72
宁　夏	230.51	158.97	164.66	144.90	220.84
新　疆	754.07	428.60	458.16	666.52	621.74
东北地区	**2020.61**	**1515.31**	**1424.95**	**1825.03**	**1632.36**
辽　宁	957.02	654.52	510.61	809.86	825.51
吉　林	793.19	699.59	668.12	769.11	494.92
黑龙江	270.40	161.20	246.23	246.06	311.92

数据来源：国家统计局。

表 3-27 2019 年全国及各地区土地购置面积（月度累计）

单位：万平方米

地 区	1—2 月	1—3 月	1—4 月	1—5 月	1—6 月	1—7 月	1—8 月	1—9 月	1—10 月	1—11 月	1—12 月
全 国	**1545.19**	**2543.33**	**3582.28**	**5169.79**	**8035.29**	**9761.17**	**12236.06**	**15454.03**	**18382.77**	**21719.67**	**25822.29**
东部地区	**643.23**	**1021.51**	**1378.23**	**2058.38**	**3154.52**	**3704.85**	**4657.13**	**6098.16**	**7259.61**	**8752.35**	**10435.65**
北 京	9.02	12.50	15.37	16.43	30.82	43.97	55.02	66.40	78.81	121.03	144.03
天 津	—	39.44	57.34	94.17	153.02	195.86	229.01	337.04	431.34	606.85	548.94
河 北	13.94	66.32	130.17	232.42	396.09	454.33	537.19	646.04	790.40	895.85	1047.34
上 海	3.64	26.48	55.32	63.07	73.62	85.09	90.65	97.44	97.44	118.92	144.81
江 苏	101.47	215.88	257.86	324.81	497.93	547.79	807.50	1009.62	1242.46	1479.13	1734.60
浙 江	188.71	128.16	198.30	290.97	426.78	551.82	687.84	935.53	1125.75	1351.22	1686.48
福 建	6.51	23.64	73.83	156.77	303.60	354.85	456.11	590.05	719.66	940.72	1031.70
山 东	253.44	367.00	470.70	713.39	898.44	1076.06	1293.21	1702.00	1960.49	2280.60	2813.01
广 东	65.55	135.37	109.98	157.00	349.75	370.60	468.86	668.80	765.09	893.90	1240.33
海 南	0.94	6.72	9.36	9.36	24.47	24.47	31.72	45.24	48.18	64.13	44.41
中部地区	**502.29**	**895.91**	**1250.77**	**1659.09**	**2483.83**	**3037.15**	**3736.34**	**4568.41**	**5413.80**	**6218.18**	**7342.54**
山 西	5.73	14.62	27.30	29.99	137.56	215.03	304.27	398.62	459.26	523.06	566.36
安 徽	176.13	424.14	620.13	820.40	1197.94	1440.60	1736.25	2130.50	2522.79	2929.35	3094.54
江 西	36.41	47.85	70.68	104.86	142.59	244.13	290.00	335.02	407.48	439.05	562.62
河 南	65.96	119.50	142.60	188.56	289.83	375.23	429.91	532.20	610.78	716.58	858.15
湖 北	110.84	155.42	166.36	177.75	238.14	298.68	372.05	490.95	532.16	586.10	784.90
湖 南	107.22	134.37	223.70	337.53	477.79	463.49	603.84	681.11	881.33	1024.05	1475.97
西部地区	**322.47**	**526.16**	**775.50**	**1117.25**	**1721.73**	**2191.57**	**2795.04**	**3608.37**	**4352.41**	**5238.65**	**6411.74**
内蒙古	1.00	15.85	39.82	89.40	140.63	213.89	287.53	349.48	389.79	419.77	447.48
广 西	66.53	112.50	169.71	239.25	342.20	360.11	488.04	598.86	770.73	945.18	1186.93
重 庆	51.83	90.08	129.34	169.77	230.45	286.72	324.41	414.05	496.14	574.24	641.58
四 川	63.67	93.59	137.56	170.03	258.33	338.36	447.11	569.26	635.02	788.49	1056.69
贵 州	18.81	31.96	30.29	33.57	76.36	86.53	136.95	201.63	284.44	402.54	534.26
云 南	62.03	74.71	131.36	184.88	255.78	309.67	355.83	439.32	511.12	655.30	869.23
西 藏	14.26	14.26	21.02	20.27	20.27	20.27	29.09	32.13	32.13	35.03	37.71
陕 西	11.78	17.75	20.93	27.86	156.72	209.99	234.45	299.22	339.16	376.84	485.11
甘 肃	—	2.60	2.60	2.60	4.31	25.31	32.13	51.69	88.67	98.98	144.45
青 海	10.88	17.81	17.47	33.97	26.27	38.47	50.48	49.72	64.64	134.55	165.72
宁 夏	11.87	29.40	33.61	29.51	43.12	69.15	98.48	123.10	165.54	198.41	220.84
新 疆	9.83	25.67	41.80	116.14	167.29	233.09	310.55	479.92	575.05	609.33	621.74
东北地区	**77.19**	**99.75**	**177.78**	**335.07**	**675.20**	**827.60**	**1047.56**	**1179.09**	**1356.95**	**1510.50**	**1632.36**
辽 宁	32.53	56.22	100.30	199.50	394.94	460.49	543.86	606.31	675.03	752.08	825.51
吉 林	40.06	34.02	50.39	95.66	185.08	248.30	363.69	398.36	441.08	479.13	494.92
黑龙江	4.60	9.51	27.09	39.91	95.18	118.80	140.01	174.42	240.84	279.28	311.92

数据来源：国家统计局。

（五）各地区房地产建设数据

1. 各地区房屋施工面积

表 3-28　2015—2019 年全国及各地区房屋施工面积

单位：万平方米

地　区	2015 年	2016 年	2017 年	2018 年	2019 年
全　国	**735693.37**	**758974.80**	**781483.73**	**822300.24**	**893820.89**
东部地区	**322915.58**	**332477.08**	**345151.87**	**364740.59**	**389869.74**
北　京	12993.08	12976.00	12412.74	12962.61	12514.99
天　津	10230.22	9349.76	8795.82	10324.37	11453.43
河　北	30434.76	30476.78	30318.32	28172.06	29852.97
上　海	15095.33	15111.24	15362.25	14672.37	14802.97
江　苏	58118.44	58761.73	59464.23	62673.47	65686.75
浙　江	41687.33	41609.78	41236.24	44537.06	49604.61
福　建	30891.14	31064.14	31939.55	32825.97	34140.18
山　东	57206.44	59957.07	63563.24	69063.06	75767.42
广　东	57941.86	64233.80	72492.10	79935.06	86824.87
海　南	8316.98	8936.78	9567.39	9574.56	9221.56
中部地区	**162885.57**	**176520.75**	**186593.39**	**200599.23**	**218133.96**
山　西	15734.48	17069.25	16473.40	16949.56	19548.55
安　徽	34244.67	35645.44	39169.24	41128.34	43591.15
江　西	15293.60	16427.25	18806.79	20738.65	23556.98
河　南	40994.40	47359.55	49942.29	54685.56	57567.10
湖　北	28296.28	29879.88	30510.48	31315.60	33825.07
湖　南	28322.13	30139.38	31691.19	35781.53	40045.12
西部地区	**196632.21**	**200949.79**	**201615.78**	**210075.83**	**238184.78**
内蒙古	17641.28	16906.28	15815.41	15053.71	15889.08
广　西	18608.36	21134.65	22689.62	25399.02	29807.03
重　庆	28985.67	27363.39	25960.99	27226.56	27986.64
四　川	38981.36	41532.14	41294.89	44065.92	49113.75
贵　州	20877.67	20352.24	20385.43	21953.33	27775.07
云　南	20722.20	20593.19	21085.35	21800.41	26314.05
西　藏	380.62	348.77	229.85	358.61	764.16
陕　西	20752.16	22297.53	23630.10	24618.05	27728.39
甘　肃	8586.18	8933.24	9153.46	9428.51	10977.33
青　海	2585.59	2847.71	2936.71	2549.21	2922.38
宁　夏	7045.68	7110.06	6836.71	6047.78	5936.59
新　疆	11465.44	11530.59	11597.26	11574.72	12970.30
东北地区	**53260.01**	**49027.18**	**48122.69**	**46884.60**	**47632.41**
辽　宁	29283.18	26364.11	25906.89	24216.83	23787.49
吉　林	11566.47	11797.33	11887.33	12079.52	12403.73
黑龙江	12410.35	10865.75	10328.47	10588.25	11441.20

数据来源：国家统计局。

表 3-29　2019 年全国及各地区施工面积（月度累计）

单位：万平方米

地　区	1—2 月	1—3 月	1—4 月	1—5 月	1—6 月	1—7 月	1—8 月	1—9 月	1—10 月	1—11 月	1—12 月
全　国	**674945. 94**	**699444. 22**	**722569. 23**	**745285. 67**	**772292. 42**	**794207. 48**	**813156. 49**	**834201. 18**	**854881. 80**	**874813. 93**	**893820. 89**
东部地区	**300958. 29**	**310332. 30**	**321217. 66**	**329766. 89**	**340710. 15**	**349937. 18**	**357026. 19**	**365543. 65**	**373336. 55**	**381533. 16**	**389869. 74**
北　京	11007. 31	11191. 87	11340. 04	11542. 27	11661. 65	11903. 88	11995. 45	12077. 27	12148. 14	12350. 02	12514. 99
天　津	7721. 50	8735. 30	9252. 45	9576. 95	9981. 63	10311. 16	10349. 37	10715. 95	10877. 00	11040. 86	11453. 43
河　北	20643. 67	21274. 63	22090. 35	23073. 71	24687. 73	25758. 97	26714. 98	27529. 26	28482. 59	29384. 48	29852. 97
上　海	11495. 28	11765. 80	12134. 49	12539. 10	12804. 54	13185. 46	13420. 07	13650. 05	14027. 33	14525. 89	14802. 97
江　苏	52443. 73	53670. 35	55465. 63	56558. 94	58057. 94	59716. 39	61092. 06	62313. 92	63473. 80	64997. 56	65686. 75
浙　江	37795. 47	38471. 32	39981. 13	41242. 56	42675. 71	44029. 47	44590. 40	45791. 24	46938. 81	47996. 46	49604. 61
福　建	27920. 19	28547. 07	29276. 62	29898. 48	30590. 08	31046. 43	31700. 34	32617. 60	33100. 17	33712. 84	34140. 18
山　东	54153. 96	56956. 62	59787. 85	62016. 32	64678. 12	66927. 13	68629. 59	70437. 09	72319. 61	73818. 33	75767. 42
广　东	69570. 33	71500. 64	73542. 23	74898. 62	77013. 35	78432. 52	79791. 68	81619. 07	83070. 85	84592. 67	86824. 87
海　南	8206. 85	8218. 69	8346. 86	8419. 93	8559. 40	8625. 78	8742. 26	8792. 21	8898. 26	9114. 06	9221. 56
中部地区	**163746. 77**	**170037. 65**	**175774. 87**	**181156. 75**	**187788. 47**	**192794. 41**	**197607. 94**	**203035. 12**	**208145. 58**	**213269. 08**	**218133. 96**
山　西	14562. 00	15142. 10	15655. 18	16226. 81	16883. 82	17441. 38	17831. 69	18484. 63	18794. 80	19255. 39	19548. 55
安　徽	33942. 45	34890. 86	35960. 48	37173. 87	38246. 22	39158. 03	40029. 97	40861. 86	41723. 96	42528. 61	43591. 15
江　西	17976. 20	18566. 29	19012. 95	19488. 60	20062. 10	20668. 51	21371. 84	21993. 33	22638. 04	23085. 60	23556. 98
河　南	42840. 72	44564. 75	46152. 08	47678. 84	49733. 50	51091. 48	52381. 81	53500. 68	54786. 62	56072. 52	57567. 10
湖　北	25535. 87	26499. 15	27567. 92	28244. 88	29245. 41	29891. 29	30598. 08	31609. 24	32312. 93	33176. 33	33825. 07
湖　南	28889. 54	30374. 51	31426. 27	32343. 74	33617. 41	34543. 71	35394. 54	36585. 38	37889. 23	39150. 62	40045. 12
西部地区	**171803. 84**	**180211. 87**	**186023. 94**	**193118. 10**	**200738. 37**	**207441. 40**	**213516. 92**	**219573. 88**	**226626. 17**	**232608. 81**	**238184. 78**
内蒙古	11132. 94	11924. 17	12192. 10	12833. 76	13350. 66	14315. 93	14827. 61	15182. 18	15440. 82	15796. 37	15889. 08
广　西	21703. 04	22341. 80	23147. 74	24122. 97	25080. 96	25502. 92	26253. 40	27009. 88	27710. 19	28815. 60	29807. 03
重　庆	22347. 59	22964. 81	23625. 60	24320. 14	25080. 18	25420. 26	25862. 05	26477. 68	27087. 40	27566. 92	27986. 64
四　川	33896. 32	37334. 82	38762. 97	40137. 29	41910. 63	42829. 75	44225. 73	45437. 37	46903. 15	48052. 72	49113. 75
贵　州	19132. 54	20025. 90	20700. 30	21432. 47	22538. 70	24011. 78	24706. 25	25449. 45	26414. 87	27207. 73	27775. 07
云　南	18703. 72	19392. 30	20153. 67	20702. 51	21400. 71	22022. 79	22710. 56	23453. 10	24104. 26	24921. 78	26314. 05
西　藏	309. 47	334. 74	340. 46	393. 26	507. 03	579. 08	626. 06	656. 17	720. 74	749. 79	764. 16
陕　西	20762. 42	21443. 89	21936. 55	22892. 85	23606. 27	24327. 99	24962. 82	25524. 01	26640. 92	27143. 34	27728. 39
甘　肃	7178. 86	7646. 25	8028. 84	8421. 17	8985. 30	9334. 30	9645. 82	10127. 63	10551. 85	10751. 34	10977. 33
青　海	2068. 32	2096. 75	2154. 69	2341. 17	2342. 16	2571. 82	2674. 69	2774. 15	2805. 96	2895. 17	2922. 38
宁　夏	4725. 21	4799. 85	4915. 57	5103. 13	5174. 22	5383. 00	5492. 40	5629. 40	5748. 15	5838. 48	5936. 59
新　疆	9843. 42	9906. 60	10065. 46	10417. 39	10761. 54	11141. 77	11529. 54	11852. 85	12497. 84	12869. 57	12970. 30
东北地区	**38437. 03**	**38862. 40**	**39552. 76**	**41243. 93**	**43055. 43**	**44034. 49**	**45005. 44**	**46048. 54**	**46773. 50**	**47402. 87**	**47632. 41**
辽　宁	19950. 76	20560. 22	20961. 55	21443. 72	22324. 62	22720. 15	23054. 83	23225. 19	23464. 50	23733. 60	23787. 49
吉　林	9650. 30	9412. 47	9572. 35	10504. 08	10886. 54	11272. 73	11534. 16	12001. 74	12253. 99	12365. 68	12403. 73
黑龙江	8835. 98	8889. 71	9018. 87	9296. 13	9844. 27	10041. 60	10416. 45	10821. 61	11055. 01	11303. 58	11441. 20

表 3-30　2015—2019 年全国及各地区住宅施工面积

单位：万平方米

地　区	2015 年	2016 年	2017 年	2018 年	2019 年
全　国	**511569.52**	**521310.22**	**536443.96**	**569986.66**	**627673.42**
东部地区	**221396.91**	**225814.36**	**234383.86**	**249438.55**	**269203.48**
北　京	6261.21	5857.61	5390.89	5877.06	5640.11
天　津	6968.75	6311.70	5911.03	7151.20	8156.94
河　北	23674.38	23407.19	23200.01	21452.64	23023.40
上　海	8372.12	8073.94	8013.80	7520.39	7446.43
江　苏	42315.98	43002.93	43554.54	46328.92	49010.85
浙　江	25117.15	24709.37	24760.01	27437.16	31175.94
福　建	19558.92	19436.54	20378.76	21031.59	22456.97
山　东	42276.51	44158.11	46742.06	50789.55	55941.98
广　东	40388.82	44171.00	49450.82	54791.17	59664.36
海　南	6463.07	6685.96	6981.94	7058.88	6686.50
中部地区	**118766.20**	**127337.11**	**135103.46**	**147485.69**	**162703.71**
山　西	11449.97	12222.32	11817.12	12314.82	14323.76
安　徽	23233.38	24115.13	26858.99	29191.11	31953.75
江　西	11157.74	12000.47	13659.14	15246.86	17661.43
河　南	31210.56	35579.02	37518.01	41349.89	43971.26
湖　北	20906.65	21803.01	22479.79	23397.47	25540.84
湖　南	20807.90	21617.17	22770.42	25985.55	29252.68
西部地区	**132932.00**	**133002.07**	**132391.33**	**139238.04**	**161506.24**
内蒙古	11554.23	11141.41	10394.39	9925.98	10808.28
广　西	13750.52	15339.29	16453.90	18522.84	22061.19
重　庆	19390.32	17932.69	16747.92	17859.42	18466.12
四　川	25300.45	26425.45	26272.05	28540.40	32151.96
贵　州	13592.65	12847.14	12789.65	13985.42	18426.52
云　南	13867.01	13324.64	13534.43	14243.51	17531.69
西　藏	259.94	232.59	132.51	225.04	549.81
陕　西	15558.06	16164.28	16958.61	17479.71	20154.62
甘　肃	6087.70	6191.65	6087.85	6167.60	7473.29
青　海	1650.31	1753.44	1735.76	1582.56	1931.17
宁　夏	4550.38	4555.28	4346.91	3821.19	3789.29
新　疆	7370.42	7094.22	6937.35	6884.37	8162.30
东北地区	**38474.40**	**35156.68**	**34565.30**	**33824.38**	**34259.99**
辽　宁	21406.76	19104.64	18784.00	17742.31	17429.59
吉　林	8282.66	8305.99	8349.19	8398.11	8614.03
黑龙江	8784.98	7746.05	7432.11	7683.95	8216.36

数据来源：国家统计局。

表 3-31 2019 年全国及各地区住宅施工面积（月度累计）

单位：万平方米

地区	1—2 月	1—3 月	1—4 月	1—5 月	1—6 月	1—7 月	1—8 月	1—9 月	1—10 月	1—11 月	1—12 月
全国	**466339.67**	**484559.91**	**501831.69**	**518616.68**	**538284.01**	**554111.38**	**568024.70**	**583683.17**	**598802.16**	**613565.66**	**627673.42**
东部地区	**204981.13**	**212200.50**	**220212.41**	**226294.16**	**234162.75**	**240613.79**	**245691.72**	**251908.70**	**257522.26**	**263280.70**	**269203.48**
北京	5000.63	5121.03	5179.46	5229.79	5294.31	5355.27	5419.28	5478.11	5507.45	5570.72	5640.11
天津	5323.19	6139.42	6530.36	6793.15	7078.36	7292.97	7288.58	7589.67	7700.64	7808.73	8156.94
河北	15760.54	16262.33	16921.14	17709.92	18980.91	19791.43	20559.51	21180.00	21932.74	22640.15	23023.40
上海	5728.26	5863.14	6100.42	6268.21	6406.05	6623.76	6794.64	6923.19	7080.41	7306.27	7446.43
江苏	38669.50	39685.88	41046.51	41837.49	42986.07	44212.23	45278.49	46295.21	47242.90	48470.12	49010.85
浙江	23443.75	23843.97	24906.41	25806.57	26679.14	27597.50	27962.67	28719.36	29394.75	30095.23	31175.94
福建	17935.91	18397.18	18932.90	19346.20	19903.85	20262.80	20663.74	21366.14	21711.03	22132.14	22456.97
山东	39486.91	41840.54	43937.57	45627.69	47540.59	49199.43	50476.92	51760.88	53244.61	54351.17	55941.98
广东	47698.61	49085.56	50596.50	51574.60	53092.32	54022.37	54901.59	56219.52	57244.10	58283.94	59664.36
海南	5933.81	5961.43	6061.14	6100.53	6201.15	6256.04	6346.32	6376.62	6463.64	6622.24	6686.50
中部地区	**120292.17**	**125049.31**	**129547.70**	**133958.80**	**138782.87**	**142714.71**	**146397.27**	**150655.49**	**154750.42**	**158838.03**	**162703.71**
山西	10452.73	10864.86	11272.63	11726.65	12210.83	12660.81	12950.88	13467.03	13709.88	14084.02	14323.76
安徽	24425.14	25192.12	26029.96	27017.10	27825.59	28503.15	29174.13	29770.21	30442.01	31122.38	31953.75
江西	13250.76	13724.84	14053.54	14434.80	14863.87	15345.17	15862.00	16371.93	16908.87	17265.48	17661.43
河南	32271.94	33653.73	34986.82	36215.46	37698.34	38752.35	39780.01	40680.15	41730.92	42754.59	43971.26
湖北	19085.82	19810.30	20607.52	21189.21	21921.75	22456.80	23006.34	23799.34	24360.93	25043.87	25540.84
湖南	20805.77	21803.46	22597.24	23375.58	24262.49	24996.44	25623.91	26566.82	27597.80	28567.69	29252.68
西部地区	**113490.90**	**119570.57**	**123685.18**	**128767.00**	**134358.26**	**139133.71**	**143579.65**	**147992.13**	**152928.70**	**157386.47**	**161506.24**
内蒙古	7154.56	7769.93	7984.45	8515.81	8918.07	9614.36	10017.62	10264.53	10416.89	10714.32	10808.28
广西	15799.36	16288.68	16941.98	17708.42	18388.64	18726.32	19298.24	19884.45	20428.01	21339.02	22061.19
重庆	14536.60	14946.73	15410.37	15813.94	16360.59	16596.16	16948.08	17361.79	17773.75	18134.22	18466.12
四川	21725.44	24061.81	24948.38	25914.78	27147.30	27766.12	28723.10	29607.65	30569.84	31345.69	32151.96
贵州	12269.99	12835.54	13319.99	13836.37	14668.12	15666.60	16157.38	16710.28	17417.93	17980.39	18426.52
云南	12142.36	12717.30	13209.95	13613.16	14151.09	14561.53	15070.33	15583.05	15988.13	16550.38	17531.69
西藏	187.09	203.55	207.27	255.98	362.48	432.65	461.16	478.40	521.82	541.37	549.81
陕西	14848.81	15434.63	15789.55	16452.70	16993.45	17546.54	18033.57	18490.37	19325.55	19745.80	20154.62
甘肃	4716.47	5072.06	5380.62	5631.62	6029.19	6286.15	6498.16	6849.80	7158.51	7297.90	7473.29
青海	1288.53	1307.29	1356.72	1515.70	1530.17	1678.69	1759.59	1824.23	1836.17	1912.32	1931.17
宁夏	2925.79	2989.37	3068.08	3195.33	3250.13	3418.72	3495.26	3604.12	3686.74	3751.28	3789.29
新疆	5895.89	5943.67	6067.84	6313.19	6559.03	6839.87	7117.15	7333.45	7805.36	8073.78	8162.30
东北地区	**27575.48**	**27739.53**	**28386.41**	**29596.73**	**30980.13**	**31649.16**	**32356.06**	**33126.85**	**33600.79**	**34060.45**	**34259.99**
辽宁	14589.08	14964.66	15282.65	15670.85	16372.87	16629.08	16856.87	17001.69	17165.78	17378.53	17429.59
吉林	6609.11	6388.92	6622.24	7246.58	7533.66	7799.52	8007.45	8330.90	8489.36	8575.42	8614.03
黑龙江	6377.28	6385.95	6481.52	6679.29	7073.59	7220.56	7491.74	7794.25	7945.65	8106.51	8216.36

数据来源：国家统计局。

表 3-32　2015—2019 年全国及各地区办公楼施工面积

单位：万平方米

地　区	2015 年	2016 年	2017 年	2018 年	2019 年
全　国	**33044.37**	**35029.37**	**36014.62**	**35842.23**	**37251.82**
东部地区	**18492.55**	**19616.36**	**20575.14**	**20571.16**	**21118.05**
北　京	2409.63	2447.26	2428.40	2220.52	1951.02
天　津	872.41	723.32	693.83	623.55	562.40
河　北	641.45	858.69	829.75	690.06	684.94
上　海	1978.49	2180.50	2282.08	2139.02	2130.54
江　苏	2342.87	2281.90	2503.74	2466.10	2456.54
浙　江	2963.96	3016.91	2845.86	2817.41	2864.84
福　建	2150.88	2262.87	2203.83	2227.70	2030.75
山　东	2364.71	2434.79	2574.61	2681.25	3018.86
广　东	2607.81	3206.43	3965.06	4480.20	5159.27
海　南	160.35	203.69	247.98	225.35	258.89
中部地区	**5455.95**	**5992.75**	**6220.02**	**6104.93**	**6487.74**
山　西	502.20	607.47	548.93	495.84	554.04
安　徽	1184.59	1205.03	1330.35	1232.57	1268.31
江　西	533.71	574.30	616.15	582.35	598.24
河　南	1568.02	1698.99	1699.76	1791.97	1856.95
湖　北	921.05	1048.39	1157.25	1154.29	1173.24
湖　南	746.39	858.57	867.57	847.92	1036.96
西部地区	**7774.68**	**8114.28**	**7948.62**	**7884.68**	**8355.91**
内蒙古	624.55	565.76	556.87	463.74	387.59
广　西	536.45	743.68	735.52	764.06	835.57
重　庆	1145.29	1020.20	907.70	809.16	727.73
四　川	1489.51	1584.66	1487.57	1689.40	2029.80
贵　州	850.35	812.79	752.50	747.85	824.39
云　南	770.80	763.01	840.36	781.72	929.18
西　藏	20.81	15.85	9.17	6.51	20.05
陕　西	1033.44	1171.05	1224.76	1301.74	1420.03
甘　肃	241.60	276.95	298.59	303.83	278.90
青　海	151.72	164.12	167.68	103.96	87.56
宁　夏	333.83	368.59	357.92	299.90	264.58
新　疆	576.32	627.61	609.97	612.79	550.53
东北地区	**1321.19**	**1305.98**	**1270.84**	**1281.46**	**1290.11**
辽　宁	648.78	595.51	535.05	518.23	526.03
吉　林	423.26	473.76	497.41	532.30	549.75
黑龙江	249.14	236.71	238.39	230.94	214.33

数据来源：国家统计局。

表 3-33 2019 年全国及各地区办公楼施工面积（月度累计）

单位：万平方米

地 区	1—2月	1—3月	1—4月	1—5月	1—6月	1—7月	1—8月	1—9月	1—10月	1—11月	1—12月
全 国	**30633.70**	**31277.54**	**32055.49**	**32622.60**	**33584.95**	**34416.34**	**34881.60**	**35354.73**	**36174.02**	**36782.22**	**37251.82**
东部地区	**17573.41**	**17799.80**	**18304.08**	**18619.81**	**19098.20**	**19551.07**	**19734.32**	**20014.48**	**20420.88**	**20798.97**	**21118.05**
北 京	1859.52	1852.34	1891.77	1923.56	1932.60	1974.88	1962.75	1910.10	1910.28	1920.34	1951.02
天 津	489.82	512.18	523.20	536.23	550.23	566.22	566.22	579.58	579.62	580.01	562.40
河 北	513.76	522.16	528.23	538.22	579.57	590.22	592.62	614.05	649.51	674.22	684.94
上 海	1727.51	1774.00	1794.04	1864.65	1912.88	1929.75	1933.29	1939.33	2026.14	2109.19	2130.54
江 苏	2143.10	2168.26	2234.60	2263.85	2327.52	2402.79	2418.75	2430.04	2453.58	2465.58	2456.54
浙 江	2400.61	2428.12	2473.59	2493.11	2580.81	2639.31	2653.34	2700.64	2783.30	2833.01	2864.84
福 建	1878.71	1908.73	1939.01	1973.70	1984.70	1982.26	2034.10	2040.74	2043.27	2047.49	2030.75
山 东	2247.40	2230.68	2374.26	2465.31	2567.20	2695.60	2742.15	2796.27	2864.70	2938.73	3018.86
广 东	4097.26	4189.07	4331.08	4340.90	4437.27	4544.47	4603.84	4766.68	4864.83	4981.30	5159.27
海 南	215.72	214.25	214.30	220.29	225.41	225.57	227.27	237.06	245.64	249.11	258.89
中部地区	**5209.29**	**5427.68**	**5515.50**	**5551.58**	**5863.54**	**6013.68**	**6110.24**	**6191.62**	**6298.34**	**6370.35**	**6487.74**
山 西	479.67	495.23	498.05	506.37	520.56	523.92	531.14	534.11	541.56	543.66	554.04
安 徽	1042.06	1068.52	1078.63	1100.53	1131.32	1171.64	1188.14	1217.72	1226.80	1217.63	1268.31
江 西	523.95	526.29	551.09	553.39	561.43	574.14	586.49	591.81	605.76	607.22	598.24
河 南	1457.05	1496.19	1509.06	1519.35	1687.49	1758.05	1763.99	1796.04	1817.89	1850.76	1856.95
湖 北	983.12	1024.38	1040.79	1044.37	1072.22	1080.01	1095.70	1104.18	1116.27	1146.22	1173.24
湖 南	723.45	817.07	837.89	827.57	890.52	905.93	944.77	947.75	990.07	1004.86	1036.96
西部地区	**6768.23**	**6965.52**	**7141.08**	**7320.06**	**7458.95**	**7636.03**	**7795.04**	**7892.99**	**8166.35**	**8312.89**	**8355.91**
内蒙古	363.45	377.41	378.22	376.57	380.40	389.97	391.33	391.08	396.77	397.42	387.59
广 西	721.03	727.96	741.96	752.18	760.23	764.68	800.91	805.39	811.49	835.45	835.57
重 庆	645.04	637.96	640.63	650.04	662.96	672.22	682.78	685.29	699.96	722.09	727.73
四 川	1520.25	1641.12	1739.06	1787.55	1837.45	1846.00	1897.01	1933.03	2008.96	2055.06	2029.80
贵 州	688.47	738.10	742.32	750.45	751.86	785.94	793.29	808.49	821.61	846.12	824.39
云 南	628.43	639.95	670.07	698.25	713.94	772.92	783.87	802.27	854.37	867.83	929.18
西 藏	6.61	6.51	8.40	8.64	8.64	10.10	11.08	9.94	17.20	17.24	20.05
陕 西	1116.15	1115.15	1138.44	1186.45	1227.55	1260.89	1280.73	1292.62	1384.86	1395.06	1420.03
甘 肃	232.41	234.28	236.12	249.05	255.76	257.11	274.33	274.79	275.40	277.11	278.90
青 海	82.63	82.93	80.40	82.86	81.71	87.17	87.17	87.17	87.17	87.17	87.56
宁 夏	255.38	255.52	255.34	260.69	258.98	258.96	257.28	257.43	257.46	259.00	264.58
新 疆	508.38	508.65	510.12	517.34	519.46	530.08	535.25	545.50	551.12	553.32	550.53
东北地区	**1082.77**	**1084.54**	**1094.83**	**1131.16**	**1164.25**	**1215.56**	**1242.00**	**1255.64**	**1288.46**	**1300.01**	**1290.11**
辽 宁	455.94	460.67	473.55	468.78	471.06	491.45	501.19	503.18	523.31	525.36	526.03
吉 林	453.50	450.91	448.28	489.04	506.65	536.90	548.19	559.32	560.36	560.37	549.75
黑龙江	173.33	172.96	173.00	173.36	186.55	187.20	192.62	193.13	204.79	214.28	214.33

数据来源：国家统计局。

表 3-34　2015—2019 年全国及各地区商业营业用房施工面积

单位：万平方米

地　区	2015 年	2016 年	2017 年	2018 年	2019 年
全　国	**100111.38**	**104571.86**	**105232.50**	**102629.22**	**100389.49**
东部地区	**38373.12**	**39382.80**	**39361.83**	**38246.35**	**36854.17**
北　京	1326.24	1354.82	1246.34	1160.15	1051.99
天　津	1163.11	1162.28	994.93	929.56	1057.83
河　北	3183.02	3238.84	3229.34	2974.65	2528.83
上　海	1944.02	1990.81	2016.16	1876.24	1775.50
江　苏	7569.39	7392.75	7067.92	6847.07	6401.33
浙　江	5198.93	5264.16	5014.84	4819.35	4693.46
福　建	3875.01	3764.97	3534.90	3484.18	3253.89
山　东	7121.65	7239.74	7492.12	7335.83	7095.24
广　东	6208.54	7006.00	7599.47	7680.99	7846.26
海　南	783.22	968.43	1165.82	1138.34	1149.84
中部地区	**22552.82**	**24823.52**	**25419.31**	**25177.72**	**24944.94**
山　西	1915.07	2150.13	1979.85	1856.51	1993.94
安　徽	6364.11	6696.89	6694.49	6132.90	5516.10
江　西	2193.82	2368.53	2775.35	2921.66	3029.94
河　南	4831.74	5630.64	5926.85	6224.08	6130.07
湖　北	3747.75	3873.15	3761.84	3448.72	3323.36
湖　南	3500.32	4104.19	4280.94	4593.84	4951.54
西部地区	**30551.05**	**32366.70**	**32748.52**	**31957.15**	**31525.81**
内蒙古	3522.03	3295.88	3074.62	2862.89	2647.65
广　西	2112.66	2454.80	2601.65	2733.66	2831.24
重　庆	4111.50	4193.65	3988.08	3836.44	3474.74
四　川	5664.03	6223.91	6186.89	5882.13	5704.08
贵　州	3644.04	3755.27	3908.58	3922.74	4253.08
云　南	3208.14	3320.12	3447.33	3433.26	3611.36
西　藏	58.15	59.39	49.00	71.08	106.40
陕　西	2556.18	3010.38	3109.85	3167.74	3112.35
甘　肃	1395.17	1476.47	1605.00	1631.91	1563.49
青　海	472.65	565.63	640.18	524.55	500.32
宁　夏	1289.90	1314.02	1290.28	1099.12	972.72
新　疆	2516.62	2697.18	2847.06	2791.64	2748.38
东北地区	**8634.39**	**7998.85**	**7702.84**	**7248.00**	**7064.57**
辽　宁	4767.07	4445.32	4319.76	3779.17	3568.52
吉　林	1754.17	1840.53	1813.98	1860.68	1767.04
黑龙江	2113.14	1713.00	1569.10	1608.16	1729.01

数据来源：国家统计局。

表 3-35　2019 年全国及各地区商业营业用房施工面积（月度累计）

单位：万平方米

地　区	1—2 月	1—3 月	1—4 月	1—5 月	1—6 月	1—7 月	1—8 月	1—9 月	1—10 月	1—11 月	1—12 月
全　国	**82936. 80**	**84969. 07**	**86638. 16**	**88579. 39**	**90931. 13**	**92863. 80**	**94496. 33**	**96144. 38**	**97836. 93**	**99428. 63**	**100389. 49**
东部地区	**31010. 88**	**31507. 29**	**32256. 31**	**32883. 89**	**33690. 51**	**34407. 45**	**34902. 66**	**35419. 77**	**35934. 09**	**36564. 78**	**36854. 17**
北　京	951. 04	952. 84	962. 59	990. 55	993. 68	1031. 07	1028. 71	1025. 49	1040. 14	1061. 65	1051. 99
天　津	730. 65	790. 41	847. 07	862. 13	890. 84	962. 71	968. 54	995. 64	1016. 12	1051. 90	1057. 83
河　北	1959. 78	2009. 44	2055. 03	2105. 53	2236. 36	2304. 15	2347. 83	2401. 25	2456. 91	2519. 97	2528. 83
上　海	1514. 44	1521. 32	1536. 28	1584. 09	1580. 56	1611. 66	1615. 56	1659. 03	1693. 86	1755. 23	1775. 50
江　苏	5597. 26	5652. 63	5801. 64	5911. 23	5995. 20	6127. 60	6227. 20	6279. 46	6356. 95	6489. 26	6401. 33
浙　江	3915. 00	3952. 22	4063. 56	4140. 21	4273. 27	4386. 72	4430. 44	4500. 02	4578. 01	4589. 76	4693. 46
福　建	2943. 33	2948. 95	2980. 19	3018. 58	3049. 01	3057. 12	3112. 42	3148. 57	3171. 93	3223. 38	3253. 89
山　东	5681. 96	5839. 39	6046. 61	6153. 15	6419. 99	6539. 19	6697. 48	6854. 64	6961. 55	7067. 75	7095. 24
广　东	6693. 37	6815. 97	6920. 45	7058. 49	7185. 18	7317. 30	7390. 63	7467. 11	7558. 51	7682. 70	7846. 26
海　南	1024. 05	1024. 11	1042. 89	1059. 94	1066. 41	1069. 92	1083. 85	1088. 55	1100. 12	1123. 17	1149. 84
中部地区	**20408. 94**	**21022. 83**	**21479. 03**	**21869. 30**	**22497. 09**	**22843. 89**	**23287. 31**	**23778. 92**	**24121. 79**	**24546. 05**	**24944. 94**
山　西	1636. 14	1711. 44	1742. 67	1778. 44	1813. 56	1831. 03	1859. 33	1915. 62	1947. 03	1977. 52	1993. 94
安　徽	4724. 81	4789. 20	4895. 49	4969. 43	5093. 77	5149. 42	5231. 26	5356. 84	5389. 36	5449. 10	5516. 10
江　西	2489. 02	2549. 60	2584. 21	2628. 01	2695. 94	2748. 89	2839. 26	2894. 37	2953. 40	3002. 27	3029. 94
河　南	4988. 18	5117. 87	5231. 03	5354. 03	5517. 97	5612. 86	5704. 44	5787. 05	5885. 18	5999. 00	6130. 07
湖　北	2720. 51	2791. 06	2884. 49	2919. 72	3030. 01	3079. 88	3128. 36	3188. 50	3216. 74	3264. 45	3323. 36
湖　南	3850. 27	4063. 66	4141. 13	4219. 66	4345. 84	4421. 81	4524. 67	4636. 54	4730. 09	4853. 71	4951. 54
西部地区	**25529. 14**	**26272. 86**	**26744. 83**	**27462. 35**	**28160. 61**	**28907. 27**	**29494. 67**	**30040. 19**	**30801. 97**	**31271. 94**	**31525. 81**
内蒙古	2236. 22	2284. 00	2302. 69	2348. 42	2388. 97	2475. 66	2526. 81	2582. 13	2629. 60	2640. 69	2647. 65
广　西	2224. 49	2323. 85	2379. 27	2458. 38	2565. 29	2604. 31	2644. 32	2676. 83	2736. 74	2776. 16	2831. 24
重　庆	3147. 66	3203. 19	3264. 62	3355. 16	3411. 85	3391. 35	3396. 51	3456. 11	3510. 77	3523. 42	3474. 74
四　川	4351. 27	4641. 44	4758. 25	4851. 63	5031. 66	5173. 97	5284. 99	5381. 40	5536. 14	5670. 34	5704. 08
贵　州	3260. 81	3379. 26	3453. 33	3536. 02	3661. 82	3887. 21	3977. 62	4045. 75	4152. 04	4235. 96	4253. 08
云　南	2941. 44	2991. 03	3035. 37	3094. 45	3141. 12	3210. 60	3280. 78	3370. 75	3438. 85	3492. 43	3611. 36
西　藏	66. 48	68. 68	70. 46	72. 95	73. 06	73. 43	83. 59	89. 64	104. 17	106. 25	106. 40
陕　西	2528. 59	2558. 22	2602. 23	2738. 94	2785. 87	2835. 82	2901. 36	2938. 21	3033. 12	3069. 91	3112. 35
甘　肃	1206. 92	1244. 79	1262. 59	1310. 49	1379. 57	1424. 49	1458. 20	1495. 96	1528. 76	1548. 71	1563. 49
青　海	402. 30	401. 82	406. 11	416. 80	394. 25	441. 84	455. 65	472. 51	491. 06	498. 84	500. 32
宁　夏	860. 77	866. 37	879. 27	897. 78	899. 75	912. 48	931. 21	942. 17	949. 77	961. 31	972. 72
新　疆	2302. 19	2310. 22	2330. 62	2381. 34	2427. 41	2476. 13	2553. 64	2588. 72	2690. 95	2747. 93	2748. 38
东北地区	**5987. 84**	**6166. 09**	**6158. 00**	**6363. 85**	**6582. 91**	**6705. 19**	**6811. 69**	**6905. 51**	**6979. 08**	**7045. 86**	**7064. 57**
辽　宁	3104. 04	3269. 82	3313. 29	3348. 92	3430. 40	3484. 88	3530. 81	3534. 81	3548. 07	3572. 89	3568. 52
吉　林	1518. 86	1509. 34	1463. 91	1582. 68	1623. 81	1671. 54	1681. 40	1717. 85	1751. 87	1759. 57	1767. 04
黑龙江	1364. 94	1386. 93	1380. 80	1432. 25	1528. 70	1548. 77	1599. 49	1652. 84	1679. 13	1713. 40	1729. 01

数据来源：国家统计局。

2. 各地区房屋新开工面积

表 3-36　2015—2019 年全国及各地区房屋新开工面积

单位：万平方米

地　区	2015 年	2016 年	2017 年	2018 年	2019 年
全　国	**154453. 68**	**166928. 13**	**178653. 77**	**209341. 79**	**227153. 58**
东部地区	**65035. 02**	**72254. 58**	**78426. 96**	**92604. 55**	**94806. 76**
北　京	2706. 91	2795. 57	2361. 51	2321. 11	2073. 21
天　津	2817. 19	2511. 47	2334. 62	2479. 34	2544. 84
河　北	7219. 81	8161. 30	8417. 21	8390. 07	9452. 68
上　海	2605. 08	2840. 95	2618. 00	2687. 17	3063. 44
江　苏	11542. 56	13670. 83	13739. 10	16821. 27	16227. 47
浙　江	6533. 77	7282. 02	10117. 49	12879. 28	12730. 92
福　建	5244. 85	4875. 06	5528. 75	7205. 35	6398. 36
山　东	12043. 38	13293. 69	14424. 99	18732. 25	22658. 90
广　东	12676. 74	14847. 51	16775. 55	19144. 08	18437. 38
海　南	1644. 72	1976. 16	2109. 74	1944. 64	1219. 56
中部地区	**39268. 23**	**45308. 54**	**49295. 39**	**54824. 26**	**58337. 72**
山　西	3700. 64	3854. 78	3305. 84	3872. 55	4879. 09
安　徽	7759. 35	8586. 37	11398. 66	10849. 59	11117. 46
江　西	3704. 87	3875. 01	4954. 33	5801. 49	5862. 57
河　南	10974. 12	14669. 72	13628. 78	14677. 65	15836. 53
湖　北	6734. 67	6850. 10	7771. 87	8495. 32	8708. 85
湖　南	6394. 58	7472. 56	8235. 91	11127. 65	11933. 23
西部地区	**41205. 56**	**41509. 10**	**42996. 95**	**52978. 58**	**64473. 48**
内蒙古	2341. 67	2563. 70	2359. 70	3024. 31	3706. 06
广　西	3850. 07	4984. 18	4912. 21	6059. 30	8218. 52
重　庆	5810. 85	4875. 16	5680. 04	7386. 16	6725. 40
四　川	9587. 21	10825. 16	11521. 59	14094. 44	15325. 50
贵　州	4206. 12	3467. 55	3310. 77	5689. 20	7239. 89
云　南	3841. 29	3453. 98	4017. 34	4738. 28	8018. 51
西　藏	119. 87	57. 01	61. 07	193. 06	416. 89
陕　西	3964. 44	4483. 64	4279. 08	5451. 76	6431. 21
甘　肃	2312. 66	2331. 71	2374. 63	2443. 03	3307. 26
青　海	785. 52	870. 10	714. 37	513. 83	865. 90
宁　夏	1391. 12	1391. 34	1187. 61	994. 55	1185. 67
新　疆	2994. 75	2205. 57	2578. 54	2390. 67	3032. 66
东北地区	**8944. 87**	**7855. 91**	**7934. 47**	**8934. 40**	**9535. 63**
辽　宁	4699. 42	3733. 61	3806. 88	3961. 71	4142. 51
吉　林	2063. 66	2115. 99	1907. 88	2477. 96	2947. 01
黑龙江	2181. 79	2006. 31	2219. 72	2494. 74	2446. 11

数据来源：国家统计局。

表 3-37　2019 年全国及各地区新开工面积（月度累计）

单位：万平方米

地　区	1—2 月	1—3 月	1—4 月	1—5 月	1—6 月	1—7 月	1—8 月	1—9 月	1—10 月	1—11 月	1—12 月
全　国	**18813.78**	**38728.43**	**58552.34**	**79783.53**	**105508.60**	**125715.88**	**145133.07**	**165706.71**	**185634.42**	**205194.43**	**227153.58**
东部地区	**8657.32**	**17151.68**	**26056.49**	**34607.02**	**45065.62**	**53669.25**	**61501.33**	**69782.36**	**77401.93**	**85517.84**	**94806.76**
北　京	156.72	370.94	526.61	737.55	971.09	1185.24	1386.52	1525.77	1609.20	1816.77	2073.21
天　津	133.24	662.79	1017.01	1269.08	1584.50	1762.70	1817.48	2105.01	2252.79	2395.75	2544.84
河　北	218.62	820.46	1640.99	2647.43	4290.88	5473.74	6423.05	7194.63	8096.63	8912.76	9452.68
上　海	163.08	415.40	712.70	1077.09	1339.14	1643.57	1905.00	2151.71	2475.31	2843.82	3063.44
江　苏	2195.07	3703.34	5208.19	6270.49	7727.73	9185.22	10657.51	11982.02	13108.38	14651.04	16227.47
浙　江	1261.03	1966.87	3273.14	4488.70	5816.58	6962.05	7623.44	8764.45	9836.69	11033.95	12730.92
福　建	561.26	1041.24	1598.18	2205.36	2898.56	3334.48	3984.97	4761.79	5227.82	5827.23	6398.36
山　东	2141.99	4549.56	6760.81	9098.94	11589.06	13707.50	15722.69	17381.34	19246.83	20792.64	22658.90
广　东	1720.66	3472.23	5120.40	6545.42	8430.83	9944.76	11399.90	13286.39	14735.50	16230.70	18437.38
海　南	105.64	148.86	198.45	266.96	417.26	470.00	580.77	629.23	812.76	1013.19	1219.56
中部地区	**5324.99**	**10918.35**	**15933.60**	**21262.53**	**27585.62**	**32445.78**	**37145.72**	**42487.25**	**47461.81**	**52508.91**	**58337.72**
山　西	77.27	592.25	1032.38	1596.68	2237.40	2709.23	3086.64	3732.87	4027.04	4486.89	4879.09
安　徽	1226.39	2236.92	3316.66	4520.39	5606.64	6585.17	7514.70	8389.08	9230.72	10042.26	11117.46
江　西	751.04	1229.12	1573.95	1981.54	2454.97	3024.44	3565.99	4171.32	4753.48	5161.79	5862.57
河　南	1455.58	3168.84	4571.81	6099.56	8098.95	9353.13	10688.15	11807.57	13092.99	14332.75	15836.53
湖　北	825.37	1741.44	2439.78	3114.33	4074.34	4731.19	5396.68	6341.21	7013.60	7877.01	8708.85
湖　南	989.34	1949.77	2999.02	3950.03	5113.33	6042.62	6893.56	8045.21	9343.98	10608.21	11933.23
西部地区	**4784.60**	**9954.97**	**15118.13**	**21089.57**	**28324.69**	**34111.36**	**39956.19**	**45665.99**	**52206.24**	**58021.43**	**64473.48**
内蒙古	0.05	126.47	373.58	734.09	1238.19	2103.66	2541.70	2892.93	3205.17	3475.66	3706.06
广　西	913.00	1272.59	1923.01	2924.52	3770.78	4207.67	4865.42	5581.92	6272.78	7315.04	8218.52
重　庆	1017.82	1702.11	2294.40	2941.80	3641.94	3971.32	4398.78	4949.95	5546.15	6052.25	6725.40
四　川	1457.49	3530.67	4877.11	6142.61	7884.25	8784.23	10126.11	11258.87	12694.38	13870.06	15325.50
贵　州	585.33	1091.23	1521.07	1997.08	2791.64	3695.34	4426.57	4960.05	5776.18	6517.69	7239.89
云　南	486.83	1064.44	1841.61	2366.99	3095.08	3683.34	4417.08	5140.60	5776.34	6683.64	8018.51
西　藏	—	2.88	15.88	50.54	164.31	238.48	275.85	308.92	373.48	402.53	416.89
陕　西	278.47	748.46	1093.01	1893.74	2567.88	3264.42	3871.13	4408.19	5330.23	5809.69	6431.21
甘　肃	17.54	171.14	476.18	805.97	1332.87	1664.27	1976.65	2458.82	2869.43	3067.34	3307.26
青　海	2.63	85.07	225.25	298.97	458.59	554.86	615.35	720.02	754.99	840.09	865.90
宁　夏	21.15	85.07	203.20	354.50	457.54	663.20	785.27	918.24	1024.21	1113.12	1185.67
新　疆	4.29	74.84	273.84	578.78	921.61	1280.57	1656.28	2067.47	2582.90	2874.32	3032.66
东北地区	**46.88**	**703.44**	**1444.13**	**2824.42**	**4532.67**	**5489.50**	**6529.82**	**7771.11**	**8564.44**	**9146.25**	**9535.63**
辽　宁	19.73	530.36	882.13	1348.57	2214.57	2587.35	3019.49	3388.05	3747.08	4016.19	4142.51
吉　林	27.15	98.10	357.21	993.79	1317.99	1714.16	2035.16	2502.74	2709.87	2821.57	2947.01
黑龙江	—	74.99	204.79	482.05	1000.11	1187.99	1475.17	1880.32	2107.48	2308.49	2446.11

数据来源：国家统计局。

表 3-38　2015—2019 年全国及各地区住宅新开工面积

单位：万平方米

地　区	2015 年	2016 年	2017 年	2018 年	2019 年
全　国	**106651.30**	**115910.60**	**128097.78**	**153352.57**	**167463.43**
东部地区	**44927.67**	**50284.19**	**55959.78**	**66809.34**	**68224.43**
北　京	1158.17	1199.43	1159.64	1233.58	1003.72
天　津	1966.85	1943.39	1822.72	1862.93	1973.81
河　北	5542.98	6190.29	6568.03	6443.62	7404.40
上　海	1560.28	1436.13	1402.91	1473.17	1572.90
江　苏	8819.98	10534.34	10263.87	12902.27	12478.43
浙　江	3746.31	4516.71	6653.70	8765.56	8345.91
福　建	3185.57	3168.77	3826.31	5073.73	4615.00
山　东	8984.21	9747.12	10918.39	13940.76	17096.90
广　东	8681.76	10165.64	11694.46	13593.10	12904.92
海　南	1281.55	1382.36	1649.76	1520.62	828.44
中部地区	**28725.40**	**32689.52**	**37216.34**	**42417.05**	**45652.70**
山　西	2624.64	2654.28	2411.22	2957.24	3771.70
安　徽	5254.68	6007.40	8601.75	8454.68	8704.45
江　西	2603.26	2855.03	3712.08	4454.65	4666.64
河　南	8375.26	10954.03	10439.82	11431.06	12607.65
湖　北	5120.37	4946.70	5961.79	6698.65	6849.43
湖　南	4747.20	5272.08	6089.67	8420.77	9052.83
西部地区	**26459.61**	**27100.63**	**28889.42**	**37397.71**	**46449.92**
内蒙古	1683.29	1742.40	1734.67	2154.03	2783.87
广　西	2793.57	3577.13	3662.39	4672.08	6533.95
重　庆	3668.92	2998.92	3759.63	5145.20	4593.17
四　川	6026.32	6941.73	7604.00	9734.54	10294.70
贵　州	2381.20	2172.14	2208.59	3983.80	5235.85
云　南	2517.28	2201.34	2632.02	3386.83	5695.45
西　藏	80.88	35.53	31.58	128.55	333.99
陕　西	2526.73	3106.22	3102.33	3979.58	4873.52
甘　肃	1547.13	1587.23	1442.96	1611.52	2406.64
青　海	493.51	524.82	381.29	331.84	640.42
宁　夏	863.70	875.41	815.15	681.57	883.85
新　疆	1877.08	1337.76	1514.81	1588.18	2174.49
东北地区	**6538.62**	**5836.26**	**6032.24**	**6728.46**	**7136.38**
辽　宁	3604.71	2800.75	2942.01	3118.63	3190.97
吉　林	1457.98	1493.55	1412.47	1752.84	2169.83
黑龙江	1475.92	1541.95	1677.77	1857.00	1775.59

数据来源：国家统计局。

表 3-39　2019 年全国及各地区住宅新开工面积（月度累计）

单位：万平方米

地　区	1—2 月	1—3 月	1—4 月	1—5 月	1—6 月	1—7 月	1—8 月	1—9 月	1—10 月	1—11 月	1—12 月
全　国	**13596.56**	**28466.61**	**43334.64**	**59124.72**	**77997.85**	**92826.47**	**107052.97**	**122308.45**	**136936.72**	**151447.40**	**167463.43**
东部地区	**6080.13**	**12526.56**	**19131.01**	**25308.39**	**32900.04**	**39005.92**	**44541.91**	**50450.07**	**55945.00**	**61703.94**	**68224.43**
北　京	88.10	228.38	293.59	366.67	510.27	594.41	708.69	774.80	811.07	881.57	1003.72
天　津	81.59	538.88	836.43	1044.93	1260.35	1414.26	1452.63	1682.34	1786.03	1870.16	1973.81
河　北	142.19	630.73	1288.76	2099.53	3395.07	4276.44	5036.97	5619.11	6322.00	6967.62	7404.40
上　海	80.54	203.48	391.79	561.15	676.14	853.94	1022.17	1136.88	1268.23	1469.13	1572.90
江　苏	1650.49	2846.60	3986.37	4792.76	5934.66	6991.97	8085.68	9144.45	10064.07	11305.66	12478.43
浙　江	847.64	1276.47	2183.63	3059.95	3874.81	4613.10	5049.08	5768.22	6443.72	7218.41	8345.91
福　建	360.97	745.92	1150.20	1552.50	2112.98	2460.27	2865.40	3463.18	3798.45	4217.30	4615.00
山　东	1570.78	3493.21	5220.64	6993.44	8826.19	10419.36	11854.13	13042.10	14510.77	15667.93	17096.90
广　东	1191.55	2469.96	3660.11	4679.45	6044.27	7069.41	8066.10	9389.52	10384.21	11399.76	12904.92
海　南	66.29	92.92	119.49	158.01	265.28	312.77	401.05	429.46	556.42	706.41	828.44
中部地区	**4099.51**	**8350.25**	**12375.40**	**16686.70**	**21351.92**	**25204.59**	**28816.87**	**33005.21**	**37002.78**	**41016.36**	**45652.70**
山　西	54.01	418.25	767.75	1214.46	1685.59	2068.66	2347.69	2859.28	3090.16	3466.18	3771.70
安　徽	948.22	1738.73	2614.64	3606.04	4440.45	5205.23	5914.41	6520.74	7177.57	7851.99	8704.45
江　西	580.37	967.69	1217.22	1542.01	1901.76	2347.66	2763.97	3259.65	3747.45	4077.14	4666.64
河　南	1167.25	2544.06	3736.12	4964.77	6423.02	7403.97	8459.59	9359.50	10410.20	11389.65	12607.65
湖　北	620.47	1341.69	1899.45	2461.90	3161.99	3709.48	4238.79	4993.75	5531.72	6215.04	6849.43
湖　南	729.19	1339.83	2140.21	2897.53	3739.11	4469.59	5092.42	6012.28	7045.68	8016.36	9052.83
西部地区	**3380.08**	**7066.92**	**10754.05**	**15008.12**	**20295.72**	**24500.42**	**28781.39**	**33007.95**	**37567.82**	**41882.86**	**46449.92**
内蒙古	0.05	86.77	284.78	562.91	951.58	1570.87	1914.53	2173.06	2375.84	2610.73	2783.87
广　西	776.35	1067.15	1610.20	2397.19	2994.21	3350.51	3858.23	4410.91	4962.42	5836.78	6533.95
重　庆	675.63	1128.63	1555.79	1937.91	2410.87	2680.17	3023.18	3380.71	3785.36	4149.47	4593.17
四　川	906.93	2287.37	3135.62	4019.71	5229.21	5839.19	6760.42	7599.64	8540.90	9311.78	10294.70
贵　州	418.96	754.90	1060.44	1410.28	2022.80	2632.30	3124.50	3557.70	4166.42	4695.78	5235.85
云　南	358.97	802.10	1316.34	1700.55	2265.63	2653.54	3206.03	3718.54	4118.39	4755.26	5695.45
西　藏	—	0.60	12.35	42.98	154.38	224.67	248.27	262.63	306.00	325.55	333.99
陕　西	214.82	619.63	876.76	1432.08	1946.20	2480.17	2969.89	3405.18	4062.57	4447.96	4873.52
甘　肃	10.53	128.43	378.19	588.84	977.01	1218.82	1430.07	1781.86	2080.35	2222.73	2406.64
青　海	1.32	64.96	176.12	237.59	345.73	420.16	465.91	535.73	546.78	622.36	640.42
宁　夏	14.27	70.39	148.57	253.44	332.64	499.89	585.78	694.72	773.13	835.37	883.85
新　疆	2.24	56.00	198.88	424.65	665.46	930.12	1194.59	1487.28	1849.66	2069.09	2174.49
东北地区	**36.84**	**522.88**	**1074.18**	**2121.50**	**3450.17**	**4115.54**	**4912.80**	**5845.22**	**6421.14**	**6844.24**	**7136.38**
辽　宁	13.43	393.49	673.27	1051.16	1741.04	1982.56	2308.43	2616.69	2885.83	3095.67	3190.97
吉　林	23.40	75.83	255.23	726.08	993.06	1267.76	1514.18	1837.63	1995.44	2080.84	2169.83
黑龙江	—	53.56	145.68	344.26	716.08	865.23	1090.20	1390.91	1539.87	1667.73	1775.59

数据来源：国家统计局。

表 3-40　2015—2019 年全国及各地区办公楼新开工面积

单位：万平方米

地　区	2015 年	2016 年	2017 年	2018 年	2019 年
全　国	**6569.12**	**6415.29**	**6139.66**	**6049.04**	**7083.59**
东部地区	**3556.87**	**3548.93**	**3680.45**	**3387.00**	**3800.64**
北　京	585.56	464.41	364.61	221.31	170.50
天　津	210.63	41.48	67.49	19.64	44.00
河　北	186.40	342.23	142.51	157.75	209.36
上　海	304.87	384.49	368.84	310.84	388.87
江　苏	398.71	385.10	626.70	441.55	397.26
浙　江	449.02	370.04	467.18	484.66	506.87
福　建	345.68	272.90	241.34	236.26	201.67
山　东	496.60	439.26	502.61	613.77	765.91
广　东	566.83	795.96	883.58	863.77	1063.16
海　南	12.58	53.08	15.60	37.44	53.04
中部地区	**1126.68**	**1312.53**	**1229.03**	**1131.92**	**1388.26**
山　西	94.04	157.73	73.93	52.91	73.87
安　徽	285.39	238.51	270.11	230.38	265.68
江　西	98.89	139.22	110.73	77.40	104.11
河　南	329.73	331.61	360.93	361.30	428.14
湖　北	178.93	230.77	267.58	260.69	203.42
湖　南	139.70	214.68	145.74	149.24	313.04
西部地区	**1685.15**	**1385.41**	**1095.50**	**1343.07**	**1660.75**
内蒙古	29.85	20.14	37.03	29.76	36.75
广　西	141.37	239.56	67.49	96.03	81.07
重　庆	157.43	160.79	94.86	132.72	126.42
四　川	337.88	278.00	315.09	513.74	657.40
贵　州	206.77	81.06	76.19	97.78	122.33
云　南	86.45	144.40	104.38	91.52	258.56
西　藏	4.81	1.66	0.05	1.21	14.21
陕　西	375.61	225.09	161.32	223.48	268.85
甘　肃	88.76	40.42	71.85	53.39	31.86
青　海	47.29	47.97	45.31	7.48	7.99
宁　夏	84.24	72.11	21.85	10.56	5.18
新　疆	124.69	74.20	100.08	85.39	50.14
东北地区	**200.42**	**168.41**	**134.68**	**187.05**	**233.93**
辽　宁	55.03	57.01	66.37	32.74	80.70
吉　林	81.40	87.27	36.11	100.54	115.44
黑龙江	64.00	24.12	32.20	53.77	37.79

数据来源：国家统计局。

表 3-41 2019 年全国及各地区办公楼新开工面积（月度累计）

单位：万平方米

地 区	1—2 月	1—3 月	1—4 月	1—5 月	1—6 月	1—7 月	1—8 月	1—9 月	1—10 月	1—11 月	1—12 月
全 国	**723.32**	**1301.93**	**1920.87**	**2451.40**	**3265.23**	**3930.09**	**4480.40**	**5010.19**	**5814.71**	**6347.93**	**7083.59**
东部地区	**335.23**	**606.22**	**955.68**	**1264.51**	**1659.58**	**2008.80**	**2281.39**	**2633.13**	**3030.87**	**3346.64**	**3800.64**
北 京	3.01	3.01	38.77	65.98	80.19	91.30	95.96	108.90	109.23	122.55	170.50
天 津	2.66	14.36	14.52	27.54	41.55	29.70	29.70	43.06	43.06	43.44	44.00
河 北	28.41	37.03	40.54	57.76	98.82	115.69	119.37	140.76	176.23	200.85	209.36
上 海	24.53	65.52	76.62	127.80	188.68	207.35	223.11	239.15	324.79	357.44	388.87
江 苏	27.90	67.19	112.80	137.20	174.50	238.22	275.43	305.97	330.23	340.86	397.26
浙 江	58.27	83.56	121.51	130.51	201.29	264.32	279.66	332.41	390.92	440.72	506.87
福 建	19.27	42.42	71.64	106.34	117.25	112.83	164.78	171.22	173.75	177.97	201.67
山 东	72.35	105.61	159.91	252.51	326.43	426.91	502.76	560.89	625.52	694.44	765.91
广 东	96.17	184.84	316.64	350.16	417.04	508.37	576.49	706.87	817.27	925.12	1063.16
海 南	2.67	2.69	2.73	8.72	13.84	14.11	14.12	23.91	39.87	43.26	53.04
中部地区	**141.60**	**340.21**	**415.93**	**481.08**	**740.20**	**863.05**	**974.98**	**1057.34**	**1175.35**	**1259.98**	**1388.26**
山 西	0.46	15.44	19.66	27.16	40.62	43.95	51.17	54.14	61.57	63.67	73.87
安 徽	44.56	83.88	90.49	112.68	131.00	141.44	164.93	202.98	226.02	228.76	265.68
江 西	26.05	28.12	48.82	49.49	51.85	64.55	76.94	81.86	93.26	94.80	104.11
河 南	21.06	60.21	71.40	81.69	241.99	315.17	331.75	363.80	385.65	418.51	428.14
湖 北	39.33	60.64	72.58	76.16	104.56	112.35	125.75	134.22	146.27	176.20	203.42
湖 南	10.14	91.91	112.99	133.91	170.18	185.59	224.44	220.34	262.58	278.04	313.04
西部地区	**245.40**	**347.15**	**492.53**	**643.13**	**778.28**	**920.20**	**1057.29**	**1136.70**	**1392.33**	**1513.62**	**1660.75**
内蒙古	—	13.28	14.09	12.44	15.12	24.80	26.06	29.55	35.08	35.64	36.75
广 西	3.31	4.17	11.35	22.67	29.63	31.52	61.08	65.56	71.67	81.81	81.07
重 庆	48.44	50.61	51.88	65.77	78.69	82.50	89.72	92.23	106.91	114.74	126.42
四 川	150.89	211.15	310.06	363.26	412.92	425.62	468.62	504.34	568.57	614.00	657.40
贵 州	28.83	46.44	49.79	52.60	53.66	67.12	76.83	79.07	92.20	119.36	122.33
云 南	7.71	15.07	33.22	49.92	64.75	120.16	130.51	137.82	188.00	204.05	258.56
西 藏	—	—	0.23	0.48	0.48	2.73	3.47	4.10	11.36	11.40	14.21
陕 西	6.15	3.84	12.32	48.91	89.79	121.47	134.02	145.62	234.85	244.96	268.85
甘 肃	0.02	1.45	3.05	12.00	12.14	13.43	30.65	31.17	31.16	31.38	31.86
青 海	—	0.82	0.82	3.28	7.14	7.59	7.59	7.59	7.59	7.59	7.99
宁 夏	—	—	0.20	1.46	1.49	1.49	2.06	2.21	2.24	3.78	5.18
新 疆	0.05	0.32	5.52	10.34	12.47	21.76	26.67	37.45	42.72	44.92	50.14
东北地区	**1.08**	**8.35**	**56.73**	**62.67**	**87.17**	**138.04**	**166.74**	**183.02**	**216.16**	**227.69**	**233.93**
辽 宁	0.89	8.16	20.88	21.26	23.56	43.96	53.02	57.47	77.92	79.94	80.70
吉 林	0.19	0.19	35.82	40.67	53.33	83.58	97.81	108.95	109.99	110.00	115.44
黑龙江	—	—	0.04	0.74	10.27	10.49	15.91	16.60	28.26	37.74	37.79

数据来源：国家统计局。

表 3-42　2015—2019 年全国及各地区商业营业用房新开工面积

单位：万平方米

地　区	2015 年	2016 年	2017 年	2018 年	2019 年
全　国	**22530.29**	**22316.63**	**20483.93**	**20065.69**	**18936.28**
东部地区	**7762.20**	**7724.96**	**7124.76**	**7176.68**	**6782.06**
北　京	343.62	278.50	156.30	108.32	139.55
天　津	292.38	228.70	166.68	187.29	215.14
河　北	764.65	849.33	810.22	805.20	602.31
上　海	307.57	401.78	297.68	206.93	286.83
江　苏	1278.80	1422.47	1283.04	1418.72	1237.21
浙　江	1004.46	838.03	893.53	856.27	911.42
福　建	684.68	433.30	432.02	557.08	331.54
山　东	1357.86	1437.37	1367.65	1488.74	1603.25
广　东	1573.31	1596.87	1481.36	1403.85	1283.32
海　南	154.87	238.61	236.29	144.29	171.50
中部地区	**5842.28**	**6365.64**	**5803.68**	**5558.44**	**5035.20**
山　西	484.91	494.28	329.29	318.84	360.38
安　徽	1457.58	1459.81	1302.52	955.27	903.23
江　西	663.27	576.39	704.69	711.53	581.76
河　南	1452.39	1791.85	1568.69	1643.45	1298.68
湖　北	892.37	872.28	903.24	678.24	690.78
湖　南	891.77	1171.02	995.25	1251.10	1200.38
西部地区	**7421.30**	**7066.18**	**6520.85**	**6115.20**	**6092.76**
内蒙古	359.09	525.00	333.75	462.19	324.00
广　西	455.30	556.47	574.18	523.36	566.65
重　庆	1037.72	899.94	768.10	725.19	579.82
四　川	1537.60	1649.58	1631.17	1366.53	1534.99
贵　州	1020.76	732.19	583.36	712.73	774.32
云　南	758.45	529.77	593.19	569.56	754.86
西　藏	16.18	13.46	11.12	38.90	37.63
陕　西	685.97	683.84	497.32	633.69	553.06
甘　肃	443.25	454.64	492.58	393.88	314.31
青　海	130.33	191.01	174.24	91.96	109.18
宁　夏	254.25	276.92	203.41	149.36	109.08
新　疆	722.41	553.37	658.44	447.85	434.87
东北地区	**1504.50**	**1159.85**	**1034.64**	**1215.37**	**1026.26**
辽　宁	693.15	554.09	457.38	464.06	404.58
吉　林	349.38	341.48	270.81	364.46	280.84
黑龙江	461.97	264.28	306.45	386.84	340.85

数据来源：国家统计局。

表 3-43　2019 年全国及各地区商业营业用房新开工面积（月度累计）

单位：万平方米

地　区	1—2 月	1—3 月	1—4 月	1—5 月	1—6 月	1—7 月	1—8 月	1—9 月	1—10 月	1—11 月	1—12 月
全　国	**1774.14**	**3360.63**	**4868.68**	**6666.60**	**8876.19**	**10585.33**	**12172.41**	**13941.52**	**15505.00**	**17134.35**	**18936.28**
东部地区	**732.52**	**1215.02**	**1849.45**	**2483.64**	**3275.88**	**3937.10**	**4462.91**	**5101.04**	**5576.96**	**6218.69**	**6782.06**
北　京	4.96	11.34	21.09	43.48	62.38	93.14	98.36	99.56	113.29	134.71	139.55
天　津	16.60	42.87	60.14	71.12	94.77	113.70	115.36	142.16	161.92	199.40	215.14
河　北	9.82	46.21	99.94	149.67	282.36	377.08	420.86	471.74	524.67	581.23	602.31
上　海	27.89	39.73	60.99	106.15	121.93	145.77	159.59	215.89	233.70	266.44	286.83
江　苏	190.32	290.16	436.71	524.25	599.49	740.29	865.48	941.13	1018.82	1161.03	1237.21
浙　江	88.73	145.82	254.55	349.24	467.89	585.02	623.71	689.59	758.08	812.05	911.42
福　建	34.89	38.74	66.34	104.47	134.57	140.03	186.11	220.98	244.07	292.97	331.54
山　东	198.36	326.23	473.93	610.74	842.66	947.90	1106.33	1264.55	1360.54	1476.49	1603.25
广　东	131.46	240.08	325.79	458.71	596.16	719.49	801.63	965.52	1057.02	1167.22	1283.32
海　南	29.48	33.84	49.98	65.82	73.67	74.67	85.49	89.92	104.85	127.16	171.50
中部地区	**619.77**	**1168.37**	**1558.65**	**1962.47**	**2546.59**	**2884.55**	**3259.24**	**3754.72**	**4064.13**	**4488.48**	**5035.20**
山　西	7.17	73.59	100.03	136.68	171.94	186.61	214.62	270.06	294.30	324.10	360.38
安　徽	120.74	207.37	306.17	376.08	495.49	567.62	637.72	768.51	781.35	840.84	903.23
江　西	89.59	142.67	173.26	213.17	273.80	325.54	375.24	429.54	483.52	529.31	581.76
河　南	165.20	294.02	405.62	528.61	680.23	759.54	844.48	927.01	1025.17	1138.41	1298.68
湖　北	103.93	171.73	216.73	265.83	372.40	421.73	459.68	519.72	545.19	594.97	690.78
湖　南	133.14	278.99	356.84	442.10	552.73	623.51	727.50	839.88	934.59	1060.85	1200.38
西部地区	**420.17**	**885.55**	**1295.10**	**1903.43**	**2555.45**	**3144.98**	**3728.53**	**4250.60**	**4958.64**	**5458.95**	**6092.76**
内蒙古	—	9.46	27.15	56.03	95.50	166.73	211.92	249.51	297.02	304.60	324.00
广　西	57.19	87.32	122.94	199.64	291.13	327.26	359.24	395.26	453.32	489.07	566.65
重　庆	79.83	139.72	172.51	277.55	335.28	334.22	351.52	411.58	462.25	497.17	579.82
四　川	156.67	344.38	467.80	551.54	734.94	857.19	973.38	1073.24	1227.44	1381.13	1534.99
贵　州	60.75	126.75	170.85	218.63	275.30	422.87	527.87	555.43	645.27	729.55	774.32
云　南	37.80	95.47	152.73	202.60	246.28	304.89	373.06	482.65	546.04	613.51	754.86
西　藏	—	0.34	0.71	3.12	3.66	5.23	12.29	20.87	35.40	37.48	37.63
陕　西	18.04	33.12	59.21	180.12	225.09	271.87	326.25	362.43	454.82	489.64	553.06
甘　肃	6.02	24.98	36.77	78.87	132.43	175.89	209.45	247.31	276.19	293.23	314.31
青　海	0.55	6.03	16.77	24.69	47.40	55.61	65.81	82.68	101.69	108.30	109.18
宁　夏	1.41	6.32	21.70	37.14	44.31	57.04	76.47	85.69	92.74	104.20	109.08
新　疆	1.89	11.67	45.98	73.49	124.12	166.19	241.27	283.96	366.46	411.07	434.87
东北地区	**1.69**	**91.69**	**165.48**	**317.05**	**498.27**	**618.70**	**721.72**	**835.16**	**905.27**	**968.23**	**1026.26**
辽　宁	0.74	64.43	99.74	133.94	212.04	268.43	311.62	334.64	359.73	387.54	404.58
吉　林	0.95	10.80	37.18	104.46	112.93	161.01	187.20	223.65	246.19	256.59	280.84
黑龙江	—	16.46	28.56	78.65	173.30	189.26	222.90	276.86	299.35	324.10	340.85

数据来源：国家统计局。

3. 各地区房屋竣工面积

表 3-44　2015—2019 年全国及各地区房屋竣工面积

单位：万平方米

地　区	2015 年	2016 年	2017 年	2018 年	2019 年
全　国	**100039.10**	**106127.71**	**101486.41**	**93550.11**	**95941.53**
东部地区	**47238.66**	**50309.10**	**48918.80**	**45935.88**	**47775.65**
北　京	2631.45	2369.95	1466.67	1557.90	1343.28
天　津	2903.57	2914.25	2023.41	2092.22	1655.50
河　北	4039.31	4287.78	3416.00	2390.41	2679.96
上　海	2647.18	2550.64	3387.56	3115.76	2669.67
江　苏	10296.96	10073.96	9581.73	8536.27	9369.08
浙　江	5892.86	7925.40	6884.18	5189.67	5738.82
福　建	3436.56	3665.25	4266.69	3739.02	2882.29
山　东	8277.76	8253.50	8429.06	10512.57	10179.25
广　东	6044.43	6593.75	8196.34	7615.25	9955.54
海　南	1068.59	1674.61	1267.16	1186.81	1302.26
中部地区	**21705.56**	**23662.83**	**22077.51**	**21518.31**	**23748.92**
山　西	2114.49	2683.59	1969.92	1407.95	2739.22
安　徽	5537.74	5382.95	4747.71	4488.40	5673.90
江　西	1907.89	1635.61	1854.40	2031.76	2230.76
河　南	5390.32	6299.44	6201.71	6655.23	6571.21
湖　北	2785.17	3127.49	3219.72	2773.99	2558.60
湖　南	3969.96	4533.74	4084.05	4160.98	3975.24
西部地区	**23645.74**	**25719.23**	**24571.80**	**21098.64**	**20173.08**
内蒙古	1697.16	1664.02	1714.24	1415.72	950.56
广　西	1675.18	1735.05	1856.24	2192.94	2037.85
重　庆	4630.29	4421.30	5055.73	4083.45	5069.17
四　川	4545.71	7050.24	5620.73	5635.30	4580.04
贵　州	2582.68	1901.45	1171.70	1279.64	954.85
云　南	2546.74	2115.08	2419.63	1447.28	1844.49
西　藏	92.27	31.53	43.57	49.94	18.87
陕　西	1681.50	2431.70	2392.05	1524.66	1782.13
甘　肃	962.24	991.73	847.91	752.34	674.14
青　海	454.41	386.67	440.90	319.91	133.27
宁　夏	1168.98	1294.55	1328.62	1213.98	1011.05
新　疆	1608.58	1695.91	1680.48	1183.49	1116.66
东北地区	**7449.14**	**6436.55**	**5918.30**	**4997.28**	**4243.88**
辽　宁	3237.53	2709.29	2788.28	2273.85	1817.63
吉　林	1287.40	1351.65	1478.85	1519.96	1222.17
黑龙江	2924.21	2375.61	1651.17	1203.46	1204.08

数据来源：国家统计局。

表 3-45　2019 年全国及各地区竣工面积（月度累计）

单位：万平方米

地　区	1—2 月	1—3 月	1—4 月	1—5 月	1—6 月	1—7 月	1—8 月	1—9 月	1—10 月	1—11 月	1—12 月
全　国	**12499.76**	**18474.09**	**22563.93**	**26706.90**	**32425.77**	**37330.75**	**41610.27**	**46748.28**	**54211.14**	**63846.49**	**95941.53**
东部地区	**6399.37**	**9049.48**	**10916.20**	**12960.30**	**15793.91**	**18457.12**	**20420.25**	**22640.18**	**26188.08**	**30979.78**	**47775.65**
北　京	56.67	119.54	122.07	147.12	241.89	392.06	450.05	543.59	627.39	786.58	1343.28
天　津	91.48	126.78	179.36	240.87	305.45	410.01	397.66	438.80	463.23	671.70	1655.50
河　北	188.97	368.33	487.95	540.70	781.73	991.62	1130.65	1246.06	1425.17	1881.79	2679.96
上　海	606.10	734.14	875.44	981.70	1139.44	1275.91	1393.51	1471.09	1795.68	2123.64	2669.67
江　苏	1490.11	1923.37	2293.88	2797.55	3426.08	4134.94	4521.00	5006.16	5809.76	6682.06	9369.08
浙　江	886.31	1310.11	1562.34	1730.79	2095.06	2371.93	2615.87	2930.17	3490.51	4080.34	5738.82
福　建	495.34	687.05	802.11	941.23	1029.70	1149.91	1393.16	1662.49	1844.05	2143.53	2882.29
山　东	865.25	1334.38	1659.17	2250.97	2892.78	3377.52	3712.13	4008.48	4612.79	5322.18	10179.25
广　东	1582.79	2305.04	2550.97	2910.06	3414.05	3855.07	4228.14	4694.77	5338.98	6213.30	9955.54
海　南	136.35	140.74	382.91	419.30	467.74	498.15	578.08	638.57	780.53	1074.66	1302.26
中部地区	**3041.15**	**4731.80**	**5567.42**	**6501.45**	**8085.96**	**9135.34**	**10220.49**	**11563.65**	**13069.55**	**15430.11**	**23748.92**
山　西	84.84	138.67	168.18	251.98	308.73	376.54	483.85	536.46	845.36	1108.63	2739.22
安　徽	886.53	1112.83	1286.47	1427.94	1840.47	2117.63	2372.80	2700.84	3049.17	3768.28	5673.90
江　西	443.64	620.33	699.75	776.76	863.86	976.43	1105.40	1188.75	1310.31	1530.30	2230.76
河　南	550.17	1058.33	1296.70	1577.92	2105.53	2378.39	2691.89	3054.36	3355.30	3861.95	6571.21
湖　北	406.79	749.35	895.21	1095.51	1337.33	1433.16	1550.89	1685.48	1782.84	1906.86	2558.60
湖　南	669.18	1052.30	1221.11	1371.34	1630.03	1853.18	2015.66	2397.75	2726.56	3254.08	3975.24
西部地区	**2737.29**	**4111.46**	**5172.63**	**6181.36**	**7276.33**	**8168.25**	**9051.64**	**10349.08**	**12157.27**	**14127.76**	**20173.08**
内蒙古	71.59	126.24	157.82	263.03	366.67	528.28	569.55	630.50	695.53	758.78	950.56
广　西	340.70	554.20	652.35	768.02	844.19	884.64	963.22	1145.61	1251.72	1457.06	2037.85
重　庆	644.88	817.40	972.00	1192.44	1641.29	1877.96	2113.36	2338.64	2672.57	3054.96	5069.17
四　川	833.46	1161.41	1510.53	1706.55	1864.76	2042.93	2265.42	2493.71	2847.54	3259.90	4580.04
贵　州	210.34	312.82	370.80	387.23	443.71	460.71	476.25	536.13	610.77	701.24	954.85
云　南	198.86	403.76	550.77	706.75	753.24	801.54	882.48	1063.18	1135.17	1478.66	1844.49
西　藏	15.72	0.86	2.81	4.95	5.76	2.73	5.60	20.52	18.87	18.87	18.87
陕　西	190.41	256.50	302.97	331.86	442.05	529.11	573.16	708.37	1088.87	1196.53	1782.13
甘　肃	72.48	107.22	142.13	163.63	193.08	207.10	263.30	320.40	411.54	507.77	674.14
青　海	—	—	16.74	22.32	24.51	39.08	50.90	55.34	60.31	125.31	133.27
宁　夏	86.58	204.39	259.56	293.35	313.58	354.31	386.51	416.06	676.26	775.71	1011.05
新　疆	72.28	166.66	234.16	341.23	383.49	439.88	501.89	620.62	688.13	792.98	1116.66
东北地区	**321.94**	**581.35**	**907.67**	**1063.80**	**1269.57**	**1570.04**	**1917.90**	**2195.38**	**2796.25**	**3308.83**	**4243.88**
辽　宁	244.62	379.41	568.00	682.38	767.87	820.10	891.06	1001.73	1231.48	1350.32	1817.63
吉　林	70.81	138.56	209.99	208.91	262.76	379.20	605.30	696.74	935.64	1115.64	1222.17
黑龙江	6.50	63.38	129.68	172.51	238.94	370.75	421.54	496.92	629.13	842.88	1204.08

数据来源：国家统计局。

表 3-46 2015—2019 年全国及各地区住宅竣工面积

单位：万平方米

地 区	2015 年	2016 年	2017 年	2018 年	2019 年
全 国	**73777.36**	**77185.19**	**71815.12**	**66015.75**	**68011.11**
东部地区	**34184.13**	**36032.52**	**34094.51**	**31916.69**	**33012.49**
北 京	1378.22	1267.06	604.04	731.20	583.20
天 津	2182.99	2189.14	1433.24	1522.27	1186.69
河 北	3226.91	3352.61	2730.13	1917.23	2042.67
上 海	1588.95	1532.88	1862.74	1730.27	1453.28
江 苏	7930.21	7602.69	7089.80	6360.00	6968.89
浙 江	3938.03	5091.95	4338.91	3047.84	3551.11
福 建	2398.99	2420.45	2891.33	2347.24	1813.90
山 东	6185.56	6358.16	6406.46	8057.09	7734.65
广 东	4435.40	4773.04	5784.01	5216.15	6578.17
海 南	918.87	1444.53	953.86	987.39	1099.94
中部地区	**16724.03**	**18128.37**	**16410.22**	**16029.96**	**18057.61**
山 西	1574.68	2042.22	1413.83	1094.50	1985.29
安 徽	4099.21	4047.73	3424.98	3184.19	4250.81
江 西	1531.36	1316.26	1365.86	1510.51	1670.19
河 南	4237.92	5015.23	4701.53	5074.09	5162.69
湖 北	2193.44	2348.38	2433.72	2091.69	2019.29
湖 南	3087.42	3358.54	3070.28	3074.98	2969.35
西部地区	**17212.34**	**18048.78**	**16859.68**	**14331.76**	**13732.54**
内蒙古	1281.45	1203.26	1265.15	1013.97	689.74
广 西	1310.52	1373.27	1478.96	1654.54	1515.99
重 庆	3185.90	3084.00	3316.37	2784.64	3400.08
四 川	3149.25	4677.37	3675.76	3707.61	2940.11
贵 州	1927.37	1283.25	785.00	841.59	634.50
云 南	1896.56	1433.86	1554.70	1047.65	1225.40
西 藏	70.54	25.20	26.65	38.74	8.12
陕 西	1351.57	1922.84	1873.42	1036.15	1281.67
甘 肃	765.12	730.25	619.44	498.67	470.51
青 海	320.84	231.21	229.45	187.38	86.28
宁 夏	746.78	931.25	883.54	843.82	718.11
新 疆	1206.44	1153.02	1151.25	677.01	762.03
东北地区	**5656.86**	**4975.52**	**4450.71**	**3737.34**	**3208.46**
辽 宁	2529.29	2210.06	2214.31	1711.44	1374.26
吉 林	1000.75	1008.37	1030.46	1105.37	893.27
黑龙江	2126.82	1757.09	1205.94	920.53	940.93

数据来源：国家统计局。

表 3-47　2019 年全国及各地区住宅竣工面积（月度累计）

单位：万平方米

地　区	1—2 月	1—3 月	1—4 月	1—5 月	1—6 月	1—7 月	1—8 月	1—9 月	1—10 月	1—11 月	1—12 月
全　国	**8925. 56**	**13043. 11**	**16040. 11**	**18834. 63**	**22929. 10**	**26373. 69**	**29336. 15**	**33084. 32**	**38474. 17**	**45274. 19**	**68011. 11**
东部地区	**4540. 79**	**6251. 97**	**7604. 33**	**8856. 16**	**10870. 94**	**12663. 83**	**13908. 73**	**15483. 43**	**18005. 96**	**21345. 29**	**33012. 49**
北　京	35. 38	75. 77	73. 30	83. 62	135. 16	182. 07	209. 96	226. 20	278. 29	350. 98	583. 20
天　津	77. 17	97. 96	115. 70	161. 83	212. 56	260. 60	247. 94	284. 10	311. 40	451. 83	1186. 69
河　北	127. 82	277. 66	379. 02	408. 83	580. 75	749. 96	869. 02	966. 86	1120. 27	1471. 36	2042. 67
上　海	382. 71	425. 66	497. 02	550. 75	645. 78	695. 42	755. 88	813. 58	993. 65	1145. 82	1453. 28
江　苏	1096. 62	1395. 31	1705. 43	2049. 77	2541. 97	3075. 04	3351. 31	3772. 09	4386. 08	4999. 34	6968. 89
浙　江	555. 09	772. 02	928. 95	1003. 31	1239. 56	1416. 84	1546. 04	1733. 10	2067. 78	2487. 57	3551. 11
福　建	290. 57	420. 89	497. 23	576. 19	652. 71	731. 17	884. 36	1048. 46	1179. 41	1372. 13	1813. 90
山　东	627. 91	991. 02	1242. 51	1639. 57	2119. 40	2477. 78	2721. 52	2945. 96	3416. 08	3948. 05	7734. 65
广　东	1240. 54	1681. 49	1859. 92	2047. 28	2362. 73	2667. 85	2861. 28	3178. 70	3602. 04	4213. 34	6578. 17
海　南	106. 98	114. 20	305. 24	335. 01	380. 33	407. 12	461. 42	514. 38	650. 96	904. 87	1099. 94
中部地区	**2289. 51**	**3596. 00**	**4252. 54**	**5029. 97**	**6228. 98**	**7063. 28**	**7918. 99**	**8972. 68**	**10062. 76**	**11815. 21**	**18057. 61**
山　西	65. 35	116. 15	135. 24	192. 94	240. 42	297. 43	377. 59	410. 06	629. 39	809. 04	1985. 29
安　徽	646. 47	810. 27	952. 39	1043. 67	1355. 76	1581. 88	1770. 14	2029. 94	2278. 34	2815. 97	4250. 81
江　西	354. 13	490. 87	543. 19	612. 72	670. 47	752. 66	858. 31	920. 57	998. 08	1130. 86	1670. 19
河　南	420. 92	866. 70	1063. 21	1294. 02	1723. 46	1958. 75	2216. 72	2510. 24	2740. 37	3153. 15	5162. 69
湖　北	326. 53	561. 25	675. 73	848. 14	1034. 11	1114. 47	1211. 69	1322. 68	1404. 00	1479. 18	2019. 29
湖　南	476. 10	750. 76	882. 77	1038. 49	1204. 75	1358. 08	1484. 54	1779. 20	2012. 59	2427. 00	2969. 35
西部地区	**1849. 78**	**2741. 46**	**3466. 14**	**4119. 09**	**4833. 14**	**5427. 41**	**6042. 39**	**6935. 41**	**8258. 33**	**9599. 39**	**13732. 54**
内蒙古	44. 94	75. 55	98. 58	183. 35	247. 46	364. 94	391. 75	439. 57	484. 99	532. 69	689. 74
广　西	268. 31	427. 82	511. 62	581. 47	645. 37	682. 77	743. 49	910. 89	985. 78	1126. 21	1515. 99
重　庆	465. 96	576. 25	680. 92	804. 86	1111. 71	1242. 28	1407. 02	1550. 98	1780. 29	2054. 77	3400. 08
四　川	492. 47	690. 38	892. 97	1012. 85	1103. 55	1218. 94	1396. 06	1536. 20	1771. 23	2042. 60	2940. 11
贵　州	153. 85	205. 24	250. 29	261. 85	303. 00	313. 38	322. 58	348. 07	406. 50	470. 66	634. 50
云　南	130. 08	276. 32	370. 49	478. 75	500. 60	536. 77	591. 12	697. 08	753. 37	965. 16	1225. 40
西　藏	11. 59	0. 86	1. 73	2. 97	3. 78	1. 73	4. 49	11. 75	8. 12	8. 12	8. 12
陕　西	122. 18	168. 56	206. 00	225. 08	285. 80	359. 66	377. 57	480. 06	805. 65	889. 36	1281. 67
甘　肃	53. 43	69. 22	101. 52	117. 62	136. 14	148. 08	187. 00	224. 43	291. 18	348. 16	470. 51
青　海	—	—	15. 81	20. 13	22. 31	28. 69	38. 21	41. 40	44. 80	79. 03	86. 28
宁　夏	58. 74	140. 05	172. 67	196. 02	209. 09	223. 70	244. 63	266. 09	465. 73	544. 83	718. 11
新　疆	48. 23	111. 21	163. 55	234. 16	264. 33	306. 49	338. 47	428. 90	460. 70	537. 79	762. 03
东北地区	**245. 49**	**453. 68**	**717. 11**	**829. 41**	**996. 04**	**1219. 17**	**1466. 04**	**1692. 79**	**2147. 12**	**2514. 29**	**3208. 46**
辽　宁	181. 41	284. 73	428. 41	514. 30	589. 30	629. 43	691. 47	790. 91	969. 34	1055. 56	1374. 26
吉　林	58. 12	110. 48	170. 66	163. 57	200. 01	284. 32	430. 39	502. 58	669. 83	791. 64	893. 27
黑龙江	5. 96	58. 46	118. 05	151. 53	206. 74	305. 43	344. 19	399. 30	507. 95	667. 09	940. 93

数据来源：国家统计局。

表 3-48　2015—2019 年全国及各地区办公楼竣工面积

单位：万平方米

地　区	2015 年	2016 年	2017 年	2018 年	2019 年
全　国	**3419.49**	**3629.27**	**4006.54**	**3884.04**	**3923.39**
东部地区	**2233.40**	**2353.31**	**2450.63**	**2457.10**	**2565.34**
北　京	385.38	343.74	321.18	249.87	290.28
天　津	171.18	143.22	138.64	113.42	41.99
河　北	90.00	101.67	84.41	42.11	76.54
上　海	219.23	279.31	444.83	413.46	259.36
江　苏	324.46	280.30	340.64	275.49	357.66
浙　江	295.95	473.59	391.97	383.68	332.85
福　建	142.78	182.15	144.64	261.45	177.59
山　东	355.49	293.08	279.91	354.35	381.42
广　东	237.18	252.67	258.62	349.31	640.10
海　南	11.74	3.57	45.79	13.94	7.54
中部地区	**478.43**	**542.09**	**677.82**	**611.41**	**692.93**
山　西	52.16	42.04	84.57	16.04	83.51
安　徽	155.24	121.04	235.08	190.95	160.05
江　西	28.39	37.96	56.69	50.56	54.60
河　南	143.35	163.38	166.97	187.97	240.06
湖　北	27.16	67.27	61.78	91.76	70.04
湖　南	72.14	110.40	72.73	74.14	84.67
西部地区	**624.44**	**648.12**	**744.42**	**660.52**	**572.55**
内蒙古	33.44	23.80	39.18	25.48	21.46
广　西	32.61	29.86	31.32	36.92	59.21
重　庆	195.72	100.97	142.01	129.04	99.11
四　川	109.05	194.08	171.18	165.89	131.98
贵　州	81.86	113.75	29.77	34.84	26.61
云　南	47.71	23.04	58.57	16.37	53.89
西　藏	4.06	6.05	2.34	—	—
陕　西	35.98	48.01	84.12	69.20	89.51
甘　肃	14.49	10.21	26.17	32.70	12.49
青　海	21.56	34.39	51.42	15.15	10.02
宁　夏	26.53	28.67	64.07	40.58	31.35
新　疆	21.45	35.30	44.28	94.36	36.92
东北地区	**83.22**	**85.75**	**133.67**	**155.01**	**92.58**
辽　宁	22.44	26.71	35.91	30.59	39.60
吉　林	34.57	18.19	58.76	73.55	35.82
黑龙江	26.21	40.85	38.99	50.86	17.15

数据来源：国家统计局。

表 3-49　2019 年全国及各地区办公楼竣工面积（月度累计）

单位：万平方米

地　区	1—2 月	1—3 月	1—4 月	1—5 月	1—6 月	1—7 月	1—8 月	1—9 月	1—10 月	1—11 月	1—12 月
全　国	**431.67**	**650.87**	**760.32**	**952.02**	**1199.65**	**1407.47**	**1543.50**	**1739.70**	**2033.69**	**2356.87**	**3923.39**
东部地区	**274.10**	**426.82**	**499.45**	**674.67**	**816.90**	**982.21**	**1046.65**	**1167.03**	**1337.93**	**1577.29**	**2565.34**
北　京	2.49	2.51	9.87	18.58	26.04	82.92	85.40	121.07	126.17	161.84	290.28
天　津	0.01	2.45	7.78	7.78	7.78	7.77	7.77	7.77	11.89	27.25	41.99
河　北	3.05	7.16	11.39	7.13	35.85	41.27	40.45	40.60	41.67	48.43	76.54
上　海	43.09	78.83	92.51	103.23	111.40	151.75	153.25	149.69	181.48	210.98	259.36
江　苏	50.01	62.58	61.80	79.14	110.98	135.61	141.72	147.80	164.16	223.75	357.66
浙　江	38.92	95.43	118.54	142.74	155.28	157.34	169.14	183.55	236.32	256.07	332.85
福　建	41.06	41.80	47.28	69.97	70.60	74.41	84.40	115.08	116.88	120.15	177.59
山　东	54.01	58.62	63.75	139.94	162.43	189.44	190.27	192.69	213.87	239.47	381.42
广　东	39.21	75.19	84.25	103.89	134.27	139.42	170.31	204.82	239.95	283.54	640.10
海　南	2.26	2.26	2.27	2.27	2.27	2.27	3.96	3.96	5.55	5.80	7.54
中部地区	**77.75**	**114.34**	**120.04**	**122.03**	**159.39**	**170.69**	**196.54**	**236.83**	**306.85**	**343.20**	**692.93**
山　西	0.08	0.13	3.17	3.17	3.17	3.87	4.30	18.81	54.26	57.15	83.51
安　徽	34.62	40.51	40.79	48.29	52.27	52.34	65.44	66.57	70.04	83.71	160.05
江　西	6.50	4.17	4.18	4.48	6.95	6.95	8.11	9.25	25.75	27.72	54.60
河　南	10.53	11.86	14.12	15.82	20.95	23.23	23.26	37.47	48.96	53.72	240.06
湖　北	5.31	16.77	16.77	17.15	28.78	29.08	40.06	41.07	41.07	47.47	70.04
湖　南	20.71	40.89	40.99	33.11	47.27	55.23	55.37	63.66	66.76	73.42	84.67
西部地区	**76.62**	**103.47**	**129.36**	**137.63**	**205.49**	**231.36**	**253.33**	**288.82**	**324.71**	**361.27**	**572.55**
内蒙古	—	1.05	1.05	1.05	5.96	17.72	19.67	20.67	21.46	21.46	21.46
广　西	0.63	4.08	4.11	8.40	8.49	8.81	8.86	10.21	12.73	15.32	59.21
重　庆	6.40	11.93	14.56	14.57	27.05	29.73	37.33	37.39	42.27	49.41	99.11
四　川	41.51	45.03	66.74	68.84	74.83	75.05	77.63	84.57	94.57	101.71	131.98
贵　州	0.39	6.02	6.02	6.27	6.76	8.95	8.95	22.75	23.61	26.65	26.61
云　南	1.94	4.12	6.25	6.25	24.60	22.07	23.50	26.46	26.60	29.93	53.89
西　藏	—	—	—	—	—	—	—	—	—	—	—
陕　西	14.77	15.43	15.52	15.90	40.16	41.33	41.33	49.99	57.37	57.47	89.51
甘　肃	0.15	0.76	0.81	1.07	1.14	1.73	2.42	2.42	2.51	4.18	12.49
青　海	—	—	—	—	—	3.07	3.07	3.07	3.25	10.02	10.02
宁　夏	4.78	7.60	7.60	8.57	9.80	9.78	9.82	9.82	13.36	18.08	31.35
新　疆	6.05	7.44	6.69	6.71	6.71	13.13	20.76	21.48	26.99	27.05	36.92
东北地区	**3.19**	**6.25**	**11.47**	**17.70**	**17.88**	**23.21**	**46.98**	**47.01**	**64.21**	**75.12**	**92.58**
辽　宁	3.14	3.82	9.05	15.28	15.32	16.62	16.62	16.59	17.35	17.85	39.60
吉　林	0.05	0.05	0.05	0.01	0.18	0.38	24.12	24.12	39.74	49.74	35.82
黑龙江	—	2.37	2.37	2.37	2.37	6.21	6.25	6.31	7.11	7.53	17.15

数据来源：国家统计局。

表 3-50　2015—2019 年全国及各地区商业营业用房竣工面积

单位：万平方米

地　区	2015 年	2016 年	2017 年	2018 年	2019 年
全　国	**12026. 67**	**12518. 08**	**12670. 26**	**11258. 68**	**10814. 18**
东部地区	**4780. 16**	**5099. 94**	**5314. 09**	**4749. 03**	**4773. 74**
北　京	259. 92	171. 61	166. 94	162. 83	98. 60
天　津	247. 78	293. 59	209. 21	119. 33	147. 51
河　北	360. 64	395. 32	293. 26	253. 79	275. 30
上　海	306. 45	266. 06	387. 73	341. 05	324. 55
江　苏	1141. 39	1172. 03	1085. 87	989. 85	937. 56
浙　江	566. 27	780. 45	739. 72	629. 84	576. 56
福　建	341. 16	457. 34	390. 35	374. 56	367. 91
山　东	981. 21	816. 36	1028. 10	1088. 91	1022. 04
广　东	504. 54	641. 07	858. 66	701. 16	939. 51
海　南	70. 79	106. 11	154. 26	87. 72	84. 19
中部地区	**2823. 55**	**2913. 87**	**2939. 08**	**2687. 09**	**2732. 76**
山　西	242. 30	298. 42	228. 03	127. 41	358. 07
安　徽	856. 80	719. 53	638. 96	631. 50	628. 09
江　西	239. 70	165. 80	287. 88	303. 69	358. 71
河　南	688. 87	748. 05	824. 27	792. 40	694. 09
湖　北	387. 07	466. 52	474. 61	352. 46	247. 42
湖　南	408. 82	515. 54	485. 34	479. 63	446. 39
西部地区	**3253. 73**	**3638. 24**	**3588. 50**	**3138. 44**	**2780. 54**
内蒙古	254. 27	259. 68	252. 54	220. 41	125. 25
广　西	145. 16	189. 14	150. 96	270. 24	198. 02
重　庆	606. 07	634. 46	724. 40	509. 48	613. 18
四　川	646. 92	923. 43	816. 43	814. 77	612. 25
贵　州	409. 69	250. 17	195. 67	242. 10	164. 00
云　南	317. 64	313. 08	380. 08	192. 10	296. 86
西　藏	10. 94	0. 23	11. 75	4. 60	7. 16
陕　西	158. 91	307. 98	298. 58	184. 06	257. 73
甘　肃	131. 51	162. 11	134. 54	137. 11	124. 22
青　海	70. 10	65. 94	87. 78	87. 64	20. 63
宁　夏	230. 67	170. 51	235. 19	196. 32	152. 69
新　疆	271. 86	361. 51	300. 58	279. 61	208. 56
东北地区	**1169. 22**	**866. 03**	**828. 58**	**684. 12**	**527. 13**
辽　宁	483. 39	307. 37	327. 72	351. 05	254. 61
吉　林	153. 09	213. 22	243. 86	186. 26	143. 71
黑龙江	532. 74	345. 43	257. 00	146. 81	128. 81

数据来源：国家统计局。

表 3-51　2019 年全国及各地区商业营业用房竣工面积（月度累计）

单位：万平方米

地　区	1—2 月	1—3 月	1—4 月	1—5 月	1—6 月	1—7 月	1—8 月	1—9 月	1—10 月	1—11 月	1—12 月
全　国	**1476.73**	**2270.70**	**2786.55**	**3329.84**	**3927.23**	**4457.85**	**4987.73**	**5532.58**	**6336.17**	**7481.22**	**10814.18**
东部地区	**635.97**	**952.04**	**1163.55**	**1412.84**	**1646.11**	**1924.79**	**2195.53**	**2387.22**	**2734.55**	**3177.87**	**4773.74**
北　京	4.33	4.59	4.59	6.00	13.47	19.42	32.96	46.83	52.67	60.13	98.60
天　津	0.84	10.73	38.43	40.21	45.11	85.42	85.07	85.07	72.27	81.12	147.51
河　北	48.94	57.23	65.32	86.08	105.23	124.02	133.83	146.85	157.83	187.80	275.30
上　海	38.05	61.66	91.57	106.76	125.05	140.40	155.90	155.96	197.97	250.12	324.55
江　苏	165.27	224.22	253.57	297.27	341.45	396.64	437.80	466.01	559.51	648.56	937.56
浙　江	114.17	156.75	189.29	223.35	256.52	294.03	333.22	360.64	402.74	442.09	576.56
福　建	63.99	84.48	93.73	106.31	108.72	124.28	155.59	182.37	205.27	251.45	367.91
山　东	114.58	181.73	206.98	267.80	322.18	371.94	432.26	468.44	533.46	602.53	1022.04
广　东	75.34	159.36	184.84	242.01	290.81	330.64	384.83	427.23	502.30	580.20	939.51
海　南	10.48	11.29	35.23	37.05	37.57	37.99	44.06	47.83	50.54	73.87	84.19
中部地区	**389.09**	**598.45**	**706.40**	**806.46**	**998.73**	**1111.94**	**1214.94**	**1331.96**	**1513.67**	**1871.89**	**2732.76**
山　西	2.79	3.74	10.99	21.16	27.04	29.11	38.25	39.64	64.23	115.66	358.07
安　徽	107.97	145.01	161.65	193.76	242.74	271.65	295.47	321.46	366.04	455.39	628.09
江　西	66.63	91.53	113.72	119.92	143.84	164.91	173.69	182.43	191.78	266.63	358.71
河　南	81.28	118.70	149.25	183.12	232.26	261.70	301.64	336.89	383.31	440.43	694.09
湖　北	49.93	106.15	117.95	132.90	156.17	159.06	164.44	176.02	182.90	213.96	247.42
湖　南	80.49	133.32	152.85	155.60	196.68	225.51	241.45	275.52	325.41	379.82	446.39
西部地区	**407.57**	**649.98**	**822.66**	**988.25**	**1141.62**	**1251.59**	**1361.04**	**1558.26**	**1757.21**	**2037.76**	**2780.54**
内蒙古	13.58	26.85	32.52	43.73	60.58	75.77	83.34	89.91	99.15	107.25	125.25
广　西	45.83	68.52	75.87	87.29	93.70	92.88	93.31	98.06	118.13	154.12	198.02
重　庆	74.93	96.16	130.71	164.17	204.45	228.48	249.33	283.57	314.09	348.07	613.18
四　川	141.51	205.66	252.21	283.41	319.15	340.74	365.24	405.64	430.84	485.45	612.25
贵　州	30.32	49.53	52.68	54.67	64.68	68.85	73.13	85.54	92.86	109.43	164.00
云　南	36.30	74.30	116.16	138.24	143.44	151.74	158.16	204.61	208.85	265.98	296.86
西　藏	0.35	—	1.07	1.22	1.22	1.00	1.11	5.18	7.16	7.16	7.16
陕　西	26.00	35.82	39.06	47.69	62.79	74.32	83.45	101.13	138.12	156.86	257.73
甘　肃	11.49	22.62	24.54	27.99	38.52	37.82	49.88	60.75	81.63	107.13	124.22
青　海	—	—	0.49	1.07	1.07	3.59	5.17	6.03	7.14	19.94	20.63
宁　夏	17.02	37.13	50.68	58.80	63.15	83.22	90.32	92.55	114.04	118.57	152.69
新　疆	10.24	33.39	46.67	79.99	88.86	93.17	108.60	125.28	145.21	157.81	208.56
东北地区	**44.10**	**70.23**	**93.95**	**122.30**	**140.78**	**169.53**	**216.23**	**255.14**	**330.74**	**393.71**	**527.13**
辽　宁	35.69	54.93	72.15	91.18	98.20	103.38	106.82	114.05	152.72	175.59	254.61
吉　林	7.87	13.27	16.59	21.73	26.64	41.01	73.54	90.23	115.60	128.14	143.71
黑龙江	0.54	2.03	5.21	9.38	15.94	25.14	35.86	50.85	62.43	89.98	128.81

数据来源：国家统计局。

（六）各地区房地产销售数据

1. 各地区商品房销售面积

表 3-52　2015—2019 年全国及各地区商品房销售面积

单位：万平方米

地　区	2015 年	2016 年	2017 年	2018 年	2019 年
全　国	**128494.97**	**157348.53**	**169407.82**	**171654.36**	**171557.87**
东部地区	**55508.78**	**69182.23**	**71199.03**	**67641.39**	**66607.01**
北　京	1554.25	1658.93	869.95	696.19	938.86
天　津	1771.07	2711.08	1482.12	1249.87	1478.68
河　北	5854.65	6682.29	6425.91	5251.93	5282.70
上　海	2431.36	2705.69	1691.60	1767.01	1696.34
江　苏	11414.05	13962.09	14211.12	13484.21	13972.85
浙　江	5985.30	8636.79	9599.67	9755.49	9378.31
福　建	4037.76	4915.35	5854.05	6213.40	6456.13
山　东	9727.04	11789.88	12813.18	13454.73	12727.25
广　东	11681.01	14611.60	15958.81	14336.31	13846.54
海　南	1052.28	1508.53	2292.61	1432.25	829.34
中部地区	**32408.77**	**42071.34**	**47459.90**	**50695.07**	**50037.45**
山　西	1592.55	2061.06	2415.92	2360.90	2366.11
安　徽	6174.09	8499.65	9200.71	10038.43	9229.38
江　西	3478.23	4691.84	5841.93	6200.71	6458.86
河　南	8556.34	11306.27	13313.89	13990.50	14277.55
湖　北	6244.55	7427.16	8155.21	8865.38	8602.04
湖　南	6363.01	8085.36	8532.25	9239.15	9103.50
西部地区	**33172.76**	**38346.48**	**42459.41**	**45395.63**	**47410.31**
内蒙古	2369.37	2527.85	2067.60	2007.67	2008.19
广　西	3523.41	4215.39	5170.99	6212.90	6711.77
重　庆	5381.37	6257.15	6711.00	6536.25	6104.68
四　川	7671.20	9300.47	10869.07	12210.73	12978.61
贵　州	3559.81	4156.93	4696.90	5181.96	5323.31
云　南	3145.13	3639.75	4327.18	4531.88	4835.41
西　藏	51.27	74.61	53.25	73.35	127.71
陕　西	2978.94	3262.70	3890.40	4118.56	4401.06
甘　肃	1434.96	1679.49	1559.51	1595.65	1705.31
青　海	392.96	437.85	494.04	447.93	480.52
宁　夏	839.16	966.07	1021.36	1026.50	1009.55
新　疆	1825.18	1828.22	1598.11	1452.23	1724.18
东北地区	**7404.65**	**7748.48**	**8289.47**	**7922.28**	**7503.10**
辽　宁	3916.19	3711.90	4148.45	3934.57	3696.27
吉　林	1491.85	1919.30	1885.21	2074.46	2122.34
黑龙江	1996.61	2117.29	2255.81	1913.25	1684.50

数据来源：国家统计局。

表 3-53 2019 年全国及各地区商品房销售面积（月度累计）

单位：万平方米

地区	1—2 月	1—3 月	1—4 月	1—5 月	1—6 月	1—7 月	1—8 月	1—9 月	1—10 月	1—11 月	1—12 月
全 国	**14102.15**	**29828.94**	**42085.45**	**55518.05**	**75785.59**	**88782.91**	**101848.56**	**119178.53**	**133250.68**	**148905.02**	**171557.87**
东部地区	**5437.25**	**11636.15**	**16685.77**	**22095.47**	**30143.51**	**35317.25**	**40303.31**	**47034.70**	**52415.04**	**58393.94**	**66607.01**
北 京	70.04	147.70	242.76	311.16	387.86	466.63	534.03	584.87	652.75	730.01	938.86
天 津	94.00	239.43	370.00	516.28	697.98	813.18	969.97	1101.82	1210.29	1342.69	1478.68
河 北	188.43	716.72	1012.71	1350.52	2052.49	2471.12	2791.64	3385.60	3801.70	4431.97	5282.70
上 海	171.34	317.50	439.13	519.14	737.22	944.07	1040.74	1240.55	1406.97	1500.10	1696.34
江 苏	1299.66	2493.14	3577.27	4893.73	6442.21	7596.29	8720.75	10047.86	11209.56	12323.03	13972.85
浙 江	774.51	1618.07	2408.85	3261.90	4484.56	5156.63	5864.55	6841.78	7442.66	8260.36	9378.31
福 建	694.55	1375.33	1868.54	2342.31	3134.14	3561.79	4002.68	4646.52	5131.12	5648.88	6456.13
山 东	829.16	2001.85	2954.11	3976.54	5490.81	6547.22	7567.14	8918.82	10057.31	11257.65	12727.25
广 东	1203.43	2540.69	3558.17	4626.66	6321.81	7304.18	8297.64	9681.92	10865.37	12168.31	13846.54
海 南	112.13	185.73	254.23	297.22	394.43	456.14	514.18	584.95	637.32	730.93	829.34
中部地区	**3900.79**	**8496.44**	**11836.36**	**15412.49**	**21480.73**	**25105.78**	**28790.84**	**33815.55**	**37959.99**	**42440.58**	**50037.45**
山 西	153.96	345.74	509.73	700.09	932.43	1128.89	1318.24	1545.18	1779.36	2042.32	2366.11
安 徽	935.17	1921.26	2605.73	3333.82	4467.47	5157.24	5821.02	6696.12	7430.21	8129.13	9229.38
江 西	506.89	1069.23	1497.21	1961.11	2690.66	3159.34	3680.44	4357.67	4904.79	5483.46	6458.86
河 南	902.34	2181.66	3070.67	4073.21	5747.48	6758.72	7820.61	9224.81	10415.07	11676.31	14277.55
湖 北	732.75	1614.63	2168.13	2756.29	4076.07	4674.91	5270.66	6146.26	6733.51	7415.48	8602.04
湖 南	669.68	1363.92	1984.89	2587.98	3566.63	4226.68	4879.87	5845.52	6697.05	7693.88	9103.50
西部地区	**4368.19**	**8736.28**	**12032.14**	**15788.22**	**21098.61**	**24613.03**	**28283.53**	**33003.89**	**36785.52**	**41238.03**	**47410.31**
内蒙古	38.39	159.10	256.50	407.52	625.65	848.54	1049.97	1289.67	1530.17	1802.35	2008.19
广 西	574.93	1124.24	1624.67	2120.46	2858.42	3300.79	3787.05	4373.89	4951.45	5643.33	6711.77
重 庆	797.48	1441.51	1934.53	2457.50	3145.13	3573.26	3986.19	4563.59	4991.14	5374.08	6104.68
四 川	1348.93	2739.49	3656.54	4677.21	6242.46	7174.91	8164.34	9536.82	10203.01	11282.20	12978.61
贵 州	542.19	1080.34	1442.81	1851.90	2499.44	2881.66	3298.91	3754.26	4220.88	4713.11	5323.31
云 南	439.60	886.84	1202.72	1555.33	2010.49	2368.33	2763.83	3252.50	3675.05	4211.73	4835.41
西 藏	12.85	4.43	9.29	13.55	18.49	20.91	22.86	55.03	91.04	114.55	127.71
陕 西	290.11	643.87	923.11	1355.55	1871.57	2200.12	2515.89	2998.84	3377.50	3811.62	4401.06
甘 肃	114.10	239.11	350.29	470.25	664.52	803.96	973.71	1196.66	1351.21	1526.96	1705.31
青 海	26.02	49.87	73.62	116.58	192.45	247.68	283.74	326.61	388.69	435.63	480.52
宁 夏	80.05	161.95	226.62	298.43	368.10	450.15	541.24	625.49	742.30	858.14	1009.55
新 疆	103.54	205.55	331.43	463.94	601.89	742.73	895.79	1030.53	1263.08	1464.32	1724.18
东北地区	**395.92**	**960.07**	**1531.19**	**2221.88**	**3062.74**	**3746.86**	**4470.88**	**5324.39**	**6090.13**	**6832.47**	**7503.10**
辽 宁	225.03	530.54	828.85	1172.28	1608.41	1967.45	2312.75	2733.29	3091.41	3404.46	3696.27
吉 林	119.90	270.51	414.03	629.30	855.92	1047.71	1248.12	1477.30	1690.68	1932.10	2122.34
黑龙江	50.99	159.01	288.31	420.30	598.41	731.70	910.01	1113.80	1308.05	1495.90	1684.50

数据来源：国家统计局。

表 3-54　2015—2019 年全国及各地区商品房现房销售面积

单位：万平方米

地　区	2015 年	2016 年	2017 年	2018 年	2019 年
全　国	**31702.61**	**39322.14**	**39994.77**	**31044.09**	**24893.74**
东部地区	**13301.72**	**16988.04**	**16984.03**	**12648.97**	**10152.28**
北　京	510.04	661.84	358.12	313.80	319.18
天　津	577.72	871.49	312.54	190.40	204.80
河　北	1632.73	1637.58	1767.78	998.17	700.52
上　海	944.63	1162.71	812.54	771.86	731.23
江　苏	2620.43	3329.64	3629.91	2811.16	2524.60
浙　江	1245.96	2302.96	2191.74	1440.65	903.57
福　建	560.41	718.26	993.41	874.70	804.31
山　东	2297.39	2621.10	2819.20	2380.72	1421.62
广　东	2627.49	3256.49	3293.12	2521.75	2337.81
海　南	284.93	425.98	805.66	345.76	204.65
中部地区	**8649.55**	**10208.33**	**10722.98**	**8799.89**	**7447.03**
山　西	477.98	796.95	820.21	472.12	488.43
安　徽	1178.15	1459.15	1495.47	1100.45	888.34
江　西	690.79	1006.92	1138.71	914.10	878.87
河　南	2811.98	3235.83	3468.27	3294.61	2895.42
湖　北	1724.62	1603.21	1876.49	1679.77	1171.47
湖　南	1766.03	2106.27	1923.83	1338.84	1123.49
西部地区	**7096.00**	**8908.97**	**9020.50**	**7107.88**	**5314.41**
内蒙古	959.51	1048.08	1005.12	770.73	467.59
广　西	535.53	602.61	760.72	672.98	607.86
重　庆	1015.77	1476.70	1301.50	890.96	782.85
四　川	1350.73	1795.48	1881.65	1427.57	1061.31
贵　州	561.28	796.37	778.23	566.37	471.80
云　南	824.85	1144.20	1116.28	943.16	570.57
西　藏	23.99	22.53	20.78	34.11	14.38
陕　西	486.12	511.34	607.02	593.57	434.58
甘　肃	496.03	527.34	459.39	425.70	336.11
青　海	79.27	106.21	131.89	58.05	44.20
宁　夏	277.40	379.13	397.88	359.05	247.15
新　疆	485.52	498.98	560.04	365.62	276.02
东北地区	**2655.34**	**3216.80**	**3267.26**	**2487.34**	**1980.02**
辽　宁	1326.55	1345.24	1442.43	1189.13	920.42
吉　林	424.60	798.32	655.77	554.02	469.66
黑龙江	904.20	1073.23	1169.06	744.18	589.94

数据来源：国家统计局。

表 3-55　2019 年全国及各地区商品房现房销售面积（月度累计）

单位：万平方米

地区	1—2 月	1—3 月	1—4 月	1—5 月	1—6 月	1—7 月	1—8 月	1—9 月	1—10 月	1—11 月	1—12 月
全　国	**2214.83**	**4695.86**	**6418.53**	**8425.08**	**11686.97**	**13378.83**	**14978.31**	**17215.81**	**19037.44**	**21294.02**	**24893.74**
东部地区	**962.14**	**1989.74**	**2713.22**	**3556.65**	**4867.33**	**5549.95**	**6158.93**	**7096.45**	**7826.22**	**8825.12**	**10152.28**
北　京	25.01	52.60	68.79	85.36	106.64	132.35	152.37	168.80	189.12	225.39	319.18
天　津	11.82	44.37	54.30	68.47	93.86	106.96	130.68	140.38	154.22	175.25	204.80
河　北	21.14	122.63	172.17	217.44	308.13	355.43	383.40	464.19	548.75	622.70	700.52
上　海	56.81	116.94	176.97	211.35	312.88	363.16	395.55	498.03	564.14	607.79	731.23
江　苏	271.59	519.03	676.80	971.80	1320.30	1501.30	1656.25	1852.92	1990.83	2217.78	2524.60
浙　江	104.59	185.39	246.30	312.18	421.58	474.36	553.25	644.64	687.94	793.64	903.57
福　建	106.16	205.97	285.07	365.50	466.62	510.46	550.33	619.34	661.97	716.78	804.31
山　东	113.63	253.14	380.42	516.54	704.60	804.64	873.12	1000.17	1125.35	1253.33	1421.62
广　东	216.13	433.82	589.44	736.59	1047.99	1206.40	1360.51	1591.08	1772.75	2044.01	2337.81
海　南	35.24	55.85	62.96	71.42	84.74	94.89	103.47	116.89	131.16	168.46	204.65
中部地区	**534.53**	**1268.29**	**1749.31**	**2319.55**	**3392.66**	**3882.29**	**4337.23**	**4990.19**	**5501.71**	**6100.77**	**7447.03**
山　西	29.50	65.26	96.09	133.92	179.97	226.15	264.64	299.04	339.20	403.79	488.43
安　徽	79.68	173.75	242.29	308.36	424.67	482.39	527.80	607.37	648.21	708.40	888.34
江　西	78.26	181.11	245.13	319.35	461.68	522.40	574.46	652.73	700.24	751.02	878.87
河　南	181.66	440.40	624.89	874.26	1257.05	1442.18	1628.85	1850.08	2056.58	2289.49	2895.42
湖　北	89.94	230.92	301.08	375.61	643.48	707.23	764.14	876.49	932.33	1004.13	1171.47
湖　南	75.50	176.85	239.83	308.06	425.82	501.95	577.34	704.47	825.15	943.93	1123.49
西部地区	**609.16**	**1186.72**	**1553.84**	**1943.81**	**2617.46**	**2973.05**	**3357.54**	**3781.54**	**4150.94**	**4571.84**	**5314.41**
内蒙古	11.66	36.15	60.31	92.95	185.79	237.84	272.74	310.23	357.62	410.61	467.59
广　西	73.83	154.12	193.11	222.95	286.68	323.02	363.94	405.31	447.65	493.51	607.86
重　庆	132.28	217.65	257.77	316.99	411.27	469.93	507.98	591.07	628.85	675.52	782.85
四　川	125.14	264.26	337.09	418.26	559.06	616.65	684.71	772.89	823.63	897.04	1061.31
贵　州	58.11	115.03	147.76	187.08	253.17	288.46	319.08	356.19	376.96	418.44	471.80
云　南	84.62	164.32	213.80	261.75	323.63	346.23	395.75	427.67	469.17	515.60	570.57
西　藏	11.55	1.85	2.64	3.88	4.32	4.83	5.14	11.00	12.53	13.85	14.38
陕　西	30.23	73.37	100.32	132.25	184.84	212.51	245.93	273.67	307.95	347.87	434.58
甘　肃	33.82	61.37	87.67	111.24	159.75	183.73	209.97	237.16	273.08	305.46	336.11
青　海	2.52	6.57	15.21	18.94	23.33	26.15	29.17	33.03	42.77	39.88	44.20
宁　夏	26.80	54.06	72.38	91.40	109.87	126.52	146.14	163.74	183.05	205.40	247.15
新　疆	18.60	37.99	65.78	86.13	115.74	137.18	177.00	199.57	227.68	248.67	276.02
东北地区	**109.00**	**251.11**	**402.17**	**605.08**	**809.52**	**973.54**	**1124.61**	**1347.63**	**1558.56**	**1796.29**	**1980.02**
辽　宁	64.75	147.88	226.31	334.93	425.69	506.45	572.75	674.46	754.05	827.60	920.42
吉　林	29.59	54.69	85.16	124.63	160.07	186.93	219.99	274.22	343.77	440.00	469.66
黑龙江	14.67	48.54	90.69	145.52	223.76	280.16	331.87	398.95	460.75	528.69	589.94

数据来源：国家统计局。

表 3-56　2015—2019 年全国及各地区商品房期房销售面积

单位：万平方米

地　区	2015 年	2016 年	2017 年	2018 年	2019 年
全　国	**96792.36**	**118026.39**	**129413.05**	**140610.27**	**146664.13**
东部地区	**42207.06**	**52194.19**	**54215.00**	**54992.41**	**56454.73**
北　京	1044.21	997.10	511.83	382.39	619.69
天　津	1193.35	1839.59	1169.59	1059.47	1273.88
河　北	4221.92	5044.71	4658.13	4253.76	4582.18
上　海	1486.73	1542.98	879.06	995.15	965.11
江　苏	8793.62	10632.45	10581.21	10673.05	11448.25
浙　江	4739.35	6333.83	7407.93	8314.84	8474.74
福　建	3477.35	4197.09	4860.63	5338.70	5651.82
山　东	7429.66	9168.78	9993.98	11074.01	11305.64
广　东	9053.52	11355.12	12665.69	11814.56	11508.74
海　南	767.35	1082.56	1486.95	1086.48	624.69
中部地区	**23759.23**	**31863.01**	**36736.92**	**41895.18**	**42590.41**
山　西	1114.57	1264.10	1595.71	1888.78	1877.68
安　徽	4995.94	7040.50	7705.24	8937.98	8341.04
江　西	2787.44	3684.92	4703.22	5286.61	5579.99
河　南	5744.37	8070.44	9845.61	10695.89	11381.13
湖　北	4519.93	5823.95	6278.72	7185.62	7430.56
湖　南	4596.98	5979.09	6608.42	7900.31	7980.01
西部地区	**26076.76**	**29437.50**	**33438.92**	**38287.74**	**42095.90**
内蒙古	1409.86	1479.77	1062.48	1236.95	1540.60
广　西	2987.87	3612.78	4410.27	5539.92	6103.91
重　庆	4365.60	4780.44	5409.51	5645.28	5321.83
四　川	6320.47	7504.99	8987.41	10783.16	11917.30
贵　州	2998.53	3360.56	3918.67	4615.59	4851.51
云　南	2320.28	2495.54	3210.91	3588.73	4264.83
西　藏	27.28	52.08	32.47	39.24	113.34
陕　西	2492.82	2751.36	3283.38	3524.99	3966.49
甘　肃	938.93	1152.15	1100.12	1169.95	1369.20
青　海	313.70	331.64	362.15	389.87	436.33
宁　夏	561.76	586.94	623.48	667.45	762.40
新　疆	1339.66	1329.24	1038.07	1086.61	1448.16
东北地区	**4749.31**	**4531.69**	**5022.21**	**5434.94**	**5523.09**
辽　宁	2589.64	2366.66	2706.02	2745.43	2775.85
吉　林	1067.25	1120.97	1229.44	1520.44	1652.68
黑龙江	1092.41	1044.06	1086.75	1169.07	1094.56

数据来源：国家统计局。

表 3-57　2019 年全国及各地区商品房期房销售面积（月度累计）

单位：万平方米

地　区	1—2 月	1—3 月	1—4 月	1—5 月	1—6 月	1—7 月	1—8 月	1—9 月	1—10 月	1—11 月	1—12 月
全　国	**11887.31**	**25133.08**	**35666.92**	**47092.97**	**64098.62**	**75404.08**	**86870.25**	**101962.73**	**114213.24**	**127611.00**	**146664.13**
东部地区	**4475.11**	**9646.41**	**13972.56**	**18538.81**	**25276.18**	**29767.29**	**34144.38**	**39938.25**	**44588.82**	**49568.82**	**56454.73**
北　京	45.03	95.09	173.97	225.80	281.22	334.27	381.65	416.07	463.63	504.62	619.69
天　津	82.18	195.06	315.69	447.81	604.12	706.21	839.29	961.44	1056.07	1167.45	1273.88
河　北	167.29	594.09	840.54	1133.08	1744.36	2115.69	2408.24	2921.41	3252.94	3809.26	4582.18
上　海	114.54	200.56	262.16	307.79	424.34	580.91	645.19	742.53	842.83	892.31	965.11
江　苏	1028.07	1974.11	2900.46	3921.93	5121.91	6095.00	7064.50	8194.94	9218.74	10105.25	11448.25
浙　江	669.91	1432.68	2162.55	2949.73	4062.98	4682.27	5311.30	6197.13	6754.72	7466.72	8474.74
福　建	588.38	1169.36	1583.48	1976.81	2667.52	3051.33	3452.36	4027.18	4469.15	4932.10	5651.82
山　东	715.53	1748.71	2573.70	3460.00	4786.20	5742.58	6694.02	7918.65	8931.97	10004.33	11305.64
广　东	987.30	2106.87	2968.73	3890.07	5273.83	6097.78	6937.13	8090.84	9092.62	10124.30	11508.74
海　南	76.88	129.88	191.27	225.80	309.68	361.25	410.71	468.06	506.15	562.48	624.69
中部地区	**3366.25**	**7228.15**	**10087.05**	**13092.95**	**18088.07**	**21223.49**	**24453.61**	**28825.36**	**32458.28**	**36339.81**	**42590.41**
山　西	124.46	280.48	413.64	566.18	752.46	902.75	1053.60	1246.14	1440.16	1638.53	1877.68
安　徽	855.49	1747.51	2363.44	3025.46	4042.79	4674.85	5293.22	6088.75	6782.00	7420.73	8341.04
江　西	428.64	888.12	1252.08	1641.77	2228.98	2636.94	3105.98	3704.94	4204.55	4732.44	5579.99
河　南	720.67	1741.26	2445.78	3198.95	4490.43	5316.54	6191.75	7374.72	8358.49	9386.82	11381.13
湖　北	642.82	1383.71	1867.05	2380.68	3432.60	3967.69	4506.52	5269.77	5801.18	6411.36	7430.56
湖　南	594.17	1187.06	1745.06	2279.92	3140.81	3724.73	4302.53	5141.04	5871.90	6749.95	7980.01
西部地区	**3759.03**	**7549.56**	**10478.30**	**13844.41**	**18481.15**	**21639.98**	**24925.99**	**29222.35**	**32634.57**	**36666.19**	**42095.90**
内蒙古	26.73	122.95	196.19	314.57	439.87	610.70	777.23	979.44	1172.54	1391.74	1540.60
广　西	501.10	970.12	1431.55	1897.54	2571.73	2977.77	3423.12	3968.58	4503.80	5149.82	6103.91
重　庆	665.20	1223.86	1676.76	2140.51	2733.86	3103.33	3478.21	3972.52	4362.29	4698.56	5321.83
四　川	1223.79	2475.23	3319.45	4258.95	5683.40	6558.25	7479.64	8763.92	9379.38	10385.16	11917.30
贵　州	484.07	965.30	1295.06	1664.82	2246.27	2593.20	2979.83	3398.07	3843.92	4294.68	4851.51
云　南	354.99	722.52	988.92	1293.59	1686.86	2022.10	2368.09	2824.82	3205.88	3696.13	4264.83
西　藏	1.30	2.59	6.65	9.67	14.17	16.08	17.72	44.04	78.51	100.71	113.34
陕　西	259.88	570.50	822.79	1223.30	1686.73	1987.61	2269.96	2725.16	3069.55	3463.75	3966.49
甘　肃	80.28	177.74	262.62	359.01	504.76	620.23	763.74	959.50	1078.13	1221.50	1369.20
青　海	23.50	43.30	58.41	97.64	169.12	221.52	254.57	293.58	345.92	395.75	436.33
宁　夏	53.24	107.89	154.24	207.02	258.23	323.63	395.10	461.75	559.24	652.74	762.40
新　疆	84.94	167.56	265.65	377.81	486.15	605.55	718.78	830.96	1035.40	1215.65	1448.16
东北地区	**286.92**	**708.95**	**1129.02**	**1616.80**	**2253.23**	**2773.32**	**3346.27**	**3976.76**	**4531.57**	**5036.17**	**5523.09**
辽　宁	160.28	382.66	602.53	837.35	1182.73	1461.01	1740.00	2058.82	2337.36	2576.86	2775.85
吉　林	90.31	215.82	328.87	504.67	695.85	860.78	1028.13	1203.09	1346.91	1492.10	1652.68
黑龙江	36.32	110.48	197.61	274.78	374.65	451.54	578.14	714.85	847.30	967.21	1094.56

数据来源：国家统计局。

2. 各地区商品住宅销售面积

表 3-58　2015—2019 年全国及各地区住宅销售面积

单位：万平方米

地　区	2015 年	2016 年	2017 年	2018 年	2019 年
全　国	**112405.68**	**137539.93**	**144788.77**	**147929.42**	**150144.32**
东部地区	**48698.61**	**60486.71**	**60449.43**	**57602.91**	**57741.68**
北　京	1126.84	981.37	608.78	526.76	789.02
天　津	1668.18	2521.87	1342.87	1140.73	1382.63
河　北	5161.65	5899.72	5576.99	4714.42	4770.38
上　海	2009.17	2019.80	1341.62	1333.29	1353.70
江　苏	10275.95	12657.66	12486.66	12040.68	12545.04
浙　江	5131.88	7234.19	7669.70	7936.17	7803.99
福　建	3315.69	4134.46	4526.13	4781.58	5073.73
山　东	8526.85	10598.58	11201.04	11755.37	11429.01
广　东	10497.62	13021.97	13522.51	12075.10	11872.61
海　南	984.79	1417.09	2173.12	1298.82	721.57
中部地区	**28948.53**	**37645.92**	**41599.72**	**45088.37**	**45194.16**
山　西	1481.14	1881.51	2246.28	2215.59	2169.33
安　徽	5356.81	7506.87	7949.28	8901.25	8323.89
江　西	3145.83	4140.55	4964.97	5389.00	5678.98
河　南	7645.84	10137.13	11707.26	12482.88	12981.63
湖　北	5647.72	6789.21	7363.67	8101.71	7967.09
湖　南	5671.19	7190.66	7368.27	7997.94	8073.25
西部地区	**28265.85**	**32596.48**	**35472.36**	**38203.93**	**40460.85**
内蒙古	1944.92	2073.36	1726.16	1702.39	1803.55
广　西	3181.51	3864.01	4687.41	5589.89	6076.88
重　庆	4477.71	5105.46	5452.65	5424.76	5149.08
四　川	6495.43	7884.09	8786.61	9895.35	10451.05
贵　州	2943.37	3426.96	3897.65	4441.44	4612.13
云　南	2576.80	2933.10	3484.49	3643.93	4064.52
西　藏	46.32	71.16	44.96	62.10	110.49
陕　西	2717.98	3012.61	3419.84	3545.60	3818.25
甘　肃	1307.48	1478.81	1386.04	1437.95	1569.16
青　海	329.71	373.03	399.57	377.41	406.66
宁　夏	708.12	830.22	870.28	887.97	887.35
新　疆	1536.49	1543.66	1316.70	1195.14	1511.75
东北地区	**6492.69**	**6810.81**	**7267.25**	**7034.21**	**6747.64**
辽　宁	3477.26	3383.08	3797.05	3554.81	3412.52
吉　林	1304.82	1630.72	1602.06	1813.82	1873.99
黑龙江	1710.60	1797.02	1868.14	1665.58	1461.12

数据来源：国家统计局。

表 3-59　2019 年全国及各地区住宅销售面积（月度累计）

单位：万平方米

地　区	1—2 月	1—3 月	1—4 月	1—5 月	1—6 月	1—7 月	1—8 月	1—9 月	1—10 月	1—11 月	1—12 月
全　国	**12319.50**	**25953.53**	**36795.78**	**48708.24**	**66180.61**	**77755.69**	**89409.86**	**104649.72**	**117132.50**	**130805.13**	**150144.32**
东部地区	**4652.30**	**9953.39**	**14371.60**	**19129.36**	**26029.36**	**30609.46**	**35051.50**	**40904.50**	**45654.15**	**50841.27**	**57741.68**
北　京	60.62	122.39	200.53	262.02	329.96	396.25	456.72	495.11	552.85	610.90	789.02
天　津	86.58	224.79	348.84	487.66	650.29	757.70	907.69	1033.53	1139.44	1267.02	1382.63
河　北	168.30	646.58	900.81	1205.65	1843.81	2235.22	2534.09	3069.64	3446.03	4020.91	4770.38
上　海	136.95	269.00	357.44	410.28	588.22	753.27	841.51	986.62	1127.21	1207.29	1353.70
江　苏	1150.49	2192.77	3176.56	4353.36	5754.07	6799.81	7829.48	9042.16	10104.11	11105.24	12545.04
浙　江	617.97	1318.42	2006.17	2739.02	3742.62	4333.41	4937.48	5740.11	6257.23	6924.83	7803.99
福　建	560.07	1066.72	1461.64	1841.22	2442.54	2785.54	3144.53	3647.88	4019.28	4433.68	5073.73
山　东	737.62	1780.22	2640.54	3552.08	4867.57	5840.80	6769.25	8001.37	9040.50	10114.99	11429.01
广　东	1045.26	2178.91	3061.35	4021.95	5471.38	6313.93	7183.20	8377.66	9409.40	10513.24	11872.61
海　南	88.44	153.61	217.70	256.13	338.91	393.54	447.54	510.43	558.12	643.17	721.57
中部地区	**3546.52**	**7678.40**	**10712.89**	**13990.49**	**19375.36**	**22686.60**	**26059.97**	**30598.11**	**34367.52**	**38421.33**	**45194.16**
山　西	144.33	327.34	478.36	650.99	862.49	1044.49	1220.56	1434.14	1644.40	1890.17	2169.33
安　徽	852.26	1741.37	2363.48	3032.19	4047.26	4677.30	5285.72	6067.15	6737.07	7364.65	8323.89
江　西	456.00	946.76	1327.06	1742.00	2339.19	2754.84	3221.18	3823.41	4312.32	4830.67	5678.98
河　南	809.54	1967.81	2770.36	3686.64	5228.67	6146.86	7106.90	8370.56	9457.54	10597.99	12981.63
湖　北	682.78	1498.20	2011.37	2572.78	3760.31	4323.27	4885.85	5703.86	6247.13	6889.39	7967.09
湖　南	601.60	1196.93	1762.25	2305.90	3137.44	3739.84	4339.75	5198.98	5969.06	6848.46	8073.25
西部地区	**3762.45**	**7449.14**	**10315.66**	**13575.33**	**17991.33**	**21051.04**	**24229.00**	**28282.70**	**31575.83**	**35395.03**	**40460.85**
内蒙古	29.80	138.56	228.52	368.66	566.83	768.76	953.39	1172.49	1386.38	1627.25	1803.55
广　西	523.49	1021.24	1476.54	1934.33	2590.39	2998.90	3430.99	3959.44	4490.13	5128.28	6076.88
重　庆	671.68	1228.87	1669.42	2123.72	2687.74	3061.93	3425.57	3888.65	4259.01	4575.53	5149.08
四　川	1129.96	2237.49	2989.94	3815.14	5033.84	5795.19	6599.09	7714.94	8267.67	9137.77	10451.05
贵　州	481.99	920.97	1247.19	1606.77	2158.76	2496.56	2866.67	3269.89	3685.18	4116.53	4612.13
云　南	369.89	747.24	1007.48	1311.37	1693.07	1996.60	2334.02	2758.12	3110.40	3558.53	4064.52
西　藏	11.33	3.88	8.25	12.01	14.40	16.51	18.11	45.06	77.81	98.35	110.49
陕　西	253.43	566.23	812.81	1196.65	1612.36	1901.22	2180.17	2613.36	2937.39	3324.63	3818.25
甘　肃	105.31	217.90	320.99	433.85	608.32	738.30	897.05	1102.66	1247.00	1405.48	1569.16
青　海	24.98	46.25	68.44	107.90	175.85	223.30	254.91	291.13	340.84	375.29	406.66
宁　夏	72.06	141.34	198.26	259.12	319.20	394.10	474.49	551.05	657.84	761.76	887.35
新　疆	88.53	179.18	287.82	405.82	530.56	659.66	794.57	915.91	1116.18	1285.63	1511.75
东北地区	**358.23**	**872.59**	**1395.64**	**2013.05**	**2784.56**	**3408.59**	**4069.39**	**4864.41**	**5535.00**	**6147.50**	**6747.64**
辽　宁	206.04	486.61	763.97	1076.95	1481.58	1815.60	2140.51	2537.69	2861.31	3145.24	3412.52
吉　林	105.15	240.48	371.00	561.98	769.40	942.90	1123.44	1337.96	1522.36	1705.34	1873.99
黑龙江	47.05	145.50	260.67	374.12	533.58	650.09	805.44	988.77	1151.33	1296.92	1461.12

数据来源：国家统计局。

表 3-60　2015—2019 年全国及各地区住宅现房销售面积

单位：万平方米

地　区	2015 年	2016 年	2017 年	2018 年	2019 年
全　国	**25901.93**	**31931.31**	**31243.64**	**23204.71**	**18215.21**
东部地区	**10877.04**	**13676.22**	**13069.63**	**9093.84**	**7167.54**
北　京	331.17	360.26	227.75	202.45	226.53
天　津	520.00	780.05	231.43	126.29	172.09
河　北	1361.53	1332.63	1466.81	860.56	622.46
上　海	722.43	809.79	579.39	491.06	493.40
江　苏	2197.61	2813.43	2962.73	2279.25	1920.72
浙　江	964.79	1724.10	1520.15	842.16	490.90
福　建	416.00	530.02	656.32	420.45	453.92
山　东	1895.06	2237.81	2237.07	1824.96	1087.51
广　东	2196.49	2684.59	2413.46	1740.26	1533.19
海　南	271.95	403.55	774.52	306.42	166.82
中部地区	**7308.37**	**8640.40**	**8754.93**	**7060.68**	**6064.84**
山　西	407.31	704.69	737.60	422.30	420.42
安　徽	960.59	1203.46	1058.16	788.39	645.53
江　西	596.69	865.44	921.95	719.66	680.94
河　南	2385.34	2717.89	2930.66	2753.21	2476.79
湖　北	1429.15	1365.67	1577.76	1425.43	986.22
湖　南	1529.27	1783.25	1528.80	951.69	854.93
西部地区	**5506.97**	**6878.84**	**6693.69**	**4935.50**	**3359.49**
内蒙古	781.80	843.24	785.23	603.85	392.92
广　西	472.04	535.77	674.22	554.27	487.95
重　庆	655.08	995.37	817.20	431.66	316.32
四　川	999.13	1301.38	1214.10	813.86	446.36
贵　州	418.43	591.95	575.00	392.32	292.77
云　南	604.53	897.91	844.78	676.79	386.10
西　藏	20.59	22.53	17.07	26.23	11.48
陕　西	421.70	466.89	492.31	447.02	312.37
甘　肃	431.27	456.05	403.35	378.62	284.92
青　海	72.18	91.90	112.18	44.88	34.63
宁　夏	219.88	292.44	314.86	288.95	177.25
新　疆	410.35	383.42	443.39	277.05	216.43
东北地区	**2209.56**	**2735.86**	**2725.40**	**2114.69**	**1623.34**
辽　宁	1115.78	1191.43	1292.08	1043.16	783.26
吉　林	348.54	682.76	527.08	465.06	362.56
黑龙江	745.24	861.67	906.24	606.48	477.52

数据来源：国家统计局。

表 3-61　2019 年全国及各地区住宅现房销售面积（月度累计）

单位：万平方米

地　区	1—2 月	1—3 月	1—4 月	1—5 月	1—6 月	1—7 月	1—8 月	1—9 月	1—10 月	1—11 月	1—12 月
全　国	**1588.34**	**3396.45**	**4676.49**	**6183.92**	**8590.20**	**9849.56**	**11035.96**	**12686.49**	**14051.09**	**15670.02**	**18215.21**
东部地区	**660.35**	**1391.77**	**1901.05**	**2502.40**	**3454.51**	**3943.44**	**4377.27**	**5035.39**	**5571.58**	**6283.18**	**7167.54**
北　京	18.51	34.36	43.31	55.95	71.70	87.82	103.46	111.13	124.74	148.66	226.53
天　津	8.49	38.67	45.55	56.62	74.57	85.21	106.78	114.05	128.46	147.16	172.09
河　北	19.98	110.24	151.67	191.86	275.83	321.26	350.15	417.58	494.21	557.99	622.46
上　海	39.42	89.26	123.22	137.55	216.41	245.95	262.96	330.27	380.25	409.35	493.40
江　苏	208.12	395.97	517.62	744.21	1022.36	1155.01	1270.03	1428.85	1524.75	1706.14	1920.72
浙　江	53.16	98.04	128.06	161.00	226.98	258.77	311.52	362.56	381.06	435.25	490.90
福　建	68.57	126.68	181.39	233.34	288.82	308.86	331.26	360.80	382.31	408.28	453.92
山　东	79.59	188.26	284.55	383.85	519.07	607.65	660.27	757.07	865.18	962.46	1087.51
广　东	139.53	266.21	374.98	480.12	691.10	796.64	897.15	1058.71	1184.40	1367.71	1533.19
海　南	24.98	44.09	50.70	57.90	67.67	76.28	83.69	94.35	106.21	140.17	166.82
中部地区	**439.44**	**1025.26**	**1418.31**	**1894.76**	**2752.75**	**3158.26**	**3536.05**	**4069.86**	**4494.99**	**4967.35**	**6064.84**
山　西	24.93	57.89	83.32	117.29	159.90	202.70	234.18	263.87	298.26	358.74	420.42
安　徽	57.97	121.46	173.45	223.53	312.62	355.82	390.02	443.04	469.24	514.87	645.53
江　西	68.81	154.17	206.38	269.37	349.39	396.66	439.06	499.09	538.77	577.72	680.94
河　南	154.95	377.44	531.83	746.13	1079.13	1233.99	1388.47	1576.20	1747.25	1934.70	2476.79
湖　北	75.00	186.90	247.09	313.35	540.65	596.37	648.02	749.83	797.89	852.37	986.22
湖　南	57.77	127.40	176.23	225.07	311.06	372.72	436.28	537.83	643.58	728.95	854.93
西部地区	**399.18**	**767.84**	**1017.07**	**1283.67**	**1701.37**	**1932.94**	**2185.46**	**2451.71**	**2690.27**	**2949.59**	**3359.49**
内蒙古	10.07	30.03	50.45	78.66	160.70	204.68	236.21	268.24	307.35	351.52	392.92
广　西	55.82	118.89	151.53	180.54	232.05	261.99	294.77	328.99	363.15	399.84	487.95
重　庆	63.81	107.64	123.70	151.30	186.05	217.47	229.19	262.81	273.83	288.26	316.32
四　川	63.66	128.58	165.14	210.36	266.10	286.53	315.73	353.74	367.78	388.90	446.36
贵　州	42.07	76.66	101.20	124.73	160.66	187.05	204.72	225.52	244.34	272.48	292.77
云　南	63.38	121.83	153.23	187.98	231.26	243.24	278.36	300.51	323.92	354.12	386.10
西　藏	10.03	1.67	2.36	3.48	3.93	4.43	4.74	8.14	9.50	11.16	11.48
陕　西	22.16	52.99	74.11	97.86	132.03	146.33	170.66	196.93	222.19	251.94	312.37
甘　肃	30.44	54.11	77.81	98.98	137.06	157.09	180.64	201.97	231.61	257.45	284.92
青　海	2.24	5.55	13.61	16.31	20.98	22.79	25.46	28.65	35.46	31.92	34.63
宁　夏	21.33	39.88	52.85	66.45	79.48	92.12	105.40	118.76	133.26	148.22	177.25
新　疆	14.18	30.00	51.09	67.01	91.07	109.23	139.58	157.46	177.90	193.77	216.43
东北地区	**89.37**	**211.58**	**340.07**	**503.10**	**681.57**	**814.92**	**937.18**	**1129.53**	**1294.24**	**1469.90**	**1623.34**
辽　宁	56.88	127.31	193.41	281.20	357.38	426.54	483.81	573.69	639.51	701.07	783.26
吉　林	20.22	41.32	68.89	99.77	132.49	152.03	176.64	225.13	277.17	341.19	362.56
黑龙江	12.27	42.95	77.77	122.13	191.71	236.35	276.73	330.71	377.56	427.64	477.52

数据来源：国家统计局。

表 3-62　2015—2019 年全国及各地区住宅期房销售面积

单位：万平方米

地　区	2015 年	2016 年	2017 年	2018 年	2019 年
全　国	**86503.75**	**105608.62**	**113545.13**	**124724.71**	**131929.12**
东部地区	**37821.57**	**46810.49**	**47379.80**	**48509.07**	**50574.14**
北　京	795.67	621.11	381.03	324.31	562.49
天　津	1148.19	1741.83	1111.44	1014.44	1210.54
河　北	3800.12	4567.09	4110.18	3853.86	4147.92
上　海	1286.74	1210.01	762.23	842.23	860.29
江　苏	8078.33	9844.23	9523.93	9761.43	10624.32
浙　江	4167.09	5510.09	6149.55	7094.01	7313.09
福　建	2899.68	3604.44	3869.81	4361.13	4619.81
山　东	6631.79	8360.77	8963.97	9930.41	10341.50
广　东	8301.13	10337.38	11109.05	10334.84	10339.42
海　南	712.84	1013.55	1398.61	992.40	554.76
中部地区	**21640.16**	**29005.53**	**32844.80**	**38027.69**	**39129.32**
山　西	1073.82	1176.81	1508.68	1793.28	1748.91
安　徽	4396.21	6303.42	6891.12	8112.86	7678.36
江　西	2549.14	3275.11	4043.02	4669.34	4998.03
河　南	5260.50	7419.24	8776.59	9729.67	10504.84
湖　北	4218.57	5423.54	5785.91	6676.28	6980.87
湖　南	4141.92	5407.41	5839.47	7046.26	7218.31
西部地区	**22758.88**	**25717.64**	**28778.67**	**33268.43**	**37101.36**
内蒙古	1163.13	1230.12	940.94	1098.53	1410.63
广　西	2709.48	3328.24	4013.19	5035.62	5588.93
重　庆	3822.63	4110.09	4635.45	4993.11	4832.76
四　川	5496.30	6582.71	7572.50	9081.49	10004.69
贵　州	2524.94	2835.01	3322.65	4049.13	4319.36
云　南	1972.27	2035.19	2639.71	2967.14	3678.43
西　藏	25.73	48.63	27.89	35.87	99.01
陕　西	2296.29	2545.73	2927.53	3098.58	3505.88
甘　肃	876.21	1022.76	982.69	1059.33	1284.23
青　海	257.53	281.14	287.39	332.53	372.03
宁　夏	488.24	537.79	555.42	599.02	710.10
新　疆	1126.15	1160.23	873.31	918.09	1295.31
东北地区	**4283.13**	**4074.96**	**4541.86**	**4919.52**	**5124.29**
辽　宁	2361.48	2191.65	2504.97	2511.65	2629.26
吉　林	956.29	947.95	1074.98	1348.77	1511.43
黑龙江	965.36	935.35	961.90	1059.10	983.60

数据来源：国家统计局。

表 3-63　2019 年全国及各地区住宅期房销售面积（月度累计）

单位：万平方米

地　区	1—2 月	1—3 月	1—4 月	1—5 月	1—6 月	1—7 月	1—8 月	1—9 月	1—10 月	1—11 月	1—12 月
全　国	**10731.16**	**22557.08**	**32119.29**	**42524.32**	**57590.41**	**67906.13**	**78373.90**	**91963.22**	**103081.42**	**115135.12**	**131929.12**
东部地区	**3991.95**	**8561.62**	**12470.55**	**16626.97**	**22574.85**	**26666.02**	**30674.23**	**35869.11**	**40082.57**	**44558.09**	**50574.14**
北　京	42.11	88.04	157.23	206.07	258.26	308.43	353.27	383.97	428.11	462.24	562.49
天　津	78.09	186.12	303.29	431.04	575.71	672.49	800.91	919.48	1010.97	1119.85	1210.54
河　北	148.32	536.34	749.14	1013.79	1567.98	1913.95	2183.94	2652.06	2951.82	3462.91	4147.92
上　海	97.53	179.74	234.22	272.73	371.81	507.32	578.55	656.35	746.96	797.94	860.29
江　苏	942.37	1796.80	2658.94	3609.16	4731.71	5644.80	6559.46	7613.31	8579.36	9399.11	10624.32
浙　江	564.81	1220.38	1878.10	2578.02	3515.64	4074.64	4625.96	5377.54	5876.17	6489.58	7313.09
福　建	491.50	940.03	1280.25	1607.88	2153.71	2476.68	2813.26	3287.08	3636.96	4025.40	4619.81
山　东	658.03	1591.95	2356.00	3168.23	4348.50	5233.15	6108.97	7244.30	8175.31	9152.53	10341.50
广　东	905.73	1912.70	2686.37	3541.83	4780.28	5517.29	6286.06	7318.94	8225.00	9145.53	10339.42
海　南	63.46	109.51	167.01	198.22	271.24	317.26	363.85	416.08	451.91	503.00	554.76
中部地区	**3107.08**	**6653.14**	**9294.58**	**12095.74**	**16622.62**	**19528.34**	**22523.93**	**26528.24**	**29872.53**	**33453.98**	**39129.32**
山　西	119.40	269.46	395.04	533.69	702.59	841.80	986.38	1170.28	1346.14	1531.43	1748.91
安　徽	794.29	1619.91	2190.02	2808.65	3734.64	4321.48	4895.70	5624.11	6267.83	6849.77	7678.36
江　西	387.19	792.59	1120.68	1472.62	1989.79	2358.18	2782.12	3324.32	3773.55	4252.95	4998.03
河　南	654.59	1590.37	2238.53	2940.51	4149.54	4912.86	5718.43	6794.35	7710.30	8663.30	10504.84
湖　北	607.78	1311.29	1764.28	2259.43	3219.67	3726.90	4237.83	4954.03	5449.24	6037.02	6980.87
湖　南	543.83	1069.52	1586.02	2080.83	2826.38	3367.12	3903.47	4661.15	5325.48	6119.51	7218.31
西部地区	**3363.26**	**6681.31**	**9298.59**	**12291.66**	**16289.96**	**19118.09**	**22043.54**	**25830.99**	**28885.55**	**32445.44**	**37101.36**
内蒙古	19.73	108.53	178.06	290.00	406.13	564.07	717.18	904.25	1079.03	1275.73	1410.63
广　西	467.67	902.35	1325.01	1753.79	2358.34	2736.91	3136.22	3630.46	4126.98	4728.44	5588.93
重　庆	607.87	1121.23	1545.72	1972.42	2501.69	2844.46	3196.38	3625.84	3985.18	4287.27	4832.76
四　川	1066.30	2108.91	2824.81	3604.78	4767.74	5508.66	6283.36	7361.20	7899.89	8748.88	10004.69
贵　州	439.92	844.30	1145.99	1482.04	1998.10	2309.52	2661.95	3044.38	3440.84	3844.06	4319.36
云　南	306.51	625.41	854.25	1123.39	1461.81	1753.36	2055.66	2457.61	2786.48	3204.41	3678.43
西　藏	1.30	2.21	5.90	8.53	10.47	12.08	13.37	36.92	68.31	87.19	99.01
陕　西	231.27	513.24	738.70	1098.78	1480.33	1754.90	2009.50	2416.43	2715.20	3072.69	3505.88
甘　肃	74.88	163.79	243.18	334.87	471.26	581.21	716.41	900.69	1015.40	1148.02	1284.23
青　海	22.75	40.70	54.83	91.59	154.87	200.52	229.45	262.48	305.38	343.37	372.03
宁　夏	50.73	101.45	145.41	192.67	239.72	301.98	369.08	432.29	524.58	613.54	710.10
新　疆	74.34	149.18	236.73	338.81	439.49	550.43	654.99	758.45	938.28	1091.86	1295.31
东北地区	**268.86**	**661.01**	**1055.57**	**1509.95**	**2102.98**	**2593.67**	**3132.20**	**3734.88**	**4240.76**	**4677.60**	**5124.29**
辽　宁	149.16	359.30	570.56	795.75	1124.20	1389.06	1656.69	1964.00	2221.80	2444.17	2629.26
吉　林	84.93	199.16	302.11	462.21	636.91	790.87	946.80	1112.83	1245.19	1364.15	1511.43
黑龙江	34.77	102.55	182.90	251.99	341.87	413.74	528.71	658.05	773.76	869.28	983.60

数据来源：国家统计局。

3. 各地区办公楼销售面积

表 3-64　2015—2019 年全国及各地区办公楼销售面积

单位：万平方米

地　区	2015 年	2016 年	2017 年	2018 年	2019 年
全　国	**2912.26**	**3826.22**	**4756.21**	**4363.32**	**3722.76**
东部地区	**1765.43**	**2339.84**	**2604.40**	**2297.16**	**1957.95**
北　京	243.02	413.86	108.34	75.78	53.38
天　津	15.93	31.06	43.28	37.46	23.99
河　北	90.10	126.59	144.11	110.63	112.68
上　海	197.41	306.40	124.10	147.08	100.83
江　苏	238.30	265.68	385.97	278.73	246.08
浙　江	205.05	410.07	493.48	424.12	347.83
福　建	155.42	181.16	354.25	304.59	331.17
山　东	300.04	196.41	273.36	274.48	201.67
广　东	311.12	399.15	659.40	604.45	511.54
海　南	9.05	9.47	18.10	39.83	28.78
中部地区	**452.83**	**688.55**	**924.08**	**875.81**	**746.17**
山　西	21.49	38.62	42.60	32.61	43.49
安　徽	109.40	185.35	179.47	169.39	130.94
江　西	50.61	87.53	140.69	119.18	105.17
河　南	149.50	173.35	236.90	224.00	217.12
湖　北	61.42	103.73	176.65	194.89	135.25
湖　南	60.41	99.96	147.77	135.75	114.21
西部地区	**620.44**	**698.97**	**1094.44**	**1105.89**	**956.15**
内蒙古	43.25	18.30	48.63	22.39	12.02
广　西	38.83	50.27	81.57	117.30	64.81
重　庆	115.84	106.99	168.47	127.37	83.64
四　川	123.72	150.58	299.29	320.46	367.66
贵　州	78.42	86.08	113.00	89.28	101.74
云　南	59.32	108.92	110.58	110.97	78.20
西　藏	2.79	1.07	2.14	0.93	0.67
陕　西	60.50	70.72	153.11	218.14	184.69
甘　肃	13.24	44.75	29.25	16.59	12.58
青　海	23.74	19.13	26.98	8.83	8.05
宁　夏	13.05	7.15	16.29	19.14	12.74
新　疆	47.74	35.01	45.14	54.50	29.34
东北地区	**73.55**	**98.86**	**133.29**	**84.46**	**62.48**
辽　宁	37.48	34.64	36.55	18.75	16.21
吉　林	17.87	37.87	51.15	50.83	35.67
黑龙江	18.20	26.35	45.58	14.88	10.61

数据来源：国家统计局。

表 3-65　2019 年全国及各地区办公楼销售面积（月度累计）

单位：万平方米

地　区	1—2 月	1—3 月	1—4 月	1—5 月	1—6 月	1—7 月	1—8 月	1—9 月	1—10 月	1—11 月	1—12 月
全　国	**321.16**	**670.71**	**945.42**	**1250.64**	**1753.78**	**2016.08**	**2275.03**	**2623.72**	**2866.10**	**3176.40**	**3722.76**
东部地区	**180.21**	**360.85**	**514.80**	**685.52**	**937.32**	**1074.89**	**1195.90**	**1386.35**	**1505.71**	**1662.20**	**1957.95**
北　京	3.30	8.28	18.02	19.23	21.36	23.47	25.81	29.13	33.04	37.94	53.38
天　津	1.60	3.42	4.19	5.63	9.12	10.30	11.66	12.35	12.66	13.59	23.99
河　北	4.30	10.45	16.06	26.24	48.04	52.76	55.75	66.47	73.16	88.58	112.68
上　海	16.59	20.50	27.19	38.56	47.39	54.99	62.47	78.63	84.46	87.25	100.83
江　苏	25.03	51.45	69.56	103.26	121.11	144.16	164.21	183.53	198.81	216.02	246.08
浙　江	25.40	59.04	82.83	109.35	148.10	175.61	203.52	249.86	267.20	294.53	347.83
福　建	32.78	68.19	99.09	124.38	191.05	211.28	226.12	252.29	270.81	290.06	331.17
山　东	14.16	34.88	52.27	81.79	110.44	118.68	127.78	143.03	156.61	172.08	201.67
广　东	44.40	90.42	130.95	162.13	221.92	263.72	297.50	347.61	384.93	437.31	511.54
海　南	12.67	14.22	14.63	14.95	18.79	19.91	21.08	23.44	24.01	24.84	28.78
中部地区	**56.58**	**126.68**	**181.65**	**232.61**	**324.08**	**385.11**	**444.02**	**522.82**	**566.48**	**628.90**	**746.17**
山　西	1.65	4.11	8.26	11.39	13.89	16.11	18.41	20.77	26.70	29.03	43.49
安　徽	9.10	21.82	35.22	44.07	59.55	71.50	78.58	93.71	100.57	108.40	130.94
江　西	5.11	12.94	17.12	25.59	42.46	48.33	57.51	65.18	74.20	85.34	105.17
河　南	21.93	49.15	67.40	84.25	105.03	123.38	140.35	158.56	169.67	187.85	217.12
湖　北	13.81	23.47	31.47	37.10	59.72	70.49	87.49	107.75	110.69	122.01	135.25
湖　南	4.99	15.19	22.19	30.20	43.43	55.30	61.68	76.85	84.65	96.28	114.21
西部地区	**77.61**	**169.11**	**231.39**	**310.85**	**463.00**	**524.17**	**599.49**	**675.38**	**748.90**	**828.84**	**956.15**
内蒙古	2.49	2.77	3.93	3.98	4.99	5.78	6.66	7.53	9.75	11.39	12.02
广　西	4.49	9.44	14.26	16.66	21.60	23.85	36.75	40.86	48.38	54.84	64.81
重　庆	15.39	22.83	26.70	34.44	42.54	46.69	50.97	61.04	67.07	71.33	83.64
四　川	28.66	67.70	97.22	140.73	188.56	217.92	249.19	274.61	285.72	326.77	367.66
贵　州	9.91	30.36	34.03	40.10	58.13	60.45	67.31	74.18	85.56	90.39	101.74
云　南	2.55	4.75	9.58	15.26	28.32	35.79	38.15	41.79	54.39	62.73	78.20
西　藏	—	0.22	0.22	0.22	0.24	0.24	0.31	0.47	0.52	0.60	0.67
陕　西	9.12	22.04	33.16	43.27	93.32	104.87	116.51	136.52	147.98	157.18	184.69
甘　肃	0.96	1.28	2.00	2.66	5.95	6.57	9.10	9.47	10.25	10.94	12.58
青　海	0.03	0.11	0.15	0.30	0.33	0.75	0.84	1.07	7.73	7.93	8.05
宁　夏	0.74	2.49	3.10	4.18	6.20	6.94	7.61	8.52	9.85	10.27	12.74
新　疆	3.27	5.11	7.04	9.05	12.83	14.32	16.07	19.33	21.69	24.47	29.34
东北地区	**6.76**	**14.07**	**17.58**	**21.66**	**29.38**	**31.91**	**35.63**	**39.17**	**45.01**	**56.46**	**62.48**
辽　宁	1.48	2.27	3.40	4.09	5.60	6.73	8.13	8.86	10.77	15.42	16.21
吉　林	5.10	10.70	11.69	13.50	18.92	19.97	21.61	23.48	25.56	31.40	35.67
黑龙江	0.18	1.10	2.49	4.07	4.86	5.21	5.88	6.83	8.68	9.64	10.61

数据来源：国家统计局。

表 3-66　2015—2019 年全国及各地区办公楼现房销售面积

单位：万平方米

地　区	2015 年	2016 年	2017 年	2018 年	2019 年
全　国	**844.79**	**1108.64**	**1469.68**	**1207.72**	**943.30**
东部地区	**537.74**	**706.61**	**905.71**	**707.59**	**563.82**
北　京	78.14	156.59	44.68	48.63	27.93
天　津	9.04	11.47	31.99	20.53	11.33
河　北	51.22	63.47	73.62	20.61	8.12
上　海	76.13	95.96	70.52	72.50	60.05
江　苏	88.51	95.79	143.29	106.10	112.41
浙　江	80.06	143.13	202.73	184.32	114.24
福　建	20.86	17.33	66.80	51.34	30.81
山　东	63.61	65.02	109.68	91.45	60.62
广　东	69.59	56.82	151.14	105.62	126.84
海　南	0.57	1.02	11.25	6.50	11.46
中部地区	**127.94**	**167.47**	**272.24**	**215.06**	**172.75**
山　西	10.19	4.77	13.70	5.26	13.97
安　徽	33.88	56.75	62.81	59.08	32.20
江　西	11.93	21.42	36.89	21.70	16.09
河　南	32.96	40.99	47.20	42.84	41.63
湖　北	23.16	12.57	60.21	52.92	34.34
湖　南	15.83	30.97	51.44	33.26	34.51
西部地区	**143.56**	**197.96**	**255.59**	**256.60**	**179.53**
内蒙古	15.60	6.85	12.79	8.96	3.37
广　西	7.57	9.16	11.57	16.16	7.20
重　庆	34.38	51.73	60.83	67.60	36.99
四　川	28.53	38.60	59.92	42.32	25.13
贵　州	17.14	26.71	32.54	15.14	37.91
云　南	14.11	42.48	21.14	29.23	18.50
西　藏	2.51	—	—	0.93	0.15
陕　西	7.51	3.07	30.35	39.07	29.33
甘　肃	4.37	5.72	5.21	6.36	1.36
青　海	1.39	4.25	5.17	0.65	1.15
宁　夏	3.23	3.55	3.39	13.97	10.33
新　疆	7.21	5.83	12.69	16.20	8.12
东北地区	**35.55**	**36.60**	**36.14**	**28.47**	**27.20**
辽　宁	19.58	19.35	11.30	13.48	9.60
吉　林	7.25	6.86	8.24	9.83	13.23
黑龙江	8.71	10.40	16.60	5.16	4.38

数据来源：国家统计局。

表 3-67 2019 年全国及各地区办公楼现房销售面积（月度累计）

单位：万平方米

地 区	1—2 月	1—3 月	1—4 月	1—5 月	1—6 月	1—7 月	1—8 月	1—9 月	1—10 月	1—11 月	1—12 月
全 国	**107.82**	**207.82**	**263.64**	**342.05**	**468.08**	**524.63**	**582.19**	**659.61**	**715.28**	**802.82**	**943.30**
东部地区	**67.25**	**127.22**	**167.36**	**218.35**	**288.63**	**327.56**	**362.67**	**411.00**	**438.99**	**482.69**	**563.82**
北 京	3.02	7.09	8.74	9.43	11.20	13.27	15.12	16.48	19.25	22.48	27.93
天 津	0.64	2.07	2.54	3.43	4.74	5.65	6.67	7.10	7.72	8.56	11.33
河 北	0.02	0.06	0.08	0.12	3.49	3.60	3.74	4.25	4.94	5.77	8.12
上 海	5.81	8.07	14.61	22.42	28.77	35.82	42.50	47.33	50.25	51.76	60.05
江 苏	11.53	22.93	29.52	45.62	55.36	67.01	78.44	88.03	94.25	100.33	112.41
浙 江	7.45	21.20	28.33	39.12	53.02	60.11	68.89	85.87	91.66	103.88	114.24
福 建	8.29	9.23	11.46	13.79	18.98	20.13	20.95	23.19	24.77	26.32	30.81
山 东	7.83	17.47	24.56	31.45	40.50	40.82	38.59	41.16	42.70	48.10	60.62
广 东	16.15	32.28	40.68	46.00	63.16	71.72	77.96	86.67	92.41	104.17	126.84
海 南	6.49	6.82	6.84	6.99	9.41	9.42	9.82	10.92	11.02	11.33	11.46
中部地区	**13.55**	**26.80**	**40.04**	**51.20**	**72.83**	**81.77**	**89.79**	**109.45**	**116.54**	**133.16**	**172.75**
山 西	1.01	1.20	3.65	4.45	5.09	5.14	6.30	6.37	6.43	6.91	13.97
安 徽	2.75	3.72	7.89	9.55	12.03	14.13	15.45	23.10	24.70	26.07	32.20
江 西	2.00	3.35	3.57	4.40	7.74	7.87	8.15	10.99	11.87	12.27	16.09
河 南	4.53	7.82	10.66	16.93	22.01	23.35	25.08	27.61	29.27	32.25	41.63
湖 北	2.76	9.73	12.55	13.09	17.30	19.76	22.56	24.88	25.52	31.62	34.34
湖 南	0.50	0.97	1.72	2.77	8.66	11.52	12.26	16.51	18.75	24.04	34.51
西部地区	**21.68**	**46.12**	**47.80**	**62.31**	**93.73**	**101.34**	**114.26**	**122.24**	**139.06**	**160.94**	**179.53**
内蒙古	0.13	0.34	0.77	0.82	1.80	1.96	2.20	2.50	2.87	3.20	3.37
广 西	0.97	1.71	2.32	2.17	2.66	2.78	3.76	4.16	4.94	6.22	7.20
重 庆	7.01	10.14	11.44	15.30	19.28	20.06	23.71	26.75	29.59	31.18	36.99
四 川	4.97	7.79	4.09	5.01	7.06	7.87	8.72	9.01	9.63	22.08	25.13
贵 州	4.06	13.76	13.96	18.80	29.59	29.79	32.67	33.48	35.03	36.43	37.91
云 南	0.52	0.98	1.31	2.31	6.30	7.31	7.84	8.08	15.74	17.49	18.50
西 藏	—	0.15	0.15	0.15	0.15	0.15	0.15	0.15	0.15	0.15	0.15
陕 西	2.27	7.63	9.02	11.44	15.84	19.06	21.76	22.69	24.39	26.37	29.33
甘 肃	0.17	0.21	0.22	0.23	0.90	0.99	1.01	1.08	1.14	1.35	1.36
青 海	—	0.05	0.07	0.22	—	0.34	0.34	0.39	0.43	0.46	1.15
宁 夏	0.63	1.81	2.37	3.43	5.42	6.08	6.71	7.60	8.26	8.62	10.33
新 疆	0.96	1.55	2.09	2.44	4.72	4.95	5.38	6.36	6.90	7.38	8.12
东北地区	**5.34**	**7.69**	**8.43**	**10.19**	**12.89**	**13.95**	**15.47**	**16.92**	**20.68**	**26.03**	**27.20**
辽 宁	0.79	1.34	1.87	2.58	3.63	4.34	5.22	5.89	7.51	8.85	9.60
吉 林	4.55	5.86	6.03	6.16	7.59	7.77	8.05	8.24	9.19	13.01	13.23
黑龙江	—	0.49	0.54	1.46	1.66	1.84	2.20	2.79	3.99	4.17	4.38

数据来源：国家统计局。

表 3-68　2015—2019 年全国及各地区办公楼期房销售面积

单位：万平方米

地　区	2015 年	2016 年	2017 年	2018 年	2019 年
全　国	**2067.47**	**2717.58**	**3286.53**	**3155.60**	**2779.46**
东部地区	**1227.69**	**1633.23**	**1698.69**	**1589.57**	**1394.13**
北　京	164.88	257.27	63.66	27.15	25.45
天　津	6.88	19.59	11.29	16.93	12.66
河　北	38.87	63.12	70.49	90.03	104.56
上　海	121.28	210.44	53.59	74.58	40.78
江　苏	149.79	169.89	242.68	172.63	133.67
浙　江	124.99	266.94	290.75	239.80	233.59
福　建	134.56	163.83	287.45	253.25	300.36
山　东	236.43	131.39	163.68	183.03	141.05
广　东	241.53	342.33	508.26	498.84	384.70
海　南	8.48	8.45	6.85	33.32	17.32
中部地区	**324.89**	**521.08**	**651.84**	**660.74**	**573.42**
山　西	11.30	33.85	28.91	27.35	29.52
安　徽	75.52	128.60	116.66	110.31	98.74
江　西	38.67	66.12	103.80	97.47	89.08
河　南	116.55	132.37	189.70	181.16	175.48
湖　北	38.26	91.16	116.44	141.97	100.90
湖　南	44.59	68.99	96.34	102.49	79.70
西部地区	**476.88**	**501.01**	**838.85**	**849.30**	**776.62**
内蒙古	27.65	11.45	35.84	13.43	8.65
广　西	31.26	41.11	70.00	101.13	57.62
重　庆	81.46	55.26	107.64	59.77	46.64
四　川	95.19	111.97	239.37	278.14	342.53
贵　州	61.28	59.37	80.46	74.14	63.83
云　南	45.20	66.43	89.44	81.73	59.70
西　藏	0.28	1.07	2.14	—	0.53
陕　西	52.99	67.65	122.76	179.07	155.36
甘　肃	8.87	39.03	24.03	10.23	11.22
青　海	22.36	14.88	21.81	8.18	6.90
宁　夏	9.82	3.60	12.90	5.17	2.41
新　疆	40.53	29.18	32.46	38.31	21.22
东北地区	**38.00**	**62.26**	**97.14**	**55.99**	**35.28**
辽　宁	17.90	15.29	25.25	5.27	6.60
吉　林	10.62	31.01	42.91	41.00	22.44
黑龙江	9.48	15.95	28.99	9.72	6.23

数据来源：国家统计局。

表 3-69　2019 年全国及各地区办公楼期房销售面积（月度累计）

单位：万平方米

地　区	1—2 月	1—3 月	1—4 月	1—5 月	1—6 月	1—7 月	1—8 月	1—9 月	1—10 月	1—11 月	1—12 月
全　国	**213.34**	**462.89**	**681.78**	**908.59**	**1285.71**	**1491.45**	**1692.84**	**1964.11**	**2150.82**	**2373.58**	**2779.46**
东部地区	**112.95**	**233.63**	**347.44**	**467.17**	**648.70**	**747.33**	**833.22**	**975.35**	**1066.72**	**1179.50**	**1394.13**
北　京	0.27	1.20	9.28	9.80	10.17	10.20	10.69	12.65	13.79	15.47	25.45
天　津	0.95	1.35	1.66	2.20	4.38	4.65	4.99	5.25	4.94	5.03	12.66
河　北	4.28	10.39	15.97	26.13	44.56	49.16	52.01	62.22	68.22	82.81	104.56
上　海	10.78	12.43	12.59	16.14	18.62	19.17	19.98	31.29	34.21	35.49	40.78
江　苏	13.50	28.51	40.04	57.65	65.75	77.15	85.76	95.50	104.56	115.69	133.67
浙　江	17.94	37.84	54.50	70.23	95.09	115.50	134.63	164.00	175.54	190.64	233.59
福　建	24.48	58.95	87.63	110.59	172.07	191.15	205.17	229.10	246.04	263.75	300.36
山　东	6.32	17.41	27.72	50.34	69.93	77.86	89.18	101.87	113.92	123.98	141.05
广　东	28.24	58.14	90.27	116.13	158.76	192.00	219.54	260.95	292.52	333.14	384.70
海　南	6.18	7.40	7.79	7.96	9.37	10.49	11.26	12.52	12.99	13.50	17.32
中部地区	**43.03**	**99.88**	**141.61**	**181.41**	**251.24**	**303.34**	**354.23**	**413.37**	**449.94**	**495.74**	**573.42**
山　西	0.64	2.91	4.61	6.94	8.80	10.98	12.11	14.41	20.27	22.12	29.52
安　徽	6.35	18.10	27.33	34.52	47.51	57.36	63.13	70.61	75.87	82.32	98.74
江　西	3.11	9.60	13.55	21.19	34.72	40.45	49.36	54.19	62.33	73.07	89.08
河　南	17.39	41.33	56.74	67.32	83.02	100.03	115.27	130.95	140.40	155.60	175.48
湖　北	11.05	13.74	18.92	24.01	42.42	50.73	64.94	82.87	85.17	90.40	100.90
湖　南	4.49	14.22	20.46	27.43	34.77	43.78	49.42	60.34	65.90	72.23	79.70
西部地区	**55.93**	**122.99**	**183.59**	**248.54**	**369.27**	**422.83**	**485.23**	**553.14**	**609.83**	**667.90**	**776.62**
内蒙古	2.37	2.43	3.16	3.16	3.19	3.82	4.46	5.03	6.89	8.19	8.65
广　西	3.52	7.73	11.94	14.50	18.94	21.07	32.99	36.69	43.44	48.62	57.62
重　庆	8.38	12.69	15.26	19.14	23.24	26.63	27.26	34.29	37.47	40.14	46.64
四　川	23.69	59.91	93.13	135.71	181.50	210.04	240.48	265.61	276.09	304.69	342.53
贵　州	5.85	16.60	20.07	21.31	28.54	30.66	34.64	40.70	50.53	53.95	63.83
云　南	2.03	3.76	8.27	12.95	22.02	28.48	30.31	33.71	38.65	45.24	59.70
西　藏	—	0.08	0.08	0.08	0.09	0.10	0.17	0.32	0.38	0.46	0.53
陕　西	6.85	14.42	24.14	31.83	77.47	85.81	94.75	113.83	123.59	130.81	155.36
甘　肃	0.80	1.07	1.78	2.43	5.06	5.58	8.09	8.39	9.11	9.59	11.22
青　海	0.03	0.06	0.08	0.08	0.33	0.41	0.50	0.68	7.31	7.47	6.90
宁　夏	0.11	0.68	0.73	0.75	0.78	0.86	0.90	0.92	1.59	1.65	2.41
新　疆	2.31	3.57	4.95	6.61	8.11	9.36	10.69	12.97	14.79	17.09	21.22
东北地区	**1.42**	**6.38**	**9.15**	**11.47**	**16.50**	**17.96**	**20.16**	**22.25**	**24.33**	**30.44**	**35.28**
辽　宁	0.68	0.94	1.54	1.52	1.97	2.39	2.92	2.97	3.27	6.58	6.60
吉　林	0.55	4.83	5.66	7.34	11.33	12.20	13.56	15.24	16.38	18.39	22.44
黑龙江	0.18	0.61	1.95	2.61	3.20	3.37	3.68	4.04	4.69	5.47	6.23

数据来源：国家统计局。

4. 各地区商业营业用房销售面积

表 3-70　2015—2019 年全国及各地区商业营业用房销售面积

单位：万平方米

地　区	2015 年	2016 年	2017 年	2018 年	2019 年
全　国	**9251.94**	**10811.96**	**12838.14**	**11971.33**	**10172.87**
东部地区	**3202.41**	**3932.13**	**4583.89**	**4069.35**	**3373.72**
北　京	84.81	125.85	74.63	35.02	32.77
天　津	56.34	97.03	77.42	53.37	55.99
河　北	385.34	448.71	496.13	274.04	222.30
上　海	113.70	205.87	79.33	101.75	88.48
江　苏	728.02	849.92	967.72	812.86	750.33
浙　江	384.57	529.68	698.37	642.14	514.66
福　建	296.25	305.47	412.26	457.83	425.93
山　东	635.92	635.69	823.87	889.42	582.13
广　东	479.21	677.93	885.74	736.09	654.53
海　南	38.24	55.99	68.42	66.83	46.60
中部地区	**2423.86**	**2896.34**	**3872.60**	**3587.61**	**3099.99**
山　西	59.85	98.69	80.73	70.81	90.70
安　徽	627.40	670.96	872.00	784.32	599.40
江　西	220.43	361.29	573.67	564.81	541.65
河　南	639.18	816.65	1148.24	1042.89	881.89
湖　北	408.07	393.74	483.27	428.16	372.76
湖　南	468.94	555.02	714.69	696.63	613.60
西部地区	**2986.56**	**3369.10**	**3725.48**	**3717.71**	**3195.92**
内蒙古	258.33	301.10	176.43	183.82	106.20
广　西	197.72	170.39	221.94	287.87	306.86
重　庆	463.05	622.18	634.37	513.97	417.88
四　川	672.00	728.11	1004.42	1046.39	1021.95
贵　州	452.43	542.01	573.22	555.00	494.23
云　南	354.33	382.39	418.08	469.28	303.11
西　藏	2.15	2.33	6.16	8.96	11.06
陕　西	149.02	132.40	225.31	231.51	195.04
甘　肃	96.95	133.98	106.84	105.08	96.62
青　海	32.27	34.97	58.28	52.31	41.70
宁　夏	102.20	104.82	103.77	93.07	73.60
新　疆	206.10	214.42	196.68	170.45	127.66
东北地区	**639.12**	**614.38**	**656.16**	**596.66**	**503.23**
辽　宁	311.61	216.69	227.25	257.61	191.35
吉　林	129.23	175.73	176.17	156.66	150.15
黑龙江	198.28	221.97	252.74	182.39	161.74

数据来源：国家统计局。

表 3-71 2019 年全国及各地区商业营业用房销售面积（月度累计）

单位：万平方米

地 区	1—2 月	1—3 月	1—4 月	1—5 月	1—6 月	1—7 月	1—8 月	1—9 月	1—10 月	1—11 月	1—12 月
全 国	**838.07**	**1881.34**	**2578.96**	**3293.02**	**4612.05**	**5306.29**	**5971.43**	**7002.39**	**7776.61**	**8694.44**	**10172.87**
东部地区	**292.59**	**662.67**	**923.85**	**1171.02**	**1606.48**	**1830.67**	**2027.97**	**2370.55**	**2614.85**	**2898.81**	**3373.72**
北 京	1.90	7.12	10.31	11.65	12.87	18.11	19.31	24.09	25.02	27.13	32.77
天 津	5.46	10.17	15.57	21.14	31.92	37.53	41.17	45.63	47.34	50.28	55.99
河 北	5.48	30.60	53.80	66.34	90.37	96.97	102.26	135.32	158.04	181.66	222.30
上 海	8.16	11.62	21.18	28.83	39.08	57.09	50.70	64.66	74.94	75.84	88.48
江 苏	80.57	170.50	229.44	294.20	375.31	423.90	471.08	535.95	586.16	642.74	750.33
浙 江	48.80	94.36	130.00	172.27	229.39	255.18	285.66	335.37	370.58	423.78	514.66
福 建	40.93	104.80	131.29	163.76	225.11	250.31	280.55	326.24	349.59	376.92	425.93
山 东	45.15	103.03	141.42	188.71	286.78	327.64	368.19	423.98	468.49	519.24	582.13
广 东	48.99	118.77	176.74	206.85	292.64	338.49	381.74	448.47	500.67	561.91	654.53
海 南	7.13	11.71	14.11	17.28	23.01	25.45	27.32	30.83	34.00	39.31	46.60
中部地区	**227.38**	**539.57**	**734.61**	**922.57**	**1363.07**	**1558.78**	**1760.30**	**2091.24**	**2342.94**	**2609.09**	**3099.99**
山 西	5.16	9.42	15.20	24.18	37.87	47.49	54.49	60.52	70.57	76.50	90.70
安 徽	61.47	135.89	171.97	211.19	292.43	330.97	371.30	433.43	476.15	524.70	599.40
江 西	35.37	87.08	121.64	157.17	257.10	296.25	332.68	388.28	428.36	462.51	541.65
河 南	57.03	135.27	190.72	247.19	340.30	401.45	470.02	581.37	653.02	731.73	881.89
湖 北	26.19	76.55	105.09	122.17	185.57	205.35	219.83	252.68	282.98	302.04	372.76
湖 南	42.17	95.37	129.99	160.68	249.80	277.26	311.97	374.96	431.85	511.61	613.60
西部地区	**294.98**	**622.69**	**829.99**	**1070.12**	**1462.08**	**1691.53**	**1912.76**	**2225.98**	**2438.43**	**2730.57**	**3195.92**
内蒙古	3.73	10.88	14.60	21.60	30.38	41.43	49.52	59.14	74.89	93.97	106.20
广 西	23.51	47.88	70.48	93.08	136.29	153.05	173.22	198.37	218.66	248.79	306.86
重 庆	63.96	102.90	129.32	161.26	205.62	233.17	253.45	304.68	327.87	357.43	417.88
四 川	99.44	219.58	296.64	378.06	512.43	581.95	652.17	756.24	803.20	883.04	1021.95
贵 州	40.27	107.78	130.93	167.88	238.70	276.13	309.92	349.71	380.55	424.82	494.23
云 南	32.47	61.84	80.54	97.51	129.39	156.03	182.96	212.62	234.32	263.45	303.11
西 藏	0.06	0.28	0.54	1.01	1.22	1.53	1.81	5.93	8.94	10.13	11.06
陕 西	10.92	25.36	35.12	52.74	79.39	96.77	106.78	125.09	138.77	157.75	195.04
甘 肃	6.30	15.12	21.23	26.56	41.88	48.47	54.97	67.35	75.55	87.39	96.62
青 海	0.74	2.77	4.01	6.46	9.76	12.63	15.75	21.69	26.32	34.53	41.70
宁 夏	4.68	12.68	17.69	24.68	29.32	33.73	40.52	44.38	50.84	56.55	73.60
新 疆	8.89	15.61	28.88	39.29	47.71	56.66	71.68	80.77	98.51	112.72	127.66
东北地区	**23.12**	**56.42**	**90.51**	**129.30**	**180.43**	**225.31**	**270.40**	**314.62**	**380.40**	**455.97**	**503.23**
辽 宁	12.18	29.78	44.77	62.16	86.75	101.56	114.51	131.61	156.29	174.40	191.35
吉 林	8.13	17.38	25.64	35.64	47.80	63.11	77.67	88.21	109.96	137.08	150.15
黑龙江	2.81	9.26	20.11	31.50	45.87	60.64	78.22	94.81	114.15	144.50	161.74

数据来源：国家统计局。

表 3-72　2015—2019 年全国及各地区商业营业用房现房销售面积

单位：万平方米

地　区	2015 年	2016 年	2017 年	2018 年	2019 年
全　国	**3238.94**	**3993.28**	**4490.25**	**3890.61**	**3237.40**
东部地区	**1112.92**	**1490.57**	**1637.36**	**1442.86**	**1188.43**
北　京	40.50	61.10	31.57	16.97	27.50
天　津	28.47	44.85	39.90	27.64	18.74
河　北	141.61	174.40	148.97	86.69	42.98
上　海	59.67	107.86	56.57	57.91	56.14
江　苏	253.22	328.96	366.09	305.99	315.96
浙　江	128.69	229.23	274.08	227.73	184.35
福　建	54.27	82.60	137.03	137.22	145.44
山　东	255.07	221.71	299.41	343.24	162.10
广　东	144.69	226.72	273.36	217.62	219.61
海　南	6.74	13.15	10.37	21.85	15.62
中部地区	**932.18**	**1074.53**	**1279.04**	**1101.28**	**884.25**
山　西	41.93	59.98	40.87	26.58	30.53
安　徽	156.02	155.90	303.25	198.45	165.76
江　西	69.53	95.63	115.12	137.68	149.13
河　南	332.44	396.83	410.84	381.43	296.01
湖　北	185.83	174.57	195.96	163.44	107.29
湖　南	146.43	191.63	213.00	193.69	135.53
西部地区	**882.67**	**1103.21**	**1203.09**	**1080.69**	**919.97**
内蒙古	119.81	137.05	120.05	98.91	46.72
广　西	33.53	39.12	47.62	62.82	67.41
重　庆	138.11	205.49	180.06	159.04	150.78
四　川	154.91	206.52	305.67	279.76	245.69
贵　州	88.45	140.70	134.89	124.78	129.17
云　南	145.80	123.52	148.27	135.29	85.69
西　藏	0.89	—	3.71	6.38	1.74
陕　西	47.07	28.79	65.57	71.67	56.46
甘　肃	51.80	57.08	39.13	32.52	42.49
青　海	4.92	6.05	13.32	11.31	7.62
宁　夏	46.30	70.25	61.15	43.62	43.13
新　疆	51.08	88.63	83.66	54.58	43.08
东北地区	**311.16**	**324.97**	**370.76**	**265.78**	**244.75**
辽　宁	143.25	97.13	103.36	104.45	95.02
吉　林	53.17	76.63	87.13	59.84	69.80
黑龙江	114.74	151.21	180.27	101.48	79.92

数据来源：国家统计局。

表 3-73　2019 年全国及各地区商业营业用房现房销售面积（月度累计）

单位：万平方米

地　区	1—2 月	1—3 月	1—4 月	1—5 月	1—6 月	1—7 月	1—8 月	1—9 月	1—10 月	1—11 月	1—12 月
全　国	**286.98**	**635.68**	**852.55**	**1095.19**	**1515.32**	**1737.26**	**1942.97**	**2232.59**	**2453.39**	**2761.00**	**3237.40**
东部地区	**110.86**	**236.87**	**324.51**	**425.78**	**569.79**	**646.60**	**713.70**	**825.13**	**900.21**	**1015.75**	**1188.43**
北　京	1.56	6.61	9.41	10.28	11.01	16.21	17.06	21.66	22.48	24.55	27.50
天　津	2.55	3.42	5.56	7.52	13.32	14.64	15.67	17.40	15.94	17.10	18.74
河　北	0.70	7.43	12.00	14.80	16.95	18.25	16.49	24.01	29.91	35.67	42.98
上　海	3.53	5.19	10.23	16.15	21.54	25.80	28.07	38.50	43.33	47.30	56.14
江　苏	32.50	70.41	93.85	124.10	169.36	192.32	211.25	227.99	249.34	273.72	315.96
浙　江	18.72	34.67	48.47	63.77	80.98	90.90	101.47	119.58	132.09	159.54	184.35
福　建	13.44	35.69	42.59	53.51	75.61	83.40	90.48	108.18	112.64	120.49	145.44
山　东	17.46	32.00	44.23	63.55	83.89	91.57	101.32	113.52	122.23	140.81	162.10
广　东	18.74	38.80	55.17	68.52	92.91	108.42	126.29	147.61	163.47	185.41	219.61
海　南	1.68	2.63	2.99	3.59	4.24	5.11	5.59	6.69	8.79	11.18	15.62
中部地区	**59.35**	**168.22**	**221.76**	**284.11**	**429.09**	**486.06**	**537.13**	**615.09**	**672.39**	**751.35**	**884.25**
山　西	1.71	3.52	5.51	7.92	9.94	12.19	15.07	17.18	20.54	23.01	30.53
安　徽	15.47	42.69	50.47	62.33	82.94	93.11	101.41	118.83	130.49	141.71	165.76
江　西	5.33	17.13	26.47	34.87	89.71	100.57	107.74	120.65	126.85	133.77	149.13
河　南	17.07	44.26	64.59	89.07	126.21	149.71	175.03	200.71	225.00	256.84	296.01
湖　北	9.09	30.16	35.63	42.55	59.69	64.71	66.69	74.51	78.91	85.69	107.29
湖　南	10.68	30.46	39.10	47.36	60.61	65.78	71.19	83.23	90.60	110.33	135.53
西部地区	**105.59**	**206.35**	**265.14**	**326.61**	**438.72**	**503.92**	**568.29**	**643.61**	**698.71**	**773.03**	**919.97**
内蒙古	1.07	4.13	6.68	9.52	15.16	20.88	22.96	26.80	33.82	40.76	46.72
广　西	6.18	13.89	16.91	19.88	26.56	31.59	36.06	41.15	44.50	50.62	67.41
重　庆	31.30	46.02	53.14	62.37	79.71	90.01	96.90	110.77	117.52	127.65	150.78
四　川	28.96	65.30	84.26	103.27	130.37	144.95	160.96	182.10	195.05	212.74	245.69
贵　州	10.74	22.03	29.17	38.65	57.29	64.96	74.58	89.38	89.48	100.47	129.17
云　南	13.78	24.89	30.63	34.62	44.65	50.38	56.52	62.08	66.36	74.52	85.69
西　藏	0.06	—	0.08	0.18	0.18	0.18	0.18	1.70	1.87	1.52	1.74
陕　西	3.95	8.55	11.17	15.40	26.98	33.73	37.34	35.23	39.09	42.75	56.46
甘　肃	2.69	5.68	7.66	9.68	19.01	22.46	24.70	30.04	35.74	39.80	42.49
青　海	0.28	0.95	1.50	2.24	2.33	2.97	3.31	3.78	6.64	7.05	7.62
宁　夏	3.26	8.92	12.04	15.37	17.93	20.61	25.17	27.33	30.76	34.06	43.13
新　疆	3.33	5.98	11.91	15.43	18.55	21.20	29.63	33.24	37.88	41.09	43.08
东北地区	**11.18**	**24.25**	**41.13**	**58.68**	**77.72**	**100.68**	**123.85**	**148.76**	**182.07**	**220.86**	**244.75**
辽　宁	6.07	14.67	24.11	34.61	46.47	52.79	59.49	68.97	78.08	86.72	95.02
吉　林	3.52	6.04	7.64	10.07	10.98	17.25	24.79	30.08	44.92	62.53	69.80
黑龙江	1.58	3.54	9.37	14.00	20.27	30.64	39.57	49.71	59.07	71.62	79.92

数据来源：国家统计局。

表 3-74　2015—2019 年全国及各地区商业营业用房期房销售面积

单位：万平方米

地　区	2015 年	2016 年	2017 年	2018 年	2019 年
全　国	**6013.00**	**6818.68**	**8347.89**	**8080.72**	**6935.47**
东部地区	**2089.49**	**2441.56**	**2946.53**	**2626.48**	**2185.29**
北　京	44.30	64.75	43.06	18.05	5.28
天　津	27.88	52.19	37.52	25.73	37.26
河　北	243.74	274.31	347.16	187.34	179.32
上　海	54.03	98.01	22.76	43.83	32.35
江　苏	474.81	520.96	601.63	506.87	434.37
浙　江	255.88	300.45	424.30	414.42	330.31
福　建	241.98	222.86	275.22	320.61	280.48
山　东	380.85	413.99	524.46	546.18	420.02
广　东	334.52	451.21	612.39	518.47	434.92
海　南	31.51	42.84	58.05	44.98	30.98
中部地区	**1491.68**	**1821.81**	**2593.56**	**2486.33**	**2215.74**
山　西	17.92	38.71	39.87	44.22	60.17
安　徽	471.38	515.05	568.75	585.87	433.63
江　西	150.91	265.66	458.54	427.12	392.52
河　南	306.74	419.82	737.40	661.46	585.87
湖　北	222.23	219.17	287.31	264.72	265.47
湖　南	322.51	363.39	501.69	502.94	478.07
西部地区	**2103.88**	**2265.89**	**2522.39**	**2637.03**	**2275.95**
内蒙古	138.52	164.04	56.38	84.91	59.49
广　西	164.20	131.28	174.32	225.06	239.45
重　庆	324.94	416.69	454.32	354.94	267.10
四　川	517.09	521.59	698.75	766.63	776.27
贵　州	363.98	401.31	438.33	430.22	365.06
云　南	208.53	258.87	269.81	333.99	217.41
西　藏	1.26	2.33	2.44	2.57	9.32
陕　西	101.95	103.61	159.74	159.84	138.58
甘　肃	45.14	76.90	67.70	72.56	54.13
青　海	27.35	28.92	44.96	41.00	34.08
宁　夏	55.90	34.57	42.62	49.45	30.47
新　疆	155.02	125.78	113.02	115.87	84.58
东北地区	**327.95**	**289.41**	**285.41**	**330.89**	**258.49**
辽　宁	168.36	119.56	123.89	153.17	96.33
吉　林	76.05	99.09	89.04	96.82	80.34
黑龙江	83.54	70.76	72.47	80.91	81.82

数据来源：国家统计局。

表 3-75　2019 年全国及各地区商业营业用房期房销售面积（月度累计）

单位：万平方米

地　区	1—2 月	1—3 月	1—4 月	1—5 月	1—6 月	1—7 月	1—8 月	1—9 月	1—10 月	1—11 月	1—12 月
全　国	**551.08**	**1245.66**	**1726.41**	**2197.83**	**3096.74**	**3569.03**	**4028.47**	**4769.80**	**5323.23**	**5933.44**	**6935.47**
东部地区	**181.72**	**425.80**	**599.34**	**745.24**	**1036.69**	**1184.06**	**1314.27**	**1545.42**	**1714.64**	**1883.05**	**2185.29**
北　京	0.35	0.51	0.91	1.37	1.85	1.91	2.25	2.44	2.54	2.58	5.28
天　津	2.91	6.74	10.01	13.62	18.61	22.89	25.49	28.23	31.40	33.18	37.26
河　北	4.78	23.17	41.80	51.54	73.43	78.72	85.77	111.32	128.14	145.99	179.32
上　海	4.63	6.43	10.95	12.68	17.55	31.28	22.62	26.16	31.61	28.55	32.35
江　苏	48.07	100.09	135.58	170.10	205.95	231.59	259.83	307.96	336.83	369.02	434.37
浙　江	30.09	59.68	81.52	108.50	148.42	164.29	184.19	215.80	238.49	264.24	330.31
福　建	27.50	69.10	88.69	110.25	149.50	166.91	190.07	218.05	236.95	256.44	280.48
山　东	27.69	71.02	97.19	125.16	202.89	236.07	266.87	310.46	346.27	378.43	420.02
广　东	30.25	79.97	121.57	138.33	199.73	230.07	255.45	300.87	337.20	376.50	434.92
海　南	5.46	9.08	11.11	13.70	18.77	20.34	21.73	24.14	25.22	28.14	30.98
中部地区	**168.02**	**371.35**	**512.85**	**638.46**	**933.98**	**1072.72**	**1223.17**	**1476.15**	**1670.54**	**1857.74**	**2215.74**
山　西	3.44	5.89	9.70	16.25	27.92	35.31	39.42	43.34	50.03	53.49	60.17
安　徽	46.00	93.20	121.51	148.85	209.49	237.86	269.89	314.60	345.66	383.00	433.63
江　西	30.04	69.95	95.16	122.30	167.40	195.69	224.94	267.64	301.51	328.74	392.52
河　南	39.95	91.02	126.13	158.12	214.10	251.74	295.00	380.66	428.01	474.88	585.87
湖　北	17.10	46.39	69.46	79.62	125.88	140.65	153.14	178.17	204.07	216.35	265.47
湖　南	31.49	64.90	90.89	113.32	189.20	211.48	240.79	291.73	341.25	401.28	478.07
西部地区	**189.40**	**416.34**	**564.84**	**743.51**	**1023.35**	**1187.62**	**1344.48**	**1582.37**	**1739.72**	**1957.53**	**2275.95**
内蒙古	2.66	6.75	7.92	12.08	15.22	20.55	26.56	32.34	41.07	53.21	59.49
广　西	17.34	33.98	53.58	73.20	109.73	121.46	137.16	157.21	174.16	198.18	239.45
重　庆	32.66	56.88	76.18	98.88	125.90	143.16	156.55	193.91	210.35	229.78	267.10
四　川	70.49	154.28	212.38	274.79	382.06	437.00	491.21	574.13	608.15	670.30	776.27
贵　州	29.53	85.75	101.76	129.22	181.41	211.18	235.34	260.33	291.07	324.35	365.06
云　南	18.69	36.95	49.91	62.89	84.74	105.64	126.45	150.54	167.96	188.93	217.41
西　藏	—	0.28	0.46	0.84	1.05	1.36	1.63	4.24	7.07	8.61	9.32
陕　西	6.97	16.81	23.95	37.33	52.41	63.04	69.44	89.86	99.68	115.00	138.58
甘　肃	3.61	9.44	13.57	16.88	22.86	26.01	30.27	37.31	39.81	47.59	54.13
青　海	0.46	1.82	2.52	4.23	7.43	9.65	12.45	17.91	19.68	27.48	34.08
宁　夏	1.42	3.76	5.66	9.30	11.39	13.12	15.36	17.05	20.08	22.49	30.47
新　疆	5.56	9.63	16.98	23.87	29.16	35.46	42.05	47.53	60.63	71.63	84.58
东北地区	**11.94**	**32.17**	**49.38**	**70.62**	**102.70**	**124.63**	**146.55**	**165.86**	**198.33**	**235.11**	**258.49**
辽　宁	6.11	15.11	20.65	27.55	40.29	48.77	55.02	62.64	78.21	87.68	96.33
吉　林	4.61	11.34	18.00	25.56	36.82	45.86	52.88	58.13	65.04	74.55	80.34
黑龙江	1.23	5.72	10.73	17.50	25.60	30.00	38.65	45.10	55.08	72.88	81.82

数据来源：国家统计局。

5. 各地区商品房销售金额

表 3-76　2015—2019 年全国及各地区商品房销售金额

单位：亿元

地　区	2015 年	2016 年	2017 年	2018 年	2019 年
全　国	**87280.84**	**117627.05**	**133701.31**	**149972.74**	**159725.12**
东部地区	**49887.83**	**70074.13**	**74438.86**	**79257.80**	**83833.15**
北　京	3517.65	4561.60	2796.03	2377.00	3370.98
天　津	1790.01	3478.22	2272.30	2006.62	2274.14
河　北	3371.59	4301.83	4628.37	4034.96	4138.57
上　海	5093.55	6695.85	4026.67	4751.50	5203.82
江　苏	8396.20	12293.02	13066.85	14527.27	16259.61
浙　江	6299.46	9605.10	12339.99	14089.85	14352.11
福　建	3585.81	4530.79	5705.19	6579.49	6938.79
山　东	5408.01	6902.90	8096.97	10065.70	10271.15
广　东	11442.80	16214.61	18792.76	18742.12	19748.21
海　南	982.75	1490.20	2713.72	2083.29	1275.76
中部地区	**16354.57**	**23099.87**	**28664.75**	**33848.12**	**35505.46**
山　西	775.64	1027.14	1357.48	1610.61	1631.76
安　徽	3369.42	5035.55	5865.77	7076.95	6823.52
江　西	1863.67	2678.37	3592.52	4219.89	4710.42
河　南	3945.55	5612.90	7129.40	8055.30	9009.98
湖　北	3661.37	4994.05	6258.92	7531.38	7751.79
湖　南	2738.92	3751.86	4460.66	5353.99	5577.99
西部地区	**16939.46**	**20045.52**	**25231.11**	**31126.77**	**34487.80**
内蒙古	1052.18	1149.08	956.81	1113.94	1243.91
广　西	1747.77	2207.47	3016.64	3826.50	4366.24
重　庆	2952.21	3432.00	4557.85	5272.70	5129.42
四　川	4199.84	5358.91	6757.11	8532.35	9666.73
贵　州	1571.68	1790.53	2240.77	2920.95	3183.57
云　南	1666.85	1917.76	2561.19	3406.84	3846.19
西　藏	21.08	38.14	35.28	52.82	96.78
陕　西	1597.44	1785.17	2661.08	3407.45	3960.21
甘　肃	704.93	873.46	890.31	922.34	1019.28
青　海	206.00	236.44	296.50	289.89	367.28
宁　夏	370.30	409.71	464.13	517.73	573.90
新　疆	849.18	846.84	793.45	863.26	1034.30
东北地区	**4098.98**	**4407.53**	**5366.59**	**5740.05**	**5898.71**
辽　宁	2254.97	2256.91	2771.69	2967.31	3049.06
吉　林	816.87	1029.58	1135.18	1452.43	1581.47
黑龙江	1027.14	1121.04	1459.72	1320.31	1268.18

数据来源：国家统计局。

表 3-77　2019 年全国及各地区商品房销售金额（月度累计）

单位：亿元

地　区	1—2 月	1—3 月	1—4 月	1—5 月	1—6 月	1—7 月	1—8 月	1—9 月	1—10 月	1—11 月	1—12 月
全　国	**12803.34**	**27038.77**	**39140.87**	**51772.83**	**70698.06**	**83162.35**	**95372.95**	**111491.29**	**124417.24**	**139005.78**	**159725.12**
东部地区	**6843.54**	**14280.28**	**21023.28**	**27788.33**	**37715.88**	**44429.12**	**50738.82**	**59170.58**	**65844.39**	**73340.67**	**83833.15**
北　京	272.11	531.40	897.64	1160.74	1524.30	1863.41	2140.76	2352.88	2599.44	2861.59	3370.98
天　津	145.29	356.73	570.46	784.69	1081.07	1269.90	1495.74	1699.61	1866.53	2059.06	2274.14
河　北	139.57	553.04	791.61	1062.74	1613.54	1944.55	2181.71	2638.29	2943.68	3482.96	4138.57
上　海	593.96	969.97	1465.58	1820.66	2310.77	2888.13	3250.59	3880.84	4337.01	4674.98	5203.82
江　苏	1382.40	2701.46	4029.61	5526.12	7270.18	8701.82	10045.66	11679.13	13024.32	14340.79	16259.61
浙　江	1120.37	2346.51	3574.57	4845.63	6641.96	7703.05	8820.87	10311.95	11273.75	12555.49	14352.11
福　建	760.38	1503.98	1987.48	2458.86	3373.98	3875.50	4349.11	5007.35	5500.39	6040.41	6938.79
山　东	631.08	1573.54	2352.51	3186.17	4392.09	5219.59	6030.92	7135.40	8012.99	8979.91	10271.15
广　东	1592.56	3427.44	4944.23	6462.69	8887.60	10254.33	11622.40	13536.21	15278.68	17216.60	19748.21
海　南	205.82	316.22	409.59	480.03	620.39	708.84	801.07	928.92	1007.60	1128.89	1275.76
中部地区	**2659.71**	**5897.03**	**8334.42**	**10871.65**	**15353.42**	**17965.78**	**20682.29**	**24279.35**	**27117.76**	**30313.77**	**35505.46**
山　西	98.70	247.27	372.94	519.35	683.03	821.48	954.67	1107.09	1280.39	1442.25	1631.76
安　徽	673.48	1360.12	1886.16	2431.85	3272.26	3802.65	4311.90	4969.36	5498.67	6008.50	6823.52
江　西	332.31	707.42	1010.35	1333.85	1870.67	2225.71	2651.29	3154.08	3553.01	3984.88	4710.42
河　南	571.17	1385.79	1990.18	2628.82	3683.45	4353.26	5039.35	5924.15	6667.14	7441.75	9009.98
湖　北	597.72	1402.89	1911.95	2433.59	3679.46	4197.47	4762.02	5577.80	6053.00	6749.89	7751.79
湖　南	386.33	793.54	1162.85	1524.20	2164.56	2565.21	2963.06	3546.88	4065.56	4686.50	5577.99
西部地区	**2993.39**	**6093.44**	**8553.24**	**11317.48**	**15178.07**	**17760.42**	**20362.82**	**23780.94**	**26610.96**	**29943.30**	**34487.80**
内蒙古	22.94	108.69	171.46	261.36	372.32	506.84	632.35	775.13	936.05	1120.72	1243.91
广　西	355.16	701.64	1042.27	1374.56	1848.24	2134.85	2454.72	2840.42	3211.97	3654.28	4366.24
重　庆	582.26	1096.37	1571.60	2029.03	2619.84	3004.05	3346.41	3826.38	4190.37	4521.95	5129.42
四　川	960.66	1935.64	2607.75	3364.03	4477.50	5172.86	5880.77	6871.45	7448.82	8375.11	9666.73
贵　州	302.80	626.13	836.92	1073.59	1485.41	1701.37	1951.88	2217.62	2484.62	2781.35	3183.57
云　南	322.89	662.45	910.30	1188.46	1561.54	1868.83	2183.63	2566.93	2913.83	3349.32	3846.19
西　藏	7.05	4.10	8.33	12.30	15.32	17.20	19.12	42.57	71.73	87.75	96.78
陕　西	251.75	570.26	816.35	1207.93	1697.81	1995.27	2260.52	2721.30	3057.99	3432.67	3960.21
甘　肃	67.24	143.81	208.78	274.49	392.31	478.71	581.25	715.18	813.79	914.17	1019.28
青　海	17.65	33.07	55.67	84.94	146.77	185.85	213.87	248.62	291.95	329.82	367.28
宁　夏	42.20	87.29	124.25	162.53	201.60	251.06	303.43	352.64	428.28	490.80	573.90
新　疆	60.81	124.00	199.57	284.26	359.41	443.53	534.87	602.70	761.54	885.35	1034.30
东北地区	**306.70**	**768.01**	**1229.93**	**1795.37**	**2450.70**	**3007.03**	**3589.02**	**4260.41**	**4844.14**	**5408.03**	**5898.71**
辽　宁	172.59	423.76	674.81	952.96	1309.83	1619.60	1915.43	2262.29	2543.72	2805.95	3049.06
吉　林	94.67	212.70	323.59	505.45	680.17	832.28	989.87	1140.68	1286.97	1459.10	1581.47
黑龙江	39.44	131.55	231.53	336.96	460.70	555.15	683.72	857.45	1013.45	1142.98	1268.18

数据来源：国家统计局。

表 3-78　2015—2019 年全国及各地区商品房现房销售金额

单位：亿元

地　区	2015 年	2016 年	2017 年	2018 年	2019 年
全　国	**19228.34**	**25154.43**	**26285.92**	**22198.91**	**19815.84**
东部地区	**10860.72**	**14746.67**	**14961.36**	**12586.03**	**11594.47**
北　京	1025.56	1502.14	890.20	758.54	951.94
天　津	520.46	895.80	418.48	286.99	280.46
河　北	924.90	900.11	1144.15	745.91	472.01
上　海	1513.92	1692.69	1251.64	1378.30	1672.97
江　苏	1574.26	2351.98	2448.59	2280.89	2100.91
浙　江	1184.93	2136.96	2302.13	1500.49	1056.16
福　建	392.65	524.35	785.32	709.42	679.31
山　东	1133.37	1341.89	1525.27	1438.37	857.91
广　东	2346.02	2998.30	3388.41	3057.19	3259.78
海　南	244.64	402.45	807.16	429.93	263.01
中部地区	**3676.45**	**4446.63**	**5064.84**	**4291.00**	**4003.26**
山　西	183.75	315.31	326.50	190.04	216.94
安　徽	541.48	672.82	785.30	593.67	503.22
江　西	339.19	508.84	598.35	506.80	516.46
河　南	1038.88	1232.67	1370.55	1407.13	1329.85
湖　北	886.21	840.64	1076.79	944.43	827.94
湖　南	686.95	876.35	907.35	648.93	608.86
西部地区	**3373.48**	**4335.71**	**4479.79**	**3935.40**	**3044.38**
内蒙古	393.35	463.67	430.57	346.31	193.41
广　西	225.39	279.93	360.75	349.13	314.18
重　庆	542.89	785.24	735.12	583.38	495.09
四　川	708.17	1016.85	1044.09	883.76	648.17
贵　州	227.36	317.76	316.66	251.43	327.93
云　南	471.70	607.33	577.19	581.89	358.25
西　藏	9.45	13.12	17.36	21.67	10.02
陕　西	240.80	214.77	333.76	361.24	287.22
甘　肃	211.18	225.90	203.38	196.18	157.48
青　海	33.59	47.73	73.69	26.80	21.25
宁　夏	119.31	159.05	167.26	162.14	109.97
新　疆	190.28	204.37	219.97	171.47	121.43
东北地区	**1317.70**	**1625.42**	**1779.93**	**1386.48**	**1173.74**
辽　宁	710.89	771.31	862.44	737.74	591.07
吉　林	189.36	319.90	293.26	261.78	240.63
黑龙江	417.45	534.20	624.24	386.96	342.04

数据来源：国家统计局。

表 3-79　2019 年全国及各地区商品房现房销售金额（月度累计）

单位：亿元

地　区	1—2 月	1—3 月	1—4 月	1—5 月	1—6 月	1—7 月	1—8 月	1—9 月	1—10 月	1—11 月	1—12 月
全　国	**1785.65**	**3685.13**	**5082.68**	**6667.27**	**9166.07**	**10650.45**	**11933.03**	**13651.81**	**15081.98**	**16925.18**	**19815.84**
东部地区	**1108.68**	**2174.47**	**3006.86**	**3949.25**	**5331.71**	**6235.46**	**6979.30**	**7987.52**	**8844.33**	**9981.36**	**11594.47**
北　京	102.44	161.07	208.21	268.48	378.21	494.04	566.26	623.61	676.97	781.28	951.94
天　津	20.92	51.54	66.78	87.84	132.79	152.29	177.85	193.07	208.44	231.52	280.46
河　北	14.28	84.62	122.05	152.98	221.14	248.41	266.53	319.81	367.06	416.32	472.01
上　海	125.93	216.21	395.35	528.23	699.23	855.34	967.37	1172.32	1322.06	1416.98	1672.97
江　苏	201.59	397.17	527.34	741.68	982.41	1165.35	1289.50	1443.35	1575.73	1807.30	2100.91
浙　江	102.11	203.90	265.09	335.18	446.60	519.46	620.05	720.92	788.15	919.45	1056.16
福　建	102.79	228.11	256.44	315.05	429.98	458.27	481.60	536.05	566.29	608.78	679.31
山　东	66.30	149.83	227.68	317.24	423.30	483.93	523.62	593.75	662.52	738.91	857.91
广　东	309.39	592.22	843.54	1098.10	1492.36	1722.51	1938.17	2218.19	2490.83	2844.89	3259.78
海　南	62.90	89.80	94.36	104.47	125.69	135.87	148.36	166.45	186.29	215.93	263.01
中部地区	**277.47**	**688.66**	**952.21**	**1241.44**	**1853.97**	**2127.80**	**2371.43**	**2727.63**	**2965.81**	**3299.48**	**4003.26**
山　西	13.84	29.98	44.59	61.20	80.16	98.73	118.70	134.79	152.48	176.81	216.94
安　徽	46.03	101.72	149.90	186.42	244.28	290.12	316.16	365.75	383.63	418.39	503.22
江　西	42.17	100.14	140.34	178.61	274.88	313.65	348.01	393.47	421.93	450.14	516.46
河　南	84.92	199.35	282.79	401.44	571.37	658.19	748.41	850.34	941.07	1048.69	1329.85
湖　北	55.21	172.88	219.79	265.20	469.55	513.02	548.16	621.68	653.38	716.46	827.94
湖　南	35.30	84.59	114.80	148.57	213.73	254.09	292.00	361.61	413.32	488.99	608.86
西部地区	**333.18**	**662.05**	**878.88**	**1104.11**	**1489.64**	**1696.24**	**1910.05**	**2140.71**	**2358.58**	**2588.92**	**3044.38**
内蒙古	5.13	16.08	26.74	41.46	78.36	100.09	112.90	128.82	148.38	169.10	193.41
广　西	36.84	78.06	100.49	115.32	145.49	164.16	185.62	206.68	226.40	250.39	314.18
重　庆	73.48	133.44	165.91	202.09	259.77	307.40	333.10	381.16	409.21	438.67	495.09
四　川	76.54	153.09	197.43	252.14	334.56	368.07	407.12	452.28	491.22	539.32	648.17
贵　州	33.07	62.49	80.71	102.72	150.49	167.34	189.94	219.30	236.71	259.69	327.93
云　南	50.26	102.21	133.14	162.77	204.54	225.55	254.43	271.48	297.92	323.96	358.25
西　藏	6.33	1.58	2.42	3.25	3.61	4.03	4.29	7.52	8.58	9.63	10.02
陕　西	17.99	45.17	60.39	81.35	123.76	139.89	166.19	184.35	205.94	235.26	287.22
甘　肃	14.05	26.90	38.71	49.66	72.92	83.47	94.77	107.94	128.55	143.79	157.48
青　海	1.21	3.31	12.50	14.62	16.36	18.48	20.18	22.18	25.53	18.81	21.25
宁　夏	10.68	23.81	32.75	41.36	50.06	57.87	65.65	73.25	82.14	92.40	109.97
新　疆	7.60	15.91	27.70	37.37	49.72	59.89	75.87	85.75	97.99	107.89	121.43
东北地区	**66.32**	**159.95**	**244.74**	**372.47**	**490.75**	**590.95**	**672.24**	**795.95**	**913.26**	**1055.41**	**1173.74**
辽　宁	41.99	94.09	139.67	199.46	255.22	305.75	344.61	406.28	455.78	508.02	591.07
吉　林	14.78	29.37	43.26	70.82	87.43	98.66	116.32	139.69	173.82	232.66	240.63
黑龙江	9.56	36.50	61.81	102.18	148.10	186.54	211.31	249.98	283.66	314.73	342.04

数据来源：国家统计局。

表 3-80　2015—2019 年全国及各地区商品房期房销售金额

单位：亿元

地　区	2015 年	2016 年	2017 年	2018 年	2019 年
全　国	**68052.50**	**92472.62**	**107415.39**	**127773.82**	**139909.28**
东部地区	**39027.12**	**55327.46**	**59477.50**	**66671.76**	**72238.69**
北　京	2492.09	3059.46	1905.82	1618.45	2419.04
天　津	1269.55	2582.43	1853.82	1719.63	1993.68
河　北	2446.69	3401.72	3484.22	3289.05	3666.56
上　海	3579.62	5003.16	2775.03	3373.20	3530.85
江　苏	6821.94	9941.04	10618.27	12246.39	14158.69
浙　江	5114.52	7468.14	10037.86	12589.36	13295.95
福　建	3193.17	4006.44	4919.87	5870.07	6259.48
山　东	4274.63	5561.01	6571.70	8627.33	9413.24
广　东	9096.78	13216.31	15404.35	15684.94	16488.43
海　南	738.12	1087.75	1906.56	1653.36	1012.76
中部地区	**12678.12**	**18653.24**	**23599.91**	**29557.12**	**31502.20**
山　西	591.89	711.83	1030.98	1420.57	1414.82
安　徽	2827.95	4362.72	5080.47	6483.29	6320.31
江　西	1524.48	2169.53	2994.17	3713.09	4193.97
河　南	2906.67	4380.23	5758.85	6648.16	7680.13
湖　北	2775.16	4153.41	5182.13	6586.95	6923.85
湖　南	2051.97	2875.52	3553.31	4705.06	4969.13
西部地区	**13565.98**	**15709.81**	**20751.32**	**27191.37**	**31443.43**
内蒙古	658.83	685.41	526.24	767.63	1050.50
广　西	1522.37	1927.54	2655.89	3477.37	4052.06
重　庆	2409.33	2646.76	3822.73	4689.32	4634.34
四　川	3491.68	4342.06	5713.02	7648.58	9018.56
贵　州	1344.31	1472.77	1924.11	2669.52	2855.64
云　南	1195.15	1310.44	1984.00	2824.95	3487.94
西　藏	11.63	25.03	17.93	31.15	86.76
陕　西	1356.63	1570.40	2327.32	3046.21	3672.98
甘　肃	493.75	647.56	686.93	726.16	861.81
青　海	172.40	188.72	222.81	263.09	346.03
宁　夏	250.98	250.65	296.87	355.59	463.93
新　疆	658.91	642.47	573.48	691.79	912.87
东北地区	**2781.28**	**2782.12**	**3586.66**	**4353.58**	**4724.97**
辽　宁	1544.08	1485.60	1909.26	2229.57	2457.98
吉　林	627.51	709.68	841.91	1190.65	1340.84
黑龙江	609.69	586.84	835.49	933.36	926.14

数据来源：国家统计局。

表 3-81　2019 年全国及各地区商品房期房销售金额（月度累计）

单位：亿元

地　区	1—2 月	1—3 月	1—4 月	1—5 月	1—6 月	1—7 月	1—8 月	1—9 月	1—10 月	1—11 月	1—12 月
全　国	**11017.69**	**23353.64**	**34058.19**	**45105.56**	**61531.99**	**72511.90**	**83439.92**	**97839.48**	**109335.26**	**122080.60**	**139909.28**
东部地区	**5734.87**	**12105.81**	**18016.42**	**23839.08**	**32384.17**	**38193.66**	**43759.52**	**51183.06**	**57000.06**	**63359.31**	**72238.69**
北　京	169.67	370.33	689.43	892.26	1146.09	1369.37	1574.50	1729.27	1922.48	2080.31	2419.04
天　津	124.37	305.19	503.68	696.85	948.28	1117.61	1317.89	1506.54	1658.09	1827.54	1993.68
河　北	125.29	468.42	669.56	909.75	1392.40	1696.14	1915.18	2318.48	2576.62	3066.64	3666.56
上　海	468.03	753.76	1070.23	1292.43	1611.53	2032.79	2283.22	2708.52	3014.95	3258.01	3530.85
江　苏	1180.81	2304.29	3502.27	4784.44	6287.77	7536.47	8756.15	10235.78	11448.59	12533.48	14158.69
浙　江	1018.26	2142.61	3309.48	4510.45	6195.36	7183.60	8200.82	9591.04	10485.61	11636.04	13295.95
福　建	657.59	1275.86	1731.04	2143.81	2944.00	3417.23	3867.51	4471.30	4934.10	5431.63	6259.48
山　东	564.77	1423.71	2124.83	2868.93	3968.80	4735.66	5507.30	6541.65	7350.47	8241.00	9413.24
广　东	1283.17	2835.22	4100.68	5364.60	7395.24	8531.82	9684.23	11318.01	12787.84	14371.71	16488.43
海　南	142.92	226.42	315.23	375.56	494.70	572.98	652.71	762.47	821.31	912.96	1012.76
中部地区	**2382.23**	**5208.37**	**7382.22**	**9630.21**	**13499.45**	**15837.98**	**18310.86**	**21551.72**	**24151.95**	**27014.29**	**31502.20**
山　西	84.86	217.30	328.35	458.15	602.87	722.76	835.98	972.30	1127.91	1265.44	1414.82
安　徽	627.45	1258.40	1736.26	2245.43	3027.98	3512.53	3995.74	4603.61	5115.04	5590.11	6320.31
江　西	290.14	607.28	870.01	1155.24	1595.78	1912.06	2303.28	2760.61	3131.09	3534.74	4193.97
河　南	486.25	1186.44	1707.40	2227.38	3112.08	3695.07	4290.94	5073.81	5726.07	6393.06	7680.13
湖　北	542.51	1230.01	1692.16	2168.39	3209.91	3684.45	4213.87	4956.13	5399.61	6033.43	6923.85
湖　南	351.03	708.95	1048.05	1375.63	1950.83	2311.12	2671.06	3185.26	3652.24	4197.51	4969.13
西部地区	**2660.21**	**5431.39**	**7674.36**	**10213.37**	**13688.42**	**16064.18**	**18452.77**	**21640.24**	**24252.38**	**27354.38**	**31443.43**
内蒙古	17.80	92.62	144.73	219.90	293.97	406.76	519.45	646.31	787.67	951.62	1050.50
广　西	318.32	623.57	941.78	1259.24	1702.75	1970.69	2269.11	2633.74	2985.57	3403.89	4052.06
重　庆	508.77	962.93	1405.69	1826.94	2360.07	2696.66	3013.31	3445.22	3781.15	4083.28	4634.34
四　川	884.12	1782.55	2410.32	3111.89	4142.94	4804.79	5473.65	6419.17	6957.60	7835.80	9018.56
贵　州	269.73	563.64	756.21	970.87	1334.91	1534.03	1761.94	1998.32	2247.91	2521.67	2855.64
云　南	272.63	560.24	777.16	1025.69	1357.00	1643.28	1929.20	2295.44	2615.91	3025.36	3487.94
西　藏	0.73	2.52	5.90	9.05	11.72	13.17	14.83	35.05	63.16	78.12	86.76
陕　西	233.76	525.08	755.96	1126.58	1574.05	1855.38	2094.33	2536.94	2852.05	3197.41	3672.98
甘　肃	53.18	116.91	170.07	224.83	319.38	395.24	486.49	607.25	685.24	770.37	861.81
青　海	16.43	29.76	43.17	70.32	130.41	167.38	193.69	226.44	266.42	311.01	346.03
宁　夏	31.51	63.48	91.50	121.17	151.54	193.19	237.79	279.40	346.14	398.40	463.93
新　疆	53.21	108.09	171.87	246.90	309.69	383.64	459.00	516.95	663.56	777.46	912.87
东北地区	**240.38**	**608.06**	**985.19**	**1422.90**	**1959.95**	**2416.08**	**2916.77**	**3464.47**	**3930.88**	**4352.62**	**4724.97**
辽　宁	130.61	329.67	535.14	753.50	1054.61	1313.85	1570.82	1856.01	2087.94	2297.93	2457.98
吉　林	79.89	183.33	280.33	434.63	592.74	733.62	873.55	1000.99	1113.15	1226.44	1340.84
黑龙江	29.88	95.05	169.72	234.78	312.60	368.61	472.41	607.47	729.79	828.25	926.14

数据来源：国家统计局。

6. 各地区商品住宅销售金额

表 3-82　2015—2019 年全国及各地区住宅销售金额

单位：亿元

地　区	2015 年	2016 年	2017 年	2018 年	2019 年
全　国	**72753. 00**	**99064. 17**	**110239. 51**	**126392. 60**	**139439. 97**
东部地区	**42454. 03**	**59811. 32**	**62002. 29**	**67193. 73**	**73775. 42**
北　京	2512. 89	2795. 81	2077. 01	1971. 15	3032. 40
天　津	1646. 43	3245. 60	2032. 93	1816. 53	2132. 48
河　北	2854. 21	3710. 88	3925. 37	3567. 27	3714. 57
上　海	4319. 93	5233. 29	3336. 09	3864. 03	4457. 16
江　苏	7374. 87	11055. 36	11325. 84	12693. 86	14894. 77
浙　江	5519. 27	8280. 85	10300. 34	12096. 31	12723. 10
福　建	2839. 76	3793. 41	4202. 00	5074. 52	5685. 25
山　东	4510. 76	6070. 54	6891. 65	8682. 81	9287. 11
广　东	9967. 32	14240. 33	15437. 89	15595. 29	16758. 01
海　南	908. 60	1385. 26	2473. 18	1831. 95	1090. 56
中部地区	**13775. 99**	**19676. 01**	**23832. 87**	**29044. 87**	**31259. 18**
山　西	702. 29	900. 79	1225. 90	1473. 17	1452. 40
安　徽	2714. 33	4231. 59	4878. 56	6174. 85	6126. 69
江　西	1606. 67	2207. 17	2879. 66	3524. 32	4038. 02
河　南	3300. 33	4839. 03	5897. 68	6903. 79	8016. 93
湖　北	3198. 53	4383. 81	5380. 31	6591. 36	6903. 70
湖　南	2253. 85	3113. 62	3570. 76	4377. 39	4721. 43
西部地区	**13110. 88**	**15878. 66**	**19896. 80**	**25192. 47**	**29147. 01**
内蒙古	766. 06	838. 08	731. 69	909. 04	1104. 10
广　西	1459. 43	1948. 23	2635. 74	3330. 75	3913. 40
重　庆	2244. 43	2635. 64	3601. 56	4442. 87	4457. 78
四　川	3269. 52	4296. 27	5173. 60	6621. 21	7869. 04
贵　州	1068. 14	1269. 43	1623. 37	2278. 10	2527. 41
云　南	1236. 81	1411. 38	1973. 72	2690. 84	3255. 84
西　藏	16. 70	34. 70	25. 19	42. 94	81. 21
陕　西	1381. 27	1585. 71	2215. 17	2808. 78	3359. 17
甘　肃	603. 08	712. 35	738. 22	774. 63	907. 07
青　海	139. 83	172. 06	211. 71	224. 05	295. 59
宁　夏	283. 98	325. 89	369. 30	420. 63	498. 51
新　疆	641. 62	648. 94	597. 52	648. 64	877. 89
东北地区	**3412. 10**	**3698. 18**	**4507. 55**	**4961. 54**	**5258. 36**
辽　宁	1907. 63	1988. 03	2452. 23	2615. 75	2814. 86
吉　林	680. 26	806. 49	920. 85	1233. 50	1373. 54
黑龙江	824. 21	903. 66	1134. 47	1112. 28	1069. 97

数据来源：国家统计局。

表 3-83　2019 年全国及各地区住宅销售金额（月度累计）

单位：亿元

地　区	1—2 月	1—3 月	1—4 月	1—5 月	1—6 月	1—7 月	1—8 月	1—9 月	1—10 月	1—11 月	1—12 月
全　国	**11027.79**	**23239.37**	**33869.78**	**45020.66**	**61344.93**	**72430.63**	**83317.09**	**97496.55**	**108947.77**	**121705.86**	**139439.97**
东部地区	**5894.14**	**12299.69**	**18242.96**	**24262.58**	**32937.75**	**38962.46**	**44673.10**	**52139.41**	**58125.73**	**64758.77**	**73775.42**
北　京	248.08	473.47	785.56	1034.95	1382.80	1690.35	1954.74	2141.05	2368.18	2589.54	3032.40
天　津	129.79	329.95	532.79	735.59	1005.07	1181.81	1399.51	1594.71	1758.23	1944.15	2132.48
河　北	123.92	493.17	695.08	938.35	1428.68	1737.38	1961.97	2374.56	2645.22	3133.20	3714.57
上　海	490.03	843.40	1273.82	1547.57	1971.64	2467.72	2797.77	3313.98	3720.37	4040.18	4457.16
江　苏	1232.10	2391.86	3622.24	4974.16	6587.49	7912.54	9170.97	10694.44	11948.12	13157.05	14894.77
浙　江	974.45	2050.26	3161.53	4299.03	5897.45	6857.02	7857.65	9190.10	10058.96	11193.89	12723.10
福　建	618.30	1156.79	1573.86	1976.49	2673.53	3099.66	3507.36	4047.68	4465.78	4922.42	5685.25
山　东	562.57	1407.18	2114.75	2859.14	3919.34	4684.04	5426.97	6448.85	7249.51	8124.64	9287.11
广　东	1356.38	2898.89	4143.32	5496.06	7552.99	8734.53	9913.90	11540.01	13048.57	14681.85	16758.01
海　南	158.50	254.71	340.03	401.24	518.78	597.41	682.24	794.04	862.78	971.85	1090.56
中部地区	**2325.75**	**5144.95**	**7298.74**	**9578.35**	**13458.34**	**15788.28**	**18209.75**	**21360.94**	**23882.57**	**26714.71**	**31259.18**
山　西	90.18	229.66	342.15	470.45	611.22	736.81	857.48	998.98	1147.25	1293.66	1452.40
安　徽	611.24	1221.57	1696.70	2193.85	2946.28	3427.30	3891.30	4473.75	4954.58	5408.29	6126.69
江　西	285.58	599.89	856.16	1132.70	1550.74	1858.70	2239.26	2681.27	3028.79	3412.40	4038.02
河　南	494.85	1210.48	1750.59	2326.12	3284.22	3881.86	4493.01	5261.31	5929.78	6614.60	8016.93
湖　北	515.31	1220.33	1667.78	2157.62	3247.88	3712.53	4208.31	4934.13	5361.23	6010.33	6903.70
湖　南	328.59	663.01	985.37	1297.61	1818.00	2171.08	2520.39	3011.50	3460.95	3975.43	4721.43
西部地区	**2533.01**	**5105.25**	**7218.64**	**9573.62**	**12748.22**	**14966.62**	**17189.63**	**20131.85**	**22570.44**	**25402.36**	**29147.01**
内蒙古	15.91	92.59	149.66	231.74	328.67	449.48	561.58	691.80	835.31	998.92	1104.10
广　西	318.89	626.93	932.19	1233.00	1648.02	1910.05	2189.26	2536.32	2877.38	3281.49	3913.40
重　庆	490.56	936.78	1372.61	1773.52	2276.91	2624.36	2933.22	3342.67	3667.58	3952.64	4457.78
四　川	800.57	1576.08	2116.94	2727.30	3602.45	4169.59	4747.67	5569.25	6055.19	6809.42	7869.04
贵　州	250.12	488.25	666.47	856.57	1169.82	1349.51	1557.54	1774.52	1996.95	2239.09	2527.41
云　南	272.03	559.95	769.94	1012.83	1330.25	1587.81	1855.34	2188.66	2483.82	2855.25	3255.84
西　藏	6.64	3.25	6.84	9.92	11.46	13.05	14.50	33.51	59.64	73.33	81.21
陕　西	217.51	491.24	700.77	1036.48	1436.57	1687.03	1913.46	2324.92	2597.43	2923.55	3359.17
甘　肃	57.45	122.65	180.81	239.81	339.83	418.62	511.43	633.67	724.82	812.41	907.07
青　海	16.73	29.63	50.24	76.09	130.73	165.62	189.56	217.11	250.05	272.72	295.59
宁　夏	37.08	73.91	105.41	136.77	170.29	214.75	262.21	306.62	375.19	431.45	498.51
新　疆	49.53	103.99	166.76	239.58	303.23	376.76	453.88	512.79	647.09	752.10	877.89
东北地区	**274.89**	**689.49**	**1109.43**	**1606.11**	**2200.63**	**2713.27**	**3244.62**	**3864.36**	**4369.02**	**4830.02**	**5258.36**
辽　宁	158.07	388.55	624.69	883.17	1212.78	1503.14	1782.89	2112.20	2367.09	2600.43	2814.86
吉　林	82.00	183.93	283.13	436.01	593.10	732.56	874.51	1014.84	1137.85	1268.31	1373.54
黑龙江	34.82	117.01	201.61	286.93	394.75	477.58	587.22	737.32	864.08	961.28	1069.97

数据来源：国家统计局。

表 3-84　2015—2019 年全国及各地区住宅现房销售金额

单位：亿元

地　区	2015 年	2016 年	2017 年	2018 年	2019 年
全　国	**14677. 42**	**19239. 07**	**19088. 25**	**15340. 89**	**14144. 13**
东部地区	**8490. 72**	**11507. 62**	**11025. 66**	**8774. 51**	**8508. 38**
北　京	669. 35	912. 26	666. 03	534. 00	753. 38
天　津	436. 50	791. 93	290. 75	189. 18	230. 58
河　北	714. 36	670. 39	940. 47	629. 81	418. 51
上　海	1182. 10	1190. 94	856. 80	959. 78	1217. 85
江　苏	1236. 27	1926. 45	1876. 01	1523. 36	1601. 11
浙　江	944. 69	1684. 76	1614. 74	935. 90	640. 57
福　建	269. 63	375. 91	454. 60	333. 14	410. 11
山　东	877. 68	1074. 69	1129. 30	1018. 57	627. 87
广　东	1927. 73	2496. 41	2434. 83	2268. 82	2401. 47
海　南	232. 41	383. 88	762. 14	381. 95	206. 93
中部地区	**2835. 04**	**3454. 23**	**3648. 82**	**3056. 73**	**2978. 94**
山　西	146. 34	267. 24	283. 93	164. 99	176. 20
安　徽	388. 83	505. 65	452. 86	375. 79	333. 84
江　西	270. 04	402. 72	448. 20	348. 68	357. 43
河　南	793. 68	942. 04	1048. 96	1061. 41	1062. 37
湖　北	684. 86	650. 68	783. 94	704. 71	632. 72
湖　南	551. 29	685. 89	630. 93	401. 16	416. 38
西部地区	**2319. 81**	**2962. 94**	**3014. 48**	**2389. 96**	**1748. 55**
内蒙古	292. 57	311. 00	294. 26	242. 32	150. 28
广　西	182. 28	229. 64	303. 36	259. 41	234. 65
重　庆	314. 89	465. 62	435. 09	270. 19	233. 74
四　川	487. 51	687. 77	624. 65	438. 22	312. 80
贵　州	130. 20	192. 15	181. 28	137. 51	118. 29
云　南	291. 47	423. 16	422. 84	388. 29	224. 99
西　藏	7. 09	13. 12	11. 75	13. 42	7. 66
陕　西	187. 23	177. 24	243. 45	235. 13	174. 09
甘　肃	170. 17	178. 17	168. 91	163. 56	125. 53
青　海	28. 12	37. 91	55. 02	19. 60	14. 30
宁　夏	84. 96	110. 81	120. 41	114. 15	69. 21
新　疆	143. 32	136. 35	153. 46	108. 17	83. 02
东北地区	**1031. 86**	**1314. 29**	**1399. 29**	**1119. 69**	**908. 26**
辽　宁	570. 81	656. 19	739. 16	620. 50	489. 14
吉　林	145. 44	255. 30	218. 79	205. 45	166. 48
黑龙江	315. 61	402. 80	441. 33	293. 74	252. 63

数据来源：国家统计局。

表 3-85　2019 年全国及各地区住宅现房销售金额（月度累计）

单位：亿元

地　区	1—2 月	1—3 月	1—4 月	1—5 月	1—6 月	1—7 月	1—8 月	1—9 月	1—10 月	1—11 月	1—12 月
全　国	**1252.08**	**2514.80**	**3562.07**	**4715.60**	**6509.07**	**7615.02**	**8539.53**	**9765.12**	**10842.03**	**12160.45**	**14144.13**
东部地区	**805.32**	**1516.25**	**2153.80**	**2843.43**	**3873.39**	**4554.74**	**5103.08**	**5836.97**	**6518.03**	**7376.76**	**8508.38**
北　京	83.50	115.59	150.84	203.79	304.29	391.43	456.34	495.92	536.09	612.46	753.38
天　津	13.21	40.90	51.70	68.68	100.06	116.16	138.62	150.66	168.96	189.52	230.58
河　北	13.65	74.73	107.19	135.14	197.14	223.05	242.41	287.72	329.44	371.78	418.51
上　海	96.19	172.07	305.09	372.37	507.01	613.28	683.69	835.75	962.94	1038.10	1217.85
江　苏	146.98	283.65	388.94	545.94	733.97	875.50	967.27	1089.43	1188.89	1381.28	1601.11
浙　江	69.34	123.96	156.29	193.43	261.98	312.03	383.21	445.28	485.83	566.96	640.57
福　建	64.67	113.92	151.35	204.80	267.88	282.80	298.70	321.01	340.76	366.05	410.11
山　东	44.28	107.26	164.82	228.17	303.05	354.02	385.17	439.38	497.24	553.56	627.87
广　东	227.01	413.26	602.82	807.96	1099.46	1278.92	1429.89	1640.33	1861.96	2125.28	2401.47
海　南	46.48	70.91	74.75	83.16	98.56	107.54	117.78	131.48	145.92	171.76	206.93
中部地区	**202.47**	**485.88**	**684.93**	**912.67**	**1363.76**	**1579.98**	**1770.59**	**2036.01**	**2214.45**	**2449.56**	**2978.94**
山　西	11.23	25.51	36.75	50.81	67.51	84.81	99.97	113.33	128.09	149.78	176.20
安　徽	29.94	61.44	99.14	125.06	165.56	200.53	218.33	248.64	256.83	280.09	333.84
江　西	34.81	81.55	110.60	140.97	178.18	206.84	234.89	267.67	289.06	309.10	357.43
河　南	63.45	154.52	219.43	316.62	456.59	524.45	593.86	674.21	744.06	823.79	1062.37
湖　北	39.03	107.26	142.24	179.55	353.45	389.86	419.51	481.01	505.61	550.17	632.72
湖　南	24.00	55.59	76.77	99.66	142.48	173.50	204.04	251.15	290.79	336.64	416.38
西部地区	**192.10**	**383.48**	**525.58**	**666.26**	**880.94**	**1005.44**	**1129.66**	**1258.14**	**1390.25**	**1516.37**	**1748.55**
内蒙古	4.35	13.16	21.53	33.53	63.16	79.94	90.88	103.94	118.57	134.35	150.28
广　西	25.22	55.13	72.96	87.62	110.63	124.22	139.60	155.21	170.84	188.65	234.65
重　庆	33.22	64.28	84.17	100.81	123.60	156.66	166.89	189.31	203.77	217.61	233.74
四　川	33.50	69.57	93.71	125.01	163.75	178.39	195.24	215.54	235.31	250.05	312.80
贵　州	20.01	32.55	41.95	50.54	65.14	74.94	83.57	92.95	100.97	109.60	118.29
云　南	33.72	67.53	85.81	105.76	134.14	146.18	164.88	174.41	188.73	205.32	224.99
西　藏	5.91	1.39	1.90	2.75	3.10	3.53	3.78	5.61	6.40	7.40	7.66
陕　西	11.01	27.94	38.61	52.44	78.41	80.68	97.51	111.73	124.06	144.81	174.09
甘　肃	11.53	22.51	32.91	42.39	58.10	66.19	76.00	84.89	101.86	113.50	125.53
青　海	1.03	2.50	11.10	12.44	14.34	15.34	16.77	18.25	20.12	12.93	14.30
宁　夏	7.49	15.46	21.14	26.56	32.08	37.29	42.43	47.49	53.00	59.22	69.21
新　疆	5.12	11.47	19.80	26.41	34.47	42.07	52.10	58.81	66.62	72.93	83.02
东北地区	**52.18**	**129.18**	**197.77**	**293.25**	**390.97**	**474.85**	**536.19**	**634.00**	**719.31**	**817.77**	**908.26**
辽　宁	37.15	79.93	118.47	168.69	212.55	255.94	288.66	341.96	383.43	423.30	489.14
吉　林	8.33	18.67	30.63	47.70	62.28	70.97	82.67	102.75	126.02	162.87	166.48
黑龙江	6.70	30.57	48.67	76.86	116.14	147.95	164.87	189.28	209.87	231.60	252.63

数据来源：国家统计局。

表 3-86 2015—2019 年全国及各地区住宅期房销售金额

单位：亿元

地 区	2015 年	2016 年	2017 年	2018 年	2019 年
全 国	**58075.57**	**79825.10**	**91151.26**	**111051.70**	**125295.84**
东部地区	**33963.31**	**48303.70**	**50976.62**	**58419.22**	**65267.04**
北 京	1843.53	1883.55	1410.98	1437.15	2279.02
天 津	1209.93	2453.67	1742.18	1627.35	1901.89
河 北	2139.85	3040.49	2984.90	2937.46	3296.06
上 海	3137.83	4042.36	2479.29	2904.24	3239.31
江 苏	6138.59	9128.91	9449.83	11170.50	13293.66
浙 江	4574.58	6596.08	8685.60	11160.42	12082.54
福 建	2570.13	3417.49	3747.40	4741.39	5275.15
山 东	3633.08	4995.85	5762.35	7664.24	8659.24
广 东	8039.60	11743.91	13003.06	13326.47	14356.54
海 南	676.19	1001.38	1711.04	1450.00	883.63
中部地区	**10940.95**	**16221.78**	**20184.05**	**25988.14**	**28280.24**
山 西	555.94	633.55	941.96	1308.18	1276.20
安 徽	2325.50	3725.94	4425.70	5799.05	5792.85
江 西	1336.63	1804.45	2431.46	3175.64	3680.59
河 南	2506.65	3896.98	4848.73	5842.38	6954.56
湖 北	2513.67	3733.13	4596.37	5886.65	6270.99
湖 南	1702.56	2427.73	2939.83	3976.23	4305.05
西部地区	**10791.07**	**12915.72**	**16882.32**	**22802.50**	**27398.46**
内蒙古	473.49	527.08	437.43	666.72	953.82
广 西	1277.15	1718.59	2332.38	3071.34	3678.75
重 庆	1929.54	2170.02	3166.48	4172.68	4224.04
四 川	2782.01	3608.50	4548.95	6182.99	7556.24
贵 州	937.94	1077.28	1442.09	2140.59	2409.11
云 南	945.34	988.22	1550.89	2302.55	3030.86
西 藏	9.61	21.58	13.44	29.53	73.55
陕 西	1194.04	1408.46	1971.72	2573.65	3185.08
甘 肃	432.91	534.18	569.31	611.08	781.54
青 海	111.71	134.15	156.69	204.45	281.29
宁 夏	199.02	215.08	248.88	306.47	429.31
新 疆	498.30	512.59	444.06	540.46	794.87
东北地区	**2380.24**	**2383.89**	**3108.26**	**3841.85**	**4350.10**
辽 宁	1336.81	1331.83	1713.07	1995.25	2325.71
吉 林	534.82	551.19	702.06	1028.05	1207.05
黑龙江	508.61	500.87	693.14	818.54	817.33

数据来源：国家统计局。

表 3-87　2019 年全国及各地区住宅期房销售金额（月度累计）

单位：亿元

地　区	1—2 月	1—3 月	1—4 月	1—5 月	1—6 月	1—7 月	1—8 月	1—9 月	1—10 月	1—11 月	1—12 月
全　国	**9775.71**	**20724.57**	**30307.70**	**40305.06**	**54835.86**	**64815.62**	**74777.57**	**87731.44**	**98105.74**	**109545.40**	**125295.84**
东部地区	**5088.81**	**10783.43**	**16089.17**	**21419.15**	**29064.35**	**34407.72**	**39570.01**	**46302.44**	**51607.70**	**57382.01**	**65267.04**
北　京	164.57	357.87	634.71	831.16	1078.51	1298.91	1498.40	1645.13	1832.09	1977.08	2279.02
天　津	116.59	289.05	481.09	666.92	905.01	1065.65	1260.88	1444.04	1589.27	1754.63	1901.89
河　北	110.28	418.45	587.89	803.22	1231.54	1514.33	1719.56	2086.84	2315.78	2761.42	3296.06
上　海	393.84	671.33	968.72	1175.20	1464.62	1854.44	2114.09	2478.22	2757.43	3002.08	3239.31
江　苏	1085.12	2108.21	3233.31	4428.21	5853.52	7037.04	8203.70	9605.01	10759.24	11775.77	13293.66
浙　江	905.11	1926.29	3005.24	4105.60	5635.47	6544.99	7474.44	8744.82	9573.13	10626.92	12082.54
福　建	553.63	1042.87	1422.50	1771.69	2405.65	2816.86	3208.66	3726.66	4125.02	4556.37	5275.15
山　东	518.30	1299.92	1949.93	2630.98	3616.29	4330.02	5041.80	6009.47	6752.28	7571.08	8659.24
广　东	1129.36	2485.64	3540.49	4688.10	6453.53	7455.60	8484.01	9899.68	11186.61	12556.56	14356.54
海　南	112.02	183.80	265.29	318.08	420.22	489.88	564.46	662.56	716.86	800.09	883.63
中部地区	**2123.28**	**4659.06**	**6613.81**	**8665.68**	**12094.58**	**14208.30**	**16439.16**	**19324.93**	**21668.13**	**24265.16**	**28280.24**
山　西	78.95	204.15	305.40	419.64	543.72	652.00	757.51	885.65	1019.16	1143.88	1276.20
安　徽	581.30	1160.13	1597.55	2068.79	2780.72	3226.77	3672.96	4225.11	4697.75	5128.21	5792.85
江　西	250.77	518.34	745.56	991.73	1372.56	1651.86	2004.37	2413.60	2739.73	3103.30	3680.59
河　南	431.40	1055.96	1531.16	2009.50	2827.63	3357.41	3899.15	4587.10	5185.72	5790.82	6954.56
湖　北	476.27	1113.07	1525.54	1978.07	2894.43	3322.67	3788.81	4453.11	4855.61	5460.16	6270.99
湖　南	304.58	607.41	908.60	1197.95	1675.52	1997.58	2316.35	2760.35	3170.15	3638.80	4305.05
西部地区	**2340.91**	**4721.77**	**6693.06**	**8907.37**	**11867.28**	**13961.18**	**16059.97**	**18873.71**	**21180.19**	**23885.99**	**27398.46**
内蒙古	11.56	79.43	128.14	198.21	265.51	369.54	470.70	587.86	716.74	864.58	953.82
广　西	293.66	571.80	859.23	1145.38	1537.40	1785.83	2049.65	2381.11	2706.54	3092.84	3678.75
重　庆	457.34	872.50	1288.44	1672.71	2153.31	2467.70	2766.32	3153.36	3463.81	3735.03	4224.04
四　川	767.07	1506.51	2023.23	2602.29	3438.69	3991.19	4552.42	5353.71	5819.88	6559.36	7556.24
贵　州	230.11	455.70	624.52	806.04	1104.68	1274.57	1473.97	1681.57	1895.98	2129.49	2409.11
云　南	238.31	492.41	684.13	907.07	1196.10	1441.62	1690.46	2014.26	2295.09	2649.93	3030.86
西　藏	0.73	1.86	4.94	7.17	8.36	9.53	10.71	27.90	53.25	65.93	73.55
陕　西	206.50	463.30	662.16	984.04	1358.16	1606.35	1815.95	2213.19	2473.37	2778.74	3185.08
甘　肃	45.93	100.14	147.89	197.42	281.73	352.43	435.43	548.78	622.96	698.91	781.54
青　海	15.71	27.13	39.14	63.65	116.38	150.27	172.79	198.86	229.94	259.79	281.29
宁　夏	29.59	58.45	84.27	110.22	138.21	177.45	219.78	259.13	322.19	372.23	429.31
新　疆	44.42	92.53	146.97	213.17	268.76	334.69	401.77	453.98	580.47	679.17	794.87
东北地区	**222.71**	**560.31**	**911.67**	**1312.86**	**1809.66**	**2238.42**	**2708.43**	**3230.36**	**3649.71**	**4012.24**	**4350.10**
辽　宁	120.92	308.61	506.22	714.49	1000.23	1247.20	1494.24	1770.24	1983.66	2177.13	2325.71
吉　林	73.67	165.26	252.50	388.30	530.82	661.59	791.84	912.09	1011.84	1105.44	1207.05
黑龙江	28.12	86.43	152.94	210.07	278.61	329.64	422.35	548.04	654.22	729.68	817.33

数据来源：国家统计局。

7. 各地区办公楼销售金额

表 3-88　2015—2019 年全国及各地区办公楼销售金额

单位：亿元

地　区	2015 年	2016 年	2017 年	2018 年	2019 年
全　国	**3760. 92**	**5483. 81**	**6441. 36**	**6276. 83**	**5328. 96**
东部地区	**2809. 18**	**4200. 60**	**4407. 97**	**4069. 40**	**3457. 18**
北　京	702. 74	1261. 90	374. 21	237. 21	167. 27
天　津	24. 71	44. 71	79. 32	67. 42	34. 20
河　北	84. 33	121. 80	148. 92	100. 32	111. 68
上　海	488. 68	903. 17	394. 07	484. 83	382. 06
江　苏	222. 47	255. 37	421. 61	336. 78	272. 75
浙　江	216. 35	464. 60	674. 13	629. 10	514. 61
福　建	195. 07	219. 98	622. 06	480. 77	425. 47
山　东	278. 74	184. 83	267. 54	299. 08	213. 14
广　东	583. 87	731. 56	1394. 74	1344. 55	1280. 19
海　南	12. 23	12. 66	31. 38	89. 33	55. 82
中部地区	**355. 28**	**600. 12**	**919. 57**	**985. 69**	**868. 51**
山　西	19. 42	33. 48	37. 53	32. 20	42. 50
安　徽	80. 29	145. 68	144. 77	143. 17	103. 55
江　西	34. 33	66. 82	120. 74	102. 13	88. 90
河　南	123. 18	141. 16	226. 34	225. 26	226. 77
湖　北	48. 32	123. 33	255. 69	329. 48	269. 45
湖　南	49. 74	89. 64	134. 49	153. 46	137. 34
西部地区	**536. 66**	**577. 59**	**981. 70**	**1145. 57**	**944. 96**
内蒙古	26. 74	11. 83	33. 80	17. 45	11. 08
广　西	40. 56	47. 50	77. 81	114. 44	68. 84
重　庆	118. 02	98. 86	162. 13	138. 98	102. 29
四　川	88. 73	120. 53	270. 61	341. 83	344. 92
贵　州	51. 92	60. 36	75. 34	73. 05	74. 86
云　南	67. 34	87. 68	88. 89	115. 77	65. 87
西　藏	1. 48	0. 74	1. 24	1. 04	0. 61
陕　西	53. 77	58. 41	161. 05	253. 60	223. 78
甘　肃	14. 86	45. 45	40. 99	23. 16	14. 05
青　海	22. 84	13. 06	21. 65	7. 29	7. 42
宁　夏	10. 18	5. 75	13. 23	15. 74	8. 08
新　疆	40. 23	27. 41	34. 96	43. 20	23. 15
东北地区	**59. 80**	**105. 50**	**132. 12**	**76. 16**	**58. 30**
辽　宁	33. 48	59. 67	39. 99	19. 13	14. 91
吉　林	12. 83	24. 43	39. 96	39. 59	29. 95
黑龙江	13. 49	21. 39	52. 16	17. 45	13. 44

数据来源：国家统计局。

表 3-89　2019 年全国及各地区办公楼销售金额（月度累计）

单位：亿元

地　区	1—2 月	1—3 月	1—4 月	1—5 月	1—6 月	1—7 月	1—8 月	1—9 月	1—10 月	1—11 月	1—12 月
全　国	**505. 40**	**960. 42**	**1412. 31**	**1837. 91**	**2483. 21**	**2834. 72**	**3227. 07**	**3754. 65**	**4107. 33**	**4556. 39**	**5328. 96**
东部地区	**334. 61**	**622. 03**	**952. 42**	**1244. 76**	**1636. 04**	**1857. 65**	**2085. 23**	**2425. 94**	**2651. 88**	**2943. 02**	**3457. 18**
北　京	11. 92	31. 73	74. 83	78. 10	83. 79	89. 84	94. 59	104. 49	114. 46	130. 15	167. 27
天　津	2. 27	4. 36	5. 51	7. 40	11. 03	12. 96	14. 91	16. 26	19. 05	19. 87	34. 20
河　北	3. 94	10. 26	16. 21	25. 64	45. 51	48. 37	51. 06	60. 27	67. 27	87. 01	111. 68
上　海	53. 93	63. 73	87. 71	138. 01	163. 32	191. 97	227. 17	297. 94	320. 54	328. 99	382. 06
江　苏	30. 62	56. 94	74. 01	110. 24	131. 85	156. 31	179. 89	203. 21	219. 52	238. 35	272. 75
浙　江	45. 50	96. 43	136. 02	180. 04	239. 14	278. 32	318. 03	368. 98	393. 28	432. 02	514. 61
福　建	44. 43	87. 09	126. 84	158. 13	256. 68	281. 80	303. 72	336. 60	359. 30	384. 30	425. 47
山　东	12. 64	31. 43	47. 46	79. 97	106. 73	116. 45	130. 11	144. 73	160. 00	175. 56	213. 14
广　东	104. 40	211. 98	354. 98	437. 64	561. 17	642. 36	723. 61	846. 16	950. 01	1096. 01	1280. 19
海　南	24. 97	28. 07	28. 84	29. 60	36. 83	39. 27	42. 16	47. 30	48. 46	50. 76	55. 82
中部地区	**83. 51**	**157. 58**	**210. 78**	**263. 32**	**365. 51**	**433. 99**	**525. 11**	**637. 14**	**683. 41**	**752. 20**	**868. 51**
山　西	1. 01	4. 39	7. 50	11. 26	14. 00	16. 59	19. 36	20. 14	28. 59	30. 97	42. 50
安　徽	7. 31	18. 75	29. 30	37. 10	50. 35	60. 32	65. 74	75. 86	81. 13	86. 45	103. 55
江　西	4. 27	10. 25	13. 90	21. 19	36. 68	41. 68	48. 05	54. 46	63. 12	71. 48	88. 90
河　南	23. 39	51. 78	69. 97	84. 63	101. 52	124. 28	142. 31	163. 59	174. 92	194. 49	226. 77
湖　北	41. 48	55. 70	66. 81	74. 51	110. 59	126. 28	176. 19	228. 79	232. 39	250. 53	269. 45
湖　南	6. 06	16. 71	23. 31	34. 63	52. 38	64. 83	73. 46	94. 31	103. 25	118. 29	137. 34
西部地区	**82. 27**	**169. 69**	**234. 70**	**311. 31**	**455. 56**	**514. 76**	**584. 76**	**656. 18**	**731. 60**	**810. 94**	**944. 96**
内蒙古	3. 39	3. 61	4. 73	4. 81	5. 63	6. 29	7. 14	7. 84	9. 29	10. 62	11. 08
广　西	4. 22	9. 38	15. 86	19. 72	25. 13	28. 17	39. 56	43. 64	50. 99	58. 56	68. 84
重　庆	18. 51	27. 57	32. 24	41. 82	52. 94	56. 43	62. 17	74. 92	82. 12	86. 94	102. 29
四　川	30. 05	66. 41	93. 93	131. 50	182. 51	208. 42	234. 95	258. 71	270. 84	308. 20	344. 92
贵　州	6. 64	21. 59	24. 92	29. 64	42. 80	44. 46	49. 45	54. 38	63. 29	67. 26	74. 86
云　南	3. 01	5. 38	9. 26	13. 82	24. 56	30. 25	31. 80	35. 03	45. 02	52. 22	65. 87
西　藏	—	0. 25	0. 25	0. 25	0. 26	0. 26	0. 32	0. 45	0. 49	0. 56	0. 61
陕　西	11. 31	27. 44	42. 75	55. 95	100. 45	116. 41	130. 88	149. 01	167. 01	180. 49	223. 78
甘　肃	1. 79	2. 34	3. 30	4. 19	7. 07	7. 92	10. 56	10. 86	12. 11	12. 83	14. 05
青　海	0. 05	0. 15	0. 21	0. 30	0. 34	0. 75	0. 81	0. 97	7. 19	7. 34	7. 42
宁　夏	0. 69	1. 71	2. 01	2. 51	3. 80	4. 22	4. 56	5. 15	6. 34	6. 68	8. 08
新　疆	2. 61	3. 86	5. 23	6. 80	10. 08	11. 19	12. 56	15. 22	16. 91	19. 24	23. 15
东北地区	**5. 01**	**11. 12**	**14. 41**	**18. 51**	**26. 09**	**28. 31**	**31. 98**	**35. 39**	**40. 44**	**50. 22**	**58. 30**
辽　宁	1. 18	1. 91	2. 77	3. 35	5. 15	6. 04	7. 35	7. 92	9. 76	13. 32	14. 91
吉　林	3. 65	8. 09	8. 91	10. 17	14. 73	15. 69	17. 20	18. 80	20. 19	25. 14	29. 95
黑龙江	0. 18	1. 12	2. 73	5. 00	6. 22	6. 58	7. 43	8. 67	10. 49	11. 77	13. 44

数据来源：国家统计局。

表 3-90　2015—2019 年全国及各地区办公楼现房销售金额

单位：亿元

地　区	2015 年	2016 年	2017 年	2018 年	2019 年
全　国	**1044.93**	**1479.06**	**1842.74**	**1595.41**	**1288.36**
东部地区	**806.80**	**1142.02**	**1355.06**	**1090.81**	**930.07**
北　京	222.69	406.82	116.00	142.79	86.70
天　津	16.08	14.10	55.11	37.18	16.03
河　北	40.07	60.72	66.54	14.63	7.15
上　海	191.86	258.91	197.60	194.98	224.47
江　苏	73.57	86.29	123.05	86.91	109.28
浙　江	83.15	140.92	250.79	222.39	138.05
福　建	19.89	28.64	114.62	76.19	43.64
山　东	38.56	56.75	105.74	95.55	60.11
广　东	119.75	87.79	305.36	209.54	223.38
海　南	1.19	1.09	20.25	10.64	21.27
中部地区	**88.24**	**123.68**	**260.39**	**233.84**	**166.24**
山　西	6.45	3.14	8.55	2.77	10.67
安　徽	20.45	36.64	44.44	48.59	22.41
江　西	8.14	19.09	28.57	18.96	13.60
河　南	21.88	29.93	41.70	41.24	33.34
湖　北	17.62	12.03	82.86	88.11	40.86
湖　南	13.71	22.86	54.26	34.18	45.36
西部地区	**120.72**	**172.96**	**195.98**	**243.70**	**168.74**
内蒙古	8.80	4.16	8.18	7.37	2.53
广　西	4.05	11.20	8.20	14.53	7.85
重　庆	32.60	54.10	60.90	70.97	44.62
四　川	25.62	31.65	43.67	39.45	24.53
贵　州	9.86	18.16	20.85	8.99	25.74
云　南	20.00	35.81	9.37	32.98	15.72
西　藏	1.33	—	—	1.04	0.18
陕　西	5.85	1.59	24.85	36.08	33.62
甘　肃	2.64	5.52	4.17	8.13	1.20
青　海	0.52	3.09	4.09	0.41	0.95
宁　夏	2.65	2.58	2.58	11.47	5.87
新　疆	6.80	5.09	9.12	12.28	5.93
东北地区	**29.16**	**40.40**	**31.32**	**27.06**	**23.30**
辽　宁	18.94	28.34	13.56	15.24	8.83
吉　林	3.77	4.84	4.72	6.97	9.74
黑龙江	6.45	7.22	13.03	4.84	4.73

数据来源：国家统计局。

表 3-91 2019 年全国及各地区办公楼现房销售金额（月度累计）

单位：亿元

地 区	1—2 月	1—3 月	1—4 月	1—5 月	1—6 月	1—7 月	1—8 月	1—9 月	1—10 月	1—11 月	1—12 月
全 国	**135.22**	**260.38**	**331.33**	**443.26**	**606.61**	**694.32**	**788.34**	**898.73**	**971.28**	**1088.74**	**1288.36**
东部地区	**98.09**	**186.05**	**246.09**	**334.35**	**444.25**	**516.26**	**588.15**	**667.51**	**716.44**	**787.12**	**930.07**
北 京	10.93	27.82	31.55	33.55	38.37	45.62	48.22	52.81	60.10	71.73	86.70
天 津	0.69	2.08	2.66	3.63	5.89	7.39	8.80	9.77	10.88	11.66	16.03
河 北	0.01	0.03	0.05	0.07	3.51	3.65	3.79	4.00	4.68	5.48	7.15
上 海	15.78	23.03	42.52	82.76	96.82	123.72	155.88	180.50	190.10	194.28	224.47
江 苏	15.63	26.94	27.32	41.11	50.98	63.19	73.72	84.60	90.56	96.99	109.28
浙 江	6.99	25.53	32.82	44.26	64.00	70.98	81.99	96.24	104.86	121.45	138.05
福 建	8.21	8.63	13.52	16.37	31.58	32.47	33.46	39.02	40.58	41.87	43.64
山 东	6.51	13.06	18.06	24.23	30.66	31.80	31.31	33.78	35.18	39.51	60.11
广 东	22.85	47.77	66.36	76.76	106.62	121.63	133.72	146.73	159.24	183.18	223.38
海 南	10.49	11.16	11.23	11.62	15.81	15.82	17.26	20.06	20.28	20.98	21.27
中部地区	**12.18**	**27.15**	**37.39**	**45.19**	**65.68**	**72.96**	**80.44**	**101.39**	**107.32**	**128.13**	**166.24**
山 西	0.30	0.49	1.43	2.31	2.79	2.83	4.32	4.40	4.48	4.83	10.67
安 徽	1.67	2.36	4.78	6.00	8.07	9.55	10.40	15.92	16.93	17.72	22.41
江 西	1.64	2.22	2.46	3.08	6.58	6.70	6.95	9.39	9.96	10.29	13.60
河 南	5.26	8.03	10.82	14.05	17.22	18.22	19.44	21.25	22.36	24.90	33.34
湖 北	2.70	12.67	16.11	16.53	20.00	21.29	24.03	26.18	26.92	35.69	40.86
湖 南	0.61	1.38	1.79	3.23	11.02	14.37	15.30	24.23	26.66	34.71	45.36
西部地区	**21.17**	**41.70**	**41.61**	**55.57**	**85.75**	**93.31**	**106.64**	**115.41**	**130.55**	**151.08**	**168.74**
内蒙古	0.09	0.24	0.61	0.68	1.48	1.70	1.87	2.05	2.15	2.38	2.53
广 西	0.59	1.16	1.88	1.72	2.10	2.23	3.06	3.92	4.55	6.12	7.85
重 庆	7.31	11.50	13.50	18.96	25.53	26.28	31.21	35.05	37.98	39.29	44.62
四 川	6.74	9.49	3.81	4.96	7.07	7.78	8.46	8.83	9.33	20.44	24.53
贵 州	1.89	8.21	8.46	12.13	19.48	19.59	22.05	22.75	24.03	24.97	25.74
云 南	1.01	1.38	1.68	2.42	5.86	6.65	7.11	7.32	13.12	14.57	15.72
西 藏	—	0.18	0.18	0.18	0.18	0.18	0.18	0.18	0.18	0.18	0.18
陕 西	2.07	7.11	8.45	10.48	16.50	20.34	23.56	24.84	27.77	30.81	33.62
甘 肃	0.28	0.32	0.33	0.34	0.83	0.96	0.97	1.02	1.07	1.19	1.20
青 海	—	0.05	0.07	0.16	—	0.33	0.33	0.38	0.42	0.45	0.95
宁 夏	0.59	1.19	1.45	1.93	3.19	3.54	3.84	4.43	4.88	5.21	5.87
新 疆	0.60	0.85	1.19	1.61	3.54	3.70	4.00	4.64	5.07	5.47	5.93
东北地区	**3.77**	**5.47**	**6.24**	**8.15**	**10.93**	**11.80**	**13.10**	**14.43**	**16.96**	**22.41**	**23.30**
辽 宁	0.58	1.04	1.57	2.11	3.58	4.14	4.90	5.42	6.69	8.24	8.83
吉 林	3.19	4.02	4.20	4.29	5.28	5.38	5.56	5.68	5.83	9.59	9.74
黑龙江	—	0.42	0.47	1.75	2.08	2.28	2.64	3.33	4.45	4.58	4.73

数据来源：国家统计局。

表 3-92　2015—2019 年全国及各地区办公楼期房销售金额

单位：亿元

地　区	2015 年	2016 年	2017 年	2018 年	2019 年
全　国	**2715.99**	**4004.75**	**4598.61**	**4681.42**	**4040.61**
东部地区	**2002.38**	**3058.58**	**3052.92**	**2978.60**	**2527.11**
北　京	480.05	855.08	258.22	94.42	80.57
天　津	8.63	30.61	24.22	30.24	18.17
河　北	44.26	61.08	82.38	85.69	104.54
上　海	296.81	644.26	196.48	289.85	157.58
江　苏	148.90	169.08	298.56	249.87	163.47
浙　江	133.20	323.68	423.33	406.71	376.56
福　建	175.18	191.35	507.43	404.58	381.83
山　东	240.19	128.08	161.80	203.53	153.03
广　东	464.12	643.77	1089.38	1135.01	1056.81
海　南	11.04	11.57	11.12	78.68	34.56
中部地区	**267.04**	**476.44**	**659.18**	**751.85**	**702.27**
山　西	12.98	30.34	28.98	29.43	31.84
安　徽	59.84	109.04	100.33	94.58	81.14
江　西	26.19	47.73	92.17	83.16	75.30
河　南	101.30	111.24	184.65	184.02	193.43
湖　北	30.69	111.30	172.83	241.37	228.59
湖　南	36.03	66.79	80.23	119.28	91.98
西部地区	**415.93**	**404.63**	**785.72**	**901.87**	**776.22**
内蒙古	17.94	7.67	25.62	10.09	8.55
广　西	36.52	36.30	69.62	99.91	60.99
重　庆	85.42	44.75	101.22	68.01	57.67
四　川	63.11	88.88	226.94	302.38	320.39
贵　州	42.05	42.20	54.49	64.06	49.12
云　南	47.34	51.88	79.52	82.79	50.14
西　藏	0.15	0.74	1.24	—	0.43
陕　西	47.91	56.82	136.21	217.52	190.16
甘　肃	12.22	39.93	36.82	15.03	12.85
青　海	22.32	9.97	17.56	6.89	6.47
宁　夏	7.53	3.17	10.65	4.27	2.22
新　疆	33.43	22.32	25.84	30.92	17.21
东北地区	**30.64**	**65.10**	**100.80**	**49.11**	**35.00**
辽　宁	14.53	31.33	26.43	3.89	6.08
吉　林	9.07	19.60	35.24	32.61	20.21
黑龙江	7.04	14.17	39.13	12.60	8.71

数据来源：国家统计局。

表 3-93　2019 年全国及各地区办公楼期房销售金额（月度累计）

单位：亿元

地　区	1—2 月	1—3 月	1—4 月	1—5 月	1—6 月	1—7 月	1—8 月	1—9 月	1—10 月	1—11 月	1—12 月
全　国	**370.18**	**700.04**	**1080.98**	**1394.65**	**1876.60**	**2140.40**	**2438.73**	**2855.92**	**3136.05**	**3467.66**	**4040.61**
东部地区	**236.52**	**435.97**	**706.33**	**910.41**	**1191.80**	**1341.39**	**1497.08**	**1758.43**	**1935.44**	**2155.90**	**2527.11**
北　京	0.99	3.91	43.28	44.55	45.42	44.22	46.36	51.68	54.36	58.42	80.57
天　津	1.58	2.28	2.85	3.77	5.14	5.58	6.11	6.49	8.18	8.21	18.17
河　北	3.93	10.23	16.16	25.58	42.00	44.73	47.27	56.28	62.59	81.53	104.54
上　海	38.16	40.71	45.19	55.26	66.50	68.25	71.29	117.44	130.45	134.72	157.58
江　苏	14.99	30.00	46.69	69.13	80.87	93.12	106.17	118.61	128.96	141.36	163.47
浙　江	38.51	70.90	103.20	135.77	175.14	207.35	236.04	272.75	288.42	310.57	376.56
福　建	36.22	78.46	113.32	141.75	225.10	249.33	270.25	297.58	318.72	342.43	381.83
山　东	6.13	18.37	29.40	55.74	76.06	84.65	98.80	110.95	124.82	136.05	153.03
广　东	81.55	164.21	288.62	360.88	454.55	520.73	589.89	699.42	790.77	912.83	1056.81
海　南	14.48	16.92	17.62	17.98	21.02	23.45	24.90	27.23	28.18	29.78	34.56
中部地区	**71.32**	**130.42**	**173.39**	**218.13**	**299.83**	**361.03**	**444.66**	**535.75**	**576.08**	**624.07**	**702.27**
山　西	0.70	3.90	6.07	8.96	11.20	13.77	15.04	15.74	24.12	26.14	31.84
安　徽	5.63	16.40	24.52	31.10	42.28	50.78	55.34	59.94	64.20	68.73	81.14
江　西	2.63	8.03	11.43	18.11	30.11	34.98	41.10	45.06	53.16	61.19	75.30
河　南	18.13	43.75	59.15	70.59	84.30	106.06	122.87	142.33	152.56	169.59	193.43
湖　北	38.77	43.03	50.70	57.98	90.59	105.00	152.16	202.60	205.47	214.84	228.59
湖　南	5.45	15.33	21.52	31.40	41.35	50.46	58.15	70.08	76.59	83.58	91.98
西部地区	**61.10**	**127.99**	**193.10**	**255.73**	**369.81**	**421.46**	**478.12**	**540.76**	**601.05**	**659.86**	**776.22**
内蒙古	3.30	3.37	4.12	4.12	4.15	4.59	5.27	5.78	7.14	8.24	8.55
广　西	3.61	8.22	13.99	18.00	23.03	25.93	36.49	39.72	46.44	52.44	60.99
重　庆	11.19	16.07	18.75	22.86	27.41	30.11	30.96	39.88	44.14	47.65	57.67
四　川	23.31	56.92	90.12	126.54	175.44	200.64	226.49	249.88	261.51	287.76	320.39
贵　州	4.75	13.38	16.46	17.51	23.32	24.87	27.41	31.63	39.26	42.29	49.12
云　南	2.00	4.00	7.58	11.41	18.70	23.60	24.70	27.71	31.89	37.65	50.14
西　藏	—	0.06	0.06	0.06	0.08	0.08	0.14	0.27	0.31	0.38	0.43
陕　西	9.23	20.33	34.30	45.47	83.95	96.07	107.32	124.17	139.25	149.68	190.16
甘　肃	1.52	2.01	2.97	3.85	6.24	6.96	9.59	9.84	11.04	11.64	12.85
青　海	0.05	0.10	0.14	0.14	0.34	0.42	0.48	0.59	6.77	6.89	6.47
宁　夏	0.10	0.52	0.56	0.59	0.61	0.68	0.72	0.72	1.46	1.47	2.22
新　疆	2.01	3.01	4.04	5.19	6.54	7.48	8.56	10.58	11.85	13.77	17.21
东北地区	**1.24**	**5.65**	**8.17**	**10.37**	**15.16**	**16.51**	**18.87**	**20.97**	**23.47**	**27.82**	**35.00**
辽　宁	0.59	0.87	1.20	1.24	1.57	1.90	2.45	2.50	3.07	5.08	6.08
吉　林	0.46	4.08	4.71	5.88	9.45	10.30	11.63	13.13	14.36	15.55	20.21
黑龙江	0.18	0.71	2.26	3.25	4.14	4.31	4.79	5.34	6.04	7.18	8.71

数据来源：国家统计局。

8. 各地区商业营业用房销售金额

表 3-94　2015—2019 年全国及各地区商业营业用房销售金额

单位：亿元

地　区	2015 年	2016 年	2017 年	2018 年	2019 年
全　国	**8845.57**	**10580.80**	**13252.71**	**13348.62**	**11141.39**
东部地区	**3577.49**	**4740.63**	**5809.97**	**5701.06**	**4526.48**
北　京	231.62	376.65	271.42	119.39	101.65
天　津	73.91	140.06	133.87	98.81	94.76
河　北	324.03	394.35	452.22	285.26	215.85
上　海	227.89	470.49	208.23	269.37	256.64
江　苏	726.30	893.99	1125.80	1304.08	864.67
浙　江	447.12	653.06	971.17	985.46	758.12
福　建	374.86	353.40	506.23	585.29	472.73
山　东	507.17	496.30	724.71	796.09	563.97
广　东	624.73	896.03	1286.90	1128.61	1107.60
海　南	39.86	66.31	129.44	128.69	90.50
中部地区	**1966.59**	**2422.75**	**3380.76**	**3250.95**	**2881.84**
山　西	45.75	79.83	74.37	82.72	105.38
安　徽	539.29	606.60	765.69	675.63	530.97
江　西	191.39	347.94	505.30	522.55	505.02
河　南	457.80	552.52	879.31	801.74	663.59
湖　北	353.65	380.00	521.65	502.82	475.08
湖　南	378.70	455.86	634.45	665.50	601.81
西部地区	**2778.01**	**2937.18**	**3473.24**	**3814.52**	**3267.90**
内蒙古	194.74	232.12	137.49	138.69	89.45
广　西	184.59	159.27	212.17	281.75	275.41
重　庆	483.48	552.77	629.66	536.02	422.60
四　川	711.92	741.30	1029.81	1201.19	1083.85
贵　州	422.90	426.30	499.81	533.69	537.59
云　南	297.13	325.52	351.44	451.86	296.88
西　藏	2.89	2.69	8.85	8.16	12.35
陕　西	137.23	115.77	233.59	272.41	237.46
甘　肃	77.90	106.32	94.43	106.67	84.38
青　海	41.35	46.18	59.64	54.32	55.84
宁　夏	70.17	69.75	70.67	72.18	55.65
新　疆	153.70	159.18	145.68	157.61	116.43
东北地区	**523.47**	**480.24**	**588.74**	**582.09**	**465.17**
辽　宁	265.64	174.94	222.42	270.93	179.42
吉　林	104.84	150.24	145.93	152.29	133.27
黑龙江	153.00	155.06	220.39	158.87	152.49

数据来源：国家统计局。

表 3-95 2019 年全国及各地区商业营业用房销售金额（月度累计）

单位：亿元

地 区	1—2 月	1—3 月	1—4 月	1—5 月	1—6 月	1—7 月	1—8 月	1—9 月	1—10 月	1—11 月	1—12 月
全 国	**958.44**	**2150.50**	**2928.81**	**3733.13**	**5197.36**	**5970.23**	**6659.98**	**7724.84**	**8559.30**	**9564.97**	**11141.39**
东部地区	**435.88**	**956.90**	**1280.69**	**1619.47**	**2213.59**	**2531.89**	**2775.46**	**3199.41**	**3511.44**	**3880.78**	**4526.48**
北 京	7.62	15.84	24.79	30.10	35.20	54.48	59.14	71.19	74.49	81.35	101.65
天 津	12.79	20.81	30.93	40.16	58.12	67.69	72.95	79.48	79.49	84.44	94.76
河 北	5.10	33.59	57.96	71.77	101.51	108.84	113.16	139.47	159.98	181.87	215.85
上 海	44.63	53.53	85.00	111.75	139.29	178.34	172.01	195.36	215.42	221.84	256.64
江 苏	97.96	209.32	276.79	360.87	445.30	504.85	555.30	623.96	681.96	751.04	864.67
浙 江	66.75	131.43	185.86	249.02	336.93	379.90	430.15	502.87	551.78	625.44	758.12
福 建	55.62	169.37	150.97	189.22	264.98	292.03	316.82	364.72	386.23	414.47	472.73
山 东	41.73	98.88	137.91	180.96	269.00	308.86	348.90	398.92	441.77	496.81	563.97
广 东	86.62	200.81	302.53	351.43	517.12	585.90	652.99	762.10	851.57	946.31	1107.60
海 南	17.07	23.32	27.95	34.19	46.15	51.00	54.04	61.34	68.74	77.21	90.50
中部地区	**213.24**	**520.89**	**723.62**	**899.85**	**1313.77**	**1499.23**	**1679.25**	**1974.19**	**2205.41**	**2449.23**	**2881.84**
山 西	6.28	11.32	19.08	29.04	46.68	56.16	63.64	71.08	83.78	91.41	105.38
安 徽	51.03	112.59	148.56	185.19	249.91	285.13	322.50	381.13	419.01	464.74	530.97
江 西	36.52	83.29	119.69	156.46	251.61	289.25	323.60	371.39	407.94	438.41	505.02
河 南	44.91	107.20	148.29	189.36	258.70	300.64	350.29	438.16	490.62	548.41	663.59
湖 北	32.04	113.50	160.08	181.33	258.99	291.77	309.11	342.70	381.93	405.86	475.08
湖 南	42.45	92.98	127.92	158.47	247.88	276.27	310.12	369.73	422.13	500.40	601.81
西部地区	**285.89**	**614.50**	**832.88**	**1084.38**	**1492.11**	**1724.59**	**1949.56**	**2251.90**	**2482.09**	**2807.55**	**3267.90**
内蒙古	2.42	8.88	12.06	17.88	25.29	33.51	42.29	49.42	60.85	79.31	89.45
广 西	21.02	43.17	65.32	87.44	123.58	138.14	158.13	180.42	200.71	225.97	275.41
重 庆	57.36	98.95	128.10	164.08	218.60	245.72	266.24	308.95	334.05	366.72	422.60
四 川	101.23	223.21	307.15	391.37	529.91	605.21	680.07	785.93	851.89	959.50	1083.85
贵 州	42.30	108.31	134.08	173.57	256.33	289.37	324.34	366.32	399.37	444.68	537.59
云 南	29.70	57.92	75.34	90.97	119.72	148.99	174.18	204.18	226.99	257.99	296.88
西 藏	0.09	0.59	1.19	2.08	2.41	2.69	3.11	7.11	10.04	11.42	12.35
陕 西	13.27	31.03	45.30	70.16	99.64	123.02	137.53	159.30	173.98	198.08	237.46
甘 肃	6.65	16.07	21.01	25.82	39.73	45.20	51.36	61.72	67.45	77.08	84.38
青 海	0.77	2.89	4.72	7.60	12.33	15.38	19.00	25.84	29.54	43.64	55.84
宁 夏	3.55	9.58	13.97	19.08	22.37	26.41	30.14	33.55	38.80	43.15	55.65
新 疆	7.51	13.89	24.63	34.32	42.20	50.97	63.18	69.17	88.42	100.00	116.43
东北地区	**23.44**	**58.21**	**91.62**	**129.43**	**177.88**	**214.52**	**255.70**	**299.34**	**360.36**	**427.41**	**465.17**
辽 宁	11.14	27.64	39.18	54.38	77.50	93.13	105.65	120.10	140.80	163.47	179.42
吉 林	8.30	19.71	29.08	39.63	51.79	62.39	75.55	83.59	103.60	123.26	133.27
黑龙江	4.00	10.86	23.36	35.42	48.60	59.00	74.50	95.65	115.97	140.69	152.49

数据来源：国家统计局。

表 3-96　2015—2019 年全国及各地区商业营业用房现房销售金额

单位：亿元

地　区	2015 年	2016 年	2017 年	2018 年	2019 年
全　国	**2713.98**	**3373.33**	**4034.69**	**3935.87**	**3178.27**
东部地区	**1121.25**	**1512.00**	**1805.03**	**1916.20**	**1442.97**
北　京	90.96	117.56	65.17	48.05	78.54
天　津	34.93	62.52	61.09	40.61	31.57
河　北	121.24	149.59	108.33	86.92	36.53
上　海	100.24	172.34	137.88	121.12	145.90
江　苏	231.82	301.89	375.56	616.02	315.98
浙　江	126.87	231.11	339.09	261.52	220.59
福　建	66.85	77.05	127.58	167.81	145.22
山　东	178.45	164.89	220.81	259.03	125.86
广　东	161.81	223.34	354.00	290.23	316.90
海　南	8.10	11.70	15.51	24.88	25.89
中部地区	**649.46**	**741.90**	**996.40**	**828.07**	**719.29**
山　西	25.44	38.29	26.89	16.97	22.72
安　徽	123.39	115.25	260.49	150.75	132.27
江　西	55.56	75.45	94.14	123.76	131.37
河　南	196.93	231.99	250.68	248.35	199.81
湖　北	149.35	146.93	186.82	126.93	120.62
湖　南	98.78	133.99	177.38	161.31	112.51
西部地区	**731.05**	**906.14**	**958.37**	**988.62**	**828.29**
内蒙古	74.14	115.24	89.42	68.46	29.30
广　西	27.38	31.01	35.31	57.19	51.24
重　庆	133.52	186.24	161.68	166.39	134.59
四　川	143.31	192.15	273.29	311.64	212.11
贵　州	75.71	95.03	103.09	94.33	179.79
云　南	131.97	116.71	105.75	113.41	71.41
西　藏	1.03	—	5.61	6.82	1.85
陕　西	43.19	29.10	56.05	66.40	55.11
甘　肃	32.11	37.70	25.45	21.82	27.52
青　海	4.62	5.06	14.04	6.34	5.71
宁　夏	29.24	42.02	37.68	32.21	29.87
新　疆	34.82	55.87	50.99	43.59	29.78
东北地区	**212.22**	**213.29**	**274.89**	**202.98**	**187.73**
辽　宁	101.04	71.45	88.54	90.48	73.56
吉　林	33.28	47.91	54.60	40.46	46.45
黑龙江	77.90	93.93	131.76	72.04	67.71

数据来源：国家统计局。

表 3-97　2019 年全国及各地区商业营业用房现房销售金额（月度累计）

单位：亿元

地　区	1—2 月	1—3 月	1—4 月	1—5 月	1—6 月	1—7 月	1—8 月	1—9 月	1—10 月	1—11 月	1—12 月
全　国	**288.40**	**688.07**	**867.45**	**1116.67**	**1510.26**	**1727.99**	**1917.07**	**2192.56**	**2397.18**	**2686.38**	**3178.27**
东部地区	**137.42**	**340.94**	**410.74**	**545.72**	**702.60**	**807.84**	**885.81**	**1009.33**	**1091.29**	**1222.41**	**1442.97**
北　京	6.38	13.51	20.76	23.80	26.46	45.60	48.78	60.29	63.12	69.87	78.54
天　津	6.91	8.27	11.70	14.64	25.72	27.57	29.17	31.07	26.72	28.23	31.57
河　北	0.49	8.07	12.45	15.04	17.23	18.36	16.86	21.29	25.49	30.48	36.53
上　海	9.77	13.34	31.67	53.94	67.61	82.25	88.78	102.14	110.35	121.67	145.90
江　苏	28.73	71.36	93.37	128.48	164.50	187.07	205.14	220.98	242.71	270.27	315.98
浙　江	16.09	38.84	56.07	73.24	91.96	104.71	119.76	142.09	156.23	184.53	220.59
福　建	19.56	90.60	48.10	61.53	84.44	91.28	94.05	109.72	114.23	121.14	145.22
山　东	12.36	23.73	33.52	48.10	62.08	68.56	75.58	84.07	90.62	104.06	125.86
广　东	31.91	66.43	95.80	118.61	152.88	171.94	196.55	225.27	244.38	272.08	316.90
海　南	5.22	6.79	7.30	8.34	9.72	10.51	11.13	12.41	17.45	20.09	25.89
中部地区	**51.34**	**154.90**	**199.49**	**245.17**	**362.91**	**406.37**	**444.36**	**505.71**	**551.88**	**616.33**	**719.29**
山　西	1.65	3.15	4.64	6.14	7.69	9.26	11.38	13.32	15.56	17.57	22.72
安　徽	13.33	36.18	42.86	51.61	65.83	74.18	81.13	94.42	102.61	112.68	132.27
江　西	4.31	12.84	23.13	29.48	83.34	92.27	97.53	106.88	113.05	119.13	131.37
河　南	14.17	32.28	45.38	61.79	84.96	100.58	117.98	135.57	151.62	172.33	199.81
湖　北	9.44	48.31	54.61	61.60	75.05	80.40	82.73	92.30	97.70	105.09	120.62
湖　南	8.46	22.15	28.87	34.56	46.04	49.67	53.62	63.23	71.33	89.52	112.51
西部地区	**90.48**	**170.46**	**222.72**	**276.70**	**379.61**	**435.02**	**491.23**	**558.91**	**610.82**	**676.07**	**828.29**
内蒙古	0.54	2.07	3.73	5.78	10.26	13.97	15.19	17.28	21.63	25.64	29.30
广　西	5.29	11.37	13.74	16.72	20.92	24.49	28.42	32.49	34.66	38.43	51.24
重　庆	23.96	36.71	43.89	51.68	69.10	78.78	85.11	98.35	104.92	113.78	134.59
四　川	28.16	55.84	73.39	90.76	115.69	126.71	141.45	156.02	169.02	186.99	212.11
贵　州	10.80	20.90	29.25	38.50	64.08	70.72	82.09	101.07	109.03	122.03	179.79
云　南	11.77	22.04	27.35	30.72	37.64	42.71	48.19	52.66	56.03	61.88	71.41
西　藏	0.09	—	0.33	0.30	0.30	0.30	0.30	1.40	1.67	1.71	1.85
陕　西	3.77	7.90	10.26	14.57	22.99	31.40	35.55	36.22	39.65	43.07	55.11
甘　肃	1.94	3.45	4.54	5.84	12.69	14.85	16.16	20.13	23.53	26.06	27.52
青　海	0.18	0.76	1.32	1.93	2.02	2.78	3.07	3.47	4.90	5.32	5.71
宁　夏	2.15	5.99	8.47	10.91	12.61	14.71	16.73	18.33	21.04	23.79	29.87
新　疆	1.83	3.42	6.44	9.00	11.31	13.59	18.97	21.48	24.74	27.36	29.78
东北地区	**9.16**	**21.76**	**34.51**	**49.08**	**65.15**	**78.77**	**95.67**	**118.61**	**143.19**	**171.57**	**187.73**
辽　宁	3.94	11.07	16.38	23.29	32.92	38.51	43.26	50.42	56.09	66.23	73.56
吉　林	2.74	6.11	7.32	9.41	10.28	12.34	17.84	20.88	30.91	42.59	46.45
黑龙江	2.49	4.58	10.80	16.38	21.95	27.92	34.56	47.31	56.19	62.76	67.71

数据来源：国家统计局。

表 3-98　2015—2019 年全国及各地区商业营业用房期房销售金额

单位：亿元

地　区	2015 年	2016 年	2017 年	2018 年	2019 年
全　国	**6131.59**	**7207.48**	**9218.02**	**9412.75**	**7963.11**
东部地区	**2456.24**	**3228.63**	**4004.94**	**3784.86**	**3083.50**
北　京	140.66	259.09	206.25	71.34	23.11
天　津	38.98	77.54	72.77	58.20	63.19
河　北	202.80	244.76	343.89	198.34	179.32
上　海	127.65	298.15	70.34	148.25	110.73
江　苏	494.48	592.11	750.24	688.05	548.69
浙　江	320.25	421.95	632.08	723.95	537.52
福　建	308.00	276.35	378.64	417.47	327.51
山　东	328.72	331.41	503.90	537.06	438.11
广　东	462.93	672.68	932.90	838.38	790.70
海　南	31.77	54.61	113.92	103.80	64.61
中部地区	**1317.13**	**1680.85**	**2384.36**	**2422.88**	**2162.55**
山　西	20.31	41.54	47.48	65.75	82.66
安　徽	415.90	491.36	505.20	524.88	398.70
江　西	135.83	272.49	411.16	398.78	373.65
河　南	260.87	320.52	628.62	553.39	463.78
湖　北	204.30	233.07	334.82	375.88	354.46
湖　南	279.92	321.87	457.08	504.19	489.30
西部地区	**2046.97**	**2031.04**	**2514.87**	**2825.91**	**2439.62**
内蒙古	120.59	116.88	48.07	70.23	60.15
广　西	157.21	128.26	176.86	224.56	224.18
重　庆	349.96	366.52	467.98	369.63	288.01
四　川	568.61	549.14	756.52	889.54	871.74
贵　州	347.19	331.26	396.72	439.35	357.80
云　南	165.16	208.81	245.69	338.45	225.47
西　藏	1.87	2.69	3.25	1.34	10.50
陕　西	94.04	86.67	177.54	206.00	182.35
甘　肃	45.79	68.63	68.97	84.84	56.86
青　海	36.73	41.12	45.60	47.98	50.13
宁　夏	40.93	27.73	32.99	39.96	25.77
新　疆	118.88	103.32	94.68	114.02	86.65
东北地区	**311.25**	**266.96**	**313.85**	**379.11**	**277.45**
辽　宁	164.59	103.49	133.88	180.45	105.86
吉　林	71.56	102.33	91.33	111.83	86.82
黑龙江	75.10	61.14	88.64	86.83	84.77

数据来源：国家统计局。

表 3-99 2019 年全国及各地区商业营业用房期房销售金额（月度累计）

单位：亿元

地　区	1—2 月	1—3 月	1—4 月	1—5 月	1—6 月	1—7 月	1—8 月	1—9 月	1—10 月	1—11 月	1—12 月
全　国	**670.04**	**1462.44**	**2061.36**	**2616.46**	**3687.10**	**4242.23**	**4742.91**	**5532.28**	**6162.12**	**6878.59**	**7963.11**
东部地区	**298.46**	**615.96**	**869.95**	**1073.75**	**1511.00**	**1724.05**	**1889.65**	**2190.08**	**2420.14**	**2658.36**	**3083.50**
北　京	1.24	2.33	4.03	6.30	8.75	8.88	10.36	10.90	11.38	11.48	23.11
天　津	5.88	12.55	19.23	25.52	32.40	40.12	43.78	48.41	52.77	56.21	63.19
河　北	4.61	25.52	45.51	56.73	84.28	90.48	96.30	118.17	134.49	151.38	179.32
上　海	34.86	40.20	53.33	57.81	71.67	96.09	83.24	93.22	105.07	100.18	110.73
江　苏	69.23	137.96	183.43	232.39	280.79	317.78	350.16	402.98	439.25	480.76	548.69
浙　江	50.67	92.58	129.79	175.78	244.97	275.18	310.39	360.78	395.56	440.90	537.52
福　建	36.06	78.77	102.87	127.69	180.54	200.76	222.77	255.00	272.00	293.33	327.51
山　东	29.36	75.15	104.39	132.85	206.92	240.30	273.32	314.85	351.15	392.75	438.11
广　东	54.71	134.38	206.73	232.82	364.25	413.96	456.43	536.83	607.20	674.23	790.70
海　南	11.86	16.53	20.65	25.85	36.43	40.49	42.91	48.93	51.30	57.13	64.61
中部地区	**161.89**	**365.98**	**524.14**	**654.68**	**950.87**	**1092.86**	**1234.90**	**1468.48**	**1653.53**	**1832.90**	**2162.55**
山　西	4.63	8.17	14.44	22.90	38.99	46.90	52.26	57.76	68.21	73.84	82.66
安　徽	37.70	76.41	105.71	133.58	184.08	210.95	241.37	286.71	316.40	352.06	398.70
江　西	32.22	70.45	96.56	126.99	168.27	196.98	226.07	264.51	294.90	319.28	373.65
河　南	30.75	74.92	102.92	127.57	173.74	200.06	232.31	302.59	338.99	376.08	463.78
湖　北	22.60	65.19	105.46	119.73	183.94	211.37	226.38	250.40	284.23	300.77	354.46
湖　南	33.99	70.84	99.05	123.92	201.84	226.60	256.50	306.51	350.80	410.88	489.30
西部地区	**195.40**	**444.04**	**610.16**	**807.68**	**1112.50**	**1289.58**	**1458.33**	**1692.99**	**1871.27**	**2131.48**	**2439.62**
内蒙古	1.88	6.81	8.33	12.10	15.03	19.53	27.09	32.14	39.22	53.67	60.15
广　西	15.73	31.80	51.58	70.73	102.66	113.65	129.71	147.93	166.05	187.55	224.18
重　庆	33.40	62.24	84.21	112.40	149.50	166.93	181.13	210.60	229.13	252.94	288.01
四　川	73.07	167.37	233.76	300.61	414.22	478.50	538.62	629.90	682.87	772.51	871.74
贵　州	31.51	87.41	104.83	135.07	192.25	218.66	242.25	265.25	290.35	322.64	357.80
云　南	17.93	35.88	47.98	60.25	82.08	106.28	125.98	151.52	170.96	196.11	225.47
西　藏	—	0.59	0.87	1.77	2.11	2.38	2.80	5.70	8.38	9.71	10.50
陕　西	9.50	23.13	35.04	55.59	76.65	91.62	101.98	123.08	134.33	155.01	182.35
甘　肃	4.71	12.61	16.47	19.99	27.03	30.35	35.20	41.58	43.92	51.01	56.86
青　海	0.59	2.13	3.40	5.67	10.31	12.59	15.94	22.37	24.64	38.32	50.13
宁　夏	1.40	3.59	5.51	8.17	9.76	11.70	13.41	15.23	17.75	19.36	25.77
新　疆	5.67	10.47	18.19	25.33	30.89	37.37	44.21	47.69	63.69	72.64	86.65
东北地区	**14.28**	**36.45**	**57.11**	**80.35**	**112.73**	**135.75**	**160.04**	**180.73**	**217.17**	**255.84**	**277.45**
辽　宁	7.21	16.56	22.80	31.09	44.58	54.62	62.39	69.68	84.71	97.24	105.86
吉　林	5.56	13.60	21.76	30.22	41.51	50.04	57.71	62.71	72.69	80.67	86.82
黑龙江	1.51	6.29	12.56	19.04	26.65	31.09	39.94	48.34	59.78	77.93	84.77

数据来源：国家统计局。

（七）各地区成套住宅竣工与销售数据

表 3-100　2014—2018 年全国及各地区住宅竣工套数

单位：套

地　区	2014 年	2015 年	2016 年	2017 年	2018 年
全　国	**7659418**	**7050109**	**7455409**	**6770598**	**6182425**
北　京	200971	137357	135606	62796	79744
天　津	219038	251813	219734	149400	177624
河　北	303316	311110	319948	259478	187153
上　海	157460	153148	157370	180347	171688
江　苏	625539	682532	649768	618260	580531
浙　江	329661	333583	434798	375051	256252
福　建	232693	215517	223190	272532	218227
山　东	546478	553856	570374	563453	682920
广　东	467506	383408	414143	512495	463752
海　南	115559	102640	251915	119210	116842
山　西	148916	140003	178002	129811	101379
安　徽	359269	406780	386790	320280	290667
江　西	135631	137670	116627	123554	131329
河　南	520871	376630	448902	411871	460503
湖　北	261049	217150	254145	218337	181886
湖　南	274082	264008	288795	260069	263374
内蒙古	150505	138048	106592	126256	100722
广　西	137760	119886	121447	142705	155423
重　庆	295698	374295	343593	385456	312512
四　川	396474	333274	566002	374735	369022
贵　州	177448	209059	114983	72255	76801
云　南	103660	151062	121545	132794	80653
西　藏	2694	6763	2505	2950	3892
陕　西	183774	128574	176644	187120	100087
甘　肃	64187	73502	71194	59780	45003
青　海	44228	31847	27106	22568	17094
宁　夏	77305	68980	88380	80390	82663
新　疆	147395	112787	109502	107754	63885
辽　宁	557811	276272	247146	253544	199740
吉　林	156008	114188	113320	111715	111814
黑龙江	266432	244367	195343	133632	99243

数据来源：国家统计局。

表 3-101 2014—2018 年全国及各地区别墅、高档公寓竣工套数

单位：套

地 区	2014 年	2015 年	2016 年	2017 年	2018 年
全 国	**145182**	**126972**	**218297**	**153900**	**136666**
北 京	1550	2547	2530	1183	1214
天 津	10379	5114	5416	3340	3439
河 北	1622	2377	3192	3524	912
上 海	8830	16876	13641	22154	25655
江 苏	15290	19576	21610	19176	16902
浙 江	10900	8790	6322	9906	7182
福 建	1698	1176	4724	3124	4831
山 东	6144	8553	6505	5716	8201
广 东	17305	10232	18591	13401	17373
海 南	15633	8654	82274	7652	7360
山 西	616	258	654	383	193
安 徽	4074	2981	3058	3335	2173
江 西	3184	2235	1997	4711	1604
河 南	1157	3034	2366	4381	1382
湖 北	1196	3228	4606	3574	2012
湖 南	3217	1973	3845	4957	5847
内蒙古	3758	862	3301	749	2629
广 西	958	544	905	1130	710
重 庆	7671	5154	11387	6047	6366
四 川	4586	2800	3238	5672	3121
贵 州	4290	574	888	523	912
云 南	3651	5676	5590	5722	5511
西 藏	47	918	131	—	630
陕 西	418	239	1139	320	4133
甘 肃	155	—	21	42	96
青 海	994	303	230	4	767
宁 夏	1376	351	1304	6174	1086
新 疆	5711	4002	5138	3710	1202
辽 宁	7247	4521	1462	5782	1761
吉 林	601	1115	978	6451	1161
黑龙江	924	2309	1254	1057	301

数据来源：国家统计局。

表 3-102　2014—2018 年全国及各地区住宅销售套数

单位：套

地　区	2014 年	2015 年	2016 年	2017 年	2018 年
全　国	**10104351**	**10578898**	**12822565**	**13361411**	**13298420**
北　京	125951	113181	92387	57950	49412
天　津	156473	167083	242287	125150	107316
河　北	489542	501954	565634	513767	449855
上　海	190501	198077	195044	139628	143725
江　苏	799894	913062	1096211	1077200	1014809
浙　江	332946	430145	614849	634063	664046
福　建	314636	296405	378563	417153	446805
山　东	726368	775586	935027	979142	987777
广　东	739363	943194	1196094	1212690	1093652
海　南	113011	119393	172347	268435	162803
山　西	123440	130673	166423	196486	191333
安　徽	531732	517542	709401	735435	828007
江　西	242095	287453	369982	442196	471058
河　南	624792	693734	913280	1039431	1114669
湖　北	491879	525927	631330	682464	704013
湖　南	414492	483857	630886	639220	658427
内蒙古	192573	185031	195175	158195	157230
广　西	269316	294588	354015	494930	504148
重　庆	491027	496914	565075	582851	523030
四　川	649550	685981	822273	884861	957882
贵　州	250053	276382	319528	347650	381021
云　南	223681	214233	247148	286841	290014
西　藏	5062	3691	6323	4143	5542
陕　西	272865	256955	276798	306586	312177
甘　肃	118740	127254	138886	126937	131212
青　海	32808	31205	35710	34938	34428
宁　夏	87380	62953	72994	76202	75795
新　疆	144580	143200	142899	121761	105058
辽　宁	539918	375240	371332	410420	378186
吉　林	172679	138747	172275	164319	180868
黑龙江	237004	189258	192389	200367	174122

数据来源：国家统计局。

表 3-103 2014—2018 年全国及各地区别墅、高档公寓销售套数

单位：套

地 区	2014 年	2015 年	2016 年	2017 年	2018 年
全 国	**167469**	**191594**	**258582**	**294616**	**281405**
北 京	1826	2536	4859	2763	2110
天 津	3687	4420	10005	5536	5912
河 北	1913	3050	4012	6017	2169
上 海	17139	25700	28646	14161	12445
江 苏	16694	24466	37091	33582	37275
浙 江	7975	11582	13479	16543	21878
福 建	5473	4766	4650	8650	10154
山 东	8168	10844	11774	17309	12945
广 东	26157	30598	33430	33581	37718
海 南	7550	7321	16176	20223	7349
山 西	591	1522	1307	2602	4830
安 徽	5042	4727	7556	7061	7293
江 西	2688	2650	6431	7767	9329
河 南	1852	3688	6317	6635	6940
湖 北	5493	7275	8039	9516	8076
湖 南	4691	5494	10075	13142	13620
内蒙古	3565	789	2095	1921	1473
广 西	2234	1638	3769	4230	6168
重 庆	10820	9754	10278	21893	21125
四 川	5800	5677	10304	19699	12432
贵 州	2643	1875	4249	5013	7154
云 南	8291	7410	8664	13980	15296
西 藏	99	278	198	—	96
陕 西	2621	3265	4177	6189	3114
甘 肃	447	355	343	430	666
青 海	2	3	20	21	750
宁 夏	1241	833	1752	3549	1462
新 疆	3038	3251	2605	2976	3043
辽 宁	6173	3139	2574	6434	5234
吉 林	2307	1815	1498	1491	1837
黑龙江	1249	873	2209	1702	1512

数据来源：国家统计局。

（八）各地区房地产待售数据①

表 3-104　2015—2019 年全国商品房待售面积

单位：万平方米

类　别	2015 年	2016 年	2017 年	2018 年	2019 年
商品房待售面积	**71853**	**69539**	**58923**	**52909**	**49821**
住　宅	45248	40257	30163	25328	22473
办公楼	3276	3631	3664	3703	3800
商业营业用房	14664	15838	15204	13906	13282

数据来源：国家统计局。

表 3-105　2019 年全国商品房待售面积（月度累计）

单位：万平方米

类　别	1—2 月	1—3 月	1—4 月	1—5 月	1—6 月	1—7 月	1—8 月	1—9 月	1—10 月	1—11 月	1—12 月
商品房待售面积	**52251**	**51646**	**51380**	**50928**	**50162**	**49876**	**49784**	**49346**	**49323**	**49221**	**49821**
住　宅	25208	24678	24321	23908	23236	22930	22790	22498	22373	22281	22473
办公楼	3697	3650	3633	3611	3627	3650	3665	3671	3680	3695	3800
商业营业用房	13400	13421	13451	13424	13349	13328	13344	13211	13194	13198	13282

数据来源：国家统计局。

表 3-106　2014—2018 年全国及各地区商品房待售面积

单位：万平方米

地　区	2014 年	2015 年	2016 年	2017 年	2018 年
全　国	**62169. 39**	**71853. 48**	**69539. 30**	**58923. 14**	**52909. 29**
北　京	2064. 59	2167. 46	2143. 91	2080. 18	2226. 38
天　津	1124. 80	1055. 91	880. 55	617. 26	671. 40
河　北	2042. 98	2180. 05	1582. 40	1056. 46	967. 30
上　海	2040. 16	2054. 74	1901. 21	2026. 05	2211. 12
江　苏	5652. 73	6908. 99	6519. 11	5590. 51	5015. 74
浙　江	3496. 01	4244. 88	4224. 85	3437. 37	2592. 88
福　建	1312. 68	2010. 43	2058. 50	2079. 59	1890. 39
山　东	3398. 39	4276. 80	4178. 11	3257. 31	2690. 65
广　东	5467. 99	5637. 94	5502. 46	4988. 58	5029. 82
海　南	955. 66	1316. 47	1271. 84	852. 75	649. 74
山　西	1408. 49	1816. 06	1761. 03	1225. 73	984. 85
安　徽	1636. 74	2509. 40	2401. 44	2021. 26	1685. 13

① 数据更正：由于多种原因，在《2019 中国房地产年鉴》中此篇部分数据出现差错，在本篇中予以更正。

续表

地 区	2014 年	2015 年	2016 年	2017 年	2018 年
江 西	1179. 99	1496. 06	1434. 56	1129. 94	950. 68
河 南	3694. 06	3606. 83	3395. 26	2846. 55	2808. 17
湖 北	2746. 05	2650. 93	2373. 46	1848. 01	1769. 39
湖 南	2950. 87	3309. 54	2901. 46	2015. 46	1727. 63
内蒙古	1063. 81	1483. 39	1384. 99	1265. 60	1244. 21
广 西	1507. 45	1677. 60	1772. 74	1598. 85	1408. 74
重 庆	1815. 32	2356. 78	2308. 47	2051. 69	1787. 95
四 川	2307. 52	2819. 13	3061. 03	2678. 67	2428. 82
贵 州	1086. 68	1526. 79	1346. 63	1031. 20	783. 67
云 南	1426. 67	1948. 59	1944. 31	1505. 73	1159. 30
西 藏	70. 67	62. 37	61. 92	36. 56	27. 52
陕 西	539. 44	687. 92	892. 39	936. 86	726. 95
甘 肃	659. 38	742. 93	916. 62	822. 57	796. 42
青 海	206. 43	264. 27	222. 29	178. 86	141. 35
宁 夏	967. 16	1207. 15	1247. 29	1036. 68	945. 36
新 疆	988. 81	1136. 62	1457. 76	1468. 73	1315. 88
辽 宁	4811. 55	4626. 24	4127. 14	3558. 56	3260. 80
吉 林	1504. 36	1570. 25	1671. 96	1584. 36	1258. 16
黑龙江	2041. 95	2500. 98	2593. 61	2095. 21	1752. 87

数据来源：国家统计局。

表 3-107　2014—2018 年全国及各地区住宅待售面积

单位：万平方米

地 区	2014 年	2015 年	2016 年	2017 年	2018 年
全 国	**40684. 13**	**45248. 05**	**40257. 07**	**30162. 96**	**25327. 64**
北 京	863. 66	867. 03	834. 51	803. 85	847. 96
天 津	783. 37	684. 48	461. 74	264. 71	315. 53
河 北	1607. 06	1681. 52	1133. 05	703. 02	648. 24
上 海	958. 48	903. 83	675. 13	635. 68	664. 30
江 苏	3592. 81	4270. 57	3774. 76	3021. 18	2507. 63
浙 江	2005. 53	2357. 22	2060. 31	1390. 58	849. 86
福 建	616. 15	1001. 31	854. 43	643. 78	531. 56

续表

地　区	2014 年	2015 年	2016 年	2017 年	2018 年
山　东	2383. 48	2912. 09	2738. 99	1945. 03	1468. 54
广　东	3545. 82	3493. 35	3085. 78	2414. 75	2384. 29
海　南	817. 54	1107. 78	1029. 57	634. 28	448. 15
山　西	1040. 36	1285. 72	1234. 27	811. 33	639. 32
安　徽	983. 87	1483. 73	1202. 47	885. 17	779. 55
江　西	861. 15	1032. 13	938. 28	599. 72	498. 10
河　南	2875. 05	2768. 26	2530. 41	1995. 61	1914. 38
湖　北	1934. 28	1802. 80	1466. 32	1025. 65	962. 69
湖　南	2018. 62	2180. 76	1684. 87	992. 72	810. 28
内蒙古	701. 79	973. 20	848. 89	739. 90	738. 04
广　西	1024. 32	1124. 51	1187. 21	989. 74	798. 41
重　庆	802. 28	1003. 88	874. 70	578. 08	394. 06
四　川	1245. 98	1404. 38	1131. 58	781. 85	596. 11
贵　州	620. 37	816. 84	698. 17	464. 13	300. 14
云　南	918. 93	1220. 54	1142. 42	796. 93	501. 81
西　藏	60. 88	39. 64	33. 93	17. 23	11. 91
陕　西	403. 18	451. 19	536. 93	513. 31	336. 70
甘　肃	487. 50	538. 35	615. 31	541. 76	467. 76
青　海	160. 77	189. 36	149. 06	90. 68	65. 35
宁　夏	627. 00	733. 43	715. 57	482. 25	387. 64
新　疆	643. 98	701. 45	802. 81	701. 84	569. 68
辽　宁	3583. 98	3460. 26	3038. 52	2481. 75	2192. 33
吉　林	1071. 69	1062. 27	1081. 85	949. 14	690. 03
黑龙江	1444. 25	1696. 17	1695. 25	1267. 33	1007. 28

数据来源：国家统计局。

表 3-108　2014—2018 年全国及各地区别墅、高档公寓待售面积

单位：万平方米

地　区	2014 年	2015 年	2016 年	2017 年	2018 年
全　国	**3086. 62**	**3407. 19**	**3010. 26**	**2482. 22**	**2167. 91**
北　京	213. 95	247. 26	224. 19	232. 87	219. 57

续表

地　区	2014 年	2015 年	2016 年	2017 年	2018 年
天　津	97.14	94.34	59.64	39.40	51.69
河　北	61.79	47.76	39.53	38.73	26.86
上　海	340.66	360.89	265.36	203.65	212.89
江　苏	485.71	568.53	495.36	412.93	310.03
浙　江	277.47	344.19	333.79	243.73	178.32
福　建	63.61	79.37	74.82	59.44	55.75
山　东	94.42	116.62	115.91	92.86	72.15
广　东	371.09	376.26	376.85	301.55	305.17
海　南	123.43	135.69	103.39	85.08	64.05
山　西	13.48	19.06	12.97	14.10	15.63
安　徽	76.31	72.67	60.14	45.77	49.46
江　西	40.81	48.73	40.28	40.95	28.38
河　南	16.26	34.73	18.31	24.35	26.17
湖　北	70.94	56.17	44.30	34.50	38.38
湖　南	116.02	100.49	117.06	72.47	41.68
内蒙古	25.65	31.15	39.15	36.25	38.27
广　西	51.49	53.93	29.10	30.97	42.13
重　庆	79.03	63.61	57.37	42.74	30.07
四　川	61.18	74.75	66.69	51.90	35.76
贵　州	18.20	22.40	24.17	12.97	8.55
云　南	154.52	173.68	153.94	119.05	100.98
西　藏	3.55	7.73	0.74	—	1.08
陕　西	1.05	1.58	1.00	3.46	3.18
甘　肃	0.00	0.13	3.57	1.69	1.18
青　海	0.50	0.50	0.50	—	0.67
宁　夏	23.10	28.12	29.16	36.86	32.46
新　疆	39.87	53.96	53.49	47.88	33.17
辽　宁	132.64	142.81	109.85	101.44	92.79
吉　林	20.94	31.70	27.35	27.76	32.48
黑龙江	11.81	18.41	32.27	26.86	18.97

数据来源：国家统计局。

表 3-109　2014—2018 年全国及各地区办公楼待售面积

单位：万平方米

地　区	2014 年	2015 年	2016 年	2017 年	2018 年
全　国	**2627.40**	**3276.09**	**3631.05**	**3664.24**	**3702.76**
北　京	307.16	332.48	320.61	336.03	414.54
天　津	118.08	94.07	98.21	115.86	125.80
河　北	37.51	37.16	44.10	34.69	34.40
上　海	262.27	285.59	326.13	327.79	400.69
江　苏	317.56	463.13	458.17	442.04	430.34
浙　江	302.17	407.74	484.80	467.18	402.47
福　建	47.60	67.47	114.23	148.18	157.63
山　东	92.35	180.09	212.53	198.39	204.65
广　东	198.69	219.70	262.75	272.89	266.10
海　南	11.82	17.75	9.97	8.15	12.32
山　西	22.60	47.70	41.54	29.00	22.31
安　徽	45.67	100.19	99.32	108.24	76.38
江　西	15.20	32.21	38.53	52.02	39.91
河　南	78.49	90.40	99.42	98.87	129.11
湖　北	83.86	55.40	78.92	65.24	88.75
湖　南	96.41	87.54	91.07	89.31	85.26
内蒙古	39.95	39.68	27.84	57.12	59.30
广　西	19.54	40.17	29.88	22.10	23.42
重　庆	90.41	125.65	154.29	130.21	106.90
四　川	79.04	93.28	117.24	112.93	92.02
贵　州	64.36	98.78	97.37	72.68	47.70
云　南	62.36	74.53	54.87	69.04	52.43
西　藏	1.04	0.84	8.10	1.57	0.00
陕　西	5.45	12.79	20.44	32.94	40.84
甘　肃	6.52	9.63	19.06	20.54	30.03
青　海	3.94	11.18	15.81	14.80	3.57
宁　夏	26.46	28.43	45.45	71.38	67.01
新　疆	34.11	36.65	52.21	61.29	71.81
辽　宁	100.57	94.97	104.98	61.71	86.46
吉　林	20.33	48.94	56.11	82.27	87.02
黑龙江	35.86	41.95	47.11	59.77	43.62

数据来源：国家统计局。

表 3-110 2014—2018 年全国及各地区商业营业用房待售面积

单位：万平方米

地 区	2014 年	2015 年	2016 年	2017 年	2018 年
全 国	**11773.45**	**14664.02**	**15838.26**	**15203.80**	**13905.82**
北 京	434.89	461.28	431.98	428.57	394.10
天 津	133.82	133.62	162.72	153.23	143.68
河 北	272.22	303.45	260.41	207.39	158.08
上 海	372.36	398.12	374.57	410.46	433.64
江 苏	1317.96	1659.71	1762.33	1594.21	1468.52
浙 江	788.70	921.23	1034.21	980.87	851.78
福 建	293.14	460.19	536.22	567.82	514.66
山 东	673.69	861.79	920.59	843.24	738.12
广 东	818.36	887.91	984.74	1073.72	1052.07
海 南	65.26	102.29	121.21	117.95	98.06
山 西	240.82	296.07	309.76	235.34	189.91
安 徽	488.03	770.47	883.22	813.44	615.21
江 西	253.27	350.40	360.70	388.12	344.40
河 南	531.12	563.86	605.31	564.58	550.43
湖 北	531.55	557.23	572.33	562.31	513.80
湖 南	522.28	671.50	682.75	590.34	511.88
内蒙古	239.42	330.49	355.71	315.45	308.00
广 西	256.22	287.94	341.80	360.98	368.76
重 庆	428.18	571.64	575.70	561.96	515.10
四 川	436.51	616.66	748.44	744.43	679.86
贵 州	250.24	456.94	408.65	349.46	299.56
云 南	270.15	410.55	450.60	368.13	345.37
西 藏	5.54	14.85	14.45	13.24	12.86
陕 西	87.78	152.22	239.97	266.33	223.21
甘 肃	126.20	135.16	207.44	194.18	218.66
青 海	25.79	51.10	49.14	65.85	64.11
宁 夏	231.45	330.98	346.35	345.40	343.78
新 疆	221.16	299.58	444.69	500.99	481.78
辽 宁	782.95	783.68	725.30	726.40	698.58
吉 林	300.02	326.31	379.21	396.22	331.29
黑龙江	374.36	496.80	547.78	463.21	436.57

数据来源：国家统计局。

表 3-111　2014—2018 年全国及各地区其他房屋待售面积

单位：万平方米

地　区	2014 年	2015 年	2016 年	2017 年	2018 年
全　国	**7084. 42**	**8665. 32**	**9812. 92**	**9892. 14**	**9973. 07**
北　京	458. 87	506. 67	556. 81	511. 73	569. 78
天　津	89. 52	143. 74	157. 88	83. 47	86. 39
河　北	126. 19	157. 92	144. 84	111. 36	126. 58
上　海	447. 05	467. 20	525. 38	652. 12	712. 49
江　苏	424. 41	515. 58	523. 86	533. 08	609. 25
浙　江	399. 60	558. 69	645. 53	598. 74	488. 78
福　建	355. 80	481. 46	553. 62	719. 82	686. 54
山　东	248. 86	322. 83	306. 01	270. 65	279. 34
广　东	905. 13	1036. 98	1169. 20	1227. 22	1327. 36
海　南	61. 03	88. 65	111. 08	92. 37	91. 21
山　西	104. 71	186. 57	175. 45	150. 05	133. 31
安　徽	119. 17	155. 01	216. 43	214. 42	214. 00
江　西	50. 37	81. 31	97. 05	90. 08	68. 27
河　南	209. 40	184. 31	160. 11	187. 49	214. 26
湖　北	196. 36	235. 49	255. 89	194. 82	204. 15
湖　南	313. 56	369. 75	442. 76	343. 09	320. 20
内蒙古	82. 65	140. 02	152. 55	153. 12	138. 87
广　西	207. 37	224. 98	213. 84	226. 03	218. 15
重　庆	494. 45	655. 60	703. 78	781. 45	771. 90
四　川	545. 98	704. 81	1063. 76	1039. 46	1060. 84
贵　州	151. 72	154. 23	142. 45	144. 93	136. 28
云　南	175. 23	242. 97	296. 43	271. 63	259. 69
西　藏	3. 21	7. 04	5. 44	4. 52	2. 75
陕　西	43. 03	71. 71	95. 05	124. 29	126. 20
甘　肃	39. 16	59. 78	74. 80	66. 09	79. 97
青　海	15. 93	12. 63	8. 28	7. 53	8. 33
宁　夏	82. 25	114. 30	139. 93	137. 65	146. 92
新　疆	89. 56	98. 93	158. 05	204. 61	192. 61
辽　宁	344. 05	287. 34	258. 35	288. 71	283. 43
吉　林	112. 32	132. 73	154. 80	156. 73	149. 82
黑龙江	187. 48	266. 07	303. 47	304. 90	265. 40

数据来源：国家统计局。

（九）各地区房地产开发企业房屋出租面积数据①

表 3-112　2014—2018 年全国及各地区房地产开发企业房屋出租面积

单位：万平方米

地　区	2014 年	2015 年	2016 年	2017 年	2018 年
全　国	**3269.08**	**2975.46**	**3219.71**	**3579.15**	**3519.57**
北　京	561.38	480.61	380.28	350.29	265.78
天　津	12.05	108.16	7.91	12.12	77.52
河　北	30.52	17.54	15.38	7.46	4.49
上　海	1142.46	1202.42	1322.51	1646.30	1868.23
江　苏	170.45	104.07	184.20	166.28	169.56
浙　江	100.66	96.57	126.21	138.75	127.10
福　建	119.50	101.67	118.18	91.28	103.13
山　东	79.16	109.16	63.71	95.20	96.38
广　东	247.50	220.72	268.31	275.41	206.66
海　南	6.87	4.63	15.60	39.70	13.25
山　西	5.18	7.77	39.28	55.08	10.34
安　徽	82.03	33.96	51.34	66.34	20.21
江　西	13.66	5.96	7.23	8.77	16.82
河　南	80.66	28.59	37.23	29.60	1.53
湖　北	60.79	12.96	53.93	41.52	14.11
湖　南	34.46	24.70	20.79	39.10	41.73
内蒙古	2.95	0.76	12.49	19.19	8.21
广　西	12.65	31.15	12.48	9.05	28.48
重　庆	147.05	96.77	45.32	55.29	68.59
四　川	58.02	21.71	81.67	81.03	64.36
贵　州	17.13	12.35	14.62	20.05	12.02
云　南	36.36	55.61	52.86	80.07	53.20
西　藏	—	—	—	—	0.19
陕　西	8.73	19.87	61.28	63.32	61.24
甘　肃	13.27	6.88	5.32	22.27	9.29
青　海	—	—	—	—	—
宁　夏	25.30	28.10	53.35	57.00	36.41
新　疆	68.43	58.54	74.28	44.31	70.90
辽　宁	73.23	43.44	47.22	20.27	—
吉　林	30.90	34.09	36.77	28.98	48.63
黑龙江	24.50	3.20	3.51	15.06	8.47

数据来源：国家统计局。

① 数据更正：由于多种原因，在《2019 中国房地产年鉴》中此篇部分数据出现差错，在本篇中予以更正。

表 3-113　2014—2018 年全国及各地区房地产开发企业住宅出租面积

单位：万平方米

地　区	2014 年	2015 年	2016 年	2017 年	2018 年
全　国	**239.58**	**257.81**	**241.46**	**302.72**	**244.74**
北　京	22.29	19.04	17.81	14.58	8.22
天　津	—	5.14	4.22	1.72	0.35
河　北	0.28	—	2.15	0.07	—
上　海	72.16	120.59	83.41	110.15	128.60
江　苏	18.72	6.33	10.95	10.25	4.11
浙　江	1.85	6.29	0.30	6.95	—
福　建	8.13	8.64	9.29	5.38	6.73
山　东	—	6.61	—	3.08	3.78
广　东	14.69	9.66	18.62	24.62	8.81
海　南	0.13	0.04	0.09	0.78	0.73
山　西	—	—	2.01	1.43	—
安　徽	13.96	0.57	0.83	18.99	0.94
江　西	5.05	—	—	—	0.30
河　南	1.62	1.51	12.90	7.65	—
湖　北	5.21	—	3.75	0.33	0.59
湖　南	8.16	1.51	2.68	1.58	0.71
内蒙古	0.05	0.50	—	—	3.83
广　西	1.99	1.43	0.11	3.17	2.16
重　庆	12.79	0.84	0.78	0.78	—
四　川	—	1.01	3.34	0.01	0.38
贵　州	0.31	—	0.01	—	—
云　南	10.97	42.37	38.63	65.19	42.85
西　藏	—	—	—	—	—
陕　西	0.15	1.47	1.47	—	2.37
甘　肃	2.11	0.19	—	—	—
青　海	—	—	—	—	—
宁　夏	1.96	1.96	2.36	11.13	2.24
新　疆	11.40	14.43	21.71	1.10	23.38
辽　宁	21.08	7.58	1.89	13.78	—
吉　林	0.03	0.04	—	—	—
黑龙江	4.19	0.05	2.19	—	—

数据来源：国家统计局。

表 3-114 2014—2018 年全国及各地区房地产开发企业别墅、高档公寓出租面积

单位：万平方米

地 区	2014 年	2015 年	2016 年	2017 年	2018 年
全 国	**76.04**	**84.16**	**78.91**	**68.91**	**67.24**
北 京	13.03	13.95	11.93	8.65	5.50
天 津	—	0.33	0.33	0.50	—
河 北	—	—	—	—	—
上 海	60.39	66.26	62.08	55.43	54.91
江 苏	0.28	0.04	0.09	—	—
浙 江	—	—	0.10	—	—
福 建	—	—	—	—	2.92
山 东	—	—	—	—	—
广 东	2.31	2.30	2.64	2.19	2.02
海 南	0.04	0.04	0.09	—	—
山 西	—	—	—	—	—
安 徽	—	0.05	—	—	—
江 西	—	—	—	—	—
河 南	—	—	—	—	—
湖 北	—	—	—	—	—
湖 南	—	—	—	0.14	—
内蒙古	—	—	—	—	—
广 西	—	—	—	0.22	0.22
重 庆	—	—	—		—
四 川	—	—	—	—	—
贵 州	—	—	—	—	—
云 南	—	—	—	—	—
西 藏	—	—	—	—	—
陕 西	—	—	—	—	—
甘 肃	—	—	—	—	—
青 海	—	—	—	—	—
宁 夏	—	—	—	—	—
新 疆	—	—	—	0.09	—
辽 宁	—	1.20	1.66	1.67	—
吉 林	—	—	—	—	—
黑龙江	—	—	—	—	—

数据来源：国家统计局。

表 3-115 2014—2018 年全国及各地区房地产开发企业办公楼出租面积

单位：万平方米

地 区	2014 年	2015 年	2016 年	2017 年	2018 年
全 国	**859.05**	**956.10**	**876.36**	**1051.87**	**1094.84**
北 京	226.28	192.27	114.11	129.14	96.74
天 津	8.65	100.67	0.38	7.48	54.80
河 北	—	8.02	4.12	0.02	—
上 海	502.65	501.86	578.44	692.42	753.52
江 苏	12.54	13.14	37.07	32.33	18.74
浙 江	20.29	24.24	26.85	44.19	42.98
福 建	8.97	3.13	5.57	2.57	7.96
山 东	3.17	21.46	8.64	10.79	16.98
广 东	39.52	42.02	59.35	52.40	47.57
海 南	0.05	0.17	—	4.69	0.05
山 西	—	0.02	0.63	7.27	0.07
安 徽	5.35	0.77	0.23	1.74	6.82
江 西	—	0.49	—	—	—
河 南	0.14	3.74	6.66	1.27	—
湖 北	3.04	0.96	0.06	2.79	4.89
湖 南	5.67	2.39	3.36	1.92	11.19
内蒙古	—	—	—	11.50	—
广 西	0.10	2.75	—	0.14	0.65
重 庆	5.89	18.01	7.05	20.41	1.90
四 川	5.80	5.69	3.59	5.78	6.59
贵 州	0.20	0.28	2.39	5.46	3.18
云 南	1.43	1.41	1.90	0.17	0.79
西 藏	—	—	—	—	—
陕 西	0.34	3.72	6.81	4.38	9.99
甘 肃	0.58	—	—	1.15	1.13
青 海	—	—	—	—	—
宁 夏	1.53	0.78	1.28	3.57	2.07
新 疆	2.02	1.63	1.60	3.38	1.48
辽 宁	—	3.46	1.00	2.71	—
吉 林	3.23	3.01	2.22	2.22	2.17
黑龙江	—	—	—	—	—

数据来源：国家统计局。

表 3-116　2014—2018 年全国及各地区房地产开发企业商业营业用房出租面积

单位：万平方米

地　区	2014 年	2015 年	2016 年	2017 年	2018 年
全　国	**1681. 06**	**1314. 75**	**1593. 48**	**1650. 70**	**1615. 11**
北　京	216. 83	181. 07	163. 09	133. 90	113. 51
天　津	1. 04	—	0. 16	—	14. 51
河　北	18. 77	6. 80	8. 02	4. 46	4. 22
上　海	373. 99	367. 02	415. 25	542. 09	630. 83
江　苏	134. 73	82. 01	125. 09	106. 12	135. 35
浙　江	71. 15	58. 60	89. 42	70. 99	73. 96
福　建	81. 36	70. 62	89. 77	67. 71	64. 71
山　东	65. 93	72. 90	50. 19	67. 22	67. 58
广　东	136. 79	117. 62	143. 61	143. 61	129. 94
海　南	6. 63	4. 42	12. 69	33. 15	8. 66
山　西	5. 10	7. 29	33. 17	38. 65	7. 55
安　徽	61. 50	32. 48	40. 98	28. 72	4. 74
江　西	8. 53	5. 48	6. 05	8. 66	16. 52
河　南	69. 16	15. 52	9. 37	15. 39	0. 53
湖　北	47. 54	10. 06	39. 69	27. 93	6. 40
湖　南	14. 84	13. 13	7. 57	25. 79	22. 10
内蒙古	2. 90	0. 26	12. 49	6. 19	3. 66
广　西	9. 12	26. 08	11. 70	5. 26	24. 98
重　庆	106. 41	60. 33	23. 74	32. 21	45. 25
四　川	40. 41	13. 53	61. 16	66. 56	41. 83
贵　州	14. 89	8. 56	11. 65	12. 00	5. 70
云　南	23. 16	11. 82	9. 22	13. 88	9. 56
西　藏	—	—	—	—	0. 19
陕　西	3. 70	14. 67	51. 51	57. 92	44. 86
甘　肃	10. 58	6. 68	5. 20	18. 90	8. 09
青　海	—	—	—	—	—
宁　夏	20. 34	25. 31	48. 37	40. 75	31. 95
新　疆	49. 37	36. 44	42. 92	38. 33	40. 21
辽　宁	37. 01	28. 98	44. 34	3. 40	—
吉　林	27. 63	30. 77	34. 35	26. 77	46. 47
黑龙江	20. 31	2. 79	1. 24	14. 10	4. 74

数据来源：国家统计局。

表 3-117　2014—2018 年全国及各地区房地产开发企业其他房屋出租面积

单位：万平方米

地　区	2014 年	2015 年	2016 年	2017 年	2018 年
全　国	**489.39**	**446.80**	**508.40**	**573.85**	**564.89**
北　京	95.98	88.24	85.28	72.68	47.32
天　津	2.36	2.35	3.15	2.92	7.85
河　北	11.47	2.72	1.09	2.90	0.27
上　海	193.66	212.95	245.41	301.63	355.28
江　苏	4.45	2.58	11.09	17.57	11.35
浙　江	7.38	7.44	9.64	16.62	10.16
福　建	21.04	19.27	13.55	15.61	23.73
山　东	10.06	8.19	4.88	14.12	8.03
广　东	56.50	51.42	46.72	54.77	20.35
海　南	0.06	—	2.82	1.08	3.81
山　西	0.08	0.46	3.46	7.74	2.72
安　徽	1.22	0.14	9.30	16.90	7.71
江　西	0.08	—	1.18	0.11	—
河　南	9.74	7.81	8.31	5.29	1.00
湖　北	5.00	1.94	10.44	10.47	2.22
湖　南	5.78	7.66	7.19	9.82	7.73
内蒙古	—	—	—	1.50	0.72
广　西	1.43	0.88	0.68	0.48	0.68
重　庆	21.97	17.59	13.75	1.90	21.43
四　川	11.82	1.47	13.57	8.68	15.56
贵　州	1.73	3.50	0.58	2.58	3.14
云　南	0.81	0.01	3.12	0.83	—
西　藏	—	—	—	—	—
陕　西	4.54	0.02	1.50	1.02	4.01
甘　肃	0.01	—	0.12	2.22	0.07
青　海	—	—	—	—	—
宁　夏	1.47	0.06	1.34	1.55	0.16
新　疆	5.64	6.04	8.05	1.49	5.83
辽　宁	15.13	3.42	—	0.39	—
吉　林	—	0.28	0.20	—	—
黑龙江	—	0.36	0.08	0.97	3.73

数据来源：国家统计局。

二、港澳台地区房地产数据①

（一）香港

表 3-118　2015—2019 年香港地区新落成私人楼宇

单位：个，千平方米

年份	住宅		商住两用			商业		工业	
	楼宇数目	实用楼面面积	楼宇数目	住宅实用楼面面积	非住宅实用楼面面积	楼宇数目	实用楼面面积	楼宇数目	实用楼面面积
2015	283	275.8	113	293.6	28.5	16	213.3	18	52.7
2016	262	330.4	67	283.5	68.1	21	193.4	13	91.4
2017	355	394.7	128	231.3	34.1	24	239.4	22	195.2
2018	308	467.4	140	314.2	92.1	21	199.2	12	68.4
2019	389	380.3	25	103.4	24.5	32	369.6	16	81.5

年份	其他			所有种类			
	楼宇数目	住宅实用楼面面积	非住宅实用楼面面积	楼宇数目	住宅实用楼面面积	非住宅实用楼面面积	统计
2015	182	15.6	153.4	612	585.0	447.9	1032.9
2016	193	23.1	238.6	556	637.0	591.6	1228.6
2017	174	5.5	272.7	703	631.5	741.3	1372.9
2018	251	11.0	257.3	732	792.6	616.9	1409.5
2019	196	0.6	196.7	658	484.3	672.4	1156.7

数据来源：香港房屋署，香港房屋协会。

① 注：港澳台地区数据货币均为当地货币。

表 3-119 2015—2019 年香港地区获批可动工兴建私人楼宇

单位：个，千平方米

年份	住宅				商住两用					
	楼宇数目		实用楼面面积		楼宇数目		住宅实用楼面面积		非住宅实用楼面面积	
	初次呈交图则	重大修改	初次呈交图则	重大修改	初次呈交图则	重大修改	初次呈交图则	重大修改	初次呈交图则	重大修改
2015	261	65	369.4	13.6	99	66	192.3	284.9	50.9	69.7
2016	262	110	317.3	187.8	53	36	96.2	40.3	53.1	12.7
2017	165	151	296.3	117.8	35	28	112.8	336.0	113.5	120.9
2018	85	178	300.8	117.6	99	6	226.2	50.9	23.8	38.6
2019	149	108	285.8	231.1	26	18	162.2	83.8	16.4	6.8

年份	商业				工业			
	楼宇数目		实用楼面面积		楼宇数目		实用楼面面积	
	初次呈交图则	重大修改	初次呈交图则	重大修改	初次呈交图则	重大修改	初次呈交图则	重大修改
2015	20	1	198.1	2.9	21	1	206.3	19.0
2016	9	6	187.4	59.2	12	3	63.3	12.8
2017	14	3	244.3	9.9	9	1	54.2	8.4
2018	12	3	44.9	1.9	7	3	74.6	23.8
2019	20	13	532.0	207.7	6	1	97.7	77.9

年份	其他					
	楼宇数目		住宅实用楼面面积		非住宅实用楼面面积	
	初次呈交图则	重大修改	初次呈交图则	重大修改	初次呈交图则	重大修改
2015	85	26	28.0	2.4	382.1	173.2
2016	47	8	4.2	0.0	163.5	71.5
2017	46	9	9.5	0.3	184.8	42.3
2018	35	9	5.7	1.8	60.8	31.1
2019	44	6	1.5	1.2	155.4	79.2

年份	所有统计							
	楼宇数目		住宅实用楼面面积		非住宅实用楼面面积		统计实用楼面面积	
	初次呈交图则	重大修改	初次呈交图则	重大修改	初次呈交图则	重大修改	初次呈交图则	重大修改
2015	486	159	589.7	300.9	837.5	264.8	1427.2	565.8
2016	383	163	417.7	228.1	467.4	156.3	885.1	384.4
2017	269	192	418.7	454.1	596.8	181.5	1015.5	635.6
2018	238	199	532.7	170.3	204.1	95.4	736.8	265.7
2019	245	146	449.5	316.1	801.6	371.6	1251.1	687.7

数据来源：香港房屋署，香港房屋协会。

表 3-120　2015—2019 年香港地区私人住宅楼宇平均售价

单位：元/平方米

年 份	少于 40 平方米			40~69.9 平方米			70~99.9 平方米		
	香 港	九 龙	新 界	香 港	九 龙	新 界	香 港	九 龙	新 界
2015	146515	117955	107763	147969	120994	94297	171848	148980	101364
2016	137558	112486	102680	140103	115792	91942	162731	149335	97811
2017	158293	130558	121633	160860	131061	106554	186054	163325	112805
2018	180411	149890	138412	176330	147161	120067	210583	177561	128256
2019	183539	157280	144554	183305	153554	125552	213361	188291	132605

年 份	100~159.9 平方米			160 平方米或以上		
	香 港	九 龙	新 界	香 港	九 龙	新 界
2015	198709	166958	96962	238707	206485	88734
2016	197622	167980	94692	238737	231700	82547
2017	215818	179974	103235	251606	273418	91785
2018	232023	194996	116406	286369	270109	103209
2019	247300	204379	122294	283023	242690	95970

数据来源：香港房屋署，香港房屋协会。
注：2018 年数据根据最新公布数据有调整。

表 3-121　2015—2019 年香港地区私人住宅楼宇新订租约平均租金

单位：元/平方米．月

年 份	少于 40 平方米			40~69.9 平方米			70~99.9 平方米		
	香 港	九 龙	新 界	香 港	九 龙	新 界	香 港	九 龙	新 界
2015	435	345	272	392	324	238	421	355	249
2016	415	329	266	372	302	226	395	329	233
2017	452	354	296	403	327	251	433	356	259
2018	488	391	314	428	353	267	455	376	270
2019	508	391	316	433	351	267	450	370	271

年 份	100~159.9 平方米			160 平方米或以上		
	香 港	九 龙	新 界	香 港	九 龙	新 界
2015	438	349	256	466	342	256
2016	422	326	247	433	349	235
2017	444	349	256	454	368	240
2018	452	381	269	474	370	252
2019	459	363	268	470	379	244

数据来源：香港房屋署，香港房屋协会。
注：2018 年数据根据最新公布数据有调整。

表 3-122　2015—2019 年香港政府土地拍卖/投标（市区）

单位：平方米，百万元

年份	住宅		商业		商业/住宅	
	面积	已征收的地价	面积	已征收的地价	面积	已征收的地价
2015	31043	9410	10638	8899	0	0
2016	117952	48280	15924	9916	0	0
2017	57630	54344	41576	67731	0	0
2018	65314	69299	0	0	0	0
2019	78513	78552	71022	44678	0	0

年份	工业/货仓		其他用途		统计	
	面积	已征收的地价	面积	已征收的地价	面积	已征收的地价
2015	0	0	0	0	41681	18309
2016	0	0	1512	369	135388	58565
2017	0	0	0	0	99206	122075
2018	0	0	0	0	65314	69299
2019	0	0	4313	2575	153848	125805

数据来源：香港房屋署，香港房屋协会。

表 3-123　2015—2019 年香港政府土地拍卖/投标（新界）

单位：平方米，百万元

年份	住宅		商业		商业/住宅	
	面积	已征收的地价	面积	已征收的地价	面积	已征收的地价
2015	149132	22636	13727	3053	0	0
2016	222549	23933	1775	1109	0	0
2017	27166	5216	0	0	0	0
2018	11279	1314	0	0	0	0
2019	55677	7893	0	0	0	0

年份	工业/货仓		其他用途		统计	
	面积	已征收的地价	面积	已征收的地价	面积	已征收的地价
2015	1265	449	3426	435	167550	26573
2016	3707	834	2640	314	230671	26190
2017	1730	451	4361	691	33257	6358
2018	5738	1459	63899	9793	80916	12566
2019	0	0	1707	1678	57384	9571

数据来源：香港房屋署，香港房屋协会。

表 3-124　2015—2019 年香港政府土地批租（私人协约方式批地）

单位：平方米

年　份	市　区					新　界				
	工业/仓库	住　宅	公用事业/团体用途	其他用途	统　计	工业/仓库	住　宅	公用事业/团体用途	其他用途	统　计
2015	0	11629	19522	0	31151	0	166839	2835	0	169674
2016	0	14494	6430	68555	89479	0	35332	20375	682889	738596
2017	0	27799	11779	0	39578	0	51298	1451	0	52749
2018	0	28258	0	0	28258	0	5438	0	0	5438
2019	0	18495	7414	3507	29416	0	130833	0	0	130833

数据来源：香港房屋署，香港房屋协会。
注：2018 年数据根据最新公布数据有调整。

（二）澳门

表 3-125　2015—2019 年澳门地区新动工及建成楼宇

年　份	新动工楼宇			建成楼宇		
	楼宇数目	单位数目	建筑面积（平方米）	楼宇数目	单位数目	建筑面积（平方米）
2015	95	5405	1984202	98	4364	2577817
2016	81	5122	868422	60	498	192191
2017	47	3223	410902	69	4511	839517
2018	68	1670	575816	66	4259	1293667
2019	67	396	442050	58	3010	474123

数据来源：澳门统计暨普查局。

表 3-126　2015—2019 年澳门地区楼宇单位买卖数目

年　份	总　数	住宅（总数）	商　业	办公室	工　业	停车位	其他用途
2015	9771	5976	658	231	74	2752	80
2016	14108	10170	555	197	84	3013	89
2017	13985	10581	589	284	117	2284	130
2018	15073	10822	631	263	235	3084	38
2019	11022	8277	468	183	87	1989	18

数据来源：澳门统计暨普查局。

表 3-127　2015—2019 年澳门地区楼宇单位买卖价值

单位：百万元

年　份	总　数	住宅（总数）	商　业	办公室	工　业	停车位	其他用途
2015	51660	33449	9140	1885	1008	4687	1492
2016	74129	58755	7816	1320	1068	4194	975
2017	85228	69442	7340	2399	1543	3498	1006
2018	89604	69426	9694	3809	1963	4104	608
2019	62237	51049	5713	1396	1130	2797	151

数据来源：澳门统计暨普查局。

表 3-128　2015—2019 年澳门地区楼宇单位买卖平均成交价

单位：元/平方米

年　份	住宅（全澳）	办公室	工　业
2015	86826	113444	50564
2016	86342	100057	47568
2017	100822	113198	54411
2018	108427	163863	56393
2019	107522	108407	54979

数据来源：澳门统计暨普查局。

（三）台湾

表 3-129　2015—2019 年台湾地区建筑物所有权登记

单位：栋，千平方公尺

年　份	第一次登记		移转登记			
	栋　数	面　积	栋　数	面　积	买卖登记	
					栋　数	面　积
2015	126742	35471	438047	59189	292550	35483
2016	122307	32643	378661	47307	245396	27709
2017	110419	30290	405806	49399	266086	29102
2018	116589	31344	418546	51023	277967	30416
2019	119459	30214	456234	54874	300275	32271

数据来源：台湾内政部统计通报。

表 3-130　2019 年台湾地区住宅交易指标

月　份	成交天数（中位数）	住宅屋龄（年）	住宅面积（坪①）
1	61.0	20.3	39.8
2	68.0	20.3	39.7
3	71.0	20.5	39.2
4	66.0	20.4	39.3
5	65.0	20.5	39.3
6	61.0	20.5	39.4
7	62.0	20.5	39.3
8	61.0	20.7	39.3
9	58.0	20.7	39.4
10	59.0	21.0	39.3
11	59.0	20.9	39.4
12	61.0	20.8	39.5

数据来源：信义不动产第四季度报告。

① 注：坪原为日本面积单位，1 日坪（台坪）= 3.3057 8512 3967 平方公尺（平方米）。

表 3-131 2019 年台湾地区各类产品交易占比变化

单位:%

月 份	公 寓	大 楼	店 面	办公室	套 房	别墅+透天
1	14.3	66.6	3.8	2.1	3.1	7.6
2	14.3	66.8	3.8	2.1	3.0	7.7
3	14.5	67.1	3.6	2.2	2.8	7.7
4	14.7	67.2	3.4	2.3	2.9	6.8
5	15.0	66.8	3.5	2.2	2.9	6.5
6	14.7	67.4	3.2	2.5	2.9	6.0
7	14.8	67.3	3.0	2.7	3.1	6.2
8	15.0	67.6	2.8	2.8	2.8	6.3
9	14.6	67.4	3.2	2.4	3.0	6.5
10	14.4	67.7	3.5	2.3	2.2	7.0
11	14.5	68.0	3.3	2.5	2.1	7.1
12	14.1	67.8	3.7	2.5	2.1	6.8

数据来源：信义不动产第四季度报告。

表 3-132 2019 年台湾地区住宅产品总价分布变化

单位:%

月 份	300 万元以下	300 万~500 万元	500 万~700 万元	700 万~1000 万元	1000 万~1500 万元	1500 万~2000 万元	2000 万~2500 万元	2500 万~3000 万元	3000 万~5000 万元	5000 万元以上
1	4.4	9.0	15.4	21.3	22.6	11.7	6.3	3.2	4.4	1.7
2	4.2	9.3	15.8	21.5	22.3	12.1	6.0	2.8	4.5	1.6
3	3.5	9.6	15.4	22.4	23.8	11.4	5.2	2.9	4.1	1.6
4	3.7	9.4	14.8	22.2	24.2	11.5	5.3	3.0	4.4	1.6
5	3.8	9.1	14.7	22.5	24.1	11.1	5.5	3.1	4.4	1.7
6	4.0	9.2	14.6	22.1	23.0	11.6	5.9	3.4	4.2	1.9
7	4.1	9.2	14.6	22.3	22.4	11.7	5.8	3.5	4.7	1.9
8	4.2	9.7	14.3	21.8	22.2	11.8	5.9	4.0	4.2	1.9
9	4.5	9.8	14.5	21.7	22.4	11.4	5.7	3.9	4.5	1.6
10	3.9	9.7	14.7	21.5	23.3	11.7	5.8	3.8	3.8	1.7
11	3.8	8.7	14.7	22.1	23.9	12.0	5.6	3.5	4.3	1.5
12	3.6	8.4	13.9	22.6	24.1	12.1	5.5	3.5	4.6	1.7

数据来源：信义不动产第四季度报告。

表 3-133　2019 年台湾地区住宅产品面积分布变化

单位：%

月　份	15 坪以下	15~25 坪	25~35 坪	35~45 坪	45~55 坪	55 坪以上
1	7.7	15.2	23.8	20.6	15.2	17.4
2	7.4	15.4	24.8	19.9	15.1	17.4
3	7.4	14.8	25.5	21.0	14.6	16.7
4	6.8	15.6	25.1	21.5	14.6	16.4
5	6.8	15.8	25.2	21.7	14.1	16.4
6	6.9	15.6	25.8	21.8	13.8	16.2
7	7.6	15.2	25.8	21.1	14.1	16.3
8	8.1	14.6	25.4	20.9	14.5	16.5
9	8.4	14.7	24.7	20.3	15.0	16.9
10	7.7	14.7	24.8	21.2	15.5	16.0
11	7.4	14.4	24.7	22.0	15.7	15.8
12	7.2	14.5	24.8	21.8	15.9	15.9

数据来源：信义不动产第四季度报告。

表 3-134　2019 年台北市住宅成交均价表现

月　份	成交天数（中位数）	住宅屋龄（年）	住宅面积（坪）	住宅总价（万元）	公寓单价（万元/坪）	大楼单价（万元/坪）	住宅单价（万元/坪）
1	62.0	25.7	37.6	2270	50.2	63.0	60.1
2	71.0	26.2	37.2	2258	49.7	63.2	60.2
3	80.0	27.3	36.6	2308	50.7	65.0	61.5
4	76.0	27.4	37.1	2368	51.5	65.5	62.3
5	74.0	26.9	36.7	2340	51.6	66.1	62.8
6	64.0	26.3	36.7	2315	51.7	65.3	62.5
7	64.0	25.7	35.8	2253	51.5	65.1	62.5
8	63.5	26.2	36.0	2274	53.1	65.0	62.6
9	63.0	26.6	36.0	2280	51.1	65.3	62.3
10	70.0	27.3	36.3	2295	51.5	65.3	62.1
11	65.0	27.7	35.8	2239	49.5	65.9	62.3
12	71.0	27.5	35.7	2266	51.4	66.0	62.7

数据来源：信义不动产第四季度报告。

三、房地产信贷数据

（一）全国住房公积金

表 3-135　2018 年年底全国公积金机构情况

类　别		2018 年
机构数量	全国设区城市（个）	342
	未纳入设区城市（个）	147
	其中：省直分中心（个）	24
	县（市、区）分中心（个）	49
	石油、电力、煤炭等企业分中心（个）	74
从业人员	全国总数（万人）	4. 38
	在编（万人）	2. 69
	非在编（万人）	1. 69

数据来源：《全国住房公积金 2018 年年度报告》。

表 3-136　2018 年全国及各地区住房公积金缴存情况

地　区	实缴单位数（万个）	实缴职工数（万人）	全年缴存额（亿元）	缴存总额（亿元）	缴存余额（亿元）
全　国	**291. 59**	**14436. 41**	**21054. 65**	**145899. 77**	**57934. 88**
北　京	18. 32	778. 87	1980. 10	13096. 37	4244. 08
天　津	6. 37	274. 63	479. 99	3961. 40	1337. 78
河　北	5. 93	488. 18	593. 26	4447. 28	1984. 40
山　西	4. 85	354. 69	383. 07	2748. 46	1088. 45
内蒙古	4. 02	235. 99	357. 64	2682. 00	1274. 27
辽　宁	9. 11	489. 69	715. 65	6407. 37	2414. 74
吉　林	3. 89	247. 30	322. 31	2485. 74	1111. 25
黑龙江	3. 94	287. 37	396. 50	3231. 80	1379. 18
上　海	39. 31	861. 21	1305. 20	9554. 03	4094. 62
江　苏	30. 42	1321. 58	1779. 81	11793. 06	4340. 58
浙　江	22. 77	800. 59	1388. 82	9379. 94	3176. 04
安　徽	6. 02	428. 88	603. 65	4790. 92	1625. 65
福　建	11. 52	404. 00	591. 53	4122. 35	1554. 61
江　西	4. 70	267. 98	392. 23	2363. 86	1184. 31
山　东	14. 80	938. 76	1197. 21	8054. 97	3448. 70
河　南	7. 60	654. 43	701. 39	4562. 08	2210. 23

续表

地区	实缴单位数（万个）	实缴职工数（万人）	全年缴存额（亿元）	缴存总额（亿元）	缴存余额（亿元）
湖北	7.03	470.11	762.66	4796.68	2307.10
湖南	6.78	434.44	603.29	3797.75	1862.63
广东	37.46	1910.83	2292.03	15262.44	5271.38
广西	5.28	290.18	424.54	2927.72	1112.15
海南	2.55	104.52	121.91	826.83	389.65
重庆	3.48	257.91	379.90	2483.25	975.10
四川	11.57	662.60	987.84	6405.58	2754.70
贵州	4.25	251.20	359.97	2055.12	994.83
云南	5.06	269.54	498.69	3446.07	1418.16
西藏	0.44	31.92	91.82	499.15	254.24
陕西	5.56	386.42	462.97	3240.17	1335.91
甘肃	3.11	185.04	267.53	1953.76	958.86
青海	0.90	52.83	106.65	762.98	310.61
宁夏	0.97	62.72	97.17	786.14	292.71
新疆	3.22	208.21	371.23	2723.67	1102.57
新疆生产建设兵团	0.37	23.79	38.08	250.87	125.39

数据来源：《全国住房公积金 2018 年年度报告》。

表 3-137　2018 年全国及各地区住房公积金提取情况

地区	提取额（亿元）	提取率（%）	住房消费提取额（亿元）	非住房消费提取额（亿元）	提取总额（亿元）
全国	**14740.51**	**70.01**	**11718.33**	**3022.19**	**87964.89**
北京	1455.39	73.50	1283.42	171.96	8852.29
天津	375.01	78.13	292.18	82.83	2623.62
河北	386.96	65.23	275.43	111.53	2462.88
山西	205.77	53.71	156.70	49.07	1660.01
内蒙古	254.30	71.11	184.58	69.72	1407.74
辽宁	564.02	78.81	419.80	144.22	3992.63
吉林	228.89	71.01	158.70	70.19	1374.49
黑龙江	300.69	75.84	212.19	88.50	1852.62
上海	788.96	60.45	638.75	150.21	5459.41
江苏	1289.39	72.45	1048.43	240.96	7452.47

续表

地 区	提取额（亿元）	提取率（%）	住房消费提取额（亿元）	非住房消费提取额（亿元）	提取总额（亿元）
浙 江	1079.63	77.74	906.07	173.56	6203.90
安 徽	491.12	81.36	388.08	103.05	3165.27
福 建	411.98	69.65	318.71	93.27	2567.73
江 西	246.66	62.89	180.56	66.10	1179.55
山 东	848.15	70.84	672.90	175.25	4606.27
河 南	398.93	56.88	283.16	115.77	2351.86
湖 北	480.32	62.98	357.01	123.31	2489.58
湖 南	362.23	60.04	263.79	98.45	1935.12
广 东	1686.48	73.58	1442.84	243.65	9991.06
广 西	308.32	72.62	240.49	67.83	1815.57
海 南	71.66	58.78	55.49	16.18	437.18
重 庆	297.93	78.42	234.92	63.00	1508.15
四 川	655.62	66.37	506.42	149.20	3650.88
贵 州	231.05	64.19	181.99	49.06	1060.29
云 南	377.88	75.77	312.41	65.46	2027.91
西 藏	58.22	63.41	29.40	28.82	244.91
陕 西	275.47	59.50	209.85	65.62	1904.26
甘 肃	190.84	71.33	139.67	51.17	994.90
青 海	84.78	79.49	65.97	18.81	452.37
宁 夏	69.02	71.03	54.31	14.71	493.43
新 疆	239.53	64.52	186.92	52.62	1621.10
新疆生产建设兵团	25.33	66.50	17.20	8.13	125.47

数据来源：《全国住房公积金 2018 年年度报告》。

表 3-138 2018 年全国及各地区住房公积金个人住房贷款情况

地 区	放贷笔数（万笔）	贷款发放额（亿元）	累计放贷笔数（万笔）	贷款总额（亿元）	贷款余额（亿元）	个人住房贷款率（%）
全 国	**252.58**	**10218.53**	**3334.82**	**85821.32**	**49845.78**	**86.04**
北 京	8.07	831.33	110.84	6358.66	4036.30	95.10
天 津	2.66	125.86	97.33	2969.90	1331.26	99.51
河 北	6.69	248.48	99.29	2313.78	1440.86	72.61
山 西	5.71	214.07	54.44	1189.83	785.01	72.12

续表

地 区	放贷笔数（万笔）	贷款发放额（亿元）	累计放贷笔数（万笔）	贷款总额（亿元）	贷款余额（亿元）	个人住房贷款率（%）
内蒙古	7.73	269.06	104.06	1946.43	1012.17	79.43
辽 宁	12.23	387.93	168.87	3770.44	2088.12	86.47
吉 林	5.95	204.00	68.80	1527.35	949.05	85.4
黑龙江	7.07	238.25	86.89	1868.35	993.15	72.01
上 海	11.07	729.68	254.15	7788.78	3921.96	95.78
江 苏	23.82	948.00	303.28	7902.31	4173.49	96.15
浙 江	12.60	561.55	177.14	5617.46	3123.84	98.36
安 徽	9.30	295.21	125.66	2780.75	1617.62	99.51
福 建	5.70	269.08	96.43	2572.98	1481.90	95.32
江 西	4.97	174.12	72.64	1706.65	1066.05	90.01
山 东	17.48	616.57	201.46	4847.01	2875.76	83.39
河 南	9.97	310.55	119.13	2664.26	1699.33	76.88
湖 北	9.72	360.42	125.09	3020.73	1793.36	77.73
湖 南	11.71	427.12	126.34	2639.11	1672.82	89.81
广 东	15.79	750.81	177.61	6042.37	3825.57	72.57
广 西	5.00	163.20	66.68	1443.64	959.25	86.25
海 南	1.15	46.51	16.27	449.79	322.13	82.67
重 庆	5.34	190.55	54.12	1430.93	966.64	99.13
四 川	13.05	472.48	148.46	3552.41	2291.96	83.2
贵 州	7.13	228.53	66.44	1461.87	961.39	96.64
云 南	7.67	289.05	118.49	2299.41	1212.71	85.51
西 藏	1.01	56.58	8.10	283.16	171.63	67.51
陕 西	8.21	289.68	71.05	1569.70	1058.86	79.26
甘 肃	5.86	195.89	72.56	1283.93	747.82	77.99
青 海	2.14	82.40	25.47	457.33	215.26	69.3
宁 夏	1.90	66.88	26.57	517.55	245.29	83.8
新 疆	5.32	158.80	85.93	1457.61	757.73	68.72
新疆生产建设兵团	0.56	15.88	5.22	86.82	47.47	37.85

数据来源：《全国住房公积金2018年年度报告》。

表 3-139 2018 年全国及各地区住房公积金增值收益及分配情况

地区	业务收入（亿元）	业务支出（亿元）	增值收益（亿元）	增值收益率（%）	提取贷款风险准备金（亿元）	提取管理费用（亿元）	提取公租房（廉租房）建设补充资金（亿元）
全 国	**1814. 44**	**960. 19**	**854. 25**	**1. 56**	**234. 63**	**116. 62**	**502. 69**
北 京	134. 55	66. 16	68. 39	1. 71	11. 89	6. 83	49. 67
天 津	43. 90	26. 10	17. 80	1. 39	1. 26	3. 61	13. 48
河 北	58. 86	30. 40	28. 45	1. 51	1. 60	7. 62	19. 35
山 西	35. 33	16. 15	19. 19	1. 91	4. 39	3. 08	10. 60
内蒙古	38. 72	19. 55	19. 16	1. 58	10. 43	3. 70	5. 00
辽 宁	75. 90	39. 11	36. 78	1. 57	11. 71	4. 40	20. 67
吉 林	34. 20	17. 17	17. 03	1. 59	6. 87	3. 46	6. 70
黑龙江	40. 79	21. 25	19. 55	1. 47	1. 11	2. 37	16. 07
上 海	139. 34	67. 13	72. 21	1. 88	42. 38	1. 30	28. 53
江 苏	137. 15	78. 72	58. 43	1. 42	28. 86	5. 83	23. 69
浙 江	105. 15	61. 19	43. 96	1. 46	24. 41	4. 33	15. 22
安 徽	56. 29	31. 04	25. 25	1. 61	3. 97	4. 82	16. 50
福 建	49. 48	29. 14	20. 34	1. 39	4. 63	1. 36	14. 36
江 西	39. 01	20. 08	18. 92	1. 70	2. 95	2. 41	13. 58
山 东	105. 90	54. 49	51. 41	1. 56	5. 56	5. 63	40. 23
河 南	64. 03	35. 96	28. 06	1. 36	9. 36	4. 20	14. 58
湖 北	71. 54	36. 63	34. 91	1. 61	5. 37	7. 02	22. 60
湖 南	58. 21	29. 11	29. 10	1. 67	5. 31	5. 30	18. 52
广 东	163. 84	88. 62	75. 22	1. 51	19. 41	5. 93	49. 9
广 西	33. 85	16. 65	17. 20	1. 63	3. 48	2. 95	10. 77
海 南	11. 83	6. 29	5. 54	1. 51	3. 32	0. 57	1. 65
重 庆	30. 86	18. 83	12. 02	1. 29	0. 96	2. 43	8. 64
四 川	85. 58	42. 60	42. 98	1. 67	11. 02	7. 37	24. 6
贵 州	29. 53	17. 31	12. 22	1. 30	1. 21	2. 37	8. 64
云 南	43. 45	22. 22	21. 23	1. 56	1. 20	4. 56	15. 47
西 藏	5. 12	3. 71	1. 40	0. 60	0. 84	0. 31	0. 26
陕 西	38. 67	20. 14	18. 52	1. 50	4. 64	3. 84	10. 01
甘 肃	29. 58	16. 52	13. 06	1. 42	1. 16	3. 94	7. 96
青 海	10. 10	5. 55	4. 55	1. 52	2. 89	0. 71	1. 02
宁 夏	8. 73	4. 75	3. 97	1. 44	0. 32	0. 67	2. 98
新 疆	30. 81	15. 70	15. 11	1. 46	1. 84	3. 46	9. 71
新疆生产建设兵团	4. 15	1. 89	2. 26	1. 90	0. 29	0. 24	1. 72

数据来源：《全国住房公积金 2018 年年度报告》。

（二）房地产贷款

表 3-140　2015—2019 年各季度房地产开发贷款情况

单位：亿元,%

季　度	房地产开发贷款余额		个人住房贷款余额	
	绝对值	同比	绝对值	同比
2019Q4	112200	10. 1	300700	16. 7
2019Q3	112400	11. 7	290500	16. 8
2019Q2	110400	14. 6	279600	17. 3
2019Q1	108500	18. 9	268700	17. 6
2018Q4	101900	22. 6	257500	17. 8
2018Q3	100600	24. 5	248800	17. 9
2018Q2	96400	24. 2	238400	18. 6
2018Q1	91000	20. 7	228600	20. 0
2017Q4	83000	16. 7	219000	22. 2
2017Q3	81000	15. 1	211000	26. 2
2017Q2	77600	9. 8	201000	30. 8
2017Q1	75400	7. 4	190500	35. 7
2016Q4	71100	8. 4	191400	35. 0
2016Q3	70400	7. 6	179300	33. 4
2016Q2	70700	10. 1	165500	30. 9
2016Q1	70200	15. 5	151800	25. 5
2015Q4	65600	16. 5	141800	23. 2
2015Q3	65400	21. 3	134500	20. 9
2015Q2	64200	23. 5	126400	17. 8
2015Q1	60800	24. 1	121000	17. 6

数据来源：中国人民银行。

四、城乡建设发展数据

（一）城市建设及用地数据

表 3-141 2015—2019 年全国建设用地供应情况

单位：万公顷

类 别	2015 年	2016 年	2017 年	2018 年	2019 年
国有建设用地供应面积	54.03	53.11	60.32	64.3	62.4
#住宅用地	8.38	7.45	8.43	14.4	14.2
#商服用地	3.69	3.51	3.09		
#工矿仓储用地	12.73	12.31	12.28	13.2	14.7
#其他用地	29.23	29.84	36.52	36.8	33.5

数据来源：自然资源部。

表 3-142 2014—2018 年全国部分城市数量及面积情况

单位：个，平方公里

年 份	城市个数			城区面积		城市建设用地面积
		地级	县级		建成区面积	
2014	653	288	361	184098.6	49772.6	49982.7
2015	656	291	361	191775.5	52102.3	51584.1
2016	657	293	360	198178.6	54331.5	52761.3
2017	661	294	363	198357.2	56225.4	55155.5
2018	673	302	371	200896.5	58455.7	56075.9

数据来源：住房和城乡建设部。

表 3-143 2014—2018 年全国县城数量及面积情况

单位：个，平方公里

年 份	县城数量	县城面积		城市建设用地面积
			建成区面积	
2014	1596	79946	20111	18694
2015	1568	75204	20043	18718
2016	1537	72591	19467	18242
2017	1526	71583	19854	18864
2018	1519	70357	20238	19071

数据来源：住房和城乡建设部。

表 3-144　2018 年全国及各地区面积及用地情况

单位：平方公里

地　区	市区面积	城区面积	建成区面积	城市建设用地面积	本年征用土地面积	耕地
全　国	**2230935**	**200897**	**58456**	**56075.90**	**2003.66**	**904.63**
北　京	16410	16410	1469	1471.75	29.90	6.12
天　津	11760	2585	1078	950.55	29.60	15.21
河　北	48653	5927	2163	1860.14	58.14	31.48
上　海	6341	6341	1238	1899.04	24.15	13.03
江　苏	69958	15536	4558	4416.87	214.19	117.28
浙　江	54912	11914	2919	2823.94	132.22	68.39
福　建	45710	4048	1588	1478.41	55.54	11.88
山　东	91389	22784	5164	4884.92	142.47	62.51
广　东	96134	16634	6036	5209.88	101.53	33.81
海　南	17106	1489	380	308.26	8.92	1.11
山　西	33893	3298	1180	1147.62	4.49	1.52
安　徽	41401	6190	2110	2071.75	225.20	115.89
江　西	42954	2493	1546	1477.42	92.57	25.61
河　南	46235	5132	2797	2644.85	50.28	25.19
湖　北	90877	8146	2510	2609.70	77.07	38.17
湖　南	51437	5452	1837	1740.44	66.01	13.68
内蒙古	147077	5058	1270	1185.57	29.60	8.18
广　西	70298	5814	1476	1444.78	88.25	29.98
重　庆	43263	7440	1497	1272.07	93.94	45.36
四　川	85042	8458	2982	2778.85	192.61	85.34
贵　州	35956	3245	1053	983.61	19.88	6.32
云　南	86904	3187	1164	1144.19	37.94	19.93
西　藏	47979	632	164	152.93	5.78	0.74
陕　西	53610	2692	1356	1285.46	31.75	23.31
甘　肃	88539	1994	891	888.46	29.06	20.12
青　海	166332	688	202	184.56	0.50	0.20
宁　夏	23697	2162	482	436.00	11.69	4.70
新　疆	231488	3000	1312	1262.89	29.57	7.92
辽　宁	76277	12899	2670	2764.66	18.02	8.69
吉　林	109275	6659	1539	1464.90	75.37	44.11
黑龙江	200028	2588	1825	1831.43	27.42	18.85

数据来源：住房和城乡建设部。

表 3-145　2018 年全国及各地区城市建设用地面积

单位：平方公里

地　区	居住用地	公共管理与公共服务用地	商业服务业设施用地	工业用地	物流仓储用地	道路交通设施用地	公用设施用地	绿地与广场用地
全　国	**17151.57**	**5132.28**	**3901.76**	**11026.77**	**1629.84**	**8739.22**	**1902.64**	**6591.82**
北　京	427.92	173.14	137.26	263.09	50.88	271.62	31.60	116.24
天　津	248.27	71.19	79.03	222.38	52.17	141.87	19.89	115.75
河　北	618.88	150.35	121.20	262.69	58.70	296.01	57.39	294.92
上　海	551.79	151.03	117.51	547.52	55.97	137.58	198.28	139.36
江　苏	1268.50	370.93	329.16	1054.75	112.80	674.14	114.63	491.96
浙　江	817.57	245.89	219.23	608.84	67.39	476.34	77.31	311.37
福　建	500.04	140.97	106.44	277.71	36.39	218.13	43.37	155.36
山　东	1461.54	505.13	346.94	1069.33	146.77	675.66	145.48	534.07
广　东	1590.33	394.84	362.14	1364.39	112.33	832.13	115.20	438.52
海　南	114.58	42.78	16.41	17.38	2.34	59.96	7.96	46.85
山　西	370.33	114.64	71.03	105.84	36.28	206.05	72.04	171.41
安　徽	650.89	160.26	170.77	396.69	52.34	335.59	60.27	244.94
江　西	428.75	150.52	102.20	272.52	31.07	238.07	49.25	205.04
河　南	784.40	287.78	139.27	344.72	73.02	435.14	100.47	480.05
湖　北	793.30	239.87	155.87	611.48	72.67	418.59	96.99	220.93
湖　南	607.30	199.33	114.43	266.98	50.30	239.29	89.29	173.52
内蒙古	362.40	107.45	103.62	147.74	52.54	215.70	42.12	154.00
广　西	418.91	137.57	85.26	208.49	49.22	255.28	63.96	226.09
重　庆	396.99	115.04	82.28	252.64	32.56	243.85	32.63	116.08
四　川	854.45	267.42	207.77	480.06	73.96	467.34	74.85	353.00
贵　州	299.32	102.51	84.10	161.02	27.40	181.16	21.65	106.45
云　南	399.94	124.52	106.51	126.59	38.25	166.46	35.34	146.58
西　藏	34.90	21.89	14.19	14.61	4.32	23.07	8.89	31.06
陕　西	318.88	122.91	102.85	149.59	34.99	219.37	44.51	292.36
甘　肃	216.86	80.22	56.94	173.28	31.30	143.52	39.13	147.21
青　海	60.93	14.94	9.06	13.25	13.89	28.74	6.77	36.98
宁　夏	132.07	55.47	19.84	43.00	13.52	74.11	15.91	82.08
新　疆	389.88	119.41	94.73	194.62	59.05	187.09	56.23	161.88
辽　宁	877.90	187.27	164.77	719.23	65.61	399.18	60.81	289.89
吉　林	514.17	111.17	90.88	295.96	50.00	210.91	57.31	134.50
黑龙江	639.58	165.84	90.07	360.38	71.81	267.27	63.11	173.37

数据来源：住房和城乡建设部。

表3-146 2018年全国按城市分城市面积及用地情况

单位：平方公里

地区	市区面积	城区面积	建成区面积	城市建设用地面积	本年征用土地面积	
						耕地
全　国	**2230935.00**	**200896.50**	**58455.66**	**56075.90**	**2003.66**	**904.63**
北　京	**16410.00**	**16410.00**	**1469.05**	**1471.75**	**29.90**	**6.12**
天　津	**11760.30**	**2585.19**	**1077.83**	**950.55**	**29.60**	**15.21**
河　北	**48653.00**	**5926.79**	**2162.73**	**1860.14**	**58.14**	**31.48**
石家庄	2194.10	518.81	309.12	57.08	4.13	1.99
晋　州	619.00	90.78	14.83	14.83	1.02	0.72
新　乐	525.00	45.92	13.95	13.95	—	—
唐　山	3874.00	289.07	249.00	237.93	—	—
滦　州	1027.20	140.80	29.30	29.29	—	—
遵　化	1521.00	85.80	26.40	26.01	0.38	—
迁　安	1227.00	128.10	44.35	42.52	—	—
秦皇岛	2131.50	330.25	138.43	135.28	0.70	0.16
邯　郸	2649.10	556.00	188.55	182.21	7.53	5.87
武　安	1806.00	95.00	36.32	36.32	1.55	1.27
邢　台	132.30	114.80	105.89	105.89	—	—
南　宫	863.30	53.50	16.03	16.03	1.00	—
沙　河	999.00	37.00	17.74	17.70	1.02	0.64
保　定	2564.80	344.93	195.00	188.78	4.69	2.52
涿　州	751.30	52.20	35.54	35.54	2.43	1.77
安　国	485.10	31.71	14.68	13.49	1.48	1.13
高碑店	620.00	36.80	20.58	20.58	0.87	—
白沟新城	54.40	54.35	19.58	18.15	0.27	0.26
张家口	6963.80	407.45	100.94	96.39	0.86	0.31
承　德	1252.70	724.03	78.02	70.58	1.09	0.55
平　泉	3294.10	26.00	17.20	17.00	0.94	0.62
沧　州	320.00	183.00	83.66	83.66	0.66	0.32
泊　头	1007.00	22.00	20.03	20.03	—	—
任　丘	864.00	74.40	48.20	48.10	0.95	0.75
黄　骅	2202.00	200.00	37.30	36.50	0.50	—
河　间	1322.00	69.40	20.90	20.81	0.35	—
廊　坊	960.00	292.00	69.66	69.47	12.70	3.75
霸　州	784.00	79.00	17.60	17.51	2.68	1.44
三　河	643.00	169.00	19.31	19.15	—	—

续表

地 区	市区面积	城区面积	建成区面积	城市建设用地面积	本年征用土地面积	
						耕地
衡 水	1509.60	401.40	75.59	71.40	0.83	0.50
深 州	1252.00	83.19	21.20	20.79	—	—
辛 集	951.00	137.10	33.63	32.97	1.99	1.03
定 州	1283.70	53.00	44.20	44.20	7.52	5.88
山 西	**33892.80**	**3297.75**	**1180.11**	**1147.62**	**4.49**	**1.52**
太 原	1500.00	1000.00	340.00	339.00	—	—
古 交	1512.00	25.75	17.05	16.94	—	—
大 同	2080.00	130.20	125.20	137.34	—	—
阳 泉	5221.90	68.93	62.20	51.04	0.13	—
长 治	334.00	76.20	59.30	58.88	—	—
潞 城	630.00	132.00	10.50	8.50	—	—
晋 城	2164.00	143.00	47.87	47.87	—	—
高 平	946.00	63.00	17.80	17.30	0.01	—
朔 州	4093.70	176.00	49.70	49.01	—	—
晋 中	1311.00	450.00	84.00	80.03	0.33	0.12
介 休	743.70	42.00	22.58	25.55	0.34	—
运 城	1237.00	88.90	66.00	41.75	—	—
永 济	1221.10	214.34	25.78	25.43	—	—
河 津	593.10	131.80	28.85	28.83	—	—
忻 州	1982.00	183.00	36.56	36.18	1.15	—
原 平	2571.00	148.00	17.71	17.71	—	—
临 汾	1307.00	60.00	54.00	53.98	2.15	1.31
侯 马	220.10	20.43	20.43	20.43	—	—
霍 州	765.00	19.50	15.40	15.11	—	—
吕 梁	1339.00	50.20	33.32	32.33	—	—
孝 义	946.00	54.50	28.26	27.78	0.30	0.08
汾 阳	1175.30	20	17.60	16.63	0.08	0.01
内蒙古	**147077.50**	**5058.33**	**1270.11**	**1185.57**	**29.60**	**8.18**
呼和浩特	2054.00	265.03	260.00	242.77	16.30	6.15
包 头	2965.00	885.00	211.12	195.79	—	—
乌 海	1754.00	67.17	62.30	40.78	0.23	—
赤 峰	7057.40	560.00	106.07	103.29	2.24	0.74
通 辽	3212.00	75.63	62.50	62.50	—	—

续表

地 区	市区面积	城区面积	建成区面积	城市建设用地面积	本年征用土地面积	
						耕地
霍林郭勒	585.00	36.04	17.10	17.10	0.28	—
鄂尔多斯	2884.10	200.87	117.87	117.87	—	—
呼伦贝尔	1518.90	252.00	59.46	59.46	0.29	—
满洲里	732.40	734.56	27.06	27.00	—	—
牙克石	27590.00	39.00	27.70	25.81	6.30	—
扎兰屯	16800.00	385.00	19.20	18.05	1.00	—
额尔古纳	28000.00	303.00	10.48	10.49	—	—
根 河	19659.00	350.00	17.50	12.83	—	—
巴彦淖尔	2354.00	80.51	51.00	50.59	—	—
乌兰察布	420.00	70.00	70.00	53.26	2.64	1.22
丰 镇	2704.00	25.00	25.00	24.81	—	—
乌兰浩特	772.00	256.00	44.30	42.55	0.03	0.03
阿尔山	7408.70	15.40	11.40	11.40	—	—
二连浩特	4015.00	49.12	27.00	26.17	—	—
锡林浩特	14592.00	409.00	43.05	43.05	0.29	0.04
辽 宁	**76277.20**	**12899.42**	**2669.71**	**2764.66**	**18.02**	**8.69**
沈 阳	5116.00	1610.00	560.00	630.00	—	—
新 民	3318.00	22.50	22.50	—	—	—
大 连	5244.00	1523.00	404.50	420.85	3.75	1.42
瓦房店	3793.50	167.50	35.80	35.20	1.17	0.55
庄 河	4114.00	239.00	42.80	41.87	0.07	0.03
鞍 山	792.00	625.60	174.34	174.34	0.11	0.04
海 城	2581.00	104.00	36.40	36.40	2.64	—
抚 顺	1379.50	654.77	141.34	141.34	1.99	1.86
本 溪	1518.00	1518.00	109.00	92.40	1.23	0.53
丹 东	941.20	620.80	84.89	96.37	0.32	0.26
东 港	2398.00	126.00	22.00	20.84	1.17	0.52
凤 城	5515.00	329.33	21.00	21.00	0.18	0.07
锦 州	728.00	436.00	77.10	106.60	—	—
凌 海	2585.50	136.74	21.16	19.43	0.23	0.21
北 镇	1782.00	78.80	14.90	14.89	—	—
营 口	880.30	538.25	180.07	172.67	1.05	0.06
盖 州	2930.00	150.00	29.45	29.45	—	—

续表

地　区	市区面积	城区面积	建成区面积	城市建设用地面积	本年征用土地面积	
						耕地
大石桥	1610.00	150.00	43.56	43.56	—	—
阜　新	490.00	448.00	76.50	76.50	—	—
辽　阳	1111.20	728.00	106.56	106.56	2.99	2.63
灯　塔	1166.00	127.00	14.20	13.49	—	—
盘　锦	248.10	248.11	106.89	102.54	—	—
铁　岭	375.20	216.15	65.98	65.98	0.07	0.07
调兵山	262.20	23.97	18.95	18.95	0.36	0.30
开　原	2813.30	150.39	27.93	27.13	0.20	0.14
朝　阳	1170.50	570.00	59.20	59.20	—	—
北　票	4469.00	183.00	23.41	23.41	—	—
凌　源	3263.00	462.24	25.08	25.08	—	—
葫芦岛	11564.50	443.77	90.20	114.82	—	—
兴　城	2118.30	268.50	34.00	33.79	0.49	—
吉　林	**109274.80**	**6658.72**	**1538.78**	**1464.90**	**75.37**	**44.11**
长　春	7589.30	3427.42	541.73	522.58	38.69	28.17
榆　树	4723.80	109.00	23.48	20.32	—	—
德　惠	3460.90	34.00	31.52	31.52	0.52	0.45
吉　林	1995.00	498.75	191.73	191.73	—	—
蛟　河	6429.00	27.50	18.50	18.50	9.00	—
桦　甸	6626.00	192.00	19.50	19.50	—	—
舒　兰	4557.00	180.00	25.00	24.51	4.50	—
磐　石	3960.00	25.00	23.80	18.62	10.00	9.00
四　平	1085.00	118.11	62.00	60.65	0.57	0.41
双　辽	3121.30	149.20	22.00	21.72	—	—
辽　源	432.40	46.30	46.30	46.30	1.44	1.05
通　化	745.40	64.75	57.77	57.10	—	—
集　安	3341.10	44.89	8.71	7.31	—	—
白　山	2736.00	388.11	47.57	42.78	—	—
临　江	3027.00	170.84	10.05	9.84	—	—
松　原	1327.00	81.80	51.59	51.35	0.49	0.21
扶　余	4673.00	17.20	16.00	15.99	0.36	0.31
白　城	2568.80	67.50	45.34	44.69	2.30	2.10
洮　南	5103.00	40.00	26.55	26.55	—	—

续表

地区	市区面积	城区面积	建成区面积	城市建设用地面积	本年征用土地面积	
						耕地
大安	4879.00	200.00	19.50	19.50	0.26	0.18
延吉	1748.30	67.16	62.00	38.88	2.31	0.59
图们	1142.70	15.00	11.18	10.04	—	—
敦化	11957.00	116.00	34.34	34.34	0.57	0.51
珲春	5145.40	125.39	29.77	29.77	1.33	0.67
龙井	2208.00	31.05	12.00	10.88	—	—
和龙	5069.00	145.00	12.55	10.88	—	—
公主岭	4172.60	137.75	33.00	32.70	0.48	0.22
梅河口	2174.00	80.00	27.30	23.66	—	—
长白山保护开发区管理委员会	3278.00	59.00	28.00	22.69	2.55	0.24
黑龙江	**200028.50**	**2587.70**	**1824.96**	**1831.43**	**27.42**	**18.85**
哈尔滨	10198.30	467.30	441.71	433.81	18.28	13.63
尚志	8824.90	152.00	21.32	21.32	0.73	0.27
五常	7512.30	100.55	26.70	20.07	0.51	0.49
齐齐哈尔	4377.10	140.81	140.81	140.81	0.70	—
讷河	6651.00	20.00	15.02	15.00	0.27	—
鸡西	2300.00	80.41	80.40	79.99	0.41	0.21
虎林	9334.00	46.22	11.14	11.14	—	—
密山	7731.00	87.38	19.36	17.44	0.13	0.12
鹤岗	4551.00	85.00	53.22	53.21	—	—
双鸭山	1760.00	118.00	58.09	58.09	0.70	0.40
大庆	5107.00	323.03	248.37	323.03	1.47	0.27
伊春	19459.00	179.85	154.02	152.22	—	—
铁力	6440.00	21.40	16.50	15.68	—	—
佳木斯	1875.00	188.00	95.68	86.24	—	—
同江	6300.00	10.80	10.80	10.69	—	—
富锦	8227.00	17.90	16.20	16.18	—	—
抚远	6262.50	12.60	5.60	5.03	—	—
七台河	3646.00	67.60	67.60	67.60	0.15	0.15
牡丹江	2675.00	92.68	82.24	69.19	—	—
海林	8711.00	24.25	17.70	17.70	0.43	0.32

续表

地　区	市区面积	城区面积	建成区面积	城市建设用地面积	本年征用土地面积	
						耕地
宁　安	7924.00	13.50	11.23	11.22	—	—
穆　棱	6187.00	10.44	10.44	10.44	0.36	—
绥芬河	421.40	28.33	28.33	20.70	0.84	0.59
东　宁	7139.00	19.29	14.70	14.59	0.01	0.01
黑　河	14446.00	27.88	20.00	20.00	—	—
北　安	7194.00	57.31	23.13	22.97	0.02	0.02
五大连池	9874.00	10.00	5.62	5.62	—	—
绥　化	2743.00	92.77	45.00	37.10	2.22	2.22
安　达	3586.00	25.95	25.10	21.82	—	—
肇　东	3905.00	48.77	42.00	35.60	—	—
海　伦	4667.00	17.68	16.93	16.93	0.19	0.15
上　海	**6340.50**	**6340.50**	**1237.74**	**1899.04**	**24.15**	**13.03**
江　苏	**69958.30**	**15536.38**	**4558.45**	**4416.87**	**214.19**	**117.28**
南　京	6588.50	4226.41	817.39	774.36	32.72	11.51
无　锡	1643.90	1261.26	343.09	296.33	5.76	3.01
江　阴	988.00	198.00	125.00	122.78	3.06	1.48
宜　兴	1996.60	599.86	84.04	84.04	0.61	0.36
徐　州	3040.00	604.78	271.30	274.28	10.99	5.42
新　沂	1571.00	120.00	37.07	37.07	—	—
邳　州	2088.00	124.00	49.34	49.33	—	—
常　州	2838.70	772.51	267.80	267.56	36.93	30.71
溧　阳	1535.00	140.24	32.20	32.18	—	—
苏　州	4652.80	1523.88	475.88	474.38	13.35	4.09
常　熟	1276.30	349.40	98.00	89.71	—	—
张家港	986.70	172.52	58.65	48.49	5.37	2.33
昆　山	931.50	148.30	72.00	67.64	—	—
太　仓	809.90	147.97	51.67	51.67	3.44	2.21
南　通	1706.00	398.00	232.63	227.29	7.66	3.63
海　安	1108.00	168.00	32.20	31.31	1.00	0.40
启　东	1208.00	50.00	33.30	33.10	6.83	3.16
如　皋	1477.00	108.16	41.10	39.04	2.79	1.67
海　门	1148.80	60.00	30.30	30.30	3.83	2.38
连云港	2602.00	718.50	223.00	222.98	4.00	2.32

续表

地　区	市区面积	城区面积	建成区面积	城市建设用地面积	本年征用土地面积	
						耕地
淮　安	4531.00	309.69	190.00	189.50	8.04	4.42
盐　城	5131.00	608.76	164.00	163.18	7.55	5.10
东　台	3221.00	128.50	37.30	37.21	—	—
扬　州	2358.00	415.34	171.83	171.38	2.47	1.41
仪　征	853.00	67.70	39.28	39.01	2.88	1.75
高　邮	1922.00	135.00	27.00	24.00	4.42	2.39
镇　江	1082.00	555.43	142.77	142.77	15.83	8.34
丹　阳	1047.00	154.22	35.89	35.89	3.27	2.01
扬　中	332.00	94.75	14.88	14.46	1.51	0.86
句　容	1386.40	92.80	28.50	28.50	8.73	4.42
泰　州	1567.10	441.44	129.00	128.66	—	—
兴　化	2393.40	64.00	40.00	38.09	—	—
靖　江	655.60	143.00	33.98	33.64	3.60	2.32
泰　兴	1174.00	74.64	33.80	22.70	10.01	6.15
宿迁	2108.00	359.32	94.26	94.04	7.54	3.43
浙　江	**54911.50**	**11913.83**	**2919.09**	**2823.94**	**132.22**	**68.39**
杭　州	8006.20	1726.96	615.22	571.05	22.86	11.79
建　德	2364.00	85.00	10.60	12.45	2.84	1.24
宁　波	3731.60	1097.00	344.02	375.56	11.75	7.20
余　姚	1527.00	355.00	50.54	49.12	3.00	2.00
慈　溪	1361.00	270.48	47.00	44.53	1.46	0.85
温　州	1311.00	849.26	260.62	192.11	6.91	2.57
瑞　安	1350.00	111.40	23.00	21.32	19.37	10.95
乐　清	1384.60	287.73	23.31	37.19	2.25	0.95
嘉　兴	986.80	257.00	128.80	128.80	4.45	3.39
海　宁	862.70	150.54	54.25	48.53	4.67	2.83
平　湖	500.00	152.12	41.70	39.79	2.27	1.62
桐　乡	781.50	245.43	71.81	69.79	5.12	2.58
湖　州	1565.00	640.69	124.07	124.07	2.70	0.80
绍　兴	2942.00	497.04	233.38	235.05	9.42	4.46
诸　暨	2311.00	346.62	59.30	55.94	3.71	2.47
嵊　州	1790.00	214.70	41.40	40.11	1.90	0.94
金　华	2049.40	579.69	105.97	105.97	4.01	1.69

续表

地　区	市区面积	城区面积	建成区面积	城市建设用地面积	本年征用土地面积	
						耕地
兰　溪	1312.50	206.30	36.96	34.63	0.63	0.27
义　乌	1105.00	419.44	103.81	103.62	—	—
东　阳	1739.00	373.00	43.31	43.26	2.08	0.98
永　康	1049.00	134.80	38.39	38.39	1.01	0.19
衢　州	2354.50	200.10	74.38	77.16	4.44	1.60
江　山	2019.00	286.46	17.50	17.50	1.75	0.96
舟　山	1026.30	578.70	64.84	59.33	3.10	1.29
台　州	1536.30	750.28	141.69	134.06	5.40	3.22
玉　环	378.00	158.20	23.23	28.27	0.56	0.12
温　岭	836.00	121.90	37.44	37.44	0.92	0.35
临　海	2171.00	360.00	47.85	44.67	1.22	0.58
丽　水	1502.00	266.13	39.40	39.54	1.98	0.27
龙　泉	3059.00	191.86	15.30	14.69	0.44	0.23
安　徽	**41401.10**	**6190.29**	**2109.88**	**2071.75**	**225.20**	**115.89**
合　肥	1312.50	1126.61	466.00	457.45	59.40	34.91
巢　湖	2031.00	48.00	48.00	47.60	6.50	3.20
芜　湖	1394.70	721.70	179.00	173.61	12.35	6.78
蚌　埠	956.90	365.48	149.00	148.15	4.34	2.16
淮　南	1690.00	469.02	104.49	104.16	4.97	4.15
马鞍山	704.00	175.84	99.70	92.33	2.77	1.63
淮　北	754.00	210.00	88.56	94.95	5.75	3.12
铜　陵	1535.30	205.60	81.32	73.34	9.61	—
安　庆	821.20	311.50	101.60	105.06	10.26	5.60
潜　山	1686.00	107.83	19.50	18.50	2.13	2.13
桐　城	1571.00	91.56	27.72	32.62	2.68	1.46
黄　山	2376.70	461.80	70.35	56.14	3.55	1.25
滁　州	1404.30	282.60	89.79	89.79	8.18	4.89
天　长	1770.00	33.00	30.30	30.25	4.12	—
明　光	2335.00	40.00	27.00	23.70	3.28	2.22
阜　阳	1923.80	338.87	140.00	138.76	52.79	27.22
界　首	667.30	77.95	22.40	22.35	5.12	3.11
宿　州	2868.00	164.51	86.90	84.71	2.66	0.91
六　安	3834.00	166.12	78.60	78.60	2.13	0.87

续表

地　区	市区面积	城区面积	建成区面积	城市建设用地面积	本年征用土地面积	
						耕地
亳　州	2226.00	86.90	71.00	71.00	16.47	8.20
池　州	2431.70	252.93	38.85	39.76	2.03	1.40
宣　城	2620.80	131.77	61.00	60.20	2.55	—
宁　国	2487.00	320.70	28.80	28.72	1.56	0.68
福　建	**45710.10**	**4048.41**	**1587.54**	**1478.41**	**55.54**	**11.88**
福　州	1684.10	758.57	292.85	227.14	9.11	2.82
福　清	2030.00	224.50	52.03	52.00	3.05	1.25
厦　门	1700.60	389.48	389.48	367.89	19.64	—
莆　田	2284.00	244.00	98.48	94.89	3.10	2.38
三　明	1171.60	220.00	39.58	34.26	—	—
永　安	2942.00	300.00	24.86	24.86	1.00	0.12
泉　州	892.00	539.00	226.00	226.00	—	—
石　狮	160.00	48.00	39.12	39.02	1.25	0.30
晋　江	649.00	60.00	38.00	38.01	2.00	0.50
南　安	2036.00	130.00	34.80	33.29	1.35	0.65
漳　州	374.00	89.31	67.46	67.46	1.62	0.16
龙　海	1128.00	27.00	23.35	22.43	1.46	0.69
南　平	6044.80	344.72	49.46	49.46	1.25	0.19
邵　武	2836.70	95.00	23.49	23.49	0.95	0.22
武夷山	2798.00	26.00	10.41	10.34	1.42	0.44
建　瓯	4233.10	35.00	16.10	14.94	—	—
龙　岩	4901.00	200.00	71.03	65.08	4.58	0.57
漳　平	2958.00	45.00	15.00	14.26	1.85	0.79
宁　德	1537.00	107.50	39.00	36.55	—	—
福　安	1880.10	41.33	16.47	16.47	1.00	0.31
福　鼎	1470.00	124.00	20.57	20.57	0.91	0.49
江　西	**42954.30**	**2492.74**	**1546.31**	**1477.42**	**92.57**	**25.61**
南　昌	3095.40	358.90	338.50	317.70	18.27	6.49
景德镇	580.00	198.50	86.86	81.13	0.78	0.30
乐　平	1974.00	49.20	25.32	25.30	—	—
萍　乡	1065.00	85.70	51.39	51.39	0.75	0.10
九　江	1514.30	179.53	150.75	129.30	7.11	4.22
瑞　昌	1423.10	23.67	22.88	22.88	—	—

续表

地 区	市区面积	城区面积	建成区面积	城市建设用地面积	本年征用土地面积	
						耕地
共青城	310.00	23.00	23.00	22.35	—	—
庐 山	764.20	12.00	12.00	11.95	—	—
新 余	1789.00	230.00	80.00	72.00	0.36	0.31
鹰 潭	1077.50	101.00	49.54	45.64	10.85	0.50
贵 溪	2480.00	90.00	31.72	31.71	1.66	0.55
赣 州	5366.20	328.24	180.25	177.04	22.74	6.41
瑞 金	2449.00	52.00	29.86	29.51	0.42	0.16
吉 安	1381.50	230.00	58.70	58.54	19.87	3.01
井冈山	1297.50	8.90	8.90	8.59	—	—
宜 春	2532.40	115.00	88.10	88.10	—	—
丰 城	2845.00	62.60	53.50	52.59	—	—
樟 树	1291.00	46.34	29.50	29.38	—	—
高 安	2439.00	52.00	34.13	34.13	—	—
抚 州	3428.30	133.15	97.18	95.86	9.56	3.53
上 饶	1770.00	92.01	81.13	79.99	—	—
德 兴	2082.00	21.00	13.10	12.34	0.20	0.03
山 东	**91389.40**	**22784.38**	**5164.26**	**4884.92**	**142.47**	**62.51**
济 南	5022.00	1665.87	485.54	485.54	23.02	9.68
青 岛	5190.40	3089.18	715.07	587.36	10.65	4.98
胶 州	1324.00	504.10	61.19	61.19	—	—
平 度	3167.00	719.90	66.47	66.47	1.82	1.32
莱 西	1568.00	448.09	36.09	35.81	—	—
淄 博	2989.10	705.10	284.08	280.07	6.77	4.25
枣 庄	3076.10	349.46	155.38	147.75	1.12	0.43
滕 州	1496.00	107.50	60.33	56.58	1.71	1.04
东 营	5525.40	1388.20	152.85	152.09	3.37	1.00
烟 台	2724.00	914.00	336.13	292.74	9.10	2.19
龙 口	901.00	104.00	44.60	44.60	—	—
莱 阳	1731.50	265.49	42.96	42.96	—	—
莱 州	1928.00	368.20	52.94	52.94	—	—
蓬 莱	1128.60	158.60	25.53	24.45	1.18	0.24
招 远	1433.20	138.00	34.00	33.05	—	—
栖 霞	2016.00	32.00	17.10	16.58	—	—

续表

地　区	市区面积	城区面积	建成区面积	城市建设用地面积	本年征用土地面积	
						耕地
海　阳	1886.80	262.00	34.44	33.44	0.67	0.30
潍　坊	2006.00	1186.54	179.85	202.07	33.72	13.44
青　州	1569.00	300.00	52.00	50.90	—	—
诸　城	2151.00	326.40	51.50	51.45	2.92	1.32
寿　光	1990.10	328.30	45.92	45.92	2.96	2.96
安　丘	1712.00	362.00	62.71	62.71	—	—
高　密	1527.00	198.00	54.70	51.70	—	—
昌　邑	1628.00	120.00	25.00	25.00	—	—
济　宁	1647.50	883.87	239.93	202.19	—	—
曲　阜	815.00	66.00	27.00	27.00	—	—
邹　城	1616.00	97.86	48.50	48.49	1.50	0.61
泰　安	2087.00	587.63	158.35	158.35	1.35	0.56
新　泰	1933.00	496.47	69.80	69.80	—	—
肥　城	1277.00	137.10	45.58	45.58	2.23	1.20
威　海	2607.30	631.42	197.94	193.54	3.71	1.83
荣　成	1527.70	491.70	57.40	57.40	—	—
乳　山	1664.90	140.60	35.75	35.75	—	—
日　照	2043.10	403.70	110.70	110.70	8.67	3.60
莱　芜	2246.00	614.14	120.00	89.63	3.61	2.10
临　沂	2656.90	1277.63	238.78	218.26	6.30	2.46
德　州	1752.40	602.00	160.06	157.95	1.45	0.65
乐　陵	1168.00	100.00	33.00	32.60	—	—
禹　城	990.00	60.00	37.50	36.00	2.60	1.28
聊　城	1443.20	439.87	110.94	104.79	1.70	1.30
临　清	950.00	262.00	31.40	31.40	—	—
滨　州	3763.10	799.90	142.40	140.25	0.40	—
邹　平	1250.00	207.00	59.00	58.90	—	—
菏　泽	2261.00	444.56	163.85	162.97	9.94	3.77
河　南	**46234.80**	**5131.54**	**2797.32**	**2644.85**	**50.28**	**25.19**
郑　州	1010.30	572.56	543.92	528.76	9.57	—
巩　义	1041.00	36.00	34.60	32.12	7.38	4.07
荥　阳	908.00	92.39	38.48	26.54	—	—
新　密	1001.00	78.22	28.90	26.16	—	—

续表

地 区	市区面积	城区面积	建成区面积	城市建设用地面积	本年征用土地面积	
						耕地
新 郑	887.00	34.30	34.00	33.89	8.67	6.16
登 封	1219.00	58.79	26.10	21.13	—	—
开 封	1837.00	192.25	134.48	133.82	6.33	3.86
洛 阳	593.50	331.42	227.08	226.14	4.10	2.80
偃 师	948.00	21.00	20.98	20.97	0.40	0.15
平顶山	443.00	260.03	73.40	73.30	—	—
舞 钢	635.00	68.03	16.51	16.50	—	—
汝 州	1573.00	136.50	41.65	39.96	—	—
安 阳	543.60	153.00	87.00	86.97	0.54	—
林 州	2046.00	38.00	24.99	24.99	—	—
鹤 壁	679.00	130.42	64.12	64.08	—	—
新 乡	346.00	140.00	124.76	114.90	—	—
卫 辉	862.00	45.00	22.93	22.08	1.42	1.11
辉 县	2007.00	116.50	22.27	21.77	—	—
焦 作	543.60	140.00	113.30	113.26	—	—
沁 阳	624.00	34.00	21.00	20.44	—	—
孟 州	541.60	113.37	16.80	16.64	0.59	0.59
濮 阳	263.00	153.56	63.00	62.55	—	—
许 昌	1099.00	190.00	107.00	84.30	—	—
禹 州	1461.00	52.26	46.30	45.38	—	—
长 葛	650.00	75.55	26.00	25.24	—	—
漯 河	1020.00	106.82	67.67	66.83	5.79	3.04
三门峡	1948.00	73.00	61.20	49.07	—	—
义 马	112.00	112.00	18.67	18.65	0.23	0.15
灵 宝	3011.00	29.00	23.00	22.37	—	—
南 阳	2144.60	640.77	159.80	158.12	1.35	1.00
邓 州	2294.00	40.00	35.00	32.35	—	—
商 丘	1697.00	103.00	69.00	66.29	1.30	—
永 城	1994.50	81.29	46.70	45.99	2.16	1.81
信 阳	3604.00	259.51	100.35	91.03	—	—
周 口	269.00	100.00	75.03	58.62	—	—
项 城	1083.00	60.00	36.26	31.87	0.45	0.45
驻马店	1365.10	185.00	90.00	76.56	—	—

续表

地 区	市区面积	城区面积	建成区面积	城市建设用地面积	本年征用土地面积	
						耕地
济 源	1931.00	78.00	55.07	45.21	—	—
湖 北	**90877.20**	**8145.85**	**2509.72**	**2609.70**	**77.07**	**38.17**
武 汉	8569.20	1452.00	723.74	864.53	18.43	10.49
黄 石	233.80	233.80	82.40	80.29	—	—
大 冶	1566.00	276.68	32.45	32.45	0.93	0.43
十 堰	8916.00	410.50	113.39	113.39	—	—
丹江口	3121.00	214.94	28.60	21.18	1.30	—
宜 昌	4234.30	541.00	176.78	175.77	5.10	0.69
宜 都	1352.50	221.50	26.54	26.49	4.15	1.39
当 阳	2149.70	220.30	24.06	22.66	1.66	0.99
枝 江	1374.40	100.00	25.55	25.53	2.02	0.86
襄 阳	3672.90	374.30	199.00	191.83	13.56	8.97
老河口	1032.00	208.00	30.83	30.83	0.73	0.46
枣 阳	3277.00	460.00	54.20	54.00	—	—
宜 城	2115.00	48.00	27.80	27.29	1.03	0.70
鄂 州	1596.50	247.00	64.55	64.55	—	—
荆 门	2251.90	248.70	63.74	63.74	—	—
钟 祥	4403.40	175.00	27.37	26.92	1.00	0.01
孝 感	1018.30	115.25	55.40	55.40	4.54	3.16
应 城	1095.60	183.78	17.74	17.74	1.44	0.97
安 陆	1353.50	91.30	19.87	19.85	0.97	0.08
汉 川	1632.00	84.60	28.00	27.90	—	—
荆 州	1576.00	89.44	89.44	89.44	1.84	0.38
石 首	1427.00	22.56	22.56	20.26	0.41	—
洪 湖	2519.00	41.40	18.90	18.90	1.30	0.50
松 滋	2176.90	96.00	18.85	18.75	1.55	0.77
黄 冈	362.40	52.22	52.22	52.22	—	—
麻 城	3604.00	251.27	38.88	38.80	2.00	1.24
武 穴	1241.70	31.00	30.30	30.28	—	—
咸 宁	1503.10	165.00	71.59	55.50	—	—
赤 壁	1723.00	51.20	29.00	27.39	—	—
随 州	1425.40	236.61	76.78	76.78	2.29	0.61
广 水	2645.50	73.85	33.00	32.95	0.90	0.45

续表

地　区	市区面积	城区面积	建成区面积	城市建设用地面积	本年征用土地面积	
						耕地
恩　施	3967.30	120.00	40.00	40.00	3.16	0.20
利　川	4605.50	133.00	19.00	18.90	1.21	1.08
仙　桃	2519.10	240.00	59.22	59.22	—	—
潜　江	2004.00	311.25	53.57	53.57	—	—
天　门	2612.40	324.40	34.40	34.40	5.55	3.74
湖　南	**51437.40**	**5452.21**	**1837.14**	**1740.44**	**66.01**	**13.68**
长　沙	1199.80	1199.84	365.32	344.88	6.75	2.94
宁　乡	2906.00	345.97	86.50	86.01	6.23	—
浏　阳	5008.00	145.00	29.00	28.55	—	—
株　洲	882.90	862.69	145.82	135.79	18.40	—
醴　陵	2158.00	113.80	30.40	30.39	—	—
湘　潭	657.70	169.02	80.04	80.01	4.27	2.12
湘　乡	1966.60	26.00	21.50	21.40	0.11	0.07
韶　山	247.30	32.00	5.05	4.89	0.50	0.31
衡　阳	1.50	518.00	130.60	124.51	4.55	1.92
耒　阳	2678.00	49.80	45.20	37.19	1.90	0.92
常　宁	2659.80	38.40	21.00	23.54	3.00	—
邵　阳	436.00	83.00	78.00	76.58	0.72	0.21
武　冈	1549.00	40.00	21.60	21.55	1.04	0.30
岳　阳	1324.00	162.00	110.00	97.40	0.60	—
汨　罗	1484.00	20.20	19.91	19.91	0.55	0.34
临　湘	1718.00	49.00	15.77	15.77	0.91	0.30
常　德	2797.80	332.07	104.91	104.91	4.10	1.83
津　市	556.20	71.19	17.32	17.04	0.45	0.28
张家界	2571.30	55.20	33.38	32.56	0.53	0.05
益　阳	1851.00	109.00	82.20	74.26	4.08	1.48
沅　江	1797.00	19.68	19.17	16.08	—	—
郴　州	2246.00	580.00	78.60	70.43	0.76	0.17
资　兴	2747.00	24.63	21.46	20.37	1.02	—
永　州	3193.00	100.00	66.72	66.21	2.93	0.31
怀　化	722.80	64.00	64.00	53.74	0.40	—
洪　江	2288.50	57.71	14.40	14.35	0.36	0.13
娄　底	428.00	62.20	51.30	51.30	1.50	—

续表

地　区	市区面积	城区面积	建成区面积	城市建设用地面积	本年征用土地面积	
						耕地
冷水江	439.00	48.81	24.97	24.96	0.35	—
涟　源	1830.00	25.00	15.00	15.06	—	—
吉　首	1093.30	48.00	38.00	30.80	—	—
广　东	**96133.70**	**16634.07**	**6036.26**	**5209.88**	**101.53**	**33.81**
广　州	7434.40	2099.18	1300.01	715.82	23.30	4.78
韶　关	2915.90	1437.39	105.08	105.08	—	—
乐　昌	2451.00	38.00	18.45	18.44	0.24	—
南　雄	2361.40	23.80	12.65	12.49	0.86	0.18
深　圳	1997.50	1997.47	927.96	939.51	—	—
珠　海	1724.00	790.19	141.31	—	—	—
汕　头	1956.00	281.65	281.65	247.87	—	—
佛　山	2810.40	555.95	160.78	144.80	3.85	0.37
江　门	1785.90	566.00	158.42	158.42	4.10	0.25
台　山	3287.80	156.77	31.40	31.35	2.09	0.13
开　平	1659.90	152.00	33.46	32.52	—	—
鹤　山	1082.70	81.40	27.94	27.94	1.01	0.05
恩　平	1697.00	88.00	40.67	32.90	0.55	0.18
湛　江	1703.30	115.50	111.19	110.12	2.15	0.56
廉　江	2835.00	48.86	38.50	38.50	3.87	—
雷　州	3459.00	39.30	28.86	28.86	0.33	—
吴　川	858.50	36.90	25.60	25.50	—	—
茂　名	2606.00	133.51	119.26	93.82	1.54	—
高　州	3276.00	165.00	37.00	36.98	1.14	—
化　州	2356.70	267.90	35.80	35.78	0.26	—
信　宜	3080.50	64.40	27.10	27.10	0.55	0.04
肇　庆	2960.20	415.70	124.04	117.80	7.01	2.39
四　会	1163.00	50.00	28.25	28.22	—	—
惠　州	2665.60	1181.65	278.42	269.60	11.17	4.59
梅　州	3053.00	376.00	63.51	54.07	0.32	0.26
兴　宁	2104.90	121.00	28.01	28.01	0.03	0.01
汕　尾	392.90	283.16	33.07	22.70	4.17	0.02
陆　丰	1684.00	56.00	22.00	21.98	0.77	—
河　源	362.00	40.32	40.32	—	0.10	0.06

续表

地　区	市区面积	城区面积	建成区面积	城市建设用地面积	本年征用土地面积	
						耕地
阳　江	1240.00	425.93	72.10	72.10	—	
阳　春	4102.00	319.80	33.00	29.65	15.00	15.00
清　远	3687.40	311.03	80.41	66.37	0.59	0.35
英　德	5634.20	168.47	27.50	27.50	0.17	0.06
连　州	2667.60	80.00	17.10	16.11	1.28	0.63
东　莞	2465.00	2465.00	1007.76	1111.84	6.61	1.57
中　山	1855.50	332.37	166.50	142.46	4.05	0.82
潮　州	1216.30	241.02	88.93	68.43	0.12	0.07
揭　阳	1031.00	210.27	139.00	147.92	0.81	0.19
普　宁	1620.00	114.00	66.82	66.82	—	—
云　浮	2721.90	134.88	30.13	29.34	2.14	0.13
罗　定	168.30	168.30	26.30	25.16	1.35	1.12
广　西	**70298.40**	**5814.43**	**1475.97**	**1444.78**	**88.25**	**29.98**
南　宁	9947.00	865.08	316.56	311.01	21.64	8.17
柳　州	3555.20	501.78	232.28	232.28	7.78	3.89
桂　林	2767.00	612.63	109.46	108.32	3.24	1.00
荔　浦	1758.60	25.00	10.01	10.01	2.78	—
梧　州	1850.20	485.01	61.00	59.52	4.27	0.26
岑　溪	2783.00	30.00	22.32	22.32	0.87	—
北　海	957.00	957.00	82.38	82.38	6.86	2.66
防城港	2816.40	238.33	48.78	48.32	3.20	0.49
东　兴	548.60	130.40	12.31	12.31	2.26	—
钦　州	4767.20	354.38	90.51	89.99	0.15	—
贵　港	3533.00	301.50	82.53	81.51	5.68	3.78
桂　平	4074.00	73.50	37.60	37.38	0.92	0.36
玉　林	1251.30	302.04	75.00	74.40	3.09	0.83
北　流	2457.00	135.40	28.15	27.29	1.45	0.44
百　色	3702.00	362.60	53.14	49.14	—	—
靖　西	3331.00	35.78	18.27	18.26	6.68	5.34
贺　州	5676.60	78.00	46.85	41.68	5.47	—
河　池	6209.00	124.00	42.53	42.53	1.61	1.10
来　宾	4363.00	92.00	50.66	50.55	7.07	—
合　山	350.00	20.00	7.53	7.33	0.01	—

续表

地　区	市区面积	城区面积	建成区面积	城市建设用地面积	本年征用土地面积	
						耕地
崇　左	2951.00	50.00	35.00	25.61	1.30	—
凭　祥	650.30	40.00	13.10	12.64	1.92	1.66
海　南	**17105.70**	**1489.33**	**379.54**	**308.26**	**8.92**	**1.11**
海　口	2315.00	562.40	182.90	140.89	5.00	—
三　亚	1920.80	188.00	51.63	47.39	1.50	0.91
三　沙	16.00	3.16	2.94	1.53	—	—
儋　州	3400.00	194.05	36.32	31.70	0.62	—
五指山	1127.00	60.00	11.05	9.20	—	—
琼　海	1710.10	40.20	27.58	27.46	0.45	0.05
文　昌	2459.20	84.00	21.93	16.46	—	—
万　宁	1885.00	260.00	16.69	11.53	0.30	0.15
东　方	2272.60	97.52	28.50	22.10	1.05	—
重　庆	**43263.10**	**7440.00**	**1496.72**	**1272.07**	**93.94**	**45.36**
重　庆	43263.10	7440.00	1496.72	1272.07	93.94	45.36
四　川	**85042.10**	**8458.49**	**2982.32**	**2778.85**	**192.61**	**85.34**
成　都	3639.80	1281.89	931.58	847.60	15.72	6.93
都江堰	1208.40	102.13	38.03	36.99	0.56	0.33
彭　州	1420.00	133.80	27.03	27.03	—	—
邛　崃	1377.00	144.28	25.47	25.47	0.71	0.46
崇　州	1089.80	63.42	31.07	30.89	0.73	—
简　阳	2213.00	112.00	36.00	34.84	1.50	1.46
自　贡	1438.00	778.32	124.00	123.80	13.49	7.08
攀枝花	2047.60	342.56	81.05	77.41	2.04	0.33
泸　州	2132.00	411.38	169.01	165.79	7.45	4.24
德　阳	1096.00	193.59	89.24	88.80	9.26	5.62
广　汉	551.00	60.50	54.86	50.07	2.10	1.68
什　邡	820.30	21.00	17.20	17.07	—	—
绵　竹	1245.00	16.50	16.50	14.86	1.13	—
绵　阳	2751.40	497.00	158.62	158.44	—	—
江　油	2720.20	199.41	35.00	34.54	5.60	2.40
广　元	4535.00	216.70	64.25	58.80	2.02	2.02
遂　宁	1874.00	316.00	83.94	83.25	4.45	2.58
内　江	1569.00	278.93	85.21	85.21	11.42	7.47

续表

地　区	市区面积	城区面积	建成区面积	城市建设用地面积	本年征用土地面积	
						耕地
隆　昌	794.00	57.00	25.20	25.20	—	—
乐　山	2506.00	349.59	77.08	74.10	—	—
峨眉山	1181.00	90.20	22.36	22.12	—	—
南　充	2527.00	420.00	145.00	145.00	12.00	—
阆　中	1877.00	150.00	35.00	35.00	0.50	0.10
眉　山	1796.00	253.56	65.94	63.29	0.77	0.41
宜　宾	4775.00	181.20	134.31	121.12	14.65	9.03
广　安	1534.40	137.20	72.43	68.49	1.03	0.63
华　蓥	466.00	92.40	15.49	15.49	0.45	0.14
达　州	3133.00	157.37	100.30	86.50	10.85	7.43
万　源	4065.00	18.27	15.36	9.35	—	—
雅　安	1681.00	196.89	38.26	36.01	4.42	0.01
巴　中	2566.00	160.29	60.03	17.05	—	—
资　阳	1633.00	249.23	50.00	46.93	3.72	2.74
马尔康	6639.00	369.16	5.26	4.43	65.19	22.25
康　定	11486.00	6.00	5.40	5.02	0.85	—
西　昌	2655.20	400.72	46.84	42.89	—	—
贵　州	**35955.90**	**3244.65**	**1053.15**	**983.61**	**19.88**	**6.32**
贵　阳	2526.00	1230.00	369.00	344.96	—	—
清　镇	1386.60	51.60	26.00	25.63	—	—
六盘水	472.30	276.64	54.20	54.19	2.02	—
盘　州	4056.00	33.06	21.60	21.23	—	—
遵　义	5382.00	531.51	149.80	143.78	—	—
赤　水	1852.00	75.40	21.00	18.46	—	—
仁　怀	1789.80	89.00	24.30	24.30	2.40	0.70
安　顺	2703.00	154.30	69.20	68.68	—	—
毕　节	3411.00	170.08	47.00	44.99	4.01	1.77
铜　仁	2395.90	66.00	51.53	40.59	0.60	0.28
兴　义	2915.00	73.40	48.82	47.73	4.76	1.81
兴　仁	1785.00	40.40	18.20	15.22	—	—
凯　里	1306.00	130.26	72.81	71.61	6.09	1.76
都　匀	2285.30	300.00	59.87	45.71	—	—
福　泉	1690.00	23.00	19.82	16.53	—	—

续表

地　区	市区面积	城区面积	建成区面积	城市建设用地面积	本年征用土地面积	
						耕地
云　南	**86903.90**	**3186.56**	**1163.97**	**1144.19**	**37.94**	**19.93**
昆　明	6194.20	1782.60	441.13	453.56	3.24	0.68
安　宁	1301.80	240.76	37.39	35.49	—	—
曲　靖	5954.80	124.28	102.51	99.91	8.72	4.49
宣　威	6053.50	50.00	37.62	37.60	1.06	0.79
玉　溪	1867.10	102.02	38.42	38.23	3.94	2.84
保　山	5011.00	68.00	36.98	36.98	—	—
腾　冲	5845.00	47.40	28.10	26.90	0.63	0.63
昭　通	2240.00	61.00	44.50	36.22	2.45	1.54
丽　江	1262.80	28.08	24.00	23.92	0.67	0.25
普　洱	3928.00	50.00	26.50	26.49	—	—
临　沧	2557.00	35.18	22.50	22.42	0.06	—
楚　雄	4433.00	51.22	48.52	45.20	1.30	0.30
个　旧	1587.00	34.60	13.16	12.51	—	—
开　远	1950.00	45.00	26.00	26.00	0.31	0.23
蒙　自	2228.00	38.85	32.76	22.52	4.19	—
弥　勒	4004.00	36.70	23.50	21.25	1.36	1.36
文　山	2887.50	42.00	37.20	35.93	7.09	5.67
景　洪	6959.00	83.63	27.40	27.40	—	—
大　理	1815.00	87.20	43.45	40.84	0.68	0.15
瑞　丽	1020.00	55.00	26.30	26.30	1.01	0.30
芒　市	2987.00	50.00	19.90	22.91	—	—
泸　水	3204.00	11.94	9.23	8.72	0.28	0.14
香格里拉	11614.10	61.10	16.90	16.89	0.95	0.56
西　藏	**47978.50**	**632.17**	**163.67**	**152.93**	**5.78**	**0.74**
拉　萨	5541.60	505.42	87.19	78.41	3.21	0.60
日喀则	3875.00	42.00	28.60	27.95	—	—
昌　都	10808.90	18.20	8.90	7.79	—	—
林　芝	10237.00	12.50	12.50	12.40	1.25	0.14
山　南	2211.00	34.00	10.77	10.67	—	—
那　曲	15305.00	20.05	15.71	15.71	1.32	—
陕　西	**53609.60**	**2691.88**	**1355.51**	**1285.46**	**31.75**	**23.31**
西　安	6007.00	833.60	701.67	657.99	22.65	18.24

续表

地　区	市区面积	城区面积	建成区面积	城市建设用地面积	本年征用土地面积	
						耕地
铜　川	2373.20	55.00	48.85	48.85	—	—
宝　鸡	3625.10	156.30	94.97	92.55	—	—
咸　阳	507.50	507.50	72.90	72.13	0.50	—
彬　州	1181.10	25.00	9.53	9.52	0.30	0.30
兴　平	454.90	67.30	22.89	22.89	—	—
渭　南	2390.00	267.00	68.20	65.44	3.64	2.60
韩　城	1595.90	77.20	18.20	18.20	—	—
华　阴	675.20	65.00	18.00	17.24	—	—
延　安	6488.90	62.06	41.00	40.98	—	—
汉　中	3353.10	131.64	56.37	55.64	2.96	1.69
榆　林	11095.60	179.00	78.38	66.80	—	—
神　木	7480.70	30.00	29.30	29.30	—	—
安　康	3643.60	160.00	45.00	45.00	1.00	0.48
商　洛	2644.60	40.00	26.00	19.70	—	—
杨凌区	93.20	35.28	24.25	23.23	0.70	—
甘　肃	**88539.20**	**1994.48**	**891.36**	**888.46**	**29.06**	**20.12**
兰　州	1711.60	346.10	331.22	320.68	16.63	12.83
嘉峪关	1224.00	342.00	70.40	105.03	—	—
金　昌	3060.20	52.30	44.00	44.00	—	—
白　银	3478.00	114.00	67.25	66.20	1.48	—
天　水	5861.00	60.00	56.00	56.00	—	—
武　威	5081.00	177.77	33.89	33.89	—	—
张　掖	4240.00	200.00	44.60	44.40	1.78	0.85
平　凉	1936.00	255.00	42.00	40.74	1.56	0.30
华　亭	1182.00	17.90	15.40	14.77	0.02	0.02
酒　泉	3386.00	235.00	53.50	44.42	—	—
玉　门	13500.00	15.00	11.93	11.13	0.37	0.17
敦　煌	31200.00	19.86	15.01	14.97	0.22	—
庆　阳	996.00	30.00	30.00	24.96	5.50	5.50
定　西	4226.00	35.90	25.22	24.84	1.33	0.28
陇　南	4683.00	40.00	13.80	12.78	—	—
临　夏	88.60	38.05	24.00	19.69	0.17	0.17
合　作	2685.70	15.60	13.14	9.96	—	—

续表

地 区	市区面积	城区面积	建成区面积	城市建设用地面积	本年征用土地面积	
						耕地
青 海	**166331.50**	**688.15**	**202.23**	**184.56**	**0.50**	**0.20**
西 宁	510.00	380.00	96.00	95.17	—	—
海 东	3571.00	147.00	33.78	18.94	0.50	0.20
玉 树	15413.00	15.50	14.26	13.74	—	—
格尔木	119137.50	72.75	36.19	36.19	—	—
德令哈	27700.00	72.90	22.00	20.52	—	—
宁 夏	**23697.40**	**2162.28**	**481.99**	**436.00**	**11.69**	**4.70**
银 川	2310.60	1773.50	183.77	183.77	5.12	
灵 武	4009.00	21.10	19.74	17.66	0.59	0.08
宁东能源化工基地	766.00	40.00	12.00	8.20	—	—
石嘴山	2380.80	118.20	102.80	71.44	—	—
吴 忠	1414.50	60.00	55.13	55.13	1.35	0.73
青铜峡	2438.30	32.45	32.45	31.68	0.72	0.39
固 原	3501.00	52.33	44.10	39.03	3.07	2.66
中 卫	6877.30	64.70	32.00	29.09	0.84	0.84
新 疆	**231487.60**	**2999.98**	**1312.24**	**1262.89**	**29.57**	**7.92**
乌鲁木齐	13787.90	1528.80	458.36	448.36	5.32	3.44
克拉玛依	7735.20	75.95	75.78	72.55	3.22	—
吐鲁番	15729.20	21.87	21.85	21.85	—	—
哈 密	85035.00	71.17	52.25	52.25	—	—
昌 吉	7971.00	96.96	63.39	63.39	3.57	0.77
阜 康	8544.90	36.98	22.62	22.50	0.44	0.10
博 乐	7956.00	31.58	26.00	25.99	—	—
阿拉山口	1204.00	27.00	10.85	10.81	4.80	—
库尔勒	7267.30	125.00	72.85	72.85	6.30	—
阿克苏	14400.00	53.90	53.90	51.74	0.90	—
阿图什	16151.00	20.30	15.00	14.69	0.25	—
喀 什	1056.80	70.34	70.34	70.34	0.56	0.41
和 田	510.20	80.00	38.29	38.29	0.96	0.66
伊 宁	644.00	55.45	42.40	42.39	—	—
奎 屯	1109.90	45.00	30.67	30.17	—	—
霍尔果斯	1908.60	20.00	6.84	6.74	—	—

续表

地　区	市区面积	城区面积	建成区面积	城市建设用地面积	本年征用土地面积	
						耕地
塔　城	4356.60	20.79	16.65	19.16	2.08	2.08
乌　苏	14290.00	24.95	23.35	23.35	—	—
阿勒泰	10826.00	110.50	16.00	16.00	—	—
石河子	460.00	150.00	49.11	49.11	0.52	0.44
阿拉尔	5897.20	34.32	17.76	17.76	0.05	0.02
图木舒克	1927.20	92.70	21.18	21.18	—	—
五家渠	761.10	58.43	33.22	23.90	—	—
北　屯	271.00	21.40	21.40	21.40	—	—
铁门关	590.30	18.90	6.00	4.64	0.60	—
双　河	742.20	22.50	22.50	—	—	—
可克达拉	20.80	20.80	12.59	12.59	—	—
昆　玉	334.30	64.39	11.09	8.89	—	—

数据来源：住房和城乡建设部。

表 3-147　2018 年全国按城市分城市建设用地面积

单位：平方公里

地　区	居住用地	公共管理与公共服务用地	商业服务业设施用地	工业用地	物流仓储用地	道路交通设施用地	公用设施用地	绿地与广场用地
全　国	**17151.57**	**5132.28**	**3901.76**	**11026.77**	**1629.84**	**8739.22**	**1902.64**	**6591.82**
北　京	**427.92**	**173.14**	**137.26**	**263.09**	**50.88**	**271.62**	**31.60**	**116.24**
天　津	**248.27**	**71.19**	**79.03**	**222.38**	**52.17**	**141.87**	**19.89**	**115.75**
河　北	**618.88**	**150.35**	**121.20**	**262.69**	**58.70**	**296.01**	**57.39**	**294.92**
石家庄	19.31	4.33	3.05	7.04	1.37	9.59	2.38	10.01
晋　州	4.20	1.17	1.00	2.30	0.86	3.30	0.50	1.50
新　乐	4.12	0.97	0.92	0.74	0.35	2.53	0.93	3.39
唐　山	66.78	13.12	17.67	43.42	7.91	36.80	7.73	44.50
滦　州	10.01	3.20	2.90	0.42	0.70	4.50	0.45	7.11
遵　化	7.40	1.11	0.29	2.20	0.40	5.13	1.50	7.98
迁　安	11.85	3.84	4.34	7.96	0.22	5.49	0.28	8.54
秦皇岛	39.00	10.00	12.00	15.00	4.80	23.00	4.98	26.50
邯　郸	73.08	24.42	14.03	16.10	13.20	18.21	6.92	16.25
武　安	11.10	2.68	1.45	8.83	1.84	6.21	1.06	3.15

续表

地　区	居住用地	公共管理与公共服务用地	商业服务业设施用地	工业用地	物流仓储用地	道路交通设施用地	公用设施用地	绿地与广场用地
邢　台	41. 59	7. 55	6. 43	17. 69	2. 41	19. 34	2. 17	8. 71
南　宫	4. 93	1. 45	1. 68	3. 22	0. 14	2. 91	0. 25	1. 45
沙　河	6. 74	2. 16	1. 33	3. 78	0. 44	0. 43	1. 19	1. 63
保　定	65. 53	16. 18	10. 19	46. 85	4. 73	24. 09	6. 04	15. 17
涿　州	11. 49	3. 90	2. 10	5. 63	0. 31	5. 50	0. 65	5. 96
安　国	5. 24	0. 71	0. 83	0. 71	0. 20	2. 87	0. 11	2. 82
高碑店	6. 16	2. 06	1. 26	1. 88	0. 30	5. 20	1. 12	2. 60
白沟新城	7. 28	0. 58	3. 40	3. 42	0. 26	2. 50	0. 25	0. 46
张家口	25. 67	7. 16	4. 24	6. 67	1. 61	21. 52	3. 50	26. 02
承　德	18. 25	7. 69	4. 53	10. 48	1. 90	10. 86	1. 46	15. 41
平　泉	4. 83	1. 05	0. 64	0. 82	0. 54	3. 53	1. 14	4. 45
沧　州	31. 94	6. 31	3. 68	11. 40	2. 12	14. 53	1. 34	12. 34
泊　头	6. 84	1. 30	1. 02	4. 05	0. 18	2. 85	0. 24	3. 55
任　丘	16. 76	4. 51	3. 42	4. 61	1. 67	7. 00	2. 20	7. 93
黄　骅	11. 66	3. 67	1. 69	5. 21	0. 93	6. 74	0. 59	6. 01
河　间	7. 01	1. 00	0. 85	1. 65	0. 61	3. 47	0. 71	5. 51
廊　坊	23. 58	3. 78	3. 08	7. 17	2. 87	12. 84	3. 13	13. 02
霸　州	8. 40	0. 79	1. 18	1. 32	0. 30	2. 63	0. 80	2. 09
三　河	2. 49	3. 72	2. 65	0. 93	0. 97	4. 69	0. 70	3. 00
衡　水	27. 25	5. 03	4. 05	6. 68	1. 64	11. 01	1. 38	14. 36
深　州	4. 55	1. 45	2. 10	1. 90	1. 10	4. 17	0. 38	5. 14
辛　集	11. 83	1. 53	1. 94	4. 22	0. 59	5. 82	0. 43	6. 61
定　州	22. 01	1. 93	1. 26	8. 39	1. 23	6. 75	0. 88	1. 75
山　西	370. 33	114. 64	71. 03	105. 84	36. 28	206. 05	72. 04	171. 41
太　原	100. 00	32. 34	19. 00	20. 00	10. 00	61. 73	36. 00	59. 93
古　交	5. 20	3. 43	0. 49	4. 91	0. 03	2. 70	0. 08	0. 10
大　同	50. 82	13. 65	10. 91	12. 29	6. 04	25. 86	2. 01	15. 76
阳　泉	17. 81	2. 51	0. 88	11. 32	1. 32	11. 37	1. 27	4. 56
长　治	16. 70	12. 94	0. 54	12. 97	2. 59	8. 84	3. 05	1. 25
潞　城	3. 84	0. 82	0. 56	1. 10	0. 07	0. 95	0. 13	1. 03
晋　城	16. 66	7. 50	5. 00	4. 00	1. 00	9. 50	0. 70	3. 51
高　平	7. 00	1. 50	1. 80	0. 85	1. 32	2. 48	0. 40	1. 95

续表

地　区	居住用地	公共管理与公共服务用地	商业服务业设施用地	工业用地	物流仓储用地	道路交通设施用地	公用设施用地	绿地与广场用地
朔　州	12.40	4.00	5.35	0.98	1.85	10.02	1.90	12.51
晋　中	25.33	6.10	6.44	9.87	4.02	15.18	11.74	1.35
介　休	8.63	2.19	2.58	2.00	0.70	3.96	0.20	5.29
运　城	13.62	1.52	1.34	3.89	1.20	7.62	2.54	10.02
永　济	4.13	2.30	0.33	3.06	0.36	3.15	2.30	9.80
河　津	5.53	1.48	1.55	3.03	1.17	5.41	1.08	9.58
忻　州	11.20	3.51	3.53	1.22	0.83	6.95	0.54	8.40
原　平	6.53	1.80	0.94	3.19	0.30	1.91	0.39	2.65
临　汾	21.98	4.71	4.12	1.30	1.53	7.09	2.73	10.52
侯　马	8.03	1.97	1.59	2.23	0.87	3.96	0.31	1.47
霍　州	6.40	1.97	0.70	0.44	0.43	2.11	0.34	2.72
吕　梁	11.44	4.00	1.80	5.35	0.02	5.31	0.33	4.08
孝　义	10.21	4.38	0.98	1.76	0.62	6.45	1.48	1.90
汾　阳	6.87	0.02	0.60	0.08	0.01	3.50	2.52	3.03
内蒙古	**362.40**	**107.45**	**103.62**	**147.74**	**52.54**	**215.70**	**42.12**	**154.00**
呼和浩特	78.21	28.70	26.24	19.36	8.50	43.11	5.43	33.22
包　头	58.60	15.82	9.83	52.50	7.50	24.40	3.49	23.65
乌　海	19.45	4.15	2.28	1.68	1.02	6.73	0.47	5.00
赤　峰	32.37	4.11	5.04	13.70	7.19	21.96	7.86	11.06
通　辽	14.39	7.34	3.64	8.16	5.29	12.28	3.35	8.05
霍林郭勒	3.00	2.14	1.82	1.42	1.65	3.92	1.60	1.55
鄂尔多斯	26.65	9.30	15.45	3.57	0.05	34.31	0.95	27.59
呼伦贝尔	21.69	3.75	3.19	10.61	1.13	9.51	2.24	7.34
满洲里	8.00	3.00	1.00	2.00	1.00	8.00	2.00	2.00
牙克石	7.03	1.65	1.57	3.44	1.12	5.30	0.25	5.45
扎兰屯	8.71	1.33	1.33	0.70	0.40	3.95	0.38	1.25
额尔古纳	6.25	0.75	0.88	0.69	0.20	1.02	0.28	0.42
根　河	6.39	0.90	0.03	1.80	0.85	1.22	0.72	0.92
巴彦淖尔	15.42	4.34	3.39	5.61	4.19	10.86	2.34	4.44
乌兰察布	16.36	6.11	9.27	6.28	—	5.82	3.18	6.24
丰　镇	8.05	1.75	2.96	4.38	0.98	4.00	0.38	2.31
乌兰浩特	13.73	3.86	3.55	4.10	5.09	3.85	2.07	6.30

续表

地　区	居住用地	公共管理与公共服务用地	商业服务业设施用地	工业用地	物流仓储用地	道路交通设施用地	公用设施用地	绿地与广场用地
阿尔山	4. 30	0. 43	0. 90	0. 27	0. 34	1. 50	1. 77	1. 89
二连浩特	3. 34	2. 85	7. 34	1. 40	2. 84	6. 00	1. 40	1. 00
锡林浩特	10. 46	5. 17	3. 91	6. 07	3. 20	7. 96	1. 96	4. 32
辽　宁	**877. 90**	**187. 27**	**164. 77**	**719. 23**	**65. 61**	**399. 18**	**60. 81**	**289. 89**
沈　阳	185. 82	51. 52	29. 26	162. 68	11. 30	99. 90	8. 90	80. 62
新　民	—	—	—	—	—	—	—	—
大　连	120. 45	32. 14	23. 05	116. 52	10. 29	57. 27	11. 37	49. 76
瓦房店	12. 50	3. 00	4. 80	8. 60	0. 90	0. 60	0. 70	4. 10
庄　河	16. 81	3. 82	2. 17	11. 75	0. 24	5. 13	0. 55	1. 40
鞍　山	59. 11	7. 80	8. 98	54. 31	3. 95	27. 94	3. 76	8. 49
海　城	18. 33	3. 25	2. 48	4. 68	1. 15	4. 29	0. 48	1. 74
抚　顺	34. 50	11. 19	7. 64	47. 17	4. 91	8. 09	5. 99	21. 85
本　溪	27. 96	6. 80	12. 72	21. 90	0. 93	13. 76	1. 88	6. 45
丹　东	30. 34	4. 23	6. 23	22. 60	2. 36	16. 48	2. 56	11. 57
东　港	7. 50	1. 74	0. 84	5. 00	0. 15	4. 82	0. 38	0. 41
凤　城	11. 66	1. 24	0. 44	3. 15	0. 61	3. 42	0. 25	0. 23
锦　州	42. 33	6. 65	6. 52	24. 23	4. 70	9. 10	1. 69	11. 38
凌　海	9. 48	1. 30	4. 50	0. 57	0. 36	2. 50	0. 30	0. 42
北　镇	5. 55	2. 09	1. 61	1. 81	0. 12	1. 40	0. 38	1. 93
营　口	37. 90	8. 57	7. 71	50. 31	6. 67	35. 86	2. 58	23. 07
盖　州	9. 10	1. 02	2. 35	6. 96	0. 40	5. 38	0. 38	3. 86
大石桥	12. 73	3. 15	4. 74	12. 80	0. 44	4. 50	0. 45	4. 75
阜　新	20. 73	3. 90	6. 42	18. 97	3. 20	12. 47	0. 69	10. 12
辽　阳	38. 03	3. 42	8. 25	27. 34	7. 05	15. 31	2. 59	4. 57
灯　塔	4. 99	1. 45	0. 08	3. 35	0. 31	2. 27	0. 33	0. 71
盘　锦	37. 63	7. 78	5. 85	23. 20	2. 00	18. 01	1. 92	6. 15
铁　岭	21. 77	2. 10	3. 63	17. 05	—	11. 80	4. 93	4. 70
调兵山	5. 10	0. 50	0. 70	4. 11	0. 10	2. 14	0. 20	6. 10
开　原	6. 82	1. 16	1. 32	8. 09	0. 36	2. 99	0. 46	5. 93
朝　阳	17. 82	4. 71	3. 17	18. 15	0. 59	9. 26	1. 56	3. 94
北　票	10. 31	1. 44	1. 14	5. 51	0. 44	2. 54	0. 59	1. 44
凌　源	12. 90	0. 30	0. 30	6. 22	0. 43	1. 82	2. 91	0. 20

续表

地 区	居住用地	公共管理与公共服务用地	商业服务业设施用地	工业用地	物流仓储用地	道路交通设施用地	公用设施用地	绿地与广场用地
葫芦岛	43. 38	5. 43	4. 51	29. 30	0. 91	19. 11	1. 68	10. 50
兴 城	16. 35	5. 57	3. 36	2. 90	0. 74	1. 02	0. 35	3. 50
吉 林	**514. 17**	**111. 17**	**90. 88**	**295. 96**	**50. 00**	**210. 91**	**57. 31**	**134. 50**
长 春	151. 30	48. 91	28. 89	123. 86	17. 33	83. 07	30. 53	38. 69
榆 树	10. 31	1. 24	1. 47	1. 52	0. 92	2. 56	0. 40	1. 90
德 惠	19. 43	0. 70	2. 01	0. 61	1. 80	2. 77	0. 90	3. 30
吉 林	58. 68	11. 03	12. 34	55. 81	5. 35	26. 29	3. 16	19. 07
蛟 河	7. 54	1. 68	4. 26	1. 66	0. 70	1. 58	0. 47	0. 61
桦 甸	9. 34	1. 22	0. 81	3. 00	0. 32	2. 97	1. 17	0. 67
舒 兰	16. 20	1. 20	1. 00	2. 30	0. 10	1. 21	1. 00	1. 50
磐 石	6. 93	0. 85	1. 59	2. 20	0. 30	2. 67	0. 57	3. 51
四 平	21. 51	4. 81	2. 69	16. 33	2. 11	8. 53	1. 32	3. 35
双 辽	8. 74	1. 31	1. 37	6. 36	0. 76	2. 12	0. 45	0. 61
辽 源	27. 60	1. 86	0. 79	8. 81	0. 84	3. 40	1. 40	1. 60
通 化	18. 17	4. 50	10. 58	8. 42	1. 94	6. 47	1. 79	5. 23
集 安	2. 95	0. 63	0. 31	0. 90	0. 12	0. 85	0. 26	1. 29
白 山	20. 55	2. 49	1. 54	6. 75	0. 93	5. 49	0. 99	4. 04
临 江	4. 27	0. 41	0. 10	0. 69	0. 17	1. 13	0. 12	2. 95
松 原	15. 77	3. 66	1. 60	6. 80	1. 22	9. 83	1. 21	11. 26
扶 余	5. 79	1. 53	1. 03	2. 19	1. 34	1. 94	0. 60	1. 57
白 城	12. 15	4. 59	2. 87	11. 63	3. 49	6. 15	0. 71	3. 10
洮 南	15. 00	1. 27	1. 65	3. 61	0. 96	2. 48	0. 30	1. 28
大 安	7. 29	1. 40	0. 39	2. 87	0. 81	2. 40	2. 42	1. 92
延 吉	12. 05	4. 80	1. 50	5. 10	1. 48	7. 93	0. 72	5. 30
图 们	3. 69	0. 60	0. 30	1. 66	0. 39	2. 35	0. 32	0. 73
敦 化	8. 51	2. 29	3. 46	5. 73	1. 02	3. 56	1. 31	8. 46
珲 春	10. 33	1. 62	1. 26	4. 39	2. 45	5. 09	0. 24	4. 39
龙 井	4. 11	1. 41	0. 32	1. 99	0. 50	1. 10	0. 95	0. 50
和 龙	5. 72	0. 38	0. 21	1. 66	0. 45	2. 12	0. 21	0. 13
公主岭	9. 97	2. 81	1. 63	6. 98	1. 81	5. 88	2. 77	0. 85
梅河口	14. 18	0. 68	0. 70	0. 68	0. 35	5. 39	0. 28	1. 40
长白山保护开发区管理委员会	6. 09	1. 29	4. 21	1. 45	0. 04	3. 58	0. 74	5. 29

续表

地　区	居住用地	公共管理与公共服务用地	商业服务业设施用地	工业用地	物流仓储用地	道路交通设施用地	公用设施用地	绿地与广场用地
黑龙江	**639.58**	**165.84**	**90.07**	**360.38**	**71.81**	**267.27**	**63.11**	**173.37**
哈尔滨	138.05	53.50	26.79	96.07	11.48	55.95	10.96	41.01
尚　志	5.14	1.44	0.50	7.74	0.60	2.26	0.74	2.90
五　常	12.24	1.21	0.73	1.84	0.37	1.58	0.15	1.95
齐齐哈尔	40.18	17.05	4.50	30.85	5.60	19.18	14.25	9.20
讷　河	4.46	1.07	0.79	1.92	0.94	2.38	0.32	3.12
鸡　西	48.10	2.82	1.48	10.42	1.92	6.75	1.44	7.06
虎　林	4.14	0.78	0.48	2.02	0.96	2.12	0.16	0.48
密　山	8.95	0.62	0.47	2.34	1.42	1.89	0.29	1.46
鹤　岗	19.28	1.93	3.76	11.27	1.02	9.22	1.37	5.36
双鸭山	15.84	3.35	4.13	9.35	1.95	9.34	1.96	12.17
大　庆	78.19	33.93	13.92	75.22	21.02	68.20	10.72	21.83
伊　春	66.32	14.23	8.26	18.95	4.76	15.60	7.09	17.01
铁　力	8.56	0.20	0.02	1.67	0.92	1.99	0.02	2.30
佳木斯	24.06	6.42	6.01	15.26	2.82	11.37	2.69	17.61
同　江	3.39	0.95	0.98	1.65	0.78	2.02	0.16	0.76
富　锦	7.57	0.94	0.52	1.72	0.65	2.59	0.25	1.94
抚　远	2.50	1.03	0.45	0.28	0.01	0.43	0.19	0.14
七台河	40.70	1.60	1.00	9.23	0.97	10.70	0.70	2.70
牡丹江	24.91	5.15	3.42	19.43	2.13	9.71	1.11	3.33
海　林	5.80	0.25	2.06	0.80	0.87	2.82	0.60	4.50
宁　安	4.90	0.63	0.18	2.45	0.32	0.69	1.74	0.31
穆　棱	3.77	0.86	0.87	0.92	0.35	1.58	0.16	1.93
绥芬河	4.82	1.55	1.07	5.51	0.82	4.00	1.03	1.90
东　宁	6.83	1.15	0.85	3.07	0.23	1.80	0.13	0.53
黑　河	5.50	3.94	1.36	2.13	1.15	2.12	0.89	2.91
北　安	4.90	1.22	1.61	6.14	2.73	3.99	0.42	1.96
五大连池	1.36	0.30	0.39	1.04	0.68	0.95	0.15	0.75
绥　化	11.58	2.97	1.16	11.82	1.37	6.45	0.45	1.30
安　达	10.45	1.57	0.75	5.13	1.35	1.83	0.39	0.35
肇　东	20.00	2.00	1.04	2.00	1.10	3.10	2.16	4.20
海　伦	7.09	1.18	0.52	2.14	0.52	4.66	0.42	0.40

续表

地　区	居住用地	公共管理与公共服务用地	商业服务业设施用地	工业用地	物流仓储用地	道路交通设施用地	公用设施用地	绿地与广场用地
上　海	**551. 79**	**151. 03**	**117. 51**	**547. 52**	**55. 97**	**137. 58**	**198. 28**	**139. 36**
江　苏	**1268. 50**	**370. 93**	**329. 16**	**1054. 75**	**112. 80**	**674. 14**	**114. 63**	**491. 96**
南　京	216. 04	91. 17	58. 95	163. 09	21. 03	124. 49	18. 04	81. 55
无　锡	90. 20	20. 29	27. 18	70. 88	6. 15	44. 52	3. 79	33. 32
江　阴	45. 92	2. 83	7. 86	25. 76	2. 98	16. 56	5. 76	15. 11
宜　兴	23. 57	4. 69	5. 87	27. 52	0. 77	12. 05	1. 68	7. 89
徐　州	78. 20	30. 47	19. 07	60. 37	8. 55	35. 43	8. 97	33. 22
新　沂	13. 33	5. 45	1. 32	7. 30	1. 18	2. 59	3. 78	2. 12
邳　州	20. 67	4. 30	1. 58	9. 61	0. 32	6. 06	1. 56	5. 23
常　州	48. 62	16. 52	16. 45	88. 76	6. 73	45. 25	8. 49	36. 74
溧　阳	9. 42	2. 78	2. 25	6. 88	0. 68	6. 05	1. 12	3. 00
苏　州	137. 31	32. 09	34. 71	129. 06	8. 08	67. 75	9. 39	55. 99
常　熟	34. 99	3. 85	13. 21	13. 84	1. 27	14. 77	1. 71	6. 07
张家港	18. 56	4. 30	3. 64	2. 21	0. 23	9. 01	0. 53	10. 01
昆　山	22. 34	5. 00	2. 38	15. 26	1. 69	7. 79	4. 23	8. 95
太　仓	10. 53	1. 23	2. 83	10. 36	1. 14	4. 93	1. 15	19. 50
南　通	69. 57	15. 00	16. 23	61. 22	6. 24	36. 23	2. 45	20. 35
海　安	6. 73	3. 56	2. 01	5. 93	3. 17	3. 20	2. 00	4. 71
启　东	8. 50	2. 87	4. 15	6. 85	0. 82	4. 95	1. 27	3. 69
如　皋	14. 53	2. 66	3. 06	8. 38	0. 26	4. 44	0. 58	5. 13
海　门	10. 10	1. 59	2. 04	2. 87	0. 35	6. 53	2. 76	4. 06
连云港	80. 14	15. 82	19. 15	52. 10	12. 27	30. 03	4. 60	8. 87
淮　安	43. 43	22. 25	18. 33	39. 80	3. 90	41. 76	1. 84	18. 19
盐　城	45. 08	15. 93	8. 58	55. 51	4. 09	23. 54	4. 74	5. 71
东　台	9. 32	3. 20	6. 24	2. 22	2. 10	5. 91	0. 84	7. 38
扬　州	47. 02	10. 96	11. 86	37. 31	1. 86	28. 94	2. 88	30. 55
仪　征	8. 43	2. 20	1. 29	12. 11	2. 17	4. 30	0. 97	7. 54
高　邮	6. 49	2. 35	1. 46	2. 80	0. 94	4. 30	1. 53	4. 13
镇　江	40. 96	9. 41	7. 34	38. 93	5. 60	18. 77	5. 58	16. 18
丹　阳	7. 34	5. 71	7. 23	8. 58	0. 80	1. 02	4. 22	0. 99
扬　中	3. 96	0. 99	0. 91	2. 81	0. 43	2. 52	0. 64	2. 20
句　容	11. 19	1. 46	1. 63	5. 99	0. 25	4. 55	0. 22	3. 21

续表

地　区	居住用地	公共管理与公共服务用地	商业服务业设施用地	工业用地	物流仓储用地	道路交通设施用地	公用设施用地	绿地与广场用地
泰　州	30.49	15.70	10.72	32.29	3.79	24.77	5.09	5.81
兴　化	13.98	2.44	2.00	11.39	0.29	5.57	0.41	2.01
靖　江	11.58	0.68	0.56	3.05	0.19	4.50	0.16	12.92
泰　兴	8.40	1.52	0.47	6.57	0.71	4.14	0.16	0.73
宿　迁	21.56	9.66	6.60	27.14	1.77	16.92	1.49	8.90
浙　江	**817.57**	**245.89**	**219.23**	**608.84**	**67.39**	**476.34**	**77.31**	**311.37**
杭　州	150.45	75.76	53.61	88.52	9.91	105.36	15.25	72.19
建　德	3.65	1.12	1.26	0.08	0.06	2.62	0.21	3.45
宁　波	84.55	28.06	20.75	127.77	18.35	62.32	5.57	28.19
余　姚	15.14	3.52	3.56	11.41	0.43	11.35	0.74	2.97
慈　溪	20.84	2.95	2.65	9.18	0.12	5.01	0.43	3.35
温　州	53.53	15.08	37.41	5.76	7.56	36.88	10.94	24.95
瑞　安	9.11	2.28	1.94	0.36	0.51	4.25	0.18	2.69
乐　清	11.48	1.93	4.11	0.14	0.75	9.35	0.62	8.81
嘉　兴	35.27	11.65	9.77	25.66	4.15	20.99	0.83	20.48
海　宁	16.19	3.79	3.64	10.35	0.13	6.42	0.30	7.71
平　湖	9.80	2.69	5.22	9.75	0.79	6.00	1.34	4.20
桐　乡	20.72	4.14	5.43	21.17	1.37	8.51	1.28	7.17
湖　州	38.08	8.90	9.51	31.35	1.37	26.83	2.13	5.90
绍　兴	79.74	14.06	17.81	62.83	3.76	31.19	8.41	17.25
诸　暨	23.63	5.92	2.82	6.52	1.14	4.47	6.92	4.52
嵊　州	10.75	2.52	2.21	14.08	0.33	5.64	1.05	3.53
金　华	33.35	9.56	5.16	24.57	1.00	18.63	1.09	12.61
兰　溪	11.11	2.16	1.29	13.24	0.18	3.70	0.37	2.58
义　乌	33.15	7.30	8.11	12.47	7.43	23.70	0.89	10.57
东　阳	12.78	1.42	0.70	13.10	0.68	6.11	1.25	7.22
永　康	9.37	2.70	0.62	15.30	0.80	6.45	1.62	1.53
衢　州	17.15	5.47	3.02	26.99	2.02	13.21	2.00	7.30
江　山	5.03	1.43	1.80	2.05	0.72	3.71	0.51	2.25
舟　山	21.37	7.71	2.84	6.63	0.56	10.35	1.66	8.21
台　州	42.75	9.34	5.20	34.25	0.84	19.65	2.47	19.56
玉　环	8.19	2.40	1.60	3.22	0.30	4.06	0.70	7.80

续表

地　区	居住用地	公共管理与公共服务用地	商业服务业设施用地	工业用地	物流仓储用地	道路交通设施用地	公用设施用地	绿地与广场用地
温　岭	14.59	1.46	2.70	7.73	0.48	5.49	1.50	3.49
临　海	10.22	3.12	1.64	15.90	1.18	6.43	1.68	4.50
丽　水	12.18	6.16	2.46	4.36	0.35	4.47	5.23	4.33
龙　泉	3.40	1.29	0.39	4.10	0.12	3.19	0.14	2.06
安　徽	**650.89**	**160.26**	**170.77**	**396.69**	**52.34**	**335.59**	**60.27**	**244.94**
合　肥	134.06	44.19	34.11	81.75	5.48	72.08	7.08	78.70
巢　湖	16.20	4.00	9.00	2.40	1.60	2.60	3.00	8.80
芜　湖	40.00	6.50	16.11	14.00	4.00	38.00	12.00	43.00
蚌　埠	49.81	10.93	6.89	26.10	10.00	23.96	10.99	9.47
淮　南	46.40	9.51	7.72	18.65	1.00	16.49	1.16	3.23
马鞍山	22.48	7.59	4.55	33.62	2.00	13.50	1.37	7.22
淮　北	33.87	7.01	9.00	19.28	2.96	11.46	1.70	9.67
铜　陵	20.33	6.52	4.45	23.88	1.50	9.77	1.01	5.88
安　庆	34.34	9.81	26.59	10.41	4.20	10.26	2.82	6.63
潜　山	7.50	1.10	0.88	3.75	0.12	2.68	0.42	2.05
桐　城	6.14	3.01	4.51	10.69	0.40	3.50	1.16	3.21
黄　山	20.59	3.40	4.17	9.95	0.40	9.76	1.20	6.67
滁　州	26.48	5.90	3.81	24.05	1.71	18.24	3.44	6.16
天　长	9.07	1.50	1.95	8.80	0.18	5.62	0.33	2.80
明　光	6.35	2.80	1.02	5.50	0.65	4.32	0.51	2.55
阜　阳	61.42	8.89	9.16	22.52	4.71	22.53	2.34	7.19
界　首	5.97	2.36	1.96	1.39	0.63	4.25	0.41	5.38
宿　州	27.08	3.63	4.55	18.13	4.16	16.42	2.32	8.42
六　安	25.36	5.45	4.84	13.51	1.86	11.97	2.67	12.94
亳　州	19.70	6.20	8.20	14.30	2.40	13.50	1.70	5.00
池　州	14.27	3.92	2.57	5.55	1.38	7.79	0.87	3.41
宣　城	15.10	4.53	3.28	17.17	0.81	12.68	1.13	5.50
宁　国	8.37	1.51	1.45	11.29	0.19	4.21	0.64	1.06
福　建	**500.04**	**140.97**	**106.44**	**277.71**	**36.39**	**218.13**	**43.37**	**155.36**
福　州	95.51	24.21	13.07	31.43	3.09	37.91	3.38	18.54
福　清	16.52	5.07	8.18	4.38	5.90	6.60	1.10	4.25
厦　门	103.67	33.02	24.67	89.44	9.64	57.66	9.40	40.39

续表

地　区	居住用地	公共管理与公共服务用地	商业服务业设施用地	工业用地	物流仓储用地	道路交通设施用地	公用设施用地	绿地与广场用地
莆　田	49. 20	8. 01	3. 38	15. 69	1. 69	13. 93	0. 89	2. 10
三　明	10. 35	2. 69	1. 24	10. 90	1. 34	4. 85	0. 90	1. 99
永　安	8. 44	1. 74	0. 97	3. 01	0. 82	3. 50	0. 42	5. 96
泉　州	78. 00	24. 91	27. 81	44. 80	5. 64	22. 19	3. 65	19. 00
石　狮	8. 39	8. 17	2. 43	4. 73	1. 26	6. 89	2. 59	4. 56
晋　江	11. 00	3. 25	1. 85	3. 81	0. 20	9. 00	5. 00	3. 90
南　安	9. 78	1. 28	3. 63	2. 80	0. 63	4. 49	5. 50	5. 18
漳　州	23. 23	5. 11	3. 14	17. 13	0. 54	8. 77	0. 66	8. 88
龙　海	5. 98	1. 46	1. 62	0. 53	0. 39	3. 79	1. 50	7. 16
南　平	16. 64	4. 93	2. 40	12. 13	0. 93	4. 77	1. 08	6. 58
邵　武	6. 57	1. 61	0. 45	7. 05	0. 94	2. 57	0. 83	3. 47
武 夷山	3. 00	0. 80	0. 68	0. 90	0. 13	2. 00	0. 55	2. 28
建　瓯	6. 10	1. 12	0. 81	2. 94	0. 17	2. 20	0. 13	1. 47
龙　岩	19. 74	6. 81	4. 52	7. 95	0. 96	13. 43	2. 00	9. 67
漳　平	3. 47	0. 77	0. 94	4. 08	0. 38	2. 20	0. 68	1. 74
宁　德	12. 66	3. 33	1. 87	8. 51	0. 48	5. 35	0. 86	3. 49
福　安	4. 21	1. 12	1. 10	2. 47	0. 68	2. 77	1. 08	3. 04
福　鼎	7. 58	1. 56	1. 68	3. 03	0. 58	3. 26	1. 17	1. 71
江　西	**428. 75**	**150. 52**	**102. 20**	**272. 52**	**31. 07**	**238. 07**	**49. 25**	**205. 04**
南　昌	95. 80	45. 55	22. 45	61. 10	4. 35	48. 55	6. 85	33. 05
景德镇	20. 61	5. 81	7. 94	20. 98	1. 70	12. 97	1. 22	9. 90
乐　平	6. 31	3. 22	3. 29	5. 59	0. 99	2. 04	0. 95	2. 91
萍　乡	15. 98	4. 53	0. 60	8. 70	1. 23	7. 75	5. 42	7. 18
九　江	41. 36	9. 53	8. 37	28. 57	2. 22	18. 65	5. 65	14. 95
瑞　昌	10. 02	2. 36	0. 91	3. 48	0. 69	2. 12	1. 56	1. 74
共青城	5. 40	1. 50	1. 50	2. 50	0. 50	3. 20	1. 20	6. 55
庐　山	2. 20	0. 90	0. 80	2. 30	0. 20	2. 90	0. 35	2. 30
新　余	21. 31	3. 90	3. 21	8. 15	0. 84	11. 91	1. 27	21. 41
鹰　潭	13. 49	3. 69	3. 31	7. 94	1. 72	8. 31	0. 99	6. 19
贵　溪	7. 81	2. 19	1. 77	11. 01	0. 58	4. 58	1. 22	2. 55
赣　州	48. 19	20. 00	12. 35	26. 64	3. 88	29. 34	6. 54	30. 10
瑞　金	8. 60	2. 42	4. 52	1. 70	1. 32	5. 99	2. 12	2. 84

续表

地 区	居住用地	公共管理与公共服务用地	商业服务业设施用地	工业用地	物流仓储用地	道路交通设施用地	公用设施用地	绿地与广场用地
吉 安	14.76	9.69	3.03	15.39	1.53	8.22	0.59	5.33
井冈山	2.21	1.05	1.80	0.90	0.18	1.31	0.10	1.04
宜 春	22.45	6.06	7.54	12.55	3.91	17.52	4.18	13.89
丰 城	10.70	3.83	3.32	20.20	1.25	6.87	1.79	4.63
樟 树	8.24	3.85	4.52	2.12	0.82	6.09	0.73	3.01
高 安	7.29	5.11	1.45	5.63	0.73	6.86	1.08	5.98
抚 州	31.60	8.38	5.29	22.13	1.73	14.24	1.52	10.97
上 饶	29.90	5.63	3.13	3.69	0.39	17.22	3.53	16.50
德 兴	4.52	1.32	1.10	1.25	0.31	1.43	0.39	2.02
山 东	**1461.54**	**505.13**	**346.94**	**1069.33**	**146.77**	**675.66**	**145.48**	**534.07**
济 南	134.20	78.03	35.28	91.62	10.72	77.68	16.10	41.91
青 岛	162.60	45.39	36.68	176.15	20.29	81.96	8.65	55.64
胶 州	14.59	5.65	2.84	20.43	2.99	6.87	2.89	4.93
平 度	26.69	5.21	2.94	19.60	0.35	7.40	0.53	3.75
莱 西	12.87	3.64	1.11	8.03	2.28	3.70	0.93	3.25
淄 博	97.66	19.55	17.48	78.91	6.88	35.09	5.73	18.77
枣 庄	57.00	13.62	11.82	24.76	4.78	16.45	5.90	13.42
滕 州	27.58	5.79	4.88	11.70		1.31	3.65	1.67
东 营	41.74	20.00	14.37	31.57	3.75	12.45	11.54	16.67
烟 台	71.63	37.91	22.93	62.91	15.78	34.29	12.50	34.79
龙 口	11.23	5.12	5.75	2.20	2.33	8.07	2.10	7.80
莱 阳	19.38	7.35	7.47	1.73	0.38	2.50	1.30	2.85
莱 州	18.58	3.89	3.32	15.14	1.01	6.53	0.41	4.06
蓬 莱	7.52	4.00	4.51	0.68	1.89	3.32	0.43	2.10
招 远	10.02	1.71	3.22	8.45	0.08	4.73	0.04	4.80
栖 霞	4.36	1.34	1.98	3.74	0.60	2.46	0.24	1.86
海 阳	11.18	2.90	1.92	5.02	0.63	2.12	2.03	7.64
潍 坊	70.30	17.16	17.38	35.03	6.19	27.65	6.45	21.91
青 州	14.20	4.00	4.30	6.50	0.40	10.60	1.40	9.50
诸 城	16.29	4.63	3.86	9.63	3.41	5.14	1.62	6.87
寿 光	10.42	2.77	2.75	5.24	—	6.99	0.10	17.65
安 丘	15.74	4.91	3.14	18.15	1.69	9.32	3.15	6.61

续表

地 区	居住用地	公共管理与公共服务用地	商业服务业设施用地	工业用地	物流仓储用地	道路交通设施用地	公用设施用地	绿地与广场用地
高 密	17. 24	6. 40	0. 17	12. 90	3. 02	0. 65	5. 43	5. 89
昌 邑	4. 81	4. 87	0. 97	5. 82	0. 70	6. 86	0. 50	0. 47
济 宁	65. 99	14. 36	16. 73	50. 82	5. 26	30. 65	1. 12	17. 26
曲 阜	9. 00	3. 00	2. 00	4. 90	0. 60	1. 50	3. 00	3. 00
邹 城	14. 14	7. 63	2. 75	7. 65	2. 00	5. 95	1. 75	6. 62
泰 安	51. 17	16. 25	15. 36	38. 40	1. 80	23. 10	2. 43	9. 84
新 泰	16. 30	4. 80	12. 16	1. 57	2. 61	7. 92	4. 44	20. 00
肥 城	21. 21	2. 65	3. 25	5. 55	0. 62	5. 68	1. 06	5. 56
威 海	49. 14	14. 83	21. 67	53. 02	3. 81	31. 00	5. 03	15. 04
荣 成	14. 34	3. 51	3. 98	7. 76	1. 50	9. 30	1. 21	15. 80
乳 山	7. 96	4. 83	2. 18	5. 82	1. 11	5. 80	1. 40	6. 65
日 照	36. 01	7. 71	7. 47	21. 22	1. 68	26. 28	0. 98	9. 35
莱 芜	32. 96	8. 10	5. 51	13. 30	1. 90	14. 68	0. 88	12. 30
临 沂	60. 69	25. 40	12. 14	36. 91	8. 82	25. 86	10. 82	37. 62
德 州	42. 78	27. 01	1. 61	42. 34	3. 10	22. 73	2. 53	15. 85
乐 陵	5. 00	5. 50	2. 00	3. 80	1. 60	7. 30	3. 70	3. 70
禹 城	10. 16	4. 39	1. 81	7. 07	1. 02	5. 40	0. 01	6. 14
聊 城	31. 26	10. 67	7. 54	24. 97	2. 74	20. 68	0. 63	6. 30
临 清	10. 00	4. 06	0. 91	5. 20	1. 15	4. 59	0. 63	4. 86
滨 州	37. 58	15. 56	5. 70	33. 82	3. 03	20. 55	3. 53	20. 48
邹 平	12. 50	1. 90	2. 74	16. 05	1. 06	10. 56	3. 30	10. 79
菏 泽	55. 52	17. 13	8. 36	33. 25	11. 21	21. 99	3. 41	12. 10
河 南	**784. 40**	**287. 78**	**139. 27**	**344. 72**	**73. 02**	**435. 14**	**100. 47**	**480. 05**
郑 州	132. 29	76. 18	19. 51	45. 63	20. 19	97. 60	21. 22	116. 14
巩 义	9. 12	3. 82	1. 54	4. 18	0. 82	4. 85	0. 56	7. 23
荥 阳	9. 00	2. 60	1. 00	6. 22	0. 70	3. 70	0. 70	2. 62
新 密	7. 00	1. 10	2. 00	3. 36	1. 20	3. 90	4. 50	3. 10
新 郑	9. 54	4. 27	3. 55	3. 28	0. 85	4. 45	0. 75	7. 20
登 封	9. 12	3. 30	0. 98	0. 49	0. 02	2. 97	0. 02	4. 23
开 封	41. 88	16. 16	7. 69	26. 13	2. 69	20. 92	4. 96	13. 39
洛 阳	77. 88	17. 28	10. 35	38. 95	3. 96	34. 17	3. 41	40. 14
偃 师	5. 50	1. 20	2. 10	3. 40	0. 70	3. 02	1. 10	3. 95

续表

地　区	居住用地	公共管理与公共服务用地	商业服务业设施用地	工业用地	物流仓储用地	道路交通设施用地	公用设施用地	绿地与广场用地
平顶山	28.50	2.89	2.50	9.54	1.27	12.43	1.35	14.82
舞　钢	3.33	1.84	0.18	3.76	0.10	2.49	0.93	3.87
汝　州	13.00	2.50	3.00	6.73	1.18	6.20	0.42	6.93
安　阳	26.28	10.28	3.18	9.28	3.20	16.35	3.12	15.28
林　州	10.01	2.47	0.95	1.46	0.35	3.78	0.23	5.74
鹤　壁	15.09	6.17	4.17	16.41	1.01	9.69	1.92	9.62
新　乡	42.41	11.02	6.89	11.08	2.08	13.22	2.91	25.29
卫　辉	7.27	2.09	1.52	3.83	0.50	2.58	1.01	3.28
辉　县	10.67	1.35	0.31	2.05	0.60	3.08	0.46	3.25
焦　作	37.14	13.39	5.65	24.22	1.02	14.19	1.56	16.09
沁　阳	7.09	1.40	1.35	0.58	1.21	4.00	1.44	3.37
孟　州	5.33	0.91	0.94	1.48	0.33	4.45	0.72	2.48
濮　阳	22.90	3.60	5.30	4.70	1.51	9.26	2.20	13.08
许　昌	23.06	7.36	5.26	10.44	2.10	14.93	7.36	13.79
禹　州	12.60	5.01	2.30	8.78	2.17	6.05	0.70	7.77
长　葛	4.50	2.70	0.95	4.00	0.90	5.45	0.24	6.50
漯　河	16.72	4.31	2.14	5.73	2.27	12.01	7.60	16.05
三门峡	13.39	6.36	3.54	5.15	0.63	8.09	1.05	10.86
义　马	3.99	2.05	0.81	3.11	0.60	3.06	0.53	4.50
灵　宝	5.19	3.38	0.84	4.90	0.55	2.94	1.18	3.39
南　阳	47.22	22.51	8.76	24.10	4.43	27.36	5.80	17.94
邓　州	8.40	0.50	3.20	5.80	1.20	6.78	0.70	5.77
商　丘	11.19	6.20	1.82	1.39	0.70	11.30	3.13	30.56
永　城	12.40	4.90	4.60	3.76	0.50	8.22	2.30	9.31
信　阳	27.64	12.83	3.14	16.85	3.10	16.13	1.02	10.32
周　口	16.45	5.89	5.42	5.25	3.02	11.05	4.02	7.52
项　城	10.01	3.95	1.56	2.08	2.08	5.08	1.71	5.40
驻马店	25.45	10.53	7.95	9.02	2.16	12.13	5.76	3.56
济　源	15.84	3.48	2.32	7.60	1.12	7.26	1.88	5.71
湖　北	**793.30**	**239.87**	**155.87**	**611.48**	**72.67**	**418.59**	**96.99**	**220.93**
武　汉	270.46	95.37	44.15	217.95	26.16	134.01	28.31	48.12
黄　石	22.48	5.76	2.35	21.99	0.52	17.90	1.41	7.88

续表

地 区	居住用地	公共管理与公共服务用地	商业服务业设施用地	工业用地	物流仓储用地	道路交通设施用地	公用设施用地	绿地与广场用地
大 冶	8.42	2.51	1.39	5.07	—	5.31	1.25	8.50
十 堰	32.72	12.71	4.22	33.89	3.48	12.40	4.21	9.76
丹江口	7.58	1.95	1.17	6.15	0.12	2.85	0.65	0.71
宜 昌	48.97	12.38	9.71	38.52	8.17	30.43	10.79	16.80
宜 都	6.10	3.07	2.19	3.66	0.83	4.68	4.90	1.06
当 阳	4.26	0.46	0.61	8.62	0.48	3.62	1.32	3.29
枝 江	7.14	1.03	2.12	6.51	0.61	4.12	1.06	2.94
襄 阳	49.30	17.49	11.99	55.51	2.72	33.53	8.89	12.40
老河口	10.23	1.35	2.14	6.09	1.00	4.98	3.01	2.03
枣 阳	14.49	3.56	4.76	17.74	1.07	10.29	0.57	1.52
宜 城	8.77	1.91	1.37	5.27	0.67	4.77	0.57	3.96
鄂 州	17.95	5.10	3.12	15.00	2.28	5.40	3.20	12.50
荆 门	13.62	5.69	3.94	11.90	1.51	12.08	4.31	10.69
钟 祥	6.33	1.65	0.78	4.95	1.87	5.50	0.35	5.49
孝 感	16.04	3.72	4.33	14.10	1.99	10.54	0.66	4.02
应 城	6.21	2.40	1.59	2.66	0.81	2.64	0.44	0.99
安 陆	7.92	0.56	0.65	2.73	0.75	4.70	0.93	1.61
汉 川	8.61	3.70	6.64	2.67	1.34	3.89	0.51	0.54
荆 州	23.43	9.29	5.28	21.51	2.14	13.84	2.66	11.29
石 首	6.21	1.09	5.16	1.54	0.97	3.20	0.52	1.57
洪 湖	4.18	0.40	1.30	3.20	0.22	4.00	2.20	3.40
松 滋	6.16	2.27	1.32	4.06	0.13	2.55	0.24	2.02
黄 冈	15.73	5.38	4.99	8.66	1.08	10.01	0.56	5.81
麻 城	9.06	3.01	3.87	7.34	1.10	8.42	0.50	5.50
武 穴	9.40	4.00	1.20	2.00	1.60	6.03	2.10	3.95
咸 宁	25.12	2.69	1.98	13.28	0.43	6.35	0.30	5.35
赤 壁	10.18	1.02	1.46	5.63	1.15	4.25	1.70	2.00
随 州	29.14	5.28	3.86	20.85	1.31	10.30	1.14	4.90
广 水	13.45	3.22	2.70	5.00	0.76	6.57	0.80	0.45
恩 施	11.20	6.30	4.30	6.50	2.00	3.50	1.70	4.50
利 川	5.20	1.20	1.40	2.10	1.20	1.90	1.80	4.10
仙 桃	24.61	4.06	2.21	11.80	1.20	9.84	2.26	3.24

续表

地　区	居住用地	公共管理与公共服务用地	商业服务业设施用地	工业用地	物流仓储用地	道路交通设施用地	公用设施用地	绿地与广场用地
潜　江	20.36	5.33	3.40	13.16	0.81	7.89	0.60	2.02
天　门	12.27	2.96	2.22	3.87	0.19	6.30	0.57	6.02
湖　南	**607.30**	**199.33**	**114.43**	**266.98**	**50.30**	**239.29**	**89.29**	**173.52**
长　沙	130.87	41.36	21.36	33.64	7.92	62.57	4.38	42.78
宁　乡	18.50	3.73	7.00	21.41	7.09	12.11	6.35	9.82
浏　阳	8.60	2.80	2.10	2.10	0.90	1.20	1.35	9.50
株　洲	55.06	15.78	3.90	33.33	—	27.72	—	—
醴　陵	11.92	5.23	2.35	5.71	1.06	1.76	0.04	2.32
湘　潭	27.12	8.45	5.23	12.89	4.31	12.38	4.30	5.33
湘　乡	8.10	1.70	1.70	4.60	0.60	3.30	0.40	1.00
韶　山	1.18	0.53	0.78	0.79	—	0.61	0.24	0.76
衡　阳	40.10	13.20	6.70	29.70	3.10	19.50	3.90	8.31
耒　阳	13.50	6.80	1.50	5.70	1.55	2.50	1.34	4.30
常　宁	9.99	3.75	1.00	2.20	0.90	2.20	1.00	2.50
邵　阳	28.52	9.52	5.23	4.85	3.21	6.35	5.38	13.52
武　冈	7.33	3.06	2.95	1.13	1.05	2.13	1.70	2.20
岳　阳	26.82	11.10	6.80	19.48	4.00	4.10	12.00	13.10
汨　罗	6.23	1.84	1.63	4.35	0.12	3.44	0.49	1.81
临　湘	6.09	1.20	0.87	3.75	0.08	2.12	0.19	1.47
常　德	27.89	11.27	5.97	22.32	4.16	18.44	3.88	10.98
津　市	5.31	1.76	0.43	4.88	0.74	1.98	0.58	1.36
张家界	10.46	6.32	2.08	1.53	—	5.41	4.94	1.82
益　阳	28.93	10.81	3.50	6.27	—	2.87	16.22	5.66
沅　江	8.79	1.34	0.30	0.58	—	0.52	2.47	2.08
郴　州	31.11	6.90	5.67	6.57	1.53	14.29	0.54	3.82
资　兴	6.52	1.19	0.87	7.74	0.56	1.13	0.24	2.12
永　州	16.24	5.66	7.01	7.98	2.25	9.79	8.30	8.98
怀　化	19.36	7.90	8.63	2.20	2.02	8.70	0.60	4.33
洪　江	4.43	1.07	0.20	1.83	0.38	1.67	1.11	3.66
娄　底	16.20	5.85	4.95	11.40	1.26	3.54	3.57	4.53
冷水江	7.63	1.01	1.32	4.65	0.41	4.06	2.20	3.68
涟　源	4.50	2.70	2.10	2.40	0.40	1.40	0.68	0.88

续表

地　区	居住用地	公共管理与公共服务用地	商业服务业设施用地	工业用地	物流仓储用地	道路交通设施用地	公用设施用地	绿地与广场用地
吉　首	20.00	5.50	0.30	1.00	0.70	1.50	0.90	0.90
广　东	**1590.33**	**394.84**	**362.14**	**1364.39**	**112.33**	**832.13**	**115.20**	**438.52**
广　州	220.72	111.28	57.94	192.10	20.77	78.98	7.15	26.88
韶　关	35.91	10.40	5.41	28.80	2.31	12.30	1.04	8.91
乐　昌	6.56	1.80	2.08	4.16	0.31	0.70	0.35	2.48
南　雄	5.11	0.14	0.28	3.12	0.14	0.85	0.18	2.67
深　圳	212.93	37.72	60.65	273.42	20.24	237.88	24.00	72.67
珠　海	—	—	—	—	—	—	—	—
汕　头	99.85	19.55	32.77	30.60	13.63	35.61	7.74	8.12
佛　山	42.67	10.55	13.47	40.49	5.88	15.20	3.61	12.93
江　门	48.76	10.15	7.76	44.26	0.64	30.78	2.24	13.83
台　山	11.36	2.46	1.88	5.32	0.05	6.12	0.19	3.97
开　平	14.52	1.44	2.02	10.23	0.10	2.18	0.27	1.76
鹤　山	10.09	3.76	0.32	4.16	0.60	4.77	0.70	3.54
恩　平	12.56	2.10	0.86	11.07	0.10	3.93	0.76	1.52
湛　江	43.05	11.58	13.70	4.15	4.18	15.05	2.00	16.41
廉　江	14.41	3.22	1.93	4.80	1.16	9.22	0.27	3.49
雷　州	9.69	2.91	6.60	0.66	0.75	2.18	3.34	2.73
吴　川	10.20	1.55	2.05	1.75	0.85	2.12	1.35	5.63
茂　名	37.50	6.87	3.81	20.78	2.43	11.99	2.32	8.12
高　州	14.40	3.60	1.79	6.41	1.01	4.24	0.64	4.89
化　州	5.25	5.62	1.43	5.48	0.83	7.83	0.89	8.45
信　宜	10.05	0.85	1.75	2.30	0.45	1.35	3.40	6.95
肇　庆	39.92	11.45	6.11	31.63	2.03	17.68	1.12	7.86
四　会	8.13	2.11	4.41	3.14	0.86	4.58	1.39	3.60
惠　州	86.20	16.90	17.96	68.79	6.22	33.01	9.15	31.37
梅　州	23.18	6.07	4.62	5.02	0.32	8.10	0.54	6.22
兴　宁	9.46	2.13	2.50	0.70	1.35	3.09	0.70	8.08
汕　尾	9.77	1.94	1.77	4.06	0.27	2.99	0.69	1.21
陆　丰	4.35	3.10	2.00	2.20	0.65	2.40	1.78	5.50
河　源	—	—	—	—	—	—	—	—
阳　江	30.47	4.74	6.70	6.67	0.56	11.07	0.67	11.22

续表

地 区	居住用地	公共管理与公共服务用地	商业服务业设施用地	工业用地	物流仓储用地	道路交通设施用地	公用设施用地	绿地与广场用地
阳 春	16.00	1.00	2.00	4.81	0.39	4.74	0.61	0.10
清 远	27.65	10.04	2.47	9.83	0.03	13.28	0.71	2.36
英 德	7.54	5.73	1.53	2.64	0.29	3.56	2.16	4.05
连 州	5.91	0.05	0.03	0.88	—	4.75	0.39	4.10
东 莞	283.10	52.07	62.24	398.44	16.89	184.35	26.36	88.39
中 山	53.35	8.75	9.98	42.64	1.78	14.43	1.20	10.33
潮 州	23.89	3.20	4.27	11.22	0.93	11.00	0.80	13.12
揭 阳	40.72	10.13	7.21	59.51	1.20	16.30	1.03	11.82
普 宁	36.08	2.94	3.94	7.62	0.53	8.02	0.87	6.82
云 浮	8.67	2.88	2.55	6.10	1.32	2.24	2.31	3.27
罗 定	10.35	2.06	1.35	4.43	0.28	3.26	0.28	3.15
广 西	**418.91**	**137.57**	**85.26**	**208.49**	**49.22**	**255.28**	**63.96**	**226.09**
南 宁	98.82	34.71	22.85	19.23	7.74	50.82	18.76	58.08
柳 州	63.37	21.28	13.60	54.05	9.65	43.13	4.32	22.88
桂 林	30.83	12.12	2.76	18.52	3.43	17.82	6.47	16.37
荔 浦	2.84	0.71	0.63	1.49	0.17	1.45	0.14	2.58
梧 州	19.49	5.99	3.12	10.22	2.30	10.82	3.32	4.26
岑 溪	10.02	1.49	1.21	1.55	0.69	3.02	1.13	3.21
北 海	23.82	9.80	5.00	7.80	2.12	18.43	3.31	12.10
防城港	11.23	2.98	4.11	9.04	4.61	8.70	1.27	6.38
东 兴	2.33	1.47	1.36	1.17	0.43	3.21	0.60	1.74
钦 州	18.12	6.75	5.39	21.68	4.50	14.48	1.18	17.89
贵 港	24.05	6.94	3.12	17.87	2.60	15.32	3.09	8.52
桂 平	7.68	2.70	2.16	6.85	1.16	6.31	0.46	10.06
玉 林	26.70	9.65	8.00	1.80	1.50	12.35	2.40	12.00
北 流	8.30	0.42	0.75	2.69	0.28	5.90	0.83	8.12
百 色	15.92	5.23	1.37	7.26	2.39	7.06	2.58	7.33
靖 西	7.50	0.65	0.20	3.40	0.10	3.34	0.35	2.72
贺 州	12.79	5.54	3.23	6.54	0.54	6.20	2.01	4.83
河 池	9.24	2.80	1.08	6.36	1.11	8.94	3.03	9.97
来 宾	12.22	2.47	2.57	7.07	1.85	11.15	6.27	6.95
合 山	4.25	0.11	0.06	0.98	0.01	0.95	0.18	0.79

续表

地　区	居住用地	公共管理与公共服务用地	商业服务业设施用地	工业用地	物流仓储用地	道路交通设施用地	公用设施用地	绿地与广场用地
崇　左	6.60	2.20	0.49	2.50	0.65	4.25	1.60	7.32
凭　祥	2.79	1.56	2.20	0.42	1.39	1.63	0.66	1.99
海　南	**114.58**	**42.78**	**16.41**	**17.38**	**2.34**	**59.96**	**7.96**	**46.85**
海　口	54.20	26.00	10.00	9.20	0.60	27.00	0.79	13.10
三　亚	15.26	7.33	0.89	2.43	0.10	9.94	0.51	10.93
三　沙	0.04	0.06	0.02	—	0.01	0.02	0.02	1.36
儋　州	13.71	3.31	1.37	2.35	0.48	4.20	0.90	5.38
五指山	3.54	0.12	0.18	0.01	—	2.67	0.68	2.00
琼　海	9.27	0.78	0.23	1.34	0.52	3.77	4.42	7.13
文　昌	4.40	1.96	1.65	0.58	0.14	4.95	0.28	2.50
万　宁	5.34	1.10	0.78	0.75	0.05	1.91	0.15	1.45
东　方	8.82	2.12	1.29	0.72	0.44	5.50	0.21	3.00
重　庆	**396.99**	**115.04**	**82.28**	**252.64**	**32.56**	**243.85**	**32.63**	**116.08**
重　庆	396.99	115.04	82.28	252.64	32.56	243.85	32.63	116.08
四　川	**854.45**	**267.42**	**207.77**	**480.06**	**73.96**	**467.34**	**74.85**	**353.00**
成　都	288.14	80.32	69.09	139.17	15.48	146.47	13.02	95.91
都江堰	19.00	2.54	4.08	0.41	0.20	7.27	0.25	3.24
彭　州	6.96	2.24	6.34	1.95	0.90	3.51	1.20	3.93
邛　崃	7.05	1.33	0.87	9.15	0.11	4.20	0.36	2.40
崇　州	7.16	2.04	2.51	8.03	0.26	4.29	0.28	6.32
简　阳	8.36	5.20	3.13	2.12	2.20	4.84	2.14	6.85
自　贡	41.33	6.82	6.08	29.45	2.21	13.99	3.21	20.71
攀枝花	21.37	4.45	6.57	23.33	3.44	6.40	3.95	7.90
泸　州	37.92	13.07	7.50	26.80	1.81	35.89	2.83	39.97
德　阳	26.03	7.48	3.87	23.88	1.23	18.64	2.17	5.50
广　汉	12.00	3.31	3.55	13.33	2.06	7.69	2.71	5.42
什　邡	4.50	0.64	1.36	2.93	0.50	2.97	2.31	1.86
绵　竹	3.80	0.87	0.27	0.41	0.03	3.99	0.31	5.18
绵　阳	44.01	22.11	10.52	34.71	2.59	27.34	4.85	12.31
江　油	10.20	3.10	1.42	6.37	0.60	6.25	0.37	6.23
广　元	13.57	6.75	3.43	10.07	1.38	9.02	3.05	11.53
遂　宁	22.67	6.94	6.69	11.51	2.71	18.74	2.95	11.04

续表

地 区	居住用地	公共管理与公共服务用地	商业服务业设施用地	工业用地	物流仓储用地	道路交通设施用地	公用设施用地	绿地与广场用地
内 江	31.70	8.28	4.98	15.93	2.31	15.07	1.84	5.10
隆 昌	7.00	3.87	1.10	4.06	1.20	4.80	0.45	2.72
乐 山	24.44	9.09	8.50	6.33	1.16	12.27	1.40	10.91
峨眉山	9.78	3.18	2.96	1.49	0.10	1.92	0.33	2.36
南 充	53.46	15.13	9.61	22.20	7.37	21.33	6.19	9.71
阆 中	10.63	3.05	2.70	5.90	1.55	4.65	1.12	5.40
眉 山	24.32	5.05	8.65	7.19	1.55	8.84	3.82	3.87
宜 宾	24.44	14.46	6.46	27.74	6.69	23.56	1.66	16.11
广 安	27.37	6.74	2.55	10.40	4.65	7.96	3.19	5.63
华 蓥	4.34	1.25	0.47	2.62	0.09	2.04	1.33	3.35
达 州	23.85	5.28	6.99	5.78	5.21	20.35	1.96	17.08
万 源	3.94	0.72	0.50	0.49	0.55	1.50	0.21	1.44
雅 安	9.16	3.98	2.64	8.50	0.48	7.70	1.18	2.37
巴 中	1.31	0.68	0.97	1.51	0.77	0.91	0.81	10.09
资 阳	10.14	5.29	9.66	4.46	1.43	6.65	0.55	8.75
马尔康	1.73	0.85	0.23	0.09	0.02	0.73	0.07	0.71
康 定	1.55	0.92	0.82	0.06	0.16	0.91	0.25	0.35
西 昌	11.22	10.39	0.70	11.69	0.96	4.65	2.53	0.75
贵 州	**299.32**	**102.51**	**84.10**	**161.02**	**27.40**	**181.16**	**21.65**	**106.45**
贵 阳	96.41	39.15	27.33	60.07	9.51	60.54	5.32	46.63
清 镇	9.21	2.80	4.13	3.90	0.17	4.15	0.94	0.33
六盘水	24.88	5.80	2.53	6.44	1.08	6.84	0.26	6.36
盘 州	8.10	1.00	1.84	3.12	0.99	4.15	0.38	1.65
遵 义	37.40	14.20	11.20	24.90	1.30	37.98	4.30	12.50
赤 水	3.35	1.53	1.06	3.14	0.07	1.22	0.18	7.91
仁 怀	9.00	2.00	1.00	4.00	2.00	1.50	1.30	3.50
安 顺	24.29	5.67	5.59	11.29	2.79	11.54	1.86	5.65
毕 节	14.60	9.35	3.16	11.56	—	3.52	0.70	2.10
铜 仁	17.67	2.06	3.37	3.90	1.80	4.68	1.65	5.46
兴 义	16.29	4.04	5.99	2.00	3.54	10.37	1.96	3.54
兴 仁	4.15	1.41	0.93	1.85	0.68	3.03	0.23	2.94
凯 里	16.71	6.44	9.14	10.60	1.20	21.93	0.99	4.60

续表

地　区	居住用地	公共管理与公共服务用地	商业服务业设施用地	工业用地	物流仓储用地	道路交通设施用地	公用设施用地	绿地与广场用地
都　匀	11.68	5.80	5.57	11.03	1.82	6.69	1.06	2.06
福　泉	5.58	1.26	1.26	3.22	0.45	3.02	0.52	1.22
云　南	**399.94**	**124.52**	**106.51**	**126.59**	**38.25**	**166.46**	**35.34**	**146.58**
昆　明	188.34	47.43	40.32	54.96	12.38	51.11	8.84	50.18
安　宁	7.13	4.47	2.30	10.13	2.27	4.72	0.63	3.84
曲　靖	37.51	6.44	12.80	11.75	2.67	16.61	1.06	11.07
宣　威	10.38	5.25	1.50	4.50	1.77	4.89	4.60	4.71
玉　溪	7.87	2.50	1.86	4.60	3.23	11.03	0.50	6.64
保　山	10.02	2.92	2.40	1.90	0.80	8.51	0.70	9.73
腾　冲	9.32	2.14	3.52	2.80	0.20	3.38	0.21	5.33
昭　通	10.26	3.40	2.10	4.98	1.00	7.26	1.32	5.90
丽　江	4.70	2.40	2.30	2.10	3.00	3.64	1.68	4.10
普　洱	5.38	8.05	2.64	0.49	2.30	4.47	0.51	2.65
临　沧	8.00	1.10	3.20	1.80	0.55	4.17	1.25	2.35
楚　雄	17.68	5.88	5.93	3.92	1.24	8.83	0.62	1.10
个　旧	3.53	1.93	0.59	2.49	0.40	1.90	0.35	1.32
开　远	7.50	2.82	3.20	4.04	2.14	1.40	2.75	2.15
蒙　自	6.56	1.60	2.52	2.27	0.19	5.94	2.68	0.76
弥　勒	5.71	2.76	0.29	0.97	0.49	3.30	2.66	5.07
文　山	9.23	5.50	5.57	4.22	1.62	4.85	0.60	4.34
景　洪	8.02	2.00	0.70	0.01	0.19	4.20	1.00	11.28
大　理	14.54	7.09	3.21	4.65	1.02	5.64	1.19	3.50
瑞　丽	8.30	1.50	5.01	1.80	0.30	5.36	0.13	3.90
芒　市	8.28	4.01	2.93	1.90	0.47	2.81	1.65	0.86
泸　水	3.51	1.98	0.25	0.20	0.02	1.27	0.20	1.29
香格里拉	8.17	1.35	1.37	0.11	—	1.17	0.21	4.51
西　藏	**34.90**	**21.89**	**14.19**	**14.61**	**4.32**	**23.07**	**8.89**	**31.06**
拉　萨	17.67	6.27	8.05	10.70	1.96	16.87	5.35	11.54
日喀则	7.50	5.80	2.00	2.00	1.30	2.75	1.50	5.10
昌　都	0.60	5.10	0.38	0.63	0.01	0.55	0.20	0.32
林　芝	1.20	1.10	1.80	0.40	0.30	0.90	1.30	5.40
山　南	2.20	1.34	0.80	0.40	0.42	0.92	0.29	4.30

续表

地　区	居住用地	公共管理与公共服务用地	商业服务业设施用地	工业用地	物流仓储用地	道路交通设施用地	公用设施用地	绿地与广场用地
那　曲	5.73	2.28	1.16	0.48	0.33	1.08	0.25	4.40
陕　西	**318.88**	**122.91**	**102.85**	**149.59**	**34.99**	**219.37**	**44.51**	**292.36**
西　安	154.04	75.14	55.45	79.78	21.65	114.03	25.51	132.39
铜　川	17.39	4.47	3.04	9.45	0.36	8.66	0.69	4.79
宝　鸡	11.02	8.39	11.13	16.51	3.01	14.19	4.38	23.92
咸　阳	20.63	5.67	3.13	14.80	0.68	15.10	0.21	11.91
彬　州	3.50	0.75	0.26	0.28	0.15	1.93	0.57	2.08
兴　平	6.59	1.10	0.50	4.28	0.16	3.42	0.20	6.64
渭　南	23.93	5.73	3.33	5.44	1.58	8.90	1.54	14.99
韩　城	6.57	0.75	1.10	0.85	0.80	3.15	0.80	4.18
华　阴	5.00	1.42	1.96	2.25	0.43	1.71	0.75	3.72
延　安	13.81	2.33	2.37	2.13	0.24	6.01	0.90	13.19
汉　中	12.45	4.09	6.68	6.31	1.55	8.74	2.87	12.95
榆　林	16.86	2.45	4.61	3.57	0.91	16.72	1.31	20.37
神　木	7.09	3.20	1.60	1.24	0.39	5.34	0.58	9.86
安　康	13.20	1.65	1.17	0.79	0.15	5.75	2.60	19.69
商　洛	3.10	2.30	2.60	0.60	2.00	2.80	0.60	5.70
杨凌区	3.70	3.47	3.92	1.31	0.93	2.92	1.00	5.98
甘　肃	**216.86**	**80.22**	**56.94**	**173.28**	**31.30**	**143.52**	**39.13**	**147.21**
兰　州	73.13	34.51	21.32	50.58	8.40	68.56	10.95	53.23
嘉峪关	12.35	4.37	6.58	52.97	3.82	15.43	0.61	8.90
金　昌	8.02	2.93	1.63	17.52	1.46	5.39	1.46	5.59
白　银	17.62	5.60	3.09	21.78	1.36	6.34	4.13	6.28
天　水	11.20	3.24	4.00	10.33	5.79	6.07	4.17	11.20
武　威	14.12	2.22	3.06	0.56	0.36	5.47	0.50	7.60
张　掖	18.43	3.19	3.18	2.01	2.57	3.74	4.25	7.03
平　凉	14.05	3.60	2.34	3.00	1.87	7.10	1.05	7.73
华　亭	4.95	2.35	0.05	0.48	0.52	2.60	0.82	3.00
酒　泉	10.55	4.50	5.06	3.30	1.15	5.00	1.24	13.62
玉　门	1.70	1.20	0.79	3.30	0.36	2.35	0.29	1.14
敦　煌	2.20	0.80	2.08	0.50	0.20	2.68	0.35	6.16
庆　阳	4.97	4.66	0.04	1.15	0.60	3.51	2.25	7.78

续表

地区	居住用地	公共管理与公共服务用地	商业服务业设施用地	工业用地	物流仓储用地	道路交通设施用地	公用设施用地	绿地与广场用地
定　西	5.73	2.00	0.05	2.90	1.52	2.93	5.55	4.16
陇　南	6.64	0.86	0.40	0.16	0.02	2.00	0.70	2.00
临　夏	8.35	2.89	2.17	1.53	0.29	2.71	0.31	1.44
合　作	2.85	1.30	1.10	1.21	1.01	1.64	0.50	0.35
青　海	**60.93**	**14.94**	**9.06**	**13.25**	**13.89**	**28.74**	**6.77**	**36.98**
西　宁	28.76	5.94	2.57	4.28	8.77	16.57	3.98	24.30
海　东	7.42	1.97	1.29	0.99	1.61	0.85	1.16	3.65
玉　树	5.16	1.27	0.42	0.45	0.47	2.24	0.52	3.21
格尔木	15.43	2.26	2.25	4.41	2.12	6.54	0.70	2.48
德令哈	4.16	3.50	2.53	3.12	0.92	2.54	0.41	3.34
宁　夏	**132.07**	**55.47**	**19.84**	**43.00**	**13.52**	**74.11**	**15.91**	**82.08**
银　川	56.38	32.52	3.72	17.56	7.49	29.92	9.49	26.69
灵　武	6.20	0.55	1.38	3.05	0.03	2.26	0.39	3.80
宁东能源化工基地	0.50	1.00	0.50	0.10	—	1.84	1.00	3.26
石嘴山	21.86	2.75	3.78	9.65	0.20	12.10	1.00	20.10
吴　忠	18.10	6.89	3.55	7.47	0.43	8.64	2.01	8.04
青铜峡	9.84	5.62	2.50	2.90	2.37	4.30	0.87	3.28
固　原	10.20	3.56	2.15	1.51	2.40	8.70	0.52	9.99
中　卫	8.99	2.58	2.26	0.76	0.60	6.35	0.63	6.92
新　疆	**389.88**	**119.41**	**94.73**	**194.62**	**59.05**	**187.09**	**56.23**	**161.88**
乌鲁木齐	126.32	34.42	21.55	105.57	32.49	75.32	10.69	42.00
克拉玛依	24.36	10.72	6.48	4.26	0.67	12.30	3.23	10.53
吐鲁番	9.24	1.42	1.16	1.06	0.80	3.91	0.50	3.76
哈　密	20.17	4.65	4.44	2.25	1.57	6.79	4.18	8.20
昌　吉	21.42	4.50	6.37	10.24	1.27	12.45	0.77	6.37
阜　康	4.74	1.38	1.22	0.40	1.14	3.03	1.24	9.35
博　乐	9.99	1.86	3.18	4.03	1.27	2.33	1.06	2.27
阿拉山口	0.61	0.60	0.52	3.30	1.40	2.02	1.01	1.35
库尔勒	20.65	6.50	3.80	15.35	3.21	2.90	11.10	9.34
阿克苏	18.00	5.07	4.06	3.97	0.92	4.96	1.96	12.80
阿图什	4.53	3.30	2.04	0.40	0.26	2.04	0.53	1.59

续表

地　区	居住用地	公共管理与公共服务用地	商业服务业设施用地	工业用地	物流仓储用地	道路交通设施用地	公用设施用地	绿地与广场用地
喀　什	24.37	4.86	7.23	3.85	5.40	9.38	3.00	12.25
和　田	13.19	5.06	3.05	6.11	1.88	3.94	2.15	2.91
伊　宁	16.00	3.90	3.30	3.22	0.55	8.60	2.32	4.50
奎　屯	5.38	3.30	4.90	1.78	0.31	3.90	4.40	6.20
霍尔果斯	2.87	0.60	0.33	1.68	0.20	0.80	0.20	0.06
塔　城	12.44	2.42	0.89	1.52	0.52	0.97	0.32	0.08
乌　苏	7.57	1.90	1.46	3.51	1.20	2.47	0.70	4.54
阿勒泰	4.53	2.00	2.20	0.10	0.21	3.10	0.36	3.50
石河子	15.56	7.11	3.70	4.96	1.31	7.90	2.52	6.05
阿拉尔	3.10	2.51	1.17	5.14	0.57	1.29	1.80	2.18
图木舒克	5.22	3.07	4.46	2.82	0.20	1.78	0.20	3.43
五家渠	8.70	3.58	3.64	1.75	0.92	2.15	0.87	2.29
北　屯	6.09	2.16	2.68	2.18	0.72	5.47	0.33	1.77
铁门关	0.81	0.64	0.17	0.22	0.05	1.25	0.06	1.44
双　河	—	—	—	—	—	—	—	—
可克达拉	2.93	1.15	0.49	1.59	—	4.41	0.63	1.39
昆　玉	1.09	0.73	0.24	3.36	0.01	1.63	0.10	1.73

数据来源：住房和城乡建设部。

（二）城市市政公用设施投资及建设数据

表 3-148　2014—2018 年全国城市市政公用设施建设固定资产投资

单位：亿元，%

年　份	投资完成额	环比增长率	占同期全社会固定资产投资比重	占同期国内生产总值的比重
2014	16245.0	-0.63	3.17	2.55
2015	16204.4	-0.25	2.88	2.39
2016	17460.0	7.75	2.88	2.35
2017	19327.6	10.70	3.01	2.34
2018	20123.2	4.12	3.12	2.24

数据来源：住房和城乡建设部。

表 3-149　2018 年全国及各地区市政公用设施建设固定资产投资（1）

单位：万元

地　区	本年完成投资	供　水	燃　气	集中供热	轨道交通	道路桥梁	地下综合管廊
全　国	**201231835**	**5430426**	**2951313**	**4200376**	**60469191**	**69223945**	**6192404**
北　京	12716153	379978	226725	523489	3468667	2457218	145682
天　津	2649621	33976	56797	74260	1519614	236532	53
河　北	3773528	111803	146296	465256	709074	1223073	137322
上　海	4579981	9261	254140	—	1607658	876445	—
江　苏	19810285	928464	265129	300	5769373	7868620	447554
浙　江	13538673	680622	146976	87	5073608	4343373	293438
福　建	13030300	450700	64936	—	4827726	3747278	807647
山　东	12479032	368679	347120	835807	2709744	3731279	596901
广　东	15801574	266078	160160	—	7785098	3247857	396210
海　南	759980	9584	4671	—	—	472330	14836
山　西	3025604	19607	39386	186734	—	1986949	514
安　徽	6320076	231205	113773	52677	1045502	2340113	194152
江　西	6917758	151810	63923	—	537150	3855756	155570
河　南	9140884	202328	125424	405976	2051212	3686645	239709
湖　北	13475702	215277	47274	10535	4333794	3920869	632559
湖　南	5391122	158998	56320	—	1330039	2693446	111293
内蒙古	3897960	57931	51870	341488	608200	1759550	101472
广　西	6650334	100813	56012	—	1102813	3733286	140783
重　庆	7704035	168830	71244	—	3056529	2925677	65683
四　川	14312652	262436	120515	—	6021334	5254225	287728
贵　州	4117840	52780	6198	15354	737234	2290801	66252
云　南	4142295	72619	56816	—	1413354	1199945	436443
西　藏	42069	250	1429	—	—	28328	—
陕　西	4389173	87621	98116	142053	1480762	1373924	129712
甘　肃	2029370	42344	15764	130555	310672	844220	136182
青　海	1255207	13696	2583	—	—	878979	234603
宁　夏	545867	4612	7014	184460	—	130047	137907
新　疆	2106570	44940	82216	183745	656291	403370	102885
辽　宁	2832192	101581	166511	240029	1089369	710547	16640
吉　林	2001112	111847	25742	198857	600304	481020	155439
黑龙江	1794884	89759	70232	208714	624071	522243	7236

数据来源：住房和城乡建设部。

表 3-150　2018 年全国及各地区市政公用设施建设固定资产投资（2）

单位：万元

地区	排水				市容环境卫生		园林绿化	其他	本年新增固定资产
		污水处理	污泥处置	再生水利用		垃圾处理			
全国	**15298638**	**7604788**	**364607**	**421317**	**4704654**	**2985167**	**18547101**	**14213788**	**120129118**
北京	1189949	338996	30349	237441	604826	312888	2913057	806562	4827263
天津	298807	223649	—	1320	3536	—	36709	389337	203426
河北	316163	109847	2495	13432	119196	72354	525673	19671	3309999
上海	1337763	1067718	210500	—	210627	203966	65715	218372	2836021
江苏	1486222	763969	10267	5200	307108	219319	1888006	849509	9977310
浙江	710822	367594	195	5800	309572	193295	1341982	638194	9196670
福建	837747	498252	8067	17180	225000	195729	546197	1523070	11157442
山东	984101	313197	5594	4695	429019	336834	1672345	804036	9987313
广东	1273760	1020090	10962	3446	400272	323865	146204	2125937	2329391
海南	116471	96954	13456	—	21654	20835	99449	20985	104543
山西	80209	44723	—	—	147221	17665	538862	26122	2111997
安徽	800198	365040	6537	5702	204300	153828	1002294	335863	4474785
江西	416406	201779	18600	—	182971	101854	942253	611918	3681275
河南	462012	101886	570	35764	191177	36665	1681590	94811	4586465
湖北	1453026	718577	2128	110	246493	44526	489276	2126600	12798592
湖南	335871	179682	—	1500	55917	48092	233337	415902	3122652
内蒙古	168087	49950	11814	27422	102169	35197	394124	313069	3308979
广西	315385	108790	9230	—	121083	105242	289900	790257	3868407
重庆	420198	176535	3068	30	156054	137398	758825	80995	6703190
四川	681872	374708	16503	4282	251730	213900	1166119	266692	7464393
贵州	181138	60903	22	—	42197	38738	244635	481251	1301346
云南	281557	46228	390	2164	50399	26807	406149	225014	1457748
西藏	6582	345	—	—	3613	—	1377	491	26098
陕西	210807	83145	1725	1170	49035	5808	356995	460148	3276884
甘肃	151971	43780	—	—	32075	13548	130670	234918	1797168
青海	14618	13358	—	—	7123	—	28587	75018	1224827
宁夏	18425	2900	—	—	—	—	38079	25322	322192
新疆	146289	71610		53936	147232	73115	278404	61198	1524466
辽宁	384428	54445	2135	—	13528	6137	63340	46219	1025044
吉林	92752	35993	—	—	23999	11266	216585	94568	1492855
黑龙江	125003	70147	—	—	45527	36294	50362	51739	630376

数据来源：住房和城乡建设部。

表 3-151　2018 年全国及各地区设施水平

地　区	城市用水普及率（%）	城市燃气普及率（%）	每万人拥有公共汽电车辆（标台）	人均城市道路面积（平方米）	人均公园绿地面积（平方米）	每万人拥有公共厕所（座）
全　国	**98.36**	**96.70**	**13.09**	**16.70**	**14.11**	**2.88**
北　京	100.00	100.00	18.24	7.57	16.30	2.83
天　津	100.00	100.00	11.93	11.67	9.38	1.07
河　北	99.70	99.28	14.62	19.76	14.23	3.18
上　海	100.00	100.00	9.04	4.58	8.49	2.50
江　苏	99.98	99.81	15.63	25.20	14.66	4.13
浙　江	100.00	100.00	16.10	18.05	13.73	3.17
福　建	99.69	98.29	15.28	20.59	14.62	3.68
山　东	99.40	99.20	15.13	25.28	17.64	1.92
广　东	97.30	96.66	12.74	13.39	18.34	1.87
海　南	97.04	96.74	12.67	16.81	10.23	2.69
山　西	99.70	98.30	10.57	16.81	12.28	2.12
安　徽	99.75	98.56	12.80	22.95	14.67	2.38
江　西	98.31	97.40	9.72	19.37	14.67	2.15
河　南	96.65	96.30	12.59	14.57	12.69	3.92
湖　北	99.37	97.64	10.98	17.00	11.47	2.45
湖　南	96.35	93.64	15.49	16.96	10.99	2.50
内蒙古	99.23	94.76	10.18	22.75	18.52	8.15
广　西	97.80	98.15	10.78	19.42	13.05	1.40
重　庆	98.28	97.39	9.51	13.52	17.14	2.81
四　川	95.70	93.70	13.18	14.63	12.97	2.36
贵　州	96.68	87.25	10.96	13.51	15.51	2.86
云　南	96.60	77.31	12.97	14.11	11.85	6.40
西　藏	85.90	55.05	7.72	12.21	8.71	3.94
陕　西	95.49	96.19	13.72	16.47	11.76	5.28
甘　肃	97.90	90.91	11.87	17.91	13.65	3.10
青　海	99.00	94.69	14.57	16.19	11.45	3.69
宁　夏	98.40	93.85	13.35	22.94	20.38	2.65
新　疆	97.66	98.01	14.44	20.34	14.31	3.03
辽　宁	99.16	97.52	11.72	14.93	12.04	1.80
吉　林	93.89	93.04	10.73	13.81	13.45	3.14
黑龙江	98.48	89.50	14.03	14.86	12.35	4.08

数据来源：国家统计局。

表 3-152 2018 年全国及各地区供水情况

地 区	年末供水综合生产能力（万立方米/日）	年末供水管道长度（公里）	全年供水总量（万立方米）	#生活用水	#生产用水	用水人口（万人）	人均日生活用水量（升）
全 国	**31221.8**	**866820**	**6146355**	**3287914**	**1619551**	**50310.9**	**179.7**
北 京	3198.9	28243	191981	134986	24696	1863.4	198.7
天 津	473.9	18557	92374	47178	28040	1296.8	100.4
河 北	969.0	19654	165810	83198	52488	1896.9	120.4
上 海	1250.0	38414	305508	179853	46020	2423.8	203.3
江 苏	3491.2	101961	560242	263207	203467	3380.9	214.0
浙 江	1831.2	72917	371711	189754	127201	2545.5	204.4
福 建	781.3	26886	175159	100173	31863	1307.0	210.1
山 东	1892.1	54629	394788	168305	166016	3673.1	126.6
广 东	3524.4	121090	938248	520558	227849	5614.7	254.4
海 南	196.8	6812	42881	25630	2748	355.6	197.6
山 西	456.0	11010	98313	58676	28895	1155.2	139.3
安 徽	896.6	29392	200824	111647	54497	1604.8	190.7
江 西	602.7	22076	130712	74576	25047	1180.7	174.6
河 南	1166.6	25738	216305	118543	59921	2431.9	134.8
湖 北	1426.1	35076	305003	166812	76176	2269.4	202.2
湖 南	1017.9	31611	218678	127475	34374	1667.3	210.7
内蒙古	421.1	10069	82424	33101	29731	926.9	97.8
广 西	714.5	19562	177234	111777	37240	1151.3	266.1
重 庆	617.0	19078	149304	89515	31645	1481.8	165.5
四 川	1101.8	42659	258676	163925	47732	2483.8	181.4
贵 州	361.7	16045	80560	51163	11285	756.7	185.9
云 南	424.9	14298	98722	47082	27319	930.1	139.0
西 藏	68.2	1776	10266	5354	2082	95.1	163.0
陕 西	483.9	10234	141972	68091	56752	1143.9	163.4
甘 肃	355.0	6008	53878	31629	15000	632.1	137.2
青 海	102.8	2774	26959	11848	10083	191.0	178.5
宁 夏	235.6	2783	29956	15644	7044	291.6	147.3
新 疆	585.4	11174	103208	51205	27771	739.8	191.4
辽 宁	1198.8	37099	279443	124516	62392	2279.7	151.9
吉 林	616.2	13126	105505	48937	24681	1144.7	117.5
黑龙江	760.3	16070	139710	63561	39499	1395.6	125.5

数据来源：国家统计局。

表 3-153 2018 年全国及各地区燃气情况

地区	人工煤气生产能力（万立方米/日）	管道长度（公里）			全年供气总量			用气人口（万人）		
		人工煤气	天然气	液化石油气	人工煤气（万立方米）	天然气（万立方米）	液化石油气（吨）	人工煤气	天然气	液化石油气
全国	**1333.6**	**13124**	**698043**	**4841**	**297893**	**14439538**	**10153298**	**778.8**	**36902.1**	**11782.5**
北京	—	—	28241	230	—	1915978	480641	—	1434.8	428.6
天津	—	—	27953	—	—	501030	57326	—	1242.1	54.7
河北	11.8	1481	27402	216	55238	511224	156663	50.6	1598.2	240.2
上海	—	—	31233	263	—	892863	313578	—	1804.5	619.3
江苏	—	—	81809	201	—	1238706	575121	—	2918.0	457.1
浙江	1.5	112	43453	791	426	625647	730574	4.3	1591.4	949.8
福建	10.0	156	11046	183	1712	242393	320141	9.0	631.2	648.4
山东	340.0	10	60745	158	48302	981325	316551	—	3203.0	462.5
广东	—	651	35676	1003	6140	1330152	3789653	2.8	2588.8	2986.1
海南	—	—	3764	2	—	29818	87221	—	256.4	98.1
山西	130.0	1510	22115	151	54027	380672	74579	66.3	1018.1	54.6
安徽	—	—	25665	137	—	342510	156494	—	1421.7	164.0
江西	12.0	455	14483	93	15040	145718	202716	10.8	763.2	395.7
河南	224.5	242	24719	14	33624	543823	213694	0.2	1977.1	445.8
湖北	—	—	35151	138	—	482853	324048	—	1737.3	492.6
湖南	—	—	20466	27	—	259348	241126	—	1108.6	511.7
内蒙古	—	496	9837	116	4446	206893	53681	27.4	656.9	200.9
广西	—	498	6384	2	3588	73588	306242	34.4	545.4	575.6
重庆	—	—	22931	—	—	492502	64503	—	1390.6	77.7
四川	—	693	53889	394	17230	847233	192033	59.7	2254.8	117.6
贵州	—	—	6882	92	—	82932	113379	—	368.5	314.4
云南	—	454	6992	75	2910	37632	149198	20.4	473.9	250.0
西藏	—	—	3459	2	—	3206	6475	—	30.8	30.1
陕西	—	—	18835	3	4	473502	52737	0.2	1082.2	69.9
甘肃	345.6	385	3597	110	2383	235059	41432	16.0	476.3	94.7
青海	—	—	2313	—	—	157322	8528	—	161.4	21.3
宁夏	—	—	6414	1	—	222697	7619	—	241.0	37.2
新疆	45.0	61	14211	1	1757	528964	77302	6.7	690.3	45.5
辽宁	213.2	5260	27088	356	44139	320901	683963	399.3	1487.1	355.7
吉林	—	345	10979	63	3426	174481	157114	40.0	820.6	273.6
黑龙江	—	317	10308	19	3501	158565	198967	30.8	928.2	309.3

数据来源：国家统计局。

表 3-154 2018 年全国及各地区市政设施情况

地 区	年末实有道路长度（公里）	年末实有道路面积（万平方米）	城市桥梁（座）	城市排水管道长度（公里）	城市污水日处理能力（万立方米）	城市道路照明灯（千盏）
全 国	**432231**	**854268**	**73432**	**683485**	**18145.2**	**27383.4**
北 京	8332	14098	2336	17646	692.8	302.7
天 津	8242	15131	1009	21369	286.0	376.9
河 北	17281	37605	1725	20655	633.1	1020.7
上 海	5317	11092	2855	21975	813.0	606.9
江 苏	47973	85212	15678	80649	1870.9	3443.3
浙 江	23689	45946	11569	48525	1128.3	1610.3
福 建	13325	26995	1747	16760	416.0	850.1
山 东	45633	93397	5708	64169	1223.1	2008.1
广 东	45100	77290	7596	82172	2297.7	3016.5
海 南	4595	6158	218	4736	102.1	182.3
山 西	8622	19478	1314	8396	271.2	514.9
安 徽	15018	36927	1739	30978	611.9	978.8
江 西	11222	23263	944	17331	289.8	807.6
河 南	14538	36673	1465	25027	793.8	972.4
湖 北	20612	38831	2159	27903	691.0	858.4
湖 南	13192	29355	1209	18529	637.7	819.4
内蒙古	9894	21251	442	14002	240.6	589.6
广 西	10441	22861	1253	13254	773.3	593.3
重 庆	9520	20378	1798	18911	367.1	725.4
四 川	17832	37968	2845	33011	708.8	1444.1
贵 州	4969	10575	701	8251	253.6	604.0
云 南	6954	13587	801	13775	252.8	559.9
西 藏	781	1352	40	719	28.1	28.1
陕 西	8643	19735	845	10415	390.3	748.1
甘 肃	5092	11561	648	6955	153.3	340.9
青 海	1176	3124	211	2223	47.8	133.2
宁 夏	2404	6798	202	2036	100.0	235.9
新 疆	10611	15411	610	7614	240.2	657.0
辽 宁	19279	34325	1699	21617	1025.7	1195.2
吉 林	9220	16831	902	11601	404.0	473.3
黑龙江	12726	21062	1164	12278	401.6	686.0

数据来源：国家统计局。

表 3-155　2018 年全国及各地区绿地和园林情况

地　区	城市绿地面积（公顷）		公园（个）	公园面积（公顷）	建成区绿化覆盖率（%）
		#公园绿地			
全　国	**3047108**	**723740**	**16735**	**494228**	**41.1**
北　京	85286	32619	311	32619	48.4
天　津	46498	12158	131	2817	38.0
河　北	91424	27075	751	21113	41.6
上　海	139427	20578	250	2565	36.2
江　苏	293765	49580	1133	30546	43.1
浙　江	167370	34958	1340	20432	41.2
福　建	72103	19173	675	15379	44.3
山　东	243368	65179	1214	40554	41.8
广　东	485418	105810	3414	82505	44.0
海　南	17371	3750	97	2665	40.6
山　西	48235	14223	316	11143	41.3
安　徽	107515	23606	475	15893	42.5
江　西	69708	17620	519	11511	45.9
河　南	107112	31934	443	15787	40.0
湖　北	93148	26201	449	14785	38.4
湖　南	72435	19020	368	13344	41.2
内蒙古	67203	17300	305	15115	40.6
广　西	92058	15365	294	11716	39.9
重　庆	64778	25844	428	14818	40.4
四　川	113537	33668	629	18238	40.5
贵　州	51561	12137	192	11575	38.6
云　南	46426	11414	823	9364	39.8
西　藏	6020	963	105	808	37.3
陕　西	71285	14087	284	8464	38.8
甘　肃	27222	8816	172	5472	33.5
青　海	6677	2210	48	11923	33.9
宁　夏	25115	6041	96	3313	40.5
新　疆	72853	10839	291	7021	39.6
辽　宁	122259	27686	454	16967	39.9
吉　林	69260	16393	344	13298	37.6
黑龙江	70669	17495	384	12480	36.0

数据来源：国家统计局。

表 3-156 2018 年全国及各地区公共交通情况

地 区	公共汽电车			轨道交通			出租汽车（辆）
	运营车数（辆）	运营线路总长度（公里）	客运总量（万人次）	配属车辆数（辆）	运营里程（公里）	客运总量（万人次）	
全 国	**565933**	**876650**	**6356469**	**34012**	**5295**	**2127659**	**1097237**
北 京	22750	19245	318976	5682	637	384842	70035
天 津	13813	23920	109725	1130	227	40834	31940
河 北	24012	40819	175242	198	28	8760	54003
上 海	17122	24504	206233	5302	705	370592	41881
江 苏	44186	79773	442019	2926	634	155924	52559
浙 江	36378	82863	345909	1176	189	65422	39036
福 建	17871	25985	195680	408	54	10252	20191
山 东	49514	105166	350269	529	178	15388	61722
广 东	63588	110606	609703	5234	830	495175	64782
海 南	4197	7302	29403	—	—	—	6994
山 西	10209	19364	128046	—	—	—	30487
安 徽	16675	18784	162782	324	53	15324	38911
江 西	10175	20967	105037	294	49	14176	13545
河 南	27250	23395	241714	576	94	29341	47517
湖 北	21075	22549	306967	2068	300	103710	37072
湖 南	22026	21683	228450	348	69	25030	26014
内蒙古	7992	16224	99378	—	—	—	39044
广 西	10852	16555	101027	306	53	21361	16402
重 庆	12251	16394	235762	1806	313	85787	21993
四 川	28910	34213	354906	1889	240	115756	34552
贵 州	7178	11767	147304	186	34	744	20265
云 南	11372	20532	142703	492	89	19958	19572
西 藏	708	1848	9615	—	—	—	2365
陕 西	13567	12370	223316	1050	123	73930	25543
甘 肃	6519	9914	126406	—	—	—	24586
青 海	2375	3261	36807	—	—	—	8637
宁 夏	3393	5870	32154	—	—	—	12581
新 疆	8807	11269	138341	84	17	244	33499
辽 宁	22166	28122	370355	1012	240	52642	81650
吉 林	12004	17188	153623	842	118	14200	56351
黑龙江	16998	24198	228620	150	22	8269	63508

数据来源：国家统计局。

表 3-157　2014-2018 年全国城市轨道交通情况

年　份	建成轨道交通的城市个数（个）	建成轨道交通线路长度（公里）	正在建设轨道交通的城市个数（个）	正在建设轨道交通线路长度（公里）
2014	22	2714.79	36	3004.37
2015	24	3069.23	38	3994.15
2016	30	3586.34	39	4870.18
2017	32	4594.26	50	4913.56
2018	34	5141.05	50	5400.25

数据来源：住房和城乡建设部。

表 3-158　2018 年城市轨道交通（建成）（1）

地　区	线路长度（公里）								
	合计	按轨道类型					按敷设方式		
		地铁	轻轨	单轨	有轨	磁浮	地面线	地下线	高架线
全　国	**5141.05**	**4496.33**	**316.32**	**78.52**	**201.43**	**48.45**	**375.57**	**3540.70**	**1224.78**
北　京	**637.00**	**628.00**	**—**	**—**	**9.00**	**—**	**55.00**	**437.00**	**145.00**
天　津	**216.50**	**164.25**	**52.25**	**—**	**—**	**—**	**10.47**	**144.86**	**61.17**
河　北	**30.20**	**30.20**	**—**	**—**	**—**	**—**	**0.00**	**30.20**	**0.00**
石家庄市	30.20	30.20	—	—	—	—	0.00	30.20	0.00
辽　宁	**370.04**	**139.09**	**230.95**	**—**	**—**	**—**	**90.88**	**154.25**	**124.91**
沈阳市	110.79	110.79	—	—	—	—	—	110.79	—
大连市	259.25	28.30	230.95	—	—	—	90.88	43.46	124.91
吉　林	**57.75**	**38.64**	**13.40**	**—**	**5.71**	**—**	**5.71**	**38.64**	**13.40**
长春市	52.04	38.64	13.40	—	—	—	—	38.64	13.40
长白山保护开发区管理委员会	5.71	—	—	—	5.71	—	5.71	—	—
黑龙江	**22.98**	**22.98**	**—**	**—**	**—**	**—**	**0.00**	**22.98**	**0.00**
哈尔滨市	22.98	22.98	—	—	—	—	0.00	22.98	0.00
上　海	**710.09**	**673.90**	**—**	**—**	**6.29**	**29.90**	**16.41**	**433.42**	**260.26**
江　苏	**584.79**	**529.98**	**—**	**—**	**54.81**	**—**	**62.31**	**343.25**	**179.23**
南京市	364.11	347.56	—	—	16.55	—	24.28	188.28	151.55
无锡市	55.72	55.72	—	—	—	—	0.10	41.73	13.89
苏州市	138.89	120.70	—	—	18.19	—	17.86	113.24	7.79
昆山市	6.00	6.00	—	—	—	—	—	—	6.00
淮安市	20.07		—	—	20.07	—	20.07	0.00	0.00
浙　江	**184.57**	**184.57**	**—**	**—**	**—**	**—**	**0.20**	**141.73**	**42.64**
杭州市	110.06	110.06	—	—	—	—	0.20	102.26	7.60
宁波市	74.51	74.51	—	—	—	—	—	39.47	35.04

续表

地区	线路长度（公里）								
	合计	按轨道类型					按敷设方式		
		地铁	轻轨	单轨	有轨	磁浮	地面线	地下线	高架线
安　徽	**52.34**	**52.34**	**—**	**—**	**—**	**—**	**—**	**52.34**	**—**
合肥市	52.34	52.34	—	—	—	—	—	52.34	—
福　建	**29.30**	**29.30**	**—**	**—**	**—**	**—**	**—**	**29.30**	**—**
福州市	29.30	29.30	—	—	—	—	—	29.30	—
江　西	**7.90**	**7.90**	**—**	**—**	**—**	**—**	**0.00**	**7.90**	**0.00**
南昌市	7.90	7.90	—	—	—	—	0.00	7.90	0.00
山　东	**33.55**	**24.78**	**—**	**—**	**8.77**	**—**	**8.77**	**24.78**	**—**
青岛市	33.55	24.78	—	—	8.77	—	8.77	24.78	—
河　南	**102.70**	**102.70**	**—**	**—**	**—**	**—**	**1.27**	**85.40**	**16.03**
郑州市	102.70	102.70	—	—	—	—	1.27	85.40	16.03
湖　北	**351.27**	**304.44**	**—**	**—**	**46.83**	**—**	**45.20**	**231.30**	**74.77**
武汉市	351.27	304.44	—	—	46.83	—	45.20	231.30	74.77
湖　南	**102.21**	**83.66**	**—**	**—**	**—**	**18.55**	**0.22**	**82.31**	**19.68**
长沙市	102.21	83.66	—	—	—	18.55	0.22	82.31	19.68
广　东	**893.16**	**823.14**	**—**	**—**	**70.02**	**—**	**68.79**	**721.85**	**102.52**
广州市	485.39	477.69	—	—	7.70	—	47.81	435.14	2.44
深圳市	297.91	286.19	—	—	11.72	—	17.42	229.23	51.26
佛山市	21.48	21.48	—	—	—	—	—	21.48	—
肇庆市	50.60		—	—	50.60	—	3.15	2.27	45.18
东莞市	37.78	37.78	—	—	—	—	0.41	33.73	3.64
广　西	**53.10**	**53.10**	**—**	**—**	**—**	**—**	**0.00**	**53.10**	**0.00**
南宁市	53.10	53.10	—	—	—	—	0.00	53.10	0.00
重　庆	**312.21**	**213.97**	**19.72**	**78.52**	**—**	**—**	**4.31**	**175.58**	**132.32**
重庆市	312.21	213.97	19.72	78.52	—	—	4.31	175.58	132.32
四　川	**226.37**	**226.37**	**—**	**—**	**—**	**—**	**—**	**208.79**	**17.58**
成都市	226.37	226.37	—	—	—	—	—	208.79	17.58
贵　州	**35.11**	**35.11**	**—**	**—**	**—**	**—**	**3.31**	**29.00**	**2.80**
贵阳市	35.11	35.11	—	—	—	—	3.31	29.00	2.80
云　南	**88.76**	**88.76**	**—**	**—**	**—**	**—**	**2.27**	**65.59**	**20.90**
昆明市	88.76	88.76	—	—	—	—	2.27	65.59	20.90
陕　西	**39.15**	**39.15**	**—**	**—**	**—**	**—**	**0.45**	**27.13**	**11.57**
西安市	39.15	39.15	—	—	—	—	0.45	27.13	11.57

数据来源：住房和城乡建设部。

表 3-159　2018 年城市轨道交通（建成）(2)

地　区	车站数（个）				换乘站数（个）	配置车辆数（辆）					
	合计	地面站	地下站	高架站		合计	地铁	轻轨	单轨	有轨	磁浮
全　国	**3289**	**303**	**2456**	**530**	**776**	**25364**	**24164**	**428**	**492**	**260**	**20**
北　京	**391**	**27**	**296**	**68**	**59**	**5656**	**5628**	**—**	**—**	**28**	**—**
天　津	**156**	**6**	**119**	**31**	**42**	**1072**	**920**	**152**	**—**	**—**	**—**
河　北	**26**	**0**	**26**	**0**	**9**	**198**	**198**	**—**	**—**	**—**	**—**
石家庄市	26	0	26	0	9	198	198	—	—	—	—
辽　宁	**200**	**49**	**116**	**35**	**19**	**586**	**410**	**176**	**—**	**—**	**—**
沈阳市	92	—	92	—	4	384	384		—	—	—
大连市	108	49	24	35	15	202	26	176	—	—	—
吉　林	**50**	**4**	**33**	**13**	**17**	**1**			**—**	**1**	**—**
长春市	46	—	33	13	17	—	—	—	—	—	—
长白山保护开发区管理委员会	4	4	—	—	—	1	—	—	—	1	—
黑龙江	**23**	**0**	**23**	**0**	**3**	**102**	**102**	**—**	**—**	**—**	**—**
哈尔滨市	23	0	23	0	3	102	102	—	—	—	—
上　海	**415**	**12**	**298**	**105**	**127**	**5299**	**5241**	**—**	**—**	**44**	**14**
江　苏	**369**	**63**	**241**	**65**	**58**	**2469**	**2410**	**—**	**—**	**59**	**—**
南京市	190	30	112	48	27	1607	1592	—	—	15	—
无锡市	46	0	37	9	9	276	276	—	—	—	—
苏州市	107	10	92	5	22	554	536	—	—	18	—
昆山市	3	—	—	3	—	6	6	—	—	—	—
淮安市	23	23	0	0	0	26	—	—	—	26	—
浙　江	**120**	**—**	**100**	**20**	**12**	**366**	**366**	**—**	**—**	**—**	**—**
杭州市	69	—	66	3	—	—	—	—	—	—	—
宁波市	51	—	34	17	12	366	366	—	—	—	—
安　徽	**47**	**—**	**47**	**—**	**6**	**324**	**324**	**—**	**—**	**—**	**—**
合肥市	47	—	47	—	6	324	324	—	—	—	—
福　建	**22**	**—**	**22**	**—**	**6**	**31**	**31**	**—**	**—**	**—**	**—**
福州市	22	—	22	—	6	31	31	—	—	—	—
江　西	**7**	**0**	**7**	**0**	**0**	**72**	**72**	**—**	**—**	**—**	**—**
南昌市	7	0	7	0	0	72	72	—	—	—	—
山　东	**44**	**22**	**22**	**—**	**6**	**151**	**144**	**—**	**—**	**7**	**—**
青岛市	44	22	22	—	6	151	144	—	—	7	—

续表

地区	车站数（个）				换乘站数（个）	配置车辆数（辆）					
	合计	地面站	地下站	高架站		合计	地铁	轻轨	单轨	有轨	磁浮
河　南	**60**	**—**	**53**	**7**	**17**	**106**	**106**	**—**	**—**		**—**
郑州市	60	—	53	7	17	106	106	—	—		—
湖　北	**267**	**58**	**161**	**48**	**81**	**1822**	**1776**	**—**	**—**	**46**	**—**
武汉市	267	58	161	48	81	1822	1776	—	—	46	—
湖　南	**71**	**0**	**67**	**4**	**24**	**93**	**87**	**—**	**—**		**6**
长沙市	71	0	67	4	24	93	87	—	—		6
广　东	**511**	**53**	**421**	**37**	**117**	**3340**	**3265**	**—**	**—**	**75**	**—**
广州市	257	31	225	1	60	463	456	—	—	7	—
深圳市	218	21	167	30	54	2716	2656	—	—	60	—
佛山市	15	—	15	—	—	33	33	—	—	—	—
肇庆市	6	1	—	5	2	8		—	—	8	
东莞市	15	0	14	1	1	120	120	—	—	—	—
广　西	**43**	**0**	**43**	**0**	**12**	**51**	**51**	**—**	**—**	**—**	**—**
南宁市	43	0	43	0	12	51	51	—	—	—	—
重　庆	**186**	**4**	**110**	**72**	**60**	**1650**	**1058**	**100**	**492**	**—**	**—**
重庆市	186	4	110	72	60	1650	1058	100	492	—	—
四　川	**171**	**1**	**162**	**8**	**62**	**1644**	**1644**	**—**	**—**	**—**	**—**
成都市	171	1	162	8	62	1644	1644	—	—	—	—
贵　州	**25**	**2**	**20**	**3**	**10**	**204**	**204**	**—**	**—**	**—**	**—**
贵阳市	25	2	20	3	10	204	204	—	—	—	—
云　南	**59**	**2**	**50**	**7**	**23**	**86**	**86**	**—**	**—**	**—**	**—**
昆明市	59	2	50	7	23	86	86	—	—	—	—
陕　西	**26**	**—**	**19**	**7**	**6**	**41**	**41**	**—**	**—**	**—**	**—**
西安市	26	—	19	7	6	41	41	—	—	—	—

数据来源：住房和城乡建设部。

表 3-160　2018 年城市轨道交通（在建）（1）

地区	线路长度（公里）								
	合　计	按轨道类型					按敷设方式		
		地铁	轻轨	单轨	有轨	磁浮	地面线	地下线	高架线
全　国	**5400.25**	**4991.72**	**116.01**	**46.20**	**245.12**	**1.20**	**172.06**	**4383.77**	**844.42**
北　京	**358.15**	**356.95**	**—**	**—**	**—**	**1.20**	**0.75**	**261.50**	**95.90**
天　津	**141.07**	**141.07**	**—**	**—**	**—**	**—**	**0.28**	**138.62**	**2.17**
河　北	**49.34**	**49.34**	**—**	**—**	**—**	**—**	**—**	**49.34**	**—**
石家庄市	49.34	49.34	—	—	—	—	—	49.34	—

续表

地区	线路长度（公里）								
	合计	按轨道类型					按敷设方式		
		地铁	轻轨	单轨	有轨	磁浮	地面线	地下线	高架线
山　西	**23.65**	**23.65**	**—**	**—**	**—**	**—**	**0.00**	**23.65**	**0.00**
太原市	23.65	23.65	—	—	—	—	0.00	23.65	0.00
内蒙古	**49.02**	**49.02**	**—**	**—**	**—**	**—**	**0.11**	**46.06**	**2.85**
呼和浩特市	49.02	49.02	—	—	—	—	0.11	46.06	2.85
辽　宁	**195.39**	**152.23**	**43.16**	**—**	**—**	**—**	**23.60**	**152.46**	**19.33**
沈阳市	90.23	90.23	—	—	—	—	—	90.23	—
大连市	105.16	62.00	43.16	—	—	—	23.60	62.23	19.33
吉　林	**9.74**	**4.36**	**5.38**	**—**	**—**	**—**	**—**	**9.74**	**—**
长春市	9.74	4.36	5.38	—	—	—	—	9.74	—
黑龙江	**69.73**	**69.73**	**—**	**—**	**—**	**—**	**0.00**	**69.73**	**0.00**
哈尔滨市	69.73	69.73	—	—	—	—	0.00	69.73	0.00
上　海	**132.90**	**132.90**	**—**	**—**	**—**	**—**		**123.40**	**9.50**
江　苏	**625.24**	**554.09**	**43.65**	**—**	**27.50**	**—**	**22.50**	**547.16**	**55.58**
南京市	150.71	150.71	—	—	—	—	2.39	130.07	18.25
无锡市	58.23	58.23	—	—	—	—	0.00	58.23	0.00
徐州市	64.38	64.38	—	—	—	—	0.09	63.73	0.56
常州市	54.03	54.03	—	—	—	—	0.73	49.87	3.43
苏州市	194.21	166.71	—	—	27.50	—	19.29	168.45	6.47
南通市	60.03	60.03	—	—	—	—	—	60.03	0.00
句容市	43.65	—	43.65	—	—	—	—	16.78	26.87
浙　江	**531.66**	**406.27**	**8.26**	**—**	**117.13**	**—**	**8.14**	**313.87**	**209.65**
杭州市	154.27	154.27	—	—	—	—	—	154.27	—
宁波市	110.73	110.73	—	—	—	—	—	75.68	35.05
温州市	117.13	—	—	—	117.13	—	3.02	11.37	102.74
海宁市	8.26	—	8.26	—	—	—	0.00	8.26	0.00
绍兴市	34.10	34.10	—	—	—	—	—	34.10	—
金华市	107.17	107.17	—	—	—	—	5.12	30.19	71.86
安　徽	**169.53**	**123.33**	**—**	**46.20**	**—**	**—**	**0.00**	**120.51**	**49.02**
合肥市	123.33	123.33	—	—	—	—	—	119.10	4.23
芜湖市	46.20		—	46.20	—	—	0.00	1.41	44.79
福　建	**281.37**	**281.37**	**—**	**—**	**—**	**—**	**4.60**	**239.65**	**37.12**
福州市	123.67	123.67	—	—	—	—	0.67	116.24	6.76
厦门市	157.70	157.70	—	—	—	—	3.93	123.41	30.36

续表

地区	线路长度（公里）								
	合计	按轨道类型					按敷设方式		
		地铁	轻轨	单轨	有轨	磁浮	地面线	地下线	高架线
江　西	**92.30**	**92.30**	**—**	**—**	**—**	**—**	**0.48**	**85.25**	**6.57**
南昌市	92.30	92.30	—	—	—	—	0.48	85.25	6.57
山　东	**353.45**	**353.45**	**—**	**—**	**—**	**—**	**2.32**	**231.31**	**119.82**
济南市	47.69	47.69	—	—	—	—	0.20	31.29	16.20
青岛市	305.76	305.76	—	—	—	—	2.12	200.02	103.62
河　南	**155.41**	**155.41**	**—**	**—**	**—**	**—**	**—**	**155.41**	**—**
郑州市	114.77	114.77	—	—	—	—	—	114.77	—
洛阳市	40.64	40.64	—	—	—	—	—	40.64	—
湖　北	**92.49**	**92.49**	**—**	**—**	**—**	**—**	**—**	**81.13**	**11.36**
武汉市	92.49	92.49	—	—	—	—	—	81.13	11.36
湖　南	**107.08**	**107.08**	**—**	**—**	**—**	**—**	**0.00**	**107.08**	**0.00**
长沙市	107.08	107.08	—	—	—	—	0.00	107.08	0.00
广　东	**796.62**	**790.12**	**—**	**—**	**6.50**	**—**	**10.04**	**723.19**	**63.39**
广州市	345.10	345.10	—	—	—	—	0.00	345.10	0.00
深圳市	276.33	276.33	—	—	—	—	1.26	248.15	26.92
佛山市	117.20	110.70	—	—	6.50	—	6.50	94.50	16.20
东莞市	57.99	57.99	—	—	—	—	2.28	35.44	20.27
广　西	**99.62**	**99.62**	**—**	**—**	**—**	**—**	**0.00**	**99.62**	**0.00**
南宁市	99.62	99.62	—	—	—	—	0.00	99.62	0.00
海　南	**8.65**	**—**	**—**	**—**	**8.65**	**—**	**8.65**	**—**	**—**
三亚市	8.65	—	—	—	8.65	—	8.65	—	—
重　庆	**208.11**	**208.11**	**—**	**—**	**—**	**—**	**4.07**	**136.84**	**67.20**
重庆市	208.11	208.11	—	—	—	—	4.07	136.84	67.20
四　川	**348.32**	**289.20**	**—**	**—**	**59.12**	**—**	**57.25**	**243.79**	**47.28**
成都市	328.24	289.20	—	—	39.04	—	39.89	243.79	44.56
都江堰市	20.08	—	—	—	20.08	—	17.36	0.00	2.72
贵　州	**83.63**	**83.63**	**—**	**—**	**—**	**—**	**—**	**79.10**	**4.53**
贵阳市	83.63	83.63	—	—	—	—	—	79.10	4.53
云　南	**128.54**	**115.24**	**—**	**—**	**13.30**	**—**	**13.60**	**96.60**	**18.34**
昆明市	115.24	115.24	—	—		—	0.30	96.60	18.34
蒙自市	13.30	—	—	—	13.30	—	13.30	0.00	0.00
陕　西	**157.90**	**142.34**	**15.56**	**—**	**—**	**—**	**4.10**	**130.34**	**23.46**
西安市	157.90	142.34	15.56	—	—	—	4.10	130.34	23.46

续表

地区	线路长度（公里）								
	合计	按轨道类型					按敷设方式		
		地铁	轻轨	单轨	有轨	磁浮	地面线	地下线	高架线
甘肃	**47.98**	**35.06**	**—**	**—**	**12.92**	**—**	**11.57**	**35.06**	**1.35**
兰州市	35.06	35.06	—	—	—	—	—	35.06	—
天水市	12.92	—	—	—	12.92	—	11.57	0.00	1.35
新疆	**83.36**	**83.36**	**—**	**—**	**—**	**—**	**0.00**	**83.36**	**0.00**
乌鲁木齐市	83.36	83.36	—	—	—	—	0.00	83.36	0.00

数据来源：住房和城乡建设部。

表 3-161 2018 年城市轨道交通（在建）（2）

地区	车站数（个）				换乘站数（个）	配置车辆数（辆）					
	合计	地面站	地下站	高架站		合计	地铁	轻轨	单轨	有轨	磁浮
全国	**3465**	**149**	**2990**	**326**	**1002**	**23645**	**22672**	**229**	**240**	**444**	**60**
北京	**162**	**—**	**147**	**15**	**78**	**4304**	**4244**	**—**	**—**	**—**	**60**
天津	**114**	**—**	**112**	**2**	**33**	**936**	**936**	**—**	**—**	**—**	**—**
河北	**39**	**—**	**39**	**—**	**11**	**288**	**288**	**—**	**—**	**—**	**—**
石家庄市	39	—	39	—	11	288	288	—	—	—	—
山西	**23**	**0**	**23**	**0**	**7**	**144**	**144**	**—**	**—**	**—**	**—**
太原市	23	0	23	0	7	144	144	—	—	—	—
内蒙古	**43**	**—**	**40**	**3**	**10**	**312**	**312**	**—**	**—**	**—**	**—**
呼和浩特市	43	—	40	3	10	312	312	—	—	—	—
辽宁	**125**	**4**	**114**	**7**	**19**	**42**	**32**	**10**	**—**	**—**	**—**
沈阳市	67	—	67	—	—	—	—	—	—	—	—
大连市	58	4	47	7	19	42	32	10	—	—	—
吉林	**7**	**—**	**7**	**—**	**3**	**—**	**—**	**—**	**—**	**—**	**—**
长春市	7	—	7	—	3	—	—	—	—	—	—
黑龙江	**54**	**0**	**54**	**0**	**16**	**690**	**690**	**—**	**—**	**—**	**—**
哈尔滨市	54	0	54	0	16	690	690	—	—	—	—
上海	**95**	**—**	**90**	**5**	**26**	**1106**	**1106**	**—**	**—**	**—**	**—**
江苏	**438**	**16**	**405**	**17**	**118**	**3607**	**3448**	**132**	**—**	**27**	**—**
南京市	92	0	88	4	31	884	884	—	—	—	—
无锡市	42	0	42	0	12	474	474	—	—	—	—
徐州市	54	—	53	1	17	362	362	—	—	—	—
常州市	44	0	41	3	3	342	342	—	—	—	—
苏州市	148	16	130	2	41	1077	1050	—	—	27	—

续表

地　区	车站数（个）				换乘站数（个）	配置车辆数（辆）					
	合计	地面站	地下站	高架站		合计	地铁	轻轨	单轨	有轨	磁浮
南通市	**45**	**—**	**45**	**0**	**12**	**336**	**336**	**—**	**—**	**—**	**—**
句容市	13	—	6	7	2	132		132	—	—	—
浙　江	267	2	196	69	23	1330	1134	68	—	128	—
杭州市	93	—	93	—	—	—	—	—	—	—	—
宁波市	76	—	59	17	17	660	660	—	—	—	—
温州市	40	2	4	34	—	128	—	—	—	128	—
海宁市	3	—	3	—	—	68	—	68	—	—	—
绍兴市	24	—	24	—	5	162	162	—	—	—	—
金华市	31	0	13	18	1	312	312	—	—	—	—
安　徽	**136**	**0**	**97**	**39**	**32**	**1224**	**984**	**—**	**240**	**—**	**—**
合肥市	100	—	96	4	30	984	984	—	—	—	—
芜湖市	36	0	1	35	2	240	—	—	240	—	—
福　建	**182**	**0**	**172**	**10**	**56**	**338**	**338**	**—**	**—**	**—**	**—**
福州市	86	—	85	1	23	123	123	—	—	—	—
厦门市	96	0	87	9	33	215	215	—	—	—	—
江　西	**72**	**0**	**67**	**5**	**19**	**600**	**600**	**—**	**—**	**—**	**—**
南昌市	72	0	67	5	19	600	600	—	—	—	—
山　东	**178**	**—**	**134**	**44**	**64**	**1368**	**1368**	**—**	**—**	**—**	**—**
济南市	24	—	17	7	11	—	—	—	—	—	—
青岛市	154	—	117	37	53	1368	1368	—	—	—	—
河　南	**123**	**—**	**123**	**—**	**49**	**168**	**168**	**—**	**—**	**—**	**—**
郑州市	90	—	90	—	43	127	127	—	—	—	—
洛阳市	33	—	33	—	6	41	41	—	—	—	—
湖　北	**64**	**—**	**56**	**8**	**20**	**786**	**786**	**—**	**—**	**—**	**—**
武汉市	64	—	56	8	20	786	786	—	—	—	—
湖　南	**77**	**0**	**77**	**0**	**21**	**109**	**109**	**—**	**—**	**—**	**—**
长沙市	77	0	77	0	21	109	109	—	—	—	—
广　东	**440**	**10**	**395**	**35**	**113**	**495**	**490**	**—**	**—**	**5**	**—**
广州市	172	0	172	0	4	0	0	—	—	—	—
深圳市	176	0	156	20	82	144	144	—	—	—	—
佛山市	71	10	54	7	24	147	142	—	—	5	—
东莞市	21	0	13	8	3	204	204	—	—	—	—
广　西	**81**	**0**	**81**	**0**	**24**	**112**	**112**	**—**	**—**	**—**	**—**

续表

地　区	车站数（个）				换乘站数（个）	配置车辆数（辆）					
	合计	地面站	地下站	高架站		合计	地铁	轻轨	单轨	有轨	磁浮
南宁市	81	0	81	0	24	112	112	—	—	—	—
海　南	**15**	**15**	**—**	**—**	**0**	**14**	**—**	**—**	**—**	**14**	**—**
三亚市	15	15	—	—	0	14	—	—	—	14	—
重　庆	**118**	**3**	**85**	**30**	**48**	**1243**	**1243**	**—**	**—**	**—**	**—**
重庆市	118	3	85	30	48	1243	1243	—	—	—	—
四　川	**237**	**71**	**150**	**16**	**90**	**2678**	**2426**	**—**	**—**	**252**	**—**
成都市	209	45	150	14	90	2656	2426	—	—	230	—
都江堰市	28	26	0	2	0	22	—	—	—	22	—
贵　州	**61**	**—**	**59**	**2**	**19**	**558**	**558**	**—**	**—**	**—**	**—**
贵阳市	61	—	59	2	19	558	558	—	—	—	—
云　南	**95**	**15**	**73**	**7**	**33**	**469**	**451**	**—**	**—**	**18**	**—**
昆明市	80	0	73	7	29	451	451	—	—	—	—
蒙自市	15	15	0	0	4	18	—	—	—	18	—
陕　西	**113**	**1**	**100**	**12**	**39**	**100**	**81**	**19**	**—**	**—**	**—**
西安市	113	1	100	12	39	100	81	19	—	—	—
甘　肃	**41**	**12**	**29**	**—**	**10**	**36**	**36**	**—**	**—**	**—**	**—**
兰州市	29	—	29	—	10	36	36	—	—	—	—
天水市	12	12	—	—	—	—	—	—	—	—	—
新　疆	**65**	**0**	**65**	**0**	**21**	**588**	**588**	**—**	**—**	**—**	**—**
乌鲁木齐市	65	0	65	0	21	588	588	—	—	—	—

数据来源：住房和城乡建设部。

（三）农村住户固定资产投资和建房数据

表 3-162　2014—2018 年全国农村住户固定资产投资和建房情况

年　份	投资总额（亿元）	#竣工房屋投　资	#住宅	房屋施工面积（万平方米）	房屋竣工面积（万平方米）	#住宅	竣工房屋造　价（元/平方米）	#住宅
2014	10755.8	7387.5	6843	103672.9	90287.4	83769.6	818.2	816.9
2015	10409.8	7157.1	6709.6	98376.7	85316.8	79380.2	838.9	845.2
2016	9964.9	6812.6	6331.3	92039.7	79649.1	73051.4	855.3	866.7
2017	9554.4	6446.3	5899.3	84395.0	72727.0	66870.0	886.4	882.2
2018	10039.2	6369.0	5885.0	79898.2	67861.3	62189.8	938.5	946.3

数据来源：国家统计局。

表 3-163 2018 年全国及各地区农村住户固定资产投资和建房情况

地 区	投资总额（亿元）	#竣工房屋投 资	#住宅	房屋施工面积（万平方米）	房屋竣工面积（万平方米）	#住宅	竣工房屋造 价（元/平方米）	#住宅
全 国	**10039.2**	**6369.0**	**5885.0**	**79898.2**	**67861.3**	**62189.8**	**938.5**	**946.3**
北 京	63.2	54.5	53.7	491.0	446.6	426.2	1220.0	1260.0
天 津	17.6	4.3	4.2	54.1	46.2	42.2	932.8	985.4
河 北	362.3	264.1	239.8	2810.8	2232.2	1937.2	1183.0	1238.1
上 海	6.5	5.0	4.8	51.3	35.4	34.4	1410.2	1389.2
江 苏	258.0	133.0	125.2	1600.0	1414.0	1309.0	940.5	956.8
浙 江	863.6	551.7	542.3	4884.6	3252.1	3180.9	1696.5	1704.9
福 建	301.1	187.2	180.6	2393.6	1669.1	1609.9	1121.3	1121.6
山 东	958.6	535.7	405.8	10592.9	9973.9	8232.9	537.1	492.9
广 东	368.3	232.2	227.2	2410.2	1548.2	1498.2	1500.0	1516.8
海 南	97.4	89.8	84.5	856.2	693.7	662.5	1294.4	1275.3
山 西	257.7	142.8	136.6	1916.8	1861.1	1701.4	767.0	803.0
安 徽	554.9	338.0	324.7	4677.6	3561.7	3367.2	948.9	964.2
江 西	308.6	232.8	214.0	3253.7	2438.0	2326.0	954.9	920.2
河 南	629.2	463.1	428.6	5824.0	5351.0	5017.0	865.5	854.4
湖 北	501.8	369.6	354.0	4404.8	3512.5	3337.2	1052.1	1060.9
湖 南	705.7	465.3	447.7	3978.6	3246.9	3062.4	1433.2	1462.0
内蒙古	166.0	63.4	41.5	541.9	643.3	472.8	985.5	878.2
广 西	596.2	372.6	364.2	6684.8	6142.4	5915.1	606.6	615.7
重 庆	95.5	54.3	49.6	758.7	618.6	553.8	877.9	895.0
四 川	678.8	461.6	419.7	5830.7	4810.3	4339.1	959.6	967.3
贵 州	280.5	173.5	170.8	1979.0	1859.0	1830.0	933.6	933.1
云 南	469.6	484.5	422.5	5341.0	4346.3	4065.3	1114.7	1039.4
西 藏	—	—	—	—	—	—	—	—
陕 西	358.3	222.3	214.3	2277.1	2101.6	1998.2	1058.0	1072.6
甘 肃	132.3	78.1	71.4	1377.0	1292.0	1163.0	604.6	613.6
青 海	54.4	44.5	42.2	499.3	492.1	452.2	903.8	932.3
宁 夏	89.6	29.4	28.1	458.0	458.0	450.0	641.7	624.3
新 疆	288.2	146.8	138.1	1929.0	1849.1	1739.4	794.0	794.0
辽 宁	205.8	101.5	86.0	1121.6	1085.3	736.6	935.3	1168.1
吉 林	151.7	31.6	30.9	367.0	367.0	367.0	861.2	842.9
黑龙江	217.8	35.9	31.8	532.8	513.7	362.9	698.4	877.3

数据来源：国家统计局。

表 3-164　2014—2018 年全国建制镇及住宅基本情况

年　份	建制镇统计个数（万个）	建成区面积（万公顷）	本年住宅竣工建筑面积（亿平方米）	年末实有住宅建筑面积（亿平方米）	人均住宅建筑面积（平方米）
2014	1.77	379.5	2.66	54.0	34.6
2015	1.78	390.8	2.53	55.4	34.6
2016	1.81	397.0	2.32	56.7	34.9
2017	1.81	392.6	3.00	53.9	34.8
2018	1.83	405.3	3.32	57.9	36.1

数据来源：住房和城乡建设部。

表 3-165　2014—2018 年全国乡及住宅基本情况

年　份	乡统计个数（万个）	建成区面积（万公顷）	本年住宅竣工建筑面积（亿平方米）	年末实有住宅建筑面积（亿平方米）	人均住宅建筑面积（平方米）
2014	1.19	72.23	0.36	9.3	31.2
2015	1.15	70.00	0.32	9.0	31.2
2016	1.09	67.30	0.29	8.7	31.2
2017	1.03	63.38	0.56	7.9	31.5
2018	1.02	65.39	0.39	8.4	33.2

数据来源：住房和城乡建设部。

Ⅳ.市场篇

导 读

本篇重点介绍了全国土地市场、新建商品房市场，北京市、上海市、广东省、重庆市四省（直辖市）的房地产市场情况，继续收录全国主要城市地价监测情况。首次收录“二手房市场”内容。各篇文章均来自各地房地产相关的政府部门、行业协会和研究机构。

一、土地市场

（一）土地供应

2019年全国国有建设用地供应总量[①]62.4万公顷，较上年下降3.1%。其中，工矿仓储用地14.7万公顷，增长11.4%；房地产用地14.2万公顷，下降1.4%；基础设施用地33.5万公顷，下降9.0%。由国有建设用地类型的供应结构来看，2019年工矿仓储用地、房地产用地和基础设施用地分别占土地供应总量的23.6%、22.8%和53.7%，三类用地占比分别较上年提升3.1个、提升0.4个和下降3.5个百分点。

从近五年房地产用地供应数据来看，房地产用地规模呈现波动性增加态势，2019年用地规模较2015年增加2.2万公顷（见图4-1）。2015—2019年各年房地产用地分别占当年土地供应总量的22.5%、20.8%、19.2%、22.4%和22.8%，所占比重经历了先降后升阶段，2019年占比较2015年略微提升0.3个百分点。

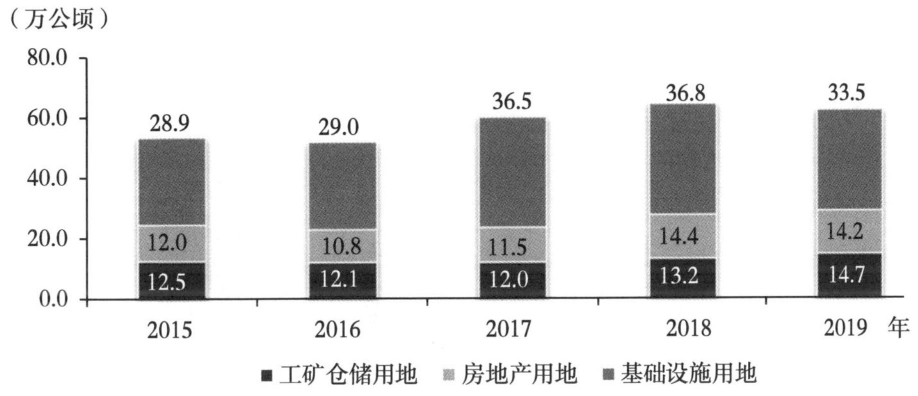

图4-1　2015—2019年各类型建设用地供应情况

数据来源：国土资源部。

（二）开发企业土地购置面积及成交价款

2019年，房地产开发企业土地购置面积[②]25822万平方米，同比下降11.4%（见图4-2）。年内土地购置面积规模逐季增加，与上年同期相比，一季度下降33.1%，之后同比跌幅连续两个季度收窄，四季度实现6%的正增长（见表4-1）。

表4-1　2019年各季度全国土地购置面积及增长情况

单位：万平方米,%

类　别	Q1		Q2		Q3		Q4	
	数额	同比	数额	同比	数额	同比	数额	同比
土地购置面积	2543	-33.1	5492	-24.6	7419	-10.4	10368	6.1

数据来源：国家统计局。

① 国有建设用地供应总量：指市、县人民政府根据年度土地供应计划依法以出让、划拨、租赁等方式与用地单位或个人签订出让合同或签发划拨决定书、完成交易的国有建设用地总量。

② 土地购置面积：指房地产开发企业在本年内通过各种方式获得土地使用权的土地面积。

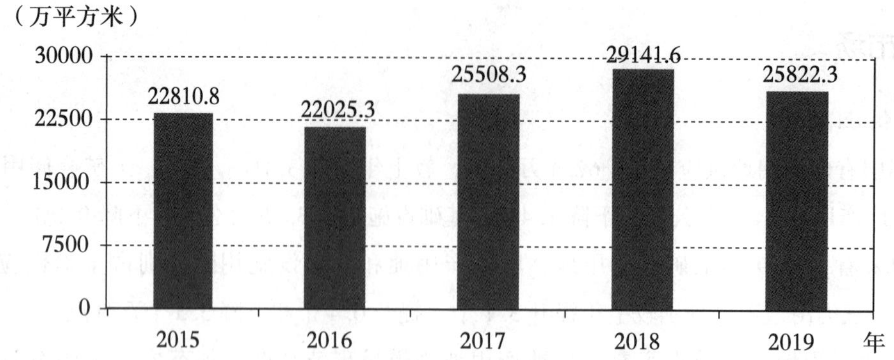

图 4-2　2015—2019 年全国土地购置面积情况

数据来源：国家统计局。

2019 年全国土地成交价款[1] 14709 亿元，同比下降 8.7%（见图 4-3）。年内土地成交价款总值逐季上涨（见表 4-2）。全年土地成交价款占国有土地使用权出让收入比例为 20.3%（2019 年国有土地使用权出让收入为 72516.9 亿元）。

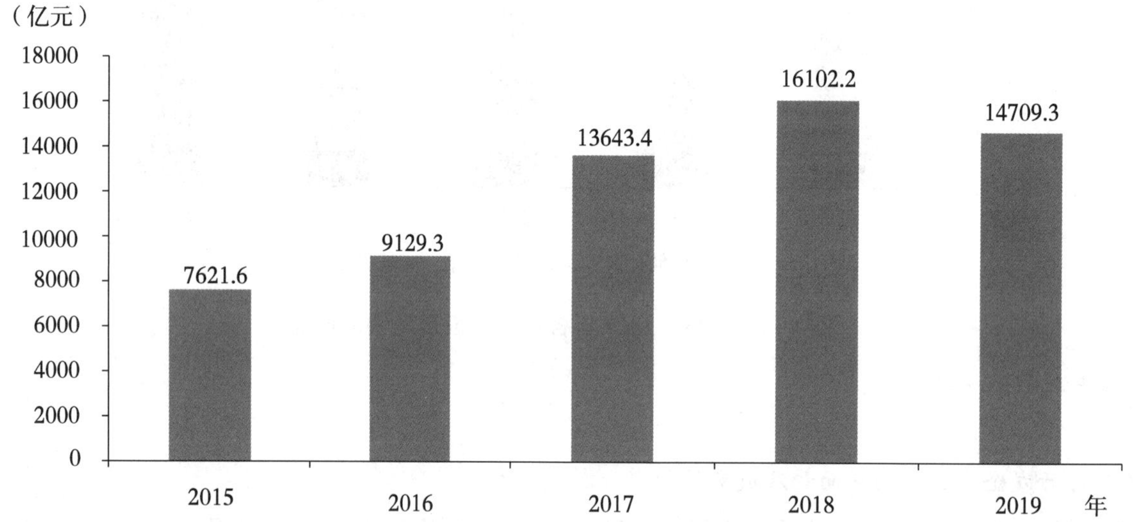

图 4-3　2015—2019 年全国土地成交价款情况

数据来源：国家统计局。

表 4-2　2019 年各季度全国土地成交价款及增长情况

单位：亿元，%

类　别	Q1		Q2		Q3		Q4	
	数额	同比	数额	同比	数额	同比	数额	同比
土地成交价款	1194	−27.0	2617	−27.9	4375	−7.6	6523	6.9

数据来源：国家统计局。

① 土地成交价款：指房地产开发企业在本年内进行土地使用权交易活动的最终金额。在土地一级市场，是指土地最后的划拨款、“招拍挂”价格和出让价；在土地二级市场是指土地转让、出租、抵押等最后确定的合同价格。土地成交价款与土地购置面积同口径。

2019 年，全国土地成交均价[①] 5696 元/平方米，较上年上涨 171 元（见图 4-4）。年内土地成交均价数额低开高走并逐季上涨，同比增速大幅回落（见表 4-3）。

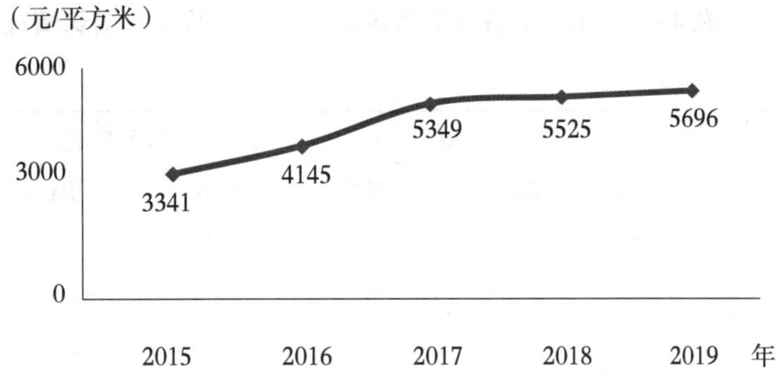

图 4-4　2015—2019 年全国土地成交均价变化情况

数据来源：根据国家统计局数据整理。

表 4-3　2019 年各季度全国土地成交均价及增长情况

单位：元/平方米,%

类　别	Q1		Q2		Q3		Q4	
	数额	同比	数额	同比	数额	同比	数额	同比
土地成交均价	4695	9. 2	4765	-4. 4	5897	3. 1	6291	0. 8

数据来源：国家统计局。

（三）土地成交结构

2019 年，东部地区土地购置面积共计 10435. 6 万平方米，同比下降 21. 9%；中部地区共计 7342. 5 万平方米，同比上涨 2. 5%；西部地区共计 6411. 7 万平方米，同比下降 5. 6%；东北地区共计 1632. 4 万平方米，同比下降 10. 6%（见图 4-5）。从绝对量来看，年内东部地区土地购置面积依然多于其他地区。

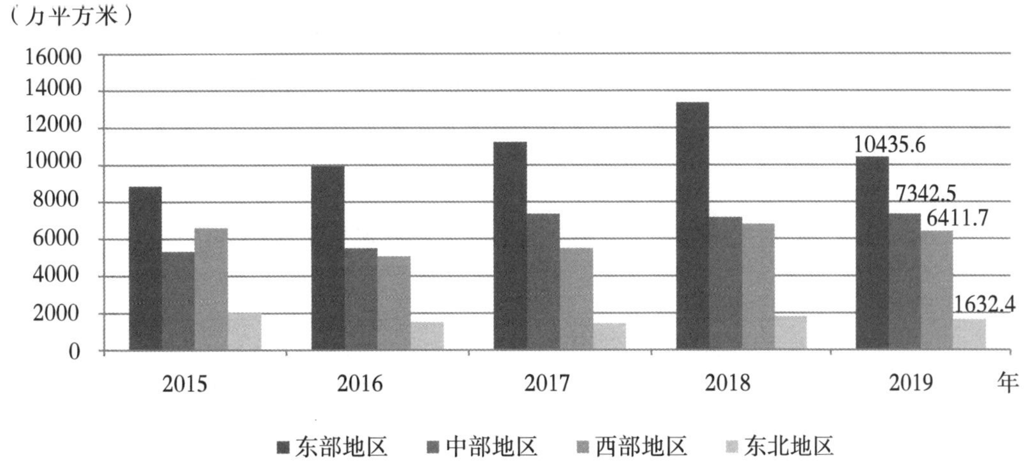

图 4-5　2015—2019 年各区域土地购置面积情况

数据来源：国家统计局。

① 土地成交均价：由土地成交价款/土地购置面积计算而得。

从同比数据来看，中部和西部地区土地购置面积增速由负转正，而东部和东北地区连续一年负增长，但四季度同比降幅有所收窄（见表 4-4）。

表 4-4　2019 年各季度各区域土地购置面积及增长情况

单位：万平方米，%

地　区	Q1		Q2		Q3		Q4	
	数额	同比	数额	同比	数额	同比	数额	同比
东部地区	1022	-40.5	2133	-34.4	2944	-18.7	4337	-9.1
中部地区	896	-19.2	1588	-10.4	2085	-2.6	2774	29.6
西部地区	526	-33.5	1196	-28.8	1887	-2.9	2803	17.9
东北地区	100	-46.1	575	-0.8	504	-12.8	453	-6.0

数据来源：根据国家统计局数据整理。

2019 年东部地区土地成交价款共计 8522 亿元，同比下降 15.7%；中部地区共计 3155.1 亿元，上涨 7.5%；西部地区共计 2438.7 亿元，下降 0.6%；东北地区共计 593.5 亿元，下降 1.4%（见图 4-6）。年内东部地区成交价款绝对值远高于其他地区。从同比数据来看，年内土地成交价款增速仅东部地区连续四季度处于负增长区间，其余地区增速皆由负转正（见表 4-5）。

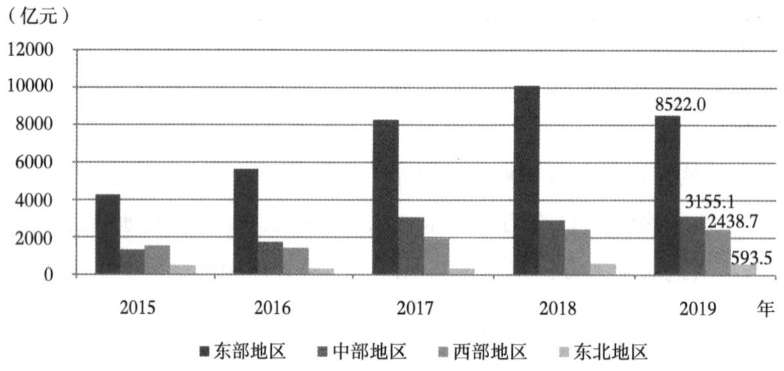

图 4-6　2015—2019 年各区域土地成交价款情况

数据来源：国家统计局。

表 4-5　2019 年各季度各区域土地成交价款及增长情况

单位：亿元，%

地　区	Q1		Q2		Q3		Q4	
	数额	同比	数额	同比	数额	同比	数额	同比
东部地区	679	-35.2	1353	-35.6	2580	-11.7	3909	-3.3
中部地区	346	1.3	702	1.0	912	-1.5	1196	22.8
西部地区	144	-17.8	365	-42.4	709	3.1	1220	27.7
东北地区	24	-65.2	198	-2.5	173	-13.5	198	52.6

数据来源：根据国家统计局数据整理。

2019 年东部、中部、西部和东北地区土地成交均价分别为 8166 元/平方米、4297 元/平方米、3803 元/平方米和 3636 元/平方米（见图 4-7），每平方米地价较上年分别上涨 599 元、199 元、192 元和 337 元。东部地区地价涨幅突出，为 10.2%。地价季度变化看，东部地区逐季提升，中部地区相对平稳，西部和东北地区则在第四季度有明显回升（见表 4-6）。

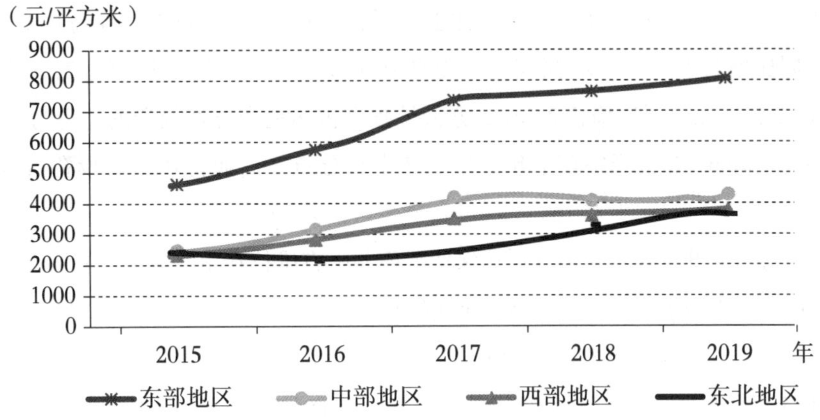

图 4-7　2014—2019 年各区域土地成交均价情况

数据来源：根据国家统计局数据整理。

表 4-6　2019 年各季度各区域土地成交均价及增长情况

单位：元/平方米，%

地　区	Q1		Q2		Q3		Q4	
	数额	同比	数额	同比	数额	同比	数额	同比
东部地区	6644	8.8	6343	-1.8	8764	8.5	9013	6.5
中部地区	3862	25.5	4421	12.8	4374	1.2	4311	-5.3
西部地区	2738	23.2	3052	-19.2	3757	6.1	4351	8.3
东北地区	2400	-35.6	3443	-1.5	3433	-1.0	4375	63.1

数据来源：根据国家统计局数据整理。

2019 年，全国 31 个省、直辖市、自治区中，土地购置面积同比下降的地区有 16 个，其中海南省、重庆市和浙江省位居跌幅榜前三，分别下降 64.0%、49.1%和 44.3%；15 个地区高于上年同期，其中青海省、天津市和广西壮族自治区涨幅位居前三，分别为 193.9%、142.5%和 96.9%。土地成交价款同比下降的有 14 个，其中海南省、新疆维吾尔自治区和重庆市位居跌幅榜前三，分别下降 66.5%、57.2%和 45.3%；同比上涨的有 17 个，其中山西以涨幅 230.5%位居首位，西藏以涨幅 174.4%位居第二，广西以涨幅 152.4%排名第三。北京、江苏、浙江、福建、广东、海南、河南、重庆、四川、陕西、新疆、吉林等 12 个省、直辖市、自治区量价齐跌，其中价格回落大于面积回落的有福建省、海南省、新疆维吾尔自治区、吉林省。

在全国 31 个省市和自治区中，土地成交均价过万的有 4 个，其中，北京市土地成交均价最高，为 29654 元/平方米，上海、广东、浙江紧随其后，分别为 16799 元/平方米、11505 元/平方米、11032 元/平方米。天津市、江苏省土地成交均价超过 9000 元/平方米，福建省土地成交均价超过 7000 元/平方米。其他省市自治区土地成交均价皆低于全国 5696 元/平方米。

（中房研协测评研究中心）

二、新房市场

（一）房地产开发投资

2019 年，全国房地产开发投资 132194 亿元，比上年增长 9.9%，增幅较上年提高 0.4 个百分点。其中，住宅投资 97071 亿元，同比增长 13.9%，增幅较上年提高 0.5 个百分点，住宅投资占房地产开发投资的比重为 73.4%；办公楼投资 6163 亿元，同比增长 2.8%，办公楼投资占房地产开发投资的比重为 4.7%；商业营业用房投资 13226 亿元，同比下降 6.7%，降幅较上年放缓 2.7 个百分点，商业营业用房投资占房地产开发投资的比重为 10.0%。

从全年同比增幅走势看，开发投资额累计增速保持平稳并一直维持在 10%左右。投资累计增速在一季度末冲至 11.8%的年度高点后持续平缓下行，最终定格在年底的 9.9%。在全年经济平稳增长持续面临挑战、房企融资渠道高压、销售端去化下降、土地市场低迷的行业背景下，开发投资累计增幅虽然持续小幅微调，但该指标一直保持较强的韧性，为 2015 年以来最高值。从历年数据演变看，2015—2019 年房地产开发投资额绝对额一直在净增长，同比增幅呈现持续攀升态势（见表 4-7）。

表 4-7　2015—2019 年全国房地产开发投资情况

单位：亿元，%

类 别	2015 年		2016 年		2017 年		2018 年		2019 年	
	数额	同比	数额	同比	数额	同比	数额	同比	数额	同比
房地产投资	95979	1.0	102581	6.9	109799	7.0	120264	9.5	132194	9.9
#住宅	64595	0.4	68704	6.4	75148	9.4	85192	13.4	97071	13.9
#办公楼	6210	10.1	6533	5.2	6761	3.5	5996	−11.3	6163	2.8
#商业营业用房	14607	1.8	15838	8.4	15640	−1.2	14177	−9.4	13226	−6.7

数据来源：国家统计局。

从季度开发投资看，房地产投资同比增速先扬后抑，呈现逐季下调态势，但回调幅度有限。第四季度开发投资同比虽小幅回落，但投资规模依然高于 3 万亿元，房企保持了稳定的开发投资节奏和较高的在建施工规模。下半年开始发力上扬的土地购置面积支撑了开发投资，正是这些因素，也使得在诸多行业指标出现下降时，开发投资额保持了稳定的增长。

分类市场看，住宅投资增速高于其他物业投资增速。其中，住宅投资增速走势与开发投资走势保持平行，且增幅整体高出总投资 3~4 个百分点左右。四季度单季，住宅投资同比增长 11.3%，涨幅较上年同期收窄 0.4 个百分点；办公楼投资同比上涨 8.1%；商业营业用房则不改负增长趋势（见表 4-8）。

表 4-8　2019 年各季度房地产开发投资情况

单位：亿元，%

类 别	Q1			Q2			Q3			Q4		
	数额	环比	同比	数额	环比	同比	数额	环比	同比	数额	环比	同比
房地产投资	23803	−24.7	11.8	37806	58.8	10.4	36399	−3.7	9.9	34186	−6.1	8.2

续表

类 别	Q1			Q2			Q3			Q4		
	数额	环比	同比	数额	环比	同比	数额	环比	同比	数额	环比	同比
#住宅	17256	-22.9	17.3	27911	61.7	14.9	26979	-3.3	13.3	24925	-7.6	11.3
#办公楼	1162	-26.8	-2.6	1653	42.3	0.7	1632	-1.3	3.6	1716	5.1	8.1
#商业营业用房	2472	-29.9	-9.9	3711	50.1	-9.7	3613	-2.6	-4.8	3430	-5.1	-2.8

数据来源：国家统计局。

（二）商品房建设

2019 年，房屋新开工面积 227154 万平方米，增长 8.5%（见图 4-8）。其中，住宅新开工面积 167463 万平方米，增长 9.2%。全年房屋新开工面积依然维持高位，但同比增速较上年收窄了 8.7 个百分点，一方面由于上半年房企土地购置面积远低于 2017—2018 年，待开发土地的减少制约了新开工面积的增长；另一方面也反映了房企在新开工进度上的审慎而行。

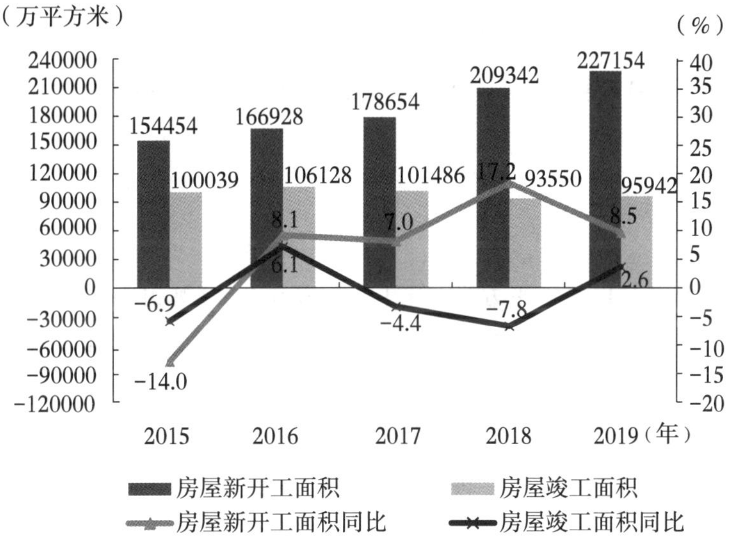

图 4-8 2015—2019 年全国房屋新开工及竣工建设情况

数据来源：国家统计局。

2019 年，新建商品房屋竣工面积 95942 万平方米，同比增长 2.6%，其中住宅竣工面积 68011 万平方米，同比增长 3.0%。竣工增速在二季度为-15%，创 2019 年新低，三季度后开始回升，直至年底回正，新开工和竣工剪刀差进一步收窄，竣工好转将有效提振地产下游产业链的需求，也将对 2020 年商品房供应提供稳定保障（见表 4-9）。

表 4-9 2019 年各季度房屋新开工和竣工情况

单位：万平方米，%

类 别	Q1			Q2			Q3			Q4		
	数额	环比	同比	数额	环比	同比	数额	环比	同比	数额	环比	同比
房屋新开工面积	38728	-31.8	11.9	66781	72.4	9.1	60198	-9.9	6.0	61447	2.1	8.3
房屋竣工面积	18474	-56.4	-10.8	13952	-24.5	-15.0	14322	2.7	2.3	49194	243.5	16.0

数据来源：国家统计局。

2019 年，房地产开发企业房屋施工面积 893821 万平方米，较上年增长 8.7%。其中，住宅施工面积 627673 万平方米，增长 10.1%，施工面积累计增速连续两年明显提升，增幅较上年同期上升 3.5 个百分点（见图 4-9）。

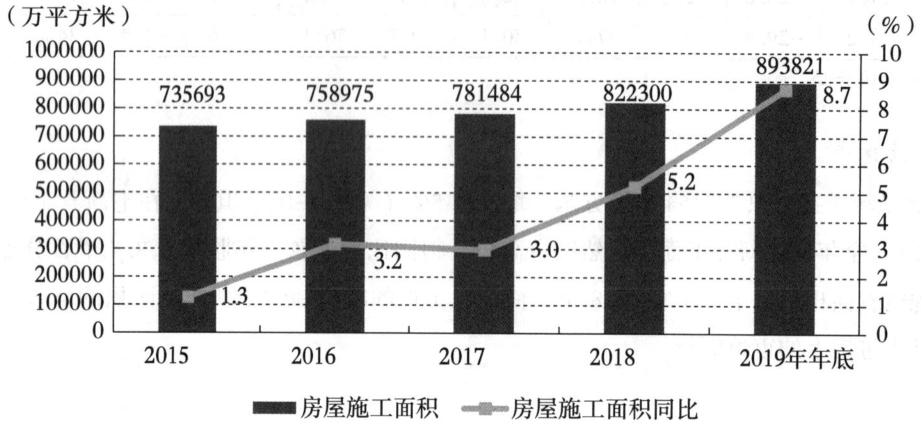

图 4-9　2015—2019 年年底全国房屋施工建设情况

数据来源：国家统计局。

（三）商品房销售

2019 年，商品房销售面积 171558 万平方米，比上年下降 0.1%（见图 4-10）。其中，住宅销售面积增长 1.5%，办公楼销售面积下降 14.7%，商业营业用房销售面积下降 15.0%。商品房销售额 159725 亿元，增长 6.5%，比上年回落 5.7 个百分点。其中，住宅销售额增长 10.3%，办公楼销售额下降 15.1%，商业营业用房销售额下降 16.5%。在全年政策严控下，商品房增量市场告别了往年的高增长，但全年销售面积绝对值基本与上年持平，销售金额则超越上年 14.99 万亿元，再创历史新高。

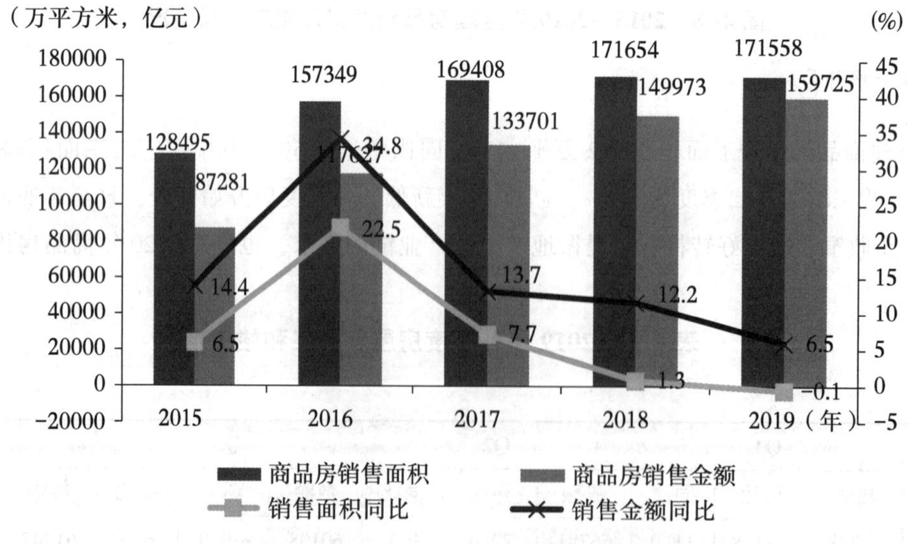

图 4-10　2015—2019 年全国商品房销售面积及金额情况

数据来源：国家统计局。

2019 年年底，商品房待售面积 49821 万平方米，比上年年底减少 2593 万平方米。其中，住宅待售面积比上年年底减少 2618 万平方米，办公楼待售面积增加 151 万平方米，商业营业用房待售面积减少 511 万平方米。

商品房销售面积增速经历震荡后在三季度由负转正，四季度有所回调，保持微弱正增长。销售金额增速则显现平稳向下趋势。销售金额增幅大于销售面积增幅态势未改，房价存在上涨压力（见表 4-10）。

表 4-10　2019 年各季度全国商品房销售及增长情况

单位：万平方米，亿元，%

类　别	Q1			Q2			Q3			Q4		
	绝对值	环比	同比	绝对值	环比	同比	绝对值	环比	同比	绝对值	环比	同比
销售面积	29829	-43.0	-0.9	45957	54.1	-2.3	43393	-5.6	2.9	52379	20.7	0.1
#住　宅	25954	-41.6	-0.6	40227	55.0	-1.3	38469	-4.4	5.0	45494	18.3	2.3
销售金额	27039	-41.0	5.6	43659	61.5	5.6	40793	-6.6	9.7	48234	18.2	5.2
#住　宅	23239	-38.9	7.5	38106	64.0	8.9	36152	-5.1	13.8	41943	16.0	10.3

数据来源：国家统计局。

从各月成交走势情况看，销售面积环比增速呈现“W”走势；同比增速走势表现相对平稳，但自 8 月份以来，销售面积同比增速连续下降，低迷走势未出现上涨势头，这也为全年销售面积奠定了小幅下降的基调。单月数据方面，12 月份作为年底业绩冲刺的传统节点，其单月销售面积是全年销量的最高峰，主要是房企为完成业绩积极促进销售回款，但与上年同期水平相比，出现了负增长（见图 4-11）。

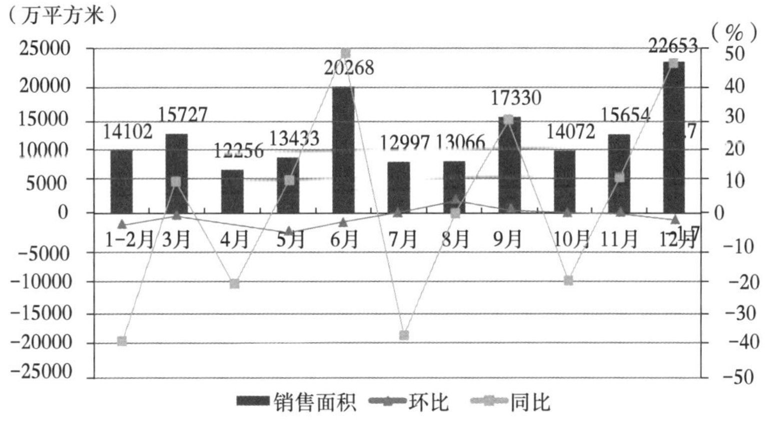

图 4-11　2019 年全国商品房月度销售面积及同比增速

数据来源：国家统计局。

（四）商品房销售均价

2019 年全国新建商品房成交均价为 9310 元/平方米，同比增长 6.6%。其中，住宅成交均价 9287 元/平方米，同比增长 8.7%。从房价增长趋势看，房价惯性较强，继续上涨，涨幅进一步扩大（见图 4-12）。

图 4-12　2015—2019 年全国商品房销售均价及同比增幅走势

数据来源：国家统计局。

从国家统计局公布的 70 座大中城市房价数据变化看，2019 年同比综合平均涨幅整体呈回落趋势，环比综合平均涨幅则在平稳区间内变动，房地产市场总体继续保持稳定（见图 4-13）。伴随全国范围内“因城施策”的楼市调控政策效果显现，各地市场分化显著，部分城市仍有房价上涨压力。

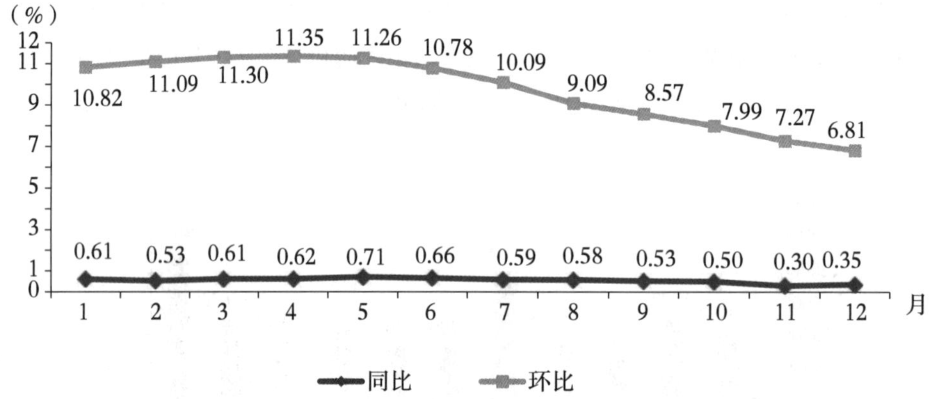

图 4-13　2019 年 70 座大中城市新建商品住房价格指数月度同比、环比平均涨幅情况

数据来源：根据国家统计局数据整理。

（五）40 座重点城市商品房运行分析

2019 年 40 座重点城市房地产开发投资总额 67829 亿元，同比上涨 7. 1%；住宅开发投资 46601 亿元，同比上涨 11. 1%。开发投资与住宅投资整体高于上年，年内增速走势表现为持续小幅下滑（见表 4-11）。

表 4-11　2019 年各季度 40 座重点城市开发投资及增长情况

单位：亿元,%

类　别	Q1		Q2		Q3		Q4	
	数额	同比	数额	同比	数额	同比	数额	同比
开发投资	12301	8.1	19587	8.1	18584	7.0	17356	5.3
#住宅开发投资	8372	14.5	13688	13.3	12926	9.8	11615	7.7

数据来源：根据国家统计局数据整理。

不同层级城市看，2019 年开发投资同比涨幅基本表现为全国最高，一线城市次之，40 座重点城市最低；住宅开发投资同比涨幅表现为全国最高，40 座重点城市次之，一线城市最低（见表 4-12）。与上年相比，40 座重点城市开发投资及住宅开发投资同比增幅明显提升。一方面，年内城市及区域间发展节奏不同步，有递延性和互补性；另一方面，2019 年起房企逐渐回归一些区域经济实力强、投资风险小的城市拿地，对二线城市的布局力度有所加强。

表 4-12　2018—2019 年度房地产开发投资指标区域对比

单位：亿元,%

类　别	2018 年度				2019 年度			
	明细	全国	一线城市	40 重点城市	明细	全国	一线城市	40 重点城市
开发投资	金额	120264	13249	63342	金额	132194	14214	67829
	同比	9.5	7.0	5.4	同比	9.9	7.3	7.1
#住宅开发投资	金额	85192	7289	41955	金额	97071	7949	46601
	同比	13.4	10.0	8.3	同比	13.9	9.1	11.1

数据来源：根据国家统计局数据整理。

全口径开发投资中，9 座城市同比下滑，三亚市跌幅最大，下降 25.6%；31 座城市同比上涨，南宁市以 32.1%涨幅居首。住宅开发投资方面，8 座城市同比下滑，三亚市跌幅最大，下降 26.7%；32 座城市同比上涨，太原市以 35.0%涨幅居首。从绝对值来看，重庆市、上海市开发投资总额领先其他城市，分别为 4439 亿元、4231 亿元，位于前十的还有北京、杭州、郑州、广州、深圳、武汉、天津、苏州等 8 座城市，在 2686 亿~3838 亿元之间。

2019 年 40 座重点城市商品房销售总面积 59614 万平方米，同比减少 1.8%，主要是受办公楼和商业营业用房影响，分别同比减少 17.3%、15.2%；销售总金额 81721 亿元，同比上涨 5.9%。其中，商品住宅销售面积 50297 万平方米，同比增加 0.4%；商品住宅销售金额 70259 亿元，同比上涨 10.6%。（见表 4-13）

表 4-13　2019 年各季度 40 座重点城市商品房销售及增长情况

单位：万平方米，亿元，元/平方米，%

类　别	Q1		Q2		Q3		Q4	
	数额	同比	数额	同比	数额	同比	数额	同比
销售面积	10272	-2.9	16818	-2.4	14614	-0.1	17910	-2.0
销售金额	13587	4.4	23021	7.6	20571	8.8	24542	2.8
销售均价	13227	7.6	13689	10.2	14076	8.9	13703	4.9

数据来源：国家统计局。

2019 年，商品房销售面积及金额同比增幅基本表现为一线城市最高，全国次之，40 座重点城市最低。城市间分化仍在，一线城市均为上涨，整体表现好于其他重点城市和三、四线城市，各层级城市下滑部分主要为非住宅，相比之下重点城市的办公及商业营业用房库存积压和销售压力更大，库存风险需要注意；各层级城市销售金额涨幅明显高于销售面积，也反映出房价上涨仍在持续（见表 4-14）。

表 4-14　2018—2019 年度商品房销售数据区域对比

单位：万平方米，亿元，%

类　别	2018 年度				2019 年度			
	明细	全国	一线城市	40 重点城市	明细	全国	一线城市	40 重点城市
商品房销售	面积	171654	4735	60701	面积	171558	4906	59614
	同比	1.3	-5.1	0.4	同比	-0.1	3.6	-1.8
	金额	149973	14140	77182	金额	159725	16350	81721
	同比	12.2	7.6	11.7	同比	6.5	15.6	5.9
商品住宅销售	面积	147929	3571	50114	面积	150144	3888	50297
	同比	2.2	-7.0	1.0	同比	1.5	8.9	0.4
	金额	126393	11468	63512	金额	139440	13707	70259
	同比	14.7	10.7	13.9	同比	10.3	19.5	10.6

数据来源：根据国家统计局数据整理。

40 座重点城市中，24 座城市销售面积下滑，三亚市跌幅居首，下滑 50.5%，呼和浩特、大连、太原等 3 座城市跌幅在 11%~18%之间，杭州、西安、武汉、青岛、重庆、广州、上海、成都等 8 座城市也在下滑之列，跌幅不超过 10%；16 座城市销售面积上涨，北京以 34.9%涨幅居首。从绝对值来看，重庆以 6105 万平方米商品房销售面积遥遥领先，武汉、郑州、成都等 3 座城市紧随其后，销售面积在 3500 万平方米左右，前十的还有西安、长沙、苏州、昆明、南昌、南宁等 6 座城市，销售面积在 1250 万~1619 万平方米之间。

12 座城市销售金额下滑，三亚跌幅居首，下滑 49.0%，其次石家庄下降 17.5%，太原、济南、大连跌幅超过一成，南京跌幅为 8.1%，重庆、杭州、青岛、哈尔滨、呼和浩特、武汉跌幅不超过 3%；28 座城市上涨，北京以 41.8%涨幅居首。上海、重庆商品房销售金额领先于其他城市，分别为 5204 亿元、5129 亿元，其次武汉、深圳销售金额也超过 4000 亿元，前十的还有杭州、成都、苏州、郑州、北京、广州，销售金额在 3275 亿~3924 亿元之间。

（中房研协测评研究中心）

三、二手房市场[①]

（一）市场整体情况

受市场预期低迷和新房市场分流需求的影响，2019 年全国二手房市场继续低位运行。全国二手房交易面积为 3.9 亿平方米，同比下降 2%；成交套数达 426 万套，是近 5 年以来的最低值。二手房交易金额为 6.76 万亿元，同比增长 2.8%，增速比 2018 年收窄 7.7 个百分点。二手房市场交易低位下降的主要原因除了近几年市场交易低迷、市场观望情绪浓厚以外，还有新房放量分流的影响。全国新建商品住宅施工面积及新开工面积同比分别增加 10.1%和 9.2%。在供应增长下，房企选择“以价换量”，尤其是四季度以来房企降价促销的力度大，分流了二手房市场的需求。

2019 年，二手房市场保持高集中度。TOP3 城二手房交易金额占比达到 27.8%，较 2018 年增长 0.4 个百分点；TOP10 城市占比达到 48.7%，与 2018 年持平；TOP30 城市达到 73.8%，二手房市场继续保持高集中度（见表 4-15）。

表 4-15　2019 年重点城市二手房交易情况

城市范围	套数占比（%）	交易金额占比（%）
TOP3	12.2	27.8
TOP10	29.2	48.7
TOP30	53.5	73.8
TOP50	64.8	82.0
TOP100	79.0	90.0

数据来源：贝壳研究院。

（二）重点城市市场情况

1. 北京市

2019 年北京市二手房成交量为 14.5 万套，同比减少 5.5%；成交均价[②]为 60746 元/平方米，同比下跌 0.1%，基本和 2018 年价格水平保持持平。2019 年北京市二手房市场上，绝大部分业主在挂牌后需要下调报价，所有的调价行为中涨价次数占比[③]仅 13.3%，同比回落 3.6 个百分点。客户价格谈判能力增强，议价空间[④]为 4.2%，同比提升 0.1 个百分点。市场的回落带来成交难度的增加，2019 年北京市二手房成交周期[⑤]为 102 天，同比延长 31.5 天，二手房市场节奏明显变缓。

从市场结构来看，低温的市场中，配套差、品质差、地段偏的物业价值受到考验，价跌明显。二手房购房

① 本文成交量数据来自各个城市不动产交易中心，其他数据均为链家交易数据。
② 均价=统计期内交易房源的成交总额/总成交面积，下同。
③ 调价中涨价占比=统计期内挂牌价上调总次数占价格调整总次数的比例，下同。
④ 议价空间=（最后挂牌单价-成交单价）/最后挂牌单价×100%，下同。
⑤ 房源成交周期=房源买卖合同签订日期-房源初始挂牌日期，下同。

者观望情绪进一步蔓延，业主预期随之走低，市场变得更慢。3 月“小阳春”之际，在年初银行房贷额度充足影响下，全市二手房成交量达 1.6 万套，同比大幅增加 44%，市场有回暖迹象。但是随着国管公积金政策的收紧、房住不炒的重新强调，市场预期回落，市场需求后劲不足。此后市场开启了长达 7 个月的持续下滑。年底市场翘尾，但难以改变全年成交回落局面。

2019 年中心城六区二手房成交占全市比重为 61.7%，同比下降 7 个百分点。其原因主要是东城海淀在 2018 年中发布将于 2019 年起实行“多校划片”政策，为确保子女能上优质学校，部分学区需求前置到 2018 年，如海淀区成交占比在 2018 年同比提升 2.3 个百分点，在 2019 年下降 2.5 个百分点。近两年 90 平方米以下房源成交占比①稳定在 67%附近。从户型分布变动可以看出，调控后市场向刚需户型倾斜：2019 年 90 平方米以下小户型成交占比较 2016 年提升 7 个百分点，而大户型成交占比则相应下降，其中 120 平方米以上高端改善户型较调控前下降逾 4 个百分点。

2019 年北京市各区成交均价同比普遍下跌，仅核心的西城区及东城区上涨，涨幅分别为 3.9%和 1.2%。跌幅较大的均是外围城区，如门头沟及亦庄等，跌幅均在 5%以上。2019 年 300 万元以下二手房源均价同比下跌 3.3%，其他总价段房源价格持平或微跌。更长时间对比，2019 年 300 万元以下房源均价较 2017 年累计下跌 4.8%，300 万~450 万元房源均价累计跌幅也在 3.7%，450 万~750 万元之间的中低端改善优质盘价格则相对坚挺。调控后改善大户型需求受抑更明显，户型越大价格越易下跌，2019 年 120 平方米以上大户型房价同比下跌 0.6%，90~120 平方米的中等户型基本相对稳定，60 平方米以下小户型上涨 1.6%。

2. 上海市

上海市房地产市场在经过连续两年的低迷后在 2019 年走出低谷，2019 年二手房成交 21.7 万套，同比大幅提升 29.9%；成交均价为 48536 元/平方米，同比下跌 2.4%。前期价格下跌、满足资质的客户增多（2016 年 3 月调整了限购政策，从 2 年延长至 5 年），促使部分客户有实力和资质进入市场，带动供需关系的变化和市场的上行。相应的买卖双方的市场地位也发生变化，具体来说业主地位提升、话语权增强，客户市场地位下降、话语权减弱。2019 年上海市二手房业主调价中涨价次数占比为 22%，同比提升 8.6 个百分点，议价空间为 3.4%，同比收窄 0.6 个百分点，房源成交周期为 114 天，同比缩短 11.1 天，市场节奏明显加快。

回顾近四年上海市二手房市场的变化，大概有三种状态：2016 年的高温，经过 325 限购升级和 1128“认房认贷”限贷升级后，2017—2018 年市场大幅降温，二手房成交量从 2016 年的超过 35 万套下滑到 2018 的 16.7 万套，2019 年市场走出底部，成交 21.7 万套，同比大幅增长近 30%。从时间上看，二季度表现尤其明显，受到春节后税费降低、长三角土拍热潮的带动，市场预期明显提升，加上上海市市场长期供不应求的基本面，成交量在春节后形成小高潮，3—5 月每个月的二手房交易量都在 2 万套以上。

从成交结构来看，2019 年中小户型、低总价的房源成交占比提升，500 万元以下的成交占比超过 80%，可见 2019 年上海二手房成交的客户中，首次在上海市置业的刚需占比提升。原因来自三个方面：①限购期满。2016 年限购满二变满五，经过了三年时间，大量的人群满足了社保条件、获得购房资格；②价格下跌，降低了购房门槛。2016 年调控以来，上海市二手房市场持续回落，价格累计下跌 18%，城市较强的经济和人口基本面使得购房需求有支撑，价格的下跌使得部分群体入市难度降低，刺激成交；③部分客群“曲线上车”。前几年环沪城市（如苏州市、无锡市、昆山市）二手房成交客户中来自上海客户明显增加，2019 年环沪二手房市场活跃度明显增加，因此市场存在“买不起/没资格—2017 年之前买环沪苏州无锡等—2019 年卖掉环沪，买上海

① 90 平以下成交占比=成交中 90 平以下房源数量/总成交数量，下同。

二手小户型—、二手小户型业主卖房后换房改善”的路径，2019年上海市新房市场中，外环大户型成交明显提升也验证了这点，即卖掉二手刚需房的业主改善到大户型新房。

从新增客房比①来看，2019年上海市二手房市场的供需矛盾明显加剧。单月来看，2018年新增客源/新增房源基本都在4以下，即1个新增的房源对应不到4个客源，这一指标在2019年基本都在4以上，尤其是年底高达6.6，即一个新增的房源对应6.6个客源，供不应求的局面明显加剧，使得2019年上海市二手房市场呈现“成交节奏加快、市场升温”的特点。

3. 广州市

2019年广州市市场量价均有明显下降。全市二手房成交9万套，同比下滑11.4%；成交均价为29897元/平方米，同比下跌8.1%。相应的买卖双方地位变化的幅度也最大，调价中涨价次数占比为19.7%，同比下降5.6个百分点；买方议价空间为4.1%，同比扩大0.2个百分点；市场的回落带来成交节奏的大幅延长，二手房成交周期为115天，同比延长32.5天。二手房市场呈现“成交减少—价格下跌—需求观望—成交周期变长—价格下跌—需求观望……”的特点。

4. 深圳市

2019年深圳市市场在低位企稳，成交量稳价涨。全市二手房成交6.4万套，同比减少0.9%，和2018年的交易规模基本持平；价格方面成交均价为58306元/平方米，同比上涨3.6%。价格的上涨带动业主对后市预期的看涨，因此业主调价中涨价次数占比大幅提升9.6个百分点。业主调价中涨价次数占比为40%，客户价格谈判能力相对稳定、和上年同期基本持平。客户议价空间为3.5%，房源成交周期依旧保持127天的较长水平，同比延长27.8天。

5. 重庆市

2019年重庆市二手房市场整体的销售难度有明显增加。随着“房住不炒”的持续贯彻和深入，各地房价均保持平稳，重庆市前期调控政策在全国来看不算严厉，加上前期房价的上涨透支了部分需求，目前二手房市场处于自然回落的状态。全市二手房成交14.3万套，同比减少10.6%；成交均价为12968元/平，同比上涨0.2%，和上年同期基本持平。业主调价中涨价次数占比大幅下降，占比为19.2%，同比下降13.7个百分点；客户的议价空间为1.1%，同比提升0.3个百分点；房源成交周期为90天，同比延长34天。

6. 天津市

天津市市场在2017年调控后大幅下滑，且整体经济面临转型困境，前期市场较为低迷，人才引进政策和部分区域限制政策的放松一定程度上带动了需求的入市，但是目前市场的供需关系依旧较为缓和、市场节奏依旧较慢。2019年天津市二手房市场成交低位增长。全市二手房成交13万套，同比增长10.9%；成交均价为23070元/平，同比下跌8.8%。业主调价中涨价次数占比为12.6%，同比下降4.2个百分点；客户的议价空间增加0.3个百分点至3.2%；房源成交周期为115天，同比延长20.5天。

7. 大连市

2019年大连市二手房成交量降价涨。全市二手房网签6.8万套，同比减少13%；成交均价为13876元/平，同比上涨6.7%，价格的上涨一部分来自于高单价中小面积成交占比的提升。2019年调价中涨价次数占比为28.8%，同比减少12.1个百分点；买方的议价空间为3.9%，同比提升0.7个百分点；成交周期为112天，同比延长29.8天。买方的年龄结构变化不大，近两年30岁以下、30~40岁、40岁及以上的客户群体占比②分别为27%、45%、

① 新增客房比=统计期内新增客源/统计期内新增房源，下同。

② 30~40岁客户成交占比=成交客户中30~40岁客户数量/总成交客户量（总成交套数），下同。

28%，付款方式方面商贷比重①为 62%，同比下降 4.5 个百分点，相应的组合贷比例有所提升。

8. 南京市

2019 年南京市二手房市场稳中有升，全市二手房成交 7.7 万套，同比增长 8.4%；成交均价为 30891 元/平方米，同步上涨 0.9%。整体市场热度有所提升，但是供需矛盾依旧相对缓和，客户的话语权有所提升。业主调价中涨价次数占比为 22.7%，同比减少 3.7 个百分点；客户议价空间为 2.5%，同比提升 0.3 个百分点；房源成交周期为 109 天，同比延长 29.2 天。客户结构方面，24 岁以下客户的占比提升 3 个百分点至 7.1%，和其他大部分城市类似，受到二手房信贷额度不足的影响，南京市二手房商贷比例从 48%下降到 39%，同比减少 9 个百分点。

9. 苏州市

2019 年苏州市二手房市场升温，成交节奏有所加快。全市二手房成交 9.1 万套，同比增长 11.5%；成交均价为 25289 元/平方米，同比下跌 0.4%，基本持平。供需关系层面，二手房市场业主报价后调价中涨价次数占比为 42.2%，为重点城市中最高，同比下滑 2.1 个百分点；客户的价格谈判能力小幅下滑，议价空间为 2.2%，同比减少 0.1 个百分点；成交周期为 85 天，同比缩短 12 天，成交节奏有所加快。客户结构方面，30~39 岁改善类客户占比为 48.4%，同比减少 3.4 个百分点。

10. 杭州市

2019 年杭州市二手房市场有所降温，小面积二手房成交占比明显下滑。全市二手房成交 4.6 万套，同比下降 8%；成交均价为 30623 元/平方米，同比下跌 1.6%。市场预期方面，业主调价中涨价占比为 23.1%，同比下降 6.1 个百分点；客户议价空间为 6.1%，同比缩小 1.9 个百分点；房源成交周期为 115 天，同比延长 36.7 天。成交结构上面，60 平方米以下的二手房占比为 23.5%，同比大幅下降 7 个百分点，相应的中大面积的成交占比有所提升，改善客户的占比有所提升。

11. 合肥市

2019 年合肥市二手房市场量降价稳。全市二手房成交 5.7 万套，同比下降 23.5%；成交均价为 16334 元/平方米，同比下跌 0.3%，基本持平。价格的平稳使得业主预期依旧不低，二手房业主调价中涨价次数占比为 25.8%，同比增加 2.3 个百分点，业主看涨预期有所强化。客户的议价空间为 3.2%，同比扩大 0.5 个百分点；房源成交周期为 96 天，同比延长 19 天。客户方面，24 岁以下客户的占比为 10.2%，同比增加 4.8 个百分点。受到下半年开始二手房贷款额度不足的影响，二手房市场中商贷客户占比为 57%，同比大幅下滑 7.7 个百分点。

12. 济南市

2019 年济南市二手房成交量明显反弹，改善需求明显增加。全市二手房成交 4.6 万套，同比大幅增长 29.9%；成交均价为 17672 元/平方米，同比下跌 6.9%。业主调价中涨价次数占比为 13.7%，同比下滑 4.9 个百分点；客户的议价空间为 3.1%，同比提升 0.9 个百分点；房源成交周期延长 43.6~109 天。成交结构上看，90 平方米以上的中大户型占比为 43%，同比 2018 年大幅提升 10 个百分点，改善需求明显增加。

13. 青岛市

2019 年青岛市二手房市场明显降温，各项指标在二线城市中的下滑程度均最大，年轻客群占比明显提升。全市二手房成交 3.5 万套，同比大幅下滑 28.6%；成交均价 20760 元/平方米，同比下跌 11.5%。量价的下跌刺激了客户的观望情绪，业主的市场地位下降，客户价格谈判能力增强，业主调价中涨价次数占比为 14.2%，同比下降 15.9 个百分点，可以理解为超过 8 成的房子在挂牌后都需要下调报价才能实现成交。客户的议价空间

---

① 商贷客户占比=成交客户中商业贷款客户数量/总成交客户量（总成交套数），下同。

为 4.2%，同比提升 1.5 个百分点；房源成交周期为 112 天，同比延长 45.4 天。从购房者结构来看，二手房客户群体中 30 岁以下客户占比为 33%，同比提升 5 个百分点，二手房客户中全款客户占比为 16.5%，同比下降 5.8 个百分点，可见 2019 年青岛市购买力相对低的刚需客户占比明显提升。

14. 郑州市

2019 年郑州市二手房市场量增价跌。全年二手房成交 7.1 万套，同比增长 17.4%；成交均价为 14460 元/平方米，受成交结构影响价格下跌 10.2%。买卖双方博弈较为激烈，业主报价后调价中涨价次数占比为 17.6%，同比增长 1 个百分点；客户的议价空间为 3.6%，同比增加 0.1 个百分点；房源成交周期为 114 天，同比延长 43 天。二手房市场 30~39 岁客户占比为 46.9%，同比减少 3.2 个百分点。

15. 武汉市

2019 年武汉市二手房市场成交增长，供需矛盾继续缓和。全市二手房成交 8.6 万套，同比增长 19.9%；成交均价为 17781 元/平方米，同比下跌 9.5%。成交量虽然增长但是价格明显下跌，主要是目前二手房市场上的供需矛盾缓和，业主调价中涨价占比为 20.1%，同比减少 1.6 个百分点；客户的议价空间为 3.6%，扩大 0.7 个百分点；房源成交周期为 108 天，较上年大幅延长 43.3 天。卖方地位下降、买方地位提升，市场节奏明显变缓。90 平方米以上中大面积的成交占比为 47%，同比增加 4 个百分点，受到年初公积金政策调整影响，使用公积金的比例有所提升，武汉市二手房公积金和组合贷的客户占比为 22%，同比增长 6 个百分点。

16. 长沙市

2019 年长沙市二手房成交量价大幅回调，30~39 岁的改善主流客户占比明显减少。2019 年长沙市二手房成交 2.8 万套，同比减少 27.1%；成交均价为 10150 元/平方米，同比下跌 11.5%。调价中涨价次数占比为 23%，同比下降 11.6 个百分点；客户议价空间为 4.5%，同比提升 1.2 个百分点；房源成交周期为 93 天，同比延长 26 天。从客户结构和行为来看，30~39 岁的中年改善客户占比较 2018 年减少 4.7 个百分点，降幅明显。

部分重点城市 2019 年二手房市场量价表现（见表 4-16、表 4-17、表 4-18）。

表 4-16　部分重点城市 2019 年二手房市场量价表现

城市	全市网签量（套）	同比（%）	均价（元/平方米）	同比（%）
广　州	90514	-11.4	29897	-8.1
深　圳	64027	-0.9	58306	3.6
重　庆	142786	-10.6	12968	0.2
天　津	130327	10.9	23070	-8.8
大　连	68206	-13.0	13876	6.7
南　京	76906	8.4	30891	0.9
苏　州	91418	11.5	25289	-0.4
杭　州	45823	-8.0	30623	-1.6
合　肥	56870	-23.5	16334	-0.3
济　南	46341	29.9	17672	-6.9
青　岛	34978	-28.6	20760	-11.5
郑　州	70780	17.4	14460	-10.2
武　汉	85569	19.9	17781	-9.5
长　沙	27795	-27.1	10150	-11.5

数据来源：贝壳研究院。

表 4-17 部分重点二线城市 2019 年二手房市场预期指标及变动

城市	调价中涨价次数占比（%）	同比提升百分点数	议价空间（%）	同比提升百分点数	房源成交周期（天）	同比延长天数
广 州	19.7	-5.6	4.1	0.2	115	32.5
深 圳	40.0	9.6	3.5	0.0	127	27.8
重 庆	19.2	-13.7	3.9	1.1	90	34.0
天 津	12.6	-4.2	3.2	0.3	115	20.5
大 连	28.8	-12.1	3.9	0.7	112	29.8
南 京	22.7	-3.7	2.5	0.3	109	29.2
苏 州	42.2	-2.1	2.2	-0.1	85	-12
杭 州	23.1	-6.1	6.1	-1.9	115	36.7
合 肥	25.8	2.3	3.2	0.5	96	19
济 南	13.7	-4.9	3.1	0.9	109	43.6
青 岛	14.2	-15.9	4.2	1.5	112	45.4
郑 州	17.6	1.0	3.6	0.1	114	43
武 汉	20.1	-1.6	3.6	0.7	108	43.3
长 沙	23.0	-11.6	4.5	1.2	93	26

数据来源：贝壳研究院。

表 4-18 部分重点二线城市 2019 年二手房市场交易结构及变动

城市	90 平方米以下交易占比（%）	同比提升百分点数	30~39 岁客群占比（%）	同比提升百分点数	商贷客户比重（%）	同比提升百分点数
大 连	76.6	2.4	45.1	-2	62.0	-4.5
南 京	72.5	-3.3	42.1	-2.5	39.1	-8.8
苏 州	57.1	2.3	48.4	-3.3	70.3	-1.5
杭 州	74.3	-1.4	47.6	-0.2	52.3	-1.9
合 肥	57.7	-2.7	43.0	-3.9	57.0	-7.7
济 南	57.1	-9.9	51.9	-0.5	55.3	-2.7
青 岛	64.2	-1	48.7	-0.9	79.3	3.2
郑 州	59.6	-2.5	46.9	-3.2	80.9	-4.1
武 汉	53.0	-3.9	44.1	-1.9	58.6	-5.5
长 沙	49.7	-0.2	42.0	-4.7	63.9	2.5

数据来源：贝壳研究院。

（许小乐　钟　涛　贝壳研究院）

四、北京市房地产市场

2019 年，北京市坚持房子是用来住的、不是用来炒的定位，保持各项调控政策连续性、稳定性，稳步实施房地产调控长效机制方案，超额完成政策性住房建设筹集任务，优化住房市场供需结构，有力促进了房价稳、地价稳、预期稳，租赁市场也出现了稳中有降的积极变化，市场秩序好转。

（一）北京市房地产市场情况

1. 房地产开发投资下降，住宅投资微增

全年房地产开发投资 3838.4 亿元，同比下降 0.9%，占固定资产投资 49.2%，比 2018 年提高了 0.8 个百分点（见图 4-14）。其中，住宅 2039.8 亿元，增长 0.7%；办公 379.9 亿元，下降 27.3%；商业 259.3 亿元，下降 17.7%。

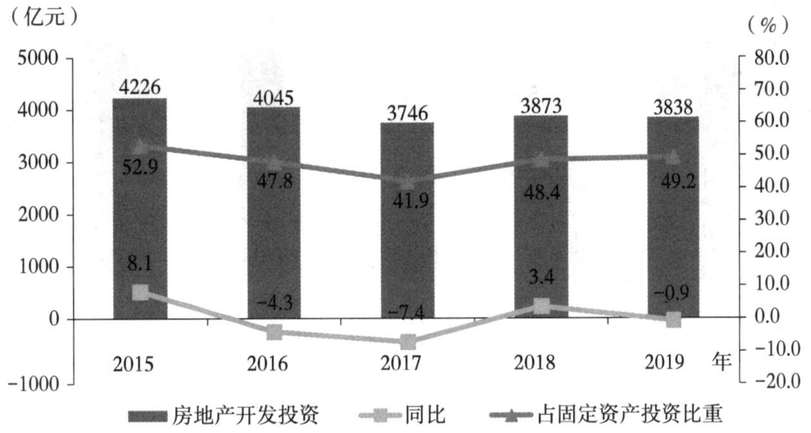

图 4-14　2015—2019 年房地产开发投资及同比变化

2. 商品房新开工、竣工和施工面积同比均下降

全年商品房新开工面积 2073.2 万平方米，同比下降 10.7%（见图 4-15）。其中，住宅 1003.7 万平方米，下降 18.6%；办公 170.5 万平方米，下降 23%；商业 139.5 万平方米，增长 28.8%。全年商品房施工面积 1.25 亿平方米，同比下降 3.5%。竣工面积 1343.3 万平方米，同比下降 13.8%。

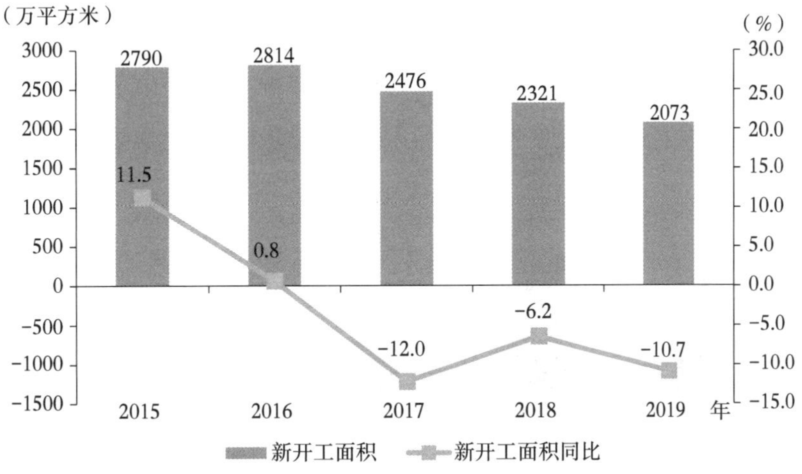

图 4-15　2015—2019 年房屋新开工面积及同比变化

3. 新建住房供需结构优化，交易量增价稳

全年新建住房上市 8.7 万套（见图 4-16），1018 万平方米，套数同比增长 3.3%，面积同比增长 3.5%；成交 6 万套，697 万平方米，套数同比增长 45%，面积同比增长 45.8%。供应量充足，连续三年超过成交量；供应结构优化，共有产权住房和限竞房成为主力，占比达到 8 成，有效适应和满足了刚性自住需求。成交结构也呈现出积极变化，共有产权住房、限竞房、其他商品住房成交量分别为 1.93 万套、2.08 万套和 1.96 万套，各占 1/3。据国家统计局数据，新建商品住房价格指数同比上涨 4.8%，涨幅在合理区间内。

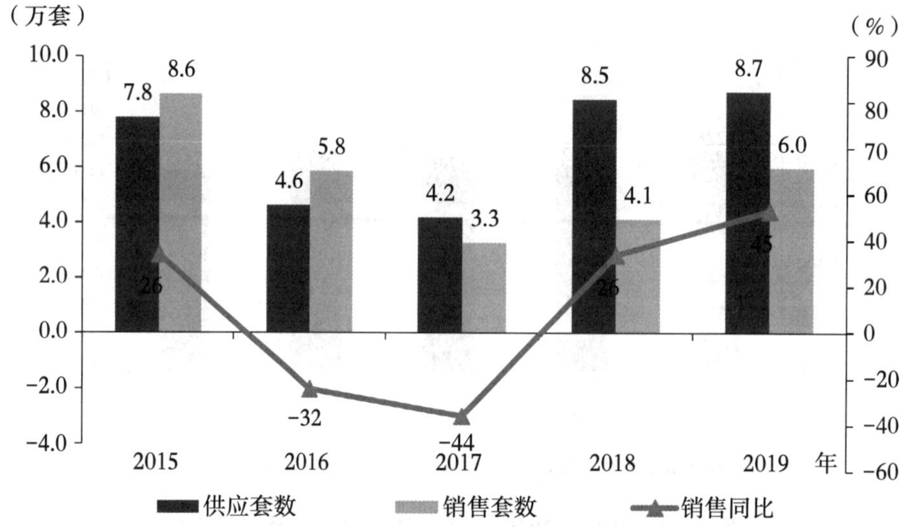

图 4-16　2015—2019 年新建住房供应和成交情况

4. 新建商业办公供应量增加、成交量下降

全年新建办公用房上市 1.13 万套、194.5 万平方米，面积同比增长 4.3%；成交 7980 套、82.6 万平方米，面积同比下降 21.8%。新建商业用房上市 5392 套、137.6 万平方米，面积同比增长 74.3%；成交 3507 套、58.4 万平方米，面积同比下降 14.9%（见图 4-17）。

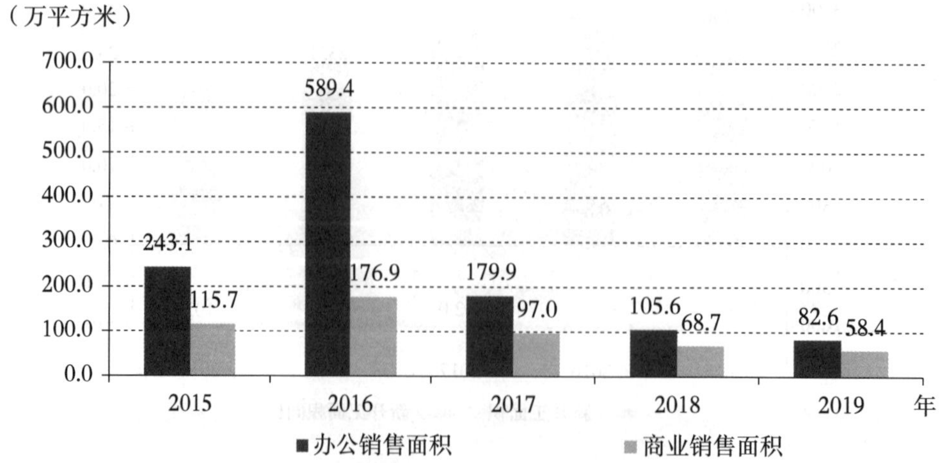

图 4-17　2015—2019 年新建商业、办公销售面积

5. 二手住房量价平稳回落

2019 年二手住房成交 14.3 万套，同比下降 6%（见图 4-18）。据经纪机构数据，二手住房成交均价 6.07 万元/平方米，同比下降 0.7%。另据国家统计局数据，二手住房价格指数同比下降 0.5%。

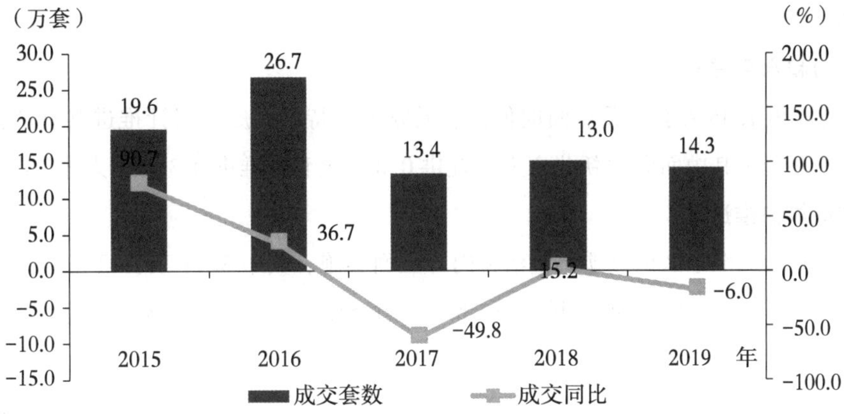

图 4-18　2015—2019 年二手住房成交套数及同比变化

6. 住房租赁交易下降，租金涨幅明显回落

据经纪机构数据，2019 年住房租赁累计交易 215 万套次，同比下降 15.4%；平均租金 86.4 元/平方米·月，上涨 4.6%（见图 4-19），涨幅较 2018 年回落 4.7 个百分点，8 月份起连续 5 个月环比下降，至 12 月累计下降了 8.2%。住房租赁平台合同备案量突破 233 万笔，在全国领先。

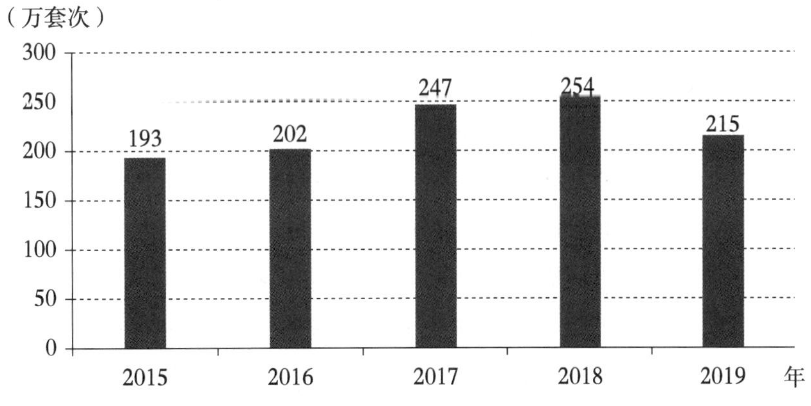

图 4-19　2015—2019 年住房租赁交易量

7. 房地产信贷余额稳定，房企到位资金减少

截至 2019 年年底，房地产贷款余额 1.8 万亿元，同比增长 4.5%，占各项贷款的比重为 25%，比上年同期下降 1 个百分点。其中，开发贷款余额 6221 亿元，增长 7.3%；购房贷款余额 1.17 万亿元，增长 2.8%。房地产开发企业到位资金 5672 亿元，同比下降 0.9%，其中，定金及预收款增长 22.8%，国内贷款、自筹资金分别下降 18.8%、21.5%。

（二）北京市住房保障情况

1. 政策性住房各项指标任务超额完成

全年建设筹集政策性租赁住房 50186 套（其中新开工公租房 8032 套、筹集公租房 6838 套，新开工集体土地租赁住房 29617 套、企业自持租赁住房 765 套，改建租赁住房 2054 套，发放租房补贴 2880 户），完成目标任务的 100.4%；新开工产权型政策性住房 66763 套，完成目标任务的 111%；竣工各类政策性住房 80262 套，完成目标任务的 115%。

2. 精准保障能力和水平提升

全市启动公租房配租 1.45 万套，重点面向低保、低收入等特困家庭；累计推进共有产权住房项目 68 个，申购项目 46 个、4.5 万套，其中面向“新北京人”提供 0.8 万余套，推进 0.3 万套人才公寓建设分配。

3. 城市更新改造加快推进

2018 年确定的 100 个老旧小区试点项目整治类内容全面实施，其中 32 个项目已完工；2019 年确定的第一批 53 个项目正组织实施。老楼增设电梯新开工 693 部，完工 555 部。2 个核心区平房院落有机更新试点项目基本完成。实施棚改 1.63 万户，超额完成任务。

（倪娜　张举　北京市住建委）

五、上海市房地产市场

2019 年，上海市继续坚持“房子是用来住的、不是用来炒的”这一定位，按照“稳地价、稳房价、稳预期”要求，保持政策连续性和稳定性，落实“一城一策”、差别调控的综合措施，完善调控常态长效机制，稳定市场预期，上海市房地产市场总体延续平稳走势，呈现“量增价稳”态势。

（一）2019 年上海市房地产市场基本情况

2019 年，中央政治局会议提出“不将房地产作为短期刺激经济的手段”，强调住房居住属性，同时加强房地产金融监管，防范行业风险，楼市预期进一步回归理性，市场运行总体平稳。房地产市场呈现开发投资平稳增长、建设规模基本稳定、市场需求明显释放、价格总体稳定的态势。

1. 房地产开发投资平稳增长

2019 年，上海市房地产开发投资总体平稳，同比增速仍在 3%~5%区间窄幅波动，保持低速平稳增长，全年开发投资 4231.38 亿元，比上年增长 4.9%（见图 4-20），增速较上年回升 0.3 个百分点。房地产开发投资占全市固定资产投资的 52.8%，比重同比下降 0.1 个百分点。

从房屋类型看，住宅投资在保障性住宅投资大幅增长的带动下保持小幅增长，占比有所上升。2019 年，上海市住宅投资 2318.13 亿元，比上年增长 4.1%，占房地产开发投资的 54.8%，占比回落 0.4 个百分点；办公楼投资 689.36 亿元，下降 0.5%，占 16.3%；商业用房投资 457.23 亿元，下降 0.9%，占 10.8%。

从投资结构看，随着租赁住宅等保障性住宅项目的增加，土地购置费增速回落。2019 年，上海市房地产开发投资中的土地购置费 1963.51 亿元，比上年增长 6.4%，增速同比回落 14.8 个百分点。土地购置费占全部房地产开发投资的 46.4%，占比提高 0.6 个百分点；建安工程投资 2021.19 亿元，增长 2.5%，占 47.8%。

从投资主体看，国有企业投资增速最快。2019 年，上海市国有房地产企业投资 595.56 亿元，比上年增长 1.4 倍；非国有投资 3635.79 亿元，下降 3.9%。在非国有房地产企业中，股份制企业投资 2186.01 亿元，增长 4.3%；私营企业投资 900.62 亿元，下降 20.6%；港澳台企业投资 416.07 亿元，下降 6.0%；外商企业投资 131.64 亿元，增长 23.7%。

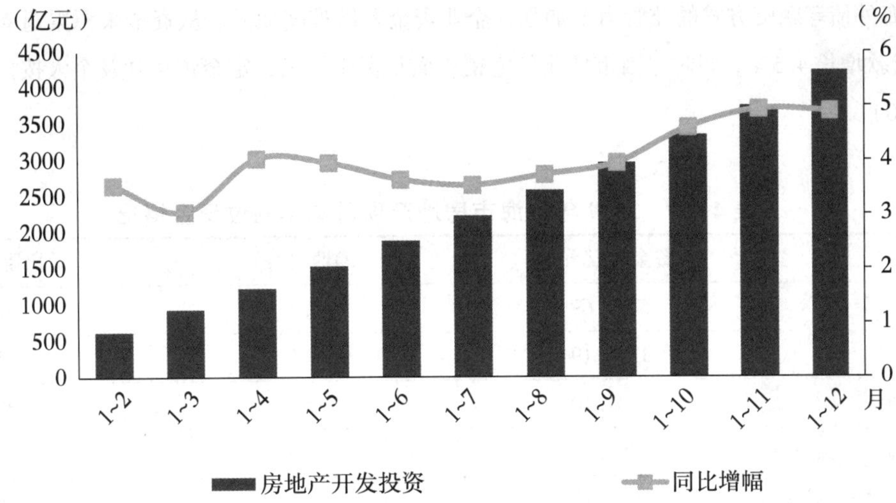

图 4-20　2019 年上海市房地产开发投资月度累计金额及同比增幅

2. 房屋建设规模基本稳定

2019 年，上海市房屋建设规模基本稳定，房屋施工面积 14802. 97 万平方米，比上年增长 0. 9%。其中，住宅 7446. 43 万平方米，下降 1. 0%。

在商办项目开工量低位回升的带动下，新开工面积较快增长。2019 年，上海市房屋新开工面积 3063. 44 万平方米，比上年增长 14. 0%。商办新开工面积经过连续两年的下降，2019 年开始低位回升，新开工面积 675. 70 万平方米，增长 30. 5%；住宅新开工面积 1572. 90 万平方米，增长 6. 8%。住宅项目中市场化住宅新开工面积为 629. 19 万平方米，增长 2. 4%，占全部住宅新开工面积的 44. 0%，比重回落 1. 9 个百分点；保障性住宅新开工面积 880. 71 万平方米，增长 10. 5%。

2019 年，上海市房屋竣工面积 2669. 67 万平方米，比上年下降 14. 3%。其中，住宅竣工面积 1453. 28 万平方米，下降 16. 0%。从结构分析看，市场化住宅竣工面积 898. 48 万平方米，下降 9. 1%，占全部住宅竣工面积的 61. 8%；保障性住宅竣工面积 554. 80 万平方米，下降 25. 3%（见表 4-19）。

表 4-19　2019 年上海市房屋新开工、竣工面积及同比情况

类　别	新开工面积（万平方米）	同比增速（%）	竣工面积（万平方米）	同比增速（%）
全部房屋	3063. 44	14. 0	2669. 67	-14. 3
#住　宅	1572. 90	6. 8	1453. 28	-16. 0
#市场化	692. 19	2. 4	898. 48	-9. 1
#保障性	880. 71	10. 5	554. 80	-25. 3
#商　办	675. 70	30. 5	583. 91	-22. 6

3. 到位资金小幅增长

2019 年，上海市房地产开发项目本年到位资金 5444. 69 亿元，比上年增长 2. 1%。由于房地产融资环境持续收紧，信托及海外债等融资方式的监管力度加强，企业资金筹措难度加大。从资金来源渠道看，自筹资金下降5.8%，国内贷款增长4.5%。同时，因市场化住宅销售面积保持增长，定金预付款及个人按揭贷款小幅增长5.1%（见表4-20）。

表4-20　2019年上海市房地产项目本年到位资金情况

指　标	资金（亿元）	增速（%）	比重（%）
本年到位资金	5444.69	2.1	100.0
#国内贷款	1386.19	4.5	25.5
自筹资金	1787.10	-5.8	32.8
其他资金	2265.05	7.5	41.6
#定金预付款及个人按揭贷款	1965.15	5.1	36.1

据人民银行上海市总部统计，截至2019年年底，上海市中外资金融机构本外币商业性房地产贷款余额23098.91亿元，比上年增长8.7%。其中，房地产开发贷款余额6734.35亿元，增长10.9%；个人购房贷款余额15071.62亿元，增长6.8%。上海市公积金贷款余额4450.05亿元，比上年增长13.5%。

4. 上海市房地产市场销售呈现"量增价稳"局面

2019年，上海市保持房地产调控政策的连续性和稳定性，严格落实相关调控措施已经三年。经历了2017年和2018年连续两年的低位运行后，2019年上半年市场需求有所释放、市场化住宅成交明显增加，二手房增长尤为明显。但在中央再度重申"房子是用来住的，不是用来炒的"，提出不将房地产作为短期刺激经济的手段后，市场观望预期更趋理性，成交有所回落。

（1）新建商品房销售面积小幅下降

2019年，上海市新建商品房销售面积1696.34万平方米，比上年下降4.0%。其中，住宅销售面积1353.70万平方米，增长1.5%（见图4-21）。从近十年同期数据看，新建商品房销售面积处于历史低位，为2010年以来的次低值，仅高于2017年同期销售水平。

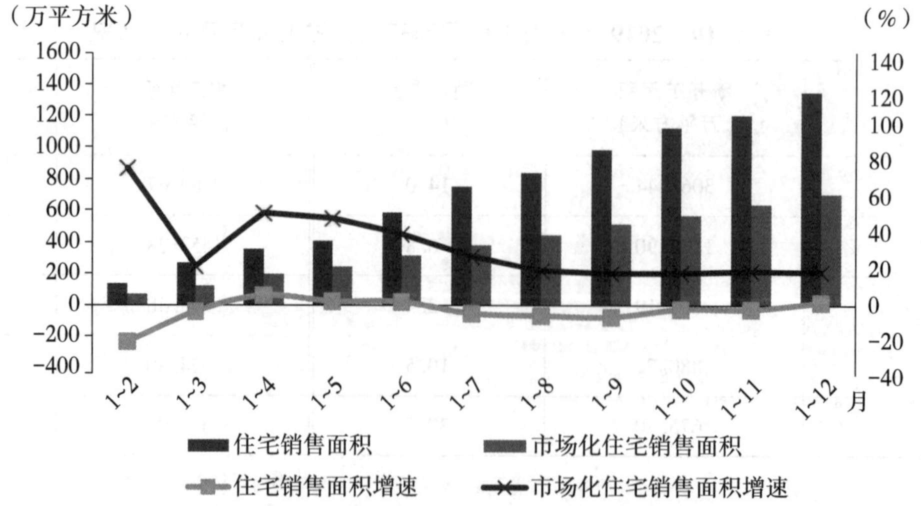

图4-21　2019年上海市新建住宅及市场化住宅销售面积情况

从销售结构看，因征收补偿中货币化补偿占比提高，对动迁房源需求减少，上海市保障性新建住宅销售持续下行，销售面积 647.08 万平方米，下降 12.2%。而市场化住宅成交明显增加，销售面积 706.62 万平方米，增长 18.4%，占全部新建住宅销售面积的 52.2%，比重同比上升 7.5 个百分点。

2019 年，上海市新建市场化住宅月均销售量回升至近 60 万平方米，为近三年成交高点，这主要是受供应推动和前两年积压需求释放的双重影响。但从历史同期数据看，新建市场化住宅月均成交量仍处于较低水平，明显低于成交火热的 2015 年（115 万平方米）和 2016 年（108 万平方米），也低于成交较为低迷的 2014 年（73 万平方米）。

2019 年，上海市完成商业办公清理整顿工作收尾，同时加快合规商业办公项目上市，商办销售逐步恢复。但 2017 年和 2018 年商办新开工面积连续下降，供应略显不足，随着以开发商股权转让方式完成商办类项目交易的增加，销售面积持续减少。2019 年，上海市办公楼销售面积 100.83 万平方米，比上年下降 31.4%；商业营业用房销售面积 88.48 万平方米，下降 13.0%。

（2）存量房销售大幅增加

2019 年，上海市存量房网签面积 2080.44 万平方米，比上年增长 37.5%。其中，存量住宅网签面积 1812.07 万平方米，增长 46.9%。经过 2017 年、2018 年连续两年的低位运行后，2019 年上海二手住房在积压需求和旧改动拆迁需求的释放下，成交明显放量，且持续较快增长，全年成交量处于近十年平均水平，仅低于 2013 年、2015 年和 2016 年（见图 4-22）。

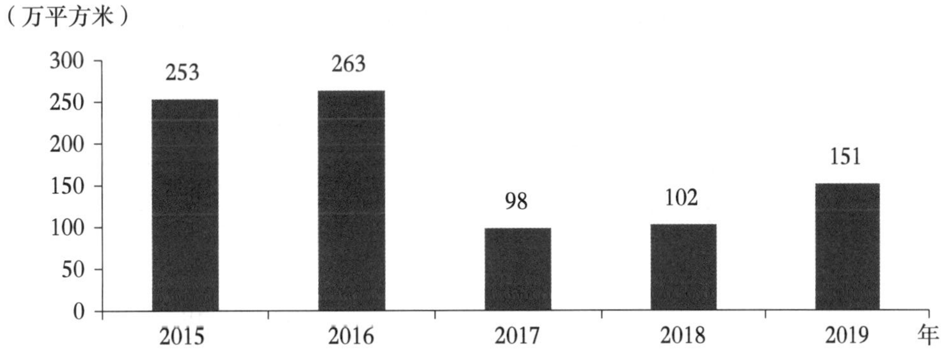

图 4-22　2015—2019 年上海市存量住宅网签月均成交量

从月度存量房成交量看，1 月、2 月适逢春节，成交量较低，3 月、4 月市场回暖出现“小阳春”行情，两月均成交 193 万平方米，为年内最高值，也明显高于近 5 年月均成交水平。5 月开始，市场有所降温，成交量连续 4 个月环比小幅下降。9 月为传统销售旺季，市场成交周期性回稳，当月成交 165 万平方米，环比增长 8.1%。但第四季度开始市场观望气氛渐浓，各月成交量回落至 123 万平方米、138 万平方米和 118 万平方米。总体来看，5 月以后，二手房成交虽然同比仍保持增长，但环比呈下行趋势，下半年开始客户决策更趋理性，成交周期拉长。

（3）新建市场化住宅供应总体平稳

2019 年，上海市新房市场预售许可证发放节奏平稳，与 2018 年供应逐季增加不同，2019 年市场化住宅新增供应保持每季度约 200 万平方米的供应规模。据房地产交易中心统计，2019 年上海市新建市场化住宅新增供应面积 801 万平方米，比上年下降 1.1%。随着市场更趋理性，去化速度有所下降，上海市新建市场化住宅网上可售面积有所上升。2019 年年底，新建市场化住宅网上可售面积 794 万平方米，比年初增加 85 万平方米。按近 12 个月月均成交量计算，年底上海市库存去化周期约 13.5 个月。

5. 住宅销售价格基本平稳

（1）各月住宅销售价格升降交替，环比累计小幅上涨

2019 年，上海市新建商品住宅价格环比累计上涨 2.3%。分月看，各月价格大体呈现出升降交替的波动运行态势，环比涨跌幅度在-0.1%~0.5%之间，其中，8—11 月连续四个月环比上升，涨跌在 0.3%~0.5%之间，呈现一定的“小高峰”。

2019 年，上海市二手住宅价格环比累计上涨 1.3%。分月看，各月价格也大体呈升降交替态势，环比涨跌幅度在-0.2%~0.6%之间，其中 3 月份和 4 月份涨跌分别为 0.3%和 0.5%，呈现出一定的“小阳春”现象，而 9 月份涨幅更是达到了另一个“小高峰”（0.6%）。

（2）上海市住宅销售价格相对其他城市较为平稳

国家统计局发布的 70 个大中城市住宅销售价格变动情况显示，2019 年，全国 70 个大中城市中，仅 2 个城市（泸州和岳阳）新建商品住宅销售价格环比累计下跌，其余 68 座城市价格均呈上涨态势，在房价上涨的城市中，上海市排第 62 位。从二手住宅看，有 16 座城市二手住宅销售价格环比累计下跌，其余 55 座城市均上涨，在房价上涨的城市中，上海市排第 46 位。

2019 年，上海市新建商品住宅销售价格环比累计上涨 2.3%，涨幅在北、上、广、深四个一线城市中排末位，比最高的广州市低 2.4 个百分点。上海市二手住宅销售价格环比累计上涨 1.3%，涨幅在四个一线城市中排第 2 位，低于深圳市（7.8%），而北京和广州城市价格环比累计分别下跌 0.5%和 1.9%（见表 4-21）。

表 4-21　2019 年一线城市住宅销售价格指数及排序

城市	新建商品住宅		二手住宅	
	累计环比（上年 12 月价格=100）	排序	累计环比（上年 12 月价格=100）	排序
北　京	104.8	1	99.5	3
上　海	102.3	4	101.3	2
广　州	104.7	2	98.1	4
深　圳	103.6	3	107.8	1

（二）2019 年上海市住房保障工作情况

截至 2019 年年底，廉租住房历年累计受益家庭达 12.9 万户，在保家庭 4.4 万户；全市累计筹措公租房（含单位租赁房）17.7 万套、入住 21.1 万户、累计保障（含退出）60 万户；共有产权保障住房全年新增签约家庭 1.7 万户，累计签约家庭 11 万户。完善了共有产权保障住房政策体系，全市全面启动新一轮非沪籍共有产权保障住房供应，平稳推进共有产权保障住房供后交易工作开展。新建和转化租赁房源 10.1 万套，新增代理经租房源 12.8 万套。全年新增供应各类保障房 6.3 万套。

大力推进旧区改造，完成中心城区成片二级旧里以下房屋改造 55.3 万平方米、受益家庭 2.9 万户；完成 1184 万平方米三类旧住房综合改造，受益家庭约 20 万户；完成 104 万平方米各类里弄房屋修缮改造；完成 624 幢既有多层住宅加装电梯计划立项，完工运行 131 台。2019 年年底，城镇居民人均住房建筑面积 37.2 平方米。

（三）2020 年上海市房地产市场趋势判断

1. 房地产开发投资仍将保持增长

近年来，上海市加快构建“租购并举”的住房体系，租赁住房和保障性住房供地大幅增加，但投资总额较高的市场化住房供地连续两年降幅超两成。2019 年，上海市房地产开发投资平稳增长，其中市场化住宅投资额同比下降是全市房地产开发投资低位增长的一个重要原因。与此同时，市场化住宅的新开工规模仅小幅增长，造成了土地购置费增速呈回落走势。但 2019 年上海市加大了市场化住宅用地的供应力度，预计后期投资将有所增加。目前，上海市房屋建设仍维持一定的规模，预计 2020 年上海市房地产开发投资仍将保持增长态势。

2. 楼市交易量可能稳中略降

系列调控政策已使上海市场回归理性，目前来看，从紧的调控政策在 2020 年不会有大的改变，2020 年楼市交易量可能稳中略降。这主要基于以下三点原因：①2019 年市场化住宅销售回暖，无论一手房还是二手房前期积压需求均有所释放，在价格变动较为稳定的预期下，市场后期成交热度或将减弱；②2019 年房企在融资收紧、偿债压力增加、项目去化率下降的情况下，为保证资金周转、完成销售目标，推盘节奏继续加快，随着近几年市场化住宅供地的下降，2020 年供应继续维持相应水平有一定难度；③2019 年成交基数较高，尤其是二手房成交规模处于近十年较高水平，对后期增长将产生一定的压力。

3. 住宅销售价格将维持在平稳运行轨道

2019 年，“稳地价、稳房价、稳预期”依然是房地产调控的主旋律，上海在落实“一城一策”、夯实城市主体责任的基础上，切实把“三稳”落到实处，在各项调控政策的坚定执行下，市场已在前期的不断降温中逐步回归理性，供求双方普遍认可“房子是用来住的，不是用来炒的”的定位，市场预期整体趋于稳定。预计 2020 年，上海市住宅销售价格仍将保持基本平稳的走势。

（罗欣蟾　上海市统计局）

六、广东省房地产市场

（一）广东省新建商品房市场运行情况

2019 年，广东省商品房销售量低位企稳，各地区同比总体延续上年的负增长态势，但同比降幅趋于收窄，市场延续分化格局；商品房待售面积持续上升，其中，非住宅商品房去库存压力与日俱增。国家持续强化房地产资金监管，本年新增房地产贷款占总新增贷款余额的比重连续 3 年回落。房地产投资增速缓慢回落，房屋在建规模趋于收缩。全年经营性用地成交面积、金额同比增幅超过 20%，但下半年土地市场降温明显。

1. 房屋销量低位企稳，库存去化压力趋升

2019 年，广东省商品房销售面积 13846.54 万平方米，同比下降 3.4%；销售额 19748.21 亿元，同比增长 5.4%；销售均价 14262 元/平方米，同比上涨 9.1%。按用途分，商品住宅销售面积 11873 万平方米，同比下降 1.7%；销售额 16758 亿元，增长 7.5%；销售均价 14115 元/平方米，同比上涨 9.3%。非商品住宅销售 1973.93 万平方米，同比下降 12.7%；销售金额 2990.21 亿元，下降 5.0%（见表 4-22）。

表 4-22　2019 年广东省各用途商品房销售情况

类　别	面积（万平方米）	同比（%）	金额（亿元）	同比（%）	均价（元/平方米）	同比（%）
商品房	13846.54	-3.4	19748.21	5.4	14262	9.1
#商品住宅	11872.61	-1.7	16758.01	7.5	14115	9.3
#非住宅商品房	1973.93	-12.7	2990.21	-5.0	15149	8.9
办公楼	511.54	-15.4	1280.19	-4.8	25026	12.5
商业营业用房	654.53	-11.1	1107.60	-1.9	16922	10.4
其他用房	807.86	-12.3	602.42	-10.6	7457	1.9

数据来源：广东省统计局。

从市场走势看，2019 年第一季度，央行强化逆周期调节的货币政策被视为调控宽松的信号，加之《粤港澳大湾区发展规划纲要》正式颁布实施等多种因素作用下，3—4 月商品房交易快速回暖。为了防范房地产金融风险，4 月中央政治局会议重申“房住不炒”之后，多部门不断加强对房地产资金方面的整顿和管控，房地产企业融资渠道收窄，自 5 月起商品房销售量同比增速总体处于低位盘整态势，销售均价涨幅稳步回落（见图 4-23、图 4-24）。

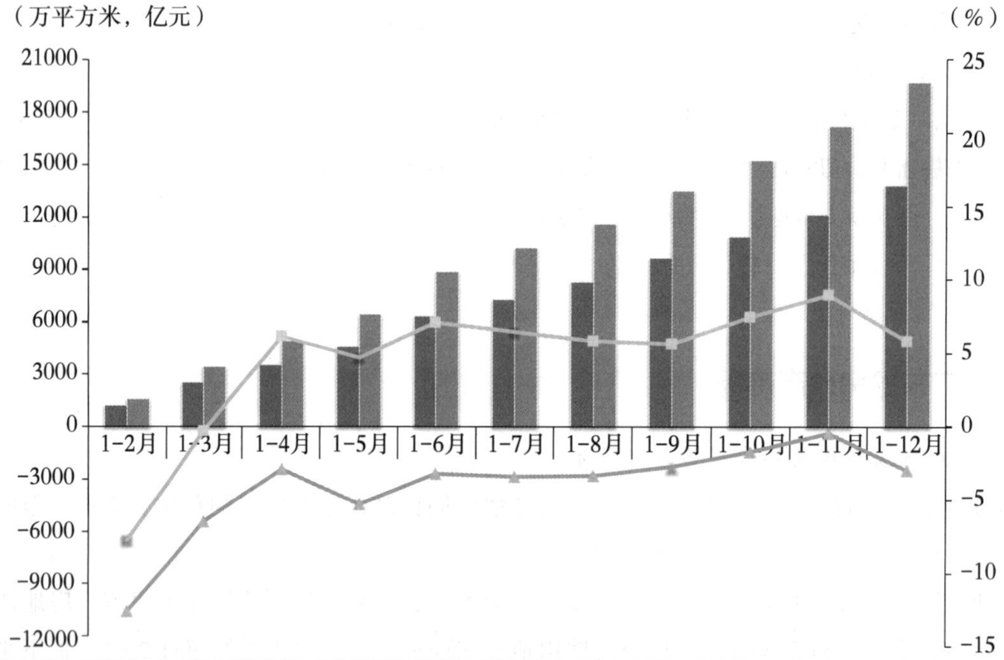

	1-2月	1-3月	1-4月	1-5月	1-6月	1-7月	1-8月	1-9月	1-10月	1-11月	1-12月
销售面积	1203	2541	3558	4627	6322	7304	8298	9682	10865	12168	13847
销售金额	1593	3427	4944	6463	8888	10254	11622	13536	15279	17217	19748
销售面积同比	-13.0	-6.9	-3.4	-5.7	-3.7	-3.9	-3.8	-3.2	-2.1	-0.9	-3.4
销售金额同比	-8.2	-0.8	5.7	4.3	6.6	6.0	5.4	5.2	7.0	8.5	5.4

图 4-23　2019 年广东省商品房销售面积、销售金额走势

数据来源：广东省统计局。

从信贷情况看，2019 年广东省中外资银行业机构新增房地产贷款余额合计 8050.89 亿元，占各项新增贷款余额的 36.7%，同比下降 10.8 个百分点。其中，新增个人住房贷款 5860.25 亿元，占各项新增贷款余额的 26.7%，同比下降 1 个百分点。数据显示，在国家持续强化房地产资金监管之下，新增房地产贷款占总新增贷款余额的比重已连续 3 年回落（见表 4-23）。

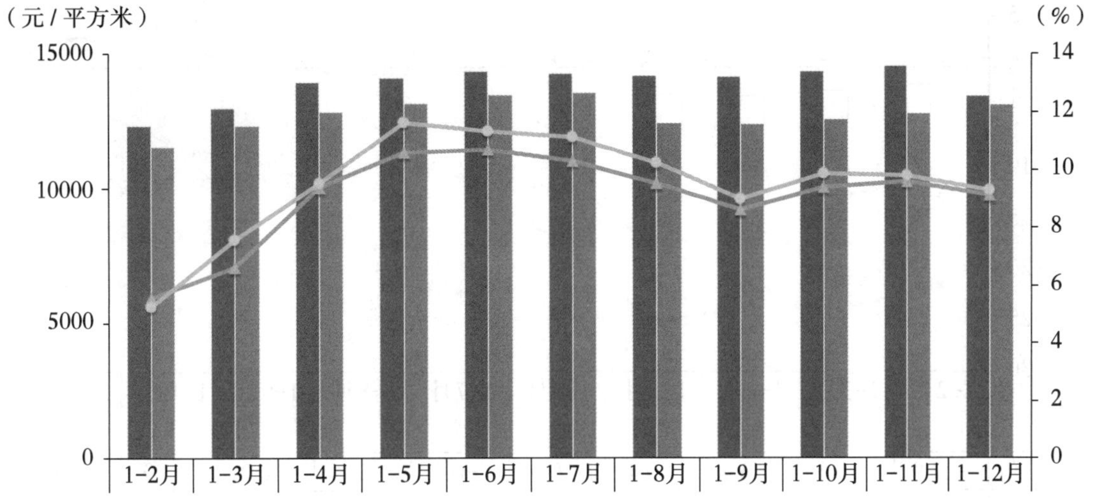

商品房均价	13234	13490	13895	13968	14059	14039	14007	13981	14062	14149	14262
住宅均价	12976	13304	13534	13665	13805	13834	13802	13775	13868	13965	14115
商品房同比	5.6	6.6	9.4	10.6	10.7	10.3	9.5	8.6	9.4	9.6	9.1
住宅同比	5.3	7.6	9.5	11.6	11.3	11.1	10.2	9.0	9.8	9.8	9.3

图 4-24　2019 年广东省商品房、商品住宅销售均价走势

数据来源：广东省统计局。

表 4-23　广东省中外资银行业机构新增个人住房贷款情况

单位：亿元,%

年份	各项新增贷款余额	新增房地产贷款		新增房地产贷款占总新增贷款余额比重	新增个人房贷占总新增贷款比重
			新增个人住房贷款		
2015	10472. 54	5242. 36	4966. 91	50. 1	47. 4
2016	15267. 64	9222. 62	8450. 27	60. 4	55. 3
2017	15103. 54	7599. 39	4811. 50	50. 3	31. 9
2018	18908. 87	8980. 24	5238. 87	47. 5	27. 7
2019	21930. 31	8050. 89	5860. 25	36. 7	26. 7

数据来源：中国人民银行广州分行。

从地区市场表现看，受房地产金融环境趋紧影响，各地区商品房销售量同比总体延续上年的负增长态势。另外，在因城施策的房地产市场调控下，各地区商品房销售量同比降幅趋于收窄，全年珠三角、粤东、粤西和粤北山区商品房销售面积同比分别下降 0. 3%、9. 6%、11. 3%和 8. 0%，降幅比 1—2 月分别收窄 12. 6 个、11. 9 个、1. 8 个和 2. 4 个百分点（见图 4-25、表 4-24~表 4-26）。

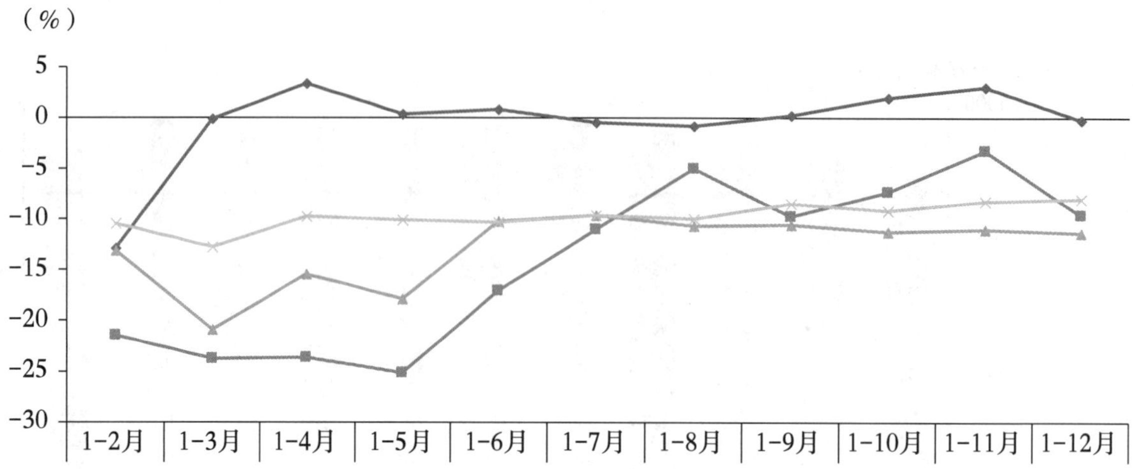

	1-2月	1-3月	1-4月	1-5月	1-6月	1-7月	1-8月	1-9月	1-10月	1-11月	1-12月
珠三角	-12.9	-0.1	3.4	0.4	0.9	-0.5	-0.8	0.2	1.9	3.0	-0.3
粤东	-21.5	-23.8	-23.7	-25.2	-17.0	-11.1	-5.0	-9.8	-7.3	-3.3	-9.6
粤西	-13.1	-20.9	-15.4	-17.9	-10.2	-9.6	-10.7	-10.5	-11.3	-11.0	-11.3
粤北	-10.4	-12.7	-9.8	-10.0	-10.3	-9.7	-10.0	-8.4	-9.1	-8.2	-8.0

图 4-25　2019 年广东省各地区商品房销售面积同比增速走势

数据来源：广东省统计局。

表 4-24　2019 年广东省各地区商品房销售及增长情况

地　区	面积（万平方米）	同比（%）	金额（亿元）	同比（%）	均价（元/平方米）	同比（%）
珠三角	9335. 10	-0. 3	16509. 45	8. 4	17685	8. 7
东　翼	1030. 95	-9. 6	802. 56	-11. 9	7785	-2. 5
西　翼	1314. 00	-11. 3	954. 74	-10. 0	7266	1. 5
粤北山区	2166. 49	-8. 0	1481. 47	-3. 7	6838	4. 6

数据来源：广东省统计局。

表 4-25　2019 年广东省各市商品房销售及增长情况

地区/城市	面积（万平方米）	同比（%）	金额（亿元）	同比（%）	均价（元/平方米）	同比（%）
广东省	13846. 54	-3. 4	19748. 21	5. 4	14262	9. 1
广州市	1464. 64	-5. 5	3275. 35	5. 6	22363	11. 7
深圳市	826. 62	14. 5	4517. 36	15. 6	54649	1. 0
珠海市	437. 61	45. 1	1028. 74	46. 0	23508	0. 6
汕头市	388. 07	-18. 7	348. 63	-23. 1	8984	-5. 4
佛山市	2133. 64	-9. 3	2652. 61	-0. 2	12432	10. 1

续表

地区/城市	面积（万平方米）	同比（%）	金额（亿元）	同比（%）	均价（元/平方米）	同比（%）
韶关市	336.98	-26.3	210.65	-19.3	6251	9.5
河源市	462.19	-7.9	300.36	0.5	6499	9.1
梅州市	368.45	-10.2	237.61	-10.8	6449	-0.6
惠州市	1724.71	3.7	1876.94	5.5	10883	1.8
汕尾市	224.15	-5.6	173.67	-7.0	7748	-1.4
东莞市	711.58	3.1	1369.68	11.9	19249	8.5
中山市	692.92	-6.0	795.13	-2.8	11475	3.5
江门市	666.92	-2.6	514.57	-10.6	7716	-8.3
阳江市	339.35	-17.7	204.99	-18.0	6041	-0.4
湛江市	529.95	-3.2	446.08	0.9	8418	4.2
茂名市	444.71	-14.9	303.66	-17.6	6828	-3.2
肇庆市	676.46	2.8	479.06	3.1	7082	0.3
清远市	718.55	10.1	570.17	7.9	7935	-2.0
潮州市	144.47	-5.9	92.01	-6.6	6369	-0.7
揭阳市	274.26	0.7	188.26	9.5	6864	8.7
云浮市	280.32	-15.5	162.67	-11.4	5803	4.9

数据来源：广东省统计局。

表 4-26　2019 年广东省各市商品住宅销售及增长情况

地区/城市	面积（万平方米）	同比（%）	金额（亿元）	同比（%）	均价（元/平方米）	同比（%）
广东省	11872.61	-1.7	16758.01	7.5	14115	9.3
广州市	1106.58	-2.8	2657.47	8.2	24015	11.3
深圳市	658.48	14.9	3577.45	12.6	54329	-2.0
珠海市	386.72	75.2	899.14	80.0	23250	2.7
汕头市	335.28	-22.5	278.40	-28.6	8304	-7.8
佛山市	1650.35	-2.3	2199.37	9.1	13327	11.7
韶关市	306.33	-28.3	185.55	-21.1	6057	10.1
河源市	434.56	-6.8	280.18	0.7	6448	8.0
梅州市	340.94	-9.6	216.43	-8.9	6348	0.8
惠州市	1643.14	4.3	1801.37	6.7	10963	2.3

续表

地区/城市	面积（万平方米）	同比（%）	金额（亿元）	同比（%）	均价（元/平方米）	同比（%）
汕尾市	212.22	-6.5	162.20	-8.8	7643	-2.5
东莞市	558.22	4.4	1111.41	15.2	19910	10.4
中山市	572.37	1.8	716.89	5.6	12525	3.7
江门市	562.36	-7.1	453.53	-13.0	8065	-6.3
阳江市	314.22	-18.6	185.81	-17.7	5913	1.1
湛江市	495.98	-3.0	413.57	2.1	8339	5.3
茂名市	412.83	-12.4	280.74	-15.4	6800	-3.3
肇庆市	610.36	2.6	427.33	2.4	7001	-0.2
清远市	628.47	10.3	508.92	7.3	8098	-2.8
潮州市	137.83	-4.7	86.18	-5.0	6253	-0.3
揭阳市	258.02	-0.4	173.82	9.4	6737	9.8
云浮市	247.37	-20.0	142.26	-16.6	5751	4.3

数据来源：广东省统计局。

从库存情况看，截至2019年年底，全省商品房待售面积5716.44万平方米，同比增长15.0%。其中，商品住宅待售面积2666.41万平方米，非住宅待售面积3050.03万平方米，同比分别增长13.1%和16.7%。数据显示，受2018年商品房销售面积同比下降影响，当年商品房库存去化速度明显变缓，2019年待售面积随之上升，且下半年同比增速明显加快。截至2019年年底，办公楼、商业营业用房及其他房屋的待售面积均创新高，去库存压力与日俱增；商品住宅待售面积超过2017年但低于2016年水平，比2015年4月3953万平方米的库存峰值低32.5%，去库存压力相对非住宅商品房较小。

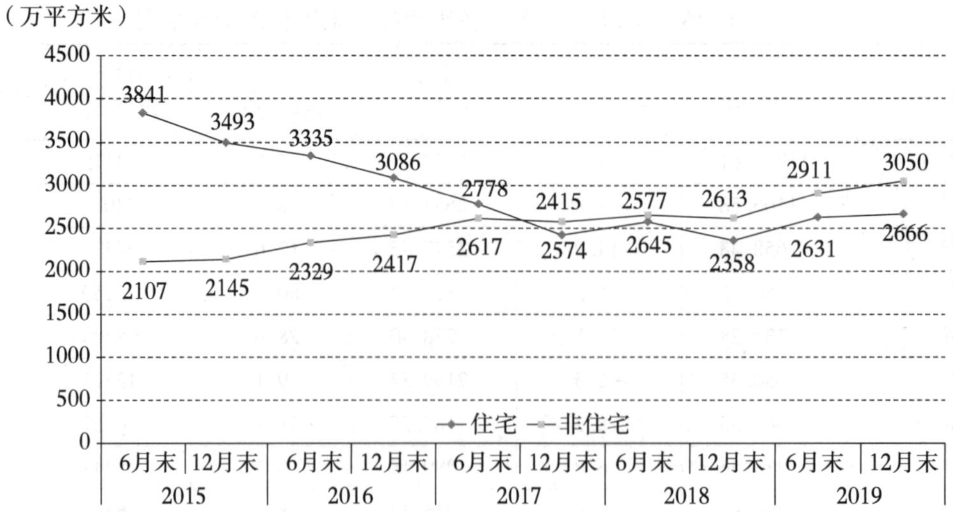

图 4-26　2015—2019 年广东省商品住宅、非住宅待售面积走势

数据来源：广东省统计局。

2. 投资增速下一台阶，在建规模增速趋缓

2019 年广东省完成房地产投资增速呈现缓慢回落态势，全年投资 15852. 16 亿元，同比增长 10. 0%，增速比 2019 年年初下降 5. 3 个百分点，比 2018 年度下降 9. 3 个百分点，呈现台阶式回落。从投资构成看，建安工程投资 8680. 20 亿元，设备工器具购置 190. 5 亿元，同比分别增长 3. 0%和 43. 8%，合计拉动投资增长 2. 1 个百分点；土地购置费 5880. 44 亿元，同比增长 19. 6%，拉动房地产总体投资增长 6. 7 个百分点（见表 4-27）。数据显示，2019 年广东省房地产投资增速同比大幅回落主要是由于土地购置费拉动率回落所致，但土地购置费仍是拉动投资增长的主要项目。

表 4-27　2017—2019 年广东省房地产完成投资按构成分

单位：亿元,%

项目		本年完成投资	建安工程	设备工器具购置	其他费用	
						土地购置费
2017 年	投资额	12075. 69	8328. 87	120. 46	3626. 36	2898. 45
	同比	17. 20	13. 70	21. 50	25. 80	29. 20
2018 年	投资额	14412. 19	8429. 72	132. 46	5850. 01	4917. 70
	同比	19. 30	1. 20	10. 00	61. 30	69. 70
2019 年	投资额	15852. 16	8680. 20	190. 50	6981. 46	5880. 44
	同比	10. 00	3. 00	43. 80	19. 30	19. 60

数据来源：广东省统计局。

从开发建设情况看，2019 年全省商品房施工面积 86824. 87 万平方米，同比增长 8. 6%。其中，本年商品房新开工面积 18437. 38 万平方米，同比下降 3. 7%；竣工面积 9955. 54 万平方米，同比增长 30. 7%（见图 4-27、表 4-28）。

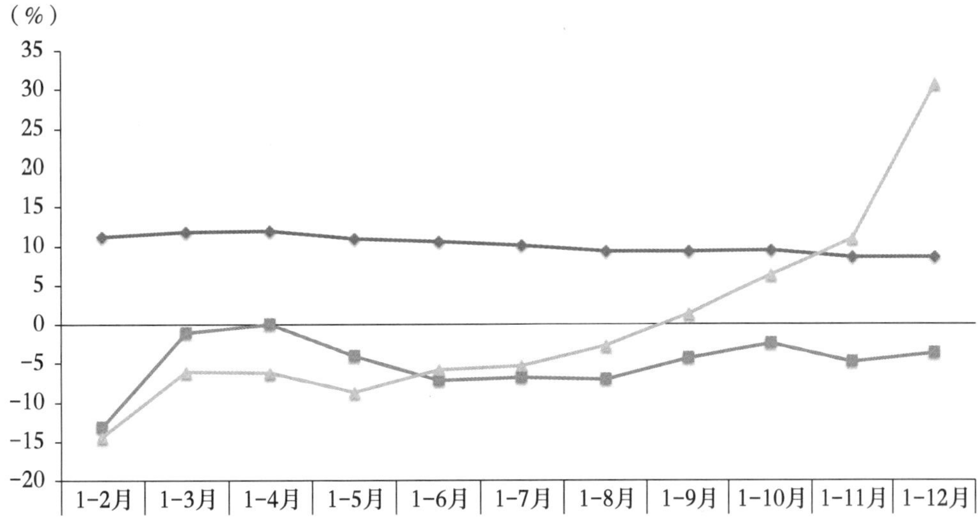

	1-2月	1-3月	1-4月	1-5月	1-6月	1-7月	1-8月	1-9月	1-10月	1-11月	1-12月
施工面积同比	11.1	11.8	11.9	11.0	10.6	10.1	9.4	9.3	9.4	8.6	8.6
新开工面积同比	-13.2	-1.1	0.1	-4.1	-7.2	-6.8	-7.1	-4.3	-2.4	-4.8	-3.7
竣工面积同比	-14.4	-6.1	-6.2	-8.7	-5.8	-5.4	-2.7	1.4	6.4	11.0	30.7

图 4-27　2019 年广东省商品房施工、新开工、竣工面积同比走势

数据来源：广东省统计局。

表 4-28　2019 年广东省各市商品房施工、新开工情况

单位：万平方米,%

地区/城市	商品房施工面积	#住宅	同比	#住宅	商品房新开工面积	#住宅	同比	#住宅
广东省	86824.87	59664.36	8.6	8.9	18437.38	12904.92	-3.7	-5.1
广州市	11985.91	7161.10	9.0	10.0	2220.51	1407.02	25.1	41.5
深圳市	7967.50	3960.34	18.1	14.8	1455.54	772.83	-4.8	-2.7
珠海市	3646.11	1922.19	6.6	0.9	712.55	345.93	19.1	20.2
汕头市	3041.38	1933.84	-1.0	-2.1	320.50	197.29	-58.2	-60.0
佛山市	9842.62	6595.64	-1.2	0.3	1706.80	1136.42	-21.7	-27.3
韶关市	2303.43	1812.51	13.6	13.3	491.32	385.40	12.7	7.3
河源市	1645.07	1300.90	6.7	6.6	554.31	425.94	-11.2	-15.5
梅州市	2407.09	1828.12	14.4	16.1	612.08	467.82	-16.3	-7.3
惠州市	9105.16	7205.92	16.9	18.1	2101.43	1642.05	-0.3	-1.1
汕尾市	1177.74	921.82	33.0	25.4	417.91	295.88	17.6	-4.7
东莞市	4166.17	2941.49	-5.8	-4.4	575.59	384.42	-10.1	-9.4
中山市	4830.99	3279.36	-12.4	-14.2	806.10	571.08	-31.2	-28.1
江门市	4163.58	3106.63	13.8	15.1	1211.60	879.68	2.5	-5.5
阳江市	2095.42	1688.87	5.2	12.1	425.09	363.15	-13.8	-11.1
湛江市	3512.58	2564.45	23.4	22.6	1158.09	832.83	87.8	72.4
茂名市	2999.53	2255.28	13.0	13.0	700.02	534.50	-12.6	-7.5
肇庆市	4142.14	3135.53	22.9	22.9	1029.90	748.54	-11.8	-21.6
清远市	4241.06	3261.28	7.7	6.5	977.22	763.97	0.0	3.5
潮州市	809.19	599.08	12.9	10.4	152.89	110.95	-16.2	-21.7
揭阳市	1171.62	963.28	45.7	44.5	433.36	352.92	36.9	29.9
云浮市	1570.56	1226.76	6.8	7.6	374.56	286.28	-23.7	-27.6
按经济区域分								
珠三角	59850.18	39308.19	7.2	7.2	11820.02	7887.98	-4.2	-6.1
粤东	6199.94	4418.00	12.2	12.0	1324.66	957.05	-19.1	-21.3
粤西	8607.54	6508.60	14.9	16.3	2283.20	1730.48	19.5	17.8

地区/城市	商品房施工面积	#住宅	同比	#住宅	商品房新开工面积	#住宅	同比	#住宅
粤北	12167.22	9429.57	9.8	9.7	3009.49	2329.42	-7.7	-6.9

数据来源：广东省统计局。

从走势看，全年施工面积同比增速稳中缓降，其中新开工面积基本处于负增长区间，竣工面积则较快提速，意味着本年新增建设规模下降，竣工规模增加，商品房实际在建规模趋于收缩。从商品住宅静态供求关系比较，2019 年全省商品住宅新开工面积 12904.92 万平方米，与同期销售面积 11872.61 万平方米的比值为 1.09∶1。其中，粤西地区的供求比为 1.41∶1，为近年来最高值，也是各地区中最高值，意味着其商品住宅供求关系相对较为宽松；珠三角、粤东和粤北山区的供求比分别为 1.02∶1、1.00∶1 和 1.19∶1，总体上供求关系基本平衡。

3. 国家强化资金监管，行业资金日趋紧张

2019 年广东省房地产企业本年到位资金 23908.05 亿元，同比增长 10.1%。其中，国内贷款 1345.34 亿元，自筹资金 7218.31 亿元，定金及预收款 8095.78 亿元，个人按揭贷款 3008.94 亿元，合计占 97.6%；利用外资 13.21 亿元，其他资金 570.95 亿元，分别占 0.1%和 2.4%。数据显示，资金来源中占比最高的定金及预收款同比增速与商品房销售市场基本同步，自第一季度的 37.9%高位回落至 8 月的 10.2%的最低点，之后企稳，全年增长 11.7%；个人按揭贷款则滞后于商品房销售市场，同比增速总体上震荡提升，全年同比增长 21.8%，比第一季度提高 6.7 个百分点；国内贷款年初同比下降 15.4%，之后降幅逐渐收窄，至 8 月由负转正，全年小幅增长 2.6%，这与国家自第二季度起不断加强对房地产资金的整顿和管控有关；自筹资金同比增速由年初的基本持平，逐步提升至全年的 14.7%（见图 4-28）。

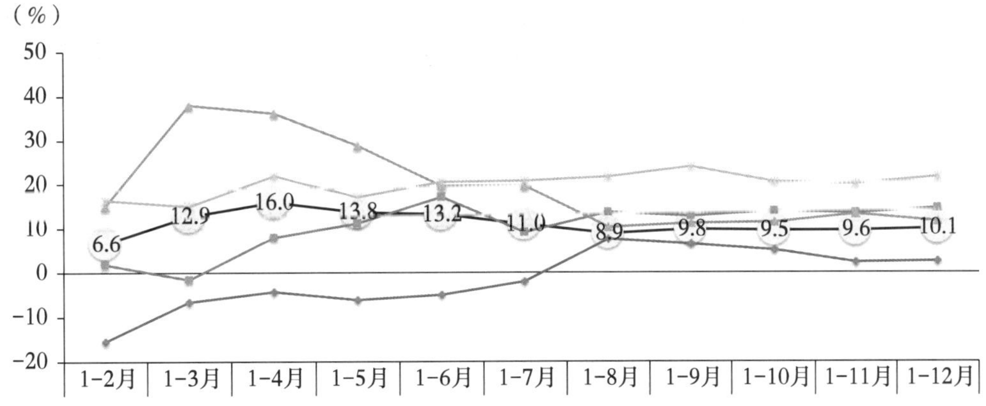

到位资金	6.6	12.9	16.0	13.8	13.2	11.0	8.9	9.8	9.5	9.6	10.1
国内贷款	-15.4	-6.5	-4.2	-6.1	-5.0	-2.0	7.5	6.4	5.1	2.3	2.6
自筹资金	1.8	-1.5	8.0	11.2	17.2	9.2	13.8	12.7	14.0	13.5	14.7
定金及预收款	15.2	37.9	36.0	28.7	19.8	19.6	10.2	11.1	11.4	13.3	11.7
个人按揭贷款	16.4	15.1	21.8	17.2	20.6	20.8	21.6	24.0	20.7	20.2	21.8

图 4-28　2019 年广东省房地产开发企业到位资金同比增速走势

数据来源：广东省统计局。

从2019年资金来源结构变化走势看，国内贷款和其他到位资金由年初的22.2%和9.6%下降至全年的18.2%和2.4%，分别回落4个和7.2个百分点；作为销售回笼的定金及预收款和个人按揭贷款由年初的29.6%和14.6%提高至全年的33.9%和15.3%，合计提高5.0个百分点；自筹资金由年初的24.0%提高至30.2%，提高6.2个百分点（见图4-29）。数据综合显示，年初房企融资渠道相对丰富，国内贷款占比处于全年低位而其他资金来源占比处于高位，但随着5月17日银保监会下发《中国银保监会关于开展“巩固治乱象成果促进合规建设”工作的通知》（银保监发〔2019〕23号），针对房企各项融资渠道加强监管和收紧；7月12日国家发改委发布《国家发展改革委办公厅关于对房地产企业发行外债申请备案登记有关要求的通知》（发改办外资〔2019〕778号），规定外债只能借新还旧，用于置换未来一年内到期的中长期境外债务，直接导致下半年房企海外债融资流入规模大幅减少；银保监会等部门不断重申加强房企融资监管等措施持续压缩房企融资空间，多数房企现金流压力大增。

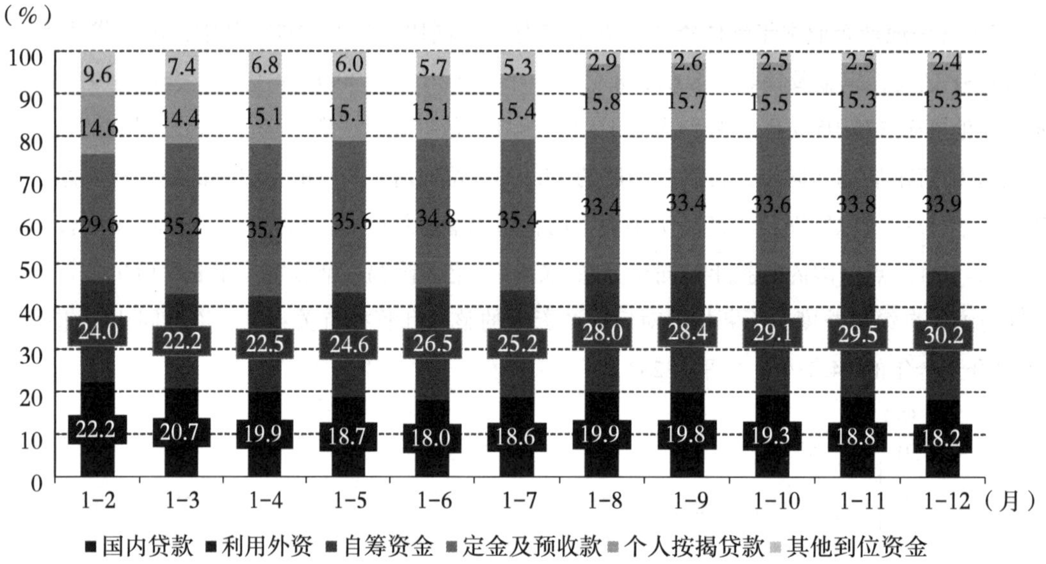

图4-29 2019年广东省房地产开发企业到位资金结构走势

数据来源：广东省统计局。

4. 土地市场降温明显，宅地成本持续上涨

据广东省房协土地与产业研究中心监测，2019年，广东省成交经营性建设用地成交面积9768.65公顷，成交金额5588.78亿元，同比分别增长24.0%和22.0%。其中，居住用地成交801宗，成交面积3183公顷，可建建筑面积8769.16万平方米，同比增长14.7%；成交金额4370亿元，溢价率14.4%，按可建建筑面积折算楼面地价4984元/平方米，同比上涨6.2%。商服用地成交294宗，成交面积842公顷；成交金额711亿元，溢价率4.6%，楼面价3588元/平方米；工业用地1457宗，成交面积5744公顷，成交金额508亿元，楼面价378元/平方米（见表4-29、表4-30）。全年经营性用地流拍466宗，流拍面积1853.82公顷（见图4-30、图4-31）。其中，居住用地、商服用地和工业用地分别流拍276宗、71宗和119宗，流拍面积分别为1176.22公顷、196.09公顷和481.51公顷，其中第三、四季度流拍量明显增多。从各类用地平均成交金额溢价率走势看，第二季度溢价率环比明显提高，第三季度则明显回落，第四季度总体延续回落态势，下半年土地市场明显降温。

表 4-29　2019 年广东省土地成交分类统计

土地类型	成交宗数（宗）	成交面积（公顷）		成交金额（亿元）		成交楼面价（元/平方米）	
			同比（%）		同比（%）		同比（%）
居住用地	801	3183	16.7	4370	21.8	4984	6.2
商服用地	294	842	76.5	711	12.5	3588	-23.1
工业用地	1457	5744	22.9	508	41.5	378	5.7
合　计	2552	9769	24.0	5589	22.0	2311	-3.9

数据来源：广东省房协土地与产业研究中心。

表 4-30　2019 年广东省各市居住用地成交情况

单位：宗，公顷，万平方米，亿元，元/平方米

序号	城市	宗数	城市	用地面积	城市	可建面积	城市	成交金额	城市	楼面地价
1	惠　州	79	广　州	406.99	广　州	1059.06	广　州	1356.22	深　圳	27185
2	佛　山	60	佛　山	323.24	佛　山	844.00	佛　山	670.76	广　州	12806
3	韶　关	59	珠　海	223.28	茂　名	694.19	深　圳	397.09	东　莞	9924
4	梅　州	55	茂　名	216.19	汕　尾	612.31	珠　海	349.40	中　山	8978
5	广　州	54	惠　州	213.42	惠　州	602.72	东　莞	330.41	珠　海	8625
6	茂　名	50	江　门	190.79	江　门	490.99	惠　州	223.43	佛　山	7947
7	清　远	50	汕　尾	185.15	肇　庆	472.44	江　门	173.01	汕　头	4840
8	揭　阳	49	清　远	178.13	清　远	457.25	汕　头	135.13	惠　州	3707
9	江　门	47	湛　江	161.10	湛　江	441.25	肇　庆	106.62	江　门	3524
10	汕　尾	43	肇　庆	159.19	揭　阳	408.42	中　山	97.82	肇　庆	2257
11	湛　江	42	揭　阳	129.54	珠　海	405.12	茂　名	97.21	河　源	1689
12	肇　庆	41	梅　州	129.11	梅　州	389.11	汕　尾	82.60	潮　州	1493
13	河　源	31	韶　关	126.27	东　莞	332.95	清　远	68.00	清　远	1487
14	东　莞	28	东　莞	116.81	韶　关	330.08	梅　州	57.63	梅　州	1481
15	珠　海	26	河　源	110.74	汕　头	279.20	湛　江	55.00	茂　名	1400
16	阳　江	22	汕　头	75.58	河　源	255.11	揭　阳	50.14	汕　尾	1349
17	云　浮	20	阳　江	68.76	阳　江	177.01	河　源	43.09	湛　江	1247
18	汕　头	19	云　浮	62.70	云　浮	175.28	韶　关	23.81	揭　阳	1228
19	深　圳	12	深　圳	44.59	深　圳	146.07	阳　江	20.50	阳　江	1158
20	中　山	8	中　山	36.45	中　山	108.96	云　浮	19.29	云　浮	1100
21	潮　州	6	潮　州	24.93	潮　州	87.65	潮　州	13.09	韶　关	721
22	全省	801	全省	3182.98	全省	8769.16	全省	4370.25	全省	4984

数据来源：广东省房协土地与产业研究中心。

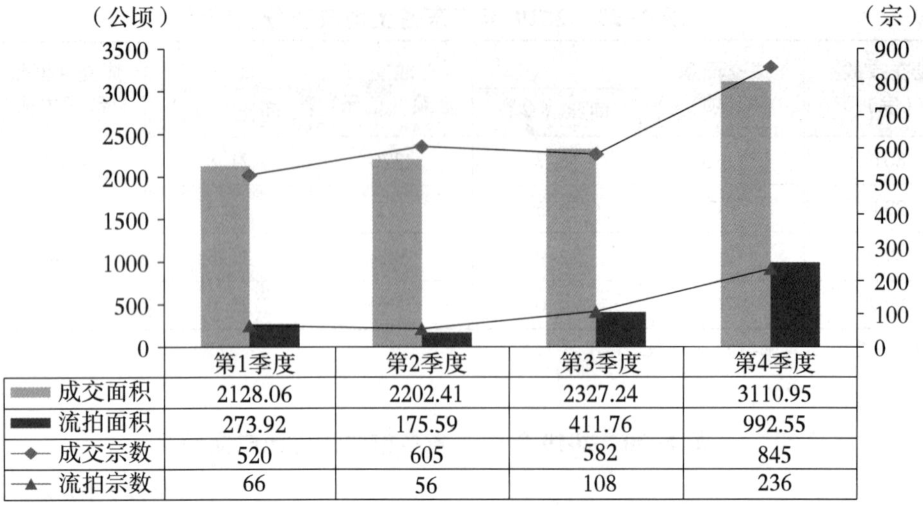

图 4-30　2019 年各季度广东省经营性建设用地成交、流拍情况

数据来源：广东省房协土地与产业研究中心。

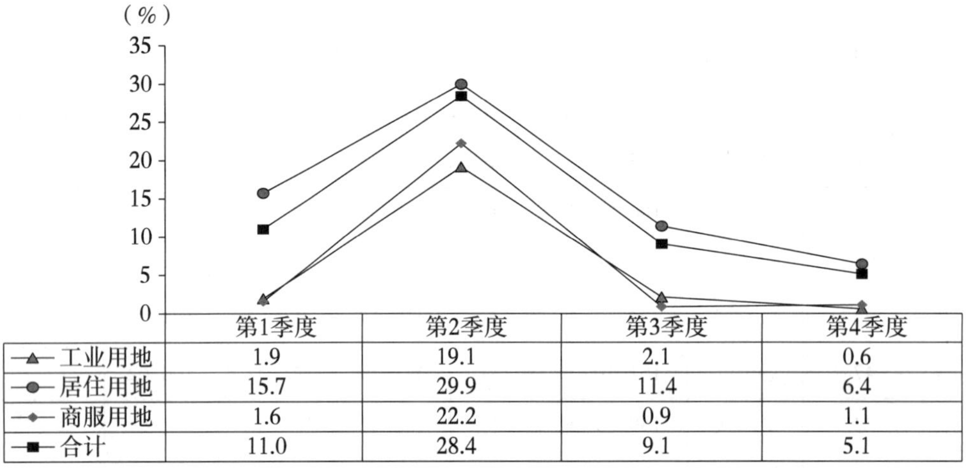

图 4-31　2019 年各季度广东省经营性建设用地成交溢价率走势

数据来源：广东省房协土地与产业研究中心。

（二）广州市存量商品房市场运行情况

2019 年，广州市存量商品房成交面积 1002.15 万平方米，同比下降 7.5%。其中，存量住宅和写字楼的成交面积同比分别下降 10.4%和 7.1%，商业用房同比增长 11.5%，天河区和花都区 2019 年同比增速较快（见表 4-31、表 4-32）。

表 4-31　2018—2019 年广州市存量商品房成交面积

单位：万平方米，%

年　份	合计	#住　宅	#商　业	#办　公	#车　位	#其　他
2018	1083.11	882.49	28.17	39.59	31.96	100.90
2019	1002.15	790.70	31.42	36.78	11.72	131.53
同比	-7.50	-10.40	11.50	-7.10	-63.30	30.40

数据来源：阳光家缘网，下同。

表 4-32 2018—2019 年广州市各区存量商品房成交情况

单位：万套，万平方米，%

行政区		2018 年		2019 年		同比	
		套 数	面 积	套 数	面 积	套 数	面 积
主城区	天河	1.22	94.30	1.28	109.50	4.9	16.1
	海珠	1.39	84.73	1.41	88.40	1.6	4.3
	白云	1.14	90.37	1.09	81.59	-4.3	-9.7
	越秀	1.22	76.35	1.15	73.54	-5.5	-3.7
	黄埔	0.47	66.28	0.52	58.06	11.3	-12.4
	荔湾	0.81	49.76	0.78	52.54	-4.1	5.6
非主城区	番禺	2.20	232.12	1.69	172.29	-23.4	-25.8
	花都	1.20	125.64	1.19	154.56	-0.7	23.0
	增城	1.36	143.27	1.07	110.38	-21.7	-23.0
	从化	0.57	61.63	0.46	57.80	-18.5	-6.2
	南沙	0.47	58.64	0.38	43.47	-19.3	-25.9
全市合计		12.04	1083.11	11.02	1008.15	-8.5	-7.5

1. 存量商品住宅市场

2019 年，广州市信贷环境偏紧、客户对收入预期偏谨慎、市场观望情绪浓厚，以及一手市场屡现降价促销造成客户分流，全市存量住宅成交 9.22 万套，成交面积 790.70 万平方米，同比分别下降 9.9%和 10.4%（见表 4-33）。价格走势上，花都区和增城区存量住宅价格全年降幅达 10%~15%，其他区域大部分先升后降，上半年小幅上涨 5.5%~10%，下半年普降 3.3%~10%。成交量上，主城六区交易量波动幅度普遍在 10%以内，市场相对平稳；非主城区除花都基本持稳以外，其余四区交易量回落 2~3 成且占比收缩。番禺区和增城区位列第一和第三，但同比降幅均超两成；花都区在以价换量之下，成交量同比基本持平，位列各区第二。

表 4-33 2018—2019 年广州市各区存量住宅成交情况

单位：万套，万平方米，%

行政区	2018 年		2019 年		同比	
	套 数	面 积	套 数	面 积	套 数	面 积
番 禺	1.83	183.98	1.33	134.80	-27.3	-26.7
花 都	1.00	108.06	1.01	107.20	0.5	-0.8
增 城	1.21	127.84	0.94	99.85	-22.4	-21.9
天 河	0.96	76.70	1.00	83.53	4.0	8.9
海 珠	1.25	77.47	1.24	79.62	-0.4	2.8
白 云	0.95	71.08	0.90	68.65	-4.9	-3.4

续表

行政区	2018 年		2019 年		同比	
	套　数	面　积	套　数	面　积	套　数	面　积
越　秀	1. 01	64. 35	0. 98	63. 04	-2. 7	-2. 0
荔　湾	0. 73	45. 87	0. 71	43. 87	-3. 0	-4. 4
从　化	0. 52	52. 45	0. 40	41. 97	-22. 3	-20. 0
南　沙	0. 41	44. 93	0. 31	34. 76	-23. 8	-22. 6
黄　埔	0. 36	29. 75	0. 39	33. 39	7. 1	12. 2
全市合计	10. 24	882. 49	9. 22	790. 70	-9. 9	-10. 4

2. 存量商业物业市场

2019 年，广州市存量商业用房成交 3303 宗，同比下降 3. 1%；总成交面积 31. 43 万平方米，同比增长 11. 6%（见表 4-34）。受中美贸易摩擦影响，广州市非主城区部分批发市场、中小型商户倒闭情况日渐严重，实体商业经营难度进一步加大，且 2018—2019 年，非主城区多个一手商业项目逐步投入使用，分流商业物业买家，一定程度加剧存量商业成交量的下滑，除从化及花都以外，其余三区交易量回落 1～6 成，市场降温明显。主城区商业环境成熟，人口密度及消费能力均较高，商业物业更抗跌保值，投资吸引力强，主城六区普遍回升 2 成至 1 倍，市场较为活跃。

表 4-34　2018—2019 年广州市各区存量商业物业成交情况

单位：套，万平方米，%

行政区	2018 年		2019 年		同比	
	套　数	面　积	套　数	面　积	套　数	面　积
花　都	481	6. 10	500	6. 42	4. 0	5. 2
番　禺	563	5. 65	480	4. 88	-14. 7	-13. 6
天　河	269	2. 40	307	3. 37	14. 1	40. 4
越　秀	703	2. 44	523	3. 29	-25. 6	34. 8
黄　埔	212	2. 16	300	2. 94	41. 5	36. 1
白　云	184	1. 38	355	2. 74	92. 9	98. 6
海　珠	236	1. 82	268	2. 17	13. 6	19. 2
荔　湾	222	0. 86	133	1. 74	-40. 1	102. 3
从　化	146	0. 81	196	1. 72	34. 2	112. 3
南　沙	104	3. 04	121	1. 20	16. 3	-60. 5
增　城	290	1. 51	120	0. 96	-58. 6	-36. 4
全市合计	3410	28. 17	3303	31. 43	-3. 1	11. 6

3. 存量办公物业市场

2019 年，广州市存量办公物业成交 4301 宗，同比微增 0. 6%；成交面积 36. 79 万平方米，同比下降 7. 1%。

其中，主城区海珠、黄埔成交面积分别增长 30.2%和 46.7%（见表 4-35），天河基本保持平稳，其余三区回落 2~3 成。非主城区仅南沙由于定位为广州副中心，享有自贸区优势等南沙独有的、中央层面的政策利好，产业优惠覆盖范围广且优惠，扶持力度为全市最高，本土企业发展速度快，外来企业进驻热情高，成交面积同比增长 29.8%；其余四区回落 1~2 成。

表 4-35　2018—2019 年广州市各区存量办公物业成交情况

单位：套，万平方米，%

行政区	2018 年		2019 年		同比	
	套　数	面　积	套　数	面　积	套　数	面　积
天　河	979	11.02	1156	10.68	18.1	-3.1
番　禺	795	7.68	774	6.39	-2.6	-16.8
越　秀	551	5.68	374	4.04	-32.1	-28.9
黄　埔	325	2.44	492	3.58	51.4	46.7
海　珠	235	2.32	307	3.02	30.6	30.2
花　都	439	3.21	323	3.00	-26.4	-6.5
白　云	378	2.57	299	1.74	-20.9	-32.3
增　城	252	1.69	183	1.43	-27.4	-15.4
南　沙	121	0.84	196	1.09	62.0	29.8
荔　湾	148	1.27	128	1.04	-13.5	-18.1
从　化	54	0.87	69	0.78	27.8	-10.3
全市合计	4277	39.59	4301	33.79	0.6	-14.7

（三）深圳市存量商品房市场运行情况

2019 年，深圳市存量住宅成交 77149 套，同比增长 19.4%；存量商业成交面积 28.69 万平方米，同比下降 19.8%，连续 3 年下降；存量办公物业成交面积 14.20 万平方米，同比增长 4.9%。

1. 存量商品住宅市场

2019 年，深圳市存量住宅成交 77149 套，同比增长 19.4%；成交面积 637.23 万平方米，较 2018 年（530.64 万平方米）增加 20.1%。2019 年 8 月份深圳市被确定为中国特色社会主义先行示范区，城市定位、发展潜力提升，商品住宅市场气氛活跃。11 月 11 日，深圳市对普通住房标准进行了调整，规定同时满足住宅小区建筑容积率 1.0 以上、单套建筑面积 144 平方米以下的住房为“普通住宅”，免征增值税。受“豪宅税”征收标准出台的影响，存量住宅市场迅速回暖，成交量大幅度增长。其中宝安全年存量住宅以 159.94 万平方米的成交量首次超越龙岗，同比增长 36.7%，成交热点片区仍分布在宝安中心区；龙岗成交 152.49 万平方米，仅次于宝安，同比增长 22.6%（见表 4-36），成交热点片区仍分布在布吉、横岗及龙岗中心城片区。

表 4-36　2018—2019 年深圳市各区存量住宅成交面积

单位：万平方米,%

年　份	罗湖	福田	南山	盐田	宝安	龙岗	全市合计
2018	73.68	101.76	102.03	10.67	117.02	124.33	530.65
2019	81.81	115.67	113.05	14.36	159.94	152.49	637.23
同比	11.00	13.70	10.80	34.60	36.70	22.60	20.10

数据来自：深圳房地产信息网。

2. 存量商业物业市场

与一手商业和商务公寓相比，由于存量商业交易环节税费较重，且市场上一手商业供应相对充裕，存量商业的成交情况要低迷很多。据监测，2019 年，存量商业成交 4135 套，同比下降 26.9%，成交面积 28.69 万平方米，同比下降 19.5%（见表 4-37），持续下滑态势。罗湖、福田、宝安、龙岗是存量商业的主力成交区域。价格方面，受到成交量持续下行的影响，存量商业价格仅保持微幅的增长，全年存量商业均价为 152619 元/平方米，同比上涨 0.5%。

表 4-37　2018—2019 年深圳市各区存量商业成交面积

单位：万平方米,%

年　份	罗湖	福田	南山	盐田	宝安	龙岗	全市合计
2018	4.12	11.86	5.13	2.04	5.67	6.84	35.66
2019	5.04	7.52	3.54	1.48	5.01	6.10	28.69
同比	22.30	-37.10	-31.10	-27.50	-11.50	-10.80	-19.50

数据来自：美联物业研究中心。

3. 存量办公物业市场

2019 年，深圳市存量办公物业共成交 1227 套，成交面积 14.20 万平方米，面积同比增长 4.9%（见表 4-38）。深圳新建写字楼虽供应量充足且分布较广，但核心区域供应较少，成熟办公商圈的存量办公物业具备更强的吸引力。2019 年，全市仅宝安和龙岗成交同比下降，其他各区均出现不同程度的上涨，表明成熟的办公商圈依然具备较强吸附能力。整体看，由于原关内写字楼产品较为成熟，配套相对齐全，更符合市场需求，2019 年成交分布依然主要集中在原关内区域，且以福田、罗湖为主。

表 4-38　2018—2019 年深圳市各区存量办公物业成交面积

单位：万平方米,%

年　份	罗湖	福田	南山	盐田	宝安	龙岗	全市合计
2018	2.97	7.09	1.72	0.08	0.71	0.97	13.54
2019	3.26	7.73	1.78	0.09	0.61	0.73	14.20
同比	9.90	9.00	3.50	9.30	-13.50	-24.90	4.90

数据来自：美联物业研究中心。

（常　可　钟武贞　广东省房地产业协会）

七、重庆市房地产市场

（一）重庆市主城区土地市场情况

1. 房地产开发投资情况

2019 年，全市完成房地产开发投资 4439.3 亿元，较上年增长 4.48%，投资额创下历史新高，目前虽然房地产开发规模增长放缓，但由于建筑用材及设计标准的普遍提高，加上智慧小区的兴起，同等规模的楼栋实际完成投资额较以前明显提高，有效地推动了全市房地产开发投资效率提高，实现增长。按物业类型来看，2019 年住宅投资 3246.77 亿元，较上年增长 7.77%；办公楼完成投资 112.85 亿元，较上年增长 7.67%；商业完成投资 529.48 亿元，较上年下降 6.23%；其他物业完成投资 550.21 亿元，较上年下降 2.9%。住宅投资增长较快，非住宅投资有所回落，在当前非住宅运营难度不断增加的背景下，开发企业对非住宅投资意愿持续走低，尽量回避非住宅物业的投资（见表 4-39）。

表 4-39　2018—2019 年重庆市房地产开发投资对比

单位：亿元,%

物业类型	2018 年	2019 年	增　幅
合　计	4248.76	4439.30	4.48
住　宅	3012.65	3246.77	7.77
办公楼	104.81	112.85	7.67
商　业	564.66	529.48	-6.23
其　他	566.65	550.21	-2.90

2. 新兴片区供地节奏加快，核心区域供地持续低迷

2019 年重庆市主城区房地产类用地供应 155 宗，较 2018 年增加 51 宗；供应面积 1007.28 万平方米（约 1.51 万亩），较 2018 年增长 10.61%（见表 4-40）；供应最大可建面积 1615.92 万平方米，较 2018 年下降 7%。供应土地平均每宗面积由 2018 年的 131 亩下降至 97 亩，平均容积率由 2018 年的 1.91 下降至 1.6，新供应土地多以中小地块为主，宗地面积小，容积率低。

2019 年主城区土地供应增长最明显的是北碚区的蔡家组团、水土组团以及沙坪坝区的西永组团，这些新兴片区凭借丰富的土地储备，较好的发展前景越来越受到开发企业的关注，而城市核心区域土地开发逐渐趋于饱和，土地供应下滑明显，尤其是渝中区已连续两年土地零供应。

3. 低容积率地块成主流，土地价格持续走高

2019 年，主城区房地产类用地成交 136 宗，较 2018 年增加 48 宗；成交面积 859.42 万平方米，较 2018 年增长 1.47%；成交金额 885.69 亿元，较 2018 年增长 6.02%；土地折算楼面地价 6491.88 元/平方米，较 2018 年增长 25.32%。2019 年土地成交宗数增多，为最近五年的最高水平，但是出让用地最大可建筑面积 1364.31 万平方米，是近十年来的最低水平。2019 年新出让土地有 95 宗，容积率低于 2.0，平均容积率 1.59，低容积小地块逐渐成为主流。由于土地供应以小型地块为主，可建筑规模不多，加上近两年来全国大型企业加速进入重庆，土地市场持续升温，土地溢价不断走高，全年出让土地楼面价达到 6491.88 元/平方米的历史最高水平（见表 4-41），全年有 16 宗地楼面价超过 10000 元/平方米，大部分位于中央公园附近。

表 4-40　2018—2019 年主城各区房地产类土地供应分布情况

单位：宗，万平方米

区　域	2018 年		2019 年	
	宗　数	面　积	宗　数	面　积
渝中区	0	0.00	0	0.00
渝北区	23	339.44	46	282.37
沙坪坝区	15	92.21	23	168.43
九龙坡区	13	41.17	12	47.24
南岸区	7	53.69	7	33.82
江北区	7	33.50	4	18.75
大渡口区	8	50.77	9	66.73
北碚区	14	119.26	32	278.95
巴南区	17	180.62	22	110.98
合　计	104	910.66	155	1007.28

表 4-41　2018—2019 年主城区房地产类土地区域成交

单位：宗，万平方米，亿元，元/平方米

区　域	2018 年					2019 年				
	宗　数	面　积	可建面积	金　额	楼面价格	宗　数	面　积	可建面积	金额	楼面价格
渝中区	0	0.00	0.00	0.00	—	0	0.00	0.00	0.00	—
渝北区	20	328.46	563.25	324.89	5768.08	41	276.41	438.02	320.96	7327.54
沙坪坝区	13	93.35	192.62	101.85	5287.56	24	135.32	244.16	132.44	5424.19
九龙坡区	11	38.71	91.29	57.80	6331.26	11	38.97	76.55	56.63	7397.22
南岸区	7	53.69	90.13	64.40	7145.05	5	20.99	38.07	27.49	7220.33
江北区	4	21.69	49.15	18.18	3699.32	2	11.82	33.01	24.00	7268.35
大渡口区	4	15.67	30.48	14.26	4676.69	8	50.09	102.28	77.15	7543.03
北碚区	14	119.26	189.65	82.79	4365.31	30	263.10	319.15	182.83	5728.49
巴南区	15	176.16	406.01	171.22	4217.12	15	62.71	113.05	64.20	5679.07
合　计	88	846.99	1612.59	835.38	5180.37	136	859.42	1364.31	885.69	6491.88

（二）重庆市房地产开发建设情况

1. 新开工面积有所下滑，配套物业开发配比增大

2019 年新开工面积 6725.4 万平方米，较 2018 年下降 8.95%（见表 4-42）。由于 2018 年全市房地产新开工面积创下了 7000 万平方米以上的高水平，在其对照下，2019 年新开工面积有所下滑，但纵向比较早前年份依旧是新开工较高水平。2019 年住宅新开工下滑较多，主要是目前新出让土地容积率不断走低，新建项目大多规模较小，加上 2019 年开发企业资金紧张，部分企业开工意愿不强；办公楼和商业由于存量去化困难，企业对其新开发尽量回避，开工面积呈负增长；其他物业新开工面积实现稳定增长，主要是目前新建项目车位配比不断提高（高于 1∶1），同时社区公共空间、休闲空间等有利于提高项目品质的配套物业也大量在新建项目中运用推广，使得其他物业新开工面积不断增多。

表 4-42　2018—2019 年重庆市各物业新开工量对比

单位：万平方米，%

物业类型	2018 年	2019 年	增　幅
合　计	7386. 16	6725. 40	-8. 95
住　宅	5145. 20	4593. 17	-10. 73
办公楼	132. 72	126. 42	-4. 75
商　业	725. 19	579. 82	-20. 05
其　他	1383. 06	1425. 99	3. 10

2. 主城区开发建设规模下滑，渝西片区开发十分活跃

2019 年全市 38 个区县有 21 个新开工面积上涨，下降的 17 个，各区县表现差异较大。新开工面积下滑较大的主要集中在主城区，受土地供应减少的影响较大。渝西地区新开工则保持较高水平，2019 年以来渝西片区房地产开发品质提升与规模扩张同步进行，多家全国性知名企业加快布局，不仅使得该片区新建项目增多，开发品质较以前有了极大提升。

3. 前期项目建设有序推进，竣工高峰如期而至

2019 年竣工面积 5069. 17 万平方米，较 2018 年增长 24. 14%（见表 4-43）。2017—2018 年是重庆市房地产开发建设的高峰期间，这两年间开发建设了大量新项目，经过近两年的快节奏建设，这批项目从 2019 年下半年开始陆续迎来竣工高峰期，竣工项目不断增多。

表 4-43　2018—2019 年重庆市竣工量对比

单位：万平方米，%

物业类型	2018 年	2019 年	增　幅
合　计	4083. 45	5069. 17	24. 14
住　宅	2784. 64	3400. 08	22. 10
办公楼	129. 04	99. 11	-23. 19
商　业	509. 48	613. 18	20. 35
其　他	660. 30	956. 81	44. 90

4. 房地产竣工节奏有所提速，渝西片区开发节奏加快

2019 年，全市 38 个区县有 25 个竣工面积实现上涨，13 个区县竣工面积出现下滑。主城区竣工面积增幅为 7.98%，其他片区竣工面积增幅均超过 20%，尤其是渝西片区竣工面积增幅达到 59.1%，渝西片区开发建设节奏不断加快。

（三）重庆市房地产销售情况

1. 成交量保持较高水平，房价涨幅趋缓

2019 年，全市商品房销售面积 6104.68 万平方米，较 2018 年下降 6.6%，其中，住宅销售 5149.08 万平方米，较 2018 年下降 5.08%；办公楼销售面积 83.64 万平方米，较 2018 年下降 34.34%；商业销售面积 417.88 万平方米，较 2018 年下降 18.7%；其他销售面积 454.08 万平方米，较 2018 年下降 3.41%（见表 4-44）。由于 2017 年、2018 年连续两年全市销售面积均超过 6500 万平方米，处于历史最高水平，在高基数的对照之下，2019 年销售面积出现负增长，但销售绝对规模依旧处于较高水平，2019 年全市新上市项目较多，基本品质较好，购房需求平稳释放，销售情况整体向好。

表 4-44　2018—2019 年重庆市新建商品房面积销售量对比

单位：万平方米，%

物业类型	2018 年	2019 年	增　幅
合　计	6536.25	6104.68	-6.60
住　宅	5424.76	5149.08	-5.08
办公楼	127.37	83.64	-34.34
商　业	513.97	417.88	-18.70
其　他	470.14	454.08	-3.41

2019 年，房地产销售均价 8402.44 元/平方米，较 2018 年增长 4.16%；其中住宅销售均价 8657.43/平方米，较 2018 年增长 5.71%（见表 4-45）。从下半年以来，全市房价一直维持在 8400 元/平方米左右，全市行业政策保持稳定，市场预期趋于理性，房价走势基本平稳。

表 4-45　2018-2019 年重庆市各类新建商品房销售均价对比

单位：元/平方米，%

物业类型	2018 年	2019 年	增　幅
合　计	8066.86	8402.44	4.16
住　宅	8189.98	8657.43	5.71
办公楼	10911.60	12230.31	12.09
商　业	10428.92	10112.94	-3.03
其　他	3293.23	3231.74	-1.87

2. 各片区销售分化明显，渝西地区和渝东北表现稍好

2019 年全市有 17 个区县销售面积出现上涨，21 个区县销售面积出现下降。从区域来看，渝西地区及渝东北地区销售量实现增长的区县较多，主城区销售量明显下滑（见表 4-46）。

表 4-46　重庆市各区县新建商品房销售情况对比

单位：万平方米，元/平方米，%

区　域		销售面积			销售均价		
		2018 年	2019 年	同比增幅	2018 年	2019 年	同比增幅
主城区	渝中区	74.07	66.80	-9.81	18629.25	18411.09	-1.10
	大渡口区	192.05	185.31	-3.51	9257.73	9321.66	0.69
	江北区	307.24	204.58	-33.41	12832.73	10492.84	-18.23
	沙坪坝区	312.24	380.27	21.79	9261.42	10213.21	10.28
	九龙坡区	381.26	291.15	-23.64	9204.47	9820.21	6.69
	南岸区	366.31	274.33	-25.11	10868.55	12065.99	11.02
	北碚区	269.89	273.04	1.17	9475.76	10419.12	9.96
	渝北区	927.51	779.00	-16.01	11757.67	12451.38	5.90
	巴南区	559.68	602.70	7.69	8922.51	9475.16	6.19
非主城区	涪陵区	139.87	126.47	-9.58	5470.05	6187.30	13.11
	长寿区	97.23	94.44	-2.88	4259.44	5127.84	20.39
	江津区	311.24	318.09	2.20	5746.28	6175.58	7.47
	合川区	245.77	268.46	9.23	5452.62	5631.51	3.28
	永川区	202.59	189.75	-6.34	5214.54	5753.61	10.34
	南川区	89.57	100.23	11.90	5824.62	6060.93	4.06
	綦江区	190.81	155.32	-18.60	4712.87	5226.27	10.89
	潼南区	131.47	139.44	6.07	4225.30	5243.31	24.09
	铜梁区	152.80	142.26	-6.90	4861.55	5838.77	20.10
	大足区	188.54	142.22	-24.57	4550.84	5129.96	12.73
	荣昌区	103.43	93.61	-9.50	4760.90	5508.95	15.71
	璧山区	227.71	248.56	9.16	6730.28	7129.93	5.94
	万州区	206.52	186.68	-9.61	6088.81	6737.39	10.65
	梁平区	60.37	75.66	25.32	5892.68	6144.32	4.27
	城口县	16.46	10.16	-38.28	4873.58	5020.33	3.01
	丰都县	67.84	73.22	7.94	5134.49	5164.44	0.58
	垫江县	63.82	70.82	10.96	5162.77	5371.59	4.04
	忠县	72.55	70.59	-2.69	4256.41	4826.64	13.40
	开州区	93.84	67.49	-28.08	6332.37	7181.33	13.41
	云阳县	70.27	78.39	11.55	5578.02	6511.73	16.74
	奉节县	95.70	95.84	0.14	5618.72	6005.00	6.87
	巫山县	36.27	44.04	21.43	5981.28	5387.52	-9.93
	巫溪县	33.65	34.98	3.97	4489.62	4921.08	9.61
	黔江区	58.54	43.51	-25.68	4996.71	5187.52	3.82
	石柱县	55.12	52.08	-5.51	4980.73	5159.57	3.59
	秀山县	59.61	65.24	9.43	4631.65	5003.31	8.02
	酉阳县	2.60	3.50	34.40	4639.86	5616.69	21.05
	彭水县	35.54	29.29	-17.57	5147.21	5414.40	5.19
	武隆区	36.23	27.14	-25.09	5814.76	7249.87	24.68

3. 住宅库存处于低库存时代，非住宅库存持续增加

2019 年 12 月底，全市待售面积 1959. 11 万平方米，较 2018 年年底增长 11. 9%，其中，主城区 1047. 39 万平方米，较 2018 年年底增长 11. 83%；住宅待售面积 356. 63 万平方米，较 2018 年年底下降 7. 04%，非住宅待售面积 1602. 48 万平方米，较 2018 年年底增长 17. 22%。住宅库存呈下滑趋势，而商业和其他物业库存持续增长，尤其是非主城区项目的车库空置较为明显。

（四）重庆市房地产开发企业情况（见表 4-47）

表 4-47 2019 年 12 月地开发企业资质及新成立企业情况

单位：家

区 域	企业总数	一级	二级	三级	四级	暂定	2019 年新增
主城区	1220	40	409	154	8	609	120
渝西	896	16	188	206	9	477	85
渝东北	335	8	92	66	12	157	33
渝东南	141	1	23	28	1	88	17
合 计	2592	65	712	454	30	1331	255

（王芳　李倩　重庆市房地产开发协会）

八、全国主要城市地价监测

（一）2019 年第一季度全国重点区域和主要城市地价状况

1. 全国地价总体水平温和上行，综合、商服、住宅地价环比、同比增速持续放缓

2019 年第一季度，全国主要监测城市地价总体水平为 4381 元/平方米，商服、住宅、工业地价分别为 7665 元/平方米、7173 元/平方米和 841 元/平方米（见图 4-32）。

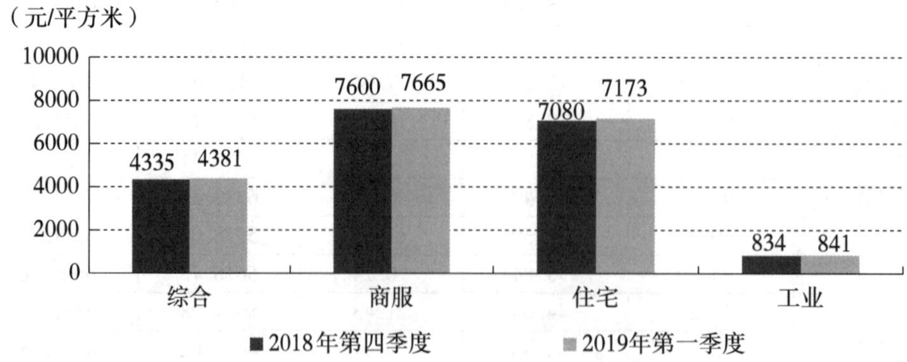

图 4-32 全国主要城市分用途地价水平

综合、商服、住宅地价环比增速持续放缓，工业地价环比增速略有回升。第一季度，全国主要监测城市综合、商服、住宅、工业地价环比增速依次为 1. 06%、0. 85%、1. 32%、0. 79%，较上一季度分别变化-0. 03、

-0.11、-0.08、0.06个百分点，综合、住宅地价保持低速增长，商服、工业地价增速平稳。总体来看，商服地价环比增速连续四个季度放缓，综合、住宅地价环比增速连续三个季度放缓。

各用途地价同比增速持续放缓。第一季度，全国主要监测城市综合、商服、住宅、工业地价同比增速依次为5.72%、4.45%、7.73%、3.49%，较上季度分别下降0.45、0.37、0.82、0.04个百分点。其中，住宅地价增速连续四个季度放缓，综合、商服地价增速连续三个季度放缓。

重点城市定基地价指数①稳步上升。2019年第一季度，以2000年为基期的重点城市平均地价指数稳步上升，综合、商服、住宅、工业地价指数分别为302、294、377、226，较上季度分别增加3、3、5、2个点。

重点监测城市中，地价总体水平为6571元/平方米，环比增速与上季度持平，为1.16%；较上年同期增长5.77%，增速连续五个季度放缓。商服、住宅和工业地价水平分别为10450元/平方米、10355元/平方米和1164元/平方米；环比增速分别为1.0%、1.33%和0.96%；同比增速依次为4.85%、6.66%和4.80%，各用途地价同比增速持续放缓。

2. 长三角地区各用途地价环比增速回升，同比增速持续放缓；珠三角、环渤海地区综合、住宅、工业地价环比、同比增速持续放缓

2019年第一季度，三大重点区域综合地价水平均高于全国总体水平，整体呈上升态势。长江三角洲、珠江三角洲、环渤海地区综合地价水平分别为6016元/平方米、8321元/平方米、4721元/平方米（见图4-33）。

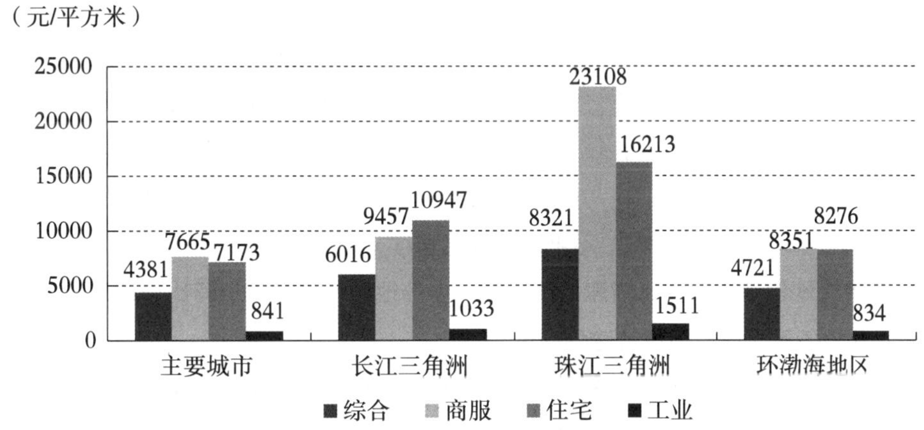

图4-33　2019年第一季度主要城市及三大重点区域地价水平

分用途看，长江三角洲地区商服、住宅、工业地价增速依次为0.25%、0.34%、0.56%，较上一季度分别上升0.03、0.06、0.25个百分点，其中，上海、温州、金华等3座城市住宅地价下降。珠江三角洲地区商服、住宅、工业地价增速均放缓，依次为0.93%、2.14%、1.95%，较上季度分别下降0.28、0.69、0.62个百分点，其中，佛山市顺德区、惠州城市住宅地价增速超过3%。环渤海地区商服、住宅、工业地价增速依次为1.0%、0.88%、0.84%，较上季度分别变化0.07、-0.75、-0.18个百分点。

从同比增速看，三大重点区域综合、住宅、工业地价同比增速持续放缓。长江三角洲、珠江三角洲、环渤海地区综合地价增速依次为2.44%、10.50%、6.10%，较上季度分别下降0.32、0.12、0.74个百分点。

① 重点城市定基地价指数包括除拉萨以外的直辖市、省会城市和计划单列市，共35座城市。重点城市地价增长率包括直辖市、省会城市和计划单列市，共36座城市。

从环比增速看，长江三角洲、珠江三角洲、环渤海地区综合地价增速依次为 0. 43%、1. 85%、0. 88%（见图 4-34），较上季度分别变化 0. 14、-0. 58、-0. 42 个百分点。其中，珠江三角洲地区综合地价低速增长，长江三角洲和环渤海地区地价变化平稳。

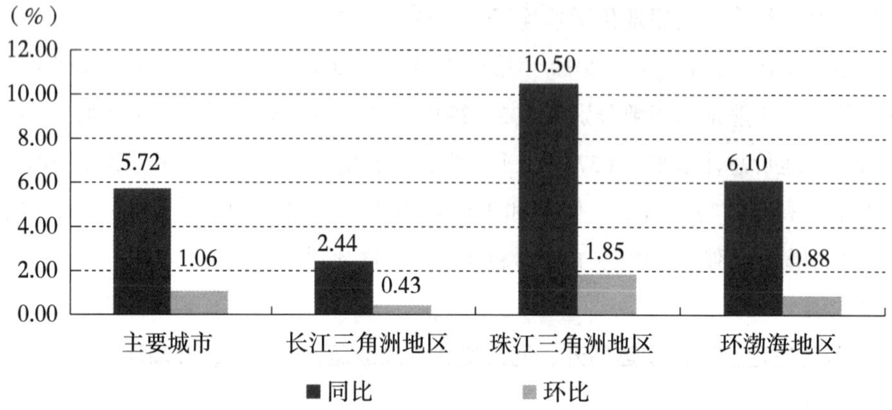

图 4-34　2019 年第一季度主要城市及三大重点区域综合地价增速

分用途看，三大重点区域住宅、工业地价增速持续放缓。长江三角洲地区商服、住宅、工业地价增速持续放缓，依次为 1. 36%、2. 91%、2. 14%，较上季度分别下降 0. 08、0. 32、0. 36 个百分点。珠江三角洲地区商服、住宅、工业地价增速较上季度分别变化 0. 17、-0. 04、-0. 45 个百分点，依次为 4. 60%、13. 46%、10. 04%，住宅、工业地价增速持续放缓，但仍高于其他两大重点区域，其中，除深圳住宅地价低速增长外，广州、珠海、佛山市顺德区、惠州、东莞、中山等 6 座城市住宅地价涨幅均超过 10. 0%。环渤海地区商服、住宅、工业地价增速依次为 4. 71%、7. 82%、4. 49%，较上季度分别变化 0. 22、-1. 44、-0. 14 个百分点。

3. 东部地区各用途地价环比、同比增速持续回落；中部地区各用途地价环比增速下降；西部地区综合、住宅地价环比增速回升，各用途地价同比增速均回落

2019 年第一季度，全国重点城市中，东部、中部、西部地区平均地价水平呈东高、西次、中低的布局。东部地区各用途地价水平明显高于中部和西部地区，中部地区仅工业地价平均水平略高于西部地区（见图 4-35）。

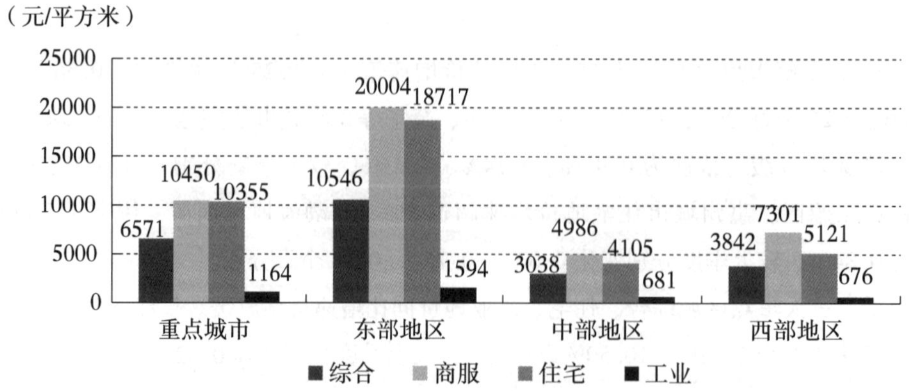

图 4-35　2019 年第一季度重点城市及东中西部地区地价水平值

从环比增速看，东部、中部地区各用途地价增速持续回落，西部地区住宅地价增速回升。东部、中部、西部地区综合地价增速依次为 1.13%、1.23%、1.15%，较上季度分别变化-0.21、-0.10、0.49 个百分点；住宅地价增速依次为 1.07%、1.71%、1.48%（见图 4-36），较上季度分别变化-0.28、-0.13、0.81 个百分点。

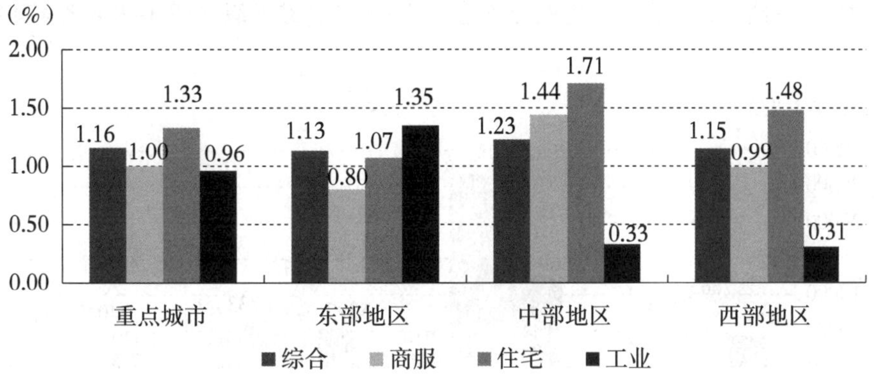

图 4-36　2019 年第一季度重点城市及东中西部地区环比增速

从同比增速看，东部、西部地区各用途地价增速均持续回落，中部地区除商服地价增速持续下降，其他用途地价增速上升。东部地区综合、商服、住宅、工业地价增速依次为 5.98%、4.04%、6.27%、6.41%，较上季度分别下降 0.49、0.30、0.72、0.30 个百分点。中部地区综合、商服、住宅、工业地价增速依次为 5.80%、6.27%、8.04%、1.93%，较上季度分别变化 0.26、-0.19、0.06、0.20 个百分点。西部地区综合、商服、住宅、工业地价同比增速依次为 5.33%、5.20%、6.40%、2.37%（见图 4-37），较上季度分别下降 0.76、0.68、1.08、0.18 个百分点。

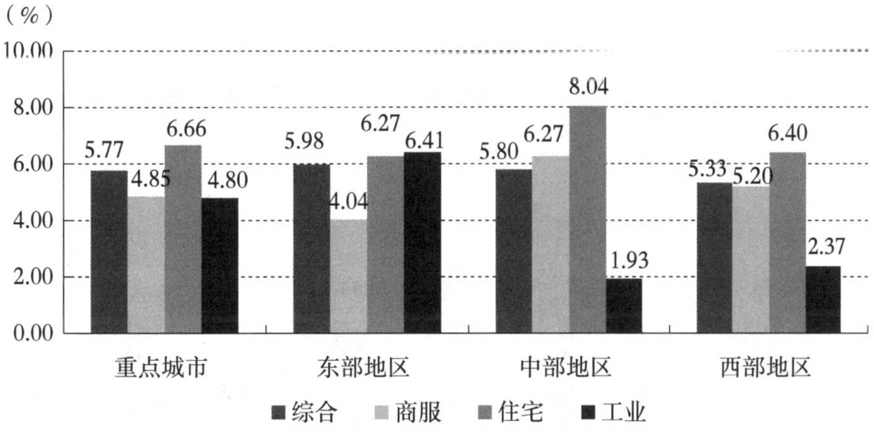

图 4-37　2019 年第一季度重点城市东中西部地区同比增速

4. 一线城市各用途地价环比、同比增速持续放缓；二线城市住宅地价增速环比回升，同比持续放缓；三线城市综合、住宅地价环比、同比增速持续放缓①

2019 年第一季度，主要监测城市中，一线城市综合、商服、住宅、工业地价环比、同比增速持续放缓，其中，工业地价环比、同比增速仍快于商、住用途；二线城市住宅地价环比增速略有回升，综合、商服、住宅地价同比增速持续放缓；三线城市综合、住宅地价环比、同比增速持续放缓（图 4-38~图 4-40）。

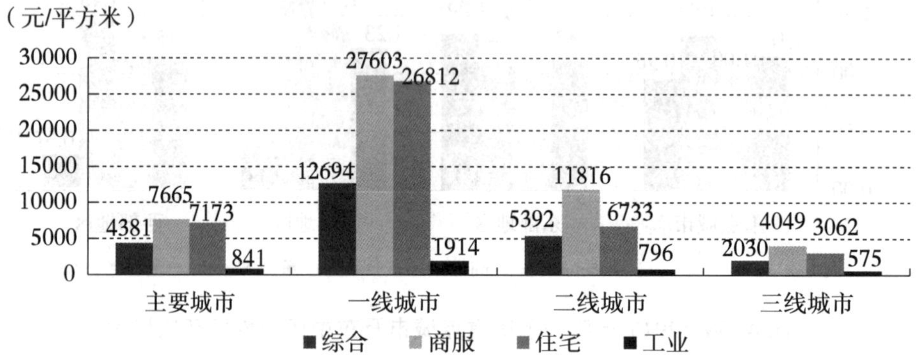

图 4-38　2019 年第一季度主要城市及一、二、三线城市地价水平值

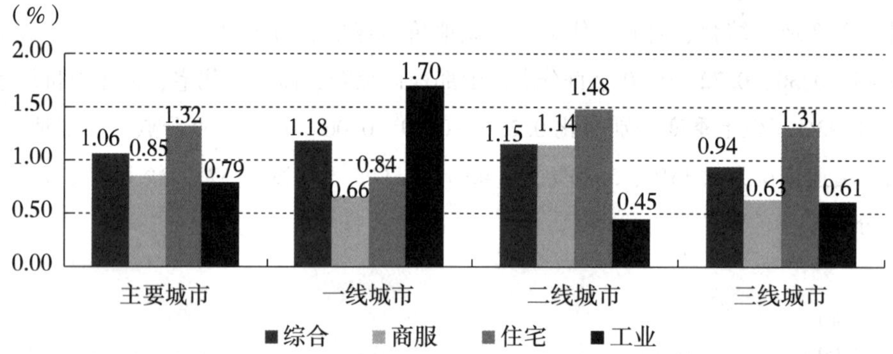

图 4-39　2019 年第一季度主要城市及一、二、三线城市地价环比增速

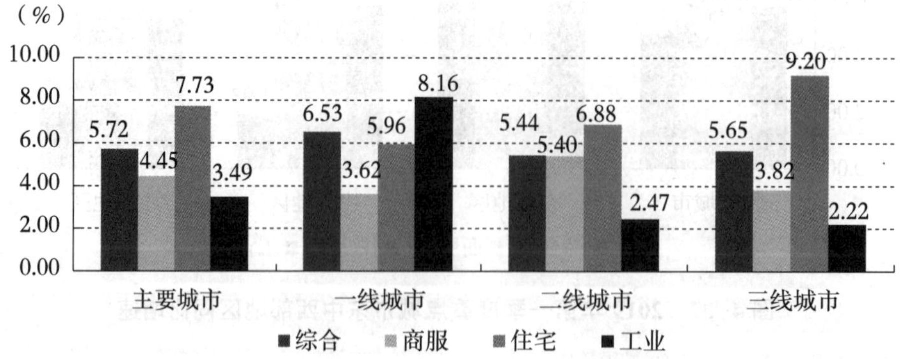

图 4-40　2019 年第一季度主要城市一、二、三线城市地价同比增速

① 105 座监测城市中，一线城市包括北京、上海、广州、深圳；二线城市包括除一线城市外的直辖市、省会城市和计划单列市，共 32 座城市；三线城市包括除一线、二线城市外的 69 座城市。

一线城市，从环比看，综合、商服、住宅、工业地价增速依次为1.18%、0.66%、0.84%、1.70%，较上季度分别下降0.29、0.34、0.42、0.14个百分点。与上季度比较，北京、广州、深圳等3座城市住宅地价增速收窄，上海市住宅地价增速连续两个季度负增长。从同比看，综合、商服、住宅、工业地价增速依次为6.53%、3.62%、5.96%、8.16%（见表4-48），较上季度分别下降0.60、0.41、0.83、0.47个百分点，北京、上海、广州、深圳等4座城市住宅地价增速均回落；广州市住宅、工业地价增速仍明显快于其他城市。

表4-48　2019年第一季度一线城市各用途地价增速

监测范围	环比增速（%）				同比增速（%）			
	综合	商服	住宅	工业	综合	商服	住宅	工业
一线城市	1.18	0.66	0.84	1.70	6.53	3.62	5.96	8.16
北京市	0.60	0.37	0.63	1.13	4.63	3.82	4.73	6.76
上海市	0.02	0.57	-0.17	1.72	0.99	2.16	0.55	5.17
广州市	1.74	0.79	2.07	2.62	9.50	3.09	11.95	12.43
深圳市	0.67	0.77	0.61	0.78	5.66	4.98	5.99	6.43

二线城市，综合、商服、住宅、工业地价环比增速依次为1.15%、1.14%、1.48%、0.45%，同比增速依次为5.44%、5.40%、6.88%、2.47%（见表4-49）。本季度，石家庄、沈阳、大连、哈尔滨、海口、西安等6座城市住宅地价同比增速超过10%，较上季度减少3座；合肥、拉萨城市住宅地价环比下降，南京、厦门、成都等3座城市住宅地价同比下降。

表4-49　2019年第一季度二线城市综合、住宅地价增速最高、最低值

类　别	环比增速（%）				同比增速（%）			
	综合最高	综合最低	住宅最高	住宅最低	综合最高	综合最低	住宅最高	住宅最低
监测城市	呼和浩特	合肥	西安	拉萨	西安	厦门	西安	厦门
数　值	3.47	0.00	3.39	-0.48	18.18	-4.43	20.72	-4.95

三线城市综合、商服、住宅、工业地价环比增速依次为0.94%、0.63%、1.31%、0.61%，同比增速依次为5.65%、3.82%、9.20%、2.22%，综合、住宅地价环比、同比增速持续放缓（见表4-50）。本季度，临沂、平顶山、佛山市顺德区、惠州、安庆等5座城市住宅地价环比增速超过3%，比上季度减少2座，另有9座城市住宅地价环比下降；23座城市住宅地价同比增速超过10%。

表 4-50　2019 年第一季度三线城市综合、住宅地价增速最高、最低值

类　别	环比增速（%）				同比增速（%）			
	综合最高	综合最低	住宅最高	住宅最低	综合最高	综合最低	住宅最高	住宅最低
监测城市	惠州	锦州	安庆	锦州	惠州	三亚	株洲	汕头
数　值	3.88	-1.68	4.47	-2.08	30.35	-2.60	35.52	-3.25

总体而言，22 座热点城市中①，16 座城市住宅地价环比增速收窄，其中，北京市连续 9 个季度持续降速；15 座城市住宅地价同比涨幅收窄。本季度，北京、天津、青岛、郑州、沈阳、长春、杭州、广州、深圳、重庆、无锡、苏州等 12 座城市住宅地价同比、环比涨幅均放缓。

5. 主要监测城市综合及住宅地价环比上涨的城市数量增加，但处于高速上涨区间的城市数量微降

2019 年第一季度，全国主要监测城市的综合地价环比情况，93 座城市上涨，比上季度增加 7 座，其中，52 座城市涨幅收窄，比上季度减少 8 座。综合地价环比增速大（等）于 3.0%的城市共计 4 座，比上季度减少 1 座；93 座城市的增速介于 0~3.0%之间；地价下降的城市 8 座，较上季度减少 4 座。另外，55 座城市的地价增速稳定在-1.0%~1.0%之间。与上年同期相比，94 座城市地价上涨，较上季度减少 5 座，同比增速超过 10.0%的城市 21 座，较上季度减少 1 座，地价下降的城市 6 座，比上季度增加 1 座。

住宅地价环比上涨的城市 88 座，较上季度增加 3 座，其中，55 座城市涨幅收窄，较上季度减少 7 座。住宅地价环比增速超过 3.0%的城市 7 座，较上季度减少 1 座；地价下降的城市 12 座，较上季度减少 2 座。此外，47 座城市的地价增速稳定在-1.0%~1.0%。与上年同期相比，地价上涨的城市 93 座，较上季度减少 5 座；增速超过 10.0%的城市 30 座，比上季度减少 3 座，地价下降的城市 7 座，与上季度持平。

（二）2019 年第二季度全国重点区域和主要城市地价状况

1. 全国地价总体水平环比增速回升，同比增速放缓；商服、住宅地价环比增速回升，同比增速持续放缓；工业地价环比、同比增速均放缓

2019 年第二季度，从环比看，全国主要监测城市地价总体水平较上季度上升 0.07 个百分点，为 1.13%。分用途看，商服、住宅地价环比增速回升，依次为 0.86%、1.70%，较上季度分别上升 0.01、0.38 个百分点；工业地价环比增速较上季度下降 0.29 个百分点，为 0.50%。综合、住宅地价保持低速增长，商服、工业地价增速平稳。总体来看，商服地价环比增速连续四个季度放缓后回升，综合、住宅地价环比增速连续三个季度放缓后回升，工业地价环比增速持续平稳波动。

从同比看，各用途地价同比增速持续放缓。全国主要监测城市地价总体水平较上年同期增长 4.62%，增速较上季度下降 1.10 个百分点。分用途看，商服、住宅、工业地价同比增速依次为 3.47%、6.45%、2.68%，较上季度分别下降 0.98、1.28、0.81 个百分点。其中，住宅地价增速连续五个季度放缓，增速仍明显快于其他用途，综合、商服地价增速连续四个季度放缓，工业地价增速连续三个季度放缓。

重点城市定基地价指数②稳步上升。2019 年第二季度，以 2000 年为基期的重点城市平均地价指数稳步上

① 本季度纳入统计的 22 座热点城市是指北京、天津、济南、青岛、郑州、沈阳、长春、上海、南京、杭州、宁波、福州、厦门、广州、深圳、合肥、武汉、长沙、重庆、成都、无锡、苏州。

② 重点城市定基地价指数包括除拉萨以外的直辖市、省会城市和计划单列市，共 35 座城市。重点城市地价增长率包括直辖市、省会城市和计划单列市，共 36 座城市。

升，综合、商服、住宅、工业地价指数分别为306、297、384、227，较上季度分别增加4、3、7、1个点。

重点监测城市中，综合地价环比增速为1.29%，较上季度上升0.13个百分点；同比增速为5.17%，较上季度下降0.60个百分点，增速连续六个季度放缓。商服、住宅和工业地价环比增速分别为0.98%、1.86%和0.54%；同比增速依次为4.41%、6.33%和3.68%，各用途地价同比增速持续放缓。

2. 长三角、环渤海地区住宅地价环比增速上升，三大重点区域工业地价环比增速放缓；综合、住宅、工业地价同比增速均放缓

2019年第二季度，三大重点区域，从环比看，长江三角洲、珠江三角洲、环渤海地区综合地价增速依次为0.73%、1.40%、1.20%（见图4-41），较上季度分别变化0.30、-0.45、0.32个百分点，其中，长江三角洲地区地价增速连续两个季度上升，珠江三角洲地区地价增速持续三个季度放缓，环渤海地区地价增速则转降为升。

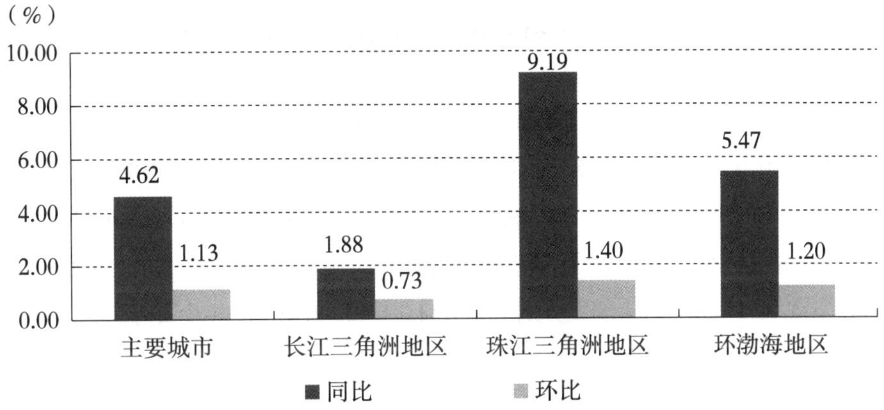

图4-41　2019年第二季度主要城市及三大重点区域综合地价增速

分用途看，长江三角洲地区商服、住宅、工业地价增速依次为0.40%、1.16%、0.49%，较上季度分别变化0.15、0.82、-0.07个百分点，其中，宁波、温州城市住宅地价增速较快。珠江三角洲地区商服、住宅、工业地价增速持续放缓，依次为0.87%、1.92%、1.10%，较上季度分别下降0.06、0.22、0.85个百分点。环渤海地区商服、住宅、工业地价增速依次为1.35%、1.71%、0.50%，较上季度分别变化0.35、0.83、-0.34个百分点。

从同比增速看，三大重点区域综合、住宅、工业地价同比增速持续放缓。长江三角洲、珠江三角洲、环渤海地区综合地价增速依次为1.88%、9.19%、5.47%，较上季度分别下降0.56、1.31、0.63个百分点。

分用途看，三大重点区域住宅、工业地价增速持续放缓。长江三角洲地区商服、住宅、工业地价增速持续放缓，依次为1.07%、2.23%、1.90%，较上季度分别下降0.29、0.68、0.24个百分点。珠江三角洲地区商服、住宅、工业地价增速较上季度分别变化0.02、-1.64、-1.53个百分点，依次为4.62%、11.82%、8.51%，住宅、工业地价增速持续放缓，但仍高于其他两大重点区域，其中，珠海、佛山市顺德区、惠州、东莞、中山等5座城市住宅地价涨幅超过10.0%。环渤海地区商服、住宅、工业地价增速依次为5.65%、7.46%、2.87%，较上季度分别变化0.94、-0.36、-1.62个百分点，烟台、大连、秦皇岛等3座城市住宅地价涨幅超过10%。

3. 东、中部地区住宅地价环比增速回升；东中西部地区商服、工业地价同比增速下降

2019年第二季度，全国重点城市中，从环比看，东部、中部地区住宅地价增速回升，西部地区综合、商服、住宅地价增速均下降。东部、中部、西部地区综合地价增速依次为 1.28%、1.57%、1.04%，较上季度分别变化 0.15、0.34、-0.11 个百分点；住宅地价增速依次为 1.90%、2.26%、1.44%（见图 4-42），较上季度分别变化 0.83、0.55、-0.04 个百分点。

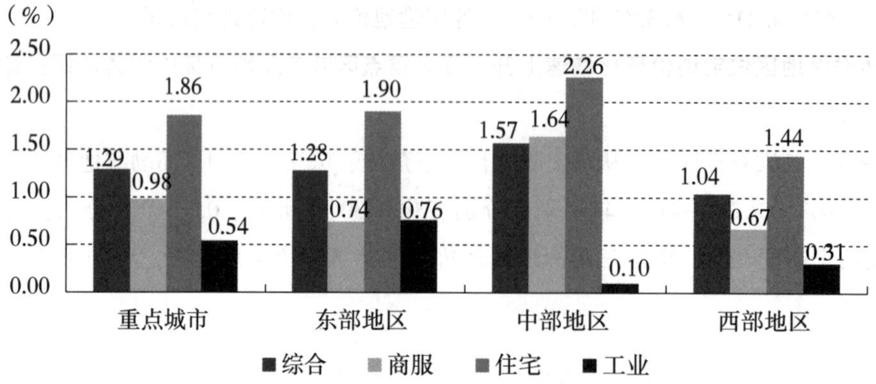

图 4-42　2019 年第二季度重点城市及东中西部地区环比增速

从同比看，东部、西部地区各用途地价增速均持续下降，中部地区商服地价增速持续下降，住宅地价增速持续上升。东部地区综合、商服、住宅、工业地价增速依次为 5.16%、3.59%、5.78%、5.08%，较上季度分别下降 0.82、0.45、0.49、1.33 个百分点。中部地区综合、商服、住宅、工业地价增速依次为 6.11%、6.09%、8.33%、1.51%，较上季度分别变化 0.31、-0.18、0.29、-0.42 个百分点。西部地区综合、商服、住宅、工业地价增速依次为 4.22%、4.08%、5.37%、1.46%（见图 4-43），较上季度分别下降 1.11、1.12、1.03、0.91 个百分点。

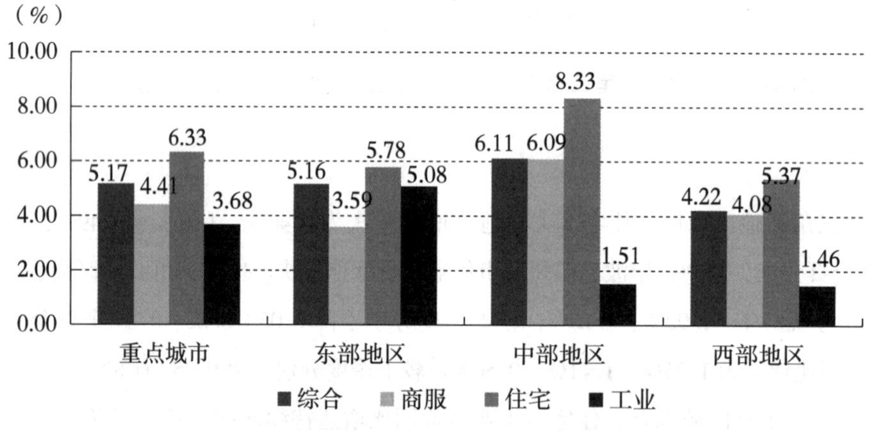

图 4-43　2019 年第二季度重点城市东中西部地区同比增速

4. 一、二、三线城市①住宅地价环比增速上升，工业地价环比增速下降；各用途地价同比增速持续放缓

2019 年第二季度，主要监测城市中，一、三线城市住宅地价环比增速由降转升，二线城市住宅地价环比增速持续上升，各类城市工业地价环比增速下降（见图 4-44）；综合、商服、住宅、工业地价同比增速保持放缓态势（见图 4-45）。

① 105 座监测城市中，一线城市包括北京、上海、广州、深圳；二线城市包括除一线城市外的直辖市、省会城市和计划单列市，共 32 座城市；三线城市包括除一线、二线城市，共 69 座城市。

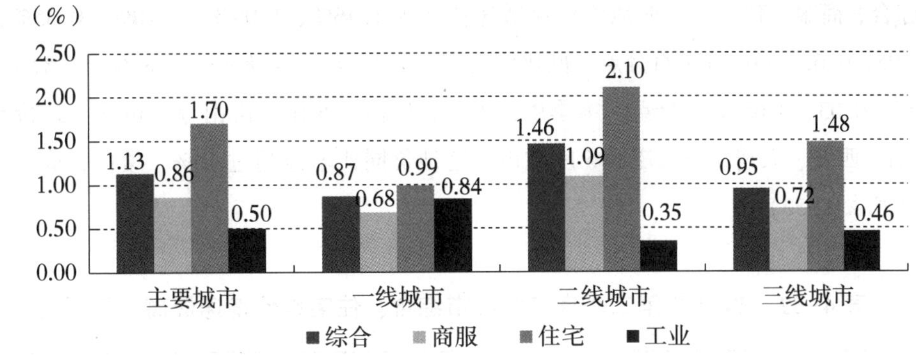

图 4-44　2019 年第二季度主要城市及一、二、三线城市地价环比增速

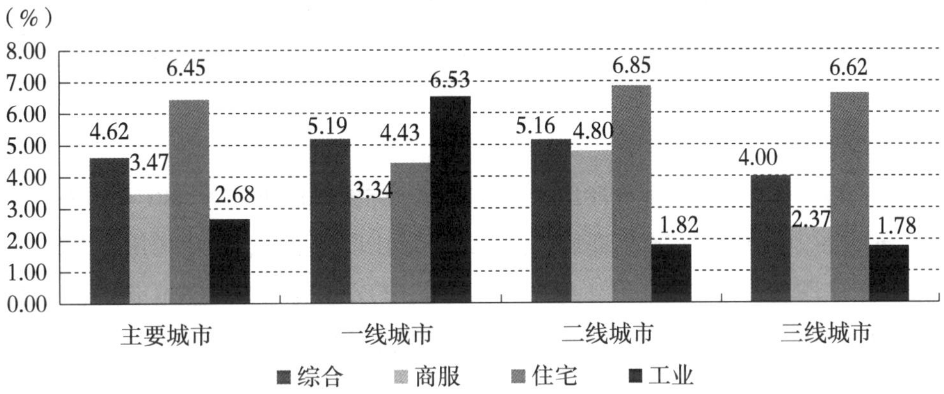

图 4-45　2019 年第二季度主要城市及一、二、三线城市地价同比增速

一线城市，从环比看，综合、商服、住宅、工业地价增速依次为 0. 87%、0. 68%、0. 99%、0. 84%，较上一季度分别变化-0. 31、0. 02、0. 15、-0. 86 个百分点。与上季度比较，北京、上海、深圳等 3 座城市住宅地价增速上升。从同比看，综合、商服、住宅、工业地价增速依次为 5. 19%、3. 34%、4. 43%、6. 53%，较上季度分别下降 1. 34、0. 28、1. 53、1. 63 个百分点，北京、深圳城市住宅地价增速同比上升，上海、广州城市住宅地价增速同比放缓，其中，上海市住宅地价负增长（见表 4-51）。

表 4-51　2019 年第二季度一线城市各用途地价增速

监测范围	环比增速（%）				同比增速（%）			
	综合	商服	住宅	工业	综合	商服	住宅	工业
一线城市	0. 87	0. 68	0. 99	0. 84	5. 19	3. 34	4. 43	6. 53
北京市	1. 53	1. 01	1. 62	1. 25	4. 67	3. 88	4. 77	5. 51
上海市	0. 16	0. 59	0. 04	0. 78	0. 44	2. 15	-0. 10	4. 75
广州市	1. 51	0. 67	1. 79	2. 56	7. 53	2. 73	9. 24	11. 58
深圳市	0. 70	0. 62	0. 96	-1. 81	5. 80	5. 30	6. 51	3. 28

二线城市，综合、商服、住宅、工业地价环比增速依次为 1.46%、1.09%、2.10%、0.35%，较上季度分别变化 0.31、-0.05、0.62、-0.10 个百分点；同比增速依次为 5.16%、4.80%、6.85%、1.82%，较上季度分别下降 0.28、0.60、0.03、0.65 个百分点。本季度，太原、宁波、沈阳、济南等城市住宅地价环比增速超过 3.0%；太原、沈阳、西安、大连、石家庄等 5 座城市住宅地价同比增速超过 10%，厦门、成都城市住宅地价同比仍为负增长（见表 4-52）

表 4-52　2019 年第二季度二线城市综合、住宅地价增速最高、最低值

类　别	环比增速（%）				同比增速（%）			
	综合最高	综合最低	住宅最高	住宅最低	综合最高	综合最低	住宅最高	住宅最低
监测城市	太原	南京	太原	南京	太原	厦门	太原	厦门
数　值	8.37	0.11	10.33	0.17	15.36	-1.80	19.19	-2.05

三线城市综合、商服、住宅、工业地价环比增速依次为 0.95%、0.72%、1.48%、0.46%，同比增速依次为 4.0%、2.37%、6.62%、1.78%，综合、商服、住宅地价环比增速上升，同比增速持续放缓；工业地价环比、同比增速均放缓。本季度，宜宾、洛阳、潍坊、平顶山、泰安、温州等 6 座城市住宅地价环比增速超过 3%，仅有 1 座城市住宅地价下降，比上季度减少 8 座；17 座城市住宅地价同比增速超过 10%（见表 4-53）。

表 4-53　2019 年第二季度三线城市综合、住宅地价增速最高、最低值

类　别	环比增速（%）				同比增速（%）			
	综合最高	综合最低	住宅最高	住宅最低	综合最高	综合最低	住宅最高	住宅最低
监测城市	宜宾	大同	宜宾	大同	惠　州	三亚	惠　州	三亚
数　值	4.77	-0.09	5.32	-0.18	32.10	-2.89	34.10	-3.05

22 座重点关注城市①中，环比增速放缓的城市 6 座，比上季度减少 10 座，其中，北京市连续 9 个季度涨幅收窄后转为扩大；同比增速放缓的城市 9 座，比上季度减少 6 座；同比、环比增速均放缓的城市 5 座，比上季度减少 7 座；同比、环比增速均上升的城市 12 座，比上季度增加 9 座。

5. 主要监测城市住宅地价环比普遍上涨，超过 1/3 座城市涨幅有所收窄

本季度，住宅地价环比上涨的城市 102 座，较上季度增加 14 座，其中，36 座城市涨幅收窄。住宅地价环比增速超过 3.0%的城市 10 座，较上季度增加 3 座；地价下降的城市 1 座，较上季度减少 11 座。此外，37 座城市的地价增速稳定在-1.0%~1.0%。与上年同期相比，地价上涨的城市 97 座，较上季度增加 4 座；增速超

① 22 座重点关注城市指北京、天津、济南、青岛、郑州、沈阳、长春、上海、南京、杭州、宁波、福州、厦门、广州、深圳、合肥、武汉、长沙、重庆、成都、无锡、苏州。

过 10.0%的城市 22 座，比上季度减少 8 座；地价下降的城市 5 座，比上季度减少 2 座。

（三）2019 年第三季度全国重点区域和主要城市地价状况

1. 全国总体地价水平环比、同比增速均放缓；商服、住宅地价环比、同比增速下降；工业地价环比、同比增速上升

2019 年第三季度，从环比看，全国主要监测城市总体地价增速较上季度下降 0.07 个百分点，为 1.06%。分用途看，商服、住宅地价环比增速放缓，依次为 0.68%、1.24%，较上季度分别下降 0.18、0.46 个百分点；工业地价环比增速较上季度上升 0.49 个百分点，为 0.99%。总体来看，综合、商服、住宅地价环比增速由升转降，工业地价环比增速则由降转升。综合、住宅地价保持低速增长，商服、工业地价增速变化平稳。

从同比看，全国主要监测城市总体地价水平较上年同期增长 4.20%，增速较上季度下降 0.42 个百分点。分用途看，商服、住宅、工业地价同比增速依次为 3.09%、5.59%、2.85%，较上季度分别变化 -0.38、-0.86、0.17 个百分点。其中，住宅地价同比增速连续六个季度放缓，但仍快于其他用途，综合、商服地价同比增速连续五个季度放缓，工业地价同比增速由降转升。

重点城市定基地价指数①稳步上升。2019 年第三季度，以 2000 年为基期的重点城市平均地价指数稳步上升，综合、商服、住宅、工业地价指数分别为 309、299、389、229，较上季度分别增加 3、2、5、2 个点。

重点监测城市中，综合地价环比增速为 0.98%，较上季度下降 0.31 个百分点；同比增速为 4.57%，较上季度下降 0.60 个百分点，增速连续七个季度放缓。商服、住宅和工业地价环比增速分别为 0.66%、1.25%和 0.72%，商服、住宅地价环比增速下降，工业地价环比增速上升；同比增速依次为 3.73%、5.68%和 3.20%，各用途地价同比增速持续放缓。

2. 三大重点区域住宅地价环比、同比增速均下降

2019 年第三季度，三大重点区域，从环比看，长江三角洲、珠江三角洲、环渤海地区综合地价增速依次为 0.47%、1.55%、2.66%（见图 4-46），较上季度分别变化-0.26、0.15、1.46 个百分点。其中，长江三角洲地区地价环比增速由升转降，珠江三角洲地区则转降为升，环渤海地区持续上升。

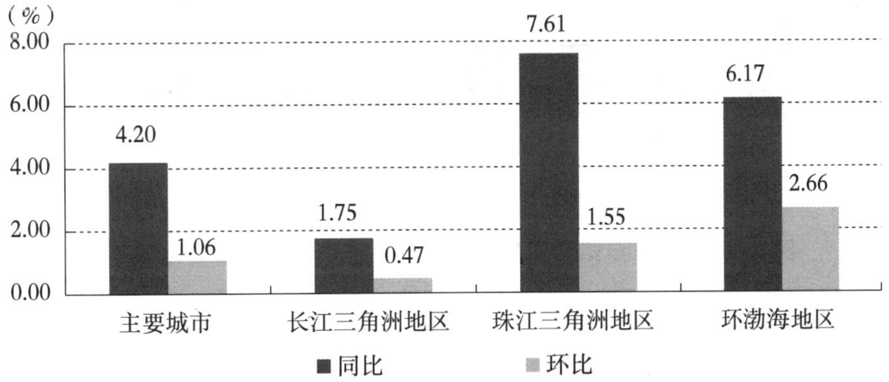

图 4-46　2019 年第三季度主要城市及三大重点区域综合地价增速

① 重点城市定基地价指数包括除拉萨市以外的直辖市、省会城市和计划单列市，共 35 座城市。重点城市地价增长率包括直辖市、省会城市和计划单列市，共 36 座城市。

分用途看，长江三角洲地区商服、住宅、工业地价环比增速均放缓，依次为 0. 36%、0. 70%、0. 32%，较上季度分别下降 0. 04、0. 46、0. 17 个百分点，其中，宁波市住宅地价环比增速超过 3%，杭州、金华城市住宅地价环比负增长。珠江三角洲地区商服、住宅、工业地价环比增速依次为 0. 86%、1. 70%、1. 69%，较上季度分别变化-0. 01、-0. 22、0. 59 个百分点。环渤海地区商服、住宅、工业地价环比增速依次为 1. 08%、1. 27%、4. 96%，较上季度分别变化-0. 27、-0. 44、4. 46 个百分点，其中，烟台市因经济技术开发区内新增建设用地前期取得费用明显上涨，致该区域工业用地出让底价成倍提升，带动监测范围内工业地价环比涨幅显著。

从同比增速看，长江三角洲、珠江三角洲、环渤海地区综合地价增速依次为 1. 75%、7. 61%、6. 17%，较上季度分别变化-0. 13、-1. 58、0. 70 个百分点。

分用途看，三大重点区域住宅地价同比增速持续放缓。长江三角洲地区商服、住宅、工业地价同比增速依次为 1. 11%、2. 19%、1. 61%，较上季度分别变化 0. 04、-0. 04、-0. 29 个百分点。珠江三角洲地区商服、住宅、工业地价同比增速均放缓，较上季度分别下降 0. 62、2. 65、0. 92 个百分点，依次为 4. 00%、9. 17%、7. 59%，其中，珠三角地区 7 座监测城市住宅地价同比增速均回落。环渤海地区商服、住宅、工业地价同比增速依次为 4. 98%、5. 87%、6. 95%，较上季度分别变化-0. 67、-1. 59、4. 08 个百分点，其中，大连、潍坊、唐山、秦皇岛、廊坊等 5 座住宅地价同比增速均超过 8%。

3. 东、中部地区住宅地价环比增速转升为降；东、中、西部地区各用途地价同比增速回落

2019 年第三季度，全国重点城市中，从环比看，东部、中部地区综合、商服、住宅地价增速放缓，工业地价增速上升；西部地区综合、住宅、工业地价增速上升，商服地价增速下降。东部、中部、西部地区综合地价环比增速依次为 1. 00%、0. 71%、1. 21%，较上季度分别变化-0. 28、-0. 86、0. 17 个百分点；住宅地价增速依次为 1. 16%、0. 96%、1. 66%（见图 4-47），较上季度分别变化-0. 74、-1. 30、0. 22 个百分点。

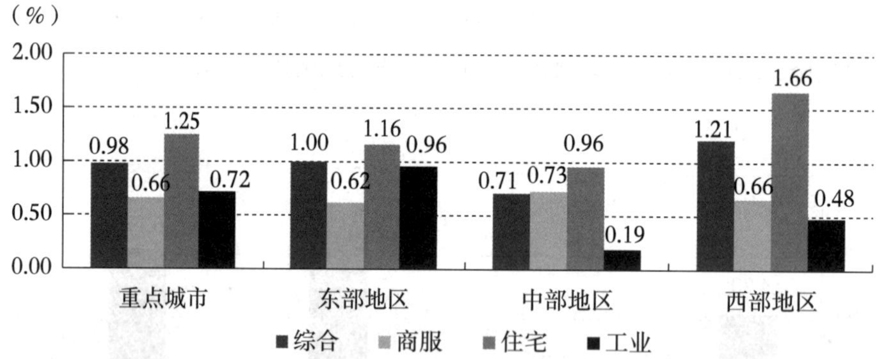

图 4-47　2019 年第三季度重点城市及东中西部地区环比增速

从同比看，东部、中部、西部地区各用途地价增速均回落。东部地区综合、商服、住宅、工业地价同比增速依次为 4. 57%、3. 06%、5. 19%、4. 44%，较上季度分别下降 0. 59、0. 53、0. 59、0. 64 个百分点。中部地区综合、商服、住宅、工业地价同比增速依次为 5. 14%、5. 22%、7. 04%、1. 13%，较上季度分别下降 0. 97、0. 87、1. 29、0. 38 个百分点。西部地区综合、商服、住宅、工业地价同比增速依次为 4. 00%、3. 32%、5. 22%、1. 42%（见图 4-48），较上季度分别下降 0. 22、0. 76、0. 15、0. 04 个百分点。

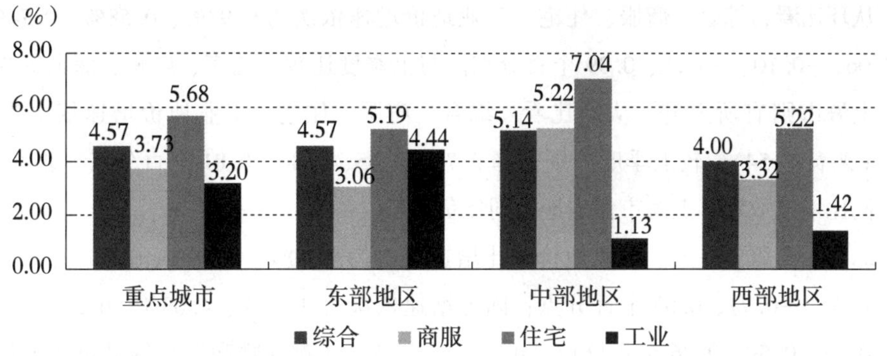

图 4-48　2019 年第三季度重点城市及东中西部地区同比增速

4. 一、二、三线城市①商服、住宅地价环比、同比增速放缓，工业地价环比增速回升

2019 年第三季度，主要监测城市中，一、二、三线城市商服、住宅地价环比增速均放缓，工业地价增速均上升；除三线城市工业地价外，各类城市综合、商服、住宅、工业地价同比增速均下降（见图 4-49、图 4-50）。

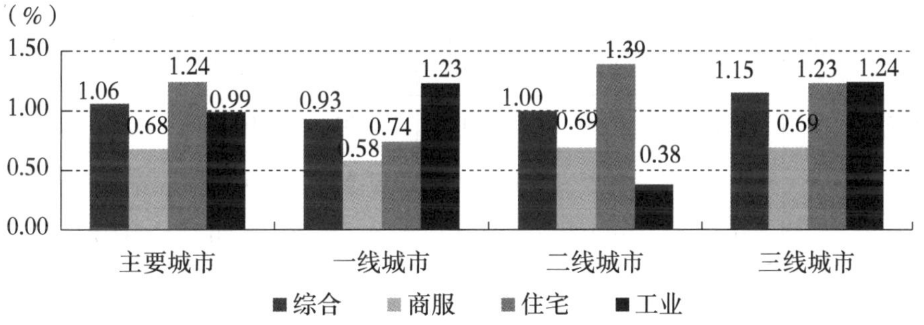

图 4-49　2019 年第三季度主要城市及一、二、三线城市地价环比增速

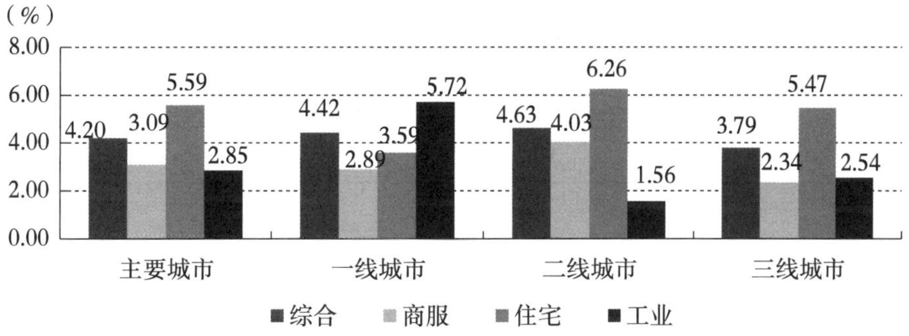

图 4-50　2019 年第三季度主要城市及一、二、三线城市地价同比增速

① 105 座监测城市中，一线城市包括北京、上海、广州、深圳；二线城市包括除一线城市外的直辖市、省会城市和计划单列市，共 32 座城市；三线城市包括除一线、二线城市外，共 69 座城市。

一线城市，从环比看，综合、商服、住宅、工业地价增速依次为0.93%、0.58%、0.74%、1.23%，较上季度分别变化0.06、-0.10、-0.25、0.39个百分点。与上季度比较，北京、广州、深圳等3座城市住宅地价环比增速下降，上海市则有所上升。从同比看，综合、商服、住宅、工业地价增速依次为4.42%、2.89%、3.59%、5.72%（见表4-54），较上季度分别下降0.77、0.45、0.84、0.81个百分点，北京、广州、深圳等3座城市住宅地价同比增速放缓，上海市住宅地价同比负增长。

二线城市，综合、商服、住宅、工业地价环比增速依次为1.00%、0.69%、1.39%、0.38%，较上季度分别变化-0.46、-0.40、-0.71、0.03个百分点；同比增速依次为4.63%、4.03%、6.26%、1.56%，较上季度分别下降0.53、0.77、0.59、0.26个百分点。本季度，宁波、成都、呼和浩特等城市住宅地价环比增速超过3.0%，天津、杭州、福州、拉萨等4座城市住宅地价环比为负增长；太原、沈阳城市住宅地价同比增速超过10%（见表4-55）。

表4-54　2019年第三季度一线城市各用途地价增速

监测范围	环比增速（%）				同比增速（%）			
	综合	商服	住宅	工业	综合	商服	住宅	工业
一线城市	0.93	0.58	0.74	1.23	4.42	2.89	3.59	5.72
北京市	0.61	0.67	0.60	1.03	3.75	3.11	3.82	4.77
上海市	0.22	0.24	0.20	0.81	0.29	1.84	-0.19	4.12
广州市	1.41	0.95	1.55	2.66	6.61	3.13	7.80	11.31
深圳市	0.61	0.31	0.82	0.10	4.30	3.50	5.04	1.17

表4-55　2019年第三季度二线城市综合、住宅地价增速最高、最低值

类别	环比增速（%）				同比增速（%）			
	综合最高	综合最低	住宅最高	住宅最低	综合最高	综合最低	住宅最高	住宅最低
监测城市	呼和浩特市	拉萨市	呼和浩特市	拉萨市	太原市	青岛市	太原市	南京市
数值	4.08	-0.62	3.87	-1.31	15.06	-0.26	19.05	0.54

三线城市综合、商服、住宅、工业地价环比增速依次为1.15%、0.69%、1.23%、1.24%，同比增速依次为3.79%、2.34%、5.47%、2.54%，综合地价环比增速上升，同比增速持续下降；商服、住宅地价环比、同比增速均下降；工业地价环比、同比增速上升。本季度，潍坊、临沂、开封、洛阳、荆州等5座城市住宅地价环比增速超过3%，3座城市住宅地价下降；10座城市住宅地价同比增速超过10%（见表4-56）。

表 4-56　2019 年第三季度三线城市综合、住宅地价增速最高、最低值

类　别	环比增速（%）				同比增速（%）			
	综合最高	综合最低	住宅最高	住宅最低	综合最高	综合最低	住宅最高	住宅最低
监测城市	洛阳市	泸州市	洛阳市	泸州市	惠州市	南充市	惠州市	南充市
数　值	4.95	-0.48	5.39	-1.70	16.47	-1.10	17.15	-1.95

22 座重点关注城市①中，住宅地价环比、同比增速回落的城市明显增加。环比增速放缓的城市 17 座，比上季度增加 11 座；同比增速放缓的城市 15 座，比上季度增加 6 座；同比、环比增速均回落的城市 13 座，比上季度增加 8 座；同比、环比增速均上升的城市 3 个，比上季度减少 9 座。监测地价指标显示，22 座重点关注城市土地市场热度降温。

5. 主要监测城市综合及住宅地价环比上涨城市数量减少，超过半数城市涨幅收窄

2019 年第三季度，全国主要监测城市中，综合地价环比上涨的城市 91 座，比上季度减少 10 座，其中，58 座城市涨幅收窄，比上季度增加 21 座。综合地价环比增速大（等）于 3%的城市 6 座，比上季度减少 2 座；地价下降的城市 8 座，较上季度增加 7 座。59 座城市的地价增速稳定在-1.0%~1.0%之间。与上年同期相比，99 座城市地价上涨，较上季度增加 1 座，同比增速超过 10%的城市 8 座，较上季度减少 3 座；地价下降的城市 3 座，比上季度减少 1 座。

住宅地价环比上涨的城市 94 座，较上季度减少 8 座，其中，59 座城市涨幅收窄，较上季度增加 23 座。住宅地价环比增速超过 3%的城市 8 座，较上季度减少 2 座；地价下降的城市 7 座，较上季度增加 6 座。49 座城市的地价增速稳定在-1.0%~1.0%。与上年同期相比，地价上涨的城市 98 座，较上季度增加 1 座；增速超过 10%的城市 12 座，比上季度减少 10 座；地价下降的城市 4 座，比上季度减少 1 座。

（四）2019 年第四季度全国重点区域和主要城市地价状况

1. 全国总体地价环比、同比增速持续放缓；商服、住宅、工业地价环比、同比增速均下降

2019 年第四季度，从环比看，全国主要监测城市总体地价增速较上季度下降 0.52 个百分点，为 0.54%。分用途看，商服、住宅、工业地价环比增速依次为 0.48%、0.66%、0.40%，较上季度分别下降 0.20、0.58、0.59 个百分点。总体来看，综合、商服、住宅地价环比增速持续下降，工业地价环比增速则由升转降。各用途地价增速运行平稳，综合、住宅地价环比增速由低速增长区间回落至平稳波动区间。

从同比看，全国主要监测城市总体地价较上年同期增长 3.77%，增速较上季度下降 0.43 个百分点。分用途看，商服、住宅、工业地价同比增速依次为 2.78%、4.97%、2.61%，较上季度分别下降 0.31、0.62、0.24 个百分点。其中，住宅地价同比增速连续七个季度放缓，综合、商服地价同比增速连续六个季度放缓，工业地价同比增速由升转降。

重点城市定基地价指数②稳步上升。2019 年，以 2000 年为基期的重点城市平均地价指数稳步上升，综合、商服、住宅、工业地价指数分别为 310、300、390、230，较上年度分别增加 12、9、18、6 个点。

重点监测城市中，综合地价环比增速为 0.42%，较上季度下降 0.56 个百分点；同比增速为 3.91%，较上

① 22 个重点关注城市指北京、天津、济南、青岛、郑州、沈阳、长春、上海、南京、杭州、宁波、福州、厦门、广州、深圳、合肥、武汉、长沙、重庆、成都、无锡、苏州市。

② 重点城市定基地价指数包括除拉萨以外的直辖市、省会城市和计划单列市，共 35 座城市。重点城市地价增长率包括直辖市、省会城市和计划单列市，共 36 座城市。

季度下降 0.66 个百分点，增速连续八个季度放缓。商服、住宅和工业地价环比增速分别为 0.40%、0.40%和 0.47%；同比增速依次为 3.07%、4.91%和 2.72%，各用途地价环比、同比增速均放缓。

2. 三大重点区域综合、商服、住宅地价环比、同比增速均下降；长三角地区工业地价环比、同比增速上升，其他区域各用途增速下降

2019 年第四季度，三大重点区域，从环比看，长江三角洲、粤港澳大湾区、环渤海与京津冀地区综合地价增速依次为 0.09%、0.62%、0.61%（见图 4-51），较上季度分别下降 0.38、0.93、2.05 个百分点。其中，长江三角洲地区综合地价环比增速持续下降，粤港澳大湾区、环渤海与京津冀地区则转升为降。

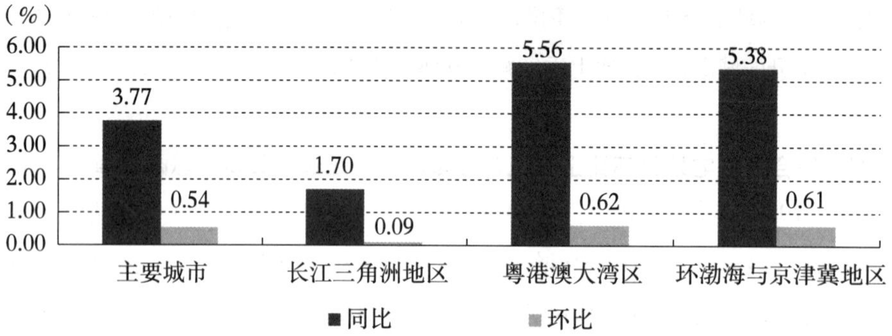

图 4-51　2019 年第四季度主要城市三大重点区域综合地价增速

分用途看，长江三角洲地区住宅地价环比呈负增长，商服、住宅、工业环比增速依次为 0.11%、-0.19%、0.34%，较上季度分别变化-0.25、-0.89、0.02 个百分点，其中，上海、杭州、宁波、金华等城市住宅地价环比负增长。粤港澳大湾区商服、住宅、工业地价环比增速均放缓，依次为-0.08%、0.81%、0.74%，较上季度分别下降 0.94、0.89、0.95 个百分点，其中，商服地价水平较上季度微幅下降。环渤海与京津冀地区商服、住宅、工业地价环比增速依次为 0.89%、0.80%、0.27%，较上季度分别下降 0.19、0.47、4.69 个百分点。

从同比增速看，长江三角洲、粤港澳大湾区、环渤海与京津冀地区综合地价增速依次为 1.70%、5.56%、5.38%，较上季度分别下降 0.05、2.05、0.79 个百分点。

分用途看，三大重点区域住宅地价同比增速持续放缓。长江三角洲地区商服、住宅、工业地价同比增速依次为 1.09%、1.97%、1.70%，较上季度分别变化-0.02、-0.22、0.09 个百分点。粤港澳大湾区商服、住宅、工业地价同比增速持续放缓，较上季度分别下降 1.39、2.41、1.96 个百分点，依次为 2.61%、6.76%、5.63%，其中，佛山市顺德区、惠州、东莞、中山、珠海等 5 座城市住宅地价同比涨幅超过 5%；惠州、广州、佛山市顺德区、中山等 4 座城市工业地价同比增速均超过 5%。环渤海与京津冀地区商服、住宅、工业地价同比增速依次为 4.55%、4.85%、6.34%，较上季度分别下降 0.43、1.02、0.61 个百分点，其中，潍坊、秦皇岛、廊坊、大连、唐山等 5 座城市住宅地价同比增速超过 5%。

3. 东中西部地区综合、住宅地价环比增速均放缓；东中部地区各用途地价同比增速回落

2019 年第四季度，全国重点城市中，从环比看，东部地区各用途地价增速均放缓；中部地区综合、商服、住宅地价增速持续放缓，工业地价增速持续上升；西部地区综合、住宅地价增速由升转降，商服地价增速则由降转升，工业地价增速与上季度持平。东部、中部、西部地区综合地价环比增速依次为 0.23%、0.52%、0.73%，较上季度分别下降 0.77、0.19、0.48 个百分点；住宅地价增速依次为 0.05%、0.58%、0.80%（见图

4-52)，较上季度分别下降 1. 11、0. 38、0. 86 个百分点。

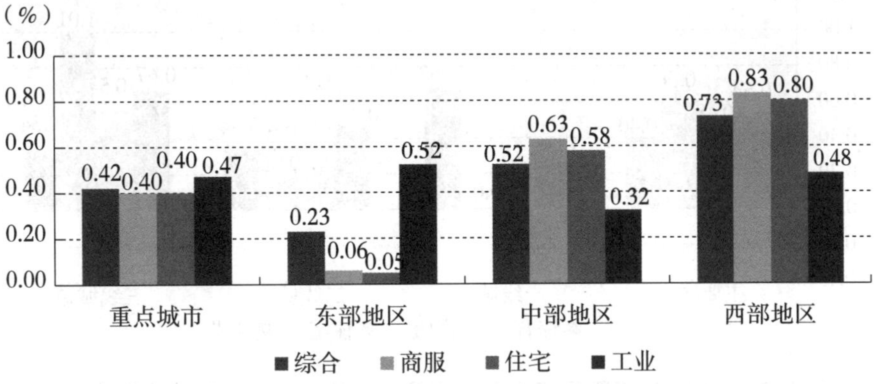

图 4-52　2019 年第四季度重点城市及东中西部地区环比增速

从同比看，东部、中部地区各用途地价增速持续回落，西部地区除商服同比增速持续下降，其他各用途地价增速转降为升。东部地区综合、商服、住宅、工业地价同比增速依次为 3. 67%、2. 24%、4. 16%、3. 67%，较上季度分别下降 0. 90、0. 82、1. 03、0. 77 个百分点。中部地区综合、商服、住宅、工业地价同比增速依次为 4. 16%、4. 40%、5. 62%、0. 96%，较上季度分别下降 0. 98、0. 82、1. 42、0. 17 个百分点。西部地区综合、商服、住宅、工业地价同比增速依次为 4. 16%、3. 18%、5. 46%、1. 57%（见图 4-53），较上季度分别变化 0. 16、-0. 14、0. 24、0. 15 个百分点。

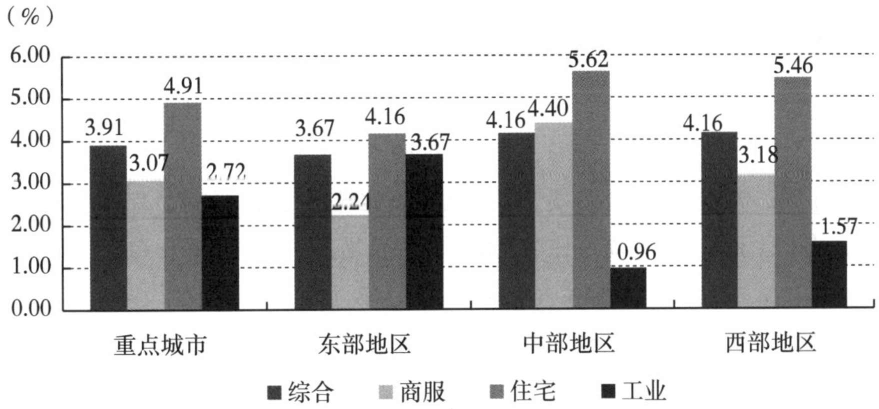

图 4-53　2019 年第四季度重点城市及东中西部地区同比增速

4. 除三线城市商服地价同比微幅上涨，一、二、三线城市①各用途地价环比和同比增速均放缓

2019 年第四季度，主要监测城市中，一、二、三线城市各用途地价环比增速均放缓；除三线城市商服地价外，各类城市综合、商服、住宅、工业地价同比增速均下降（见图 4-54、图 4-55）。

① 105 座监测城市中，一线城市包括北京、上海、广州、深圳；二线城市包括除一线城市外的直辖市、省会城市和计划单列市，共 32 座；三线城市包括除一线、二线城市外，共 69 座城市。

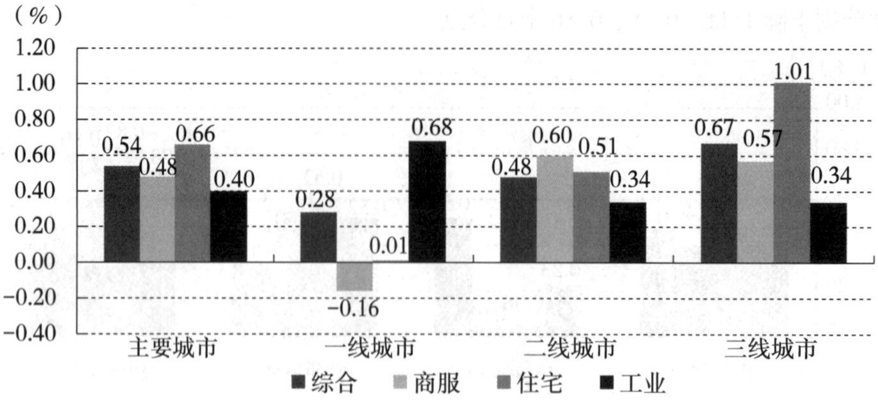

图 4-54 2019 年第四季度主要城市及一、二、三线城市地价环比增速

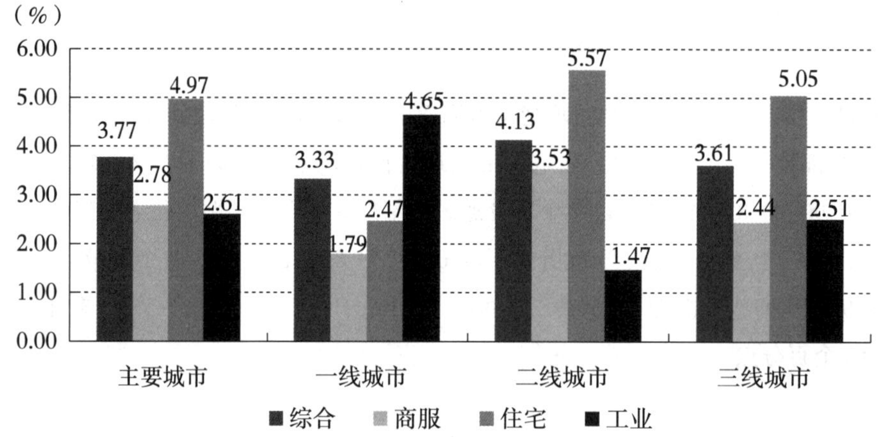

图 4-55 2019 年第四季度主要城市及一、二、三线城市地价同比增速

一线城市，从环比看，综合、商服、住宅、工业地价增速依次为 0. 28%、-0. 16%、0. 01%、0. 68%，较上季度分别下降 0. 65、0. 74、0. 73、0. 55 个百分点。与上季度比较，北京、上海、广州、深圳等 4 座城市住宅地价环比增速均下降，其中，上海、广州城市住宅地价环比为负增长。从同比看，综合、商服、住宅、工业地价增速依次为 3. 33%、1. 79%、2. 47%、4. 65%（见表 4-57），较上季度分别下降 1. 09、1. 10、1. 12、1. 07 个百分点，北京、广州、深圳等 3 座城市住宅地价同比增速持续放缓，上海市住宅地价同比保持负增长。

表 4-57 2019 年第四季度一线城市各用途地价增速

监测范围	环比增速（%）				同比增速（%）			
	综合	商服	住宅	工业	综合	商服	住宅	工业
一线城市	0. 28	-0. 16	0. 01	0. 68	3. 33	1. 79	2. 47	4. 65
北京市	0. 45	-0. 12	0. 54	0. 48	3. 22	1. 94	3. 43	3. 94
上海市	-0. 04	0. 43	-0. 18	0. 92	0. 37	1. 84	-0. 12	4. 30
广州市	-0. 18	0. 54	-0. 51	0. 86	4. 54	2. 98	4. 97	9. 03
深圳市	-0. 33	-1. 91	0. 55	-0. 10	1. 65	-0. 23	2. 97	-1. 05

二线城市，综合、商服、住宅、工业地价环比增速依次为 0.48%、0.60%、0.51%、0.34%，较上季度分别下降 0.52、0.09、0.88、0.04 个百分点；同比增速依次为 4.13%、3.53%、5.57%、1.47%，较上季度分别下降 0.50、0.50、0.69、0.09 个百分点。本季度，银川、拉萨城市住宅地价环比增速超过 3.0%，天津、青岛、杭州、宁波、福州、合肥、成都等 7 座城市住宅地价环比为负增长；沈阳、太原、银川等 3 座城市住宅地价同比增速超过 10%（见表 4-58）。

表 4-58　2019 年第四季度二线城市综合、住宅地价增速最高、最低值

类 别	环比增速（%）				同比增速（%）			
	综合最高	综合最低	住宅最高	住宅最低	综合最高	综合最低	住宅最高	住宅最低
监测城市	银川市	宁波市	拉萨市	宁波市	太原市	天津市	太原市	天津市
增长率	2.51	-3.31	3.76	-3.81	15.11	-1.03	19.52	-1.01

三线城市综合、商服、住宅、工业地价环比增速依次为 0.67%、0.57%、1.01%、0.34%，同比增速依次为 3.61%、2.44%、5.05%、2.51%，除三线城市商服地价同比微幅上升外，各用途地价环比、同比增速均放缓。本季度，济宁、临沂、洛阳、宜宾等 4 座城市住宅地价环比增速超过 3%，住宅地价下降的三线城市个数达到 9 座，比上季度增加 6 座；8 座城市住宅地价同比增速超过 10%（见表 4-59），比上季度减少 2 座。

表 4-59　2019 年第四季度三线城市综合、住宅地价增速最高、最低值

类 别	环比增速（%）				同比增速（%）			
	综合最高	综合最低	住宅最高	住宅最低	综合最高	综合最低	住宅最高	住宅最低
监测城市	临沂市	烟台市	宜宾市	烟台市	临沂市	金华市	临沂市	金华市
增长率	6.47	-1.22	7.64	-1.54	15.62	-0.92	17.54	-1.32

22 座重点关注城市①住宅地价环比增速中位数为 0.17%，同比增速中位数为 3.34%。22 座城市住宅地价环比、同比增速总体保持上季度的回落趋势，环比增速放缓的城市 17 座，与上季度持平；同比增速放缓的城市 18 座，比上季度增加 3 座；同比、环比增速均回落的城市 13 座，与上季度持平；本季度，未出现同比、环比增速均上升的城市；环比负增长的城市 9 座，同比负增长的城市 2 座。监测地价指标显示，22 座重点关注城市土地市场热度持续降温。

5. 综合及住宅地价环比上涨的城市数量持续减少，地价下降的城市数量增多

2019 年第四季度，全国主要监测城市中，综合地价环比为正向增涨的城市 84 座，比上季度减少 7 座。综合地价环比增速大（等）于 3%的城市 3 座，比上季度减少 3 座；地价下降的城市 18 座，较上季度增加 10 座。

① 22 座重点关注城市指北京、天津、济南、青岛、郑州、沈阳、长春、上海、南京、杭州、宁波、福州、厦门、广州、深圳、合肥、武汉、长沙、重庆、成都、无锡、苏州。

另外，63 座城市的地价环比稳定在-1.0%~1.0%之间。与上年同期相比，100 座城市地价正向增涨，较上季度增加 1 座，同比增速超过 10%的城市 9 座，较上季度增加 1 座；地价下降的城市为 4 座，比上季度增加 1 座。

住宅地价环比为正向增涨的城市 84 座，较上季度减少 10 座。住宅地价环比增速超过 3%的城市 6 座，较上季度减少 2 座；地价下降的城市 18 座，较上季度增加 11 座。此外，54 座城市的地价增速稳定在-1.0%~1.0%。与上年同期相比，地价正向增涨的城市 99 座，较上季度增加 1 座；增速超过 10%的城市 11 座，比上季度减少 1 座；地价下降的城市 5 座，比上季度增加 1 座。

（赵松　中国土地勘测规划院）

Ⅴ.城市篇

导　读

本篇收录了国家统计局的全国四十座重点城市经济数据、房地产业建设和交易数据；三十五座重点城市商品房待售和企业房屋出租数据；七十座大中城市价格指数。中房研协测评研究中心收集整理的九十座城市存量商品房交易面积数据。中国房地产测评中心编制的288指数、60指数、三十五座城市住房租赁价格指数。

一、重点城市经济数据

（一）四十座重点城市经济数据

表 5-1　2019 年四十座重点城市经济数据

城　市	GDP（亿元）	同比（%）	进出口总额（亿元）	同比（%）	固定资产投资同比（%）	社会消费品零售总额（亿元）	同比（%）
北　京	35371.3	6.1	28663.5	5.4	-2.4	12270.1	4.4
天　津	14104.3	4.8	7346.0	-9.1	13.9	—	—
石家庄	5809.9	6.7	1178.8	28.4	6.1	3543.5	8.3
太　原	4028.5	6.6	1119.6	3.1	10.2	1952.8	7.8
呼和浩特	2791.5	5.5	124.3	6.5	5.2	1646.5	2.7
沈　阳	6470.3	4.2	1072.8	9.0	13.2	4479.6	10.6
大　连	7001.7	6.5	4352.8	-7.5	-19.8	—	1.8
长　春	5904.1	3.0	—	—	-19.0	—	—
哈尔滨	5249.4	4.4	251.5	19.9	7.3	—	5.6
上　海	38155.3	6.0	34046.8	0.1	5.1	13497.2	6.5
南　京	14030.2	7.8	4828.2	11.8	8.0	6135.7	5.2
无　锡	11852.3	6.7	*924.3	-1.1	6.1	3983.4	8.5
苏　州	19235.8	5.6	21987.17	-5.9	8.3	6088.84	6.0
杭　州	15373.0	6.8	5597.0	6.7	11.6	6215.0	8.8
宁　波	11985.1	6.8	9170.3	6.9	8.1	4473.7	7.7
温　州	6606.1	8.2	1902.2	26.3	10.3	3655.9	9.6
合　肥	9409.4	7.6	*322.1	4.6	9.0	3234.5	8.7
福　州	9392.3	7.9	2525.8	3.2	9.0	4198.9	9.6
厦　门	5995.0	7.9	6412.9	6.9	9.0	1731.9	12.2
南　昌	5596.2	8.0	1061.8	34.8	10.2	2369.3	11.2
济　南	9443.4	7.0	1103.3	17.9	12.6	5162.2	8.1
青　岛	11741.3	6.5	5925.6	11.2	21.6	—	8.1
郑　州	11589.7	6.5	4129.9	0.6	2.8	4671.5	9.5
武　汉	16223.2	7.4	2440.2	13.7	9.8	7449.6	8.9
长　沙	11574.2	8.1	2002.0	56.4	10.1	5247.0	10.1
广　州	23628.60	6.8	9995.8	1.9	16.5	9975.6	7.8
深　圳	26927.1	6.7	29773.9	-0.6	18.8	6582.9	6.7
南　宁	4506.6	5.0	747.8	1.0	9.9	2307.4	4.2
北　海	1300.8	8.1	294.1	-8.3	9.0	284.2	7.1
海　口	1671.9	7.5	331.4	-2.9	-15.4	785.6	4.7
三　亚	677.9	6.4	97.4	54.8	-8.1	265.8	6.7
重　庆	23605.8	6.3	5792.8	11.0	5.7	8667.3	8.7
成　都	17012.7	7.8	5822.7	16.9	10.0	7478.4	9.9
贵　阳	4039.6	7.4	*41.51	18.8	1.5	1380.4	6.2

续表

城　市	GDP（亿元）	同比（%）	进出口总额（亿元）	同比（%）	固定资产投资同比（%）	社会消费品零售总额（亿元）	同比（%）
昆　明	6475.9	6.5	*131.87	0.3	2.8	3056.6	9.7
西　安	9321.2	7.0	3243.1	-1.8	1.1	—	6.0
兰　州	2837.4	6.0	119.4	-10.4	-4.7	1454.9	7.6
西　宁	—	7.5	26.4	-15.6	2.6	592.6	5.0
银　川	—	6.3	157.6	-6.4	-6.2	—	6.2
乌鲁木齐	—	—	—	—	—	—	—

数据来源：各地方统计局。
注：无锡、合肥、贵阳、昆明进出口总额单位为亿美元。

（二）四十座重点城市公共财政收入数据

表 5-2　2015—2019 年四十座重点城市公共财政收入情况

单位：亿元

城　市	2015 年	2016 年	2017 年	2018 年	2019 年
北　京	4723.9	5081.3	5430.8	5785.9	5817.1
天　津	2667.0	2723.5	2310.1	2106.2	2410.3
石家庄	375.0	410.8	460.7	519.7	569.1
太　原	274.2	282.7	311.9	373.2	386.6
呼和浩特	247.4	269.7	201.6	204.7	203.1
沈　阳	606.2	620.9	656.2	720.6	730.3
大　连	579.9	611.9	657.7	704.0	692.8
长　春	388.2	415.5	450.1	478.0	420.0
哈尔滨	407.7	376.2	368.1	384.4	370.9
上　海	5519.5	6406.1	6642.3	7108.2	7165.1
南　京	1020.0	1142.6	1271.9	1470.0	1580.0
无　锡	830.0	875.0	930.0	1012.3	1036.3
苏　州	1560.8	1730.0	1908.1	2120.0	2221.8
杭　州	1233.9	1402.4	1567.4	1825.1	1966.0
宁　波	1006.4	1114.5	1245.3	1379.7	1468.5
温　州	403.1	439.9	465.4	547.6	579.0
合　肥	571.5	614.9	655.9	712.5	746.0
福　州	560.5	598.9	634.2	680.4	668.1
厦　门	606.1	647.9	696.8	754.5	768.4
南　昌	389.2	402.2	417.1	461.8	476.1
济　南	614.3	641.2	677.2	752.8	874.2
青　岛	1006.3	1100.0	1157.1	1231.9	1241.7
郑　州	942.9	1011.2	1056.7	1152.1	1222.5
武　汉	1245.6	1322.1	1402.9	1528.7	1564.1
长　沙	719.0	743.7	800.4	879.7	950.2

续表

城 市	2015 年	2016 年	2017 年	2018 年	2019 年
广 州	1349.1	1393.9	1533.1	1632.3	1697.2
深 圳	2727.1	3136.4	3332.1	3538.4	3773.2
南 宁	297.1	312.8	332.2	359.0	370.9
北 海	47.6	50.1	64.3	71.6	78.1
海 口	111.5	115.5	125.4	169.9	185.3
三 亚	88.9	89.6	93.0	100.4	109.1
重 庆	2155.1	2227.9	2252.4	2265.5	2134.9
成 都	1154.4	1175.4	1275.5	1424.2	1483.0
贵 阳	374.2	366.3	377.8	411.3	417.3
昆 明	502.2	530.0	560.9	595.6	630.0
西 安	651.0	641.1	654.5	684.7	702.6
兰 州	185.2	215.5	234.2	253.3	233.2
西 宁	97.8	75.2	79.2	92.9	101.8
银 川	171.3	173.2	177.5	181.2	154.7
乌鲁木齐	368.7	369.7	400.8	458.3	—

资料来源：各地方财政局网站。

二、重点城市建设和交易数据

（一）四十座重点城市房地产业数据概览

表 5-3　四十座重点城市房地产开发投资总体情况

类 别	绝对量（亿元）		比上年增长（%）	比重（%）	
	2019 年	上年		2019 年	上年
完成投资	**67828.57**	**63341.81**	**7.1**	**100.0**	**100.0**
一、按工程用途分：					
住宅	46600.73	41954.84	11.1	68.7	66.2
其中：90 平方米及以下住房	11409.38	11951.64	-4.5	16.8	18.9
144 平方米以上住房	9014.82	8718.75	3.4	13.3	13.8
其中：别墅、高档公寓	2305.96	2689.80	-14.3	3.4	4.2
办公楼	4922.01	4841.12	1.7	7.3	7.6
商业营业用房	6661.14	7292.87	-8.7	9.8	11.5
其他	9644.69	9252.98	4.2	14.2	14.6
二、按构成分：					
建筑工程	32282.51	30040.53	7.5	47.6	47.4
安装工程	2836.11	3983.26	-28.8	4.2	6.3
设备工器具购置	664.11	687.28	-3.4	1.0	1.1
其他费用	32045.84	28630.73	11.9	47.2	45.2
其中：土地购置费	27343.47	24240.82	12.8	40.3	38.3
计划总投资	**457714.15**	**411788.70**	**11.2**		
新增固定资产	**23090.19**	**19220.82**	**20.1**		

数据来源：国家统计局。

表 5-4 四十座重点城市房地产开发投资实际到位资金总体情况

类 别	绝对量（亿元）		比上年增长（%）	比重（%）	
	2019 年	上年		2019 年	上年
一、本年实际到位资金合计	**136546.20**	**127333.69**	**7.2**	—	—
1. 上年末结余资金	**41133.55**	**37087.68**	**10.9**	—	—
2. 本年实际到位资金	**95412.65**	**90246.01**	**5.7**	**100.0**	**100.0**
（1）国内贷款	17027.48	16109.41	5.7	17.8	17.9
其中：银行贷款	13455.87	12695.90	6.0	14.1	14.1
非银行金融机构贷款	3571.61	3413.51	4.6	3.7	3.8
（2）利用外资	135.37	70.39	92.3	0.1	0.1
（3）自筹资金	28439.58	28209.82	0.8	29.8	31.3
（4）其他资金来源	49810.23	45856.40	8.6	52.2	50.8
其中：定金及预收款	34009.76	31048.48	9.5	35.6	34.4
个人按揭贷款	12219.43	10815.33	13.0	12.8	12.0
二、本年各项应付款合计	**19930.93**	**18113.78**	**10.0**	**100.0**	**100.0**
其中：工程款	10351.02	9070.64	14.1	51.9	50.1

数据来源：国家统计局。

表 5-5 四十座重点城市房地产开房地产土地购置与销售情况

类 别	绝对量		比上年增减	
	2019 年	上年	绝对数	（%）
一、土地购置与待开发情况				
1. 土地购置面积（万平方米）	7906.41	9411.59	-1505.18	-16.0
2. 土地成交价款（亿元）	7883.79	8322.41	-438.63	-5.3
3. 待开发土地面积（万平方米）	17411.95	16768.35	643.59	3.8
二、房屋建筑、销售面积				
1. 施工面积（万平方米）	359523.10	336293.83	23229.27	6.9
其中：新开工面积	80708.72	75095.80	5612.91	7.5
2. 竣工面积（万平方米）	40652.43	38603.12	2049.31	5.3
其中：不可销售面积	3202.30	3307.79	-105.49	-3.2
3. 商品房销售面积（万平方米）	59613.57	60700.60	-1087.03	-1.8
其中：期房销售面积	50762.34	50535.59	226.75	0.4
三、房屋竣工价值（亿元）	**18060.92**	**15316.76**	**2744.16**	**17.9**
四、商品房销售额（亿元）	**81720.76**	**77182.07**	**4538.69**	**5.9**
其中：期房销售额	70967.37	65931.76	5035.61	7.6

数据来源：国家统计局。

（二）四十座重点城市房地产开发投资数据

表 5-6　2015—2019 年四十座重点城市房地产开发投资额

单位：亿元

城　市	2015 年	2016 年	2017 年	2018 年	2019 年
合　计	**52315. 74**	**56543. 43**	**60110. 81**	**63341. 81**	**67828. 57**
北　京	4177. 05	4000. 57	3692. 54	3873. 35	3838. 38
天　津	1871. 55	2300. 01	2233. 39	2424. 49	2727. 82
石家庄	965. 13	1015. 77	1212. 27	1010. 71	887. 64
太　原	597. 83	680. 13	470. 63	529. 41	696. 54
呼和浩特	509. 05	520. 52	238. 40	174. 25	175. 22
沈　阳	1337. 66	709. 67	814. 24	996. 72	1174. 80
大　连	897. 46	535. 17	566. 64	688. 51	711. 06
长　春	501. 32	596. 65	573. 78	778. 63	876. 79
哈尔滨	593. 98	526. 13	498. 59	584. 99	620. 45
上　海	3468. 94	3709. 03	3856. 53	4033. 18	4231. 38
南　京	1429. 02	1845. 60	2170. 21	2354. 17	2501. 26
无　锡	989. 75	1027. 58	1197. 92	1311. 53	1355. 32
苏　州	1864. 95	2163. 24	2305. 82	2557. 91	2686. 47
杭　州	2472. 60	2606. 63	2734. 20	3068. 90	3396. 75
宁　波	1228. 84	1270. 33	1374. 47	1587. 47	1703. 59
温　州	765. 76	901. 79	1023. 96	1176. 57	1199. 85
合　肥	1259. 14	1352. 59	1557. 41	1527. 17	1556. 08
福　州	1381. 12	1679. 44	1694. 18	1439. 68	1812. 77
厦　门	774. 07	765. 80	879. 86	884. 58	899. 53
南　昌	485. 37	674. 60	790. 69	890. 43	913. 04
济　南	1014. 40	1164. 14	1232. 63	1370. 43	1489. 38
青　岛	1122. 35	1369. 14	1330. 54	1485. 21	1803. 81
郑　州	2000. 20	2778. 95	3358. 84	3258. 41	3349. 86
武　汉	2581. 79	2517. 44	2686. 34	2780. 01	2966. 21
长　沙	1006. 84	1266. 63	1493. 44	1508. 72	1672. 96
广　州	2137. 59	2540. 85	2702. 89	2701. 93	3102. 26
深　圳	1331. 03	1756. 52	2130. 86	2640. 71	3041. 65
南　宁	657. 19	854. 00	958. 09	1106. 36	1461. 08
北　海	133. 98	176. 31	168. 28	202. 28	203. 88
海　口	456. 39	551. 29	603. 25	609. 42	480. 73
三　亚	466. 65	410. 04	549. 76	403. 14	299. 93
重　庆	3751. 28	3725. 95	3980. 08	4248. 76	4439. 30
成　都	2435. 25	2641. 14	2492. 65	2273. 16	2611. 71
贵　阳	1001. 03	923. 26	1024. 09	985. 26	1175. 37
昆　明	1451. 31	1530. 50	1683. 33	1839. 79	2096. 25
西　安	1820. 85	1949. 50	2234. 84	2213. 68	2008. 30
兰　州	320. 56	370. 39	418. 26	575. 22	550. 67
西　宁	280. 43	316. 50	351. 33	292. 25	290. 99
银　川	409. 17	474. 94	402. 82	295. 25	275. 35
乌鲁木齐	366. 87	344. 71	422. 74	659. 15	544. 13

数据来源：国家统计局。

表 5-7　2019 年四十座重点城市房地产开发投资额（月度累计）

单位：亿元

城　市	1—3 月	1—4 月	1—5 月	1—6 月	1—7 月	1—8 月	1—9 月	1—10 月	1—11 月	1—12 月
合　计	**12300. 85**	**17651. 99**	**23840. 44**	**31887. 85**	**37455. 37**	**43511. 26**	**50472. 09**	**56352. 06**	**62300. 78**	**67828. 57**
北　京	658. 70	880. 84	1212. 43	1664. 33	2031. 95	2346. 46	2740. 89	3116. 38	3489. 97	3838. 38
天　津	587. 09	866. 09	1198. 52	1549. 36	1772. 75	1970. 46	2261. 83	2423. 81	2569. 69	2727. 82
石家庄	118. 89	205. 16	308. 13	480. 02	558. 73	635. 76	711. 09	783. 56	849. 14	887. 64
太　原	95. 49	149. 17	229. 70	332. 55	398. 50	461. 23	517. 65	586. 31	631. 50	696. 54
呼和浩特	9. 52	19. 26	34. 72	46. 15	75. 33	100. 10	145. 52	165. 14	172. 05	175. 22
沈　阳	210. 10	326. 06	421. 31	605. 14	730. 25	841. 16	1002. 56	1110. 30	1162. 61	1174. 80
大　连	143. 15	188. 37	246. 15	377. 37	451. 97	518. 89	585. 16	632. 79	676. 70	711. 06
长　春	22. 56	66. 49	216. 01	312. 79	415. 83	552. 37	675. 97	780. 16	842. 08	876. 79
哈尔滨	20. 26	60. 33	130. 24	235. 21	294. 85	347. 97	447. 60	511. 09	584. 81	620. 45
上　海	937. 11	1230. 08	1536. 63	1883. 14	2230. 30	2584. 23	2966. 42	3348. 76	3749. 96	4231. 38
南　京	566. 23	828. 51	1128. 68	1371. 58	1559. 64	1741. 50	1988. 52	2196. 86	2378. 90	2501. 26
无　锡	245. 97	378. 45	487. 48	631. 99	773. 02	899. 31	1047. 06	1165. 03	1279. 49	1355. 32
苏　州	649. 49	899. 44	1177. 17	1459. 50	1703. 01	1943. 01	2158. 01	2347. 99	2533. 45	2686. 47
杭　州	578. 18	813. 59	1104. 21	1504. 03	1743. 90	2062. 78	2408. 35	2732. 81	3069. 12	3396. 75
宁　波	377. 20	508. 53	656. 22	830. 09	999. 63	1154. 95	1330. 52	1442. 71	1570. 30	1703. 59
温　州	234. 01	328. 09	477. 56	605. 52	691. 70	792. 61	882. 56	968. 98	1152. 11	1199. 85
合　肥	338. 99	493. 39	663. 56	828. 57	968. 43	1109. 53	1257. 41	1355. 08	1450. 55	1556. 08
福　州	437. 72	599. 21	735. 49	897. 28	1056. 68	1205. 03	1416. 50	1543. 94	1691. 44	1812. 77
厦　门	208. 57	297. 53	374. 30	481. 79	542. 64	593. 71	665. 33	751. 79	836. 11	899. 53
南　昌	153. 07	214. 57	270. 97	355. 00	451. 85	553. 72	648. 79	734. 84	823. 95	913. 04
济　南	308. 62	447. 30	587. 29	749. 85	873. 04	1005. 58	1140. 21	1247. 31	1399. 06	1489. 38
青　岛	236. 27	390. 51	585. 46	868. 18	1005. 57	1144. 45	1313. 68	1468. 93	1637. 99	1803. 81
郑　州	567. 78	840. 04	1137. 51	1447. 40	1760. 04	2026. 66	2336. 87	2616. 11	2932. 99	3349. 86
武　汉	561. 61	824. 94	1084. 18	1550. 67	1744. 69	2028. 60	2328. 73	2547. 84	2749. 74	2966. 21
长　沙	279. 66	418. 94	556. 61	763. 14	909. 69	1093. 71	1297. 65	1459. 35	1575. 77	1672. 96
广　州	497. 37	711. 98	993. 04	1477. 99	1682. 28	2013. 86	2338. 66	2594. 17	2848. 70	3102. 26
深　圳	439. 11	645. 68	899. 90	1223. 36	1449. 21	1713. 53	2042. 37	2389. 11	2760. 80	3041. 65
南　宁	262. 66	370. 04	470. 11	663. 93	742. 92	854. 67	976. 06	1099. 83	1259. 07	1461. 08
北　海	24. 58	46. 11	72. 05	101. 31	114. 64	130. 51	151. 58	166. 87	185. 30	203. 88
海　口	97. 81	128. 40	169. 12	222. 75	254. 52	288. 48	327. 93	372. 06	414. 08	480. 73
三　亚	64. 23	79. 71	96. 28	117. 81	137. 41	155. 00	174. 23	200. 74	240. 69	299. 93
重　庆	878. 23	1236. 60	1634. 12	2127. 93	2454. 17	2829. 97	3321. 82	3669. 24	4034. 95	4439. 30
成　都	500. 45	721. 05	944. 53	1239. 12	1417. 71	1664. 83	1909. 97	2161. 63	2381. 29	2611. 71
贵　阳	267. 10	330. 04	407. 21	583. 45	687. 27	818. 23	922. 46	1034. 06	1147. 16	1175. 37
昆　明	336. 00	477. 79	638. 55	854. 37	987. 71	1203. 98	1439. 20	1622. 65	1862. 93	2096. 25
西　安	288. 66	428. 70	614. 40	904. 71	1042. 12	1207. 28	1452. 35	1619. 49	1791. 22	2008. 30
兰　州	53. 06	87. 43	134. 04	199. 09	251. 93	311. 38	399. 59	460. 11	510. 50	550. 67
西　宁	9. 50	35. 02	68. 15	134. 85	172. 57	198. 71	223. 86	259. 36	286. 92	290. 99
银　川	20. 24	44. 73	70. 28	103. 01	138. 44	166. 95	204. 15	230. 05	255. 22	275. 35
乌鲁木齐	15. 64	33. 83	68. 11	103. 55	178. 47	240. 13	312. 99	434. 85	512. 44	544. 13

数据来源：国家统计局。

表 5-8 2015—2019 年四十座重点城市住宅开发投资额

单位：亿元

城市	2015 年	2016 年	2017 年	2018 年	2019 年
合计	**33238.71**	**35746.35**	**38735.05**	**41954.84**	**46600.73**
北京	1889.54	1925.86	1694.67	2026.06	2039.76
天津	1251.53	1598.27	1559.70	1863.50	2200.01
石家庄	635.89	663.78	867.67	731.67	672.02
太原	437.34	494.58	329.21	397.34	536.58
呼和浩特	356.35	370.69	179.85	120.29	129.47
沈阳	934.97	490.38	620.45	775.06	956.16
大连	682.18	392.47	404.45	514.46	513.86
长春	355.03	401.45	376.60	529.53	631.32
哈尔滨	413.31	361.60	315.08	372.10	442.61
上海	1813.32	1965.43	2152.40	2225.92	2318.13
南京	1080.97	1392.76	1569.52	1574.64	1735.85
无锡	685.76	678.52	934.96	1001.34	1112.21
苏州	1419.09	1655.24	1839.59	2111.60	2209.27
杭州	1442.21	1560.20	1713.13	1953.30	2198.70
宁波	747.55	792.68	932.47	1101.06	1201.35
温州	517.98	671.95	773.98	919.22	937.75
合肥	778.73	861.02	1095.45	1165.86	1242.88
福州	856.65	1123.59	1176.99	966.43	1288.84
厦门	458.70	427.60	550.36	536.32	559.24
南昌	360.56	471.84	486.38	612.79	656.38
济南	725.65	805.76	822.84	929.59	1065.99
青岛	756.91	956.18	925.51	1034.84	1239.07
郑州	1338.16	1916.40	2418.66	2345.82	2555.02
武汉	1777.93	1726.79	1840.31	1957.17	2183.31
长沙	642.21	693.59	809.32	908.77	1021.43
广州	1331.03	1594.44	1769.49	1733.76	2087.07
深圳	897.13	1044.54	1009.65	1303.33	1504.35
南宁	465.04	583.20	679.13	772.04	1034.06
北海	105.33	134.12	133.85	163.68	162.48
海口	276.14	342.41	412.59	419.31	352.68
三亚	311.42	260.73	329.52	297.17	217.74
重庆	2390.49	2319.97	2632.88	3012.65	3246.77
成都	1472.25	1417.95	1300.46	1245.90	1575.49
贵阳	583.02	490.16	595.06	639.74	745.80
昆明	875.87	931.82	1058.90	1161.24	1498.32
西安	1304.60	1337.35	1505.03	1446.51	1414.19
兰州	211.21	238.01	264.71	300.07	345.00
西宁	159.04	173.38	171.17	175.33	200.24
银川	254.10	278.16	240.25	198.20	191.88
乌鲁木齐	243.52	201.46	242.82	411.24	377.45

数据来源：国家统计局。

表 5-9　2019 年四十座重点城市住宅开发投资额（月度累计）

单位：亿元

城　市	1—3 月	1—4 月	1—5 月	1—6 月	1—7 月	1—8 月	1—9 月	1—10 月	1—11 月	1—12 月
合　计	**8372.36**	**12101.69**	**16487.51**	**22060.21**	**25878.99**	**30117.01**	**34986.09**	**38985.71**	**42976.86**	**46600.73**
北　京	372.67	490.60	666.73	913.90	1106.72	1279.89	1485.94	1678.00	1868.33	2039.76
天　津	478.64	690.11	986.22	1258.05	1431.13	1589.04	1826.36	1946.38	2057.56	2200.01
石家庄	86.60	149.97	223.12	344.49	416.05	476.29	537.77	595.09	640.76	672.02
太　原	72.30	113.36	175.15	256.43	304.77	348.20	392.72	447.03	482.84	536.58
呼和浩特	5.19	10.59	19.18	26.77	47.35	66.11	105.01	111.45	127.76	129.47
沈　阳	158.06	252.30	334.96	482.68	580.79	666.66	806.37	899.85	945.83	956.16
大　连	113.56	148.08	195.14	287.87	330.15	378.77	427.15	461.16	492.55	513.86
长　春	17.10	51.16	164.49	232.63	300.34	392.74	477.46	564.79	605.02	631.32
哈尔滨	15.49	48.64	102.59	172.36	212.35	251.95	333.00	379.10	418.58	442.61
上　海	502.34	676.17	854.76	1038.63	1230.24	1431.15	1654.42	1850.71	2068.78	2318.13
南　京	388.04	585.54	806.66	963.62	1086.55	1206.41	1386.63	1534.12	1656.79	1735.85
无　锡	193.12	296.60	388.25	510.67	635.40	742.43	865.08	960.09	1050.29	1112.21
苏　州	557.77	749.98	986.54	1216.81	1407.44	1602.55	1780.40	1936.88	2091.15	2209.27
杭　州	369.67	523.92	726.33	1000.67	1158.90	1378.62	1610.09	1808.06	2007.18	2198.70
宁　波	241.26	344.21	447.80	580.03	697.22	814.75	926.56	1006.77	1111.19	1201.35
温　州	176.44	258.81	364.49	465.17	532.33	612.17	684.46	753.78	902.89	937.75
合　肥	260.72	378.87	512.22	638.54	742.67	855.08	1000.30	1076.45	1155.18	1242.88
福　州	287.13	397.55	497.99	621.92	742.24	854.15	1013.53	1102.38	1205.63	1288.84
厦　门	133.91	189.65	240.21	325.91	363.77	394.20	433.43	492.04	535.21	559.24
南　昌	101.89	143.75	183.66	247.29	314.71	381.07	461.77	521.60	592.20	656.38
济　南	215.90	316.41	420.44	539.59	627.28	727.82	826.19	896.40	1005.75	1065.99
青　岛	170.77	268.91	396.46	587.13	679.39	776.17	892.76	997.01	1115.20	1239.07
郑　州	436.39	641.29	880.28	1106.92	1355.34	1553.76	1778.69	1975.47	2228.97	2555.02
武　汉	403.80	593.03	789.89	1119.01	1276.67	1494.23	1711.27	1871.77	2016.13	2183.31
长　沙	167.35	242.88	332.89	456.13	550.29	663.05	784.52	890.74	962.37	1021.43
广　州	332.46	482.28	671.70	1033.37	1177.69	1391.78	1615.33	1785.78	1923.62	2087.07
深　圳	208.51	311.69	430.25	598.52	698.95	837.25	1007.69	1200.12	1371.76	1504.35
南　宁	192.25	273.98	348.51	483.72	539.80	615.86	693.96	789.53	896.79	1034.06
北　海	21.55	37.82	60.06	76.65	88.49	102.42	119.83	134.16	150.80	162.48
海　口	73.11	96.02	124.52	165.15	186.86	211.70	237.02	278.04	306.07	352.68
三　亚	46.75	57.75	69.92	84.37	97.43	110.00	122.08	141.27	172.15	217.74
重　庆	612.92	879.72	1180.57	1531.94	1768.27	2056.73	2415.76	2684.54	2960.86	3246.77
成　都	286.93	422.13	562.07	737.67	843.66	997.27	1152.39	1308.77	1442.76	1575.49
贵　阳	162.85	207.36	255.19	379.29	443.79	539.68	608.70	677.63	758.29	745.80
昆　明	239.19	342.86	459.89	601.30	696.47	871.26	1043.51	1171.81	1342.82	1498.32
西　安	206.00	297.46	410.38	628.37	725.60	844.57	1016.57	1136.16	1254.93	1414.19
兰　州	33.26	54.91	81.27	113.82	145.33	182.47	239.97	279.20	318.01	345.00
西　宁	5.43	22.84	45.69	94.65	121.70	139.27	155.27	180.96	198.07	200.24
银　川	14.32	30.51	44.94	66.72	92.11	113.88	140.81	161.13	179.27	191.88
乌鲁木齐	10.71	21.98	46.11	71.45	122.76	165.63	215.33	299.50	356.49	377.45

数据来源：国家统计局。

表 5-10 2015—2019 年四十座重点城市土地购置费

单位：亿元

城 市	2015 年	2016 年	2017 年	2018 年	2019 年
合 计	**12341. 18**	**13844. 00**	**16887. 50**	**24240. 82**	**27343. 47**
北 京	2052. 92	1921. 89	1711. 49	2047. 27	1860. 85
天 津	319. 02	579. 75	759. 71	1141. 06	1294. 08
石家庄	118. 22	86. 17	82. 01	66. 69	133. 87
太 原	89. 95	100. 89	105. 04	189. 94	240. 22
呼和浩特	43. 09	43. 65	15. 61	24. 87	48. 98
沈 阳	81. 77	89. 92	114. 03	464. 26	564. 85
大 连	121. 41	99. 13	111. 44	297. 21	330. 69
长 春	116. 99	104. 38	105. 10	200. 10	256. 28
哈尔滨	88. 06	67. 61	73. 14	140. 54	238. 09
上 海	1004. 41	1208. 28	1523. 05	1846. 14	1963. 51
南 京	489. 64	645. 52	774. 49	1024. 76	1222. 36
无 锡	117. 43	171. 61	391. 71	485. 11	508. 21
苏 州	491. 45	590. 66	867. 28	1255. 86	1282. 20
杭 州	1213. 53	1295. 41	1385. 23	1758. 23	1943. 15
宁 波	421. 44	500. 43	568. 50	868. 46	825. 56
温 州	187. 41	252. 18	412. 82	735. 88	678. 80
合 肥	267. 17	323. 16	568. 88	784. 77	875. 38
福 州	349. 20	471. 77	492. 94	643. 83	902. 34
厦 门	297. 22	268. 02	433. 39	465. 60	393. 06
南 昌	67. 65	84. 84	106. 89	225. 79	357. 78
济 南	254. 58	224. 16	168. 32	378. 05	412. 37
青 岛	253. 64	251. 09	253. 91	449. 46	576. 04
郑 州	122. 51	498. 79	811. 89	901. 48	1097. 32
武 汉	490. 55	466. 69	805. 63	940. 97	1078. 62
长 沙	91. 82	187. 07	210. 17	271. 08	330. 57
广 州	505. 00	815. 27	871. 27	1336. 39	1780. 98
深 圳	316. 76	407. 21	720. 28	986. 28	1258. 44
南 宁	171. 87	200. 50	239. 83	397. 04	671. 89
北 海	14. 68	11. 69	9. 86	20. 46	76. 39
海 口	70. 68	104. 12	96. 85	125. 22	49. 34
三 亚	153. 17	119. 45	96. 20	66. 89	11. 17
重 庆	733. 81	562. 48	709. 96	1484. 73	1414. 38
成 都	585. 84	548. 05	491. 46	578. 19	878. 18
贵 阳	55. 48	48. 17	82. 43	150. 54	278. 84
昆 明	212. 05	211. 87	213. 88	517. 71	634. 43
西 安	196. 92	135. 69	303. 64	493. 23	428. 74
兰 州	29. 06	32. 37	54. 97	119. 01	157. 45
西 宁	49. 66	47. 17	31. 05	44. 31	77. 43
银 川	44. 42	40. 84	42. 10	69. 18	62. 19
乌鲁木齐	50. 73	26. 03	71. 08	244. 24	148. 47

数据来源：国家统计局。

表 5-11　2019 年四十座重点城市土地购置费（月度累计）

单位：亿元

城　市	1—3 月	1—4 月	1—5 月	1—6 月	1—7 月	1—8 月	1—9 月	1—10 月	1—11 月	1—12 月
合　计	**4693.59**	**7050.31**	**9873.88**	**13562.42**	**15697.18**	**18307.77**	**21271.48**	**23659.46**	**25987.57**	**27343.47**
北　京	329.26	428.27	589.08	816.28	1026.10	1181.59	1364.78	1588.39	1798.25	1860.85
天　津	323.82	501.07	718.77	906.73	1005.31	1095.48	1257.70	1316.15	1347.18	1294.08
石家庄	10.89	19.47	33.58	44.52	59.70	71.50	92.55	108.93	123.11	133.87
太　原	22.92	45.53	83.75	142.15	172.25	196.92	207.55	229.04	236.69	240.22
呼和浩特	2.29	5.85	10.20	11.51	22.18	30.43	56.30	61.41	51.86	48.98
沈　阳	129.06	189.93	212.56	306.86	358.04	400.52	486.36	540.10	557.92	564.85
大　连	60.37	74.92	100.80	191.74	232.06	264.95	295.93	311.21	325.82	330.69
长　春	1.53	7.64	81.96	110.56	139.57	196.04	221.28	242.32	253.75	256.28
哈尔滨	2.24	23.13	54.54	96.02	113.64	127.64	175.34	196.28	228.28	238.09
上　海	399.76	554.10	705.17	860.10	1023.95	1212.28	1391.08	1580.79	1782.73	1963.51
南　京	261.92	405.33	593.41	720.86	799.14	889.94	1021.20	1124.37	1201.59	1222.36
无　锡	44.57	84.76	132.35	204.37	268.05	323.08	394.29	443.64	488.72	508.21
苏　州	316.54	467.31	626.02	786.26	905.65	1017.62	1112.69	1188.49	1253.75	1282.20
杭　州	288.23	430.45	624.12	903.38	1028.78	1224.67	1439.72	1641.12	1849.82	1943.15
宁　波	209.36	292.53	377.71	463.33	565.34	641.18	729.33	761.09	806.29	825.56
温　州	132.41	195.55	292.27	356.81	394.90	452.73	499.08	541.14	673.28	678.80
合　肥	176.25	280.99	395.28	502.86	588.99	673.78	760.46	805.74	839.01	875.38
福　州	248.88	328.65	379.37	445.87	524.81	597.08	708.57	772.66	848.75	902.34
厦　门	100.59	149.12	186.95	236.85	266.33	277.52	288.21	325.58	369.32	393.06
南　昌	32.29	46.79	63.73	99.67	137.33	194.12	236.82	275.25	314.40	357.78
济　南	74.97	123.91	184.34	230.83	260.17	304.04	338.75	360.75	403.34	412.37
青　岛	72.32	133.68	190.44	305.90	348.67	403.83	456.38	520.00	556.86	576.04
郑　州	187.98	264.84	374.22	475.94	575.14	674.76	794.93	888.06	966.44	1097.32
武　汉	168.03	278.31	367.19	553.64	600.12	725.11	870.32	968.22	1037.62	1078.62
长　沙	42.62	75.10	103.91	140.51	175.52	220.39	256.73	292.67	314.01	330.57
广　州	210.23	334.68	516.80	879.04	982.75	1205.43	1411.54	1571.73	1719.52	1780.98
深　圳	112.68	206.26	338.56	497.56	581.01	697.88	824.41	974.28	1161.95	1258.44
南　宁	113.35	168.45	217.72	319.16	336.27	385.93	436.57	500.83	580.20	671.89
北　海	1.88	12.82	21.97	35.73	37.12	43.30	56.38	61.32	68.07	76.39
海　口	1.20	5.65	11.39	26.48	27.97	28.63	30.39	35.60	46.06	49.34
三　亚	1.65	1.65	1.65	2.36	3.04	3.04	5.26	5.66	8.75	11.17
重　庆	240.23	342.18	490.91	712.59	788.75	908.07	1108.01	1208.13	1324.52	1414.38
成　都	158.74	252.13	330.70	443.87	495.31	581.51	662.44	757.58	828.16	878.18
贵　阳	78.13	79.94	95.53	158.46	184.68	220.92	233.22	255.88	277.80	278.84
昆　明	70.37	112.97	169.11	243.08	260.23	346.84	438.94	490.58	559.14	634.43
西　安	53.37	81.99	113.66	189.54	201.27	231.92	285.12	329.81	353.76	428.74
兰　州	9.25	15.45	25.52	41.30	54.57	71.70	115.36	133.40	150.30	157.45
西　宁	1.45	14.62	26.76	49.24	60.02	65.24	70.76	74.10	76.22	77.43
银　川	0.59	9.38	15.77	25.06	35.78	42.39	53.80	56.15	60.31	62.19
乌鲁木齐	1.37	4.90	16.12	25.41	56.69	77.77	82.92	120.97	144.03	148.47

数据来源：国家统计局。

（三）四十座重点城市房地产开发企业实际到位资金状况

表 5-12　2015—2019 年四十座重点城市房地产开发企业实际到位资金

单位：亿元

城市	2015 年	2016 年	2017 年	2018 年	2019 年
合　计	**73068.40**	**85569.51**	**89029.14**	**90246.01**	**95412.65**
北　京	7282.11	8051.29	6988.28	5726.70	5672.52
天　津	3208.66	4397.22	4366.66	3941.31	4377.94
石家庄	1069.49	1100.33	1323.92	1070.94	1009.18
太　原	614.01	705.58	873.53	849.63	1062.93
呼和浩特	511.84	520.50	277.90	231.42	305.72
沈　阳	1527.28	1055.86	1124.03	1361.73	1364.26
大　连	1190.99	840.57	1051.23	1008.86	1260.00
长　春	737.94	772.92	705.10	994.72	1116.60
哈尔滨	769.22	713.32	858.71	925.96	914.66
上　海	5531.86	6408.78	5384.65	5330.46	5444.69
南　京	2458.25	3781.41	3432.33	3372.77	3483.91
无　锡	1388.75	1428.90	1741.88	1994.90	2276.16
苏　州	3170.48	4669.80	4501.67	4806.36	5500.69
杭　州	3173.96	4154.25	4521.40	3631.55	4035.83
宁　波	1288.94	1588.91	2010.97	2293.53	2493.64
温　州	873.21	1112.48	1245.89	1582.03	1675.18
合　肥	1666.35	2211.58	2387.37	2279.31	2490.57
福　州	1799.00	2188.58	2176.90	2094.31	2206.46
厦　门	1247.21	1143.96	1124.95	1008.84	1103.18
南　昌	731.04	985.16	1209.52	1219.57	1280.21
济　南	1467.13	1823.81	1838.87	2182.86	2238.88
青　岛	1703.78	2310.64	2272.76	2534.09	3115.38
郑　州	2121.70	2989.56	3280.93	3224.22	3572.38
武　汉	2924.08	3619.38	4101.02	4696.78	4097.64
长　沙	1584.91	1996.05	2140.00	2088.78	2408.80
广　州	2820.17	3511.84	3786.75	4030.88	5003.56
深　圳	2938.53	3400.48	3229.59	3836.35	4357.03
南　宁	864.35	1260.71	1423.03	1669.81	2007.73
北　海	149.88	174.39	213.34	242.13	226.75
海　口	700.44	731.47	857.28	815.70	593.02
三　亚	559.03	576.73	881.91	580.87	401.34
重　庆	5024.58	5006.57	5755.97	6685.28	5952.87
成　都	3538.56	3895.15	4414.32	3925.80	4387.30
贵　阳	964.27	889.03	951.85	1057.79	1050.22
昆　明	1669.15	1484.44	1670.14	1697.42	1955.43
西　安	2106.22	2325.03	2940.95	3122.68	2925.97
兰　州	467.56	522.83	645.41	607.66	569.26
西　宁	298.60	351.04	363.39	281.91	338.97
银　川	476.12	437.31	441.79	424.74	439.39
乌鲁木齐	448.73	431.65	512.94	815.34	696.38

数据来源：国家统计局。

表 5-13 2019 年四十座重点城市房地产开发企业实际到位资金（月度累计）

单位：亿元

城市	1—3 月	1—4 月	1—5 月	1—6 月	1—7 月	1—8 月	1—9 月	1—10 月	1—11 月	1—12 月
合计	**21182.67**	**28421.92**	**35966.83**	**45695.53**	**53500.93**	**60616.58**	**69671.15**	**77179.54**	**85361.54**	**95412.65**
北京	1243.40	1602.83	2082.36	2727.10	3082.14	3336.68	3820.59	4298.36	4892.65	5672.52
天津	995.85	1331.71	1737.02	2171.55	2516.17	2867.46	3429.45	3734.88	4057.54	4377.94
石家庄	167.64	251.44	336.82	500.16	588.20	686.05	759.83	839.82	939.98	1009.18
太原	139.76	217.85	319.18	446.40	527.45	609.82	757.72	863.53	974.50	1062.93
呼和浩特	43.35	57.68	73.32	89.14	129.40	155.91	211.18	241.49	268.83	305.72
沈阳	227.13	342.43	465.86	608.57	748.55	897.55	1094.62	1221.41	1307.26	1364.26
大连	240.96	340.72	445.09	646.15	779.56	900.01	1045.50	1107.31	1191.96	1260.00
长春	119.82	222.73	341.56	472.22	575.91	749.17	887.74	969.87	1072.38	1116.60
哈尔滨	123.62	190.99	266.91	426.86	518.28	584.20	724.17	817.52	865.75	914.66
上海	1427.57	1817.78	2149.11	2506.25	2917.98	3420.69	3918.88	4346.92	4879.85	5444.69
南京	787.56	1100.05	1407.20	1715.06	2042.67	2274.42	2568.70	2859.99	3063.56	3483.91
无锡	500.88	671.78	843.33	1086.60	1357.70	1527.07	1737.65	1894.97	2106.14	2276.16
苏州	1303.69	1703.20	2151.01	2722.72	3104.48	3663.53	4096.37	4468.54	4896.04	5500.69
杭州	748.88	1105.43	1410.80	1898.59	2217.72	2462.61	2749.74	3164.26	3528.98	4035.83
宁波	469.57	649.39	851.94	1128.93	1378.23	1524.82	1800.22	1975.88	2187.03	2493.64
温州	344.47	463.30	660.20	783.33	874.87	986.90	1182.47	1292.94	1503.96	1675.18
合肥	495.65	699.09	926.29	1174.03	1378.75	1556.33	1811.65	2047.22	2240.78	2490.57
福州	552.85	753.32	860.78	1059.28	1251.27	1443.63	1679.72	1820.26	2010.26	2206.46
厦门	237.77	312.15	435.06	544.19	621.80	690.85	774.37	876.44	987.41	1103.18
南昌	249.57	354.90	418.80	566.53	687.87	857.01	966.19	1071.58	1153.47	1280.21
济南	654.30	861.49	1039.06	1188.82	1378.50	1558.51	1791.58	1869.18	2045.50	2238.88
青岛	566.68	831.05	1161.17	1536.91	1932.89	2153.36	2404.06	2483.79	2739.52	3115.38
郑州	657.00	991.39	1272.55	1624.45	1969.67	2258.70	2561.60	2844.00	3128.73	3572.38
武汉	1125.59	1332.13	1659.61	2074.86	2415.21	2703.52	3063.22	3376.03	3713.36	4097.64
长沙	537.35	689.50	876.19	1171.48	1367.89	1593.61	1808.72	2007.52	2195.94	2408.80
广州	995.19	1444.22	1863.64	2437.67	2586.36	3071.64	3603.06	3996.62	4418.17	5003.56
深圳	1353.71	1575.90	1813.44	2115.15	2611.73	2546.04	2925.17	3391.66	3782.91	4357.03
南宁	360.21	461.04	597.13	780.74	949.08	1094.54	1271.24	1441.34	1647.09	2007.73
北海	37.14	59.48	87.49	119.07	131.65	147.79	172.30	189.46	206.78	226.75
海口	212.83	261.90	300.93	351.68	382.63	419.37	454.48	490.16	529.00	593.02
三亚	126.61	152.50	184.98	210.77	231.49	262.04	281.65	300.77	329.14	401.34
重庆	1688.50	2137.46	2580.56	3129.55	3622.46	3963.87	4445.31	4936.85	5372.19	5952.87
成都	1044.84	1412.43	1753.96	2210.08	2498.31	2843.65	3192.77	3520.61	3852.21	4387.30
贵阳	224.43	280.50	330.65	446.52	533.12	627.91	698.06	795.31	915.85	1050.22
昆明	255.82	462.55	601.63	775.83	895.99	1101.43	1373.78	1549.54	1750.16	1955.43
西安	640.25	842.06	1055.02	1432.98	1699.59	1903.92	2190.52	2445.17	2733.67	2925.97
兰州	106.68	137.17	185.01	252.36	308.52	354.27	430.99	465.12	535.47	569.26
西宁	31.75	80.49	102.39	156.14	181.66	207.02	239.24	282.23	319.77	338.97
银川	69.73	102.56	130.07	171.03	211.07	246.50	292.11	337.24	384.34	439.39
乌鲁木齐	74.09	117.32	188.72	235.79	294.14	364.17	454.55	543.73	633.41	696.38

数据来源：国家统计局。

表 5-14　2015—2019 年四十座重点城市房地产开发企业实际到位资金国内贷款

单位：亿元

城　市	2015 年	2016 年	2017 年	2018 年	2019 年
合　计	**14326.91**	**15742.30**	**17546.35**	**16109.41**	**17027.48**
北　京	1970.97	2148.48	1947.08	1657.07	1346.23
天　津	954.00	1066.99	1186.03	822.89	840.35
石家庄	128.31	77.05	131.87	120.28	82.26
太　原	71.87	72.69	128.12	81.81	89.19
呼和浩特	43.80	18.08	10.60	16.40	30.52
沈　阳	124.09	152.36	111.76	114.40	135.21
大　连	247.97	143.38	153.80	100.71	174.61
长　春	146.94	110.64	64.58	44.42	29.26
哈尔滨	96.91	59.21	54.55	78.60	69.62
上　海	1516.59	1446.18	1393.78	1326.02	1366.59
南　京	455.09	687.75	832.32	637.51	542.52
无　锡	252.95	214.79	347.52	287.18	334.62
苏　州	497.17	733.88	1016.24	1079.65	1020.10
杭　州	614.53	698.32	864.26	815.03	868.77
宁　波	269.03	242.75	345.26	336.41	380.63
温　州	59.49	176.39	152.96	183.92	278.81
合　肥	258.02	343.16	506.88	410.84	468.76
福　州	325.63	315.58	317.23	334.25	427.98
厦　门	233.90	220.74	147.77	144.11	157.20
南　昌	102.12	177.32	284.51	181.95	266.84
济　南	248.60	242.73	220.58	402.44	469.18
青　岛	339.96	384.74	497.32	428.21	676.99
郑　州	200.61	350.74	566.60	396.78	454.08
武　汉	511.55	789.15	697.58	883.60	887.47
长　沙	258.92	350.26	383.96	292.37	389.61
广　州	459.76	548.14	765.93	805.37	1017.46
深　圳	730.79	812.56	1196.93	1159.98	1133.21
南　宁	116.51	198.34	225.91	256.56	362.86
北　海	5.69	10.44	8.36	13.47	13.31
海　口	89.63	128.57	144.59	96.54	82.52
三　亚	136.71	129.83	115.66	89.05	46.46
重　庆	1033.07	1012.91	917.21	1085.29	1036.89
成　都	684.23	585.12	682.76	637.47	741.03
贵　阳	131.91	123.19	69.04	68.50	48.03
昆　明	401.83	375.84	412.81	242.36	226.65
西　安	288.42	279.98	305.19	260.19	258.03
兰　州	93.90	116.13	157.47	66.33	116.73
西　宁	68.12	68.80	69.01	43.62	39.87
银　川	76.53	73.43	60.00	45.13	56.91
乌鲁木齐	80.80	55.64	52.33	62.70	60.10

数据来源：国家统计局。

表 5-15　2019 年四十座重点城市房地产开发企业实际到位资金国内贷款（月度累计）

单位：亿元

城　市	1—3 月	1—4 月	1—5 月	1—6 月	1—7 月	1—8 月	1—9 月	1—10 月	1—11 月	1—12 月
合　计	**4809.89**	**6011.10**	**7158.39**	**8816.40**	**10240.44**	**11588.31**	**13241.67**	**14320.97**	**15509.56**	**17027.48**
北　京	410.11	515.52	665.39	825.79	835.25	885.08	974.92	1037.67	1191.01	1346.23
天　津	206.73	279.05	393.93	439.89	540.85	599.89	718.49	758.30	811.73	840.35
石家庄	16.50	21.59	25.41	43.79	48.03	52.40	59.44	69.20	72.01	82.26
太　原	25.84	34.73	36.13	36.36	37.41	40.04	51.26	67.35	70.41	89.19
呼和浩特	3.50	11.70	12.77	16.98	18.99	25.45	28.25	31.08	33.83	30.52
沈　阳	29.93	29.81	34.01	47.88	65.52	83.52	116.07	127.24	133.81	135.21
大　连	35.81	64.70	79.31	101.87	122.90	158.26	162.18	168.05	171.71	174.61
长　春	13.28	17.73	19.49	20.81	25.08	28.19	29.41	30.30	30.86	29.26
哈尔滨	23.71	37.16	36.47	44.49	47.92	49.14	60.15	53.55	54.20	69.62
上　海	499.63	560.10	608.46	709.64	756.13	936.60	1068.00	1153.69	1235.49	1366.59
南　京	149.55	170.69	200.42	231.95	322.90	354.34	378.20	411.06	433.71	542.52
无　锡	132.96	117.43	125.06	142.16	185.09	200.08	228.09	257.28	300.67	334.62
苏　州	254.98	347.28	393.40	530.49	606.97	675.58	786.23	853.20	905.59	1020.10
杭　州	157.19	265.30	343.38	435.60	519.62	596.55	662.51	732.93	776.63	868.77
宁　波	96.35	132.50	164.51	210.38	231.62	259.72	309.63	329.26	344.39	380.63
温　州	82.30	102.09	134.04	142.45	156.24	162.60	198.48	205.54	239.46	278.81
合　肥	90.90	139.58	159.86	206.43	245.02	266.08	324.80	378.53	427.52	468.76
福　州	108.47	140.65	183.13	233.53	266.71	285.07	347.98	365.25	403.05	427.98
厦　门	45.17	58.07	93.06	105.64	110.06	117.66	120.94	131.89	156.49	157.20
南　昌	47.12	63.49	64.43	123.32	164.72	194.05	199.75	223.70	228.21	266.84
济　南	117.65	177.20	183.26	235.95	307.54	351.42	389.53	425.80	454.58	469.18
青　岛	163.70	183.84	252.26	364.31	463.56	500.49	554.33	574.18	593.87	676.99
郑　州	103.97	124.14	148.11	193.06	223.74	291.94	329.67	368.64	412.63	454.08
武　汉	335.27	392.21	470.85	588.66	657.66	653.70	756.28	812.98	849.57	887.47
长　沙	129.17	141.77	180.98	209.68	238.14	271.48	308.57	326.29	353.80	389.61
广　州	224.39	314.97	354.23	401.91	475.35	609.12	732.78	836.88	945.49	1017.46
深　圳	306.15	359.01	410.31	486.77	657.99	817.33	943.34	987.38	1062.49	1133.21
南　宁	81.58	98.87	126.63	162.97	197.79	223.63	234.73	259.11	299.75	362.86
北　海	3.23	1.97	2.65	3.45	4.30	4.62	5.37	6.48	6.98	13.31
海　口	36.28	43.27	45.94	52.43	54.81	57.51	62.83	67.30	70.44	82.52
三　亚	10.46	13.05	20.60	22.45	23.02	33.14	34.15	34.61	40.53	46.46
重　庆	407.08	473.78	512.02	583.54	685.96	728.55	793.47	892.34	964.15	1036.89
成　都	226.62	313.10	376.88	449.38	474.98	545.60	612.34	645.56	689.50	741.03
贵　阳	24.29	25.18	25.38	34.44	31.72	33.75	41.42	45.73	47.73	48.03
昆　明	49.25	62.28	65.86	105.72	114.06	140.64	175.97	192.75	195.87	226.65
西　安	101.38	106.88	116.81	147.31	166.04	187.20	242.24	235.49	250.14	258.03
兰　州	32.42	37.13	47.71	66.51	81.47	83.68	96.73	100.16	109.46	116.73
西　宁	6.08	7.60	8.66	9.58	14.36	17.11	25.95	32.78	37.28	39.87
银　川	8.56	12.35	13.73	21.66	29.87	32.71	37.02	41.67	47.03	56.91
乌鲁木齐	12.33	13.33	22.86	27.19	31.08	34.39	40.15	49.75	57.53	60.10

数据来源：国家统计局。

表 5-16　2015—2019 年四十座重点城市房地产开发企业实际到位资金利用外资

单位：亿元

城　市	2015 年	2016 年	2017 年	2018 年	2019 年
合　计	**238.69**	**101.30**	**97.83**	**70.39**	**135.37**
北　京	5.75	1.00	18.48	—	1.78
天　津	6.54	2.05	0.02	—	17.00
石家庄	—	—	0.05	0.04	—
太　原	—	—	—	—	—
呼和浩特	—	—	—	—	0.02
沈　阳	9.95	—	2.10	0.11	1.28
大　连	16.21	0.01	0.61	—	—
长　春	—	—	—	0.01	—
哈尔滨	1.32	0.90	—	—	—
上　海	33.92	2.31	5.22	0.11	6.35
南　京	12.50	—	—	5.89	1.82
无　锡	13.46	6.02	8.51	35.12	9.24
苏　州	4.73	0.02	2.38	1.61	6.85
杭　州	0.71	23.82	9.82	0.77	1.70
宁　波	12.82	5.22	0.01	2.02	—
温　州	—	—	—	—	—
合　肥	—	—	—	—	—
福　州	0.80	—	0.29	0.28	19.72
厦　门	5.48	—	16.46	0.36	2.55
南　昌	6.14	0.70	—	—	0.09
济　南	12.45	7.72	—	15.85	—
青　岛	0.21	2.50	1.67	0.32	33.87
郑　州	1.30	—	0.99	—	—
武　汉	—	0.50	1.10	—	9.64
长　沙	—	—	—		
广　州	10.57	18.84	9.05	3.91	—
深　圳	3.21	—	7.91	—	0.00
南　宁	1.55	—	—	—	0.01
北　海	—	—	—	—	—
海　口	0.79	—	—	—	—
三　亚	—	—	—	—	—
重　庆	65.90	29.06	9.32	3.19	1.50
成　都	0.97	0.63	0.55	—	6.55
贵　阳	—	—	—	—	—
昆　明	5.10	—	3.28	0.80	15.41
西　安	6.32	—	0.02	—	—
兰　州	—	—	—	—	—
西　宁	—	—	—	—	—
银　川	—	—	—	—	—
乌鲁木齐	—	—	—	—	—

数据来源：国家统计局。

表 5-17　2019 年四十座重点城市房地产开发企业实际到位资金利用外资（月度累计）

单位：亿元

城　市	1—3 月	1—4 月	1—5 月	1—6 月	1—7 月	1—8 月	1—9 月	1—10 月	1—11 月	1—12 月
合　计	14.81	21.40	15.19	21.13	35.98	56.17	78.60	102.10	123.76	135.37
北　京	1.78	1.78	1.78	1.78	1.78	1.78	1.78	1.78	1.78	1.78
天　津	—	—	—	—	—	—	17.00	17.00	17.00	17.00
石家庄	—	—	—	—	—	—	—	—	—	—
太　原	—	—	—	—	—	—	—	—	—	—
呼和浩特	0.02	0.02	0.02	0.02	0.02	0.02	0.52	0.52	0.52	0.02
沈　阳	0.21	0.49	0.54	0.62	0.69	0.91	1.28	1.28	1.28	1.28
大　连	—	—	—	—	—	—	—	—	—	—
长　春	—	—	—	—	—	—	—	—	—	—
哈尔滨	—	—	—	—	—	—	—	—	—	—
上　海	1.75	2.68	2.68	4.17	3.39	3.39	3.39	3.39	6.35	6.35
南　京	—	—	—	—	0.73	0.73	0.73	1.82	1.82	1.82
无　锡	—	2.70	2.70	4.80	7.01	9.24	9.24	9.24	9.24	9.24
苏　州	—	—	—	—	—	6.85	6.85	6.85	6.85	6.85
杭　州	0.13	0.21	0.21	0.52	0.91	1.28	1.28	1.28	1.70	1.70
宁　波	2.29	4.05	—	—	—	—	—	—	—	—
温　州	—	—	—	—	—	—	—	—	—	—
合　肥	—	—	—	—	—	—	—	—	—	—
福　州	1.74	1.81	1.92	2.01	2.11	2.21	2.35	19.34	19.53	19.72
厦　门	—	—	—	—	—	2.55	2.55	2.55	2.55	2.55
南　昌	—	—	—	—	—	—	—	—	—	0.09
济　南	—	—	—	—	—	—	—	—	2.37	—
青　岛	—	—	—	1.52	1.52	1.52	1.52	5.32	19.68	33.87
郑　州	—	—	—	—	—	—	—	—	—	—
武　汉	—	—	—	—	—	6.54	8.02	9.64	9.64	9.64
长　沙	0.07	—	—	—	—	—	—	—	—	—
广　州	0.82	0.98	1.12	—	—	—	—	—	—	—
深　圳	—	—	—	0.00	0.00	0.00	0.00	0.00	0.00	0.00
南　宁	—	—	—	—	—	—	—	0.01	—	0.01
北　海	0.03	0.03	0.03	—	—	—	—	—	—	—
海　口	—	—	—	—	—	—	—	—	—	—
三　亚	—	—	—	—	—	—	—	—	—	—
重　庆	0.85	1.66	1.10	1.10	1.10	1.13	1.13	1.13	1.50	1.50
成　都	3.90	4.01	0.30	0.30	5.55	5.55	5.55	5.55	6.55	6.55
贵　阳	—	—	—	—	—	—	—	—	—	—
昆　明	1.00	1.00	2.80	4.30	11.18	12.48	15.41	15.41	15.41	15.41
西　安	0.21	—	—	—	—	—	—	—	—	—
兰　州	—	—	—	—	—	—	—	—	—	—
西　宁	—	—	—	—	—	—	—	—	—	—
银　川	0.01	—	—	—	—	—	—	—	—	—
乌鲁木齐	—	—	—	—	—	—	—	—	—	—

数据来源：国家统计局。

表 5-18　2015—2019 年四十座重点城市房地产开发企业实际到位资金自筹资金

单位：亿元

城　市	2015 年	2016 年	2017 年	2018 年	2019 年
合　计	**25607.69**	**25700.09**	**26634.36**	**28209.82**	**28439.58**
北　京	2277.20	1978.50	1732.12	1534.85	1205.02
天　津	932.39	899.63	783.86	1073.90	1277.38
石家庄	839.18	896.08	973.21	804.20	635.31
太　原	313.96	295.59	221.48	195.69	425.42
呼和浩特	380.19	389.10	184.02	120.92	117.78
沈　阳	952.74	370.24	268.72	386.64	472.68
大　连	428.55	342.06	284.47	276.17	373.98
长　春	222.94	256.89	226.63	375.50	384.06
哈尔滨	390.68	311.02	369.42	301.52	358.56
上　海	1519.99	1490.78	1549.20	1896.42	1806.70
南　京	440.09	562.63	774.16	969.54	1058.80
无　锡	483.37	390.22	495.27	516.87	473.34
苏　州	774.19	796.71	756.69	987.79	1215.01
杭　州	772.65	720.33	952.32	1234.09	1169.88
宁　波	408.94	467.50	535.93	609.81	790.47
温　州	394.41	424.18	492.71	671.80	545.77
合　肥	386.10	438.67	853.02	519.90	642.86
福　州	662.66	808.31	753.34	837.59	834.43
厦　门	563.48	462.66	546.44	644.47	583.54
南　昌	202.52	280.94	278.58	377.05	335.06
济　南	532.65	575.79	671.01	699.96	637.27
青　岛	693.04	872.46	612.79	554.72	847.36
郑　州	1055.81	1411.34	1676.52	1841.33	1792.97
武　汉	1399.41	1146.18	1386.15	1435.50	1121.16
长　沙	395.79	402.88	531.96	433.14	605.66
广　州	843.88	1172.28	1191.65	1296.06	1668.71
深　圳	783.13	1081.80	790.67	1099.76	1191.23
南　宁	260.89	345.90	385.30	403.80	402.85
北　海	88.36	89.16	83.50	95.36	120.86
海　口	182.57	340.98	227.33	291.79	201.16
三　亚	309.97	261.90	357.55	227.76	148.05
重　庆	1666.53	1488.38	1482.81	1641.94	1162.39
成　都	1506.55	1377.57	1504.94	1164.31	1219.42
贵　阳	199.59	204.39	233.08	232.24	322.82
昆　明	730.97	616.64	656.90	455.47	556.27
西　安	1028.95	1162.86	1195.20	1279.10	1118.08
兰　州	158.40	173.15	184.51	177.66	162.28
西　宁	114.26	149.18	166.10	92.72	137.87
银　川	180.37	132.30	119.56	106.62	70.11
乌鲁木齐	130.34	112.91	145.22	345.85	247.01

数据来源：国家统计局。

表 5-19 2019 年四十座重点城市房地产开发企业实际到位资金自筹资金（月度累计）

单位：亿元

城　市	1—3 月	1—4 月	1—5 月	1—6 月	1—7 月	1—8 月	1—9 月	1—10 月	1—11 月	1—12 月
合　计	5926.51	7778.85	10135.93	13355.26	15284.04	17616.78	20562.03	22830.84	25501.65	28439.58
北　京	315.63	336.15	409.09	597.81	668.91	623.92	799.13	877.34	1025.60	1205.02
天　津	338.63	407.11	473.25	642.96	699.05	788.45	932.63	1061.06	1197.17	1277.38
石家庄	99.37	162.28	220.65	341.31	396.75	460.64	504.47	549.67	605.63	635.31
太　原	42.80	75.55	122.34	186.23	219.15	254.27	330.16	366.30	425.63	425.42
呼和浩特	18.50	24.07	33.34	38.33	62.15	71.23	111.32	110.54	114.04	117.78
沈　阳	64.00	116.71	153.78	214.36	279.34	317.28	402.77	444.41	463.77	472.68
大　连	48.47	66.41	78.56	162.13	211.48	243.77	324.06	333.31	358.09	373.98
长　春	13.00	36.39	79.80	129.97	168.53	266.82	314.26	353.02	377.87	384.06
哈尔滨	31.24	52.76	97.62	160.57	188.61	212.99	279.46	311.20	348.21	358.56
上　海	464.86	633.85	731.88	841.10	1001.67	1147.99	1320.80	1411.31	1612.37	1806.70
南　京	241.02	354.88	502.52	608.16	675.07	742.75	850.51	984.58	1030.28	1058.80
无　锡	86.20	133.92	190.12	245.10	305.42	338.16	381.04	416.90	454.34	473.34
苏　州	322.50	374.22	483.27	579.27	612.34	826.95	917.45	966.23	1115.46	1215.01
杭　州	181.87	266.55	305.94	465.76	535.92	638.67	728.47	882.03	996.37	1169.88
宁　波	116.35	163.47	223.54	312.79	407.58	436.48	559.63	595.93	649.64	790.47
温　州	106.94	150.00	232.18	260.09	275.03	315.06	388.05	429.39	495.26	545.77
合　肥	100.20	120.27	182.60	288.29	339.20	359.75	448.93	516.79	565.88	642.86
福　州	175.82	226.73	273.54	328.25	416.89	506.95	587.42	656.90	749.85	834.43
厦　门	147.01	185.08	232.92	312.87	355.11	385.51	434.34	487.85	530.11	583.54
南　昌	78.54	93.30	115.82	158.89	182.08	225.38	237.65	264.72	288.91	335.06
济　南	183.49	213.11	254.42	283.65	315.47	353.54	449.38	492.52	555.28	637.27
青　岛	118.32	277.15	406.30	503.82	586.82	646.95	713.61	639.04	735.52	847.36
郑　州	328.11	454.88	601.06	778.59	951.57	1074.41	1244.04	1369.47	1530.85	1792.97
武　汉	403.66	446.08	540.52	654.06	728.00	798.38	861.31	952.19	1030.27	1121.16
长　沙	124.52	157.25	210.47	293.92	330.15	390.18	442.88	515.90	564.77	605.66
广　州	138.60	235.73	466.36	756.38	667.02	937.79	1107.18	1227.66	1347.85	1668.71
深　圳	255.83	284.64	351.08	420.52	531.70	631.46	717.29	930.35	1045.17	1191.23
南　宁	66.95	68.02	104.91	137.89	165.24	188.14	226.70	264.01	299.82	402.85
北　海	17.14	32.24	48.94	70.27	74.70	84.30	97.81	106.90	114.86	120.86
海　口	82.67	104.51	119.33	139.75	145.20	155.72	164.41	173.77	186.89	201.16
三　亚	54.40	64.58	69.01	78.52	87.86	93.88	101.49	105.11	120.70	148.05
重　庆	411.63	467.35	542.59	638.41	740.50	786.27	892.46	964.63	1054.11	1162.39
成　都	304.35	388.11	486.66	644.98	732.89	839.03	924.71	1040.55	1121.49	1219.42
贵　阳	64.35	74.37	84.13	112.50	126.62	144.63	164.17	182.36	267.64	322.82
昆　明	70.80	96.71	129.63	173.20	192.16	275.89	341.91	394.94	491.45	556.27
西　安	256.21	328.97	417.60	559.43	620.15	695.69	816.52	935.04	1047.88	1118.08
兰　州	22.45	27.97	40.56	58.07	75.22	94.55	120.14	132.52	148.37	162.28
西　宁	8.46	44.88	52.20	86.28	93.31	102.43	112.42	125.16	136.44	137.87
银　川	11.96	14.73	23.44	31.93	36.71	44.39	54.02	62.98	66.95	70.11
乌鲁木齐	9.69	17.86	43.96	58.87	82.49	116.15	157.03	196.27	230.86	247.01

数据来源：国家统计局。

表 5-20　2015—2019 年四十座重点城市房地产开发企业实际到位资金其他资金

单位：亿元

城　市	2015 年	2016 年	2017 年	2018 年	2019 年
合　计	**32895.12**	**44025.83**	**44750.59**	**45856.40**	**49810.23**
北　京	3028.19	3923.32	3290.60	2534.78	3119.50
天　津	1315.72	2428.54	2396.75	2044.50	2243.20
石家庄	102.00	127.19	218.79	146.43	291.61
太　原	228.18	337.30	523.92	572.14	548.33
呼和浩特	87.85	113.31	83.28	94.09	157.41
沈　阳	440.50	533.26	741.46	860.57	755.09
大　连	498.27	355.12	612.35	631.99	711.41
长　春	368.07	405.38	413.89	574.80	703.28
哈尔滨	280.31	342.19	434.74	545.84	486.48
上　海	2461.37	3469.51	2436.45	2107.91	2265.05
南　京	1550.57	2531.04	1825.86	1759.83	1880.77
无　锡	638.98	817.87	890.58	1155.74	1458.96
苏　州	1894.40	3139.20	2726.36	2737.33	3258.72
杭　州	1786.06	2711.78	2695.01	1581.66	1995.48
宁　波	598.16	873.44	1129.76	1345.28	1322.54
温　州	419.31	511.91	600.23	726.32	850.61
合　肥	1022.23	1429.75	1027.46	1348.56	1378.95
福　州	809.91	1064.70	1106.04	922.17	924.33
厦　门	444.36	460.56	414.29	219.89	359.90
南　昌	420.26	526.20	646.43	660.57	678.23
济　南	673.44	997.57	947.27	1064.60	1132.43
青　岛	670.57	1050.93	1160.98	1550.83	1557.17
郑　州	863.98	1227.48	1036.82	986.11	1325.34
武　汉	1013.12	1683.56	2016.19	2377.68	2079.37
长　沙	930.20	1242.91	1224.08	1363.28	1413.53
广　州	1505.95	1772.58	1820.11	1925.55	2317.39
深　圳	1421.41	1506.11	1234.08	1576.61	2032.59
南　宁	485.40	716.47	811.82	1009.45	1242.02
北　海	55.82	74.80	121.48	133.29	92.57
海　口	427.45	261.92	485.36	427.37	309.35
三　亚	112.35	185.01	408.70	264.06	206.83
重　庆	2259.07	2476.21	3346.63	3954.85	3752.09
成　都	1346.82	1931.83	2226.08	2124.02	2420.30
贵　阳	632.77	561.45	649.73	757.05	679.37
昆　明	531.25	491.95	597.15	998.80	1157.09
西　安	782.54	882.19	1440.54	1583.39	1549.87
兰　州	215.25	233.55	303.43	363.67	290.25
西　宁	116.23	133.06	128.28	145.57	161.23
银　川	219.21	231.58	262.23	272.98	312.36
乌鲁木齐	237.58	263.10	315.39	406.79	389.27

数据来源：国家统计局。

表 5-21　2019 年四十座重点城市房地产开发企业实际到位资金其他资金（月度累计）

单位：亿元

城　市	1—3 月	1—4 月	1—5 月	1—6 月	1—7 月	1—8 月	1—9 月	1—10 月	1—11 月	1—12 月
合　计	**10431.46**	**14610.56**	**18657.32**	**23502.74**	**27940.47**	**31355.32**	**35788.86**	**39925.64**	**44226.57**	**49810.23**
北　京	515.88	749.38	1006.12	1301.71	1576.20	1825.91	2044.76	2381.57	2674.27	3119.50
天　津	450.49	645.56	869.84	1088.70	1276.28	1479.11	1761.32	1898.52	2031.64	2243.20
石家庄	51.78	67.57	90.76	115.06	143.43	173.01	195.92	220.95	262.34	291.61
太　原	71.12	107.56	160.71	223.81	270.89	315.51	376.31	429.88	478.46	548.33
呼和浩特	21.34	21.89	27.20	33.81	48.25	59.21	71.09	99.35	120.44	157.41
沈　阳	132.98	195.43	277.52	345.72	403.00	495.84	574.49	648.48	708.40	755.09
大　连	156.68	209.62	287.23	382.15	445.18	497.97	559.26	605.95	662.17	711.41
长　春	93.54	168.61	242.27	321.45	382.30	454.17	544.07	586.55	663.65	703.28
哈尔滨	68.66	101.05	132.83	221.80	281.75	322.07	384.56	452.77	463.34	486.48
上　海	461.33	621.15	806.08	951.34	1156.79	1332.71	1526.69	1778.54	2025.65	2265.05
南　京	396.99	574.48	704.28	874.94	1043.96	1176.59	1339.25	1462.52	1597.75	1880.77
无　锡	281.72	417.73	525.44	694.54	860.18	979.59	1119.28	1211.55	1341.88	1458.96
苏　州	726.21	981.69	1274.35	1612.96	1885.17	2154.15	2385.83	2642.25	2868.14	3258.72
杭　州	409.69	573.37	761.27	996.71	1161.27	1226.11	1357.49	1548.01	1754.29	1995.48
宁　波	254.58	349.39	463.89	605.76	739.04	828.62	930.96	1050.69	1193.00	1322.54
温　州	155.23	211.21	293.97	380.80	443.60	509.24	595.94	658.01	769.25	850.61
合　肥	304.55	439.23	583.83	679.30	794.53	930.50	1037.92	1151.89	1247.39	1378.95
福　州	266.81	384.14	402.19	495.50	565.56	649.41	741.97	778.78	837.83	924.33
厦　门	45.60	69.00	109.08	125.68	156.63	185.13	216.55	254.16	298.26	359.90
南　昌	123.91	198.11	238.54	284.31	341.06	437.57	528.79	583.15	636.35	678.23
济　南	353.15	471.18	601.38	669.21	755.49	853.55	952.66	950.86	1033.27	1132.43
青　岛	284.67	370.06	502.60	667.26	880.99	1004.40	1134.59	1265.25	1390.45	1557.17
郑　州	224.92	412.37	523.37	652.81	794.36	892.35	987.89	1105.90	1185.25	1325.34
武　汉	386.65	493.85	648.23	832.14	1029.56	1244.90	1437.61	1601.23	1823.89	2079.37
长　沙	283.59	390.49	484.73	667.88	799.60	931.95	1057.27	1165.34	1277.38	1413.53
广　州	631.38	892.53	1041.94	1279.39	1443.98	1524.73	1763.10	1932.08	2124.83	2317.39
深　圳	791.74	932.26	1052.05	1207.86	1422.05	1097.26	1264.53	1473.94	1675.25	2032.59
南　宁	211.68	294.16	365.59	479.88	586.05	682.77	809.82	918.21	1047.52	1242.02
北　海	16.74	25.25	35.87	45.36	52.66	58.87	69.11	76.08	84.94	92.57
海　口	93.88	114.12	135.67	159.51	182.63	206.15	227.24	249.09	271.67	309.35
三　亚	61.75	74.88	95.38	109.80	120.61	135.03	146.01	161.06	167.91	206.83
重　庆	868.94	1194.68	1524.86	1906.51	2194.90	2447.92	2758.26	3078.74	3352.43	3752.09
成　都	509.96	707.20	890.12	1115.43	1284.90	1453.47	1650.17	1828.95	2034.68	2420.30
贵　阳	135.80	180.95	221.14	299.59	374.78	449.53	492.47	567.21	600.47	679.37
昆　明	134.76	302.55	403.35	492.61	578.59	672.42	840.48	946.43	1047.43	1157.09
西　安	282.45	406.22	520.62	726.24	913.40	1021.04	1131.76	1274.64	1435.65	1549.87
兰　州	51.80	72.07	96.74	127.79	151.84	176.04	214.12	232.44	277.65	290.25
西　宁	17.21	28.00	41.54	60.28	73.99	87.49	100.88	124.30	146.05	161.23
银　川	49.21	75.47	92.89	117.44	144.50	169.40	201.06	232.59	270.37	312.36
乌鲁木齐	52.07	86.11	121.90	149.72	180.56	213.64	257.37	297.71	345.02	389.27

数据来源：国家统计局。

(四) 四十座重点城市土地成交数据

表 5-22 2015—2019 年四十座重点城市土地成交价款

单位：亿元

城 市	2015 年	2016 年	2017 年	2018 年	2019 年
合 计	**4649.42**	**5977.41**	**8471.99**	**8322.41**	**7883.79**
北 京	811.13	470.12	815.90	503.33	427.10
天 津	74.20	239.88	177.72	348.31	503.29
石家庄	28.10	27.33	53.27	51.36	85.88
太 原	57.81	98.63	60.96	25.30	201.12
呼和浩特	9.55	8.64	4.57	3.74	30.79
沈 阳	73.08	36.86	39.43	146.37	178.87
大 连	73.61	26.69	26.41	60.99	75.63
长 春	149.94	119.16	150.19	193.51	100.84
哈尔滨	40.50	25.85	37.72	57.75	92.28
上 海	179.98	375.12	384.53	221.85	243.26
南 京	95.21	242.11	539.27	208.39	217.52
无 锡	49.58	41.69	214.61	223.32	161.72
苏 州	155.01	366.47	470.25	429.82	542.56
杭 州	149.75	288.36	363.87	457.20	180.44
宁 波	75.67	133.83	212.02	389.01	241.90
温 州	100.60	209.06	439.87	508.26	465.18
合 肥	225.03	338.30	824.74	437.33	496.60
福 州	78.79	148.44	177.21	256.29	276.85
厦 门	145.96	198.59	237.34	364.35	120.30
南 昌	45.25	61.90	72.74	113.12	101.55
济 南	132.48	85.43	69.80	172.43	174.60
青 岛	105.79	85.85	97.84	200.20	402.59
郑 州	75.18	343.84	412.49	312.62	299.67
武 汉	135.98	124.70	255.77	82.79	238.04
长 沙	40.60	63.08	72.19	192.57	117.34
广 州	177.61	283.19	442.87	504.58	318.90
深 圳	269.19	530.94	339.40	318.88	314.39
南 宁	57.90	101.22	110.38	82.82	227.73
北 海	0.24	3.52	4.66	6.39	30.53
海 口	21.07	44.31	15.64	39.67	4.46
三 亚	34.48	6.84	28.97	2.15	3.12
重 庆	539.12	429.73	568.45	625.56	342.38
成 都	179.29	205.84	154.89	258.47	165.71
贵 阳	38.28	7.62	93.35	65.13	132.11
昆 明	52.96	107.85	222.49	105.41	232.67
西 安	110.27	51.29	190.30	130.23	38.42
兰 州	11.33	14.49	9.38	9.26	24.49
西 宁	8.86	8.23	14.22	16.00	8.24
银 川	15.68	6.66	6.71	8.47	14.99
乌鲁木齐	24.41	15.72	59.56	189.19	49.72

数据来源：国家统计局。

表 5-23 2019 年四十座重点城市土地成交价款（月度累计）

单位：亿元

城 市	1—3 月	1—4 月	1—5 月	1—6 月	1—7 月	1—8 月	1—9 月	1—10 月	1—11 月	1—12 月
合 计	**577.74**	**748.35**	**1116.81**	**2018.62**	**2550.87**	**3508.46**	**4499.86**	**5459.98**	**6501.91**	**7883.79**
北 京	65.30	68.50	71.24	118.32	126.82	193.42	225.25	255.97	317.46	427.10
天 津	30.01	46.12	79.10	131.09	157.02	198.92	306.06	370.09	479.37	503.29
石家庄	0.30	13.62	17.43	21.96	36.58	46.42	48.44	56.37	69.56	85.88
太 原	11.62	19.57	19.57	131.52	139.24	147.90	171.43	185.31	199.57	201.12
呼和浩特	0.16	1.13	3.83	4.84	7.22	12.17	14.15	22.99	23.39	30.79
沈 阳	4.49	7.98	15.22	46.92	57.35	74.46	106.46	136.08	140.67	178.87
大 连	6.04	6.04	6.04	52.80	52.80	53.15	54.96	56.76	75.63	75.63
长 春	2.94	5.14	18.33	33.77	47.23	89.81	92.43	100.29	100.43	100.84
哈尔滨	4.90	10.03	17.32	38.26	39.05	39.05	43.40	62.57	85.36	92.28
上 海	35.33	51.42	62.51	88.11	104.58	110.14	126.65	126.65	192.12	243.26
南 京	80.49	82.89	83.15	122.88	153.10	162.81	163.45	189.15	189.29	217.52
无 锡	7.28	3.78	6.26	11.50	39.01	39.82	56.45	100.99	134.83	161.72
苏 州	64.07	71.43	125.14	196.69	228.89	325.32	379.17	426.63	459.03	542.56
杭 州	—	0.08	0.08	5.76	5.76	44.14	63.86	58.31	92.62	180.44
宁 波	1.11	3.28	8.62	22.92	40.89	118.12	165.83	174.49	196.19	241.90
温 州	13.53	22.71	69.05	77.79	116.74	141.34	229.42	320.13	367.63	465.18
合 肥	19.47	36.94	65.73	90.22	116.81	159.94	243.94	392.85	441.75	496.60
福 州	—	14.93	16.56	66.55	103.86	186.01	210.01	232.71	279.09	276.85
厦 门	—	9.68	9.68	43.55	43.55	53.66	81.99	81.99	90.54	120.30
南 昌	37.57	37.57	28.44	49.68	52.81	53.81	63.57	63.57	63.57	101.55
济 南	2.06	2.76	6.70	40.24	44.98	82.38	93.16	110.55	143.44	174.60
青 岛	6.47	13.16	45.85	117.95	167.69	181.91	249.26	280.14	357.91	402.59
郑 州	37.39	55.17	81.64	120.31	160.28	187.31	222.50	220.42	237.75	299.67
武 汉	23.57	20.97	20.97	30.08	105.20	111.84	152.84	164.43	175.00	238.04
长 沙	5.72	26.53	47.65	61.54	59.28	79.61	82.01	96.36	100.10	117.34
广 州	11.08	2.04	1.94	37.99	37.99	96.47	76.71	168.00	210.53	318.90
深 圳	30.36	27.26	37.24	35.26	46.95	87.13	167.46	253.89	284.80	314.39
南 宁	0.87	7.48	25.27	27.03	27.03	35.46	55.04	82.82	145.85	227.73
北 海	0.99	3.00	5.15	10.99	10.99	21.22	21.22	23.83	23.83	30.53
海 口	0.77	2.49	2.49	6.15	6.15	7.93	17.20	18.36	18.36	4.46
三 亚	—	—	—	2.72	2.72	3.47	3.47	3.47	3.87	3.12
重 庆	34.67	39.50	66.11	76.48	93.63	128.62	204.48	256.15	295.59	342.38
成 都	20.75	10.89	11.18	28.90	33.55	97.99	99.77	100.36	112.70	165.71
贵 阳	2.36	2.36	2.36	7.34	7.34	12.25	28.58	32.50	103.30	132.11
昆 明	3.82	14.07	20.12	26.40	26.27	64.46	94.83	118.36	169.89	232.67
西 安	5.65	6.65	7.65	13.55	13.55	13.55	24.51	34.41	28.52	38.42
兰 州	—	—	—	—	1.65	1.94	6.51	13.58	19.38	24.49
西 宁	5.65	—	0.80	0.20	6.09	6.16	3.45	7.25	9.46	8.24
银 川	0.96	1.17	1.17	4.47	7.00	7.40	8.99	14.39	14.39	14.99
乌鲁木齐	—	—	9.21	15.90	23.23	30.94	40.93	46.80	49.14	49.72

数据来源：国家统计局。

表 5-24　2015—2019 年四十座重点城市土地购置面积

单位：万平方米

城　市	2015 年	2016 年	2017 年	2018 年	2019 年
合　计	**8568.81**	**8572.01**	**8773.95**	**9411.59**	**7906.41**
北　京	390.96	268.50	413.30	218.19	144.03
天　津	173.98	476.91	225.99	226.32	548.94
石家庄	56.43	58.59	124.14	146.45	168.57
太　原	238.68	155.86	98.70	44.35	215.98
呼和浩特	22.70	27.86	16.03	5.17	80.36
沈　阳	223.00	105.88	113.20	217.24	267.03
大　连	170.81	137.25	61.68	111.56	127.04
长　春	487.19	436.70	480.98	543.32	274.10
哈尔滨	107.98	56.88	133.72	119.06	181.44
上　海	263.39	229.11	179.73	144.58	144.81
南　京	116.84	283.19	288.62	186.36	94.65
无　锡	180.31	146.09	220.53	394.61	110.65
苏　州	331.21	558.52	435.38	351.05	373.30
杭　州	138.75	219.28	147.17	212.38	110.19
宁　波	103.25	175.95	278.64	569.60	243.12
温　州	88.23	136.33	250.21	320.50	215.01
合　肥	417.23	501.64	684.87	385.43	466.74
福　州	207.74	164.35	158.69	339.43	252.27
厦　门	97.75	98.00	82.44	74.08	71.57
南　昌	89.70	134.26	148.46	102.62	124.63
济　南	274.45	170.34	144.77	265.91	266.71
青　岛	235.01	213.82	187.63	384.01	564.95
郑　州	222.45	473.70	442.47	301.58	323.26
武　汉	161.67	222.12	104.80	77.05	179.34
长　沙	106.68	204.77	205.85	354.13	232.52
广　州	134.85	246.91	162.77	186.92	148.32
深　圳	137.72	189.29	152.61	132.61	83.33
南　宁	149.75	192.76	165.95	121.36	289.82
北　海	2.87	27.87	24.74	10.05	50.30
海　口	65.06	76.15	33.68	86.10	6.52
三　亚	70.80	42.35	46.17	4.08	11.43
重　庆	1626.77	959.00	1112.22	1260.92	641.58
成　都	387.47	531.16	162.28	307.41	170.67
贵　阳	202.17	33.29	221.71	120.63	169.44
昆　明	193.39	231.06	408.90	209.21	265.38
西　安	300.34	191.13	328.07	221.19	53.07
兰　州	84.69	39.53	58.71	86.51	46.51
西　宁	31.08	17.19	42.71	37.28	21.71
银　川	106.50	44.42	74.42	95.69	85.18
乌鲁木齐	168.95	94.00	151.00	436.64	81.97

数据来源：国家统计局。

表 5-25　2019 年四十座重点城市土地购置面积（月度累计）

单位：万平方米

城　市	1—3 月	1—4 月	1—5 月	1—6 月	1—7 月	1—8 月	1—9 月	1—10 月	1—11 月	1—12 月
合　计	**645.29**	**991.80**	**1479.15**	**2525.44**	**3016.46**	**3770.88**	**4684.21**	**5760.71**	**6827.93**	**7906.41**
北　京	12.50	15.37	16.43	30.82	43.97	55.02	66.40	78.81	121.03	144.03
天　津	39.44	57.34	94.17	153.02	195.86	229.01	337.04	431.34	606.85	548.94
石家庄	5.86	20.13	32.24	67.38	68.03	87.80	94.91	117.02	151.26	168.57
太　原	8.73	21.37	21.37	93.57	102.76	118.86	156.81	184.52	202.90	215.98
呼和浩特	2.70	3.00	23.47	24.61	35.68	47.98	57.92	67.73	72.07	80.36
沈　阳	17.16	38.16	46.24	127.41	146.70	163.71	185.03	214.70	222.31	267.03
大　连	23.49	23.49	23.49	104.20	104.20	105.19	109.09	113.85	127.04	127.04
长　春	13.83	26.21	63.57	98.65	146.76	232.03	245.49	269.91	271.21	274.10
哈尔滨	7.22	10.61	25.65	61.45	62.58	62.58	71.35	131.42	165.35	181.44
上　海	26.48	55.32	63.07	73.62	85.09	90.65	97.44	97.44	118.92	144.81
南　京	30.50	31.40	32.60	50.68	54.49	62.15	63.53	72.72	79.17	94.65
无　锡	4.61	2.81	14.98	21.48	32.29	33.85	48.48	66.66	93.12	110.65
苏　州	41.06	47.15	64.30	111.36	122.93	170.17	205.69	286.49	327.23	373.30
杭　州	—	8.83	8.83	21.82	21.82	41.52	46.02	26.58	56.72	110.19
宁　波	4.70	9.54	15.31	28.40	44.45	70.13	143.60	152.53	176.56	243.12
温　州	14.35	28.12	62.35	67.07	85.33	107.46	138.05	186.26	209.35	215.01
合　肥	33.81	61.95	76.17	103.10	149.49	197.24	256.50	448.84	506.21	466.74
福　州	—	21.34	30.17	114.59	106.06	128.71	162.85	181.29	259.01	252.27
厦　门	—	1.43	1.43	8.98	8.98	15.57	24.14	24.14	25.81	71.57
南　昌	32.38	32.38	29.79	51.87	59.58	59.58	65.91	65.91	65.91	124.63
济　南	4.38	5.58	17.65	33.02	34.75	58.47	86.93	130.31	174.72	266.71
青　岛	18.35	39.57	102.15	192.19	247.19	285.74	378.09	433.87	507.43	564.95
郑　州	50.06	59.28	87.64	137.44	196.47	224.73	267.17	258.22	276.58	323.26
武　汉	43.18	41.30	41.30	49.27	68.37	79.13	88.44	100.87	117.79	179.34
长　沙	7.07	46.52	76.89	103.80	80.51	116.04	125.54	159.63	171.76	232.52
广　州	24.33	10.45	9.06	29.05	29.05	60.32	46.62	82.31	94.15	148.32
深　圳	5.55	5.55	10.26	12.23	18.02	35.41	56.06	63.81	74.90	83.33
南　宁	1.43	42.57	60.02	62.56	62.56	70.64	96.99	159.22	211.52	289.82
北　海	11.61	4.49	7.75	15.99	15.99	33.04	33.04	39.10	39.10	50.30
海　口	0.92	3.55	3.55	7.78	7.78	10.22	23.74	25.62	25.62	6.52
三　亚	—	—	—	10.89	10.89	15.70	15.70	15.70	16.24	11.43
重　庆	90.08	129.34	169.77	230.45	286.72	324.41	414.05	496.14	574.24	641.58
成　都	27.16	24.91	25.51	51.12	62.08	102.13	104.43	106.63	117.12	170.67
贵　阳	7.67	7.67	7.67	18.21	18.21	24.83	47.20	61.77	127.14	169.44
昆　明	12.78	35.44	62.43	70.72	72.70	99.23	122.15	140.98	180.36	265.38
西　安	6.71	8.17	9.63	21.05	21.05	21.05	34.60	44.43	43.23	53.07
兰　州	—	—	—	—	7.56	11.41	23.07	32.74	39.31	46.51
西　宁	6.93	—	8.57	1.90	9.47	9.73	6.04	16.03	36.73	21.71
银　川	8.26	11.45	11.45	24.15	34.23	36.95	40.23	62.74	62.74	85.18
乌鲁木齐	—	—	22.23	39.55	55.80	72.48	97.92	112.47	79.25	81.97

数据来源：国家统计局。

（五）四十座重点城市房地产建设数据

表 5-26　2015—2019 年四十座重点城市房屋施工面积

单位：万平方米

城市	2015 年	2016 年	2017 年	2018 年	2019 年
合计	**311325.95**	**320962.74**	**325560.58**	**336293.83**	**359523.10**
北京	12993.08	12976.00	12412.74	12962.61	12514.99
天津	10230.22	9349.76	8795.82	10324.37	11453.43
石家庄	4083.90	3963.23	4242.72	3713.92	3891.35
太原	4830.54	5716.47	5565.06	6033.42	7063.71
呼和浩特	5574.45	5133.32	4170.59	3504.62	3464.82
沈阳	8341.31	7058.07	6967.08	6525.79	6626.56
大连	4911.50	4655.07	4477.89	4219.82	3855.62
长春	6122.45	6522.22	6687.31	7216.32	7551.80
哈尔滨	5578.78	4842.49	4482.15	4673.76	5509.27
上海	15095.33	15111.24	15362.25	14672.37	14802.97
南京	7084.44	7691.41	8163.04	8656.96	9001.67
无锡	6574.41	5981.17	5726.74	5981.74	6323.97
苏州	11285.85	12124.10	11891.86	11658.52	12148.01
杭州	11145.90	11567.82	11527.37	11755.16	12000.92
宁波	6737.89	6565.28	6833.12	7472.48	8347.74
温州	4646.93	4718.89	4715.70	4861.93	5404.70
合肥	7199.30	7818.54	8283.56	8233.22	7874.20
福州	7800.01	7760.77	7947.59	7921.37	8480.51
厦门	4333.83	4312.20	4287.70	4343.24	4089.16
南昌	4458.93	4982.72	5948.81	6093.95	6611.93
济南	6633.99	7920.35	8014.94	9117.03	9431.52
青岛	8971.23	9100.73	9532.69	10390.38	11579.57
郑州	10818.24	14229.97	16394.83	18643.11	19583.60
武汉	11062.52	11803.10	11912.98	11759.79	13556.46
长沙	9304.76	9679.47	9814.09	10702.85	11878.61
广州	9345.57	10061.92	10658.49	10999.01	11985.91
深圳	4978.41	5173.99	5676.07	6747.69	7907.85
南宁	5174.93	6191.24	7171.62	8129.81	9704.05
北海	1577.04	1568.26	1328.19	1228.79	1651.70
海口	2571.66	3081.90	3336.61	3337.73	3439.31
三亚	1475.96	1479.81	1907.73	1490.48	1227.42
重庆	28985.67	27363.39	25960.99	27226.56	27986.64
成都	18334.84	19880.94	19396.65	19514.56	20619.90
贵阳	6847.81	6086.75	5790.77	6058.28	7961.95
昆明	9200.41	9518.45	10090.20	10293.44	12236.93
西安	13332.63	14686.85	15408.82	15238.05	15870.82
兰州	3800.49	4010.16	4140.20	4314.16	5137.89
西宁	1893.55	2146.77	2235.27	1875.88	2084.14
银川	4231.36	4272.83	4144.19	3795.57	3799.45
乌鲁木齐	3755.80	3855.08	4156.16	4605.11	4862.05

数据来源：国家统计局。

表 5-27　2019 年四十座重点城市房屋施工面积（月度累计）

单位：万平方米

城　市	1—3 月	1—4 月	1—5 月	1—6 月	1—7 月	1—8 月	1—9 月	1—10 月	1—11 月	1—12 月
合　计	**287938. 74**	**295987. 20**	**304502. 54**	**314611. 74**	**322676. 83**	**329382. 74**	**337553. 46**	**344941. 15**	**352052. 94**	**359523. 10**
北　京	11191. 87	11340. 04	11542. 27	11661. 65	11903. 88	11995. 45	12077. 27	12148. 14	12350. 02	12514. 99
天　津	8735. 30	9252. 45	9576. 95	9981. 63	10311. 16	10349. 37	10715. 95	10877. 00	11040. 86	11453. 43
石家庄	2375. 80	2458. 14	2646. 74	2944. 23	3115. 08	3295. 89	3385. 11	3565. 69	3797. 92	3891. 35
太　原	5529. 85	5741. 22	5985. 51	6202. 53	6337. 22	6498. 03	6805. 34	6922. 97	6990. 55	7063. 71
呼和浩特	2815. 76	2870. 82	2953. 75	3002. 12	3144. 02	3201. 79	3313. 47	3433. 35	3514. 63	3464. 82
沈　阳	5683. 38	5798. 79	5866. 79	6183. 51	6305. 14	6440. 53	6582. 24	6562. 27	6613. 65	6626. 56
大　连	3311. 75	3377. 06	3446. 98	3548. 78	3647. 07	3728. 27	3750. 98	3806. 32	3851. 79	3855. 62
长　春	5902. 02	5946. 43	6565. 53	6738. 16	7019. 70	7095. 59	7396. 81	7526. 87	7552. 33	7551. 80
哈尔滨	4001. 76	4058. 09	4182. 27	4581. 80	4687. 14	4871. 59	5108. 46	5212. 39	5389. 38	5509. 27
上　海	11765. 80	12134. 49	12539. 10	12804. 54	13185. 46	13420. 07	13650. 05	14027. 33	14525. 89	14802. 97
南　京	7239. 40	7551. 23	7764. 94	7960. 97	8270. 75	8565. 85	8744. 91	8873. 56	9025. 76	9001. 67
无　锡	5111. 09	5234. 80	5283. 09	5476. 17	5626. 66	5700. 35	5815. 99	6026. 30	6186. 51	6323. 97
苏　州	10272. 76	10526. 79	10806. 44	11032. 33	11296. 95	11499. 05	11674. 30	11765. 82	11951. 19	12148. 01
杭　州	9798. 99	10105. 86	10315. 00	10540. 21	10770. 44	10973. 62	11139. 17	11429. 91	11726. 21	12000. 92
宁　波	6509. 82	6783. 96	6965. 50	7113. 98	7413. 69	7567. 49	7784. 67	7879. 04	7991. 07	8347. 74
温　州	4076. 73	4165. 85	4455. 56	4539. 33	4665. 42	4730. 22	4841. 17	4970. 00	5125. 51	5404. 70
合　肥	6565. 50	6623. 26	6823. 42	6976. 22	7214. 01	7333. 53	7432. 99	7580. 06	7691. 81	7874. 20
福　州	6834. 14	7122. 38	7226. 70	7357. 73	7479. 54	7732. 99	8004. 77	8125. 27	8314. 33	8480. 51
厦　门	3704. 18	3729. 22	3762. 71	3762. 84	3790. 08	3857. 36	3955. 90	4021. 38	4039. 44	4089. 16
南　昌	5364. 04	5525. 31	5560. 25	5775. 87	5916. 65	6091. 02	6181. 18	6308. 75	6380. 65	6611. 93
济　南	7485. 59	7790. 97	8079. 74	8243. 12	8426. 50	8551. 12	8825. 07	8926. 77	9195. 39	9431. 52
青　岛	8377. 05	8796. 87	9223. 66	9754. 43	10257. 41	10147. 76	10792. 07	11065. 27	11294. 33	11579. 57
郑　州	15514. 34	16050. 39	16536. 81	17407. 64	17911. 11	18348. 72	18609. 90	18897. 11	19276. 87	19583. 60
武　汉	10644. 93	10896. 30	11089. 49	11512. 89	11698. 94	12076. 30	12487. 94	12789. 92	13205. 02	13556. 46
长　沙	9157. 24	9374. 07	9598. 18	10133. 00	10404. 35	10707. 68	11004. 47	11358. 25	11692. 25	11878. 61
广　州	9788. 53	10032. 79	10070. 34	10535. 73	10716. 58	10964. 31	11167. 79	11279. 79	11459. 66	11985. 91
深　圳	6347. 67	6437. 82	6504. 79	6592. 83	6694. 93	6892. 37	7136. 43	7314. 86	7560. 08	7907. 85
南　宁	7148. 49	7370. 67	7697. 54	8035. 36	8112. 59	8282. 21	8524. 40	8926. 00	9060. 83	9704. 05
北　海	1207. 80	1270. 22	1352. 72	1420. 11	1463. 32	1490. 91	1608. 40	1650. 26	1690. 76	1651. 70
海　口	3022. 03	3061. 03	3088. 93	3156. 27	3188. 32	3218. 19	3239. 50	3268. 77	3358. 50	3439. 31
三　亚	1232. 98	1232. 98	1233. 93	1252. 92	1258. 54	1258. 90	1258. 91	1258. 92	1278. 85	1227. 42
重　庆	22964. 81	23625. 60	24320. 14	25080. 18	25420. 26	25862. 05	26477. 68	27087. 40	27566. 92	27986. 64
成　都	17283. 97	17762. 92	18208. 62	18801. 78	18916. 98	19389. 19	19690. 32	20256. 56	20531. 27	20619. 90
贵　阳	5855. 80	5996. 60	6130. 80	6439. 95	6933. 91	7143. 16	7374. 21	7609. 37	7810. 43	7961. 95
昆　明	9397. 40	9753. 23	9952. 40	10220. 38	10445. 01	10760. 06	11044. 42	11361. 52	11810. 85	12236. 93
西　安	13534. 94	13655. 87	14023. 47	14305. 52	14587. 68	14848. 21	15074. 08	15425. 05	15583. 88	15870. 82
兰　州	3639. 22	3813. 75	3984. 37	4269. 46	4468. 88	4611. 72	4848. 01	5005. 55	5047. 38	5137. 89
西　宁	1547. 02	1598. 77	1744. 06	1741. 22	1876. 06	1951. 79	2017. 34	2035. 68	2063. 71	2084. 14
银　川	3016. 19	3100. 85	3224. 31	3273. 96	3427. 19	3492. 17	3575. 14	3644. 24	3696. 21	3799. 45
乌鲁木齐	3982. 80	4019. 34	4168. 75	4250. 38	4368. 21	4437. 89	4436. 67	4717. 44	4810. 25	4862. 05

数据来源：国家统计局。

表 5-28　2015—2019 年四十座重点城市住宅施工面积

单位：万平方米

城　市	2015 年	2016 年	2017 年	2018 年	2019 年
合　计	**201506.27**	**204196.08**	**205276.41**	**212344.17**	**229337.98**
北　京	6261.21	5857.61	5390.89	5877.06	5640.11
天　津	6968.75	6311.70	5911.03	7151.20	8156.94
石家庄	2984.68	2804.15	3058.82	2582.88	3015.40
太　原	3510.63	4085.60	3903.83	4315.31	5100.93
呼和浩特	3733.50	3490.50	2729.47	2246.06	2202.27
沈　阳	5868.45	4970.33	4920.09	4683.80	4761.82
大　连	3685.24	3414.12	3319.06	3099.16	2823.52
长　春	4136.75	4295.59	4395.42	4673.07	4910.18
哈尔滨	3702.37	3225.70	2994.68	3109.40	3678.81
上　海	8372.12	8073.94	8013.80	7520.39	7446.43
南　京	4774.96	5247.76	5395.02	5602.71	5819.16
无　锡	4605.92	4276.26	4173.36	4464.81	4803.14
苏　州	7938.57	8554.74	8400.80	8337.12	9013.14
杭　州	5928.77	6005.42	5944.15	6160.57	6267.97
宁　波	3637.52	3501.94	3758.08	4264.07	4848.05
温　州	3037.33	3103.36	3080.67	3300.94	3695.47
合　肥	4326.43	4680.41	4854.62	4918.64	5075.54
福　州	4992.32	4919.79	5070.58	4913.29	5458.31
厦　门	2137.30	1953.07	2017.81	1964.96	1808.46
南　昌	3084.00	3575.61	4202.43	4295.04	4703.23
济　南	4475.31	5254.90	5336.74	5936.68	6098.07
青　岛	5875.02	5905.53	6255.55	6832.27	7588.26
郑　州	7256.23	9603.74	11231.26	12714.82	13298.54
武　汉	7974.42	8334.84	8419.85	8263.94	9485.89
长　沙	6202.81	6215.82	6180.33	6842.98	7502.31
广　州	5759.97	6105.68	6399.47	6507.72	7161.10
深　圳	3156.99	3079.28	2964.67	3450.31	3931.66
南　宁	3502.95	4034.47	4704.22	5290.67	6310.69
北　海	1255.55	1247.81	1065.06	928.51	1270.27
海　口	1765.50	1971.74	2083.62	2143.40	2170.05
三　亚	1090.16	1060.33	1327.09	1058.39	839.83
重　庆	19390.32	17932.69	16747.92	17859.42	18466.12
成　都	11058.81	11831.95	11261.57	11148.81	11590.66
贵　阳	4532.50	3838.08	3578.17	3750.43	5188.08
昆　明	5844.12	5867.14	6262.71	6445.15	7765.24
西　安	9737.48	10448.32	10846.77	10602.21	11225.65
兰　州	2692.86	2736.27	2720.47	2761.19	3416.39
西　宁	1134.27	1258.80	1240.83	1102.44	1309.38
银　川	2607.82	2650.21	2561.24	2398.97	2381.92
乌鲁木齐	2506.35	2470.86	2554.28	2825.38	3109.01

数据来源：国家统计局。

表 5-29 2019 年四十座重点城市住宅施工面积（月度累计）

单位：万平方米

城市	1—3 月	1—4 月	1—5 月	1—6 月	1—7 月	1—8 月	1—9 月	1—10 月	1—11 月	1—12 月
合计	**181620.27**	**187049.88**	**192747.52**	**199481.62**	**204656.44**	**209186.85**	**214852.86**	**219625.59**	**224345.34**	**229337.98**
北京	5121.03	5179.46	5229.79	5294.31	5355.27	5419.28	5478.11	5507.45	5570.72	5640.11
天津	6139.42	6530.36	6793.15	7078.36	7292.97	7288.58	7589.67	7700.64	7808.73	8156.94
石家庄	1783.55	1852.66	1997.79	2262.40	2387.85	2538.08	2613.33	2755.95	2945.57	3015.40
太原	3917.10	4081.76	4273.90	4437.22	4536.24	4647.84	4889.77	4984.23	5042.76	5100.93
呼和浩特	1737.33	1782.83	1837.80	1870.65	1978.08	2012.75	2102.05	2177.38	2241.05	2202.27
沈阳	4068.34	4150.67	4208.52	4459.85	4526.16	4617.12	4735.19	4700.68	4749.32	4761.82
大连	2433.76	2489.75	2546.37	2629.61	2679.00	2737.17	2754.84	2797.20	2824.10	2823.52
长春	3737.69	3871.26	4261.94	4393.38	4581.35	4636.61	4823.55	4890.97	4910.48	4910.18
哈尔滨	2630.46	2673.62	2761.27	3037.72	3120.36	3248.10	3423.65	3476.07	3582.56	3678.81
上海	5863.14	6100.42	6268.21	6406.05	6623.76	6794.64	6923.19	7080.41	7306.27	7446.43
南京	4561.11	4797.79	4965.99	5099.72	5265.32	5478.60	5595.49	5686.04	5807.87	5819.16
无锡	3832.91	3939.26	3978.99	4127.77	4232.42	4308.57	4420.82	4593.55	4710.94	4803.14
苏州	7607.82	7763.39	7955.13	8146.50	8369.80	8544.67	8680.17	8753.57	8902.15	9013.14
杭州	5090.66	5266.63	5411.43	5490.74	5610.90	5746.81	5821.86	5929.81	6076.56	6267.97
宁波	3725.46	3911.04	4026.38	4148.25	4321.75	4403.62	4525.85	4565.50	4647.66	4848.05
温州	2793.05	2851.47	3027.59	3070.19	3169.67	3220.21	3308.87	3406.92	3481.25	3695.47
合肥	4091.64	4105.72	4265.45	4381.13	4508.65	4610.63	4726.86	4847.06	4951.74	5075.54
福州	4255.45	4460.94	4544.46	4643.75	4725.15	4894.92	5102.25	5189.59	5334.39	5458.31
厦门	1604.68	1623.53	1641.85	1642.29	1649.77	1653.13	1717.80	1760.09	1762.39	1808.46
南昌	3836.64	3926.27	3957.09	4094.87	4181.60	4281.55	4352.80	4453.97	4516.64	4703.23
济南	4825.78	5008.57	5227.55	5326.33	5423.86	5482.69	5675.40	5727.95	5925.79	6098.07
青岛	5542.49	5798.55	6047.71	6357.94	6706.86	6576.50	7001.54	7199.82	7349.16	7588.26
郑州	10543.05	10971.37	11307.07	11795.34	12114.24	12430.88	12592.50	12792.04	13068.01	13298.54
武汉	7437.40	7579.70	7745.01	8019.25	8152.81	8427.99	8721.59	8952.84	9246.35	9485.89
长沙	5708.43	5851.41	6049.37	6343.77	6522.04	6700.41	6909.54	7156.36	7391.40	7502.31
广州	5817.14	5936.09	5923.90	6240.03	6375.20	6526.95	6655.30	6722.94	6827.83	7161.10
深圳	3126.15	3159.65	3185.06	3240.85	3279.61	3410.56	3547.05	3686.97	3781.32	3931.66
南宁	4536.45	4715.99	4940.32	5161.22	5226.13	5326.90	5472.08	5792.45	5880.55	6310.69
北海	931.67	980.84	1044.45	1082.59	1120.41	1143.11	1233.90	1268.78	1305.98	1270.27
海口	1940.03	1957.71	1960.81	2007.49	2031.16	2049.46	2056.59	2077.86	2128.77	2170.05
三亚	838.74	838.74	838.74	855.98	861.50	861.19	861.20	861.21	877.83	839.83
重庆	14946.73	15410.37	15813.94	16360.59	16596.16	16948.08	17361.79	17773.75	18134.22	18466.12
成都	9720.85	9921.79	10224.53	10564.61	10645.67	10900.99	11080.37	11374.19	11515.00	11590.66
贵阳	3679.37	3783.17	3876.54	4153.95	4456.32	4591.84	4769.35	4940.39	5085.15	5188.08
昆明	5959.66	6176.13	6328.24	6519.80	6650.08	6881.50	7048.37	7203.71	7527.06	7765.24
西安	9604.78	9689.56	9969.36	10147.18	10372.96	10586.58	10760.01	10936.36	11061.56	11225.65
兰州	2364.19	2514.61	2619.65	2807.57	2952.56	3039.52	3205.89	3327.89	3354.82	3416.39
西宁	919.40	958.49	1085.86	1099.25	1166.16	1231.72	1269.93	1272.00	1296.22	1309.38
银川	1846.32	1902.32	1981.05	2013.82	2135.61	2187.71	2252.96	2298.92	2338.85	2381.92
乌鲁木齐	2500.41	2535.98	2625.28	2669.30	2751.06	2799.40	2791.37	3002.07	3076.35	3109.01

数据来源：国家统计局。

表 5-30　2015—2019 年四十座重点城市办公楼施工面积

单位：万平方米

城　市	2015 年	2016 年	2017 年	2018 年	2019 年
合　计	**23133.42**	**24635.39**	**25539.71**	**25555.45**	**26889.69**
北　京	2409.63	2447.26	2428.40	2220.52	1951.02
天　津	872.41	723.32	693.83	623.55	562.40
石家庄	252.17	363.28	344.35	299.52	272.46
太　原	283.43	370.57	354.37	323.85	364.58
呼和浩特	213.34	179.82	168.64	125.97	110.21
沈　阳	300.61	259.39	225.29	225.49	248.58
大　连	157.84	161.54	139.45	152.26	139.46
长　春	382.16	429.30	447.92	487.36	508.26
哈尔滨	195.77	188.14	177.87	188.72	172.60
上　海	1978.49	2180.50	2282.08	2139.02	2130.54
南　京	479.96	470.82	628.63	657.27	677.52
无　锡	337.88	241.69	225.03	235.49	243.24
苏　州	521.74	566.63	646.63	625.72	588.18
杭　州	1410.34	1466.54	1473.81	1456.76	1496.80
宁　波	507.00	514.03	483.31	494.27	500.74
温　州	129.95	130.23	108.67	92.56	109.13
合　肥	527.05	587.13	707.15	723.12	717.04
福　州	545.89	551.41	563.76	642.44	625.45
厦　门	757.06	831.81	810.13	760.33	723.09
南　昌	351.37	381.09	423.84	397.55	408.49
济　南	612.74	715.26	752.91	853.09	948.21
青　岛	619.55	655.21	646.82	669.43	837.16
郑　州	916.87	974.41	1064.58	1175.29	1383.45
武　汉	681.52	792.25	910.65	906.08	968.50
长　沙	558.99	659.11	676.67	644.79	818.73
广　州	903.03	1075.97	1121.67	1207.40	1350.87
深　圳	467.48	562.84	911.54	1168.28	1476.18
南　宁	306.86	512.72	491.29	509.41	587.90
北　海	13.53	11.50	11.25	17.59	24.12
海　口	119.19	161.31	181.70	158.70	190.80
三　亚	32.68	29.85	53.23	40.64	35.56
重　庆	1145.29	1020.20	907.70	809.16	727.73
成　都	1155.63	1224.06	1192.11	1401.30	1703.94
贵　阳	546.62	524.44	480.04	469.57	547.51
昆　明	638.44	631.09	700.83	639.39	772.55
西　安	872.93	998.93	1051.88	1068.52	1154.73
兰　州	166.71	203.96	217.85	227.15	204.48
西　宁	146.01	150.97	155.39	95.06	78.94
银　川	272.68	304.06	298.29	244.48	220.65
乌鲁木齐	342.58	382.73	380.15	378.33	307.88

数据来源：国家统计局。

表 5-31 2019 年四十座重点城市办公楼施工面积（月度累计）

单位：万平方米

城 市	1—3 月	1—4 月	1—5 月	1—6 月	1—7 月	1—8 月	1—9 月	1—10 月	1—11 月	1—12 月
合 计	**22545.77**	**23115.96**	**23522.17**	**24251.83**	**24881.26**	**25194.44**	**25510.64**	**26084.32**	**26548.68**	**26889.69**
北 京	1852.34	1891.77	1923.56	1932.60	1974.88	1962.75	1910.10	1910.28	1920.34	1951.02
天 津	512.18	523.20	536.23	550.23	566.22	566.22	579.58	579.62	580.01	562.40
石家庄	218.37	220.23	231.62	241.89	243.27	244.46	246.49	258.02	269.56	272.46
太 原	324.96	328.37	335.61	347.30	348.71	352.01	353.23	356.43	356.68	364.58
呼和浩特	112.05	112.05	113.81	114.40	114.53	114.54	115.03	116.88	116.88	110.21
沈 阳	220.95	226.14	220.64	221.65	221.65	228.60	231.09	248.58	248.58	248.58
大 连	109.39	109.96	110.66	111.71	132.11	133.76	135.71	137.90	138.95	139.46
长 春	416.03	412.97	453.17	469.80	499.73	510.54	520.70	520.98	520.98	508.26
哈尔滨	132.87	132.87	132.87	145.86	146.08	151.50	151.95	163.07	172.56	172.60
上 海	1774.00	1794.04	1864.65	1912.88	1929.75	1933.29	1939.33	2026.14	2109.19	2130.54
南 京	606.29	626.19	626.92	645.10	668.17	686.85	704.66	709.69	709.94	677.52
无 锡	180.52	193.62	194.85	202.78	219.82	218.97	219.45	226.95	232.87	243.24
苏 州	536.21	547.11	564.88	565.34	577.78	559.02	564.14	570.21	570.70	588.18
杭 州	1223.80	1234.68	1250.41	1308.19	1352.20	1359.65	1384.89	1436.70	1478.75	1496.80
宁 波	452.63	472.80	474.53	476.60	489.31	483.70	486.60	488.98	493.21	500.74
温 州	84.91	87.66	87.86	92.66	95.66	98.92	103.29	104.82	105.75	109.13
合 肥	637.40	638.41	643.18	672.16	708.15	711.91	709.52	698.57	687.14	717.04
福 州	571.30	592.47	593.97	600.92	603.25	617.52	623.08	623.86	625.85	625.45
厦 门	682.82	682.83	682.84	682.85	693.54	726.67	726.85	726.90	728.38	723.09
南 昌	354.88	378.96	378.96	386.11	397.82	405.81	409.46	414.58	415.58	408.49
济 南	734.62	798.21	823.87	838.07	876.99	890.76	892.65	912.46	927.74	948.21
青 岛	526.77	573.51	622.33	662.43	709.15	725.72	764.89	781.42	806.47	837.16
郑 州	1073.47	1081.75	1091.15	1244.24	1310.05	1318.33	1343.04	1361.36	1380.73	1383.45
武 汉	846.56	859.91	862.78	881.57	888.43	903.03	910.75	921.75	950.83	968.50
长 沙	643.80	662.77	648.11	704.93	715.66	752.95	754.41	787.94	793.89	818.73
广 州	1057.80	1118.86	1115.20	1164.65	1179.67	1191.07	1241.31	1255.47	1277.44	1350.87
深 圳	1216.73	1231.93	1243.23	1259.28	1286.30	1299.56	1351.00	1363.85	1432.45	1476.18
南 宁	511.49	517.44	522.78	529.81	529.56	554.90	560.23	566.15	586.43	587.90
北 海	17.59	23.44	23.52	23.90	24.15	24.15	24.15	24.15	24.15	24.12
海 口	150.21	150.25	155.52	159.40	159.05	160.75	170.10	178.68	181.05	190.80
三 亚	35.56	35.56	35.56	35.56	35.56	35.56	35.56	35.56	35.56	35.56
重 庆	637.96	640.63	650.04	662.96	672.22	682.78	685.29	699.96	722.09	727.73
成 都	1410.87	1498.90	1527.41	1564.11	1570.57	1604.45	1632.21	1698.67	1732.26	1703.94
贵 阳	480.70	482.81	488.31	489.01	517.09	521.58	535.15	545.52	564.54	547.51
昆 明	516.62	539.37	567.57	580.64	634.92	643.56	659.13	707.54	715.13	772.55
西 安	930.37	945.06	959.68	1000.53	1009.89	1024.02	1035.37	1120.61	1129.80	1154.73
兰 州	175.71	176.08	179.75	186.15	186.62	200.92	201.20	201.66	203.16	204.48
西 宁	74.72	74.72	74.72	73.57	78.58	78.58	78.58	78.58	78.58	78.94
银 川	209.03	209.03	214.38	214.38	214.38	214.93	215.07	215.07	215.07	220.65
乌鲁木齐	291.28	289.39	295.02	295.59	299.77	300.15	305.39	308.77	309.40	307.88

数据来源：国家统计局。

表 5-32　2015—2019 年四十座重点城市商业营业用房施工面积

单位：万平方米

城　市	2015 年	2016 年	2017 年	2018 年	2019 年
合　计	**39878.65**	**41468.47**	**41532.44**	**40913.94**	**39815.19**
北　京	1326.24	1354.82	1246.34	1160.15	1051.99
天　津	1163.11	1162.28	994.93	929.56	1057.83
石家庄	607.08	531.33	547.30	595.77	283.54
太　原	468.98	532.72	535.94	540.33	596.26
呼和浩特	1054.07	945.29	857.74	735.72	685.86
沈　阳	1469.14	1239.65	1183.53	989.15	903.81
大　连	600.06	624.36	600.31	577.88	516.22
长　春	872.80	1009.82	1010.89	1159.38	1106.93
哈尔滨	1013.03	790.90	714.74	822.84	939.43
上　海	1944.02	1990.81	2016.16	1876.24	1775.50
南　京	787.95	799.41	857.24	944.76	948.38
无　锡	1130.73	1000.37	839.63	756.15	688.62
苏　州	1459.46	1480.65	1329.52	1177.89	1010.74
杭　州	1316.62	1423.98	1488.37	1460.03	1433.65
宁　波	897.78	903.58	868.85	835.31	795.20
温　州	515.74	536.86	524.66	437.44	447.45
合　肥	1377.27	1455.73	1500.64	1381.59	859.87
福　州	972.48	958.15	905.22	947.63	903.07
厦　门	404.03	409.10	364.60	413.64	386.59
南　昌	505.29	529.76	705.97	704.37	720.04
济　南	737.72	905.95	841.46	945.97	895.34
青　岛	1090.20	1045.81	1085.80	1046.35	1020.36
郑　州	1119.62	1439.36	1613.06	1820.61	1856.19
武　汉	1209.18	1214.09	1135.88	1043.12	1168.14
长　沙	1070.80	1243.16	1320.88	1453.45	1650.66
广　州	1117.17	1226.30	1259.11	1260.17	1274.70
深　圳	614.59	705.77	818.45	915.13	1124.90
南　宁	457.91	550.01	620.82	714.18	822.22
北　海	161.39	174.37	136.34	144.50	166.11
海　口	230.29	360.32	469.51	415.76	445.72
三　亚	119.75	146.96	185.66	171.27	177.86
重　庆	4111.50	4193.65	3988.08	3836.44	3474.74
成　都	2453.13	2673.99	2819.03	2718.79	2588.95
贵　阳	826.27	746.27	798.01	833.92	980.45
昆　明	1188.46	1250.42	1245.10	1270.25	1419.05
西　安	1600.30	1876.13	1849.14	1774.47	1609.91
兰　州	450.74	515.87	559.32	584.59	604.24
西　宁	329.08	404.63	482.73	388.56	362.39
银　川	667.51	640.94	640.24	525.10	483.09
乌鲁木齐	437.16	474.90	571.27	605.50	579.20

数据来源：国家统计局。

表 5-33　2019 年四十座重点城市商业营业用房施工面积（月度累计）

单位：万平方米

城　市	1—3 月	1—4 月	1—5 月	1—6 月	1—7 月	1—8 月	1—9 月	1—10 月	1—11 月	1—12 月
合　计	**34003.89**	**34545.14**	**35317.71**	**36168.66**	**36923.13**	**37479.73**	**38124.77**	**38862.86**	**39435.73**	**39815.19**
北　京	952.84	962.59	990.55	993.68	1031.07	1028.71	1025.49	1040.14	1061.65	1051.99
天　津	790.41	847.07	862.13	890.84	962.71	968.54	995.64	1016.12	1051.90	1057.83
石家庄	217.00	222.22	228.70	236.12	243.48	262.32	266.48	276.64	281.20	283.54
太　原	510.16	524.65	531.77	540.34	542.71	551.59	579.16	587.02	588.60	596.26
呼和浩特	627.42	628.54	638.53	644.28	650.02	662.03	668.58	674.73	679.98	685.86
沈　阳	817.32	833.38	835.41	856.40	880.10	897.41	902.21	902.71	903.40	903.81
大　连	473.67	477.15	480.50	483.90	494.85	499.70	505.94	509.91	516.97	516.22
长　春	977.69	912.24	1005.67	1029.93	1059.74	1050.28	1074.97	1094.51	1093.73	1106.93
哈尔滨	743.47	724.27	746.78	823.32	829.83	856.89	890.19	898.24	925.66	939.43
上　海	1521.32	1536.28	1584.09	1580.56	1611.66	1615.56	1659.03	1693.86	1755.23	1775.50
南　京	824.35	843.25	845.99	862.74	916.27	938.82	956.77	967.05	972.48	948.38
无　锡	613.42	617.38	617.15	628.55	635.35	645.94	645.07	661.27	672.92	688.62
苏　州	893.22	941.58	962.25	970.77	974.02	979.46	982.35	993.07	1010.08	1010.74
杭　州	1242.61	1286.78	1294.80	1314.34	1333.12	1350.92	1368.33	1408.66	1447.22	1433.65
宁　波	653.47	664.89	671.08	678.50	728.09	741.46	755.32	772.01	748.68	795.20
温　州	345.17	348.37	406.76	414.50	421.79	423.20	425.90	428.42	438.51	447.45
合　肥	784.56	798.47	811.90	815.17	828.77	831.62	835.13	856.92	859.17	859.87
福　州	806.59	819.92	822.30	831.55	843.03	858.33	864.29	870.10	882.40	903.07
厦　门	370.25	371.27	372.48	372.42	372.50	382.82	382.92	383.82	385.78	386.59
南　昌	589.63	602.69	604.33	644.82	661.32	689.10	697.28	710.25	711.30	720.04
济　南	761.00	765.32	777.14	795.64	812.15	817.95	849.34	866.23	872.90	895.34
青　岛	803.23	833.76	878.17	946.49	958.01	974.98	1016.27	1029.85	1041.08	1020.36
郑　州	1564.81	1602.65	1649.27	1717.35	1742.21	1753.79	1787.89	1812.10	1852.89	1856.19
武　汉	946.33	980.42	986.20	1022.90	1045.46	1061.58	1078.03	1089.94	1116.86	1168.14
长　沙	1322.80	1332.92	1352.15	1404.84	1437.34	1491.48	1529.96	1557.85	1607.70	1650.66
广　州	1157.53	1170.05	1193.61	1207.70	1219.08	1227.50	1232.78	1245.39	1255.74	1274.70
深　圳	888.36	906.94	931.45	942.66	973.58	988.74	995.18	1018.26	1073.87	1124.90
南　宁	640.56	644.73	679.06	711.65	714.10	728.02	741.70	772.97	774.68	822.22
北　海	131.20	134.73	141.83	162.55	162.04	163.44	171.13	172.15	172.46	166.11
海　口	378.76	394.25	404.13	405.92	407.90	412.46	412.62	417.74	432.17	445.72
三　亚	170.34	170.34	171.28	173.52	173.52	173.82	173.82	173.82	177.07	177.86
重　庆	3203.19	3264.62	3355.16	3411.85	3391.35	3396.51	3456.11	3510.77	3523.42	3474.74
成　都	2258.88	2304.28	2321.09	2422.86	2429.82	2499.69	2522.64	2594.80	2622.24	2588.95
贵　阳	726.99	746.87	754.88	773.07	866.29	896.56	917.64	948.06	966.40	980.45
昆　明	1161.78	1171.22	1187.99	1202.16	1226.67	1262.53	1310.85	1352.42	1373.58	1419.05
西　安	1435.28	1445.35	1469.28	1479.53	1483.30	1502.95	1521.50	1569.01	1582.69	1609.91
兰　州	473.30	471.56	488.63	528.46	555.67	563.67	582.31	589.04	594.81	604.24
西　宁	291.32	299.72	305.27	282.05	322.90	327.62	340.41	357.71	361.95	362.39
银　川	430.89	438.47	445.30	447.52	455.62	461.47	467.35	469.03	470.98	483.09
乌鲁木齐	502.78	503.96	512.67	517.21	525.74	540.26	536.18	570.30	575.39	579.20

数据来源：国家统计局。

表 5-34 2015—2019 年四十座重点城市房屋新开工面积

单位：万平方米

城市	2015 年	2016 年	2017 年	2018 年	2019 年
合计	**60319.66**	**67593.10**	**68059.23**	**75095.80**	**80708.72**
北京	2706.91	2795.57	2361.51	2321.11	2073.21
天津	2817.19	2511.47	2334.62	2479.34	2544.84
石家庄	787.70	1089.64	1524.44	1142.79	1560.86
太原	1061.08	1445.54	1011.67	1254.29	1750.63
呼和浩特	713.56	550.62	364.98	308.89	638.28
沈阳	1228.83	1043.56	1334.90	1416.16	1309.50
大连	607.78	594.40	512.20	580.83	668.96
长春	1000.01	1003.36	947.83	1429.65	1565.50
哈尔滨	1159.41	896.86	1194.27	1095.87	1399.54
上海	2605.08	2840.95	2618.00	2687.17	3063.44
南京	1609.58	2281.02	2026.37	1942.31	1989.30
无锡	873.98	978.18	1105.74	1503.02	1435.56
苏州	2153.41	2966.51	2565.14	2800.76	2761.18
杭州	2030.82	2137.54	2176.52	2708.53	2434.89
宁波	884.58	1052.10	1772.63	2202.89	2101.59
温州	631.36	788.54	1104.39	1414.55	1503.06
合肥	1977.96	2113.31	2041.56	1789.83	1619.72
福州	1388.91	1409.65	1212.44	1830.94	1743.02
厦门	592.47	548.46	605.41	414.56	505.22
南昌	854.55	1280.32	1639.14	1277.60	1425.79
济南	1690.34	1944.94	1726.08	2604.43	2163.38
青岛	1962.07	2085.39	2030.78	2803.11	3473.49
郑州	2834.01	5287.21	5449.61	4363.47	4669.30
武汉	2320.02	2629.89	3020.10	3106.92	3430.84
长沙	1342.64	2201.03	2113.09	2931.94	3478.86
广州	1741.28	2132.38	1853.88	1775.45	2220.51
深圳	1208.27	975.33	970.83	1529.57	1447.19
南宁	1124.33	1494.73	1486.21	1709.74	2156.19
北海	271.00	261.03	337.01	356.10	536.77
海口	485.32	811.61	569.81	628.33	510.16
三亚	257.43	237.33	296.47	170.57	125.69
重庆	5810.85	4875.16	5680.04	7386.16	6725.40
成都	3796.82	4312.79	4239.29	4722.45	4602.29
贵阳	1172.79	892.69	894.93	1366.64	1974.44
昆明	1097.73	1472.27	1598.73	1705.43	3163.27
西安	2509.70	2867.08	2490.33	2433.41	2363.65
兰州	621.81	814.39	755.74	814.92	1435.77
西宁	630.75	642.29	551.57	332.39	556.40
银川	841.82	721.43	614.13	628.60	748.52
乌鲁木齐	915.52	606.50	926.87	1125.09	832.50

数据来源：国家统计局。

表 5-35　2019 年四十座重点城市房屋新开工面积（月度累计）

单位：万平方米

城　市	1—3 月	1—4 月	1—5 月	1—6 月	1—7 月	1—8 月	1—9 月	1—10 月	1—11 月	1—12 月
合　计	**13134.63**	**19807.20**	**27581.26**	**36989.59**	**44078.97**	**51197.22**	**58708.33**	**65894.75**	**72616.95**	**80708.72**
北　京	370.94	526.61	737.55	971.09	1185.24	1386.52	1525.77	1609.20	1816.77	2073.21
天　津	662.79	1017.01	1269.08	1584.50	1762.70	1817.48	2105.01	2252.79	2395.75	2544.84
石家庄	110.25	192.59	381.19	678.68	858.05	1036.18	1122.81	1303.40	1467.43	1560.86
太　原	234.47	432.56	677.22	894.24	1021.28	1182.09	1489.40	1607.02	1648.65	1750.63
呼和浩特	14.19	49.14	105.38	143.58	273.30	311.56	432.73	534.76	616.04	638.28
沈　阳	201.42	316.36	388.62	703.33	819.58	988.19	1145.36	1245.21	1296.58	1309.50
大　连	107.59	176.56	233.48	335.28	428.18	505.29	551.33	606.47	651.94	668.96
长　春	56.03	194.15	578.39	692.75	974.29	1109.76	1410.98	1495.92	1521.38	1565.50
哈尔滨	37.32	93.65	217.82	587.42	679.92	783.28	1020.15	1124.08	1279.65	1399.54
上　海	415.40	712.70	1077.09	1339.14	1643.57	1905.00	2151.71	2475.31	2843.82	3063.44
南　京	273.12	488.18	701.72	894.36	1204.13	1444.49	1608.67	1721.02	1864.81	1989.30
无　锡	242.22	308.46	380.47	555.80	706.13	798.09	915.73	1126.04	1299.29	1435.56
苏　州	797.12	1039.26	1312.39	1497.60	1728.25	2000.38	2188.21	2279.73	2478.38	2761.18
杭　州	283.19	575.42	784.56	984.04	1203.17	1406.40	1554.34	1783.70	2072.79	2434.89
宁　波	348.04	603.42	775.46	914.92	1149.19	1287.03	1503.28	1631.41	1774.37	2101.59
温　州	152.00	226.62	488.60	582.22	692.57	757.47	888.87	1002.58	1172.93	1503.06
合　肥	256.74	401.34	599.55	776.54	952.59	1072.11	1171.57	1329.59	1430.92	1619.72
福　州	209.30	434.71	539.03	670.06	780.78	1049.94	1243.95	1364.45	1553.51	1743.02
厦　门	106.38	140.46	173.95	174.07	201.32	268.58	367.12	426.39	444.45	505.22
南　昌	289.87	432.55	467.49	627.38	763.20	910.07	998.43	1122.45	1194.51	1425.79
济　南	329.89	503.11	791.88	955.26	1138.40	1263.01	1556.93	1705.81	1927.25	2163.38
青　岛	316.59	644.10	1005.07	1535.83	2022.28	2247.43	2590.95	2914.82	3133.42	3473.49
郑　州	949.26	1280.69	1768.10	2598.70	3006.37	3498.53	3760.27	4047.47	4427.24	4669.30
武　汉	740.73	869.46	1039.72	1448.74	1671.27	2018.20	2363.21	2646.58	3061.67	3430.84
长　沙	653.90	888.26	1176.25	1618.51	1886.15	2189.48	2472.06	2831.97	3165.97	3478.86
广　州	376.60	541.69	631.52	920.58	1099.54	1344.04	1486.63	1597.22	1775.87	2220.51
深　圳	237.96	301.49	392.06	484.09	586.18	735.81	874.52	1054.32	1259.57	1447.19
南　宁	239.58	320.99	682.44	904.26	964.59	1112.03	1354.22	1661.06	1789.71	2156.19
北　海	77.34	139.76	222.27	289.65	323.39	350.98	445.55	487.41	527.92	536.77
海　口	58.62	96.04	123.94	197.96	216.62	237.81	259.12	353.70	425.31	510.16
三　亚	35.27	35.27	36.22	55.21	60.83	61.19	61.20	61.21	81.14	125.69
重　庆	1702.11	2294.40	2941.80	3641.94	3971.32	4398.78	4949.95	5546.15	6052.25	6725.40
成　都	1103.01	1540.37	1959.78	2523.84	2657.20	3084.98	3389.95	3959.10	4230.83	4602.29
贵　阳	343.81	409.14	510.53	742.30	1025.20	1275.39	1427.43	1615.67	1778.11	1974.44
昆　明	317.44	669.23	862.28	1135.54	1327.09	1701.96	1977.60	2292.62	2741.94	3163.27
西　安	314.35	370.46	605.52	850.84	1132.89	1375.31	1601.18	1941.63	2097.40	2363.65
兰　州	64.13	188.37	315.58	564.09	763.51	911.32	1147.62	1305.16	1345.25	1435.77
西　宁	63.89	180.45	212.97	360.97	383.25	420.70	491.46	512.05	535.97	556.40
银　川	25.67	110.30	217.20	275.54	428.91	494.10	574.30	630.62	681.17	748.52
乌鲁木齐	16.12	61.90	197.10	278.74	386.56	456.24	528.78	688.63	754.98	832.50

数据来源：国家统计局。

表 5-36 2015—2019 年四十座重点城市住宅新开工面积

单位：万平方米

城　市	2015 年	2016 年	2017 年	2018 年	2019 年
合　计	**38518.73**	**43365.93**	**45046.19**	**49923.74**	**53893.56**
北　京	1158.17	1199.43	1159.64	1233.58	1003.72
天　津	1966.85	1943.39	1822.72	1862.93	1973.81
石家庄	555.80	730.69	1239.88	747.77	1277.79
太　原	703.98	983.47	689.07	951.37	1328.31
呼和浩特	490.75	444.76	272.13	193.97	456.04
沈　阳	936.52	791.83	1079.73	1121.36	987.09
大　连	486.05	403.13	395.91	442.56	486.91
长　春	679.73	604.86	645.04	911.95	1101.63
哈尔滨	743.51	664.98	909.99	756.38	970.45
上　海	1560.28	1436.13	1402.91	1473.17	1572.90
南　京	1164.80	1684.30	1283.59	1263.53	1373.76
无　锡	648.71	729.95	896.36	1195.22	1092.20
苏　州	1592.38	2310.14	1948.17	2071.73	2050.15
杭　州	1000.27	1225.97	1243.82	1590.42	1346.83
宁　波	518.55	619.21	1107.64	1444.84	1246.63
温　州	412.05	539.32	703.98	1089.56	1049.10
合　肥	1147.47	1370.22	1351.76	1261.55	1200.93
福　州	823.28	952.21	831.73	1102.46	1257.09
厦　门	280.39	189.73	333.87	222.83	279.73
南　昌	595.46	975.82	1188.93	869.47	1049.23
济　南	1193.66	1218.81	1205.14	1609.42	1474.12
青　岛	1368.57	1379.21	1423.94	1848.17	2277.74
郑　州	1983.60	3596.27	3854.71	3006.85	3234.48
武　汉	1819.96	1848.90	2203.54	2234.84	2440.96
长　沙	882.53	1326.36	1292.47	2021.89	2210.50
广　州	1048.05	1258.57	1118.95	994.06	1407.02
深　圳	777.32	472.09	422.43	794.68	770.71
南　宁	737.46	953.00	1021.72	1200.76	1532.44
北　海	195.30	216.27	295.44	280.82	424.72
海　口	345.38	461.19	393.08	453.79	280.81
三　亚	161.58	144.70	223.31	127.78	77.53
重　庆	3668.92	2998.92	3759.63	5145.20	4593.17
成　都	2226.86	2559.17	2373.76	2691.01	2397.42
贵　阳	629.78	554.14	555.44	951.95	1365.61
昆　明	666.61	907.55	987.16	1124.81	2085.26
西　安	1458.80	1933.83	1791.87	1738.99	1660.97
兰　州	379.20	532.04	403.83	494.20	1037.32
西　宁	377.22	378.72	268.65	213.39	398.52
银　川	522.13	440.29	404.36	445.70	553.47
乌鲁木齐	610.77	386.37	539.91	738.77	566.47

数据来源：国家统计局。

表 5-37　2019 年四十座重点城市住宅新开工面积（月度累计）

单位：万平方米

城　市	1—3 月	1—4 月	1—5 月	1—6 月	1—7 月	1—8 月	1—9 月	1—10 月	1—11 月	1—12 月
合　计	**8665. 06**	**13162. 86**	**18483. 61**	**24712. 73**	**29411. 12**	**34254. 58**	**39433. 56**	**44149. 56**	**48642. 52**	**53893. 56**
北　京	228. 38	293. 59	366. 67	510. 27	594. 41	708. 69	774. 80	811. 07	881. 57	1003. 72
天　津	538. 88	836. 43	1044. 93	1260. 35	1414. 26	1452. 63	1682. 34	1786. 03	1870. 16	1973. 81
石家庄	98. 67	163. 49	308. 62	573. 14	701. 64	849. 68	924. 20	1066. 96	1207. 97	1277. 79
太　原	153. 85	306. 85	498. 87	661. 95	754. 07	865. 53	1107. 55	1202. 30	1243. 34	1328. 31
呼和浩特	9. 53	38. 59	76. 08	101. 27	197. 52	215. 59	313. 08	380. 20	445. 24	456. 04
沈　阳	145. 38	227. 78	288. 72	538. 14	604. 44	727. 23	858. 98	925. 95	974. 59	987. 09
大　连	81. 70	140. 62	190. 24	273. 48	319. 42	375. 84	411. 45	453. 61	477. 51	486. 91
长　春	43. 34	129. 60	414. 29	525. 13	713. 10	805. 38	992. 33	1059. 09	1077. 95	1101. 63
哈尔滨	22. 71	57. 70	145. 35	398. 11	471. 90	554. 71	730. 26	782. 68	876. 20	970. 45
上　海	203. 48	391. 79	561. 15	676. 14	853. 94	1022. 17	1136. 88	1268. 23	1469. 13	1572. 90
南　京	212. 68	363. 93	534. 26	658. 51	830. 02	1000. 06	1097. 00	1172. 13	1285. 40	1373. 76
无　锡	161. 26	217. 22	274. 87	411. 12	519. 15	592. 95	707. 20	879. 93	1003. 34	1092. 20
苏　州	615. 87	762. 84	949. 71	1104. 03	1293. 62	1485. 02	1630. 40	1703. 85	1860. 00	2050. 15
杭　州	163. 54	332. 40	477. 59	561. 64	676. 11	812. 03	883. 85	984. 95	1125. 18	1346. 83
宁　波	176. 49	348. 14	460. 06	570. 74	698. 50	773. 71	896. 45	960. 54	1074. 39	1246. 63
温　州	123. 21	173. 14	328. 84	378. 56	467. 02	517. 57	620. 37	708. 13	793. 53	1049. 10
合　肥	156. 55	250. 91	413. 23	559. 93	666. 11	768. 09	863. 28	979. 87	1065. 27	1200. 93
福　州	146. 72	301. 42	384. 94	484. 24	565. 70	746. 25	892. 84	980. 18	1126. 31	1257. 09
厦　门	67. 61	91. 43	109. 75	110. 18	117. 65	121. 19	187. 50	224. 99	233. 66	279. 73
南　昌	243. 11	325. 08	356. 03	462. 41	544. 17	633. 80	703. 88	805. 06	867. 83	1049. 23
济　南	231. 75	368. 82	587. 43	686. 22	783. 74	842. 57	1055. 25	1145. 40	1303. 93	1474. 12
青　岛	220. 73	446. 31	669. 04	979. 26	1328. 18	1453. 09	1649. 08	1883. 26	2024. 30	2277. 74
郑　州	733. 06	1000. 81	1336. 51	1811. 13	2061. 96	2414. 43	2576. 61	2776. 15	3049. 12	3234. 48
武　汉	501. 91	578. 18	730. 36	993. 86	1165. 02	1426. 20	1681. 85	1898. 71	2192. 23	2440. 96
长　沙	332. 78	493. 38	691. 19	959. 85	1134. 42	1312. 48	1518. 60	1770. 61	2004. 89	2210. 50
广　州	223. 12	311. 86	373. 82	562. 86	700. 66	858. 19	942. 23	1011. 90	1106. 55	1407. 02
深　圳	97. 40	122. 27	162. 74	210. 36	246. 38	359. 02	437. 48	571. 55	655. 62	770. 71
南　宁	185. 56	250. 19	505. 64	645. 15	696. 68	782. 67	924. 70	1177. 51	1268. 87	1532. 44
北　海	73. 27	122. 45	185. 05	223. 19	253. 58	276. 29	350. 35	385. 23	422. 42	424. 72
海　口	34. 92	51. 29	58. 08	109. 12	123. 99	140. 59	147. 71	199. 82	239. 53	280. 81
三　亚	17. 65	17. 65	17. 65	34. 39	40. 01	40. 01	40. 02	40. 03	56. 64	77. 53
重　庆	1128. 63	1555. 79	1937. 91	2410. 87	2680. 17	3023. 18	3380. 71	3785. 36	4149. 47	4593. 17
成　都	483. 53	672. 25	955. 19	1268. 06	1354. 19	1586. 88	1767. 76	2075. 30	2215. 63	2397. 42
贵　阳	207. 16	252. 88	328. 50	518. 05	668. 34	821. 30	971. 49	1121. 02	1239. 16	1365. 61
昆　明	223. 16	445. 36	592. 42	795. 29	904. 54	1187. 58	1366. 22	1522. 58	1849. 32	2085. 26
西　安	250. 56	293. 45	476. 27	629. 26	854. 94	1066. 03	1239. 46	1408. 70	1514. 16	1660. 97
兰　州	52. 22	162. 60	242. 98	421. 32	566. 31	657. 64	824. 01	946. 01	975. 44	1037. 32
西　宁	46. 63	140. 37	169. 77	270. 86	283. 75	316. 39	359. 77	360. 96	385. 37	398. 52
银　川	19. 09	75. 04	146. 91	188. 36	312. 16	364. 26	429. 60	471. 35	508. 97	553. 47
乌鲁木齐	8. 99	48. 95	131. 93	175. 93	249. 33	297. 67	356. 04	462. 38	522. 36	566. 47

数据来源：国家统计局。

表 5-38　2015—2019 年四十座重点城市办公楼新开工面积

单位：万平方米

城　市	2015 年	2016 年	2017 年	2018 年	2019 年
合　计	**4580.93**	**4507.14**	**4124.06**	**4168.56**	**4883.67**
北　京	585.56	464.41	364.61	221.31	170.50
天　津	210.63	41.48	67.49	19.64	44.00
石家庄	79.32	143.39	29.12	67.98	55.65
太　原	55.37	100.74	43.68	32.51	51.89
呼和浩特	17.32	1.65	8.73	1.74	6.13
沈　阳	9.08	18.39	31.22	12.77	39.54
大　连	8.36	15.24	12.09	7.54	30.64
长　春	67.65	78.33	27.79	96.70	107.68
哈尔滨	60.69	21.00	15.42	45.81	36.06
上　海	304.87	384.49	368.84	310.84	388.87
南　京	126.02	67.34	207.09	100.56	113.99
无　锡	38.56	16.40	21.03	39.66	52.98
苏　州	76.47	100.54	144.32	105.94	76.95
杭　州	235.66	148.48	248.01	252.60	268.06
宁　波	57.72	90.13	69.55	95.66	91.78
温　州	21.21	16.41	18.87	12.15	25.73
合　肥	191.07	157.57	152.96	139.33	82.31
福　州	89.28	95.33	75.58	120.52	83.38
厦　门	110.76	102.01	83.39	19.56	63.84
南　昌	47.77	88.99	77.93	37.78	70.38
济　南	153.67	143.10	114.62	277.57	161.18
青　岛	118.90	115.67	94.64	130.90	276.19
郑　州	167.29	202.83	276.77	268.50	336.41
武　汉	142.08	169.57	229.63	204.72	170.42
长　沙	83.25	171.09	106.81	86.93	260.85
广　州	162.85	261.63	163.44	172.04	221.08
深　圳	126.79	165.80	261.28	297.03	289.85
南　宁	78.61	200.04	26.88	43.54	49.08
北　海	7.56	0.01	0.10	7.21	6.56
海　口	5.79	48.71	12.76	18.03	46.69
三　亚	4.45	—	0.65	8.98	—
重　庆	157.43	160.79	94.86	132.72	126.42
成　都	244.90	207.05	255.98	442.77	538.98
贵　阳	128.34	39.52	50.32	36.77	83.99
昆　明	47.66	117.88	82.16	62.35	222.07
西　安	346.58	188.59	120.89	127.21	187.61
兰　州	49.39	24.14	45.94	32.06	17.04
西　宁	45.84	38.45	44.08	7.27	5.04
银　川	57.09	62.33	17.90	5.83	3.35
乌鲁木齐	59.08	37.61	56.65	65.53	20.49

数据来源：国家统计局。

表 5-39　2019 年四十座重点城市办公楼新开工面积（月度累计）

单位：万平方米

城　市	1—3 月	1—4 月	1—5 月	1—6 月	1—7 月	1—8 月	1—9 月	1—10 月	1—11 月	1—12 月
合　计	**894.85**	**1316.78**	**1660.30**	**2288.07**	**2761.31**	**3100.64**	**3433.61**	**3989.29**	**4368.59**	**4883.67**
北　京	3.01	38.77	65.98	80.19	91.30	95.96	108.90	109.23	122.55	170.50
天　津	14.36	14.52	27.54	41.55	29.70	29.70	43.06	43.06	43.44	44.00
石家庄	1.86	3.71	15.10	25.07	26.45	27.64	29.67	41.22	52.75	55.65
太　原	13.41	16.81	23.26	34.97	36.38	39.68	40.90	44.10	44.35	51.89
呼和浩特	1.97	1.97	3.73	3.16	3.29	3.30	3.30	5.15	5.15	6.13
沈　阳	6.60	11.53	11.10	12.11	12.11	19.05	21.54	39.54	39.54	39.54
大　连	1.49	2.07	2.77	3.82	24.21	24.85	26.80	28.99	30.04	30.64
长　春	—	35.26	39.56	51.18	81.11	94.87	105.03	105.31	105.31	107.68
哈尔滨	—	—	—	9.33	9.56	14.97	15.42	26.54	36.03	36.06
上　海	65.52	76.62	127.80	188.68	207.35	223.11	239.15	324.79	357.44	388.87
南　京	4.88	24.78	25.88	41.85	64.93	83.19	101.40	106.42	106.68	113.99
无　锡	1.39	5.79	7.02	14.95	29.18	29.18	29.18	36.68	41.22	52.98
苏　州	15.93	17.69	35.46	35.51	43.34	47.59	52.71	58.77	59.27	76.95
杭　州	24.36	35.13	40.23	78.33	122.38	129.82	155.04	182.52	224.57	268.06
宁　波	36.44	52.61	54.34	56.24	67.47	68.56	71.46	80.03	84.27	91.78
温　州	1.51	4.26	4.46	9.26	12.27	15.52	19.89	21.42	22.35	25.73
合　肥	29.63	30.64	37.46	54.19	58.30	64.08	70.15	70.15	70.62	82.31
福　州	12.70	32.94	34.44	41.31	43.73	56.74	62.30	63.08	65.07	83.38
厦　门	16.03	16.04	16.05	16.06	26.75	59.88	60.06	60.11	61.59	63.84
南　昌	14.18	34.15	34.15	35.63	47.35	55.37	58.63	61.65	62.70	70.38
济　南	6.80	13.53	39.19	55.03	93.96	107.73	109.61	129.43	141.01	161.18
青　岛	20.62	48.23	89.62	129.73	159.66	176.23	215.39	232.04	256.97	276.19
郑　州	35.93	42.53	51.93	197.18	265.62	273.89	298.61	316.93	336.29	336.41
武　汉	52.22	64.15	67.02	85.81	92.67	104.98	112.70	123.70	152.77	170.42
长　沙	85.53	104.60	121.35	151.06	161.79	199.08	193.82	227.35	234.02	260.85
广　州	51.14	86.52	85.58	101.96	104.31	114.93	147.26	162.17	183.89	221.08
深　圳	85.76	100.85	112.17	130.15	157.18	161.22	195.11	207.93	259.31	289.85
南　宁	0.75	1.14	6.59	12.45	12.48	31.04	36.37	42.29	48.75	49.08
北　海	—	5.85	5.93	6.30	6.56	6.56	6.56	6.56	6.56	6.56
海　口	0.04	0.07	5.34	9.22	9.24	9.26	18.61	34.57	36.94	46.69
三　亚	—	—	—	—	—	—	—	—	—	—
重　庆	50.61	51.88	65.77	78.69	82.50	89.72	92.23	106.91	114.74	126.42
成　都	185.64	273.50	306.91	343.62	354.22	383.88	411.34	466.37	499.74	538.98
贵　阳	35.90	38.01	40.36	41.07	48.53	53.02	53.70	64.08	83.10	83.99
昆　明	13.12	24.70	40.16	51.23	101.97	110.49	114.94	161.91	171.53	222.07
西　安	3.01	3.01	6.21	46.83	56.19	63.03	74.08	156.13	165.22	187.61
兰　州	1.43	1.44	1.45	1.52	1.99	16.29	16.57	17.03	17.04	17.04
西　宁	0.82	0.82	0.82	4.68	4.68	4.68	4.68	4.68	4.68	5.04
银　川	—	—	1.26	1.26	1.26	1.81	1.95	1.95	1.95	3.35
乌鲁木齐	0.30	0.69	6.32	6.89	9.36	9.74	15.50	18.52	19.16	20.49

数据来源：国家统计局。

表 5-40　2015—2019 年四十座重点城市商业营业用房新开工面积

单位：万平方米

城　市	2015 年	2016 年	2017 年	2018 年	2019 年
合　计	**8043.95**	**8139.19**	**7388.15**	**7503.35**	**7137.53**
北　京	343.62	278.50	156.30	108.32	139.55
天　津	292.38	228.70	166.68	187.29	215.14
石家庄	111.93	123.27	153.97	258.63	73.51
太　原	137.77	102.68	108.14	93.03	131.61
呼和浩特	116.21	53.17	64.04	88.23	45.81
沈　阳	210.36	142.51	125.17	148.11	116.71
大　连	56.41	100.02	54.98	76.69	54.82
长　春	141.33	195.31	143.14	248.35	140.08
哈尔滨	235.05	105.41	136.81	192.06	203.29
上　海	307.57	401.78	297.68	206.93	286.83
南　京	133.29	174.96	215.81	224.27	150.31
无　锡	144.82	160.58	65.96	120.83	104.82
苏　州	281.64	226.04	169.86	221.63	221.95
杭　州	338.96	244.72	234.41	236.78	231.22
宁　波	92.28	101.84	132.61	142.45	177.86
温　州	81.39	101.04	112.77	54.31	107.72
合　肥	401.83	291.57	219.36	130.40	114.28
福　州	202.27	113.73	74.15	208.88	82.74
厦　门	56.36	48.04	26.61	25.95	20.09
南　昌	112.54	136.63	206.20	173.96	136.45
济　南	128.01	260.70	140.14	228.86	168.95
青　岛	152.57	207.66	223.88	271.93	251.66
郑　州	285.20	514.22	512.84	417.12	346.23
武　汉	159.51	232.54	279.35	235.20	298.99
长　沙	180.34	358.36	295.27	387.35	472.13
广　州	240.16	268.10	207.33	186.25	138.94
深　圳	153.91	154.75	136.97	185.83	219.45
南　宁	89.47	118.31	118.36	136.70	171.60
北　海	36.79	28.99	15.54	26.76	41.02
海　口	46.09	93.16	77.47	57.21	71.56
三　亚	18.87	37.76	21.56	13.84	40.25
重　庆	1037.72	899.94	768.10	725.19	579.82
成　都	522.59	533.16	681.29	518.24	560.61
贵　阳	217.00	147.82	138.43	137.57	229.46
昆　明	158.01	110.86	179.09	193.46	304.61
西　安	415.89	398.04	226.47	277.53	180.00
兰　州	88.60	144.91	142.36	110.42	116.80
西　宁	97.63	130.15	138.52	51.74	71.99
银　川	109.12	106.62	90.66	71.38	42.60
乌鲁木齐	108.44	62.64	129.87	123.66	76.06

数据来源：国家统计局。

表 5-41　2019 年四十座重点城市商业营业用房新开工面积（月度累计）

单位：万平方米

城　市	1—3 月	1—4 月	1—5 月	1—6 月	1—7 月	1—8 月	1—9 月	1—10 月	1—11 月	1—12 月
合　计	**1219.87**	**1769.57**	**2471.99**	**3306.40**	**3928.40**	**4491.41**	**5160.97**	**5831.97**	**6393.92**	**7137.53**
北　京	11.34	21.09	43.48	62.38	93.14	98.36	99.56	113.29	134.71	139.55
天　津	42.87	60.14	71.12	94.77	113.70	115.36	142.16	161.92	199.40	215.14
石家庄	2.77	7.98	14.55	21.97	37.80	56.64	60.65	70.66	71.18	73.51
太　原	48.34	61.20	69.54	77.92	79.54	88.56	116.13	123.71	123.73	131.61
呼和浩特	2.69	3.31	8.71	11.65	16.37	25.98	34.31	39.33	44.58	45.81
沈　阳	24.23	40.53	43.71	62.79	86.49	105.42	111.63	115.60	116.30	116.71
大　连	10.13	14.12	15.47	18.87	29.86	34.22	41.47	44.65	54.71	54.82
长　春	4.84	9.62	57.82	49.95	79.77	88.09	112.78	120.84	122.76	140.08
哈尔滨	9.64	12.66	35.18	110.10	116.11	128.08	161.38	169.42	188.39	203.29
上　海	39.73	60.99	106.15	121.93	145.77	159.59	215.89	233.70	266.44	286.83
南　京	19.92	33.10	40.12	48.00	101.12	114.87	133.18	143.25	148.67	150.31
无　锡	12.10	22.13	24.17	35.15	42.07	52.62	51.75	68.13	86.84	104.82
苏　州	56.41	122.47	142.36	149.19	154.66	178.05	183.63	194.34	218.43	221.95
杭　州	30.87	73.07	91.74	104.45	121.72	139.53	153.32	187.84	225.35	231.22
宁　波	36.60	53.65	59.83	69.02	118.09	124.42	137.07	154.50	131.61	177.86
温　州	4.51	7.51	65.90	73.62	80.48	81.89	84.72	86.57	97.16	107.72
合　肥	32.89	54.19	66.39	69.32	82.49	85.33	87.80	105.99	107.35	114.28
福　州	6.97	19.31	21.69	30.94	34.22	50.47	54.85	60.67	72.96	82.74
厦　门	2.67	3.69	4.90	4.84	4.92	15.15	17.45	18.27	19.28	20.09
南　昌	22.68	35.20	36.70	71.80	88.30	98.87	107.20	118.71	119.77	136.45
济　南	22.38	26.07	37.89	56.39	72.65	78.45	109.84	127.86	143.65	168.95
青　岛	15.14	32.02	68.68	136.99	148.33	175.90	207.82	225.15	232.12	251.66
郑　州	55.76	91.33	137.94	194.91	207.18	223.34	257.37	281.57	322.38	346.23
武　汉	95.27	112.73	116.52	153.25	176.12	184.99	200.69	212.47	239.39	298.99
长　沙	123.84	136.32	167.59	206.74	239.24	293.68	335.17	364.23	414.04	472.13
广　州	35.24	41.82	59.71	90.16	96.56	105.43	116.13	122.15	134.25	138.94
深　圳	29.41	43.93	72.43	90.13	119.75	130.13	143.80	163.56	205.01	219.45
南　宁	26.41	28.79	60.91	80.72	80.88	92.90	109.74	140.50	145.63	171.60
北　海	1.35	4.88	11.98	32.70	32.19	33.59	40.20	41.22	41.53	41.02
海　口	7.35	22.84	32.72	34.75	35.01	36.83	36.98	44.60	58.02	71.56
三　亚	14.80	14.80	15.75	17.99	17.99	18.29	18.29	18.29	21.54	40.25
重　庆	139.72	172.51	277.55	335.28	334.22	351.52	411.58	462.25	497.17	579.82
成　都	132.52	183.74	199.54	306.06	316.54	378.56	403.79	476.22	505.40	560.61
贵　阳	33.63	40.45	43.89	59.18	142.15	176.91	171.44	195.83	211.50	229.46
昆　明	27.56	44.70	54.37	66.95	79.76	116.21	182.55	223.88	245.59	304.61
西　安	17.33	21.94	37.40	46.50	50.27	69.46	88.01	135.61	148.94	180.00
兰　州	8.39	5.68	17.59	42.09	69.31	77.42	96.05	102.78	106.05	116.80
西　宁	3.67	11.02	13.80	34.02	36.24	38.38	51.17	68.47	71.54	71.99
银　川	1.22	8.80	13.95	16.17	24.26	30.30	35.68	36.81	38.77	42.60
乌鲁木齐	6.69	9.25	12.26	16.75	23.14	37.66	37.72	57.14	61.77	76.06

数据来源：国家统计局。

表 5-42　2015—2019 年四十座重点城市商品房竣工面积

单位：万平方米

城　市	2015 年	2016 年	2017 年	2018 年	2019 年
合　计	**42207.63**	**44916.57**	**42178.03**	**38603.12**	**40652.43**
北　京	2631.45	2369.95	1466.67	1557.90	1343.28
天　津	2903.57	2914.25	2023.41	2092.22	1655.50
石家庄	417.05	396.48	376.05	141.30	266.93
太　原	423.32	560.46	393.68	357.58	457.12
呼和浩特	301.29	333.36	379.83	354.10	85.59
沈　阳	1036.99	903.15	823.03	660.64	666.40
大　连	289.32	191.92	294.10	326.03	292.91
长　春	590.15	761.95	905.66	1087.51	924.41
哈尔滨	1360.56	1518.21	678.24	448.97	682.37
上　海	2647.18	2550.64	3387.56	3115.76	2669.67
南　京	1449.10	1241.33	1077.49	1176.85	1587.06
无　锡	1171.01	1323.60	1129.90	758.84	1317.77
苏　州	1653.14	1882.07	2145.62	1507.34	1283.75
杭　州	1665.23	1922.99	2085.61	1636.93	1727.56
宁　波	1007.76	1097.22	1032.62	688.87	712.14
温　州	597.72	770.88	680.85	478.06	604.01
合　肥	1033.90	1180.33	1179.34	1419.79	1481.60
福　州	1064.05	823.82	1155.74	722.66	389.85
厦　门	446.65	453.55	426.36	639.73	370.73
南　昌	433.82	417.14	558.97	634.51	830.49
济　南	615.99	1134.12	631.29	1203.81	1043.40
青　岛	1523.35	1425.79	1486.53	1624.77	1602.01
郑　州	1076.66	1455.24	1537.06	1946.07	2107.40
武　汉	804.58	813.17	776.30	458.63	697.50
长　沙	1349.29	1646.66	1159.87	1441.27	1280.87
广　州	1511.49	1202.24	1320.66	1523.98	2899.19
深　圳	360.21	490.03	285.06	261.56	572.11
南　宁	574.97	471.61	578.22	792.21	710.77
北　海	147.15	235.90	190.27	51.81	91.58
海　口	218.89	306.72	548.10	279.74	190.18
三　亚	190.29	234.98	117.71	201.74	141.18
重　庆	4630.29	4421.30	5055.73	4083.45	5069.17
成　都	1435.73	2734.24	1857.47	1724.77	1823.13
贵　阳	1405.66	974.00	313.63	208.07	308.59
昆　明	721.96	468.97	680.33	324.26	485.88
西　安	955.62	1545.43	1571.73	969.69	1020.25
兰　州	194.51	260.52	192.98	137.70	131.10
西　宁	289.88	319.05	342.82	231.93	102.59
银　川	704.68	765.66	859.64	762.23	545.70
乌鲁木齐	373.19	397.61	471.90	569.82	480.68

数据来源：国家统计局。

表 5-43　2019 年四十座重点城市商品房竣工面积（月度累计）

单位：万平方米

城　市	1—3 月	1—4 月	1—5 月	1—6 月	1—7 月	1—8 月	1—9 月	1—10 月	1—11 月	1—12 月
合　计	**6907.12**	**8222.42**	**9868.26**	**12155.27**	**14181.64**	**16025.53**	**18206.17**	**21341.57**	**24976.95**	**40652.43**
北　京	119.54	122.07	147.12	241.89	392.06	450.05	543.59	627.39	786.58	1343.28
天　津	126.78	179.36	240.87	305.45	410.01	397.66	438.80	463.23	671.70	1655.50
石家庄	24.36	37.14	61.13	98.88	125.89	145.38	149.33	150.85	174.95	266.93
太　原	31.22	40.75	42.50	42.70	54.24	63.73	78.02	193.08	204.82	457.12
呼和浩特	30.19	30.19	30.19	34.72	47.36	47.36	47.36	47.36	53.91	85.59
沈　阳	79.38	117.04	119.64	163.79	170.82	242.74	286.07	353.89	421.62	666.40
大　连	74.43	81.74	98.68	106.27	116.55	119.89	136.63	205.10	222.27	292.91
长　春	121.27	144.11	163.46	198.98	304.34	512.22	561.25	759.88	887.11	924.41
哈尔滨	54.05	92.51	115.01	160.97	218.93	224.36	256.30	261.70	415.88	682.37
上　海	734.14	875.44	981.70	1139.44	1275.91	1393.51	1471.09	1795.68	2123.64	2669.67
南　京	147.29	172.69	358.49	501.99	692.10	794.61	953.15	1009.44	1160.06	1587.06
无　锡	208.31	249.29	281.84	301.62	328.58	410.79	472.82	600.05	761.53	1317.77
苏　州	278.97	306.83	390.86	517.35	672.91	702.75	748.69	827.81	886.77	1283.75
杭　州	462.99	519.62	578.34	674.73	738.82	765.96	800.93	956.54	1130.24	1727.56
宁　波	100.16	138.93	177.70	193.16	266.56	436.99	491.91	555.17	610.17	712.14
温　州	126.70	131.09	133.68	172.64	188.13	212.97	262.71	302.83	387.62	604.01
合　肥	301.83	324.99	341.09	484.08	523.51	595.46	702.33	762.50	891.64	1481.60
福　州	79.65	101.15	122.12	122.12	142.50	194.15	202.28	216.45	218.85	389.85
厦　门	155.07	165.78	218.50	230.63	233.96	241.76	265.68	298.42	331.20	370.73
南　昌	239.72	255.99	300.21	319.18	333.92	352.59	372.10	430.37	522.27	830.49
济　南	136.18	143.35	221.28	327.12	380.62	388.63	400.49	429.61	482.13	1043.40
青　岛	128.16	202.53	256.77	297.19	403.28	500.44	605.46	681.87	789.89	1602.01
郑　州	219.72	229.02	299.83	401.83	469.32	569.49	667.29	691.80	743.78	2107.40
武　汉	123.65	198.57	232.85	291.88	294.83	306.43	353.28	370.20	405.48	697.50
长　沙	395.88	433.69	452.92	563.06	605.21	613.26	842.01	971.63	1066.82	1280.87
广　州	329.30	359.80	404.25	488.43	553.73	601.10	647.10	718.02	898.74	2899.19
深　圳	120.03	120.62	148.97	172.10	192.34	263.50	311.32	380.89	366.10	572.11
南　宁	103.24	128.89	163.70	204.54	219.25	248.64	275.02	304.20	390.29	710.77
北　海	41.95	48.09	71.00	71.00	73.89	75.09	77.63	79.52	79.63	91.58
海　口	29.45	30.46	51.24	55.82	65.65	86.56	90.65	123.68	127.06	190.18
三　亚	34.03	34.91	35.14	46.11	46.11	55.85	55.85	61.37	120.02	141.18
重　庆	817.40	972.00	1192.44	1641.29	1877.96	2113.36	2338.64	2672.57	3054.96	5069.17
成　都	558.64	764.09	817.88	864.74	948.32	989.14	1082.29	1287.82	1405.95	1823.13
贵　阳	96.92	138.51	139.04	148.09	148.09	151.18	181.88	238.10	271.52	308.59
昆　明	57.26	65.62	129.54	153.39	149.84	185.33	264.89	266.23	409.58	485.88
西　安	81.04	88.69	113.20	172.55	220.44	234.46	339.82	630.49	713.75	1020.25
兰　州	9.52	9.52	9.52	9.52	10.30	10.30	27.04	60.80	71.21	131.10
西　宁	—	14.64	20.22	22.41	35.88	35.88	37.66	35.47	98.36	102.59
银　川	95.51	112.51	116.85	125.16	129.32	157.85	185.77	315.44	383.95	545.70
乌鲁木齐	33.19	40.18	88.46	88.46	120.17	134.11	181.06	204.13	234.91	480.68

数据来源：国家统计局。

表 5-44 2015-2019 年四十座重点城市住宅竣工面积

单位：万平方米

城 市	2015 年	2016 年	2017 年	2018 年	2019 年
合 计	**28954.95**	**30847.10**	**27581.05**	**24882.90**	**26505.14**
北 京	1378.22	1267.06	604.04	731.20	583.20
天 津	2182.99	2189.14	1433.24	1522.27	1186.69
石家庄	259.91	306.19	319.64	117.51	212.37
太 原	322.01	458.32	249.13	278.41	317.28
呼和浩特	235.10	235.46	240.14	237.66	65.10
沈 阳	768.76	802.08	688.26	495.71	533.53
大 连	233.48	146.62	236.56	218.08	203.19
长 春	434.66	538.51	592.77	751.67	648.15
哈尔滨	964.85	1145.41	474.68	301.68	519.56
上 海	1588.95	1532.88	1862.74	1730.27	1453.28
南 京	1063.87	911.63	805.85	845.34	1091.73
无 锡	881.07	969.40	862.31	546.18	982.70
苏 州	1274.57	1402.80	1472.03	1007.20	1002.31
杭 州	1070.27	1113.35	1170.81	842.02	963.88
宁 波	613.39	651.57	622.09	364.44	421.34
温 州	431.30	534.04	457.07	336.16	392.97
合 肥	709.50	860.61	779.88	909.21	1044.20
福 州	745.09	524.62	765.17	441.12	246.61
厦 门	274.17	239.57	228.78	347.87	153.28
南 昌	346.31	338.63	389.41	462.35	634.94
济 南	370.55	802.77	491.10	897.37	747.11
青 岛	1047.67	951.51	968.60	1079.25	1063.15
郑 州	670.50	1056.28	1025.56	1357.10	1478.08
武 汉	654.63	600.10	597.82	305.71	479.16
长 沙	949.47	1105.99	805.06	976.82	896.98
广 州	981.30	818.43	831.83	867.63	1645.77
深 圳	202.37	280.64	183.79	124.91	303.76
南 宁	423.16	338.10	440.47	584.23	466.90
北 海	118.88	206.54	174.94	30.27	72.70
海 口	172.05	234.29	316.94	190.96	142.48
三 亚	155.30	212.46	96.90	165.99	112.66
重 庆	3185.90	3084.00	3316.37	2784.64	3400.08
成 都	858.64	1738.50	1075.10	1036.27	1003.00
贵 阳	1080.00	636.96	201.92	121.25	185.60
昆 明	482.05	211.05	394.52	209.92	262.42
西 安	747.84	1251.00	1231.43	621.07	729.22
兰 州	164.80	166.03	135.18	67.11	88.06
西 宁	195.03	187.11	177.97	123.61	61.79
银 川	409.04	517.92	526.89	547.99	385.66
乌鲁木齐	307.30	279.51	334.08	304.45	324.25

数据来源：国家统计局。

表 5-45　2019 年四十座重点城市住宅竣工面积（月度累计）

单位：万平方米

城　市	1—3 月	1—4 月	1—5 月	1—6 月	1—7 月	1—8 月	1—9 月	1—10 月	1—11 月	1—12 月
合　计	**4480.60**	**5293.19**	**6289.47**	**7804.20**	**9090.99**	**10275.62**	**11758.75**	**13817.77**	**16125.46**	**26505.14**
北　京	75.77	73.30	83.62	135.16	182.07	209.96	226.20	278.29	350.98	583.20
天　津	97.96	115.70	161.83	212.56	260.60	247.94	284.10	311.40	451.83	1186.69
石家庄	16.13	25.30	44.45	54.89	81.73	98.56	102.29	103.79	128.37	212.37
太　原	30.58	38.72	39.89	40.09	51.02	60.51	60.51	129.12	140.86	317.28
呼和浩特	22.57	22.57	22.57	19.75	29.79	29.79	29.79	29.79	32.50	65.10
沈　阳	63.96	90.75	92.92	132.73	139.76	204.03	245.43	299.34	343.96	533.53
大　连	51.34	57.41	66.50	72.80	79.50	82.01	97.69	143.01	156.17	203.19
长　春	98.40	115.75	129.02	152.04	226.64	358.75	398.15	529.44	605.72	648.15
哈尔滨	49.84	85.19	102.51	141.57	180.71	183.39	204.38	208.85	323.23	519.56
上　海	425.66	497.02	550.75	645.78	695.42	755.88	813.58	993.65	1145.82	1453.28
南　京	121.39	136.94	254.13	346.39	460.28	540.39	687.78	734.63	826.71	1091.73
无　锡	132.71	167.66	189.87	207.24	230.34	296.17	339.69	432.22	564.38	982.70
苏　州	222.25	244.45	310.07	433.61	557.29	577.19	618.78	678.95	717.19	1002.31
杭　州	265.86	289.25	323.77	377.15	409.66	422.04	430.13	506.90	624.21	963.88
宁　波	61.05	84.22	93.58	102.75	149.09	234.98	270.86	316.76	359.19	421.34
温　州	72.65	75.51	74.43	97.86	106.24	123.09	157.81	188.06	237.92	392.97
合　肥	216.37	234.21	239.28	352.54	391.33	441.47	530.42	540.77	648.10	1044.20
福　州	44.17	60.31	81.29	81.29	98.28	141.16	141.16	155.33	155.33	246.61
厦　门	67.78	74.61	91.13	99.62	99.62	104.34	104.34	128.26	129.61	153.28
南　昌	193.39	205.29	247.53	258.57	272.87	289.54	298.93	323.98	409.91	634.94
济　南	99.04	101.73	119.51	198.88	223.94	230.06	241.92	266.03	309.90	747.11
青　岛	84.76	138.56	167.69	193.36	270.84	319.41	389.83	439.13	492.96	1063.15
郑　州	162.65	160.27	215.71	289.89	353.38	437.56	513.62	529.70	560.34	1478.08
武　汉	57.63	113.75	143.11	192.48	195.51	195.51	233.33	245.64	245.64	479.16
长　沙	256.06	287.15	328.30	377.29	401.49	401.79	574.02	656.86	729.02	896.98
广　州	200.98	210.50	201.22	247.03	295.71	325.74	347.19	358.18	452.64	1645.77
深　圳	69.89	70.27	90.34	99.62	118.26	162.40	192.90	231.50	214.49	303.76
南　宁	65.58	87.74	111.81	148.31	161.62	184.20	206.39	224.82	277.54	466.90
北　海	38.09	44.24	57.51	57.51	60.03	60.66	62.13	63.55	63.55	72.70
海　口	15.06	15.80	31.89	34.83	44.67	53.85	57.01	86.83	90.20	142.48
三　亚	32.09	32.97	33.20	43.74	43.74	48.57	48.57	52.83	101.09	112.66
重　庆	576.25	680.92	804.86	1111.71	1242.28	1407.02	1550.98	1780.29	2054.77	3400.08
成　都	270.16	367.52	400.79	416.11	470.82	492.17	546.71	678.32	739.07	1003.00
贵　阳	66.11	94.36	94.36	97.34	97.34	100.43	108.21	150.52	168.66	185.60
昆　明	40.67	45.30	80.48	83.65	83.65	104.14	137.34	137.96	218.66	262.42
西　安	41.25	44.27	61.04	92.84	137.65	144.85	225.72	477.51	538.16	729.22
兰　州	6.03	6.03	6.03	6.03	6.74	6.74	20.50	37.18	42.55	88.06
西　宁	—	14.64	18.96	21.14	26.62	26.62	27.46	25.27	57.56	61.79
银　川	50.24	58.48	60.01	64.53	68.00	86.26	106.10	211.06	264.74	385.66
乌鲁木齐	18.23	24.53	63.51	63.51	86.44	86.44	126.81	132.06	151.93	324.25

数据来源：国家统计局。

表 5-46 2015—2019 年四十座重点城市办公楼竣工面积

单位：万平方米

城 市	2015 年	2016 年	2017 年	2018 年	2019 年
合 计	**2451.21**	**2456.44**	**2792.66**	**2828.33**	**2958.47**
北 京	385.38	343.74	321.18	249.87	290.28
天 津	171.18	143.22	138.64	113.42	41.99
石家庄	62.77	29.94	11.76	6.34	28.66
太 原	12.08	11.36	55.88	8.79	56.53
呼和浩特	6.77	2.68	20.64	7.79	—
沈 阳	11.73	11.25	17.82	8.63	15.77
大 连	0.18	5.19	1.63	17.72	13.89
长 春	31.18	17.65	57.13	68.75	35.40
哈尔滨	19.30	26.14	16.13	49.58	16.29
上 海	219.23	279.31	444.83	413.46	259.36
南 京	73.28	30.49	18.65	49.36	91.18
无 锡	43.29	44.54	20.75	27.32	50.22
苏 州	55.56	70.13	107.18	85.45	48.29
杭 州	116.29	208.47	241.84	218.12	178.07
宁 波	71.93	62.79	44.89	59.15	49.32
温 州	16.70	28.38	15.96	3.03	9.52
合 肥	50.21	32.81	92.55	124.81	132.27
福 州	58.85	54.54	19.98	66.61	34.87
厦 门	45.63	44.91	59.45	70.61	68.08
南 昌	16.73	14.53	36.92	31.28	42.67
济 南	62.03	50.17	50.00	48.44	97.14
青 岛	78.75	114.25	90.05	126.35	136.34
郑 州	115.02	89.92	119.20	106.68	196.66
武 汉	18.45	34.43	35.08	41.33	62.74
长 沙	62.06	83.53	46.44	55.69	55.75
广 州	124.40	112.85	64.19	188.44	404.04
深 圳	47.48	51.33	34.41	60.34	58.37
南 宁	22.36	22.22	25.08	25.17	46.67
北 海	0.39	—	0.03	—	4.61
海 口	5.01	2.68	45.09	6.45	3.62
三 亚	6.41	0.23	0.26	4.65	1.74
重 庆	195.72	100.97	142.01	129.04	99.11
成 都	80.23	115.30	123.81	107.37	120.63
贵 阳	56.06	96.40	17.57	25.52	23.11
昆 明	31.87	11.33	47.07	8.45	41.08
西 安	29.64	30.29	75.25	60.02	75.12
兰 州	1.50	6.87	10.85	24.47	6.83
西 宁	21.02	32.46	49.09	14.51	9.84
银 川	24.57	25.77	60.90	35.03	23.63
乌鲁木齐	—	13.39	12.49	80.30	28.76

数据来源：国家统计局。

表 5-47　2019 年四十座重点城市办公楼竣工面积（月度累计）

单位：万平方米

城　市	1—3 月	1—4 月	1—5 月	1—6 月	1—7 月	1—8 月	1—9 月	1—10 月	1—11 月	1—12 月
合　计	433.59	512.48	668.65	862.81	1007.82	1108.95	1249.39	1462.42	1692.99	2958.47
北　京	2.51	9.87	18.58	26.04	82.92	85.40	121.07	126.17	161.84	290.28
天　津	2.45	7.78	7.78	7.78	7.77	7.77	7.77	11.89	27.25	41.99
石家庄	1.47	1.47	1.47	28.47	28.47	28.47	28.47	28.47	28.47	28.66
太　原	—	—	—	—	—	—	14.29	46.10	46.10	56.53
呼和浩特	—	—	—	—	—	—	—	—	—	—
沈　阳	—	5.14	5.14	5.19	5.19	5.19	6.31	7.08	7.08	15.77
大　连	1.98	1.98	8.06	8.06	8.06	8.06	8.06	8.06	8.06	13.89
长　春	—	—	—	0.13	0.13	23.87	23.87	39.32	49.31	35.40
哈尔滨	2.37	2.37	2.37	2.37	6.08	6.08	6.08	6.75	6.95	16.29
上　海	78.83	92.51	103.23	111.40	151.75	153.25	149.69	181.48	210.98	259.36
南　京	—	—	1.59	24.17	32.75	33.27	33.27	33.27	60.84	91.18
无　锡	13.25	13.25	14.75	14.75	14.75	16.75	16.75	19.07	21.28	50.22
苏　州	11.38	12.90	13.78	13.78	18.27	20.18	20.61	21.26	22.27	48.29
杭　州	43.55	54.82	68.19	75.82	76.97	79.56	87.33	111.67	123.26	178.07
宁　波	9.65	14.70	24.82	26.75	26.75	37.62	37.62	37.90	41.01	49.32
温　州	6.28	6.28	6.28	6.28	6.28	6.28	6.36	6.43	9.09	9.52
合　肥	31.58	31.58	39.02	42.77	42.77	55.45	56.14	59.58	61.40	132.27
福　州	7.40	7.40	7.40	7.40	7.40	7.40	11.73	11.73	11.73	34.87
厦　门	26.34	26.34	44.85	44.85	47.05	47.05	62.48	62.48	62.48	68.08
南　昌	4.10	4.10	4.40	4.54	4.54	4.54	5.60	21.66	21.66	42.67
济　南	4.54	4.54	55.66	56.04	67.40	67.40	67.40	67.40	67.40	97.14
青　岛	5.53	5.72	23.04	30.60	32.12	43.77	45.98	57.23	70.14	136.34
郑　州	1.63	2.30	2.30	7.37	7.42	7.42	13.92	13.92	17.16	196.66
武　汉	15.40	15.40	15.40	21.91	21.91	32.89	33.90	33.90	40.30	62.74
长　沙	30.64	30.64	22.01	35.98	39.78	39.78	46.64	49.74	53.50	55.75
广　州	39.17	43.51	48.95	72.73	75.63	75.63	90.57	114.84	138.82	404.04
深　圳	7.08	7.08	11.42	17.38	17.38	17.38	18.21	25.33	35.37	58.37
南　宁	—	—	—	0.02	0.02	0.02	1.34	1.34	3.54	46.67
北　海	—	—	4.29	4.29	4.58	4.58	4.61	4.61	4.61	4.61
海　口	1.94	1.94	1.94	1.94	1.94	3.62	3.62	3.62	3.62	3.62
三　亚	—	—	—	—	—	—	—	—	—	1.74
重　庆	11.93	14.56	14.57	27.05	29.73	37.33	37.39	42.27	49.41	99.11
成　都	38.30	59.66	61.76	67.74	67.72	70.09	76.99	86.98	91.65	120.63
贵　阳	4.94	4.94	4.94	5.42	5.42	5.42	19.22	20.08	23.11	23.11
昆　明	—	2.08	2.08	20.41	17.87	18.76	18.76	18.76	18.76	41.08
西　安	14.59	14.59	14.59	28.65	28.65	28.65	37.31	44.09	44.19	75.12
兰　州	—	—	—	—	—	—	—	—	1.50	6.83
西　宁	—	—	—	—	3.07	3.07	3.07	3.07	9.84	9.84
银　川	7.58	7.58	8.54	9.28	9.28	9.32	9.32	11.72	15.89	23.63
乌鲁木齐	7.18	5.45	5.45	5.45	10.02	17.65	17.65	23.16	23.16	28.76

数据来源：国家统计局。

表 5-48 2015—2019 年四十座重点城市商业营业用房竣工面积

单位：万平方米

城市	2015 年	2016 年	2017 年	2018 年	2019 年
合　计	**4729. 36**	**4786. 69**	**5022. 09**	**4326. 83**	**4316. 37**
北　京	259. 92	171. 61	166. 94	162. 83	98. 60
天　津	247. 78	293. 59	209. 21	119. 33	147. 51
石家庄	74. 58	48. 42	35. 13	15. 47	9. 26
太　原	29. 22	42. 51	42. 31	34. 13	53. 27
呼和浩特	32. 10	64. 04	79. 69	60. 99	17. 35
沈　阳	190. 50	66. 71	67. 08	115. 47	68. 32
大　连	26. 21	22. 17	33. 16	59. 05	47. 32
长　春	60. 09	123. 02	146. 25	142. 76	112. 62
哈尔滨	256. 77	191. 94	93. 00	61. 22	68. 59
上　海	306. 45	266. 06	387. 73	341. 05	324. 55
南　京	131. 10	96. 29	92. 42	104. 18	144. 89
无　锡	176. 13	198. 30	141. 66	101. 36	154. 24
苏　州	159. 24	198. 59	254. 87	223. 19	87. 94
杭　州	122. 77	153. 81	216. 81	196. 25	166. 01
宁　波	87. 52	111. 43	110. 27	91. 45	63. 71
温　州	42. 49	68. 41	77. 53	34. 37	65. 58
合　肥	146. 48	88. 38	135. 57	204. 88	99. 07
福　州	93. 16	115. 22	95. 01	54. 83	47. 84
厦　门	23. 93	45. 13	24. 68	49. 62	55. 19
南　昌	38. 52	29. 01	75. 67	78. 96	83. 33
济　南	88. 75	108. 69	48. 84	88. 91	93. 20
青　岛	169. 21	139. 22	227. 10	169. 52	148. 57
郑　州	144. 27	119. 73	162. 00	146. 37	166. 32
武　汉	60. 59	93. 00	82. 09	43. 14	80. 11
长　沙	132. 20	175. 03	124. 74	165. 33	122. 08
广　州	160. 44	129. 24	133. 72	144. 81	341. 46
深　圳	31. 69	39. 09	31. 96	30. 24	72. 35
南　宁	50. 99	43. 02	26. 59	76. 26	73. 68
北　海	11. 39	17. 01	7. 87	15. 16	3. 78
海　口	11. 12	22. 40	114. 25	30. 24	11. 11
三　亚	6. 06	6. 93	5. 95	12. 15	9. 17
重　庆	606. 07	634. 46	724. 40	509. 48	613. 18
成　都	201. 00	275. 96	263. 13	210. 99	259. 23
贵　阳	202. 32	80. 05	44. 06	26. 37	34. 60
昆　明	61. 02	74. 51	84. 19	33. 82	68. 99
西　安	72. 38	192. 88	183. 32	108. 97	142. 60
兰　州	17. 62	47. 50	23. 89	25. 44	22. 29
西　宁	36. 71	50. 45	52. 30	69. 74	16. 21
银　川	140. 19	89. 90	150. 90	77. 42	63. 69
乌鲁木齐	20. 43	52. 97	45. 78	91. 10	58. 56

数据来源：国家统计局。

表 5-49　2019 年四十座重点城市商业营业用房竣工面积（月度累计）

单位：万平方米

城　市	1—3 月	1—4 月	1—5 月	1—6 月	1—7 月	1—8 月	1—9 月	1—10 月	1—11 月	1—12 月
合　计	**785.89**	**992.19**	**1159.77**	**1372.63**	**1576.30**	**1782.27**	**2001.06**	**2344.72**	**2781.36**	**4316.37**
北　京	4.59	4.59	6.00	13.47	19.42	32.96	46.83	52.67	60.13	98.60
天　津	10.73	38.43	40.21	45.11	85.42	85.07	85.07	72.27	81.12	147.51
石家庄	2.61	5.47	6.49	6.69	6.69	7.54	7.54	7.56	7.42	9.26
太　原	0.63	2.00	2.19	2.19	2.79	2.79	2.79	10.94	10.94	53.27
呼和浩特	6.62	6.62	6.62	13.96	14.17	14.17	14.17	14.17	17.35	17.35
沈　阳	5.92	9.47	9.90	12.76	12.76	13.53	13.89	20.05	38.44	68.32
大　连	9.93	11.04	12.69	13.41	16.54	17.25	18.30	39.33	40.90	47.32
长　春	9.89	11.90	17.44	21.00	34.87	65.80	74.19	98.08	105.98	112.62
哈尔滨	1.44	1.44	2.18	6.70	11.65	14.39	22.41	22.42	38.97	68.59
上　海	61.66	91.57	106.76	125.05	140.40	155.90	155.96	197.97	250.12	324.55
南　京	5.46	11.52	23.05	39.36	44.61	57.13	62.68	68.19	77.17	144.89
无　锡	36.41	36.94	41.50	41.93	45.79	50.98	57.91	78.64	88.25	154.24
苏　州	8.68	11.93	16.77	18.17	33.28	36.61	38.19	41.24	55.64	87.94
杭　州	40.50	57.56	58.69	67.78	80.39	83.93	89.41	99.78	105.09	166.01
宁　波	4.56	5.54	15.34	16.80	22.98	54.43	56.23	57.78	59.70	63.71
温　州	19.81	20.44	20.45	26.55	29.13	30.86	33.67	34.80	50.51	65.58
合　肥	14.07	16.58	18.34	27.67	28.31	30.71	38.60	59.45	62.52	99.07
福　州	16.79	17.31	17.31	17.31	17.41	18.06	21.45	21.45	21.45	47.84
厦　门	13.95	14.24	19.73	19.73	19.73	20.01	21.67	22.81	52.94	55.19
南　昌	26.95	31.20	32.88	40.67	41.10	41.32	42.34	43.70	48.12	83.33
济　南	24.61	24.62	32.77	36.22	40.05	40.75	40.75	41.74	45.20	93.20
青　岛	27.25	29.82	31.93	33.72	42.36	62.69	75.14	78.95	98.04	148.57
郑　州	38.95	50.21	54.90	55.18	59.13	69.71	71.53	77.54	91.89	166.32
武　汉	30.60	34.12	34.60	37.66	37.78	37.78	41.98	42.26	69.27	80.11
长　沙	38.08	39.96	33.62	54.83	66.77	66.77	84.56	103.80	114.86	122.08
广　州	47.69	54.31	65.85	68.05	76.48	78.86	80.94	111.15	132.63	341.46
深　圳	7.42	7.63	11.54	18.82	19.77	21.45	35.20	46.15	40.78	72.35
南　宁	25.69	28.42	30.19	31.35	31.88	33.43	33.78	38.06	57.34	73.68
北　海	1.23	1.23	2.80	2.80	2.88	3.44	3.46	3.67	3.78	3.78
海　口	4.39	4.39	4.53	4.53	4.53	9.48	9.64	9.95	9.95	11.11
三　亚	1.94	1.94	1.94	2.37	2.37	2.37	2.37	2.59	5.73	9.17
重　庆	96.16	130.71	164.17	204.45	228.48	249.33	283.57	314.09	348.07	613.18
成　都	102.05	133.91	141.84	156.31	161.88	169.32	179.00	197.92	216.69	259.23
贵　阳	1.48	2.33	2.86	7.38	7.38	7.38	8.32	13.35	21.44	34.60
昆　明	1.74	2.86	15.37	17.59	16.58	18.34	48.37	48.74	63.45	68.99
西　安	7.41	8.35	16.10	23.27	25.73	24.72	40.45	67.69	85.69	142.60
兰　州	1.68	1.68	1.68	1.68	1.75	1.75	2.12	17.87	19.29	22.29
西　宁	—	—	0.58	0.58	2.95	2.95	3.52	3.52	16.21	16.21
银　川	23.20	25.66	26.76	28.31	28.67	35.06	37.29	40.40	43.82	63.69
乌鲁木齐	3.14	4.28	11.23	11.23	11.43	13.26	15.76	21.99	24.47	58.56

数据来源：国家统计局。

（六）四十座重点城市房地产销售数据

1. 四十座重点城市房地产销售面积

表 5-50　2015—2019 年四十座重点城市商品房销售面积

单位：万平方米

城　市	2015 年	2016 年	2017 年	2018 年	2019 年
合　计	**50006. 05**	**61697. 92**	**60441. 47**	**60700. 60**	**59613. 57**
北　京	1554. 25	1658. 93	869. 95	696. 19	938. 86
天　津	1771. 07	2711. 08	1482. 12	1249. 87	1478. 68
石家庄	757. 82	798. 42	1027. 34	844. 69	782. 28
太　原	448. 28	609. 84	786. 41	839. 42	741. 10
呼和浩特	381. 81	425. 49	316. 51	396. 05	326. 00
沈　阳	1065. 06	1184. 32	1300. 24	1354. 82	1453. 53
大　连	637. 33	707. 49	839. 84	775. 95	658. 87
长　春	799. 12	1017. 75	1147. 19	1288. 44	1342. 37
哈尔滨	895. 98	1057. 96	1269. 54	1050. 58	964. 78
上　海	2431. 36	2705. 69	1691. 60	1767. 01	1696. 34
南　京	1543. 16	1558. 18	1429. 61	1220. 73	1320. 65
无　锡	985. 28	1272. 72	1168. 02	1367. 85	1366. 48
苏　州	2133. 73	2494. 05	1936. 66	1994. 13	2178. 22
杭　州	1482. 17	2327. 86	2054. 11	1675. 98	1513. 62
宁　波	1007. 21	1336. 95	1543. 64	1624. 38	1714. 64
温　州	524. 85	772. 67	1069. 91	1165. 27	1139. 87
合　肥	1589. 21	2098. 34	1283. 40	1389. 58	1321. 87
福　州	914. 70	1221. 33	1685. 46	1711. 05	1708. 19
厦　门	570. 83	528. 86	527. 88	529. 42	540. 77
南　昌	901. 02	1244. 65	1610. 43	1846. 31	1906. 13
济　南	1192. 12	1425. 29	1216. 27	1236. 30	1151. 00
青　岛	1418. 58	1939. 22	1900. 74	1808. 02	1651. 83
郑　州	1898. 67	2859. 18	3097. 81	3712. 11	3593. 27
武　汉	2627. 19	3255. 66	3532. 61	3646. 94	3332. 34
长　沙	1907. 91	2613. 26	2260. 79	2386. 74	2335. 15
广　州	1653. 07	1949. 10	1757. 75	1550. 28	1464. 64
深　圳	831. 46	736. 19	671. 03	722. 01	806. 56
南　宁	1000. 73	1327. 53	1544. 13	1745. 19	1805. 23
北　海	195. 78	222. 57	376. 61	409. 63	403. 25
海　口	373. 40	432. 71	549. 59	393. 32	440. 56
三　亚	112. 08	151. 53	213. 79	244. 79	121. 15
重　庆	5381. 37	6257. 15	6711. 00	6536. 25	6104. 68
成　都	2997. 43	3928. 77	3925. 91	3682. 52	3543. 28
贵　阳	959. 55	981. 87	1068. 67	1114. 56	1099. 27
昆　明	1305. 03	1520. 87	1827. 25	1909. 72	1916. 23
西　安	1762. 70	2036. 18	2459. 35	2621. 72	2375. 41
兰　州	628. 12	828. 79	697. 93	642. 42	718. 44
西　宁	311. 86	352. 60	388. 22	332. 22	321. 24
银　川	529. 81	564. 86	595. 22	612. 83	679. 38
乌鲁木齐	524. 96	582. 00	606. 94	605. 30	657. 42

数据来源：国家统计局。

表 5-51　2019 年四十座重点城市商品房销售面积（月度累计）

单位：万平方米

城市	1—3 月	1—4 月	1—5 月	1—6 月	1—7 月	1—8 月	1—9 月	1—10 月	1—11 月	1—12 月
合计	**10272.07**	**14780.18**	**19660.84**	**27089.17**	**31570.48**	**35915.17**	**41703.66**	**46405.96**	**51785.32**	**59613.57**
北京	147.70	242.76	311.16	387.86	466.63	534.03	584.87	652.75	730.01	938.86
天津	239.43	370.00	516.28	697.98	813.18	969.97	1101.82	1210.29	1342.69	1478.68
石家庄	86.13	134.82	215.00	357.25	422.31	483.30	530.94	596.61	684.37	782.28
太原	130.03	192.19	274.27	351.14	410.45	466.81	518.84	606.55	680.14	741.10
呼和浩特	36.62	49.88	70.81	101.59	127.80	144.69	162.59	205.21	280.27	326.00
沈阳	197.73	310.39	421.49	604.29	747.69	888.13	1086.89	1210.23	1346.18	1453.53
大连	99.34	160.99	257.17	336.96	398.37	463.41	519.03	565.72	612.89	658.87
长春	170.97	248.65	415.46	562.74	693.57	827.65	950.24	1096.04	1270.00	1342.37
哈尔滨	103.01	187.81	267.70	372.28	454.36	542.51	666.14	767.57	878.69	964.78
上海	317.50	439.13	519.14	737.22	944.07	1040.74	1240.55	1406.97	1500.10	1696.34
南京	182.03	276.53	492.77	646.23	738.63	848.25	971.67	1048.06	1152.99	1320.65
无锡	222.01	346.44	461.66	627.70	729.76	827.25	961.89	1072.57	1184.81	1366.48
苏州	425.47	631.17	821.28	1038.54	1259.01	1431.94	1619.09	1801.42	1964.17	2178.22
杭州	252.95	398.59	531.11	671.47	791.89	896.55	1035.67	1135.25	1282.69	1513.62
宁波	319.72	487.37	625.28	859.20	1011.15	1157.47	1302.99	1425.32	1542.45	1714.64
温州	165.97	225.46	332.95	571.49	605.24	680.90	858.13	922.41	1036.80	1139.87
合肥	270.49	370.64	484.72	645.23	757.14	847.42	956.78	1052.95	1137.65	1321.87
福州	375.11	494.07	617.81	856.70	960.09	1050.80	1202.05	1321.36	1424.12	1708.19
厦门	100.56	150.99	194.42	285.80	324.44	355.41	401.56	446.60	496.14	540.77
南昌	249.16	379.00	511.23	755.91	896.37	1064.92	1250.30	1414.55	1579.95	1906.13
济南	215.68	296.32	395.16	531.98	611.77	689.97	816.72	920.86	1034.05	1151.00
青岛	249.42	374.92	528.39	692.27	801.43	879.96	1100.41	1223.15	1418.91	1651.83
郑州	587.95	819.59	1063.13	1552.41	1832.05	2065.36	2430.72	2664.97	2939.03	3593.27
武汉	585.15	839.50	1097.47	1703.00	1894.09	2105.27	2439.22	2607.71	2930.54	3332.34
长沙	312.19	480.80	605.10	944.56	1106.96	1285.85	1522.62	1756.97	2001.63	2335.15
广州	260.08	363.17	472.50	681.57	771.82	863.66	1015.67	1107.30	1245.71	1464.64
深圳	113.99	187.18	238.34	331.27	385.24	436.04	516.03	591.84	674.68	806.56
南宁	295.18	439.72	548.48	713.21	872.82	1009.31	1167.51	1355.39	1507.95	1805.23
北海	62.66	106.28	150.33	196.73	235.89	265.42	301.41	318.06	340.58	403.25
海口	76.18	117.74	138.71	196.39	234.23	270.51	310.27	336.36	378.77	440.56
三亚	51.04	58.31	67.14	79.25	84.50	91.41	100.85	104.86	111.27	121.15
重庆	1441.51	1934.53	2457.50	3145.13	3573.26	3986.19	4563.59	4991.14	5374.08	6104.68
成都	710.53	940.44	1235.78	1652.71	1871.88	2089.47	2386.94	2631.41	3014.42	3543.28
贵阳	223.60	285.78	352.92	501.53	564.69	652.90	743.29	828.29	916.16	1099.27
昆明	325.10	466.08	611.47	808.11	924.74	1078.10	1254.34	1419.37	1656.90	1916.23
西安	355.01	504.24	691.83	1014.92	1166.02	1313.31	1580.11	1760.25	2018.15	2375.41
兰州	99.43	149.22	208.82	271.36	343.55	427.34	519.20	586.95	656.39	718.44
西宁	29.11	44.70	71.62	135.31	174.60	196.31	230.43	259.95	290.49	321.24
银川	109.86	154.81	199.11	246.40	300.53	364.60	422.29	514.09	585.40	679.38
乌鲁木齐	76.48	119.99	185.36	223.44	268.27	322.03	360.00	468.59	563.11	657.42

数据来源：国家统计局。

表 5-52 2015—2019 年四十座重点城市商品房现房销售面积

单位：万平方米

城市	2015 年	2016 年	2017 年	2018 年	2019 年
合 计	**10720. 04**	**13641. 38**	**12825. 79**	**10165. 01**	**8851. 23**
北 京	510. 04	661. 84	358. 12	313. 80	319. 18
天 津	577. 72	871. 49	312. 54	190. 40	204. 80
石家庄	311. 12	204. 89	357. 76	250. 10	94. 73
太 原	65. 61	117. 21	79. 19	52. 30	45. 17
呼和浩特	171. 71	201. 07	151. 70	108. 62	37. 91
沈 阳	313. 07	359. 45	325. 32	315. 79	260. 32
大 连	197. 54	312. 93	381. 45	259. 15	187. 24
长 春	142. 37	264. 29	220. 75	184. 90	244. 42
哈尔滨	357. 18	534. 33	561. 76	301. 97	287. 09
上 海	944. 63	1162. 71	812. 54	771. 86	731. 23
南 京	367. 63	222. 28	333. 99	210. 51	426. 46
无 锡	256. 26	383. 04	382. 26	427. 79	263. 40
苏 州	344. 94	532. 10	347. 50	450. 39	397. 90
杭 州	309. 53	557. 02	489. 02	238. 30	132. 32
宁 波	271. 37	411. 70	337. 81	263. 20	137. 19
温 州	87. 79	149. 28	136. 34	104. 51	94. 04
合 肥	117. 63	167. 58	142. 52	96. 15	148. 34
福 州	96. 08	134. 97	285. 47	194. 47	149. 79
厦 门	88. 50	83. 48	92. 96	168. 96	107. 95
南 昌	143. 23	168. 97	218. 48	281. 00	389. 17
济 南	125. 70	121. 30	132. 19	101. 57	97. 28
青 岛	303. 10	318. 58	299. 96	178. 33	122. 73
郑 州	211. 98	256. 77	593. 21	856. 21	612. 34
武 汉	630. 82	403. 21	576. 59	342. 34	323. 32
长 沙	368. 17	591. 89	437. 92	242. 68	249. 39
广 州	401. 65	396. 08	379. 59	303. 82	469. 78
深 圳	148. 58	141. 95	167. 36	154. 14	162. 97
南 宁	96. 65	92. 31	155. 38	126. 09	112. 87
北 海	61. 04	78. 14	132. 89	69. 95	47. 63
海 口	62. 70	87. 25	156. 78	74. 49	61. 97
三 亚	27. 48	50. 54	63. 66	61. 66	38. 37
重 庆	1015. 77	1476. 70	1301. 50	890. 96	782. 85
成 都	516. 91	721. 29	610. 46	348. 40	331. 77
贵 阳	70. 65	117. 69	78. 51	53. 47	123. 78
昆 明	372. 25	537. 23	520. 73	393. 47	205. 73
西 安	242. 17	294. 38	335. 51	342. 03	174. 58
兰 州	106. 74	143. 58	135. 10	128. 26	76. 76
西 宁	50. 29	68. 15	81. 67	16. 39	17. 70
银 川	143. 87	165. 89	198. 12	201. 87	133. 23
乌鲁木齐	89. 55	77. 80	141. 16	94. 69	47. 53

数据来源：国家统计局。

表 5-53 2019 年四十座重点城市商品房现房销售面积（月度累计）

单位：万平方米

城 市	1—3 月	1—4 月	1—5 月	1—6 月	1—7 月	1—8 月	1—9 月	1—10 月	1—11 月	1—12 月
合 计	**1579.53**	**2144.17**	**2905.20**	**4181.74**	**4743.15**	**5267.22**	**6067.69**	**6681.03**	**7491.59**	**8851.23**
北 京	52.60	68.79	85.36	106.64	132.35	152.37	168.80	189.12	225.39	319.18
天 津	44.37	54.30	68.47	93.86	106.96	130.68	140.38	154.22	175.25	204.80
石家庄	14.77	20.34	32.88	67.26	68.89	72.73	81.72	87.37	89.77	94.73
太 原	11.71	15.53	19.66	23.40	27.34	31.88	34.76	37.49	41.24	45.17
呼和浩特	2.78	4.18	5.43	25.58	27.54	28.43	29.40	30.53	32.17	37.91
沈 阳	41.94	66.47	89.10	112.35	140.20	157.95	196.08	217.76	238.42	260.32
大 连	30.28	41.53	82.03	97.86	109.52	120.03	130.75	142.72	159.80	187.24
长 春	22.62	28.73	50.12	73.03	83.52	103.36	139.74	183.67	253.43	244.42
哈尔滨	27.93	45.96	76.74	129.78	167.44	184.56	215.98	240.03	276.24	287.09
上 海	116.94	176.97	211.35	312.88	363.16	395.55	498.03	564.14	607.79	731.23
南 京	50.56	68.47	183.84	238.09	262.11	283.40	314.30	326.26	364.53	426.46
无 锡	52.22	76.82	100.64	134.62	151.05	170.42	185.75	204.26	234.80	263.40
苏 州	71.91	101.17	131.15	187.63	224.28	256.36	290.78	327.24	357.75	397.90
杭 州	26.94	32.78	42.25	54.97	66.18	80.58	86.75	91.91	113.25	132.32
宁 波	33.41	43.07	53.23	61.75	73.11	87.77	107.80	110.46	124.51	137.19
温 州	18.04	23.67	35.23	59.80	62.62	64.03	70.20	72.85	86.35	94.04
合 肥	19.11	31.51	42.76	60.26	81.48	91.63	102.16	109.38	117.66	148.34
福 州	43.34	59.66	82.32	97.17	102.13	107.28	118.64	126.03	133.44	149.79
厦 门	22.68	30.29	40.08	63.46	68.91	74.70	90.48	99.19	106.82	107.95
南 昌	64.13	95.31	134.02	217.89	244.58	265.63	299.84	317.00	335.81	389.17
济 南	6.95	11.72	20.20	31.98	39.12	45.25	59.85	62.16	67.56	97.28
青 岛	23.34	28.98	40.23	47.02	51.86	62.02	67.95	78.87	99.00	122.73
郑 州	80.39	103.03	155.27	262.69	284.17	305.29	343.14	373.60	410.42	612.34
武 汉	58.97	81.60	93.77	191.32	202.01	208.38	247.17	253.32	282.69	323.32
长 沙	22.39	32.17	45.20	75.40	92.99	103.77	125.11	176.23	205.10	249.39
广 州	73.25	96.52	116.91	200.29	224.37	248.90	319.50	339.85	405.40	469.78
深 圳	22.02	34.76	46.04	58.90	70.11	79.73	93.75	113.55	135.58	162.97
南 宁	31.19	42.37	45.65	56.09	65.40	75.19	82.97	93.18	100.10	112.87
北 海	10.47	17.41	20.19	26.82	30.25	32.88	35.28	37.15	40.48	47.63
海 口	12.74	12.16	13.29	18.75	22.26	26.30	32.54	37.70	41.88	61.97
三 亚	20.77	25.06	28.42	31.50	33.84	34.19	34.44	34.99	35.85	38.37
重 庆	217.65	257.77	316.99	411.27	469.93	507.98	591.07	628.85	675.52	782.85
成 都	61.42	80.58	103.22	153.92	169.70	186.38	202.59	233.21	268.04	331.77
贵 阳	31.48	36.46	41.22	62.25	65.22	74.74	86.32	92.86	102.50	123.78
昆 明	57.82	82.81	104.87	135.64	129.76	147.29	153.25	169.13	183.60	205.73
西 安	30.06	36.26	46.88	75.10	84.73	96.26	98.80	108.98	129.87	174.58
兰 州	14.59	22.81	30.29	37.55	44.06	55.28	59.70	66.11	71.43	76.76
西 宁	1.42	7.96	9.91	12.43	13.60	14.59	17.32	18.91	14.07	17.70
银 川	28.83	39.40	48.22	58.69	66.16	76.35	85.75	95.24	107.87	133.23
乌鲁木齐	5.47	8.81	11.75	15.83	20.22	27.11	28.85	35.50	40.23	47.53

数据来源：国家统计局。

表 5-54　2015—2019 年四十座重点城市商品房期房销售面积

单位：万平方米

城　市	2015 年	2016 年	2017 年	2018 年	2019 年
合　计	**39286.01**	**48056.54**	**47615.68**	**50535.59**	**50762.34**
北　京	1044.21	997.10	511.83	382.39	619.69
天　津	1193.35	1839.59	1169.59	1059.47	1273.88
石家庄	446.69	593.53	669.57	594.59	687.55
太　原	382.67	492.62	707.22	787.12	695.93
呼和浩特	210.10	224.43	164.81	287.42	288.09
沈　阳	751.99	824.87	974.91	1039.03	1193.21
大　连	439.80	394.56	458.39	516.80	471.63
长　春	656.75	753.46	926.44	1103.55	1097.95
哈尔滨	538.80	523.64	707.78	748.60	677.69
上　海	1486.73	1542.98	879.06	995.15	965.11
南　京	1175.52	1335.90	1095.62	1010.22	894.18
无　锡	729.02	889.67	785.75	940.07	1103.08
苏　州	1788.79	1961.95	1589.16	1543.74	1780.32
杭　州	1172.64	1770.84	1565.10	1437.68	1381.31
宁　波	735.84	925.25	1205.83	1361.18	1577.45
温　州	437.07	623.39	933.57	1060.76	1045.83
合　肥	1471.58	1930.76	1140.88	1293.43	1173.53
福　州	818.62	1086.36	1399.99	1516.58	1558.40
厦　门	482.34	445.38	434.92	360.46	432.83
南　昌	757.79	1075.68	1391.95	1565.31	1516.96
济　南	1066.42	1303.99	1084.08	1134.73	1053.73
青　岛	1115.49	1620.63	1600.78	1629.68	1529.09
郑　州	1686.68	2602.41	2504.60	2855.90	2980.93
武　汉	1996.37	2852.44	2956.02	3304.59	3009.02
长　沙	1539.75	2021.37	1822.87	2144.06	2085.76
广　州	1251.41	1553.02	1378.16	1246.45	994.86
深　圳	682.88	594.24	503.67	567.87	643.59
南　宁	904.07	1235.22	1388.75	1619.10	1692.36
北　海	134.74	144.43	243.72	339.67	355.62
海　口	310.71	345.46	392.81	318.83	378.59
三　亚	84.60	101.00	150.13	183.14	82.78
重　庆	4365.60	4780.44	5409.51	5645.28	5321.83
成　都	2480.52	3207.48	3315.45	3334.13	3211.51
贵　阳	888.90	864.18	990.16	1061.09	975.49
昆　明	932.78	983.64	1306.51	1516.25	1710.50
西　安	1520.53	1741.80	2123.84	2279.69	2200.83
兰　州	521.38	685.22	562.82	514.16	641.67
西　宁	261.57	284.45	306.55	315.83	303.54
银　川	385.94	398.97	397.10	410.96	546.15
乌鲁木齐	435.40	504.20	465.77	510.62	609.89

数据来源：国家统计局。

表 5-55　2019 年四十座重点城市商品房期房销售面积（月度累计）

单位：万平方米

城　市	1—3 月	1—4 月	1—5 月	1—6 月	1—7 月	1—8 月	1—9 月	1—10 月	1—11 月	1—12 月
合　计	**8692.54**	**12636.01**	**16755.64**	**22907.44**	**26827.34**	**30647.95**	**35635.97**	**39724.94**	**44293.74**	**50762.34**
北　京	95.09	173.97	225.80	281.22	334.27	381.65	416.07	463.63	504.62	619.69
天　津	195.06	315.69	447.81	604.12	706.21	839.29	961.44	1056.07	1167.45	1273.88
石家庄	71.36	114.47	182.12	289.99	353.42	410.56	449.22	509.24	594.60	687.55
太　原	118.32	176.66	254.60	327.74	383.11	434.93	484.08	569.07	638.91	695.93
呼和浩特	33.84	45.69	65.38	76.01	100.26	116.27	133.18	174.69	248.10	288.09
沈　阳	155.79	243.92	332.39	491.93	607.49	730.17	890.82	992.47	1107.76	1193.21
大　连	69.05	119.46	175.14	239.11	288.85	343.37	388.28	423.00	453.09	471.63
长　春	148.35	219.92	365.33	489.71	610.04	724.29	810.50	912.38	1016.57	1097.95
哈尔滨	75.08	141.86	190.96	242.50	286.92	357.95	450.16	527.53	602.45	677.69
上　海	200.56	262.16	307.79	424.34	580.91	645.19	742.53	842.83	892.31	965.11
南　京	131.47	208.06	308.93	408.15	476.52	564.86	657.37	721.80	788.46	894.18
无　锡	169.79	269.62	361.02	493.08	578.71	656.83	776.14	868.31	950.01	1103.08
苏　州	353.56	530.00	690.13	850.91	1034.73	1175.58	1328.30	1474.19	1606.41	1780.32
杭　州	226.00	365.81	488.86	616.50	725.71	815.97	948.92	1043.35	1169.44	1381.31
宁　波	286.31	444.31	572.05	797.45	938.03	1069.69	1195.19	1314.87	1417.94	1577.45
温　州	147.93	201.79	297.71	511.69	542.62	616.87	787.93	849.56	950.44	1045.83
合　肥	251.38	339.13	441.96	584.97	675.66	755.79	854.62	943.56	1019.99	1173.53
福　州	331.77	434.41	535.49	759.53	857.95	943.52	1083.41	1195.32	1290.68	1558.40
厦　门	77.88	120.70	154.34	222.34	255.54	280.70	311.08	347.41	389.33	432.83
南　昌	185.03	283.69	377.21	538.02	651.78	799.28	950.45	1097.55	1244.14	1516.96
济　南	208.74	284.60	374.95	500.00	572.64	644.73	756.87	858.70	966.49	1053.73
青　岛	226.07	345.95	488.16	645.25	749.57	817.94	1032.46	1144.29	1319.92	1529.09
郑　州	507.56	716.56	907.86	1289.73	1547.88	1760.07	2087.59	2291.37	2528.61	2980.93
武　汉	526.18	757.89	1003.70	1511.68	1692.09	1896.89	2192.05	2354.39	2647.85	3009.02
长　沙	289.80	448.63	559.89	869.16	1013.98	1182.07	1397.51	1580.73	1796.53	2085.76
广　州	186.83	266.65	355.59	481.28	547.45	614.76	696.17	767.44	840.31	994.86
深　圳	91.97	152.42	192.29	272.37	315.13	356.31	422.28	478.29	539.10	643.59
南　宁	263.99	397.35	502.83	657.12	807.42	934.12	1084.53	1262.22	1407.85	1692.36
北　海	52.19	88.86	130.14	169.91	205.65	232.54	266.13	280.91	300.10	355.62
海　口	63.43	105.58	125.42	177.64	211.97	244.22	277.73	298.66	336.89	378.59
三　亚	30.27	33.25	38.72	47.75	50.65	57.22	66.41	69.88	75.42	82.78
重　庆	1223.86	1676.76	2140.51	2733.86	3103.33	3478.21	3972.52	4362.29	4698.56	5321.83
成　都	649.11	859.86	1132.56	1498.79	1702.18	1903.09	2184.35	2398.20	2746.39	3211.51
贵　阳	192.12	249.32	311.70	439.27	499.47	578.16	656.97	735.44	813.66	975.49
昆　明	267.28	383.27	506.60	672.47	794.98	930.82	1101.09	1250.24	1473.31	1710.50
西　安	324.96	467.99	644.95	939.82	1081.29	1217.05	1481.31	1651.27	1888.29	2200.83
兰　州	84.84	126.41	178.53	233.81	299.49	372.06	459.51	520.84	584.95	641.67
西　宁	27.69	36.74	61.71	122.88	160.99	181.72	213.12	241.03	276.42	303.54
银　川	81.03	115.41	150.89	187.71	234.37	288.25	336.54	418.85	477.53	546.15
乌鲁木齐	71.01	111.18	173.61	207.62	248.05	294.93	331.14	433.09	522.88	609.89

数据来源：国家统计局。

表 5-56 2015—2019 年四十座重点城市住宅销售面积

单位：万平方米

城　市	2015 年	2016 年	2017 年	2018 年	2019 年
合　计	**42790.26**	**52391.84**	**49607.79**	**50113.58**	**50297.29**
北　京	1126.84	981.37	608.78	526.76	789.02
天　津	1668.18	2521.87	1342.87	1140.73	1382.63
石家庄	539.68	652.52	816.94	723.90	673.94
太　原	421.65	556.44	722.10	771.21	645.48
呼和浩特	321.44	344.80	249.97	342.43	296.28
沈　阳	949.88	1099.39	1191.25	1202.67	1361.13
大　连	596.67	654.62	758.17	702.09	602.74
长　春	701.78	834.49	951.83	1116.08	1156.13
哈尔滨	807.23	908.16	1089.16	920.00	824.78
上　海	2009.17	2019.80	1341.62	1333.29	1353.70
南　京	1429.18	1406.29	1208.98	982.65	1137.19
无　锡	864.51	1164.75	1023.11	1246.02	1239.56
苏　州	1940.92	2258.60	1687.88	1788.30	1983.56
杭　州	1292.35	1888.28	1520.17	1329.40	1284.27
宁　波	846.92	1126.06	1283.72	1299.17	1438.89
温　州	456.23	641.63	802.27	975.70	917.69
合　肥	1285.90	1705.72	960.46	1103.88	1155.72
福　州	748.99	1021.23	1276.80	1255.68	1330.07
厦　门	345.89	322.34	237.28	170.68	274.70
南　昌	815.99	1077.82	1289.79	1536.52	1580.89
济　南	924.43	1232.72	974.72	965.29	934.00
青　岛	1238.99	1752.08	1633.84	1578.31	1475.58
郑　州	1695.21	2571.44	2735.37	3330.57	3241.97
武　汉	2413.77	2931.06	3085.78	3229.75	2981.79
长　沙	1687.06	2308.24	1823.81	1973.34	2005.91
广　州	1344.86	1624.01	1367.48	1138.20	1106.58
深　圳	747.83	660.08	520.97	572.99	638.42
南　宁	878.87	1150.15	1307.68	1438.25	1550.33
北　海	188.85	215.27	360.63	397.53	380.43
海　口	330.28	394.33	487.37	331.44	373.49
三　亚	105.15	141.52	194.73	212.95	102.28
重　庆	4477.71	5105.46	5452.65	5424.76	5149.08
成　都	2447.13	3279.17	2976.47	2660.02	2564.86
贵　阳	789.79	826.21	868.98	943.29	869.40
昆　明	1008.25	1128.89	1387.77	1430.17	1484.84
西　安	1583.53	1866.50	2105.94	2141.12	1903.90
兰　州	578.62	713.92	609.40	565.93	673.48
西　宁	260.65	292.11	305.11	274.02	259.58
银　川	454.46	492.84	519.99	529.20	606.16
乌鲁木齐	465.41	519.66	525.97	509.28	566.85

数据来源：国家统计局。

表 5-57　2019 年四十座重点城市住宅销售面积（月度累计）

单位：万平方米

城　市	1—3 月	1—4 月	1—5 月	1—6 月	1—7 月	1—8 月	1—9 月	1—10 月	1—11 月	1—12 月
合　计	**8583.18**	**12462.89**	**16638.63**	**22757.44**	**26629.14**	**30375.19**	**35300.55**	**39331.27**	**43832.63**	**50297.29**
北　京	122.39	200.53	262.02	329.96	396.25	456.72	495.11	552.85	610.90	789.02
天　津	224.79	348.84	487.66	650.29	757.70	907.69	1033.53	1139.44	1267.02	1382.63
石家庄	73.49	116.38	183.71	298.66	360.29	418.00	462.45	520.55	595.23	673.94
太　原	121.71	178.14	248.45	310.08	362.14	412.62	460.69	534.80	597.52	645.48
呼和浩特	33.23	45.59	65.24	93.64	117.95	132.98	149.84	189.30	256.57	296.28
沈　阳	183.51	291.27	395.70	569.59	702.06	833.39	1022.71	1137.53	1263.80	1361.13
大　连	91.76	150.26	233.70	308.16	363.92	426.76	479.70	522.42	560.43	602.74
长　春	150.75	218.45	365.16	497.00	614.40	735.32	848.62	971.27	1095.90	1156.13
哈尔滨	94.20	168.70	236.88	331.50	401.70	479.24	588.73	672.32	750.06	824.78
上　海	269.00	357.44	410.28	588.22	753.27	841.51	986.62	1127.21	1207.29	1353.70
南　京	143.43	222.78	397.62	533.96	610.77	712.20	824.95	892.37	989.05	1137.19
无　锡	195.68	311.75	416.94	570.19	662.92	752.21	877.84	978.11	1079.40	1239.56
苏　州	372.82	565.04	737.27	938.01	1143.27	1296.13	1469.39	1637.94	1785.87	1983.56
杭　州	213.97	337.50	446.16	565.11	669.05	759.70	886.71	972.32	1099.78	1284.27
宁　波	259.12	404.92	519.13	718.10	850.97	971.90	1091.41	1199.38	1294.30	1438.89
温　州	137.77	193.55	291.87	458.70	501.57	560.03	686.29	743.85	836.76	917.69
合　肥	226.65	314.36	416.67	561.31	658.49	741.13	841.68	929.42	1002.61	1155.72
福　州	274.15	376.44	477.19	651.90	729.22	797.29	913.24	1008.78	1094.18	1330.07
厦　门	42.33	62.68	83.44	126.67	151.90	170.98	196.94	226.34	248.07	274.70
南　昌	213.50	326.13	440.66	606.54	722.50	872.34	1032.03	1174.75	1314.51	1580.89
济　南	182.96	248.14	323.95	425.35	490.57	556.62	667.77	751.35	840.48	934.00
青　岛	212.85	329.51	465.79	618.23	721.13	790.03	997.05	1109.70	1279.12	1475.58
郑　州	520.12	729.06	953.34	1411.18	1664.79	1871.73	2172.16	2385.43	2627.37	3241.97
武　汉	517.03	745.29	992.17	1514.09	1687.74	1877.88	2183.59	2329.02	2627.31	2981.79
长　沙	276.13	429.66	534.81	807.84	948.13	1107.03	1315.85	1516.45	1726.84	2005.91
广　州	195.59	275.86	363.84	518.17	587.40	659.29	780.66	849.91	953.68	1106.58
深　圳	86.29	131.34	185.51	265.66	311.18	349.65	409.44	471.97	536.34	638.42
南　宁	253.17	374.76	469.51	609.01	750.73	857.99	991.42	1160.81	1291.02	1550.33
北　海	55.01	97.04	137.77	183.58	221.13	248.38	283.49	298.33	320.24	380.43
海　口	61.33	100.23	118.73	164.60	196.84	230.22	264.95	287.43	325.77	373.49
三　亚	39.86	46.76	54.53	64.75	69.90	76.30	84.58	88.47	94.12	102.28
重　庆	1228.87	1669.42	2123.72	2687.74	3061.93	3425.57	3888.65	4259.01	4575.53	5149.08
成　都	514.61	672.55	876.86	1171.53	1331.93	1477.75	1694.01	1881.84	2172.90	2564.86
贵　阳	163.62	224.63	282.52	393.65	445.35	513.16	587.20	654.44	727.69	869.40
昆　明	257.30	362.30	478.69	629.61	712.34	833.72	978.72	1107.98	1290.43	1484.84
西　安	295.78	417.99	565.11	798.39	918.34	1037.39	1264.38	1398.49	1620.55	1903.90
兰　州	90.44	136.46	192.99	251.35	319.68	398.23	487.84	552.90	617.86	673.48
西　宁	27.11	41.80	66.14	122.97	155.49	173.91	202.27	223.19	241.96	259.58
银　川	96.18	135.71	173.86	215.64	266.14	324.48	376.20	461.54	525.42	606.16
乌鲁木齐	64.68	103.63	163.04	196.49	238.07	287.74	321.84	412.04	488.76	566.85

数据来源：国家统计局。

表 5-58　2015—2019 年四十座重点城市住宅现房销售面积

单位：万平方米

城　市	2015 年	2016 年	2017 年	2018 年	2019 年
合　计	**8213. 28**	**10341. 60**	**9377. 88**	**7001. 56**	**6006. 63**
北　京	331. 17	360. 26	227. 75	202. 45	226. 53
天　津	520. 00	780. 05	231. 43	126. 29	172. 09
石家庄	194. 87	138. 65	289. 87	230. 98	89. 49
太　原	55. 99	114. 47	72. 48	50. 06	39. 38
呼和浩特	143. 66	145. 07	119. 56	88. 02	32. 34
沈　阳	259. 93	321. 12	292. 57	288. 27	232. 79
大　连	178. 85	281. 73	340. 56	226. 89	155. 05
长　春	110. 85	214. 93	154. 57	143. 93	165. 73
哈尔滨	307. 67	443. 99	462. 69	249. 23	223. 89
上　海	722. 43	809. 79	579. 39	491. 06	493. 40
南　京	328. 51	184. 57	286. 28	194. 71	368. 47
无　锡	198. 10	321. 31	289. 53	344. 54	200. 36
苏　州	286. 73	437. 62	260. 73	331. 06	296. 39
杭　州	255. 01	435. 61	297. 00	121. 06	68. 95
宁　波	190. 33	278. 55	231. 05	140. 92	63. 95
温　州	68. 88	93. 99	104. 42	79. 78	71. 48
合　肥	67. 33	85. 28	51. 41	31. 50	96. 59
福　州	68. 97	103. 00	204. 82	98. 98	115. 70
厦　门	39. 96	32. 62	33. 13	23. 02	23. 28
南　昌	110. 69	135. 15	151. 96	210. 35	292. 06
济　南	87. 60	88. 15	72. 51	61. 98	54. 96
青　岛	236. 18	250. 42	218. 64	101. 57	74. 08
郑　州	176. 68	203. 98	551. 36	782. 56	571. 43
武　汉	509. 76	295. 61	431. 69	263. 81	224. 54
长　沙	294. 26	488. 18	296. 93	121. 54	168. 01
广　州	303. 56	330. 07	266. 16	191. 17	303. 45
深　圳	133. 02	129. 92	119. 87	115. 28	131. 95
南　宁	79. 64	73. 35	125. 60	78. 28	78. 77
北　海	56. 64	74. 29	124. 13	67. 86	38. 30
海　口	55. 56	77. 61	138. 29	58. 45	40. 20
三　亚	26. 30	48. 43	59. 36	57. 37	30. 79
重　庆	655. 08	995. 37	817. 20	431. 66	316. 32
成　都	333. 99	488. 40	350. 13	121. 20	101. 52
贵　阳	49. 46	68. 82	38. 29	34. 55	30. 16
昆　明	249. 42	379. 68	367. 03	265. 20	111. 78
西　安	196. 53	268. 06	258. 31	232. 59	91. 78
兰　州	89. 50	115. 88	114. 94	113. 91	70. 63
西　宁	46. 29	56. 37	66. 15	11. 98	14. 05
银　川	115. 96	128. 73	162. 74	154. 77	94. 48
乌鲁木齐	77. 89	62. 52	117. 34	62. 73	31. 51

数据来源：国家统计局。

表 5-59　2019 年四十座重点城市住宅现房销售面积（月度累计）

单位：万平方米

城　市	1—3 月	1—4 月	1—5 月	1—6 月	1—7 月	1—8 月	1—9 月	1—10 月	1—11 月	1—12 月
合　计	**1025.45**	**1413.95**	**1952.89**	**2841.36**	**3218.13**	**3566.57**	**4128.25**	**4545.80**	**5078.27**	**6006.63**
北　京	34.36	43.31	55.95	71.70	87.82	103.46	111.13	124.74	148.66	226.53
天　津	38.67	45.55	56.62	74.57	85.21	106.78	114.05	128.46	147.16	172.09
石家庄	14.77	19.89	32.02	63.41	64.95	68.69	77.68	83.28	85.63	89.49
太　原	11.17	14.94	18.47	22.00	25.92	28.22	30.91	33.40	36.78	39.38
呼和浩特	1.97	3.11	3.99	22.36	23.61	24.42	25.26	26.30	26.82	32.34
沈　阳	36.61	59.45	80.34	99.95	124.71	140.60	175.86	195.97	214.31	232.79
大　连	26.94	36.35	65.09	79.11	87.58	97.18	106.64	116.55	129.45	155.05
长　春	13.20	17.34	32.09	53.14	58.58	72.54	105.53	134.51	176.73	165.73
哈尔滨	24.68	38.46	61.92	110.97	139.89	152.68	174.87	190.21	214.92	223.89
上　海	89.26	123.22	137.55	216.41	245.95	262.96	330.27	380.25	409.35	493.40
南　京	42.89	58.73	148.93	199.89	218.64	236.45	266.03	276.82	314.39	368.47
无　锡	40.19	61.65	79.91	105.99	118.23	133.72	144.33	157.04	179.79	200.36
苏　州	37.35	60.10	82.53	132.41	161.07	181.67	208.79	238.73	262.95	296.39
杭　州	16.59	16.56	18.04	22.32	30.73	39.15	42.98	43.29	57.69	68.95
宁　波	13.38	19.39	23.54	28.56	34.53	43.66	55.84	56.11	60.26	63.95
温　州	14.80	20.31	30.38	51.00	53.46	54.41	57.43	58.02	65.99	71.48
合　肥	7.78	15.90	23.81	36.18	53.00	60.99	69.16	74.87	81.08	96.59
福　州	33.66	46.94	66.60	79.67	82.92	86.15	93.15	98.85	102.42	115.70
厦　门	3.35	3.57	6.34	12.33	13.61	15.08	16.03	16.81	18.38	23.28
南　昌	57.48	84.18	118.37	153.11	174.16	192.13	219.21	234.40	249.54	292.06
济　南	3.89	4.83	6.12	7.26	10.26	12.11	24.18	24.90	28.03	54.96
青　岛	12.60	15.68	23.18	28.09	32.00	40.50	44.48	52.91	67.74	74.08
郑　州	71.60	91.76	140.44	239.79	259.03	278.23	314.14	343.20	374.61	571.43
武　汉	29.76	47.19	56.87	130.48	138.92	142.49	176.56	179.72	197.51	224.54
长　沙	15.03	22.07	30.00	48.98	61.62	68.73	81.98	127.05	143.51	168.01
广　州	34.97	48.41	60.88	123.75	139.10	155.13	211.07	222.40	272.34	303.45
深　圳	18.01	28.09	37.40	49.32	57.29	63.46	75.37	93.92	110.54	131.95
南　宁	18.80	26.04	32.95	40.41	48.35	55.19	60.47	66.50	71.22	78.77
北　海	5.93	12.67	15.02	21.19	23.56	25.22	27.52	29.30	32.58	38.30
海　口	8.48	7.78	8.22	10.37	13.15	16.33	20.69	23.96	27.17	40.20
三　亚	14.43	18.70	21.68	24.64	26.98	27.32	27.54	28.06	28.92	30.79
重　庆	107.64	123.70	151.30	186.05	217.47	229.19	262.81	273.83	288.26	316.32
成　都	16.54	25.38	36.13	52.72	56.95	60.57	63.01	70.84	75.86	101.52
贵　阳	12.15	15.83	16.78	18.49	19.43	20.60	22.57	23.80	29.19	30.16
昆　明	40.48	54.87	69.74	88.72	78.08	87.39	89.86	95.14	102.15	111.78
西　安	17.69	20.50	25.80	38.68	38.04	45.04	48.95	53.45	67.25	91.78
兰　州	13.46	21.11	28.24	34.95	40.97	51.74	55.46	60.64	65.76	70.63
西　宁	1.22	7.54	8.80	11.92	12.62	13.58	16.01	17.55	12.62	14.05
银　川	20.00	26.72	32.68	39.99	45.51	52.84	59.35	66.21	74.04	94.48
乌鲁木齐	3.69	6.16	8.18	10.48	14.24	19.99	21.02	23.81	26.65	31.51

数据来源：国家统计局。

表 5-60 2015—2019 年四十座重点城市住宅期房销售面积

单位：万平方米

城 市	2015 年	2016 年	2017 年	2018 年	2019 年
合 计	**34576.98**	**42050.24**	**40229.91**	**43112.02**	**44290.65**
北 京	795.67	621.11	381.03	324.31	562.49
天 津	1148.19	1741.83	1111.44	1014.44	1210.54
石家庄	344.81	513.87	527.07	492.92	584.46
太 原	365.66	441.97	649.62	721.16	606.10
呼和浩特	177.78	199.73	130.41	254.41	263.94
沈 阳	689.95	778.27	898.68	914.40	1128.34
大 连	417.82	372.88	417.61	475.20	447.69
长 春	590.93	619.56	797.26	972.16	990.40
哈尔滨	499.56	464.16	626.48	670.77	600.88
上 海	1286.74	1210.01	762.23	842.23	860.29
南 京	1100.67	1221.72	922.69	787.94	768.72
无 锡	666.41	843.44	733.58	901.48	1039.19
苏 州	1654.19	1820.99	1427.15	1457.24	1687.17
杭 州	1037.34	1452.67	1223.17	1208.34	1215.32
宁 波	656.59	847.51	1052.66	1158.25	1374.95
温 州	387.35	547.63	697.85	895.92	846.22
合 肥	1218.57	1620.44	909.05	1072.38	1059.13
福 州	680.02	918.23	1071.98	1156.70	1214.37
厦 门	305.94	289.71	204.14	147.66	251.42
南 昌	705.30	942.66	1137.84	1326.17	1288.83
济 南	836.83	1144.56	902.21	903.31	879.04
青 岛	1002.81	1501.66	1415.20	1476.74	1401.50
郑 州	1518.53	2367.46	2184.01	2548.00	2670.54
武 汉	1904.01	2635.44	2654.09	2965.94	2757.24
长 沙	1392.80	1820.06	1526.88	1851.81	1837.90
广 州	1041.30	1293.93	1101.32	947.03	803.12
深 圳	614.81	530.16	401.10	457.71	506.47
南 宁	799.23	1076.80	1182.08	1359.97	1471.56
北 海	132.21	140.98	236.50	329.67	342.13
海 口	274.72	316.73	349.08	272.99	333.29
三 亚	78.85	93.09	135.37	155.58	71.49
重 庆	3822.63	4110.09	4635.45	4993.11	4832.76
成 都	2113.14	2790.78	2626.34	2538.82	2463.34
贵 阳	740.34	757.40	830.69	908.74	839.24
昆 明	758.82	749.22	1020.73	1164.97	1373.06
西 安	1387.00	1598.44	1847.63	1908.53	1812.12
兰 州	489.12	598.05	494.46	452.01	602.86
西 宁	214.36	235.74	238.96	262.04	245.53
银 川	338.50	364.11	357.25	374.43	511.68
乌鲁木齐	387.52	457.14	408.63	446.55	535.34

数据来源：国家统计局。

表 5-61　2019 年四十座重点城市住宅期房销售面积（月度累计）

单位：万平方米

城　市	1—3 月	1—4 月	1—5 月	1—6 月	1—7 月	1—8 月	1—9 月	1—10 月	1—11 月	1—12 月
合　计	**7557.73**	**11048.94**	**14685.74**	**19916.08**	**23411.01**	**26808.62**	**31172.30**	**34785.47**	**38754.36**	**44290.65**
北　京	88.04	157.23	206.07	258.26	308.43	353.27	383.97	428.11	462.24	562.49
天　津	186.12	303.29	431.04	575.71	672.49	800.91	919.48	1010.97	1119.85	1210.54
石家庄	58.72	96.50	151.69	235.25	295.34	349.31	384.78	437.27	509.60	584.46
太　原	110.55	163.20	229.98	288.08	336.21	384.40	429.78	501.41	560.74	606.10
呼和浩特	31.26	42.48	61.25	71.29	94.35	108.56	124.57	163.01	229.75	263.94
沈　阳	146.90	231.82	315.37	469.65	577.36	692.79	846.85	941.56	1049.48	1128.34
大　连	64.82	113.90	168.62	229.05	276.34	329.59	373.07	405.87	430.98	447.69
长　春	137.55	201.11	333.07	443.87	555.82	662.77	743.09	836.76	919.17	990.40
哈尔滨	69.52	130.24	174.96	220.53	261.81	326.56	413.86	482.11	535.14	600.88
上　海	179.74	234.22	272.73	371.81	507.32	578.55	656.35	746.96	797.94	860.29
南　京	100.54	164.05	248.70	334.07	392.13	475.75	558.91	615.55	674.65	768.72
无　锡	155.49	250.10	337.03	464.20	544.68	618.49	733.50	821.07	899.61	1039.19
苏　州	335.48	504.94	654.74	805.60	982.20	1114.47	1260.60	1399.21	1522.92	1687.17
杭　州	197.38	320.94	428.12	542.79	638.32	720.55	843.73	929.03	1042.10	1215.32
宁　波	245.74	385.53	495.59	689.55	816.44	928.24	1035.56	1143.27	1234.04	1374.95
温　州	122.97	173.24	261.49	407.70	448.12	505.61	628.86	685.83	770.77	846.22
合　肥	218.86	298.46	392.85	525.12	605.50	680.14	772.51	854.55	921.52	1059.13
福　州	240.48	329.50	410.59	572.23	646.30	711.14	820.09	909.93	991.76	1214.37
厦　门	38.97	59.11	77.10	114.35	138.28	155.90	180.91	209.54	229.70	251.42
南　昌	156.02	241.95	322.29	453.42	548.34	680.21	812.81	940.35	1064.96	1288.83
济　南	179.07	243.31	317.83	418.09	480.32	544.51	643.58	726.44	812.44	879.04
青　岛	200.24	313.83	442.62	590.14	689.13	749.53	952.58	1056.79	1211.38	1401.50
郑　州	448.52	637.30	812.90	1171.39	1405.76	1593.51	1858.02	2042.22	2252.76	2670.54
武　汉	487.27	698.10	935.31	1383.61	1548.82	1735.39	2007.03	2149.30	2429.80	2757.24
长　沙	261.10	407.59	504.81	758.86	886.51	1038.29	1233.87	1389.41	1583.34	1837.90
广　州	160.62	227.45	302.96	394.42	448.30	504.16	569.59	627.52	681.34	803.12
深　圳	68.28	103.25	148.11	216.33	253.90	286.19	334.07	378.05	425.80	506.47
南　宁	234.37	348.71	436.56	568.60	702.37	802.80	930.94	1094.31	1219.80	1471.56
北　海	49.08	84.37	122.74	162.39	197.57	223.16	255.97	269.04	287.66	342.13
海　口	52.85	92.45	110.51	154.23	183.69	213.89	244.25	263.47	298.60	333.29
三　亚	25.44	28.06	32.85	40.11	42.91	48.99	57.04	60.41	65.20	71.49
重　庆	1121.23	1545.72	1972.42	2501.69	2844.46	3196.38	3625.84	3985.18	4287.27	4832.76
成　都	498.06	647.17	840.73	1118.81	1274.98	1417.18	1631.00	1811.00	2097.04	2463.34
贵　阳	151.48	208.81	265.74	375.16	425.93	492.56	564.63	630.64	698.50	839.24
昆　明	216.82	307.43	408.95	540.89	634.26	746.32	888.86	1012.85	1188.27	1373.06
西　安	278.09	397.49	539.31	759.71	880.30	992.35	1215.42	1345.03	1553.30	1812.12
兰　州	76.98	115.35	164.76	216.40	278.71	346.49	432.38	492.26	552.10	602.86
西　宁	25.89	34.26	57.34	111.05	142.87	160.33	186.26	205.63	229.35	245.53
银　川	76.18	108.99	141.18	175.66	220.63	271.63	316.84	395.33	451.38	511.68
乌鲁木齐	60.99	97.47	154.85	186.02	223.83	267.75	300.83	388.23	462.10	535.34

数据来源：国家统计局。

表 5-62　2015—2019 年四十座重点城市办公楼销售面积

单位：万平方米

城　市	2015 年	2016 年	2017 年	2018 年	2019 年
合　计	**2130.03**	**2848.30**	**3284.37**	**3128.17**	**2587.28**
北　京	243.02	413.86	108.34	75.78	53.38
天　津	15.93	31.06	43.28	37.46	23.99
石家庄	63.76	61.26	74.96	53.25	75.21
太　原	11.24	30.45	30.38	24.56	25.72
呼和浩特	4.08	9.81	19.62	12.35	1.72
沈　阳	17.33	10.77	11.14	11.50	5.17
大　连	5.45	15.33	15.05	4.57	7.89
长　春	15.80	28.96	49.97	48.41	34.23
哈尔滨	14.73	20.27	40.05	14.70	10.43
上　海	197.41	306.40	124.10	147.08	100.83
南　京	31.84	53.28	76.92	71.85	45.78
无　锡	40.21	29.74	36.57	29.84	28.38
苏　州	54.81	57.93	86.08	58.57	53.84
杭　州	81.74	224.74	284.84	174.26	121.48
宁　波	41.44	60.13	64.88	117.92	85.10
温　州	21.12	16.01	7.14	13.67	17.65
合　肥	68.64	129.10	115.60	86.51	57.92
福　州	44.86	55.05	119.55	101.79	149.90
厦　门	64.17	64.62	124.12	134.01	85.75
南　昌	30.56	58.38	107.80	86.67	73.76
济　南	156.84	58.11	50.31	74.06	49.18
青　岛	56.57	55.53	97.88	76.71	71.15
郑　州	96.88	95.74	137.75	147.82	141.07
武　汉	35.21	92.11	156.57	175.70	117.08
长　沙	36.40	82.15	114.12	106.87	92.26
广　州	152.60	153.09	176.96	189.25	153.81
深　圳	56.54	50.57	98.56	96.60	96.57
南　宁	25.67	31.08	58.10	62.94	37.45
北　海	0.33	0.46	3.08	0.14	0.47
海　口	7.07	6.97	13.27	20.45	17.01
三　亚	1.98	1.69	3.04	16.44	9.47
重　庆	115.84	106.99	168.47	127.37	83.64
成　都	94.31	116.22	235.26	273.37	293.43
贵　阳	49.23	58.98	86.21	62.81	75.37
昆　明	53.95	104.49	97.96	104.27	73.83
西　安	50.30	64.04	145.19	209.61	171.54
兰　州	9.14	43.20	27.04	13.75	8.38
西　宁	23.35	18.96	26.61	8.38	7.59
银　川	12.70	6.79	15.86	17.60	10.28
乌鲁木齐	26.99	24.00	31.71	39.30	19.56

数据来源：国家统计局。

表 5-63 2019 年四十座重点城市办公楼销售面积（月度累计）

单位：万平方米

城 市	1—3 月	1—4 月	1—5 月	1—6 月	1—7 月	1—8 月	1—9 月	1—10 月	1—11 月	1—12 月
合 计	**473.03**	**671.73**	**892.01**	**1254.39**	**1421.52**	**1610.19**	**1830.98**	**1993.67**	**2208.85**	**2587.28**
北 京	8.28	18.02	19.23	21.36	23.47	25.81	29.13	33.04	37.94	53.38
天 津	3.42	4.19	5.63	9.12	10.30	11.66	12.35	12.66	13.59	23.99
石家庄	7.55	11.23	20.71	38.74	41.05	43.27	45.93	47.68	59.92	75.21
太 原	2.97	4.64	7.42	9.28	11.33	13.48	14.02	19.46	21.29	25.72
呼和浩特	0.49	1.01	1.02	1.10	1.18	1.42	1.49	1.53	1.62	1.72
沈 阳	0.56	1.23	1.67	1.89	2.57	3.17	3.53	3.69	4.92	5.17
大 连	0.86	1.16	1.39	1.97	2.12	2.72	2.85	4.17	7.59	7.89
长 春	9.61	10.61	12.41	17.48	18.53	20.17	22.04	24.12	29.96	34.23
哈尔滨	1.10	2.49	4.07	4.86	5.21	5.83	6.78	8.61	9.57	10.43
上 海	20.50	27.19	38.56	47.39	54.99	62.47	78.63	84.46	87.25	100.83
南 京	7.49	13.13	25.82	25.15	28.36	31.35	33.68	35.29	37.31	45.78
无 锡	3.98	7.60	9.56	12.58	14.65	16.72	20.72	24.11	26.17	28.38
苏 州	11.09	16.26	22.12	25.54	30.88	39.89	44.01	46.23	50.00	53.84
杭 州	22.05	31.95	44.13	57.06	67.07	74.68	80.36	86.06	96.66	121.48
宁 波	25.94	33.61	39.39	46.81	50.53	57.19	68.45	73.22	78.00	85.10
温 州	0.64	0.82	0.98	6.84	6.88	11.21	15.76	16.02	17.50	17.65
合 肥	13.86	19.08	24.25	30.83	37.21	39.75	42.62	45.64	48.01	57.92
福 州	29.12	38.05	45.16	82.81	93.52	101.00	116.81	127.67	134.87	149.90
厦 门	10.52	25.21	36.84	59.00	62.42	64.89	67.91	70.58	77.10	85.75
南 昌	7.30	9.96	15.87	30.04	34.40	39.42	45.16	51.45	57.88	73.76
济 南	4.17	7.16	19.78	29.85	35.56	38.31	41.16	43.13	45.69	49.18
青 岛	12.63	16.34	23.17	26.21	28.15	34.18	38.77	42.63	48.93	71.15
郑 州	35.11	47.73	56.50	64.56	79.24	90.64	103.60	110.81	123.68	141.07
武 汉	21.40	28.25	33.15	52.41	60.56	76.19	94.65	96.74	106.40	117.08
长 沙	9.15	13.66	20.51	32.42	43.33	48.83	60.58	67.47	76.48	92.26
广 州	35.14	43.52	52.88	72.62	81.12	88.88	99.06	108.83	123.08	153.81
深 圳	14.02	28.17	32.68	38.70	42.31	50.84	61.49	69.14	81.88	96.57
南 宁	3.39	7.63	9.57	11.79	14.02	22.60	24.48	27.70	31.58	37.45
北 海	0.04	0.06	0.07	0.07	0.07	0.11	0.11	0.11	0.43	0.47
海 口	5.14	5.23	5.46	9.04	10.14	10.95	12.75	13.26	14.03	17.01
三 亚	8.30	8.40	8.42	8.64	8.64	8.94	9.43	9.47	9.47	9.47
重 庆	22.83	26.70	34.44	42.52	46.69	50.97	61.04	67.07	71.33	83.64
成 都	59.53	86.05	121.89	155.85	173.32	198.32	218.22	226.07	261.55	293.43
贵 阳	25.20	28.25	31.77	47.73	49.60	56.17	59.82	68.54	71.75	75.37
昆 明	4.17	9.00	14.30	27.29	34.05	36.39	39.73	51.62	59.33	73.83
西 安	18.72	29.16	38.51	86.86	97.57	106.91	125.21	136.51	145.07	171.54
兰 州	1.19	1.89	2.55	3.80	4.24	6.66	6.83	7.45	7.87	8.38
西 宁	0.11	0.15	0.30	0.28	0.65	0.69	0.77	7.38	7.53	7.59
银 川	1.77	2.22	3.30	4.86	5.57	6.25	7.14	8.45	8.80	10.28
乌鲁木齐	3.65	4.75	6.53	9.04	10.02	11.26	13.94	15.63	16.82	19.56

数据来源：国家统计局。

表 5-64 2015—2019 年四十座重点城市办公楼现房销售面积

单位：万平方米

城市	2015 年	2016 年	2017 年	2018 年	2019 年
合计	**581.25**	**787.69**	**941.36**	**814.94**	**605.27**
北京	78.14	156.59	44.68	48.63	27.93
天津	9.04	11.47	31.99	20.53	11.33
石家庄	38.36	26.14	33.30	0.54	3.19
太原	2.07	0.98	2.64	0.04	3.92
呼和浩特	1.05	3.90	5.49	6.16	0.66
沈阳	13.69	6.00	4.04	8.51	3.90
大连	1.21	12.85	4.33	3.62	3.41
长春	5.84	3.97	7.29	7.42	12.65
哈尔滨	7.54	5.76	11.06	4.98	4.25
上海	76.13	95.96	70.52	72.50	60.05
南京	7.88	11.01	9.48	2.21	10.34
无锡	20.02	21.32	27.35	19.68	15.18
苏州	13.88	16.85	28.15	36.42	30.88
杭州	23.19	48.40	101.34	66.85	32.99
宁波	24.14	33.77	24.02	51.08	23.77
温州	7.53	3.21	2.47	3.02	1.80
合肥	16.35	32.41	42.04	28.76	11.06
福州	6.86	3.68	14.78	5.33	1.04
厦门	10.83	9.28	22.22	32.09	8.98
南昌	10.72	14.99	25.00	10.35	13.25
济南	8.85	13.10	26.41	10.30	7.18
青岛	13.07	21.89	32.53	32.34	22.72
郑州	9.05	11.39	17.06	21.85	8.70
武汉	10.76	10.10	49.75	43.84	23.84
长沙	10.10	25.02	40.33	26.79	30.66
广州	43.89	12.63	16.29	18.10	58.40
深圳	9.29	6.59	39.02	22.86	11.75
南宁	2.09	6.42	8.10	10.33	4.24
北海	0.33	—	—	—	0.05
海口	0.12	0.62	7.71	5.48	5.28
三亚	0.44	0.04	2.96	0.95	6.12
重庆	34.38	51.73	60.83	67.60	36.99
成都	25.73	32.38	39.19	28.35	21.70
贵阳	10.01	19.46	24.02	5.40	32.71
昆明	13.46	41.48	16.85	27.26	17.34
西安	7.11	0.97	29.55	35.20	23.08
兰州	1.04	4.98	3.54	4.68	0.64
西宁	0.99	4.25	5.17	0.20	1.15
银川	3.11	3.19	2.96	13.68	8.07
乌鲁木齐	2.95	2.92	6.91	10.98	4.05

数据来源：国家统计局。

表 5-65　2019 年四十座重点城市办公楼现房销售面积（月度累计）

单位：万平方米

城　市	1—3 月	1—4 月	1—5 月	1—6 月	1—7 月	1—8 月	1—9 月	1—10 月	1—11 月	1—12 月
合　计	**141.26**	**167.07**	**214.67**	**291.65**	**326.72**	**371.12**	**409.83**	**449.76**	**512.05**	**605.27**
北　京	7.09	8.74	9.43	11.20	13.27	15.12	16.48	19.25	22.48	27.93
天　津	2.07	2.54	3.43	4.74	5.65	6.67	7.10	7.72	8.56	11.33
石家庄	—	—	—	2.99	3.09	3.19	3.19	3.19	3.19	3.19
太　原	0.16	0.18	0.78	0.99	1.01	2.17	2.24	2.30	2.53	3.92
呼和浩特	0.10	0.14	0.15	0.23	0.31	0.36	0.43	0.47	0.56	0.66
沈　阳	0.52	0.89	1.36	1.51	1.82	2.02	2.32	2.44	3.66	3.90
大　连	0.22	0.39	0.61	1.20	1.35	1.81	1.94	3.01	3.14	3.41
长　春	5.64	5.81	5.94	7.02	7.19	7.48	7.67	8.61	12.44	12.65
哈尔滨	0.49	0.54	1.46	1.66	1.84	2.20	2.79	3.98	4.16	4.25
上　海	8.07	14.61	22.42	28.77	35.82	42.50	47.33	50.25	51.76	60.05
南　京	0.23	0.49	5.30	4.86	4.90	6.04	6.10	6.19	6.25	10.34
无　锡	2.43	3.76	4.94	7.20	8.28	9.07	12.12	13.71	14.61	15.18
苏　州	6.57	9.47	10.94	12.06	15.81	23.50	26.53	27.77	30.18	30.88
杭　州	5.90	7.95	11.99	17.94	19.40	22.76	23.90	25.91	29.73	32.99
宁　波	8.86	9.89	12.86	14.27	14.84	15.59	18.54	19.35	21.06	23.77
温　州	0.05	0.05	0.05	0.05	0.05	0.14	0.14	0.36	1.79	1.80
合　肥	1.54	1.84	2.45	3.73	4.82	5.26	5.64	6.14	6.37	11.06
福　州	0.64	0.68	0.77	0.77	0.78	0.79	0.80	0.74	0.76	1.04
厦　门	1.61	2.39	3.09	7.35	7.40	7.86	9.43	9.94	10.14	8.98
南　昌	2.10	2.27	3.02	6.30	6.40	6.53	9.24	9.80	10.09	13.25
济　南	0.42	0.57	4.15	4.31	6.35	6.50	6.64	6.78	6.93	7.18
青　岛	5.22	5.97	6.41	7.14	7.40	8.22	9.29	9.71	12.29	22.72
郑　州	3.98	4.55	4.81	5.52	5.94	6.21	6.57	6.72	7.14	8.70
武　汉	8.49	10.38	10.62	13.13	13.57	15.36	16.62	16.96	21.49	23.84
长　沙	0.87	1.45	2.46	8.29	11.05	11.79	15.03	17.06	21.21	30.66
广　州	21.04	23.38	25.39	29.28	31.96	33.38	35.17	38.22	43.68	58.40
深　圳	1.74	2.40	3.09	3.53	4.24	5.52	5.88	6.67	9.51	11.75
南　宁	0.32	1.02	0.85	0.91	1.06	1.65	1.93	2.64	3.53	4.24
北　海	—	—	—	—	—	0.04	0.04	0.04	0.05	0.05
海　口	0.73	0.73	0.87	3.30	3.30	3.70	4.81	4.89	5.18	5.28
三　亚	6.09	6.11	6.11	6.11	6.11	6.11	6.11	6.12	6.12	6.12
重　庆	10.14	11.44	15.30	19.28	20.06	23.71	26.75	29.59	31.18	36.99
成　都	7.20	3.44	4.02	5.69	6.18	6.93	7.13	7.69	19.64	21.70
贵　阳	12.84	12.88	15.26	25.30	25.39	28.22	28.90	30.42	31.49	32.71
昆　明	0.58	0.90	1.69	5.61	6.37	6.90	7.14	14.71	16.55	17.34
西　安	5.17	6.33	8.20	12.31	15.42	16.53	17.16	18.82	20.46	23.08
兰　州	0.21	0.22	0.23	0.37	0.47	0.48	0.51	0.56	0.62	0.64
西　宁	0.05	0.07	0.22	0.22	0.34	0.34	0.39	0.43	0.46	1.15
银　川	1.11	1.54	2.60	4.13	4.78	5.41	6.30	6.96	7.31	8.07
乌鲁木齐	0.77	1.08	1.42	2.62	2.70	3.05	3.55	3.66	3.75	4.05

数据来源：国家统计局。

表 5-66 2015—2019 年四十座重点城市办公楼期房销售面积

单位：万平方米

城市	2015 年	2016 年	2017 年	2018 年	2019 年
合计	**1548.78**	**2060.61**	**2343.00**	**2313.22**	**1982.01**
北京	164.88	257.27	63.66	27.15	25.45
天津	6.88	19.59	11.29	16.93	12.66
石家庄	25.40	35.12	41.66	52.71	72.03
太原	9.17	29.47	27.74	24.52	21.81
呼和浩特	3.03	5.91	14.13	6.19	1.06
沈阳	3.64	4.77	7.10	2.99	1.27
大连	4.24	2.47	10.73	0.94	4.48
长春	9.96	24.99	42.67	40.99	21.58
哈尔滨	7.18	14.51	28.99	9.72	6.18
上海	121.28	210.44	53.59	74.58	40.78
南京	23.96	42.27	67.44	69.64	35.44
无锡	20.18	8.42	9.22	10.16	13.20
苏州	40.93	41.08	57.94	22.15	22.96
杭州	58.55	176.34	183.50	107.41	88.49
宁波	17.30	26.35	40.86	66.84	61.33
温州	13.59	12.80	4.66	10.65	15.85
合肥	52.29	96.69	73.56	57.75	46.86
福州	38.00	51.37	104.78	96.46	148.86
厦门	53.34	55.34	101.90	101.92	76.76
南昌	19.84	43.39	82.80	76.32	60.50
济南	147.99	45.02	23.91	63.77	41.99
青岛	43.50	33.64	65.36	44.37	48.43
郑州	87.83	84.35	120.70	125.96	132.37
武汉	24.45	82.02	106.82	131.86	93.24
长沙	26.31	57.13	73.79	80.07	61.60
广州	108.72	140.46	160.67	171.15	95.41
深圳	47.25	43.99	59.54	73.74	84.82
南宁	23.58	24.66	50.00	52.61	33.22
北海	—	0.46	3.08	0.14	0.42
海口	6.94	6.34	5.57	14.97	11.73
三亚	1.54	1.65	0.08	15.49	3.35
重庆	81.46	55.26	107.64	59.77	46.64
成都	68.58	83.83	196.07	245.01	271.73
贵阳	39.22	39.52	62.18	57.41	42.67
昆明	40.49	63.01	81.11	77.00	56.49
西安	43.19	63.07	115.64	174.42	148.46
兰州	8.10	38.22	23.51	9.06	7.74
西宁	22.36	14.71	21.44	8.18	6.45
银川	9.58	3.60	12.90	3.92	2.21
乌鲁木齐	24.03	21.09	24.80	28.31	15.51

数据来源：国家统计局。

表 5-67　2019 年四十座重点城市办公楼期房销售面积（月度累计）

单位：万平方米

城　市	1—3 月	1—4 月	1—5 月	1—6 月	1—7 月	1—8 月	1—9 月	1—10 月	1—11 月	1—12 月
合　计	331.77	504.67	677.34	962.74	1094.80	1239.07	1421.15	1543.91	1696.80	1982.01
北　京	1.20	9.28	9.80	10.17	10.20	10.69	12.65	13.79	15.47	25.45
天　津	1.35	1.66	2.20	4.38	4.65	4.99	5.25	4.94	5.03	12.66
石家庄	7.55	11.23	20.71	35.76	37.97	40.08	42.75	44.49	56.74	72.03
太　原	2.81	4.46	6.65	8.29	10.33	11.31	11.78	17.15	18.76	21.81
呼和浩特	0.40	0.87	0.87	0.87	0.87	1.06	1.06	1.06	1.06	1.06
沈　阳	0.04	0.34	0.31	0.38	0.75	1.16	1.20	1.25	1.26	1.27
大　连	0.64	0.78	0.78	0.78	0.78	0.90	0.91	1.16	4.46	4.48
长　春	3.97	4.80	6.47	10.47	11.34	12.70	14.37	15.51	17.53	21.58
哈尔滨	0.61	1.95	2.61	3.20	3.37	3.63	3.99	4.63	5.41	6.18
上　海	12.43	12.59	16.14	18.62	19.17	19.98	31.29	34.21	35.49	40.78
南　京	7.27	12.64	20.52	20.28	23.46	25.32	27.58	29.10	31.06	35.44
无　锡	1.50	3.84	4.62	5.38	6.37	7.65	8.61	10.40	11.56	13.20
苏　州	4.53	6.79	11.17	13.48	15.07	16.38	17.48	18.46	19.82	22.96
杭　州	16.15	24.00	32.13	39.11	47.67	51.92	56.47	60.16	66.93	88.49
宁　波	17.08	23.71	26.53	32.54	35.69	41.60	49.91	53.87	56.93	61.33
温　州	0.59	0.77	0.94	6.79	6.83	11.07	15.62	15.65	15.72	15.85
合　肥	12.32	17.24	21.80	27.09	32.39	34.49	36.98	39.50	41.64	46.86
福　州	28.48	37.38	44.39	82.04	92.74	100.20	116.01	126.93	134.11	148.86
厦　门	8.91	22.82	33.75	51.64	55.01	57.03	58.49	60.64	66.96	76.76
南　昌	5.20	7.69	12.85	23.74	28.00	32.89	35.92	41.65	47.78	60.50
济　南	3.75	6.59	15.64	25.55	29.21	31.81	34.52	36.35	38.76	41.99
青　岛	7.41	10.37	16.75	19.07	20.75	25.96	29.47	32.92	36.63	48.43
郑　州	31.13	43.19	51.69	59.05	73.31	84.43	97.03	104.09	116.54	132.37
武　汉	12.91	17.87	22.53	39.28	47.00	60.84	78.02	79.77	84.91	93.24
长　沙	8.28	12.20	18.04	24.13	32.29	37.05	45.55	50.42	55.27	61.60
广　州	14.10	20.14	27.49	43.35	49.15	55.50	63.89	70.61	79.40	95.41
深　圳	12.28	25.76	29.59	35.17	38.07	45.32	55.60	62.47	72.37	84.82
南　宁	3.08	6.60	8.72	10.87	12.96	20.95	22.55	25.05	28.05	33.22
北　海	0.04	0.06	0.07	0.07	0.07	0.07	0.07	0.07	0.38	0.42
海　口	4.41	4.50	4.59	5.74	6.83	7.25	7.94	8.36	8.85	11.73
三　亚	2.21	2.29	2.30	2.52	2.52	2.83	3.32	3.35	3.35	3.35
重　庆	12.69	15.26	19.14	23.24	26.63	27.26	34.29	37.47	40.14	46.64
成　都	52.33	82.61	117.87	150.17	167.14	191.39	211.09	218.38	241.92	271.73
贵　阳	12.36	15.37	16.51	22.43	24.20	27.95	30.92	38.12	40.26	42.67
昆　明	3.59	8.10	12.61	21.69	27.67	29.49	32.59	36.92	42.78	56.49
西　安	13.56	22.83	30.32	74.56	82.15	90.38	108.05	117.69	124.61	148.46
兰　州	0.99	1.67	2.32	3.43	3.77	6.18	6.32	6.89	7.24	7.74
西　宁	0.06	0.08	0.08	0.28	0.31	0.35	0.38	6.95	7.07	6.45
银　川	0.66	0.68	0.70	0.73	0.80	0.84	0.84	1.49	1.49	2.21
乌鲁木齐	2.88	3.67	5.12	6.42	7.32	8.21	10.39	11.97	13.07	15.51

数据来源：国家统计局。

表 5-68 2015-2019 年四十座重点城市商业营业用房销售面积

单位：万平方米

城市	2015 年	2016 年	2017 年	2018 年	2019 年
合计	**3159.65**	**3883.28**	**4306.02**	**4129.77**	**3503.50**
北京	84.81	125.85	74.63	35.02	32.77
天津	56.34	97.03	77.42	53.37	55.99
石家庄	117.61	80.36	112.12	46.07	16.03
太原	11.79	16.84	20.94	26.65	35.66
呼和浩特	28.40	59.49	36.00	29.67	18.58
沈阳	85.48	51.10	71.17	98.47	57.38
大连	20.78	24.94	41.29	43.05	25.21
长春	53.97	105.03	106.58	93.50	103.52
哈尔滨	54.55	102.89	97.31	96.70	99.90
上海	113.70	205.87	79.33	101.75	88.48
南京	64.49	80.50	106.60	132.30	76.14
无锡	78.18	74.26	89.10	72.72	77.38
苏州	114.95	146.02	115.90	108.28	108.72
杭州	57.78	127.94	165.03	158.87	103.81
宁波	79.78	85.81	76.24	94.83	72.66
温州	38.40	58.30	92.93	66.50	72.82
合肥	197.23	189.14	138.01	131.02	53.70
福州	70.93	72.95	112.26	126.12	97.29
厦门	28.78	36.67	34.99	51.58	40.66
南昌	48.12	91.58	163.70	163.35	186.64
济南	42.57	40.38	80.85	81.75	51.14
青岛	94.40	82.74	130.21	119.87	87.87
郑州	79.95	153.15	177.66	182.82	184.20
武汉	103.24	131.82	188.18	152.20	149.72
长沙	118.06	117.58	214.71	199.90	187.59
广州	96.80	119.66	93.09	101.99	106.58
深圳	19.84	23.49	27.22	24.13	39.79
南宁	29.47	52.54	47.05	91.58	64.08
北海	4.20	5.18	8.52	9.00	15.25
海口	24.87	16.45	29.87	20.59	22.15
三亚	0.41	4.09	4.61	11.35	5.20
重庆	463.05	622.18	634.37	513.97	417.88
成都	232.77	234.92	342.56	328.62	287.54
贵阳	99.15	77.73	87.73	87.79	131.97
昆明	129.08	124.53	140.13	143.04	97.06
西安	86.77	72.46	129.05	159.66	116.70
兰州	34.47	62.85	42.54	44.16	26.13
西宁	21.60	31.09	48.24	42.38	31.34
银川	51.23	48.43	35.97	43.24	31.92
乌鲁木齐	21.69	29.47	31.93	41.91	26.08

数据来源：国家统计局。

表 5-69　2019 年四十座重点城市商业营业用房销售面积（月度累计）

单位：万平方米

城　市	1—3 月	1—4 月	1—5 月	1—6 月	1—7 月	1—8 月	1—9 月	1—10 月	1—11 月	1—12 月
合　计	668.84	907.87	1153.06	1631.56	1889.37	2096.23	2449.51	2716.51	3036.12	3503.50
北　京	7.12	10.31	11.65	12.87	18.11	19.31	24.09	25.02	27.13	32.77
天　津	10.17	15.57	21.14	31.92	37.53	41.17	45.63	47.34	50.28	55.99
石家庄	2.66	4.03	6.08	11.77	11.97	12.21	12.42	13.78	14.13	16.03
太　原	3.77	6.43	11.17	20.88	24.83	26.78	28.47	31.35	33.20	35.66
呼和浩特	2.52	2.85	4.05	6.10	7.25	8.23	8.67	9.68	16.87	18.58
沈　阳	8.96	12.17	15.97	22.62	29.50	34.28	40.25	45.23	51.40	57.38
大　连	3.20	4.40	8.40	11.98	13.87	15.10	16.92	18.79	22.65	25.21
长　春	9.92	15.35	21.95	31.08	42.36	52.93	59.25	76.88	97.63	103.52
哈尔滨	5.82	13.29	18.97	26.38	37.55	46.93	59.09	69.19	91.80	99.90
上　海	11.62	21.18	28.83	39.08	57.09	50.70	64.66	74.94	75.84	88.48
南　京	19.17	25.82	40.67	51.51	56.80	59.66	63.30	67.81	71.42	76.14
无　锡	18.31	21.90	28.94	36.43	40.99	46.03	49.88	55.98	61.73	77.38
苏　州	35.35	41.88	50.60	59.04	67.08	74.50	82.72	91.73	98.76	108.72
杭　州	15.85	27.53	37.25	46.08	51.31	56.83	64.45	71.91	81.27	103.81
宁　波	13.14	19.06	24.39	34.20	39.99	46.94	53.94	56.34	64.07	72.66
温　州	13.59	16.41	21.75	30.70	31.79	36.35	49.44	53.20	60.88	72.82
合　肥	23.63	26.12	28.77	32.04	35.83	38.20	41.44	43.47	48.57	53.70
福　州	31.25	35.07	43.39	54.69	60.92	68.11	74.76	79.84	83.47	97.29
厦　门	12.25	13.79	14.29	21.64	23.09	25.13	33.36	34.60	37.20	40.66
南　昌	19.97	29.44	39.14	97.28	113.94	123.74	137.59	149.60	159.85	186.64
济　南	8.68	14.90	20.11	28.16	29.92	32.92	37.71	44.59	47.76	51.14
青　岛	21.70	25.24	33.21	41.37	45.26	48.49	56.78	61.78	75.00	87.87
郑　州	27.36	35.21	44.18	65.58	74.93	88.71	138.50	150.06	165.43	184.20
武　汉	35.98	52.72	57.70	79.56	87.03	91.85	100.53	118.46	127.29	149.72
长　沙	15.25	24.31	31.64	78.06	87.20	99.45	112.81	134.86	156.15	187.59
广　州	15.39	25.97	32.98	51.20	58.34	65.46	76.60	84.58	94.00	106.58
深　圳	7.12	20.21	11.41	16.67	20.12	21.43	26.70	30.12	32.91	39.79
南　宁	12.78	20.17	24.35	30.32	33.96	38.41	43.71	48.96	55.20	64.08
北　海	3.59	5.05	8.03	8.40	9.20	11.21	11.94	13.67	13.91	15.25
海　口	5.38	6.50	8.16	11.73	12.75	14.02	15.27	17.45	18.55	22.15
三　亚	1.09	1.28	1.85	3.35	3.43	3.44	4.10	4.19	4.74	5.20
重　庆	102.90	129.32	161.26	205.62	233.17	253.45	304.68	327.87	357.43	417.88
成　都	64.18	87.53	114.76	147.95	166.78	186.05	212.02	232.68	261.73	287.54
贵　阳	32.11	29.22	34.26	53.82	62.46	74.17	85.84	94.08	102.69	131.97
昆　明	16.64	22.97	27.48	39.59	52.96	60.13	66.93	73.27	84.98	97.06
西　安	13.28	19.30	30.34	49.89	60.89	65.84	76.87	83.60	94.60	116.70
兰　州	5.46	7.90	9.58	11.73	13.61	15.74	17.58	19.38	22.70	26.13
西　宁	1.28	1.92	3.48	6.15	8.11	10.34	15.63	16.67	24.46	31.34
银　川	7.15	10.12	12.51	14.18	15.94	18.32	20.70	23.96	26.09	31.92
乌鲁木齐	3.26	5.39	8.41	9.94	11.53	13.65	14.24	19.62	22.35	26.08

数据来源：国家统计局。

表 5-70 2015—2019 年四十座重点城市商业营业用房现房销售面积

单位：万平方米

城市	2015 年	2016 年	2017 年	2018 年	2019 年
合计	**1058.38**	**1344.41**	**1307.62**	**1139.94**	**1105.93**
北京	40.50	61.10	31.57	16.97	27.50
天津	28.47	44.85	39.90	27.64	18.74
石家庄	56.18	39.05	31.59	17.87	1.60
太原	6.83	1.76	3.95	1.86	0.62
呼和浩特	17.91	40.87	17.70	10.78	4.79
沈阳	36.62	22.37	24.29	13.11	21.10
大连	11.81	12.11	23.39	24.13	12.50
长春	14.99	32.85	39.71	23.04	46.06
哈尔滨	30.39	65.10	57.36	38.05	42.17
上海	59.67	107.86	56.57	57.91	56.14
南京	17.67	19.45	23.47	10.62	16.10
无锡	37.28	37.22	57.69	49.49	42.20
苏州	37.98	64.04	46.21	63.26	61.39
杭州	16.85	37.70	56.68	45.12	27.76
宁波	39.26	57.45	29.93	34.06	27.44
温州	6.26	18.11	19.17	14.50	17.86
合肥	20.84	22.66	24.47	10.91	15.20
福州	10.34	15.21	22.32	25.44	8.67
厦门	4.87	13.04	8.70	21.37	21.63
南昌	20.25	16.44	18.84	44.87	68.52
济南	20.26	8.19	15.46	16.69	4.63
青岛	41.28	34.32	39.42	36.22	23.78
郑州	20.40	32.79	19.59	34.51	26.64
武汉	54.55	57.27	62.85	17.42	41.12
长沙	32.65	38.70	54.90	42.99	29.88
广州	19.71	17.29	25.95	31.08	44.47
深圳	4.64	4.65	7.18	9.27	10.30
南宁	5.18	3.06	6.45	12.90	11.82
北海	2.28	2.84	5.20	1.54	3.05
海口	3.70	4.44	4.60	3.89	6.67
三亚	0.40	0.09	0.19	0.43	0.81
重庆	138.11	205.49	180.06	159.04	150.78
成都	50.03	50.82	86.11	83.42	65.79
贵阳	5.06	24.30	10.55	13.49	60.62
昆明	72.95	54.35	69.46	36.31	28.55
西安	31.55	17.33	33.61	43.64	30.41
兰州	14.19	20.18	12.48	7.27	3.76
西宁	2.99	3.66	9.59	3.83	1.82
银川	19.34	27.48	20.54	23.26	16.14
乌鲁木齐	4.15	7.91	9.94	11.74	6.90

数据来源：国家统计局。

表 5-71 2019 年四十座重点城市商业营业用房现房销售面积（月度累计）

单位：万平方米

城 市	1—3 月	1—4 月	1—5 月	1—6 月	1—7 月	1—8 月	1—9 月	1—10 月	1—11 月	1—12 月
合 计	**225.52**	**291.85**	**372.08**	**533.02**	**612.52**	**674.51**	**774.15**	**849.10**	**951.26**	**1105.93**
北 京	6.61	9.41	10.28	11.01	16.21	17.06	21.66	22.48	24.55	27.50
天 津	3.42	5.56	7.52	13.32	14.64	15.67	17.40	15.94	17.10	18.74
石家庄	—	—	0.40	0.40	0.40	0.40	0.40	0.45	0.50	1.60
太 原	0.38	0.41	0.41	0.41	0.41	0.41	0.48	0.63	0.66	0.62
呼和浩特	0.71	0.93	1.29	2.99	3.61	3.63	3.68	3.73	4.76	4.79
沈 阳	4.17	5.37	6.40	9.60	12.04	13.63	16.03	17.38	18.43	21.10
大 连	1.50	2.24	5.50	6.68	6.92	7.19	8.08	8.78	11.48	12.50
长 春	3.32	4.06	5.23	5.77	10.03	15.28	18.43	31.73	45.03	46.06
哈尔滨	2.13	5.10	7.11	9.30	17.65	21.18	28.95	33.75	40.52	42.17
上 海	5.19	10.23	16.15	21.54	25.80	28.07	38.50	43.33	47.30	56.14
南 京	0.85	1.56	8.96	12.45	12.96	13.66	14.06	14.29	14.81	16.10
无 锡	7.87	9.59	13.86	19.34	22.13	25.06	26.47	30.46	35.12	42.20
苏 州	24.91	27.83	33.51	37.59	41.17	44.56	48.65	52.53	55.72	61.39
杭 州	3.89	7.27	9.65	12.84	13.90	16.06	17.67	19.19	22.23	27.76
宁 波	5.39	7.21	8.71	9.74	13.12	15.62	19.34	20.03	25.62	27.44
温 州	2.90	2.98	4.43	8.34	8.69	9.04	11.18	12.83	16.14	17.86
合 肥	6.53	7.01	7.77	8.91	10.57	11.33	12.48	12.87	13.99	15.20
福 州	3.01	4.01	4.40	4.95	5.39	5.54	6.24	6.69	7.11	8.67
厦 门	6.00	6.24	6.27	9.67	10.01	10.90	18.45	19.44	20.24	21.63
南 昌	3.22	6.17	9.14	53.45	57.87	59.51	62.60	64.01	65.05	68.52
济 南	0.17	1.69	2.35	3.53	3.54	3.61	3.63	3.75	4.18	4.63
青 岛	5.30	6.27	9.19	10.32	10.94	11.73	12.37	14.01	16.67	23.78
郑 州	4.30	4.79	8.02	14.59	16.21	17.76	19.18	20.32	23.74	26.64
武 汉	18.08	20.30	21.86	24.49	25.95	26.58	29.93	32.07	35.33	41.12
长 沙	2.30	3.64	4.47	7.09	8.12	9.20	12.33	14.61	20.63	29.88
广 州	7.81	12.40	16.00	22.22	24.22	27.50	33.71	35.91	37.88	44.47
深 圳	1.56	3.45	4.32	4.73	7.24	7.84	8.34	8.79	9.42	10.30
南 宁	2.54	3.81	4.43	5.64	6.93	7.55	8.59	9.55	10.17	11.82
北 海	0.58	0.68	0.84	1.13	1.52	2.28	2.28	2.34	2.37	3.05
海 口	1.32	1.36	1.40	1.84	1.91	2.09	2.32	3.92	4.02	6.67
三 亚	0.25	0.25	0.63	0.75	0.75	0.76	0.79	0.81	0.81	0.81
重 庆	46.02	53.14	62.37	79.71	90.01	96.90	110.77	117.52	127.65	150.78
成 都	19.73	25.79	31.23	36.10	39.15	43.63	48.07	53.74	61.60	65.79
贵 阳	6.50	7.76	9.18	18.47	20.39	25.93	34.85	38.48	41.53	60.62
昆 明	6.96	9.34	10.52	15.31	17.42	19.17	20.33	21.28	23.67	28.55
西 安	3.98	5.02	7.27	16.42	20.79	22.32	18.20	19.91	21.46	30.41
兰 州	0.44	0.75	0.91	1.13	1.36	1.65	2.20	3.28	3.41	3.76
西 宁	0.14	0.34	0.74	0.52	0.62	0.65	0.76	0.76	0.81	1.82
银 川	4.81	6.67	7.64	8.49	9.29	10.41	11.44	12.75	13.84	16.14
乌鲁木齐	0.72	1.22	1.73	2.22	2.64	3.19	3.34	4.72	5.71	6.90

数据来源：国家统计局。

表 5-72 2015—2019 年四十座重点城市商业营业用房期房销售面积

单位：万平方米

城　市	2015 年	2016 年	2017 年	2018 年	2019 年
合　计	**2101.27**	**2538.87**	**2998.41**	**2989.84**	**2397.57**
北　京	44.30	64.75	43.06	18.05	5.28
天　津	27.88	52.19	37.52	25.73	37.26
石家庄	61.43	41.31	80.53	28.20	14.43
太　原	4.96	15.07	16.99	24.79	35.04
呼和浩特	10.49	18.62	18.30	18.89	13.79
沈　阳	48.85	28.73	46.89	85.36	36.28
大　连	8.97	12.83	17.90	18.92	12.71
长　春	38.97	72.17	66.88	70.46	57.46
哈尔滨	24.15	37.79	39.95	58.65	57.72
上　海	54.03	98.01	22.76	43.83	32.35
南　京	46.81	61.05	83.13	121.68	60.04
无　锡	40.90	37.04	31.41	23.23	35.18
苏　州	76.98	81.97	69.69	45.02	47.32
杭　州	40.94	90.24	108.35	113.75	76.04
宁　波	40.52	28.36	46.30	60.77	45.22
温　州	32.14	40.19	73.76	52.01	54.96
合　肥	176.39	166.48	113.53	120.12	38.50
福　州	60.59	57.74	89.94	100.69	88.63
厦　门	23.92	23.63	26.29	30.20	19.03
南　昌	27.87	75.13	144.86	118.49	118.12
济　南	22.30	32.19	65.39	65.06	46.51
青　岛	53.12	48.42	90.79	83.66	64.09
郑　州	59.54	120.36	158.06	148.31	157.56
武　汉	48.69	74.55	125.33	134.78	108.60
长　沙	85.41	78.88	159.81	156.90	157.70
广　州	77.09	102.38	67.13	70.91	62.11
深　圳	15.20	18.84	20.05	14.86	29.49
南　宁	24.28	49.48	40.60	78.67	52.26
北　海	1.92	2.33	3.33	7.46	12.19
海　口	21.17	12.01	25.26	16.70	15.48
三　亚	0.01	4.00	4.42	10.92	4.39
重　庆	324.94	416.69	454.32	354.94	267.10
成　都	182.74	184.09	256.45	245.20	221.75
贵　阳	94.09	53.43	77.18	74.30	71.35
昆　明	56.12	70.18	70.67	106.73	68.51
西　安	55.22	55.13	95.45	116.02	86.29
兰　州	20.28	42.68	30.07	36.89	22.37
西　宁	18.60	27.43	38.65	38.56	29.52
银　川	31.88	20.95	15.43	19.98	15.78
乌鲁木齐	17.55	21.56	21.99	30.17	19.17

数据来源：国家统计局。

表 5-73 2019 年四十座重点城市商业营业用房期房销售面积（月度累计）

单位：万平方米

城 市	1—3 月	1—4 月	1—5 月	1—6 月	1—7 月	1—8 月	1—9 月	1—10 月	1—11 月	1—12 月
合 计	**443.32**	**616.02**	**780.98**	**1098.54**	**1276.85**	**1421.72**	**1675.35**	**1867.41**	**2084.86**	**2397.57**
北 京	0.51	0.91	1.37	1.85	1.91	2.25	2.44	2.54	2.58	5.28
天 津	6.74	10.01	13.62	18.61	22.89	25.49	28.23	31.40	33.18	37.26
石家庄	2.66	4.03	5.68	11.37	11.57	11.81	12.02	13.33	13.63	14.43
太 原	3.39	6.02	10.75	20.47	24.42	26.37	27.99	30.71	32.53	35.04
呼和浩特	1.82	1.92	2.76	3.11	3.64	4.60	4.99	5.95	12.11	13.79
沈 阳	4.79	6.80	9.57	13.02	17.46	20.65	24.22	27.85	32.97	36.28
大 连	1.70	2.15	2.90	5.30	6.95	7.91	8.83	10.00	11.18	12.71
长 春	6.61	11.29	16.72	25.30	32.33	37.65	40.82	45.15	52.59	57.46
哈尔滨	3.69	8.20	11.86	17.08	19.90	25.75	30.14	35.44	51.28	57.72
上 海	6.43	10.95	12.68	17.55	31.28	22.62	26.16	31.61	28.55	32.35
南 京	18.31	24.26	31.71	39.06	43.84	46.00	49.24	53.52	56.61	60.04
无 锡	10.44	12.32	15.09	17.09	18.87	20.98	23.41	25.51	26.61	35.18
苏 州	10.44	14.05	17.09	21.46	25.91	29.94	34.08	39.20	43.04	47.32
杭 州	11.96	20.26	27.60	33.25	37.41	40.77	46.78	52.71	59.04	76.04
宁 波	7.75	11.84	15.68	24.45	26.87	31.32	34.61	36.31	38.45	45.22
温 州	10.69	13.43	17.31	22.36	23.10	27.31	38.27	40.38	44.74	54.96
合 肥	17.10	19.11	21.00	23.13	25.26	26.88	28.96	30.59	34.58	38.50
福 州	28.24	31.07	38.99	49.74	55.53	62.57	68.52	73.16	76.36	88.63
厦 门	6.25	7.56	8.02	11.98	13.09	14.23	14.91	15.15	16.96	19.03
南 昌	16.75	23.27	30.00	43.82	56.07	64.24	74.99	85.59	94.81	118.12
济 南	8.51	13.21	17.76	24.63	26.38	29.31	34.07	40.84	43.58	46.51
青 岛	16.40	18.97	24.02	31.06	34.32	36.76	44.41	47.77	58.33	64.09
郑 州	23.06	30.42	36.16	50.99	58.72	70.96	119.32	129.74	141.69	157.56
武 汉	17.90	32.43	35.85	55.07	61.09	65.27	70.60	86.39	91.97	108.60
长 沙	12.95	20.67	27.16	70.97	79.07	90.25	100.49	120.25	135.52	157.70
广 州	7.58	13.57	16.97	28.98	34.12	37.96	42.88	48.67	56.12	62.11
深 圳	5.56	16.75	7.09	11.94	12.88	13.59	18.36	21.33	23.49	29.49
南 宁	10.24	16.36	19.91	24.68	27.03	30.87	35.12	39.41	45.03	52.26
北 海	3.02	4.38	7.19	7.26	7.68	8.94	9.66	11.34	11.54	12.19
海 口	4.06	5.14	6.76	9.89	10.84	11.93	12.95	13.53	14.53	15.48
三 亚	0.85	1.03	1.23	2.60	2.68	2.68	3.32	3.38	3.92	4.39
重 庆	56.88	76.18	98.88	125.90	143.16	156.55	193.91	210.35	229.78	267.10
成 都	44.44	61.74	83.53	111.85	127.63	142.42	163.95	178.94	200.13	221.75
贵 阳	25.61	21.46	25.08	35.35	42.07	48.25	50.99	55.60	61.16	71.35
昆 明	9.68	13.63	16.96	24.28	35.54	40.95	46.60	51.99	61.31	68.51
西 安	9.31	14.28	23.08	33.47	40.10	43.52	58.68	63.68	73.14	86.29
兰 州	5.01	7.16	8.67	10.60	12.26	14.09	15.39	16.10	19.29	22.37
西 宁	1.14	1.58	2.74	5.63	7.50	9.70	14.87	15.91	23.65	29.52
银 川	2.34	3.45	4.87	5.69	6.64	7.91	9.27	11.20	12.25	15.78
乌鲁木齐	2.53	4.17	6.67	7.72	8.89	10.47	10.90	14.89	16.64	19.17

数据来源：国家统计局。

2. 四十座重点城市房地产销售金额

表 5-74　2015—2019 年四十座重点城市商品房销售金额

单位：亿元

城市	2015 年	2016 年	2017 年	2018 年	2019 年
合计	**48841.11**	**67019.51**	**69072.94**	**77182.07**	**81720.76**
北京	3517.65	4561.60	2796.03	2377.00	3370.98
天津	1790.01	3478.22	2272.30	2006.62	2274.14
石家庄	651.80	661.20	1044.85	882.91	728.19
太原	336.55	467.57	709.09	928.28	828.58
呼和浩特	198.29	273.36	206.05	330.52	327.37
沈阳	730.70	844.16	1048.30	1204.72	1481.46
大连	569.10	661.78	866.29	895.93	788.79
长春	530.12	667.37	805.01	1062.34	1178.19
哈尔滨	575.17	706.72	1058.66	967.40	957.10
上海	5093.55	6695.85	4026.67	4751.50	5203.82
南京	1772.89	2766.35	2237.74	2731.98	2510.15
无锡	775.37	1106.02	1247.26	1575.70	1919.55
苏州	2200.00	3322.54	2893.63	3117.83	3728.98
杭州	2137.59	3666.98	4180.99	4008.49	3923.64
宁波	1078.55	1501.14	2056.77	2459.64	2583.12
温州	660.59	1010.29	1316.42	1560.25	1625.13
合肥	1222.90	1966.04	1379.75	1687.91	1766.62
福州	1065.93	1354.29	1863.55	2315.10	2332.72
厦门	920.29	1058.82	1192.98	1106.85	1223.32
南昌	642.03	1022.91	1373.16	1580.58	1817.33
济南	916.25	1175.49	1172.91	1474.91	1316.56
青岛	1262.86	1789.95	1999.20	2282.46	2247.00
郑州	1430.99	2333.89	2673.82	3134.00	3403.56
武汉	2247.76	3271.20	4148.65	4780.50	4751.24
长沙	1117.22	1675.06	1738.73	1958.67	2021.46
广州	2415.52	3193.33	3099.52	3102.66	3275.35
深圳	2822.17	3323.64	3216.65	3908.42	4500.34
南宁	665.08	914.24	1200.77	1358.14	1517.49
北海	91.62	106.13	212.92	275.09	287.05
海口	296.77	391.31	658.86	520.49	677.82
三亚	203.61	280.22	551.46	601.37	306.77
重庆	2952.21	3432.00	4557.85	5272.70	5129.42
成都	2060.87	2948.07	3428.37	3633.40	3850.62
贵阳	578.55	584.93	776.84	1043.31	1148.85
昆明	964.83	1069.17	1463.59	1999.90	2145.60
西安	1146.01	1344.20	2093.73	2666.55	2726.98
兰州	407.93	547.07	532.81	509.05	547.91
西宁	179.58	208.38	257.85	242.97	288.77
银川	262.09	270.57	308.16	360.03	437.51
乌鲁木齐	350.12	367.48	404.72	505.88	571.28

数据来源：国家统计局。

表 5-75　2019 年四十座重点城市商品房销售金额（月度累计）

单位：亿元

城市	1—3 月	1—4 月	1—5 月	1—6 月	1—7 月	1—8 月	1—9 月	1—10 月	1—11 月	1—12 月
合　计	**13586.74**	**20175.71**	**26672.48**	**36607.82**	**43081.21**	**49129.26**	**57178.59**	**63613.55**	**70997.87**	**81720.76**
北　京	531.40	897.64	1160.74	1524.30	1863.41	2140.76	2352.88	2599.44	2861.59	3370.98
天　津	356.73	570.46	784.69	1081.07	1269.90	1495.74	1699.61	1866.53	2059.06	2274.14
石家庄	87.09	132.59	212.75	347.42	402.64	454.59	494.76	551.34	632.13	728.19
太　原	147.43	223.26	316.56	405.51	476.37	541.86	603.25	699.72	770.50	828.58
呼和浩特	34.58	48.39	68.99	89.12	115.99	133.85	151.71	201.58	280.17	327.37
沈　阳	197.10	312.15	421.66	594.12	752.30	904.24	1100.60	1231.34	1371.21	1481.46
大　连	117.78	193.38	295.40	394.49	469.29	542.21	610.07	666.57	724.10	788.79
长　春	159.67	237.84	394.18	527.40	643.56	765.95	867.58	979.53	1115.35	1178.19
哈尔滨	105.01	185.30	267.60	356.92	427.38	516.62	656.57	772.07	870.56	957.10
上　海	969.97	1465.58	1820.66	2310.77	2888.13	3250.59	3880.84	4337.01	4674.98	5203.82
南　京	327.22	528.89	796.76	1097.20	1286.22	1495.59	1789.04	1948.84	2174.23	2510.15
无　锡	267.08	431.09	592.38	818.33	966.98	1108.26	1332.55	1488.25	1635.40	1919.55
苏　州	735.47	1095.79	1433.64	1755.45	2194.52	2457.36	2767.94	3071.52	3356.09	3728.98
杭　州	617.14	962.59	1290.56	1659.76	1981.38	2248.17	2645.80	2905.45	3304.79	3923.64
宁　波	461.46	718.98	917.48	1280.19	1492.43	1710.83	1934.26	2122.31	2292.97	2583.12
温　州	228.27	307.29	450.87	764.62	817.99	944.60	1197.89	1317.75	1491.13	1625.13
合　肥	341.84	481.90	625.88	845.00	997.98	1124.66	1271.56	1395.94	1509.68	1766.62
福　州	542.65	707.12	848.85	1157.22	1317.32	1440.57	1643.51	1802.89	1950.56	2332.72
厦　门	184.59	297.67	369.95	604.20	705.61	799.18	895.23	979.94	1083.92	1223.32
南　昌	207.11	314.63	424.00	657.68	800.32	997.46	1188.61	1335.66	1496.46	1817.33
济　南	244.69	347.27	461.56	632.40	724.84	824.21	958.45	1082.88	1201.95	1316.56
青　岛	320.48	480.02	686.48	905.87	1049.28	1167.45	1466.67	1605.23	1871.04	2247.00
郑　州	563.96	826.39	1075.70	1513.87	1808.16	2064.71	2393.84	2627.10	2885.54	3403.56
武　汉	830.94	1168.59	1501.38	2351.83	2628.00	2969.84	3482.16	3707.08	4189.23	4751.24
长　沙	246.64	383.17	490.35	799.32	940.01	1089.83	1293.54	1489.72	1696.57	2021.46
广　州	592.24	855.09	1131.56	1543.24	1774.03	2018.81	2302.93	2535.00	2787.91	3275.35
深　圳	609.87	989.41	1276.96	1801.37	2059.65	2316.34	2732.40	3224.72	3776.54	4500.34
南　宁	230.14	355.85	452.19	589.92	719.51	834.77	968.63	1123.58	1257.95	1517.49
北　海	45.77	79.92	114.24	146.17	170.27	192.57	217.52	226.40	242.20	287.05
海　口	118.12	178.73	213.51	301.31	356.17	414.83	483.36	528.69	595.42	677.82
三　亚	131.81	142.45	162.30	190.85	200.39	215.77	250.86	259.48	276.56	306.77
重　庆	1096.37	1571.60	2029.03	2619.84	3004.05	3346.41	3826.38	4190.37	4521.95	5129.42
成　都	720.26	965.94	1268.95	1689.12	1937.93	2167.43	2502.49	2780.99	3256.67	3850.62
贵　阳	222.29	285.71	356.72	527.49	591.11	682.71	775.20	864.12	966.45	1148.85
昆　明	348.23	493.89	652.17	878.17	1043.14	1210.61	1413.28	1605.52	1859.55	2145.60
西　安	405.54	576.96	800.25	1164.07	1356.78	1521.62	1842.13	2057.45	2327.00	2726.98
兰　州	79.40	115.31	153.41	207.19	263.45	324.58	393.54	445.75	498.33	547.91
西　宁	22.88	41.40	64.37	121.73	152.55	173.73	204.50	231.27	258.79	288.77
银　川	66.66	95.51	122.56	152.23	189.80	231.23	270.01	334.39	377.63	437.51
乌鲁木齐	70.87	109.93	165.17	201.04	242.39	288.70	316.47	420.12	495.69	571.28

数据来源：国家统计局。

表 5-76　2015—2019 年四十座重点城市商品房现房销售金额

单位：亿元

城市	2015 年	2016 年	2017 年	2018 年	2019 年
合　计	**10087.28**	**13166.05**	**12510.59**	**11250.31**	**10753.39**
北　京	1025.56	1502.14	890.20	758.54	951.94
天　津	520.46	895.80	418.48	286.99	280.46
石家庄	325.39	183.49	321.15	282.70	85.55
太　原	37.07	65.03	52.08	35.31	31.08
呼和浩特	83.99	142.22	98.05	74.80	20.75
沈　阳	203.81	235.64	217.97	208.67	192.88
大　连	180.79	274.87	344.25	258.15	193.80
长　春	85.51	122.24	113.95	100.94	143.72
哈尔滨	204.38	331.64	386.71	223.94	232.42
上　海	1513.92	1692.69	1251.64	1378.30	1672.97
南　京	196.62	239.46	200.12	574.37	540.51
无　锡	198.26	313.06	348.91	306.36	232.99
苏　州	357.08	613.33	430.91	474.35	467.30
杭　州	381.33	739.69	853.65	491.37	278.52
宁　波	243.61	386.76	316.86	267.51	164.22
温　州	104.43	132.95	142.71	93.44	100.35
合　肥	79.31	114.30	104.93	93.57	137.32
福　州	113.68	115.61	219.71	159.59	159.51
厦　门	87.81	119.67	192.41	264.10	179.36
南　昌	102.33	131.76	139.84	166.45	238.46
济　南	84.03	77.28	103.48	82.46	76.35
青　岛	236.61	268.78	291.41	226.63	142.09
郑　州	120.11	153.69	279.60	376.68	261.16
武　汉	498.42	386.30	536.98	323.90	417.98
长　沙	226.94	354.81	331.89	196.86	198.37
广　州	590.83	647.80	604.49	527.37	732.20
深　圳	484.54	468.83	695.36	873.54	920.52
南　宁	59.33	67.76	106.87	93.73	72.60
北　海	25.69	31.36	64.73	36.02	27.06
海　口	55.83	82.70	168.46	70.75	89.36
三　亚	51.52	95.81	141.21	133.92	74.08
重　庆	542.89	785.24	735.12	583.38	495.09
成　都	349.08	554.03	484.92	333.73	283.89
贵　阳	42.86	75.51	63.45	50.83	165.59
昆　明	288.10	357.13	317.75	331.39	179.35
西　安	161.84	146.07	234.34	251.47	159.98
兰　州	69.09	89.61	80.19	74.04	43.97
西　宁	24.69	35.04	55.64	10.62	10.10
银　川	74.63	84.16	98.65	108.48	64.57
乌鲁木齐	54.91	51.80	71.51	65.03	35.00

数据来源：国家统计局。

表 5-77 2019 年四十座重点城市商品房现房销售金额（月度累计）

单位：亿元

城 市	1—3 月	1—4 月	1—5 月	1—6 月	1—7 月	1—8 月	1—9 月	1—10 月	1—11 月	1—12 月
合 计	**1870.90**	**2666.58**	**3542.95**	**4939.04**	**5788.74**	**6457.10**	**7354.20**	**8112.58**	**9113.78**	**10753.39**
北 京	161.07	208.21	268.48	378.21	494.04	566.26	623.61	676.97	781.28	951.94
天 津	51.54	66.78	87.84	132.79	152.29	177.85	193.07	208.44	231.52	280.46
石家庄	16.55	22.01	33.72	64.87	66.02	68.74	73.98	78.52	80.39	85.55
太 原	7.26	9.86	13.12	15.62	17.82	21.54	23.53	25.17	26.87	31.08
呼和浩特	1.95	3.15	4.18	12.53	13.96	14.75	15.93	16.82	18.40	20.75
沈 阳	31.53	48.27	62.61	80.30	101.63	113.92	141.85	159.81	175.10	192.88
大 连	30.84	42.24	68.62	85.53	95.64	105.64	114.95	126.32	148.02	193.80
长 春	15.05	19.12	39.47	50.45	54.61	66.26	82.01	105.94	152.08	143.72
哈尔滨	28.77	45.08	76.58	111.68	143.10	154.84	181.93	201.44	221.76	232.42
上 海	216.21	395.35	528.23	699.23	855.34	967.37	1172.32	1322.06	1416.98	1672.97
南 京	63.50	88.13	175.13	233.06	257.81	290.60	334.85	360.26	442.80	540.51
无 锡	44.02	63.04	81.75	113.45	130.96	153.47	168.22	184.20	208.36	232.99
苏 州	95.47	140.81	176.87	221.30	295.66	304.01	339.16	378.14	415.90	467.30
杭 州	58.11	66.85	82.89	108.82	130.81	159.95	174.95	191.08	239.31	278.52
宁 波	37.96	50.15	61.20	71.46	86.96	104.09	120.31	136.03	149.46	164.22
温 州	16.56	21.49	34.60	58.77	63.83	65.36	71.16	75.14	91.74	100.35
合 肥	18.89	35.29	42.80	59.19	85.04	93.26	102.31	106.65	112.77	137.32
福 州	55.15	70.75	92.42	105.75	111.37	116.16	124.86	134.50	143.98	159.51
厦 门	28.52	60.70	60.80	115.56	120.74	127.32	148.21	154.09	164.72	179.36
南 昌	34.40	53.98	73.96	136.71	155.50	172.40	191.96	203.30	211.39	238.46
济 南	6.99	11.74	20.42	28.22	35.30	41.36	48.56	50.99	54.00	76.35
青 岛	23.96	32.04	47.19	54.52	60.03	71.19	79.06	89.10	110.37	142.09
郑 州	39.18	48.17	77.41	120.45	131.19	142.45	157.54	165.87	179.89	261.16
武 汉	87.86	111.31	125.51	251.54	267.66	276.89	318.18	324.98	368.41	417.98
长 沙	13.65	19.19	27.42	54.68	68.93	76.72	95.77	116.92	146.30	198.37
广 州	138.92	195.90	241.61	341.92	400.61	460.44	528.44	573.56	639.90	732.20
深 圳	137.10	216.17	307.53	384.80	439.82	486.31	554.24	651.39	769.57	920.52
南 宁	20.42	27.83	28.45	35.89	43.08	49.46	54.57	59.92	64.33	72.60
北 海	5.90	10.88	12.93	16.84	18.43	19.94	21.11	22.21	23.60	27.06
海 口	21.87	20.43	21.71	30.69	35.71	42.77	53.28	63.39	68.91	89.36
三 亚	45.21	47.68	52.11	59.22	60.72	61.57	62.15	63.36	65.57	74.08
重 庆	133.44	165.91	202.09	259.77	307.40	333.10	381.16	409.21	438.67	495.09
成 都	51.19	66.40	87.14	122.24	133.78	146.12	158.27	186.66	215.40	283.89
贵 阳	26.48	30.22	35.13	61.78	64.62	75.89	93.87	104.77	114.33	165.59
昆 明	51.30	70.76	89.08	116.36	123.55	136.48	139.99	152.73	162.79	179.35
西 安	25.60	30.89	39.46	68.73	77.04	90.65	96.19	106.68	126.75	159.98
兰 州	8.18	12.53	16.39	20.45	23.92	29.40	32.35	35.92	40.19	43.97
西 宁	1.08	9.36	10.62	11.46	12.62	13.35	14.75	15.41	7.93	10.10
银 川	14.60	20.57	25.04	30.35	34.19	38.50	43.15	48.03	54.01	64.57
乌鲁木齐	4.61	7.37	10.43	13.84	16.99	20.71	22.41	26.62	30.04	35.00

数据来源：国家统计局。

表 5-78　2015—2019 年四十座重点城市商品房期房销售金额

单位：亿元

城　市	2015 年	2016 年	2017 年	2018 年	2019 年
合　计	**38753.83**	**53853.46**	**56562.34**	**65931.76**	**70967.37**
北　京	2492.09	3059.46	1905.82	1618.45	2419.04
天　津	1269.55	2582.43	1853.82	1719.63	1993.68
石家庄	326.41	477.70	723.70	600.20	642.64
太　原	299.48	402.54	657.01	892.97	797.50
呼和浩特	114.30	131.14	108.00	255.72	306.63
沈　阳	526.89	608.52	830.34	996.05	1288.58
大　连	388.32	386.91	522.04	637.78	594.99
长　春	444.61	545.13	691.06	961.40	1034.47
哈尔滨	370.79	375.08	671.96	743.46	724.68
上　海	3579.62	5003.16	2775.03	3373.20	3530.85
南　京	1576.27	2526.89	2037.62	2157.62	1969.63
无　锡	577.12	792.96	898.35	1269.34	1686.57
苏　州	1842.92	2709.21	2462.73	2643.48	3261.69
杭　州	1756.25	2927.29	3327.33	3517.12	3645.12
宁　波	834.94	1114.38	1739.91	2192.13	2418.90
温　州	556.16	877.33	1173.70	1466.81	1524.78
合　肥	1143.59	1851.74	1274.82	1594.34	1629.30
福　州	952.25	1238.69	1643.84	2155.51	2173.20
厦　门	832.48	939.15	1000.57	842.75	1043.96
南　昌	539.71	891.14	1233.32	1414.13	1578.87
济　南	832.21	1098.21	1069.43	1392.45	1240.21
青　岛	1026.25	1521.18	1707.79	2055.83	2104.91
郑　州	1310.88	2180.20	2394.22	2757.31	3142.40
武　汉	1749.33	2884.89	3611.67	4456.60	4333.26
长　沙	890.28	1320.25	1406.85	1761.81	1823.10
广　州	1824.68	2545.53	2495.03	2575.29	2543.16
深　圳	2337.63	2854.81	2521.29	3034.89	3579.83
南　宁	605.75	846.48	1093.91	1264.41	1444.89
北　海	65.93	74.77	148.19	239.07	259.99
海　口	240.94	308.60	490.39	449.74	588.46
三　亚	152.09	184.42	410.24	467.45	232.69
重　庆	2409.33	2646.76	3822.73	4689.32	4634.34
成　都	1711.78	2394.03	2943.45	3299.67	3566.74
贵　阳	535.69	509.42	713.39	992.48	983.26
昆　明	676.72	712.04	1145.84	1668.51	1966.25
西　安	984.17	1198.14	1859.39	2415.09	2567.00
兰　州	338.85	457.45	452.62	435.01	503.93
西　宁	154.89	173.34	202.21	232.34	278.66
银　川	187.46	186.41	209.50	251.54	372.94
乌鲁木齐	295.21	315.68	333.22	440.85	536.28

数据来源：国家统计局。

表 5-79　2019 年四十座重点城市商品房期房销售金额（月度累计）

单位：亿元

城　市	1—3 月	1—4 月	1—5 月	1—6 月	1—7 月	1—8 月	1—9 月	1—10 月	1—11 月	1—12 月
合　计	**11715.84**	**17509.13**	**23129.53**	**31668.78**	**37292.47**	**42672.15**	**49824.39**	**55500.97**	**61884.09**	**70967.37**
北　京	370.33	689.43	892.26	1146.09	1369.37	1574.50	1729.27	1922.48	2080.31	2419.04
天　津	305.19	503.68	696.85	948.28	1117.61	1317.89	1506.54	1658.09	1827.54	1993.68
石家庄	70.54	110.59	179.02	282.55	336.63	385.85	420.78	472.83	551.73	642.64
太　原	140.18	213.41	303.44	389.90	458.56	520.32	579.72	674.56	743.63	797.50
呼和浩特	32.63	45.24	64.81	76.59	102.03	119.10	135.78	184.76	261.77	306.63
沈　阳	165.57	263.88	359.05	513.83	650.66	790.32	958.75	1071.53	1196.11	1288.58
大　连	86.93	151.14	226.78	308.96	373.65	436.57	495.11	540.25	576.08	594.99
长　春	144.62	218.72	354.71	476.95	588.94	699.69	785.57	873.59	963.28	1034.47
哈尔滨	76.24	140.23	191.03	245.25	284.28	361.78	474.64	570.63	648.80	724.68
上　海	753.76	1070.23	1292.43	1611.53	2032.79	2283.22	2708.52	3014.95	3258.01	3530.85
南　京	263.72	440.76	621.63	864.15	1028.41	1204.99	1454.19	1588.58	1731.43	1969.63
无　锡	223.06	368.05	510.63	704.88	836.02	954.79	1164.32	1304.05	1427.05	1686.57
苏　州	640.00	954.98	1256.77	1534.15	1898.86	2153.35	2428.78	2693.38	2940.19	3261.69
杭　州	559.03	895.74	1207.67	1550.94	1850.56	2088.22	2470.85	2714.38	3065.49	3645.12
宁　波	423.49	668.82	856.28	1208.73	1405.46	1606.75	1813.95	1986.29	2143.51	2418.90
温　州	211.71	285.80	416.27	705.84	754.16	879.24	1126.73	1242.61	1399.39	1524.78
合　肥	322.96	446.61	583.08	785.80	912.94	1031.40	1169.25	1289.29	1396.92	1629.30
福　州	487.50	636.37	756.43	1051.47	1205.95	1324.41	1518.65	1668.39	1806.58	2173.20
厦　门	156.07	236.97	309.16	488.64	584.87	671.86	747.02	825.85	919.20	1043.96
南　昌	172.71	260.65	350.04	520.96	644.81	825.07	996.65	1132.36	1285.08	1578.87
济　南	237.70	335.54	441.15	604.18	689.54	782.85	909.89	1031.89	1147.96	1240.21
青　岛	296.52	447.98	639.29	851.34	989.26	1096.26	1387.61	1516.12	1760.67	2104.91
郑　州	524.77	778.22	998.30	1393.42	1676.98	1922.27	2236.30	2461.23	2705.66	3142.40
武　汉	743.09	1057.28	1375.86	2100.29	2360.35	2692.94	3163.97	3382.10	3820.82	4333.26
长　沙	233.00	363.98	462.92	744.63	871.08	1013.11	1197.77	1372.80	1550.27	1823.10
广　州	453.32	659.20	889.95	1201.32	1373.42	1558.37	1774.48	1961.44	2148.01	2543.16
深　圳	472.77	773.24	969.43	1416.58	1619.83	1830.03	2178.16	2573.33	3006.98	3579.83
南　宁	209.72	328.03	423.74	554.03	676.43	785.30	914.06	1063.67	1193.63	1444.89
北　海	39.86	69.03	101.32	129.33	151.83	172.63	196.41	204.19	218.60	259.99
海　口	96.25	158.30	191.80	270.62	320.46	372.06	430.08	465.31	526.51	588.46
三　亚	86.61	94.77	110.19	131.63	139.67	154.20	188.71	196.12	210.99	232.69
重　庆	962.93	1405.69	1826.94	2360.07	2696.66	3013.31	3445.22	3781.15	4083.28	4634.34
成　都	669.07	899.55	1181.81	1566.88	1804.15	2021.31	2344.23	2594.33	3041.27	3566.74
贵　阳	195.81	255.49	321.59	465.72	526.48	606.83	681.33	759.35	852.12	983.26
昆　明	296.93	423.12	563.09	761.82	919.59	1074.13	1273.29	1452.80	1696.76	1966.25
西　安	379.94	546.07	760.80	1095.34	1279.74	1430.97	1745.95	1950.77	2200.25	2567.00
兰　州	71.22	102.78	137.02	186.74	239.53	295.18	361.19	409.83	458.13	503.93
西　宁	21.79	32.04	53.75	110.27	139.93	160.38	189.74	215.86	250.86	278.66
银　川	52.06	74.95	97.51	121.88	155.60	192.73	226.86	286.36	323.61	372.94
乌鲁木齐	66.25	102.56	154.74	187.20	225.40	267.99	294.06	393.49	465.65	536.28

数据来源：国家统计局。

表 5-80　2015—2019 年四十座重点城市住宅销售金额

单位：亿元

城　市	2015 年	2016 年	2017 年	2018 年	2019 年
合　计	**40495.80**	**55717.21**	**55773.60**	**63512.19**	**70258.67**
北　京	2512.89	2795.81	2077.01	1971.15	3032.40
天　津	1646.43	3245.60	2032.93	1816.53	2132.48
石家庄	420.83	479.87	795.51	752.78	622.29
太　原	307.93	408.85	637.42	836.03	718.81
呼和浩特	158.97	179.15	141.52	282.55	297.13
沈　阳	609.45	751.74	946.36	1043.93	1395.32
大　连	519.75	596.93	759.61	802.66	725.76
长　春	447.34	502.17	648.26	903.12	1009.44
哈尔滨	494.38	575.55	856.18	821.74	806.61
上　海	4319.93	5233.29	3336.09	3864.03	4457.16
南　京	1609.31	2514.99	1844.73	1936.64	2209.35
无　锡	655.11	998.36	1082.43	1456.27	1776.22
苏　州	2005.89	3070.74	2601.81	2899.19	3491.97
杭　州	1905.95	3061.11	3226.63	3238.45	3406.10
宁　波	933.46	1321.80	1815.78	2104.86	2295.92
温　州	576.35	908.01	1121.62	1404.38	1447.75
合　肥	965.95	1588.35	1098.95	1442.62	1628.00
福　州	848.81	1129.28	1346.66	1805.82	1886.82
厦　门	654.71	813.93	665.62	575.46	929.31
南　昌	567.55	830.65	1045.56	1271.60	1478.88
济　南	695.81	1036.06	946.63	1173.94	1115.81
青　岛	1045.28	1576.31	1642.28	1952.91	2017.72
郑　州	1224.37	2081.13	2276.69	2716.39	3025.45
武　汉	2028.43	2878.15	3534.29	4094.84	4125.07
长　沙	935.26	1421.97	1328.92	1538.46	1650.21
广　州	1894.01	2654.56	2418.36	2456.44	2657.47
深　圳	2517.30	3003.22	2533.04	3176.71	3560.43
南　宁	547.49	778.35	1006.96	1107.06	1329.23
北　海	86.24	101.37	198.90	264.31	267.75
海　口	252.20	349.69	569.94	419.09	581.23
三　亚	189.24	256.52	455.87	495.04	243.08
重　庆	2244.43	2635.64	3601.56	4442.87	4457.78
成　都	1611.21	2419.10	2558.33	2602.34	3008.44
贵　阳	392.27	445.52	569.32	834.14	851.97
昆　明	723.70	773.39	1137.59	1585.41	1800.07
西　安	985.04	1191.74	1719.72	2137.81	2213.71
兰　州	352.32	439.93	434.95	409.27	493.80
西　宁	119.96	146.25	179.71	184.51	226.64
银　川	204.42	219.23	254.39	295.80	390.37
乌鲁木齐	285.84	302.90	325.46	395.05	494.73

数据来源：国家统计局。

表 5-81　2019 年四十座重点城市住宅销售金额（月度累计）

单位：亿元

城　市	1—3 月	1—4 月	1—5 月	1—6 月	1—7 月	1—8 月	1—9 月	1—10 月	1—11 月	1—12 月
合　计	**11476.98**	**17132.82**	**22754.96**	**31192.59**	**36903.69**	**42219.37**	**49201.99**	**54828.37**	**61194.31**	**70258.67**
北　京	473.47	785.56	1034.95	1382.80	1690.35	1954.74	2141.05	2368.18	2589.54	3032.40
天　津	329.95	532.79	735.59	1005.07	1181.81	1399.51	1594.71	1758.23	1944.15	2132.48
石家庄	75.05	116.19	183.99	290.94	343.26	394.49	431.72	481.29	545.80	622.29
太　原	137.49	205.41	284.62	355.14	417.96	476.10	531.66	612.35	672.66	718.81
呼和浩特	31.45	44.09	63.49	80.91	106.26	122.09	139.02	185.90	253.57	297.13
沈　阳	184.23	294.19	396.33	560.85	709.26	853.90	1042.83	1165.15	1293.50	1395.32
大　连	109.05	181.67	278.35	370.52	441.42	511.29	576.44	628.65	675.10	725.76
长　春	139.66	208.38	338.62	457.25	564.13	673.91	767.41	860.26	959.58	1009.44
哈尔滨	93.50	160.55	226.88	306.28	368.09	446.31	566.00	660.12	730.82	806.61
上　海	843.40	1273.82	1547.57	1971.64	2467.72	2797.77	3313.98	3720.37	4040.18	4457.16
南　京	258.92	431.15	647.74	921.30	1084.48	1276.55	1549.46	1693.43	1904.18	2209.35
无　锡	234.96	390.23	540.87	754.89	892.72	1025.59	1240.26	1386.57	1522.08	1776.22
苏　州	672.25	1016.31	1327.82	1631.20	2049.96	2292.57	2585.12	2873.12	3138.57	3491.97
杭　州	521.19	816.38	1088.49	1408.22	1692.21	1929.20	2299.70	2526.93	2879.37	3406.10
宁　波	397.45	630.44	807.01	1129.52	1322.80	1513.17	1708.07	1883.45	2034.94	2295.92
温　州	203.23	278.21	408.12	678.50	734.67	844.90	1061.56	1174.06	1331.35	1447.75
合　肥	303.74	432.22	566.23	771.20	909.89	1029.10	1168.69	1286.00	1391.59	1628.00
福　州	428.49	563.54	680.17	905.12	1035.23	1133.02	1300.43	1432.66	1556.70	1886.82
厦　门	128.10	188.93	255.19	417.75	505.82	587.82	656.32	729.68	810.36	929.31
南　昌	166.24	251.51	337.79	492.00	609.21	787.79	952.15	1076.93	1214.49	1478.88
济　南	215.35	301.01	388.93	525.55	605.46	691.21	811.11	917.33	1017.68	1115.81
青　岛	276.99	423.35	607.09	811.65	946.70	1049.86	1332.01	1454.58	1691.92	2017.72
郑　州	485.47	723.76	952.69	1359.00	1623.64	1851.43	2114.06	2325.11	2551.19	3025.45
武　汉	687.72	977.40	1291.67	2024.60	2263.39	2546.80	2989.59	3181.91	3627.43	4125.07
长　沙	207.68	326.40	410.96	647.46	763.22	889.03	1054.92	1216.79	1383.99	1650.21
广　州	494.76	706.53	941.96	1255.77	1445.58	1649.63	1885.41	2074.35	2271.08	2657.47
深　圳	454.93	703.89	960.91	1416.04	1645.57	1850.36	2163.30	2572.06	3006.64	3560.43
南　宁	200.60	306.82	389.87	507.93	624.32	717.08	833.04	978.99	1096.19	1329.23
北　海	40.23	72.98	104.43	135.84	158.99	179.70	203.68	210.43	225.75	267.75
海　口	97.69	153.74	184.67	256.51	303.84	357.54	415.75	452.67	513.33	581.23
三　亚	96.93	106.08	122.01	144.64	153.53	167.31	198.32	206.60	222.08	243.08
重　庆	936.78	1372.61	1773.52	2276.91	2624.36	2933.22	3342.67	3667.58	3952.64	4457.78
成　都	547.74	726.65	951.61	1267.41	1459.26	1628.96	1896.03	2126.25	2508.81	3008.44
贵　阳	158.86	218.78	276.67	394.06	446.11	516.11	584.51	650.36	736.86	851.97
昆　明	296.70	417.39	553.39	742.93	874.23	1016.03	1195.29	1360.71	1576.26	1800.07
西　安	340.33	479.89	655.00	940.58	1092.74	1227.10	1507.25	1664.59	1893.53	2213.71
兰　州	67.91	99.34	133.07	180.38	232.07	287.03	352.88	402.25	449.66	493.80
西　宁	20.84	38.00	58.31	109.19	136.84	154.86	179.12	197.71	210.60	226.64
银　川	57.91	82.70	105.49	131.81	166.73	205.31	240.32	300.19	339.91	390.37
乌鲁木齐	59.73	93.96	142.88	173.27	209.85	250.97	276.18	364.57	430.22	494.73

数据来源：国家统计局。

表 5-82　2015—2019 年四十座重点城市住宅现房销售金额

单位：亿元

城　市	2015 年	2016 年	2017 年	2018 年	2019 年
合　计	**7523.81**	**9758.75**	**8728.11**	**7369.38**	**7557.04**
北　京	669.35	912.26	666.03	534.00	753.38
天　津	436.50	791.93	290.75	189.18	230.58
石家庄	199.93	91.27	255.09	260.96	80.06
太　原	30.00	61.66	44.72	32.60	24.50
呼和浩特	67.36	71.07	63.70	55.64	14.97
沈　阳	156.32	206.18	189.76	183.74	165.53
大　连	161.82	234.24	300.55	212.75	160.54
长　春	65.65	92.67	75.58	74.26	84.52
哈尔滨	163.22	258.60	298.32	173.45	167.42
上　海	1182.10	1190.94	856.80	959.78	1217.85
南　京	139.47	169.93	142.23	215.56	481.85
无　锡	151.94	262.91	249.55	238.21	176.23
苏　州	307.71	530.61	338.35	362.45	355.22
杭　州	318.07	595.98	530.48	276.38	151.87
宁　波	174.65	286.91	232.94	149.52	87.44
温　州	82.53	100.54	116.86	71.33	76.05
合　肥	41.68	57.03	38.36	37.19	99.81
福　州	73.42	90.01	147.94	89.40	135.52
厦　门	48.52	56.23	76.38	78.59	82.02
南　昌	72.79	94.85	85.97	100.86	151.35
济　南	56.55	56.54	52.42	49.31	44.51
青　岛	179.51	198.19	184.95	117.33	75.43
郑　州	90.99	112.83	231.03	298.99	220.01
武　汉	390.74	276.95	350.68	195.71	276.48
长　沙	178.76	283.65	201.06	98.00	112.03
广　州	436.28	557.53	432.19	373.75	501.96
深　圳	429.87	425.76	486.53	701.44	763.20
南　宁	47.95	51.05	86.91	55.92	45.47
北　海	22.79	29.58	57.63	34.74	21.65
海　口	49.00	75.56	142.03	52.74	60.85
三　亚	49.70	92.85	130.21	125.24	55.57
重　庆	314.89	465.62	435.09	270.19	233.74
成　都	243.44	388.53	290.02	128.55	145.16
贵　阳	24.28	40.35	18.54	18.76	18.58
昆　明	172.83	239.53	232.15	226.28	103.38
西　安	120.78	118.40	164.93	150.08	72.74
兰　州	54.69	67.36	65.35	58.81	38.88
西　宁	20.75	26.49	39.32	8.51	7.13
银　川	53.18	59.04	74.67	72.52	42.68
乌鲁木齐	43.81	37.11	52.01	36.68	20.90

数据来源：国家统计局。

表 5-83　2019 年四十座重点城市住宅现房销售金额（月度累计）

单位：亿元

城　市	1—3 月	1—4 月	1—5 月	1—6 月	1—7 月	1—8 月	1—9 月	1—10 月	1—11 月	1—12 月
合　计	**1254.63**	**1810.61**	**2435.75**	**3437.24**	**4071.43**	**4536.93**	**5161.99**	**5730.73**	**6440.03**	**7557.04**
北　京	115.59	150.84	203.79	304.29	391.43	456.34	495.92	536.09	612.46	753.38
天　津	40.90	51.70	68.68	100.06	116.16	138.62	150.66	168.96	189.52	230.58
石家庄	16.55	21.99	33.11	60.84	61.87	64.47	69.71	74.20	76.04	80.06
太　原	6.84	9.40	11.87	14.11	16.29	17.87	19.48	20.85	22.33	24.50
呼和浩特	1.40	2.24	2.94	9.08	9.97	10.64	11.65	12.43	12.80	14.97
沈　阳	26.81	41.83	54.51	68.42	87.16	97.59	122.98	139.66	152.10	165.53
大　连	27.64	37.46	59.55	73.58	83.05	91.98	100.44	110.17	124.94	160.54
长　春	6.87	9.42	20.37	29.88	32.83	39.87	53.36	67.61	94.53	84.52
哈尔滨	24.11	34.82	55.71	86.95	113.12	121.04	135.31	145.07	159.14	167.42
上　海	172.07	305.09	372.37	507.01	613.28	683.69	835.75	962.94	1038.10	1217.85
南　京	55.32	77.73	141.36	195.64	216.31	245.02	288.07	312.53	393.85	481.85
无　锡	33.65	49.38	62.85	87.70	101.54	120.46	130.97	142.80	159.36	176.23
苏　州	54.15	92.33	119.24	157.26	222.65	221.18	247.32	279.93	309.92	355.22
杭　州	38.62	36.70	38.85	46.92	62.95	81.57	91.89	97.97	129.15	151.87
宁　波	15.14	23.52	28.91	35.49	44.69	55.24	62.29	75.54	81.49	87.44
温　州	12.17	16.97	28.76	48.76	53.24	54.08	56.64	57.65	69.52	76.05
合　肥	10.03	24.42	29.92	42.35	64.07	70.34	77.21	80.36	84.87	99.81
福　州	48.17	58.07	81.62	93.73	97.63	101.13	107.66	116.10	120.79	135.52
厦　门	11.48	12.69	21.67	47.29	50.18	53.88	55.98	58.10	65.68	82.02
南　昌	29.15	43.38	59.62	74.17	88.58	103.64	117.81	126.69	133.10	151.35
济　南	4.67	5.82	7.65	9.08	12.25	15.21	20.86	22.20	23.74	44.51
青　岛	11.88	16.31	26.46	31.79	35.84	44.53	49.82	57.00	71.58	75.43
郑　州	26.15	32.73	58.82	95.91	104.40	113.50	126.36	133.06	143.06	220.01
武　汉	33.01	47.77	58.29	163.39	175.93	181.10	214.48	217.31	245.36	276.48
长　沙	8.74	12.28	17.05	32.20	41.44	46.66	54.19	69.10	82.69	112.03
广　州	88.34	124.43	156.64	230.36	275.53	322.42	373.51	406.22	453.95	501.96
深　圳	111.78	175.68	255.78	327.02	376.55	408.40	465.37	554.85	649.43	763.20
南　宁	12.05	16.34	19.85	24.64	29.36	33.18	36.29	39.86	42.19	45.47
北　海	3.22	8.03	9.52	13.02	14.13	15.18	16.29	17.29	18.65	21.65
海　口	17.90	16.36	16.96	20.48	24.97	30.09	36.97	42.26	46.52	60.85
三　亚	31.80	34.20	37.86	44.72	46.23	47.06	47.58	48.73	50.94	55.57
重　庆	64.28	84.17	100.81	123.60	156.66	166.89	189.31	203.77	217.61	233.74
成　都	16.35	26.85	40.45	59.93	65.26	70.03	73.97	90.38	96.42	145.16
贵　阳	9.56	11.27	11.65	12.40	12.81	13.26	13.99	14.50	18.25	18.58
昆　明	34.67	45.65	57.54	75.33	77.69	84.87	85.12	90.26	96.04	103.38
西　安	13.00	14.97	18.12	33.15	29.89	38.73	42.27	45.33	58.88	72.74
兰　州	7.04	10.96	14.56	18.16	21.19	26.36	28.48	31.31	35.34	38.88
西　宁	0.81	8.79	9.57	10.83	11.42	12.13	13.33	13.93	6.26	7.13
银　川	9.66	13.17	16.04	19.62	22.34	25.52	28.41	31.62	35.51	42.68
乌鲁木齐	3.08	4.84	6.46	8.09	10.53	13.17	14.31	16.11	17.93	20.90

数据来源：国家统计局。

表 5-84 2015—2019 年四十座重点城市住宅期房销售金额

单位：亿元

城 市	2015 年	2016 年	2017 年	2018 年	2019 年
合 计	**32971.99**	**45958.46**	**47045.49**	**56142.81**	**62701.63**
北 京	1843.53	1883.55	1410.98	1437.15	2279.02
天 津	1209.93	2453.67	1742.18	1627.35	1901.89
石家庄	220.89	388.60	540.42	491.82	542.23
太 原	277.94	347.20	592.70	803.44	694.31
呼和浩特	91.61	108.08	77.82	226.91	282.16
沈 阳	453.13	545.56	756.59	860.19	1229.80
大 连	357.93	362.70	459.07	589.91	565.21
长 春	381.70	409.50	572.68	828.86	924.92
哈尔滨	331.16	316.95	557.86	648.29	639.19
上 海	3137.83	4042.36	2479.29	2904.24	3239.31
南 京	1469.84	2345.06	1702.50	1721.08	1727.50
无 锡	503.18	735.45	832.88	1218.06	1599.99
苏 州	1698.18	2540.13	2263.45	2536.74	3136.75
杭 州	1587.88	2465.13	2696.14	2962.07	3254.23
宁 波	758.82	1034.89	1582.84	1955.34	2208.48
温 州	493.81	807.47	1004.76	1333.05	1371.70
合 肥	924.27	1531.32	1060.59	1405.43	1528.19
福 州	775.39	1039.27	1198.72	1716.42	1751.30
厦 门	606.20	757.70	589.24	496.87	847.28
南 昌	494.76	735.80	959.59	1170.75	1327.53
济 南	639.26	979.52	894.20	1124.63	1071.30
青 岛	865.77	1378.13	1457.33	1835.58	1942.30
郑 州	1133.38	1968.30	2045.66	2417.41	2805.44
武 汉	1637.69	2601.19	3183.61	3899.13	3848.60
长 沙	756.50	1138.32	1127.86	1440.46	1538.18
广 州	1457.73	2097.03	1986.17	2082.68	2155.51
深 圳	2087.43	2577.46	2046.51	2475.27	2797.23
南 宁	499.53	727.29	920.05	1051.14	1283.76
北 海	63.44	71.79	141.27	229.57	246.10
海 口	203.20	274.13	427.92	366.35	520.38
三 亚	139.54	163.66	325.66	369.80	187.51
重 庆	1929.54	2170.02	3166.48	4172.68	4224.04
成 都	1367.78	2030.57	2268.31	2473.79	2863.28
贵 阳	367.99	405.17	550.78	815.38	833.39
昆 明	550.88	533.86	905.44	1359.13	1696.69
西 安	864.26	1073.34	1554.78	1987.73	2140.96
兰 州	297.63	372.56	369.60	350.46	454.93
西 宁	99.21	119.75	140.39	176.00	219.51
银 川	151.24	160.19	179.72	223.28	347.69
乌鲁木齐	242.03	265.79	273.44	358.37	473.83

数据来源：国家统计局。

表 5-85　2019 年四十座重点城市住宅期房销售金额（月度累计）

单位：亿元

城　市	1—3 月	1—4 月	1—5 月	1—6 月	1—7 月	1—8 月	1—9 月	1—10 月	1—11 月	1—12 月
合　计	**10222.35**	**15322.22**	**20319.21**	**27755.36**	**32832.26**	**37682.44**	**44040.00**	**49097.64**	**54754.28**	**62701.63**
北　京	357.87	634.71	831.16	1078.51	1298.91	1498.40	1645.13	1832.09	1977.08	2279.02
天　津	289.05	481.09	666.92	905.01	1065.65	1260.88	1444.04	1589.27	1754.63	1901.89
石家庄	58.50	94.20	150.89	230.10	281.39	330.02	362.01	407.09	469.75	542.23
太　原	130.66	196.01	272.75	341.03	401.67	458.23	512.17	591.50	650.33	694.31
呼和浩特	30.05	41.85	60.56	71.83	96.29	111.45	127.37	173.47	240.78	282.16
沈　阳	157.42	252.36	341.82	492.43	622.11	756.30	919.85	1025.49	1141.40	1229.80
大　连	81.41	144.20	218.80	296.94	358.37	419.30	476.01	518.49	550.17	565.21
长　春	132.80	198.96	318.25	427.37	531.30	634.04	714.05	792.65	865.05	924.92
哈尔滨	69.40	125.72	171.17	219.33	254.97	325.26	430.69	515.05	571.68	639.19
上　海	671.33	968.72	1175.20	1464.62	1854.44	2114.09	2478.22	2757.43	3002.08	3239.31
南　京	203.60	353.42	506.38	725.66	868.17	1031.54	1261.38	1380.90	1510.34	1727.50
无　锡	201.30	340.85	478.03	667.19	791.18	905.13	1109.29	1243.77	1362.72	1599.99
苏　州	618.10	923.97	1208.58	1473.94	1827.30	2071.39	2337.80	2593.19	2828.65	3136.75
杭　州	482.58	779.68	1049.64	1361.30	1629.26	1847.63	2207.82	2428.96	2750.22	3254.23
宁　波	382.30	606.92	778.10	1094.03	1278.11	1457.93	1645.78	1807.91	1953.45	2208.48
温　州	191.06	261.23	379.36	629.74	681.43	790.83	1004.92	1116.41	1261.82	1371.70
合　肥	293.72	407.80	536.31	728.85	845.81	958.76	1091.48	1205.64	1306.73	1528.19
福　州	380.32	505.48	598.55	811.39	937.60	1031.89	1192.78	1316.56	1435.92	1751.30
厦　门	116.62	176.24	233.52	370.47	455.64	533.94	600.34	671.58	744.68	847.28
南　昌	137.09	208.13	278.17	417.83	520.62	684.16	834.34	950.24	1081.40	1327.53
济　南	210.67	295.19	381.27	516.46	593.21	676.01	790.25	895.13	993.94	1071.30
青　岛	265.11	407.04	580.63	779.87	910.87	1005.33	1282.19	1397.58	1620.34	1942.30
郑　州	459.33	691.03	893.87	1263.10	1519.24	1737.94	1987.69	2192.05	2408.13	2805.44
武　汉	654.71	929.63	1233.38	1861.22	2087.46	2365.70	2775.11	2964.60	3382.07	3848.60
长　沙	198.95	314.12	393.92	615.21	721.79	842.37	1000.72	1147.69	1301.31	1538.18
广　州	406.41	582.10	785.32	1025.41	1170.05	1327.21	1511.90	1668.12	1817.13	2155.51
深　圳	343.15	528.21	705.14	1089.01	1269.01	1441.96	1697.93	2017.21	2357.21	2797.23
南　宁	188.55	290.47	370.02	483.29	594.96	683.91	796.75	939.13	1054.00	1283.76
北　海	37.01	64.95	94.91	122.82	144.87	164.52	187.39	193.15	207.11	246.10
海　口	79.79	137.38	167.71	236.04	278.87	327.45	378.78	410.41	466.80	520.38
三　亚	65.13	71.88	84.15	99.92	107.31	120.25	150.74	157.87	171.15	187.51
重　庆	872.50	1288.44	1672.71	2153.31	2467.70	2766.32	3153.36	3463.81	3735.03	4224.04
成　都	531.39	699.80	911.16	1207.48	1393.99	1558.93	1822.06	2035.87	2412.39	2863.28
贵　阳	149.30	207.51	265.02	381.66	433.31	502.85	570.53	635.85	718.61	833.39
昆　明	262.03	371.74	495.85	667.60	796.54	931.15	1110.16	1270.45	1480.22	1696.69
西　安	327.33	464.92	636.88	907.43	1062.86	1188.38	1464.98	1619.26	1834.65	2140.96
兰　州	60.87	88.37	118.51	162.22	210.87	260.68	324.41	370.94	414.32	454.93
西　宁	20.02	29.22	48.74	98.35	125.42	142.73	165.79	183.79	204.34	219.51
银　川	48.25	69.53	89.46	112.19	144.39	179.79	211.91	268.57	304.39	347.69
乌鲁木齐	56.65	89.12	136.41	165.18	199.32	237.81	261.86	348.46	412.28	473.83

数据来源：国家统计局。

表 5-86　2015—2019 年四十座重点城市办公楼销售金额

单位：亿元

城　市	2015 年	2016 年	2017 年	2018 年	2019 年
合　计	**3250.84**	**4752.72**	**5137.39**	**5116.18**	**4273.71**
北　京	702.74	1261.90	374.21	237.21	167.27
天　津	24.71	44.71	79.32	67.42	34.20
石家庄	65.68	78.16	95.20	52.34	75.22
太　原	12.68	29.08	30.82	27.49	31.61
呼和浩特	3.69	7.14	15.37	11.28	2.14
沈　阳	19.56	29.42	11.23	10.65	4.91
大　连	6.96	24.91	24.21	7.11	8.31
长　春	11.97	22.41	39.54	38.10	29.06
哈尔滨	11.98	18.46	48.15	17.29	13.39
上　海	488.68	903.17	394.07	484.83	382.06
南　京	52.43	87.16	151.39	141.82	80.93
无　锡	42.14	22.45	31.22	25.92	27.68
苏　州	50.92	57.32	103.76	67.25	70.31
杭　州	116.63	320.10	512.07	362.57	280.02
宁　波	36.90	54.26	55.76	146.74	101.65
温　州	23.03	13.94	8.85	19.07	23.85
合　肥	60.68	116.89	106.86	91.92	57.84
福　州	61.62	84.21	226.91	169.84	220.90
厦　门	99.45	91.07	303.40	253.56	124.34
南　昌	21.45	49.59	99.92	80.30	69.80
济　南	145.80	55.94	49.64	103.68	64.81
青　岛	82.09	69.81	139.96	112.34	94.00
郑　州	94.22	98.30	170.18	178.43	177.12
武　汉	36.72	116.33	242.78	318.83	259.67
长　沙	34.55	79.59	117.22	137.14	124.77
广　州	262.47	266.23	345.56	345.78	306.94
深　圳	219.71	229.15	466.80	500.88	570.12
南　宁	32.90	35.06	61.42	73.39	46.99
北　海	0.24	0.28	2.11	0.10	0.34
海　口	8.99	9.69	23.50	40.24	32.05
三　亚	3.24	2.43	6.51	44.44	21.52
重　庆	118.02	98.86	162.13	138.98	102.29
成　都	72.65	101.36	234.85	308.48	292.12
贵　阳	38.30	48.24	62.05	60.63	56.82
昆　明	64.91	85.54	80.95	112.72	63.59
西　安	49.04	54.99	156.28	248.24	212.41
兰　州	13.00	44.75	40.11	21.29	11.89
西　宁	22.72	12.99	21.53	7.06	7.20
银　川	10.03	5.44	13.04	14.84	6.64
乌鲁木齐	27.36	21.41	28.52	35.97	16.93

数据来源：国家统计局。

表 5-87　2019 年四十座重点城市办公楼销售金额（月度累计）

单位：亿元

城　市	1—3 月	1—4 月	1—5 月	1—6 月	1—7 月	1—8 月	1—9 月	1—10 月	1—11 月	1—12 月
合　计	764.47	1154.86	1507.08	2019.78	2274.21	2601.93	3017.09	3289.13	3651.58	4273.71
北　京	31.73	74.83	78.10	83.79	89.84	94.59	104.49	114.46	130.15	167.27
天　津	4.36	5.51	7.40	11.03	12.96	14.91	16.26	19.05	19.87	34.20
石家庄	7.12	10.35	19.19	35.59	36.73	38.68	41.13	42.63	58.29	75.22
太　原	3.91	6.07	9.51	11.86	14.29	16.90	17.50	24.43	26.35	31.61
呼和浩特	0.56	1.27	1.32	1.38	1.57	1.88	1.94	1.97	2.06	2.14
沈　阳	0.54	1.02	1.53	1.72	2.28	2.86	3.16	3.30	4.69	4.91
大　连	0.93	1.27	1.33	2.52	2.71	3.33	3.39	4.88	7.05	8.31
长　春	7.30	8.12	9.37	13.84	14.79	16.30	17.91	19.30	24.25	29.06
哈尔滨	1.12	2.73	5.00	6.22	6.58	7.41	8.65	10.46	11.74	13.39
上　海	63.73	87.71	138.01	163.32	191.97	227.17	297.94	320.54	328.99	382.06
南　京	11.36	21.14	36.03	40.00	45.02	53.26	58.74	61.80	65.78	80.93
无　锡	3.53	6.58	8.67	11.75	13.95	16.00	20.01	23.13	25.31	27.68
苏　州	12.51	19.79	31.19	35.50	41.94	50.08	56.15	59.43	64.37	70.31
杭　州	57.01	81.57	109.75	139.73	161.86	176.61	190.74	204.17	228.26	280.02
宁　波	29.39	39.27	46.17	57.24	62.38	71.88	83.18	87.53	92.67	101.65
温　州	0.64	0.90	1.12	9.03	9.08	16.24	22.29	22.58	23.80	23.85
合　肥	14.54	20.95	26.50	33.96	40.22	43.10	45.20	48.19	50.09	57.84
福　州	46.70	64.32	76.83	126.80	142.97	156.87	175.92	189.19	202.16	220.90
厦　门	15.42	31.32	45.06	87.57	91.18	95.27	101.94	106.25	113.83	124.34
南　昌	6.65	9.25	15.16	29.00	33.09	37.82	42.87	49.53	55.06	69.80
济　南	6.51	11.45	25.93	38.28	45.50	49.04	52.85	56.41	60.29	64.81
青　岛	13.48	18.02	29.36	32.70	34.82	44.26	50.55	57.00	64.05	94.00
郑　州	42.64	56.65	66.93	76.07	96.23	110.84	128.91	137.90	153.87	177.12
武　汉	54.59	65.04	72.31	106.77	121.48	170.70	222.27	225.24	242.63	259.67
长　沙	12.85	18.23	28.93	45.50	57.31	65.43	85.08	93.52	106.65	124.77
广　州	51.22	69.32	90.72	131.80	151.41	172.76	196.68	217.34	247.14	306.94
深　圳	88.54	186.56	221.03	250.38	264.80	299.72	357.05	408.93	491.88	570.12
南　宁	4.38	10.39	13.86	17.09	20.31	28.54	31.44	35.20	40.40	46.99
北　海	0.05	0.06	0.07	0.07	0.07	0.09	0.09	0.09	0.31	0.34
海　口	8.14	8.36	8.99	15.73	18.14	20.34	24.28	25.29	27.54	32.05
三　亚	18.92	19.21	19.24	19.66	19.66	20.30	21.40	21.52	21.52	21.52
重　庆	27.57	32.24	41.82	52.94	56.43	62.17	74.92	82.12	86.94	102.29
成　都	60.66	85.71	118.05	158.39	175.57	197.60	217.56	227.30	260.89	292.12
贵　阳	18.78	21.64	24.35	36.44	37.81	42.60	45.31	52.02	54.40	56.82
昆　明	5.08	8.96	13.36	24.07	29.41	30.95	34.06	43.51	50.28	63.59
西　安	25.44	40.30	53.19	95.35	110.77	122.32	138.94	156.85	169.57	212.41
兰　州	2.29	3.25	4.14	5.87	6.63	9.22	9.41	10.58	11.19	11.89
西　宁	0.15	0.21	0.30	0.32	0.70	0.73	0.82	7.02	7.14	7.20
银　川	1.01	1.25	1.74	2.67	3.07	3.42	4.00	5.18	5.51	6.64
乌鲁木齐	3.11	4.04	5.50	7.82	8.67	9.76	12.04	13.29	14.60	16.93

数据来源：国家统计局。

表 5-88　2015—2019 年四十座重点城市办公楼现房销售金额

单位：亿元

城市	2015 年	2016 年	2017 年	2018 年	2019 年
合计	895.34	1262.07	1467.76	1318.53	1019.15
北京	222.69	406.82	116.00	142.79	86.70
天津	16.08	14.10	55.11	37.18	16.03
石家庄	31.51	34.84	35.71	0.61	3.49
太原	0.95	0.92	2.60	0.07	5.10
呼和浩特	0.97	2.86	3.67	5.62	0.87
沈阳	15.77	6.26	4.22	8.06	3.86
大连	1.05	21.73	7.58	6.45	3.74
长春	3.08	3.44	4.37	5.57	9.54
哈尔滨	5.94	4.94	9.02	4.68	4.70
上海	191.86	258.91	197.60	194.98	224.47
南京	15.30	23.51	14.64	3.74	14.85
无锡	12.27	14.15	21.24	14.76	13.21
苏州	13.72	16.65	34.21	36.28	35.11
杭州	34.35	65.03	180.46	121.13	71.12
宁波	23.37	30.22	18.42	54.77	23.33
温州	10.06	4.84	2.75	1.67	1.59
合肥	13.14	26.12	33.43	32.42	10.36
福州	8.24	5.15	19.47	8.30	1.51
厦门	10.06	20.32	71.00	59.82	28.15
南昌	7.68	15.56	20.69	11.16	11.64
济南	5.61	10.34	27.22	13.26	8.19
青岛	10.16	25.65	48.56	49.53	32.80
郑州	9.88	13.13	23.99	28.48	11.63
武汉	13.59	11.14	71.84	83.56	36.04
长沙	10.52	19.64	47.95	30.46	43.38
广州	70.99	22.57	36.27	28.93	88.96
深圳	36.99	25.58	169.51	111.36	58.06
南宁	1.00	9.39	6.21	10.79	6.13
北海	0.24	—	—	—	0.03
海口	0.15	0.87	13.61	9.15	11.51
三亚	1.04	0.12	6.32	1.42	9.71
重庆	32.60	54.10	60.90	70.97	44.62
成都	23.99	27.97	35.42	30.36	22.87
贵阳	7.44	15.17	16.35	4.85	22.10
昆明	19.74	35.35	7.53	32.00	15.37
西安	5.23	0.62	24.42	34.56	28.67
兰州	0.86	5.11	3.52	6.94	0.80
西宁	0.41	3.09	4.09	0.17	0.95
银川	2.55	2.27	2.39	11.38	4.50
乌鲁木齐	4.22	3.58	6.47	10.31	3.49

数据来源：国家统计局。

表 5-89　2019 年四十座重点城市办公楼现房销售金额（月度累计）

单位：亿元

城　市	1—3 月	1—4 月	1—5 月	1—6 月	1—7 月	1—8 月	1—9 月	1—10 月	1—11 月	1—12 月
合　计	**202. 27**	**257. 52**	**349. 02**	**468. 76**	**537. 83**	**618. 87**	**698. 28**	**758. 42**	**855. 28**	**1019. 15**
北　京	27. 82	31. 55	33. 55	38. 37	45. 62	48. 22	52. 81	60. 10	71. 73	86. 70
天　津	2. 08	2. 66	3. 63	5. 89	7. 39	8. 80	9. 77	10. 88	11. 66	16. 03
石家庄				3. 25	3. 37	3. 49	3. 49	3. 49	3. 49	3. 49
太　原	0. 14	0. 16	0. 95	1. 21	1. 23	2. 72	2. 80	2. 88	3. 02	5. 10
呼和浩特	0. 09	0. 22	0. 27	0. 33	0. 52	0. 61	0. 67	0. 70	0. 79	0. 87
沈　阳	0. 51	0. 87	1. 34	1. 46	1. 71	1. 90	2. 15	2. 26	3. 63	3. 86
大　连	0. 21	0. 38	0. 45	1. 64	1. 83	2. 30	2. 34	3. 30	3. 47	3. 74
长　春	3. 92	4. 10	4. 19	5. 08	5. 18	5. 36	5. 48	5. 63	9. 39	9. 54
哈尔滨	0. 42	0. 47	1. 75	2. 08	2. 28	2. 64	3. 33	4. 44	4. 58	4. 70
上　海	23. 03	42. 52	82. 76	96. 82	123. 72	155. 88	180. 50	190. 10	194. 28	224. 47
南　京	0. 47	1. 15	6. 64	6. 35	6. 42	8. 14	8. 28	8. 47	8. 59	14. 85
无　锡	1. 99	3. 20	4. 24	6. 17	7. 14	7. 98	10. 81	11. 83	12. 65	13. 21
苏　州	7. 43	10. 49	12. 51	14. 06	18. 42	24. 77	29. 05	30. 89	34. 16	35. 11
杭　州	12. 29	15. 59	21. 37	34. 33	36. 83	43. 25	46. 25	51. 34	61. 87	71. 12
宁　波	7. 95	9. 01	11. 52	12. 97	13. 77	14. 71	17. 35	18. 19	19. 58	23. 33
温　州	0. 04	0. 04	0. 04	0. 04	0. 04	0. 15	0. 15	0. 39	1. 56	1. 59
合　肥	1. 39	1. 70	2. 39	3. 85	4. 83	5. 21	5. 60	6. 12	6. 37	10. 36
福　州	0. 66	0. 69	0. 91	0. 91	0. 94	0. 95	0. 96	0. 80	0. 83	1. 51
厦　门	3. 09	6. 59	8. 21	22. 63	22. 76	23. 48	28. 52	29. 42	29. 78	28. 15
南　昌	1. 77	1. 93	2. 50	5. 93	6. 04	6. 23	8. 46	9. 01	9. 29	11. 64
济　南	0. 66	0. 84	4. 57	4. 72	7. 37	7. 52	7. 66	7. 81	7. 96	8. 19
青　岛	5. 18	6. 25	6. 79	7. 54	7. 88	9. 05	10. 45	11. 10	13. 70	32. 80
郑　州	5. 63	6. 77	7. 05	7. 98	8. 37	8. 71	9. 14	9. 34	9. 79	11. 63
武　汉	12. 09	15. 07	15. 36	18. 21	18. 68	20. 97	22. 64	23. 12	31. 21	36. 04
长　沙	1. 29	1. 64	3. 03	10. 81	14. 14	15. 07	23. 52	25. 81	33. 05	43. 38
广　州	21. 91	30. 12	33. 71	42. 50	48. 33	50. 96	53. 63	58. 56	67. 78	88. 96
深　圳	11. 43	15. 44	19. 38	22. 73	25. 15	29. 86	31. 99	37. 27	46. 26	58. 06
南　宁	0. 37	1. 21	1. 06	1. 14	1. 34	2. 01	2. 83	3. 43	4. 67	6. 13
北　海	—	—	—	—	—	0. 02	0. 02	0. 02	0. 03	0. 03
海　口	1. 54	1. 54	1. 92	6. 12	6. 12	7. 57	10. 37	10. 56	11. 24	11. 51
三　亚	9. 62	9. 69	9. 69	9. 69	9. 69	9. 69	9. 69	9. 71	9. 71	9. 71
重　庆	11. 50	13. 50	18. 96	25. 53	26. 28	31. 21	35. 05	37. 98	39. 29	44. 62
成　都	9. 21	3. 52	4. 45	6. 41	7. 01	7. 66	8. 00	8. 48	19. 34	22. 87
贵　阳	7. 81	7. 84	9. 58	16. 44	16. 49	18. 91	19. 53	20. 74	21. 54	22. 10
昆　明	1. 26	1. 56	2. 23	5. 65	6. 37	6. 83	7. 04	12. 81	14. 29	15. 37
西　安	6. 01	7. 26	9. 08	14. 99	18. 73	19. 66	20. 53	23. 43	26. 11	28. 67
兰　州	0. 32	0. 33	0. 34	0. 48	0. 62	0. 63	0. 66	0. 71	0. 79	0. 80
西　宁	0. 05	0. 07	0. 16	—	0. 33	0. 33	0. 38	0. 42	0. 45	0. 95
银　川	0. 51	0. 72	1. 20	2. 10	2. 44	2. 74	3. 33	3. 78	4. 11	4. 50
乌鲁木齐	0. 57	0. 84	1. 25	2. 35	2. 43	2. 70	3. 03	3. 13	3. 22	3. 49

数据来源：国家统计局。

表 5-90　2015—2019 年四十座重点城市办公楼期房销售金额

单位：亿元

城　市	2015 年	2016 年	2017 年	2018 年	2019 年
合　计	**2355.51**	**3490.66**	**3669.63**	**3797.65**	**3254.55**
北　京	480.05	855.08	258.22	94.42	80.57
天　津	8.63	30.61	24.22	30.24	18.17
石家庄	34.17	43.32	59.49	51.73	71.74
太　原	11.73	28.16	28.22	27.43	26.51
呼和浩特	2.72	4.27	11.71	5.67	1.27
沈　阳	3.78	23.15	7.01	2.59	1.05
大　连	5.91	3.18	16.63	0.65	4.58
长　春	8.88	18.97	35.17	32.53	19.52
哈尔滨	6.04	13.52	39.13	12.60	8.69
上　海	296.81	644.26	196.48	289.85	157.58
南　京	37.13	63.65	136.75	138.08	66.08
无　锡	29.87	8.30	9.98	11.17	14.48
苏　州	37.19	40.67	69.56	30.97	35.20
杭　州	82.28	255.07	331.61	241.44	208.90
宁　波	13.53	24.04	37.33	91.98	78.32
温　州	12.97	9.10	6.10	17.41	22.26
合　肥	47.54	90.77	73.44	59.50	47.49
福　州	53.38	79.06	207.44	161.54	219.40
厦　门	89.39	70.75	232.40	193.74	96.19
南　昌	13.76	34.03	79.23	69.14	58.16
济　南	140.19	45.60	22.42	90.42	56.62
青　岛	71.93	44.16	91.40	62.81	61.20
郑　州	84.34	85.18	146.19	149.95	165.49
武　汉	23.13	105.20	167.94	235.27	223.62
长　沙	24.02	59.95	69.27	106.68	81.39
广　州	191.48	243.66	309.29	316.85	217.99
深　圳	182.72	203.57	297.29	389.51	512.07
南　宁	31.90	25.67	55.21	62.59	40.86
北　海	—	0.28	2.11	0.10	0.30
海　口	8.84	8.82	9.89	31.09	20.53
三　亚	2.20	2.31	0.18	43.01	11.81
重　庆	85.42	44.75	101.22	68.01	57.67
成　都	48.65	73.39	199.43	278.12	269.25
贵　阳	30.86	33.07	45.70	55.78	34.72
昆　明	45.17	50.19	73.42	80.72	48.22
西　安	43.81	54.36	131.86	213.68	183.73
兰　州	12.14	39.64	36.59	14.36	11.10
西　宁	22.32	9.90	17.43	6.89	6.25
银　川	7.48	3.17	10.65	3.46	2.14
乌鲁木齐	23.14	17.83	22.05	25.66	13.44

数据来源：国家统计局。

表 5-91　2019 年四十座重点城市办公楼期房销售金额（月度累计）

单位：亿元

城　市	1—3 月	1—4 月	1—5 月	1—6 月	1—7 月	1—8 月	1—9 月	1—10 月	1—11 月	1—12 月
合　计	562. 20	897. 34	1158. 06	1551. 02	1736. 38	1983. 06	2318. 81	2530. 71	2796. 29	3254. 55
北　京	3. 91	43. 28	44. 55	45. 42	44. 22	46. 36	51. 68	54. 36	58. 42	80. 57
天　津	2. 28	2. 85	3. 77	5. 14	5. 58	6. 11	6. 49	8. 18	8. 21	18. 17
石家庄	7. 12	10. 35	19. 19	32. 34	33. 36	35. 19	37. 64	39. 15	54. 80	71. 74
太　原	3. 77	5. 91	8. 56	10. 65	13. 06	14. 17	14. 70	21. 55	23. 32	26. 51
呼和浩特	0. 47	1. 05	1. 05	1. 05	1. 05	1. 27	1. 27	1. 27	1. 27	1. 27
沈　阳	0. 03	0. 15	0. 19	0. 26	0. 57	0. 96	1. 01	1. 04	1. 05	1. 05
大　连	0. 72	0. 88	0. 88	0. 88	0. 88	1. 04	1. 04	1. 58	3. 58	4. 58
长　春	3. 38	4. 02	5. 18	8. 76	9. 61	10. 94	12. 44	13. 67	14. 86	19. 52
哈尔滨	0. 71	2. 26	3. 25	4. 14	4. 31	4. 77	5. 32	6. 02	7. 16	8. 69
上　海	40. 71	45. 19	55. 26	66. 50	68. 25	71. 29	117. 44	130. 45	134. 72	157. 58
南　京	10. 89	19. 99	29. 39	33. 65	38. 60	45. 12	50. 46	53. 34	57. 19	66. 08
无　锡	1. 55	3. 38	4. 43	5. 58	6. 81	8. 02	9. 20	11. 29	12. 66	14. 48
苏　州	5. 08	9. 30	18. 67	21. 44	23. 52	25. 31	27. 10	28. 54	30. 21	35. 20
杭　州	44. 72	65. 98	88. 38	105. 41	125. 03	133. 35	144. 50	152. 83	166. 39	208. 90
宁　波	21. 44	30. 27	34. 65	44. 26	48. 61	57. 18	65. 83	69. 34	73. 09	78. 32
温　州	0. 60	0. 86	1. 08	8. 99	9. 04	16. 09	22. 15	22. 19	22. 23	22. 26
合　肥	13. 15	19. 25	24. 12	30. 11	35. 40	37. 89	39. 60	42. 07	43. 72	47. 49
福　州	46. 04	63. 63	75. 93	125. 89	142. 03	155. 91	174. 96	188. 39	201. 33	219. 40
厦　门	12. 32	24. 74	36. 85	64. 94	68. 42	71. 79	73. 41	76. 84	84. 05	96. 19
南　昌	4. 88	7. 31	12. 65	23. 07	27. 05	31. 59	34. 41	40. 53	45. 77	58. 16
济　南	5. 85	10. 62	21. 35	33. 56	38. 13	41. 52	45. 19	48. 59	52. 33	56. 62
青　岛	8. 30	11. 77	22. 56	25. 16	26. 93	35. 21	40. 10	45. 90	50. 36	61. 20
郑　州	37. 00	49. 88	59. 88	68. 09	87. 86	102. 13	119. 77	128. 56	144. 08	165. 49
武　汉	42. 50	49. 97	56. 95	88. 56	102. 80	149. 73	199. 62	202. 12	211. 42	223. 62
长　沙	11. 56	16. 59	25. 90	34. 69	43. 17	50. 36	61. 57	67. 71	73. 60	81. 39
广　州	29. 30	39. 20	57. 02	89. 30	103. 08	121. 80	143. 05	158. 78	179. 36	217. 99
深　圳	77. 11	171. 13	201. 66	227. 65	239. 65	269. 86	325. 06	371. 66	445. 62	512. 07
南　宁	4. 01	9. 17	12. 80	15. 95	18. 98	26. 53	28. 61	31. 77	35. 73	40. 86
北　海	0. 05	0. 06	0. 07	0. 07	0. 07	0. 07	0. 07	0. 07	0. 27	0. 30
海　口	6. 61	6. 82	7. 07	9. 62	12. 01	12. 77	13. 91	14. 73	16. 29	20. 53
三　亚	9. 30	9. 51	9. 55	9. 97	9. 97	10. 61	11. 71	11. 81	11. 81	11. 81
重　庆	16. 07	18. 75	22. 86	27. 41	30. 15	30. 96	39. 88	44. 14	47. 65	57. 67
成　都	51. 45	82. 20	113. 60	151. 98	168. 56	189. 93	209. 56	218. 82	241. 54	269. 25
贵　阳	10. 97	13. 80	14. 77	20. 00	21. 32	23. 69	25. 79	31. 28	32. 86	34. 72
昆　明	3. 82	7. 40	11. 13	18. 42	23. 04	24. 13	27. 02	30. 70	35. 99	48. 22
西　安	19. 43	33. 04	44. 11	80. 36	92. 04	102. 66	118. 41	133. 43	143. 46	183. 73
兰　州	1. 97	2. 92	3. 80	5. 38	6. 00	8. 59	8. 74	9. 87	10. 41	11. 10
西　宁	0. 10	0. 14	0. 14	0. 32	0. 37	0. 41	0. 44	6. 60	6. 69	6. 25
银　川	0. 50	0. 52	0. 55	0. 57	0. 64	0. 67	0. 67	1. 40	1. 40	2. 14
乌鲁木齐	2. 54	3. 20	4. 25	5. 48	6. 24	7. 06	9. 02	10. 16	11. 38	13. 44

数据来源：国家统计局。

表 5-92　2015—2019 年四十座重点城市商业营业用房销售金额

单位：亿元

城市	2015 年	2016 年	2017 年	2018 年	2019 年
合　计	**4025.23**	**5151.39**	**6095.79**	**6461.58**	**5226.23**
北　京	231.62	376.65	271.42	119.39	101.65
天　津	73.91	140.06	133.87	98.81	94.76
石家庄	128.52	99.83	129.09	54.46	15.13
太　原	15.04	24.95	30.72	49.46	55.64
呼和浩特	19.89	72.98	44.66	27.52	23.22
沈　阳	96.51	50.51	79.23	128.27	68.21
大　连	25.30	33.28	56.62	62.72	38.44
长　春	56.46	104.59	96.93	104.78	99.52
哈尔滨	56.47	90.42	122.06	110.59	115.07
上　海	227.89	470.49	208.23	269.37	256.64
南　京	96.90	144.26	201.66	607.11	161.97
无　锡	76.38	83.38	114.32	82.29	97.98
苏　州	129.46	176.27	160.17	123.05	144.49
杭　州	87.79	230.31	344.19	390.47	232.28
宁　波	85.61	87.93	109.08	133.75	111.85
温　州	54.34	71.92	117.20	91.14	113.74
合　肥	180.90	234.63	148.43	122.01	60.66
福　州	120.47	96.69	164.36	189.45	125.93
厦　门	68.53	91.34	92.68	131.00	74.37
南　昌	48.15	128.56	196.84	191.74	224.99
济　南	46.18	44.06	118.91	115.06	74.56
青　岛	115.71	113.86	194.43	178.12	122.84
郑　州	87.93	130.65	193.47	195.49	177.98
武　汉	146.53	193.25	285.75	284.28	286.77
长　沙	123.87	131.40	244.33	238.37	221.62
广　州	183.37	207.30	213.73	186.75	214.69
深　圳	65.11	83.24	133.36	129.21	252.87
南　宁	54.62	67.08	72.96	114.40	80.24
北　海	3.89	3.68	7.50	9.05	14.55
海　口	27.95	23.16	50.34	44.53	44.68
三　亚	0.74	11.65	26.82	48.91	24.07
重　庆	483.48	552.77	629.66	536.02	422.60
成　都	301.65	300.72	483.53	538.31	404.41
贵　阳	139.41	84.82	134.80	136.34	229.85
昆　明	125.53	135.94	138.15	185.91	113.76
西　安	90.64	78.35	171.56	212.03	169.07
兰　州	37.98	57.46	47.59	65.31	33.08
西　宁	35.25	44.07	53.40	47.64	46.77
银　川	43.29	38.93	31.76	41.01	29.71
乌鲁木齐	31.99	39.95	41.97	67.44	45.61

数据来源：国家统计局。

表 5-93　2019 年四十座重点城市商业营业用房销售金额（月度累计）

单位：亿元

城　市	1—3 月	1—4 月	1—5 月	1—6 月	1—7 月	1—8 月	1—9 月	1—10 月	1—11 月	1—12 月
合　计	**1001.52**	**1411.63**	**1797.94**	**2517.37**	**2898.53**	**3187.84**	**3673.24**	**4062.03**	**4515.35**	**5226.23**
北　京	15.84	24.79	30.10	35.20	54.48	59.14	71.19	74.49	81.35	101.65
天　津	20.81	30.93	40.16	58.12	67.69	72.95	79.48	79.49	84.44	94.76
石家庄	1.75	2.78	4.57	12.52	12.80	11.20	11.42	12.69	12.97	15.13
太　原	5.24	9.93	16.59	30.42	35.06	38.29	41.67	47.39	51.00	55.64
呼和浩特	2.26	2.64	3.72	6.23	7.23	8.58	9.18	10.41	21.01	23.22
沈　阳	10.18	14.23	19.54	26.46	34.48	40.14	46.01	52.31	61.47	68.21
大　连	5.84	7.53	11.06	16.35	19.41	21.65	23.75	26.19	34.40	38.44
长　春	12.35	19.57	27.60	37.01	44.70	55.13	61.19	77.88	93.04	99.52
哈尔滨	8.44	18.98	27.47	35.57	43.58	53.40	71.89	86.64	107.39	115.07
上　海	53.53	85.00	111.75	139.29	178.34	172.01	195.36	215.42	221.84	256.64
南　京	43.19	59.16	89.39	107.22	120.67	127.18	136.45	145.86	152.56	161.97
无　锡	24.84	29.53	37.11	44.78	50.09	55.51	60.24	65.72	72.47	97.98
苏　州	45.89	53.76	66.07	76.31	88.33	98.58	109.63	120.59	131.99	144.49
杭　州	37.83	62.44	88.23	108.27	121.17	135.10	150.66	168.41	191.50	232.28
宁　波	20.31	29.24	38.00	59.33	68.27	79.57	91.01	94.54	101.85	111.85
温　州	20.27	23.82	34.81	51.83	54.44	61.14	81.29	87.42	98.38	113.74
合　肥	21.68	25.38	28.79	33.24	38.67	42.37	46.75	49.32	54.47	60.66
福　州	32.16	38.27	50.77	73.39	79.07	85.73	95.41	100.43	105.52	125.93
厦　门	21.77	30.79	31.55	42.27	46.00	49.83	60.83	63.16	67.50	74.37
南　昌	28.58	43.59	59.53	121.01	140.76	152.58	169.94	182.61	193.82	224.99
济　南	13.56	21.59	29.87	41.98	44.01	50.15	56.47	65.23	70.17	74.56
青　岛	26.96	33.92	44.24	55.40	61.18	66.62	77.21	84.52	104.28	122.84
郑　州	30.81	39.90	48.54	69.22	76.23	89.34	135.07	145.83	159.54	177.98
武　汉	78.53	112.86	122.98	166.13	187.30	196.04	212.66	240.00	255.01	286.77
长　沙	19.58	30.86	40.95	94.77	107.08	122.18	139.35	161.75	185.23	221.62
广　州	32.08	57.09	71.10	113.12	129.98	142.64	158.56	176.06	193.90	214.69
深　圳	43.81	73.68	64.83	98.99	106.83	116.72	148.19	173.62	192.59	252.87
南　宁	13.68	22.96	29.70	37.59	41.80	48.67	55.54	62.52	69.98	80.24
北　海	3.03	4.34	6.64	6.91	7.48	8.85	9.74	11.84	12.07	14.55
海　口	9.65	11.67	14.50	20.74	23.52	25.80	28.61	34.68	37.66	44.68
三　亚	8.76	9.76	11.87	16.73	17.27	17.31	20.25	20.48	21.59	24.07
重　庆	98.95	128.10	164.08	218.60	245.72	266.24	308.95	334.05	366.72	422.60
成　都	85.94	120.56	155.00	198.77	227.03	254.78	290.71	323.01	373.55	404.41
贵　阳	43.58	43.64	53.58	93.75	103.47	119.50	140.38	156.45	168.44	229.85
昆　明	18.91	26.37	31.84	44.63	61.14	68.92	77.85	85.42	99.05	113.76
西　安	20.61	31.09	48.88	70.27	88.32	97.88	112.60	121.60	139.21	169.07
兰　州	7.11	9.96	12.52	16.34	19.02	22.07	24.73	26.13	30.04	33.08
西　宁	1.51	2.72	4.85	8.97	11.03	13.80	20.03	21.57	35.16	46.77
银　川	5.75	8.85	11.33	12.90	14.74	16.48	18.96	21.70	23.49	29.71
乌鲁木齐	5.96	9.36	13.83	16.76	20.15	23.80	24.03	34.59	38.69	45.61

数据来源：国家统计局。

表 5-94　2015—2019 年四十座重点城市商业营业用房现房销售金额

单位：亿元

城　市	2015 年	2016 年	2017 年	2018 年	2019 年
合　计	**1206.97**	**1552.52**	**1654.21**	**1860.80**	**1535.48**
北　京	90.96	117.56	65.17	48.05	78.54
天　津	34.93	62.52	61.09	40.61	31.57
石家庄	63.58	55.88	27.53	20.81	1.82
太　原	5.88	2.45	4.66	2.22	0.74
呼和浩特	10.54	54.31	27.53	9.92	4.82
沈　阳	30.46	18.16	21.67	14.15	22.22
大　连	13.27	15.83	26.51	35.47	16.85
长　春	11.70	21.54	25.23	16.84	33.50
哈尔滨	27.72	50.26	55.96	38.93	47.73
上　海	100.24	172.34	137.88	121.12	145.90
南　京	31.94	41.06	28.98	352.38	26.45
无　锡	33.75	34.83	73.14	46.09	40.50
苏　州	31.72	62.00	52.04	64.98	69.72
杭　州	22.67	62.19	112.49	86.76	53.07
宁　波	35.19	46.45	34.13	40.83	35.75
温　州	8.38	18.55	17.39	17.44	21.02
合　肥	20.20	22.66	22.53	14.53	18.26
福　州	26.77	13.55	24.25	33.51	10.10
厦　门	9.85	28.06	17.83	61.03	36.81
南　昌	20.31	19.12	24.53	46.47	70.45
济　南	16.90	6.82	16.05	14.35	5.61
青　岛	39.76	38.03	50.97	50.70	32.12
郑　州	13.47	23.08	21.49	31.50	25.85
武　汉	73.95	72.48	92.11	27.57	75.27
长　沙	28.13	38.90	66.52	46.87	35.03
广　州	38.81	29.66	60.20	53.70	78.06
深　圳	14.16	14.12	33.37	43.97	57.71
南　宁	6.99	4.52	7.09	16.68	12.69
北　海	1.68	1.21	3.55	1.11	1.56
海　口	5.50	4.63	10.06	5.89	12.86
三　亚	0.70	0.10	0.40	1.34	4.92
重　庆	133.52	186.24	161.68	166.39	134.59
成　都	50.37	67.03	108.15	130.34	75.64
贵　阳	9.08	18.38	26.15	27.21	124.78
昆　明	75.34	58.01	50.84	42.79	30.17
西　安	32.19	21.52	36.82	45.04	36.34
兰　州	10.81	14.80	9.21	6.94	3.04
西　宁	3.51	3.84	11.82	1.72	1.78
银　川	17.28	20.35	16.71	20.74	12.74
乌鲁木齐	4.76	9.47	10.48	13.80	8.91

数据来源：国家统计局。

表 5-95 2019 年四十座重点城市商业营业用房现房销售金额（月度累计）

单位：亿元

城 市	1—3 月	1—4 月	1—5 月	1—6 月	1—7 月	1—8 月	1—9 月	1—10 月	1—11 月	1—12 月
合 计	**310.87**	**429.23**	**552.83**	**749.38**	**858.24**	**942.57**	**1078.94**	**1171.49**	**1298.81**	**1535.48**
北 京	13.51	20.76	23.80	26.46	45.60	48.78	60.29	63.12	69.87	78.54
天 津	8.27	11.70	14.64	25.72	27.57	29.17	31.07	26.72	28.23	31.57
石家庄	—	—	0.60	0.60	0.60	0.60	0.60	0.64	0.68	1.82
太 原	0.27	0.29	0.29	0.29	0.29	0.29	0.57	0.75	0.78	0.74
呼和浩特	0.46	0.69	0.98	3.12	3.47	3.50	3.60	3.67	4.80	4.82
沈 阳	3.99	5.27	6.32	9.80	11.97	13.59	15.80	16.92	18.37	22.22
大 连	2.24	3.10	5.73	7.41	7.66	8.17	8.89	9.45	15.77	16.85
长 春	4.10	4.94	6.25	6.72	7.59	11.85	13.96	23.26	32.33	33.50
哈尔滨	3.73	8.44	12.65	15.66	20.59	23.80	35.51	41.78	45.52	47.73
上 海	13.34	31.67	53.94	67.61	82.25	88.78	102.14	110.35	121.67	145.90
南 京	1.74	2.72	15.84	19.14	20.34	21.78	22.53	22.95	24.00	26.45
无 锡	7.97	9.97	14.13	18.96	21.50	24.14	25.45	28.44	33.38	40.50
苏 州	30.94	34.35	41.15	45.33	49.46	52.77	57.29	60.93	64.79	69.72
杭 州	6.78	13.02	19.70	25.44	28.04	32.66	35.22	38.60	45.21	53.07
宁 波	9.76	12.01	13.80	15.21	19.45	23.50	28.95	29.86	33.99	35.75
温 州	4.14	4.22	5.50	9.64	10.20	10.78	13.87	16.43	19.69	21.02
合 肥	6.62	7.28	8.17	9.99	12.35	13.67	15.20	15.64	16.70	18.26
福 州	3.04	4.72	5.33	5.95	6.66	6.87	7.69	8.21	8.91	10.10
厦 门	10.00	15.84	15.92	20.42	21.15	22.60	30.89	32.44	33.77	36.81
南 昌	2.86	7.79	10.77	55.21	59.24	60.61	63.49	65.39	66.21	70.45
济 南	0.37	2.05	2.69	4.43	4.44	4.51	4.54	4.77	5.16	5.61
青 岛	6.79	8.49	12.75	14.00	15.08	16.32	17.42	19.23	23.27	32.12
郑 州	6.90	7.60	10.42	14.48	16.04	17.74	19.40	20.76	23.66	25.85
武 汉	38.93	42.75	45.56	50.27	53.15	54.65	60.77	63.73	68.97	75.27
长 沙	2.19	3.50	4.30	7.84	9.10	10.16	12.73	16.04	23.49	35.03
广 州	18.18	26.68	33.41	42.63	47.22	52.01	60.10	64.02	67.54	78.06
深 圳	11.24	22.12	27.30	29.69	32.64	37.87	41.24	43.62	46.81	57.71
南 宁	2.92	4.05	4.96	6.08	7.42	8.53	9.32	9.87	10.46	12.69
北 海	0.32	0.42	0.50	0.71	0.88	1.13	1.14	1.23	1.24	1.56
海 口	1.77	1.84	1.94	2.99	3.18	3.53	4.08	8.59	8.84	12.86
三 亚	3.79	3.79	4.56	4.80	4.80	4.82	4.87	4.92	4.92	4.92
重 庆	36.71	43.89	51.68	69.10	78.78	85.11	98.35	104.92	113.78	134.59
成 都	20.73	27.30	31.69	37.62	40.79	45.59	50.29	57.50	67.89	75.64
贵 阳	9.11	11.11	13.90	32.94	35.33	43.72	60.35	69.44	74.41	124.78
昆 明	7.67	10.93	12.48	16.22	18.43	20.52	21.71	22.49	24.59	30.17
西 安	4.69	6.08	8.98	15.42	21.86	23.89	23.19	25.13	27.03	36.34
兰 州	0.45	0.73	0.87	1.06	1.25	1.47	2.14	2.74	2.90	3.04
西 宁	0.21	0.49	0.80	0.63	0.86	0.88	0.98	0.99	1.14	1.78
银 川	3.32	5.07	5.97	6.60	7.25	7.76	8.68	9.69	10.56	12.74
乌鲁木齐	0.84	1.54	2.55	3.21	3.78	4.45	4.65	6.26	7.51	8.91

数据来源：国家统计局。

表 5-96 2015—2019 年四十座重点城市商业营业用房期房销售金额

单位：亿元

城市	2015 年	2016 年	2017 年	2018 年	2019 年
合 计	**2818.27**	**3598.87**	**4441.58**	**4600.78**	**3690.75**
北 京	140.66	259.09	206.25	71.34	23.11
天 津	38.98	77.54	72.77	58.20	63.19
石家庄	64.93	43.95	101.56	33.65	13.31
太 原	9.16	22.51	26.06	47.24	54.89
呼和浩特	9.34	18.67	17.14	17.60	18.40
沈 阳	66.06	32.35	57.66	114.13	45.99
大 连	12.03	17.45	30.11	27.25	21.59
长 春	44.76	83.05	71.69	87.94	66.02
哈尔滨	28.74	40.16	66.11	71.67	67.33
上 海	127.65	298.15	70.34	148.25	110.73
南 京	64.96	103.20	172.68	254.73	135.51
无 锡	42.63	48.55	41.18	36.20	57.48
苏 州	97.74	114.27	108.13	58.07	74.77
杭 州	65.12	168.12	231.70	303.72	179.20
宁 波	50.42	41.48	74.95	92.91	76.10
温 州	45.96	53.37	99.80	73.70	92.71
合 肥	160.70	211.98	125.90	107.48	42.41
福 州	93.70	83.13	140.11	155.94	115.84
厦 门	58.67	63.28	74.85	69.97	37.56
南 昌	27.84	109.44	172.31	145.27	154.54
济 南	29.28	37.24	102.86	100.71	68.95
青 岛	75.95	75.84	143.47	127.43	90.72
郑 州	74.46	107.56	171.98	163.99	152.13
武 汉	72.58	120.77	193.65	256.71	211.49
长 沙	95.74	92.49	177.81	191.50	186.59
广 州	144.56	177.64	153.53	133.05	136.63
深 圳	50.95	69.12	100.00	85.24	195.16
南 宁	47.64	62.56	65.87	97.73	67.55
北 海	2.20	2.47	3.95	7.93	12.99
海 口	22.45	18.53	40.28	38.64	31.82
三 亚	0.04	11.55	26.41	47.56	19.15
重 庆	349.96	366.52	467.98	369.63	288.01
成 都	251.28	233.68	375.38	407.97	328.77
贵 阳	130.33	66.44	108.65	109.13	105.07
昆 明	50.19	77.93	87.32	143.12	83.59
西 安	58.44	56.84	134.74	166.99	132.74
兰 州	27.17	42.66	38.38	58.37	30.04
西 宁	31.74	40.23	41.58	45.92	44.99
银 川	26.01	18.58	15.05	20.27	16.97
乌鲁木齐	27.23	30.48	31.49	53.64	36.70

数据来源：国家统计局。

表 5-97　2019 年四十座重点城市商业营业用房销售金额（月度累计）

单位：亿元

城　市	1—3 月	1—4 月	1—5 月	1—6 月	1—7 月	1—8 月	1—9 月	1—10 月	1—11 月	1—12 月
合　计	**690.65**	**982.40**	**1245.12**	**1767.99**	**2040.29**	**2245.27**	**2594.30**	**2890.54**	**3216.54**	**3690.75**
北　京	2.33	4.03	6.30	8.75	8.88	10.36	10.90	11.38	11.48	23.11
天　津	12.55	19.23	25.52	32.40	40.12	43.78	48.41	52.77	56.21	63.19
石家庄	1.75	2.78	3.97	11.92	12.20	10.60	10.82	12.05	12.29	13.31
太　原	4.97	9.64	16.29	30.13	34.77	38.00	41.11	46.64	50.22	54.89
呼和浩特	1.80	1.96	2.74	3.11	3.76	5.08	5.58	6.74	16.21	18.40
沈　阳	6.20	8.96	13.22	16.66	22.51	26.54	30.21	35.39	43.10	45.99
大　连	3.60	4.43	5.33	8.94	11.74	13.48	14.86	16.74	18.63	21.59
长　春	8.24	14.63	21.35	30.28	37.11	43.28	47.24	54.63	60.72	66.02
哈尔滨	4.71	10.54	14.82	19.91	22.99	29.60	36.38	44.86	61.87	67.33
上　海	40.20	53.33	57.81	71.67	96.09	83.24	93.22	105.07	100.18	110.73
南　京	41.45	56.44	73.56	88.08	100.34	105.40	113.92	122.91	128.57	135.51
无　锡	16.87	19.56	22.98	25.82	28.59	31.37	34.78	37.28	39.10	57.48
苏　州	14.96	19.40	24.91	30.98	38.87	45.81	52.34	59.66	67.20	74.77
杭　州	31.06	49.42	68.53	82.83	93.13	102.44	115.44	129.81	146.29	179.20
宁　波	10.55	17.23	24.20	44.12	48.82	56.07	62.06	64.69	67.86	76.10
温　州	16.14	19.60	29.30	42.18	44.24	50.35	67.42	71.00	78.70	92.71
合　肥	15.07	18.10	20.62	23.25	26.32	28.70	31.55	33.68	37.77	42.41
福　州	29.13	33.54	45.44	67.44	72.40	78.86	87.73	92.21	96.61	115.84
厦　门	11.77	14.95	15.63	21.85	24.85	27.23	29.94	30.72	33.73	37.56
南　昌	25.72	35.80	48.75	65.81	81.53	91.97	106.45	117.22	127.61	154.54
济　南	13.19	19.54	27.18	37.54	39.57	45.63	51.93	60.46	65.02	68.95
青　岛	20.17	25.42	31.49	41.41	46.10	50.30	59.79	65.28	81.01	90.72
郑　州	23.90	32.29	38.12	54.74	60.20	71.60	115.67	125.07	135.88	152.13
武　汉	39.60	70.11	77.42	115.87	134.14	141.39	151.89	176.27	186.05	211.49
长　沙	17.39	27.36	36.65	86.93	97.98	112.01	126.62	145.71	161.75	186.59
广　州	13.90	30.41	37.69	70.49	82.76	90.64	98.46	112.04	126.37	136.63
深　圳	32.57	51.56	37.53	69.30	74.19	78.84	106.95	130.00	145.77	195.16
南　宁	10.76	18.91	24.74	31.51	34.38	40.14	46.22	52.65	59.51	67.55
北　海	2.71	3.92	6.14	6.20	6.60	7.73	8.61	10.61	10.83	12.99
海　口	7.88	9.83	12.56	17.75	20.34	22.27	24.54	26.09	28.82	31.82
三　亚	4.97	5.96	7.31	11.93	12.47	12.49	15.38	15.55	16.67	19.15
重　庆	62.24	84.21	112.40	149.50	166.93	181.13	210.60	229.13	252.94	288.01
成　都	65.21	93.26	123.31	161.15	186.23	209.19	240.41	265.50	305.66	328.77
贵　阳	34.47	32.53	39.68	60.81	68.15	75.79	80.02	87.01	94.03	105.07
昆　明	11.24	15.45	19.36	28.41	42.71	48.39	56.14	62.93	74.46	83.59
西　安	15.92	25.01	39.90	54.84	66.46	73.99	89.42	96.47	112.18	132.74
兰　州	6.67	9.23	11.65	15.28	17.78	20.60	22.59	23.40	27.14	30.04
西　宁	1.30	2.23	4.05	8.35	10.17	12.92	19.05	20.58	34.02	44.99
银　川	2.43	3.78	5.36	6.29	7.50	8.71	10.28	12.01	12.93	16.97
乌鲁木齐	5.12	7.82	11.29	13.56	16.37	19.35	19.38	28.33	31.18	36.70

数据来源：国家统计局。

（七）四十座重点城市商品房销售均价

表 5-98　2015—2019 年四十座重点城市商品房销售均价

单位：元/平方米

城　市	2015 年	2016 年	2017 年	2018 年	2019 年
合　计	**9767**	**10863**	**11428**	**12715**	**13708**
北　京	22633	27497	32140	34143	35905
天　津	10107	12830	15331	16055	15380
石家庄	8601	8281	10170	10452	9309
太　原	7508	7667	9017	11059	11180
呼和浩特	5193	6425	6510	8345	10042
沈　阳	6861	7128	8062	8892	10192
大　连	8929	9354	10315	11546	11972
长　春	6634	6557	7017	8245	8777
哈尔滨	6419	6680	8339	9208	9920
上　海	20949	24747	23804	26890	30677
南　京	11489	17754	15653	22380	19007
无　锡	7870	8690	10678	11520	14047
苏　州	10311	13322	14941	15635	17119
杭　州	14422	15753	20354	23917	25922
宁　波	10708	11228	13324	15142	15065
温　州	12586	13075	12304	13390	14257
合　肥	7695	9369	10751	12147	13365
福　州	11653	11089	11057	13530	13656
厦　门	16122	20021	22599	20907	22622
南　昌	7126	8218	8527	8561	9534
济　南	7686	8247	9644	11930	11438
青　岛	8902	9230	10518	12624	13603
郑　州	7537	8163	8631	8443	9472
武　汉	8556	10048	11744	13108	14258
长　沙	5856	6410	7691	8206	8657
广　州	14612	16384	17633	20014	22363
深　圳	33942	45146	47936	54132	55797
南　宁	6646	6887	7776	7782	8406
北　海	4680	4768	5654	6716	7118
海　口	7948	9043	11988	13233	15385
三　亚	18166	18493	25794	24567	25322
重　庆	5486	5485	6792	8067	8402
成　都	6875	7504	8733	9867	10867
贵　阳	6029	5957	7269	9361	10451
昆　明	7393	7030	8010	10472	11197
西　安	6501	6602	8513	10171	11480
兰　州	6495	6601	7634	7924	7626
西　宁	5758	5910	6642	7314	8989
银　川	4947	4790	5177	5875	6440
乌鲁木齐	6669	6314	6668	8358	8690

数据来源：根据国家统计局数据整理。

表 5-99　2019 年四十座重点城市商品房销售均价（月度累计）

单位：元/平方米

城　市	1—3 月	1—4 月	1—5 月	1—6 月	1—7 月	1—8 月	1—9 月	1—10 月	1—11 月	1—12 月
合　计	**13227**	**13651**	**13566**	**13514**	**13646**	**13679**	**13711**	**13708**	**13710**	**13708**
北　京	35978	36976	37304	39300	39933	40087	40229	39823	39199	35905
天　津	14899	15418	15199	15489	15616	15420	15425	15422	15335	15380
石家庄	10111	9835	9895	9725	9534	9406	9319	9241	9237	9309
太　原	11338	11617	11542	11548	11606	11608	11627	11536	11329	11180
呼和浩特	9443	9701	9743	8773	9076	9251	9331	9823	9996	10042
沈　阳	9968	10057	10004	9832	10062	10181	10126	10174	10186	10192
大　连	11856	12012	11487	11707	11780	11700	11754	11783	11815	11972
长　春	9339	9565	9488	9372	9279	9255	9130	8937	8782	8777
哈尔滨	10194	9866	9996	9587	9406	9523	9856	10059	9907	9920
上　海	30550	33375	35071	31344	30592	31233	31283	30825	31164	30677
南　京	17976	19126	16169	16978	17414	17631	18412	18595	18857	19007
无　锡	12030	12443	12832	13037	13251	13397	13853	13876	13803	14047
苏　州	17286	17361	17456	16903	17431	17161	17096	17051	17087	17119
杭　州	24398	24150	24299	24718	25021	25076	25547	25593	25765	25922
宁　波	14433	14752	14673	14900	14760	14781	14845	14890	14866	15065
温　州	13754	13629	13542	13379	13515	13873	13959	14286	14382	14257
合　肥	12638	13002	12912	13096	13181	13272	13290	13257	13270	13365
福　州	14466	14312	13740	13508	13721	13709	13673	13644	13697	13656
厦　门	18356	19715	19028	21141	21749	22486	22294	21942	21847	22622
南　昌	8312	8302	8294	8701	8928	9367	9507	9442	9472	9534
济　南	11345	11719	11680	11888	11848	11946	11735	11759	11624	11438
青　岛	12849	12803	12992	13086	13093	13267	13328	13124	13186	13603
郑　州	9592	10083	10118	9752	9870	9997	9848	9858	9818	9472
武　汉	14200	13920	13680	13810	13875	14107	14276	14216	14295	14258
长　沙	7900	7969	8104	8462	8492	8476	8495	8479	8476	8657
广　州	22771	23545	23948	22642	22985	23375	22674	22894	22380	22363
深　圳	53502	52859	53577	54378	53464	53122	52950	54486	55975	55797
南　宁	7797	8093	8244	8271	8244	8271	8297	8290	8342	8406
北　海	7305	7520	7599	7430	7218	7255	7217	7118	7111	7118
海　口	15505	15180	15393	15342	15206	15335	15579	15718	15720	15385
三　亚	25825	24430	24173	24082	23715	23605	24875	24745	24855	25322
重　庆	7606	8124	8256	8330	8407	8395	8385	8396	8414	8402
成　都	10137	10271	10268	10220	10353	10373	10484	10568	10804	10867
贵　阳	9941	9998	10108	10518	10468	10457	10429	10433	10549	10451
昆　明	10711	10597	10666	10867	11280	11229	11267	11311	11223	11197
西　安	11423	11442	11567	11470	11636	11586	11658	11688	11530	11480
兰　州	7986	7728	7347	7635	7668	7595	7580	7594	7592	7626
西　宁	7860	9262	8988	8996	8737	8850	8875	8897	8909	8989
银　川	6068	6169	6155	6178	6316	6342	6394	6505	6451	6440
乌鲁木齐	9266	9162	8911	8997	9035	8965	8791	8966	8803	8690

数据来源：根据国家统计局数据整理。

表 5-100　2015—2019 年四十座重点城市住宅销售均价

单位：元/平方米

城　市	2015 年	2016 年	2017 年	2018 年	2019 年
合　计	**9464**	**10635**	**11243**	**12674**	**13969**
北　京	22300	28489	34118	37420	38432
天　津	9870	12870	15139	15924	15423
石家庄	7798	7354	9738	10399	9234
太　原	7303	7348	8827	10840	11136
呼和浩特	4946	5196	5661	8251	10029
沈　阳	6416	6838	7944	8680	10251
大　连	8711	9119	10019	11432	12041
长　春	6374	6018	6811	8092	8731
哈尔滨	6124	6338	7861	8932	9780
上　海	21501	25910	24866	28981	32926
南　京	11260	17884	15259	19708	19428
无　锡	7578	8571	10580	11687	14329
苏　州	10335	13596	15415	16212	17605
杭　州	14748	16211	21225	24360	26522
宁　波	11022	11738	14145	16202	15956
温　州	12633	14152	13981	14394	15776
合　肥	7512	9312	11442	13069	14086
福　州	11333	11058	10547	14381	14186
厦　门	18928	25251	28052	33716	33830
南　昌	6955	7707	8106	8276	9355
济　南	7527	8405	9712	12162	11947
青　岛	8437	8997	10052	12373	13674
郑　州	7223	8093	8323	8156	9332
武　汉	8404	9819	11453	12679	13834
长　沙	5544	6160	7287	7796	8227
广　州	14083	16346	17685	21582	24015
深　圳	33661	45498	48622	55441	55769
南　宁	6229	6767	7700	7697	8574
北　海	4566	4709	5515	6649	7038
海　口	7636	8868	11694	12645	15562
三　亚	17997	18125	23410	23247	23766
重　庆	5012	5162	6605	8190	8657
成　都	6584	7377	8595	9783	11729
贵　阳	4967	5392	6552	8843	9800
昆　明	7178	6851	8197	11085	12123
西　安	6221	6385	8166	9985	11627
兰　州	6089	6162	7137	7232	7332
西　宁	4602	5007	5890	6733	8731
银　川	4498	4448	4892	5590	6440
乌鲁木齐	6142	5829	6188	7757	8728

数据来源：根据国家统计局数据整理。

表 5-101　2019 年四十座重点城市住宅销售均价（月度累计）

单位：元/平方米

城　市	1—3 月	1—4 月	1—5 月	1—6 月	1—7 月	1—8 月	1—9 月	1—10 月	1—11 月	1—12 月
合　计	**13371**	**13747**	**13676**	**13707**	**13858**	**13899**	**13938**	**13940**	**13961**	**13969**
北　京	38685	39174	39499	41908	42659	42800	43244	42836	42389	38432
天　津	14678	15273	15084	15456	15597	15418	15430	15431	15344	15423
石家庄	10212	9984	10015	9742	9527	9438	9335	9246	9170	9234
太　原	11297	11531	11456	11453	11541	11538	11541	11450	11258	11136
呼和浩特	9464	9671	9732	8641	9009	9181	9278	9820	9883	10029
沈　阳	10039	10100	10016	9847	10103	10246	10197	10243	10235	10251
大　连	11884	12090	11911	12024	12130	11981	12017	12033	12046	12041
长　春	9264	9539	9273	9200	9182	9165	9043	8857	8756	8731
哈尔滨	9926	9517	9578	9239	9163	9313	9614	9819	9743	9780
上　海	31353	35637	37720	33519	32760	33247	33589	33005	33465	32926
南　京	18052	19353	16290	17254	17756	17924	18782	18977	19253	19428
无　锡	12007	12517	12972	13239	13466	13634	14129	14176	14101	14329
苏　州	18031	17987	18010	17390	17931	17688	17593	17541	17574	17605
杭　州	24358	24189	24397	24919	25293	25394	25935	25989	26181	26522
宁　波	15338	15569	15545	15729	15545	15569	15650	15704	15722	15956
温　州	14751	14374	13983	14792	14647	15087	15468	15784	15911	15776
合　肥	13401	13749	13589	13739	13818	13886	13885	13837	13880	14086
福　州	15630	14970	14254	13884	14196	14211	14240	14202	14227	14186
厦　门	30262	30142	30584	32979	33300	34379	33326	32238	32667	33830
南　昌	7786	7712	7666	8112	8432	9031	9226	9167	9239	9355
济　南	11770	12131	12006	12356	12342	12418	12147	12209	12108	11947
青　岛	13013	12848	13034	13129	13128	13289	13360	13108	13227	13674
郑　州	9334	9927	9993	9630	9753	9892	9733	9747	9710	9332
武　汉	13301	13114	13019	13372	13411	13562	13691	13662	13807	13834
长　沙	7521	7597	7684	8015	8050	8031	8017	8024	8015	8227
广　州	25296	25612	25889	24235	24610	25021	24151	24407	23814	24015
深　圳	52721	53593	51798	53303	52882	52920	52836	54496	56058	55769
南　宁	7924	8187	8304	8340	8316	8358	8402	8434	8491	8574
北　海	7313	7521	7580	7399	7190	7235	7185	7054	7049	7038
海　口	15929	15339	15554	15584	15436	15530	15692	15749	15757	15562
三　亚	24318	22686	22375	22338	21964	21928	23448	23353	23595	23766
重　庆	7623	8222	8351	8471	8571	8563	8596	8611	8639	8657
成　都	10644	10804	10852	10818	10956	11023	11193	11299	11546	11729
贵　阳	9709	9740	9793	10010	10017	10057	9954	9938	10126	9800
昆　明	11531	11521	11561	11800	12273	12187	12213	12281	12215	12123
西　安	11506	11481	11591	11781	11899	11829	11921	11903	11684	11627
兰　州	7509	7280	6895	7176	7259	7208	7234	7275	7278	7332
西　宁	7687	9091	8816	8879	8801	8905	8855	8858	8704	8731
银　川	6021	6094	6068	6113	6265	6327	6388	6504	6469	6440
乌鲁木齐	9235	9067	8763	8818	8815	8722	8581	8848	8802	8728

数据来源：根据国家统计局数据整理。

表 5-102　2015—2019 年四十座重点城市办公楼销售均价

单位：元/平方米

城 市	2015 年	2016 年	2017 年	2018 年	2019 年
合 计	**15262**	**16686**	**15642**	**16355**	**16518**
北 京	28917	30491	34540	31302	31336
天 津	15514	14396	18327	17998	14256
石家庄	10301	12759	12700	9829	10001
太 原	11285	9550	10145	11193	12290
呼和浩特	9042	7272	7834	9134	12442
沈 阳	11286	27310	10081	9261	9497
大 连	12770	16254	16086	15558	10532
长 春	7573	7740	7913	7870	8490
哈尔滨	8137	9106	12022	11762	12838
上 海	24754	29477	31754	32964	37892
南 京	16468	16359	19681	19738	17678
无 锡	10481	7547	8537	8686	9753
苏 州	9291	9895	12054	11482	13059
杭 州	14268	14243	17977	20806	23051
宁 波	8904	9025	8594	12444	11945
温 州	10904	8702	12395	13950	13513
合 肥	8840	9054	9244	10625	9986
福 州	13735	15298	18980	16685	14736
厦 门	15498	14094	24444	18921	14500
南 昌	7018	8494	9269	9265	9463
济 南	9296	9627	9867	13999	13178
青 岛	14511	12572	14299	14645	13212
郑 州	9726	10268	12354	12071	12555
武 汉	10429	12630	15506	18146	22179
长 沙	9489	9689	10272	12832	13524
广 州	17199	17391	19528	18271	19956
深 圳	38862	45313	47362	51851	59037
南 宁	12818	11281	10571	11660	12547
北 海	7407	5967	6851	7143	7234
海 口	12723	13908	17709	19677	18842
三 亚	16338	14357	21414	27032	22724
重 庆	10188	9239	9624	10912	12230
成 都	7703	8721	9983	11284	9955
贵 阳	7779	8179	7198	9653	7539
昆 明	12031	8186	8264	10810	8613
西 安	9749	8586	10764	11843	12383
兰 州	14225	10358	14834	15484	14189
西 宁	9730	6853	8091	8425	9486
银 川	7900	8013	8222	8432	6459
乌鲁木齐	10139	8919	8994	9153	8655

数据来源：根据国家统计局数据整理。

表 5-103　2019 年四十座重点城市办公楼销售均价（月度累计）

单位：元/平方米

城　市	1—3 月	1—4 月	1—5 月	1—6 月	1—7 月	1—8 月	1—9 月	1—10 月	1—11 月	1—12 月
合　计	**16161**	**17192**	**16895**	**16102**	**15998**	**16159**	**16478**	**16498**	**16532**	**16518**
北　京	38321	41526	40614	39228	38279	36649	35870	34643	34304	31336
天　津	12749	13150	13144	12094	12583	12787	13166	15047	14621	14256
石家庄	9430	9216	9266	9187	8948	8939	8955	8941	9728	10001
太　原	13165	13082	12817	12780	12613	12537	12482	12554	12377	12290
呼和浩特	11429	12574	12941	12545	13305	13239	13020	12876	12716	12442
沈　阳	9643	8293	9162	9101	8872	9022	8952	8943	9533	9497
大　连	10814	10948	9568	12792	12783	12243	11895	11703	9289	10532
长　春	7596	7653	7550	7918	7982	8081	8126	8002	8094	8490
哈尔滨	10182	10964	12285	12798	12630	12710	12758	12149	12268	12838
上　海	31088	32258	35791	34463	34910	36365	37891	37952	37707	37892
南　京	15167	16101	13954	15905	15874	16989	17441	17512	17631	17678
无　锡	8869	8658	9069	9340	9522	9569	9657	9594	9671	9753
苏　州	11280	12171	14100	13900	13582	12555	12758	12855	12874	13059
杭　州	25855	25531	24870	24488	24133	23649	23736	23724	23615	23051
宁　波	11330	11684	11721	12228	12345	12569	12152	11954	11881	11945
温　州	10000	10976	11429	13202	13198	14487	14143	14095	13600	13513
合　肥	10491	10980	10928	11015	10809	10843	10605	10559	10433	9986
福　州	16037	16904	17013	15312	15288	15532	15060	14819	14989	14736
厦　门	14658	12424	12231	14842	14607	14682	15011	15054	14764	14500
南　昌	9110	9287	9553	9654	9619	9594	9493	9627	9513	9463
济　南	15612	15992	13109	12824	12795	12801	12840	13079	13195	13178
青　岛	10673	11028	12672	12476	12369	12949	13038	13371	13090	13212
郑　州	12145	11869	11846	11783	12144	12229	12443	12445	12441	12555
武　汉	25509	23023	21813	20372	20059	22405	23483	23283	22804	22179
长　沙	14044	13346	14105	14035	13226	13400	14044	13861	13945	13524
广　州	14576	15928	17156	18149	18665	19437	19855	19971	20080	19956
深　圳	63153	66226	67635	64698	62586	58954	58066	59145	60073	59037
南　宁	12920	13617	14483	14495	14486	12628	12843	12708	12793	12547
北　海	12500	10000	10000	10000	10000	8182	8182	8182	7209	7234
海　口	15837	15985	16465	17400	17890	18575	19043	19072	19629	18842
三　亚	22795	22869	22850	22755	22755	22707	22694	22724	22724	22724
重　庆	12076	12075	12143	12451	12086	12197	12274	12244	12188	12230
成　都	10190	9960	9685	10163	10130	9964	9970	10054	9975	9955
贵　阳	7452	7660	7664	7635	7623	7584	7574	7590	7582	7539
昆　明	12182	9956	9343	8820	8637	8505	8573	8429	8475	8613
西　安	13590	13820	13812	10977	11353	11441	11097	11490	11689	12383
兰　州	19244	17196	16235	15447	15637	13844	13777	14201	14219	14189
西　宁	13636	14000	10000	11429	10769	10580	10649	9512	9482	9486
银　川	5706	5631	5273	5494	5512	5472	5602	6130	6261	6459
乌鲁木齐	8521	8505	8423	8650	8653	8668	8637	8503	8680	8655

数据来源：根据国家统计局数据整理。

表 5-104　2015—2019 年四十座重点城市商业营业用房销售均价

单位：元/平方米

城市	2015 年	2016 年	2017 年	2018 年	2019 年
合计	**12739**	**13266**	**14156**	**15646**	**14917**
北京	27312	29929	36369	34092	31019
天津	13118	14434	17291	18514	16924
石家庄	10928	12423	11514	11821	9439
太原	12752	14823	14670	18559	15603
呼和浩特	7002	12269	12406	9275	12497
沈阳	11291	9885	11132	13026	11887
大连	12176	13345	13713	14569	15248
长春	10461	9958	9095	11206	9614
哈尔滨	10351	8788	12543	11436	11519
上海	20043	22854	26249	26474	29005
南京	15027	17920	18917	45889	21273
无锡	9770	11228	12831	11316	12662
苏州	11262	12072	13820	11364	13290
杭州	15192	18002	20856	24578	22375
宁波	10731	10247	14307	14104	15394
温州	14153	12337	12612	13705	15619
合肥	9172	12405	10755	9312	11296
福州	16984	13255	14641	15021	12944
厦门	23808	24912	26488	25397	18291
南昌	10006	14038	12024	11738	12055
济南	10848	10911	14707	14075	14580
青岛	12258	13762	14932	14859	13980
郑州	10998	8531	10890	10693	9662
武汉	14193	14660	15185	18678	19154
长沙	10492	11175	11380	11924	11814
广州	18944	17323	22960	18311	20144
深圳	32822	35437	48993	53547	63551
南宁	18535	12767	15507	12492	12522
北海	9257	7113	8803	10056	9541
海口	11239	14076	16853	21627	20172
三亚	17909	28472	58178	43093	46288
重庆	10441	8884	9926	10429	10113
成都	12959	12801	14115	16381	14064
贵阳	14061	10912	15365	15530	17417
昆明	9725	10916	9859	12997	11721
西安	10446	10814	13294	13280	14488
兰州	11020	9142	11187	14789	12660
西宁	16321	14173	11070	11241	14923
银川	8450	8038	8830	9484	9308
乌鲁木齐	14746	13557	13144	16092	17488

数据来源：根据国家统计局数据整理。

表 5-105　2019 年四十座重点城市商业营业用房销售均价（月度累计）

单位：元/平方米

城　市	1—3 月	1—4 月	1—5 月	1—6 月	1—7 月	1—8 月	1—9 月	1—10 月	1—11 月	1—12 月
合　计	**14974**	**15549**	**15593**	**15429**	**15341**	**15207**	**14996**	**14953**	**14872**	**14917**
北　京	22247	24045	25837	27350	30083	30627	29552	29772	29985	31019
天　津	20462	19865	18997	18208	18036	17719	17418	16791	16794	16924
石家庄	6579	6898	7516	10637	10693	9173	9195	9209	9179	9439
太　原	13899	15443	14852	14569	14120	14298	14636	15116	15361	15603
呼和浩特	8968	9263	9185	10213	9972	10425	10588	10754	12454	12497
沈　阳	11362	11693	12235	11698	11688	11709	11431	11565	11959	11887
大　连	18250	17114	13167	13648	13994	14338	14037	13938	15188	15248
长　春	12450	12749	12574	11908	10552	10416	10327	10130	9530	9614
哈尔滨	14502	14281	14481	13484	11606	11379	12166	12522	11698	11519
上　海	46067	40132	38762	35642	31238	33927	30213	28746	29251	29005
南　京	22530	22912	21979	20815	21245	21317	21556	21510	21361	21273
无　锡	13566	13484	12823	12292	12220	12060	12077	11740	11740	12662
苏　州	12982	12837	13057	12925	13168	13232	13253	13146	13365	13290
杭　州	23868	22681	23686	23496	23615	23773	23376	23420	23563	22375
宁　波	15457	15341	15580	17348	17072	16951	16872	16780	15897	15394
温　州	14915	14516	16005	16883	17125	16820	16442	16432	16160	15619
合　肥	9175	9717	10007	10375	10793	11092	11281	11346	11215	11296
福　州	10291	10912	11701	13419	12979	12587	12762	12579	12642	12944
厦　门	17771	22328	22078	19533	19922	19829	18234	18254	18145	18291
南　昌	14311	14806	15210	12439	12354	12331	12351	12207	12125	12055
济　南	15622	14490	14853	14908	14709	15234	14975	14629	14692	14580
青　岛	12424	13439	13321	13391	13517	13739	13598	13681	13904	13980
郑　州	11261	11332	10987	10555	10173	10071	9752	9718	9644	9662
武　汉	21826	21407	21314	20881	21521	21343	21154	20260	20034	19154
长　沙	12839	12694	12942	12141	12280	12286	12353	11994	11862	11814
广　州	20845	21983	21559	22094	22280	21790	20700	20816	20628	20144
深　圳	61531	36457	56819	59382	53096	54466	55502	57643	58520	63551
南　宁	10704	11383	12197	12398	12309	12671	12706	12770	12678	12522
北　海	8440	8594	8269	8226	8130	7895	8157	8661	8677	9541
海　口	17937	17954	17770	17681	18447	18402	18736	19874	20302	20172
三　亚	80367	76250	64162	49940	50350	50320	49390	48878	45549	46288
重　庆	9616	9906	10175	10631	10538	10505	10140	10188	10260	10113
成　都	13390	13774	13506	13435	13613	13694	13711	13882	14272	14064
贵　阳	13572	14935	15639	17419	16566	16112	16354	16629	16403	17417
昆　明	11364	11480	11587	11273	11545	11462	11632	11658	11656	11721
西　安	15520	16109	16111	14085	14505	14866	14648	14545	14716	14488
兰　州	13022	12608	13069	13930	13975	14022	14067	13483	13233	12660
西　宁	11797	14167	13937	14585	13600	13346	12815	12939	14374	14923
银　川	8042	8745	9057	9097	9247	8996	9159	9057	9003	9308
乌鲁木齐	18282	17365	16445	16861	17476	17436	16875	17630	17311	17488

数据来源：根据国家统计局数据整理。

（八）三十五座重点城市商品房待售数据

表 5-106　2014—2018 年三十五座重点城市商品房待售面积

单位：万平方米

城市	2014 年	2015 年	2016 年	2017 年	2018 年
合计	**22451.00**	**24808.44**	**23485.12**	**20520.40**	**18977.36**
北京	2064.59	2167.46	2143.91	2080.18	2226.38
天津	1124.80	1055.91	880.55	617.26	671.40
石家庄	343.42	219.57	118.85	115.69	97.27
太原	154.10	137.88	171.47	135.86	97.86
呼和浩特	219.69	316.05	205.99	176.12	231.34
沈阳	1221.59	1171.04	957.02	585.66	471.94
大连	1299.70	1151.52	1038.36	797.04	686.66
长春	523.11	570.13	711.51	718.61	693.81
哈尔滨	1009.26	1238.60	1477.26	1147.41	846.81
上海	2040.16	2054.74	1901.21	2026.05	2211.12
南京	489.01	517.96	436.23	322.18	352.66
杭州	861.52	989.27	900.95	735.30	529.47
宁波	663.91	784.32	721.69	646.63	471.35
合肥	207.02	259.93	199.73	204.55	191.26
福州	222.79	460.64	405.64	461.49	380.34
厦门	263.02	264.09	291.82	307.37	257.39
南昌	112.46	198.25	266.77	244.31	181.20
济南	117.35	169.46	172.02	139.85	98.03
青岛	504.97	673.39	638.09	469.99	433.34
郑州	461.72	477.61	348.98	456.95	577.99
武汉	780.88	626.15	445.93	239.07	274.80
长沙	1095.14	1188.99	1030.77	750.64	684.47
广州	781.93	865.60	793.59	774.42	850.94
深圳	319.85	336.51	272.98	261.30	276.90
南宁	391.62	455.30	329.82	307.32	268.87
海口	188.88	242.70	261.75	186.75	175.41
重庆	1815.32	2356.78	2308.47	2051.69	1787.95
成都	1100.51	1255.13	1308.25	1103.37	1028.27
贵阳	250.02	384.39	259.99	228.59	146.53
昆明	586.90	735.97	723.07	604.63	469.49
西安	186.36	284.82	359.14	362.30	232.09
兰州	144.68	161.63	207.60	174.45	121.40
西宁	156.13	139.32	123.93	72.75	29.93
银川	525.37	657.59	723.08	655.90	591.29
乌鲁木齐	223.25	239.75	348.72	358.72	331.39

数据来源：国家统计局。

表 5-107　2014—2018 年三十五座重点城市住宅待售面积

单位：万平方米

城 市	2014 年	2015 年	2016 年	2017 年	2018 年
合 计	**13061.96**	**13783.44**	**11714.37**	**8725.38**	**7298.48**
北 京	863.66	867.03	834.51	803.85	847.96
天 津	783.37	684.48	461.74	264.71	315.53
石家庄	284.72	179.46	91.18	86.61	72.67
太 原	130.58	101.22	118.38	89.60	61.92
呼和浩特	140.19	201.12	126.43	88.70	140.88
沈 阳	889.54	838.50	725.44	429.07	327.87
大 连	966.48	870.49	767.46	578.42	473.30
长 春	336.92	336.68	397.91	350.76	328.16
哈尔滨	716.83	863.57	978.73	668.73	436.34
上 海	958.48	903.83	675.13	635.68	664.30
南 京	324.44	335.45	282.30	208.68	197.09
杭 州	555.23	597.24	415.49	263.30	153.65
宁 波	329.70	419.00	362.20	276.23	144.04
合 肥	83.22	94.48	41.36	38.37	39.99
福 州	143.53	274.14	218.84	127.76	95.86
厦 门	88.94	95.48	76.28	62.57	45.82
南 昌	58.50	130.78	178.69	137.11	100.43
济 南	60.73	86.49	93.14	74.06	54.20
青 岛	330.89	418.51	359.91	210.15	162.17
郑 州	306.34	315.28	199.31	294.16	347.92
武 汉	511.14	396.50	239.79	99.17	126.23
长 沙	694.84	697.52	486.07	294.41	263.59
广 州	364.05	418.52	376.18	322.89	331.70
深 圳	191.95	231.66	140.17	147.20	157.91
南 宁	212.56	246.89	157.35	146.81	120.90
海 口	127.84	154.33	157.73	79.75	64.51
重 庆	802.28	1003.88	874.70	578.08	394.06
成 都	526.09	533.94	369.78	209.92	153.82
贵 阳	122.95	188.73	133.96	137.56	74.45
昆 明	353.07	401.40	374.01	274.04	154.14
西 安	142.61	176.34	204.76	167.58	57.86
兰 州	94.42	107.36	128.37	99.68	35.74
西 宁	119.27	98.86	82.90	37.76	16.41
银 川	340.77	386.21	404.81	294.13	227.13
乌鲁木齐	105.83	128.07	179.35	147.91	109.92

数据来源：国家统计局。

表 5-108　2014—2018 年三十五座重点城市别墅、高档公寓待售面积

单位：万平方米

城　市	2014 年	2015 年	2016 年	2017 年	2018 年
合　计	**1426.25**	**1542.80**	**1280.60**	**1101.98**	**993.76**
北　京	213.95	247.26	224.19	232.87	219.57
天　津	97.14	94.34	59.64	39.40	51.69
石家庄	11.74	11.97	0.00	5.86	2.20
太　原	4.80	3.72	4.16	3.50	5.57
呼和浩特	9.60	8.94	10.35	10.20	5.59
沈　阳	57.75	45.65	28.09	27.41	19.00
大　连	33.00	41.95	29.32	28.67	42.35
长　春	18.76	20.70	17.63	18.13	26.30
哈尔滨	6.19	13.17	27.72	22.93	15.00
上　海	340.66	360.89	265.36	203.65	212.89
南　京	36.77	20.67	20.55	23.44	17.31
杭　州	49.42	64.62	47.94	32.62	22.68
宁　波	57.88	52.86	45.27	41.21	24.74
合　肥	5.59	9.94	6.16	10.76	8.90
福　州	13.75	23.46	20.07	13.62	12.95
厦　门	14.43	14.34	12.89	9.23	6.51
南　昌	8.28	19.17	14.71	11.80	4.72
济　南	6.15	13.30	15.40	16.96	15.18
青　岛	19.12	34.96	33.08	21.40	17.68
郑　州	2.50	12.78	5.04	10.82	11.04
武　汉	44.67	32.16	22.45	14.93	13.72
长　沙	69.84	60.94	62.68	46.51	24.81
广　州	48.99	64.48	52.85	38.15	51.91
深　圳	12.57	15.96	21.22	18.47	16.67
南　宁	20.15	18.74	3.94	4.48	2.61
海　口	34.60	24.12	19.06	15.79	11.12
重　庆	79.03	63.61	57.37	42.74	30.07
成　都	53.16	71.43	53.54	42.21	27.48
贵　阳	8.09	7.42	9.10	6.77	4.70
昆　明	34.72	45.89	58.67	48.16	36.84
西　安	0.63	0.53	0.00	1.10	3.04
兰　州	—	—	3.45	1.69	0.26
西　宁	—	—	—	—	—
银　川	10.02	18.25	17.79	24.56	17.96
乌鲁木齐	2.30	4.61	10.91	11.92	10.72

数据来源：国家统计局。

表 5-109　2014—2018 年三十五座重点城市办公楼待售面积

单位：万平方米

城　市	2014 年	2015 年	2016 年	2017 年	2018 年
合　计	**1694.55**	**1987.21**	**2151.73**	**2202.67**	**2328.61**
北　京	307.16	332.48	320.61	336.03	414.54
天　津	118.08	94.07	98.21	115.86	125.80
石家庄	6.16	6.47	9.35	12.64	12.26
太　原	3.06	9.15	8.83	10.15	8.77
呼和浩特	11.28	7.59	3.91	22.95	18.92
沈　阳	39.64	39.69	37.40	9.38	17.86
大　连	47.69	41.58	47.04	28.24	46.45
长　春	13.25	41.49	48.61	77.02	75.56
哈尔滨	30.12	37.33	38.12	31.39	23.95
上　海	262.27	285.59	326.13	327.79	400.69
南　京	16.21	30.59	32.94	23.66	32.25
杭　州	88.03	121.07	163.99	178.56	139.80
宁　波	78.64	92.11	91.90	96.63	85.46
合　肥	15.99	44.39	25.39	36.37	19.73
福　州	4.29	17.30	11.64	8.21	9.39
厦　门	17.47	13.42	41.68	58.07	57.83
南　昌	9.09	21.85	23.65	35.65	27.83
济　南	4.69	15.79	8.03	11.96	5.64
青　岛	31.02	56.80	90.95	70.73	91.33
郑　州	32.97	51.17	51.99	57.48	69.71
武　汉	52.55	37.55	55.21	40.80	46.06
长　沙	74.45	69.32	63.75	68.04	72.46
广　州	89.29	80.27	57.20	55.27	73.61
深　圳	16.09	14.72	29.86	28.83	36.18
南　宁	8.54	30.44	16.99	11.57	14.20
海　口	4.27	2.86	5.40	3.56	3.66
重　庆	90.41	125.65	154.29	130.21	106.90
成　都	69.40	80.59	89.42	81.57	69.91
贵　阳	42.41	56.17	47.53	32.08	24.00
昆　明	51.28	59.92	44.51	58.04	44.35
西　安	0.23	3.96	7.23	21.27	29.96
兰　州	6.18	6.85	16.38	15.05	18.86
西　宁	3.39	10.51	14.51	12.81	1.09
银　川	24.96	25.39	37.86	64.37	60.37
乌鲁木齐	23.98	23.07	31.20	30.44	43.21

数据来源：国家统计局。

表 5-110　2014—2018 年三十五座重点城市商业营业用房待售面积

单位：万平方米

城市	2014 年	2015 年	2016 年	2017 年	2018 年
合　计	**4007.97**	**4667.66**	**4796.40**	**4704.21**	**4449.89**
北　京	434.89	461.28	431.98	428.57	394.10
天　津	133.82	133.62	162.72	153.23	143.68
石家庄	23.14	12.28	12.06	12.20	4.31
太　原	17.54	25.26	42.69	33.45	20.30
呼和浩特	56.81	89.14	64.55	48.02	52.24
沈　阳	240.69	240.76	155.87	122.47	102.00
大　连	172.08	147.23	142.69	120.01	104.25
长　春	115.80	132.43	178.49	200.61	196.81
哈尔滨	164.88	204.22	267.37	237.84	218.97
上　海	372.36	398.12	374.57	410.46	433.64
南　京	81.56	89.76	66.19	42.21	55.89
杭　州	142.72	153.66	183.83	176.66	165.89
宁　波	144.23	131.94	135.40	157.00	141.39
合　肥	66.88	76.71	59.95	48.30	39.40
福　州	17.38	58.40	58.07	75.55	64.95
厦　门	46.86	52.09	65.16	70.01	65.44
南　昌	36.61	36.53	50.48	56.86	44.92
济　南	26.58	38.22	36.73	29.12	16.91
青　岛	97.93	130.71	147.70	155.13	152.18
郑　州	75.65	76.51	69.72	78.80	108.15
武　汉	150.13	109.04	95.15	67.62	63.56
长　沙	156.38	227.37	237.99	218.44	200.14
广　州	122.10	138.25	131.14	152.31	161.40
深　圳	96.27	65.57	77.44	72.74	65.30
南　宁	67.18	68.21	70.36	72.70	65.09
海　口	20.54	34.16	40.92	44.23	39.80
重　庆	428.18	571.64	575.70	561.96	515.10
成　都	164.36	227.30	266.26	259.05	253.73
贵　阳	36.95	93.08	54.07	36.85	30.14
昆　明	78.47	128.51	136.87	120.90	118.97
西　安	23.94	65.75	102.04	112.18	83.81
兰　州	37.66	24.58	38.68	44.18	51.14
西　宁	18.62	18.51	19.94	19.41	10.40
银　川	99.99	167.84	184.33	197.30	198.71
乌鲁木齐	38.78	38.98	59.32	67.84	67.16

数据来源：国家统计局。

表 5-111 2014—2018 年三十五座重点城市其他房屋待售面积

单位：万平方米

城 市	2014 年	2015 年	2016 年	2017 年	2018 年
合 计	**3686.52**	**4370.13**	**4822.62**	**4888.14**	**4900.37**
北 京	458.87	506.67	556.81	511.73	569.78
天 津	89.52	143.74	157.88	83.47	86.39
石家庄	29.40	21.36	6.27	4.25	8.02
太 原	2.92	2.24	1.56	2.65	6.86
呼和浩特	11.42	18.21	11.09	16.46	19.30
沈 阳	51.73	52.09	38.31	24.75	24.20
大 连	113.46	92.22	81.17	70.35	62.67
长 春	57.13	59.53	86.50	90.22	93.29
哈尔滨	97.43	133.48	193.04	209.45	167.55
上 海	447.05	467.20	525.38	652.12	712.49
南 京	66.81	62.17	54.80	47.63	67.42
杭 州	75.54	117.30	137.64	116.76	70.13
宁 波	111.33	141.28	132.18	116.78	100.45
合 肥	40.93	44.36	73.02	81.52	92.14
福 州	57.59	110.80	117.08	249.98	210.14
厦 门	109.75	103.09	108.69	116.72	88.30
南 昌	8.26	9.08	13.95	14.69	8.01
济 南	25.34	28.95	34.12	24.70	21.27
青 岛	45.12	67.37	39.54	33.98	27.65
郑 州	46.76	34.65	27.95	26.51	52.21
武 汉	67.06	83.07	55.78	31.48	38.95
长 沙	169.48	194.78	242.96	169.75	148.28
广 州	206.48	228.55	229.06	243.95	284.23
深 圳	15.54	24.57	25.52	12.53	17.51
南 宁	103.33	109.77	85.12	76.24	68.68
海 口	36.23	51.34	57.71	59.21	67.43
重 庆	494.45	655.60	703.78	781.45	771.90
成 都	340.65	413.31	582.78	552.83	550.82
贵 阳	47.70	46.40	24.43	22.11	17.94
昆 明	104.09	146.14	167.68	151.65	152.03
西 安	19.57	38.76	45.12	61.27	60.45
兰 州	6.41	22.84	24.17	15.54	15.66
西 宁	14.85	11.43	6.58	2.77	2.02
银 川	59.65	78.14	96.09	100.11	105.08
乌鲁木齐	54.67	49.64	78.85	112.52	111.09

数据来源：国家统计局。

（九）三十五座重点城市房地产开发企业房屋出租面积数据

表 5-112　2014—2018 年三十五座重点城市房地产开发企业房屋出租面积

单位：万平方米

城　市	2014 年	2015 年	2016 年	2017 年	2018 年
合　计	**2498.96**	**2392.65**	**2356.36**	**2717.13**	**2834.90**
北　京	561.38	480.61	380.28	350.29	265.78
天　津	12.05	108.16	7.91	12.12	77.52
石家庄	—	15.95	—	0.07	0.27
太　原	1.60	2.20	0.35	10.50	0.66
呼和浩特	0.61	—	3.10	—	—
沈　阳	—	20.35	1.70	14.95	4.43
大　连	53.19	21.25	38.73	—	3.71
长　春	30.90	28.32	36.19	28.98	48.63
哈尔滨	12.17	1.57	3.51	1.31	8.47
上　海	1142.46	1202.42	1322.51	1646.30	1868.23
南　京	6.88	4.99	1.63	1.85	15.32
杭　州	8.35	20.31	17.73	62.95	48.80
宁　波	31.67	18.01	34.89	20.59	21.39
合　肥	31.71	13.87	5.72	12.13	7.69
福　州	1.67	—	12.18	8.58	11.40
厦　门	29.42	18.19	13.25	17.82	21.99
南　昌	6.10	1.35	3.33	4.35	15.81
济　南	6.13	22.94	18.21	6.61	0.18
青　岛	32.37	39.15	20.83	37.62	52.45
郑　州	58.18	1.50	14.66	3.25	—
武　汉	15.74	1.36	24.08	24.12	8.29
长　沙	5.01	13.78	7.57	19.07	21.03
广　州	146.93	101.94	89.88	57.98	27.61
深　圳	35.88	43.22	68.83	102.66	50.84
南　宁	1.88	2.30	5.99	1.69	1.82
海　口	6.14	4.50	13.71	35.47	6.73
重　庆	147.05	96.77	45.32	55.29	68.59
成　都	19.28	11.79	23.23	39.76	40.71
贵　阳	2.93	2.53	6.26	10.71	7.92
昆　明	13.30	10.50	8.51	5.86	—
西　安	7.15	19.64	48.67	57.12	51.58
兰　州	7.25	0.55	2.65	5.24	4.04
西　宁	0.49	2.50	5.98	0.05	—
银　川	16.50	22.43	22.63	38.06	24.96
乌鲁木齐	46.63	37.69	46.36	23.78	48.05

数据来源：国家统计局。

表 5-113　2014—2018 年三十五座重点城市房地产开发企业住宅出租面积

单位：万平方米

城　市	2014 年	2015 年	2016 年	2017 年	2018 年
合　计	**154.61**	**188.55**	**163.64**	**181.75**	**177.56**
北　京	22.29	19.04	17.81	14.58	8.22
天　津	—	5.14	4.22	1.72	0.35
石家庄	—	—	—	—	—
太　原	—	—	—	—	—
呼和浩特	—	—	—	—	—
沈　阳	—	2.83	1.66	12.84	1.67
大　连	18.01	4.03	0.08	—	—
长　春	0.03	—	—	—	—
哈尔滨	3.67	—	2.19	—	—
上　海	72.16	120.59	83.41	110.15	128.60
南　京	1.87	3.35	0.04	0.44	—
杭　州	1.16	3.51	—	5.38	—
宁　波	—	—	0.10	—	—
合　肥	—	—	0.34	6.99	—
福　州	—	—	3.24	—	—
厦　门	0.04	—	—	—	4.62
南　昌	—	—	—	—	0.30
济　南	—	6.32	—	—	—
青　岛	—	0.29	—	0.39	—
郑　州	0.37	—	12.88	3.25	—
武　汉	0.15	—	—	0.26	0.17
长　沙	—	—	0.05	0.44	—
广　州	7.89	4.34	7.68	11.22	5.44
深　圳	0.56	1.21	5.45	3.85	0.27
南　宁	—	—	—	0.00	—
海　口	—	—	—	0.78	—
重　庆	12.79	0.84	0.78	0.78	—
成　都	—	—	—	0.01	0.35
贵　阳	—	—	0.01	—	—
昆　明	—	—	7.07	—	—
西　安	0.07	1.47	1.47	—	2.37
兰　州	0.22	0.19	—	—	—
西　宁	—	—	—	—	—
银　川	1.96	1.96	1.98	8.67	1.81
乌鲁木齐	11.36	13.46	13.21	—	23.38

数据来源：国家统计局。

表 5-114　2014—2018 年三十五座重点城市房地产开发企业别墅、高档公寓出租面积

单位：万平方米

城　市	2014 年	2015 年	2016 年	2017 年	2018 年
合　计	**75.70**	**84.04**	**78.73**	**68.45**	**67.02**
北　京	13.03	13.95	11.93	8.65	5.50
天　津	—	0.33	0.33	0.50	—
石家庄	—	—	—	—	—
太　原	—	—	—	—	—
呼和浩特	—	—	—	—	—
沈　阳	—	1.20	1.66	1.67	1.67
大　连	—	—	—	—	—
长　春	—	—	—	—	—
哈尔滨	—	—	—	—	—
上　海	60.39	66.26	62.08	55.43	54.91
南　京	—	—	—	—	—
杭　州	—	—	—	—	—
宁　波	—	—	0.10	—	—
合　肥	—	—	—	—	—
福　州	—	—	—	—	—
厦　门	—	—	—	—	2.92
南　昌	—	—	—	—	—
济　南	—	—	—	—	—
青　岛	—	—	—	—	—
郑　州	—	—	—	—	—
武　汉	—	—	—	—	—
长　沙	—	—	—	—	—
广　州	2.29	2.30	2.64	2.19	2.02
深　圳	—	—	—	—	—
南　宁	—	—	—	—	—
海　口	—	—	—	—	—
重　庆	—	—	—	—	—
成　都	—	—	—	—	—
贵　阳	—	—	—	—	—
昆　明	—	—	—	—	—
西　安	—	—	—	—	—
兰　州	—	—	—	—	—
西　宁	—	—	—	—	—
银　川	—	—	—	—	—
乌鲁木齐	—	—	—	—	—

数据来源：国家统计局。

表 5-115　2014—2018 年三十五座重点城市房地产开发企业办公楼出租面积

单位：万平方米

城　市	2014 年	2015 年	2016 年	2017 年	2018 年
合　计	**820.16**	**898.68**	**798.97**	**958.92**	**1028.02**
北　京	226.28	192.27	114.11	129.14	96.74
天　津	8.65	100.67	0.38	7.48	54.80
石家庄	—	8.00	—	0.02	—
太　原	—	—	—	0.52	—
呼和浩特	—	—	—	—	—
沈　阳	—	3.46	—	1.38	2.59
大　连	—	—	1.00	—	—
长　春	3.23	2.83	2.22	2.22	2.17
哈尔滨	—	—	—	—	—
上　海	502.65	501.86	578.44	692.42	753.52
南　京	0.20	—	—	—	0.13
杭　州	3.47	8.61	4.75	23.07	19.90
宁　波	7.92	7.62	15.13	12.63	15.20
合　肥	2.20	0.38	—	—	—
福　州	—	—	—	—	0.95
厦　门	7.65	1.60	3.10	1.60	1.68
南　昌	—	—	—	—	—
济　南	—	—	—	0.62	—
青　岛	2.59	4.08	7.22	3.36	8.92
郑　州	0.06	—	0.63	—	—
武　汉	2.64	—	—	—	4.89
长　沙	1.79	2.28	1.69	1.92	9.32
广　州	29.34	9.75	11.49	3.79	6.09
深　圳	6.76	25.80	33.54	36.60	29.49
南　宁	0.10	0.30	—	—	—
海　口	0.05	0.17	—	4.69	0.05
重　庆	5.89	18.01	7.05	20.41	1.90
成　都	4.13	3.76	3.51	5.42	2.53
贵　阳	0.01	—	1.40	0.71	2.54
昆　明	0.28	1.41	0.89	—	—
西　安	0.14	3.72	6.74	3.99	9.99
兰　州	0.58	—	—	1.15	1.13
西　宁	—	—	3.08	—	—
银　川	1.53	0.78	1.28	3.44	2.07
乌鲁木齐	2.02	1.32	1.32	2.34	1.43

数据来源：国家统计局。

表 5-116　2014—2018 年三十五座重点城市房地产开发企业商业营业用房出租面积

单位：万平方米

城　市	2014 年	2015 年	2016 年	2017 年	2018 年
合　计	**1144.89**	**933.79**	**979.55**	**1104.55**	**1135.98**
北　京	216.83	181.07	163.09	133.90	113.51
天　津	1.04	—	0.16	—	14.51
石家庄	—	5.23	—	0.05	—
太　原	1.60	2.09	0.02	9.56	0.66
呼和浩特	0.61	—	3.10	—	—
沈　阳	—	10.78	0.04	0.74	0.16
大　连	35.18	17.08	37.65	—	3.71
长　春	27.63	25.49	33.77	26.77	46.47
哈尔滨	8.50	1.21	1.24	0.34	4.74
上　海	373.99	367.02	415.25	542.09	630.83
南　京	4.79	1.64	0.33	1.20	15.19
杭　州	3.71	8.20	12.97	25.22	24.34
宁　波	20.35	9.71	17.16	4.12	5.56
合　肥	29.29	13.49	5.35	0.09	—
福　州	1.67	—	6.58	8.58	9.79
厦　门	19.87	14.17	9.44	10.30	12.98
南　昌	6.10	1.35	3.33	4.35	15.52
济　南	6.13	16.12	18.21	5.99	0.18
青　岛	29.05	32.51	11.34	24.96	36.74
郑　州	49.98	1.50	0.91	—	—
武　汉	11.75	1.36	19.27	17.79	1.00
长　沙	2.83	6.50	3.10	8.90	4.06
广　州	72.96	63.64	39.38	31.26	14.92
深　圳	27.16	14.81	27.81	36.15	20.03
南　宁	0.51	2.00	5.99	1.69	1.63
海　口	6.09	4.32	12.20	28.92	3.52
重　庆	106.41	60.33	23.74	32.21	45.25
成　都	14.75	6.55	16.09	33.49	29.25
贵　阳	2.50	2.53	4.51	8.83	2.90
昆　明	13.01	9.09	0.13	5.86	—
西　安	2.40	14.44	38.96	52.48	37.29
兰　州	6.46	0.36	2.65	4.09	2.91
西　宁	0.49	2.50	1.00	0.05	—
银　川	11.55	19.64	19.31	24.40	20.93
乌鲁木齐	29.73	17.04	25.47	20.18	17.41

数据来源：国家统计局。

表 5-117　2014—2018 年三十五座重点城市房地产开发企业其他房屋出租面积

单位：万平方米

城　市	2014 年	2015 年	2016 年	2017 年	2018 年
合　计	**379. 31**	**371. 64**	**414. 19**	**471. 92**	**493. 34**
北　京	95. 98	88. 24	85. 28	72. 68	47. 32
天　津	2. 36	2. 35	3. 15	2. 92	7. 85
石家庄	—	2. 72	—	—	0. 27
太　原	—	0. 11	0. 33	0. 42	—
呼和浩特	—	—	—	—	—
沈　阳	—	3. 28	—	—	0. 01
大　连	—	0. 15	—	—	—
长　春	—	—	0. 20	—	—
哈尔滨	—	0. 36	0. 08	0. 97	3. 73
上　海	193. 66	212. 95	245. 41	301. 63	355. 28
南　京	0. 01	—	1. 26	0. 22	—
杭　州	—	—	—	9. 29	4. 55
宁　波	3. 40	0. 68	2. 50	3. 84	0. 63
合　肥	0. 23	—	0. 03	5. 04	7. 69
福　州	—	—	2. 36	—	0. 66
厦　门	1. 86	2. 42	0. 70	5. 92	2. 71
南　昌	—	—	—	—	—
济　南	—	0. 50	—	—	—
青　岛	0. 73	2. 27	2. 27	8. 90	6. 79
郑　州	7. 76	—	0. 23	—	—
武　汉	1. 20	—	4. 81	6. 07	2. 22
长　沙	0. 40	5. 00	2. 72	7. 81	7. 65
广　州	36. 74	24. 21	31. 33	11. 71	1. 15
深　圳	1. 40	1. 40	2. 04	26. 06	1. 06
南　宁	1. 27	—	—	—	0. 19
海　口	—	—	1. 51	1. 08	3. 16
重　庆	21. 97	17. 59	13. 75	1. 90	21. 43
成　都	0. 40	1. 47	3. 64	0. 83	8. 58
贵　阳	0. 42	—	0. 35	1. 18	2. 48
昆　明	—	—	0. 42	—	—
西　安	4. 54	0. 02	1. 50	0. 66	1. 92
兰　州	—	—	—	—	—
西　宁	—	—	1. 90	—	—
银　川	1. 47	0. 06	0. 06	1. 55	0. 16
乌鲁木齐	3. 52	5. 87	6. 36	1. 26	5. 83

数据来源：国家统计局。

（十）九十座城市存量商品房交易面积数据

表 5-118　2019 年九十座城市存量商品房交易面积

单位：万平方米

城　市	存量房	存量住宅	城市	存量房	存量住宅
北　京	1414.3	1278.0	丹　东	3.3	3.3
天　津	1041.9	983.7	锦　州	41.6	37.4
石家庄	466.6	423.5	吉　林	391.2	362.8
太　原	188.3	180.7	齐齐哈尔	276.1	250.4
呼和浩特	239.9	225.6	大　庆	324.4	304.1
沈　阳	1367.0	1143.5	牡丹江	27.8	23.5
大　连	298.3	289.4	徐　州	486.0	375.0
长　春	822.6	772.9	常　州	572.3	519.7
哈尔滨	978.8	925.6	扬　州	387.8	370.2
上　海	1993.5	1732.5	绍　兴	606.7	434.3
南　京	753.0	726.3	金　华	651.2	471.9
无　锡	843.9	748.0	芜　湖	359.4	340.1
苏　州	1998.7	1657.5	蚌　埠	141.7	126.5
杭　州	941.1	784.5	安　庆	175.1	162.6
宁　波	1496.6	999.8	宣　城	155.2	137.9
温　州	989.9	784.4	泉　州	443.6	305.2
合　肥	831.5	734.2	九　江	150.1	133.0
福　州	627.1	501.7	赣　州	350.4	276.1
厦　门	644.4	446.4	淄　博	169.8	159.6
南　昌	434.7	396.7	烟　台	463.0	442.3
济　南	436.4	355.4	潍　坊	153.2	131.3
青　岛	529.8	467.4	泰　安	24.0	23.5
郑　州	695.9	667.5	洛　阳	309.9	293.2
武　汉	1072.6	933.0	平顶山	154.5	118.2
长　沙	408.4	356.3	南　阳	136.6	131.3
广　州	1252.3	1033.5	宜　昌	61.3	58.8
深　圳	707.3	633.6	株　洲	6.0	5.4
南　宁	379.9	358.3	岳　阳	5.3	5.0
北　海	177.9	174.2	常　德	47.1	42.3
海　口	145.0	129.9	韶　关	170.0	133.4
三　亚	33.0	14.0	汕　头	185.5	148.4
重　庆	2527.1	2323.2	佛　山	858.7	595.3
成　都	1617.3	1329.9	江　门	291.5	248.1
贵　阳	251.5	240.3	湛　江	39.2	38.3
昆　明	655.5	558.6	惠　州	556.4	456.2
西　安	688.0	613.2	中　山	581.5	442.5
兰　州	265.0	248.2	桂　林	53.1	51.4
西　宁	85.6	72.0	泸　州	98.0	88.6
银　川	204.9	189.3	绵　阳	268.4	251.5
乌鲁木齐	442.3	422.3	南　充	164.6	151.2
唐　山	450.7	392.9	遵　义	36.2	34.6
秦皇岛	298.5	279.6	大　理	83.9	63.9
大　同	94.7	91.1	宝　鸡	96.2	94.0
包　头	260.3	251.1	天　水	28.7	28.5
本　溪	16.4	13.8	襄　阳	127.6	125.9

数据来源：中房研协　研究中心收集整理。

三、城市住房价格指数

（一）七十座大中城市商品住宅销售价格指数

表 5-119　2019 年七十座大中城市新建商品住宅价格定基指数

城　市	1月	2月	3月	4月	5月	6月	7月	8月	9月	10月	11月	12月
北　京	138.9	138.6	139.1	139.8	140.7	140.6	141.4	142.1	142.0	141.8	144.1	144.6
天　津	130.7	131.1	131.6	132.5	132.8	133.3	132.9	133.1	133.3	132.8	132.8	132.6
石家庄	143.0	144.6	146.5	147.2	148.9	150.4	150.5	152.6	154.0	154.7	154.6	155.7
太　原	125.6	126.6	127.3	128.1	128.6	129.3	129.4	130.5	131.1	131.0	131.2	130.1
呼和浩特	131.8	132.9	133.3	134.0	135.1	137.4	138.6	141.6	143.5	146.9	149.2	150.6
沈　阳	130.0	130.6	131.7	132.6	133.9	135.2	136.0	137.1	138.4	140.0	140.9	141.5
大　连	126.2	128.5	129.8	130.7	132.5	134.0	135.4	136.1	135.7	136.0	136.3	136.7
长　春	126.9	127.7	128.0	128.8	129.4	131.1	131.3	132.4	133.7	135.4	136.8	137.8
哈尔滨	131.1	131.9	133.2	134.3	135.2	136.6	137.2	138.4	139.6	141.5	142.4	143.1
上　海	146.5	147.0	146.9	147.3	147.2	147.7	147.5	148.0	148.7	149.2	149.7	149.7
南　京	148.6	148.6	148.7	149.5	150.7	150.8	152.5	152.2	153.3	153.6	153.5	153.4
杭　州	141.0	141.6	142.1	143.6	144.7	146.3	147.1	147.1	147.5	147.2	147.0	147.5
宁　波	129.1	129.9	131.4	132.1	133.6	134.8	135.7	137.2	137.9	138.3	138.3	138.8
合　肥	155.7	156.9	157.9	158.6	158.8	159.5	160.5	161.7	161.5	161.0	160.5	160.8
福　州	139.3	139.4	140.0	140.9	142.2	142.6	143.2	144.1	144.7	145.0	145.2	145.0
厦　门	150.8	151.1	152.0	153.0	153.5	154.7	156.9	158.2	157.8	156.6	156.3	157.2
南　昌	136.2	136.3	137.2	138.2	139.0	139.1	139.9	140.4	141.3	141.0	140.3	140.4
济　南	141.4	142.2	143.3	144.8	145.3	145.8	146.2	145.9	145.4	143.8	142.8	141.7
青　岛	134.2	134.7	135.3	135.9	136.8	137.1	138.0	138.7	138.9	138.6	138.6	138.9
郑　州	142.7	142.7	143.3	143.9	144.3	145.0	145.4	145.8	146.1	146.1	145.3	144.7
武　汉	145.0	146.5	147.5	148.9	150.7	152.2	153.8	155.6	156.7	158.3	159.5	160.9
长　沙	140.7	141.0	141.0	141.3	142.5	143.5	143.8	144.2	144.3	144.4	144.9	146.3
广　州	150.6	152.2	153.4	155.1	156.3	156.7	157.3	157.7	157.7	157.5	156.8	156.3
深　圳	145.6	145.6	145.2	145.8	146.4	147.1	147.2	147.5	149.3	149.9	150.2	151.2
南　宁	135.6	136.4	137.6	138.8	139.3	140.0	140.7	143.9	146.9	149.9	150.4	151.2
海　口	139.2	139.6	140.3	141.6	143.2	144.8	146.2	146.2	147.0	148.5	148.1	148.5
重　庆	132.8	133.6	134.4	135.9	138.4	139.4	140.7	140.3	141.1	141.3	142.1	142.7
成　都	140.0	141.0	142.0	143.1	143.7	145.6	147.4	148.5	149.5	151.7	152.9	153.7
贵　阳	139.5	141.4	142.5	143.8	145.1	146.3	147.9	148.6	148.1	147.8	147.0	146.4
昆　明	133.4	134.4	135.5	137.1	138.1	139.8	141.2	142.8	144.6	146.8	147.7	147.3
西　安	150.7	152.4	153.9	155.6	158.8	161.5	163.8	164.6	165.8	167.4	168.5	169.6
兰　州	121.7	122.1	122.2	122.3	123.1	123.4	124.3	124.2	124.5	124.9	126.3	126.8
西　宁	119.6	122.4	123.6	124.2	124.7	125.4	126.8	127.8	129.4	133.0	134.7	136.1
银　川	115.2	116.0	116.7	117.4	118.1	119.2	119.6	121.8	123.8	124.8	127.2	128.7
乌鲁木齐	115.3	116.0	116.5	117.1	117.2	118.2	118.3	117.8	118.0	117.8	116.7	116.7

续表

城　市	1月	2月	3月	4月	5月	6月	7月	8月	9月	10月	11月	12月
唐　山	123.3	123.9	125.1	125.7	126.8	128.5	129.3	131.8	132.5	134.8	137.3	138.4
秦皇岛	134.1	135.3	137.2	139.8	140.9	142.5	143.4	144.6	144.7	146.0	147.5	148.0
包　头	116.9	117.5	118.4	119.3	120.0	119.7	119.8	121.1	121.8	122.5	122.6	123.6
丹　东	119.6	120.3	122.6	123.3	123.8	123.5	124.0	124.7	126.0	127.0	127.6	128.3
锦　州	111.7	111.5	113.1	113.7	114.5	114.8	114.9	114.7	115.3	116.4	118.2	119.6
吉　林	124.4	125.0	125.7	126.5	127.4	127.9	128.7	130.1	131.4	132.6	133.7	134.6
牡丹江	118.4	119.0	119.3	119.8	120.9	121.1	122.2	122.8	122.6	123.2	123.2	123.6
无　锡	141.4	141.0	142.4	142.6	144.5	145.8	146.9	148.1	150.3	151.4	152.2	153.0
扬　州	137.3	137.9	139.1	139.9	140.6	141.8	143.2	145.6	147.3	148.3	149.2	151.1
徐　州	142.4	144.0	144.6	145.8	147.6	149.1	150.9	152.2	153.9	154.9	155.5	157.4
温　州	115.9	116.2	117.3	117.3	118.1	118.2	118.2	118.6	119.3	120.3	120.7	120.7
金　华	125.0	125.6	126.0	127.2	129.1	129.8	131.4	132.5	132.8	132.8	133.9	134.4
蚌　埠	126.4	125.9	126.3	127.0	127.8	128.5	129.2	129.4	129.9	130.1	130.0	129.7
安　庆	123.4	123.7	125.0	125.1	125.8	126.2	126.2	126.2	127.0	127.4	126.8	126.5
泉　州	112.2	111.8	111.9	112.3	112.4	112.5	113.1	113.7	113.9	115.0	115.1	115.7
九　江	132.7	133.3	134.2	135.2	135.9	137.1	137.8	138.9	140.0	141.1	141.5	142.5
赣　州	125.4	125.4	125.1	124.9	125.2	125.1	126.2	126.3	127.2	127.8	128.1	128.7
烟　台	130.2	130.8	131.5	132.4	133.5	135.0	136.4	137.5	139.1	140.2	141.0	142.2
济　宁	123.8	125.4	126.1	127.0	128.2	129.7	130.3	131.8	133.3	134.2	134.9	135.0
洛　阳	128.0	128.6	128.8	130.2	132.3	135.6	136.3	137.1	139.8	142.1	143.1	143.7
平顶山	120.0	121.3	122.8	123.5	124.2	125.5	127.5	127.9	127.9	128.7	129.3	129.9
宜　昌	129.4	130.4	131.2	132.0	132.5	132.0	132.4	131.8	131.5	131.1	130.5	130.1
襄　阳	123.8	124.7	125.2	126.1	126.9	127.8	128.7	130.3	131.6	133.1	134.1	135.3
岳　阳	122.9	122.4	122.6	122.8	122.7	122.9	123.0	122.8	122.2	121.7	121.3	120.6
常　德	123.4	123.3	125.1	126.2	126.6	127.2	127.2	128.1	127.7	128.3	128.0	127.9
惠　州	135.4	135.1	135.2	135.5	136.0	136.8	137.3	138.1	138.5	139.3	140.0	141.2
湛　江	125.2	126.0	126.6	127.1	127.8	128.5	129.0	129.7	129.6	130.5	129.9	130.9
韶　关	123.3	123.2	122.8	122.7	124.1	124.6	125.5	124.4	124.2	124.0	123.5	123.0
桂　林	122.7	123.4	124.1	124.0	125.0	126.4	127.8	128.1	129.4	129.7	130.2	130.5
北　海	132.0	132.8	134.3	135.8	137.2	138.1	139.1	140.5	140.5	140.8	140.9	141.6
三　亚	145.3	145.4	145.9	147.1	147.8	148.9	149.6	150.5	150.9	151.5	152.0	153.1
泸　州	123.4	123.9	124.2	124.5	124.6	124.3	124.3	123.7	123.5	122.2	121.7	121.2
南　充	125.5	126.0	127.3	128.5	129.4	129.5	129.2	129.2	129.9	129.6	129.3	128.7
遵　义	123.9	125.4	126.1	126.9	127.4	128.0	127.9	128.6	129.2	128.9	128.3	128.9
大　理	130.8	133.2	135.0	135.7	138.2	140.6	142.6	143.8	144.9	145.9	147.1	148.1

数据来源：国家统计局。

注：1. 定基指数以2015年价格为100。

2. 本表所列北京市“新建商品住宅价格指数”与北京市有关部门发布的“新建普通住房价格”在统计口径、统计标准等方面均有不同。

表 5-120　2019 年七十座大中城市二手住宅价格定基指数

城　市	1月	2月	3月	4月	5月	6月	7月	8月	9月	10月	11月	12月
北　京	145.2	145.4	146.0	146.9	146.9	146.9	146.5	145.9	145.2	144.3	143.7	144.6
天　津	134.6	135.4	135.4	136.6	137.2	137.2	136.6	136.0	135.8	135.1	135.0	134.3
石家庄	125.3	126.1	126.8	127.2	127.8	128.0	127.7	127.9	127.2	126.9	126.6	126.3
太　原	124.9	125.4	125.5	127.0	127.8	128.2	129.6	130.1	130.9	130.5	129.9	129.5
呼和浩特	121.6	123.4	124.5	126.4	128.7	130.3	131.2	131.9	132.7	133.4	133.5	133.1
沈　阳	118.4	119.4	120.2	121.2	121.9	122.9	123.7	125.6	126.6	127.2	128.8	129.5
大　连	115.9	116.7	118.0	118.9	120.1	120.7	120.9	121.5	121.6	121.6	121.6	121.8
长　春	117.6	117.8	119.1	120.3	121.0	121.6	122.1	122.9	124.1	124.6	125.1	125.7
哈尔滨	121.2	121.7	122.3	123.4	124.4	125.2	126.2	127.7	129.6	131.9	133.8	134.8
上　海	137.5	137.4	137.9	138.5	138.6	138.5	139.1	139.0	139.8	139.6	139.5	139.3
南　京	138.3	138.6	139.8	140.0	140.2	140.5	141.8	142.9	145.2	145.7	145.9	145.9
杭　州	140.4	140.3	141.3	142.5	144.3	145.0	145.1	144.9	144.6	144.4	144.3	144.6
宁　波	123.5	123.6	124.4	125.3	126.4	127.5	129.3	131.1	132.2	133.0	133.4	133.5
合　肥	156.8	156.9	157.2	158.1	158.4	158.7	160.3	160.8	160.9	160.9	160.5	161.2
福　州	125.0	125.2	125.9	126.5	127.3	127.1	127.1	125.9	125.9	127.8	128.8	130.1
厦　门	134.5	134.9	137.0	138.7	139.3	139.7	141.6	141.8	141.7	141.1	140.8	142.0
南　昌	130.7	131.2	131.9	132.5	132.9	132.5	132.1	132.3	132.5	132.1	131.7	132.5
济　南	132.7	133.2	133.9	133.4	133.2	132.9	132.8	131.6	131.2	130.4	129.5	129.2
青　岛	133.5	133.1	132.7	132.4	131.8	131.0	130.2	129.6	128.7	127.9	126.9	126.3
郑　州	132.2	131.7	131.4	131.6	131.7	131.3	131.1	130.6	130.2	129.9	129.2	128.3
武　汉	147.7	147.6	147.8	147.5	147.0	146.6	146.3	147.0	145.8	145.4	145.1	145.0
长　沙	135.8	135.8	135.7	136.1	135.9	135.7	135.4	135.3	134.9	134.7	134.6	134.5
广　州	149.5	149.2	148.4	147.8	147.4	147.4	148.0	148.1	147.7	147.4	147.2	147.1
深　圳	150.5	151.3	152.4	154.0	154.1	153.9	154.9	155.2	157.2	158.9	161.1	162.7
南　宁	126.1	127.6	128.8	130.6	132.2	133.1	133.9	134.5	135.5	135.7	135.9	136.5
海　口	115.2	115.2	115.0	115.9	115.6	115.6	115.5	114.8	113.9	114.2	113.7	113.5
重　庆	126.7	127.1	127.2	128.3	128.6	129.4	129.6	129.1	128.3	128.0	128.7	128.3
成　都	117.2	117.8	117.7	117.5	118.1	118.2	119.2	118.1	117.7	117.7	117.5	118.0
贵　阳	122.3	122.7	122.6	122.8	123.2	122.7	122.4	121.7	121.0	120.5	119.8	119.0
昆　明	126.1	127.1	127.5	127.6	128.6	129.4	130.1	131.4	132.4	132.8	133.5	133.6
西　安	120.7	120.5	121.9	122.9	123.6	124.3	124.5	124.5	123.8	123.0	122.0	121.3
兰　州	115.9	116.1	117.3	117.5	118.9	119.6	120.3	121.3	122.0	123.1	123.9	124.6
西　宁	109.6	110.9	112.7	114.9	116.2	117.2	118.5	119.5	120.9	121.9	123.1	123.6
银　川	106.2	106.5	107.6	108.0	108.3	108.9	109.7	111.3	112.0	112.6	113.6	114.1
乌鲁木齐	122.6	123.5	123.1	124.7	125.6	126.5	126.3	124.9	124.9	125.5	124.9	124.5

续表

城　市	1月	2月	3月	4月	5月	6月	7月	8月	9月	10月	11月	12月
唐　山	114.6	114.7	116.1	117.8	119.0	120.3	121.0	123.1	126.4	128.0	130.3	131.7
秦皇岛	120.5	121.3	122.7	124.6	125.4	126.5	127.2	128.7	129.4	130.3	131.3	131.6
包　头	107.2	107.9	108.7	109.5	110.0	110.9	112.3	112.7	113.0	112.4	113.0	113.5
丹　东	108.3	109.1	109.7	110.7	111.8	112.5	113.0	113.6	114.5	115.2	116.4	117.5
锦　州	100.6	100.8	100.9	101.2	101.2	101.0	101.9	102.1	103.1	103.0	103.5	103.5
吉　林	114.7	115.1	116.4	117.3	117.7	118.0	117.8	118.5	120.1	121.7	122.5	123.4
牡丹江	109.8	110.6	110.6	111.1	111.1	111.0	110.8	110.4	109.7	109.5	109.0	109.4
无　锡	135.7	135.6	135.9	136.4	137.9	139.8	141.6	144.0	145.7	147.1	147.6	147.8
扬　州	123.2	123.6	123.8	124.7	125.0	125.9	126.5	127.3	127.7	128.0	128.6	129.2
徐　州	121.9	121.8	122.6	122.6	123.0	123.9	124.1	124.9	126.0	126.7	127.2	127.1
温　州	112.6	112.8	113.0	113.9	114.3	114.7	114.6	115.3	116.0	116.1	116.8	116.4
金　华	118.9	118.8	119.0	119.5	120.0	120.9	121.6	122.0	121.5	121.3	120.7	120.8
蚌　埠	120.3	120.4	120.9	121.5	121.9	122.8	123.8	124.8	125.1	124.6	125.0	125.3
安　庆	121.9	121.8	121.7	120.7	120.6	120.3	120.0	119.0	118.5	118.3	118.0	117.6
泉　州	114.3	114.1	114.6	114.5	114.7	114.9	115.5	116.2	116.0	116.2	116.6	116.7
九　江	122.2	122.4	122.9	123.6	124.4	124.9	125.7	126.2	127.5	128.8	129.4	130.6
赣　州	123.4	123.9	124.5	125.0	125.4	125.6	126.1	126.5	127.2	127.7	128.6	129.6
烟　台	122.0	122.4	123.6	124.5	125.7	126.7	127.7	128.5	128.7	128.4	127.9	126.8
济　宁	127.4	128.1	128.8	130.0	130.9	131.5	132.4	133.9	135.2	136.0	136.5	137.3
洛　阳	117.4	117.4	117.2	118.5	119.4	120.4	122.2	123.0	125.5	126.1	127.0	128.0
平顶山	115.1	115.8	116.1	116.9	117.5	118.0	118.5	118.5	119.5	120.3	121.2	122.4
宜　昌	122.9	123.1	123.2	123.0	123.0	122.0	121.7	120.4	119.9	119.4	119.1	118.8
襄　阳	116.8	117.8	118.7	119.9	120.8	121.6	122.0	122.4	122.6	122.9	122.5	122.4
岳　阳	114.2	114.1	114.1	114.2	114.7	114.8	115.3	114.6	114.3	113.4	112.7	112.7
常　德	115.3	115.2	115.5	115.3	115.1	114.6	114.8	114.6	114.3	114.0	114.1	113.5
惠　州	131.0	130.9	131.3	131.6	131.8	131.8	132.8	133.8	133.9	133.9	134.3	134.9
湛　江	113.3	113.2	113.3	113.1	112.9	112.6	112.7	112.6	112.1	112.0	111.5	110.8
韶　关	115.8	115.9	116.2	116.5	116.7	117.1	117.9	118.3	117.7	117.2	116.1	116.3
桂　林	107.0	107.0	107.9	108.5	109.1	109.6	110.0	110.6	111.4	112.3	112.1	111.8
北　海	120.8	121.4	122.6	123.4	124.0	123.8	124.2	124.7	123.9	123.8	123.3	123.2
三　亚	120.4	121.3	122.4	123.5	123.8	123.0	122.5	121.6	121.0	120.3	120.0	120.0
泸　州	120.1	120.2	120.2	119.7	119.8	119.1	119.0	119.0	119.8	119.8	119.5	120.3
南　充	120.9	120.8	120.1	119.9	120.3	121.2	121.4	121.4	121.6	121.3	120.8	120.9
遵　义	117.6	118.0	118.0	117.9	117.7	117.4	116.7	116.4	115.7	115.1	114.7	114.2
大　理	118.4	120.0	122.1	123.1	124.5	125.2	126.1	126.8	128.1	128.6	129.3	130.1

数据来源：国家统计局。
注：定基指数以2015年价格为100。

表 5-121　2019 年七十座大中城市新建商品住宅价格环比指数

城　市	1月	2月	3月	4月	5月	6月	7月	8月	9月	10月	11月	12月
北　京	100.6	99.8	100.4	100.5	100.6	99.9	100.6	100.5	100.0	99.8	101.7	100.4
天　津	99.9	100.4	100.3	100.7	100.2	100.4	99.7	100.1	100.2	99.6	100.0	99.9
石家庄	100.6	101.1	101.3	100.5	101.2	101.0	100.0	101.4	100.9	100.5	100.0	100.7
太　原	101.0	100.8	100.5	100.6	100.4	100.6	100.1	100.9	100.4	100.0	100.1	99.2
呼和浩特	101.5	100.8	100.3	100.5	100.8	101.8	100.8	102.2	101.3	102.4	101.5	100.9
沈　阳	100.4	100.5	100.8	100.7	100.9	101.0	100.6	100.8	101.0	101.2	100.6	100.5
大　连	99.9	101.8	101.0	100.7	101.4	101.2	101.0	100.6	99.7	100.3	100.2	100.3
长　春	100.8	100.7	100.3	100.6	100.5	101.3	100.2	100.9	101.0	101.3	101.0	100.8
哈尔滨	100.9	100.6	101.0	100.9	100.7	101.1	100.4	100.8	100.9	101.4	100.6	100.5
上　海	100.1	100.3	99.9	100.3	99.9	100.3	99.9	100.3	100.5	100.4	100.3	100.0
南　京	100.8	100.0	100.1	100.5	100.8	100.1	101.2	99.8	100.8	100.2	99.9	100.0
杭　州	100.4	100.5	100.4	101.0	100.8	101.1	100.5	100.0	100.2	99.8	99.9	100.3
宁　波	100.7	100.6	101.1	100.6	101.1	100.8	100.7	101.1	100.5	100.3	100.0	100.4
合　肥	100.6	100.8	100.6	100.4	100.1	100.4	100.6	100.8	99.9	99.7	99.7	100.2
福　州	100.1	100.1	100.4	100.7	100.9	100.3	100.5	100.6	100.4	100.2	100.1	99.8
厦　门	99.7	100.2	100.6	100.6	100.3	100.8	101.4	100.8	99.7	99.3	99.8	100.6
南　昌	100.4	100.1	100.6	100.8	100.5	100.1	100.5	100.4	100.6	99.9	99.4	100.1
济　南	100.4	100.6	100.8	101.0	100.4	100.3	100.3	99.8	99.6	99.0	99.3	99.2
青　岛	100.6	100.3	100.5	100.4	100.7	100.2	100.7	100.5	100.1	99.8	100.0	100.3
郑　州	100.3	100.0	100.4	100.5	100.3	100.5	100.3	100.3	100.2	100.0	99.5	99.6
武　汉	100.7	101.1	100.7	101.0	101.2	101.0	101.1	101.1	100.8	101.0	100.8	100.9
长　沙	100.5	100.2	100.0	100.2	100.9	100.7	100.2	100.3	100.0	100.1	100.4	101.0
广　州	100.9	101.1	100.8	101.1	100.8	100.3	100.3	100.2	100.0	99.9	99.5	99.7
深　圳	99.9	100.0	99.7	100.4	100.4	100.5	100.0	100.2	101.2	100.4	100.2	100.7
南　宁	101.0	100.6	100.8	100.9	100.4	100.5	100.5	102.3	102.1	102.0	100.3	100.6
海　口	101.2	100.3	100.5	100.9	101.2	101.1	101.0	100.0	100.5	101.0	99.7	100.3
重　庆	100.5	100.7	100.6	101.2	101.8	100.7	101.0	99.7	100.5	100.2	100.5	100.5
成　都	100.8	100.7	100.7	100.8	100.4	101.3	101.3	100.7	100.7	101.5	100.8	100.5
贵　阳	101.5	101.3	100.8	100.9	100.9	100.8	101.1	100.4	99.7	99.8	99.5	99.6
昆　明	100.6	100.8	100.8	101.2	100.7	101.2	101.0	101.2	101.3	101.5	100.6	99.7
西　安	101.5	101.1	101.0	101.1	102.0	101.7	101.4	100.5	100.7	100.9	100.7	100.7
兰　州	100.7	100.3	100.1	100.1	100.6	100.3	100.7	99.9	100.3	100.3	101.1	100.4
西　宁	100.0	102.3	100.9	100.5	100.4	100.5	101.1	100.8	101.3	102.8	101.3	101.0
银　川	100.5	100.7	100.7	100.5	100.6	101.0	100.3	101.8	101.7	100.8	101.9	101.2
乌鲁木齐	100.3	100.6	100.4	100.6	100.0	100.8	100.2	99.6	100.2	99.8	99.1	100.0

续表

城 市	1月	2月	3月	4月	5月	6月	7月	8月	9月	10月	11月	12月
唐 山	100.5	100.5	100.9	100.5	100.9	101.3	100.7	101.9	100.6	101.7	101.9	100.8
秦皇岛	101.7	100.9	101.4	101.8	100.8	101.1	100.7	100.8	100.1	100.9	101.0	100.4
包 头	100.5	100.6	100.8	100.7	100.5	99.7	100.1	101.1	100.6	100.6	100.1	100.8
丹 东	100.4	100.6	101.9	100.6	100.5	99.8	100.4	100.6	101.0	100.8	100.5	100.5
锦 州	101.7	99.7	101.5	100.5	100.7	100.2	100.1	99.8	100.6	101.0	101.6	101.2
吉 林	101.8	100.5	100.6	100.6	100.7	100.4	100.6	101.1	101.0	100.9	100.8	100.7
牡丹江	101.6	100.5	100.2	100.4	100.9	100.2	100.9	100.6	99.8	100.5	99.9	100.3
无 锡	100.5	99.7	101.0	100.1	101.3	100.9	100.8	100.8	101.4	100.8	100.5	100.5
扬 州	101.0	100.4	100.9	100.5	100.5	100.9	101.0	101.7	101.2	100.6	100.6	101.3
徐 州	100.9	101.2	100.4	100.8	101.3	101.0	101.2	100.9	101.1	100.7	100.4	101.2
温 州	100.0	100.3	100.9	100.1	100.7	100.0	100.0	100.4	100.5	100.9	100.3	100.0
金 华	100.8	100.4	100.4	100.9	101.4	100.5	101.3	100.8	100.2	100.0	100.8	100.4
蚌 埠	100.0	99.7	100.3	100.6	100.6	100.5	100.6	100.1	100.4	100.2	100.0	99.8
安 庆	100.4	100.2	101.0	100.1	100.6	100.3	100.0	100.0	100.6	100.3	99.5	99.8
泉 州	99.8	99.6	100.1	100.3	100.1	100.1	100.6	100.5	100.2	101.0	100.1	100.6
九 江	100.7	100.5	100.6	100.7	100.6	100.8	100.5	100.8	100.7	100.8	100.3	100.7
赣 州	100.4	100.0	99.7	99.9	100.2	100.0	100.9	100.0	100.8	100.4	100.3	100.5
烟 台	100.8	100.5	100.6	100.7	100.8	101.1	101.0	100.8	101.2	100.8	100.6	100.9
济 宁	100.7	101.3	100.5	100.7	101.0	101.2	100.4	101.2	101.1	100.7	100.5	100.1
洛 阳	101.5	100.5	100.2	101.0	101.7	102.5	100.5	100.6	102.0	101.6	100.7	100.4
平顶山	100.2	101.1	101.3	100.6	100.6	101.0	101.6	100.3	100.0	100.6	100.5	100.5
宜 昌	100.8	100.8	100.6	100.6	100.4	99.6	100.3	99.5	99.8	99.7	99.6	99.7
襄 阳	100.8	100.7	100.4	100.7	100.6	100.7	100.7	101.3	101.0	101.2	100.8	100.9
岳 阳	99.6	99.6	100.2	100.2	99.9	100.2	100.1	99.9	99.5	99.6	99.7	99.5
常 德	100.3	99.9	101.5	100.9	100.3	100.5	100.0	100.7	99.7	100.4	99.8	99.9
惠 州	99.6	99.8	100.1	100.2	100.4	100.5	100.4	100.6	100.2	100.6	100.5	100.9
湛 江	99.8	100.7	100.5	100.4	100.6	100.5	100.4	100.5	99.9	100.7	99.5	100.8
韶 关	100.5	99.9	99.7	99.9	101.2	100.4	100.8	99.1	99.9	99.8	99.6	99.6
桂 林	101.0	100.6	100.6	100.0	100.8	101.2	101.1	100.3	101.0	100.2	100.3	100.2
北 海	100.4	100.6	101.1	101.2	101.0	100.7	100.7	101.0	100.0	100.2	100.1	100.5
三 亚	100.0	100.1	100.3	100.9	100.4	100.8	100.4	100.6	100.3	100.3	100.4	100.7
泸 州	100.9	100.4	100.2	100.2	100.1	99.8	100.0	99.5	99.8	99.0	99.6	99.6
南 充	100.2	100.3	101.0	100.9	100.7	100.1	99.7	100.0	100.5	99.8	99.7	99.5
遵 义	100.5	101.2	100.5	100.6	100.4	100.4	100.0	100.5	100.4	99.8	99.5	100.5
大 理	102.0	101.8	101.3	100.5	101.8	101.8	101.5	100.8	100.8	100.7	100.8	100.6

数据来源：国家统计局。

注：1. 环比以上月价格为100。

2. 本表所列北京市“新建商品住宅价格指数”与北京市有关部门发布的“新建普通住房价格”在统计口径、统计标准等方面均有不同。

表 5-122　2019 年七十座大中城市二手住宅价格环比指数

城　市	1月	2月	3月	4月	5月	6月	7月	8月	9月	10月	11月	12月
北　京	99.9	100.2	100.4	100.6	100.0	100.0	99.7	99.6	99.5	99.4	99.6	100.6
天　津	100.3	100.5	100.0	100.9	100.4	100.0	99.6	99.5	99.9	99.5	99.9	99.5
石家庄	100.5	100.7	100.5	100.3	100.5	100.2	99.8	100.1	99.5	99.7	99.8	99.7
太　原	100.3	100.4	100.1	101.2	100.7	100.3	101.1	100.3	100.6	99.7	99.6	99.7
呼和浩特	101.3	101.4	100.9	101.5	101.8	101.3	100.7	100.5	100.7	100.5	100.0	99.7
沈　阳	100.7	100.9	100.7	100.8	100.6	100.8	100.6	101.5	100.8	100.5	101.3	100.6
大　连	100.0	100.6	101.1	100.8	101.0	100.5	100.2	100.5	100.1	100.0	100.0	100.1
长　春	100.4	100.2	101.1	101.0	100.6	100.5	100.5	100.7	100.9	100.4	100.4	100.5
哈尔滨	100.3	100.4	100.4	101.0	100.8	100.7	100.8	101.2	101.5	101.8	101.5	100.8
上　海	100.0	99.9	100.3	100.5	100.1	99.9	100.4	100.0	100.6	99.8	100.0	99.8
南　京	100.0	100.2	100.8	100.2	100.1	100.2	100.9	100.8	101.6	100.3	100.2	100.0
杭　州	100.1	100.0	100.7	100.9	101.3	100.4	100.1	99.9	99.8	99.9	100.0	100.2
宁　波	99.9	100.1	100.7	100.7	101.0	100.8	101.4	101.4	100.8	100.6	100.3	100.0
合　肥	100.4	100.0	100.2	100.6	100.2	100.2	101.0	100.4	100.1	100.0	99.8	100.4
福　州	99.6	100.2	100.5	100.5	100.6	99.9	100.0	99.1	100.0	101.5	100.8	101.0
厦　门	100.5	100.3	101.6	101.3	100.4	100.3	101.3	100.1	99.9	99.6	99.8	100.8
南　昌	99.9	100.4	100.6	100.5	100.3	99.7	99.7	100.1	100.2	99.7	99.7	100.6
济　南	100.6	100.4	100.5	99.7	99.8	99.8	99.9	99.1	99.7	99.3	99.4	99.7
青　岛	100.0	99.7	99.7	99.8	99.6	99.4	99.4	99.6	99.3	99.4	99.2	99.5
郑　州	99.8	99.7	99.8	100.2	100.1	99.6	99.9	99.7	99.6	99.8	99.4	99.3
武　汉	100.4	100.0	100.1	99.8	99.7	99.7	99.8	100.5	99.2	99.7	99.8	99.9
长　沙	99.8	100.0	99.9	100.3	99.8	99.9	99.8	99.9	99.7	99.8	99.9	99.9
广　州	99.7	99.8	99.5	99.6	99.7	100.0	100.4	100.0	99.7	99.9	99.8	100.0
深　圳	99.7	100.5	100.7	101.1	100.0	99.9	100.7	100.2	101.3	101.0	101.4	101.0
南　宁	101.4	101.2	100.9	101.4	101.2	100.7	100.6	100.5	100.7	100.1	100.2	100.4
海　口	100.1	100.0	99.8	100.9	99.7	100.0	99.9	99.4	99.3	100.2	99.6	99.7
重　庆	100.4	100.3	100.1	100.8	100.3	100.6	100.2	99.6	99.4	99.8	100.5	99.7
成　都	100.0	100.5	99.9	99.8	100.5	100.1	100.8	99.1	99.6	100.0	99.8	100.4
贵　阳	100.4	100.3	99.9	100.2	100.5	99.6	99.8	99.5	99.4	99.6	99.5	99.3
昆　明	100.4	100.7	100.3	100.1	100.8	100.7	100.5	101.0	100.8	100.3	100.6	100.1
西　安	99.9	99.8	101.2	100.9	100.6	100.6	100.1	100.0	99.4	99.3	99.2	99.4
兰　州	100.2	100.2	101.0	100.2	101.2	100.5	100.6	100.9	100.6	100.9	100.6	100.5
西　宁	100.1	101.1	101.7	102.0	101.1	100.8	101.2	100.9	101.1	100.8	101.0	100.4
银　川	100.2	100.3	101.0	100.3	100.3	100.6	100.8	101.5	100.7	100.5	100.9	100.4
乌鲁木齐	100.4	100.8	99.7	101.3	100.7	100.7	99.8	99.0	100.0	100.5	99.5	99.7

续表

城　市	1月	2月	3月	4月	5月	6月	7月	8月	9月	10月	11月	12月
唐　山	100.2	100.2	101.2	101.5	101.0	101.1	100.6	101.8	102.6	101.3	101.8	101.1
秦皇岛	100.5	100.7	101.2	101.5	100.7	100.9	100.5	101.2	100.6	100.6	100.8	100.2
包　头	100.0	100.6	100.7	100.7	100.5	100.8	101.3	100.4	100.3	99.4	100.5	100.5
丹　东	101.0	100.8	100.6	100.8	101.0	100.7	100.4	100.5	100.8	100.6	101.0	100.9
锦　州	100.0	100.2	100.1	100.3	100.0	99.8	100.9	100.2	101.0	99.9	100.5	100.1
吉　林	100.3	100.3	101.2	100.8	100.4	100.2	99.9	100.6	101.3	101.4	100.6	100.8
牡丹江	100.5	100.8	100.0	100.4	100.0	99.9	99.8	99.6	99.4	99.8	99.5	100.3
无　锡	99.7	99.9	100.3	100.3	101.1	101.4	101.3	101.7	101.2	101.0	100.3	100.2
扬　州	100.1	100.3	100.2	100.7	100.2	100.8	100.5	100.6	100.3	100.2	100.4	100.5
徐　州	100.8	99.9	100.6	100.0	100.4	100.7	100.2	100.6	100.9	100.6	100.4	99.9
温　州	100.1	100.2	100.2	100.8	100.4	100.3	99.9	100.6	100.7	100.0	100.6	99.7
金　华	99.9	99.9	100.2	100.4	100.4	100.7	100.6	100.3	99.6	99.8	99.5	100.1
蚌　埠	100.0	100.1	100.5	100.5	100.4	100.7	100.9	100.8	100.3	99.6	100.3	100.2
安　庆	99.8	99.9	100.0	99.2	99.9	99.7	99.7	99.1	99.6	99.8	99.8	99.7
泉　州	99.8	99.9	100.4	100.0	100.2	100.2	100.5	100.6	99.8	100.2	100.3	100.1
九　江	100.1	100.2	100.4	100.6	100.6	100.4	100.6	100.4	101.0	101.0	100.5	100.9
赣　州	100.6	100.4	100.5	100.4	100.3	100.2	100.4	100.3	100.5	100.4	100.8	100.7
烟　台	100.6	100.3	100.9	100.8	101.0	100.8	100.8	100.6	100.2	99.7	99.6	99.1
济　宁	100.6	100.5	100.6	100.9	100.6	100.5	100.7	101.1	101.0	100.6	100.4	100.6
洛　阳	100.0	100.0	99.8	101.1	100.8	100.9	101.5	100.6	102.0	100.5	100.7	100.8
平顶山	100.8	100.7	100.2	100.7	100.5	100.4	100.4	100.0	100.8	100.7	100.7	101.0
宜　昌	100.2	100.1	100.1	99.9	99.9	99.2	99.7	99.0	99.6	99.6	99.8	99.7
襄　阳	100.6	100.9	100.8	101.0	100.8	100.6	100.4	100.3	100.1	100.3	99.7	99.9
岳　阳	99.8	99.9	100.1	100.0	100.5	100.0	100.4	99.4	99.7	99.3	99.4	100.0
常　德	100.0	100.0	100.2	99.8	99.8	99.5	100.2	99.9	99.7	99.7	100.0	99.5
惠　州	100.0	99.9	100.3	100.2	100.1	100.1	100.7	100.8	100.1	99.9	100.3	100.5
湛　江	99.5	99.9	100.2	99.8	99.8	99.7	100.0	100.0	99.5	99.9	99.6	99.4
韶　关	100.5	100.1	100.2	100.3	100.2	100.3	100.7	100.4	99.4	99.6	99.1	100.1
桂　林	100.1	100.0	100.9	100.6	100.5	100.5	100.3	100.6	100.6	100.8	99.8	99.7
北　海	99.7	100.5	101.0	100.6	100.5	99.8	100.4	100.4	99.3	99.9	99.6	99.9
三　亚	100.7	100.7	100.9	100.9	100.2	99.3	99.6	99.3	99.5	99.4	99.8	100.0
泸　州	99.8	100.0	100.1	99.5	100.1	99.5	99.9	100.0	100.7	99.9	99.8	100.6
南　充	100.1	99.9	99.5	99.8	100.3	100.7	100.2	100.0	100.2	99.7	99.6	100.0
遵　义	100.0	100.3	100.1	99.9	99.8	99.8	99.4	99.8	99.4	99.5	99.7	99.6
大　理	101.6	101.3	101.8	100.8	101.1	100.6	100.8	100.5	101.0	100.4	100.5	100.6

数据来源：国家统计局。
注：环比以上月价格为100。

表 5-123　2019 年七十座大中城市新建商品住宅价格同比指数

城　市	1月	2月	3月	4月	5月	6月	7月	8月	9月	10月	11月	12月
北　京	102.8	102.9	103.2	103.5	103.9	103.9	104.3	104.8	104.7	104.3	105.4	104.8
天　津	101.1	101.4	101.8	102.4	102.1	102.2	101.9	101.8	101.7	101.3	101.6	101.4
石家庄	115.5	116.6	117.3	117.6	117.5	118.3	116.0	116.6	116.3	113.1	111.5	109.5
太　原	111.7	112.6	112.4	111.6	111.2	111.2	110.0	108.9	108.3	107.7	106.4	104.6
呼和浩特	122.6	123.0	122.8	122.3	121.4	122.2	120.3	119.5	117.8	118.7	117.1	115.9
沈　阳	112.2	112.3	112.7	112.5	111.7	111.3	110.5	110.1	109.7	109.4	109.3	109.3
大　连	112.5	113.3	113.7	113.2	112.9	112.2	112.2	111.7	110.7	110.2	108.9	108.2
长　春	111.9	112.7	111.8	111.4	110.6	110.2	109.4	109.5	110.3	110.7	109.8	109.4
哈尔滨	115.3	115.2	115.2	114.6	114.0	113.7	111.7	111.6	111.2	110.5	110.2	110.1
上　海	100.9	101.5	101.2	101.5	101.7	102.0	101.9	102.2	102.7	103.0	102.8	102.3
南　京	101.7	101.8	102.3	103.0	104.0	104.3	105.7	105.4	105.8	105.7	104.0	104.1
杭　州	106.0	106.6	106.6	107.7	108.5	109.1	108.8	108.2	108.2	106.7	105.8	105.0
宁　波	106.2	106.7	107.6	107.1	107.8	108.4	108.2	107.2	107.5	107.8	107.8	108.3
合　肥	104.8	106.0	106.7	107.4	107.4	107.7	107.8	106.9	105.7	104.8	104.1	103.9
福　州	108.7	108.9	109.8	110.6	112.9	110.8	109.9	108.1	107.4	106.6	104.7	104.2
厦　门	99.7	100.0	100.7	101.1	100.4	101.2	102.6	103.6	103.3	102.7	102.9	103.9
南　昌	109.9	110.3	110.3	110.9	110.7	109.2	107.8	106.6	106.4	105.9	103.9	103.5
济　南	115.7	116.4	117.2	118.2	118.3	114.5	111.6	108.2	106.4	104.6	102.1	100.5
青　岛	113.9	114.2	114.3	114.7	113.2	110.8	109.3	108.1	107.8	107.0	105.1	104.2
郑　州	110.0	109.9	110.5	110.4	108.9	107.5	106.4	105.1	104.8	103.8	102.4	101.7
武　汉	111.2	112.5	113.4	114.8	114.8	114.6	114.6	114.3	114.9	113.2	112.2	111.8
长　沙	111.3	111.3	111.0	110.9	110.2	108.8	106.1	104.3	103.8	103.8	103.9	104.5
广　州	109.7	111.3	111.9	113.3	112.2	110.5	110.2	109.4	109.0	108.7	108.1	104.7
深　圳	99.9	100.5	100.3	100.7	101.2	101.3	100.9	100.6	102.0	102.9	103.3	103.6
南　宁	110.0	110.4	110.8	111.5	111.6	110.1	109.7	110.3	112.2	114.1	113.9	112.7
海　口	120.7	118.8	116.9	115.7	114.7	111.6	110.1	109.1	109.4	109.8	109.2	108.0
重　庆	111.8	112.2	112.1	112.2	113.3	112.1	111.7	110.3	109.7	109.0	108.4	108.1
成　都	113.4	114.2	114.7	115.4	113.4	113.0	113.3	112.8	112.8	112.5	111.5	110.6
贵　阳	119.4	120.5	120.6	120.1	120.5	120.1	119.4	117.7	115.0	110.2	107.5	106.5
昆　明	115.7	116.2	116.2	116.8	116.5	115.7	113.5	113.2	112.3	112.5	112.4	111.1
西　安	123.5	124.2	124.4	123.8	124.4	125.2	125.3	122.3	116.0	115.6	114.7	114.2
兰　州	111.2	110.9	110.6	110.2	110.1	109.1	109.0	107.7	106.7	105.2	105.5	104.9
西　宁	111.8	113.5	114.6	115.3	115.7	113.3	114.0	113.2	112.3	114.3	114.2	113.8
银　川	109.3	109.5	109.4	109.4	109.6	109.1	108.5	108.6	109.5	110.1	111.9	112.3
乌鲁木齐	109.7	108.9	108.4	107.9	106.5	106.5	106.4	104.5	104.2	103.7	101.8	101.5

续表

城 市	1月	2月	3月	4月	5月	6月	7月	8月	9月	10月	11月	12月
唐 山	112.9	113.2	113.3	113.2	113.8	113.9	112.7	111.7	110.8	111.3	111.9	112.9
秦皇岛	118.4	118.7	118.8	120.1	120.3	120.3	120.0	117.6	115.5	114.1	113.6	112.2
包 头	111.0	111.1	111.3	111.5	111.2	109.9	108.0	106.6	106.6	105.8	105.5	106.3
丹 东	117.5	118.4	120.2	118.5	113.0	109.2	109.1	109.3	109.3	109.7	109.2	107.7
锦 州	114.0	112.8	113.5	113.3	113.7	113.4	113.0	112.1	110.7	110.2	110.1	108.9
吉 林	114.1	114.3	114.7	114.7	115.0	114.0	113.0	111.6	111.5	110.8	110.2	110.2
牡丹江	113.1	113.5	113.2	112.8	113.9	111.8	111.1	110.3	108.5	107.2	106.7	106.0
无 锡	106.1	106.1	107.3	107.7	109.3	110.4	109.7	106.9	108.0	108.3	107.9	108.7
扬 州	113.4	113.3	113.7	113.3	113.3	113.6	111.7	112.2	112.0	111.3	110.2	111.1
徐 州	118.0	118.2	117.8	117.8	117.7	118.2	116.9	114.1	114.1	112.7	111.4	111.6
温 州	101.5	101.8	102.8	102.9	103.5	103.0	102.9	102.6	102.9	103.8	104.5	104.2
金 华	105.2	105.6	105.7	105.3	106.2	106.4	106.6	106.3	106.6	106.6	107.7	108.4
蚌 埠	107.9	107.6	108.2	108.8	109.3	110.2	108.6	106.8	105.3	104.8	103.6	102.7
安 庆	109.0	108.9	110.0	110.4	111.2	110.3	109.7	107.7	106.7	104.7	103.7	102.9
泉 州	101.6	101.1	101.1	101.4	101.6	101.3	101.9	101.5	101.7	102.5	102.3	103.0
九 江	110.0	110.0	110.1	110.7	110.5	110.7	110.1	109.3	109.3	109.6	108.3	108.1
赣 州	107.7	107.8	107.2	106.9	106.7	106.0	106.3	104.3	104.0	103.8	103.5	103.0
烟 台	113.3	113.5	113.7	113.1	113.2	113.4	111.4	110.9	111.5	111.0	110.8	110.0
济 宁	113.2	114.1	114.3	114.4	114.7	114.5	113.4	112.8	113.4	112.1	110.8	109.8
洛 阳	112.1	112.7	112.4	112.7	114.1	116.7	116.1	115.9	116.2	116.4	114.7	114.0
平顶山	107.6	108.2	109.5	108.8	108.5	109.9	110.8	110.4	109.0	109.3	108.7	108.5
宜 昌	112.8	113.0	112.7	112.9	112.5	110.6	107.8	106.0	104.4	103.7	102.7	101.3
襄 阳	113.7	114.7	115.1	115.2	115.8	115.7	114.0	112.2	112.6	111.2	110.8	110.2
岳 阳	108.0	107.2	106.6	106.5	105.4	104.9	104.0	101.6	99.9	98.8	98.2	97.8
常 德	110.7	110.8	112.4	112.9	112.4	112.3	112.3	110.1	108.3	106.5	105.2	104.0
惠 州	103.5	102.9	103.0	103.0	103.2	103.2	103.2	103.1	103.0	103.0	103.2	103.9
湛 江	107.4	108.0	108.2	108.4	108.8	109.0	108.4	106.9	106.0	105.1	104.3	104.3
韶 关	106.3	105.9	105.0	104.4	105.1	104.8	105.2	102.8	102.1	101.5	100.5	100.2
桂 林	109.5	110.1	110.0	109.2	109.5	110.0	110.6	110.3	110.3	109.7	107.6	107.4
北 海	112.5	112.8	113.2	113.6	113.4	112.8	113.1	110.8	109.9	108.9	107.8	107.6
三 亚	114.6	113.6	113.1	112.0	109.8	107.2	103.8	104.3	104.3	104.8	104.8	105.4
泸 州	111.9	111.9	111.8	111.6	110.9	109.2	108.7	106.2	103.3	100.6	99.7	99.1
南 充	113.8	112.3	112.8	112.7	112.0	110.9	109.7	107.0	105.6	103.7	103.2	102.6
遵 义	113.1	113.7	113.3	113.1	112.8	112.2	111.1	110.0	109.3	107.1	104.7	104.5
大 理	120.3	121.4	121.9	121.0	122.2	122.9	122.7	121.5	120.6	118.9	116.7	115.4

数据来源：国家统计局。

注：1. 同比以上年同月价格为100。

2. 本表所列北京市“新建商品住宅价格指数”与北京市有关部门发布的“新建普通住房价格”在统计口径、统计标准等方面均有不同。

表 5-124　2019 年七十座大中城市二手住宅价格同比指数

城　市	1月	2月	3月	4月	5月	6月	7月	8月	9月	10月	11月	12月
北　京	98.6	99.3	99.9	100.6	100.2	100.1	99.5	99.1	98.8	98.5	98.7	99.5
天　津	105.6	105.5	105.4	104.5	103.5	102.1	101.9	100.5	100.5	100.1	100.4	100.0
石家庄	105.5	105.9	106.4	106.4	105.7	105.1	103.3	102.3	101.5	101.5	101.5	101.3
太　原	109.2	109.8	108.2	108.2	107.9	107.6	107.6	107.0	106.5	106.0	104.5	104.0
呼和浩特	119.1	120.3	120.8	122.1	123.3	123.7	121.7	119.4	117.7	116.4	112.8	110.9
沈　阳	108.4	109.2	109.8	110.4	110.4	109.8	109.0	109.7	109.4	109.6	110.1	110.1
大　连	107.9	108.0	108.8	109.1	109.3	108.7	108.0	107.2	106.4	106.2	105.2	105.1
长　春	110.0	110.0	110.6	111.0	110.5	108.9	108.9	108.5	108.7	108.0	107.4	107.3
哈尔滨	111.0	111.0	110.4	110.5	110.5	110.2	108.9	108.6	108.9	110.3	111.4	111.6
上　海	97.2	97.5	98.4	99.0	99.4	99.7	100.2	100.3	101.0	101.1	101.2	101.3
南　京	101.4	101.8	102.2	101.6	101.9	102.2	103.2	103.7	105.1	105.3	105.3	105.5
杭　州	104.5	104.0	104.0	104.1	104.5	104.1	103.2	102.4	102.1	102.4	102.9	103.0
宁　波	104.3	104.0	103.8	103.9	104.2	104.6	105.1	105.4	105.7	106.7	107.5	107.9
合　肥	103.6	103.7	103.8	104.2	104.4	104.0	104.8	104.2	103.5	103.1	103.0	103.3
福　州	99.5	99.9	100.6	101.2	102.4	102.4	101.4	99.9	99.9	100.9	102.1	103.7
厦　门	95.6	96.5	98.4	100.1	100.7	101.1	102.9	103.4	103.6	104.1	104.6	106.1
南　昌	110.5	111.2	111.4	111.0	110.1	108.6	106.3	104.6	104.1	103.1	101.3	101.3
济　南	111.2	111.6	111.8	111.3	110.5	109.3	106.5	102.6	101.1	99.9	98.7	98.0
青　岛	111.0	110.3	108.4	106.8	105.5	104.2	101.3	98.9	97.5	96.0	94.6	94.6
郑　州	101.3	101.1	101.1	101.4	101.5	100.6	99.4	98.2	97.7	97.5	97.4	96.9
武　汉	108.0	107.8	108.0	107.8	105.6	104.9	103.4	102.6	101.4	100.3	99.2	98.5
长　沙	107.7	106.7	106.6	106.2	105.8	104.6	102.1	100.5	99.9	99.3	99.0	98.8
广　州	102.1	101.6	100.9	100.0	98.7	98.5	98.6	98.0	97.6	97.6	97.7	98.1
深　圳	103.6	102.9	102.9	103.8	103.0	102.6	102.6	101.7	103.0	104.7	106.4	107.8
南　宁	108.0	109.5	110.1	111.7	113.0	113.0	113.4	112.2	112.6	112.1	111.6	109.8
海　口	111.1	110.3	108.4	108.2	106.6	104.9	101.7	99.1	98.6	99.0	98.8	98.6
重　庆	109.5	109.7	109.4	109.3	108.6	107.8	106.8	104.6	103.1	102.4	102.5	101.7
成　都	106.1	106.5	106.8	106.9	106.9	106.5	105.7	103.3	102.2	101.8	101.1	100.6
贵　阳	112.5	112.6	112.1	111.6	111.8	110.3	108.2	105.9	102.5	100.4	99.1	97.9
昆　明	115.1	115.4	115.3	115.0	114.1	114.0	112.0	110.9	108.9	107.8	107.8	106.3
西　安	114.8	114.8	114.7	113.1	112.1	111.0	110.1	107.5	104.4	102.1	100.6	100.4
兰　州	109.9	109.8	110.7	110.6	111.5	111.4	111.4	110.4	109.0	108.2	107.4	107.7
西　宁	107.0	108.2	110.0	112.2	113.5	113.5	114.5	114.1	113.3	113.4	113.7	112.8
银　川	105.4	105.8	106.8	106.9	107.2	107.0	106.9	107.4	106.6	107.0	107.4	107.6
乌鲁木齐	112.9	112.4	109.7	109.6	108.4	108.8	108.4	105.6	104.3	103.8	102.8	102.0

续表

城 市	1月	2月	3月	4月	5月	6月	7月	8月	9月	10月	11月	12月
唐 山	108.3	108.3	109.3	111.0	111.7	112.0	111.3	112.1	114.0	114.2	114.7	115.2
秦皇岛	110.9	111.1	111.6	112.5	112.7	112.9	112.5	111.4	110.5	110.4	110.0	109.8
包 头	106.0	106.7	107.3	107.6	107.7	107.9	108.3	107.0	106.8	106.0	105.8	106.0
丹 东	107.3	108.0	108.3	107.7	107.4	107.4	107.4	107.4	107.8	108.5	109.0	109.5
锦 州	107.5	107.6	107.2	107.0	106.4	105.7	106.3	106.4	105.9	105.4	104.6	102.9
吉 林	108.6	108.8	109.7	110.1	109.8	109.2	107.8	107.1	107.4	108.4	107.4	107.9
牡丹江	105.6	106.4	106.3	106.6	106.0	105.2	104.3	102.9	101.6	100.7	100.1	100.2
无 锡	104.6	104.6	104.8	104.9	105.7	106.7	107.0	106.6	106.3	107.2	108.2	108.6
扬 州	109.4	109.5	109.3	109.3	109.1	109.6	108.1	107.0	105.9	104.7	104.6	105.0
徐 州	109.8	109.1	109.5	108.6	108.3	108.5	107.4	105.9	106.0	105.6	105.4	105.0
温 州	101.0	101.4	101.5	102.1	101.9	101.9	101.6	101.8	102.5	102.7	103.7	103.5
金 华	104.5	103.8	103.5	103.3	102.9	103.2	102.6	101.7	101.5	101.2	101.1	101.5
蚌 埠	107.3	107.2	107.6	107.9	108.0	108.6	107.8	106.4	105.8	104.6	104.4	104.1
安 庆	107.6	106.9	106.9	106.2	106.0	105.0	104.0	100.8	99.0	97.0	96.4	96.2
泉 州	101.6	101.3	101.5	101.4	101.3	101.0	100.8	100.8	100.7	100.9	101.5	102.0
九 江	106.8	106.8	107.1	107.6	107.8	107.7	107.3	106.2	106.5	106.8	106.3	107.0
赣 州	108.5	108.4	108.7	108.9	108.6	107.7	107.2	105.8	105.3	105.0	105.3	105.6
烟 台	111.5	111.6	112.3	112.5	112.8	112.7	111.4	109.8	108.6	107.2	106.1	104.5
济 宁	117.1	117.4	116.7	116.7	116.1	115.7	113.5	112.0	111.1	110.2	109.3	108.4
洛 阳	110.2	110.0	109.6	110.1	110.7	111.1	111.1	109.9	110.4	110.4	109.2	109.0
平顶山	108.6	108.8	108.8	108.6	108.5	108.9	108.2	107.2	106.6	106.7	106.8	107.3
宜 昌	110.4	110.0	109.4	108.8	108.0	106.7	104.3	101.0	98.8	97.9	97.3	96.8
襄 阳	110.0	111.0	111.8	112.1	112.5	112.8	111.4	109.3	108.1	107.9	106.5	105.4
岳 阳	106.4	106.1	106.0	105.6	105.6	104.8	104.6	101.6	100.0	99.0	98.4	98.5
常 德	107.9	107.8	107.9	107.3	106.7	105.6	105.3	101.9	100.3	99.5	99.2	98.5
惠 州	106.6	106.1	105.9	105.7	105.8	105.4	105.0	104.6	103.9	103.3	102.8	103.0
湛 江	103.6	103.4	103.4	103.1	102.6	101.8	100.8	99.5	98.6	98.3	97.8	97.4
韶 关	108.2	108.2	108.4	108.2	107.6	107.1	106.9	105.9	104.0	103.3	101.4	100.9
桂 林	106.6	106.6	107.3	107.7	108.1	107.8	107.6	107.5	106.7	106.8	105.3	104.6
北 海	107.7	108.5	109.4	109.6	109.6	108.5	108.4	106.4	103.7	103.2	102.2	101.8
三 亚	113.8	114.5	114.5	114.1	112.7	110.0	106.4	103.5	102.4	101.9	101.6	100.4
泸 州	109.8	109.7	109.3	108.5	106.8	105.7	104.2	102.6	101.2	100.3	99.5	99.9
南 充	109.5	108.6	107.3	106.4	105.9	105.8	104.9	102.5	101.0	100.4	99.9	100.0
遵 义	109.8	109.7	109.2	108.7	108.1	106.9	104.6	102.6	101.1	99.9	98.1	97.1
大 理	115.6	116.5	118.3	118.6	119.3	119.0	118.3	116.6	116.4	114.9	112.6	111.7

数据来源：国家统计局。
注：同比以上年同月价格为100。

（二）中国城市住房（一手房）价格 288 指数

表 5-125　2019 年中国城市住房（一手房）价格 288 指数

城市	1月	2月	3月	4月	5月	6月	7月	8月	9月	10月	11月	12月
全　国	**1501.8**	**1503.7**	**1510.9**	**1514.1**	**1521.5**	**1531.1**	**1539.4**	**1543.5**	**1544.4**	**1544.4**	**1543.0**	**1543.6**
北　京	1864.8	1926.6	1965.3	1942.6	1923.9	1944.4	1922.3	1924.2	1926.1	1929.8	1922.0	1929.2
上　海	2280.1	2289.9	2305.4	2318.1	2353.7	2336.0	2344.6	2340.1	2346.4	2349.5	2365.2	2374.2
重　庆	1675.0	1685.9	1679.7	1680.8	1713.2	1730.5	1737.5	1753.3	1740.5	1748.3	1708.7	1724.0
天　津	1747.9	1743.3	1747.6	1754.3	1751.4	1771.5	1776.0	1782.4	1789.4	1793.5	1782.3	1784.6
石家庄	1311.7	1298.3	1295.3	1286.3	1297.4	1327.9	1340.9	1353.2	1359.6	1359.3	1336.3	1339.8
张家口	1757.1	1749.0	1719.8	1727.1	1752.4	1745.4	1746.8	1736.3	1734.7	1714.1	1702.3	1650.7
承　德	1220.6	1226.0	1213.7	1205.1	1174.4	1173.0	1158.1	1156.9	1154.6	1143.2	1146.1	1125.4
唐　山	1013.6	1002.3	980.9	965.6	949.5	954.5	975.0	1008.7	1017.4	1028.7	998.0	988.7
秦皇岛	1146.9	1144.9	1148.8	1138.4	1163.4	1172.0	1176.9	1193.0	1204.1	1216.9	1201.4	1196.9
廊　坊	1397.5	1401.5	1400.4	1349.9	1349.9	1360.2	1347.7	1310.0	1304.7	1279.1	1268.6	1251.7
保　定	1166.0	1175.0	1168.2	1163.5	1167.5	1159.4	1179.2	1159.3	1146.0	1123.7	1120.9	1104.7
沧　州	1832.8	1827.4	1818.9	1853.1	1926.0	1926.0	1898.4	1905.1	1853.4	1793.0	1875.3	1868.4
衡　水	1493.1	1498.2	1497.9	1468.4	1433.9	1412.8	1414.5	1416.8	1372.0	1373.5	1356.4	1357.0
邢　台	1208.6	1209.9	1211.1	1200.4	1227.7	1233.5	1222.4	1218.6	1217.5	1187.5	1184.8	1234.5
邯　郸	1217.1	1228.5	1220.1	1214.9	1198.0	1198.4	1204.4	1202.6	1208.0	1202.0	1215.7	1223.7
泰　州	1370.8	1390.6	1363.1	1336.9	1360.2	1347.7	1364.3	1324.4	1338.4	1314.3	1329.2	1354.0
扬　州	1113.6	1143.7	1125.6	1122.1	1081.4	1116.0	1113.1	1113.1	1124.0	1132.1	1131.6	1117.8
镇　江	1189.4	1187.8	1199.9	1173.9	1151.2	1143.7	1147.8	1143.8	1157.0	1163.1	1152.1	1113.0
南　通	1342.8	1344.5	1352.1	1341.3	1343.4	1364.4	1368.8	1389.1	1344.7	1348.7	1352.0	1347.4
常　州	1528.6	1540.4	1545.9	1550.2	1569.2	1596.6	1615.2	1616.1	1626.6	1648.7	1644.1	1647.2
无　锡	1521.0	1556.1	1550.8	1551.7	1530.4	1568.6	1579.7	1598.1	1572.2	1585.7	1576.7	1561.1
苏　州	1681.5	1695.7	1685.1	1684.5	1699.8	1700.9	1702.9	1712.9	1707.8	1693.4	1686.5	1706.4
南　京	1752.0	1763.7	1752.8	1757.3	1758.5	1769.3	1769.4	1739.7	1749.5	1746.6	1758.0	1781.8
连云港	1168.4	1167.7	1171.2	1170.8	1181.5	1181.8	1176.3	1160.5	1154.9	1153.7	1155.7	1155.2
徐　州	1482.0	1498.2	1503.2	1519.5	1529.5	1543.6	1575.6	1631.7	1622.4	1659.9	1661.6	1688.3
宿　迁	1143.5	1142.5	1171.7	1154.3	1163.5	1221.7	1263.3	1287.6	1290.0	1294.0	1310.6	1356.9
淮　安	1261.9	1265.4	1295.4	1301.0	1320.0	1336.9	1332.9	1336.5	1361.9	1364.4	1397.7	1401.2
盐　城	860.0	847.1	842.4	848.4	864.7	866.7	867.6	906.7	904.1	913.3	907.1	874.4
合　肥	2068.8	2060.8	2100.4	2096.4	2098.3	2097.2	2101.5	2112.6	2111.6	2077.3	2064.8	2106.2
淮　北	797.5	799.0	800.8	789.4	795.1	766.0	783.1	772.7	757.4	770.2	765.9	798.8
亳　州	782.6	784.5	790.9	792.8	786.4	780.0	771.9	764.8	764.6	751.9	738.5	738.5
宿　州	719.5	720.4	724.4	725.7	660.5	652.6	663.3	686.0	702.1	698.3	695.8	706.2
蚌　埠	1495.6	1496.8	1509.8	1523.4	1474.0	1426.3	1431.0	1435.4	1446.6	1448.3	1447.9	1445.1
阜　阳	1417.8	1429.2	1434.3	1445.8	1422.2	1399.1	1394.4	1390.4	1402.6	1406.6	1405.4	1403.9

续表

城 市	1月	2月	3月	4月	5月	6月	7月	8月	9月	10月	11月	12月
淮 南	858.6	875.8	892.3	867.0	887.6	913.9	929.8	895.5	930.5	898.2	937.1	904.7
滁 州	1032.3	1032.3	1032.3	1023.4	1032.4	1036.5	1062.4	1074.6	1057.8	1062.0	1037.5	1026.0
六 安	782.4	785.6	785.0	759.8	736.5	739.1	727.0	731.0	728.5	733.3	726.3	722.7
马鞍山	1057.2	1058.0	1065.8	1066.6	1124.8	1181.0	1163.9	1162.7	1166.9	1162.6	1156.8	1169.1
芜 湖	1226.3	1264.7	1281.7	1219.2	1228.4	1230.1	1209.4	1247.9	1249.2	1248.2	1243.2	1236.0
宣 城	1179.7	1175.1	1166.4	1162.7	1365.6	1370.5	1389.3	1372.0	1435.2	1435.2	1440.9	1440.9
铜 陵	1009.7	996.9	986.6	991.1	973.8	980.0	1002.9	1016.9	1022.6	1027.9	1025.5	1032.7
池 州	723.4	726.0	729.9	729.8	738.6	754.7	753.7	785.0	756.6	756.6	755.0	725.6
安 庆	1102.2	1109.6	1117.4	1124.9	1095.1	1087.3	1088.5	1139.8	1136.3	1099.3	1117.7	1106.1
黄 山	993.9	1002.3	1004.3	1006.4	1009.2	1012.0	1007.5	1011.8	1010.6	1051.5	1051.4	1046.5
南 昌	1508.4	1507.5	1518.7	1529.9	1526.9	1513.8	1514.0	1514.0	1506.6	1506.4	1506.3	1522.2
九 江	1246.6	1247.6	1257.7	1256.0	1245.3	1265.3	1275.7	1271.0	1242.2	1262.6	1275.2	1257.2
景德镇	1063.2	1044.6	1045.0	1036.8	1046.7	1050.6	1051.8	1056.5	1061.3	1058.4	1087.1	1087.1
上 饶	1224.1	1239.4	1213.5	1221.5	1223.9	1162.8	1184.3	1138.3	1126.7	1127.6	1127.1	1174.7
鹰 潭	1191.2	1205.9	1205.9	1221.6	1258.8	1258.8	1257.9	1257.9	1227.6	1227.6	1236.5	1216.6
抚 州	1107.5	1111.2	1117.9	1119.6	1135.5	1097.6	1082.7	1073.4	1114.1	1104.4	1097.4	1092.1
新 余	1016.5	1019.4	1019.5	1046.2	1042.1	1029.5	1081.0	1100.9	1082.5	1111.1	1085.6	1065.4
宜 春	1297.2	1297.3	1346.3	1274.5	1261.7	1324.8	1338.4	1360.1	1300.7	1300.3	1300.0	1333.3
萍 乡	1120.6	1120.6	1136.1	1141.8	1158.1	1158.3	1165.6	1172.9	1162.6	1183.0	1185.2	1180.6
吉 安	1394.4	1430.2	1414.8	1446.2	1445.2	1452.2	1446.5	1453.5	1460.6	1463.2	1461.9	1458.5
赣 州	1117.3	1130.0	1147.3	1128.5	1155.8	1146.8	1146.9	1142.3	1124.1	1155.2	1148.7	1126.4
郑 州	1573.2	1576.2	1575.3	1580.2	1586.4	1590.1	1592.3	1612.5	1592.0	1587.6	1587.2	1591.6
安 阳	1212.6	1203.3	1202.5	1203.2	1230.0	1247.1	1233.4	1224.6	1202.7	1175.9	1162.7	1173.0
鹤 壁	1920.0	1882.2	1876.3	1842.2	1814.2	1780.6	1747.7	1760.6	1802.5	1816.9	1858.3	1807.2
濮 阳	1719.4	1676.0	1659.9	1614.9	1602.0	1619.9	1619.1	1627.1	1590.3	1667.3	1662.8	1656.6
新 乡	1115.8	1112.6	1115.0	1104.4	1102.9	1047.7	1057.4	1062.1	1086.3	1075.0	1077.3	1087.0
焦 作	1496.9	1505.1	1516.7	1522.3	1530.1	1505.6	1508.9	1500.0	1502.3	1498.4	1520.7	1502.2
三门峡	1625.6	1608.5	1604.6	1599.8	1638.1	1645.0	1615.4	1599.9	1594.1	1551.4	1547.7	1548.9
开 封	1346.6	1326.4	1343.5	1340.0	1374.0	1374.4	1375.9	1347.9	1350.3	1357.9	1354.5	1316.1
洛 阳	1560.8	1568.7	1567.5	1587.0	1609.3	1655.0	1629.7	1621.9	1634.2	1699.0	1691.2	1698.2
商 丘	1436.3	1425.0	1398.7	1396.9	1384.3	1398.6	1400.8	1402.7	1397.9	1462.5	1398.4	1435.8
许 昌	1491.3	1500.0	1487.4	1483.4	1526.6	1568.3	1580.6	1568.7	1629.9	1612.8	1622.3	1562.7
平顶山	1221.6	1207.5	1204.9	1220.6	1201.9	1261.4	1273.2	1276.4	1268.2	1248.1	1256.3	1264.7
周 口	1527.4	1621.1	1651.7	1587.1	1558.6	1612.3	1600.4	1604.2	1621.6	1645.9	1647.9	1635.0
漯 河	1469.2	1451.0	1447.9	1483.1	1430.2	1501.7	1560.8	1507.7	1527.1	1514.6	1516.0	1473.8
南 阳	947.1	947.9	964.8	957.6	938.2	953.9	959.5	964.3	988.6	1010.0	1004.5	984.7

续表

城市	1月	2月	3月	4月	5月	6月	7月	8月	9月	10月	11月	12月
驻马店	1341.5	1316.5	1316.8	1305.9	1337.0	1363.5	1397.0	1385.0	1383.9	1420.1	1395.3	1416.6
信阳	1659.0	1668.1	1659.2	1672.7	1694.4	1717.7	1707.3	1686.6	1667.9	1698.6	1702.5	1716.6
沈阳	1426.9	1446.5	1469.1	1462.7	1457.4	1479.6	1500.1	1528.1	1533.5	1543.0	1556.3	1554.1
铁岭	897.8	897.8	897.8	913.9	930.3	930.3	930.3	930.3	937.1	904.6	904.6	902.6
阜新	1492.0	1492.0	1492.0	1492.0	1492.0	1417.4	1412.7	1444.5	1460.8	1460.8	1460.5	1388.2
抚顺	969.0	972.0	975.0	969.4	1005.5	1002.0	997.9	992.8	1014.9	1032.7	1067.3	1054.1
朝阳	1323.5	1370.2	1410.7	1421.3	1426.5	1426.5	1447.8	1448.5	1454.1	1454.1	1459.5	1479.6
本溪	941.3	941.3	941.3	941.3	962.6	962.6	966.7	963.6	1011.7	1011.7	989.0	989.0
辽阳	953.8	953.8	953.8	953.8	991.6	991.6	992.7	960.1	946.4	930.9	935.3	967.5
鞍山	923.9	921.6	919.3	922.3	934.4	931.5	938.2	918.9	923.6	917.1	913.2	914.4
盘锦	982.0	978.9	975.9	972.6	961.9	971.5	981.1	982.8	1007.0	987.9	956.6	962.7
锦州	697.0	697.0	697.0	676.5	678.1	668.8	680.5	687.4	694.3	686.8	665.6	665.6
葫芦岛	1211.5	1209.4	1202.2	1219.3	1250.2	1250.2	1256.6	1268.3	1268.0	1255.2	1254.3	1254.3
营口	415.0	415.0	415.0	417.2	419.2	429.8	427.5	435.8	434.5	421.0	428.0	430.3
丹东	954.8	960.7	966.7	963.5	988.5	1006.9	1036.8	1085.2	1094.4	1090.0	1086.8	1060.6
大连	1154.4	1147.3	1146.8	1152.4	1160.9	1170.3	1172.2	1175.2	1176.0	1175.1	1184.2	1189.5
杭州	1476.5	1482.5	1482.5	1497.8	1490.4	1526.2	1556.0	1549.8	1556.3	1556.5	1553.2	1552.7
湖州	1430.1	1436.8	1450.2	1466.4	1496.0	1513.6	1515.6	1524.8	1530.2	1538.5	1548.9	1602.0
嘉兴	1233.9	1248.1	1237.1	1252.8	1231.3	1236.2	1232.0	1232.5	1229.9	1234.7	1221.5	1208.0
绍兴	1228.7	1240.8	1238.9	1249.5	1268.8	1298.7	1292.7	1355.4	1307.3	1355.3	1351.8	1362.2
舟山	1392.3	1400.1	1392.8	1401.5	1412.1	1423.8	1431.0	1446.4	1435.1	1420.7	1401.2	1397.1
宁波	1632.1	1643.9	1668.1	1685.4	1697.7	1707.5	1718.8	1731.3	1749.0	1778.2	1791.2	1790.5
金华	1295.7	1334.4	1356.3	1339.5	1398.9	1395.3	1399.1	1406.2	1460.5	1526.1	1543.2	1545.8
衢州	1420.2	1444.4	1442.8	1475.0	1430.1	1417.1	1414.3	1361.6	1344.6	1355.7	1356.6	1404.1
台州	1184.9	1179.2	1191.6	1217.6	1200.4	1219.7	1253.5	1272.7	1252.6	1278.4	1259.8	1292.3
丽水	902.9	906.7	891.2	885.7	885.7	915.7	874.5	888.3	911.3	911.3	871.4	891.2
温州	916.1	920.2	949.1	955.8	966.4	972.9	972.3	968.3	951.9	946.7	950.2	956.7
福州	1890.9	1863.8	1870.8	1860.1	1867.1	1882.5	1881.8	1883.1	1845.8	1844.8	1822.0	1800.8
宁德	973.3	973.3	970.8	975.9	1025.2	1037.3	1066.3	1115.3	1117.8	1112.6	1116.0	1098.4
南平	1222.8	1209.8	1177.7	1188.0	1219.7	1184.4	1178.2	1223.1	1258.0	1280.7	1288.7	1310.7
三明	894.1	883.4	883.4	902.4	921.4	924.7	952.7	968.4	972.6	941.0	940.3	931.4
莆田	864.1	849.1	851.9	856.4	867.3	859.4	895.6	893.1	864.3	865.0	856.1	855.6
龙岩	1289.7	1301.0	1301.0	1314.7	1333.3	1336.1	1342.7	1338.9	1347.0	1335.8	1340.6	1323.3
泉州	1277.0	1255.5	1221.7	1224.8	1231.8	1231.2	1208.6	1226.4	1207.5	1203.3	1202.7	1211.4
漳州	1987.9	2023.0	2010.0	1996.5	2021.7	2091.3	2112.0	2126.2	2190.4	2143.7	2134.1	2139.1
厦门	2124.9	2109.5	2077.4	2061.9	2142.5	2150.5	2237.4	2207.9	2234.9	2201.5	2177.9	2186.6

续表

城　市	1月	2月	3月	4月	5月	6月	7月	8月	9月	10月	11月	12月
西　安	1391.2	1394.8	1396.5	1382.6	1395.5	1460.2	1458.2	1466.8	1485.1	1509.1	1513.6	1508.0
榆　林	1011.6	1011.6	1011.6	1010.1	879.8	903.5	928.4	944.0	933.0	926.9	886.8	914.6
延　安	965.0	965.0	965.0	946.4	957.7	909.8	884.3	881.0	922.5	922.5	946.5	946.5
铜　川	1150.0	1144.1	1146.5	1139.5	1158.3	1175.7	1180.8	1185.2	1186.8	1203.5	1201.4	1170.3
渭　南	1137.1	1139.4	1149.7	1151.1	1165.9	1210.4	1216.3	1220.7	1176.5	1174.5	1178.2	1146.8
宝　鸡	1112.4	1134.2	1138.4	1131.7	1124.9	1137.9	1155.2	1163.0	1177.3	1198.2	1191.3	1171.3
咸　阳	1108.9	1120.6	1115.0	1102.7	1073.6	1066.7	1096.9	1106.0	1104.8	1097.9	1102.4	1114.0
商　洛	1028.2	1028.2	1028.2	1028.2	1177.0	1151.3	1140.0	1092.6	1140.8	1140.8	1136.4	1189.6
汉　中	1118.9	1121.6	1129.5	1162.7	1145.2	1135.1	1136.6	1163.9	1145.1	1169.4	1165.2	1164.3
安　康	1175.1	1167.0	1194.7	1205.2	1239.8	1178.2	1163.8	1161.0	1216.6	1235.6	1247.9	1205.1
广　州	2002.4	2021.7	2023.9	2035.7	2089.2	2123.7	2135.7	2140.8	2141.9	2160.0	2160.0	2121.1
韶　关	1160.2	1150.3	1175.9	1182.0	1182.7	1211.8	1210.5	1210.5	1234.8	1217.7	1178.9	1209.4
梅　州	1683.3	1678.6	1674.0	1694.8	1697.0	1699.6	1699.6	1700.5	1693.6	1699.8	1710.0	1655.5
河　源	1345.1	1345.3	1345.5	1347.0	1227.8	1239.5	1249.2	1251.9	1243.0	1248.0	1245.6	1208.2
清　远	1374.8	1353.6	1353.7	1373.0	1347.4	1336.6	1344.7	1342.4	1334.5	1332.8	1331.2	1337.3
潮　州	1223.4	1206.9	1190.6	1178.0	1168.1	1181.6	1181.6	1177.2	1189.4	1189.4	1204.5	1237.9
揭　阳	1664.4	1662.7	1661.1	1661.7	1684.4	1683.4	1698.7	1645.6	1650.7	1648.9	1653.7	1656.5
汕　头	1009.4	1009.9	1010.5	1014.1	1018.1	1007.0	1001.7	1010.6	1014.1	1013.0	1013.6	1010.3
肇　庆	1268.4	1264.6	1227.8	1165.4	1143.7	1120.8	1100.9	1098.5	1100.0	1098.9	1085.5	1082.5
惠　州	1339.7	1366.6	1377.3	1387.7	1409.3	1388.0	1374.7	1378.6	1380.2	1391.4	1447.3	1446.9
佛　山	1757.4	1758.5	1897.1	1910.1	2001.5	2094.2	2158.5	2202.6	2194.9	2194.5	2201.7	2209.5
东　莞	1988.0	2069.3	2070.6	2076.5	2084.0	2069.7	2114.1	2197.3	2200.8	2232.7	2265.4	2271.4
云　浮	1522.1	1521.9	1521.6	1538.8	1540.0	1479.1	1472.3	1459.3	1455.0	1461.4	1455.3	1418.6
汕　尾	1099.2	1105.3	1111.5	1100.7	1140.9	1141.4	1141.4	1141.4	1185.4	1157.2	1181.8	1184.8
江　门	1426.0	1449.3	1448.4	1444.8	1435.9	1442.5	1448.4	1447.3	1458.6	1456.4	1455.4	1459.3
中　山	1488.4	1459.8	1518.6	1559.7	1588.2	1597.2	1615.9	1615.9	1610.2	1595.6	1599.2	1600.1
深　圳	1637.6	1613.6	1608.9	1604.4	1598.5	1603.9	1619.8	1623.7	1653.4	1655.3	1663.6	1664.7
珠　海	1389.0	1374.1	1382.0	1373.7	1377.3	1387.7	1388.0	1395.1	1395.4	1408.7	1383.0	1402.5
阳　江	1418.6	1437.0	1455.6	1455.6	1455.7	1429.0	1416.6	1408.2	1396.4	1396.4	1395.1	1355.1
茂　名	1510.5	1515.6	1520.8	1504.6	1490.9	1456.3	1470.8	1461.1	1457.4	1385.0	1425.2	1391.0
湛　江	1613.2	1594.1	1575.1	1569.2	1568.3	1556.0	1547.1	1548.0	1548.8	1563.9	1574.3	1514.4
昆　明	1213.1	1214.3	1228.5	1236.2	1230.0	1258.7	1270.6	1261.5	1286.8	1309.1	1311.9	1305.3
昭　通	1654.9	1654.9	1654.9	1654.9	1727.2	1727.2	1675.3	1743.4	1743.4	1743.4	1743.4	1743.4
丽　江	1284.0	1294.8	1294.8	1250.2	1248.0	1202.4	1187.2	1242.7	1242.7	1196.0	1174.0	1174.0
曲　靖	1664.0	1658.4	1673.8	1682.1	1678.1	1652.1	1651.8	1657.3	1664.2	1701.0	1734.0	1735.7
保　山	1788.3	1808.0	1808.0	1808.0	1783.6	1794.8	1884.6	1875.1	1837.4	1837.4	1850.9	1785.7

续表

城　市	1月	2月	3月	4月	5月	6月	7月	8月	9月	10月	11月	12月
玉　溪	1579.3	1589.4	1589.4	1623.2	1623.6	1542.5	1505.9	1580.5	1659.5	1669.6	1696.2	1744.2
临　沧	1613.6	1613.6	1613.6	1613.6	1613.6	1613.6	1548.5	1544.5	1544.5	1544.5	1544.5	1544.5
普　洱	1693.9	1782.8	1824.9	1824.9	1813.5	1834.3	1834.3	1834.3	1887.2	1887.2	1887.2	1875.7
呼和浩特	1171.5	1167.1	1171.7	1180.9	1175.3	1116.5	1128.2	1102.1	1111.6	1127.1	1169.0	1122.0
呼伦贝尔	945.8	945.8	932.9	934.1	880.9	880.9	880.9	894.1	894.6	909.6	891.7	896.2
通　辽	1004.3	1030.8	1030.8	1030.8	1042.4	1042.4	1046.3	1037.8	1037.4	1029.6	1031.9	1017.3
赤　峰	907.0	907.0	907.0	907.0	908.1	901.8	895.6	906.3	918.4	933.0	915.2	915.2
巴彦淖尔	885.1	910.1	910.1	872.4	858.0	900.9	900.9	920.0	907.4	913.1	913.1	903.3
乌兰察布	1066.9	1062.9	1063.5	1063.5	1098.8	1076.5	1082.1	1103.6	1108.1	1062.4	1055.0	1058.3
包　头	1021.4	1027.3	1031.0	1036.0	1043.0	1055.2	1058.7	1060.4	1075.1	1079.6	1068.2	1061.6
鄂尔多斯	978.8	978.8	978.8	978.8	978.5	977.7	1020.1	1020.9	1021.3	1021.3	1021.3	1021.3
乌　海	968.8	959.9	937.2	953.6	954.7	954.7	954.7	962.3	969.1	969.1	969.1	969.6
长　沙	1470.4	1486.6	1480.1	1462.9	1466.6	1472.5	1488.3	1494.8	1491.2	1497.3	1501.9	1502.6
岳　阳	1297.3	1302.0	1304.8	1325.0	1352.2	1342.1	1330.4	1286.4	1286.4	1267.1	1244.7	1236.5
张家界	1127.0	1135.4	1131.0	1131.0	1099.0	1086.8	1074.7	1106.4	1093.0	1102.9	1096.8	1096.8
常　德	1261.6	1272.9	1258.3	1256.7	1236.1	1234.6	1245.4	1238.8	1207.7	1205.9	1240.8	1257.9
益　阳	1318.6	1323.5	1323.9	1316.9	1325.1	1329.4	1330.0	1332.5	1330.9	1315.7	1296.9	1265.7
湘　潭	1335.3	1335.4	1334.8	1335.1	1351.2	1328.3	1324.6	1324.3	1307.8	1309.1	1295.2	1287.1
株　洲	1514.6	1530.0	1506.7	1524.3	1545.8	1535.6	1541.7	1534.2	1529.7	1527.1	1480.1	1483.6
娄　底	1035.5	1035.5	1035.5	1035.5	1018.5	1044.3	1070.7	1107.6	1090.1	1086.3	1086.3	1086.3
怀　化	1090.2	1095.9	1117.0	1114.5	1105.1	1089.7	1109.2	1134.7	1140.0	1136.6	1142.3	1139.5
邵　阳	1225.5	1232.7	1237.5	1249.0	1264.9	1260.6	1258.2	1255.4	1270.5	1284.7	1279.1	1267.8
衡　阳	1153.2	1164.6	1160.4	1167.0	1167.4	1156.9	1148.1	1146.2	1147.0	1149.8	1152.2	1201.6
永　州	1093.9	1147.0	1167.9	1167.9	1119.7	1115.0	1118.6	1137.0	1150.0	1149.6	1143.0	1149.8
郴　州	1396.1	1385.6	1389.4	1406.1	1410.8	1398.0	1382.5	1425.6	1441.9	1437.3	1415.8	1397.3
乌鲁木齐	1214.1	1194.1	1174.4	1177.6	1171.9	1174.4	1183.4	1191.5	1189.1	1196.2	1204.2	1202.3
克拉玛依	1348.6	1337.4	1326.3	1330.8	1333.6	1336.4	1341.0	1347.9	1347.9	1347.9	1347.9	1347.9
太　原	1269.8	1237.6	1197.7	1164.0	1170.8	1174.9	1180.6	1180.6	1177.3	1170.2	1163.7	1160.2
大　同	1095.5	1096.6	1138.2	1151.2	1184.1	1188.0	1179.9	1180.7	1194.2	1154.4	1171.2	1175.2
朔　州	960.6	960.6	960.6	988.6	949.3	933.1	914.7	907.8	907.8	907.8	862.6	862.6
忻　州	923.1	908.8	894.5	894.5	920.0	920.0	966.0	1004.2	999.9	999.9	999.9	1016.5
阳　泉	907.1	909.2	909.2	909.2	948.1	948.1	969.7	979.4	1012.1	1012.1	1003.7	961.4
晋　中	1045.4	1070.0	1056.4	1055.5	1050.2	1092.5	1096.0	1142.4	1160.1	1166.7	1152.7	1161.7
吕　梁	930.2	944.1	945.2	968.0	996.4	1046.2	1044.3	1044.0	1043.3	997.5	994.8	994.8
长　治	1167.7	1179.1	1179.1	1196.4	1216.5	1155.7	1103.7	1068.7	1101.2	1098.0	1090.6	1135.2
临　汾	966.8	961.3	956.1	957.9	996.8	1046.7	1036.3	1043.3	1024.0	1022.5	1029.3	1026.7
晋　城	1048.5	1054.2	1047.0	1069.0	997.5	1047.4	1066.6	1070.5	1050.1	1052.1	1019.3	1013.7

续表

城 市	1月	2月	3月	4月	5月	6月	7月	8月	9月	10月	11月	12月
运 城	1111.5	1125.8	1150.4	1145.1	1104.0	1114.5	1128.4	1119.6	1079.5	1082.5	1062.6	1061.5
哈尔滨	1126.7	1122.2	1126.0	1130.3	1157.8	1172.6	1150.6	1150.3	1141.4	1162.3	1152.2	1143.4
黑 河	1000.2	1000.2	1000.2	1000.2	1034.5	1034.5	1028.9	1052.0	1052.0	1052.0	1052.0	1052.0
伊 春	1062.6	1062.6	1062.6	1062.6	1099.1	1099.1	1099.1	1078.8	1078.8	1078.8	1078.8	1078.8
齐齐哈尔	1141.7	1131.2	1125.5	1107.1	1118.6	1118.6	1118.6	1106.3	1108.9	1071.5	1082.1	1082.1
鹤 岗	898.1	898.1	898.1	898.1	929.7	929.7	929.7	944.8	944.8	944.8	944.8	944.8
佳木斯	1020.4	1020.4	1020.4	1042.5	1037.2	1049.5	1053.8	1056.2	1050.0	1059.9	1075.2	1075.2
双鸭山	871.2	871.2	871.2	871.2	898.3	898.3	898.3	919.4	919.4	919.4	919.4	919.4
绥 化	1034.2	1014.2	1021.1	1021.1	1016.3	1016.3	1016.6	1020.1	1020.9	1041.3	1041.3	1041.3
大 庆	954.8	954.8	954.8	973.2	982.6	963.9	947.8	952.2	929.3	920.0	907.3	897.6
七台河	908.0	908.0	908.0	908.0	922.3	922.3	922.3	924.2	926.5	893.7	891.1	891.1
鸡 西	1036.2	1036.2	1036.2	1036.2	1008.7	1008.7	1008.7	1009.3	1009.3	1005.9	1005.9	1005.9
牡丹江	1106.8	1106.8	1108.9	1131.9	1095.2	1114.3	1121.7	1103.2	1101.7	1093.6	1094.5	1094.5
淄 博	1141.3	1132.2	1123.2	1155.7	1167.5	1146.0	1187.4	1203.9	1224.0	1254.1	1277.4	1270.7
潍 坊	1208.6	1214.5	1212.9	1205.4	1244.4	1238.0	1239.0	1244.2	1241.1	1244.2	1242.6	1239.5
聊 城	1228.1	1260.9	1263.8	1285.6	1250.3	1187.8	1134.1	1155.8	1153.0	1155.2	1211.7	1195.3
泰 安	1287.3	1306.8	1341.0	1334.0	1352.9	1342.9	1379.0	1365.1	1336.9	1336.3	1348.8	1362.2
莱 芜	1107.9	1126.8	1126.8	1148.1	1148.1	1148.1	1184.4	1183.4	1167.6	1140.3	1116.8	1116.8
青 岛	1916.8	1899.0	1961.2	1933.9	1971.2	2003.7	1999.2	2011.2	1987.8	1980.8	1960.6	1945.2
日 照	1329.8	1372.4	1392.6	1436.9	1426.9	1447.4	1445.9	1443.2	1435.2	1438.3	1440.9	1441.5
济 宁	1281.2	1275.8	1306.6	1290.0	1279.6	1272.0	1283.9	1247.0	1234.3	1238.1	1218.8	1204.3
菏 泽	1236.9	1237.3	1240.6	1255.4	1254.6	1239.0	1249.6	1242.3	1234.5	1234.7	1220.7	1217.3
临 沂	1388.0	1386.7	1423.8	1451.7	1473.4	1462.5	1506.2	1558.9	1520.6	1542.8	1557.6	1615.4
枣 庄	1351.7	1361.4	1324.5	1321.7	1341.1	1322.9	1333.6	1341.5	1383.4	1389.9	1383.2	1412.1
济 南	1690.7	1716.4	1686.4	1792.2	1795.6	1838.2	1855.8	1870.3	1872.9	1845.4	1827.8	1840.5
德 州	1263.1	1254.9	1289.8	1294.1	1285.0	1285.0	1255.6	1258.5	1256.3	1233.1	1190.8	1145.8
滨 州	1254.8	1261.8	1262.9	1273.8	1265.7	1273.2	1311.4	1309.3	1315.3	1292.0	1296.8	1309.7
东 营	937.3	943.0	929.6	933.9	976.1	1024.9	1025.1	1024.1	991.0	991.0	977.9	969.8
烟 台	1527.0	1542.5	1587.9	1620.4	1672.4	1710.2	1633.3	1622.8	1635.9	1716.3	1712.4	1733.7
威 海	1250.9	1245.1	1245.2	1237.3	1256.9	1259.8	1262.7	1262.3	1270.7	1267.6	1278.1	1248.2
武 汉	2309.5	2359.2	2382.2	2385.6	2412.9	2435.7	2497.9	2497.6	2512.4	2537.7	2557.2	2569.9
十 堰	1313.6	1292.8	1272.4	1287.9	1270.5	1253.4	1288.7	1270.7	1232.6	1235.2	1278.3	1280.6
襄 阳	1561.3	1562.1	1562.8	1560.1	1591.0	1622.5	1632.4	1632.4	1622.2	1648.3	1667.4	1658.9
随 州	1439.8	1463.7	1488.0	1489.3	1444.0	1400.1	1449.5	1456.1	1453.3	1466.1	1504.5	1569.0
荆 门	1331.8	1324.1	1316.4	1348.5	1355.6	1362.8	1369.4	1372.8	1393.1	1423.6	1418.6	1428.3
孝 感	1533.5	1525.2	1516.9	1471.1	1484.0	1558.2	1507.2	1557.9	1587.3	1588.3	1588.3	1597.9
宜 昌	1280.5	1281.7	1296.6	1283.9	1296.5	1309.2	1297.8	1326.5	1329.1	1332.0	1336.3	1335.4

续表

城　市	1月	2月	3月	4月	5月	6月	7月	8月	9月	10月	11月	12月
黄　冈	1512.8	1540.9	1569.6	1511.0	1502.5	1494.1	1500.5	1550.8	1487.1	1434.7	1385.8	1373.2
鄂　州	1702.1	1694.4	1686.8	1686.8	1718.0	1749.8	1699.2	1618.3	1652.0	1695.1	1689.2	1712.8
荆　州	1281.7	1301.7	1322.0	1344.3	1372.0	1400.3	1428.5	1414.1	1413.7	1369.7	1371.1	1385.9
黄　石	1180.3	1199.5	1218.9	1260.7	1276.2	1271.8	1255.8	1304.3	1281.0	1282.3	1271.2	1268.2
咸　宁	1357.8	1393.8	1416.3	1449.6	1457.7	1384.8	1434.2	1456.7	1458.2	1451.0	1435.3	1428.2
长　春	1472.8	1496.3	1499.4	1529.9	1518.1	1535.2	1518.8	1512.5	1513.9	1519.0	1525.9	1523.7
白城	1487.6	1487.6	1487.6	1479.2	1502.5	1502.5	1502.5	1475.7	1475.7	1475.1	1475.1	1475.1
松　原	1429.2	1436.2	1436.2	1436.2	1425.1	1425.1	1425.1	1396.9	1436.9	1436.9	1412.9	1412.9
吉　林	1206.8	1206.8	1207.3	1194.4	1190.4	1193.7	1207.3	1206.5	1211.7	1193.2	1189.0	1191.4
四　平	1355.8	1355.8	1366.5	1401.4	1409.5	1409.5	1427.0	1407.7	1422.6	1422.6	1439.6	1439.6
辽　源	1034.3	1034.3	1034.3	1034.3	1037.7	1037.7	1040.7	1068.9	1068.9	1068.9	1093.8	1093.8
白　山	1414.5	1414.5	1414.5	1414.5	1414.5	1414.5	1473.4	1468.5	1468.5	1468.5	1468.5	1468.5
通　化	1361.2	1361.2	1361.2	1361.2	1373.8	1373.8	1425.4	1425.4	1425.4	1433.0	1433.0	1433.0
西　宁	1175.0	1179.1	1217.5	1201.6	1184.2	1203.4	1203.5	1204.6	1205.4	1204.8	1205.7	1222.0
拉　萨	1289.8	1281.9	1273.9	1277.5	1282.1	1286.7	1289.9	1294.3	1280.6	1280.6	1280.6	1280.6
海　口	1694.8	1674.4	1679.4	1610.3	1599.9	1639.4	1655.1	1615.6	1580.2	1594.6	1589.8	1590.4
三　亚	1029.7	1030.2	1028.6	1045.1	1032.2	1037.3	1045.9	1061.0	1019.2	1017.5	1030.6	1023.5
银　川	1222.8	1223.2	1241.0	1233.3	1259.9	1299.5	1313.7	1325.3	1331.7	1325.0	1325.6	1304.2
石嘴山	1014.6	1014.6	1014.6	1037.1	1042.4	1080.5	1112.2	1085.7	1085.7	1085.7	1101.5	1153.9
吴　忠	1117.1	1117.1	1117.1	1117.1	1153.6	1211.2	1192.0	1171.3	1170.1	1204.6	1172.0	1215.3
中　卫	929.5	929.5	925.1	921.4	987.0	1020.4	1031.2	1047.8	1009.0	1041.9	1041.9	1041.9
固　原	901.0	901.0	901.0	908.2	862.9	820.9	858.2	853.8	859.5	856.2	856.2	867.7
兰　州	1132.8	1154.4	1203.0	1188.8	1240.1	1251.4	1306.0	1349.4	1375.0	1406.1	1401.4	1411.9
嘉峪关	1079.6	1079.6	1079.6	1079.6	1086.7	1086.7	1086.7	1092.0	1124.4	1126.1	1124.2	1131.6
酒　泉	925.8	922.4	924.5	924.5	882.1	882.1	918.8	959.4	991.2	991.2	1017.8	1010.6
张　掖	886.3	906.1	906.1	921.5	929.8	929.8	929.8	909.3	924.0	938.9	924.0	924.0
金　昌	980.6	980.6	980.6	960.0	977.2	960.2	956.2	953.3	953.3	953.3	953.3	953.3
武　威	991.8	989.7	989.7	989.7	1002.3	980.5	973.2	973.2	941.2	941.2	955.1	953.2
白　银	944.0	973.9	973.9	973.9	960.5	960.5	960.5	928.8	928.8	928.8	906.9	906.9
庆　阳	895.1	895.1	895.1	901.0	902.1	902.1	902.1	885.4	861.2	864.9	843.0	818.0
平　凉	1006.3	1006.7	1015.4	1013.8	1004.7	1029.4	1029.4	1033.7	1001.9	1001.9	993.8	992.3
定　西	1015.7	1000.4	1015.7	1013.4	998.6	948.7	996.1	996.1	1014.0	1010.4	1009.3	1009.3
天　水	1078.1	1103.8	1114.2	1114.2	1130.2	1174.3	1129.9	1089.8	1087.6	1063.8	1049.1	1050.5
陇　南	885.1	885.1	885.1	885.1	885.1	885.1	885.1	885.1	885.1	885.1	885.1	885.1
贵　阳	1226.0	1206.4	1189.1	1179.9	1190.8	1182.6	1192.2	1202.0	1194.1	1172.4	1154.4	1154.8
遵　义	998.6	994.2	1018.4	1012.7	1012.1	1003.7	1007.8	996.4	988.5	981.5	992.7	973.8

续表

城　市	1月	2月	3月	4月	5月	6月	7月	8月	9月	10月	11月	12月
六盘水	1032.5	1032.5	1050.0	1050.0	1057.4	1080.7	1044.6	1057.3	1070.2	1070.2	1070.2	1066.5
安　顺	1192.0	1192.0	1198.8	1183.2	1186.6	1187.5	1240.1	1248.4	1253.9	1274.5	1273.0	1273.0
毕　节	990.8	991.9	994.8	991.5	1002.2	992.1	972.7	1006.7	1024.2	1018.7	1020.0	1054.1
铜　仁	893.9	879.3	879.3	886.3	874.2	888.4	921.5	921.0	931.0	931.0	957.2	954.8
成　都	1588.0	1586.1	1592.0	1598.9	1616.7	1559.8	1602.7	1629.2	1649.6	1654.3	1664.0	1695.7
广　元	1122.1	1121.5	1135.0	1152.1	1271.0	1207.4	1225.2	1273.2	1209.5	1204.6	1203.2	1162.9
巴　中	1181.3	1189.6	1197.9	1169.8	1176.1	1144.9	1138.0	1093.2	1091.6	1089.5	1093.9	1095.1
绵　阳	1057.8	1041.9	1033.8	1042.0	1032.0	1043.5	1042.1	1041.8	1053.1	1052.2	1047.6	1042.3
德　阳	920.5	925.1	945.9	951.7	927.4	927.4	939.8	936.8	934.3	941.6	937.1	937.9
达　州	1044.2	1047.3	1055.4	1084.7	1112.2	1125.3	1111.8	1088.1	1082.6	1055.9	1090.9	1053.4
南　充	1310.7	1311.3	1311.8	1321.5	1303.1	1352.7	1354.2	1375.5	1358.4	1313.1	1355.1	1355.5
遂　宁	1097.8	1102.6	1107.5	1081.2	1070.1	1090.1	1089.3	1055.0	1029.4	1016.9	1017.6	1027.6
广　安	1365.2	1369.7	1374.3	1386.2	1349.2	1358.1	1366.6	1361.4	1341.9	1351.2	1345.5	1346.0
资　阳	1332.4	1359.4	1354.5	1355.2	1365.5	1355.6	1361.8	1346.9	1344.2	1341.8	1331.2	1275.4
眉　山	997.8	990.5	997.6	1012.3	1051.9	1039.2	1023.2	1009.5	1009.1	1022.3	1029.5	1031.6
雅　安	1255.4	1263.8	1272.2	1314.6	1369.4	1369.4	1383.1	1324.3	1309.3	1309.3	1309.3	1341.9
内　江	1043.3	1023.1	1020.7	1033.9	1031.3	1034.5	1034.1	1033.4	1052.6	1045.1	1043.9	1043.9
乐　山	980.0	976.1	979.8	969.5	967.8	942.2	952.3	951.0	941.2	940.5	936.8	939.8
自　贡	910.7	916.9	916.9	931.6	922.8	876.7	839.8	844.0	844.2	844.2	833.8	833.8
泸　州	1001.7	1004.1	1004.1	1006.9	1030.3	1080.4	1078.2	1074.4	1077.1	1071.5	1067.3	1030.6
宜　宾	1024.8	1032.2	1035.4	1081.3	1129.9	1126.7	1120.7	1168.4	1207.3	1185.5	1173.1	1163.2
攀枝花	1120.7	1127.5	1134.4	1103.3	1141.6	1141.6	1134.8	1123.6	1145.1	1137.5	1137.2	1137.2
南　宁	1715.8	1722.5	1727.1	1734.4	1796.9	1807.6	1803.4	1815.4	1820.9	1803.2	1805.6	1806.5
桂　林	1103.0	1124.4	1146.2	1119.0	1098.6	1115.5	1128.1	1130.3	1131.0	1143.0	1150.0	1126.2
河　池	1119.4	1145.4	1135.2	1102.9	1100.3	1059.2	1064.0	1043.8	1044.0	1044.0	1050.1	1050.2
贺　州	1255.1	1266.6	1290.1	1284.0	1369.3	1351.1	1346.1	1288.3	1271.5	1268.8	1286.0	1228.2
柳　州	1081.0	1092.7	1096.7	1089.5	1092.8	1117.6	1109.4	1124.0	1121.4	1113.5	1103.3	1098.4
百　色	1217.8	1220.4	1223.0	1253.0	1131.3	1152.6	1156.3	1175.8	1167.6	1209.0	1192.4	1192.5
来　宾	1082.5	1082.8	1083.1	1024.6	1024.7	1012.9	1010.1	1015.3	967.8	1011.4	1017.8	1025.1
梧　州	932.8	963.2	997.3	1017.9	999.4	1000.0	994.9	977.6	969.4	945.2	946.2	930.9
贵　港	1106.1	1138.1	1156.4	1156.8	1147.7	1138.6	1129.0	1129.1	1129.2	1110.4	1101.7	1101.7
玉　林	1172.5	1159.0	1145.7	1156.5	1155.0	1153.5	1151.2	1150.1	1144.7	1149.5	1165.7	1128.1
崇　左	1050.0	1050.0	1050.0	1061.6	1061.6	1064.9	1060.7	1072.3	1074.6	1024.7	1025.7	1025.7
钦　州	863.0	837.3	827.5	821.4	821.7	820.7	821.9	804.0	836.3	839.0	837.5	845.3
防城港	848.7	873.0	891.4	900.9	933.8	980.5	1019.0	1051.8	1052.6	1042.1	1018.4	1022.7
北　海	1413.0	1415.4	1427.0	1429.3	1433.7	1399.2	1393.4	1394.6	1393.7	1392.7	1378.7	1368.9

数据来源：中国房地产测评中心。

（三）中国城市住房（二手房）价格60指数

表5-126　2019年中国城市住房（二手房）价格60指数

城　市	1月	2月	3月	4月	5月	6月	7月	8月	9月	10月	11月	12月
全　国	**1322.5**	**1323.9**	**1334.4**	**1338.8**	**1349.3**	**1358.3**	**1368.4**	**1379.3**	**1386.6**	**1392.3**	**1397.4**	**1399.0**
北　京	1875.7	1890.5	1896.3	1905.6	1908.0	1901.4	1893.5	1889.1	1884.6	1875.2	1868.7	1863.9
上　海	1652.0	1652.8	1652.9	1669.8	1697.7	1699.5	1699.3	1704.7	1707.9	1709.5	1709.2	1705.6
重　庆	1486.8	1491.1	1522.1	1514.8	1512.1	1506.4	1512.3	1516.2	1520.1	1513.6	1511.2	1508.0
天　津	1505.7	1522.4	1533.2	1536.3	1536.2	1527.5	1523.5	1520.5	1517.4	1513.0	1510.2	1505.8
石家庄	1536.6	1540.1	1549.0	1553.1	1557.9	1560.7	1569.0	1567.4	1569.6	1558.0	1547.3	1541.7
唐　山	1111.1	1118.0	1121.0	1134.1	1148.7	1169.6	1176.7	1194.7	1194.7	1207.5	1215.0	1219.9
南　京	1853.2	1835.7	1861.8	1869.0	1870.2	1875.4	1875.6	1877.1	1881.9	1890.7	1894.6	1896.6
扬　州	1280.7	1282.9	1287.9	1281.4	1288.7	1298.7	1303.4	1314.1	1328.3	1331.7	1337.1	1341.6
常　州	1403.1	1400.0	1411.2	1416.3	1425.8	1451.4	1474.1	1476.8	1489.6	1492.8	1498.9	1506.2
无　锡	1459.4	1456.3	1466.2	1489.4	1502.5	1518.5	1538.9	1550.5	1561.9	1579.5	1599.7	1611.1
苏　州	1767.4	1777.5	1794.7	1811.4	1835.3	1867.2	1891.2	1904.9	1924.7	1934.8	1930.5	1942.1
徐　州	1344.0	1346.5	1356.2	1358.3	1366.9	1375.9	1384.6	1386.3	1397.9	1405.6	1414.8	1421.1
泰　州	1313.2	1314.1	1326.0	1335.8	1348.5	1359.0	1371.8	1376.9	1386.6	1391.8	1400.9	1402.2
杭　州	1340.9	1347.7	1364.4	1365.3	1370.3	1385.2	1383.9	1382.9	1382.6	1378.0	1374.3	1368.5
宁　波	1404.9	1393.0	1403.1	1415.3	1423.4	1437.0	1457.7	1479.4	1497.2	1508.5	1520.8	1531.7
广　州	1730.8	1729.0	1716.0	1715.4	1727.5	1729.5	1723.9	1724.4	1723.0	1716.9	1705.3	1703.4
佛　山	1455.4	1450.8	1462.8	1470.8	1483.6	1496.9	1512.3	1524.4	1538.2	1550.5	1560.0	1566.0
东　莞	1686.4	1689.1	1700.0	1695.4	1706.1	1718.3	1738.6	1761.1	1772.2	1795.4	1814.0	1826.9
深　圳	1751.2	1745.7	1771.9	1776.4	1780.8	1788.6	1792.6	1797.8	1805.2	1819.8	1830.1	1846.7
珠　海	1550.0	1549.2	1562.9	1564.0	1567.0	1579.3	1587.1	1595.8	1598.4	1598.2	1603.6	1606.9
合　肥	1733.1	1733.7	1741.2	1751.7	1760.0	1762.5	1772.0	1783.6	1790.1	1793.2	1794.9	1788.5
芜　湖	1147.4	1150.6	1152.0	1156.8	1157.1	1158.7	1169.2	1169.8	1182.9	1195.3	1193.1	1192.8
南　昌	1448.1	1429.4	1431.2	1430.3	1430.4	1437.3	1444.6	1434.9	1438.3	1445.6	1448.5	1448.0
赣　州	1250.9	1259.4	1235.0	1213.0	1211.8	1213.1	1207.3	1234.7	1248.8	1257.7	1266.7	1256.1
郑　州	1465.6	1471.4	1492.2	1489.5	1494.4	1489.7	1485.4	1472.3	1467.3	1466.0	1459.6	1452.8
洛　阳	1373.0	1382.0	1392.6	1410.5	1436.3	1456.0	1477.6	1487.7	1492.9	1505.0	1519.7	1532.1
沈　阳	1177.6	1185.1	1197.5	1196.8	1211.4	1220.9	1239.2	1284.8	1293.8	1302.3	1325.4	1334.7
大　连	1088.4	1112.6	1139.7	1139.5	1136.8	1142.8	1151.0	1154.4	1155.0	1156.7	1157.3	1160.7
福　州	1640.7	1635.3	1641.9	1647.4	1652.3	1653.8	1648.2	1647.5	1641.9	1635.0	1637.2	1637.6

续表

城 市	1月	2月	3月	4月	5月	6月	7月	8月	9月	10月	11月	12月
厦 门	1941.9	1934.6	1944.8	1962.5	1996.3	2004.9	2011.1	2021.4	2025.5	2032.4	2039.4	2043.1
呼和浩特	1236.1	1239.9	1252.1	1247.8	1251.9	1260.0	1269.9	1290.7	1293.7	1295.6	1300.4	1296.2
包 头	1015.0	1023.6	1031.8	1034.9	1040.5	1046.5	1049.8	1054.6	1069.7	1071.9	1073.2	1073.8
长 沙	1307.4	1307.3	1303.9	1300.5	1297.9	1301.3	1309.0	1308.6	1308.1	1305.4	1302.5	1302.0
衡 阳	1048.5	1055.3	1060.6	1038.9	1036.1	1035.3	1023.1	1034.7	1042.1	1049.0	1049.4	1052.6
太 原	1480.8	1487.1	1495.4	1497.3	1503.7	1517.7	1529.3	1534.6	1535.1	1546.2	1544.5	1540.6
大 同	1008.1	1017.2	1008.5	998.1	985.6	988.8	992.4	1006.3	1021.5	1036.7	1053.1	1058.5
西 安	1612.3	1598.9	1596.9	1602.4	1608.8	1618.1	1632.6	1636.5	1644.1	1641.1	1628.1	1627.9
咸 阳	1272.3	1273.4	1286.0	1284.5	1290.1	1299.5	1306.0	1325.0	1337.7	1340.5	1351.9	1340.8
哈尔滨	1135.0	1140.9	1147.5	1144.1	1152.5	1159.6	1162.3	1165.3	1166.4	1168.4	1173.0	1178.8
齐齐哈尔	961.2	958.3	949.9	946.1	944.8	950.7	951.0	952.2	951.1	956.9	948.8	949.5
济 南	1546.6	1543.9	1556.9	1548.7	1547.2	1541.1	1540.2	1538.2	1527.5	1524.6	1512.8	1504.9
青 岛	1550.1	1542.4	1548.8	1539.5	1537.1	1528.7	1528.4	1524.7	1519.2	1507.5	1498.9	1482.6
武 汉	1752.9	1741.2	1751.8	1742.4	1745.0	1740.4	1739.3	1740.3	1741.7	1748.5	1741.6	1732.9
宜 昌	1394.7	1392.1	1388.7	1384.9	1381.1	1383.4	1394.5	1395.3	1384.7	1383.4	1373.7	1364.1
长 春	1419.6	1427.6	1425.3	1434.3	1449.6	1452.8	1467.7	1474.1	1489.2	1494.9	1497.2	1501.3
海 口	1372.3	1370.3	1370.2	1369.2	1376.6	1372.4	1390.4	1401.7	1394.4	1389.5	1404.3	1404.1
三 亚	1262.6	1244.7	1261.5	1250.5	1246.9	1242.8	1263.1	1272.9	1269.1	1267.2	1276.4	1276.0
银 川	1034.1	1044.5	1050.3	1050.1	1056.2	1072.3	1080.7	1096.4	1106.8	1122.5	1133.1	1139.0
兰 州	1295.0	1306.7	1315.5	1318.5	1327.8	1347.6	1367.6	1377.2	1377.7	1390.1	1394.7	1400.0
天 水	958.7	961.4	983.1	1001.3	1071.2	1087.5	1103.1	1108.7	1109.8	1112.4	1113.5	1113.1
贵 阳	1391.8	1386.6	1386.7	1381.4	1372.8	1370.5	1378.3	1381.1	1375.9	1372.9	1369.1	1367.9
成 都	1637.5	1656.1	1681.3	1682.9	1683.9	1686.4	1698.1	1705.1	1700.7	1688.6	1685.5	1685.7
绵 阳	1080.0	1088.0	1096.0	1104.9	1099.6	1104.2	1106.3	1111.0	1113.9	1120.4	1126.3	1128.7
南 宁	1463.2	1473.9	1480.4	1491.4	1497.4	1510.4	1511.4	1525.5	1530.3	1534.3	1538.2	1540.4
柳 州	1165.6	1171.8	1180.4	1190.6	1199.6	1203.8	1213.9	1224.2	1233.7	1244.6	1255.3	1264.8
北 海	1061.2	1063.2	1075.4	1080.8	1083.7	1075.5	1072.7	1073.8	1077.8	1073.2	1070.9	1065.5
昆 明	1250.5	1247.7	1278.0	1290.7	1302.0	1300.2	1302.3	1307.6	1317.0	1319.0	1334.7	1336.1
乌鲁木齐	1547.7	1538.4	1543.9	1558.9	1552.7	1549.4	1547.2	1546.9	1552.2	1553.3	1556.2	1557.3
西 宁	1158.4	1166.2	1182.4	1190.7	1203.7	1219.2	1229.2	1247.9	1259.0	1264.8	1286.8	1294.3
拉 萨	1348.9	1357.1	1379.1	1404.6	1422.3	1434.7	1442.8	1448.7	1459.4	1463.6	1457.8	1452.9

数据来源：中国房地产测评中心。

（四）三十五座城市住房租赁价格指数

表 5-127　2019 年三十五座城市住房租赁价格指数

城市	1月	2月	3月	4月	5月	6月	7月	8月	9月	10月	11月	12月
北京	1152.4	1158.1	1160.0	1163.5	1167.5	1172.1	1176.4	1179.3	1181.6	1181.3	1178.9	1177.9
天津	1029.5	1027.9	1030.4	1028.7	1028.4	1026.3	1026.8	1029.6	1031.4	1031.3	1030.6	1030.1
石家庄	1003.3	1003.8	1003.1	1002.2	1000.9	1000.4	999.0	999.0	998.4	998.2	996.9	998.3
太原	998.1	998.5	996.6	994.4	992.6	990.9	988.8	988.3	986.8	987.7	987.5	988.3
呼和浩特	1008.1	1008.4	1007.4	1005.0	1004.3	1003.6	1002.1	1002.1	1000.4	1000.5	1000.5	1001.1
沈阳	985.5	985.2	984.3	982.2	981.4	980.6	980.6	980.4	980.4	980.3	978.0	976.4
大连	1050.4	1054.5	1058.5	1061.9	1062.3	1065.0	1068.6	1071.5	1073.2	1070.9	1068.8	1067.4
长春	1000.8	1001.5	1001.1	998.3	997.3	995.9	994.2	994.2	993.1	993.8	993.8	995.3
哈尔滨	994.9	994.9	994.7	992.8	990.7	989.5	987.1	987.1	986.5	987.5	988.7	990.9
上海	1088.3	1089.3	1091.5	1094.2	1101.1	1105.2	1110.0	1111.1	1113.8	1113.0	1112.3	1111.9
南京	1042.3	1040.6	1035.2	1033.9	1032.3	1034.3	1040.9	1040.8	1039.7	1040.6	1040.1	1039.7
杭州	1038.9	1044.6	1045.5	1049.0	1052.0	1056.0	1055.2	1054.1	1053.5	1051.0	1049.1	1053.6
宁波	1022.9	1022.3	1020.8	1017.5	1015.9	1014.2	1013.2	1012.9	1011.1	1012.3	1012.2	1012.6
合肥	988.4	987.2	983.9	980.5	978.0	976.6	976.6	976.0	976.9	978.3	977.9	977.3
福州	1019.5	1019.2	1018.4	1016.2	1015.7	1015.5	1014.2	1014.2	1013.7	1014.2	1014.4	1015.4
厦门	998.9	998.5	996.3	993.8	991.6	989.1	989.1	988.3	987.6	988.3	986.3	983.5
南昌	1000.3	999.8	998.8	995.6	993.8	991.3	989.6	989.6	988.0	989.2	989.8	988.5
济南	941.6	940.7	936.5	931.2	926.4	921.0	921.0	921.4	922.9	920.9	919.6	918.4
青岛	998.7	1002.1	999.8	997.4	1002.5	1003.3	1005.8	1000.6	1000.4	997.4	994.8	994.1
郑州	990.7	990.0	989.2	984.3	981.3	978.7	978.1	976.6	974.1	973.5	972.3	971.2
武汉	1020.8	1021.1	1017.0	1016.5	1011.5	1014.5	1017.7	1018.1	1016.8	1020.7	1020.1	1019.8
长沙	988.0	987.0	982.2	976.7	973.8	971.1	971.1	969.0	966.3	963.5	960.3	959.8
广州	1082.4	1085.9	1084.8	1084.3	1085.3	1088.0	1093.1	1096.7	1098.2	1102.6	1106.7	1107.6
深圳	1076.0	1079.6	1086.7	1090.2	1089.4	1087.8	1093.2	1092.9	1091.4	1090.6	1094.0	1095.9
南宁	1005.8	1005.0	1002.9	1001.0	999.2	997.8	996.0	996.0	994.3	995.4	996.6	995.9
海口	1014.0	1011.8	1008.9	1006.5	1004.3	1001.3	1000.6	999.3	997.5	996.3	996.1	997.0
重庆	1018.2	1020.0	1018.3	1023.5	1022.6	1019.0	1018.6	1017.3	1017.1	1017.6	1021.4	1024.6
成都	1044.1	1048.3	1053.0	1051.8	1047.4	1052.3	1056.0	1054.6	1053.8	1054.5	1052.7	1051.6
贵阳	972.8	972.2	969.8	966.2	963.1	960.9	957.9	957.9	955.6	956.7	956.7	957.8
昆明	1012.7	1011.7	1009.0	1005.0	1003.3	1002.1	1000.9	1001.2	999.2	999.8	1000.9	999.7
西安	996.5	997.2	997.4	995.8	994.6	994.0	994.0	993.7	993.0	992.8	991.5	989.4
兰州	986.7	986.8	984.2	982.3	981.7	979.8	977.5	977.5	976.5	977.3	977.6	977.9
西宁	1005.5	1004.9	1004.5	999.0	997.5	997.6	997.7	997.7	997.7	997.9	998.1	1001.1
银川	1000.7	1000.5	992.6	995.6	995.0	993.6	994.1	994.1	992.8	993.9	995.8	993.9
乌鲁木齐	1039.9	1044.1	1053.6	1059.2	1063.9	1067.4	1071.6	1076.1	1076.0	1074.7	1076.5	1076.3

数据来源：中国房地产测评中心。

Ⅵ.企 业 篇

导 读

本篇收录了由中国房地产业协会和中国房地产测评中心联合发布的2019—2020年中国房地产行业三个重要测评榜单及分析；第九届“广厦奖”获奖名单（第一批）；房地产开发企业信用评价A级以上名单；中国房地产企业整体运营数据，及54家优秀房地产开发企业运营情况。

一、2019—2020 年度中国房地产开发企业测评榜及分析

（一）2020 年中国房地产开发企业 500 强测评

发布机构：中国房地产业协会　上海易居房地产研究院中国房地产测评中心

发布时间：2020 年 3 月 18 日

1. 测评榜单（见表 6-1）

表 6-1　2020 中国房地产开发企业 500 强榜单

2020 年排名	企业名称	2020 年排名	企业名称
1	恒大地产集团有限公司	27	祥生地产集团有限公司
2	碧桂园控股有限公司	28	四川蓝光发展股份有限公司
3	万科企业股份有限公司	29	远洋集团控股有限公司
4	融创中国控股有限公司	29	大连万达商业管理集团股份有限公司
5	中海企业发展集团有限公司	30	佳兆业集团控股有限公司
6	保利发展控股集团股份有限公司	31	融侨集团股份有限公司
7	龙湖集团控股有限公司	32	美的置业集团有限公司
8	新城控股集团股份有限公司	33	中国铁建房地产集团有限公司
9	华润置地有限公司	34	路劲地产集团有限公司
10	广州富力地产股份有限公司	34	上海中建东孚投资发展有限公司
11	世茂房地产控股有限公司	35	时代中国
12	华夏幸福基业股份有限公司	36	金辉集团股份有限公司
13	阳光城集团股份有限公司	37	建发房地产集团有限公司
14	旭辉集团股份有限公司	38	新力控股（集团）有限公司
15	绿地控股集团股份有限公司	38	宝龙地产控股有限公司
16	江苏中南建设集团股份有限公司	39	禹洲集团
16	金地（集团）股份有限公司	40	合景泰富集团控股有限公司
17	招商局蛇口工业区控股股份有限公司	41	中骏集团控股有限公司
18	中国金茂控股集团有限公司	42	红星地产
19	正荣地产控股股份有限公司	43	卓越置业集团有限公司
20	中梁控股集团	44	东原房地产开发集团有限公司
21	融信集团	45	俊发集团有限公司
21	荣盛房地产发展股份有限公司	46	正商集团
22	金科地产集团股份有限公司	47	弘阳地产
23	雅居乐地产控股有限公司	48	建业住宅集团（中国）有限公司
24	奥园集团有限公司	49	隆基泰和实业有限公司
25	龙光地产控股有限公司	50	海伦堡中国控股有限公司
26	绿城中国控股有限公司	51	北京首都开发股份有限公司

续表

2020 年 排　名	企业名称	2020 年 排　名	企业名称
52	珠海华发实业股份有限公司	88	厦门大唐房地产集团有限公司
53	首创置业股份有限公司	89	国贸地产集团有限公司
54	广州市敏捷投资有限公司	90	华董（中国）有限公司
55	中国电建地产集团有限公司	91	重庆协信远创实业有限公司
56	联发集团有限公司	92	中昂地产（集团）有限公司
57	复地（集团）股份有限公司	93	云星集团
58	仁恒置地有限公司	94	杭州市城建开发集团有限公司
59	朗诗集团股份有限公司	95	中建信和地产有限公司
60	三盛集团有限公司	96	重庆新鸥鹏地产（集团）有限公司
61	越秀地产股份有限公司	97	亿达中国控股有限公司
62	华鸿嘉信控股集团有限公司	98	龙记泰信集团
63	景瑞地产（集团）有限公司	99	广汇置业服务有限公司
64	大悦城控股集团股份有限公司	100	阳光 100 中国控股有限公司
65	四川新希望房地产开发有限公司	101	杭州滨江房产集团股份有限公司
66	重庆华宇集团有限公司	102	金融街控股股份有限公司
67	大华（集团）有限公司	103	星河控股集团
68	鑫苑集团	104	中庚地产实业集团有限公司
69	北京鸿坤伟业房地产开发有限公司	105	力高地产集团有限公司
70	中交地产股份有限公司	106	信达地产股份有限公司
71	花样年集团（中国）有限公司	107	桂林彰泰实业集团有限公司
72	北京北辰实业股份有限公司	108	杭州澳海控股集团有限公司
73	北京金隅地产开发集团有限公司	109	中冶置业集团有限公司
74	石榴置业集团股份有限公司	110	光明房地产集团股份有限公司
75	上海建工房产有限公司	111	北京天恒置业集团有限公司
76	康桥集团	112	合生创展集团有限公司
77	福州高佳房地产开发有限公司	113	阳光大地置业集团有限公司
78	当代节能置业股份有限公司	114	五矿地产有限公司
79	上坤置业有限公司	115	郑州绿都地产集团股份有限公司
80	中天城投集团有限公司	116	正黄集团有限公司
81	领地集团有限公司	117	四川邦泰置业有限公司
82	星河湾集团有限公司	118	中迪禾邦集团有限公司
83	恒泰集团	119	河南信友置业集团有限公司
84	广州市方圆房地产发展有限公司	120	河南亚新投资集团
85	荣安地产股份有限公司	121	北京城建投资发展股份有限公司
86	深圳市益田集团股份有限公司	122	奥山置业有限公司
87	青岛海尔产城创集团有限公司	123	德信中国控股有限公司
87	广东珠江投资股份有限公司	124	中国葛洲坝集团房地产开发有限公司

续表

2020 年排名	企业名称	2020 年排名	企业名称
125	深圳控股有限公司	162	东莞市光大房地产开发有限公司
126	上海实业城市开发集团有限公司	163	香港合能投资有限公司
127	鲁商健康产业发展股份有限公司	164	天津泰达股份有限公司
128	和昌集团	165	武汉联投置业有限公司
129	上海陆家嘴金融贸易区开发股份有限公司	166	保亿集团股份有限公司
130	恒通建设集团有限公司	167	四川蓝润实业集团有限公司
131	华远地产股份有限公司	168	SOHO 中国有限公司
132	武汉地产开发投资集团有限公司	169	贵州麒龙房地产开发集团有限公司
133	上海大发房地产集团有限公司	170	深圳市新南山控股（集团）股份有限公司
134	中华企业股份有限公司	171	北京科技园建设（集团）股份有限公司
135	青岛海信房地产股份有限公司	172	新湖中宝股份有限公司
136	重庆飞洋控股（集团）有限公司	173	华南城控股有限公司
137	国瑞置业有限公司	174	荣和集团
138	海盟（中国）投资控股集团股份有限公司	175	金成房地产集团有限公司
139	吉林大众置业集团有限公司	176	天地源股份有限公司
140	上海大名城企业股份有限公司	177	苏州新区高新技术产业股份有限公司
141	银城地产股份有限公司	178	河南正弘置业有限公司
142	文一地产有限公司	179	鸿荣源房地产开发有限公司
143	上海城投置地（集团）有限公司	180	四川滨江地产集团有限公司
144	深圳市中洲投资控股股份有限公司	181	象屿地产集团有限公司
145	实地集团	182	四川圣桦集团有限公司
146	安徽华安发展控股集团有限公司	183	上海升龙投资集团有限公司
147	天津广宇发展股份有限公司	184	天津市房地产发展（集团）股份有限公司
148	北京建工集团有限责任公司	185	郑州星联芒果置业有限公司
149	华地集团	186	深圳市天健地产集团有限公司
150	雅戈尔集团股份有限公司	187	安徽伟星置业有限公司
151	福建永鸿投资发展集团	188	深圳市勤诚达集团有限公司
152	苏宁置业集团有限公司	189	恒盛地产控股有限公司
153	新华联文化旅游发展股份有限公司	190	南京高科股份有限公司
154	深圳市宝能投资集团有限公司	191	明发集团有限公司
155	北京住总集团有限责任公司	192	黑牡丹（集团）股份有限公司
156	鸿通集团	193	安徽置地投资有限公司
157	福星惠誉控股有限公司	194	上海宝华企业集团有限公司
158	中天美好集团有限公司	195	京投发展股份有限公司
159	天誉置业（控股）有限公司	196	上海城建（集团）公司
160	宋都基业投资股份有限公司	197	天阳地产有限公司
161	港龙控股集团有限公司	198	三湘印象股份有限公司

续表

2020 年排 名	企业名称	2020 年排 名	企业名称
199	上海外高桥保税区开发股份有限公司	236	江苏九洲投资集团有限公司
200	云南城投置业股份有限公司	237	徐州市新盛投资控股集团有限公司
201	上海张江高科技园区开发股份有限公司	238	山东银丰投资集团有限公司
202	美好置业集团股份有限公司	239	成都德商置业有限公司
203	湖南秀龙地产置业集团有限公司	240	长春市万龙房地产开发有限责任公司
204	宁波奥克斯置业有限公司	241	东亚新华投资有限公司
205	格力地产股份有限公司	242	云南子元（集团）股份有限公司
206	郑州浩创房地产开发有限公司	243	中核房地产开发有限公司
207	永威置业集团有限公司	244	南益地产集团有限公司
208	山东东方佳园房地产开发集团有限公司	245	安徽高速地产集团有限公司
209	厦门住宅建设集团有限公司	246	深圳香江控股股份有限公司
210	众安房产有限公司	247	重庆俊豪实业（集团）有限责任公司
211	苏宁环球股份有限公司	248	广西盛天投资集团有限公司
212	长春新星宇房地产开发有限责任公司	249	西安天朗地产集团有限公司
213	上海金桥出口加工区开发股份有限公司	250	东莞市新世纪房地产开发有限公司
214	海亮地产控股集团有限公司	251	南京栖霞建设股份有限公司
215	中锐投资集团	252	青岛天一仁和房地产集团有限公司
216	厦门经济特区房地产开发集团有限公司	253	广西嘉和置业集团有限公司
217	浙江国鸿新瑞房地产集团有限公司	254	中垠地产有限公司
218	冠城大通股份有限公司	255	中山市大信控股有限公司
219	朗基地产集团有限公司	256	上海中环投资开发（集团）有限公司
220	深圳市宏发投资有限公司	257	深圳华强新城市发展有限公司
221	长沙房产（集团）有限公司	258	江苏吴中地产集团有限公司
222	京基集团有限公司	259	青岛鑫江置业集团有限公司
223	河北润江房地产开发有限公司	260	东莞宏远工业区股份有限公司
224	陕西省宝天建设集团有限公司	261	安徽皖投置业有限责任公司
225	青特置业有限公司	262	河南昌建地产集团
226	锦艺置业集团有限公司	263	长沙大汉城镇建设有限公司
227	广州市番禺祈福新邨房地产有限公司	264	杭州新天地集团有限公司
228	广东世荣兆业股份有限公司	265	深圳市物业发展（集团）股份有限公司
229	长沙先导恒伟房地产开发有限公司	266	广东联泰地产有限公司
230	华夏阳光地产有限公司	267	光大嘉宝股份有限公司
231	保集控股集团有限公司	268	福州汇泉投资有限公司
232	深圳市振业（集团）股份有限公司	269	京能置业股份有限公司
233	安徽三巽集团	270	广宇集团股份有限公司
234	世纪金源投资集团有限公司	271	江苏嘉宏投资集团
235	河南省美景集团有限公司	272	杭州兴耀房地产开发集团有限公司

续表

2020 年排名	企业名称	2020 年排名	企业名称
273	河南振兴房地产（集团）有限公司	310	合肥滨湖投资控股集团有限公司
274	力旺集团有限公司	311	上海东渡丰汇投资发展有限公司
275	中新苏州工业园区置地有限公司	312	经纬置地有限公司
276	甘肃永坤房地产开发有限公司	313	广东建华置地投资集团有限公司
277	青岛天泰集团股份有限公司	314	无锡红豆置业有限公司
278	吉林亚泰房地产开发有限公司	315	湖北恒泰天纵控股集团有限公司
279	贵州宏立城集团	316	安徽中丞房地产开发集团有限公司
280	绿景（中国）地产投资有限公司	317	南京金鹰国际集团有限公司
281	成都置信实业（集团）有限公司	318	新恒基集团有限公司
282	吉林省伟峰实业有限公司	319	北京首钢房地产开发有限公司
283	杭州西湖房地产集团有限公司	320	河南豫发置业有限公司
284	海航地产控股（集团）有限公司	321	卧龙地产集团股份有限公司
285	上海爱家投资（集团）有限公司	322	武汉中央商务区城建开发有限公司
286	天津住宅建设发展集团有限公司	323	北京万通地产股份有限公司
287	兰州天正中广投资控股集团有限公司	324	翠屏国际控股有限公司
288	武汉城投房地产开发有限公司	325	野风集团有限公司
289	名门地产（河南）有限公司	326	杭州港中旅城市发展有限公司
290	苏州伟业集团有限公司	327	华联控股股份有限公司
291	长春国信投资集团有限公司	328	中国武夷实业股份有限公司
292	苏州工业园区建屋发展集团有限公司	329	广东海骏达置业投资集团有限公司
293	西藏城市发展投资股份有限公司	330	郑州中晟置业集团有限公司
294	金鹏控股集团有限公司	331	深圳山湖海房地产开发集团
295	美林基业集团有限公司	332	广东珑远投资集团有限公司
296	东莞市三正房地产开发有限公司	333	顺发恒业股份公司
297	江阴市长江房地产开发有限公司	334	中惠熙元房地产集团有限公司
298	江苏常发地产集团有限公司	335	浙江金昌房地产集团有限公司
299	和泓控股集团有限公司	336	成都人居置业有限公司
300	同信地产集团有限公司	337	成都市华兴住宅房地产开发有限公司
301	中国新城市商业发展有限公司	338	杭州开元房地产集团有限公司
302	上海同济科技实业股份有限公司	339	江苏阳光置业发展有限公司
303	广东珠光集团有限公司	340	建滔房地产（深圳）有限公司
304	合肥城建发展股份有限公司	341	河北永康房地产开发集团有限公司
305	河南亚星置业集团有限公司	342	厦门源昌房地产开发有限公司
306	东旭蓝天新能源股份有限公司	343	上海鹏欣房地产（集团）有限公司
307	天鸿集团	344	厦门海投房地产有限公司
308	世光创建集团有限公司	345	合肥光明置业有限公司
309	金轮天地控股有限公司	346	天津津滨发展股份有限公司

续表

2020 年 排　名	企业名称	2020 年 排　名	企业名称
347	西安经发地产有限公司	382	杭州华元房地产集团有限公司
348	祥源控股集团	383	江苏凤凰置业投资股份有限公司
349	福建三木集团股份有限公司	384	北京市大龙伟业房地产开发股份有限公司
350	粤海置地控股有限公司	385	广西大都投资有限公司
351	沈阳市城建房地产开发集团有限公司	386	湖南创远投资集团有限公司
352	浙江广厦股份有限公司	387	江苏美好置地有限公司
353	武汉美联地产有限公司	388	民安集团
354	长春华大房地产开发有限责任公司	389	祥隆地产集团有限公司
355	中国宝安集团股份有限公司	390	湖南鑫远投资集团有限公司
356	云南实力控股集团有限公司	391	中海联地产集团有限公司
357	成都棠湖屋业发展有限公司	392	金新控股集团有限公司
358	山东鼎龙置业有限公司	393	南通银洲房地产开发有限公司
359	阳光新业地产股份有限公司	394	湖南富兴集团有限公司
360	兰州居正房地产有限公司	395	江苏凯尔置业有限公司
361	浙江省赞成集团有限公司	396	广西金源置业集团有限公司
362	福建正祥投资集团有限公司	397	大理佳利集团
363	祥泰实业有限公司	398	保定市民生房地产开发有限公司
364	东建集团	399	上海万业企业股份有限公司
365	青岛和达集团有限公司	400	重庆渝开发股份有限公司
366	金都房产集团有限公司	401	甘肃天庆房地产集团有限公司
367	广东中泰实业集团有限公司	402	杭州市房地产开发集团有限公司
368	康大时代房地产开发有限公司	403	明园集团有限公司
369	万泽实业股份有限公司	404	北京天润置地集团有限公司
370	辽宁金沙房地产集团有限公司	405	西王置业控股有限公司
371	绿都控股集团有限公司	406	安徽安粮控股股份有限公司
372	山东鲁信置业有限公司	407	东苑房地产开发（集团）有限公司
373	广州粤泰集团股份有限公司	408	美麟置业集团有限公司
374	昆明银海房地产开发有限公司	409	厦门新景地集团有限公司
375	百步亭集团有限公司	410	甘肃普天房地产开发有限公司
376	上海新黄浦置业股份有限公司	411	四川三利房地产有限责任公司
377	宁波房地产股份有限公司	412	浙江郡原地产股份有限公司
378	莱蒙国际集团有限公司	413	广州尚东置业有限公司
379	华瀚投资集团有限公司	414	昆明星耀集团实业有限公司
380	郑州朗悦置业有限公司	415	上海证大房地产有限公司
381	福建中联房地产开发集团有限公司	416	福建德兴集团

续表

2020 年排名	企业名称	2020 年排名	企业名称
417	荣丰控股集团股份有限公司	454	深圳市博林房地产开发有限公司
418	滕州市房地产综合开发有限公司	455	江西恒茂房地产开发有限公司
419	宝业集团股份有限公司	456	宁波城建投资控股有限公司
420	侨鑫集团有限公司	457	贵州宏德置业有限公司
421	积水置业管理（中国）有限公司	458	淮矿地产有限责任公司
422	华景川集团有限公司	459	天津海泰科技发展股份有限公司
423	天元盛世控股集团有限公司	460	北京和裕房地产开发有限公司
424	河北鹏润房地产开发有限公司	461	广东华标创业集团有限公司
425	东海地产股份有限公司	462	中体产业集团股份有限公司
426	云南官房企业集团	463	辰兴房地产发展有限公司
427	天津松江股份有限公司	464	江苏高成房地产开发有限公司
428	海蓝控股有限公司	465	长春豪邦房地产开发集团有限公司
429	悦达地产集团有限公司	466	沈阳宏发房屋开发有限公司
430	乐富强房地产开发有限公司	467	福来国际（上海）有限公司
431	广源房地产开发集团有限公司	468	广西瀚德集团有限公司
432	永泰房地产（集团）有限公司	469	深圳市合正房地产集团有限公司
433	中邦置业集团有限公司	470	江苏亚东建设发展集团有限公司
434	宁波维科置业有限公司	471	柏庄置业有限公司
435	广东骋望地产集团	472	永恒控股集团有限公司
436	武汉光谷联合股份有限公司	473	美都控股股份有限公司
437	河南盛润置业集团有限公司	474	广西汇东投资置业有限公司
438	上置集团有限公司	475	北京润丰房地产开发有限公司
439	北京中关村科技发展（控股）股份有限公司	476	陕西金泰恒业房地产有限公司
440	天津天保基建股份有限公司	477	宁波联合建设开发有限公司
441	唐山东方房地产集团有限公司	478	国锐地产有限公司
442	新明中国控股有限公司	479	德圣地产集团有限公司
443	长春经开（集团）股份有限公司	480	新东润地产有限公司
444	京汉实业投资集团股份有限公司	481	三庆实业集团有限公司
445	南京建邺城镇建设开发集团有限公司	482	江苏新能源置业集团有限公司
446	成都合力达房地产开发有限公司	483	武汉庙山投资集团有限公司
447	上海新长宁（集团）有限公司	484	沈阳鑫丰房地产开发有限公司
448	沈阳格林豪森房地产开发有限公司	485	青岛啤酒地产投资控股有限公司
449	河南裕华置业有限公司	486	河南天伦地产集团有限公司
450	安徽金大地投资控股有限公司	487	河南常绿集团置业有限公司
451	中赫置地投资控股有限公司	488	浙江钱江房地产集团有限公司
452	安徽同昇地产集团有限公司	489	云南中原实业集团有限公司
453	沈阳富禹房屋开发有限公司	490	新疆城建（集团）股份有限公司

续表

2020 年排　名	企业名称	2020 年排　名	企业名称
491	深圳市华盛房地产开发有限公司	496	上亿企业集团有限公司
492	杭州地上房地产集团有限公司	497	河南新田置业有限公司
493	北京国华置业有限公司	498	江苏德惠建设集团有限公司
494	深圳市信义房地产开发有限公司	499	四安地产有限公司
495	武汉东湖高新集团股份有限公司	500	河南中益置业有限公司

2. 测评分析

（1）年度特征分析

政策环境整体偏紧　行业规模增速放缓

政策方面，2019 年我国房地产市场运行的政策环境整体偏紧，中央层面从年初的平稳预期转变为年中的加码预期，再转到年底的平稳预期，定调经历三阶段变化。3 月两会表态“防止房市大起大落”，7 月底政治局会议首提“不将房地产作为短期刺激经济的手段”，12 月中央经济工作会议重申“坚持房子是用来住的、不是用来炒的定位，全面落实因城施策，稳地价、稳房价、稳预期的长效机制”。地方上 2019 年因城施策进一步深化，调控历经三阶段：1—4 月，多城调降人才落户门槛，呼和浩特、宁波等市更是出台人才购房补贴这类刺激性政策；5—7 月，地方调控关注房价红线，苏州、西安等市相继升级调控；8 月份以来，人才新政不断发力，“四限”调控局部放松，12 月全国多个热点城市相继放宽购房限制，除人才政策变相松绑外，深圳、成都直接对限购限售政策进行了调整。融资方面，2019 年房企融资规模也呈现先扬后抑的趋势，一季度融资出现边际放松，5 月银保监会“23 号文”开启了 2019 年房地产融资调控。之后“7 · 30”会议提出“不将房地产作为短期刺激经济的手段”，房企融资环境持续低位运行。2020 年新冠肺炎疫情的蔓延造成了短期经济冲击，2 月中央政治局会议表态，要加大宏观政策调节力度，中央信贷政策有望中性偏积极，房企融资最艰难的时期已经过去。地方政府相继出台针对房地产行业的纾困新政，旨在支持房地产市场健康稳定发展，但中央多次表态，房子是用来住的、不是用来炒的定位不变，各城市因城施策，房地产调控正在走向分化。销售方面，2019 年，商品房销售额 15. 97 万亿元，同比增长 6. 5%，销售面积 17. 16 万平方米，同比下降 0. 1%。2019 年全国房地产开发投资 132194 亿元，同比增长 9. 9%。

2019 年行业整体规模增速较前两年明显放缓，一季度受春节期间三、四线城市返乡置业潮不及预期影响，业绩表现不佳。二季度之后多个热门城市相继出台调控政策，业绩增速进一步放缓。下半年以来，企业加大供货力度，业绩同比增速呈缓慢回升势态。成交占比上，一、二线商品房成交比重下降，三、四线比重逆市反升。企业格局方面，年内各梯队房企门槛进一步提升，但规模房企扩容放缓，新增千亿房企数量明显下降。随着房地产市场步入调整期，房企总体战略以谨慎、求稳为主，目标增长率进一步放缓。多家房企调整了经营战略，收缩多元化业务，聚焦主业发展。2020 年，对房企而言，线上和线下的结合，案场和渠道的打通，营销模式的改变等一系列战略布局的调整，也将是重中之重。当前市场环境下，无论是对于房企还是旗下物管板块而言，借力资本市场谋求更好发展成为共识。

目前我国商品房的供给端增速减缓，商品住宅已悄然从“增量时代”逐渐转变为“存量时代”，随着我国城市化进程不断推进，人均收入的持续提升激发了人民群众对美好生活的不懈追求，两者相结合诞生出庞大的物业管理市场。2019 年共有 9 家物业公司上市，数量几乎占到了所有上市物业公司的半壁江山。2020 年的新冠肺炎疫情给物业管理公司带来了挑战和机遇，物管公司若能抓住机遇，加强品牌管理，提升服务品质，疫情结束后增值服务需求会得到更多释放，资本市场对物管行业的认可也将进一步提升。

行业十强排名微变　百强整体保持稳定

中国房地产测评中心经过客观、公正、专业和科学的测评研究，形成了2020中国房地产开发企业500强榜单。前三强由恒大、碧桂园、万科占据。其中，恒大集团再次蝉联第一，全年全口径销售金额6080亿元。碧桂园上升一位，排名第二，万科排名第三。三强全年全口径销售金额都超过了6000亿元。融创，中海，保利，龙湖，新城，华润和富力分列四到十位，中海名次相比上年提升了1位，十强房企排名整体比较稳定（见表6-2）。

表6-2　2019—2020年入榜企业名次变化表

企业名称	2020年排名	排名变化	2019年排名
恒大	1	—	1
碧桂园	2	↑（1）	3
万科	3	↓（1）	2
融创	4	—	4
中海	5	↑（1）	6
保利	6	↓（1）	5
龙湖	7	—	7
新城	8	—	8
华润	9	—	9
富力	10	—	10

数据来源：CRIC、中国房地产测评中心。

此外，百强企业的排名整体保持稳定。百强新晋入榜企业占比约一成，2019年到2020年连续两年入榜企业占比近九成（见图6-1）。其中，有25家企业连续12年入榜，37家企业12年内超过10次入选榜单，近半数企业入榜9次以上。

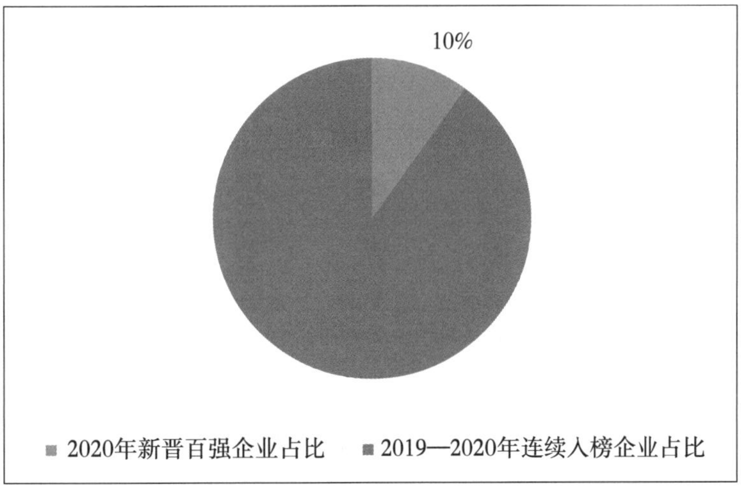

图6-1　2020中国房地产开发企业100强新入榜占比（%）

数据来源：CRIC、中国房地产测评中心。

华东华南持续占优　西部占比继续提升

我们以 500 强房企总部所在地区域为标准进行划分。其中，华东地区占比 38.0%，同比有所下降；华南地区占比 19.6%，华北地区占比 14.4%，西部地区占比 10.0%，同比有所提升，东北地区占比 3.8%，中部地区占比 14.0%，同比有所提高。华东、华南与华北三区企业数量占比为 72.0%，西部地区继 2019 年之后占比继续提升，发展势头良好（见图 6-2）。

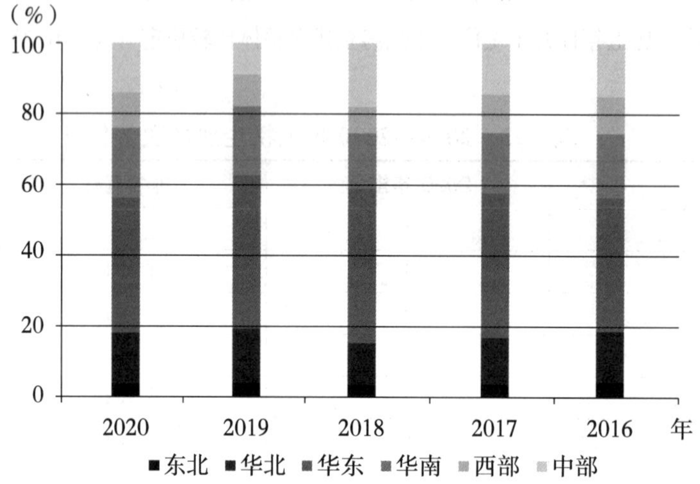

图 6-2　2016—2020 中国房地产开发企业 500 强区域分布

数据来源：CRIC、中国房地产测评中心。

（2）企业规模分析

资产规模增速放缓　龙头企业表现稳健

2019 年，500 强房地产开发企业总资产均值为 711.50 亿元，同比增长 17.90%，增速较上年回落 8.33 个百分点；净资产均值为 151.67 亿元，同比增长 16.13%，增速较上年下降 5.07 个百分点。整体来看，500 强房企资产规模依然呈现增长态势，但增速下滑明显（见图 6-3）。

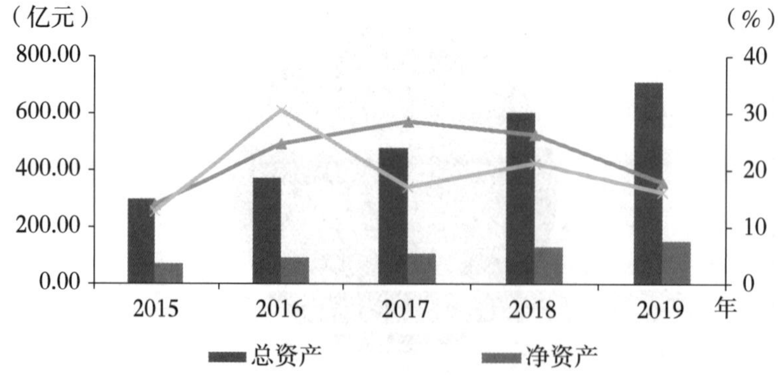

图 6-3　2015—2019 年 500 强平均资产规模水平及其变化情况

数据来源：CRIC、中国房地产测评中心。

500 强房企资产规模稳步增长，主要得益于 2019 年房地产市场规模总体稳定，同时多元业务范围不断拓展和深化。2019 年下半年伴随调控政策的传导，市场降温明显，企业增速放缓。净资产方面，随着企业规模增速下滑，同时受到融资成本上升的影响，500 强房企净资产增速出现放缓。

具体到企业层面，龙头房企表现依然稳定。恒大在民生地产的基础上，文化旅游、健康养生，尤其是新能源汽车业务不断拓展，集团经营规模稳步增长。世茂联合资产管理公司实现行业资源整合，通过并购资金链出现问题企业等方式，资产规模同样大幅提升。

整体销售保持稳定　房企预期趋于平稳

2019 年，全国商品房销售面积 171558 万平方米，同比下降 0. 1%；商品房销售额 159725 亿元，同比增长 6. 5%。从具体分类来看，住宅销售面积同比增长 1. 5%，销售额同比增长 10. 3%；办公楼销售面积同比下降 14. 7%，销售额同比下降 15. 1%；商业营业用房销售面积同比下降 15. 0%，销售额同比下降 16. 5%。此外，500 强房企 2019 全年销售规模稳定增长，增速略高于行业整体。其中，销售金额再上台阶，突破 10 万亿元，销售面积接近 7. 5 亿平方米（见表 6-3）。

表 6-3　2019 年全国商品房销售情况与 500 强销售情况对比表

	全国商品房销售	500 强销售
销售面积（万平方米）	171558	74969
增长率（%）	-0. 1	4. 67
销售金额（亿元）	159725	106072
增长率（%）	6. 5	7. 14

数据来源：国家统计局、CRIC、中国房地产测评中心。

从龙头房企来看，2019 年千亿房企数量为 34 家，较上年多出 4 家。在经历了 2018 年的快速发展期后，规模增速趋于平稳（见图 6-4）。2019 年新晋的千亿房企分别为美的置业、中国铁建、滨江集团、奥园集团和佳兆业。这 5 家企业 2019 年在拿地、融资、产品等方面均表现突出，如美的置业依靠低廉的土地成本和有竞争力的融资成本，2019 年实现销售规模 25%以上的增长。

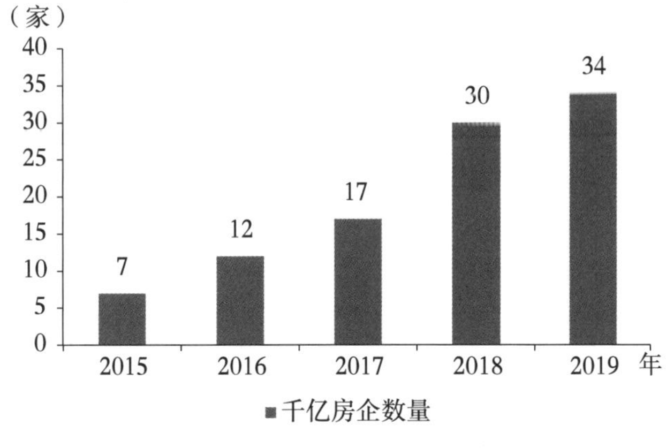

图 6-4　2015—2019 年千亿房企数量统计

数据来源：企业公告、CRIC、中国房地产测评中心。

作为行业预期管理的一部分，稳预期政策的效果在房企销售目标的变化情况中有所体现。50 家样本房企销售目标的平均增速从 2018 年的 45%左右下降到 2019 年的 25%，多数房企将销售增速的目标设定为小于 25%。从目标完成情况看，多数房企完成了业绩目标。金科、世茂、阳光城、宝龙等房企凭借充足的土地储备、合格的产品品质、突出的销售能力，近年来目标完成率均表现良好（见图 6-5）。

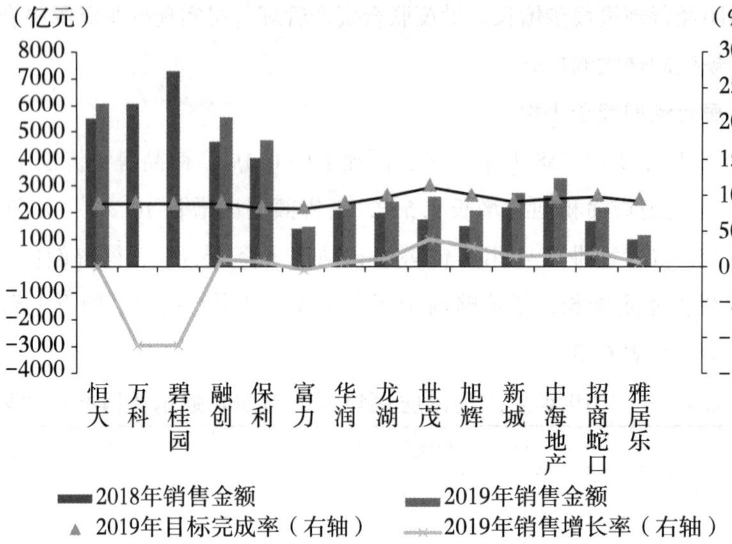

图 6-5　2018—2019 年典型房企销售及目标完成率对比

数据来源：企业公告、CRIC、中国房地产测评中心。

龙头规模优势依旧　集中程度不断提升

2019 年，房地产行业集中趋势依然得到延续。前四大房地产开发企业销售金额占比（CR4）从 2015 年的 9.70%上升至 2019 年的 13.25%，四企业集中度与 2018 年相比基本持平。与此同时，2019 年，销售金额排名前 10、前 20、前 50、前 100 的房地产企业全行业销售份额占比分别为 25.22%、37.07%、53.62%、64.14%，其数据分别较上年增长 1.18、1.01、1.67、0.64 个百分点，各梯队市场份额均有不同比例上升（见图 6-6）。

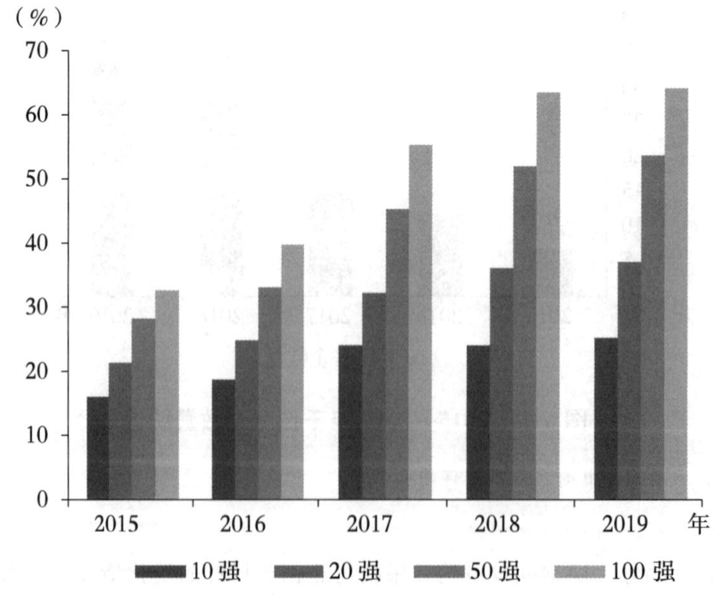

图 6-6　2015—2019 年房地产企业销售金额市场占有率

数据来源：CRIC、中国房地产测评中心。

从本次500强测评结果来看，2019年10强房企开发企业销售总金额约占500强销售总金额的33%，销售面积总计约占500强销售面积的36%。前50强、100强、200强销售金额分别约占500强总销售金额的70%、83%、92%（见图6-7）。

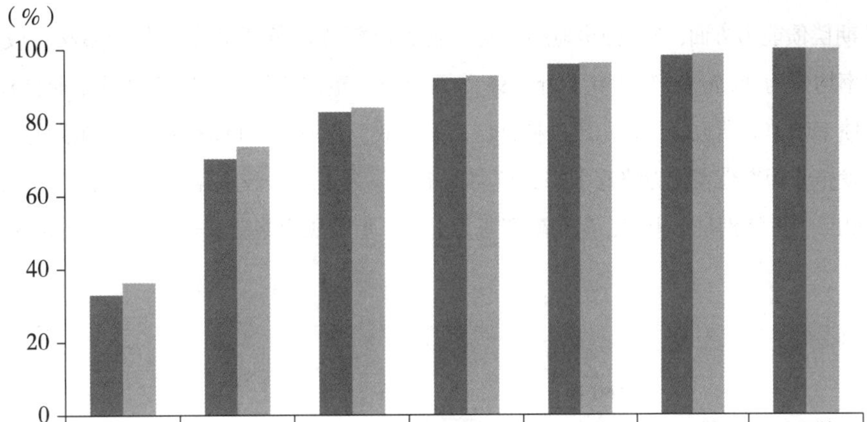

	10强	50强	100强	200强	300强	400强	500强
■房地产销售金额累积百分比	32.98	70.11	82.78	91.97	95.79	98.14	100.00
■房地产销售面积累积百分比	36.33	73.46	83.99	92.68	96.07	98.54	100.00

图6-7　2019年500强房地产销售收入累计百分比图

数据来源：CRIC、中国房地产测评中心。

从百强企业销售金额的分段分布来看，2019年1~10强、11~20强、21~50强和51~100强房企销售金额的中位数分别为3972亿元、2056亿元、894亿元、283亿元，各组别中位数较上年同比变化比率分别为12.53%，21.30%、53.96%和20.43%，其中21~50强企业规模加速扩张（见图6-8）。

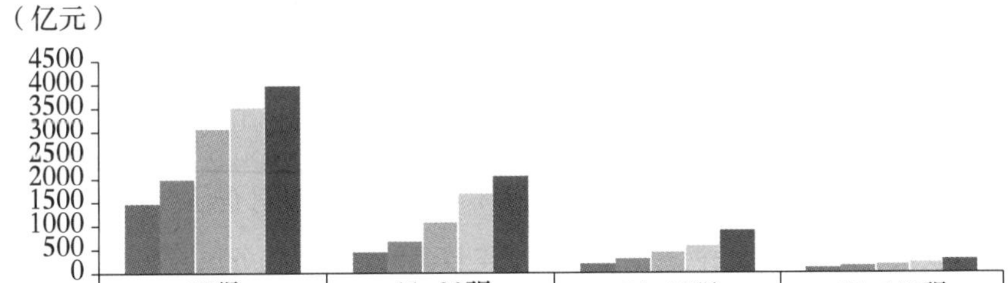

	10强	11~20强	21~50强	51~100强
■2016榜单	1466	442	189	102
■2017榜单	1987	666	298	145
■2018榜单	3079	1084	447	194
■2019榜单	3530	1695	581	235
■2020榜单	3972	2056	894	283

图6-8　2016—2020年榜单100强销售金额中位数对比

数据来源：CRIC、中国房地产测评中心。

（3）风险管理分析

资产负债增速趋缓　融资压力略有上升

2019年的融资政策相对2018年有些微变化，顶层设计从“去杠杆”变为“稳杠杆”。执行层面年初银行信贷资金较为宽松，房企融资处于窗口期，进入年中，融资环境相对收紧，随着中央提出“不将房地产作为短期刺激经济的手段”，境内融资渠道继续收窄，融资成本有所抬高。严峻的融资环境考验房企的融资能力，也在一定程度上加大了企业债务风险。

长期偿债能力方面，500 强房地产开发企业 2019 年资产负债率均值为 79.66%，较上年小幅上升 0.65 个百分点；净负债率均值为 96.70%，较上年上升 6.98 个百分点。整体来看，房地产开发企业杠杆率小幅上升。从近几年来看，资产负债率增速有所放缓，显示出去杠杆已初见成效，行业整体负债率可控。短期偿债能力方面，2019 年，500 强房地产开发企业短期偿债能力略有下降，流动比率均值为 1.45，较上年下降 0.02，速动比率均值为 0.49，较上年下降 0.04。2019 年，特别是下半年，房企融资压力上升，短债压力略微上升，但处于可控区间（见图 6-9）。

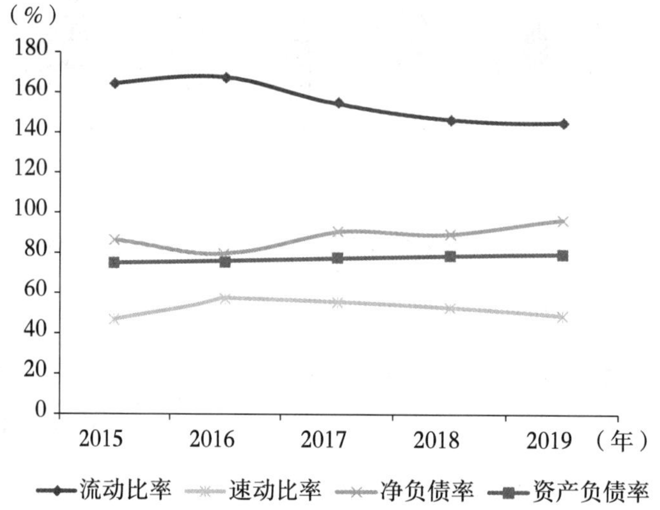

图 6-9　2015—2019 年 500 强偿债能力指标均值对比情况图

数据来源：CRIC、中国房地产测评中心。

在行业整体负债继续微升的背景下，企业负债水平不尽相同。龙头房企信誉较好，风险管控能力较强，部分中小房企受融资渠道收紧、销售回款缓慢、前期拿地成本较高的影响，债务风险有所积累，需警惕资金链风险。

到位资金增速回升　个人贷款大幅增长

国家统计局数据显示，2019 年房地产开发企业到位资金 17.86 万亿元，同比增长 7.6%，增速比上年上升 1.2 个百分点。从资金来源看，国内贷款 25229 亿元，同比增长 5.1%，同上年比增速由负转正；利用外资 176 亿元，同比增长 62.7%；自筹资金 58158 亿元，同比增长 4.2%，增速比上年下降 5.5 个百分点；定金及预收款 61359 亿元，同比增长 10.7%，增速比上年下降 3.1 个百分点；个人按揭贷款 27281 亿元，同比增长 15.1%，同上年比增速由负转正，且增幅较大（见表 6-4）。总的来看，国内贷款、利用外资由跌转升，企业自筹资金、定金及预售收款增速收窄，个人按揭贷款大幅增长，资金来源总额增量部分主要来源于个人按揭贷款。

2019 年，融资政策基调从“去杠杆”转向“稳杠杆”，国内贷款相对 2018 年略有回暖，但增速比资金来源总额增速低 2.5 个百分点，在资金来源中的份额继续下降，表明总体上贷款还是相对偏紧。房企利用外资大幅增长，一方面是由于 2018 年房企利用外资大幅下降，一些被抑制的需求延迟释放；另一方面受美联储降息的影响，境外融资成本有所下降，在一定程度上刺激了房企境外融资的需求（见图 6-10）。

表 6-4　2018—2019 年房地产开发企业资金来源及同比变化表

类　别	2019 年	2018 年	同比（%）
资金来源总额（亿元）	178609	165963	7.6
国内贷款（亿元）	25229	24005	5.1
利用外资（亿元）	176	108	62.7
企业自筹资金（亿元）	58158	55831	4.2
其他资金（亿元）	95046	86019	10.5
其中：定金及预收款（亿元）	61359	55418	10.7
个人按揭贷款（亿元）	27281	23706	15.1

数据来源：国家统计局。

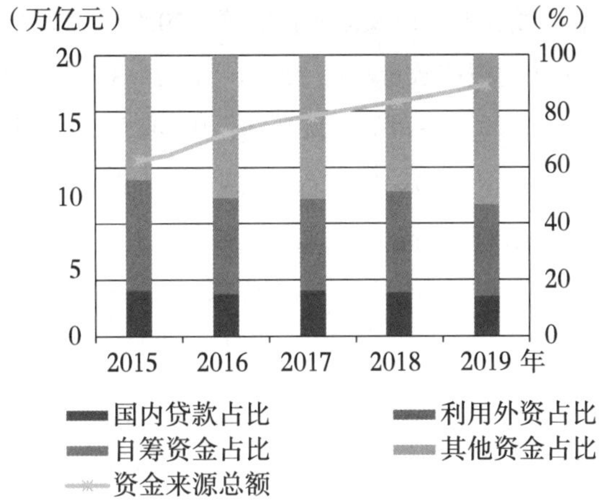

图 6-10　2015—2019 年全国房地产企业资金到位情况

数据来源：国家统计局。

2019 年在限购限贷政策基本平稳的背景下，个人按揭贷款增速由负转正且大幅增长，主要是由于在 2016 年调控中，部分被政策限购的需求获得购房资格，这部分需求在 2019 年得到释放。年内 500 强房企的预收账款均值为 142.90 亿元，同比上升 6.2%，回款总体较好（见图 6-11）。

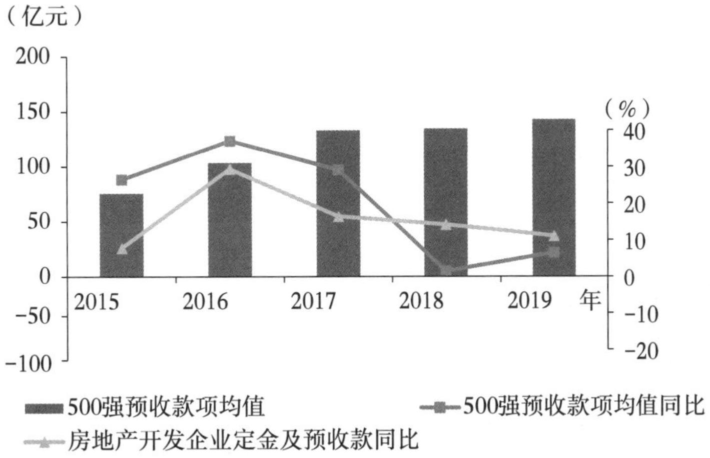

图 6-11　2015—2019 年 500 强预收款项均值变动情况

数据来源：国家统计局、CRIC、中国房地产测评中心。

融资渠道整体收窄　融资成本逐步抬高

2019 年的融资环境呈现前松后紧的格局，年初银行信贷资金充裕，融资较为宽松，随着三四月市场的回暖，政策对融资的调控开始收紧。5 月 17 日，银保监会发布《关于开展“巩固治乱象成果促进合规建设”工作的通知》（银保监发〔2019〕23 号文，简称“23 号文”），明确要求商业银行、信托、租赁等金融机构不得违规进行房地产融资。7 月中央提出“不将房地产作为短期刺激经济的手段”，融资政策进一步收紧，监管明确要求商业银行、信托、租赁公司等金融机构不得违规进行房地产融资，银保监会通过窗口指导对信托贷款、开发贷等融资方式实行额度管理和用途限制，发改委发文要求房企发行外债只能用于置换未来一年内到期的中长期境外债务。

虽然融资环境相对较冷，但大多数房企短期偿债压力不大，整体风险可控。不过也有部分中小企业出现了债务违约，如银亿股份、三盛宏业、颐和地产以及国购投资等。2019 年，破产倒闭的企业数量创历史新高。不完全统计，截至 12 月底，房地产企业的破产数量超过 520 家，而 2018 年这一数字为 458 家。

融资渠道方面，信托贷款、银行贷款、公司债、海外债、中期票据、短期融资等传统融资渠道相对受限。资产证券化推进进程也相对缓慢，真正的 REITs 产品尚未出现。但在政策层面监管对资产证券化产品出台的限制措施较少，总体支持较多。比如在 REITs 产品方面，2019 年 1 月 1 日上交所就在新年致辞中表示未来将进一步发挥债券市场直接融资功能，深化债券产品创新，推动公募 REITs 试点，加快发展住房租赁 REITs。4 月深交所又表示将积极推进公募 REITs 进程，形成具有特色的 REITs 板块。在绿色债券方面，银保监会在 5 月出台的《关于支持绿色金融改革创新试验区发行绿色债务融资工具的通知》中，明确鼓励试验区内承担绿色项目建设且满足一定条件的城市基础设施建设类企业作为发行人，注册发行绿色债务融资工具用于绿色项目建设，明确鼓励发展绿色 ABS。另外，上市依旧是房企融资的重要渠道。截至 12 月，已经有 6 家内地房企在港交所正式挂牌上市，同时还有 7 家房企正在排队等待上市。2019 年，香港资本市场对于物业行业依旧给予较高估值。截至 12 月，已经有 8 家房企旗下的物业公司分拆上市，还有 3 家正在排队等待上市。

融资规模上看，据克而瑞不完全统计，2019 年 95 家典型房企融资总额为 14986 亿元，同比增加 9.1%。融资成本上看，2019 年典型房企加权融资成本为 6.59%（见表 6-5）。拆细看，各梯队房企融资成本呈现分化格局，据上市房企财报披露不完全统计，万科、保利、中海、龙湖、华润、招商蛇口、金地、越秀新增债务融资成本低于 5%，恒大、华夏幸福、阳光城、雅居乐、正荣、泰禾、奥园、禹洲、朗诗、当代、中梁、三盛控股新增债务融资成本大于 7%，介于 5%~7%之间的有新城、旭辉、世茂、绿城、远洋、美的、宝龙、首开、金隅集团。融资结构上看，2019 年海外债规模快速攀升，主要是境内融资收紧，高杠杆企业更多转向境外融资。据克而瑞的数据，2019 年排名 11~30 的千亿元房企境内发债规模同比大幅下降 45%，而境外发债规模则同比上升了 81%。

表 6-5　2019 年典型房企融资成本

企业名称	新增债务成本（%）	企业名称	新增债务成本（%）	企业名称	新增债务成本（%）
中国恒大	8.62	华润置地	4.45	世茂房地产	5.60
保利地产	4.99	华夏幸福	7.23	金地集团	4.87
中国海外发展	4.28	招商蛇口	4.91	雅居乐集团	7.06
龙湖集团	4.56	旭辉控股集团	5.90	正荣地产	7.60
新城控股	6.48	阳光城	7.72	泰禾集团	9.30

资料整理：上市公司披露、中国房地产测评中心。

(4) 盈利能力分析

净利维持高速增长　成本支出有所减小

2019 年，500 强房地产开发企业净利润均值达 12.38 亿元，同比增长 28.01%，净利润仍保持高速增长，净利增速同比上升 0.29%，与上年基本一致。受结算周期影响，2019 年的净利润反映的是 2017 和 2018 年的销售，彼时市场较热，盈利能力较强。但同时可以看到，净利润增速不再扩大，这也反映了 2018 年市场相对 2017 年市场有所降温（见图 6-12）。

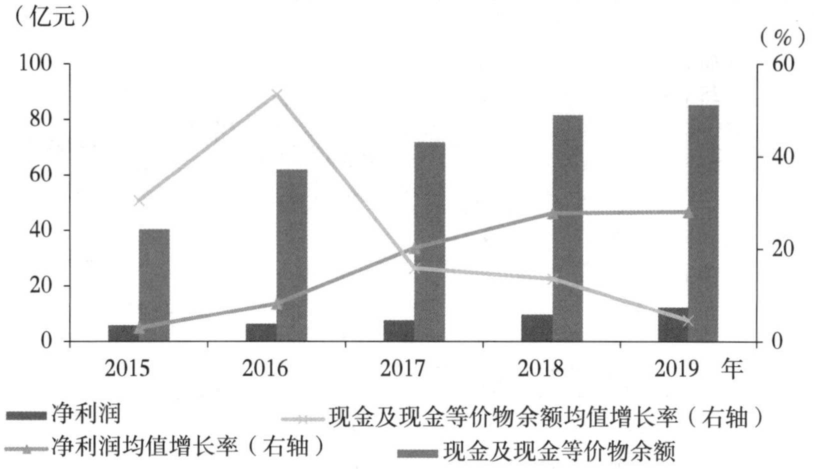

图 6-12　2015—2019 年 500 强绝对盈利能力指标均值变动情况

数据来源：CRIC、中国房地产测评中心。

同时，500 强房地产开发企业三费均值达 11.14 亿元，三费占营收的比重为 11.92%，同比下降 0.46%。这表明市场降温后，房企业务不再盲目扩张，由此削减了一部分经营成本（见图 6-13）。

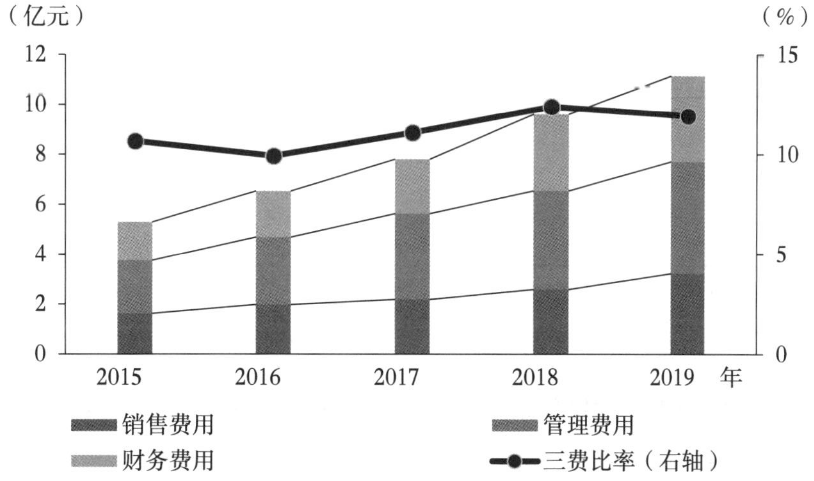

图 6-13　2015—2019 年 500 强三费比率均值变动情况

数据来源：CRIC、中国房地产测评中心。

总资产收益率下降　净资产收益率上升

2019 年，500 强房地产开发企业总资产收益率均值为 1.84%，较上年下降了 0.99 个百分点；净资产收益率均值为 8.69%，较上年上升了 2.37 个百分点；成本费用利润率均值为 18.00%，较上年下降了 1.81 个百分点。考虑到结算周期，综合考虑 ROA 和 ROE，主要是 2017 年房企快速加杠杆扩张，拿地开工销售到交付确认收入之间有一个时延，很多预收账款计入资产但并没有确认为收入，造成总资产收益率下降，但是由于外延式扩张房企财务杠杆上升使得净资产收益率反而上升。随着到期交付，预收账款确认为收入进而释放利润，将在下年的财报中反应。

此外，在一轮上涨过后，土地价格处于高位，房企新增土地单价较上年略有提高，但土地购置面积较上年有所下降，土地购置金额也较上年有所下降，总成本中土地成本较上年有所下降。融资方面，典型房企新增融资成本有所上升，国内贷款总额同比上年小幅增长，总成本中融资成本较上年有所上升，但幅度不大（见图 6-14、图 6-15）。

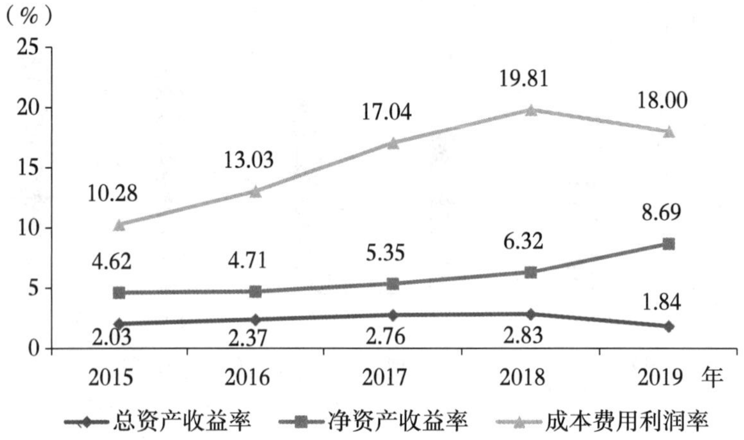

图 6-14　2015—2019 年 500 强相对盈利能力指标变动情况

数据来源：CRIC、中国房地产测评中心。

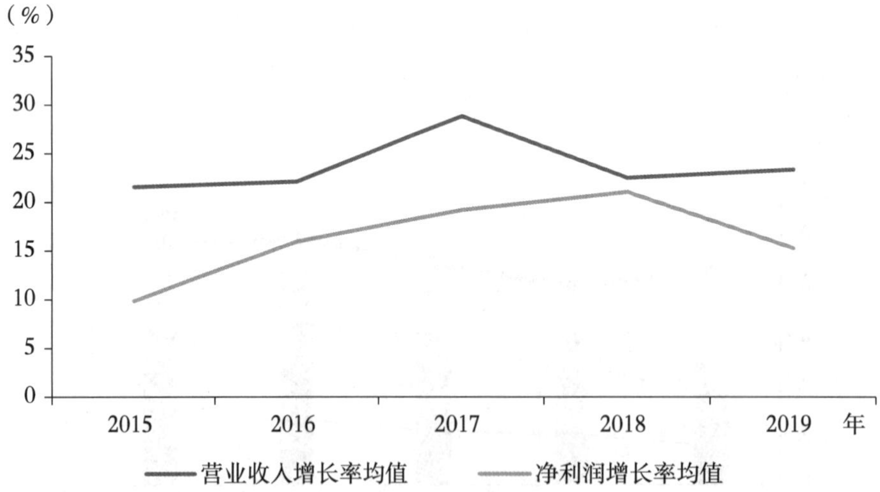

图 6-15　2015—2019 年 500 强营业收入及净利润均值增长率对比情况

数据来源：CRIC、中国房地产测评中心。

渠道崛起多元继续　盈利水平持续分化

2019 年，房企盈利能力受到市场和政策两方面因素的影响较大。市场在经过 2017 年的上涨，2018 年的平稳调整后，在 2019 年继续处于平稳调整中。一方面有些城市有继续消化上轮价格上涨的需要，价格处于高位，市场交易量偏少；另一方面有些城市已经调整完毕，但政策对备案在价格和审批节奏上进行了控制，导致部分高价盘无法入市，也就是在收入端房企定价能力受到一定影响。在限价政策下，房企主要通过降低成本实现盈利目标，一是通过精细化经营管理以降低费用；二是通过并购或者合作降低土地成本，如世茂与福晟全面合作，融创收购泛海的项目等；三是通过装修降标降低建安成本。与此同时成本端有一些费用相对上年有所上升，2019 年比较大的变化是渠道相对而言越来越强势，对开发商影响越来越大，销售费用率上升到 3%~4%，主要原因是 2019 年市场进入买方市场，带客比以往更加重要。

此外，房企依旧通过多元化拓展盈利空间。比较成熟的是代建业务，代建业务是轻资产业务，在获得盈利的同时又能降低财务风险。如绿城、滨江、朗诗、建业等为代表的典型房企均涉及大规模代建业务。长租公寓方面，2019 年依旧处于市场培育期，虽然出现了不少风险事件，但典型房企依旧持续发力，如万科、龙湖、旭辉在行业内处于头部，规模领先幅度较大，其中万科的管理规模已经达到 23 万间，相对上年接近翻番。在开发业务规模增速逐渐放缓的背景下，不同房企近几年寻求不同方向以拓展新的盈利点，如恒大在新能源汽车、碧桂园在机器人、万科在长租公寓都有比较大的投入，但目前看来开发业务依旧是盈利的主要来源。

2019 年，龙头房企强者恒强的局面继续。大型房企通过规模化优势持续提升市场占有率，并加大合作项目开发、并购重组等使盈利能力继续提升。销售毛利率上，万科提升了 1.23 个百分点，保利提升了 3.19 个百分点，金地提升了 0.36 个百分点，龙头房企依靠自身品牌溢价、产品力优势等获得了更多利润。步伐相对稳健的大中型房企侧重于利用城市深度精耕细作，挖掘自身区域优势的价值，进一步提升市场份额，提高盈利能力。对中小型房企来说，高企的土地价格和运营成本提高持续压缩企业利润，业务尝试转型突破成为未来重点探索的方向。

（5）成长潜力分析

销售规模高位运行　各级房企分化加剧

2019 年 500 强房地产企业销售面积同比增长 4.67%，增速较 2018 年下降 7.91 个百分点；销售金额同比增长 7.14%，增速较 2018 年下降 9.96 个百分点；营业利润同比增长 18.46%，增速较 2018 年下降 10.11 个百分点；净资产同比增长 16.13%，增速较 2018 年下降 5.07 个百分点。2019 年，一方面，行业销售规模依然处于高位，但增长速度明显下降；另一方面，房企盈利能力依然保持良好，但增长速度略有下滑（见图 6-16）。

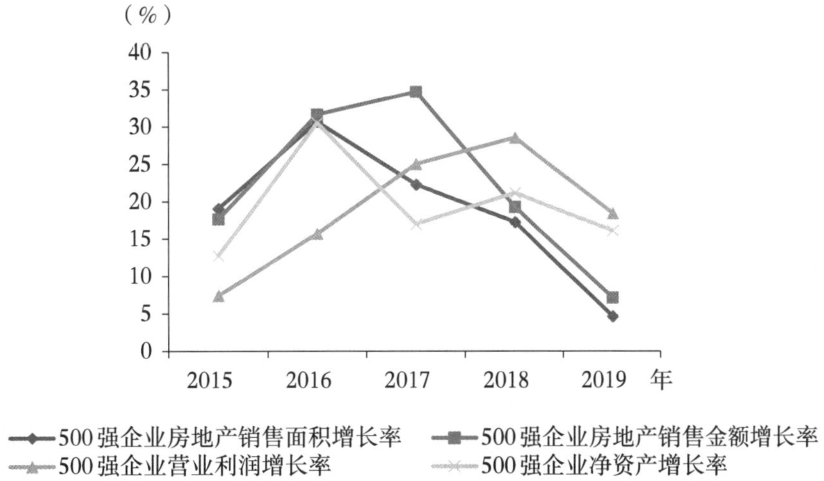

图 6-16　2015—2019 年 500 强业绩增长性指标变化情况

数据来源：CRIC、中国房地产测评中心。

为了更加细致地了解各个企业的发展状况，本次测评将 500 强开发企业按成长类型分为四类：销售金额大且增速较快的企业归类为快速成长型；销售金额大但增速较为缓慢或出现销售下滑的企业归类为平稳发展型；

销售金额小而增速较快的企业归类为追赶成长型；销售金额小且增速较低或者增速为负的企业归类为滞后发展型。数据显示，2019 年滞后发展型房企占比达到 49.88%；追赶成长型房企占比达到 32.36%；快速成长型房企占比为 5.93%；平稳发展型房企占比 11.85%（见图 6-17）。

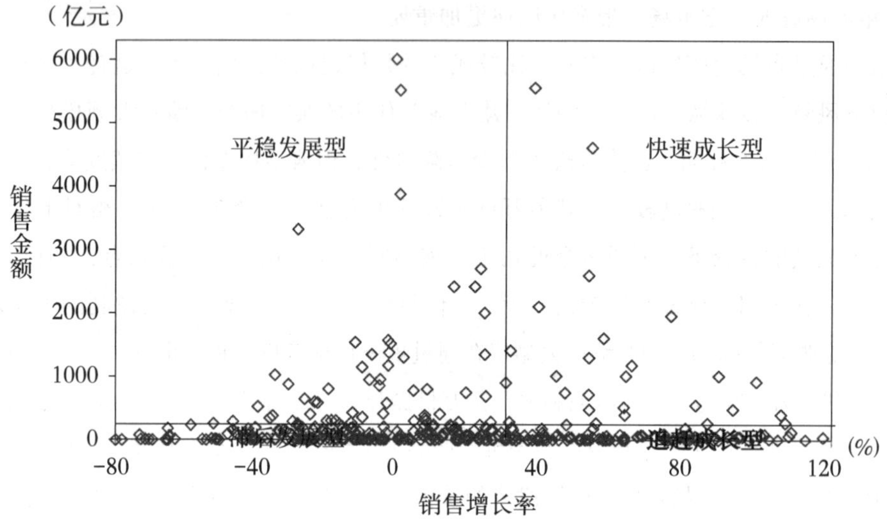

图 6-17　2019 房地产开发企业 500 强成长分类图

数据来源：CRIC、中国房地产测评中心。

从数据变化情况看，滞后发展型房企占比依然最大，达到 49.88%（见图 6-18）。随着行业从高速发展转变为稳健发展，中小房企生存空间收窄，加上自身抗风险能力较为薄弱，增长速度进一步受到限制。平稳发展型房企占比增加，较 2018 年增加 6.59%；快速成长型房企占比下降较多，较 2018 年下降 8.36 个百分点。龙头房企继续保持稳健发展态势，如恒大、碧桂园等企业在保持开发业务持续增长的同时，积极布局新能源汽车、智慧物业等新兴产业，发掘增长新潜力。追赶成长型房企占比小幅增加，较 2018 年增加 2.56 个百分点。

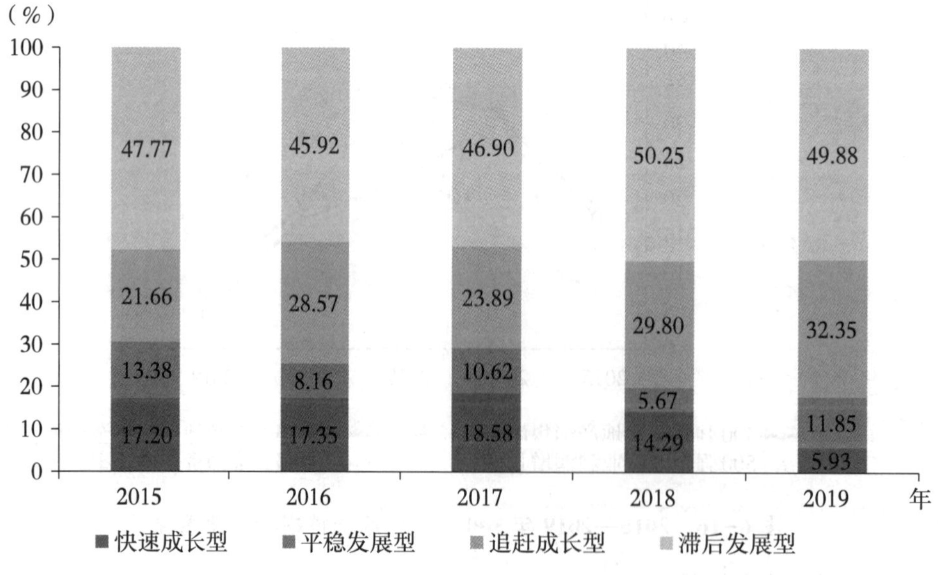

图 6-18　2015—2019 房地产开发企业 500 强不同成长分类占比（%）

数据来源：CRIC、中国房地产测评中心。

投资态度趋于谨慎　龙头企业拿地放缓

2019 年前两个季度土地市场出现了短暂的回暖，优质土地供应加大，土地价格攀升。但下半年，随着调控政策出台、融资渠道收紧，房企拿地积极性降低，大部分地块低溢价成交甚至零溢价成交。其中，三、四线城市的市场热度持续回落，土地市场转冷。对于房企来说，土地价格的下降能够提供更多的投资机会，拿地也可以更加从容（见图 6-19）。

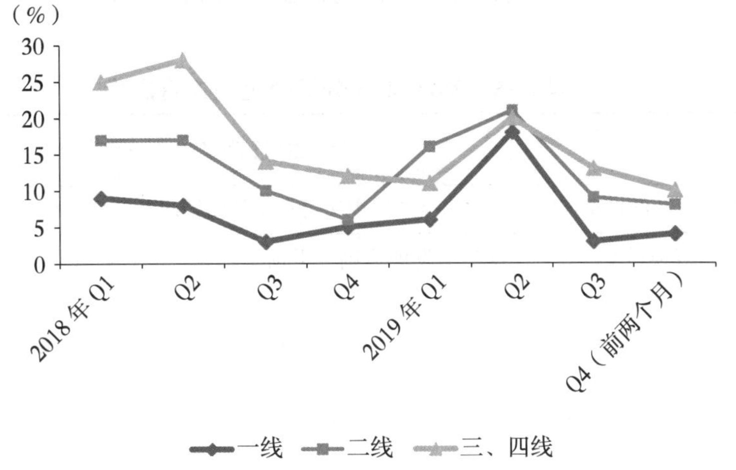

图 6-19　2018—2019 年一、二线和三、四线土地成交溢价率季度趋势

数据来源：CRIC、中国房地产测评中心。

2020 年全国土地市场受到疫情影响，成交金额有所下降，但对于一、二线城市的土地市场，反而是一个比较好的投资机遇（见图 6-20）。根据克而瑞数据，2020 年以来一线城市土地成交金额出现逆势上涨。其中，2020 年 2 月一线城市土地成交金额高达 967.62 亿元，同比增长 71.07%。从春节后热门地块竞得企业的背景来看，国企、央企占到一半，华润、招商、中铁建、中交等企业活跃度明显高于其他规模民企。具体到城市来说，北京截至 2 月底合计转让 16 个地块，合计金额约 600 亿元，其中绿城和华润置地贡献了约半数的成交额；上海 2 月 20 日诞生全国总价的“新地王”，香港置地联合体以 310.5 亿元竞得徐汇滨江 180 万平方米综合体地块。虽然受到疫情影响，经济总体略有趋缓，但一线城市土地市场的活跃表明，房企依然对未来发展拥有信心。

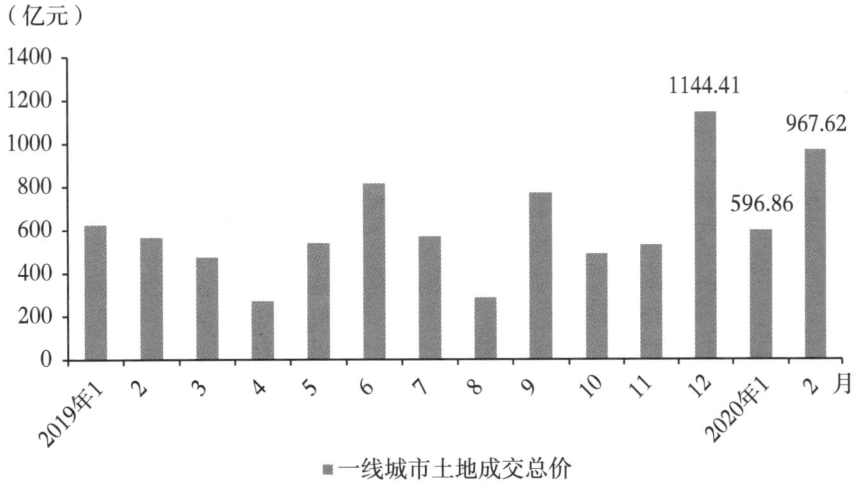

图 6-20　2019 年 1 月—2020 年 2 月一线城市土地成交总价情况

数据来源：CRIC、中国房地产测评中心。

受制于政策趋严、融资趋紧，房企拿地整体呈现谨慎的态度。拿地选择上也更加注重土地的质量，不再单纯追求数量的增加。从土地布局情况来看，房企纷纷重点关注一、二线城市，尤其是粤港澳大湾区、长三角一体化等区域，同时关注受都市圈辐射的重点三、四线城市。随着人口政策的变迁，城市格局相应发生改变，重点区域的土地储备依然是房企未来长足发展的有力保障。如 2020 年 2 月，上海楼市虽然受疫情影响较大，但土拍市场出现回暖。中海、旭辉、保利等房企拍得上海共计出让 8 幅含住宅性质的地块，总价逾 400 亿元（见表 6-6）。

表 6-6　2019 年部分房企土地投资态度

企业名称	土地投资态度
世茂	布局一、二线城市同时，关注一、二线周边可承载外溢需求的三四线城市
金茂	坚持“规模适度、效益优良”的发展原则，贯彻“城市深耕、质在量先”的投资要求，重点聚集一、二线城市，强化前置研判
融创	坚决不以预期房价上涨为假设来制定土地获取标准，仅在土地市场出现短期低位时，在核心城市审慎补充了价格合理的土地
碧桂园	务实地补充优质土地储备、优化项目区位布局
绿地	抓住市场反弹回升而地价又相对合理的契机，积极布局
龙湖	项目获取的区域即聚焦一、二线城市，也围绕都市圈内城市圈周边适度布局
阳光城	在确保公司现金流安全的前提下，积极审慎地增加土地储备

资料整理：企业公告、中国房地产测评中心。

从新增货值同比情况看，龙头企业恒大、碧桂园、万科、融创同比均出现下降，4 家房企新增货值总额为 22704.1 亿元，较 2018 年的 33208.5 亿元同比下降 31.63%。虽然新增货值下降比例较大，但龙头房企货值存量维持较高水平，未来几年依然有能力保持平稳发展。金茂、绿城等企业 2019 年新增货值保持高速增长。如绿城 2019 年坚持全周期拿地，同时丰富投拓渠道，全年通过落地 TOD 项目、体育赛事项目取地、小镇战略等方式非公开市场获取土地 40 宗（见图 6-21）。

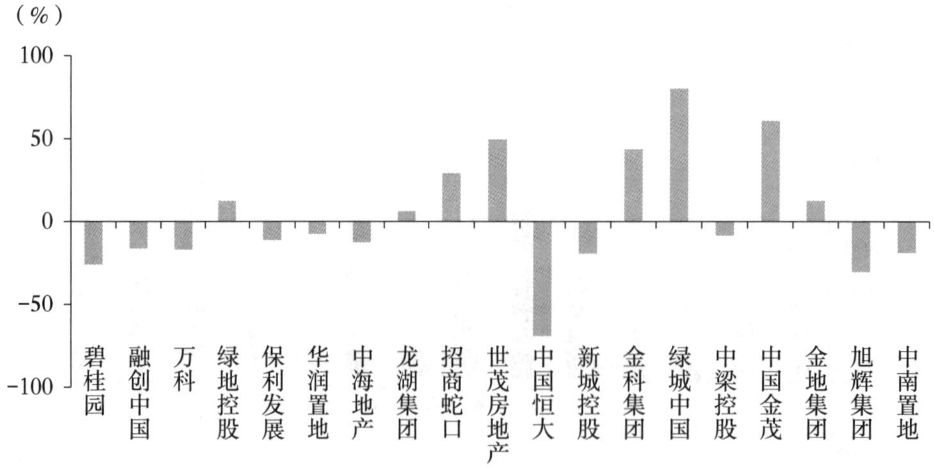

图 6-21　2019 年典型房企新增货值同比情况

数据来源：CRIC.

地产金融携手合作　科技支持企业发展

未来房地产行业，建立起灵活的多层次融资体系成为企业发展的决定性因素。国有背景的房企在债券市场存在天然的优势；非央企背景房企如龙湖、万科等也能够获得较低成本融资，主要得益于企业稳健的财务风格、合理的业务布局。对于中小房企来说，谋求企业上市是提升融资能力的重要环节。而且港股内房股中，根据近两年统计，非国有背景企业的估值水平要高于国有企业，即在权益市场上，非国有背景企业融资反而更具优势（见图 6-22）。

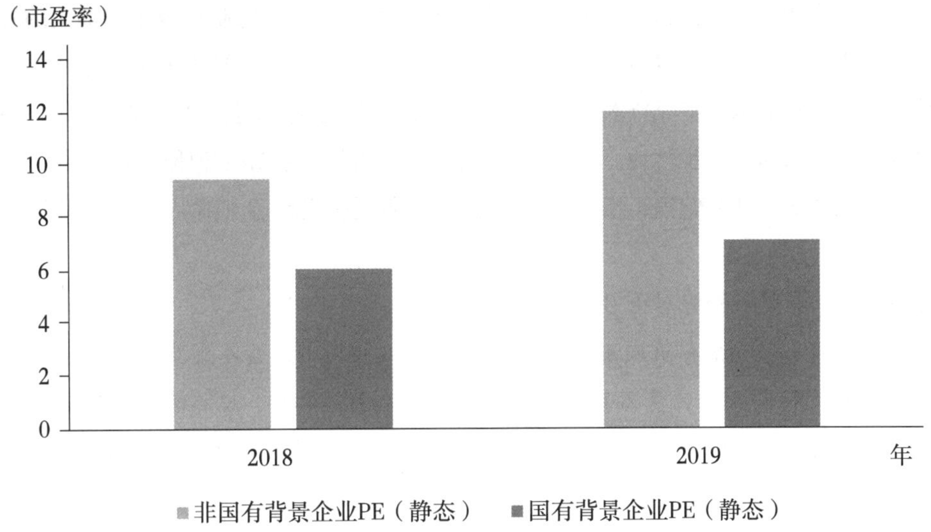

图 6-22　2018—2019 年香港内房股分类企业 PE 估值对比

数据来源：中国房地产测评中心。

2019 年中小房企通过积极赴香港上市谋求发展。从 2019 年全年情况看，提交招股申请书的房企有 11 家，与 2018 年持平；6 家内地房企成功在香港交易所 IPO 上市。另外，继物业企业纷纷上市后，宝龙商业在 2019 年实现了分拆上市，成为内地首家在香港上市的轻资产商业运营商。相对于住宅开发，商业地产近年来发展较慢，分拆上市有利于企业发展，同时对商业板块有较好的导向作用（见表 6-7）。

表 6-7　2019 年香港新上市房企

公司名称	股票代码	上市时间	发售募资净额（亿港元）
德信中国	2019. HK	2019-02-26	13. 73
银城国际	1902. HK	2019-03-06	7. 705
中梁控股	2772. HK	2019-07-16	27. 73
天保集团	1427. HK	2019-11-11	4. 172
新力控股	2103. HK	2019-11-15	19. 64
景业名邦	2231. HK	2019-12-05	11. 78
宝龙商业	9909. HK	2019-12-30	13. 36

数据来源：CRIC、中国房地产测评中心。

部分优秀的房地产企业凭借着稳定的业绩也吸引了相关的保险公司进行合作。一方面，越来越多的保险公司纷纷入股房地产企业，为企业提供长期、低成本的融资，从而为企业后续发展提供支持。如太平人寿以约19.07亿元的总价，认购大悦城非公开发行的约2.83亿股股份；中国平安42亿元投资华夏幸福，85.97亿港元举牌中国金茂。另一方面，房企与保险公司在业务层面也具有战略协同效应，如保险企业在养老领域的布局和房企在养老地产的投资存在合作的空间。

面对行业的未来，房地产企业紧随国家“智造+”发展战略，寻找发展新动力。随着房地产制造业属性的不断显著，降本提质成为房企的重要课题。一方面，房企通过科技赋能降低制造成本，如美的置业在土地测量等工程管理中引入无人机数字化技术以节约成本，碧桂园在建造环节对于机器人的大量采用，中海地产综合应用BIM、物联网、大数据及虚拟现实等技术，对建筑施工全过程智慧化管理；另一方面，科技也助力智慧家居和智慧社区的发展，美好人居进一步落地。如蓝光发展自主研发的蓝光AIoT智能人居平台，落地应用到智慧住宅、智慧社区、智慧商业和智慧营销；当代置业打造绿色+舒适+节能+全生命周期的生活家园。

（6）运营绩效分析

运营指标维持低位　策略调整应对压力

2019年500强房地产开发企业存货周转率为0.13，与2018年持平；整体流动资产周转率0.14，较2018年小幅增加0.01；总资产周转率0.11，与2018年持平。从三大运营指标看，总体依然在低位徘徊。

房地产企业周转能力处于低位，主要原因在于2019年下半年后市场下行压力增加，政策调控收紧，房企的去化能力出现了不同程度的下降。更为重要的是，从2017年到2019年三年期间，房地产的财富效应有所减弱。房产的居住属性得到强化，金融属性进一步削弱后，房企高杠杆、高周转和高增长的模式难以维系。

在此背景下，房企纷纷使用多样化的营销方式来推动周转。一方面，营销范围逐步扩大。2019年春节前后主要是三、四线“返乡置业”活动营销，年中蔓延到二线城市，特价房项目则从三、四线城市逐步扩大到一、二线远郊。另一方面，付款方式上房企也推出分期和全款折上折等活动，如碧桂园御园项目推出一次性付款86折，保利东郡项目推出特价单位、一成首付等优惠。推广上，专场团购、全民营销和分销渠道等稳步推进。如金科针对企业员工给出优惠，阳光城特邀中国银行等企业，享1%内购专属折扣（见图6-23）。

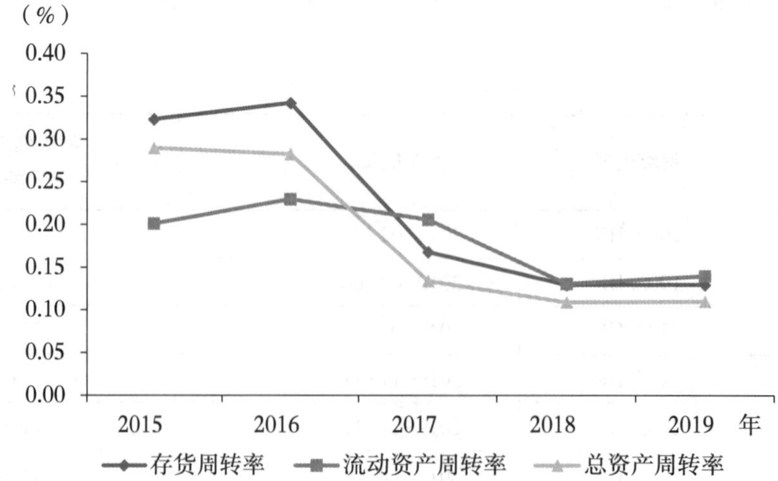

图6-23　2015—2019年500强运营效率指标变动情况图

数据来源：CRIC、中国房地产测评中心。

货值存量稳步上升　经营效率保持稳定

2019 年，500 强房企平均存货货值为 427.21 亿元，较上年提升 19.35%，增速回落 11.08 个百分点。500 强房企整体存货货值增长速度 5 年内首次出现下降。存货货值增速下滑一方面是行业整体增速放缓，房地产企业投资趋于谨慎；另一方面是土地市场溢价率有所下降。

从存货周转率上看，2019 年 500 强房地产开发企业周转水平保持低位，存货周转率为 0.13，与 2018 年持平。近两年房企高周转策略的周转重心在开工和推盘，预售之后继续施工的动力不足，从而导致期房销售增速大幅领先于现房销售增速。随着交房硬约束的到来，房企需要花更多的资源在施工阶段，这一定程度上也影响到周转速度（见图 6-24）。

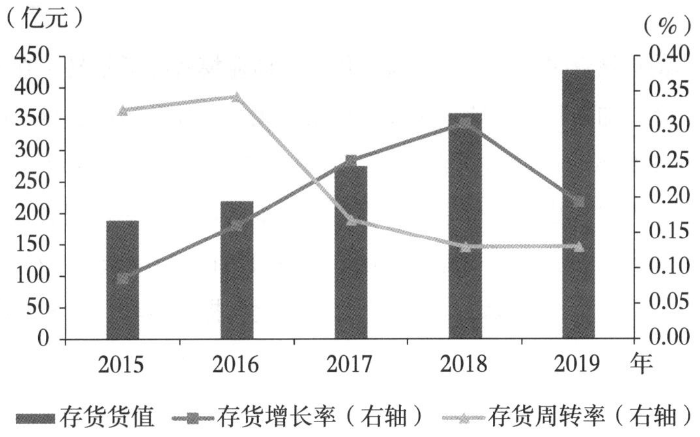

图 6-24　2015—2019 年 500 强存货变动情况图

数据来源：CRIC、中国房地产测评中心。

去化情况趋势下降　创新工具助力周转

住宅开发市场的周转速度呈现放缓趋势，主要是因为住宅的财富效应逐步削弱。从龙头房企新增货值等数据看，恒大、碧桂园等房企开始主动放缓货值累计，降低资产周转速度。住宅开发市场从高速增长到稳步增长逐渐成为共识。

随着不动产时代的来临，如何盘活酒店、公寓、办公楼等大量存量资产成为影响发展的重要因素。目前的市场环境下，随着政策的不断完善、参与主体不断成熟，CMBS 和类 REITs 成为商业不动产资产证券化的主要方式。尤其是一线城市的存量资产，因为较好的现金流，被视为良好的标的。而不动产项目是否能够打通投融管退的途径，收益率是关键因素，所以也对企业的运营能力提出了更高的要求（见表 6-8）。

表 6-8　2019 年商业地产领域 CMBS 和类 REITs 典型案例

类　型	底层资产	发行金额（亿元）
CMBS	北京华贸中心写字楼和商业	51.00
CMBS	南昌万达茂购物中心	17.90
CMBS	合生财富广场	20.00
类 REITs	上海静安大融城	43.00
类 REITs	深圳龙岗万科广场	21.16
类 REITs	长沙金茂广场北塔	11.65

数据来源：CRIC、企业公告。

作为不动产时代重要组成部分的长租公寓领域，并没有出现高周转的趋势。2017 年至今的 180 幅土地，依然没有一个项目上市。租赁行业经历了短暂的洗牌期后，价值回归，未来势必行稳致远。房地产开发时代还没结束，行业规模依然在高位维持；不动产时代逐步来临，为房企提供了多维度的发展空间。处于转型期的房企在运营方面遇到各种新问题，也面临新的发展机遇。

（7）创新能力和社会责任分析

传统渠道依赖明显　房企营销力度加强

创新是企业不断发展的动力，是对企业持续成长的促进，2019 年，对房企来说，是充满着挑战的一年，多数房企延续 2018 年战略定位，传播新的品牌形象，通过不断创新商业模式、营销策略，实现营销力的有效提升。

商业创新方面，实体销售被众多线上渠道分流，传统的商业模式存活不易。在此背景下，龙头房企深入对客群结构、辐射范围的研究，加强顶层设计，实现商场数字化，对存量物业进行了改造和翻新，业态方面加强文娱活动，促进线下活动体验感。根据不同客群，引入集合店，增加客流量导入，提升店铺坪效。打造商场 IP，上海静安大悦城将“摩天轮”引入城市中心，通过主题展等活动吸引消费者，以手机微信公众号对客户群进行活动、优惠推送。2019 年 8 月，世茂商业与中国联通签订战略合作协议，在上海世茂广场推进 5G 智慧商圈场景落地应用。另外，龙头房企在商场设施方面更为人性化，提供童车、母婴室等，实时显示客流量和室内温度、环境变化。

营销创新方面，房企通过多元平台实现营销力的提升，根据不同城市、用户大数据分析，利用数字化营销手段，进行精准推送，丰富营销内容，实现高效传播。整体来看，500 强房企的营销推送也不仅仅局限于地产平台、微信公众号、朋友圈、广告等，部分房企的营销人员、销售人员也通过短视频的方式，进行购房知识输出，体现项目优势，促进成交，营销愈发下沉。近年来，龙头也在文化方面实现了多元化延伸，实现动画、文化 IP 的打造，联合出品电影等动作（见图 6-25）。

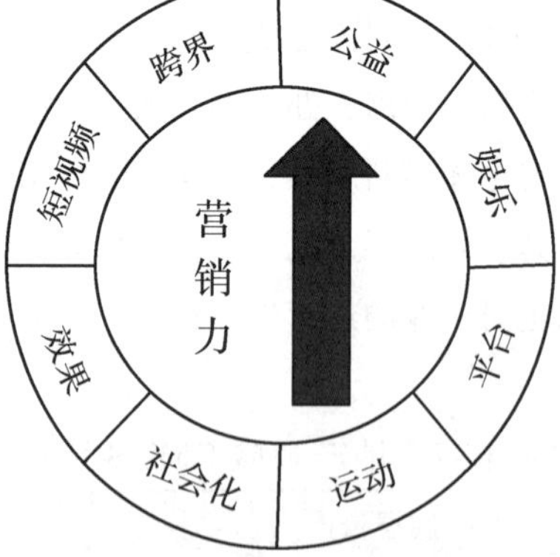

图 6-25　典型房企多维度提升营销力

数据来源：中国房地产测评中心。

2019 年，中介、代理等传统渠道为企业去化提供了较大助力，同时，佣金点数也明显有所上升。为了减少过度被单一渠道捆绑，房企积极拓宽营销渠道。首先，促进老带新，从战略层面、执行层面、监管层面逐渐细化，激活老业主参与热度，对于新的消费者，通过互联网平台进行活动搭建，借助事件、节日、热点触及消费者。富力集团通过微信公众号平台推出 H5 小游戏，线下组织项目定点打卡参与礼品抽奖活动。金辉结合“11 · 11”推出“炫福季”，联动 30 城市，100+项目，企业端让利 11.11 亿元，消费者可通过链接进行砍价获取优惠，增强客户互动，扩大项目知名度，返利直接到达客户手中。

优惠方面，幅度较上年增大，房企推出低起价、特价房、团购价、秒杀价等活动促进去化，金地集团通过“金地 11 · 11 真送度假房”活动，扩大企业品牌传播，用较小的拓客成本引入大量客流，进而加快转化。2020 年 2 月 18—29 日，恒大推出 75 折购房优惠，降低消费者入市门槛，保障客户购房利益，截至 3 月 1 日，2 月实现网上认购总套数约十万套，优惠后房屋总价值过千亿。

此外，房企积极联手电商平台，开辟线上购房渠道，突破线上线下壁垒，从线上引流发展到线上购房。融创华南区域旗舰店、北京区域旗舰店均在京东房产平台上入驻，购房者可在线上参与购房补贴等活动。碧桂园河南区域房产旗舰店可以在线上领取购房优惠。恒大集团则是携手苏宁，开设特价房活动，线下借助苏宁易购门店及苏宁小店进行渠道拓展。房企积极创新、拓宽销售渠道，通过自建系统推动线上成交，提高客户粘性。

在 2019 年年底与 2020 年交接之际，我国受冠状病毒疫情影响，售楼处销售停摆，房企通过在线营销，各类直播平台进行项目推广，促进项目认购。2020 年 2 月 16 日，乐居推出“好房在线购”平台，截至到 3 月 2 日，入驻 104 家品牌开发商，合作楼盘达 2640 个，线上可售房源超过 50 万套，入驻在线销售员超过 15 万名，15 天累计线上完成认筹套数超 12 万套，总房产认购总值（GMV）超 1800 亿元。房企通过乐居强大的资源平台，推动线上互动，实现线上看房、选房、付定等一系列操作（见表 6-9）。

总体来说，科技发展带来的利好，数字化时代为企业的多元创新带来了新的灵感，房地产行业的激烈竞争也让房企不断优化升级，实现优质的可持续增长。

表 6-9　2019 年典型房企营销模式及活动

企业名称	营销模式	营销活动
雅居乐	公益营销	2019 年 7 月，举行“同理同行—雅居乐公益主题发布会”，带动“同理心”的公益精神
融　创	文化营销	2019 年 12 月，在无锡举办《太湖秀》表演，体现城市文化
绿　城	运动营销	绿城“踢球去”活动已经连续举办数年，拓宽多个城市
保　利	节日营销	2019 年 5 月，保利屋艺节谐音“五一”，多盘联动
上　坤	文化营销	2019 年 10 月，上坤组织业主及员工的子女为中国 70 华诞歌唱献礼

数据来源：CRIC、中国房地产测评中心。

客研前置产品升级　科技助力绿色建筑

房地产行业经历了快速增长的时代后，如今已经进入到深度调整期。产品方面，随着楼市调控政策加码，融资收紧，以及市场购房主力、消费群体、居住习惯的变化，房地产企业的产品理念随市调整，由开发端向消费端过渡，不断精研产品，加强内功修炼，以绿色产品为导向，通过科技手段，持续优化客户触点。

2019 年，产品质量方面，房企通过高层领导牵头，强化产品研发，2019 年 7 月，绿城集团成立了规划设计委员会和工程质量委员会，体现了对升级产品力的坚持。设计方面，产品、社区环境加强了人性化考虑。客研方面，龙头房企具有十分严谨深入的研究体系，融创在产品定位、研发、交付环节进行研究，加入“后评估”体系，形成客户端到产品端的研发闭环，更加注重产品与城市的融合，支持本地需求。此外，龙湖则是将客研前置，从生活细节入手，为项目增强竞争力且便于优化调整。

产品体系方面，房地产企业拥有不同的产品宽度，以产品线将不同使用功能、不同需求、不同风格的产品进行区分，根据企业自身定位及开发优势，有选择的进行增加或缩短产品线的长度。整体来看，龙头房企多数采用主干产品线，其他产品线并行的产品线打造模式，而在单一产品线方面，房企采用不断更新，进化的方式来对产品进行升级。例如旭辉集团 cifi-5、cifi-6，在产品上不断迭代升级，使得产品更具生命力；金茂集团的金茂府产品线则是以科技手段，形成智能住宅，根据不同地域适配新风空调，不断提升人居生活环境。此外，社区的功能性更强，智能社区成为标准配置。

很早以来，我国政策就开始倡导绿色地产，大力扶持绿色建筑，鼓励龙头房企创新科技手段、提升技术能力、研发新型绿色材料等等，科技的快速发展也为绿色产品助力。龙头房企提早布局绿色科技地产，编撰了相关的建筑规范、管理规范等条文，此外，还通过产业科创，研发绿色建筑产品。其中，碧桂园位于佛山的总部大楼则是对绿色环保产品重视的体现，还自主创新研发高质量的建造体系。恒大成立了绿色建筑研究基地、万科打造绿色建筑产业链，实现开发建筑全链条绿色。除此以外，金茂、当代置业、首创、金科、朗诗等企业均在绿色建筑方面多维度深化，提高消费者生活舒适度（见表 6-10）。

表 6-10　2019 年典型房企致力绿色建筑体系及方式

企业名称	绿色体系、方式
碧桂园	“绿科技”体系为建筑赋能，建立可持续发展道路
金　科	3 大核心+189 项技术
金　茂	十二大绿金科技打造绿色建筑产品
朗　诗	绿色地产、绿色装饰、绿色物业、绿色设计
葛洲坝	深耕“5G 科技”发力绿色建筑

数据来源：CRIC、中国房地产测评中心。

科技助力绿色建筑发展，房企积极联手科技巨头。世茂集团与阿里云，商汤科技、云知声签署共建泛地产行业战略合作协议，引进云知声的语音识别智慧系统。绿地提出升级科创基因，除了与科技企业合作以外，还同顶尖高校、科研所等企业搭建科创平台，深化教育资源。2019 年 8 月，中海与华为签署了战略合作协议，就物联网、智能家居领域进行联合开发，实现全屋智能的智慧生活（见表 6-11）。

表 6-11　2019 年典型房企联手科技企业、高校业务发展图表

企业名称	合作企业/高校	相关业务
绿　地	兰州大学	“科创+”发展模式
万　科	海　尔	智慧家庭、社区、城市
中　海	华　为	智能家居，智慧生活

续表

企业名称	合作企业/高校	相关业务
蓝　光	海　信	聚焦智能化、智慧家居
世　茂	慧科技	健康、便捷的人居体验

数据来源：中国房地产测评中心。

税收保持增长态势　企业履行社会责任

房企在实现自身可持续发展的同时，不忘反哺社会，积极履行企业纳税责任。2019 年，500 强房企所得税均值为 3.86 亿元，同比增长 10.90%；营业税金及附加的均值约为 5.75 亿元，同比增长 22.37%（见图 6-26）。

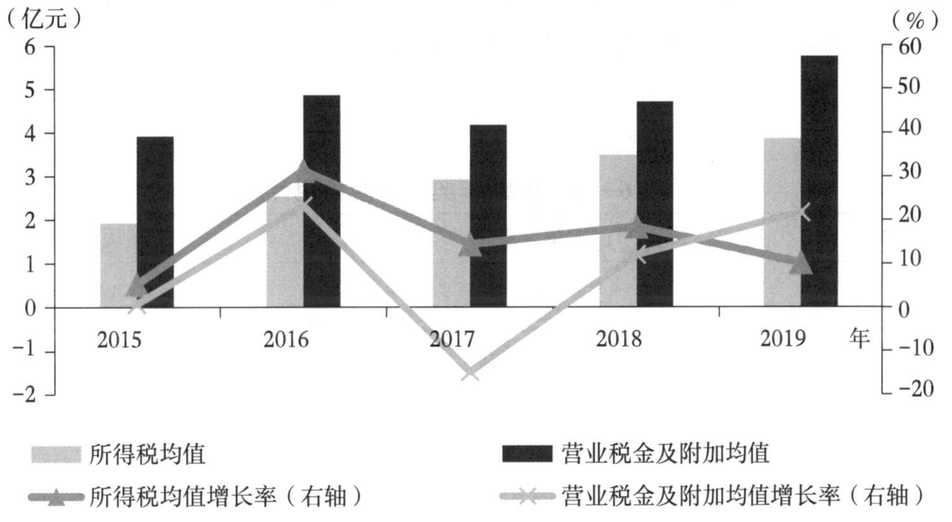

图 6-26　2015—2019 年 500 强营业税及所得税均值及增幅变化

数据来源：CRIC、中国房地产测评中心。

房地产企业规模较大，且具有极高的资源整合能力的优势。诸多龙头房企多年坚持扶贫、慈善等行为，并发布《企业社会责任报告》，已经形成较为持续、可复制的扶贫模式，碧桂园以“党建扶贫、产业扶贫、教育扶贫、就业扶贫”的“4+X”的模式，切断贫困源头，辅助地区经济开发，实现精准扶贫，减少大水漫灌扶贫的缺陷。恒大集团自 2015 年 12 月开始扶持贵州省毕节市大方县扶贫，2019 年 4 月，毕节市人民政府发布大方县退出贫困县序列通告。招商蛇口则是结合区域政府产业发展要求，发掘区域优势，利用自身平台优势带动当地发展，践行“开发式扶贫”模式。

2019 年 12 月，我国受冠状病毒肺炎疫情影响，房企积极发挥带动作用，开展防疫工作，加强防疫宣传。通过捐赠、提供物料支持等方式支持湖北武汉等城市，此外，部分房企通过减免商办、园区租金，物业费，降低承租企业压力。2020 年 1 月，祥生宣布对旗下在营商业项目所有商户，以及出租物业酒店所有租户的租金做相应减免。在新冠病毒肺炎疫情中，恒大向武汉新冠肺炎防控指挥部捐赠 3 亿元人民币，碧桂园设立疫情基金，捐赠 2 亿元。融创、万科、龙湖、富力、金辉、正荣等数十家房企积极参与抗击疫情。为了减少疫情传播几率，房企停止了售楼处销售活动，全面维护保障社区、员工、客户的安全（见表 6-12）。

表 6-12　新冠病毒肺炎疫情期间典型房企捐赠金额

单位：万元

企业名称	捐赠金额	企业名称	捐赠金额	企业名称	捐赠金额
恒　大	30000	龙湖	2000	朗诗	1000
碧桂园	20000	保利	2000	弘阳地产	1000
万　科	10000	富力	2000	金地	1000
融　创	11000	阳光城	2000	中骏	1000
华夏幸福	2100	禹洲	1500	金辉	1000

数据来源：中国房地产测评中心。

随着房地产快速发展，规模急剧扩张，房企内部腐败、高杠杆风险、房屋质量等副作用显现，在此背景下，企业以审慎的反思态度，通过内部调整、强力处理贪腐行为，促回款、加强信用评级，积极改善所存在的问题（见表 6-13）。

表 6-13　2020 年典型房企信用评级

企业名称	主体评级	债项评级
万　科	AAA	AAA
金　地	AAA	-
金　茂	AA+	-
保　利	AAA	AAA
绿　城	AAA	AAA

数据来源：全国银行间同业拆借中心、中国房地产测评中心。

房企的社会责任不仅仅局限于纳税和慈善，在形式、规模上也更为细化和完善，针对不同主体践行不同的企业责任。社区关怀方面，在老龄化的背景下，房企关注并尝试解决独居老人、具有认知障碍的老人居家养老问题。融创推出公益平台小程序，发布公益项目，呼吁企业内部员工、社会人士、业主、媒体等通过运动捐步、加入义工联盟等模式参与慈善。此外，2019 年 10 月，融创同清华大学签署捐赠仪式，捐赠额度 10 亿元，在教育科研、学科建设、人才培养等方面助力。万科集团始终关注环境、大气污染治理等问题，倡导环保理念。由此可见，房企愈发重视对社会履行企业责任，成果渐显，行动更为体系化、细化。

（二）2019 年中国房地产上市公司综合实力百强测评

发布机构：中国房地产业协会　上海易居房地产研究院中国房地产测评中心

发布时间：2019 年 5 月 23 日

发布地点：香港

1. 测评榜单（见表 6-14）

表 6-14　2019 年中国房地产上市公司综合实力榜

排名	企业简称	企业代码	排名	企业简称	企业代码
1	中国恒大	03333. HK	36	建发股份	600153. SH
2	万科 A	000002. SZ	37	首开股份	600376. SH
3	碧桂园	02007. HK	38	时代中国控股	01233. HK
4	保利地产	600048. SH	39	中骏集团控股	01966. HK
5	中国海外发展	00688. HK	40	宝龙地产	01238. HK
6	融创中国	01918. HK	41	华侨城 A	000069. SZ
7	龙湖集团	00960. HK	42	合景泰富集团	01813. HK
8	新城控股	601155. SH	43	首创置业	02868. HK
9	华润置地	01109. HK	44	越秀地产	00123. HK
10	富力地产	02777. HK	45	迪马股份	600565. SH
11	华夏幸福	600340. SH	46	深圳控股	00604. HK
12	绿地控股	600606. SH	47	仁恒置地	Z25. SI
13	招商蛇口	001979. SZ	48	华发股份	600325. SH
14	旭辉控股集团	00884. HK	49	景瑞控股	01862. HK
15	世茂房地产	00813. HK	50	金融街	000402. SZ
16	阳光城	000671. SZ	51	合生创展集团	00754. HK
17	金地集团	600383. SH	52	新湖中宝	600208. SH
18	金科股份	000656. SZ	53	陆家嘴	600663. SH
19	正荣地产	06158. HK	54	大悦城	000031. SZ
20	中南建设	000961. SZ	55	北辰实业	601588. SH
21	雅居乐集团	03383. HK	56	保利置业集团	00119. HK
22	荣盛发展	002146. SZ	57	金隅集团	601992. SH
23	绿城中国	03900. HK	58	北大资源	00618. HK
24	中国金茂	00817. HK	59	滨江集团	002244. SZ
25	融信中国	03301. HK	60	朗诗绿色集团	00106. HK
26	蓝光发展	600466. SH	61	信达地产	600657. SH
27	龙光地产	03380. HK	62	瑞安房地产	00272. HK
28	中国奥园	03883. HK	63	雅戈尔	600177. SH
29	佳兆业集团	01638. HK	64	上实城开	0563. HK
30	美的置业	03990. HK	65	弘阳地产	01996. HK
31	路　劲	01098. HK	66	花样年控股	01777. HK
32	建业地产	00832. HK	67	北京城建	600266. SH
33	泰禾集团	000732. SZ	68	当代置业	01107. HK
34	禹洲地产	01628. HK	69	国瑞置业	02329. HK
35	远洋集团	03377. HK	70	亿达中国	03639. HK

续表

排名	企业简称	企业代码	排名	企业简称	企业代码
71	大发地产	06111. HK	86	中华企业	600675. SH
72	鑫苑置业	XIN. N	87	阳光 100 中国	02608. HK
73	五矿地产	00230. HK	88	云南城投	600239. SH
74	光明地产	600708. SH	89	南山控股	002314. SZ
75	广宇发展	000537. SZ	90	苏州高新	600736. SH
76	福星股份	000926. SZ	91	SOHO 中国	00410. HK
77	大名城	600094. SH	92	恒盛地产	00845. HK
78	力高集团	01622. HK	93	海航基础	600515. SH
79	中洲控股	000042. SZ	94	外高桥	600648. SH
80	新华联	000620. SZ	95	张江高科	600895. SH
81	嘉华国际	00173. HK	96	上海临港	600848. SH
82	绿地香港	00337. HK	97	天安	00028. HK
83	中交地产	000736. SZ	98	南京高科	600064. SH
84	鲁商置业	600223. SH	99	苏宁环球	000718. SZ
85	华远地产	600743. SH	100	京投发展	600683. SH

2. 测评分析

（1）入榜企业分析

十强房企略有变动，上游标杆格局未变

中国房地产测评中心对上市房企进行了客观、公正、专业和科学的测评研究，形成了 2019 中国房地产上市公司测评研究报告。从核心测评指标来看，2018 年上市房企总资产均值为 1121. 51 亿元，同比上升 28. 4%；房地产业务收入均值为 200. 91 亿元，同比增长 33. 92%；净利润均值为 25. 62 亿元，同比增长 13. 82%；资产负债率均值同比上升 3. 04 个百分点至 68. 09%；净负债率均值同比上升 2. 65 个百分点至 92. 52%（见表 6-15）。

表 6-15　2014—2018 年上市房企部分核心测评指标的均值

指　　标	2014 年	2015 年	2016 年	2017 年	2018 年
房地产业务收入（亿元）	95. 75	117. 73	147. 20	150. 02	200. 91
总资产（亿元）	447. 88	586. 18	717. 47	873. 43	1121. 51
净负债率（%）	112. 35	115. 61	91. 31	89. 87	92. 52
资产负债率（%）	66. 09	67. 05	65. 34	65. 05	68. 09
净利润（亿元）	13. 98	13. 48	17. 16	22. 51	25. 62

数据来源：企业年报、CRIC、中国房地产测评中心。

榜单显示，中国恒大成功蝉联榜首，前三名与 2018 年一致，依旧为中国恒大、万科 A 和碧桂园。保利地产、中国海外发展和融创中国分别居于第 4~6 位，龙湖集团、新城控股、华润置地和富力地产分列第 7~10 位（见表 6-16）。

表 6-16　2015—2019 年部分入榜企业排名名次变化

企业代码	企业简称	2015 年	2016 年	2017 年	2018 年	2019 年
03333. HK	中国恒大	4	4	3	1	1
000002. SZ	万科 A	1	1	1	2	2
02007. HK	碧桂园	7	9	4	3	3
600048. SH	保利地产	2	6	5	5	4
00688. HK	中国海外发展	5	2	2	4	5
01918. HK	融创中国	13	15	10	9	6
00960. HK	龙湖集团	12	13	11	10	7
601155. SH	新城控股	19	19	16	13	8
01109. HK	华润置地	6	7	9	11	9
02777. HK	富力地产	8	8	8	8	10

数据来源：CRIC、中国房地产测评中心。

2018 年，中国恒大实现合约销售金额 5513. 4 亿元，同比增长 10. 1%。企业在“规模+效益型”发展模式下，坚持降负债，并凭借标准化运营及集约化采购，实现大规模精品化开发，有效控制成本，全年实现净利润 722. 1 亿元，同比增长 106. 4%，盈利能力强劲。同时企业持续探索多元新利润增长点，布局新能源汽车领域。

万科坚持“城乡建设与生活服务商”战略，年中提出“收敛聚焦、巩固基本盘”，经营能力持续提升，年内，实现销售金额 6069. 5 亿元，同比增长 14. 5%，实现营业收入 2976. 8 亿元，同比增长 22. 6%，实现归属于上市公司净利润 337. 7 亿元，同比增长 20. 4%。

碧桂园实现合约权益销售金额 5018. 8 亿元，营业收入和净利润分别为 3790. 8 亿元、485. 4 亿元，同比分别增长 67. 1%、68. 8%。企业坚持稳健经营，保持财务稳健，对于安全问题提到高度重视地位，同时，布局智能机器人领域，向创造美好生活产品的高科技综合性企业发展。

2018 年，国内外宏观经济形势复杂，房地产调控影响逐渐显出，受此影响，房地产上下游较多行业增长乏力。供应链超百家上市公司营业收入中，虽九成企业的营收依然在上涨，但过半数涨幅不足 20%，一成供应链企业营收下滑。其中，水泥、防水材料、定制家居、装配式施工行业营收增长较快，玻璃、电梯、电线电缆、充电桩工程行业营收下滑明显。另外，受消费升级、全装修政策影响，存量市场发展，各行业亦面临新的机遇。众多上市企业选择稳健发展路径，一些领先的上市企业在资本、技术、品牌、管理方面具备优势，通过不断创新，推进产品结构多元化和品质化发展，进行品牌塑造与服务创新，从而在产品、服务方面更加适配于开发商降本增效、提质升级的要求，表现较为突出。家电产品呈现“大美舒智健”特点，以美的、海尔、格力等为代表的大家电企业专注于技术研发、产品创新、品牌打造，引领市场潮流，集中度继续攀升。以格力电器为例，企业强调自主研发能力，坚持质量创新，年内，企业产品在智能、舒适、节能方面取得重大突破，完成了格力 · 舒御、家用光伏直驱绿色空调等高端产品开发，2018 年，企业实现营业收入 2000. 24 亿元，同比增长 33. 33%，实现归母净利润 262. 03 亿元，同比增长 16. 27%，各项指标表现突出，市盈率较优。厨电行业，在行业整体低迷，行业抽油烟机、燃气灶等产品零售额呈现负增长情况下，老板电器业绩保持平稳增长，销售额和销售量明显优于行业平均，营业额和净利润同比微增，净资产收益率近 25%，表现出了较强的盈利能力。防水行业领域中，东方雨虹经营稳健，注重经营质量，优化渠道，进一步巩固与开拓与大型房地产公司的战略合作，同时，积极转型“建筑建材系统服务商”，拓展新领域，推动施工机械化发展，同时开辟“建筑修缮”业务，综合支持企业盈利能力保持前列。建筑装饰行业增长平稳，金螳螂、全筑等领先上市企业占据优势，这些企业管理高效，BIM、VR 等技术应用领先，市场占有率稳步提升。

（2）资本市场表现

2018 年全年低迷，2019 年春季反弹

2018 年，A 股市场呈现单边下跌格局，全年只在 1 月有一波蓝筹股行情，其后受中美贸易战影响走势低迷。地产板块与大盘走势基本一致，跌幅略大于大盘指数。以 2018 年 12 月 29 日收盘价计算，沪深 300 指数全年累计下跌 25.5%，申万房地产行业指数全年累计下跌 29.1%，跑输大盘 3.6 个百分点；横向对比来看，房地产板块全年在申万 28 个一级行业里排名中游偏下。港股方面，恒生中国 100 指数全年累计下跌 15.2%，恒生中国内地地产指数全年累计下跌 11.7%，跑赢大盘 3.5 个百分点。总体来看，不同市场间房地产板块表现基本一致，但 A 股房地产板块表现弱于大盘，而由于香港上市的地产股大部分是龙头房企，港股内房股板块全年跌幅相对较小，市场表现优于恒生中国 100 指数。

具体到各时间段，1 月地产股有一波上涨行情，A 股申万房地产行业指数从年初的 4935 点上涨到最高的 5827 点，涨幅 18%；港股内房股指数也从 1681 点上涨到最高 1971 点，涨幅 17%。原因是 2017 年年底地产股上市公司全年业绩预告表现抢眼，使之前市场对地产股的业绩预期被证实，从而对地产股 2018 年的业绩产生更好的预期，带动地产股的上涨；其中，龙头房企领涨整个板块，比如万科、华夏幸福、荣盛发展、阳光城等公司股价纷纷大涨，万科一度成为全球市值最大房企。

1 月以后到 10 月下旬市场开启了单边下跌模式，地产板块也跟随市场下跌。分析原因主要是受中美贸易战不确定性的影响。对地产股来说除了中美贸易战的宏观大背景之外，行业也受到了经济金融环境的极大影响。全年经济基本面数据逐步走弱，国民生产总值逐季下滑，四季度同比增幅只有 6.4%，创下近年新低。上半年金融去杠杆使得资金面紧张，广义货币增速同比逐级走低，四季度达到 8.1%的低点，相对名义 GDP 增速形成负缺口，表明在实体经济中资金面实质上处于收缩状态。另外年内银保监会对房企地产企业境内外发债以及各种融资工具都做了不少限制，对地产行业来说"短期看金融"，使市场对地产股预期发生逆转，年初到年中从乐观转为极度悲观（见图 6-27）。

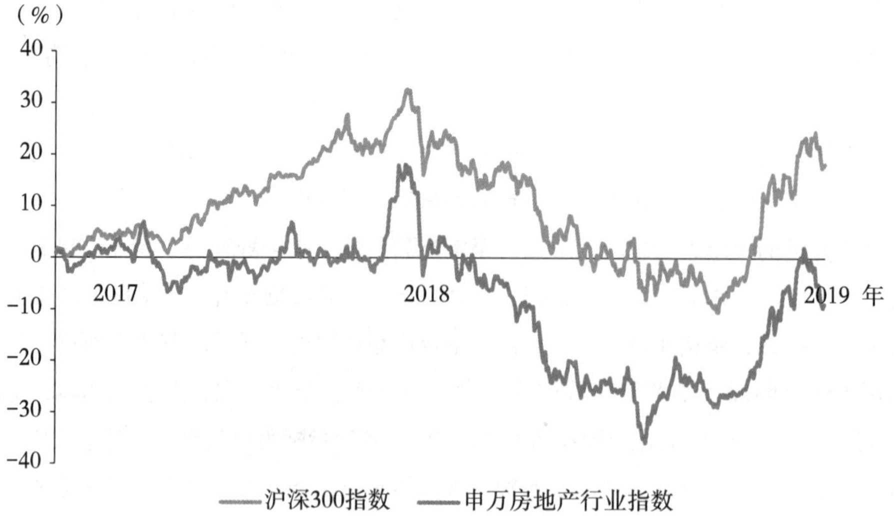

图 6-27　2017 年以来沪深 300 指数与申万房地产行业指数涨跌幅

数据来源：企业年报、CRIC、中国房地产测评中心。

10 月底到年底地产板块同市场一样温和反弹。三季度后政策面对地产行业从“房住不炒”转向“稳房价、稳地价、稳预期”，资金面上也从之前过紧转为偏紧，大基调从去杠杆变为稳杠杆。11 月地产公司境外融资回暖，加上 2018 年年底统计局数据显示的房地产销售收入与面积还略有增长，超出市场预期，因此市场过度悲观的情绪也逐步被修正。

2019 年春节后 A 股开启了一轮小牛市，地产板块也跟随大盘同步反弹，龙头房企表现更为优异，其中 A 股的新城，港股的融创、龙湖和华润股价都创出了历史新高。原因是各方面的共振。先是中美贸易战趋于缓和，宏观大环境转暖。财政政策上减税开始逐步发力，春节后采购经理人指数超预期，表明经济触底复苏。广义货币增速，信贷增速都超预期，资金面转向缓和。地产行业随着 2016 年“325 新政”三周年，一部分刚需陆续获得购房资格，部分城市房价回暖。加上 2018 年房地产板块跌幅过大，本身就有反弹需求，种种利好叠加形成了共振（见图 6-28、图 6-29）。

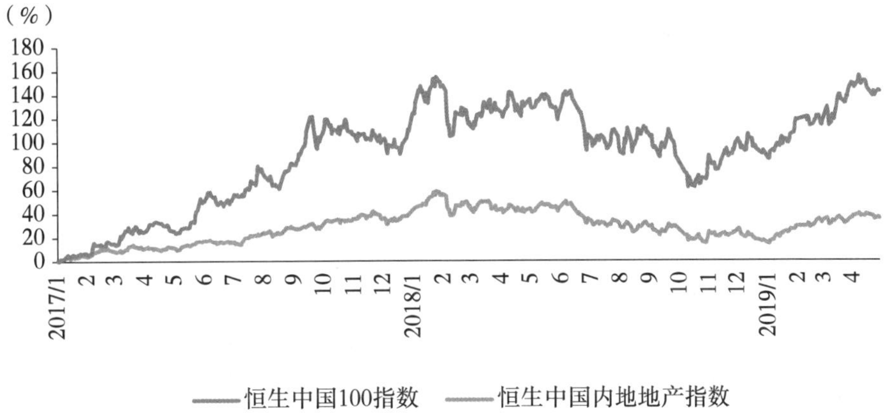

图 6-28　2017 年以来恒生中国 100 指数与恒生中国内地地产指数涨跌幅

数据来源：企业年报、CRIC、中国房地产测评中心。

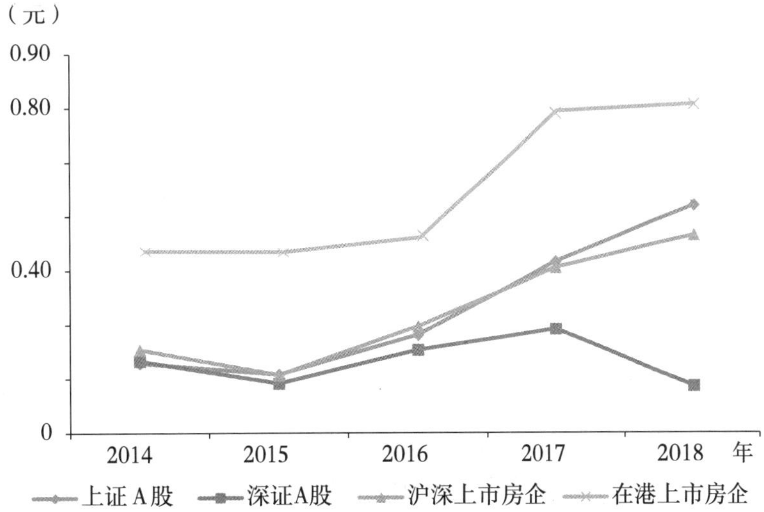

图 6-29　2014—2018 年上市房企每股收益与整体市场比较

数据来源：企业年报、CRIC、中国房地产测评中心。

从每股收益来看，2018 年，上证、深证 A 股企业每股收益平均值分别为 0. 62 元和 0. 29 元，沪深上市房企每股收益平均值为 0. 56 元，每股收益水平略低于上证 A 股，远高于深证 A 股，同比小幅上升。在港上市房企 2018 年每股收益平均值为 0. 81 元，同比小幅上升 2. 07%，依然显著高于沪深上市房企（见图 6-30）。

近两年，沪深上市房企和在港上市房企估值差距持续收缩，2018 年在港上市房企平均市盈率有所下降，但平均市净率有所上升，依次为 7. 38 倍、1. 21 倍，估值得到明显修复。2018 年沪深上市房企的平均市盈率和市净率分别为 10. 24 倍和 1. 33 倍，尽管同比均降低，但仍远高于在港上市房企（见图 6-31、图 6-32）。

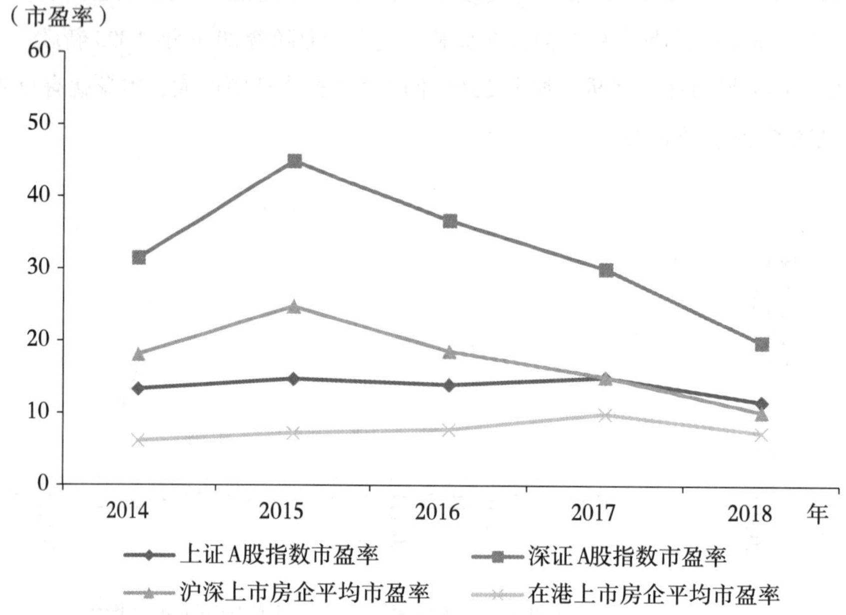

图 6-30　2014—2018 年上市房企市盈率比较

数据来源：企业年报、CRIC、中国房地产测评中心。

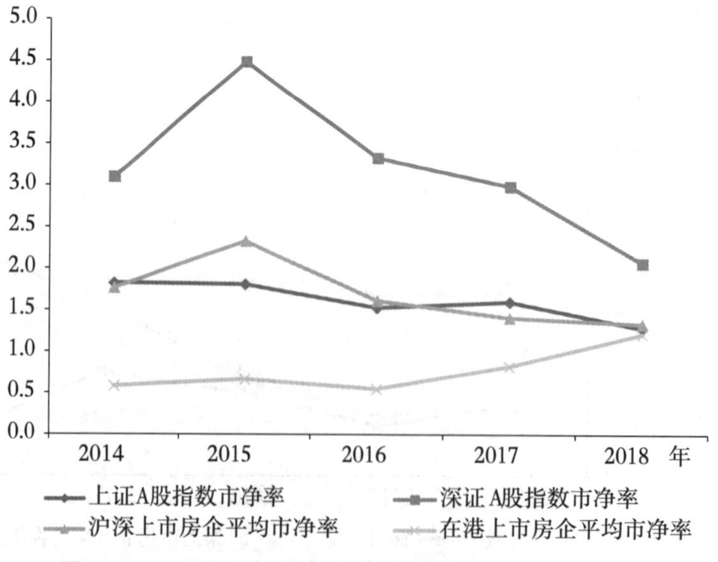

图 6-31　2014—2018 年上市房企市净率比较

数据来源：企业年报、CRIC、中国房地产测评中心。

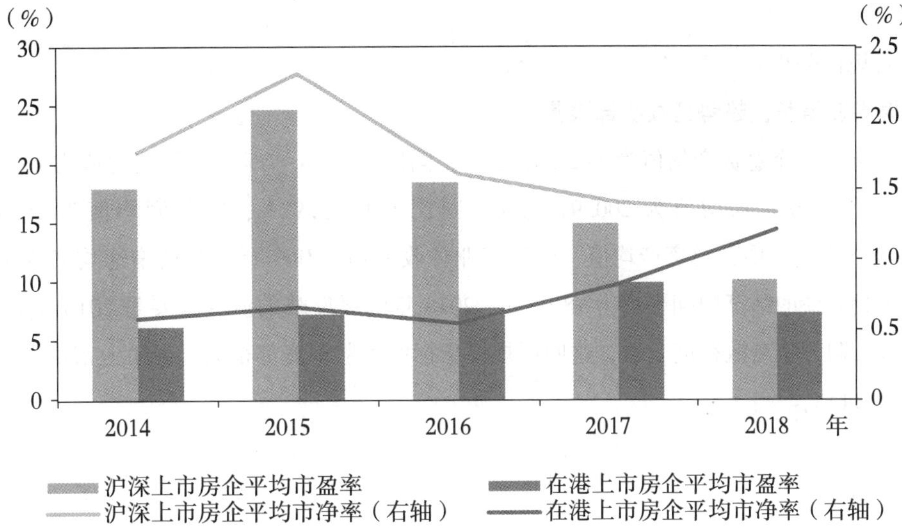

图 6-32　2014—2018 年沪深上市房企与在港上市房企市盈率、市净率比较

数据来源：企业年报、CRIC、中国房地产测评中心。

市值表现方面，2018 年年底，上市房企中市值过千亿的有 8 家，其中，恒大、万科和中海市值超过了 2000 亿元，碧桂园、保利、华润、龙湖和招商蛇口市值都超过了 1000 亿元。股价表现方面，2018 年全年股价累计涨幅前十名里在港上市房企占据前九个席位，A 股金科股份以 31.88%的涨幅居于第六名。2018 年全年跌幅最靠前的 10 个股票中有 8 个来自于 A 股市场，2 个来自于港股市场。由此可见，2018 年在港上市房企的股价表现相对优于 A 股市场，主要因为头部房企大部分在港股市场的内房股板块，受益于行业集中度不断提升，资源向龙头聚拢这一逻辑，在市场下跌的 2018 年，投资者更注重公司的盈利能力，因此股价能有相对较好的表现（见图 6-33）。

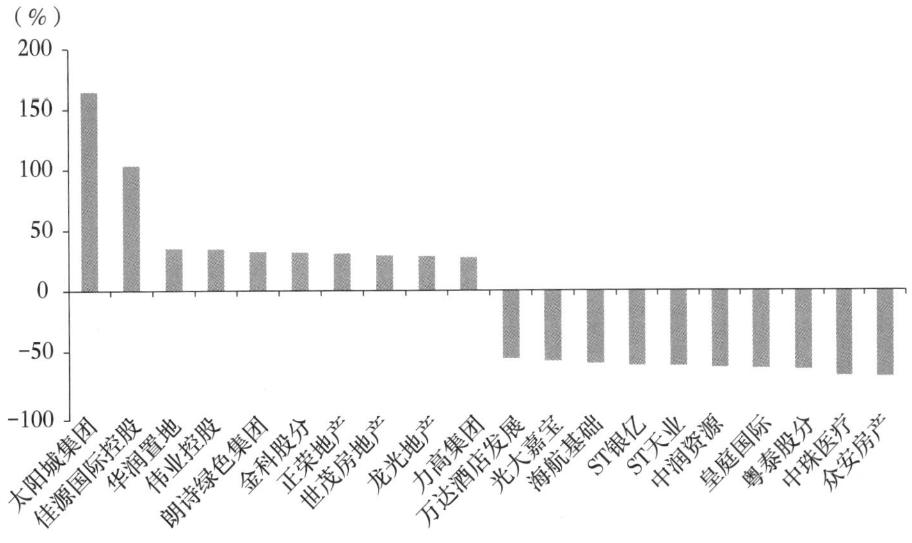

图 6-33　2018 年上市房企股价涨跌幅靠前个股

数据来源：企业年报、CRIC、中国房地产测评中心。

（3）运营规模分析

经营规模高速增长，趋势延续头部聚集

2018 年，上市房企总资产均值为 1121.51 亿元，同比上升 28.40%；净资产均值为 236.89 亿元，同比上升 20.51%；房地产业务收入均值为 200.91 亿元，同比上升 33.92%；净利润均值为 25.62 亿元，同比上升 13.82%。各项规模指标中，总资产均值、房地产业务收入均值和净资产均值增速均实现了较高速的增长，其主因是房地产股业绩的结算周期平均为 18 个月，2018 年财报反映的业务主要是 2016 年和 2017 年，彼时市场正处于高速增长期。从离散程度上看，这四项规模指标的离散程度都很大，说明上市房企之间存在着比较大的差异（见图 6-34）。

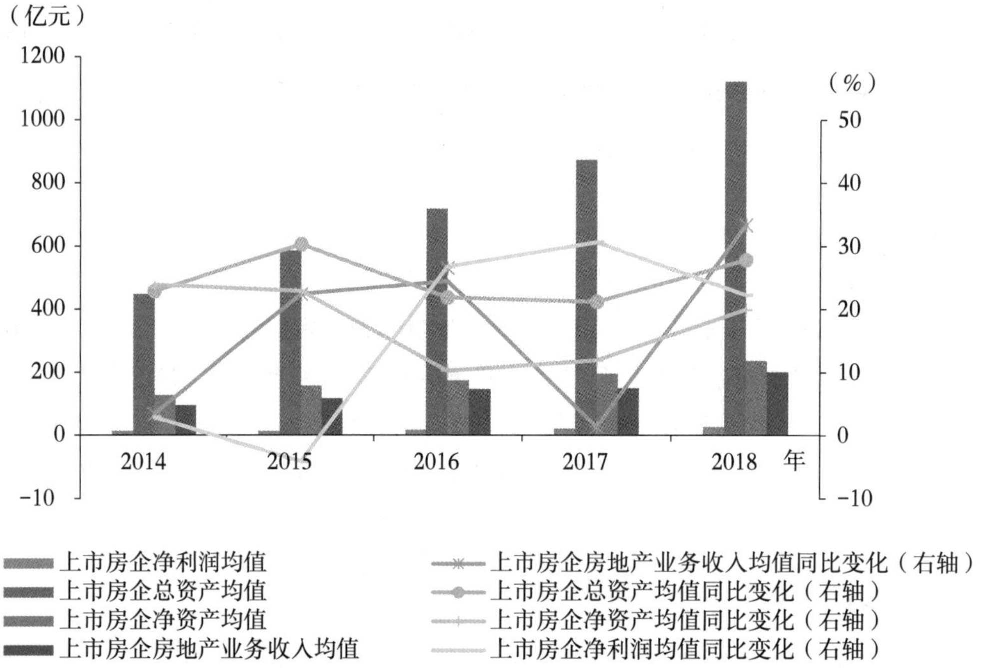

图 6-34　2014—2018 年上市房企规模指标

数据来源：企业年报、CRIC、中国房地产测评中心。

2018 年，在港上市房企的平均总资产、净资产、房地产业务收入和营业利润在绝对值及增速上均领先于沪深上市房企。具体来看，2018 年年底，沪深上市房企总资产均值为 871.96 亿元，同比增长 27.21%，在港上市房企总资产均值为 1504.85 亿元，同比增长 30.37%；沪深上市房企净资产均值为 174.91 亿元，同比增长 19.77%，在港上市房企净资产均值为 331.36 亿元，同比增长 21.79%。房地产业务收入方面，2018 年，沪深上市房企房地产业务收入均值为 144.03 亿元，同比增长 26.74%，在港上市房企房地产业务收入均值为 289.06 亿元，同比增长 41.43%。营业利润方面，2018 年，沪深上市房企营业利润均值为 33.76 亿元，同比增长 43.19%，在港上市房企营业利润均值为 78.72 亿元，同比增长 64.55%（见图 6-35~图 6-39）。

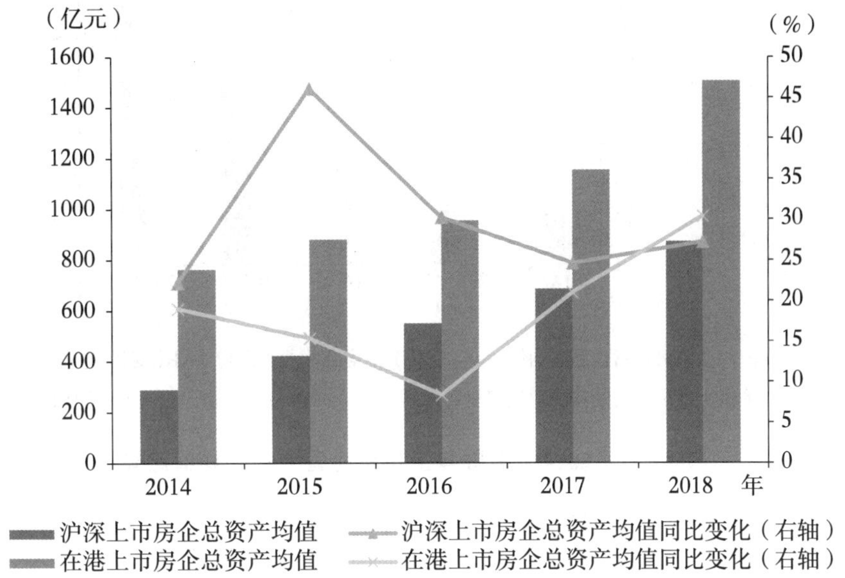

图 6-35　2014—2018 年上市房企总资产均值比较

数据来源：企业年报、CRIC、中国房地产测评中心。

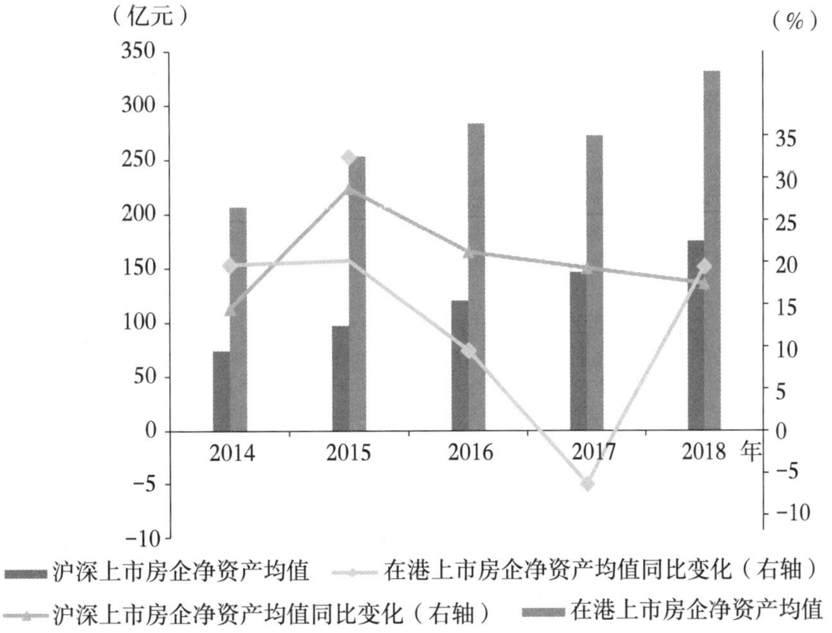

图 6-36　2014—2018 年上市房企净资产均值比较

数据来源：企业年报、CRIC、中国房地产测评中心。

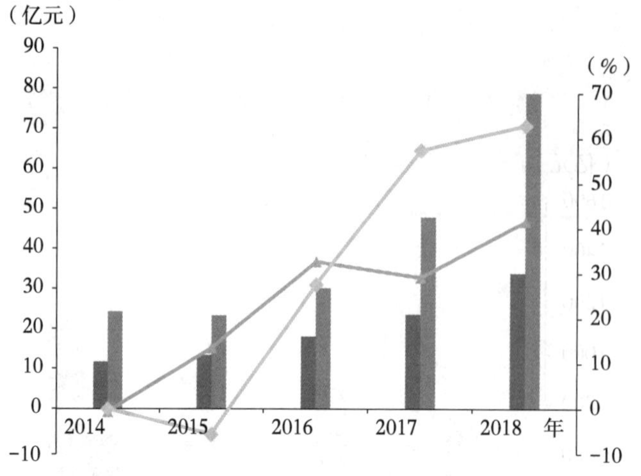

图 6-37　2014—2018 年上市房企营业利润均值比较

数据来源：企业年报、CRIC、中国房地产测评中心。

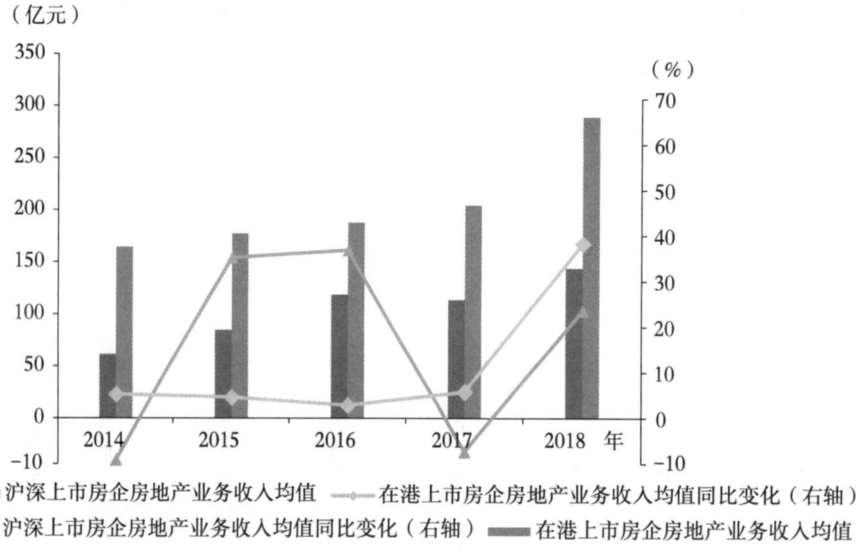

图 6-38　2014—2018 年上市房企房地产业务收入均值比较

数据来源：企业年报、CRIC、中国房地产测评中心。

本次测评根据企业总资产、净资产、房地产业务收入、营业利润规模等指标，将上市房企划分为四种类型：

- ◆ 规模优势型：该类企业运营规模明显超过行业平均水平，具有较强的规模优势。
- ◆ 规模稳健型：该类企业规模大致处于行业平均水平之上，且规模增长速度较平稳，具有一定的规模优势。
- ◆ 规模追赶型：该类企业规模低于行业平均水平，但增长速度较快，规模持续增长能力较强。
- ◆ 规模滞后型：该类企业规模远低于行业平均水平，且规模增长速度波动较大，缺乏成长后劲。

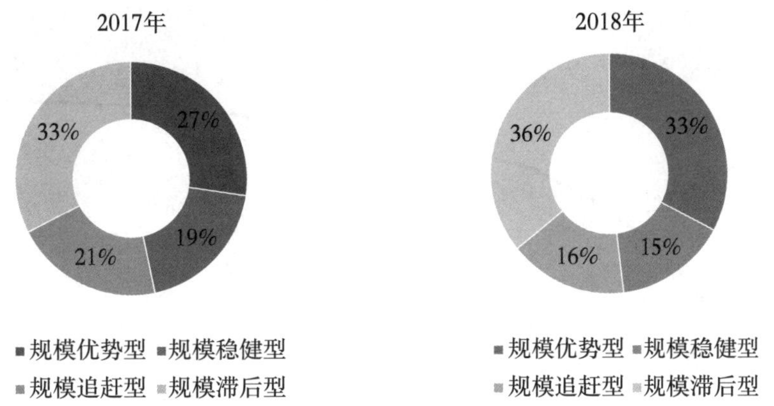

图 6-39 2017—2018 年上市房企运营规模类型分布

数据来源：企业年报、CRIC、中国房地产测评中心。

2018 年，房地产上市公司中规模优势型的企业约占 33%，规模稳健型的企业约占 15%，两类企业合计占比约 48%；规模追赶型和规模滞后型两个阵营的企业分别占约 16%和 36%，合计占比约 52%。总体来看，行业往头部集中的趋势更加明显，更多的企业进入规模优势型和规模滞后型区间。

四类企业中，规模优势型企业和规模稳健型企业各项规模指标均处于上市房企平均水平之上，其中，规模优势型企业总资产均值高达 2610.81 亿元，其四项规模指标都高达行业均值的两倍多，规模稳健型企业总资产均值也达到了千亿元之上，其余两类企业各项指标都在行业平均水平之下（见图 6-40）。

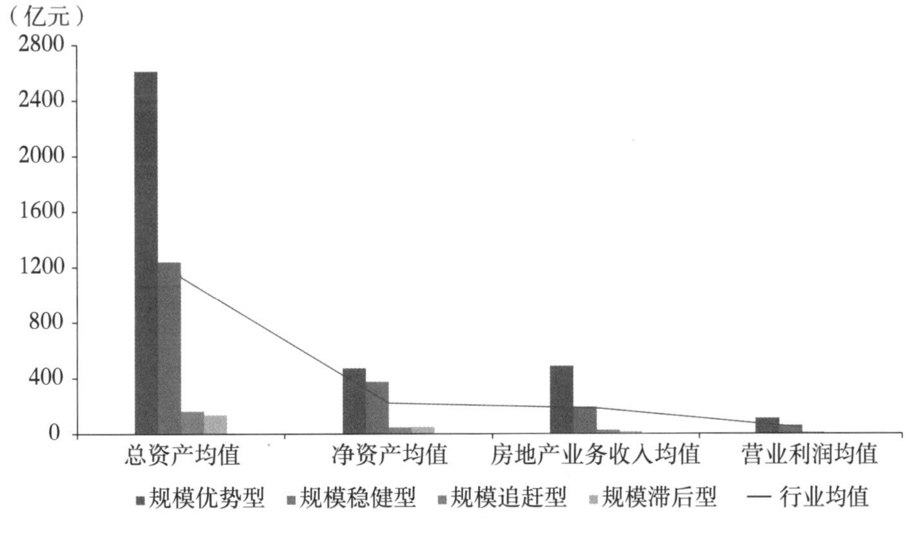

图 6-40 2018 年上市房企规模指标均值分布

数据来源：企业年报、CRIC、中国房地产测评中心。

从上市房企总资产规模来看，截至 2018 年年底，总资产超过千亿元的企业有 57 家，约占上市房企总量的 27.14%，超过 3000 亿元的企业有 14 家，约占上市房企总量的 6.67%，其中，超过万亿元的企业有 4 家，依次是中国恒大、碧桂园、万科和绿地控股。从总资产累计值占比来看，榜单前 17 名企业的总资产累计值占比已超过 50%，排行榜前 55 名企业总资产累计值占比超过 80%。这两项指标 2017 年的数值分别为前 15 名和前 53 名，可见 2018 年房地产行业继续向头部房企集聚，保持和 2017 年差不多的趋势（见图 6-41）。

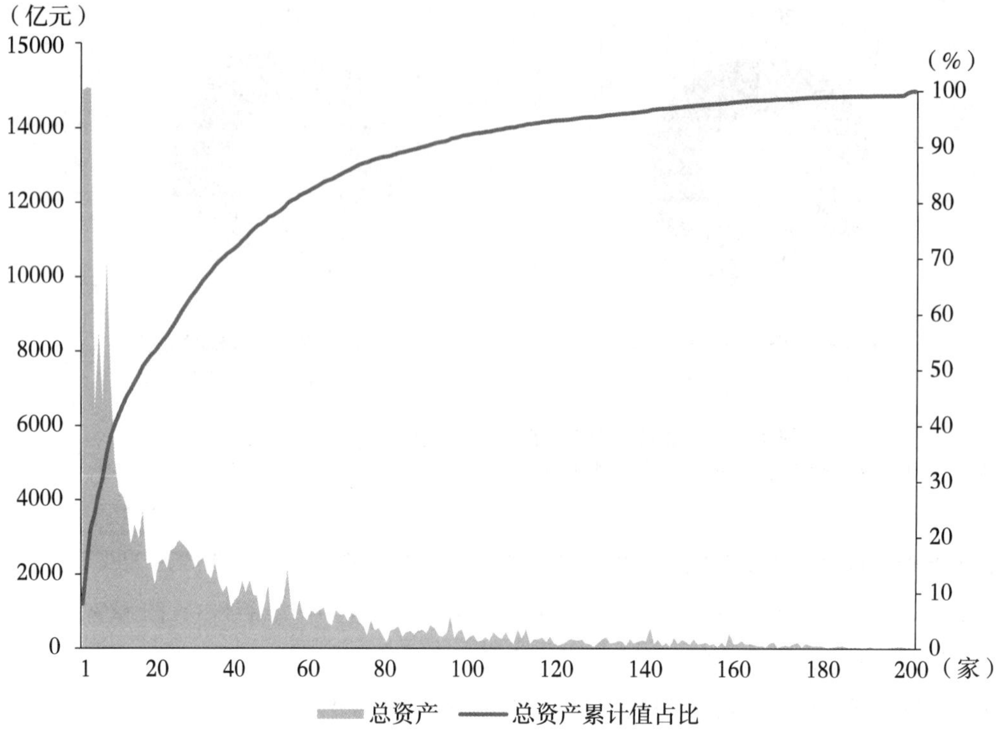

图 6-41　2018 年上市房企总资产规模分布情况

数据来源：企业年报、CRIC、中国房地产测评中心。

销售金额方面，碧桂园、万科、恒大等上市房企继续保持领先优势，稳居规模优势型企业行列。龙头房企销售金额实现了稳步增长。其中，碧桂园、万科和恒大三家企业销售金额突破了 5000 亿元。在销售增速方面，世茂、富力和远洋增速居前，同比增长率依次为 74%、60%和 51%（见图 6-42）。

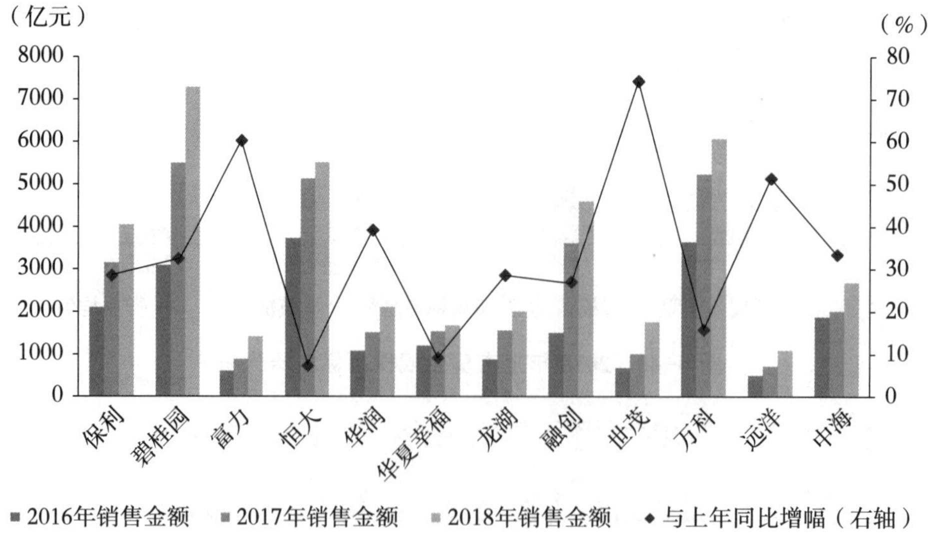

图 6-42　2016—2018 年典型规模优势型企业销售情况

数据来源：CRIC、中国房地产测评中心。

（4）偿债能力分析

债务指标总体平稳，财务风险整体可控

2018 年前三季度房地产融资渠道依然保持收紧态势，四季度开始政策出现微调。有赖于房地产企业销售回款情况较好以及政策微调，总体来看 2018 年房地产企业负债水平保持稳定，偿债风险在可控范围之内。从长期偿债能力看，2018 年年底，上市房企资产负债率均值为 68.09%，较 2017 年上升 3.04 个百分点，标准差为 18.5%，离散程度较小；净负债率均值为 92.52%，较 2017 年年底上升 2.65 个百分点，标准差为 98.74%，离散程度较大。从短期偿债能力指标来看，上市房企流动比率均值为 171.24%，较 2017 年年底下降 20.67 个百分点，标准差为 86.08%，离散程度较大；速动比率均值 70.73%，较 2017 年年底下降 10.79 个百分点，标准差为 59.64%，离散程度较小；现金流动负债比率均值为 5.67%，较 2017 年年底上升 7.31 个百分点，标准差为 18.5%，离散程度很小（见图 6-43）。

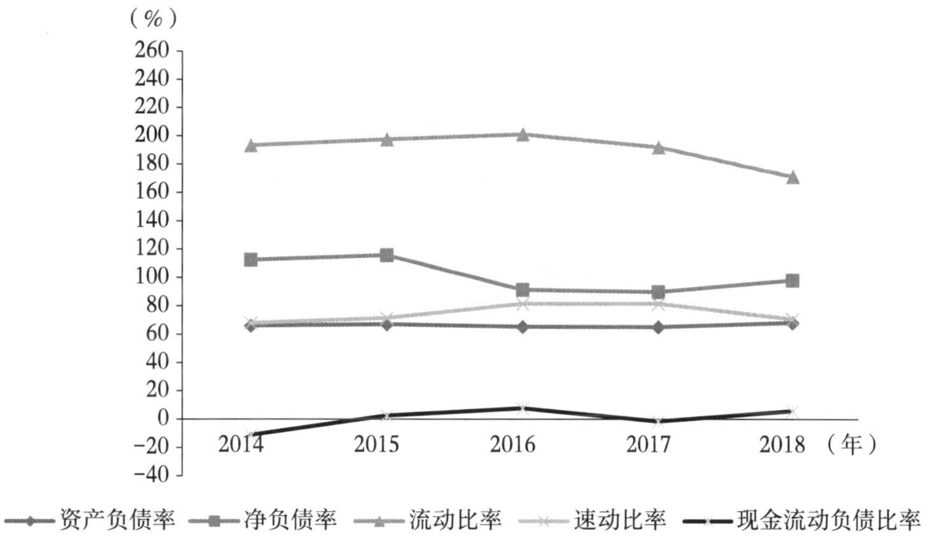

图 6-43　2014—2018 年上市房企偿债能力指标

数据来源：企业年报、CRIC、中国房地产测评中心。

本次测评根据行业特征，将上市房企划分为四个抗风险层级：

◆ 强抗风险层级：此类企业拥有较强的适应市场波动的能力，能够规避较强风险，并保持业务的相对稳定性。

◆ 中抗风险层级：此类企业具备一定适应市场波动的能力，能够规避一定的风险。

◆ 低抗风险层级：此类企业适应市场波动能力一般，风险规避能力一般。

◆ 弱抗风险层级：此类企业适应市场波动能力较弱，难以规避市场风险。

2018 年，综合流动比率、速动比率、净负债率和资产负债率等指标分析得出，强抗风险层级和中抗风险层级的企业分别约占上市房企总量的 13%和 24%，合计占 37%；低抗风险层级和弱抗风险层级企业分别占比约 44%和 19%，合计占 63%（见图 6-44）。

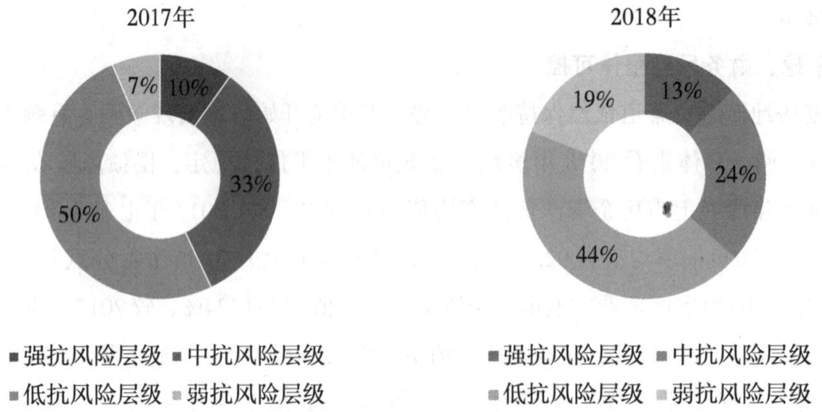

图 6-44　2017—2018 年上市房企抗风险能力类型分布

数据来源：企业年报、CRIC、中国房地产测评中心。

从资产负债率看，强抗风险层级和中抗风险层级企业的资产负债率分别为 40.42%和 60.01%；低抗风险层级和弱抗风险层级企业的资产负债率分别为 72.42%和 83.23%。从净负债率看，强抗风险层级和中抗风险层级企业的净负债均值分别为-5.61%和 33.47%；低抗风险层级和弱抗风险层级企业的净负债均值分别为 100.2%和 240.82%。从流动比率看，强抗风险层级和中抗风险层级企业的流动比率均值分别为 321.59%和 182.06%；低抗风险层级和弱抗风险层级企业的流动比率均值分别为 141.94%和 134.25%（见图 6-45）。

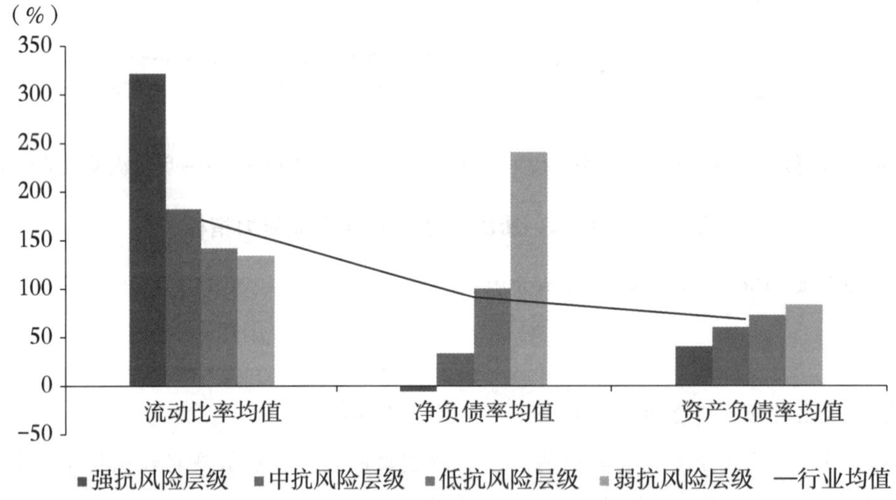

图 6-45　2018 年各类型上市房企偿债能力指标均值比较

数据来源：企业年报、CRIC、中国房地产测评中心。

从企业资产负债率的分布看，2018 年，约 42%的企业资产负债率低于 68.09%的行业均值，中国国贸、中国海外发展等企业位于这一区间；约 26%的企业资产负债率处于行业均值和 80%之间，龙湖、亿达中国、宝龙地产等企业位于这一区间；另外 29%的企业资产负债率高于 80%，这一区间的典型企业有新城、万科、华夏幸福、碧桂园、恒大等企业（见图 6-46）。

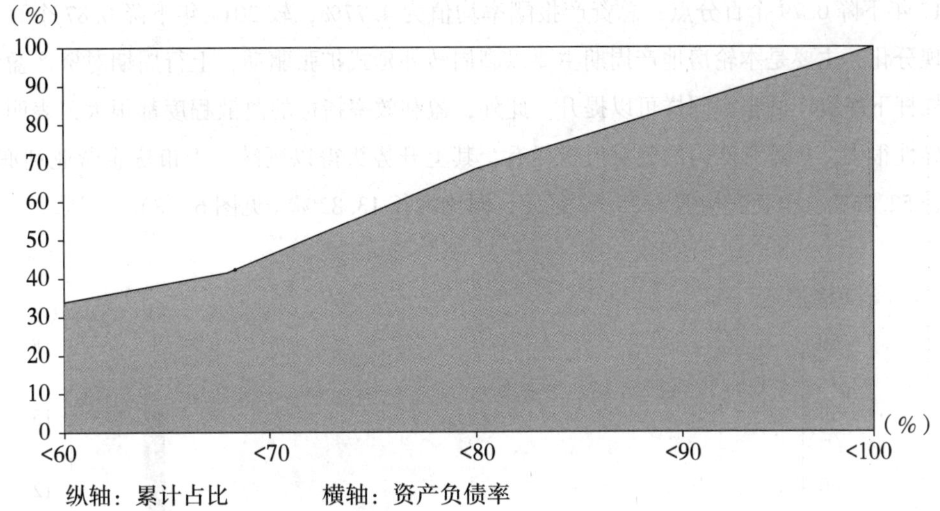

图 6-46　2018 年上市房企资产负债率分布

数据来源：企业年报、CRIC、中国房地产测评中心。

2018 年，12 家典型房企资产负债率均值为 78.65%，较 2017 年上升 1.8 个百分点，有 10 家企业同比上升；其中世茂、龙湖、远洋等 6 家企业处于 60%~80%的区间，中海资产负债率 59.52%。恒大、万科、华夏幸福等 6 家企业高于 80%。扣除预收款项之后，12 家典型房企的资产负债率均值为 55.44%，较 2017 年下降 15.19 个百分点，12 家企业均同比下降。12 家典型企业净负债率均值为 83.5%，较上年下降 9.88 个百分点，有 7 家下降。其中，恒大下降幅度明显，由上年的 239.72% 大幅下降到 151.9%；万科虽然有所上升，但绝对数为 30.89%，维持在合理区间。典型房企的负债水平相对行业平均水平较高，一方面是企业快速发展的需要；另一方面也反映出资金方对典型企业认可度较高（见图 6-47）。

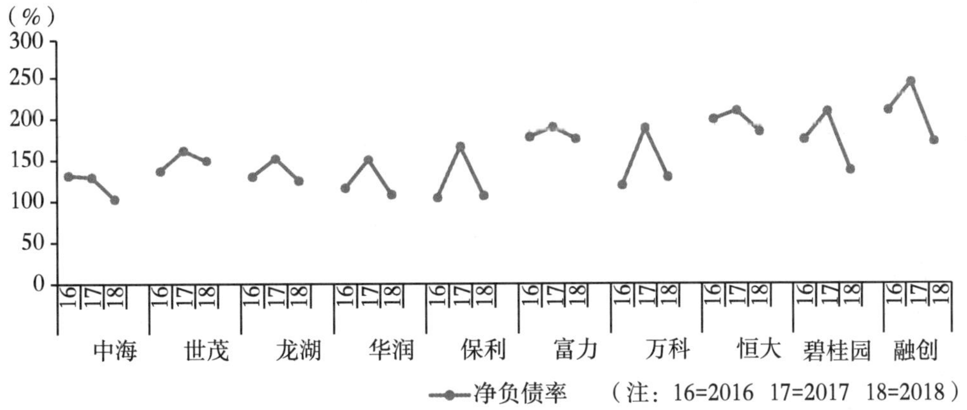

图 6-47　2016—2018 年典型房企长期偿债能力指标比较

数据来源：企业年报、CRIC、中国房地产测评中心。

（5）盈利能力分析

外延扩张驱动增长，头部房企盈利突出

2018 年，上市房企净资产收益率均值为 9.80%，较 2017 年提升 0.51 个百分点；总资产净利率均值为

2.00%，较 2017 年下降 0.79 个百分点；总资产报酬率均值为 4.77%，较 2017 年下降 0.87 个百分点。三大盈利效率指标出现分化，主要是本轮房地产周期主要以高周转外延式扩张驱动，上行周期对资产盈利能力要求有所放宽，在高杠杆下净资产回报率同样可以提升。此外，盈利效率指标的离散程度都很大，表明上市房企的盈利效率水平差异性很大。从盈利能力的绝对值指标看，其上升势头得以延续。上市房企营业利润均值为 51.11 亿元，同比增长 52.76%；净利润均值为 25.62 亿元，同比增长 13.82%（见图 6-48）。

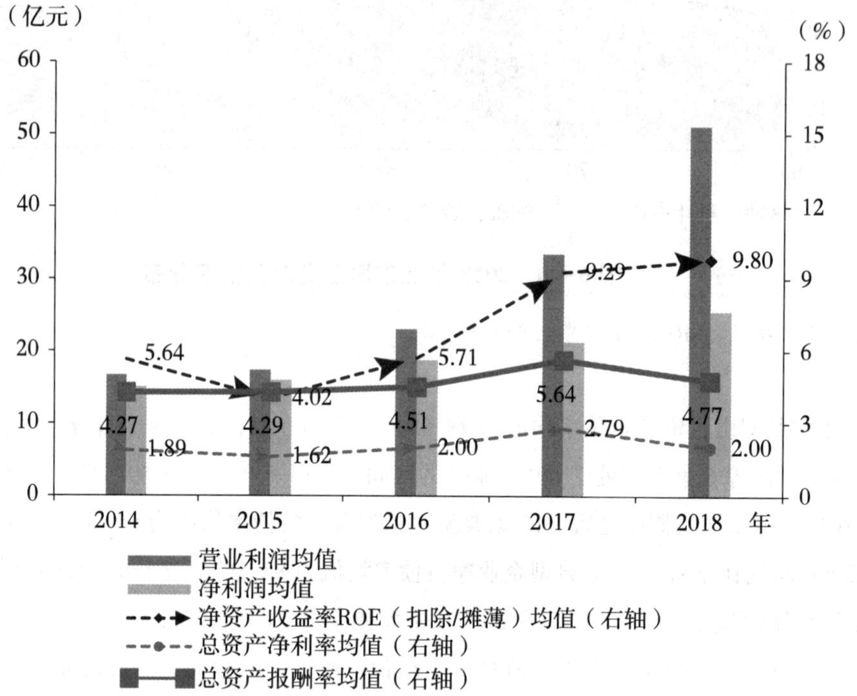

图 6-48　2014—2018 年上市房企盈利能力指标

数据来源：企业年报、CRIC、中国房地产测评中心。

本次测评根据房地产行业特点及盈利特征，将上市房企划分为四种类型：

- 盈利突出型企业：利润率水平超过行业平均水平，且近几年保持持续增长或低于行业波动幅度，盈利前景可观。
- 盈利稳健型企业：利润率水平处于行业平均水平上下，且近几年波动幅度较小，能够维持现有盈利水平。
- 盈利追赶型企业：利润率水平低于行业平均水平，但增速靠前，短期内盈利可能实现突破。
- 盈利乏力型企业：利润率水平远低于行业平均水平，缺乏盈利增长点，近几年净利润持续下滑甚至亏损，中长期盈利状况存在较大的不确定性。

从上市房企盈利能力类型分布来看，盈利下滑型企业数量明显下降，而盈利稳健型企业数量明显上升。盈利突出型和盈利稳健型企业数量分别占约 12%和 69%，二者合计占 81%；盈利追赶型企业数量占比约为 15%，盈利乏力型企业数量占比为 4%，较上年下降 1 个百分点（见图 6-49）。

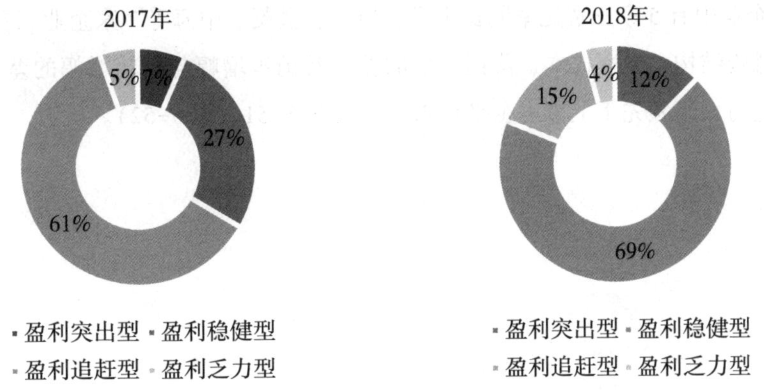

图 6-49　2017—2018 年上市房企盈利能力类型分布

数据来源：企业年报、CRIC、中国房地产测评中心。

从各类型企业盈利能力指标具体表现来看，盈利突出型企业净利润均值和营业利润均值分别为 124.09 亿元和 248.06 亿元，净资产收益率均值和总资产净利率均值分别为 18.02%和 3.29%。盈利突出型企业无论是绝对值指标还是效率指标均远高于其他类型的企业。另外，盈利乏力型企业数量虽然有明显下降，但整体亏损情况并未明显得到改善，平均亏损 3.89 亿元，2017 年这一数据为 4.44 亿元，同时净资产收益率和总资产净利率均值均为负数，依次为-14.53%和-4.13%（见图 6-50）。

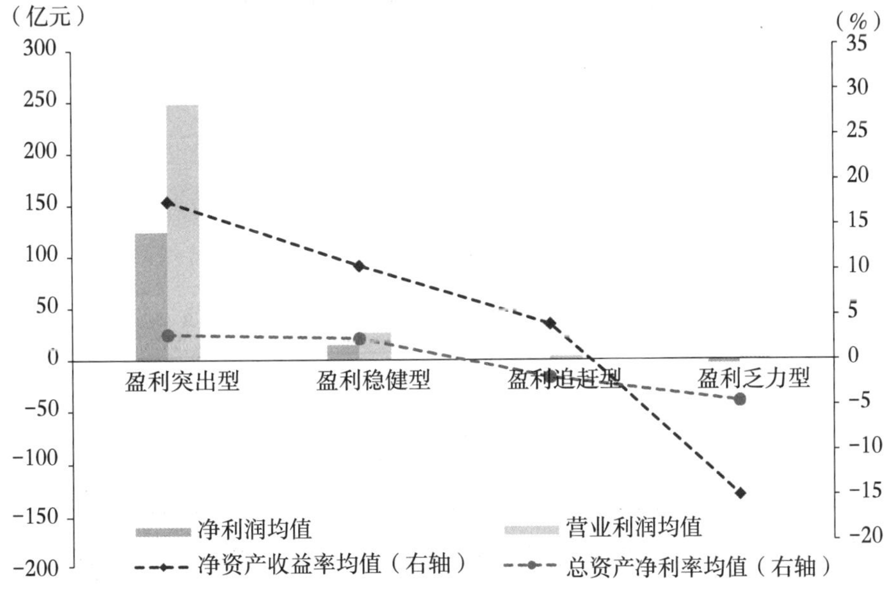

图 6-50　2018 年各类型上市房企盈利指标均值比较

数据来源：企业年报、CRIC、中国房地产测评中心。

2018 年，12 家典型房企纷纷创出销售业绩新高，与此同时，大部分企业的资本报酬率水平有所提升，但净利率水平出现分化。其中，恒大的毛利率提高至 36.24%，净资产收益率更是攀升至 30.18%；中海和华润 2 家企业的净利率均位于 20%以上。在龙头房企梯队中出现这种 ROE 和净利率分化现象的主要原因是本轮周期是外延型驱动。房企更多聚焦于规模的迅速扩张，对于盈利能力要求有所放宽。此外，典型企业费用控制压力分化明显，12 家典型企业中有 5 家三费比率同比上升，恒大、世茂、中海等 7 家企业三费比率则有所下降，这与近几年各典型企业融资结构、融资成本、营销力度的差异及销售增幅与结转增幅的差异有关。但总体而言，典型房企的三费控制能力大幅领先于上市房企平均水平（见图 6-51、图 6-52）。

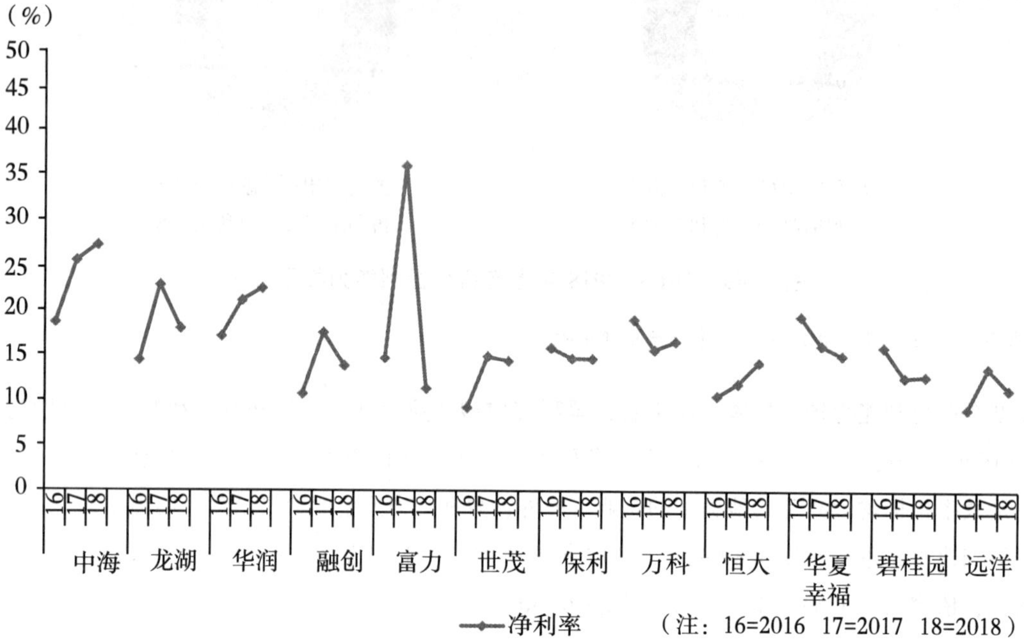

图 6-51　2016—2018 年典型房企利润率指标比较

数据来源：企业年报、CRIC、中国房地产测评中心。

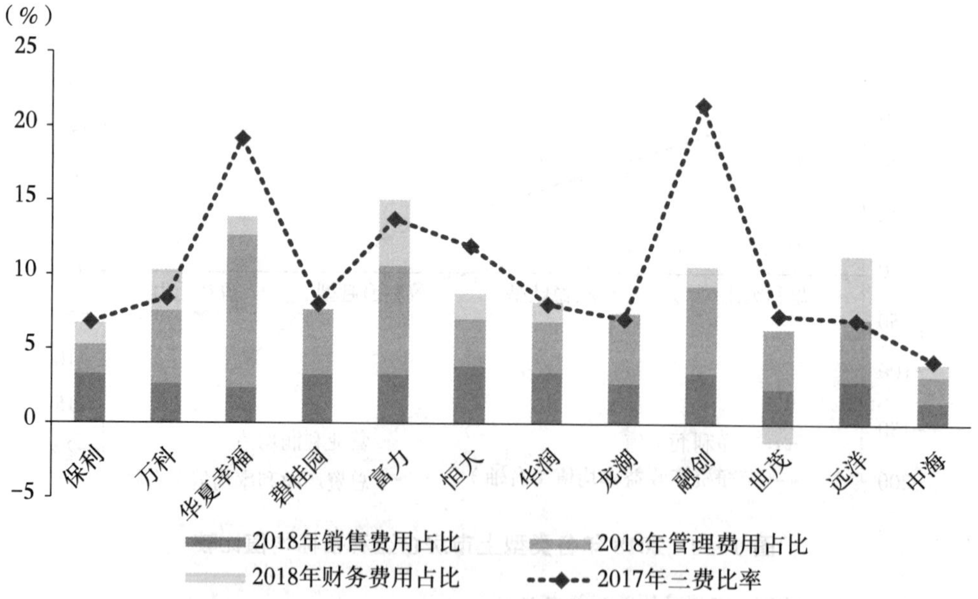

图 6-52　2017—2018 年典型房企三费比率比较

数据来源：企业年报、CRIC、中国房地产测评中心。

（6）成长能力分析

业绩增速略有回调，拿地策略各有偏重

2018 年，上市房企平均房地产业务收入、净利润和净资产规模同比均实现增长，但增速出现回落。具体来看，上市房企营业收入增长率均值为 19.28%，同比下降 4.82 个百分点，标准差为 64.17%；净利润增长率均值为 3.36%，同比下降 28.29 个百分点，标准差为 90.39%；净资产增长率均值为 21.78%，同比上升 3.07 个百分点，标准差为 101.5%。从成长能力指标看，离散程度较大，表明上市房企成长能力出现分化（见图 6-53）。

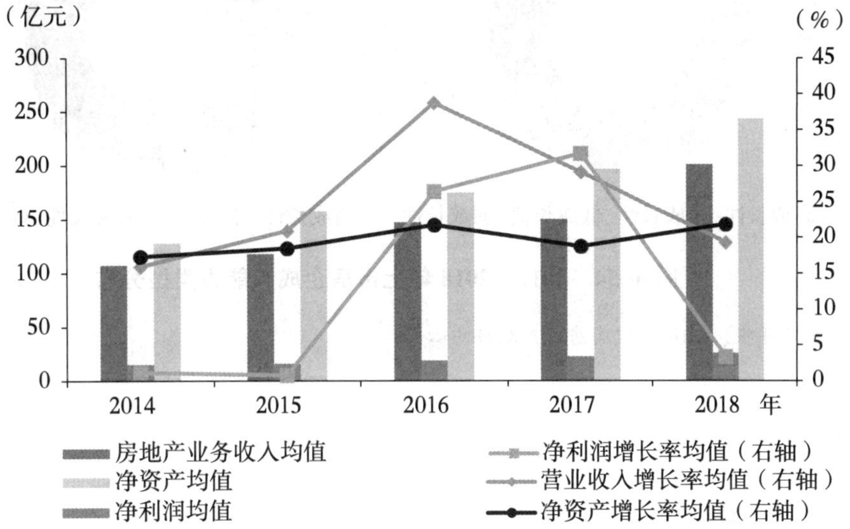

图 6-53　2014—2018 年上市房企成长潜力指标

数据来源：企业年报、CRIC、中国房地产测评中心。

本次测评根据主营业务收入增长率、主营业务利润增长率、净资产增长率等业绩成长能力指标，将上市房企的成长能力划分为四个层级：

◆ 高成长性：具备较快的收入和利润增长速度，净资产持续高速增长，为企业未来持续发展奠定了坚实的基础。

◆ 中成长性：具备中等业绩成长能力，增速略高于行业平均成长水平，能够为企业未来发展提供一定的基础。

◆ 低成长性：具有一定业绩成长能力，增速略低于行业平均水平，企业未来发展受到一定限制。

◆ 弱成长性：业绩成长能力远低于行业平均水平，增速与行业平均水平差距显著，企业未来发展受阻。

从成长能力类型来看，2018 年，高成长性和中成长性企业占比分别为 20%和 34%，低成长性和弱成长性企业占比分别为 10%和 36%。整体来看，上市房企能力类型分布呈现出向两级分化的趋势，高成长性和弱成长性占比上升（见图 6-54）。

具体来看，高成长性企业全年营业收入增长率均值为 86.3%，净利润增长率均值为 78.77%，净资产增长率均值为 59.8%；而弱成长性企业营业收入增长率均值和净利润增长率均值数据均为负数，企业面临较大压力。从成长性各类企业均值的差距来看，高成长性和中成长性企业与其他类型的成长性企业均值差距有所扩大，行业分化较大（见图 6-55）。

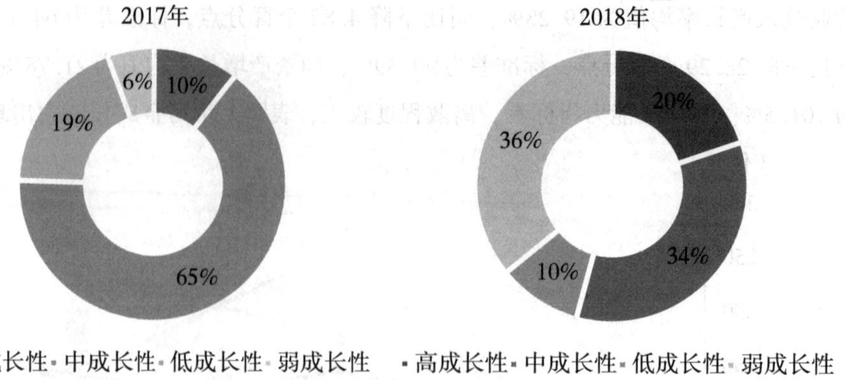

图 6-54　2017—2018 年上市房企成长能力类型分布

数据来源：企业年报、CRIC、中国房地产测评中心。

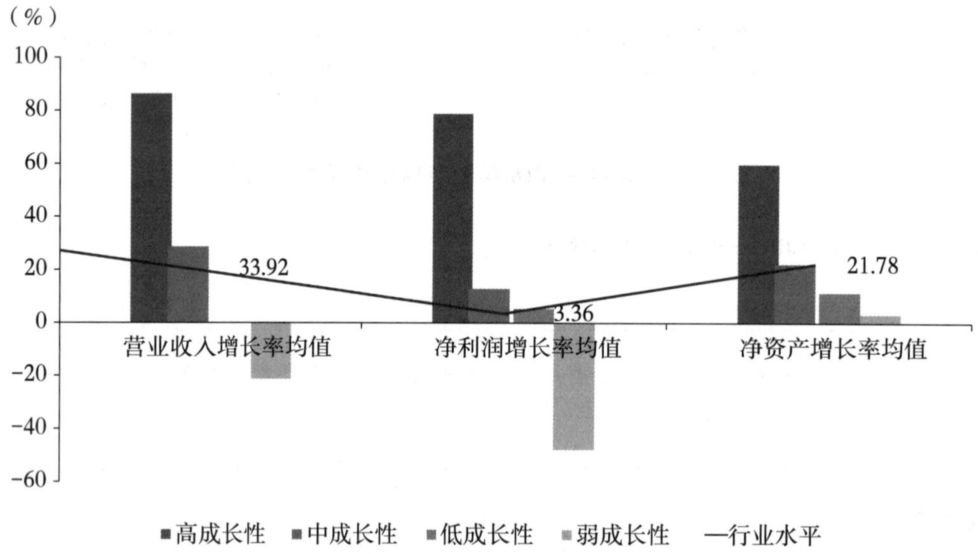

图 6-55　2018 年上市房企成长能力指标均值比较

数据来源：企业年报、CRIC、中国房地产测评中心。

从企业成长能力指标的分布来看，2018 年企业在营业收入增长率的分布向两端分化的趋势，大于 20%的占比较上年增加；净利润增长率的分布则朝小于 40%移动。具体在营业收入增长率方面，64%的企业营业收入出现正增长，较 2017 年低 2 个百分点。营业收入增幅在 0~40%的企业比重累计为 39%，比上年上升 2 个百分点；营业收入大于 40%的企业比重累计为 25%，较 2017 年下降 4 个百分点。净利润增长率方面，52%的企业净利润录得正增长，较 2017 年低 28 个百分点；净利润增幅在 0~40%的企业比重累计 30%，较 2017 年上升 1 个百分点；净利润增幅大于 40%的企业比重累计为 22%，较 2017 年低 29 个百分点。总体来看，2018 年增速数据有所回落。增速回落原因是行业进入稳定发展期，同时 2017 年基数较高（见图 6-56、图 6-57）。

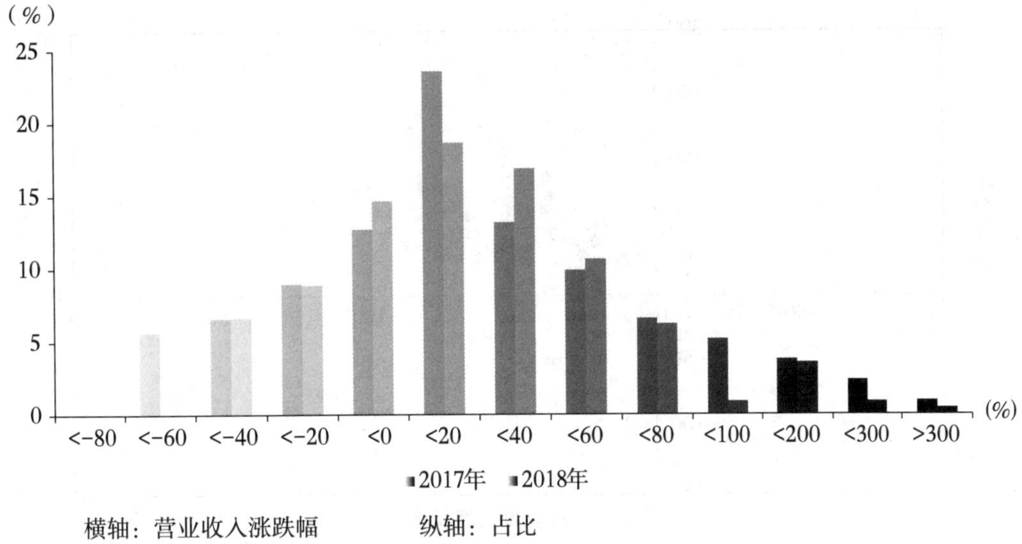

图 6-56　2017—2018 年上市房企营业收入增速分布

数据来源：企业年报、CRIC、中国房地产测评中心。

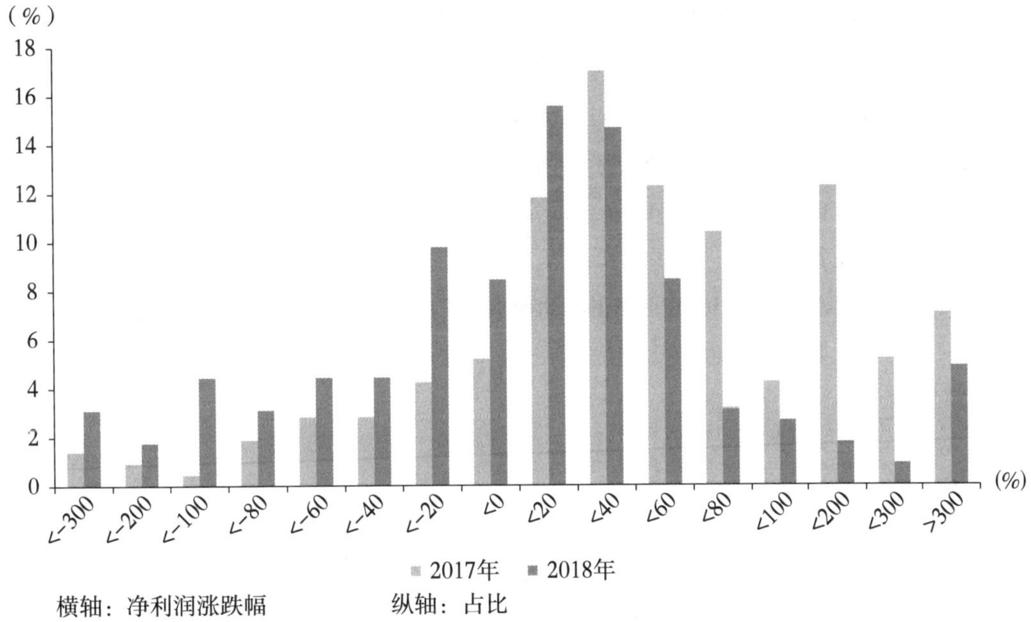

图 6-57　2017—2018 年上市房企净利润增速分布

数据来源：企业年报、CRIC、中国房地产测评中心。

从 12 家典型企业的增长速度来看，恒大、万科等 10 家企业营收和净利润均出现同比增长，其中融创营业收入同比增长 89.37%，恒大净利润同比增长 79.62%，碧桂园净利润同比增长 68.84%。营收方面仅中国远洋出现小幅下降，净利润方面仅富力和中国远洋出现下降。此外，从上市房企收入和利润增长率矩阵分布看，更多企业落入收入和利润增长率均在 0~40%之间的区间内（见图 6-58）。

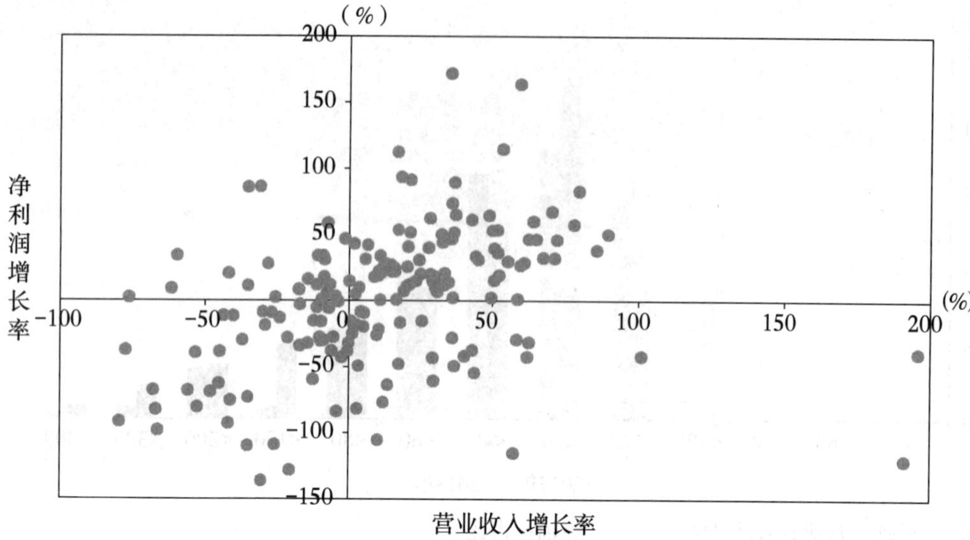

图 6-58 2018 年入榜房企成长能力指标分布

数据来源：企业年报、CRIC、中国房地产测评中心。

总体来看，房企 2018 年土地购置面积 29142 万平方米，土地成交价款 16102 亿元，同比均出现正向增长。2018 年四季度开始，土地市场趋冷，房企土地购置面积增速持续四个月下降，表明企业对市场的预期偏向谨慎。至 2019 年一季度，市场销售出现回暖，不过从统计局的数据来看，土地市场暂未同步回暖。2019 年 1—3 月，房地产开发企业土地购置面积 2543 万平方米，同比下降 33. 1%，降幅比 1—2 月收窄 1 个百分点；土地成交价款 1194 亿元，下降 27. 0%，降幅扩大 13. 9 个百分点。当然，土地购置面积显著缩量可能并非常态。近期土拍市场已有转暖迹象，尤其是苏州、无锡、长沙等二线城市，去化周期均处于 12 个月以下，城市土地较为紧俏。比如，中海在苏州以总价 35. 636 亿元夺得苏州园区热门土地，楼板价 30287 元/平方米，创园区地价新高。绿地、世茂、华润等企业 4 月拿地金额均值较前三月平均值提升 100%以上（见图 6-59）。

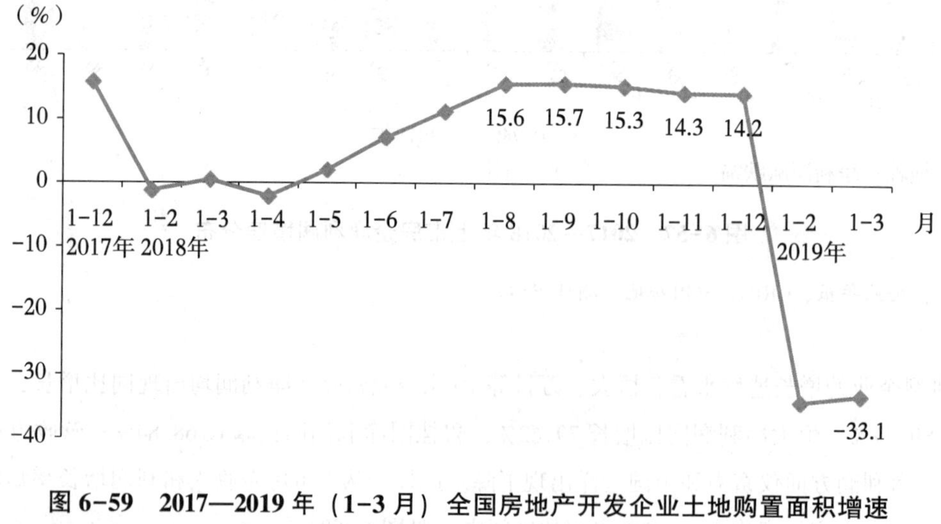

图 6-59 2017—2019 年（1-3 月）全国房地产开发企业土地购置面积增速

数据来源：国家统计局、中国房地产测评中心。

从各企业的土地储备情况分析，龙头企业依然占据优势。其中，恒大、碧桂园、保利发展总货值均超过 2 万亿元，融创、万科、绿地、中海、龙湖总货值均超过 1 万亿元。短期内土地资源依然加速流向规模企业。2018 年土地储备增速较快的房企包括保利发展、招商蛇口、万科、中海、新城等。其中，保利发展的优势在于土地资源拓展模式多元化。除了在传统的招拍挂中具备资源整合优势，公司完成了和中航国际旗下地产开发业务的整合，同时也在跟进其他多家央企并购的标的。另外，公司在旧改、特色小镇、产业园项目等方面也具备成本优势。新城在深耕长三角的基础上，希望积极扩充西南区域版图。公司致力于全国布局更加均衡，以应对各线城市的周期轮动和市场风险。招商蛇口则拥有强大的非市场化拿地能力。比如，公司依托自身控股和参股的港口资源，在获取周边配套项目上具有独特优势。总体来看，行业依然存在向上空间，但拿地难度越来越大。房企或是快速发展取得规模优势，或是拿地方面能够拥有自己独特的渠道（见图 6-60）。

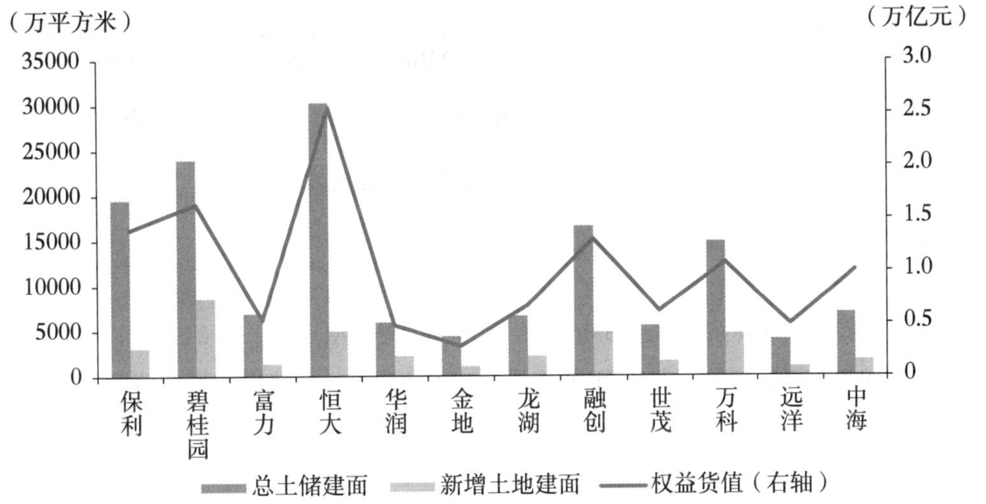

图 6-60　2018 年典型房企土地储备情况

数据来源：企业年报、CRIC、中国房地产测评中心。

（7）经营效率分析

周转效率保持平稳，存货规模稳步提升

2018 年，上市房企经营效率保持平稳，2018 年年底，存货周转率、流动资产周转率和总资产周转率均值分别为 0.38、0.31 和 0.21，同 2017 年相比，基本保持不变（见图 6-61）。

本次测评使用总资产周转率、流动资产周转率和存货周转率等指标来衡量房地产上市公司的经营效率，将上市房企划分为四种类型：

- 高速周转型：资产经营效率超过行业平均水平，企业内部资源得到高效的利用，具有很强的经营效率优势。
- 平稳经营型：资产经营效率大致处于行业平均水平，企业能有效利用内部资源，具有较强的经营效率。
- 低速周转型：资产经营效率低于行业平均水平，企业利用内部资源的能力一般，具备一定的经营效率。
- 落后经营型：资产经营效率远低于行业平均水平，企业利用内部资源的能力相当有限，经营效率相对较低。

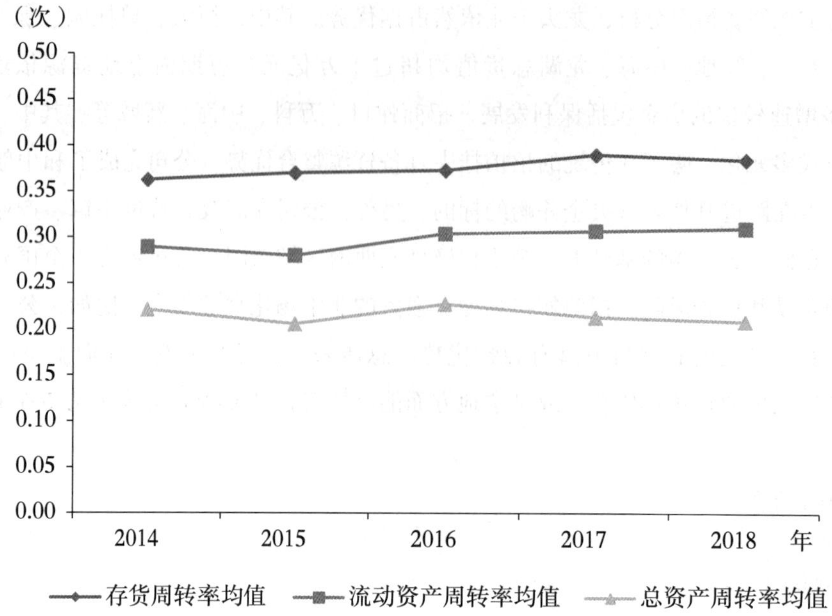

图 6-61　2014—2018 年上市房企经营效率指标

数据来源：企业年报、CRIC、中国房地产测评中心。

从经营效率类型分布看，2018 年约 32%的上市房企为高速周转型企业，约 24%的上市房企为平稳经营型企业，两者合计占比约为 56%，较上年上升 21 个百分点。与此同时，低速周转型和落后经营型企业占比则分别为 11%和 33%。由此可见，上市房企出现两极分化的现象，没能适应市场竞争的房企落入了第三和第四梯队（见图 6-62）。

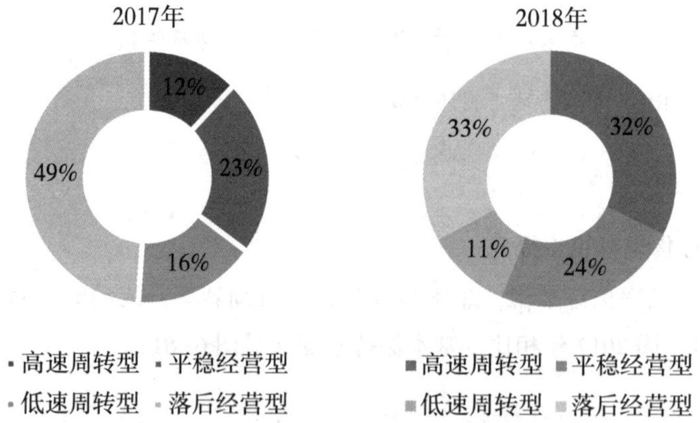

图 6-62　2017—2018 年上市房企经营效率类型分布

数据来源：企业年报、CRIC、中国房地产测评中心。

从各类型上市房企表现来看，高速周转型企业存货周转率、流动资产周转率和总资产周转率均领先于行业平均水平，三项指标均值分别为 0.69、0.52 和 0.33；平稳经营型企业三项周转率均值分别为 0.32、0.27 和 0.20；落后经营型企业各项经营效率指标则远低于总体均值水平（见图 6-63）。

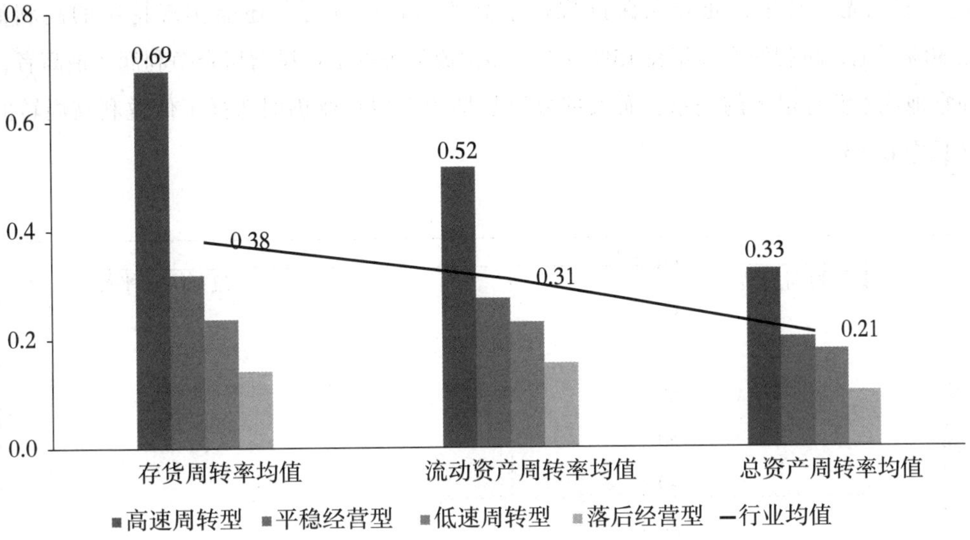

图 6-63　2018 年各类型上市房企经营效率指标均值比较

数据来源：企业年报、CRIC、中国房地产测评中心。

截至 2018 年年底，上市房企存货总计 11.46 万亿元，其中，存货超过 1000 亿元的有 29 家，较上年增加 1 家，超过 3000 亿元的有 8 家，分别为恒大、碧桂园、万科、中海、保利、华润、绿地和融创，而这些企业全部进入本次测评榜单的前 20 位。500 亿~1000 亿元的有 23 家，300 亿~500 亿元的有 21 家，100 亿~300 亿元的有 43 家。榜单前 15 位企业的存货货值占全部上市房企存货的 50%以上，前 33 位企业的存货占比则超过 70%。由此可见，当土地和资金资源越来越有限，获取难度和成本不断提升的情况下，大型房企的品牌优势和资源优势不断凸显，因此存货继续保持向大型房企集中的趋势（见图 6-64）。

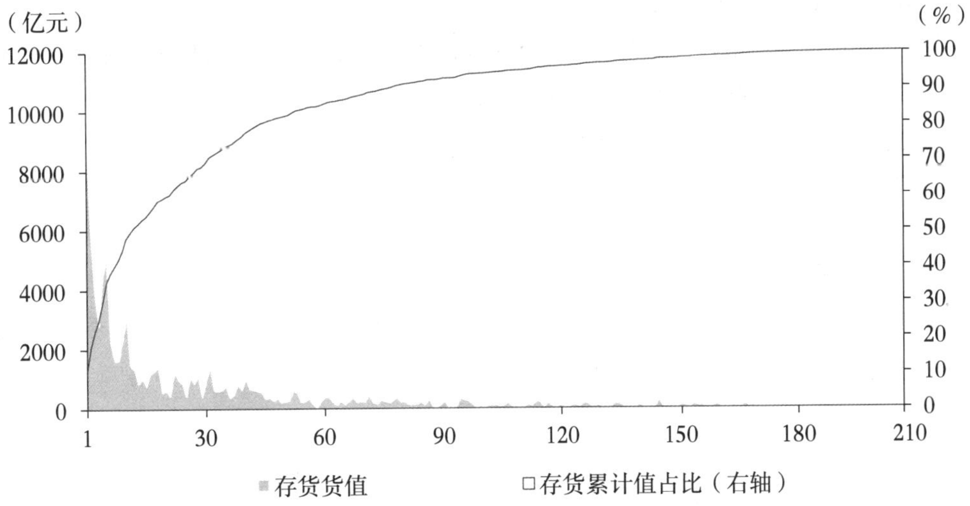

图 6-64　2018 年上市房企存货分布情况

数据来源：企业年报、中国房地产测评中心。

从企业周转与盈利模式的选择来看，2018 年大型房企更倾向选择高周转模式，如万科、恒大、碧桂园、保利、绿地、华润、龙湖等总资产周转率均高于行业平均水平。这种高周转模式的选择背后主要的原因是高周转可以带来规模的急剧扩张，并且保持稳定可控的现金流。也有一些龙头房企选择了兼顾周转和盈利，典型的例子是中海、富力和龙光。其中，龙光在保持规模中高速增长的同时，还能实现持续的高利润，高分红，毛利率多年在 30%以上，净利润率多年在 15%以上，多次成为香港上市民营房企净利润率最高者，这与龙光战略布局超前和拿地成本低有很大的关系，而大部分追赶型的中型企业仍旧选择了低盈利高周转的策略，如光明、禹洲等（见图 6-65）。

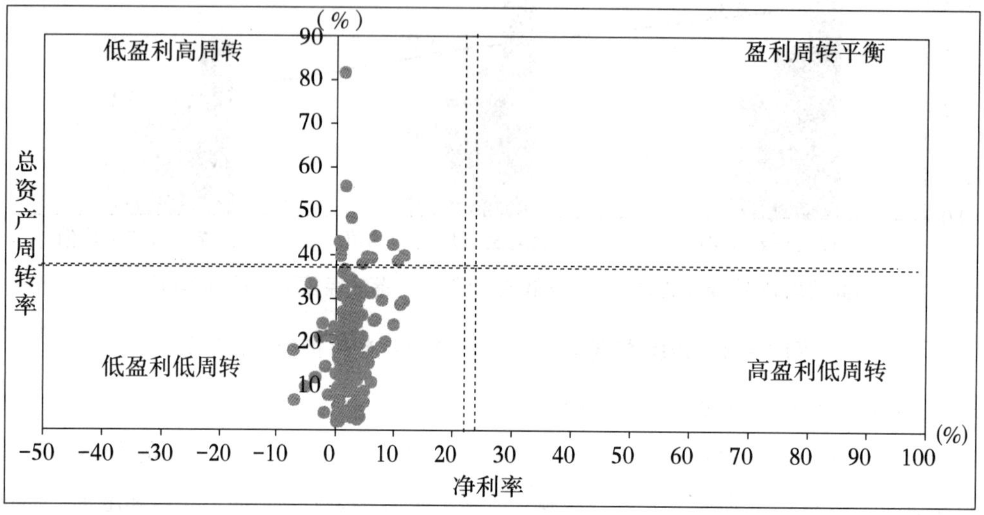

图 6-65　2018 年上市房企经营战略组合

数据来源：企业年报、CRIC、中国房地产测评中心。

（8）社会责任分析

纳税金额快速增长，企业履行社会责任

2018 年，房企责任意识逐渐增强，加大落实了企业责任的实施跟践行，上市房企在加强盈利能力、提升业绩的同时，积极主动的承担社会责任，使得社会发展和企业发展并行。从纳税指标来看，2018 年，得益于年内上市房企业绩表现较好，纳税额大幅提升，均值为 21. 21 亿元，同比增长 42. 73%。

本次测评以企业纳税额、参与保障房建设情况及企业捐款等为主要指标，将上市房企划分为四个层级：

- 高贡献度型：主动纳税，积极投身社会公益事业，参建保障房的领军企业，获得多方社会认同。
- 中贡献度型：与行业平均相近的纳税额度，比较重视参加公益活动和保障房项目的建设，积极拓展企业的社会认知度。
- 低贡献度型：纳税额较低，有一定的积极性投身于公益活动和保障房建设。
- 弱贡献度型：与行业平均水平有一定距离，亟待企业加强重视程度。

从上市房企社会责任类型分布来看，2018 年，约 6%的上市房企属于高贡献度型，中贡献度型房企占比约为 13%，两类合计占比为 19%，而其余两类企业占比合计约为 81%。高贡献度型企业占比保持稳定（见图 6-66）。

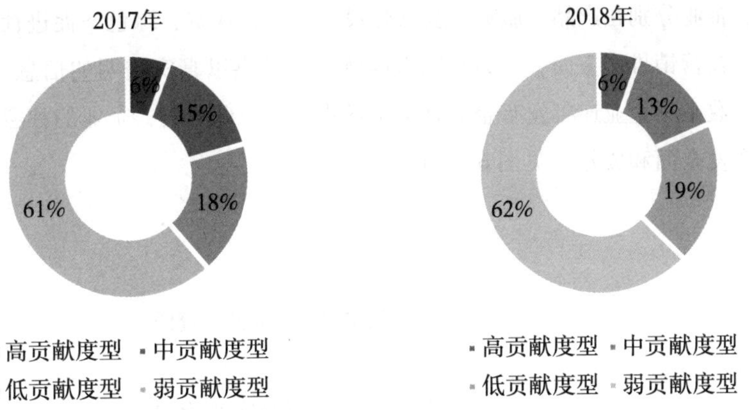

图 6-66　2017—2018 年上市房企社会责任类型分布

数据来源：企业年报、CRIC、中国房地产测评中心。

从企业纳税额来看，2018 年，高贡献度型企业纳税额均值达 212.18 亿元，同比增长 47.59%。其中，中国恒大纳税额高达 602 亿元，较 2017 年增长 49.01%，碧桂园、万科纳税额均超过 300 亿元，中海和华润置地纳税额均在 200 亿元以上。中贡献度型企业纳税额均值为 39.33 亿元，同比增长 45.56%，低贡献度型企业纳税和弱贡献度型企业纳税均值为 12.40 亿元和 2.09 亿元，同比分别增长 38.39%和 23.67%。从 2014 年到 2018 年的上市房企纳税额均值可见，企业纳税呈现阶梯型增长，近两年企业纳税额增长较快，得益于我国上市房企亮眼的销售业绩，千亿阵营房企数十家（见图 6-67）。

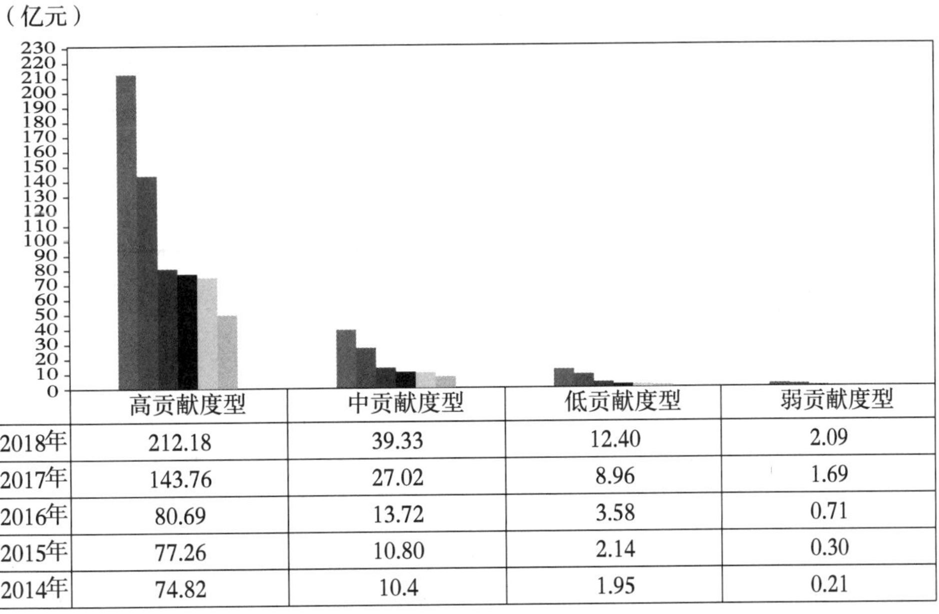

	高贡献度型	中贡献度型	低贡献度型	弱贡献度型
2018年	212.18	39.33	12.40	2.09
2017年	143.76	27.02	8.96	1.69
2016年	80.69	13.72	3.58	0.71
2015年	77.26	10.80	2.14	0.30
2014年	74.82	10.4	1.95	0.21

图 6-67　2014—2018 年上市房企纳税额均值比较

数据来源：企业年报、CRIC、中国房地产测评中心。

随着社会和经济不断进步，在履行社会责任方面，大部分上市企业完善落实基本责任，针对企业内部，包括积极纳税、职工权益保护、股东参与、内部管控反腐、尊重知识产权等方面；针对其他主体，例如社会、环境、群众、消费者等，企业分别在产品、服务、公共建设、慈善、扶贫、绿色、促进社会产业发展及就业等多方面进行改善和升级，在营销推广方面，尽力消除虚假营销，提供以真实透明的信息，加强对社会、消费者、大众群体的利益保障；数十家企业连年发布企业社会责任报告，由此可见，企业的社会责任理念愈加增强，对责任的践行和实施也愈发全面和成熟（见图 6-68）。

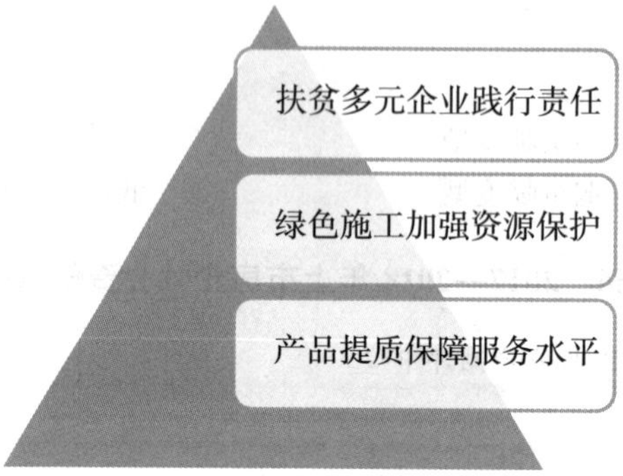

图 6-68　上市房企践行社会责任

资料来源：CRIC、中国房地产测评中心。

产品和服务是房企践行社会责任的基础，上市房企在此方面通过对人居需求和城市的理解，依托技术手段，对产品进行提质升级，提升服务水平。万科始终坚守着“三好”体系，即“好房子”“好服务”和“好社区”，立足客户需求，以“为普通人盖好房子，盖有人用的房子”为产品定位，万科的“天网行动”针对项目的建筑材料合规核查，坚持对细节的把控。在长租公寓方面，集团以“为广大人民提供更全面的居住解决方案”为宗旨，提升租户租住质量，采用了复合隔音板材解决了户间、楼板、管井等噪音痛点问题。龙湖集团 2018 年提出来“空间即服务”的企业战略，旨在将人的需求与空间的非生物资源进行交互，以客户为出发点，基于标准化的管理和建筑工艺，打造差异化产品，减小同质化，契合客户需求。此外，上市房企积极响应政府号召，参与保障房建设、城市更新、城市建设等，保利地产在北京首推共有产权保障性住房，截至 2018 年年底，企业保障房在建项目 80 余个，规划总建筑面积超过 550 万平方米。如今，上市房企在发展自身业务同时，不忘反哺社会，积极为社会做出贡献。

在城市化进程快速发展中，我国加大了对生态保护和资源节约的关注，多家上市房企依托国家装配式建筑评价标准以及其他相关绿色建筑发展、建设技术、科技创新等相关标准，结合企业自身建造经验，也制定了一系列相关的建造标准和体系。万科将绿色节能贯穿建筑的整个生命周期，制定了《2018—2021 年万科工业化体系推进办法》，采用工业化标准建造方式推进住宅产业化，提高效率、降能减排。2018 年，万科绿色建筑面积 3501.6 万平方米，绿色一、二星项目认证面积 3466.9 万平方米，绿色三星项目认证面积 34.7 万平方米。不仅如此，企业在水资源、废弃物管理处置、材料供应链、植被、气候保护等方面均有贡献。招商蛇口制定了《招商蛇口住宅绿色技术应用指引 1.0》和《招商蛇口住宅绿色健康技术指引 2.0》，加大技术创新研究投入，不断尝试应用技术创新以引导产业、建筑实现节能环保。金融街编制了《金融街精品产品标准》和《金融街高端住宅产品标准》，将环保、节能落到施工全过程。上市企业积极制定建设低碳节能的标准，将其作为开发、设计、施工全程的准则，预示着绿色环保将向着更加规范且全面的方向发展。

此外，上市房企在精准扶贫、乡村振兴等方面依托自身资源优势，分别从文化、异地搬迁、教育、健康、产业等多方面进行帮扶，且多数房企连续保持多年进行扶贫帮助，将扶贫与乡村振兴落到实处。万科支援建造新疆塔合曼乡寄宿小学，捐资给贵州、甘肃5个县以教育资金；荣盛提出“一十百万亿”产业扶贫计划，即“每个区域+不少于十种产业业态+全国不少于100场推广活动+超10000人就业+直接投入扶贫资金1亿元”。不仅如此，上市房企在扶贫模式上积极探索帮扶模式，建立可持续发展机制（见表6-17）。

表6-17 2018年典型上市房企精准扶贫模式

企业名称	“造血式扶贫”模式
中国恒大	“龙头企业+合作社+贫困户+基地”的市场化运作，“供产销”一体化模式
招商蛇口	“一园区一基金”产融结合模式
荣盛发展	“旅游+民宿”产业扶贫
保利地产	“教育+就业”模式的保利星火班；“地企双赢”的合作模式
碧桂园	“党建+扶贫”模式

资料来源：企业年报、CRIC、中国房地产测评中心。

在公益方面，上市房企在社区建设、服务、教育、安全教育、志愿者等多维度开展社会公益活动，中南置地融合“宣传+学习+体验”举办交通安全宣讲，建立交通安全试验基地，普及急救知识，传播消防安全的重要性及预防措施。多家上市房企还成立了基金会，以此平台进行长期的公益事业活动。恒大为广东省扶贫、教育等累计捐款超22亿元；全力支持河南太康发展，2018年再次捐赠6.5亿元。世茂集团从捐助、合作等维度同故宫博物院致力于文化的保护与传播，不仅如此，企业关注对艾滋病、白内障、包虫病等疾病的防治，捐赠医疗设备、助力医疗发展。

（9）创新能力分析

产品升级营销赋能，智慧互联多元发展

创新为企业的发展提供了源源不竭的动力，2018年，政策延续“房住不炒”基调，因城施策，意在促进房地产健康平稳发展。而针对房地产的调控，上市房企也在不断积极求变，进行战略调整、产品打造、营销加码，以及深耕主业外衍生的多元化方向，并且物联网、大数据、AI等都会给企业带来新的发展空间。

房地产行业逐渐由粗放发展向精细化发展转变，不再只是生产力的比拼，而是回归到产品竞争，对美好生活、人居需求关注加大，大多数上市房企积极打造差异化产品，减少同质化。旭辉集团在2018年发布了旭辉CIFI-5第五代产品，2019年发布了旭辉CIFI-6系列，更加关注家庭情感交流，多维度对产品进行升级优化，独家打造了旭慧生活APP的智能化生活平台。正荣集团多年以“改善大师”为定位，年内对产品线进行升级，形成“正荣府”“紫阙台”和“云麓”三大系列。朗诗集团的第四代住宅产品，从健康、舒适、节能、环保、智能五个维度进行均衡发展，关注人居的绿色健康生活。

而在物业服务创新方面，马太效应凸显，多家物业公司先后上市，并且物业服务也从单一的住宅服务向商业、办公、工业园区、景区、医院等多种业态延伸，通过“物联网、大数据、互联网”建立服务平台，采用技术创新将业主、决策层、物业工作人员及其他的相关生活服务结合起来，使得信息更透明，服务管理更加高效，万物互联的生态系统逐渐形成。新城控股集团旗下的新城悦在物业服务方面，以“新橙社APP”为智能服务平台，涵盖装修家居、电器、建材购买，水电煤、物业费一步缴纳，小区公告、服务评价、管家服务等功能，完善基础服务，同时延伸了配套、电商、其他需求等服务。佳兆业物业提供房屋租售、“佳急修大篷车”楼宇工程维护、“互联网+”智能社区、24H健身舱、智能自助仓储等增值服务，以“K生活”APP实现提供一站式服务（见图6-69）。

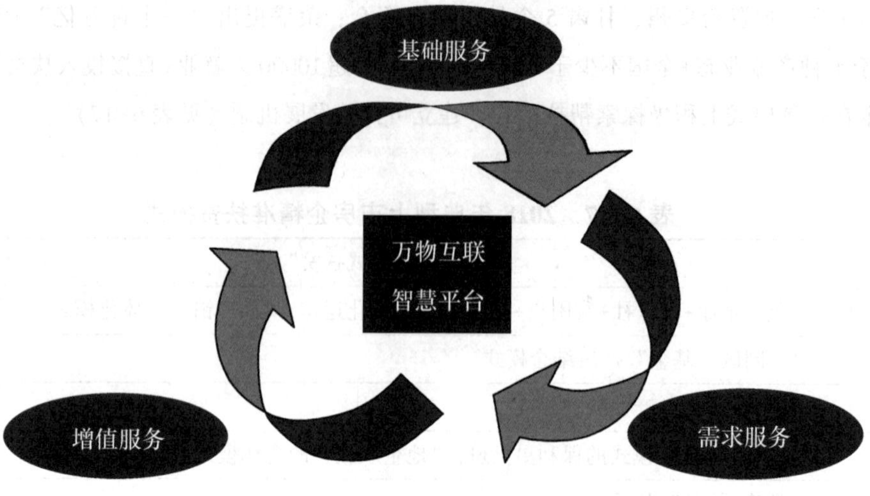

图 6-69　上市房企物业模式创新探索情况

资料来源：CRIC、中国房地产测评中心。

近年来，上市房企在营销方面不断探索，采用 5M 策略，建立精准有效的市场定位，营销动作前置，加强顶层设计，以前瞻性的眼光进行策划布局，房企的营销管控也逐渐趋于标准化。互联网和大数据是很好的营销载体，可以给上市房企带来更加精准的推广方向和人群定位，线上的流量传播也更加的注重内容打造，实现营销裂变。房企线下营销增多，积极回应线上，充满文化艺术的气质型售楼处，各种美学元素的主题售楼处，使得售楼处不再只是一个售楼交易场所，更具备特色和意义，万科龙湖 • 城市之光整个示范区约有 2 万平方米，绿化覆盖高达 63.8%；上海中海云麓里售楼处利用光影结合，七彩玻璃穹顶，通体有 6 米之高，艺术气息浓烈。不仅如此，大健康、运动也为营销赋能，恒大 2010 年成立了恒大淘宝足球俱乐部，绿地、佳兆业、华夏幸福等上市企业均在足球运动方面有所发展。近年马拉松长跑运动为企业营销带来了新的关注点，纵向企业可以更好的植入客户群体，大众参与度较高，横向企业可以实现品牌理念、企业文化的正面推广。2018 年，西安（阳光城）国际马拉松赛聚集了超 3 万人参与，终点设立了阳光城品牌展示区；绿地 • 2018 营山国际马拉松赛过万人参与，在此过程中，马拉松激起巨大的流量与关注度，将品牌价值完好的嫁接到活动中。

随着房地产行业集中度提升，进入整合时代，传统的房地产发展逐渐靠近天花板，企业急需加大竞争力，关注如何在有限的空间进行多元的发展。年内，多家上市房企进行了战略上的创新调整，形成了“房地产+”的发展模式，在企业的主业基础上，向其他领域布局延伸，加大了对运营的重视度。龙湖集团以“空间即服务”为战略调整，由单一的房地产演化为地产开发、商业运营、长租公寓、物业服务四大业务并行，加大运营和服务的业务比重。保利地产正式宣布升级为保利发展控股集团股份有限公司，打造“不动产生态发展平台”，以不动产投资开发为主，综合服务和不动产金融为两翼，纵向产业链延伸，横向多元化发展。2018 年 7 月，华润置地提出了“城市综合投资开发运营商”战略调整，深化“2+X”业务格局，注重业态之间的相关关联，使其互相协同，形成健康的可持续发展模式。

多元业务创新方面，上市房企在长租公寓、联合办公、产城融合、特色小镇、旅游文化、物流地产等积极布局。受国内政策利好和支持，上市房企积极布局养老产业和租赁市场。2018 年 9 月，龙湖正式宣布跨界进军养老产业，集团与成都中医药大学签订了战略合作协议，致力于老有所养的康养局面发展，关注个性化、养老多元化及消费结构变化，学习“TOD+养老”的模式，进行信息资源整合，发布了“椿山万树”首个养老品牌。中海发布了“中海锦年”康养品牌，并且发布了四大城市中心社区养老产品：CCRC 持续照护养老社区、CC 社区日间照料中心、CB 城市品质养老公寓和 HC 居家养老服务平台。华润正式推出旗下长租公寓“有巢”品牌，创新“1+9”特色，将长租公寓与其他九种业态结合。在产城融合方面，招商蛇口在年内通过与政府合作，与常熟市人民政府签署《琴湖片区开发战略合作框架协议》以期推动常熟琴湖产业发展，优化自身产业布局。阳光城与沈阳经开区就“中法生态城”签署战略合作协议，致力于多业态、多功能集合的商住集群。金科地产集团与重庆江北区政府签订合作协议，聚焦金融、教育、文旅康养和社区服务等（见图 6-70）。

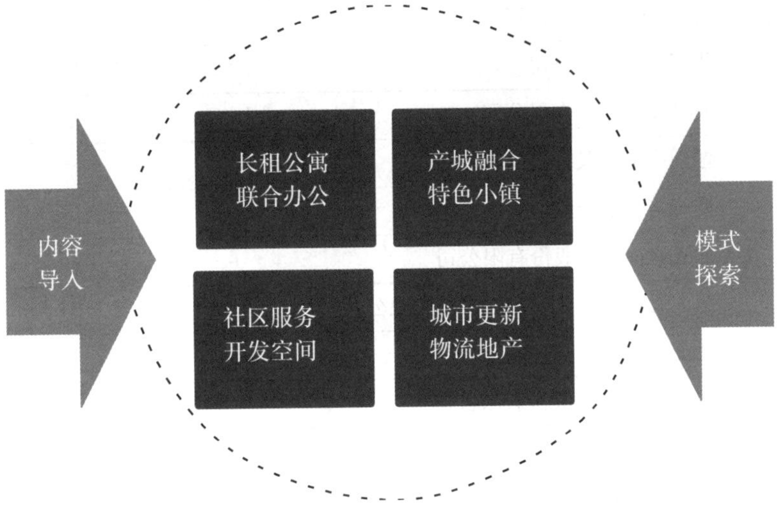

图 6-70　上市房企创新业务探索情况

资料来源：CRIC、中国房地产测评中心。

除此以外，部分大型上市房企积极探索非地产相关领域，例如应用科技、新材料、人工智能、机器人、汽车、交通出行等行业。例如碧桂园进军机器人行业，研究方向涵盖机器人餐厅，SSGF 项目，智能工厂机器人谷及芯片等等，以期进入“智造”时代，将其应用于多种场景和行业。2018 年 6 月，碧桂园与长沙市政府签订了产城融合项目框架协议，计划在湘江新区打造领先的机器人创新产业研发应用平台，推动人工智能产业链的发展。恒大集团还与中科院签署合作协议，投入千亿元打造三大科研基地，积极布局量子计算、航天科技、生命科学、AI、新能源等朝阳产业。在新能源汽车方面，恒大集团分别在中国和日本成立了研究院，以客户需求为导向，以“测试验证服务、解决方案技术服务、输出高性能的电芯产品”的金字塔结构研发体系致力于新能源行业。

（三）2019 年中国房地产开发企业品牌价值测评

发布机构：中国房地产业协会　上海易居房地产研究院中国房地产测评中心

发布时间：2019 年 9 月 19 日

发布地点：昆明抚仙湖

1. 测评榜单（见表 6-18）

表 6-18　2019 中国房地产开发企业品牌价值 50 强

排　名	企业名称	品牌价值（亿元）
1	中海地产集团有限公司	629
2	恒大集团	541
3	万科企业股份有限公司	467
4	保利发展控股集团股份有限公司	332
5	碧桂园控股有限公司	281
6	华润置地有限公司	275
7	龙湖集团控股有限公司	269
8	融创中国控股有限公司	265
9	广州富力地产股份有限公司	260
10	华夏幸福基业股份有限公司	255
11	招商局蛇口工业区控股股份有限公司	226
12	世茂房地产控股有限公司	217
13	金地（集团）股份有限公司	214
14	绿地控股集团有限公司	208
15	旭辉集团股份有限公司	196
16	雅居乐地产控股有限公司	194
17	绿城房地产集团有限公司	192
18	中南置地	186
19	正荣地产控股股份有限公司	185
20	阳光城集团股份有限公司	184
21	融信集团	177
21	融侨集团股份有限公司	177
22	四川蓝光发展股份有限公司	168
23	金科地产集团股份有限公司	161
24	龙光地产控股有限公司	154
25	路劲地产集团有限公司	150
26	中梁控股集团	148
26	中国奥园集团股份有限公司	148
27	祥生地产集团有限公司	141
28	上海中建东孚投资发展有限公司	140
29	佳兆业集团控股有限公司	139
29	建业住宅集团（中国）有限公司	139
30	金辉集团股份有限公司	130
31	禹洲地产股份有限公司	126

续表

排　名	企业名称	品牌价值（亿元）
32	中国金茂控股集团有限公司	121
33	卓越置业集团有限公司	118
34	美的置业集团有限公司	113
35	泰禾集团股份有限公司	112
36	远洋集团控股有限公司	111
37	合景泰富集团控股有限公司	106
38	中骏集团控股有限公司	104
39	新力地产集团有限公司	103
40	红星地产	102
41	浙江佳源房地产集团有限公司	101
42	俊发集团有限公司	93
43	正商集团	84
44	海伦堡中国控股有限公司	78
45	东原集团	73
46	重庆华宇集团有限公司	70
47	隆基泰和置业有限公司	64
48	北大资源集团	62
49	大华（集团）有限公司	59
50	北京首都开发控股（集团）有限公司	58

2. 测评分析

（1）入榜企业分析

中海连续位列榜首　10 强排名分布基本稳定

中国房地产测评中心经过客观、公正、专业和科学的测评研究，形成了 2019 中国房地产企业品牌价值榜单。其中，榜单前三甲依旧由中海、恒大、万科占据。中海连续 9 年位居榜首，品牌价值为 629 亿元。恒大、万科分别以 541 亿元和 467 亿元位居第二、三位。

从近两年中国房地产品牌价值 10 强榜单来看，2018 年到 2019 年行业前十强企业换榜率为 0%，仅名次前后有所变化。其中，华润置地排名进步较大，从 2018 年的第 10 位上升到第 6 位。品牌企业凭借强劲的销售表现和运营能力持续占据领先优势。中海地产持续秉行着稳中求进的品牌经营策略，年内以又快又好为发展目标，稳中加快为发展策略，财务结构保持稳健。年内企业凭借高效稳固的运营模式，通过强化内部经营管理、均衡布局，品牌实力依旧占据行业领先优势。2018 年全年实现销售额 3012.4 亿港元，同比增长 29.8%。截至 2018 年年底，集团系列公司合计土地储备已达到 9144 万平方米，此外，集团商业运营与创新业务积极发展，态势向好。

恒大地产始终保持着“规模+效益型”发展模式，以“低负债、低杠杆、低成本、高周转”的“三低一高”经营手段，大幅度降低负债水平。2018 年，集团全年累计实现销售额 5513.4 亿元，较上年增长 10.1%。此外，恒大地产前瞻性的多元产业业务布局逐步增强，在工程建设计划管控方面更为严谨科学，发展优势行业领先。

面对房地产行业市场的转变，万科表现依旧亮眼，2018 年实现销售金额 6069.5 亿元，同比增长 14.5%。

企业以稳“基本盘”并向有质量的增长，2018 年万科在全国商品房市场的份额上升至 4.05%。此外，万科在物管、商业开发运营、物流仓储、滑雪度假等相关产业领域持续发力，品牌实力保持强劲（见表 6-19）。

表 6-19　2019 品牌 10 强企业名次变化

企业简称	2019 年排名	2018 年排名	2017 年排名
中　海	1	1	1
恒　大	2	2	2
万　科	3	3	3
保　利	4	4	5
碧桂园	5	6	4
华　润	6	10	11
龙　湖	7	5	9
融　创	8	9	10
富　力	9	8	8
华夏幸福	10	7	7

数据来源：CRIC、中国房地产测评中心。

前十排名华南独大　入榜企业集中上市房企

受供需关系和市场调控政策，区域经济发展的不同步等原因影响，房地产市场区域有所分化。而不同地域的品牌房企，由于其自身策略布局、企业类型等因素在榜单中显现不同的走向。

从区域分布来看，品牌价值 50 强企业主要由华东、华南企业区域占据，且两个区域占比相差不大。相较 2018 年，华南、华东、华北、西南、华中区域占比较为稳定，前 10 强中，华南区域房企依旧占据较大份额，独大地位不减，总计有 7 家为华南品牌房企，其余 3 家为华北房企。11～20 强则为华东和华南房企。华北、西南、华中区域房企多数位于在 21～50 强之间，且西南品牌房企进入榜单数量较少（见图 6-71）。

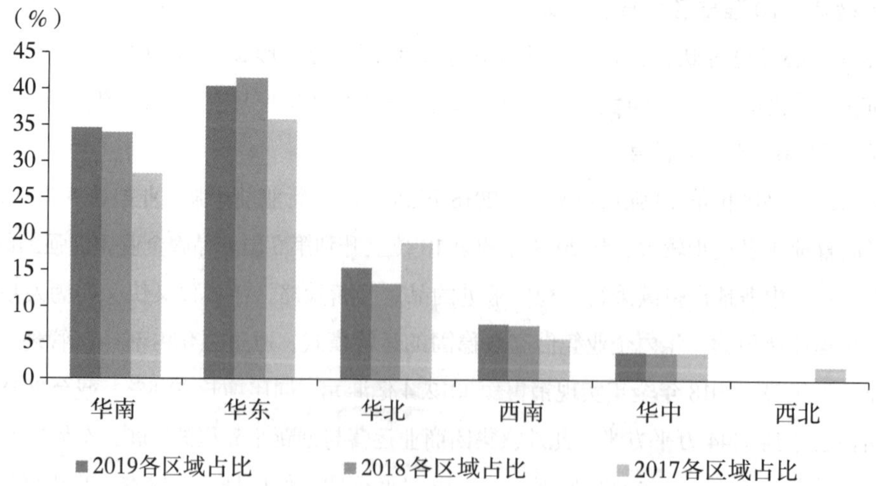

图 6-71　2017—2019 年品牌 50 强房企区域占比分布

数据来源：中国房地产测评中心。

房地产行业是资金密集型行业，吸金能力极为重要。从资本角度来看，上市可以为企业打开融资、发债的渠道，对企业起到输血作用，还可以使企业不断强化品牌价值。从 2019 中国房地产企业品牌价值 50 强榜单可见，上市房企依旧保持强势地位，前 10 位房企均为上市房企，品牌价值显现连年增长态势。

进榜的非上市房企数量同 2018 年一致，均为 10 家。虽然房地产市场出现了不同程度的降温，但融侨、祥生等入榜的十家非上市房企通过稳健的经营布局，对产品的精耕细作依旧跻身品牌 50 强，其通过区域的深耕，以对区域消费者习惯、生活、喜好、消费结构及区域特性更为了解的优势，借助本土资源打下良好的口碑基础，不断扩大品牌影响力（见图 6-72）。

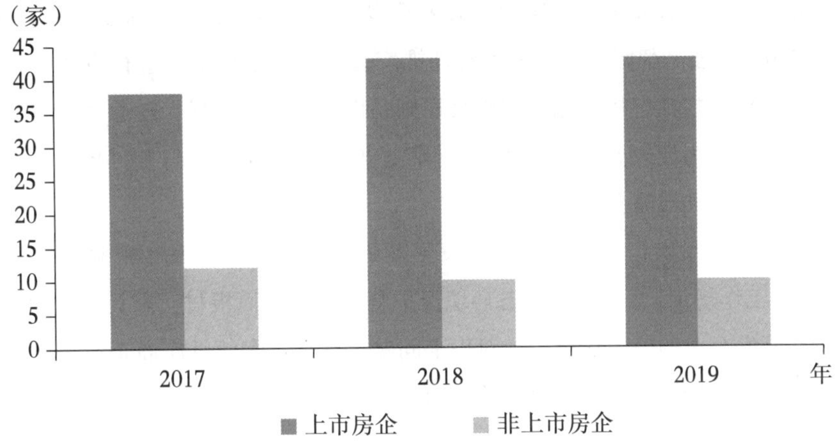

图 6-72　2017—2019 年品牌 50 强房企类型分布量

数据来源：中国房地产测评中心。

品牌赋能效应凸显　供应链助推高质量发展

受到房地产市场增速放缓影响，与房地产密切相关的供应链企业多数面临健康可持续增长的压力。原材料成本波动，多省市环保政策落地，不合规的企业加速清退。各行业经营呈现不同程度的“分化”：如幕墙工程、玻璃、装饰设计等行业，普遍受到房地产上游的抑制影响，营收和净利润均呈明显下滑趋势；而涂料、防水、电梯等行业，得益于新增存量市场的翻新和加装需求，营收和净利润依然保持可观增长。

房地产供应链产业链长，存在供应链整合能力低、服务能力不均等一系列痛点。部分配套产业门槛较低，导致市场产品参差不齐，同质化严重。在消费趋于理性，房地产市场从“卖方市场”转向“买方市场”，如何通过品牌供应商为项目赋能，达到提升质量、优化成本的合作目标，也是房地产企业在新市场周期筛选供应商的关键。

值得注意的是，随着全装修政策在各个省市持续推进，房地产企业的整合交付能力面临更严格的要求，避免因质量、品牌、环保不达标引发消费者“群诉事件”，随之对全装修配套供应商企业的产品适配、施工能力要求也逐渐提高。

2019 年，是全面实施《中国制造 2025》战略的关键一年，为助力我国制造业实现创造、质量、智造品牌全面提升，本次供应链行业评选范围主要针对民族品牌展开。同时参考企业自身的品牌建设综合情况，包括建设内容、途径以及效果；此外，将重大社会舆情也作为重要参考指标。具体到报告研究体系方面，供应商技术创新力主要考察企业在大数据、人工智能等新技术领域的应用和创新，供应商渠道管理力主要考察企业营销模式的创新情况与合作对象的拓展情况，供应商环保贡献力主要考察企业绿色产品的开发及绿色技术的应用。具有良好的影响力，更为完善的管理创新能力，为供应链企业抢占市场份额、精细化发展奠定基础。

技术创新方面，互联网、智能化的发展给品牌供应商注入创新基因，企业积极在产品制造链条方面，结合智能科技手段，加强技术创新，完善制造工艺体系，有效的降低用工成本，提高生产效率。东方雨虹以“产学研”的模式，与高校合作，以人才优势进行产品、技术的创新。企业自主研发的“虹人 HotterMan”智能自动摊铺防水卷材机车，集控制、轨迹矫正、卷材、地面加热等多功能为一体的设备，大大减少人工作业的能源消耗，降低用工成本。全筑股份则是利用装修数据优势，力图建立人居环境数据库来对产品设备相关服务进行分析判断。欧派门业则是建立了数控自动化流水线，生产流程全过程控制。

渠道管理方面，行业内部的竞争加剧引得供应商企业更重视销售方式和渠道。亚士创能以“直销+经销”两种模式进行买断式销售，直销方面主要以房地产开发建设企业、建筑装饰、涂装工程企业及相关单位为主。北新建材则推行营销 2.0，增强品牌影响力，加大对外推广力度，积极与房企进行直接合作，营销网络遍布全国各大城市及发达地区。杭州之江有机硅化工有限公司则是以立足国内市场，随着“一带一路”的战略布局向全球化发展。兴三星云科技作为建筑五金领域的“黑马”，发展态势向好，与万科集团、宝龙、绿地、旭辉地产、碧桂园等多家品牌房企建立战略合作关系。

近年来，我国环保政策不断出台，针对行业政策不断细化，2019 年 6 月，中共中央办公厅、国务院印发《中央生态环境保护督察工作规定》，夯实对生态环境保护督察工作。而板材、家具等散发的异味所造成的室内空气污染也是消费者和开发企业的一大痛点。针对以上问题，越来越多的供应商企业关注绿色、环保方面，将绿色的理念贯彻到整个产品制造链条及后续服务等方面。老板电器始终制造绿色节能产品方面发力，携手万科绿色研究发展中心在雄安新区成立联合研发实验室，致力于打造健康智能厨房。凯伦建材股份有限公司则是从管理、施工、办公等几大维度入手，致力打造成国家级标准的绿色工厂。友发钢管将节能减排、环境保护作为发展的基础，针对厂区的污水分别处理，处理后实行再利用。万华则是利用农作物秸秆、果木等农林剩余物可再生资源，秸秆代木减少树木砍伐，降低二氧化碳排放量，改善环境质量。财纳福诺集团积极参与参编《石木高分子板材应用技术标准》，推动行业迈向绿色环保航道。

总的来讲，当前对房地产建筑业供应链品牌的研究，“量”与“质”并重，同时更着眼于阳光合作的契约精神，推动产业健康有序发展。为此，中国房地产业协会测评中心还计划联合优采平台推出《中国房地产 500 强开发企业配套典型行业供应链履约信用评价研究报告》，报告将融汇优采房地产供应链大数据和仟金顶供应链服务相关数据模块，以及对行业企业的运营维保、社会责任和舆情等方面的监控进行编纂，为行业树立典型的诚信标杆，也从一定角度为房企和消费者采购供应商产品和服务做出有价值的参考。

（2）品牌成长分析

品牌价值持续增长　企业品牌发展平稳有序

从 2015—2019 年房地产品牌价值测评结果来看，企业品牌价值总体呈现稳步增长的态势。这主要得益于近年来房企业绩的持续良好表现，同时作为企业公民承担了更多的社会责任。数据显示，品牌 50 强和 20 强房企的品牌价值均值保持连续增长。其中，品牌 50 强房企的品牌价值均值由 2015 年的 112 亿元上升至 2019 年的 177 亿元，平均年增长率为 12.12%。品牌 20 强房企品牌价值均值从 2015 年的 186 亿元上升至 2019 年的 279 亿元，平均年增长率为 10.67%。

从品牌价值的增长速度看，2019 年 50 强品牌价值增长率为 7%，20 强品牌价值增长率为 4%，增速较 2018 年分别下降 5%和 8%。随着行业整体从高速增长转变为有质量的增长，房企品牌价值增长速度有所放缓（见图 6-73）。

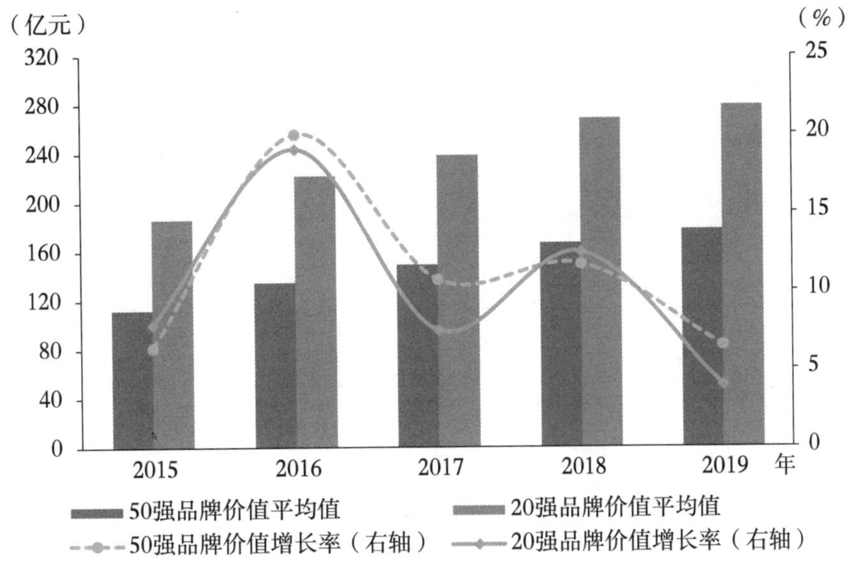

图 6-73　2015—2019 年企业品牌价值平均值及增长情况

数据来源：中国房地产测评中心。

从 2015—2019 年入榜房企产企业的品牌价值测评结果来看，多数企业实现了稳步增长。数据显示，2019 年 92%企业的品牌价值年内实现正向增长，其中 39%的企业品牌价值增长率在 10%以上，占比较 2018 年有所下降。随着行业接近存量市场，为获取超额利润，房企对于品牌建设更加重视（见图 6-74、图 6-75）。

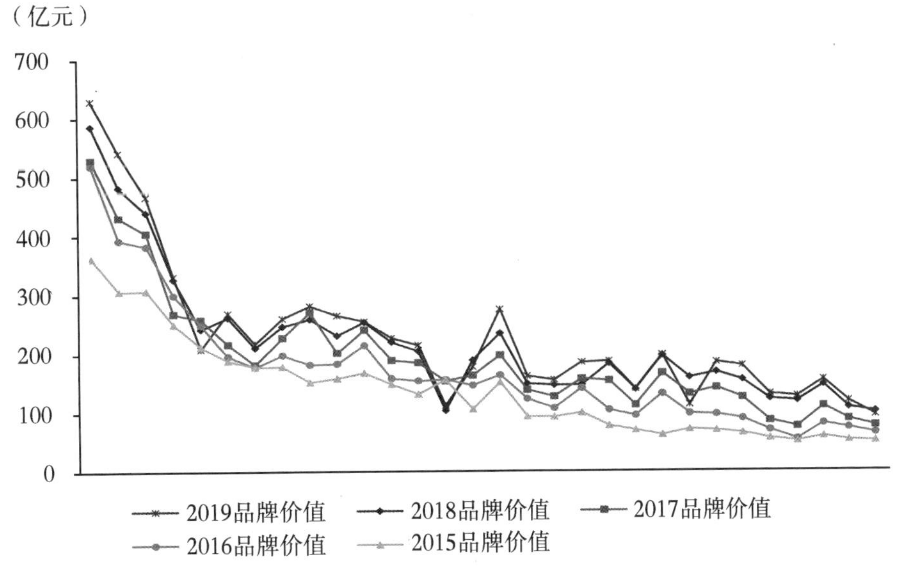

图 6-74　2015—2019 年连续入榜企业品牌价值分布情况

数据来源：CRIC、中国房地产测评中心。

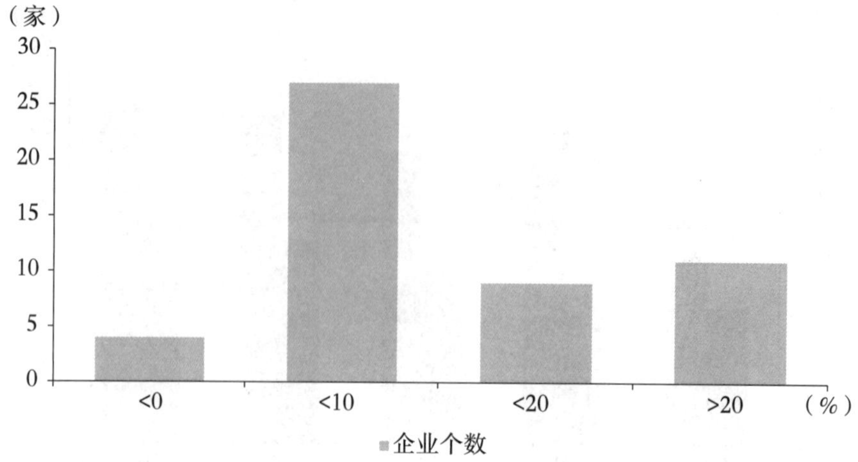

图 6-75　2019 年入榜企业品牌价值增长率分布情况

数据来源：CRIC、中国房地产测评中心。

宏观调控以稳为主　龙头房企超额收益大增

2019 年上半年，我国宏观经济保持了总体平稳、稳中有进的发展态势，GDP 按可变价格计算，同比增长 6.3%。为应对经济运行面临的一些外部不确定性和自身经济下行的压力，政策方面，实行“逆周期”调节，包括积极的财政政策和稳健的货币政策。具体到房地产市场，2019 年上半年，全国商品房销售金额 7.07 万亿元，同比增长 5.6%，增速较 2018 年同期降低 7.6 个百分点；商品房销售面积 7.58 亿平方米，同比减少 1.8%，增速较 2018 年降低 5.1 个百分点。同时，城镇化发展思路出现转变，建立以中心城市引领城市群发展的都市圈发展的新模式。配套实施的户籍开放、人才引进等政策促进劳动力要素自由流动，完成市场配置。

在此背景下，龙头房企凭借品牌和规模优势，营收能力持续保持强势。从数据来看，10 强企业 2018 年超额收益均值的增长率为 58.34%，20 强企业的超额收益均值的增长率为 28.22%，50 强企业的超额收益均值的增长率为 35.16%（见图 6-76、图 6-77）。

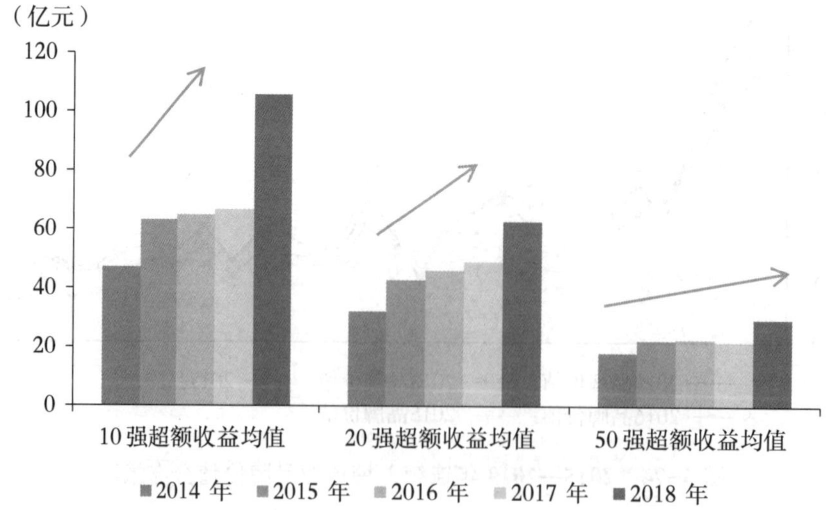

图 6-76　2014—2018 年品牌企业超额收益均值情况

数据来源：CRIC、中国房地产测评中心。

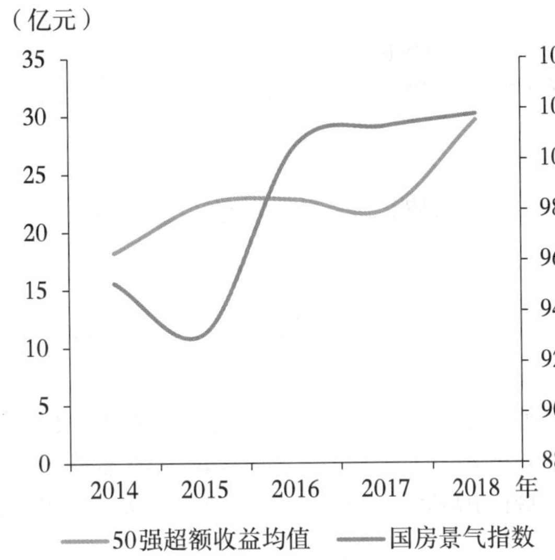

图 6-77　2014—2018 年企业超额收益与国房景气指数变化情况

数据来源：CRIC、中国房地产测评中心。

第二梯队持续扩容　优势品牌房企保持领先

从各梯队品牌价值区间分布来看，品牌价值在 200 亿元以上的第一梯队企业数量为 14 家，占比为 26%。品牌价值在 100 亿元到 200 亿元之间的第二梯队企业有 30 家，占比为 57%，较 2018 年增长 15%。品牌价值低于 100 亿元的第三梯队企业有 9 家，占比 17%。从近 5 年的数据来看，第一梯队的品牌房企数量趋于稳定，第二梯队的品牌房企持续扩容，从 2015 年的 26%持续扩大到 57%。

从房企近几年的成长表现来看，以中海、恒大、万科、保利、碧桂园为代表的房企品牌建设稳步推进，通过自身发展和外延并购双管齐下加速品牌建设。一方面得益于近两年行业盈利情况持续较好；另一方面也源于房企主动寻求业务拓展的意识增强。同时，越来越多房企提升产品质量，拓展业务布局，品牌成长态势良好（见图 6-78、图 6-79）。

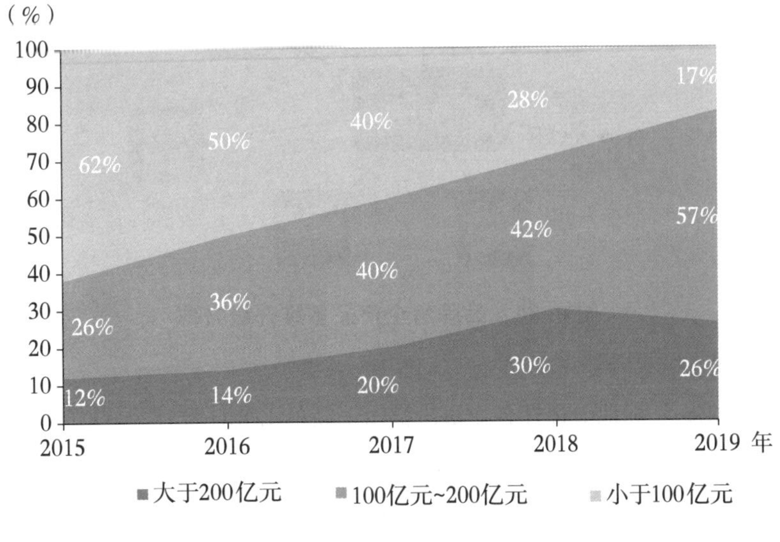

图 6-78　2015—2019 年 50 强房企品牌价值区间企业数量占比变化

数据来源：CRIC、中国房地产测评中心。

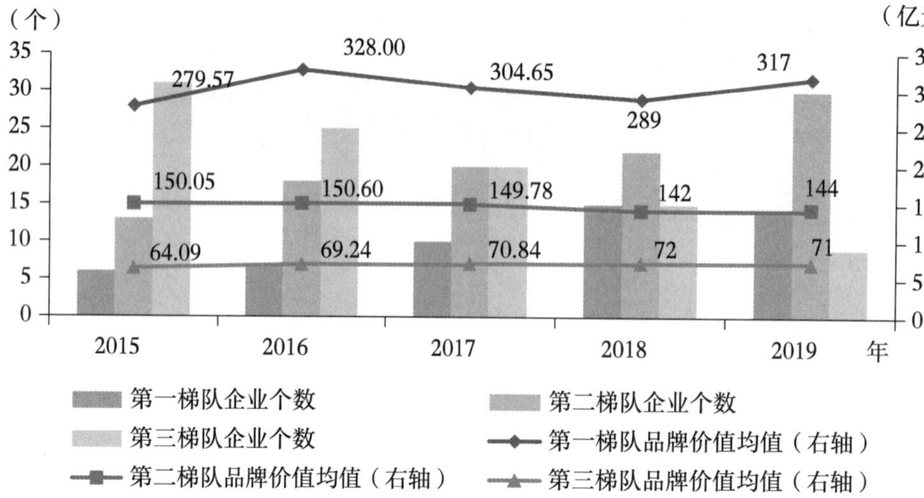

图 6-79　2015—2019 年 50 强企业品牌价值区间数量及均值情况

数据来源：CRIC、中国房地产测评中心。

（3）品牌特征分析

品牌建设助力发展　价值传递途径日趋多样

良好的品牌能为企业提高产品的溢价能力，同时带来成本优势。但品牌建设需要不断的与时俱进。行业接近存量市场后，改善型购房的比重有所增加。相应的，消费者对于住宅功能提出深化要求。除了基本的居住功能外，要求更高的品质、附加智能化、绿色健康；另外对提升产品文化品位、彰显住户个性等也会有所要求。面对需求升级，房地产企业一方面提高产品质量，形成自身特色；另一方面在品牌宣传时精心设计，长远规划，以满足客户的心理预期（见图 6-80）。

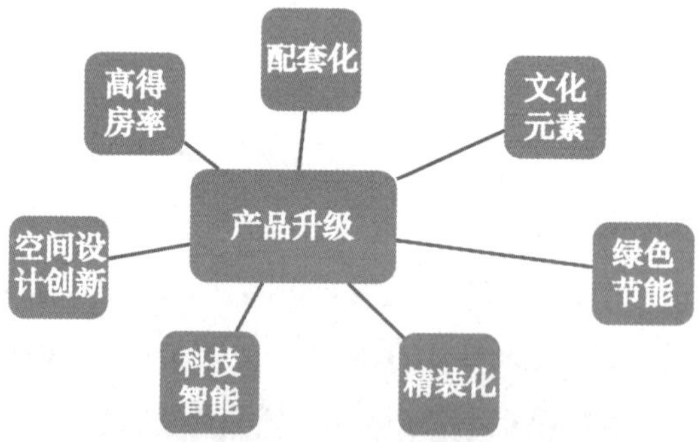

图 6-80　品牌房企产品多维升级方向

资料整理：中国房地产测评中心。

2018 年至今，融创、龙湖、绿地等标杆企业纷纷推出了新的 LOGO 设计。LOGO 作为企业重要的形象传递载体，其设计的改变往往也折射出企业经营理念的转变。从具体的形象来看，使用的色彩从冷色调为主变为暖色调为主，线条从凌厉、棱角分明变为柔和、温暖。一方面，LOGO 较以前增加了设计感；另一方面也反映了企业从单纯的制造业向服务业转变的趋势，目前房企多涉足物业、物流、租赁等服务型行业，所以更加关注和客户的沟通方式（见图 6-81）。

图 6-81　典型房企 LOGO 变化（左旧右新）

资料整理：中国房地产测评中心。

传播方式方面，产品发布会作为企业传播品牌的主要方式之一，无论形式还是主题内容，都有所创新。如雅居乐“聚有所乐”品牌战略发布会，在北京正乙祠戏楼召开，老北京味浓厚，表明企业希望做老戏楼般的百年企业；融创“大有桃源，美美与共”品牌发布会，形式亮点是采用品牌产品线纯粹、简洁风格；招商蛇口华东全新商业产品线发布会，采用口号、场景、舞蹈话剧演出等多种表现形式。同时，IP 时代各家房企通过创造不同的形象内容，增加与客户的沟通。如旭辉推出的全龄 IP 小熊，为社区内的孩子创造一个有温度的童话世界；大发地产推出首席发明官发发宝宝，表现企业热爱学习、勇于探索的特质。另外，官微运营、年报发布、社会责任报告发布等品牌宣传途径也越来越受到企业的重视。

品牌特征梯度分化　企业积极探索合适定位

作为第一档次的品牌，中海、恒大、万科、融创等龙头企业经历数轮经济与房地产周期后，自有资金充沛。这些企业往往直接外延并购相关领域的成熟品牌，从而实现新业务的扩张。如恒大提出“新恒大、大战略、大格局”的构想，将房地产开发作为产业布局的基础，将高科技产业作为产业布局的龙头。公司近年来入主了瑞典国家电动汽车有限公司、卡耐公司、荷兰 e-Traction 公司、广汇集团，从而布局了新能源汽车全产业链，目标 3—5 年内成为世界规模最大、实力最强的新能源汽车集团之一。万科作为“美好生活场景师”，从黑石集团购入印力集团完成在商业地产的布局；万纬物流在业内排在前三之外，但通过收购普洛斯，万科实现了物流的国际布局，并追求成为世界第一。融创则从万达购买了大额资产包，目标成为中国美好生活整合服务商。其在地产板块定位为“中国高端精品生活创领者”；在文旅板块定位于“中国家庭欢乐供应商”；融创文化集团则致力于成为“美好文化创造者”。相对而言，中海依然将 90%的资源聚焦于住宅开发主业，以 10%资源投入商业与创新业务。2018 年公司着重从支付能力和家庭结构两个维度，深入了解客户需求，继而将标准化设计与创新设计相结合，坚持“过程精品、楼楼精品”的开发理念。

排名第 11~20 的企业以旭辉、中南等为代表。行业内中小企业逐步退出，龙头企业品牌布局基本完善，该档次企业对于品牌建设的需求较为迫切。从业绩的增长来看，该排名分段企业 2018 年流量金额的增速同比平均值为 42.77%，高于排名前十企业的均值 28.41%。品牌建设内容主要强调自身产品品质，同时引入美好生活概念以寻求业务拓展。如旭辉提出“为客户创造价值”及“用心构筑美好生活”。正荣致力于发展成为国内最具发展质量的均好型房地产开发企业（见表 6-20）。

表 6-20　龙头房企定位及重点布局领域

企业	定　位	重点布局及领域
中海	卓越的国际化不动产运营集团	住宅开发为主航道；7%~8%的资源用于商业资产，其中写字楼和购物中心是重点
恒大	中国标准化运营精品地产领导者	以房地产开发为基础，文化旅游、健康养生管理产业为两翼，高科技产业为龙头
万科	城乡建设与生活服务商	住宅开发、物业服务、租赁住宅、商业开发与运营、物流仓储服务
融创	中国家庭美好生活整合服务商	融创地产、融创文旅、融创服务、融创文化
碧桂园	为全世界创造美好生活产品的高科技综合性企业	住宅开发、机器人、现代农业

资料整理：企业公告、中国房地产测评中心。

此外，新晋房地产公司近年来赴港 IPO 较多，公司的上市自然会带来更多的关注度。拥有了上市平台后，公司可定期发布公告、社会责任报告等，更加便于和社会公众进行信息交流。但房地产行业本来就是一个广受关注的行业，尤其是上市房企，一旦出现负面消息，难免会被媒体放大。这就要求企业对于品牌建设更加谨慎，对于信息披露更加尽责。新上市房企相比上市前，在宣传渠道、官网、微信公众号等方面表现更为积极。如正荣地产立足“改善大师”的品牌定位，专注于美好生活的打造与人居改善，致力于发展高品质住宅物业；美的置业以“智慧生活，美的人生”为品牌理念，通过智慧化、工业化、数字化的高品质产品和服务，为人们营造智慧、健康的美好生活方式。

品牌广度助推流量　企业布局策略各有侧重

品牌市场分布作为品牌价值的重要参考指标，一定程度上反映了企业品牌的广度。从统计数据看，进入城市的数量与企业的流量金额呈现强相关关系，两者的相关系数为 0.85。其中碧桂园、恒大进入城市数量均超过 200 个，流量金额相应排在行业前列。保利、绿地进入城市均超过 100 个，流量金额均在 4000 亿元左右（见图 6-82）。

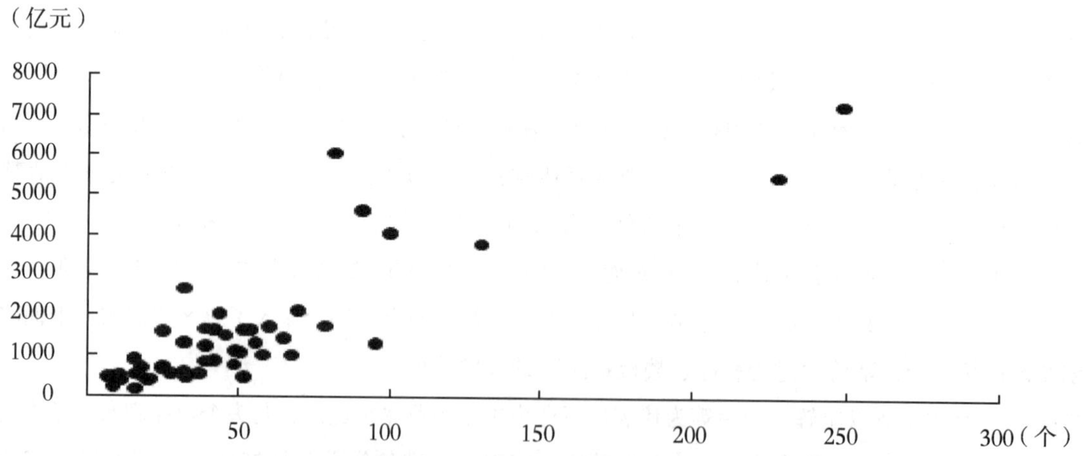

图 6-82　品牌企业进入城市数量与流量金额关系

数据来源：企业官网、企业公告、中国房地产测评中心。

从品牌价值排名情况看，随着排名分段的提高，进入城市的平均数量也相应提升。如进入品牌价值前 10 的企业平均需要进入 100 座城市，进入榜单前 41~50 分段则平均需要布局 16 座城市。所以，一定数量的城市布局是提升品牌影响力的必要保证（见表 6-21）。

表 6-21　各排名分段企业品牌分布情况图

排　名	平均进入城市（座）	中位数	最小	最大
1~10 名	100	76	32	249
11~20 名	59	53	25	130
21~30 名	37	32	8	95
31~40 名	36	34	15	52
41~50 名	16	16	9	33

数据来源：企业官网、企业公告、中国房地产测评中心。

但是布局城市数量与超额利润、企业品牌价值并非简单的线性关系。统计显示，进入城市数量与超额利润的相关系数为 0.52，进入城市数量与品牌价值的相关系数为 0.51，都不是强相关关系。同时，各分段数据的离散程度看，分段内进入城市的最大值和最小值之间相差较大。最典型如中海，进入城市约 32 座，超额收益 204.45 亿元；相对的，恒大进入城市 228 座，超额收益 225.56 亿元（见图 6-83、图 6-84）。

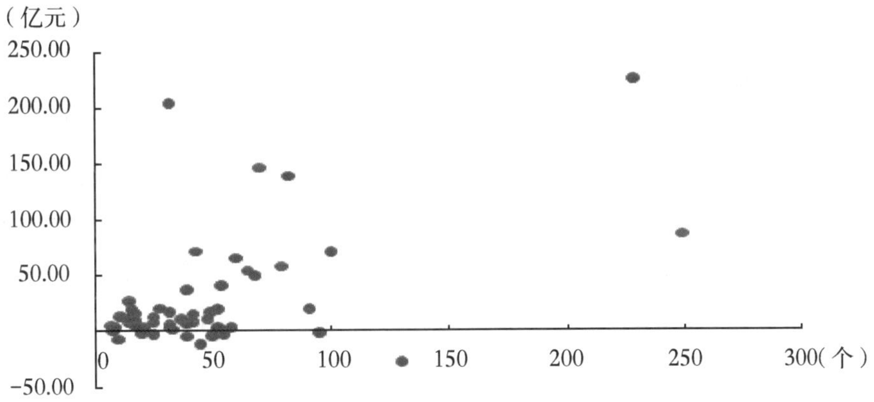

图 6-83　品牌房企进入城市数量和超额利润关系图

数据来源：企业官网、企业公告、中国房地产测评中心。

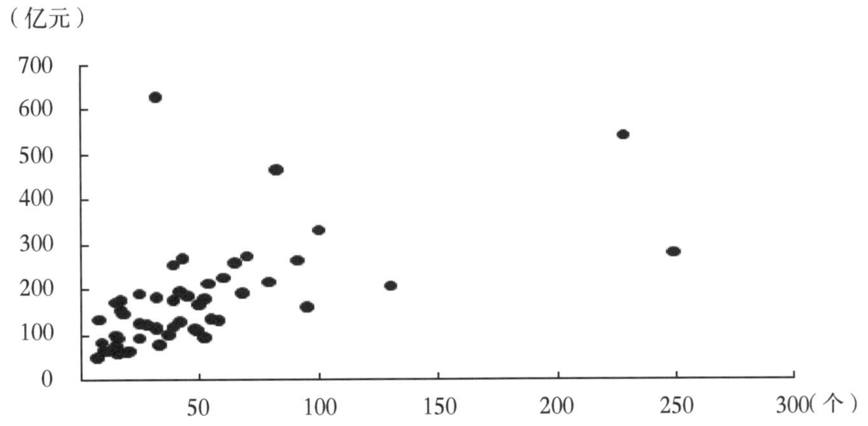

图 6-84　品牌企业进入城市数量和品牌价值关系图

数据来源：企业官网、企业公告、中国房地产测评中心。

虽然很多房企的战略都是立足大本营，然后布局全国。但全国布局与区域深耕本质上存在一定程度的矛盾，需要房企做一定的取舍，尤其是各线城市行情走势独立性日趋明显的情况下。从上榜企业名单看，依然有部分企业并不刻意追求品牌市场分布的全国化和各线城市的全布局。如中海、建业等企业对于定位和战略布局都有自身独特的想法（见表 6-22）。

表 6-22　　典型房企战略与定位情况

企业名称	企业战略与定位
建业	中原城市化进程和社会全面进步的推动者，理想使命是“让河南人民都住上好房子”
中海	坚持“主流城市、主流地段、主流产品”的发展定位
大华集团	始终围绕以上海为中心的华东区域和前景良好的二线城市，有选择进入海外市场
华夏幸福	市圈布局，围绕国家战略重点区域，积极布局核心都市圈

资料整理：企业官网、企业公告、中国房地产测评中心。

（4）品牌效应分析

品牌溢价效应渐稳　助推龙头房企业绩增长

消费结构的升级倒逼房地产行业逐渐走向精细化，而在整体行业“强者恒强”的背景下，具有高知名度的房企的推盘动向可以获得消费者更多的关注度，这也是由于企业优秀的品牌所带来的加成效应。

从消费者角度来看，购房费用是一个家庭支出里占比较高的部分，故消费者为了规避风险，其选择会更为慎重。品牌房企由于其良好的信誉度和产品口碑，可以加大消费者的信任度。此外，品牌给消费者带来的情感价值大大提高客户对产品、对企业的认可度和忠诚度，从而形成连锁效应，这也使得消费者更愿意付出高溢价。

从房企的角度来看，提高销量和利润，加强盈利能力，提升市场份额也与企业品牌有重要的相关关系。大型房企积极提高产品质量，建立品牌经营的基础，其次，房企以差异化赢得消费者青睐，不断提高品牌价值。良好的品牌不仅是房企最好的宣传，企业品牌的附加值还会给企业带来更高的盈利，提高企业溢价能力。

本次测评选取中海、万科、保利、富力等 10 强品牌房企在代表性重点城市的销售均价与城市平均销售价格进行对比，计算得到各大品牌房企在各城市的销售溢价率。数据显示，品牌房企近三年在重点城市销售溢价率多分布于 15%~25%区间范围内，其中，2018 年的平均数据为 13.81%。从品牌房企分区域溢价率表现来看，代表性一线城市 2018 年溢价率为 18.85%，二线城市溢价率则为 11.80%。整体来看，由于限价影响，且市场上小型房企多被淘汰，主要以中大型品牌房企为主，一、二线城市品牌房企的溢价率逐渐走向平稳态势（见图 6-85、图 6-86）。

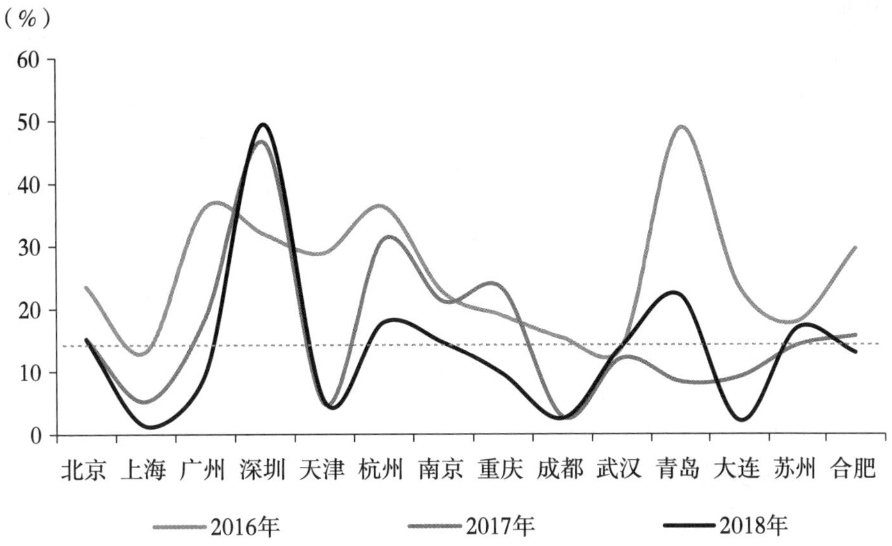

图 6-85　2016—2018 年典型品牌房企重点城市商品住宅销售溢价情况

数据来源：CRIC、中国房地产测评中心。

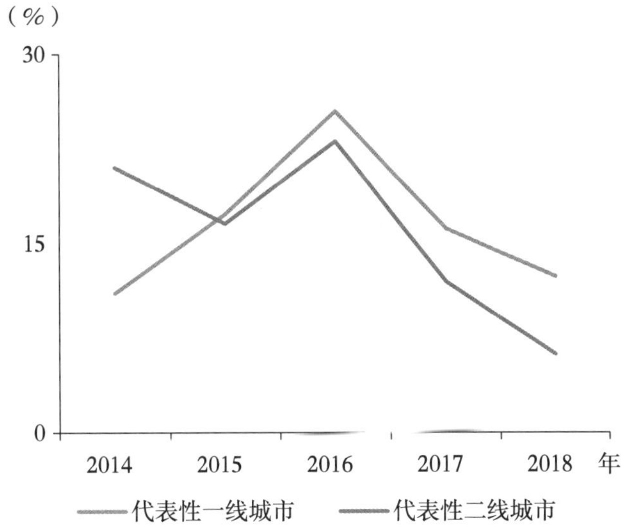

图 6-86　2014—2018 年典型品牌房企代表性一线、二线城市商品住宅销售溢价情况

数据来源：CRIC、中国房地产测评中心。

本报告选取 2019 年 50 强品牌房企，就其品牌价值与其 2018 年的销售金额数据进行相关性分析得知，品牌价值优势区的房企数量和销售金额增加的企业均较上年有所增多且呈现上升趋势。综上，品牌价值和销售金额之间显现正相关关系，良好的品牌效应对房企的销售金额具有正向的推动作用（见图 6-87）。

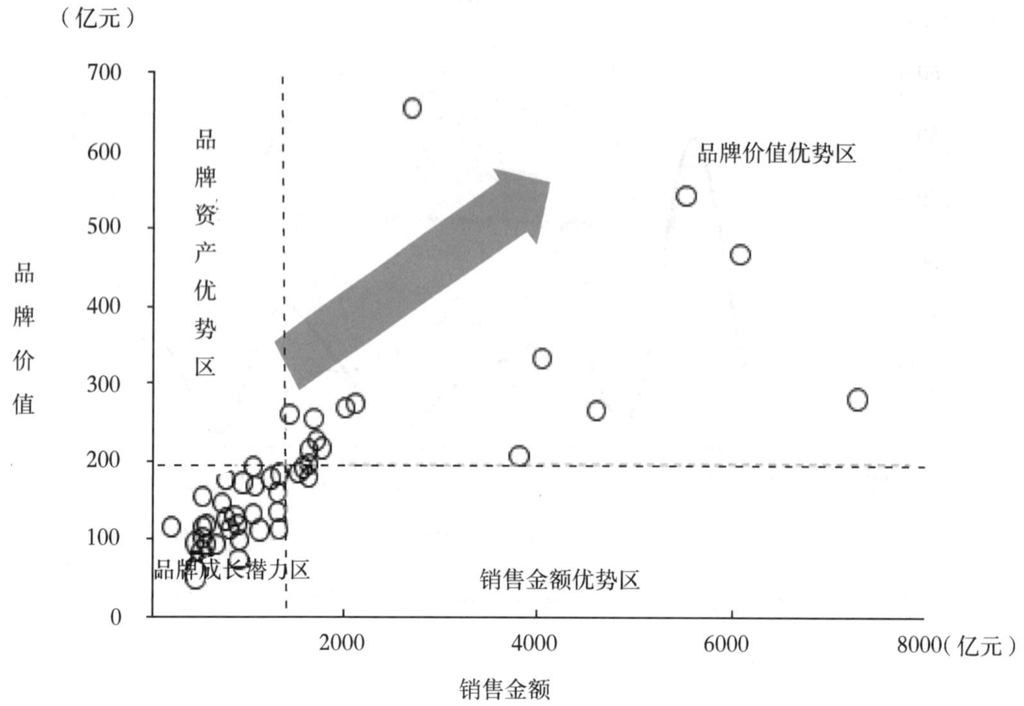

图 6-87　2018 年房企品牌价值与销售金额相关性分析

数据来源：CRIC、中国房地产测评中心。

从本次测评所选取的 10 家典型品牌房企 2018 年的合同销售金额来看。在 2018 年调控政策以及经济环境趋严的背景下，位列品牌价值榜单靠前的企业凭借优秀的综合能力，不断扩大的品牌影响力依旧在销售金额方面保持领先。其中，碧桂园、万科、恒大销售金额均超过 5000 亿元。增长率方面，世茂、富力达到 70% 以上，中海、保利、碧桂园、华润销售金额增长率均超过 30%（见图 6-88）。

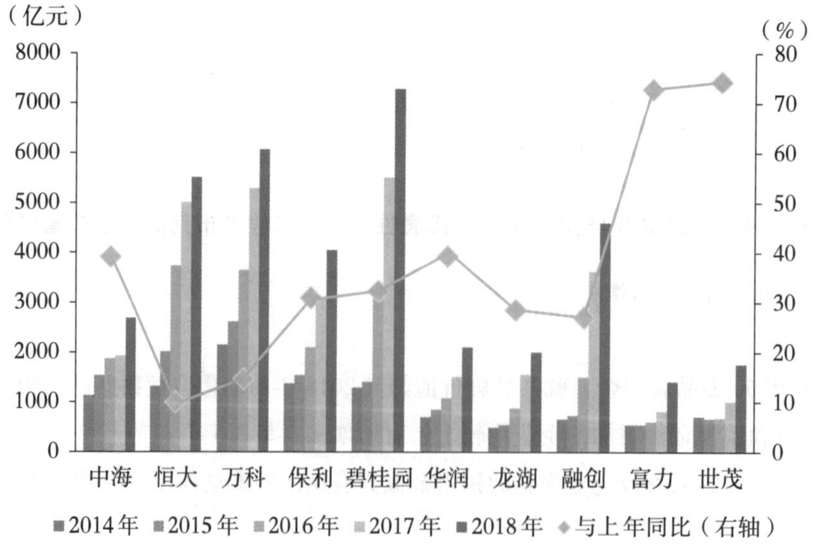

图 6-88　2014—2018 年品牌房企销售金额趋势

数据来源：CRIC、中国房地产测评中心。

融资渠道有所收窄　品牌房企成本优势明显

2018 年房地产行业受政策调控，加强金融监管去杠杆，1 月，银监会发布《关于进一步深化整治银行市场乱象通知》中，针对违反房地产行业政策，以及违规提供表外融资、个人住房贷款业务等乱象进行监管整治。5 月，国家发改委和财政部发文明确将金融机构境外发债纳入监管。年底国家发改委发布支持高信用、优质企业，满足一定经营财务指标的房企发行企业债券条例。总体来看，2018 年融资环境依旧保持严格监管，整体融资情况在年底略有回暖。但是在 2019 年 2 季度融资再次收紧。

由于境内外融资环境趋紧，上市房企或者实现双平台上市的房企，其品牌影响力更强，融资渠道更为广阔。多家品牌房企排队上市，中梁控股已于 2019 年 7 月 16 日在港交所成功上市。截至 2019 年 6 月，海伦堡地产、奥山控股、新力控股等多家企业排队等待上市。良好的品牌效应对房企融资形成了正向推动作用，进而创新多元融资手段，降低融资成本。

融资成本方面，2018 年，万科发行超短期 188 天融资券利率最低为 3. 13%。中国海外发展集团加权平均借贷成本 4. 30%；龙湖平均借贷成本年利率为 4. 55%，金地集团债务融资加权平均成本为 4. 83%。由品牌房企的平均融资成本可见，大型企业能保持较好的风险防范能力，同时拥有更强的融资能力。但截至 2019 年 2 季度，融资环境再次收紧，境外发债情况增多，整体融资成本有所上升（见表 6-23）。

表 6-23　2018—2019 年上半年部分品牌房企融资情况列表

企业名称	发行日期	募资途径	募资规模	成本（%）
龙　湖	2018-01	优先票据	3 亿美元	3. 90
华润置地	2018-03	中期票据	60 亿元	5. 38
金　茂	2018-04	中期票据	30 亿元	4. 99
远洋地产	2018-07	公司债	20 亿元	4. 70
金隅集团	2018-07	公司债	30 亿元	4. 70、5. 00
金　地	2018-08	中期票据	20 亿元	4. 80
旭　辉	2018-08	公司债	25 亿元	5. 46
世　茂	2018-10	优先票据	2. 5 亿美元	6. 38
正荣地产	2018-10	优先票据	0. 7 亿美元	12. 50
越　秀	2018-10	公司债	15 亿元	4. 24、4. 25
中　海	2018-10	公司债	35 亿元	4. 00
富　力	2018-12	公司债	40 亿元	7. 00
美的置业	2019-01	公司债	30. 6 亿元	5. 30
金　茂	2019-02	公司债	18 亿元	3. 72
万　科	2019-02	公司债	20 亿元	3. 65

资料整理：CRIC、中国房地产测评中心。

品牌房企积极拓宽融资渠道，与大型金融机构建立长期稳定的战略合作关系，优化公司债务结构，为后续经营获取足够的资金保障。在良好的企业品牌信用度影响下，大型房企具有更优秀的使用融资手段和工具来为自身发展进行融资的能力，为了保持企业自身的资金稳定，2018 年多家企业与信托、商业银行、保险公司等金融机构进行战略合作。但是在 2019 年 5 月，银保监会发布了“巩固治乱象成果促进合规建设”工作的通知，针对信托融资、渠道做出了一些限制（见表 6-24）。

表 6-24　2018—2019 年上半年部分品牌房企与金融机构合作情况列表

企业名称	时　间	合作方	事　件
花样年	2018-06	民生银行	民生银行为花样年控股集团及控股子公司提供全面的综合金融服务和支持
华夏幸福	2018-09	中国平安	平安集团向华夏幸福提供一站式综合金融服务，聚焦四大业务协作
禹洲集团	2018-11	民生银行	双方将对绿色节能建筑、地产开发创新、新型城镇化等多个领域深入合作
佳兆业	2018-12	民生银行	在资本市场业务、境内外共同投资等众多领域加大合作
朗诗集团	2019-05	江苏银行	针对绿色开发改造、长租公寓、绿色养老服务等业务协同合作，深化绿色金融资源
福晟集团	2019-06	平安信托	针对旧城改造、产业、地产开发、城市更新等多领域深入合作

资料整理：CRIC、中国房地产测评中心。

融资环境趋紧倒逼房地产企业在融资手段方面需要更加细化。银行贷款、证券市场融资，海外融资、私募股权基金、发行公司债、中期票据等等融资渠道众多，但是针对不同的房企可使用的模式不同，品牌房企具有更为多元融资的手段。在此背景下，房企则积极盘活存量，加快资金回笼。而利用资产证券化进行融资的比例逐年提升，由于政策对住房租赁的倾斜，2018 年，绿城、龙湖、保利、万科、正荣、泰禾等多家企业通过资产证券化发行住房租赁专项债券。2019 年 1 月，葛洲坝集团完成向合格投资者发行规模 10 亿元的住房租赁专项公司债券；7 月，龙湖集团完成发行规模 20 亿元的住房租赁专项公司债券。

2018 年，10 家典型品牌房企的资产负债率均值为 77.96%，较 2017 年上升 0.87 个百分点，总计有 8 家企业较上年有所上升；其中，中海资产负债率较低，为 59.52%。世茂、龙湖、华润、保利、富力的资产负债率在 70%～80%之间，恒大、万科、碧桂园、融创的资产负债率均高于 80%。扣除预收账款后，10 家的资产负债率均值为 52.07%，较 2017 年下降 18.17 个百分点，并且，10 家房企同比均有所下降。选取的 10 家典型房企的净负债率为 77.26%，较上年下降 12.99 个百分点。总计有 6 家企业同比有所下降。其中，万科、华润和中海的净负债率均低于 40%，分别为 30.89%、33.90%和 37.08%。恒大、融创均超过 100%，分别为 151.90%、195.75%。总体来看，中海始终保持着较低的负债水平。总体来说，虽然典型房企的负债水平普遍高于行业平均水平，但是其优质的品牌实力依旧可以带来更多融资机会，并且其拥有更好的调整债务结构的能力（见图 6-89）。

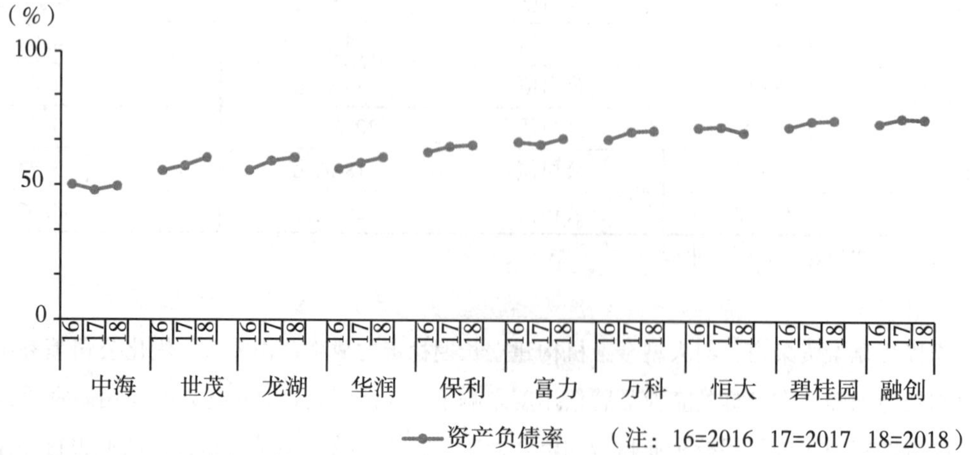

图 6-89　2016—2018 年典型房企长期偿债能力指标比较

数据来源：CRIC、中国房地产测评中心。

融资成本方面，大型房企由于其较高的品牌知名度和影响力，具有高度的信用和更好的成本管控能力，不仅可以节约一部分的营销费用，还可以获得较为低廉的融资成本，由于自身优秀的营运管理能力降低管理成本，加速去化，加快回款速度。在选取的 10 家典型品牌房企中，恒大、中海等 5 家企业三费比率有所下降，有 5 家三费比率同比上升。总体来看，典型品牌房企的三费控制能力较为领先（见图 6-90）。

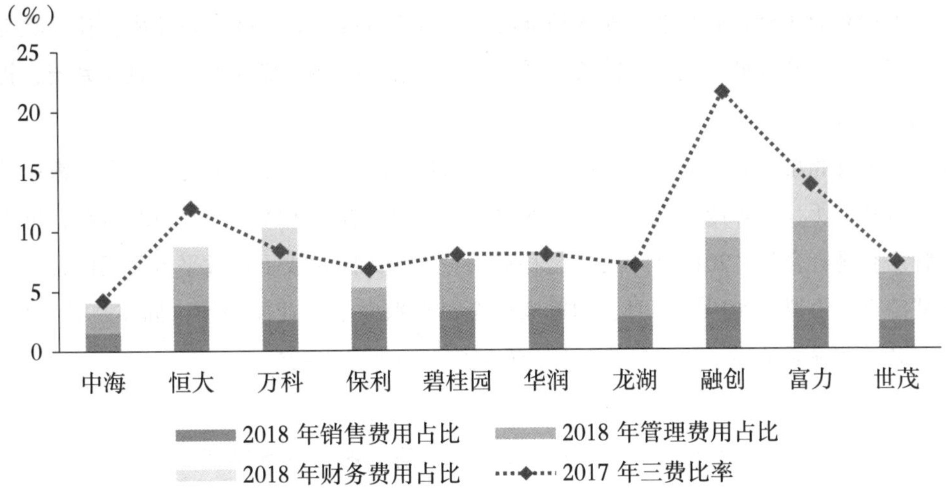

图 6-90　2017—2018 年典型品牌房企三费比例构成及变化

数据来源：CRIC、中国房地产测评中心。

品牌盈利能力加强　拿地审慎扩大城市布局

在当前房企由加速扩张转向减速提质的背景下，房地产企业在拿地方面更注重土地质量，同时，如何获取优质地块，降低成本，增加市场份额成了企业关注的重点。龙头房企由于其自身的品牌优势和综合能力更容易取得优质地块，而对于中小房企，如何在夹缝中生存亟待解决。

2018 年，土地市场成交量总体有所上涨，但整体增速缓慢。各省市针对土地类型、竞拍方式等进行政策调整，土地市场逐渐细化完善，针对不同城市情况进行加速土地供应或反向调整（见图 6-91）。在土储方面，品牌房企优势明显，获取资源能力强。例如恒大、碧桂园，总土储量较为领先，分别达到 3.03 亿平方米、2.40 亿平方米，其中恒大新增 0.50 亿平方米，增量较上年有所下降，主要是由于集团秉承“规模+效益型”发展模式，在购买土地方面更为审慎。年内，保利、融创分别新增 0.31 亿平方米和 0.48 亿平方米土储。

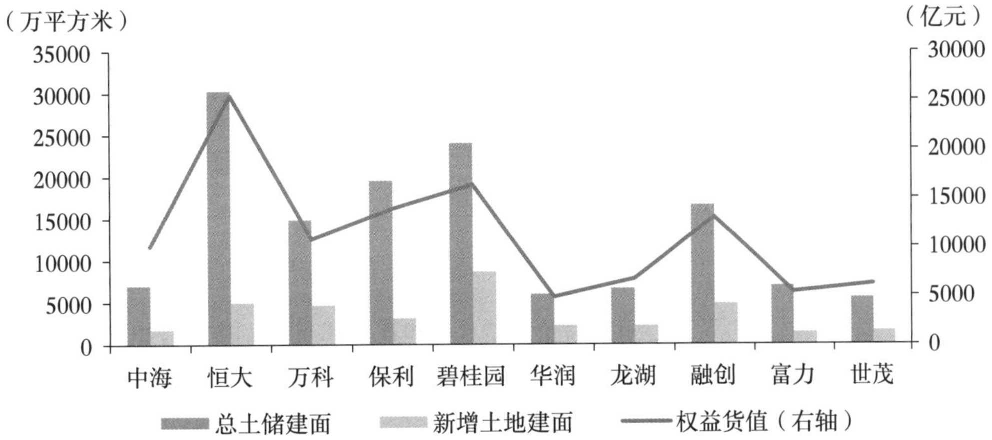

图 6-91　2018 年典型品牌房企土地储备情况

数据来源：CRIC、中国房地产测评中心。

近年来，房企获取土地的模式众多，除了通过公开市场的招拍挂、收并购、合作开发、旧城改造、股权收购等方式外，还通过住宅产业化，即以多元业务的“产业+”模式获取土地，通过与政府的合作推动片区的产业升级。2018 年，招商蛇口与常熟市人民政府签署了《琴湖片区开发战略合作框架协议》，与揭阳市人民政府签订《关于共同开发揭阳滨海新区粤东新城合作框架协议》，致力于推动产城融合。

此外，品牌房地产企业积极提高获取土地的精准能力，应用科技工具提高拿地效率，让经验与科技相互辅助。中国海外发展集团积极开发城市地图辅助决策系统、投资管理咨询系统等多个信息化系统，提高拿地与经营效率，深入挖掘土地价值。

随着拿地成本的上升和行业竞争加剧，合作开发模式以其灵活的操作方式也是品牌房企常用的获取土地的方法，使得房企可以各取所长，降低融资压力，尤其对于中小型或者专注区域深耕型的房企，可以通过自身区域优势与大型品牌房企进行合作。2018 年 5 月，金科集团与卓越集团达成了通过平台公司联合获取土地、同股同权投资开发的战略合作协议；2019 年 5 月，旭辉联合金科获取空港工业园地块。同年 7 月，招商联手景瑞、绿都开发南京江北新区一优质地块，形成优势互补，布局深化（见表 6-25）。

表 6-25　2018 年重点品牌房企联合拿地项目

单位：亿元，万平方米

成交时间	地块名称	拿地企业	出让金额	总建面积
2018-01	京土整储挂（朝）〔2017〕096 号	首创—远洋	61.00	9.94
2018-1	重庆巴南区 17152 号地块	中国电建—南国置业	25.10	52.50
2018-2	京土整储挂（门）〔2017〕116 号	金地—电建—山西建投—隆泰	34.50	9.93
2018-3	重庆沙坪坝区西永组团 L 标准分区	华润—绿城	18.50	11.74
2018-5	重庆南岸区茶园组团 F 分区	金科—联发	20.66	34.44
2018-6	重庆两江新区悦来组团 C 分区	华侨城—华宇—旭辉	24.50	44.46
2018-8	惠州金山湖 GP2018-8 地块	华侨城—华润—保利	32.69	64.11
2018-9	2018 年宁出第 05 号 NO. 2018G27	金地—保利—南京建设	22.60	6.82
2018-10	京土整储挂（顺）〔2018〕037 号	首开—金地	45.00	13.30
2018-10	京土整储挂（石）〔2018〕025 号地块	中海—首钢	48.34	15.28
2018-12	京土整储挂（昌）〔2018〕047 号	首开—华润—建工	69.00	12.17

资料整理：CRIC、中国房地产测评中心。

本报告选取 2019 年 50 强品牌房企，就其品牌价值增长率和其 2018 年净利率进行相关性分析可见，品牌价值增长率和净利率呈现正相关关系（见图 6-92）。

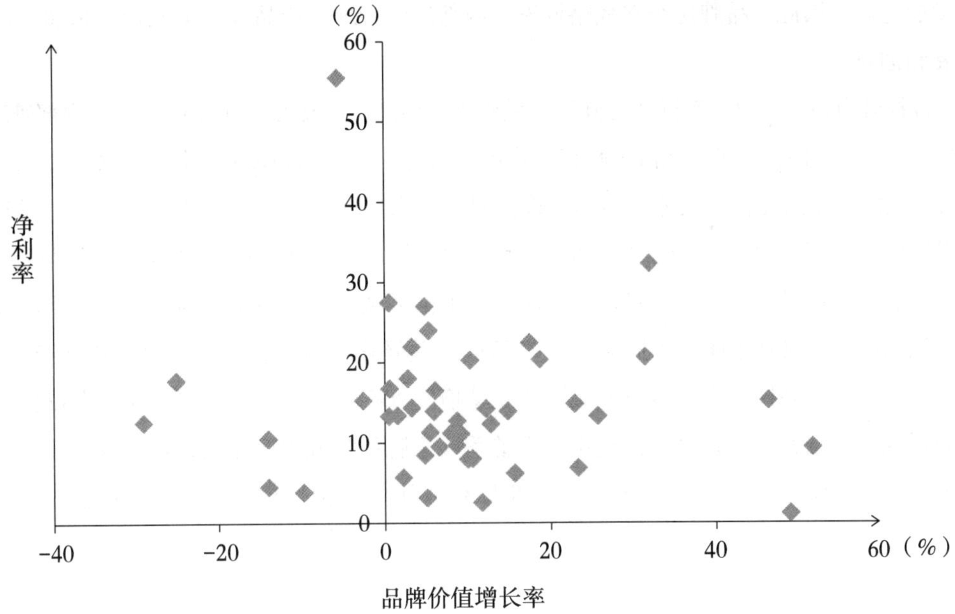

图 6-92　2018 年典型房企品牌价值增长率与净利率相关性分析

数据来源：CRIC、中国房地产测评中心。

2018 年，10 家典型品牌房企销售业绩纷纷达到新高，盈利能力不断加强，大部分企业的利润率水平和资本报酬率均有提升。其中，恒大毛利率提高到 36.24%，净资产收益率攀升至 30.18%，中海、华润企业的净利率达到 20%以上（见图 6-93）。

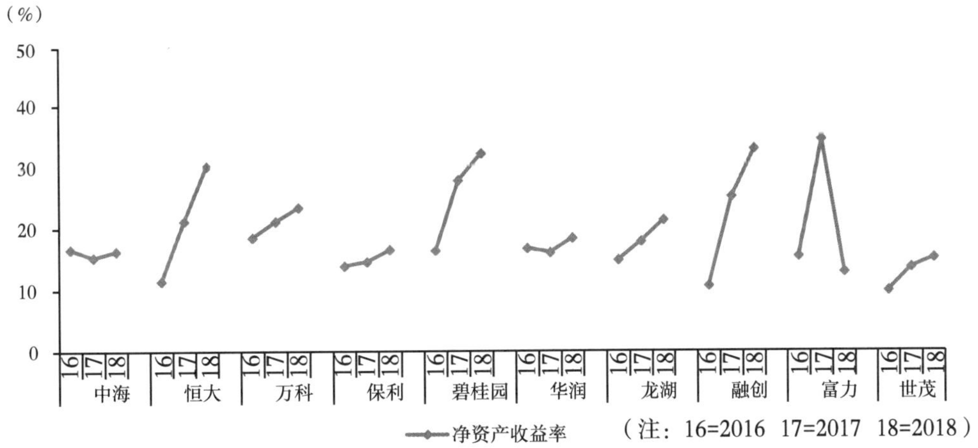

图 6-93　2018 年典型品牌房企盈利能力指标

数据来源：CRIC、中国房地产测评中心。

(5) 品牌策略分析

提升内核增高效能　聚焦主业务扩充产品线

随着房地产行业由粗放发展逐渐向精细化过渡，良好的品牌对房地产企业形成了正向的推动力，故品牌化逐渐成为行业发展趋势。因此，品牌房企在战略调整、内部经营管理、产品线、多元业务拓展、品牌延伸合作等方面积极拓展和创新。

品牌房企积极提升内核竞争力，实行“均好”有效管理并向高质量发展。自 2019 以来，内部管理方面，品牌房企更注重利润、回款等方面，通过细化激励政策，管控运营进一步下沉到核心人员。人才计划管理方面，品牌房企不断提高人均效能，加强复合型人才的培养。碧桂园“未来领袖”人才计划需求博士以上学历，龙湖集团“仕官生”校招计划要求研究生以上学历。由此可见，品牌房企的人才计划也偏好于年轻化、高学历化。

此外，品牌房企回归产品本质，进一步提升产品力。根据区域市场、消费结构、人群、需求等方面细化产品，采取横向、纵向的产品延伸策略对不同业态的产品进行差异化打造，致力于对单一业态产品线条的完善。例如正荣集团，针对中产、高知和高端客户形成了“正荣府”“紫阙台”和“云麓”为三大特色产品线。世茂集团在住宅方面形成了“云系、璀璨系、国风系、天誉系、龙胤系”五大产品线；在商业方面以“世茂国际中心”“世茂广场”“世茂摩天城”和“世茂 52+”四大系列为主；办公产品以“世茂大厦、世茂智汇园 Link Park”为主（见表 6-26）。

表 6-26　典型房企住宅开发产品线

企业简称	产品线	企业简称	产品线
金茂	府系、悦系、墅系	建发集团	精粹系、城央系、远见系、自然系
融创	壹号院系、桃花源系、九府系、桃园系、宜和系	建业集团	森林半岛、联盟新城、壹号城邦、桂园、建业十八城等
旭辉	铂悦系	中骏集团	“天”字系、“景”字系
祥生	大城系、春晓系、新语系、悦系、府系、樾系	合景泰富	誉峰系、天銮系、汇系、月系、四季系、云上系
金辉	铭著系、云著系、优步系、大城系	金科	琼华、博翠、集美

资料整理：CRIC、中国房地产测评中心。

房企采用以上的产品品牌策略，可以对企业涉及的业务进行良好的层级区分，新增产品线可在原产品的基础上进行创新升级，保持相互独立又互相依存，也使得企业品牌和产品品牌之间粘性增强。对于消费者而言，便于直观的对需要产品进行选择。

跨界收购联手合作　轻资产运营模式增比重

基于房地产出台的各项调控政策，金融监管收紧，对房地产行业的要求也逐渐提高。部分品牌房企进行战略调整，积极进军多元业务，以收购、合作等方式扩张市场版图。此外，品牌房企试水存量市场，向“运营商”转型。

2018 年，大部分房企以地产主业为主，向行业上下游等相关行业延伸。养老产品和长租公寓是房企涉足较多的领域，2018 年 12 月，中海发布旗下康养品牌“中海锦年”；华润置地推出“有巢”长租公寓品牌。不仅如此，品牌房企积极涉水跨界业务，2018 年 8 月，雅居乐与亚洲勒芒签署了战略合作协议，围绕汽车运动产业为核心，跨界“汽车+”赛车产业业务。世茂集团则是不断跨界文化领域，先后联手故宫传播传统文化，打造 Hello Kitty 主题文化 IP，2019 年打造“蓝精灵”主题乐园。品牌房企积极的参与多元业务与跨界业务，以“运动+”“文化+”“体育+”等创新方式打造企业的个性 IP，不断扩大品牌知名度。

股权收购、资产收购等方式可加快房企扩张规模，给企业提供进入新城市或者区域的快速通道。在企业通过收并购获取资源的同时，不断精细收购对象，减少盲目收购无效资源。2018 年世茂集团收购、合作比例达

48%，2019 年延续了 2018 年的收并购力度且有所加大，连续接手明发、泰禾、粤泰股份等公司部分项目及股权。此外，房企也以收并购的方式增大跨界业务的布局。2018 年 1 月，万科通过收购 20 余个凯德广场，扩大了自身商业版图。2018 年 7 月，收购太古冷链物流资产包拓展物流布局（见表 6-27）。

表 6-27　2018—2019 年上半年部分品牌房企跨界收并购事件

时　间	企业	收购对象	业务领域
2018-01	融　创	万达商业管理集团有限公司 3.91%股份	文旅产业
2018-01	万　科	20 个凯德购物中心	商业地产
2018-07	万　科	收购太古冷链物流资产包	物　流
2018-10	融　创	万达原文旅集团	文旅产业
2019-05	恒　大	英国轮毂电机 Protean 电机公司	新能源汽车
2019-05	雅居乐	力世纪 4 亿股新股份	新能源汽车

资料整理：CRIC、中国房地产测评中心。

传统的房地产行业是以重资产结合高周转，由于其资金高度密集的行业特性，受市场周期与金融监管政策等影响，存在企业有较高负债率或者资源资金过于集中等问题，基于这个背景下，多家品牌房企在业务结构配比方面增加商业布局及其他多元业务，以“轻资产”或者“轻+重”结合的模式，通过较高品牌号召力、优秀的运营能力、较低的投入来撬动更高的收益，但是轻资产运营对企业要求较高，故房地产企业需加强综合能力并结合企业自身发展战略进行决策（见图 6-94）。

绿城集团以主业为基础，积极探索重资产板块的特色发展，轻资产方面加强对代建、生活服务、养老、房屋科技等地产上下游业务的深入及其他新型业务的探索。世茂集团则以酒店、主题文旅、商业项目提高营收。万科则以小股操盘、REITs 的模式实现运作。瑞安房地产近年在轻资产模式积极发力，致力成为商业物业市场领先者。

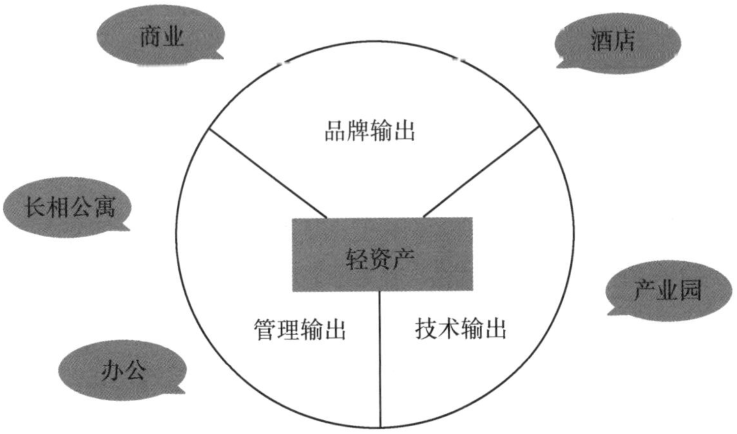

图 6-94　品牌房企轻资产输出形式

资料整理：中国房地产测评中心。

品牌维护理念升级　下沉市场营销实现裂变

在“房子是用来住的，不是用来炒的”和因城施策的政策基调下，融资监管趋严，房地产行业分化明显。

在此形势下，营销手段重要性凸显，企业需加快产品去化，提高案场转化率。品牌房企通过内部管理、提高前策能力、品牌维护，营销标准化等方法实施加码推进，加强营销力。

近年来，房企加重了对品牌的维护，受限价影响但整体房屋成本不减，部分企业出现了相应质量问题而形成了部分地区维权事件。但是，对于品牌房企，依旧对产品保持不降质、不减配，将精品推向市场。数十家企业连年发布企业社会责任报告，针对不同主体履行相应的企业责任，以实际行动向社会回馈，并制定从管理、设计、施工、检测、交付等一系列的相关标准体系。万科的“天网行动”在 2018 年增加了工程检测项；绿城则以“全国工地开放日”活动，对外展示工程进度与施工质量，2019 年 6 月，举行了“绿城中国综合作业提效示范工地观摩会”。由此可见，房企在品牌的树立与维护方面以切实的行动，不断进步。此外，2019 年 5 月 20 日，碧桂园集团、国强公益基金会联合多家合作单位、新闻媒体、公益协会、公益人士发起“社会扶贫共同体”，助力扶贫攻坚，号召全民参与，身体力行的致力公益，推动乡村振兴。

现如今发达的网络也为房企营销带来了很大的便利，品牌房企可以通过微信公众号、微博、热门 APP 等等软件对自身品牌进行推广，通过平台实现企业与消费者互动，根据大数据进行精准推送，提高曝光度。从官微阅读量可见，大牌房企品牌影响力较强势，万科、碧桂园、保利、融创等企业的官微具有超 10 万次的阅读量。企业在品牌深化的进程中不断对理念进行升级，建立品牌忠诚度（见图 6-95）。

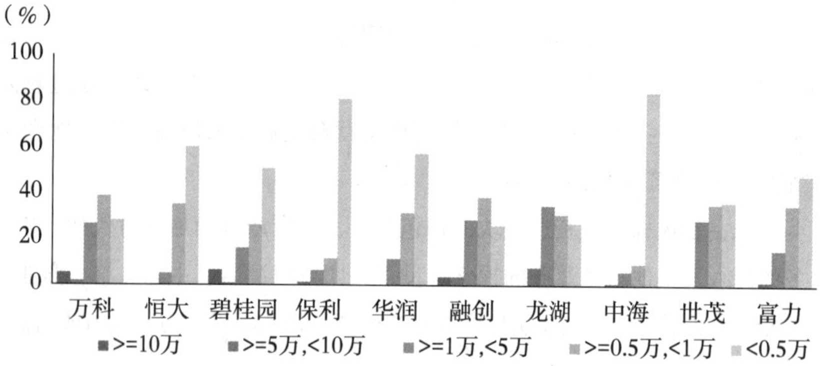

图 6-95　2019 年 1—6 月品牌房企官微单篇阅读量占比

数据来源：中国房地产测评中心、企业官微。

营销方面，线上加重内容打造，实现营销裂变，线下活动精细化，加大投入。创新的内容可吸引市场的侧目，例如年内房企积极举办战略、产品发布会，以主题、科技为手段，对美好未来形成构想；增多售楼处属性，以个性化提高客户好感度，细节化加强消费者信任度，从设计、服务等方面提高客户购买欲。此外，在健康运动的影响下，品牌房企积极加入或组织马拉松、徒步、骑行、足球等活动，2019 年，美的置业集团举办了“顺德高尔夫球赛事”；金科集团举行了 300 公里拉力赛；金茂集团则是联动六大布局的城市群，根据城市创新跑步模式，形成了较大的活动 IP，为企业树立正面积极的形象，而这种营销模式则是大众化的方式，形成以运动为中心向多层次面迸发的结构。

（6）品牌趋势分析

强势品牌扩大优势　头部房企集中趋势延续

2019 年上半年，“房住不炒”“一城一策”“坚决遏制房价上涨”的政策基调保持延续，7 月底政治局会议更是首次提出“不将房地产作为短期刺激经济的手段”。市场处于既不能大涨，也不能大跌的境况，“一城一策”起到了市场稳定器的作用，如苏州提出全年涨幅控制在 5%以内，而大连则将跌幅控制在 5%以内。随着前几年高价地块项目的相继入市，成本端较高而销售端又被政策限制的情况下，不少房企面临压力。融资政策方面，相对 2018 年四季度有所收紧，特别是银保监会主席 6 月在陆家嘴论坛上的讲话批评房地产过度融资，企业融资条件相对提高，融资成本有所抬升。大型品牌房企凭借巨大的企业规模、丰富的土地储备、良好的政企关系以及优质的股东背景占据相对优势，融资成本相对较低。

销售方面，2019 年上半年行业进一步分化，市场份额延续上年的趋势向大型品牌房企集中，中小房企面临淘汰，截至 7 月约有 265 家企业破产。强势品牌强者恒强效应继续放大，房地产行业集中度继续提升。同时中海等龙头品牌房企在营销上发力，使得销售进一步向品牌房企集中。运营方面，万科等房企依托自身品牌、产品、资源整合优势，通过主业的收敛聚焦更加积极主动面对市场变化。上半年有五家房企入选世界 500 强，分别是恒大、碧桂园、绿地、保利和万科，排名均较上年大幅提升。其中恒大排名第 138，上升 92 位，碧桂园排名第 177，上升 176 位，绿地排名第 202，上升 50 位，保利排名第 242，上升 70 位，万科排名第 254，上升 78 位（见图 6-96、图 6-97）。

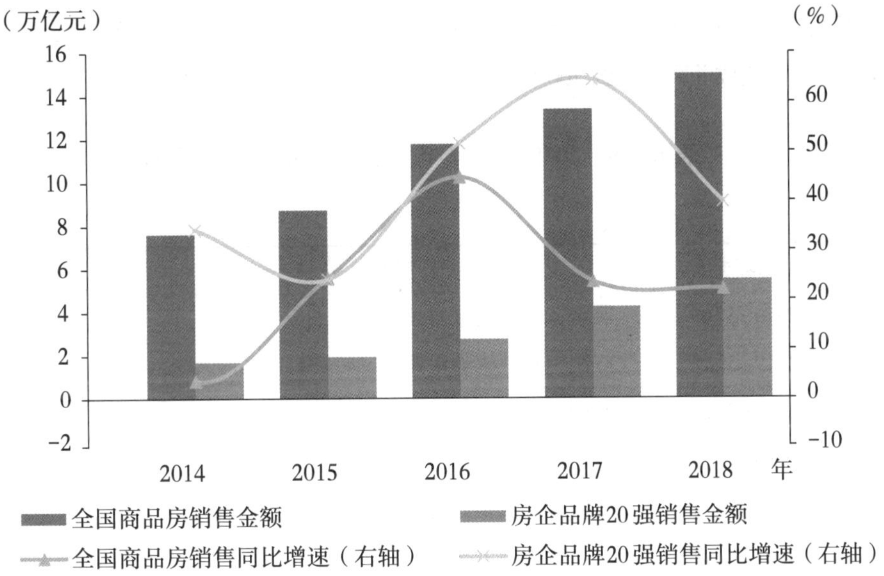

图 6-96　2014—2018 年全国商品房销售与品牌房企 20 强销售情况对比

数据来源：国家统计局、CRIC、中国房地产测评中心。

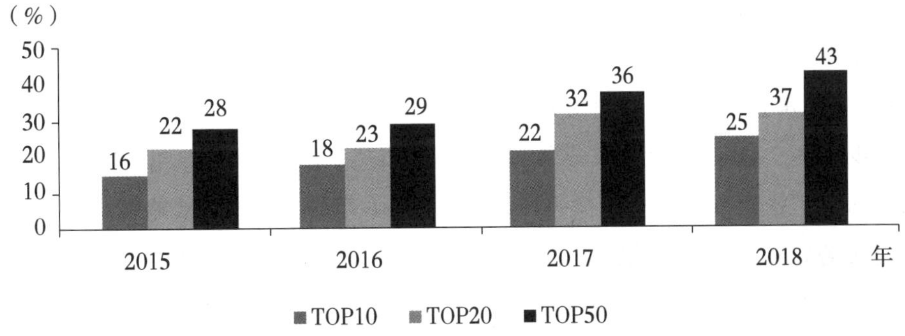

图 6-97　2015—2018 年品牌 TOP10、TOP20、TOP50 企业集中度情况

数据来源：CRIC、中国房地产测评中心。

2018 年，三强品牌房企销售表现分化，中海同比增速约为 33.48%、恒大 7.39%、万科 15.35%。20 强品牌房企销售金额为 54981.6 万亿元，同比增长 29.88%。其中，招商蛇口、世茂、旭辉、中南、正荣、阳光城销售金额同比增速超过 30%，可见行业有向头部聚集的趋势。从集中度指标来看，10 强品牌房企销售金额集中度为 24.95%，同比增长 3.12%，20 强品牌房企销售金额集中度为 36.66%，同比增长 5.00%，50 强品牌房企销售金额集中度为 43.05%，同比增长 6.74%。10 强、20 强与 50 强品牌房企集中度都呈现上升的趋势。

并购重组方面，由于 2019 年上半年融资政策收紧，不少中小房企不得不出售优质项目。对品牌房企来说，在土地一级市场溢价的情况下，通过并购能获得不少优质项目，成本相对较低，而且部分项目已处于开发过程中，可以有效提升接盘房企的项目开发周期，形成快速销售。以融创中国为例，2019 年上半年，融创延续了 2018 年高效的收并购步伐，在 2018 年 200 个成功并购案例之后，继续发起了约 200 亿元的并购项目。其中，2 月，以 125 亿元收购北京泛海国际项目 1 号地块及上海董家渡项目的 100%权益；4 月，以 13.34 亿元收购阳光 100 重庆一项目公司 70%股权及相关债务。7 月，以 67.04 亿元向新湖中宝收购瓯瓴实业 90.1%股权及其对应的平阳隆恒、南通启仁 100%权益，分步实施并最终完成收购玛宝公司 90.1%股权及相关债务。另外，世茂房地产在并购方面也有作为。2019 年上半年，世茂已完成并购规模约 200 亿元，收购项目超过 20 个（见表 6-28）。

表 6-28　2019 年上半年典型品牌房企并购事件

单位：亿元

交易买方	披露时间	交易标的	交易额（人民币）
雅居乐	2019-5-09	收购武汉江夏项目剩余 50%股权	33.14
瑞安房地产	2019-5-14	收购南京 6 幅地块股权	1.48
首创置业	2019-5-20	收购广盛地产	14.07
大悦城控股	2019-5-27	收购天津中北镇大型居住区宅地	13.46
朗诗集团	2019-7-11	收购合肥项目公司 48%股权和债权	7.44
融创中国	2019-7-16	收购新湖中宝两个子公司	67.05
阳光城	2019-7-26	收购上置集团旗下资产	12.85
当代置业	2019-7-29	收购山东菏泽海港花园	6.08
金科股份	2019-8-07	收购新城控股 8 家项目公司	27.38
世茂股份	2019-8-22	收购中民爱普 50%股权	10.3

资料整理：中国房地产测评中心。

品牌规模质量并重　房企在科技公益齐发力

2018 年市场逐步降温，尤其下半年愈发显著，销售规模虽然还是显著增长，但增速明显回落。品牌房企也从 2017 年强调规模外延扩张到 2018 年逐渐向强调规模与质量并重转变。这一战略转向带来的直接变化就是相对 2017 年安全问题显著好转，高周转下品牌房企的安全事故显著下降，对品牌美誉度起到了负面影响的因素逐步消除。随着 2019 年上半年龙头房企销售增速同比出现负增长，表明绝对的规模化增长模式已经无法适应目前的市场环境，品牌房企向更加强调精细化、专业化、高质量的增长转变。万科于 2018 年年中提出“收敛聚焦、巩固提升基本盘”，强调认清、顺应大势，明确、聚焦力量，确保“活下去、活得好、活得久”；并以“战略检讨—业务梳理—组织重建—事人匹配”为逻辑主线，推动各业务单元的系统变革，提升组织能力；融创坚持强运营、控投资、降杠杆的整体运营策略，一方面坚持高质量的土地获取标准并严控投资节奏；另一方面坚决加速去化，取得了全面的高质量的业绩增长；碧桂园则高度重视建筑质量和安全，在稳健经营的基础上根据市场情况灵活调整，关注盈利能力的持续提升。头部品牌房企提质控速，从管理、产品、服务、质量、营销、标准等多维度进行品牌建设，更多采用精细化、高品质、稳健的发展策略。

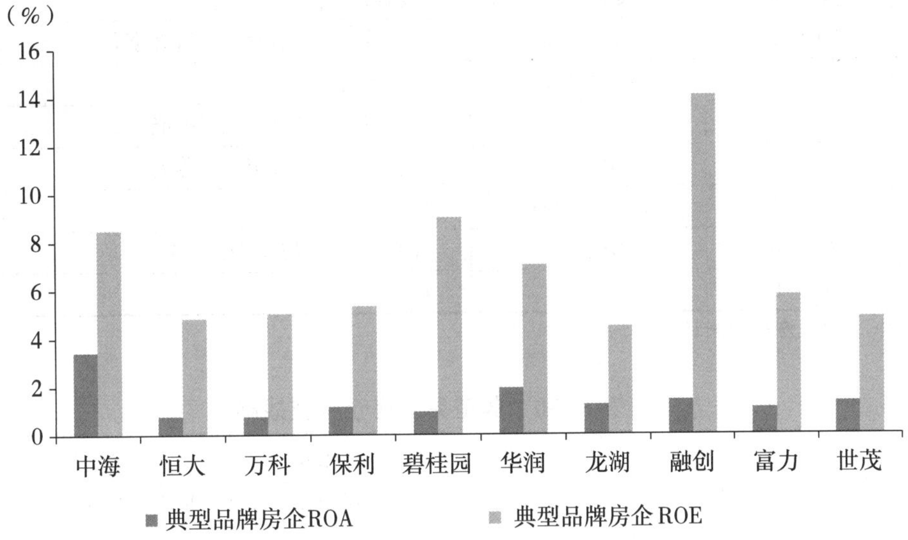

图 6-98　2018 年典型品牌房企 ROA 与 ROE 对比

数据来源：中国房地产测评中心。

从发展速度来看，前三品牌房企和 20 强品牌房企之间出现了一定分化。2019 年 1—7 月，20 强品牌房企整体销售金额依旧保持了高增长，而且同比增幅显著高于行业平均。前三房企中，恒大和碧桂园销售金额同比下降，但除此之外的头部品牌房企销售大部分实现了增长，其中，中海、世茂、金地、阳光城、旭辉、招商蛇口累计销售金额同比上升超过 30%，也就是品牌房企在由重规模向规模与效益并重的转变中仍旧更加注重规模。

2018 年 “科技+地产” 趋势渐起。20 强品牌房企纷纷涉足科技领域。恒大与中科院签署全面合作协议，计划未来十年投入 1000 亿元；在新能源车领域，恒大在世界范围内进行源源不断地收购，打造 “生产+销售+技术” 的全产业链闭环，总投资达到 1600 亿元，力图再造一个恒大。绿地与复旦大学设立上海智能产业创新研究院。龙湖与全球最大创新平台 Plug and Play 在地产科技领域签订战略合作协议。碧桂园宣布进军机器人领域，2 月，碧桂园与美的集团签署战略合作协议，共同打造库卡机器人小镇，并在佛山联手打造智能化无人工厂；9 月，碧桂园机器人公司同佛山市顺德区签署协议，计划 5 年内在顺德投资 1500 亿元建设机器人小镇，并引入 1 万名机器人顶级专家，力争抢占机器人产业制高点。碧桂园将以机器人作为核心技术，围绕物联网、人工智能、云计算和大数据平台进行产业扩展。机器人小镇包括中小学、研究院校机构和创业园。龙头品牌房企引领示范效应，其多元化战略相对 2017 年发生了质的变化。最大的变化是投入规模，不论是恒大还是碧桂园计划投入资金都超过了千亿元，已经达到自身规模的量级。以前品牌房企的多元化都比较理性，相对房地产主业规模来说都不大，即使失败对企业也产生不了重大影响，更多是一种摸着石头过河试错，但这次不论是恒大还是碧桂园的投资都会对企业产生比较大的影响；其次是非房地产相关产业链的多元化，这种多元化在未来如何与主业相结合也会是市场关注点。2017 年的多元化业务，品牌房企中只有绿地和华夏幸福稍呈规模，恒大和碧桂园在 2018 年的大投入可能会引起部分头部房企跟进，在规模及业务方向上有所突破（见表 6-29、表 6-30）。

表 6-29 典型品牌布局科技项目情况

品牌房企	时间	合作方	涉及内容
碧桂园	2018-02	美的	机器人小镇
华润置地	2018-04	腾 讯	智慧城市、医疗健康、大数据、云计算、新零售
绿地集团	2018-04	复旦大学	创新研究院
中国金茂	2018-04	科大讯飞	智慧城市、智慧社区、智慧家居
绿地集团	2018-08	深兰科技	人工智能
蓝光发展	2018-09	阿里巴巴	物联网、云计算、人工智能
万 科	2018-09	微 软	智慧物流、智慧家居、养老
龙湖集团	2018-11	Plugand Play	地产科技
绿地集团	2019-04	华 为	智能家居、智慧园区、5G
恒 大	2019-06	广州市	新能源汽车

资料整理：CRIC、中国房地产测评中心。

表 6-30 典型品牌房企科技战略

品牌房企	科技战略
恒 大	打造世界超前高新技术的全国农业现代化与观光农业标杆“恒大高科农业”
碧桂园	创造美好生活产品的高科技综合性企业
中 海	坚持“悦享空间，智慧物联，绿色科技，健康生活+”的产品设计理念
旭 辉	以数字构建行业领导力，以科技开启业务创新
蓝光发展	以“3D 生物打印+生物医药”为创新支柱产业
金地集团	科学筑家、赋能美好生活

资料整理：中国房地产测评中心。

随着 5G 时代的到来，不少品牌房企重视产品力的科技属性，金茂、朗诗和当代置业是绿色概念的典型品牌房企。2018 年金茂府 2.0 体系发布，实现了自主研产品魔镜、温控器等落地应用，并完成了碲化镉薄膜、离子瀑空气净化等技术立项研发，截至 2018 年年底金茂累计获得已过审专利 149 项，其中，包括发明专利 30 项、独有专利 3 项，进一步提高产品的科技含量和竞争壁垒；朗诗多年来专注技术研发，目前已获专利授权 145 项，并积累了 400 万平方米绿色建筑全过程管理及 200 万平米地源热泵系统运行经验；当代置业的产品以“绿色科技+舒适节能+数字互联”的全生命周期生活家园为核心竞争力，成功打造了绿色科技标志性品牌 MOMΛ，2018 年当代置业在研发上新增 9 个专利，累计获取绿色核心技术专利 91 个，持续增强技术实力（见表 6-31）。

表 6-31 典型品牌房企绿色科技项目汇总

品牌房企	项目情况
中国金茂	金茂府 2.0
朗诗集团	地源热泵系统
当代置业	MOMΛ
葛洲坝	广州紫郡府“2019 年度生态绿色典范社区”
美的置业	“匠心”建造体系
碧桂园	被动式超低能耗建筑

资料整理：中国房地产测评中心。

在社会责任和慈善事业上，2018 年品牌房企重点关注扶贫，落实帮扶贫困地区重大产业项目，通过帮助对口贫困县建立产业和销售渠道，实现了当地困难群众的再就业，确保脱贫成果的可持续。恒大集团继续结对帮扶贵州省毕节市大方县，3 年无偿投入 110 亿元，派 2108 人常驻乌蒙山区。三年间，通过产业扶贫、易地搬迁扶贫、吸纳就业扶贫、教育扶贫及特困群体生活保障扶贫等系统全面扶贫措施的“恒大方案”，实现了毕节市 100 多万人精准脱贫；融创新成立了公益基金会，基金会围绕乡村振兴、教育扶智、古建保护等领域开展公益行动，为全社会创造长远价值。同时，基金会携手员工、业主、专业人士及合作伙伴共同参与公益，汇聚多方力量，践行“美好生活、社会公民”，推动和谐社会构建，促进人与自然、人与社会的可持续发展。通过积极响应中央扶贫号召，品牌房企的社会形象得到了显著提升（见表 6-32）。

表 6-32　典型品牌房企扶贫项目汇总

品牌房企	披露时间	扶贫项目
龙湖集团	2018-4-19	捐赠 3 亿元发起设立光彩龙湖教育扶贫专项基金
绿地控股	2018-5-18	同遵义签署产业扶贫战略合作，投资 35 亿元推进特色小镇项目
恒大集团	2019-2-19	就业扶贫创造 8641 个岗位
奥园集团	2019-3-06	扶贫支教
碧桂园	2019-5-20	联合社会各界发起“社会扶贫共同体”
佳兆业	2019-6-30	捐款 1.2 亿元助力广东精准扶贫
金科股份	2019-8-22	投资 1.1 亿元聚焦产业扶贫

资料整理：中国房地产测评中心。

多元业务渐趋理性品牌房企延续更名浪潮

2018 年品牌房企在多元化领域继续探索。与前几年相比，房企在多元化业务上更加理性务实，部分退出了非房地产主业。经过几年实践后，房企逐渐认识到多元化并不容易实现，大多数房地产多元业务创造的收入相对主业占比很小。但也有部分品牌房企在细分领域继续深耕，比如万科的冰雪项目，在北京冬奥会的推动下，迎来发展契机。万科松花湖项目在 2018 年冬天，过门禁的人次与 2017 年相比增长了 48%。

长租公寓方面，CRIC 数据显示，截至 2018 年年底，已拓房源排名前三的企业分别是万科、龙湖、旭辉，拓展房源量分别为 23 万间、10 万间、5 万间。曾经火热的市场开始趋于理性，很多业内人士过去低估了长租市场的培育难度，可见范围内盈利难度较大。因此，部分品牌房企重新审视并逐渐剥离旗下的长租公寓业务板块，市场逐渐显现出资源向头部品牌聚集的趋势。

由于前期盲目扩张，2018 年下半年长租公寓风险事件频发，“资金链断裂”“经营不善”“租金贷”“甲醛门”等问题成为社会关注焦点。品牌房企总结经验，放慢扩张步伐，不唯规模论，重点转向真正对行业长足发展更具意义的运营和服务方面。龙湖“冠寓”一直坚守“规模、速度与质量”并重的战略，不断快速自我迭代，通过在运营、产品和服务方面的精细化管理与打磨，为城市年轻人提供有生命的空间和有温度的服务。通过增强品牌运营能力，服务好消费者，进而实现有效的规模增长（见表 6-33、表 6-34）。

表 6-33　2018 年以来部分破产长租公寓运营商汇总

品牌/企业	时　间	原　因
好租好住	2018-01	资金链断裂
爱公寓	2018-03	资金链断裂
长沙优租客	2018-04	资金链断裂
恺信亚洲	2018-04	资金链断裂
杭州鼎家	2018-08	资金链断裂
上海寓见	2018-10	资金链断裂
长沙咖啡猫	2018-10	资金链断裂
北京昊园恒业	2018-12	资金链断裂
杭州速锦房产	2019-07	大股东失联
南京玉恒公寓	2019-08	资金链断裂
南京乐咖公寓	2019-08	资金链断裂

资料整理：中国房地产测评中心。

表 6-34　典型品牌布局长租公寓项目汇总

品牌房企	项目情况
华润置地	2019 年年底公寓单位将达 4 万间
招商蛇口	在 12 个城市布局，获取公寓超过 2 万间，面积接近 100 万平方米
龙湖集团	2018 年年底，冠寓开业房间达到 5.3 万间，遍布北上广深四个一线城市及十余个强二、三线城市
阳光城	在上海、深圳、西安三座城市，规模达到数千间
万　科	2018 年已经有 6 万间开业，2019 年总开业数达到 10 万间
中骏集团	在管套数 1.3 万间，2019 年年底达到 3 万间，2020 年做到 5 万间
中国金茂	首个长租公寓金茂公寓将于今年 8 月份开业，位于上海宝山保集产业园
正荣地产	“荣遇”首个项目落地上海，提供总客房数 654 套
越秀地产	落地的项目有 3 个，总规模约 1000 间

资料整理：中国房地产测评中心。

为了能体现多元化战略，2017 年不少品牌房企进行了更名，去掉了名字中的“地产”二字。2018 年这一趋势延续，有多家房企进行了更名。房企更名去掉“地产”二字并不意味着重大变化，房地产开发依旧是这些更名企业的主营业务，营业收入占到房企收入的绝大部分。实际上，品牌房企更名有几个原因。

首先，由于受到房地产调控的影响，房企融资难度大，成本高，如果把“地产”二字去掉，有利于融资并且降低融资成本。比如，房企如果以开发土地的名义融资，相对较难，成本也较高，但以产业地产或长租公寓的名义融资，则相对容易，成本也较低。其次，行业进入新时代，龙头品牌房企居安思危，谋求转型。比如恒大进军新能源汽车力图再造一个恒大，更名体现了房企的多元化。最后，房企可以通过扩展业务拿到低成本土地。如碧桂园通过机器人小镇获得了土地。经统计，目前 50 强品牌房企名称中还有“地产”二字的仅剩 13 家（见表 6-35）。

表 6-35　2018 年典型房企更名情况

时　间	变更前	变更后	多元化业务范围
2018-02	朗诗绿色地产有限公司	朗诗绿色集团有限公司	长租公寓、养老、物业
2018-03	时代地产控股有限公司	时代中国控股有限公司	长租公寓、社区、物流、教育
2018-06	龙湖地产有限公司	龙湖集团控股有限公司	商业运营、长租公寓、物业
2018-07	中骏置业控股有限公司	中骏集团控股有限公司	长租公寓、联合办公、大健康
2018-08	合景泰富地产控股有限公司	合景泰富集团控股有限公司	教育、文旅、大健康、长租公寓
2018-09	保利房地产（集团）股份有限公司	保利发展控股集团股份有限公司	物业、经济、商业、公寓、会展、大健康、养老、教育、文旅、科创、金控
2018-11	中国奥园地产集团股份有限公司	中国奥园集团股份有限公司	商业运营、物业、大健康、文旅、跨境电商

资料整理：中国房地产测评中心。

二、中国房地产业协会重要评奖评级

（一）第九届（2019—2020 年度）中国房地产广厦奖名单（见表 6-36）

发布机构：中国房地产业协会、住房和城乡建设部住宅产业化促进中心

表 6-36　第九届“广厦奖”第一批获奖项目

序号	地　区	编　号	获奖项目	开发单位
1	天　津	GSJ0740-02-（1/1-1）	诗景广场	中铁房地产集团商业地产开发管理有限公司
2	河　北	GSJ0696-03-（5/5-1）	玉带湾居住小区四期	秦皇岛中冶夏都置业房地产开发有限公司
3	河　北	GSJ0712-03-（5/5-2）	药都新城 A 区一期	安国市华海房地产开发有限公司
4	河　北	GSJ0713-03-（5/5-3）	唐山梧桐府	二十二冶集团房地产开发有限公司
5	河　北	GSJ0714-03-（5/5-4）	东胜紫御府	东胜房地产开发集团有限公司
6	河　北	GSJ0715-03-（5/5-5）	保鑫国际	天保房地产开发有限公司
7	辽　宁	GSJ0721-06-（5/5-2）	沈阳华润昆嵛御一期	沈阳华润置地紫云府房地产有限公司
8	辽　宁	GSJ0722-06-（5/5-3）	大连万科樱花园	大连吉森置业有限责任公司
9	辽　宁	GSJ0723-06-（5/5-4）	大连万科城 3. 3 期	大连九鼎置地有限公司
10	辽　宁	GSJ0739-06-（5/5-5）	沈阳星河湾一期	沈阳港丰巨宝房产开发有限公司
11	吉　林	GSJ0692-07-（4/4-1）	领秀世家一期	公主岭市桓裕房地产开发有限公司
12	吉　林	GSJ0704-07-（4/4-2）	力旺・康城三期	吉林省力旺房地产开发有限公司
13	吉　林	GSJ0705-07-（4/4-3）	筑石松花江智慧新城二区	吉林省筑石房地产开发有限公司
14	吉　林	GSJ0757-07-（4/4-4）	长春车城万达广场	长春万达广场商业物业服务有限公司车城分公司

续表

序号	地　区	编　号	获奖项目	开发单位
15	黑龙江	GSJ0724-08-（2/2-1）	金安·向日葵三期	金迈投资有限责任公司
16	黑龙江	GSJ0725-08-（2/2-2）	大正莅江二期西区	黑龙江省大正房地产开发有限责任公司
17	上　海	GSJ0741-09-（2/2-1）	南翔秀城·嘉孚雅苑	上海孚嘉置业有限公司
18	上　海	GSJ0742-09-（2/2-2）	康汇雅苑	上海孚泉置业有限公司
19	江　苏	GSJ0749-10-（6/6-1）	精金花园	南京建邺城镇建设开发集团有限公司
20	江　苏	GSJ0750-10-（6/6-2）	靖江龙馨园一期	龙信房地产（靖江）有限公司
21	江　苏	GSJ0751-10-（6/6-3）	富园新城·兰苑	江苏富园房地产开发有限公司
22	江　苏	GSJ0752-10-（6/6-4）	中建国熙台（南京）	南京中建东孚置业有限公司
23	江　苏	GSJ0753-10-（6/6-5）	天房·心著华庭	天房（苏州）投资发展有限公司
24	江　苏	GSJ0754-10-（6/6-6）	扬州华城科技广场	江苏华建地产集团有限公司
25	浙　江	GSJ0707-11-（1/1-1）	荣安·观江园	荣安地产股份有限公司
26	安　徽	GSJ0745-12-（4/4-1）	蚌埠市规划档案馆、博物馆	蚌埠城建投资发展有限公司
27	山　东	GSJ0726-15-（7/7-1）	中新·锦绣天地北苑	山东中建房地产开发有限公司
28	山　东	GSJ0727-15-（7/7-2）	中建·锦绣广场	山东中建房地产开发有限公司
29	山　东	GSJ0728-15-（7/7-3）	中建·锦绣华府	山东中建房地产开发有限公司
30	山　东	GSJ0729-15-（7/7-4）	三箭瑞景苑一期	山东三箭房地产开发有限公司
31	山　东	GSJ0730-15-（7/7-5）	齐悦花园心悦园	山东创业房地产开发有限公司
32	山　东	GSJ0731-15-（7/7-6）	大华中央城和园一期	潍坊华厦房地产开发有限公司
33	山　东	GSJ0732-15-（7/7-7）	盛世沂城一、二期	山东凤凰置业有限公司
34	河　南	GSJ0716-16-（4/4-1）	楷林商务中心北区	河南楷林置业有限公司
35	河　南	GSJ0717-16-（4/4-2）	正商经开广场	河南正商经开置业有限公司
36	河　南	GSJ0718-16-（4/4-3）	正商博雅广场（写字楼）	河南宏光正商置业有限公司
37	河　南	GSJ0719-16-（4/4-4）	正商善水上境（高层住宅楼）	河南正商东华置业有限公司
38	湖　北	GSJ0743-17-（2/2-1）	光谷 188 国际社区一期	武汉地产控股有限公司
39	湖　北	GSJ0744-17-（2/2-2）	楚天都市·诚园	荆州中大豪盛置业有限公司
40	湖　南	GSJ0708-18-（4/4-1）	运达中央广场	湖南运达房地产开发有限公司
41	湖　南	GSJ0709-18-（4/4-2）	中建·江山壹号	中建信和地产有限公司
42	湖　南	GSJ0711-18-（4/4-4）	金钟·时代城	湖南中投地产有限公司
43	广　东	GSJ0755-19-（2/2-1）	龙湖·天宸原著一期	广州市湖品房地产有限公司
44	广　东	GSJ0756-19-（2/2-2）	广东湛江万达广场	湛江万达广场商业物业管理有限公司
45	海　南	GSJ0706-21-（1/1-1）	海口湾 1 号一期	海南桓裕实业投资有限公司
46	云　南	GSJ0700-25-（4/4-1）	昆明 CBD 万达广场	昆明万达广场商业管理有限公司
47	云　南	GSJ0701-25-（4/4-2）	惠丰瑞城一、二期	大理惠丰房地产开发有限公司
48	云　南	GSJ0702-25-（4/4-3）	满江·怡景尚居一期	云南红塔房地产开发有限公司
49	云　南	GSJ0703-25-（4/4-4）	华宇·世外桃源五期 A 区	文山州华宇房地产开发有限责任公司
50	陕　西	GSJ0693-27-（1/1-1）	宝鸡国金中心	陕西东岭房地产开发有限公司
51	甘　肃	GSJ0697-28-（3/3-1）	平凉世纪花园 C 区	平凉市新世纪房地产开发有限责任公司
52	甘　肃	GSJ0698-28-（3/3-2）	天水总部经济城一期 1 号楼	甘肃建总置业发展有限公司
53	甘　肃	GSJ0699-28-（3/3-3）	新辉华寺润园	临夏州新辉房地产开发有限公司
54	青　海	GSJ0691-29-（1/1-1）	唐道·637	西宁金座房地产开发有限公司
55	宁　夏	GSJ0694-30-（2/2-1）	隆光·西萃芳庭一期	银川隆光置业有限公司
56	宁　夏	GSJ0695-30-（2/2-2）	清水湾·幸福枫景二期	宁夏住宅建设发展（集团）有限公司

（二）2019年信用等级A级以上房地产开发企业名单（见表6-37）

发布机构：中国房地产业协会

表6-37 2019年信用等级A级以上房地产开发企业名单

序 号	单位名称	信用等级	证书编号
1	上海中建东孚投资发展有限公司	AAA	201911311100001
2	天津住宅建设发展集团有限公司	AAA	201911311100002
3	天保房地产开发有限公司	AAA	201911311100003
4	河北润龙实业发展集团有限公司	AAA	201911311100004
5	内蒙古经纬房地产开发有限公司	AAA	201911311100005
6	通辽希望（集团）房地产开发有限公司	AAA	201911311100006
7	哈尔滨欧美亚鑫丰置业有限公司	AAA	201911311100007
8	黑龙江省金源房地产开发集团有限公司	AAA	201911311100008
9	哈尔滨华茂房地产开发有限公司	AAA	201911311100009
10	上海中建申拓投资发展有限公司	AAA	201911311100010
11	上海中建八局投资发展有限公司	AAA	201911311100011
12	恒通建设集团有限公司	AAA	201911311100012
13	杭州市城建开发集团有限公司	AAA	201911311100013
14	绿城房地产集团有限公司	AAA	201911311100014
15	浙江信达地产有限公司	AAA	201911311100015
16	浙江歌山置业有限公司	AAA	201911311100016
17	理想四维地产集团有限公司	AAA	201911311100017
18	安徽江海投资置业有限公司	AAA	201911311100018
19	安徽邦泰置业有限公司	AAA	201911311100019
20	南昌铁路天集房地产开发有限责任公司	AAA	201911311100020
21	萍乡市城北房地产有限公司	AAA	201911311100021
22	山东房源实业集团有限公司	AAA	201911311100022
23	山东众成地产集团有限公司	AAA	201911311100023
24	山东万行置业有限公司	AAA	201911311100024
25	山东海通地产有限责任公司	AAA	201911311100025
26	潍坊泰和置业有限公司	AAA	201911311100026
27	德州金辰房地产开发有限公司	AAA	201911311100027
28	恒生地产有限公司	AAA	201911311100028
29	滕州市房地产综合开发有限公司	AAA	201911311100029
30	潍坊天润房地产开发有限公司	AAA	201911311100030
31	山东黑马集团德州房地产开发有限公司	AAA	201911311100031
32	山东城投开元置业集团有限公司	AAA	201911311100032

续表

序号	单位名称	信用等级	证书编号
33	山东永锋置业有限公司	AAA	201911311100033
34	滕州市城市建设综合开发公司	AAA	201911311100034
35	山东同圆置业有限公司	AAA	201911311100035
36	山东三箭房地产开发有限公司	AAA	201911311100036
37	山东凤凰置业有限公司	AAA	201911311100037
38	碧源控股集团有限公司	AAA	201911311100038
39	广州南沙中铁实业发展有限公司	AAA	201911311100039
40	广西荣和企业集团有限责任公司	AAA	201911311100040
41	广西云星集团有限公司	AAA	201911311100041
42	重庆财信弘业房地产开发有限公司	AAA	201911311100042
43	重庆鲁能开发（集团）有限公司	AAA	201911311100043
44	重庆渝开发股份有限公司	AAA	201911311100044
45	重庆千山万水置业有限公司	AAA	201911311100045
46	西安中建投资开发有限公司	AAA	201911311100046
47	中铁二十一局集团德盛和置业有限公司	AAA	201911311100047
48	平凉市新世纪房地产开发有限责任公司	AAA	201911311100048
49	青海紫恒房地产开发有限公司	AAA	201911311100049
50	北控宁生城市投资发展有限公司	AAA	201911311100050
51	银川隆光置业有限公司	AAA	201911311100051
52	新疆特变电工房地产开发有限责任公司	AAA	201911311100052
53	天津市赛达伟业有限公司	AA	201911301100053
54	首城（天津）投资发展有限公司	AA	201911301100054
55	山西济同房地产开发有限公司	AA	201911301100055
56	内蒙古蒙西房地产开发有限公司	AA	201911301100056
57	哈尔滨滨江房地产开发有限责任公司	AA	201911301100057
58	哈尔滨金瑞麟投资有限责任公司	AA	201911301100058
59	哈尔滨中艺文化置业有限公司	AA	201911301100059
60	哈尔滨泰豪创意产业园开发有限公司	AA	201911301100060
61	杭州中兴房地产开发有限公司	AA	201911301100061
62	浙江大树置业集团股份有限公司	AA	201911301100062
63	广西盛邦投资集团有限公司	AA	201911301100063
64	六盘水嘉和房地产开发有限公司	AA	201911301100064
65	六枝特区乾峰房地产开发有限责任公司	AA	201911301100065
66	咸阳华泰房地产开发有限公司	AA	201911301100066
67	新疆王家梁实业有限公司	AA	201911301100067
68	六枝特区九方和置业有限公司	A	201911300100068

三、中国房地产企业运营数据

（一）中国房地产企业整体运营数据

1. 企业及从业人员规模（见表 6-38～表 6-41）

表 6-38　2014—2018 年房地产开发企业个数

单位：个

年份	企业个数	内资企业			港、澳、台投资企业	外商投资企业
			#国有	#集体		
2014	94197	89218	1476	457	3414	1565
2015	93426	88773	1329	409	3235	1418
2016	94948	90408	1093	364	3232	1308
2017	95897	91608	943	319	3066	1223
2018	97937	94063	790	282	2719	1155

数据来源：国家统计局。

表 6-39　2018 年全国各地区房地产开发企业个数

单位：个

地　区	企业个数	内资企业			港、澳、台投资企业	外商投资企业
			#国有	#集体		
北　京	1551	1445	20	6	60	46
天　津	1169	1102	27	4	38	29
河　北	3449	3406	6	—	22	21
上　海	2568	2204	16	11	252	112
江　苏	6723	6175	39	20	386	162
浙　江	6818	6511	27	10	207	100
福　建	3351	3044	46	10	224	83
山　东	7721	7496	70	48	155	70
广　东	8721	7923	66	111	603	195
海　南	1199	1140	16	4	45	14
山　西	2418	2405	51	4	7	6
安　徽	3939	3903	31	1	28	8
江　西	2601	2542	31	—	48	11

续表

地　区	企业个数	内资企业	#国有	#集体	港、澳、台投资企业	外商投资企业
河　南	7536	7466	49	3	50	20
湖　北	4300	4195	41	11	72	33
湖　南	4128	4048	39	4	58	22
内蒙古	1741	1738	3	—	2	1
广　西	2684	2620	27	7	34	30
重　庆	2250	2142	8	—	78	30
四　川	4166	4073	20	3	58	35
贵　州	2651	2618	18	1	23	10
云　南	2768	2732	29	4	26	10
西　藏	60	60	1	—	—	—
陕　西	2508	2471	40	8	23	14
甘　肃	1668	1656	22	7	8	4
青　海	293	292	—	—	—	1
宁　夏	538	533	—	—	2	3
新　疆	1865	1863	6	1	2	—
辽　宁	2998	2750	11	3	180	68
吉　林	1702	1682	3	—	14	6
黑龙江	1853	1828	27	1	14	11

数据来源：国家统计局。

表 6-40　2014—2018 年房地产开发企业从业人员数

单位：人

年份	平均从业	内资企业	#国有	#集体	港、澳、台投资企业	外商投资企业
2014	2760070	2561817	61512	11414	129287	68966
2015	2738454	2551484	57273	10771	124494	62476
2016	2752298	2576545	47085	9916	118495	57258
2017	2830960	2663954	37904	9092	113221	53785
2018	2889165	2735301	32150	6674	104378	49486

数据来源：国家统计局。

表 6-41　2018 年全国各地区房地产开发企业从业人员数

单位：人

地　区	平均从业	内资企业	#国有	#集体	港、澳、台投资企业	外商投资企业
北　京	62518	54806	1065	205	4508	3204
天　津	35189	31859	1103	43	1934	1396
河　北	110989	107545	284	—	832	2612
上　海	64602	47074	211	208	12961	4567
江　苏	174263	155146	1309	424	12697	6420
浙　江	124056	117176	1535	90	4921	1959
福　建	102790	93702	2431	319	6849	2239
山　东	222191	214800	2827	1564	5429	1962
广　东	264709	236339	1582	2066	18828	9542
海　南	47396	42633	687	79	2541	2222
山　西	53690	53234	1533	328	201	255
安　徽	122246	120448	795	7	1496	302
江　西	86920	85312	1026	—	1356	252
河　南	243488	241006	1858	65	1832	650
湖　北	140713	136783	2092	267	2529	1401
湖　南	136851	132962	1506	45	2563	1326
内蒙古	34025	33949	46	—	20	56
广　西	88974	84941	1030	86	2751	1282
重　庆	100766	94594	382	—	4763	1409
四　川	155136	149632	752	170	3483	2021
贵　州	97994	96719	366	7	1063	212
云　南	96796	93513	1090	75	2722	561
西　藏	1711	1711	55	—	—	—
陕　西	86693	85103	4734	221	1056	534
甘　肃	42057	41699	721	106	278	80
青　海	9383	9357	—	—	—	26
宁　夏	14847	14607	—	—	158	82
新　疆	38523	38421	134	4	102	—
辽　宁	56253	48721	248	47	5068	2464
吉　林	40147	39251	142	—	639	257
黑龙江	33249	32258	606	248	798	193

数据来源：国家统计局。

2. 企业整体经营情况（见表 6-42～表 6-45）

表 6-42　2014—2018 年房地产开发企业经营状况

单位：亿元

年份	主营业务收入	土地转让收入	商品房销售收入	房屋出租收入	其他收入	主营业务税金及附加	营业利润
2014	66463. 80	571. 95	62535. 06	1464. 10	1892. 69	5968. 43	6143. 13
2015	70174. 34	600. 54	65861. 30	1600. 42	2112. 08	6202. 38	6165. 54
2016	90091. 51	666. 32	85163. 32	1786. 97	2474. 89	6651. 62	8673. 23
2017	95896. 90	838. 42	90609. 15	1568. 32	2881. 01	5751. 77	11728. 11
2018	112924. 68	1207. 38	106688. 38	1484. 30	3544. 62	6785. 53	18543. 71

数据来源：国家统计局。

表 6-43　2018 年全国各地区房地产开发企业经营状况

单位：亿元

地　区	主营业务收入	土地转让收入	商品房销售收入	房屋出租收入	其他收入	主营业务税金及附加	营业利润
北　京	3515. 50	123. 50	2712. 51	195. 99	483. 51	309. 17	593. 78
天　津	2089. 75	35. 70	1950. 85	23. 78	79. 41	137. 85	159. 01
河　北	2748. 27	22. 33	2671. 58	10. 96	43. 40	175. 30	305. 45
上　海	5612. 27	87. 47	4697. 04	445. 90	381. 86	527. 53	1591. 29
江　苏	15565. 80	190. 43	15002. 88	75. 53	296. 96	761. 37	2857. 89
浙　江	8176. 62	39. 07	7929. 11	75. 60	132. 84	421. 28	1063. 93
福　建	4512. 60	11. 56	4334. 80	35. 89	130. 35	299. 55	871. 38
山　东	7557. 50	116. 11	7236. 56	39. 32	165. 52	411. 25	898. 26
广　东	14484. 11	61. 32	13850. 31	213. 81	358. 67	1387. 80	3514. 26
海　南	1525. 68	2. 17	1483. 27	9. 48	30. 76	137. 65	204. 50
山　西	887. 64	60. 21	797. 46	7. 57	22. 41	43. 90	28. 82
安　徽	4663. 29	12. 03	4453. 70	21. 56	176. 00	206. 72	728. 56
江　西	2679. 25	47. 01	2574. 16	8. 46	49. 62	127. 15	449. 30
河　南	5043. 35	41. 12	4771. 26	32. 73	198. 23	218. 52	791. 28
湖　北	5931. 40	31. 40	5716. 00	48. 10	135. 90	331. 65	1359. 59
湖　南	4040. 24	27. 81	3857. 00	17. 55	137. 88	183. 74	508. 09

续表

地 区	主营业务收入					主营业务税金及附加	营业利润
		土地转让收入	商品房销售收入	房屋出租收入	其他收入		
内蒙古	920.59	0.84	899.70	6.05	14.00	39.14	69.56
广 西	2092.57	11.03	2012.38	18.09	51.07	111.37	257.39
重 庆	3713.69	61.35	3480.92	51.14	120.28	152.17	588.30
四 川	5444.43	28.92	5259.77	44.27	111.46	264.76	729.30
贵 州	1608.96	11.58	1499.46	13.31	84.61	70.13	227.54
云 南	1677.98	80.97	1485.72	16.71	94.59	72.54	168.87
西 藏	47.29	—	43.25	0.51	3.53	1.17	8.28
陕 西	1782.35	6.07	1688.88	15.96	71.44	68.71	120.35
甘 肃	779.90	4.58	756.42	6.05	12.86	31.87	65.26
青 海	144.45	0.29	138.68	1.62	3.86	5.40	10.75
宁 夏	330.08	4.99	316.22	3.88	4.98	13.05	8.04
新 疆	714.38	0.24	686.90	11.49	15.76	35.48	60.55
辽 宁	2493.77	59.62	2351.33	17.45	65.37	125.48	135.34
吉 林	1065.83	10.45	1030.66	8.71	16.01	43.47	66.68
黑龙江	1075.15	17.23	999.59	6.84	51.49	70.34	102.12

数据来源：国家统计局。

表 6-44 2014—2018 年房地产开发企业资产负债

单位：亿元，%

年份	实收资本合计	资产总计	累计折旧		负债合计	所有者权益	资产负债率
				#本年折旧			
2014	76566.04	498749.92	3099.89	616.67	384095.53	114654.40	77.0
2015	86171.57	551968.06	3265.20	596.61	428729.90	123238.16	77.7
2016	79278.30	625733.70	3658.29	640.50	489750.32	135983.38	78.3
2017	85649.75	722236.02	3909.38	657.18	571274.85	150961.17	79.1
2018	95324.97	852720.54	4358.86	904.59	674333.36	178382.98	79.1

数据来源：国家统计局。

表 6-45　2018 年全国各地区房地产开发企业资产负债

单位：亿元，%

地　区	实收资本合计	资产总计	累计折旧	#本年折旧	负债合计	所有者权益	资产负债率
北　京	5715.05	57172.58	297.78	43.49	46416.74	10755.84	81.2
天　津	4024.63	29617.39	100.60	21.23	22927.38	6697.02	77.4
河　北	1789.74	22513.56	112.75	35.71	19023.92	3483.54	84.5
上　海	9780.15	59214.54	453.88	62.13	39971.13	19243.41	67.5
江　苏	11098.68	72232.83	351.98	78.17	55295.88	16937.22	76.6
浙　江	7806.57	59210.29	255.19	51.70	47466.41	11743.88	80.2
福　建	4071.71	37845.44	114.63	21.85	28799.67	9045.77	76.1
山　东	5521.61	54091.40	285.85	67.26	44671.49	9419.84	82.6
广　东	10708.25	111716.01	488.46	96.76	89303.33	22408.46	79.9
海　南	1427.01	12284.23	100.56	20.96	10054.47	2227.88	81.8
山　西	1094.00	12384.45	53.27	11.27	10912.20	1472.25	88.1
安　徽	2938.02	28429.45	138.69	33.84	22976.23	5453.21	80.8
江　西	1379.23	14718.54	59.45	16.57	11484.34	3234.21	78.0
河　南	2995.48	33708.58	188.03	44.12	27940.46	5768.11	82.9
湖　北	3420.58	32879.93	193.30	63.35	25500.06	7379.87	77.6
湖　南	1862.78	19227.70	103.49	26.70	15343.34	3884.36	79.8
内蒙古	732.81	8151.95	39.35	7.87	7052.10	1099.85	86.5
广　西	1230.36	15953.68	69.32	15.47	12734.92	3219.12	79.8
重　庆	3023.36	31494.92	110.44	18.44	23549.12	7945.80	74.8
四　川	3304.89	31781.24	164.27	35.18	25672.80	6108.39	80.8
贵　州	1445.85	14884.36	59.27	13.59	11833.32	3051.04	79.5
云　南	1864.58	20575.64	111.65	23.88	16942.84	3632.79	82.3
西　藏	21.81	611.99	1.73	0.31	389.50	222.49	63.6
陕　西	1549.89	16129.37	84.12	15.10	13749.34	2380.03	85.2
甘　肃	515.36	5829.11	42.31	9.51	4963.89	864.87	85.2
青　海	132.84	1595.91	10.57	2.22	1391.62	204.29	87.2
宁　夏	322.12	3037.90	31.50	5.24	2611.24	426.66	86.0
新　疆	669.81	6607.51	64.95	11.51	5510.33	1097.18	83.4
辽　宁	3065.71	22013.58	138.66	20.40	17260.29	4754.13	78.4
吉　林	755.33	6868.79	58.92	12.46	5605.94	1262.84	81.6
黑龙江	1056.75	9937.70	73.92	18.28	6979.06	2958.65	70.2

数据来源：国家统计局。

3. 开发企业销售排行情况（见表 6-46~表 6-47）

表 6-46 2019 年度中国房地产企业操盘榜 TOP200

单位：亿元，万平方米

排名	企业名称	操盘金额	排名	企业名称	操盘面积
1	碧桂园	7329.5	1	碧桂园	8143.9
2	万科地产	6249.0	2	中国恒大	5684.0
3	中国恒大	6019.2	3	万科地产	4022.6
4	融创中国	5278.5	4	融创中国	3616.9
5	保利发展	3855.6	5	绿地控股	3249.1
6	绿地控股	3686.2	6	保利发展	2550.4
7	中海地产	3136.2	7	新城控股	2046.9
8	新城控股	2308.2	8	金科集团	1725.5
9	世茂房地产	2090.8	9	中海地产	1699.4
10	华润置地	2028.0	10	建业地产	1479.1
11	绿城中国	2018.3	11	阳光城	1434.8
12	龙湖集团	1964.3	12	中南置地	1432.1
13	金地集团	1916.6	13	富力地产	1328.1
14	阳光城	1821.3	14	华夏幸福	1235.5
15	旭辉集团	1818.4	15	中梁控股	1187.7
16	中南置地	1757.6	16	世茂房地产	1179.1
17	金科集团	1576.1	17	龙湖集团	1165.3
18	招商蛇口	1543.9	18	华润置地	1105.1
19	中国金茂	1463.5	19	旭辉集团	1097.1
20	华夏幸福	1454.0	20	绿城中国	1062.5
21	富力地产	1446.2	21	奥园集团	1023.9
22	中梁控股	1125.6	22	荣盛发展	984.9
23	荣盛发展	1054.1	23	美的置业	965.6
24	远洋集团	1039.6	24	金地集团	959.8
25	奥园集团	1027.7	25	蓝光发展	903.7
26	融信集团	1020.6	26	中国铁建	871.9
27	建业地产	1017.5	27	祥生地产	820.8
28	中国铁建	968.2	28	招商蛇口	791.1
29	佳兆业	963.9	29	龙光集团	699.3
30	龙光集团	959.3	30	中国金茂	690.1
31	美的置业	957.6	31	雅居乐	687.6

续表

排名	企业名称	操盘金额	排名	企业名称	操盘面积
32	雅居乐	912.5	32	佳兆业	611.3
33	祥生地产	907.8	33	远洋集团	533.1
34	蓝光发展	879.7	34	正荣集团	532.6
35	滨江集团	844.1	35	时代中国	515.9
36	正荣集团	825.6	36	海伦堡	489.5
37	泰禾集团	798.7	37	红星地产	468.6
38	时代中国	749.9	38	金辉集团	459.6
39	华发股份	745.5	39	正商地产	442.6
40	佳源集团	721.6	40	新力地产	440.8
41	建发房产	694.2	41	佳源集团	438.1
42	新力地产	680.4	42	融侨集团	437.9
43	卓越集团	667.2	43	中骏集团	433.0
44	金辉集团	646.6	44	万达集团	420.3
45	华侨城	636.3	45	融信集团	415.4
46	合景泰富	612.1	46	隆基泰和	412.3
47	越秀地产	600.1	47	敏捷集团	399.3
48	融侨集团	590.9	48	路劲集团	387.4
49	首开股份	587.2	49	当代置业	375.1
50	俊发地产	528.4	50	福晟集团	370.9
51	海伦堡	512.3	51	建发房产	369.5
52	正商地产	510.6	52	俊发地产	358.3
53	敏捷集团	505.3	53	合景泰富	357.6
54	宝龙地产	503.5	54	卓越集团	352.8
55	路劲集团	496.8	55	泰禾集团	342.7
56	中骏集团	494.1	56	华发股份	340.7
57	禹洲集团	482.8	57	弘阳地产	338.0
58	大悦城控股	481.1	58	阳光大地	321.5
59	红星地产	478.4	59	宝龙地产	316.5
60	万达集团	476.1	60	禹洲集团	313.1
61	福晟集团	468.8	61	花样年	309.3
62	首创置业	468.6	62	滨江集团	287.6
63	弘阳地产	449.4	63	彰泰集团	278.5
64	仁恒置地	443.4	64	越秀地产	278.4
65	保利置业	430.7	65	领地集团	271.4

续表

排名	企业名称	操盘金额	排名	企业名称	操盘面积
66	隆基泰和	420.4	66	石榴集团	248.8
67	朗诗绿色地产	402.5	67	三盛集团	243.0
68	新希望地产	392.5	68	力高集团	242.4
69	当代置业	392.3	69	保利置业	233.7
70	三盛集团	361.2	70	华宇集团	233.6
71	东原地产	350.1	71	东原地产	232.3
72	花样年	349.5	72	朗诗绿色地产	232.2
73	大华集团	343.8	73	华鸿嘉信	231.6
74	石榴集团	309.1	74	中建信和	215.6
75	华鸿嘉信	308.7	75	云星集团	210.5
76	金隅集团	307.7	76	联发集团	208.7
77	联发集团	307.5	77	首开股份	206.4
78	电建地产	290.9	78	新希望地产	206.1
79	德信地产	287.6	79	华侨城	203.6
80	金融街	284.8	80	康桥地产	202.2
81	康桥地产	278.2	81	信友集团	196.5
82	华宇集团	265.3	82	北大资源	195.5
83	力高集团	265.0	83	鑫苑中国	193.3
84	星河地产	262.5	84	中天城投	191.6
85	中交地产	256.7	85	大悦城控股	191.5
86	中天城投	250.8	86	首创置业	190.9
87	领地集团	237.4	87	中昂集团	189.7
88	彰泰集团	225.9	88	大华集团	184.2
89	鑫苑中国	221.9	89	中交地产	177.8
90	上坤集团	220.7	90	上坤集团	174.6
91	北大资源	217.8	91	奥山集团	169.1
92	景瑞地产	217.0	92	澳海集团	168.3
93	中昂集团	210.5	93	恒泰集团	163.6
94	中冶置业	208.8	94	德信地产	162.6
95	北辰实业	208.5	95	中迪禾邦	159.3
96	合生创展	204.4	96	大唐地产	157.8
97	奥山集团	204.2	97	邦泰集团	157.6
98	中庚集团	203.7	98	电建地产	156.0
99	恒泰集团	203.0	99	华地集团	154.3

续表

排名	企业名称	操盘金额	排名	企业名称	操盘面积
100	大名城	201.9	100	正黄集团	154.0
101	阳光大地	201.3	101	仁恒置地	153.9
102	复地集团	199.7	102	协信控股	153.3
103	信达地产	196.6	103	合生创展	151.4
104	协信控股	192.5	104	和昌集团	148.4
105	中建东孚	186.1	105	麒龙集团	146.9
106	中建三局地产	185.0	106	中建三局地产	146.0
107	中天美好集团	183.4	107	港龙集团	142.5
108	港龙集团	180.5	108	北辰实业	139.4
109	云星集团	180.1	109	中庚集团	137.7
110	中建信和	179.2	110	星河地产	134.9
111	国瑞置业	179.1	111	中冶置业	132.7
112	九龙仓	174.6	112	亚新集团	130.4
113	五矿地产控股	171.1	113	光明地产	128.6
114	海尔产城创	170.7	114	复地集团	128.1
115	长江实业	169.1	115	永威置业	124.7
116	永威置业	168.2	116	中天美好集团	123.1
117	星河湾	166.9	117	鸿坤集团	123.0
118	和昌集团	165.2	118	中建东孚	122.0
119	荣安地产	164.5	119	大发地产	119.8
120	北京城建	163.2	120	信达地产	118.0
121	鸿坤集团	162.5	121	金隅集团	114.6
122	深业集团	161.8	122	大名城	114.0
123	大唐地产	160.8	123	鲁商置业	112.4
124	亚新集团	157.8	124	绿都地产	110.3
125	正黄集团	156.9	125	海尔产城创	109.6
126	中华企业	153.1	126	昌建地产	108.3
127	绿都地产	149.7	127	福星股份	107.9
128	大发地产	145.0	128	荣安地产	106.5
129	中洲控股	144.9	129	金融街	105.9
130	中迪禾邦	144.5	130	明发集团	105.5
131	大家房产	144.2	131	国瑞置业	104.3
132	香港置地	142.6	132	国鸿新瑞	102.7
133	珠江投资	141.7	133	五矿地产控股	98.9

续表

排名	企业名称	操盘金额	排名	企业名称	操盘面积
134	天恒置业	140.8	134	香港置地	95.1
135	光明地产	140.1	135	华远地产	94.9
136	福星股份	137.0	136	中洲控股	93.3
137	银城国际	133.9	137	龙记地产	91.4
138	新湖中宝	132.4	138	华南城	91.3
139	华远地产	128.8	139	浩创集团	90.8
140	信友集团	127.6	140	景瑞地产	90.0
141	邦泰集团	127.4	141	实地集团	89.6
142	华地集团	119.8	142	大家房产	87.6
143	新锦安	119.7	143	方圆地产	86.5
144	澳海集团	119.6	144	新湖中宝	82.1
145	北京建工	119.2	145	天誉置业	78.0
146	宋都集团	118.5	146	阳光 100	77.5
147	葛洲坝	116.5	147	宋都集团	76.2
148	鲁商置业	113.8	148	嘉福地产集团	75.5
149	实地集团	108.3	149	北京城建	75.1
150	中信泰富	106.1	150	亿达中国	74.9
151	升龙集团	105.8	151	锦艺置业	73.7
152	国贸地产	101.0	152	四川滨江	73.6
153	勤诚达	100.2	153	大众置业	72.9
154	方圆地产	99.6	154	银城国际	72.8
155	阳光 100	98.0	155	湖北联投	70.7
156	国鸿新瑞	93.4	156	新怡和集团	70.5
157	上海城投	91.7	157	正弘置业	69.6
158	陆家嘴	91.5	158	三巽集团	65.7
159	中航里城	90.9	159	星河湾	64.0
160	昌建地产	90.5	160	和喜安筑	62.8
161	文一地产	90.1	161	海信地产	62.3
162	雅戈尔	89.6	162	中航里城	61.1
163	苏宁置业	89.3	163	上海建工	60.8
164	保亿置业	88.5	164	文一地产	60.7
165	明发集团	88.4	165	星联芒果集团	59.6
166	湖北联投	86.8	166	保亿置业	57.4
167	宝能集团	84.8	167	国购集团	56.5

续表

排名	企业名称	操盘金额	排名	企业名称	操盘面积
168	苏州高新	83. 2	168	珠江投资	56. 3
169	上海地产	83. 0	169	宝能集团	55. 7
170	南山控股	81. 6	170	广宇发展	55. 6
171	上海建工	80. 9	171	荣和集团	55. 4
172	天地源	80. 5	172	新世界中国	53. 8
173	瑞安房地产	80. 4	173	福建汇泉	53. 4
174	天誉置业	80. 1	174	南山控股	53. 2
175	海信地产	79. 1	175	合能地产	52. 8
176	正弘置业	77. 7	176	海宁鸿翔	52. 0
177	广宇发展	77. 6	177	深业集团	50. 1
178	亿达中国	77. 4	178	九龙仓	48. 1
179	华南城	76. 8	179	长江实业	48. 0
180	锦艺置业	76. 3	180	天地源	46. 6
181	南海控股	75. 8	181	东方今典	45. 3
182	四川滨江	74. 0	182	美好未来	45. 0
183	新世界中国	73. 4	183	瑞安房地产	44. 6
184	吉宝置业	72. 9	184	众安房产	44. 4
185	天阳地产	72. 3	185	奥克斯地产	43. 6
186	浩创集团	71. 9	186	南益地产	42. 1
187	嘉华国际	71. 7	187	升龙集团	40. 7
188	星联芒果集团	71. 5	188	国贸地产	40. 5
189	众安房产	71. 0	189	天阳地产	40. 4
190	麒龙集团	70. 3	190	苏宁置业	39. 6
191	大众置业	70. 1	191	上海城投	36. 4
192	新鸿基	70. 0	192	同信地产	35. 9
193	福建汇泉	69. 9	193	光大地产	35. 2
194	合能地产	69. 8	194	世纪金源	34. 9
195	龙记地产	69. 1	195	新华联	34. 5
196	象屿集团	69. 0	196	广西中鼎	34. 2
197	华强永兴	68. 3	197	雨润地产	34. 0
198	凯德置地	66. 7	198	葛洲坝	33. 9
199	荣和集团	66. 6	199	安徽置地	33. 5
200	宏发集团	66. 2	200	苏州高新	32. 7

数据来源：中国房地产决策咨询系统（CRIC）。

表 6-47　2019 年度中国房地产企业销售全口径金额及权益金额排行榜 TOP200

单位：亿元

排名	企业名称	全口径金额	排名	企业名称	权益金额
1	碧桂园	7715.3	1	碧桂园	5782.1
2	万科地产	6312.1	2	中国恒大	5477.9
3	中国恒大	6080.0	3	万科地产	4102.9
4	融创中国	5556.3	4	保利发展	3834.3
5	保利发展	4702.0	5	中海地产	3492.2
6	绿地控股	3880.2	6	绿地控股	3190.3
7	中海地产	3301.3	7	融创中国	3084.8
8	新城控股	2747.8	8	新城控股	2016.0
9	世茂房地产	2607.8	9	华润置地	1825.5
10	华润置地	2430.0	10	龙湖集团	1703.5
11	龙湖集团	2425.0	11	招商蛇口	1675.5
12	招商蛇口	2205.5	12	世茂房地产	1561.8
13	阳光城	2110.3	13	金科集团	1493.9
14	金地集团	2106.1	14	阳光城	1386.4
15	旭辉集团	2090.1	15	富力地产	1381.5
16	中南置地	1980.2	16	华夏幸福	1375.3
17	金科集团	1803.4	17	中国金茂	1305.8
18	中国金茂	1608.7	18	金地集团	1207.6
19	中梁控股	1526.5	19	中梁控股	1149.6
20	华夏幸福	1510.0	20	中南置地	1110.0
21	富力地产	1493.1	21	旭辉集团	1104.8
22	融信集团	1413.2	22	奥园集团	1026.3
23	正荣集团	1408.0	23	龙光集团	983.6
24	绿城中国	1353.6	24	荣盛发展	922.6
25	远洋集团	1299.5	25	雅居乐	909.7
26	雅居乐	1185.1	26	远洋集团	881.6
27	奥园集团	1180.6	27	祥生地产	881.2
28	祥生地产	1159.3	28	泰禾集团	868.8
29	佳兆业	1152.6	29	正荣集团	833.9
30	荣盛发展	1131.1	30	金辉集团	825.2
31	滨江集团	1120.6	31	佳兆业	778.2
32	中国铁建	1100.2	32	融信集团	768.4

续表

排名	企业名称	全口径金额	排名	企业名称	权益金额
33	蓝光发展	1079.8	33	蓝光发展	737.9
34	美的置业	1011.4	34	美的置业	728.1
35	龙光集团	992.0	35	首开股份	728.0
36	新力地产	987.3	36	中国铁建	670.6
37	首开股份	953.3	37	越秀地产	661.6
38	卓越集团	949.5	38	融侨集团	640.0
39	华发股份	922.7	39	时代中国	633.0
40	金辉集团	888.6	40	新力地产	626.4
41	合景泰富	861.1	41	华发股份	604.6
42	泰禾集团	808.7	42	福晟集团	592.4
43	首创置业	808.1	43	绿城中国	581.3
44	中骏集团	805.3	44	首创置业	563.8
45	华侨城	795.9	45	敏捷集团	563.1
46	时代中国	783.6	46	海伦堡	558.5
47	佳源集团	753.1	47	路劲集团	555.2
48	禹洲集团	751.2	48	大悦城控股	552.5
49	建发房产	738.5	49	合景泰富	523.0
50	新希望地产	735.9	50	建发房产	517.1
51	建业地产	734.3	51	宝龙地产	510.6
52	越秀地产	731.4	52	建业地产	505.3
53	融侨集团	675.4	53	佳源集团	501.5
54	弘阳地产	653.7	54	滨江集团	497.9
55	福晟集团	630.2	55	隆基泰和	457.8
56	大悦城控股	619.9	56	正商地产	449.8
57	宝龙地产	610.4	57	中骏集团	448.7
58	红星地产	601.1	58	红星地产	447.6
59	万达集团	566.8	59	卓越集团	435.6
60	仁恒置地	561.4	60	禹洲集团	430.8
61	路劲集团	555.2	61	东原地产	422.8
62	东原地产	540.1	62	俊发地产	420.4
63	海伦堡	532.5	63	华鸿嘉信	404.8
64	俊发地产	528.4	64	联发集团	401.0
65	正商地产	510.6	65	万达集团	358.7

续表

排名	企业名称	全口径金额	排名	企业名称	权益金额
66	敏捷集团	505.3	66	金融街	355.8
67	华宇集团	502.3	67	弘阳地产	349.1
68	保利置业	468.1	68	大华集团	342.6
69	德信地产	450.8	69	保利置业	328.5
70	电建地产	441.2	70	新希望地产	319.7
71	中交地产	421.1	71	华宇集团	306.4
72	隆基泰和	420.4	72	三盛集团	301.4
73	三盛集团	403.0	73	电建地产	297.1
74	联发集团	375.7	74	领地集团	288.6
75	花样年	362.1	75	中建东孚	276.8
76	当代置业	362.0	76	彰泰集团	270.6
77	荣安地产	350.8	77	九龙仓	269.8
78	大华集团	347.6	78	花样年	269.7
79	信达地产	344.1	79	华侨城	252.5
80	华鸿嘉信	343.5	80	康桥地产	246.0
81	大唐地产	339.5	81	星河地产	236.2
82	金融街	331.2	82	景瑞地产	226.7
83	康桥地产	322.2	83	德信地产	225.3
84	景瑞地产	319.3	84	中天城投	224.8
85	石榴集团	309.1	85	信达地产	222.3
86	金隅集团	307.7	86	北辰实业	219.9
87	港龙集团	299.4	87	中冶置业	206.6
88	朗诗绿色地产	293.0	88	合生创展	203.9
89	力高集团	274.1	89	仁恒置地	203.5
90	光明地产	273.3	90	中交地产	202.8
91	上坤集团	271.8	91	荣安地产	202.1
92	星河地产	265.8	92	星河湾	200.3
93	中建东孚	263.5	93	当代置业	198.5
94	大家房产	249.1	94	中华企业	196.1
95	中天美好集团	248.1	95	永威置业	195.7
96	领地集团	247.3	96	大名城	195.1
97	国瑞置业	239.1	97	五矿地产控股	192.8
98	方圆地产	238.8	98	恒泰集团	192.1

续表

排名	企业名称	全口径金额	排名	企业名称	权益金额
99	金成集团	238.1	99	北大资源	190.1
100	中建三局地产	237.2	100	复地集团	187.8
101	北辰实业	236.2	101	海尔产城创	187.7
102	鑫苑中国	232.4	102	阳光大地	186.4
103	复地集团	228.3	103	大唐地产	185.5
104	彰泰集团	226.3	104	鑫苑中国	185.1
105	云星集团	224.5	105	石榴集团	179.8
106	九龙仓	220.8	106	三盛宏业	179.5
107	五矿地产控股	220.4	107	中昂集团	177.0
108	协信控股	220.2	108	金隅集团	174.6
109	中天城投	219.9	109	云星集团	163.5
110	北大资源	217.8	110	和昌集团	162.6
111	奥山集团	217.2	111	光明地产	161.6
112	中冶置业	213.8	112	珠江投资	160.5
113	绿都地产	213.4	113	四川正黄	159.6
114	长江实业	211.4	114	大发地产	155.9
115	大发地产	210.1	115	中迪禾邦	147.7
116	大名城	206.5	116	中天美好集团	147.6
117	合生创展	204.4	117	协信控股	145.5
118	中庚集团	203.7	118	绿都地产	144.9
119	银城国际	201.4	119	方圆地产	143.4
120	阳光大地	201.3	120	港龙集团	143.2
121	深业集团	200.1	121	邦泰集团	142.6
122	和昌集团	197.8	122	上坤地产	140.9
123	鸿坤集团	192.0	123	上海地产	140.8
124	中建信和	187.6	124	宋都集团	139.1
125	宋都集团	185.9	125	华远地产	137.8
126	海尔产城创	179.7	126	鸿坤集团	137.4
127	中迪禾邦	175.5	127	实地集团	134.4
128	永威置业	175.1	128	天恒置业	133.0
129	星河湾	166.9	129	中建三局地产	132.4
130	北京城建	163.2	130	中庚集团	131.3
131	中昂集团	160.8	131	北京城建	130.0
132	华远地产	160.6	132	深业集团	126.2

续表

排名	企业名称	全口径金额	排名	企业名称	权益金额
133	亚新集团	157.8	133	明发集团	125.8
134	正黄集团	156.9	134	国瑞置业	124.8
135	国贸地产	154.5	135	葛洲坝	124.4
136	中华企业	153.1	136	武汉地产集团	123.1
137	香港置地	142.6	137	力高集团	122.4
138	珠江投资	141.7	138	香港置地	121.3
139	天恒置业	140.8	139	四川滨江	119.8
140	新湖中宝	138.4	140	上海建工	114.3
141	福星股份	137.0	141	文一地产	114.1
142	北京建工	133.3	142	福星股份	112.2
143	葛洲坝	131.5	143	奥山集团	112.0
144	邦泰集团	127.6	144	新华联	111.1
145	昌建地产	126.1	145	中航里城	109.4
146	恒泰集团	125.9	146	大家房产	108.0
147	天阳地产	123.2	147	新湖中宝	107.8
148	华地集团	121.4	148	瑞安房地产	107.7
149	信友集团	121.3	149	国贸地产	106.1
150	天誉置业	121.2	150	上海城投	103.2
151	新锦安	119.8	151	华南城	102.4
152	澳海集团	119.7	152	祥源地产	100.2
153	实地集团	119.6	153	天朗地产	96.1
154	中洲控股	118.4	154	南海控股	91.5
155	鲁商置业	113.8	155	广宇发展	89.4
156	中信泰富	106.1	156	天房发展	89.3
157	升龙集团	105.8	157	中洲控股	86.9
158	阳光 100	102.8	158	北京建工	86.8
159	国鸿新瑞	101.2	159	泰达股份	85.5
160	文一地产	100.5	160	华地集团	85.3
161	勤诚达	100.2	161	嘉华国际	85.2
162	中航里城	98.5	162	正弘置业	84.7
163	明发集团	96.1	163	苏宁置业	83.6
164	雅戈尔	94.0	164	雅戈尔	83.0
165	上海城投	91.5	165	合能地产	82.7
166	陆家嘴	91.3	166	保亿置业	82.5

续表

排名	企业名称	全口径金额	排名	企业名称	权益金额
167	三巽集团	91.2	167	世荣兆业	80.5
168	众安房产	90.1	168	新世界中国	78.8
169	苏宁置业	89.3	169	鲁商置业	77.6
170	保亿置业	88.5	170	北京住总	76.8
171	湖北联投	86.8	171	澳海控股	74.3
172	上海建工	86.5	172	银城国际	73.7
173	宝能集团	84.9	173	光大地产	73.0
174	南山控股	84.1	174	奥克斯地产	72.9
175	苏州高新	83.2	175	深振业	71.7
176	上海地产	83.0	176	亿达中国	71.1
177	泰达股份	81.1	177	宝能集团	70.0
178	天地源	80.5	178	众安房产	69.9
179	瑞安房地产	80.4	179	吉宝置业	69.8
180	浩创集团	79.6	180	朗诗集团	69.3
181	海信地产	79.1	181	鸿通集团	69.1
182	广宇发展	77.6	182	阳光 100	69.0
183	正弘置业	77.5	183	冠城大通	68.3
184	亿达中国	77.4	184	福建汇泉	67.9
185	华南城	76.8	185	中建信和	67.2
186	北京住总	76.4	186	象屿集团	66.7
187	锦艺置业	76.3	187	天誉置业	66.2
188	奥克斯地产	76.0	188	麒龙集团	66.0
189	南海控股	75.9	189	亚新集团	65.2
190	天房发展	75.8	190	大众置业	64.9
191	世荣兆业	75.7	191	德商置业	64.7
192	福建汇泉	75.5	192	陆家嘴	64.5
193	光大地产	75.2	193	泛海控股	63.2
194	四川滨江	74.0	194	新鸥鹏地产	62.6
195	新世界中国	73.4	195	天阳地产	62.4
196	吉宝置业	72.9	196	荣和集团	62.2
197	海宁鸿翔	72.7	197	新鸿基	60.4
198	华景川集团	72.3	198	恒盛地产	60.3
199	嘉华国际	71.7	199	安徽置地	58.7
200	广西中鼎	71.3	200	星联芒果集团	58.5

数据来源：中国房地产决策咨询系统（CRIC）。

4. 上市房企股价情况（见表 6-48~表 6-51）

表 6-48 沪市房地产企业股价（前复权）涨跌幅排行榜

单位：元，%

排名	证券代码	证券简称	2018 年收盘价	2019 年收盘价	涨跌幅	最高价	最低价
1	600223. SH	鲁商发展	3. 04	8. 43	177. 53	8. 43	2. 90
2	600696. SH	ST 岩石	4. 90	12. 86	162. 45	15. 04	4. 86
3	600641. SH	万业企业	8. 93	18. 80	110. 48	20. 20	8. 86
4	601155. SH	新城控股	22. 71	38. 72	70. 47	44. 91	22. 55
5	600094. SH	大名城	3. 64	5. 85	60. 73	10. 17	3. 34
6	600052. SH	浙江广厦	2. 80	4. 50	60. 47	6. 50	2. 50
7	600246. SH	万通地产	3. 30	5. 26	59. 58	5. 30	3. 16
8	600383. SH	金地集团	9. 17	14. 50	58. 12	14. 69	8. 87
9	600565. SH	迪马股份	2. 42	3. 58	47. 81	5. 01	2. 40
10	600048. SH	保利地产	11. 33	16. 18	42. 87	16. 46	10. 79
11	600466. SH	蓝光发展	5. 17	7. 37	42. 69	8. 13	4. 88
12	600173. SH	卧龙地产	3. 68	5. 21	41. 43	5. 61	3. 57
13	600007. SH	中国国贸	12. 51	17. 50	39. 83	18. 35	12. 51
14	600716. SH	凤凰股份	3. 12	4. 17	33. 53	6. 20	3. 08
15	600208. SH	新湖中宝	2. 84	3. 78	32. 97	5. 13	2. 71
16	600325. SH	华发股份	5. 93	7. 83	32. 09	10. 13	5. 77
17	600663. SH	陆家嘴	10. 52	13. 51	28. 40	16. 91	10. 17
18	600393. SH	粤泰股份	2. 12	2. 70	27. 36	5. 18	2. 03
19	600823. SH	世茂股份	3. 54	4. 50	27. 11	5. 60	3. 48
20	600064. SH	南京高科	7. 70	9. 75	26. 58	13. 67	7. 18
21	603506. SH	南都物业	16. 88	21. 26	25. 98	24. 63	15. 96
22	600266. SH	城建发展	6. 44	8. 10	25. 78	9. 41	6. 35
23	601588. SH	北辰实业	2. 63	3. 28	24. 87	4. 29	2. 57
24	600639. SH	浦东金桥	11. 04	13. 50	22. 30	17. 62	10. 67
25	600185. SH	格力地产	4. 05	4. 84	19. 51	6. 18	3. 90
26	600848. SH	上海临港	20. 61	24. 55	19. 13	38. 67	19. 53
27	600606. SH	绿地控股	5. 84	6. 95	18. 93	7. 94	5. 72
28	600533. SH	栖霞建设	2. 86	3. 35	17. 26	4. 21	2. 86
29	600340. SH	华夏幸福	24. 49	28. 70	17. 20	33. 87	23. 72
30	600077. SH	宋都股份	2. 55	2. 99	17. 13	3. 99	2. 30
31	600376. SH	首开股份	6. 88	7. 97	15. 84	10. 03	6. 63
32	600604. SH	市北高新	7. 70	8. 86	15. 08	20. 24	6. 22
33	600724. SH	宁波富达	3. 29	3. 77	14. 50	4. 51	3. 25
34	600510. SH	黑牡丹	5. 90	6. 70	13. 65	7. 34	5. 30
35	600683. SH	京投发展	4. 00	4. 53	13. 39	5. 91	3. 62
36	600158. SH	中体产业	8. 86	10. 03	13. 16	13. 82	8. 13

续表

排名	证券代码	证券简称	2018 年收盘价	2019 年收盘价	涨跌幅	最高价	最低价
37	600748. SH	上实发展	5. 32	5. 94	11. 61	12. 94	5. 00
38	600665. SH	天地源	3. 32	3. 70	11. 57	4. 59	3. 29
39	600736. SH	苏州高新	5. 26	5. 83	10. 84	9. 76	5. 03
40	600067. SH	冠城大通	3. 64	3. 98	9. 34	5. 43	3. 41
41	600162. SH	香江控股	2. 12	2. 29	8. 27	3. 00	2. 02
42	600743. SH	华远地产	2. 31	2. 49	7. 73	3. 26	2. 14
43	600159. SH	大龙地产	2. 37	2. 55	7. 71	3. 43	2. 31
44	600791. SH	京能置业	3. 62	3. 84	5. 99	5. 43	3. 29
45	600649. SH	城投控股	5. 42	5. 72	5. 50	8. 73	5. 15
46	600708. SH	光明地产	3. 35	3. 52	4. 98	6. 46	3. 18
47	600657. SH	信达地产	3. 82	3. 99	4. 51	5. 73	3. 56
48	600503. SH	华丽家族	3. 05	3. 18	4. 26	5. 89	2. 91
49	600817. SH	ST 宏盛	7. 02	7. 27	3. 56	11. 20	6. 61
50	600239. SH	云南城投	2. 80	2. 89	3. 15	5. 04	2. 56
51	600895. SH	张江高科	14. 86	15. 31	3. 04	27. 40	13. 50
52	600675. SH	中华企业	4. 53	4. 65	2. 72	5. 64	4. 22
53	900928. SH	临港 B 股	1. 45	1. 46	0. 38	1. 76	1. 33
54	600215. SH	长春经开	6. 69	6. 56	-1. 96	9. 52	6. 28
55	600773. SH	西藏城投	5. 99	5. 80	-3. 19	9. 26	5. 22
56	900932. SH	陆家 B 股	1. 01	0. 97	-4. 15	1. 23	0. 90
57	600807. SH	ST 天业	3. 78	3. 61	-4. 50	6. 37	3. 19
58	600515. SH	海航基础	4. 71	4. 46	-5. 31	7. 17	3. 76
59	600322. SH	天房发展	3. 25	3. 00	-7. 69	4. 80	2. 86
60	600622. SH	光大嘉宝	4. 25	3. 90	-8. 29	7. 80	3. 57
61	900902. SH	市北 B 股	0. 42	0. 38	-8. 71	0. 62	0. 34
62	600692. SH	亚通股份	7. 07	6. 39	-9. 62	9. 76	5. 90
63	900940. SH	大名城 B	0. 43	0. 39	-9. 64	0. 56	0. 37
64	900957. SH	凌云 B 股	0. 62	0. 56	-9. 74	0. 77	0. 51
65	600082. SH	海泰发展	4. 49	4. 02	-10. 47	6. 15	3. 56
66	600658. SH	电子城	5. 95	5. 28	-11. 28	7. 29	4. 05
67	600684. SH	珠江实业	4. 31	3. 79	-12. 00	5. 57	3. 39
68	900911. SH	金桥 B 股	1. 07	0. 93	-13. 30	1. 29	0. 86
69	600225. SH	天津松江	3. 42	2. 96	-13. 45	5. 55	2. 60
70	600638. SH	新黄浦	8. 24	7. 02	-14. 78	11. 86	6. 78
71	600555. SH	海航创新	2. 88	2. 31	-19. 79	4. 20	2. 12
72	600890. SH	中房股份	8. 27	6. 33	-23. 46	8. 55	4. 58
73	900955. SH	海创 B 股	0. 33	0. 18	-45. 21	0. 36	0. 15

数据来源：上海证券交易所。

表 6-49 深市房地产企业股价（前复权）涨跌幅排行榜

单位：元,%

排名	证券代码	证券简称	2018 年收盘价	2019 年收盘价	涨跌幅	最高价	最低价
1	001914. SZ	招商积余	7. 27	20. 29	179. 01	22. 88	6. 98
2	000961. SZ	中南建设	5. 53	10. 55	90. 64	10. 73	5. 37
3	000671. SZ	阳光城	5. 14	8. 50	65. 34	9. 09	5. 04
4	002077. SZ	大港股份	3. 81	5. 95	56. 17	10. 84	3. 52
5	000031. SZ	大悦城	4. 80	7. 18	49. 45	8. 05	4. 71
6	000002. SZ	万科 A	22. 90	32. 18	40. 54	32. 45	22. 75
7	000668. SZ	荣丰控股	9. 88	13. 40	35. 69	18. 06	8. 78
8	000656. SZ	金科股份	5. 84	7. 68	31. 41	8. 07	5. 12
9	000402. SZ	金融街	6. 19	8. 12	31. 23	9. 10	5. 90
10	002146. SZ	荣盛发展	7. 57	9. 83	29. 85	12. 00	7. 28
11	000718. SZ	苏宁环球	2. 95	3. 82	29. 57	4. 07	2. 86
12	000514. SZ	渝开发	3. 65	4. 71	29. 04	7. 80	3. 53
13	000069. SZ	华侨城 A	6. 08	7. 79	28. 05	8. 76	5. 67
14	002244. SZ	滨江集团	3. 93	4. 92	25. 33	5. 78	3. 58
15	000517. SZ	荣安地产	2. 31	2. 76	19. 48	3. 75	2. 22
16	001979. SZ	招商蛇口	16. 74	19. 87	18. 73	23. 70	16. 16
17	000863. SZ	三湘印象	3. 91	4. 64	18. 67	6. 18	3. 76
18	000007. SZ	全新好	8. 06	9. 50	17. 87	11. 69	4. 61
19	000909. SZ	数源科技	6. 62	7. 78	17. 52	11. 32	6. 43
20	000736. SZ	中交地产	6. 07	7. 12	17. 36	11. 14	5. 84
21	200011. SZ	深物业 B	4. 54	5. 17	13. 94	6. 05	4. 39
22	000558. SZ	莱茵体育	2. 90	3. 30	13. 79	5. 09	2. 83
23	000886. SZ	海南高速	3. 70	4. 16	12. 32	5. 35	3. 40
24	000036. SZ	华联控股	3. 90	4. 31	10. 53	5. 80	3. 72
25	000838. SZ	财信发展	2. 92	3. 21	10. 09	5. 19	2. 76
26	000631. SZ	顺发恒业	2. 79	3. 06	9. 61	3. 76	2. 63
27	000667. SZ	美好置业	2. 50	2. 73	9. 20	2. 99	2. 40
28	002208. SZ	合肥城建	6. 13	6. 67	8. 74	10. 72	5. 71
29	000620. SZ	新华联	3. 73	4. 05	8. 58	5. 60	3. 71
30	000926. SZ	福星股份	6. 03	6. 50	7. 76	8. 25	5. 91
31	000006. SZ	深振业 A	5. 00	5. 36	7. 10	7. 02	4. 83
32	002314. SZ	南山控股	2. 87	3. 07	6. 97	4. 20	2. 67
33	000537. SZ	广宇发展	7. 35	7. 77	5. 72	10. 43	6. 06
34	000011. SZ	深物业 A	8. 92	9. 41	5. 48	12. 28	8. 46

续表

排名	证券代码	证券简称	2018 年收盘价	2019 年收盘价	涨跌幅	最高价	最低价
35	000573. SZ	粤宏远 A	3. 00	3. 09	3. 16	4. 05	2. 75
36	002016. SZ	世荣兆业	8. 53	8. 66	1. 57	11. 32	7. 04
37	000014. SZ	沙河股份	9. 22	9. 31	0. 96	13. 19	8. 24
38	000616. SZ	海航投资	2. 41	2. 43	0. 83	4. 13	2. 31
39	000608. SZ	阳光股份	4. 90	4. 93	0. 61	7. 94	4. 57
40	000029. SZ	深深房 A	10. 97	10. 97	0. 00	10. 97	10. 97
41	200029. SZ	深深房 B	5. 49	5. 49	0. 00	5. 49	5. 49
42	200160. SZ	东沣 B	1. 14	1. 13	-0. 88	1. 94	1. 09
43	002377. SZ	国创高新	4. 19	4. 14	-1. 19	7. 39	3. 62
44	002133. SZ	广宇集团	3. 37	3. 31	-1. 80	4. 42	2. 95
45	000042. SZ	中洲控股	11. 11	10. 86	-2. 23	13. 73	8. 07
46	000502. SZ	绿景控股	7. 60	7. 13	-6. 18	10. 80	6. 35
47	000560. SZ	我爱我家	4. 60	4. 31	-6. 33	8. 34	4. 15
48	200168. SZ	* ST 舜喆 B	1. 22	1. 14	-6. 56	1. 64	0. 91
49	000797. SZ	中国武夷	3. 74	3. 49	-6. 67	5. 21	3. 18
50	000897. SZ	* ST 津滨	2. 33	2. 10	-9. 87	3. 61	1. 76
51	000732. SZ	泰禾集团	6. 92	6. 15	-11. 16	10. 89	5. 44
52	000691. SZ	亚太实业	4. 58	4. 01	-12. 45	5. 95	3. 45
53	000965. SZ	天保基建	3. 77	3. 18	-15. 62	5. 23	2. 99
54	000615. SZ	京汉股份	5. 31	4. 43	-16. 57	8. 49	4. 32
55	000918. SZ	嘉凯城	7. 62	5. 97	-21. 65	8. 39	5. 59
56	002305. SZ	南国置业	2. 83	2. 20	-22. 12	3. 83	2. 02
57	002285. SZ	世联行	5. 06	3. 75	-25. 87	6. 66	3. 10
58	000540. SZ	中天金融	4. 81	3. 33	-30. 72	5. 46	2. 88
59	002147. SZ	ST 新光	3. 10	2. 12	-31. 61	3. 90	1. 76

数据来源：深圳证券交易所。

表 6-50 港市房地产企业股价（前复权）涨跌幅排行榜

单位：港元，%

排名	证券代码	证券简称	2018 年收盘价	2019 年收盘价	涨跌幅	最高价	最低价
1	3883. HK	中国奥园	4. 73	12. 70	168. 54	12. 84	4. 62
2	1233. HK	时代中国控股	8. 16	15. 54	90. 39	16. 56	7. 07
3	0337. HK	绿地香港	1. 79	3. 38	88. 72	3. 53	1. 69
4	1918. HK	融创中国	24. 80	46. 55	87. 74	47. 50	22. 02
5	1238. HK	宝龙地产	2. 84	5. 20	83. 08	5. 83	2. 78

续表

排名	证券代码	证券简称	2018 年收盘价	2019 年收盘价	涨跌幅	最高价	最低价
6	0817. HK	中国金茂	3. 36	6. 07	80. 91	6. 11	3. 17
7	1813. HK	合景泰富集团	6. 32	10. 92	72. 71	10. 96	5. 60
8	0832. HK	建业地产	2. 64	4. 54	71. 66	4. 90	2. 56
9	3900. HK	绿城中国	5. 60	9. 57	70. 96	9. 60	4. 69
10	0884. HK	旭辉控股集团	3. 87	6. 59	70. 37	6. 72	3. 53
11	1966. HK	中骏集团控股	2. 67	4. 54	70. 17	4. 55	2. 55
12	1777. HK	花样年控股	0. 87	1. 45	66. 97	1. 62	0. 84
13	0960. HK	龙湖集团	22. 17	36. 50	64. 61	36. 85	20. 98
14	3990. HK	美的置业	15. 04	23. 90	58. 92	24. 85	14. 57
15	1638. HK	佳兆业集团	2. 42	3. 72	53. 88	3. 96	2. 13
16	1908. HK	建发国际集团	5. 88	9. 02	53. 51	9. 57	5. 77
17	0813. HK	世茂房地产	19. 76	30. 20	52. 81	30. 75	17. 38
18	0108. HK	国锐地产	0. 87	1. 32	51. 72	1. 55	0. 72
19	1628. HK	禹洲地产	2. 93	4. 29	46. 40	4. 39	2. 73
20	3380. HK	龙光地产	9. 15	13. 08	42. 94	13. 38	8. 72
21	3383. HK	雅居乐集团	8. 27	11. 72	41. 67	12. 13	7. 27
22	0185. HK	正商实业	0. 25	0. 35	38. 55	0. 39	0. 25
23	2007. HK	碧桂园	9. 01	12. 48	38. 48	12. 82	8. 00
24	0119. HK	保利置业集团	2. 34	3. 23	38. 03	3. 51	2. 27
25	2777. HK	富力地产	10. 69	14. 38	34. 50	16. 04	9. 88
26	1109. HK	华润置地	28. 96	38. 80	33. 98	38. 95	26. 94
27	0123. HK	越秀地产	1. 36	1. 80	32. 71	1. 88	1. 30
28	2118. HK	天山发展控股	2. 34	3. 09	31. 94	3. 20	1. 87
29	6111. HK	大发地产	4. 20	5. 52	31. 33	6. 90	4. 02
30	1107. HK	当代置业	0. 91	1. 18	29. 46	1. 43	0. 77
31	0217. HK	中国诚通发展集团	0. 17	0. 22	29. 41	0. 35	0. 16
32	1383. HK	太阳城集团	1. 23	1. 59	29. 27	2. 61	1. 02
33	3616. HK	恒达集团控股	0. 78	1. 01	29. 08	1. 20	0. 64
34	1862. HK	景瑞控股	2. 00	2. 58	29. 06	2. 89	1. 79
35	0604. HK	深圳控股	2. 43	3. 12	28. 18	3. 23	2. 30
36	0095. HK	绿景中国地产	2. 18	2. 79	28. 02	3. 05	1. 97
37	0034. HK	九龙建业	7. 65	9. 77	27. 68	10. 69	7. 62
38	1570. HK	伟业控股	3. 65	4. 63	26. 85	6. 88	1. 11
39	0754. HK	合生创展集团	6. 23	7. 90	26. 71	9. 38	5. 92

续表

排名	证券代码	证券简称	2018 年收盘价	2019 年收盘价	涨跌幅	最高价	最低价
40	3366. HK	华侨城（亚洲）	2. 14	2. 68	25. 36	3. 52	2. 03
41	0173. HK	嘉华国际	3. 56	4. 35	22. 22	4. 85	3. 47
42	3301. HK	融信中国	8. 90	10. 78	21. 11	13. 54	8. 24
43	0798. HK	中电光谷	0. 41	0. 49	17. 78	0. 67	0. 34
44	0688. HK	中国海外发展	25. 96	30. 35	16. 90	30. 40	23. 29
45	1098. HK	路　劲	12. 96	15. 10	16. 54	17. 34	12. 46
46	6158. HK	正荣地产	4. 96	5. 60	12. 90	5. 69	4. 19
47	0207. HK	大悦城地产	0. 80	0. 86	7. 77	1. 15	0. 75
48	0410. HK	SOHO 中国	2. 75	2. 94	6. 82	3. 42	2. 18
49	0230. HK	五矿地产	1. 23	1. 31	6. 15	1. 46	1. 00
50	0272. HK	瑞安房地产	1. 62	1. 71	5. 43	1. 93	1. 50
51	0369. HK	永泰地产	5. 14	5. 14	0. 01	5. 95	4. 70
52	0846. HK	明发集团	1. 89	1. 89	0. 00	1. 89	1. 89
53	1369. HK	五洲国际	0. 04	0. 04	0. 00	0. 04	0. 04
54	3377. HK	远洋集团	3. 24	3. 13	−3. 39	3. 99	2. 59
55	0190. HK	香港建设（控股）	6. 59	6. 35	−3. 71	7. 18	4. 36
56	1224. HK	中渝置地	1. 87	1. 79	−4. 23	1. 92	1. 51
57	0258. HK	汤臣集团	2. 06	1. 94	−5. 63	3. 00	1. 83
58	1668. HK	华南城	1. 06	0. 99	−6. 31	1. 39	0. 88
59	3639. HK	亿达中国	2. 33	2. 18	−6. 44	2. 67	1. 75
60	1996. HK	弘阳地产	2. 77	2. 58	−6. 69	3. 48	2. 16
61	2868. HK	首创置业	2. 37	2. 19	−7. 70	3. 11	2. 16
62	3333. HK	中国恒大	21. 78	20. 06	−7. 89	27. 68	14. 95
63	0106. HK	朗诗地产	0. 91	0. 83	−8. 43	1. 01	0. 80
64	0051. HK	海港企业	13. 89	12. 68	−8. 68	15. 39	11. 22
65	2699. HK	新明中国	1. 29	1. 17	−9. 30	1. 45	1. 00
66	0672. HK	众安集团	0. 27	0. 24	−10. 57	0. 36	0. 23
67	1232. HK	金轮天地控股	0. 73	0. 65	−10. 88	0. 78	0. 49
68	1321. HK	中国新城市	1. 00	0. 88	−12. 00	1. 13	0. 65
69	0028. HK	天　安	3. 96	3. 47	−12. 41	4. 45	3. 41
70	1168. HK	百仕达控股	0. 50	0. 44	−13. 00	0. 92	0. 43
71	1622. HK	力高集团	4. 41	3. 80	−13. 89	5. 19	2. 62
72	2278. HK	海蓝控股	4. 45	3. 78	−15. 06	4. 58	3. 68
73	2329. HK	国瑞置业	1. 93	1. 63	−15. 33	2. 09	1. 26

续表

排名	证券代码	证券简称	2018 年收盘价	2019 年收盘价	涨跌幅	最高价	最低价
74	0618. HK	北大资源	0. 25	0. 21	-18. 13	0. 37	0. 18
75	0115. HK	钧濠集团	0. 13	0. 10	-19. 05	0. 16	0. 09
76	1329. HK	首创钜大	1. 60	1. 29	-19. 38	1. 88	0. 91
77	0563. HK	上实城市开发	1. 24	0. 98	-20. 72	1. 70	0. 94
78	0059. HK	天誉置业	1. 30	1. 03	-21. 04	1. 33	1. 01
79	0124. HK	粤海置地	1. 72	1. 35	-21. 51	1. 98	1. 17
80	1278. HK	中国新城镇	0. 19	0. 15	-24. 35	0. 20	0. 13
81	0112. HK	勒泰集团	6. 13	4. 58	-25. 29	9. 10	2. 45
82	2330. HK	中国上城	0. 17	0. 12	-29. 41	0. 28	0. 09
83	3688. HK	莱蒙国际	2. 03	1. 35	-33. 50	2. 75	1. 31
84	2088. HK	西王置业	0. 28	0. 18	-34. 29	0. 28	0. 17
85	0169. HK	万达酒店发展	0. 60	0. 38	-36. 67	0. 94	0. 37
86	2048. HK	易居企业控股	14. 37	7. 70	-46. 40	13. 78	6. 89
87	2349. HK	中国城市基础设施	0. 31	0. 16	-47. 54	0. 38	0. 13
88	0845. HK	恒盛地产	0. 42	0. 21	-48. 92	0. 48	0. 19
89	1207. HK	上置集团	0. 13	0. 07	-49. 23	0. 15	0. 05
90	0760. HK	新天地产集团	0. 06	0. 03	-50. 00	0. 08	0. 03
91	2608. HK	阳光 100 中国	3. 70	1. 43	-61. 35	3. 75	0. 75
92	0755. HK	上海证大	0. 13	0. 05	-64. 84	0. 13	0. 04
93	2768. HK	佳源国际控股	14. 03	3. 05	-78. 26	15. 00	1. 36

数据来源：香港证券交易所。

表 6-51　海外上市市内地房地产企业股价涨跌幅排行榜

单位：美元,%

排名	证券代码	证券简称	2018 年收盘价	2019 年收盘价	涨跌幅	最高价	最低价
1	NYSE：LEJU	乐　居	1. 40	2. 01	43. 57	2. 10	1. 05
2	XIN. N	鑫苑置业	3. 48	3. 78	8. 77	4. 72	3. 44
3	NTP. N	南太地产	8. 68	8. 61	-0. 81	10. 75	7. 89
4	HGSH. O	汉广厦房地产	0. 97	0. 72	-25. 77	1. 39	0. 58

数据来源：wind。

（二）中国部分优秀房地产企业运营数据

1. 碧桂园控股有限公司（见表 6-52~表 6-55）

表 6-52　2019 年商品房销售业绩及同比增幅

类　别	2019 年	同比（%）
权益销售金额（亿元）	5522.10	10.03
权益销售面积（万平方米）	6237.00	15.16
销售均价（元/平方米）	8854.00	-4.46

数据来源：企业公告、CRIC。

表 6-53　2018—2019 年企业财务指标

财务指标	2019 年	2018 年
净负债率（%）	46.32	49.55
三费费用率（%）	6.74	7.33
总资产周转率（%）	0.51	0.28
长短期债务比	2.18	1.60
现金短债比	2.31	1.92
净利润增长率（%）	26.08	68.83
销售毛利率（%）	26.06	27.03
销售净利率（%）	12.60	12.81

数据来源：企业公告、CRIC。
注：总资产周转率单位为“次”；长短期债务比和现金短债比无单位。下同。

表 6-54　2019 年重点新增土地储备

城市	宗地名称	属性	成交时间	建筑面积（万平方米）	成交总价（亿元）	楼板价（元/平方米）
佛　山	南海区 TD2019（SZ）WG0001 地块	住宅	2019-03	57.43	21.00	3657
上　海	闵行新城 MHC10801 单元 07B-01 地块	住宅	2019-04	10.05	19.27	19174
杭　州	富政储出〔2018〕20 号	商住	2019-06	15.21	19.21	12630
昆　明	西山区 XSCG2019-01-A2-4 地块	住宅	2019-07	29.61	18.60	6282
苏　州	苏地 2019-WG-61 号	商住	2019-12	12.02	15.26	12696

数据来源：企业公告、CRIC。

表 6-55　2019 年重点新开盘项目

项目名称	城市	项目名称	城市
碧桂园翡翠湾	江　阴	碧桂园·壹号天禧	常　州
碧桂园中堂	合　肥	碧桂园国控天誉	郑　州
碧桂园·蓝谷之光	青　岛	莱顿小镇	江　阴

数据来源：企业公告、CRIC。

2. 万科企业股份有限公司（见表 6-56~表 6-59）

表 6-56　2019 年商品房销售业绩及同比增幅

类　别	2019 年	同比（%）
销售金额（亿元）	6308.40	3.94
销售面积（万平方米）	4112.20	1.85
销售均价（元/平方米）	15341.00	2.06

数据来源：企业公告、CRIC。

表 6-57　2018—2019 年企业财务指标

财务指标	2019 年	2018 年
净负债率（%）	33.87	30.89
三费费用率（%）	7.30	8.45
总资产周转率（%）	0.23	0.22
长短期债务比	1.75	1.80
现金短债比	1.77	2.02
净利润增长率（%）	11.89	32.42
销售毛利率（%）	36.25	37.48
销售净利率（%）	14.99	16.55

数据来源：企业公告、CRIC。

表 6-58　2019 年重点新增土地储备

城市	宗地名称	属　性	成交时间	建筑面积（万平方米）	成交总价（亿元）	楼板价（元/平方米）
佛山	南海区 TD2018（NH）WG0043	商住	2019-01	18.28	27.00	14770
福州	台江区宗地 2019-01 号地块	商住	2019-02	62.58	76.40	12208
广州	增城区 83101231A19034 号地块	商住	2019-07	40.95	40.09	9790
杭州	萧政储出（2019）33 号	商住	2019-09	23.20	33.12	14276
南京	江宁区 NO. 2019G88	商住	2019-12	10.35	25.30	24444

数据来源：企业公告、CRIC。

表 6-59　2019 年重点新开盘项目

项目名称	城市	项目名称	城市
万科翡翠国宾	西　安	万科云谷	宁　波
万科金域国际	武　汉	万科金色梦想	长　沙
万科第五城南沙滨海新城	东　莞	万科天空之城星之屿	上　海

数据来源：企业公告、CRIC。

3. 中国恒大集团（见表 6-60~表 6-63）

表 6-60　2019 年商品房销售业绩及同比增幅

类　别	2019 年	同比（%）
销售金额（亿元）	6010.60	9.02
销售面积（万平方米）	5846.30	11.50
销售均价（元/平方米）	10281.00	-2.23

数据来源：企业公告、CRIC。

表 6-61　2018—2019 年企业财务指标

财务指标	2019 年	2018 年
净负债率（%）	159.30	151.90
三费费用率（%）	13.79	10.19
总资产周转率（%）	0.23	0.26
长短期债务比	1.15	1.11
现金短债比	0.61	0.64
净利润增长率（%）	-49.60	79.62
销售毛利率（%）	27.84	36.24
销售净利率（%）	7.02	14.27

数据来源：企业公告、CRIC。

表 6-62　2019 年重点新增土地储备

城市	宗地名称	属性	成交时间	建筑面积（万平方米）	成交总价（亿元）	楼板价（元/平方米）
宣城	宣国土告〔2018〕24 号	住宅	2019-01	36.30	9.58	2640
宜宾	宜市拍〔2018〕13 号	住宅	2019-01	63.98	9.36	1463
珠海	珠自然资储〔2019〕15 号	住宅	2019-07	18.10	18.07	9982
佛山	禅城区 TD2019（CC）XG0006	商住	2019-08	17.69	19.50	11026
南京	宁出 07 号 NO. 2019G51	住宅	2019-08	10.78	19.10	17715

数据来源：CRIC。

表 6-63　2019 年重点新开盘项目

项目名称	城市	项目名称	城市
恒大海上威尼斯	启　东	恒大城	深　圳
恒大玖珑湾	昆　明	恒大城	呼和浩特
恒大御海天下	宁　波	恒大轨道时代	重　庆

数据来源：CRIC。

4. 融创中国控股有限公司（见表 6-64~表 6-67）

表 6-64　2019 年商品房销售业绩及同比增幅

类　别	2019 年	同比（%）
销售金额（亿元）	5562.10	20.70
销售面积（万平方米）	3828.50	19.34
销售均价（元/平方米）	14528.00	1.14

数据来源：企业公告、CRIC。

表 6-65　2018—2019 年企业财务指标

财务指标	2019 年	2018 年
净负债率（%）	172.26	149.39
三费费用率（%）	10.68	11.07
总资产周转率（%）	0.20	0.19
长短期债务比	1.37	1.49
现金短债比	0.93	1.31
净利润增长率（%）	61.40	49.56
销售毛利率（%）	24.46	24.96
销售净利率（%）	16.63	13.98

数据来源：企业公告、CRIC。

表 6-66　2019 年重点新增土地储备

城市	宗地名称	属性	成交时间	建筑面积（万平方米）	成交总价（亿元）	楼板价（元/平方米）
杭　州	杭大江东储出〔2018〕4 号	商住	2019-02	39.68	34.65	8732
珠　海	珠自然资储〔2019〕2019-10 号	商住	2019-04	22.45	27.25	12140
北　京	京土整储挂（兴）〔2019〕025 号	商住	2019-10	9.79	20.30	20742
武　汉	P（2019）173 号至 178 号	商住	2019-12	182.14	45.60	2504
广　州	穗规划资源增挂出告（2019）44 号	住宅	2019-12	37.89	40.93	10801

数据来源：企业公告、CRIC。

表 6-67　2019 年重点新开盘项目

项目名称	城市	项目名称	城市
融创外滩壹号院	上　海	融创维多利亚湾	青　岛
昆明融创文旅城	昆　明	融创城	合　肥
无锡融创文化旅游城	无　锡	融创欧麓花园城	重　庆

数据来源：企业公告、CRIC。

5. 中国海外发展有限公司（见表 6-68~表 6-71）

表 6-68　2019 年商品房销售业绩及同比增幅

类　别	2019 年	同比（%）
销售金额（亿港元）	3771.68	24.80
销售面积（万平方米）	1794.42	26.06
销售均价（元/平方米）	21019.00	-1.00

数据来源：企业公告、CRIC。

表 6-69　2018—2019 年企业财务指标

财务指标	2019 年	2018 年
净负债率（%）	32.69	32.49
三费费用率（%）	3.75	4.18
总资产周转率（%）	0.24	0.25
长短期债务比	4.92	5.34
现金短债比	2.98	3.25
净利润增长率（%）	8.97	10.82
销售毛利率（%）	33.66	37.79
销售净利率（%）	26.12	27.24

数据来源：企业公告、CRIC。

表 6-70　2019 年重点新增土地储备

城市	宗地名称	属　性	成交时间	建筑面积（万平方米）	成交总价（亿元）	楼板价（元/平方米）
上　海	中山北社区 C060201 单元地块	住宅	2019-02	12.12	39.79	32833
广　州	广钢新城 AF040225-B 地块	住宅	2019-04	7.90	19.66	24896
北　京	丰台造甲村 1512-653 等地块	住宅	2019-07	30.77	79.40	25805
广　州	海珠区大干围西侧地块	住宅	2019-10	20.34	50.96	25049
深　圳	龙华 A816-0068 地块	住宅	2019-11	19.51	50.20	25730

数据来源：企业公告、CRIC。

表 6-71　2019 年重点新开盘项目

项目名称	城市	项目名称	城市
中海寰宇天下	北　京	中海花湾壹号	广　州
中海左岸澜庭	南　京	中海燕矶听潮	南　京
中海华山珑城	济　南	中海半山华府	沈　阳

数据来源：企业公告、CRIC。

6. 新城控股集团股份有限公司（见表 6-72~表 6-75）

表 6-72　2019 年商品房销售业绩及同比增幅

类　别	2019 年	同比（%）
销售金额（亿元）	2708.01	22.48
销售面积（万平方米）	2432.00	34.21
销售均价（元/平方米）	11135.00	-13.17

数据来源：企业公告、CRIC。

表 6-73　2018—2019 年企业财务指标

财务指标	2019 年	2018 年
净负债率（%）	16.36	49.20
三费费用率（%）	10.58	9.90
总资产周转率（%）	0.11	0.21
长短期债务比	1.42	2.52
现金短债比	2.09	2.31
净利润增长率（%）	9.18	95.00
销售毛利率（%）	32.64	36.69
销售净利率（%）	15.53	22.60

数据来源：企业公告、CRIC。

表 6-74　2019 年重点新增土地储备

城市	宗地名称	属性	成交时间	建筑面积（万平方米）	成交总价（亿元）	楼板价（元/平方米）
北　京	石景山区西黄村 1606-641 地块	商住	2019-01	18.96	49.53	26123
台　州	温岭市 GY030205 地块	商住	2019-03	36.13	26.49	7331
苏　州	苏州 2019WG2 号地块	住宅	2019-04	17.14	32.27	18827
上　海	上海静安区市北 1801 地块	商住	2019-06	8.47	30.52	36015
武　汉	P（2016）006 号地块	住宅	2019-06	51.96	28.00	5390

数据来源：企业公告、CRIC。

表 6-75　2019 年重点新开盘项目

项目名称	城市	项目名称	城市
新城玖珑湖	徐　州	新城璟城	佛　山
MOC 芯城汇	苏　州	新城大都会	合　肥
新城金陵樾	南　京	新城金茂府	上　海

数据来源：企业公告、CRIC。

7. 华润置地有限公司（见表 6-76~表 6-79）

表 6-76　2019 年商品房销售业绩及同比增幅

类　别	2019 年	同比（%）
销售金额（亿元）	2425.00	15.15
销售面积（万平方米）	1324.83	9.86
销售均价（元/平方米）	18304.00	4.81

数据来源：企业公告、CRIC。

表 6-77　2018—2019 年企业财务指标

财务指标	2019 年	2018 年
净负债率（%）	30.34	33.89
三费费用率（%）	8.22	8.32
总资产周转率（%）	0.19	0.20
长短期债务比	5.30	4.98
现金短债比	2.98	3.21
净利润增长率（%）	25.93	25.41
销售毛利率（%）	37.91	43.39
销售净利率（%）	23.25	22.51

数据来源：企业公告、CRIC。

表 6-78　2019 年重点新增土地储备

城市	宗地名称	属性	成交时间	建筑面积（万平方米）	成交总价（亿元）	楼板价（元/平方米）
无　锡	2XDG-2018-40 号地块	商住	2019-01	23.78	27.51	11569
大　连	大国土房屋告字〔2019〕14 号	商住	2019-04	39.68	31.36	7903
杭　州	杭政储出〔2019〕26 号	商住	2019-08	37.62	59.77	15886
东　莞	南城街道 2019WG044	商住	2019-11	39.51	45.12	11420
武　汉	武告字（2019 年）32 号	商住	2019-12	54.83	27.51	5016

数据来源：企业公告、CRIC。

表 6-79　2019 年重点新开盘项目

项目名称	城市	项目名称	城市
华发华润静安府	上　海	华润江南府	无　锡
华润城	青　岛	华润·二十四城七期	成　都
琨瑜府	武　汉	鱼嘴润府	南　京

数据来源：企业公告、CRIC。

8. 绿城中国控股有限公司（见表 6-80~表 6-83）

表 6-80 2019 年商品房销售业绩及同比增幅

类 别	2019 年	同比（%）
销售金额（亿元）	1354.00	33.79
销售面积（万平方米）	522.00	31.16
销售均价（元/平方米）	25939.00	1.90

注：自投项目，不含代建。
数据来源：企业公告、CRIC。

表 6-81 2018—2019 年企业财务指标

财务指标	2019 年	2018 年
净负债率（%）	63.20	55.29
三费费用率（%）	12.93	12.09
总资产周转率（%）	0.20	0.23
长短期债务比	1.74	3.66
现金短债比	1.49	2.76
净利润增长率（%）	65.63	-11.08
销售毛利率（%）	25.39	22.81
销售净利率（%）	6.39	3.94

数据来源：企业公告、CRIC。

表 6-82 2019 年重点新增土地储备

城市	宗地名称	属性	成交时间	建筑面积（万平方米）	成交总价（亿元）	楼板价（元/平方米）
宁 波	甬土资告〔2019〕08002 号鄞州区 YZ02-02-d4（投创地段）地块	住宅	2019-03	14.88	26.91	18080
宁 波	甬土资告〔2019〕18001 号东部新城核心区 H2-1#/6#/7#地块	商住	2019-04	11.25	23.40	20794
杭 州	杭政储出〔2019〕16 号	住宅	2019-04	12.89	35.35	27413
苏 州	苏地 2019-WG-12 号吴中区开发区尹苑路南侧、花泾港路东侧	住宅	2019-07	15.26	28.99	18999
宁 波	甬土资告〔2019〕03011 号海曙区 HS17-03-07 地块	住宅	2019-08	12.59	24.45	19430

数据来源：企业公告、CRIC。

表 6-83 2019 年重点新开盘项目

项目名称	城市	项目名称	城市
绿城晓风印月	杭 州	绿城·晓风印月	南 通
绿城·海棠印月	青 岛	宁江明月翠屏苑	台 州
绿城风起和鸣	无 锡	绿城蘭园	南 通

数据来源：企业公告、CRIC。

9. 龙湖地产有限公司（见表 6-84~表 6-87）

表 6-84　2019 年商品房销售业绩及同比增幅

类　别	2019 年	同比（%）
销售金额（亿港元）	2425.00	20.86
销售面积（万平方米）	1423.80	15.17
销售均价（元/平方米）	17032.00	4.95

数据来源：企业公告、CRIC。

表 6-85　2018—2019 年企业财务指标

财务指标	2019 年	2018 年
净负债率（%）	51.02	52.95
三费费用率（%）	7.04	7.48
总资产周转率（%）	0.26	0.27
长短期债务比	9.48	9.20
现金短债比	4.38	3.85
净利润增长率（%）	27.10	26.78
销售毛利率（%）	33.63	34.14
销售净利率（%）	17.58	18.04

数据来源：企业公告、CRIC。

表 6-86　2019 年重点新增土地储备

城市	宗地名称	属性	成交时间	建筑面积（万平方米）	成交总价（亿元）	楼板价（元/平方米）
广　州	广州白云黄石西路第三煤矿有限公司地块	住宅	2019-05	4.30	14.87	34581
宁　波	鄞州区 H1-1、H2-1、H4-1、F3-1（江南公路地段 JD08）地块	商住	2019-06	28.53	37.15	13020
南　京	2019 年宁出第 07 号 NO.2019G57	商住	2019-08	32.63	20.60	6313
温　州	温审资中心土告字〔2019〕71 号	住宅	2019-09	16.41	21.24	12944
重　庆	渝国土房管告字〔2019〕43 号沙坪坝区西永组团 U 标准分区 U4-4-5/06、U4-4-4/06 号宗地	住宅	2019-09	31.80	17.60	5534

数据来源：企业公告、CRIC。

表 6-87　2019 年重点新开盘项目

项目名称	城市	项目名称	城市
龙湖天钜	南　京	龙湖紫宸	西　安
江与城	南　京	龙湖春江天镜	重　庆
镜湖金茂逸墅	绍　兴	龙湖九里晴川	重　庆

数据来源：企业公告、CRIC。

10. 旭辉控股（集团）有限公司（见表 6-88~表 6-91）

表 6-88　2019 年商品房销售业绩及同比增幅

类　别	2019 年	同比（%）
销售金额（亿元）	2006.02	31.97
销售面积（万平方米）	1203.55	25.77
销售均价（元/平方米）	16667.00	4.93

数据来源：企业公告、CRIC。

表 6-89　2018—2019 年企业财务指标

财务指标	2019 年	2018 年
净负债率（%）	68.52	67.24
三费费用率（%）	9.82	8.60
总资产周转率（%）	0.19	0.22
长短期债务比	3.91	4.81
现金短债比	2.73	3.33
净利润增长率（%）	27.02	15.77
销售毛利率（%）	25.11	25.05
销售净利率（%）	16.51	16.80

数据来源：企业公告、CRIC。

表 6-90　2019 年重点新增土地储备

城市	宗地名称	属性	成交时间	建筑面积（万平方米）	成交总价（亿元）	楼板价（元/平方米）
石家庄	长安区 2019-018 号地块	住宅	2019-05	45.28	35.01	7732
镇　江	句容市 2019 J1-1-01 至 06 地块	住宅	2019-05	49.66	22.76	4583
福　州	仓山区奥体 2019-48 号地块	住宅	2019-10	12.43	22.36	17994
惠　州	惠城区马鞍镇 GP2019-36 地块	住宅	2019-11	17.81	22.18	12452
合　肥	肥西县 2019-18 号地块	住宅	2019-12	36.94	20.32	5501

数据来源：企业公告、CRIC。

表 6-91　2019 年重点新开盘项目

项目名称	城市	项目名称	城市
公园十七区	北　京	钰龙旭辉半岛	武　汉
银城旭辉云臺天境	南　京	旭辉江山境	武　汉
旭辉华宇江悦府	武　汉	旭辉都会山	长　沙

数据来源：企业公告、CRIC。

11. 金科地产集团股份有限公司（见表 6-92~表 6-95）

6-92　2019 年商品房销售业绩及同比增幅

类　别	2019 年	同比（%）
销售金额（亿元）	1860.00	56.57
销售面积（万平方米）	1905.00	41.95
销售均价（元/平方米）	9764.00	10.29

数据来源：企业公告、CRIC。

表 6-93　2018—2019 年企业财务指标

财务指标	2019 年	2018 年
净负债率（%）	120.23	136.51
三费费用率（%）	11.12	12.01
总资产周转率（%）	0.25	0.21
长短期债务比	2.01	1.95
现金短债比	1.10	1.08
净利润增长率（%）	58.11	75.97
销售毛利率（%）	28.84	28.57
销售净利率（%）	9.38	9.75

数据来源：企业公告、CRIC。

表 6-94　2019 年重点新增土地储备

城市	宗地名称	属性	成交时间	建筑面积（万平方米）	成交总价（亿元）	楼板价（元/平方米）
洛　阳	洛龙区定鼎门街 LYTD-2018-47 号项目地块	商住	2019-01	27.47	13.20	4804
重　庆	两江新区仙桃数据谷 S19-2、S19-3、S19-4 号项目地块	住宅	2019-04	13.68	14.50	10596
西　安	冯家滩城改项目 DK1 号地块	商住	2019-06	35.83	13.65	3809
常　州	钟楼区 JZX20191701 号地块	住宅	2019-08	18.40	13.30	7228
南　京	江宁区高新园 NO.2019G89 号地块	住宅	2019-12	14.93	21.60	14464

数据来源：企业公告、CRIC。

表 6-95　2019 年重点新开盘项目

项目名称	城市	项目名称	城市
金科·博翠天宸	西　安	金科城	武　汉
金科集美天辰	长　沙	金科中梁·衡麓世家	常　州
金科博翠府	成　都	金科集美嘉悦	重　庆

数据来源：企业公告、CRIC。

12. 中国金茂控股集团有限公司（见表 6-96~表 6-99）

表 6-96　2019 年商品房销售业绩及同比增幅

类　别	2019 年	同比（%）
销售金额（亿元）	1608.07	25.63
销售面积（万平方米）	748.44	49.51
销售均价（元/平方米）	21486.00	-15.86

数据来源：企业公告、CRIC。

表 6-97　2018—2019 年企业财务指标

财务指标	2019 年	2018 年
净负债率（%）	74.39	72.21
三费费用率（%）	15.30	15.21
总资产周转率（%）	0.15	0.16
长短期债务比	2.60	3.00
现金短债比	0.93	1.17
净利润增长率（%）	16.98	43.23
销售毛利率（%）	29.44	37.53
销售净利率（%）	19.90	19.05

数据来源：企业公告、CRIC。

表 6-98　2019 年重点新增土地储备

城市	宗地名称	属性	成交时间	建筑面积（万平方米）	成交总价（亿元）	楼板价（元/平方米）
昆　明	KCC2017-9-A1-A13 号地块	商住	2019-02	112.75	57.89	5134
北　京	台湖镇 094 等地块项目	商住	2019-07	28.02	66.60	23765
南　京	应天东街北侧 2019G32 地块	商住	2019-07	17.34	51.50	29705
北　京	顺义新城第 30 街区地块	商住	2019-08	28.84	43.00	14910
杭　州	富春街道秦望城市眼项目	商住	2019-12	76.33	67.00	8778

数据来源：企业公告、CRIC。

表 6-99　2019 年重点新开盘项目

项目名称	城市	项目名称	城市
中欧国际城	青　岛	鱼嘴金茂悦	南　京
西郊金茂府	上　海	新城金茂府	上　海
亦庄金茂府	北　京	蠡湖金茂府	无　锡

数据来源：企业公告、CRIC。

13. 广州富力地产股份有限公司（见表 6-100~表 6-103）

6-100　2019 年商品房销售业绩及同比增幅

类　别	2019 年	同比（%）
权益销售金额（亿元）	1381.90	5.44
权益销售面积（万平方米）	1254.80	23.30
权益销售均价（元/平方米）	11000.00	-14.60

数据来源：企业公告、CRIC。

表 6-101　2018—2019 年企业财务指标

财务指标	2019 年	2018 年
净负债率（%）	198.88	184.07
三费费用率（%）	9.41	9.74
总资产周转率（%）	0.23	0.23
长短期债务比	2.17	2.12
现金短债比	0.62	0.66
净利润增长率（%）	15.64	-59.26
销售毛利率（%）	32.79	36.37
销售净利率（%）	11.11	10.84

数据来源：企业公告、CRIC。

表 6-102　2019 年重点新增土地储备

城市	宗地名称	属性	成交时间	建筑面积（万平方米）	成交总价（亿元）	楼板价（元/平方米）
西　安	西土出告字〔2019〕1 号城北区 LH10-4-1431 地块	商住	2019-01	32.35	12.20	3772
广　州	白云区陈田村“城中村”改造公开选择合作企业项目 2019 挂-0123	商住	2019-03	199.47	106.02	5315
太　原	小店区 HGZ-1922 地块	商住	2019-05	13.09	3.98	3040
北　京	北京市顺义区高丽营镇 SY02-0102-6001，6002 地块	住宅	2019-06	14.53	41.00	3040
太　原	地块编号 P-1944 号	商业	2019-09	44.80	10.94	2453

数据来源：企业公告、CRIC。

表 6-103　2019 年重点新开盘项目

项目名称	城市	项目名称	城市
富力开远城	西　安	富力西溪悦居	武　汉
樾熙府	北　京	富力开远城	西　安
富力院士廷	厦　门	富力十号	长　沙

数据来源：企业公告、CRIC。

14. 中梁集团控股有限公司（见表 6-104~表 6-107）

表 6-104　2019 年商品房销售业绩及同比增幅

类　别	2019 年	同比（%）
销售金额（亿港元）	1525.00	50.25
销售面积（万平方米）	1485.10	46.37
销售均价（元/平方米）	10269.00	2.65

数据来源：企业公告、CRIC。

表 6-105　2018—2019 年企业财务指标

财务指标	2019 年	2018 年
净负债率（%）	65.67	58.11
三费费用率（%）	3.31	3.37
总资产周转率（%）	0.29	0.23
长短期债务比	0.87	0.87
现金短债比	1.23	1.60
净利润增长率（%）	147.63	406.70
销售毛利率（%）	23.27	22.87
销售净利率（%）	11.05	8.36

数据来源：企业公告、CRIC。

表 6-106　2019 年重点新增土地储备

城市	宗地名称	属性	成交时间	建筑面积（万平方米）	成交总价（亿元）	楼板价（元/平方米）
阜　阳	阜阳市颍泉区〔2019〕-7 号地块（商业）	商住	2019-04	51.35	11.02	2145
南　昌	南昌市青山湖区高新板块 DAFJ2019005 地块	住宅	2019-05	25.66	11.86	4622
温　州	温州市滨江商务区桃花岛片区 T05-14a 地块	商住	2019-09	18.75	17.41	9285
宁　波	宁波市海曙区 HS17-03-09 地块	住宅	2019-10	20.43	25.81	12638
杭　州	杭州市奥体博览中心 BJ1705-11/12/13 地块	商住	2019-10	20.78	41.52	19980

数据来源：企业公告、CRIC。

表 6-107　2019 年重点新开盘项目

项目名称	城市	项目名称	城市
中梁·天宸壹号	丽　水	中梁·百悦城	常　州
中梁香缇公馆	徐　州	乐清东潮府	温　州
中梁·珑璟阁	常　熟	中梁都会中心	温　州

数据来源：企业公告、CRIC。

15. 远洋集团控股有限公司（见表 6-108~表 6-111）

表 6-108　2019 年商品房销售业绩及同比增幅

类　别	2019 年	同比（%）
销售金额（亿元）	1300.30	18.70
销售面积（万平方米）	634.66	22.80
销售均价（元/平方米）	20488.00	-3.30

数据来源：企业公告、CRIC。

表 6-109　2018—2019 年企业财务指标

财务指标	2019 年	2018 年
净负债率（%）	76.73	72.86
三费费用率（%）	11.00	7.01
总资产周转率（%）	0.08	0.19
长短期债务比	8.03	4.74
现金短债比	3.61	2.76
净利润增长率（%）	-10.70	-25.45
销售毛利率（%）	20.07	20.01
销售净利率（%）	8.18	11.26

数据来源：企业公告、CRIC。

表 6-110　2019 年重点新增土地储备

城市	宗地名称	属性	成交时间	建筑面积（万平方米）	成交总价（亿元）	楼板价（元/平方米）
贵　阳	云岩区 G〔19〕001 号商住用地	商住	2019-02	7.56	4.54	6000
福　州	马宗地 2019-02 号“世茂远洋东江湾”项目地块	商住	2019-02	6.79	4.84	7131
无　锡	宜地（2019）28 号商住地	商住	2019-08	8.06	4.96	6152
武　汉	江岸区 P（2019）104 号地块	商住	2019-09	15.00	19.13	12750
武　汉	P（2019）151 号地块	住宅	2019-11	2.65	2.66	10048

数据来源：企业公告、CRIC。

表 6-111　2019 年重点新开盘项目

项目名称	城市	项目名称	城市
宸章雅苑	上　海	远洋万和城	青　岛
远洋朗基御府	成　都	万和悦花园	苏　州
远洋山水	南　京	苏悦湾	苏　州

数据来源：企业公告、CRIC。

16. 中国奥园地产集团股份有限公司（见表 6-112～表 6-115）

表 6-112　2019 年商品房销售业绩及同比增幅

类　别	2019 年	同比（%）
销售金额（亿元）	1180.60	29.34
销售面积（万平方米）	1168.50	31.83
销售均价（元/平方米）	10104.00	-1.89

数据来源：企业公告、CRIC。

表 6-113　2018—2019 年企业财务指标

财务指标	2019 年	2018 年
净负债率（%）	74.88	58.89
三费费用率（%）	10.47	11.54
总资产周转率（%）	0.21	0.19
长短期债务比	1.29	1.43
现金短债比	1.63	1.67
净利润增长率（%）	50.59	77.65
销售毛利率（%）	29.73	31.07
销售净利率（%）	10.33	9.48

数据来源：企业公告、CRIC。

表 6-114　2019 年重点新增土地储备

城市	宗地名称	属　性	成交时间	建筑面积（万平方米）	成交总价（亿元）	楼板价（元/平方米）
广　州	穗国土规划挂出告字〔2018〕54 号	住宅	2019-01	9.34	15.90	17000
石家庄	石公资交〔2019〕11 号	商住	2019-03	16.23	9.40	5784
宿　州	宿土拍告字〔2019〕2 号	商住	2019-04	24.60	8.70	3545
昆　山	昆地网〔2019〕挂字 2-4 号	住宅	2019-06	15.69	12.00	7671
成　都	双流区公兴街道 SLG-（07）-2018-013 号	住宅	2019-06	6.78	10.00	14820

数据来源：企业公告、CRIC。

表 6-115　2019 年重点新开盘项目

项目名称	城市	项目名称	城市
奥园誉山湖	宁　波	奥园誉府	西　安
奥园翰林名苑	青　岛	奥园国际城	沈　阳
奥园朗境	湖　州	奥园首府壹号	青　岛

数据来源：企业公告、CRIC。

17. 融信（福建）投资集团有限公司（见表 6-116~表 6-119）

表 6-116　2019 年商品房销售业绩及同比增幅

类　别	2019 年	同比（%）
销售金额（亿元）	1413.17	15.94
销售面积（万平方米）	654.77	16.42
销售均价（元/平方米）	21583.00	-0.41

数据来源：企业公告、CRIC。

表 6-117　2018—2019 年企业财务指标

财务指标	2019 年	2018 年
净负债率（%）	69.92	105.39
三费费用率（%）	5.94	8.06
总资产周转率（%）	0.25	0.18
长短期债务比	2.38	1.52
现金短债比	1.83	1.01
净利润增长率（%）	69.78	31.18
销售毛利率（%）	24.24	23.47
销售净利率（%）	11.45	10.10

数据来源：企业公告、CRIC。

表 6-118　2019 年重点新增土地储备

城市	宗地名称	属性	成交时间	建筑面积（万平方米）	成交总价（亿元）	楼板价（元/平方米）
苏　州	苏地 2018-WG-45 号地块	商住	2019-02	9.04	12.95	14321
杭　州	余政储出（2019）8 号地块	商住	2019-03	6.27	8.73	13924
杭　州	萧山北干 A47 号地块	商住	2019-04	10.33	13.54	13112
南　京	NO. 2019G94 地块	商住	2019-12	9.62	12.20	12687
杭　州	萧山科技城地块	商住	2019-12	12.75	18.59	14579

数据来源：企业公告、CRIC。

表 6-119　2019 年重点新开盘项目

项目名称	城市	项目名称	城市
融信杭州世纪	杭　州	融信壹号府	漳　州
古翠隐秀	杭　州	融信铂悦湾	厦　门
融信旭辉湘湖悦章	杭　州	融信澜天	福　州

数据来源：企业公告、CRIC。

18. 建业地产股份有限公司（见表 6-120~表 6-123）

表 6-120　2019 年商品房销售业绩及同比增幅

类　别	2019 年	同比（%）
销售金额（亿元）	718.01	33.77
销售面积（万平方米）	919.30	23.68
销售均价（元/平方米）	7810.00	8.16

数据来源：企业公告、CRIC。

表 6-121　2018—2019 年企业财务指标

财务指标	2019 年	2018 年
净负债率（%）	5.60	20.15
三费费用率（%）	13.06	20.07
总资产周转率（%）	0.25	0.18
长短期债务比	1.52	2.71
现金短债比	2.46	3.33
净利润增长率（%）	70.69	57.36
销售毛利率（%）	26.02	34.44
销售净利率（%）	7.85	9.57

数据来源：企业公告、CRIC。

表 6-122　2019 年重点新增土地储备

城市	宗地名称	属性	成交时间	建筑面积（万平方米）	成交总价（亿元）	楼板价（元/平方米）
郑　州	郑政东出〔2018〕27 号（网）	住宅	2019-02	7.35	16.80	22857
开　封	新区启动区七大街东侧、安顺路以北地块 2019-4 号	住宅	2019-05	18.72	5.66	3023
鹤　壁	淇滨区嵩山路东侧、鹤煤大道北侧 HT2019-1	住宅	2019-07	23.40	4.89	2089
信　阳	团结路西侧、平桥大道北侧、科教路南侧 WG2019-1801	住宅	2019-09	38.11	7.18	1885
商　丘	商土网挂 2019-31 号	住宅	2019-11	31.39	4.97	1585

数据来源：企业公告、CRIC。

表 6-123　2019 年重点新开盘项目

项目名称	城市	项目名称	城市
建业新筑	郑　州	建业比华利庄园	新　乡
建业比华利庄园	郑　州	建业云境	郑　州
泰宏建业国际公寓	郑　州	郑州花园里	郑　州

数据来源：企业公告、CRIC。

19. 佳兆业集团控股有限公司（见表 6-124~表 6-127）

表 6-124　2019 年商品房销售业绩及同比增幅

类　别	2019 年	同比（%）
销售金额（亿元）	881.20	25.80
销售面积（万平方米）	464.20	21.00
销售均价（元/平方米）	18983.00	4.00

数据来源：企业公告、CRIC。

表 6-125　2018—2019 年企业财务指标

财务指标	2019 年	2018 年
净负债率（%）	146.87	237.32
三费费用率（%）	13.29	15.59
总资产周转率（%）	0.17	0.19
长短期债务比	2.67	5.41
现金短债比	1.11	1.33
净利润增长率（%）	26.40	8.23
销售毛利率（%）	28.80	28.75
销售净利率（%）	8.67	8.51

数据来源：企业公告、CRIC。

表 6-126　2019 年重点新增土地储备

城市	宗地名称	属性	成交时间	建筑面积（万平方米）	成交总价（亿元）	楼板价（元/平方米）
苏　州	苏地 2018-WG-47 号	住宅	2019-02	4.80	8.91	18562
石家庄	正资源资〔2019〕08 号	住宅	2019-06	12.04	4.16	3455
武　汉	武告字（2019 年）15 号	住宅	2019-06	14.23	5.38	10066
武　汉	武告字（2019 年）24 号	住宅	2019-10	25.84	8.09	3130
重　庆	沙坪坝区 A14-1-2/04 号	住宅	2019-11	4.36	2.25	5172

数据来源：企业公告、CRIC。

表 6-127　2019 年重点新开盘项目

项目名称	城市	项目名称	城市
佳兆业悦府	武　汉	佳兆业城市广场	广　州
佳兆业滨江新城	重　庆	佳兆业未来城	深　圳
佳兆业盐田城市广场二期	深　圳	佳兆业金御佳园	深　圳

数据来源：企业公告、CRIC。

20. 广东龙光（集团）有限公司（见表 6-128~表 6-131）

表 6-128　2019 年商品房销售业绩及同比增幅

类　别	2019 年	同比（%）
销售金额（亿元）	960.22	33.73
销售面积（万平方米）	691.50	57.11
销售均价（元/平方米）	13635.00	-16.42

数据来源：企业公告、CRIC。

表 6-129　2018—2019 年企业财务指标

财务指标	2019 年	2018 年
净负债率（%）	69.67	63.95
三费费用率（%）	7.26	8.57
总资产周转率（%）	0.31	0.31
长短期债务比	1.35	2.42
现金短债比	1.34	2.06
净利润增长率（%）	28.54	28.36
销售毛利率（%）	31.55	33.73
销售净利率（%）	20.12	20.38

数据来源：企业公告、CRIC。

表 6-130　2019 年重点新增土地储备

城市	宗地名称	属性	成交时间	建筑面积（万平方米）	成交总价（亿元）	楼板价（元/平方米）
珠　海	珠国土储〔2018〕23 号地块	商住	2019-01	26.54	30.75	11586
南　宁	良庆区 GC2019-020 号地块	商住	2019-03	32.36	24.27	7500
深　圳	深土交告〔2019〕9 号地块	住宅	2019-06	14.83	65.85	44403
江　门	江门 JCR2019-67（蓬江 12）号地块	商住	2019-07	23.12	10.77	4658
佛　山	2019-1126｛禅城 TD2019（CC）XG017｝	商住	2019-12	8.21	12.56	15298

数据来源：企业公告、CRIC。

表 6-131　2019 年重点新开盘项目

项目名称	城市	项目名称	城市
龙光玖龙台二期	深　圳	龙光玖龙府	惠　州
龙光玖誉城	南　宁	龙光玖珑郡	南　宁
顺德龙光玖龙府	佛　山	金玖世家	南　宁

数据来源：企业公告、CRIC。

21. 美的置业集团有限公司（见表 6-132~表 6-135）

表 6-132　2019 年商品房销售业绩及同比增幅

类　别	2019 年	同比（%）
销售金额（亿元）	1012.30	28.14
销售面积（万平方米）	1002.30	26.76
销售均价（元/平方米）	10100.00	1.09

数据来源：企业公告、CRIC。

表 6-133　2018—2019 年企业财务指标

财务指标	2019 年	2018 年
净负债率（%）	89.01	97.42
三费费用率（%）	15.29	13.10
总资产周转率（%）	0.19	0.21
长短期债务比	4.98	1.98
现金短债比	2.95	1.60
净利润增长率（%）	31.63	73.58
销售毛利率（%）	31.62	32.72
销售净利率（%）	10.52	10.91

数据来源：企业公告、CRIC。

表 6-134　2019 年重点新增土地储备

城市	宗地名称	属性	成交时间	建筑面积（万平方米）	成交总价（亿元）	楼板价（元/平方米）
徐　州	铜山区（320323）国有建设用地	商住	2019-02	66.04	16.02	2425
武　汉	武告字（2019 年）7 号地块	住宅	2019-04	27.55	28.57	10370
武　汉	武告字（2019 年）7 号地块	商住	2019-04	40.52	25.22	6224
佛　山	顺德区 TD2019（SD）WG0020	商住	2019-09	41.66	27.53	6610
无　锡	XDG-2019-33 号地块	住宅	2019-10	17.35	17.96	10350

数据来源：企业公告、CRIC。

表 6-135　2019 年重点新开盘项目

项目名称	城市	项目名称	城市
美的·金科公园天下	常　州	美的云筑	苏　州
美的·东湖天城	徐　州	美的蝴蝶海	宁　波
美的国宾府	无　锡	美的德信·翰城	舟　山

数据来源：企业公告、CRIC。

22. 雅居乐集团控股有限公司（见表 6-136~表 6-139）

表 6-136 2019 年商品房销售业绩及同比增幅

类 别	2019 年	同比（%）
销售金额（亿元）	1179.70	14.90
销售面积（万平方米）	891.10	11.71
销售均价（元/平方米）	13239.00	2.86

数据来源：企业公告、CRIC。

表 6-137 2018—2019 年企业财务指标

财务指标	2019 年	2018 年
净负债率（%）	82.82	79.06
三费费用率（%）	6.60	5.10
总资产周转率（%）	0.24	0.29
长短期债务比	1.29	1.51
现金短债比	1.01	1.28
净利润增长率（%）	10.47	23.27
销售毛利率（%）	30.48	43.95
销售净利率（%）	15.33	14.89

数据来源：企业公告、CRIC。

表 6-138 2019 年重点新增土地储备

城市	宗地名称	属性	成交时间	建筑面积（万平方米）	成交总价（亿元）	楼板价（元/平方米）
昆 山	昆地网〔2019〕挂字 2 5 号	商住	2019-06	10.85	13.10	12073
清 远	清公易地挂出〔2019〕053 号	商住	2019-06	11.20	3.65	3301
北 京	河西区 X92R1 地块	住宅	2019-06	8.03	31.80	39625
中 山	W10-19-0030 号	住宅	2019-09	8.04	6.43	8000
南 京	2019 年宁出第 13 号	住宅	2019-12	16.83	19.00	11290

数据来源：企业公告、CRIC。

表 6-139 2019 年重点新开盘项目

项目名称	城市	项目名称	城市
雅居乐冠军小镇	威 海	雅居乐·熹玥	茂 名
雅居乐·凯旋城	丽 水	雅居乐星玥	中 山
雅居乐花园	惠 州	雅居乐新地	佛 山

数据来源：企业公告、CRIC。

23. 浙江祥生房地产开发有限公司（见表 6-140~表 6-142）

表 6-140　2019 年商品房销售业绩及同比增幅

类　别	2019 年	同比（%）
销售金额（亿元）	1159.30	12.64
销售面积（万平方米）	1048.30	40.95
销售均价（元/平方米）	11059.00	20.09

备注：2019 年采用全口径，2018 年采用操盘口径。
数据来源：CRIC。

表 6-141　2019 年重点新增土地储备

城市	宗地名称	属性	成交时间	建筑面积（万平方米）	成交总价（亿元）	楼板价（元/平方米）
嘉　兴	秀洲 2019-005 地块	商住	2019-05	13.05	11.91	9125
绍　兴	柯桥柯岩 A-18 号地块	住宅	2019-05	15.09	15.55	10305
宁　波	江北区 JB12-01-19a 地块	住宅	2019-06	13.17	15.92	12090
杭　州	余政储出（2019）33 号地块	住宅	2019-09	11.43	14.38	12581
杭　州	崇贤新城 B-5 地块	住宅	2019-12	14.62	18.52	12668

数据来源：企业公告、CRIC。

表 6-142　2019 年重点新开盘项目

项目名称	城市	项目名称	城市
祥生湛景云境	杭　州	祥生云湖城	杭　州
祥生绿都京杭府	杭　州	颐和九里	南　京
仁恒祥生西湖世纪	杭　州	祥生云山府	舟　山

数据来源：企业公告、CRIC。

24. 正荣集团有限公司（见表 6-143~表 6-146）

表 6-143　2019 年商品房销售业绩及同比增幅

类　别	2019 年	同比（%）
销售金额（亿元）	1307.08	21.03
销售面积（万平方米）	843.95	30.99
销售均价（元/平方米）	15488.00	-7.60

数据来源：企业公告、CRIC。

表 6-144　2018—2019 年企业财务指标

财务指标	2019 年	2018 年
净负债率（%）	75.21	74.04
三费费用率（%）	8.20	8.46
总资产周转率（%）	0.21	0.21
长短期债务比	1.93	0.95
现金短债比	1.76	1.19
净利润增长率（%）	38.59	46.74
销售毛利率（%）	19.96	22.76
销售净利率（%）	9.50	8.44

数据来源：企业公告、CRIC。

表 6-145　2019 年重点新增土地储备

城市	宗地名称	属性	成交时间	建筑面积（万平方米）	成交总价（亿元）	楼板价（元/平方米）
福　州	榕自然让〔2019〕1 号晋安区宗地 2019-03 号地块	商住	2019-02	17.22	18.93	10991
天　津	西青 09 号地	住宅	2019-03	17.91	22.33	12468
南　京	2019 年宁出第 02 号 NO. 2019G09	住宅	2019-04	16.99	14.40	8478
苏　州	苏地 2019-WG-4 号相城区望亭镇御亭路北、问渡路西	住宅	2019-04	19.17	15.62	8148
福　州	榕宗地 2019-41 号	商住	2019-07	19.84	28.90	14569

数据来源：企业公告、CRIC。

表 6-146　2019 年重点新开盘项目

项目名称	城市	项目名称	城市
正荣财富中心	长　沙	正荣紫阙台	武　汉
正荣悦都荟	合　肥	万科正荣·天宸	济　南
正荣悦棠湾	苏　州	正荣白棠云麓	莆　田

数据来源：企业公告、CRIC。

25. 时代地产控股有限公司（见表 6-147~表 6-150）

6-147　2019 年商品房销售业绩及同比增幅

类　别	2019 年	同比（%）
销售金额（亿元）	783.60	29.30
销售面积（万平方米）	424.30	23.40
销售均价（元/平方米）	18468.00	13.77

数据来源：企业公告、CRIC。

表 6-148　2018—2019 年企业财务指标

财务指标	2019 年	2018 年
净负债率（%）	67.17	62.60
三费费用率（%）	8.90	7.60
总资产周转率（%）	0.29	0.30
长短期债务比	1.80	5.51
现金短债比	1.57	3.75
净利润增长率（%）	15.57	44.01
销售毛利率（%）	29.31	30.90
销售净利率（%）	13.10	14.00

数据来源：企业公告、CRIC。

表 6-149　2019 年重点新增土地储备

城市	宗地名称	属性	成交时间	建筑面积（万平方米）	成交总价（亿元）	楼板价（元/平方米）
河　源	温审资中心土告字〔2018〕81 号	商住	2019-01	21.50	35.48	16504
杭　州	余政储出〔2019〕7 号	商住	2019-03	6.18	9.96	16115
武　汉	南海 TD2019（NH）WG0005	商住	2019-04	20.27	31.02	15300
佛　山	河公易土〔2019〕13-14 号	住宅	2019-05	15.56	5.75	3692
温　州	武告字（2019 年）31 号	住宅	2019-12	20.29	3.38	1664

数据来源：企业公告、CRIC。

表 6-150　2019 年重点新开盘项目

项目名称	城市	项目名称	城市
时代美宸	中　山	时代水岸	佛　山
时代领峰	佛　山	奥利花园	佛　山
时代天韵	广　州	星英半岛	佛　山

数据来源：企业公告、CRIC。

26. 江西新力置地投资有限公司（见表 6-151～表 6-154）

表 6-151　2019 年商品房销售业绩及同比增幅

类　别	2019 年	同比（%）
权益销售金额（亿元）	451.09	30.07
权益销售面积（万平方米）	344.80	25.77
权益销售均价（元/平方米）	13083.00	3.41

数据来源：企业公告、CRIC。

表 6-152　2018—2019 年企业财务指标

财务指标	2019 年	2018 年
净负债率（%）	66.96	237.88
三费费用率（%）	7.61	16.73
总资产周转率（%）	0.31	0.13
长短期债务比	1.28	1.40
现金短债比	1.43	1.09
净利润增长率（%）	262.96	99.47
销售毛利率（%）	29.64	37.35
销售净利率（%）	7.46	6.59

数据来源：企业公告、CRIC。

表 6-153　2019 年重点新增土地储备

城市	宗地名称	属性	成交时间	建筑面积（万平方米）	成交总价（亿元）	楼板价（元/平方米）
无　锡	XDG-2018-39 号地块	住宅	2019-01	14.77	16.63	11253
苏　州	苏地 2018-WG-30 号	综合	2019-01	13.36	11.97	8958
南　昌	DACJ2018063 地块	住宅	2019-01	9.55	9.94	10408
合　肥	新站区 XZQTD242 * * 号地块	住宅	2019-04	13.69	10.73	7837
无　锡	锡国土（经）2019-19 号地块	住宅	2019-07	16.00	9.68	6050

数据来源：企业公告、CRIC。

表 6-154　2019 年重点新开盘项目

项目名称	城市	项目名称	城市
新力禧园	南　昌	新力铂园	长　沙
新力龍湾	清　远	新力帝泊湾	景德镇
新力铂园	南　昌	新力帝泊湾	惠　州

数据来源：企业公告、CRIC。

27. 合景泰富地产控股有限公司（见表 6-155~表 6-158）

6-155　2019 年商品房销售业绩及同比增幅

类　别	2019 年	同比（%）
销售金额（亿元）	861.07	31.46
销售面积（万平方米）	491.90	24.03
销售均价（元/平方米）	17505.00	5.99

数据来源：企业公告、CRIC。

表 6-156　2018—2019 年企业财务指标

财务指标	2019 年	2018 年
净负债率（%）	75.42	66.43
三费费用率（%）	17.09	39.00
总资产周转率（%）	0.12	0.05
长短期债务比	2.61	3.48
现金短债比	2.39	3.26
净利润增长率（%）	142.03	15.25
销售毛利率（%）	31.52	32.78
销售净利率（%）	40.29	55.56

数据来源：企业公告、CRIC。
注：对 2018 年的净负债率（%）数据有修正。

表 6-157　2019 年重点新增土地储备

城市	宗地名称	属性	成交时间	建筑面积（万平方米）	成交总价（亿元）	楼板价（元/平方米）
广　州	广州天河黄埔大道东 646 地块	商住	2019-02	9.89	37.07	37482
杭　州	余政储〔2019〕15 号地块	商住	2019-03	4.74	4.97	10485
天　津	津滨开（挂）2019-1 号地块	商住	2019-04	10.93	7.53	6889
广　州	增城区萝岗村 A19124 号地块	住宅	2019-06	8.55	12.46	14573
广　州	增城区荔湖萝岗村 A19001 地块	商住	2019-10	4.26	3.45	8098

数据来源：企业公告、CRIC。

表 6-158　2019 年重点新开盘项目

项目名称	城市	项目名称	城市
合景泰富誉峰	重　庆	合景天峻广场	广　州
合景天誉	杭　州	临海公馆	台　州
云溪四季	苏　州	合景天銮	佛　山

数据来源：企业公告、CRIC。

28. 越秀地产股份有限公司（见表 6-159～表 6-162）

表 6-159　2019 年商品房销售业绩及同比增幅

类　别	2019 年	同比（%）
销售金额（亿元）	721.14	24.80
销售面积（万平方米）	349.05	26.06
销售均价（元/平方米）	20660.00	-1.00

数据来源：企业公告、CRIC。

表 6-160　2018—2019 年企业财务指标

财务指标	2019 年	2018 年
净负债率（%）	74.00	61.20
三费费用率（%）	8.86	13.99
总资产周转率（%）	0.19	0.18
长短期债务比	8.95	8.23
现金短债比	4.23	4.69
净利润增长率（%）	55.63	30.36
销售毛利率（%）	34.21	31.75
销售净利率（%）	12.34	11.50

数据来源：企业公告、CRIC。

表 6-161　2019 年重点新增土地储备

城市	宗地名称	属性	成交时间	建筑面积（万平方米）	成交总价（亿元）	楼板价（元/平方米）
广　州	穗规划资源告字〔2019〕12 号	商住	2019-06	15.41	11.10	7329
杭　州	临政储出〔2019〕29 号	住宅	2019-06	21.83	17.34	7945
长　沙	〔2019〕望城区 015 号	商住	2019-07	55.38	24.51	4427
中　山	中土告字〔2019〕0034 号	住宅	2019-07	17.82	18.89	10600
嘉　兴	〔2019〕025 号 2019 南-028 号地块	商住	2019-12	14.94	7.83	5242

数据来源：企业公告、CRIC。

表 6-162　2019 年重点新开盘项目

项目名称	城市	项目名称	城市
南沙滨海新城	广　州	星汇城	杭　州
江南悦府	苏　州	公园大道	广　州
星汇海珠湾	广　州	星汇云锦	沈　阳

数据来源：企业公告、CRIC。

29. 宝龙地产控股有限公司（见表 6-163~表 6-166）

表 6-163　2019 年商品房销售业绩及同比增幅

类　别	2019 年	同比（%）
销售金额（亿元）	603.50	47.10
销售面积（万平方米）	376.75	33.50
销售均价（元/平方米）	16018.00	10.90

数据来源：企业公告、CRIC。

表 6-164　2018—2019 年企业财务指标

财务指标	2019 年	2018 年
净负债率（%）	81.20	101.60
三费费用率（%）	12.67	18.59
总资产周转率（%）	0.18	0.17
长短期债务比	2.61	2.34
现金短债比	1.55	1.07
净利润增长率（%）	64.98	-5.69
销售毛利率（%）	36.40	38.50
销售净利率（%）	23.10	18.60

数据来源：企业公告、CRIC。

表 6-165　2019 年重点新增土地储备

城市	宗地名称	属性	成交时间	建筑面积（万平方米）	成交总价（亿元）	楼板价（元/平方米）
绍兴	柯桥区国土告字（2019）8 号柯桥滨海工业区 2017-17 地块	商住	2019-04	27.57	7.60	2756
温州	温土公告字〔2019〕整第 9 号	住宅	2019-04	27.25	17.90	6569
湖州	湖自然资规告字（2019）15 号 2019-20 号地块	商住	2019-07	27.29	8.80	3225
无锡	丁蜀镇 22-26 号 C-G 地块项目	商住	2019-08	31.11	10.21	3280
杭州	余政储出〔2019〕35 号	商住	2019-09	48.65	36.00	7400

数据来源：企业公告、CRIC。

表 6-166　2019 年重点新开盘项目

项目名称	城市	项目名称	城市
TOD 奉甬新城	宁波	宝龙城天玺	宁波
新城悦隽公馆	绍兴	宝龙旭辉城	杭州
奉化宝龙世家	宁波	临安宝龙广场	杭州

数据来源：企业公告、CRIC。

30. 中骏置业控股有限公司（见表 6-167～表 6-170）

表 6-167　2019 年商品房销售业绩及同比增幅

类别	2019 年	同比（%）
销售金额（亿元）	805.01	56.74
销售面积（万平方米）	632.47	52.44
销售均价（元/平方米）	12728.00	2.82

数据来源：企业公告、CRIC。

表 6-168　2018—2019 年企业财务指标

财务指标	2019 年	2018 年
净负债率（%）	60.02	60.37
三费费用率（%）	12.45	11.80
总资产周转率（%）	0.17	0.21
长短期债务比	2.42	2.16
现金短债比	1.94	1.90
净利润增长率（%）	9.43	6.62
销售毛利率（%）	27.57	34.56
销售净利率（%）	18.83	20.68

数据来源：企业公告、CRIC。

表 6-169　2019 年重点新增土地储备

城市	宗地名称	属性	成交时间	建筑面积（万平方米）	成交总价（亿元）	楼板价（元/平方米）
苏　州	姑苏平江新城 2018-WG-46 地块	住宅	2019-02	17.04	20.61	12098
北　京	门头沟 MC00-0016-061 地块	住宅	2019-02	13.34	16.00	11991
杭　州	江干区彭埠 B/R/S41/S42-36 地块	住宅	2019-04	9.31	15.95	17128
厦　门	湖里 2019P01 地块	住宅	2019-11	13.02	59.40	45622
北　京	房山良乡 FS04-0100-6076 地块	住宅	2019-12	38.11	42.00	11021

数据来源：企业公告、CRIC。

表 6-170　2019 年重点新开盘项目

项目名称	城市	项目名称	城市
中骏天宸	厦　门	中骏云景台	徐　州
中骏柏景湾	徐　州	中骏雍景湾	惠　州
中骏四季阳光	深　圳	中骏合景府	宁　波

数据来源：企业公告、CRIC。

31. 禹洲地产股份有限公司（见表 6-171～表 6-174）

6-171　2019 年商品房销售业绩及同比增幅

类　别	2019 年	同比（%）
销售金额（亿元）	751.20	34.14
销售面积（万平方米）	497.12	34.26
销售均价（元/平方米）	15111.00	-0.09

数据来源：企业公告、CRIC。

表 6-172 2018—2019 年企业财务指标

财务指标	2019 年	2018 年
净负债率（%）	70. 17	66. 97
三费费用率（%）	8. 31	5. 30
总资产周转率（%）	0. 18	0. 25
长短期债务比	2. 65	1. 66
现金短债比	2. 33	1. 78
净利润增长率（%）	6. 46	19. 16
销售毛利率（%）	26. 21	30. 72
销售净利率（%）	17. 07	15. 33

数据来源：企业公告、CRIC。

表 6-173 2019 年重点新增土地储备

城市	宗地名称	属 性	成交时间	建筑面积（万平方米）	成交总价（亿元）	楼板价（元/平方米）
佛 山	佛山市顺德区勒流地块	住宅	2019-01	30. 62	13. 69	4471
合 肥	合肥市包河区 S1901 号	住宅	2019-03	22. 42	27. 30	12177
杭 州	杭州市拱墅区祥符 2019-36 号	住宅	2019-05	18. 77	46. 57	24815
常 熟	常熟 2019A-003/004 号	住宅	2019-06	22. 08	25. 69	11633
扬 州	扬州市江都区 G07 号	住宅	2019-11	27. 05	9. 02	3335

数据来源：企业公告、CRIC。

表 6-174 2019 年重点新开盘项目

项目名称	城市	项目名称	城市
禹洲朗廷元著	武 汉	蔚蓝四季花园	苏 州
禹洲银河 PARK	合 肥	禹洲嘉誉澥湖	唐 山
禹洲雍贤府	上 海	禹洲金辉里	福 州

数据来源：企业公告、CRIC。

32. 大连万达集团股份有限公司（见表 6-175~表 6-177）

表 6-175 2019 年商品房销售业绩及同比增幅

类 别	2019 年	同比（%）
销售金额（亿元）	566. 80	3. 58
销售面积（万平方米）	500. 30	-5. 46
销售均价（元/平方米）	11329. 00	9. 57

数据来源：企业公告、CRIC。

表 6-176　2019 年重点新增土地储备

城市	宗地名称	属性	成交时间	建筑面积（万平方米）	成交总价（亿元）	楼板价（元/平方米）
杭　州	富政储出〔2019〕2 号	商住	2019-01	38.00	33.00	8684
西　宁	2019BC-4	住宅	2019-01	31.71	9.90	3120
亳　州	2018-116 地块	商业	2019-06	54.44	8.58	1576
兰　州	七里河区 G1901-11 号地块	商业	2019-08	22.77	10.81	4749
武　汉	武告字（2018 年）29 号地块	商住	2019-11	37.54	9.76	2601

数据来源：企业公告、CRIC。

表 6-177　2019 年重点新开盘项目

项目名称	城市	项目名称	城市
兰州万达城	兰　州	万达体育新城	大　连
阳逻万达广场御江	武　汉	—	—
溧水万达广场	南　京	—	—

数据来源：企业公告、CRIC。

33. 福晟集团有限公司（见表 6-178~表 6-180）

表 6-178　2019 年商品房销售业绩及同比增幅

类　别	2019 年	同比（%）
销售金额（亿元）	630.20	1.47
销售面积（万平方米）	448.70	-0.95
销售均价（元/平方米）	14045.00	2.44

数据来源：企业公告、CRIC。

表 6-179　2019 年重点新增土地储备

城市	宗地名称	属性	成交时间	建筑面积（万平方米）	成交总价（亿元）	楼板价（元/平方米）
温　州	瓯海中心南单元 D 区西片地块	商住	2019-02	25.50	7.27	2851
郑　州	郑政出（2019）43 号地块	住宅	2019-05	21.60	7.14	3306
宁　德	屏南西环路片区 A02 地块	住宅	2019-06	14.74	1.35	917
郑　州	郑政高出（2019）16 号地块	商住	2019-07	36.73	11.09	3020

数据来源：企业公告、CRIC。

表 6-180　2019 年重点新开盘项目

项目名称	城市	项目名称	城市
伊景园滨河苑	长　沙	谦祥兴隆城	郑　州
福晟中央美墅	福　州	福晟青城壹品	福　州
福晟钱隆府	福　州	福晟钱隆双玺	福　州

数据来源：企业公告、CRIC。

34. 首创置业股份有限公司（见表 6-181～表 6-184）

6-181 2019 年商品房销售业绩及同比增幅

类 别	2019 年	同比（%）
销售金额（亿元）	808.10	14.40
销售面积（万平方米）	316.30	3.30
销售均价（元/平方米）	25549.00	10.80

数据来源：企业公告、CRIC。

表 6-182 2018—2019 年企业财务指标

财务指标	2019 年	2018 年
净负债率（%）	156.32	168.63
三费费用率（%）	25.30	19.56
总资产周转率（%）	0.12	0.15
长短期债务比	2.78	2.71
现金短债比	1.10	0.96
净利润增长率（%）	6.28	-13.58
销售毛利率（%）	32.55	27.12
销售净利率（%）	12.36	10.39

数据来源：企业公告、CRIC。

表 6-183 2019 年重点新增土地储备

城市	宗地名称	属性	成交时间	建筑面积（万平方米）	成交总价（亿元）	楼板价（元/平方米）
苏 州	工业园区苏地 2018-WG-37 号	住宅	2019-01	10.78	25.00	23202
佛 山	南海区 TD2018（NH）WG0041	商住	2019-01	14.92	14.70	9850
北 京	平谷区金海湖镇 PG06-0100-6019	商业	2019-02	13.37	11.90	8901
天 津	津南（挂）2019-09 号	住宅	2019-07	16.97	20.10	11841
成 都	苏坡街道万家湾社区 9、10、11 组合地块	住宅	2019-08	4.94	10.14	20531

数据来源：企业公告、CRIC。

表 6-184 2019 年重点新增土地储备

项目名称	城市	项目名称	城市
首创禧瑞锦江	成 都	首创禧悦风华	上 海
保利首创颂	上 海	新城首创禧悦学府	北 京
首创禧悦晴朗	上 海	禧瑞金海	北 京

数据来源：企业公告、CRIC。

35. 弘阳地产集团有限公司（见表 6-185～表 6-188）

表 6-185　2019 年商品房销售业绩及同比增幅

类　别	2019 年	同比（%）
销售金额（亿元）	651.47	37.62
销售面积（万平方米）	490.45	39.02
销售均价（元/平方米）	13283.00	-1.01

数据来源：企业公告、CRIC。

表 6-186　2018—2019 年企业财务指标

财务指标	2019 年	2018 年
净负债率（%）	70.38	68.33
三费费用率（%）	3.88	2.33
总资产周转率（%）	0.19	0.17
长短期债务比	1.38	1.02
现金短债比	1.36	1.15
净利润增长率（%）	23.93	10.00
销售毛利率（%）	25.14	31.25
销售净利率（%）	10.78	14.29

数据来源：企业公告、CRIC。

表 6-187　2019 年重点新增土地储备

城市	宗地名称	属性	成交时间	建筑面积（万平方米）	成交总价（亿元）	楼板价（元/平方米）
南　昌	青山湖区 DACJ2018063	住宅	2019-01	9.55	9.94	10410
佛　山	TD2019（NH）WG0001	商住	2019-01	7.10	7.00	9850
合　肥	瑶海区 E1903 号地块	住宅	2019-02	11.85	9.28	7837
常　熟	2019A-007	住宅	2019-03	9.15	10.86	11865
常　州	天宁区凤凰公园东侧地块	商住	2019-04	24.68	13.4	5430

数据来源：企业公告、CRIC。

表 6-188　2019 年重点新开盘项目

项目名称	城市	项目名称	城市
弘阳大都会	徐　州	弘阳上坤云峯	常　州
弘阳时光天樾	佛　山	弘阳三万顷	无　锡
万科弘阳结庐	徐　州	弘阳天宸一品	重　庆

数据来源：企业公告、CRIC。

36. 保利置业集团有限公司（见表 6-189~表 6-192）

表 6-189　2019 年商品房销售业绩及同比增幅

类　别	2019 年	同比（%）
销售金额（亿港元）	432.00	5.88
销售面积（万平方米）	236.00	5.26
销售均价（元/平方米）	18303.00	0.58

数据来源：企业公告、CRIC。

表 6-190　2018—2019 年企业财务指标

财务指标	2019 年	2018 年
净负债率（%）	103.97	84.93
三费费用率（%）	11.49	15.39
总资产周转率（%）	0.26	0.17
长短期债务比	3.18	2.97
现金短债比	1.82	1.98
净利润增长率（%）	45.64	1.36
销售毛利率（%）	33.88	36.66
销售净利率（%）	9.48	11.20

数据来源：企业公告、CRIC。

表 6-191　2019 年重点新增土地储备

城市	宗地名称	属性	成交时间	建筑面积（万平方米）	成交总价（亿元）	楼板价（元/平方米）
惠　州	惠城区惠公易土市直〔2019〕014 号惠州市惠城区水口中心区 SKZX07-15/GP2019-14	商住	2019-08	16.81	11.53	6861
佛　山	2019-0725［顺德区 TD2019（SD）XG0007］	商住	2019-08	9.20	7.85	8535
武　汉	武告字（2019 年）23 号东西湖区径河街吴新干线以东，滨河南路以南地块	住宅	2019-09	15.93	12.01	7543
宁　波	甬土资告〔2019〕18004 号东部新城核心区以东片区 C3-3#/4#地	住宅	2019-09	13.61	28.25	20750
广　州	2019 挂-1030（花都区商业大道北一地块（穗规划资源挂出告字〔2019〕44 号）	住宅	2019-11	10.05	14.20	14125

数据来源：企业公告、CRIC。

表 6-192　2019 年重点新开盘项目

项目名称	城市	项目名称	城市
保利领秀前城	南　宁	保利悦都	苏　州
西郊金茂府	上　海	南沙保利城	广　州
保利上城	武　汉	上湖城章	宁　波

数据来源：企业公告、CRIC。

37. 当代置业（中国）有限公司（见表 6-193~表 6-196）

表 6-193 2019 年商品房销售业绩及同比增幅

类 别	2019 年	同比（%）
销售金额（亿元）	362.03	12.58
销售面积（万平方米）	338.07	11.35
销售均价（元/平方米）	10554.00	1.07

数据来源：企业公告、CRIC。

表 6-194 2018—2019 年企业财务指标

财务指标	2019 年	2018 年
净负债率（%）	82.67	81.90
三费费用率（%）	11.21	13.50
总资产周转率（%）	0.24	0.19
长短期债务比	0.95	0.80
现金短债比	1.20	1.10
净利润增长率（%）	59.22	-19.90
销售毛利率（%）	25.48	23.30
销售净利率（%）	7.25	7.10

数据来源：企业公告、CRIC。

表 6-195 2019 年重点新增土地储备

城市	宗地名称	属性	成交时间	建筑面积（万平方米）	成交总价（亿元）	楼板价（元/平方米）
太 原	晋源区 SG-1932 地块	住宅	2019-04	2.13	0.88	4104
中 山	武告字（2019 年）11 号	住宅	2019-05	29.54	9.06	3066
菏 泽	海港花园项目	商住	2019-07	19.32	6.08	3147
石家庄	〔2019〕030 号	住宅	2019-10	18.46	5.46	3117
武 汉	武告字（2019 年）24 号	商住	2019-10	13.69	7.49	5469

数据来源：企业公告、CRIC。

表 6-196 2019 年重点新开盘项目

项目名称	城市	项目名称	城市
当代城 MOMΛ	太 原	当代万国府 MOMΛ	佛 山
天鹅湖 MOMΛ	合 肥	当代 MOMΛ 大湖上品	苏 州
当代万国府 MOMΛ	南 京	当代万国城三期	晋 江

数据来源：企业公告、CRIC。

38. 九龙仓集团有限公司（见表 6-197～表 6-200）

6-197　2019 年商品房销售业绩及同比增幅

类　别	2019 年	同比（%）
销售金额（亿元）	217.86	-13.00
销售面积（万平方米）	61.22	-36.75
销售均价（元/平方米）	35590.00	28.07

数据来源：企业公告、CRIC。
注 1：九龙仓销售金额按照期末汇率（%）转化为人民币。
注 2：九龙仓未公布销售面积及销售均价，数据根据 CRIC 系统计算。

表 6-198　2018—2019 年企业财务指标

财务指标	2019 年	2018 年
净负债率（%）	13.01	18.48
三费费用率（%）	16.93	11.78
总资产周转率（%）	0.07	0.09
长短期债务比	3.35	2.83
现金短债比	2.56	1.55
净利润增长率（%）	-48.29	-70.31
销售毛利率（%）	61.19	53.97
销售净利率（%）	20.56	31.87

数据来源：企业公告、CRIC。

表 6-199　2019 年重点新增土地储备

城　市	宗地名称	属　性	成交时间	建筑面积（万平方米）	成交总价（亿元）	楼板价（元/平方米）
—	—	—	—	—	—	—

表 6-200　2019 年重点新开盘项目

项目名称	城市	项目名称	城市
绿城九龙仓桂语朝阳	杭　州	九龙仓璟宸府	杭　州
九龙仓天灏	苏　州	九龙仓天曦	苏　州
九龙仓君廷	杭　州	壹·亮马	北　京

数据来源：企业公告、CRIC。

39. 世茂房地产控股有限公司（见表 6-201～表 6-204）

表 6-201　2019 年商品房销售业绩及同比增幅

类　别	2019 年	同比（%）
销售金额（亿元）	2600.66	47.60
销售面积（万平方米）	1465.60	37.10
销售均价（元/平方米）	17745.00	7.66

数据来源：企业公告、CRIC。

表 6-202　2018—2019 年企业财务指标

财务指标	2019 年	2018 年
净负债率（%）	59.70	56.57
三费费用率（%）	6.97	6.77
总资产周转率（%）	0.26	0.25
长短期债务比	2.44	2.49
现金短债比	1.62	1.58
净利润增长率（%）	23.35	12.68
销售毛利率（%）	30.61	31.51
销售净利率（%）	14.64	14.39

数据来源：企业公告、CRIC。

表 6-203　2019 年重点新增土地储备

城市	宗地名称	属性	成交时间	建筑面积（万平方米）	成交总价（亿元）	楼板价（元/平方米）
张家界	张家界 GTJY2019-66 张家界 GTJY2019-67	住宅	2019-09	45.79	4.31	941
福　州	福州闽清县 201905 号	住宅	2019-11	13.69	4.01	2928
泉　州	泉州 2019 拍-16#	住宅	2019-12	0.45	0.12	2694
嘉　兴	桐土储〔2019〕30 号	住宅	2019-12	9.74	6.58	6755
苏　州	苏州吴江 WJ-J-2019-015	住宅	2019-12	5.30	9.58	18092

数据来源：企业公告、CRIC。

表 6-204　2019 年重点新开盘项目

项目名称	城市	项目名称	城市
世茂御龙海湾一期	大　连	世茂西山龙胤	北　京
富力又一城	天　津	世茂原山首府	济　南
世贸广场	张家口	世茂·诺沙湾	青　岛

数据来源：企业公告、CRIC。

40. 荣盛房地产发展股份有限公司（见表 6-205~表 6-208）

表 6-205　2019 年商品房销售业绩及同比增幅

类　别	2019 年	同比（%）
销售金额（亿元）	1153.56	13.58
销售面积（万平方米）	1098.07	11.66
销售均价（元/平方米）	10505.00	1.72

数据来源：企业公告、CRIC。

表 6-206　2018—2019 年企业财务指标

财务指标	2019 年	2018 年
净负债率（%）	79.70	87.86
三费费用率（%）	7.66	7.95
总资产周转率（%）	0.29	0.27
长短期债务比	0.89	1.34
现金短债比	0.87	1.14
净利润增长率（%）	15.83	36.16
销售毛利率（%）	31.46	30.08
销售净利率（%）	14.68	13.52

数据来源：企业公告、CRIC。

表 6-207　2019 年重点新增土地储备

城市	宗地名称	属性	成交时间	建筑面积（万平方米）	成交总价（亿元）	楼板价（元/平方米）
南　京	建邺区江心洲街道 07-024 地块	住宅	2019-04	4.88	15.60	31980
海　门	海门镇 CR19003 地块	住宅	2019-04	11.25	12.57	11167
苏　州	苏州市苏地 2019-WG-9 号地块	住宅	2019-05	6.19	8.84	14263
绍　兴	柯桥柯岩 K-02B 地块	住宅	2019-05	7.93	9.12	11495
天　津	津红红（挂）2019-050 号	住宅	2019-05	9.55	14.50	15180

数据来源：企业公告、CRIC。

表 6-208　2019 年重点新开盘项目

项目名称	城市	项目名称	城市
荣盛鹭岛荣府	南　京	荣盛华府	合　肥
荣盛城	徐　州	花语城	徐　州
荣盛锦绣外滩	青　岛	荣盛华府	济　南

数据来源：企业公告、CRIC。

41. 路劲基建有限公司（见表 6-209~表 6-212）

表 6-209　2019 年商品房销售业绩及同比增幅

类　别	2019 年	同比（%）
销售金额（亿元）	399.62	26.27
销售面积（万平方米）	211.30	16.48
销售均价（元/平方米）	18912.00	8.40

数据来源：企业公告、CRIC。

表 6-210　2018—2019 年企业财务指标

财务指标	2019 年	2018 年
净负债率（%）	52.40	35.22
三费费用率（%）	11.78	10.12
总资产周转率（%）	0.25	0.30
长短期债务比	2.62	0.97
现金短债比	1.82	1.14
净利润增长率（%）	-0.59	49.38
销售毛利率（%）	34.93	45.00
销售净利率（%）	17.10	16.54

数据来源：企业公告、CRIC。

表 6-211　2019 年重点新增土地储备

城市	宗地名称	属性	成交时间	建筑面积（万平方米）	成交总价（亿元）	楼板价（元/平方米）
北　京	京土整储挂（密）〔2018〕051 号	综合	2019-01	6.12	4.08	6670
苏　州	苏地 2019-WG-8 号	住宅	2019-05	7.83	13.43	17152
苏　州	苏地 2019-WG-8 号	住宅	2019-07	15.86	17.34	10933
上　海	2019 年 76 号公告嘉定区 JDC3-0601、JDC3-0602 地块	住宅	2019-07	6.46	10.34	16000
杭　州	余政储出〔2019〕45 号	商住	2019-10	10.75	13.65	12699

数据来源：企业公告、CRIC。

表 6-212　2019 年重点新开盘项目

项目名称	城市	项目名称	城市
路劲佘山院子	上　海	璞玥风华	苏　州
路劲太阳城	天　津	路劲太湖院子	常　州
路劲太阳城	武　汉	蔚蓝四季花园	苏　州

数据来源：企业公告、CRIC。

42. 大悦城控股集团股份有限公司（见表 6-213～表 6-216）

表 6-213　2019 年商品房销售业绩及同比增幅

类　别	2019 年	同比（%）
销售金额（亿元）	618.54	26.89
销售面积（万平方米）	487.47	70.75
销售均价（元/平方米）	23831.00	-25.69

数据来源：企业公告、CRIC。
注 1：表中数据均为操盘口径数据。

表 6-214　2018—2019 年企业财务指标

财务指标	2019 年	2018 年
净负债率（%）	100.69	124.01
三费费用率（%）	5.66	—
总资产周转率（%）	0.20	—
长短期债务比	3.20	3.00
现金短债比	1.64	1.21
净利润增长率（%）	3.67	—
销售毛利率（%）	41.20	46.08
销售净利率（%）	10.97	16.12

数据来源：企业公告、CRIC。

表 6-215　2019 年重点新增土地储备

城市	宗地名称	属性	成交时间	建筑面积（万平方米）	成交总价（亿元）	楼板价（元/平方米）
惠　州	龙门龙城地块	住宅	2019	19.58	4.78	2443
武　汉	蔡甸区 P（2019）130 号宗地	住宅	2019	47.50	11.29	2377
沈　阳	苏家屯区金桔路北 2 号	住宅	2019	22.45	10.10	4500
武　汉	新洲区 P（2019）113 号	住宅	2019	23.50	3.51	1494
哈尔滨	双城区 SG2019106 号	住宅	2019	22.98	2.93	1276

数据来源：企业公告、CRIC。

表 6-216　2019 年重点新开盘项目

项目名称	城市	项目名称	城市
大悦城·天玺壹号	深　圳	中粮武侯瑞府	成　都
创智中粮锦云	青　岛	紫郡兰园	苏　州
中粮鸿云	长　沙	中粮孔雀城问津	武　汉

数据来源：企业公告、CRIC。

43. 花样年控股集团有限公司（见表 6-217～表 6-220）

表 6-217　2019 年商品房销售业绩及同比增幅

类　别	2019 年	同比（%）
销售金额（亿元）	362.10	20.01
销售面积（万平方米）	320.84	18.88
销售均价（元/平方米）	11286.00	0.95

数据来源：企业公告、CRIC。

表 6-218　2018—2019 年企业财务指标

财务指标	2019 年	2018 年
净负债率（%）	76. 13	80. 25
三费费用率（%）	19. 20	23. 54
总资产周转率（%）	0. 20	0. 17
长短期债务比	2. 32	1. 99
现金短债比	1. 96	1. 92
净利润增长率（%）	28. 57	-17. 13
销售毛利率（%）	27. 97	29. 92
销售净利率（%）	7. 87	8. 35

数据来源：企业公告、CRIC。

表 6-219　2019 年重点新增土地储备

城市	宗地名称	属性	成交时间	建筑面积（万平方米）	成交总价（亿元）	楼板价（元/平方米）
张家口	怀公资告字〔2019〕4 号	住宅	2019-03	10. 75	1. 21	1126
天　津	津武（挂）2019-040 号	商住	2019-05	9. 92	6. 26	6309
南　京	2019 年宁新区出第 06 号浦口区 NO. 新区 2019G18	住宅	2019-12	5. 68	8. 41	14800
成　都	郫都区 PD2018-16	住宅	2019-12	5. 63	5. 03	8930

数据来源：企业公告、CRIC。

表 6-220　2019 年重点新开盘项目

项目名称	城市	项目名称	城市
花样年碧云湾	青　岛	花样年家天下	成　都
花样年碧云湾	成　都	花样年家天下	南　京
花样年碧云湾	苏　州	花样年家天下	深　圳

数据来源：企业公告、CRIC。

44. 金地（集团）股份有限公司（见表 6-221~表 6-224）

表 6-221　2019 年商品房销售业绩及同比增幅

类　别	2019 年	同比（%）
销售金额（亿元）	2106. 00	29. 76
销售面积（万平方米）	1079. 00	22. 89
销售均价（元/平方米）	19518. 00	5. 59

数据来源：企业公告、CRIC。

表 6-222　2018—2019 年企业财务指标

财务指标	2019 年	2018 年
净负债率（%）	61.52	57.36
三费费用率（%）	9.73	7.95
总资产周转率（%）	0.21	0.21
长短期债务比	1.65	4.51
现金短债比	1.25	2.95
净利润增长率（%）	27.76	27.72
销售毛利率（%）	40.82	43.12
销售净利率（%）	24.39	23.88

数据来源：企业公告、CRIC。

表 6-223　2019 年重点新增土地储备

城市	宗地名称	属性	成交时间	建筑面积（万平方米）	成交总价（亿元）	楼板价（元/平方米）
北　京	京土整储挂（兴）［2019］002 号	商住	2019-02	9.40	24.60	26076
合　肥	合国土资公告［2019］5 号	商住	2019-03	24.40	28.70	11741
天　津	滨海新区空港经济区 23 号地块	商住	2019-05	23.60	33.20	14032
南　京	南京市江宁科学园 2018G26 号	住宅	2019-06	39.60	55.60	14038
合　肥	合肥市包河区 S1901 地块	住宅	2019-08	22.20	27.30	12295

数据来源：企业公告、CRIC。

表 6-224　2019 年重点新开盘项目

项目名称	城市	项目名称	城市
金地樾檀山	沈　阳	金地自在城	重　庆
金地玖峯汇	杭　州	金地香山湖	广　州
公元 2040	上　海	金地风华国际	南　京

数据来源：企业公告、CRIC。

45. 阳光城集团股份有限公司（见表 6-225~表 6-228）

表 6-225　2019 年商品房销售业绩及同比增幅

类　别	2019 年	同比（%）
销售金额（亿港元）	721.14	24.80
销售面积（万平方米）	349.05	26.06
销售均价（元/平方米）	20660.00	-1.00

数据来源：企业公告、CRIC。

表 6-226　2018—2019 年企业财务指标

财务指标	2019 年	2018 年
净负债率（%）	74.00	61.20
三费费用率（%）	8.86	13.99
总资产周转率（%）	0.19	0.18
长短期债务比	8.95	8.23
现金短债比	4.23	4.69
净利润增长率（%）	55.63	30.36
销售毛利率（%）	34.21	31.75
销售净利率（%）	12.34	11.50

数据来源：企业公告、CRIC。

表 6-227　2019 年重点新增土地储备

城市	宗地名称	属性	成交时间	建筑面积（万平方米）	成交总价（亿元）	楼板价（元/平方米）
广　州	穗规划资源告字〔2019〕12 号	商住	2019-06	15.41	11.10	7329
杭　州	临政储出［2019］29 号	住宅	2019-06	21.83	17.34	7945
长　沙	［2019］望城区 015 号	商住	2019-07	55.38	24.51	4427
中　山	中土告字［2019］0034 号	住宅	2019-07	17.82	18.89	10600
嘉　兴	［2019］025 号 2019 南-028 号地块	商住	2019-12	14.94	7.83	5242

数据来源：企业公告、CRIC。

表 6-228　2019 年重点新开盘项目

项目名称	城市	项目名称	城市
南沙滨海新城	广　州	星汇城	杭　州
江南悦府	苏　州	公园大道	广　州
星汇海珠湾	广　州	星汇云锦	沈　阳

数据来源：企业公告、CRIC。

46. 招商局蛇口工业区控股股份有限公司（见表 6-229~表 6-232）

表 6-229　2019 年商品房销售业绩及同比增幅

类　别	2019 年	同比（%）
销售金额（亿元）	2204.74	29.25
销售面积（万平方米）	1169.44	41.35
销售均价（元/平方米）	18853.00	-8.56

数据来源：企业公告、CRIC。

表 6-230　2018—2019 年企业财务指标

财务指标	2019 年	2018 年
净负债率（%）	29.28	45.01
三费费用率（%）	6.92	6.26
总资产周转率（%）	0.17	0.53
长短期债务比	1.59	2.04
现金短债比	1.37	1.76
净利润增长率（%）	15.52	29.66
销售毛利率（%）	34.60	39.50
销售净利率（%）	19.31	22.04

数据来源：企业公告、CRIC。

表 6-231　2019 年重点新增土地储备

城市	宗地名称	属性	成交时间	建筑面积（万平方米）	成交总价（亿元）	楼板价（元/平方米）
宁　波	甬土资告〔2019〕08002 号	住宅	2019-03	14.88	26.91	18080
苏　州	苏地 2019-WG-7 号	住宅	2019-04	19.08	50.17	26288
广　州	穗规划资源挂出告字 2019-15 号	住宅	2019-06	31.29	41.16	15795
南　京	2019 年宁出第 08 号	住宅	2019-10	17.57	31.40	17867
深　圳	深土交告〔2019〕17 号	住宅	2019-11	13.26	20.42	15404

数据来源：企业公告、CRIC。

表 6-232　2019 年重点新开盘项目

项目名称	城市	项目名称	城市
招商虹桥公馆	上　海	招商公园 1872	大　连
招商雍景湾	广　州	招商雍合府	北　京
招商依云上城	成　都	公元 2040	上　海

数据来源：企业公告、CRIC。

47. 卓越置业集团有限公司（见表 6-233~表 6-235）

表 6-233　2019 年商品房销售业绩及同比增幅

类　别	2019 年	同比（%）
销售金额（亿元）	949.45	71.69
销售面积（万平方米）	529.84	88.49
销售均价（元/平方米）	17920.00	-8.91

数据来源：企业公告、CRIC。

表 6-234　2019 年重点新增土地储备

城市	宗地名称	属性	成交时间	建筑面积（万平方米）	成交总价（亿元）	楼板价（元/平方米）
佛　山	顺德区 2019-0429 地块	商住	2019-05	36.33	17.96	4945
宁　波	慈自然资规告（2019）168 号地块	住宅	2019-05	28.50	22.14	7769
西　安	高新区 YT1-17-2、YT1-17-3 地块	商住	2019-08	29.96	9.90	3304
嘉　兴	嘉土秀洲〔2019〕第 12 号地块	住宅	2019-09	11.40	9.14	8022
南　通	开发区 R19025 地块	住宅	2019-12	16.01	16.08	10043

数据来源：企业公告、CRIC。

表 6-235　2019 年重点新开盘项目

项目名称	城市	项目名称	城市
卓越中寰	深　圳	卓越弥敦道	东　莞
卓越蔚蓝海岸	宁　波	卓越中寰	长　沙
卓越东部蔚蓝海岸	惠　州	中天卓越风荷锦庭	杭　州

数据来源：企业公告、CRIC。

48. 福建金辉集团有限公司（见表 6-236~表 6-238）

表 6-236　2019 年商品房销售业绩及同比增幅

类　别	2019 年	同比（%）
销售金额（亿元）	888.60	18.99
销售面积（万平方米）	661.60	29.42
销售均价（元/平方米）	13431.00	-8.06

数据来源：企业公告、CRIC。

表 6-237　2019 年重点新增土地储备

城市	宗地名称	属性	成交时间	建筑面积（万平方米）	成交总价（亿元）	楼板价（元/平方米）
武　汉	武告字（2019 年）12 号东西湖区临空港大道以东、金山大道以北地块	商住	2019-04	65.62	28.24	4303
宁　波	甬土资告〔2019〕第 05008 号江北区 JB12-01-16b、JB12-01-18a 地块	商住	2019-05	19.90	16.38	8231
长　沙	〔2019〕长沙县 034 号长沙县星沙街	住宅	2019-07	15.44	5.99	3885
福　州	榕宗地 2019-50 号地块	商住	2019-08	17.28	19.52	11298
重　庆	渝国土房管告字〔2019〕50 号大石坝组团 G4-2/02、G4-3/02、G14-5/03 号	综合	2019-10	20.85	14.90	7145

数据来源：企业公告、CRIC。

表 6-238　2019 年重点新开盘项目

项目名称	城市	项目名称	城市
棕榈南岸	成　都	紫薇馨苑	西　安
西子曼城	合　肥	西安金辉江山铭著	西　安
四季金辉观岚	连云港	四季金辉	扬　州

数据来源：企业公告、CRIC。

49. 融侨集团股份有限公司（见表 6-239～表 6-241）

表 6-239　2019 年商品房销售业绩及同比增幅

类　别	2019 年	同比（%）
销售金额（亿元）	675.40	-10.31
销售面积（万平方米）	604.60	19.09
销售均价（元/平方米）	11171.00	-24.68

数据来源：企业公告、CRIC。

表 6-240　2019 年重点新增土地储备

城　市	宗地名称	属　性	成交时间	建筑面积（万平方米）	成交总价（亿元）	楼板价（元/平方米）
福　州	榕高新土让〔2019〕01 号榕高新 2019-02 号地块	商住	2019-04	8.27	10.20	12327
福　州	榕宗地 2019-18 号	商住	2019-05	13.78	24.20	17557
南　京	2019 年宁新区出第 03 号 NO. 新区 2019G05	住宅	2019-06	10.29	21.40	20802
上　海	2019 年 59 号公告奉贤区南桥新城 15 单元 27A-02A 区域地块	住宅	2019-06	8.66	14.49	16723
上　海	2019 年 155 号公告安亭 JDC3-0601、JDC3-0602 单元 20-01 地块	住宅	2019-11	3.03	4.85	16000

数据来源：企业公告、CRIC。

表 6-241　2019 年重点新开盘项目

项目名称	城市	项目名称	城市
御华兰亭	重　庆	首融府	福　州
印悦府	南　京	融侨中晟悦城	郑　州
万科翡翠之光	福　州	融侨悦蓉城	成　都

数据来源：企业公告、CRIC。

50. 云南俊发房地产有限责任公司（见表 6-242～表 6-244）

表 6-242　2019 年商品房销售业绩及同比增幅

类　别	2019 年	同比（%）
销售金额（亿元）	528.40	4.14
销售面积（万平方米）	497.90	4.34
销售均价（元/平方米）	10613.00	0.19

数据来源：企业公告、CRIC。

表 6-243　2019 年重点新增土地储备

城市	宗地名称	属性	成交时间	建筑面积（万平方米）	成交总价（亿元）	楼板价（元/平方米）
昆　明	官渡区 KCGD2019-2-A8 地块	住宅	2019-07	45.73	15.57	3405
昆　明	官渡区 KCGD2019-2-A10 地块	住宅	2019-07	44.60	14.82	3323
昆　明	官渡区 KCGD2019-2-A12 地块	住宅	2019-07	44.48	14.78	3323
昆　明	官渡区 KCGD2019-2-A6 地块	住宅	2019-07	26.54	8.82	3323
上海	青浦区徐泾镇育才路北侧 A2b-05 地块	住宅	2019-07	8.09	3.37	4170

数据来源：企业公告、CRIC。

表 6-244　2019 年重点新开盘项目

项目名称	城　市	项目名称	城　市
俊发俊云峰	昆　明	俊发观云海	昆　明
俊发空港城	昆　明	俊发盛唐城	昆　明
俊发彩云城	昆　明	俊发龙泉俊园	昆　明

数据来源：企业公告、CRIC。

51. 保利发展控股集团股份有限公司（见表 6-245~表 6-248）

表 6-245　2019 年商品房销售业绩及同比增幅

类　别	2019 年	同比（%）
销售金额（亿元）	4618.48	14.09
销售面积（万平方米）	3123.12	12.91
销售均价（元/平方米）	14788.00	1.05

数据来源：企业公告、CRIC。

表 6-246　2018—2019 年企业财务指标

财务指标	2019 年	2018 年
净负债率（%）	56.91	80.55
三费费用率（%）	5.72	6.17
总资产周转率（%）	0.17	0.25
长短期债务比	3.06	4.40
现金短债比	2.10	2.33
净利润增长率（%）	43.61	32.78
销售毛利率（%）	34.96	32.48
销售净利率（%）	15.92	13.44

数据来源：企业公告、CRIC。

表 6-247　2019 年重点新增土地储备

城市	宗地名称	属性	成交时间	建筑面积（万平方米）	成交总价（亿元）	楼板价（元/平方米）
成　都	金牛区西北桥东街北侧地块证号：0022795、0027379、0027254、0472859、0472680、0472875、0472887、0472881 号	商业	2019-03	79.55	23.28	2926
合　肥	上海路东侧地块 编号：滨湖区 BH2019-01 号	住宅	2019-06	42.35	46.73	11034
上　海	飞虹路北侧地块 地块公告号：201903401	住宅	2019-06	7.77	41.79	53772
广　州	广州市南沙区亭角大桥北侧地块编号：2019NJY-16	商住	2019-12	49.87	52.02	10431
汕　尾	汕尾市汕马路金町段北侧地块 SW-LCX-D-01、10	商住	2019-12	110.97	19.97	1800

数据来源：企业公告、CRIC。

表 6-248　2019 年重点新开盘项目

项目名称	城市	项目名称	城市
保利和光晨樾	广　州	保利迪荡湖壹号	绍　兴
保利天悦	西　安	保利滨江上品	杭　州
保利海德公园	太　原	保利云禧	南　京

数据来源：企业公告、CRIC。

52. 四川蓝光和骏实业股份有限公司（见表 6-249～表 6-252）

表 6-249　2019 年商品房销售业绩及同比增幅

类　别	2019 年	同比（%）
销售金额（亿元）	1015.40	18.70
销售面积（万平方米）	1095.30	36.63
销售均价（元/平方米）	9270.00	-13.12

数据来源：企业公告、CRIC。

表 6-250　2018—2019 年企业财务指标

财务指标	2019 年	2018 年
净负债率（%）	79.07	102.70
三费费用率（%）	9.32	10.98
总资产周转率（%）	0.21	0.25
长短期债务比	1.76	2.66
现金短债比	1.26	1.74
净利润增长率（%）	66.62	99.57
销售毛利率（%）	28.33	27.75
销售净利率（%）	10.61	8.10

数据来源：企业公告、CRIC。

表 6-251　2019 年重点新增土地储备

城市	宗地名称	属性	成交时间	建筑面积（万平方米）	成交总价（亿元）	楼板价（元/平方米）
天　津	津武（挂）2019-011 号	商住	2019-03	29.96	15.25	5090
天　津	津南（挂）2019-01 号、04 号	商住	2019-03	25.44	8.53	3352
绍　兴	上虞区高铁新城 J-12 号地块	商住	2019-05	26.13	19.80	7579
南　京	宁出第 08 号栖霞区 NO.2019G68	住宅	2019-10	5.17	7.80	15086
福　州	榕宗地 2019-71 号地块	商住	2019-12	14.22	18.29	12867

数据来源：企业公告、CRIC。

表 6-252　2019 年重点新开盘项目

项目名称	城市	项目名称	城市
中国滇池花田国际度假区	昆　明	蓝光黑钻公馆	南　京
蓝光长岛国际	成　都	蓝光雍和园	惠　州
蓝光·雍锦澜湾	南　宁	金辉蓝光星奕云著	杭　州

数据来源：企业公告、CRIC。

53. 华夏幸福基业股份有限公司（见表 6-253~表 6-256）

表 6-253　2019 年商品房销售业绩及同比增幅

类　别	2019 年	同比（%）
销售金额（亿元）	1431.72	-12.04
销售面积（万平方米）	1184.19	-21.20
销售均价（元/平方米）	12090	11.64

数据来源：企业公告、CRIC。

表 6-254　2018—2019 年企业财务指标

财务指标	2019 年	2018 年
净负债率（%）	182.78	161.06
三费费用率（%）	12.09	13.00
总资产周转率（%）	0.24	0.21
长短期债务比	1.94	4.57
现金短债比	0.71	1.95
净利润增长率（%）	24.42	33.14
销售毛利率（%）	43.68	41.62
销售净利率（%）	13.96	14.08

数据来源：企业公告、CRIC。

表 6-255　2019 年重点新增土地储备

城市	宗地名称	属性	成交时间	建筑面积（万平方米）	成交总价（亿元）	楼板价（元/平方米）
嘉　善	善土告字［2019］4 号 2017-8	商住	2019-03	12. 74	10. 25	8046
南　京	NO. 2019G24	住宅	2019-06	12. 94	10. 70	8267
固　安	2019XZ-9	住宅	2019-06	13. 77	9. 60	6969
武　汉	P（2019）108 号地块	商业	2019-09	90. 35	95. 96	10621
武　汉	P（2019）109 号	商业	2019-09	20. 72	20. 29	9793

数据来源：企业公告、CRIC。

表 6-256　2019 年重点新开盘项目

项目名称	城市	项目名称	城市
银城孔雀城天荟	南　京	孔雀城航天府滨江苑	武　汉
郑州孔雀城公园海	郑　州	孔雀城/大悦城控股问津兰亭二期	武　汉
中粮孔雀城问津	武　汉	孔雀城航天府滨江苑	武　汉

数据来源：企业公告、CRIC。

54. 杭州滨江房产集团股份有限公司（见表 6-257～表 6-260）

表 6-257　2019 年商品房销售业绩及同比增幅

类　别	2019 年	同比（%）
销售金额（亿元）	1120. 60	31. 82
销售面积（万平方米）	346. 00	70. 62
销售均价（元/平方米）	32383. 00	-22. 75

数据来源：企业公告、CRIC。

表 6-258　2018—2019 年企业财务指标

财务指标	2019 年	2018 年
净负债率（%）	88. 54	97. 99
三费费用率（%）	7. 43	6. 03
总资产周转率（%）	0. 23	0. 29
长短期债务比	2. 03	3. 85
现金短债比	1. 14	1. 34
净利润增长率（%）	26. 04	36. 46
销售毛利率（%）	35. 10	35. 74
销售净利率（%）	15. 92	14. 93

数据来源：企业公告、CRIC。

表 6-259　2019 年重点新增土地储备

城市	宗地名称	属性	成交时间	建筑面积（万平方米）	成交总价（亿元）	楼板价（元/平方米）
金　华	永土让告字〔2019〕06 号永康北苑地块 SG02-01	住宅	2019-06	7.25	5.97	8240
台　州	台土告字〔2019〕050 号	住宅	2019-07	17.97	2.95	1640
杭　州	萧政储出（2019）26 号	住宅	2019-07	13.93	43.30	31085
金　华	金市土让告字〔2019〕23 号东阳街以东地块	住宅	2019-08	3.13	3.23	10331
平　湖	平自然资规告字〔2019〕17 号 2019 平-46 号	住宅	2019-10	6.45	4.92	7628

数据来源：企业公告、CRIC。

表 6-260　2019 年重点新开盘项目

项目名称	城市	项目名称	城市
滨江江南名府	杭　州	信达滨江壹品	杭　州
信达中心杭州壹号院	杭　州	家住金都·样样红	德　清
滨江诺德学府	杭　州	滨江新希望新城·未来海岸	杭　州

数据来源：企业公告、CRIC。

Ⅶ.发展篇

导　读

本篇收录了住房保障、物业管理、房地产估价、房地产金融、境外房地产投资和城市轨道交通场站综合开发等六篇特约专稿，反映了这些领域在2019年年度取得的新进展和新经验。

一、住房保障

2019年是新中国成立70周年。经过多年发展，2018年，我国城镇人均住房建筑面积达到39平方米，是1949年8.3平方米的4.7倍，住房保障为这个成绩的取得做出了巨大贡献。1994—2007年，全国建设廉租房、经济适用住房等保障性住房1000多万套；2008年至2018年，全国城镇保障性住房和棚改安置住房合计开工约7000万套，包括公租房（含廉租房）1612万套、经济适用住房573万套、限价商品住房282万套、棚改安置住房4522万套，帮助约2亿困难群众改善了住房条件。其中，党的十八大以来的6年（2013—2018年），全国开工建设各类保障性住房和棚改安置住房4000多万套，惠及1亿多住房困难群众。

（一）加快完善住房保障体系

2019年《政府工作报告》提出，改革完善住房市场体系和保障体系，促进房地产市场平稳健康发展。3月，住房和城乡建设部部长王蒙徽在"部长通道"答记者问时表示，将稳妥实施房地产市场平稳健康发展长效机制的工作方案，坚持完善住房市场体系和住房保障体系，大力培育和发展住房租赁市场，重点解决新市民的住房问题。

12月，全国住房和城乡建设工作会议提出，建立以公租房、政策性租赁住房和共有产权住房为主体、并结合推进城镇棚户区改造和老旧小区改造的住房保障体系基本框架，部署在部分城市开展完善住房保障体系试点工作，争取形成可复制、可推广经验；以解决新市民住房问题为出发点，重点发展政策性租赁住房，探索政策性租赁住房的规范标准和运行机制。

（二）进一步规范发展公租房

2019年5月，住房和城乡建设部、国家发展改革委、财政部、自然资源部印发《关于进一步规范发展公租房的意见》。5月9日，住房和城乡建设部召开全国公租房工作座谈会，对进一步规范发展公租房做出部署。指导各地分类合理确定准入门槛，针对不同困难群体，合理设置准入条件，采取适当的保障方式和保障标准；人口流入多、公租房需求大的大中城市，要切实增加公租房实物供给；加快推进公租房租赁补贴，满足困难群众多样化的住房需求；积极推行政府购买公租房运营管理服务，推进住房保障领域信用体系建设，不断提升公租房管理能力和服务水平。

对部分城市新筹集公租房等给予中央补助支持。住房和城乡建设部、国家发展改革委、财政部印发《对部分城市新筹集公租房给予中央补助的通知》，支持71个大中城市中人口流入多、公租房需求大的城市及党中央、国务院要求发展公租房的其他地区增加公租房实物供给。进一步推进公租房租赁补贴，对各地公租房租赁补贴继续给予中央补助支持。

开展政府购买公租房运营管理服务试点。住房和城乡建设部会同财政部在浙江、安徽、广西、陕西等8省（区）开展政府购买公租房运营管理服务的试点，吸引企业和其他机构参与公租房运营管理，及时总结试点经验，提升公租房管理专业化、规范化水平。

加快推进公租房信息系统建设。住房和城乡建设部印发了《公租房基础信息数据标准》《公租房信息系统建设技术指南》，部署各地加快公租房信息数据联网；分批组织对150个城市进行培训，选取9省20个城市先行开展试点，总结可复制、可推广的经验做法。

（三）继续推进棚户区改造

2019年全国棚改计划289万套。发展改革委、财政部、住房和城乡建设部及时安排下达中央补助资金。财政部、住房和城乡建设部指导地方做好棚改专项债券申报和发行工作。自然资源部对棚改建设用地计划实行单列，应保尽保。各地加快工作进度，抓好工程质量安全监管。在各方面的共同努力下，全国各类棚户区改造开工 316 万套，超额完成年度目标任务，完成投资 1.2 万亿元。

（四）因地制宜发展共有产权住房

截至 2019 年年底，北京市累计建设筹集共有产权住房房源 6.8 万套，上海市共有产权保障房累计签约 11 万户。此外，广州、西安、烟台等大中城市，也结合实际积极探索共有产权住房。

（王国田　亚太建设科技信息研究院有限公司）

二、物业管理

（一）物业管理行业新的发展机遇

2019 年 10 月，国家发展改革委修订发布了《产业结构调整指导目录（2019 年本）》，《目录》由鼓励、限制和淘汰三类组成，与 2013 年版相比，物业服务作为其他服务业首次被列入鼓励类项目新增加的 60 条之一的发展已经得到国家的认可，被寄予了新的期望，赋予了新的责任使命。

2019 年物业管理行业深入开展“不忘初心、牢记使命”主题教育，把人民群众对美好生活的向往化作锐意进取的生动实践和脚踏实地的务实行动；行业标准建设工作取得长足发展，标准化体系架构初步显现；品牌企业争相上市，资本风潮涌动不息，赋予行业无尽的新机遇；物业管理行业的数字化转型，正在突破时空局限与产业局限，颠覆传统商业模式和资源利用方式，衍生出行业服务的新模式；物业服务企业在各地政府的指导和组织下，在社会基层治理探索中扮演好服务者、参与者的新角色。行业开展了“社区的力量”消费扶贫攻坚战专项行动，行业先行者已经将企业视野延伸到城乡良性治理的新领域，承担起更多的社会责任。物业管理多元化、专业化服务正彰显更多的价值。

（二）物业管理行业高速发展的十年

2019 年 11 月，国家统计局、国务院第四次全国经济普查领导小组办公室发布《第四次全国经济普查公报（第四号）》,[①]《公报》显示，2018 年年底全国共有物业服务企业 23.4 万个，从业人员 636.9 万人，企业资产总额为 30666.7 亿元，企业负债合计 21627.7 亿元，营业收入 9066.1 亿元，为全面把握我国物业管理行业的发展现状，提供了较为全面和真实准确的基础数据。从 2008 年的第二次全国经济普查到 2018 年第四次全国经济普查，物业管理行业迎来了高速发展的十年。

1. 全国物业管理行业营业收入近万亿

全国物业管理行业营业收入由 2008 年的 2076.7 亿元增长到 2018 年的 9066.1 亿元（见图 7-1），年复合增长率达到 15.88%，远远高于第三产业 7.6%的增长速度。2018 年行业产值已经占第三产业增加值 469575 亿元的 1.93%。以 2013 年第三次经济普查数据营业收入 4091.7 亿元做个划分看，2018 年营业收入较 2013 年净增长了 4974.4 亿元，实现了产值的翻倍增长。2018 年营业收入近万亿元，近五年（2013-2018 年）17.25%的复合增长率高于前 5 年（2008—2013 年）14.53%的复合增长率。

---

① 《第四次全国经济普查公报》于 2019 年 11 月发布，为物业管理行业提供了较为全面和真实准确的基础数据。中国物业管理协会依此对物业服务企业数量、从业人员数量、营业收入等数据进行修正。

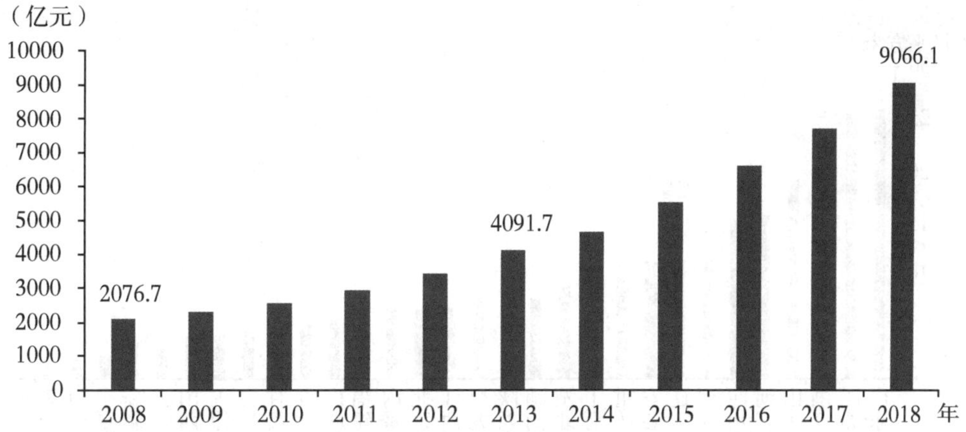

图 7-1　2008—2018 年全国物业管理行业经营收入

2. 全国物业管理行业面积覆盖持续提升

2018 年，全国物业管理行业管理面积达 279. 3 亿平方米，相比 2008 年的 125. 46 亿平方米，增加 153. 84 亿平方米，年复合增长率 8. 33%，行业管理规模持续扩大（见图 7-2）。

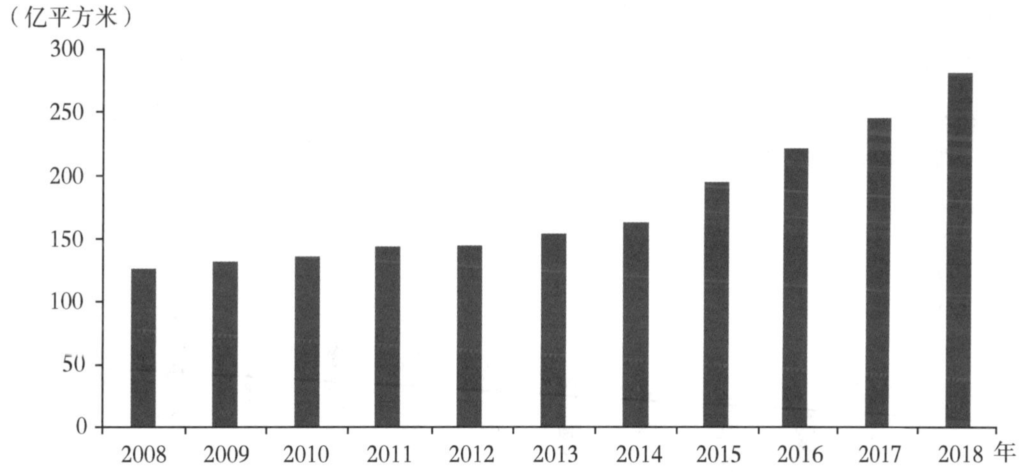

图 7-2　2008—2018 年全国物业管理行业管理规模

从各省份面积分布上看，广东省、江苏省和浙江省物业管理面积均超过 20 亿平方米，分别为 25. 6 亿平方米、25. 4 亿平方米和 21. 6 亿平方米。山东省、河南省、四川省、河北省、辽宁省、安徽省和重庆市、上海市物业管理面积均超过 10 亿平方米（见图 7-3）。

3. 全国物业管理行业年均吸收就业近 50 万人

随着我国人口结构的变化，就业人口的规模大体稳定在约 77000 万人，城镇就业人口总数约 43000 万人。第四次全国经济普查显示，二、三产业单位从业人员约 38000 万人，与 2013 年相比，近 5 年全国共有第二产业的从业人员 17255. 8 万人，减少 2005 万人，下降 10. 4%；第三产业的从业人员 21067. 7 万人，增加 4726. 2 万人，增长 28. 9%，复合增长率为 5. 21%，可以看出制造业的从业人员比重在下降，第三产业就业人员比重在大幅度上升。

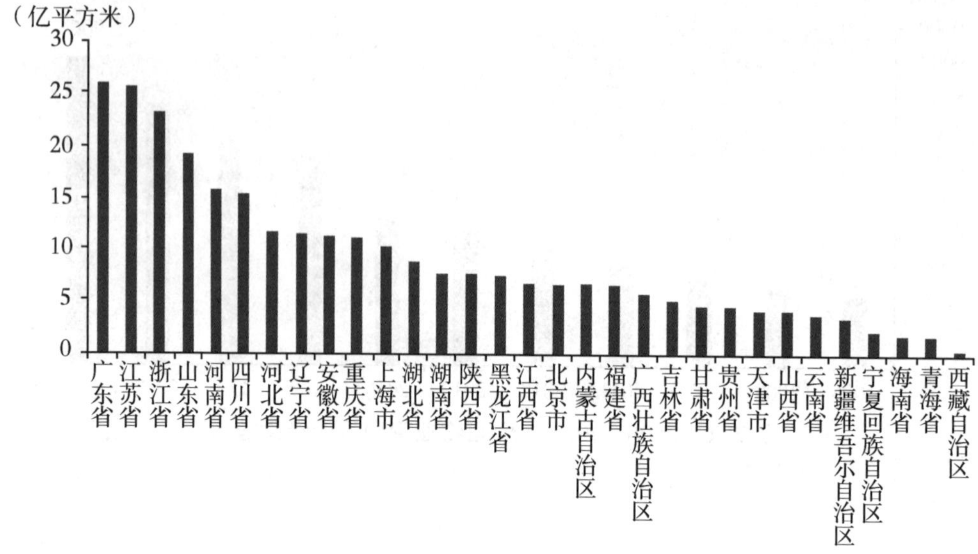

图 7-3　2018 年全国各省市物业管理规模分布情况

10 年间，物业管理行业从业人员由 2008 年的 250. 1 万人增长到 2013 年的 411. 6 万人、2018 年的 636. 9 万人（见图 7-4）。近 5 年，物业管理行业从业人员增长 225. 3 万人，增长 54. 8%，年复合增长率为 9. 12%，高于第三产业的从业人员平均增长率近 4 个百分点。2018 年物业管理行业从业人员已经占到第三产业从业人员 21067. 7 万人的 3. 02%。物业管理行业点多面广，企业数量大量增加，每年吸收就业人数近 50 万人，在当前经济下行压力下，就业蓄水池的功能在不断地增强，为总体稳定就业起到了积极的作用。

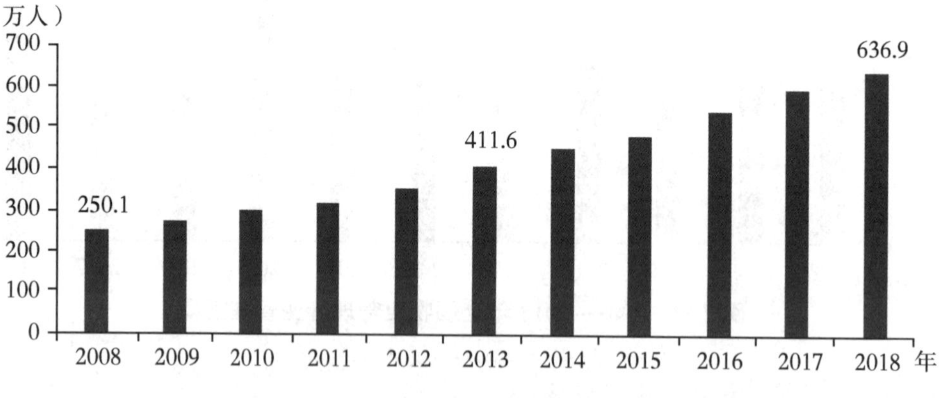

图 7-4　2008—2018 年全国物业管理行业从业人员数量

4. 全国物业管理行业企业数量翻倍增长

近些年，国家不断推进“放管服”改革，深化商事制度改革，优化营商环境，推动大众创业、万众创新，市场环境更好，为企业的创立创新营造了更多便利和更好环境。最近五年来普查结果显示，2018 年年底，全国共有从事第二产业和第三产业活动的法人单位 2178. 9 万个，比 2013 年年底的 1085. 7 万个增加 1093. 23 个，增长 100. 7%，复合增长率为 14. 9%。10 年间物业管理行业企业数量由 2008 年的 5. 8 万家增长到 2018 年的 23. 4 万家（见图 7-5），尤其是取消物业管理从业人员职业资格制度和物业服务企业资质管理制度之后，2018 年物业管理行业企业数量与 2013 年 10. 5 万家相比增长了 122. 8%，年复合增长率为 17. 38%，这与国家第三产业法人单位增长速度大体相同，符合国家“放管服”改革、优化营商环境宏观调控的结果。

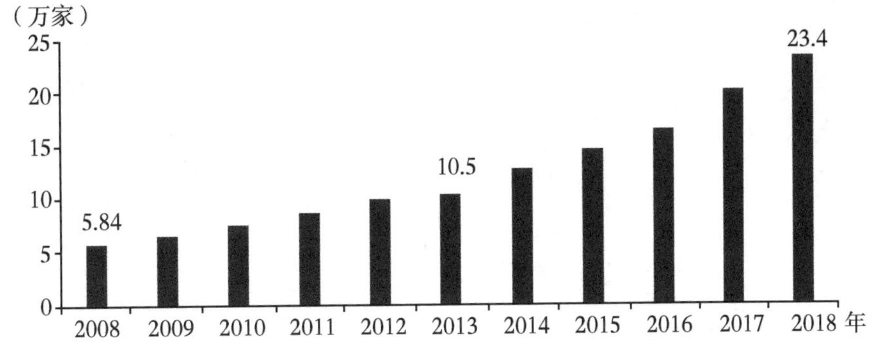

图 7-5　2008—2018 年全国物业管理行业企业数量

（三）物业管理行业的两类指数

1. 物业管理行业发展指数①

2018 年物业管理行业发展指数达到 288.5 点，相比 2010 年提高 188.5 个点，指数复合增长率 14.16%（见图 7-6），物业管理行业发展指数保持稳定提升的态势，我国物业管理行业持续稳定健康发展。

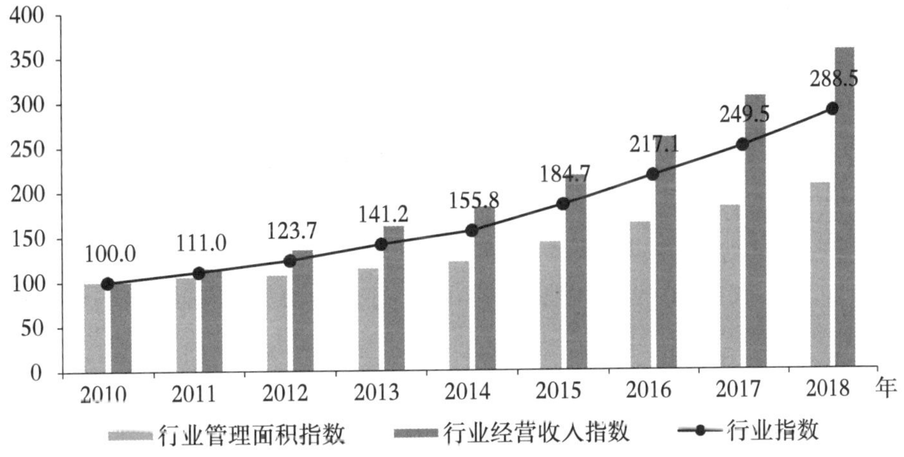

图 7-6　2010—2018 年物业管理行业发展指数走势

物业管理行业营业收入发展指数

在消费升级的推动下，我国物业管理行业对服务质量提出了更高的要求，在基础物业服务的基础上，物业服务企业加大了对增值服务的开展，并向多业态布局，为物业管理行业的发展注入了更大的发展空间，增加了物业管理行业营业收入增收路径。

2018 年，物业管理行业营业收入发展指数为 357.2，较 2010 年提高了 257.2 个点，复合增长率达 17.25%（见图 7-7），物业管理行业产值保持高速增长态势。

---

① 物业管理行业发展指数（Property Management Industry Development Index）是以全国经济普查数据为基础，从物业管理行业的管理规模、营业收入等方面，对物业管理行业的基本状况、发展规律进行量化评价，测算出物业管理行业的发展指数，用于衡量行业发展的总体发展水平以及反映行业发展态势。以 2010 年为基期，基期指数为 100。

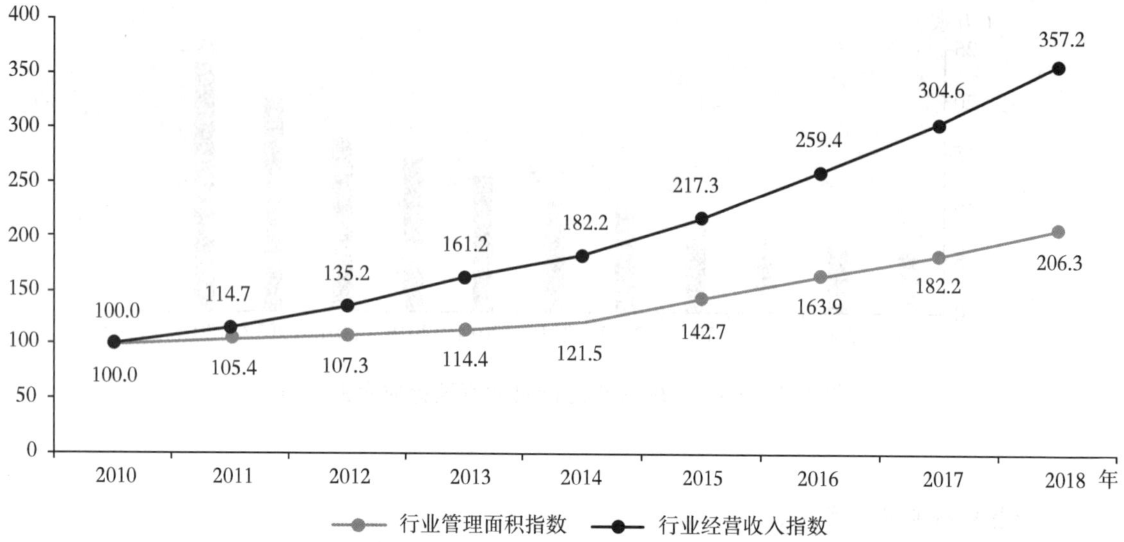

图 7-7　2010—2018 年物业管理行业营业收入和管理面积发展指数

物业管理行业管理面积发展指数

在新技术应用以及资本市场的关注下，我国物业管理行业加速整合。2018 年物业管理行业管理面积指数达 206.3，较 2010 年提高 106.3 个点，复合增长率为 9.47%（见图 7-7）。物业管理行业管理面积不断提高，集中快速提升，物业管理行业管理规模保持稳定向上的发展态势。

2. 物业服务企业发展指数①

从物业服务企业发展指数来看，我国物业服务企业综合实力稳步提升，在管理规模、经营绩效、服务质量等多方面均取得明显的成效。2010 年 PMDI100 指数基期值为 100 点，2018 年 PMDI100 指数达到 720.4，指数复合增长率达为 28.00%。分阶段看，2014 年之前 PMDI100 的复合增长率为 25.04%，随着资本市场对物业管理的持续关注，2014 年之后 PMDI100 的复合增长率达 31.02%，复合增长率增加 5.98 个百分点（见图 7-8）。

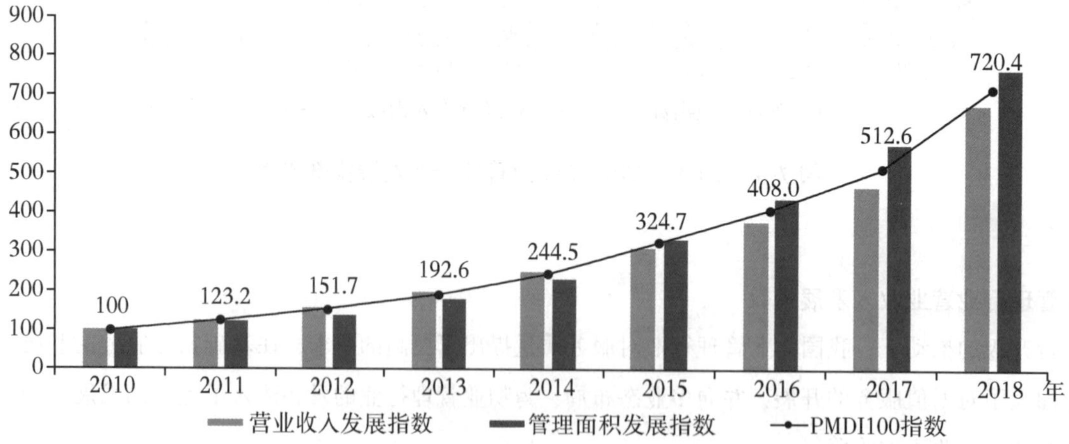

图 7-8　2010—2018 年 PMDI100 指数趋势

2019 年首次将行业前 500 家企业数据纳入样本，综合考虑经营收入、管理面积、服务质量等内容，经测算

① 物业服务企业发展指数（Property Management Development Index，简称 PMDI）以企业年度数据为基础，根据物业服务企业发展指数的测评体系，从物业服务企业经营情况、管理规模、服务质量等维度，对物业服务企业发展的基础状况发展规律进行量化评价，测算出物业服务企业的发展指数，衡量企业发展的总体水平。物业服务企业发展指数横向体现出各企业发展状况的对比情况，纵向体现不同时期各企业的表现，动态反映企业发展状况，并通过选取一定数量的头部样本企业反映行业发展趋势。

2018 年 PMDI500 指数为 1113.5。

物业服务企业营业收入发展指数

随着行业的不断发展，物业服务企业顺势而为持续提升经营能力，企业经营收入快速增长，基础物业服务占主导的同时，多种经营服务也在蓬勃发展。

2018 年 PMDI100 营业收入发展指数为 680.0，较 2010 年提高了 580.0 个点，翻了 5.8 倍。2010—2018 年 PMDI100 营业收入发展指数年复合增长率达 27.08%（见图 7-9）。

2018 年 500 强物业服务企业营业收入总值为 2831.76 亿元。PMDI500 营业收入发展指数为 1080.7，基础物业服务收入指数为 861.5，多种经营服务收入指数为 219.2。

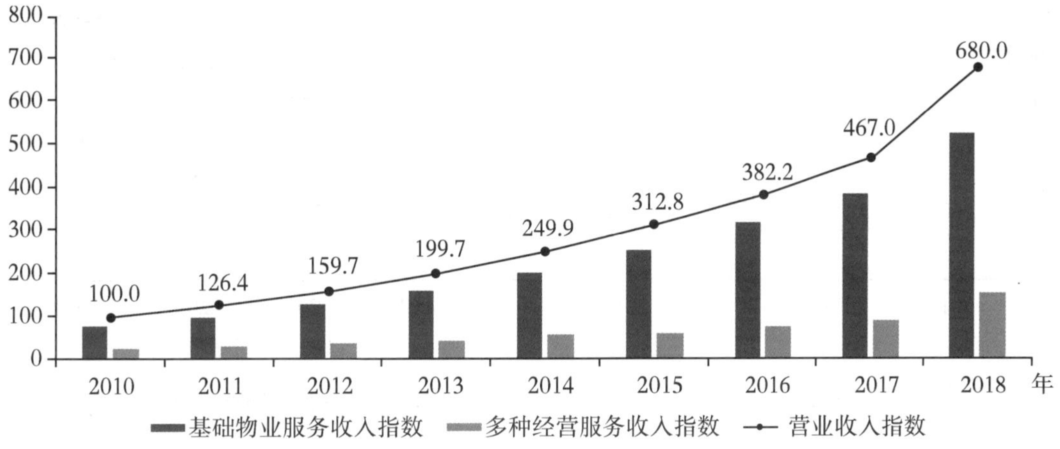

图 7-9　2010—2018 年 PMDI100 营业收入发展指数趋势

物业服务企业管理面积发展指数

物业服务企业积极推进全国化布局，市场化拓展能力增强，管理半径不断拓宽，物业管理行业的管理规模快速提升。2018 年 PMDI100 管理面积发展指数达到 769.3，对比 2010 年增长 669.3 点（见图 7-10）。

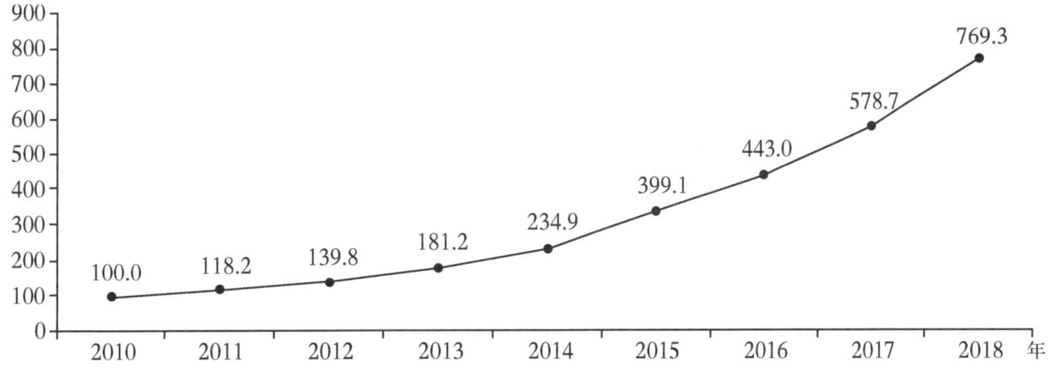

图 7-10　2010—2018 年 PMDI100 管理面积发展指数趋势

2018 年 500 强物业服务企业管理面积达 118.87 亿平方米。2018 年 PMDI500 管理面积发展指数为 1142.0。

物业服务企业从业人员发展指数

随着国家城镇化建设步伐的加快及深入，以及社会分工的专业化提升。物业服务市场的广度和深度都有很大的发展空间，物业管理行业正处于发展的黄金时期，市场潜力巨大，因此需要更加专业的人才，加快前进的步伐。

2018 年 PMDI100 从业人员发展指数为 313.0，比 2010 年提高 213.0 个点，PMDI100 从业人员发展指数复合增长率达 15.33%。

2018 年 PMDI100 外包人员发展指数为 540.5，对比 2010 年增长 440.5 点。2010—2018 年 PMDI100 外包人员发展指数复合增长率 23.48%（见图 7-11）。

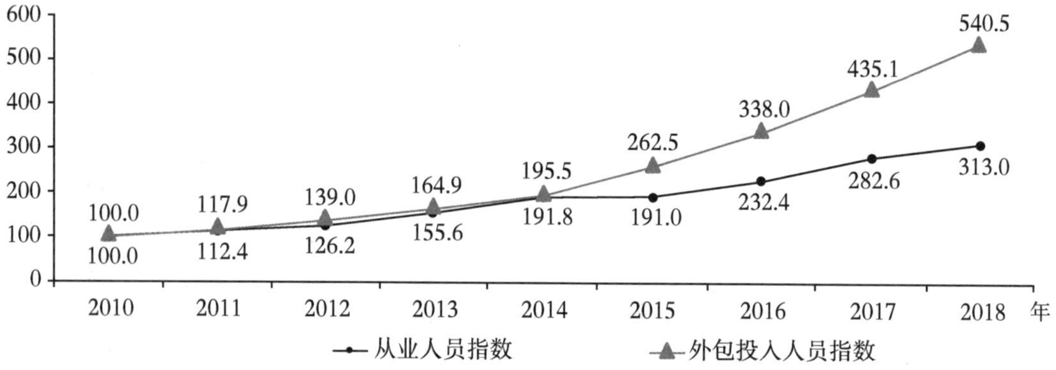

图 7-11　2010—2018 年 PMDI 100 从业人员发展指数和外包人员发展指数趋势

据测算，2018 年 PMDI500 从业人数发展指数为 584.6，外包人员发展指数为 774.4。

（刘寅坤　中国物业管理协会副秘书长）

三、房地产估价

（一）2019 年度中国房地产估价行业的基本情况

1. 房地产估价机构数量

截至 2019 年年底，全国共有房地产估价机构约 5484 家，同比下降-0.2%。其中一级机构逐年递增至 707 家，同比上升 13%，三级机构数量持续下降，且降幅显著。趋势上呈现：①向一级机构聚拢；②开设分支机构的公司增多（见图 7-12）。

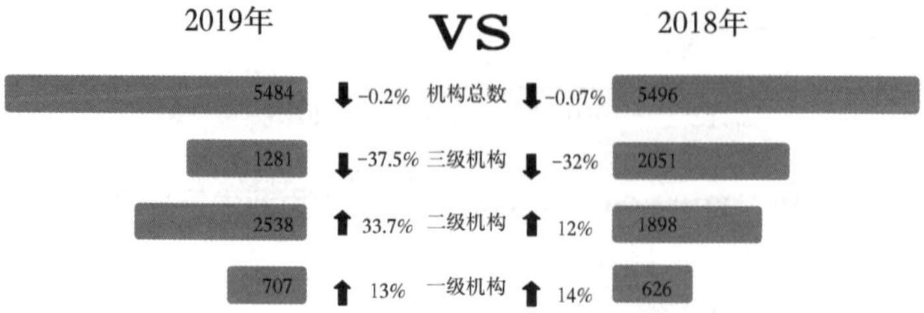

图 7-12　房地产估价机构数量对比图

2. 房地产估价机构营业收入

从上报机构的营业收入情况来看，房地产估价机构的营业收入呈递增态势，同比上升 19%。从分档的营业收入来看，2019 年一级机构营业收入仍呈“金字塔”型，1000 万元以下的机构数量最多，占比近半数。但近几年，房地产估价机构头部集中效应加剧，5000 万元以上的机构数量逐年递增，且增幅扩大（见图 7-13、图 7-14）。

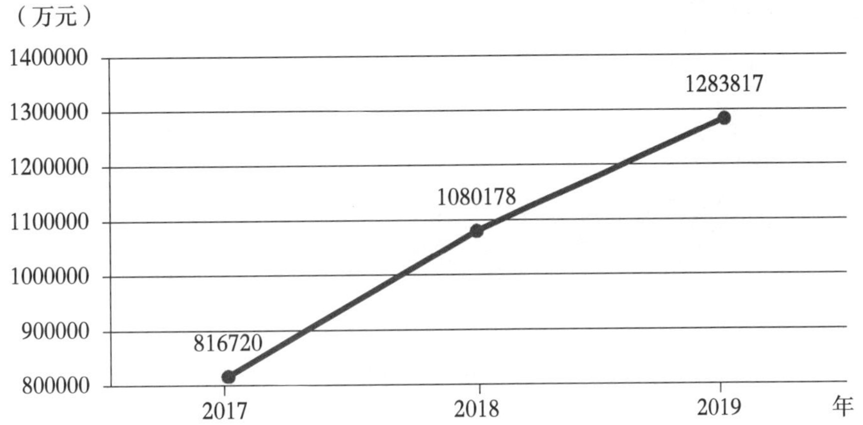

图 7-13　2017—2019 年房地产估价机构营业收入总额走势图

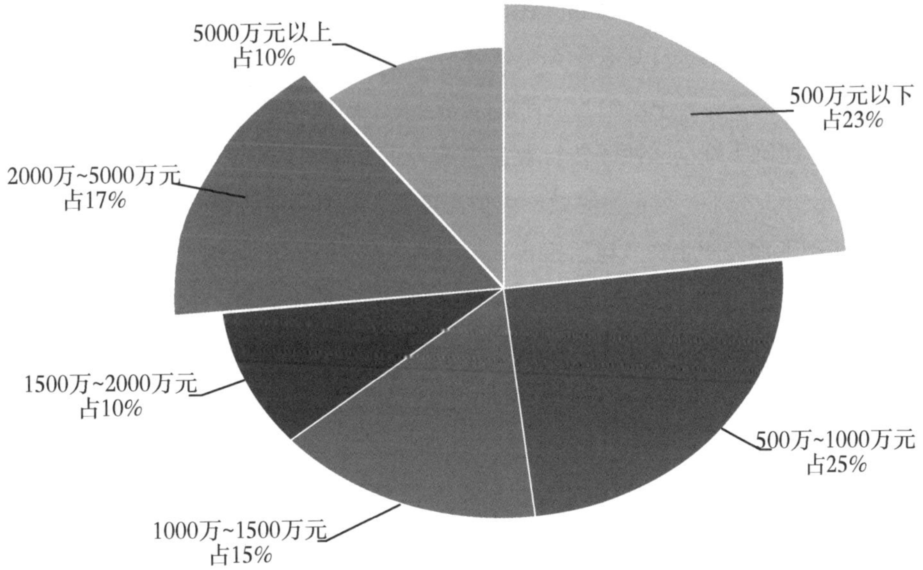

图 7-14　2019 年房地产估价机构营业收入分档占比图

3. 房地产估价业务结构

从业务分类占比情况来看，估价机构仍以传统房地产估价业务为主，但咨询顾问类及创新估价类业务占比逐年提升，2019 年升至 35%（见图 7-15）。

从评估总价值来看，2019 年评估总价值占比前三项与 2018 年相似，仍为：房地产抵押估价、创新业务估价及咨询顾问，但咨询顾问服务占比持续上升，同比上涨 3%。越来越多的估价机构通过企业整合、跨行业合作等模式整合不同资源、探索创新类业务。

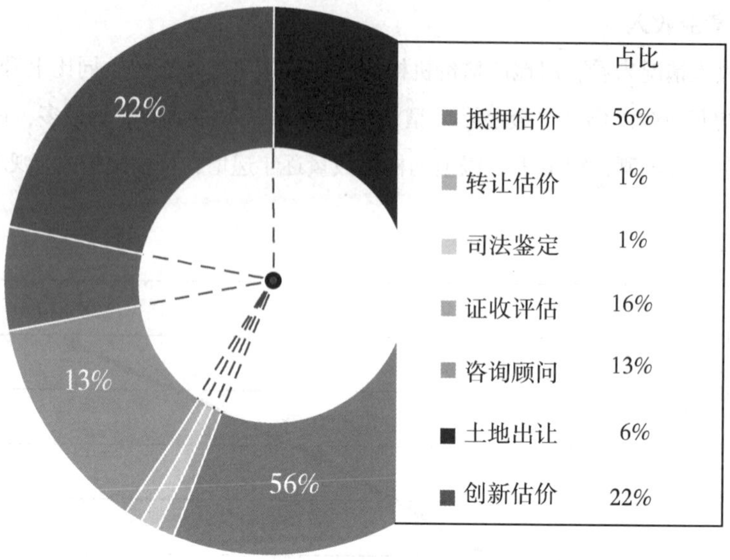

图 7-15 2019 年房地产评估总价值占比图

（二）中国房地产估价行业、行政法规及措施年度变化

1. 最高法院与五大评估行业协会联合发布人民法院委托工作规范和委托评估专业技术评审工作规范

2019 年开年，最高人民法院办公厅联合中国资产评估协会、中国土地估价师与土地登记代理人协会、中国房地产估价师与房地产经纪人学会、中国矿业权评估师协会、中国珠宝玉石首饰行业协会发布《人民法院委托评估工作规范》的通知，明确了按全国性评估行业协会推荐的评估机构名单建立人民法院司法评估机构名单库；确保专业技术评审公开、公平、公正、高效，维护当事人、利害关系人的合法权益。

2. 住房和城乡建设部取消公积金贷款评估报告

2 月，为贯彻落实党中央、国务院关于减证便民、优化服务的部署要求，住房和城乡建设部决定取消部分部门规章和规范性文件设定的证明事项。其中涉及房地产估价的有：机构备案或备案证书变更时，申请人不再提交“固定经营服务场所证明”，改由主管部门根据营业执照确认，不再提交“专业注册房地产估价师证明”，改由向主管部门做出书面承诺，由主管部门内部核查；注册证书遗失补办时，不再提交“在公众媒体上发布的遗失声明”，申请人告知许可机关，由许可机关在官网发布信息。办理二手房住房公积金贷款时，申请人不再提交“二手房估价报告”，申请人向主管部门做出书面承诺，由主管部门内部核查，此项决定减少了房地产估价行业涉及公积金贷款部分的业务。

3. 多地开展物业费评估规范制定工作，为全面拓展物业评估服务奠定基础

物业服务领域市场挖掘潜力巨大，物业服务与估价领域不同专业领域的资源整合有利于拓宽各自的业务服务机会。据悉，多地已展开物业费评估规范制定工作。2019 年 3 月，上海房地产估价师协会协同上海市物业管理行业协会颁布《住宅物业服务价格评估规范》。2019 年 8 月，北京市物业服务评估监理协会颁布《北京市物业服务费用评估测算规范》。以上举动有利于加速全国物业领域相关评估规范的制定，为未来全面拓展物业评估服务奠定基础。

4. 自然资源部拟制定《土地估价管理办法》以加强土地估价管理

2019 年 5 月 17 日，自然资源部办公厅印发《自然资源部 2019 年立法工作计划》通知中指出，自然资源部

2019 年立法工作计划中，拟研究制定《土地估价管理办法》（利用司起草）。此次对于《土地估价管理办法发》的制定是为了贯彻落实《资产评估法》，明确评估行政管理部门对于评估行业的相关监管办法，加强对于土地估价行业的管理。

5. 土地估价师考试拟于 2020 年作为土地估价方向纳入房地产估价师

根据中国房地产估价师网站 2019 年 7 月 3 日发布的《关于 2019 年度房地产估价师资格考试有关问题的通知》，通知明确土地估价师考试拟于 2020 年作为土地估价方向纳入房地产估价师职业资格考试。意味着原房地产估价师与土地估价师职业资格将整合为房地产估价师和房地产估价师（土地），并由住建部和自然资源部实施监管。

6. 厦门房地产估价行业取消预估报告

鉴于目前出现金融机构免费使用房地产估价机构劳动成果的现象，厦门房地产估价行业全体会议形成共识，自 2019 年 10 月 8 日起，全行业禁止出具任何形式的预报告，包括纸质版、电子版、摘要页、咨询、意见书等等，以后只能出具正式报告。此举源于行业强有力的执法监管对估价行业形成的强约束力，促使估价机构规范和守法经营。以此作为规范行业竞争，打破行业内部消耗的契机，值得各地借鉴。

7. 多地取消评估机构咨询备选库以落实《深化政府采购制度改革方案》，形成竞争有序的政府采购市场体系

为贯彻落实中央深改委审议通过的《深化政府采购制度改革方案》和《国务院办公厅关于聚焦企业关切进一步推动优化营商环境政策落实的通知》（国办发〔2018〕104 号）有关要求，构建统一开放、竞争有序的政府采购市场体系。财政部发布了《财政部关于促进政府采购公平竞争优化营商环境的通知》（财库〔2019〕38 号），多地取消评估咨询机构的备选库，有利于杜绝行业低价竞标，促进估价机构公平竞争。

8. 中房学年会引导估价机构更好适应需求的发展变化，提供高质量的估价服务

为引导房地产估价机构不断适应社会对房地产估价需要和要求的发展变化，更好地提供高品质的估价服务，促进经济高质量发展和房地产估价行业持续健康发展，10 月 24—25 日，中国房地产估价师与房地产经纪人学会在北京举办了主题为“估价需求演变与机构持续发展”的 2019 中国房地产估价年会。杜鹃会长指出，房地产估价机构和房地产估价师要抓住市场主体内生的新需求，找准估价行业服务国家各项重大战略、重要工作的结合点，创新估价服务，满足经济社会发展要求。

9. 新修订的土地管理法、城市房地产管理法将于 2020 年开始施行

2020 年 1 月 1 日起施行、新修订的《中华人民共和国土地管理法》规定：农村集体建设用地在符合规划、依法登记，并经 2/3 以上集体经济组织成员同意的情况下，可以通过出让、出租等方式交由农村集体经济组织以外的单位或个人直接使用，同时使用者在取得农村集体建设用地之后还可以通过转让、互换、抵押的方式进行再次转让。

《中华人民共和国土地管理法》将第九条修改为：“城市规划区内的集体所有的土地，经依法征收转为国有土地后，该幅国有土地的使用权方可有偿出让，但法律另有规定的除外。”

两法的修订将会影响估价术语、估价规程及相关估价技术规范和标准的制定，对土地估价产生深远影响。

10. 新证券法落地，大幅提高资产评估处罚力度，将证券服务机构从事证券业务的资格审批改为备案

2019 年 12 月 28 日，第十三届全国人大常委会第十五次会议审议通过了修订后的《中华人民共和国证券法》，将于 2020 年 3 月 1 日起施行。

本次证券法修订，大幅提高对证券服务机构未履行勤勉尽责义务的违法处罚幅度，压实中介机构市场的法律职责。同时取消相关行政许可。包括取消证券公司董事、监事、高级管理人员任职资格核准；调整会计师事务所、资产评估机构等证券服务机构从事证券业务的监管方式，将资格审批改为备案。

（三）中国房地产估价行业年度实事进展

1. REITs、类 REITs、CMBS 等金融产品会产生更多的业务机会

目前，企业在持有物业期间主要通过 CMBS 和类 REITs 两种形式实现资产证券化融资。两类产品通常以房地产抵押作为增信措施，以不动产租金收入作为第一还款来源，房地产评估机构是产品发行的重要参与方。据统计，2019 年国内 CMBS 和类 REITs 产品合计发行 73 单，融资规模 1506.58 亿元，近三年 CMBS 发行呈现逐年上升趋势。随着相关法律、税收政策相继落地，存量房地产成为市场主导，预计未来 CMBS 和 REITs 产品规模会不断上升，为房地产评估机构提供更多业务机会。评估机构可以以房地产估值为切入点，进一步拓展房地产综合咨询业务（见图 7-16）。

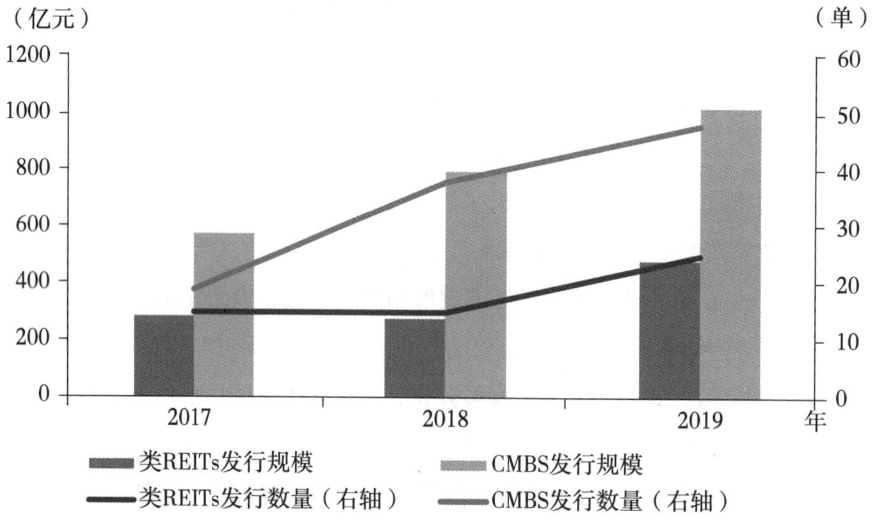

图 7-16　2017—2019 年类 REITs 和 CMBS 发行情况

2. 征拆、棚改将进入高速发展的尾声

按照“十三五”规划，2018 年全国棚改计划开工 580 万套，实际开工量 626 万套，占年度目标任务的108%。2019 年计划开工 289 万套，实际开工 316 万套，占年度目标任务的 109%。根据《国家新型城镇化规划（2014—2020 年）》发布，明确到 2020 年应基本完成城市棚户区改造任务。而之前的数据表明，棚改已超额完成，同时，自 2018 年起，国开行收归棚改贷款审批、住建部定调棚改货币化“因地制宜”等这一系列的信号都意味着棚改即将进入尾声。

3. 新农村建设带来新机遇

2019 年，房地产估价行业内已有部分估价公司开始承接乡村规划类项目，但开展此类业务的估价公司多以提供规划为主，与估价的结合点较少，对专业技术及项目管理要求较高。目前评估行业中，承接此类项目的公司数量较少。

4. 自然资源部将为估价拓展更多的业务领域

2019 年，在中估协举办的系列研讨会上，已有部分公司分享与自然资源评估的研究成果及实践经验，包括：生态系统服务价值评价评估，水资源评价评估、森林草原湿地评价评估等。由此可见，估价领域部分公司已在自然资源评估方面有相应实践经验。但由于此类业务涉及的领域比较专业，需要具备比较专业的评估技术，所以目前能承担此类项目的估价公司数量并不多。

5. 区域一体化将产生创新的业务需求

目前，部分估价公司通过对区域内的土地监控为政府提供区域规划咨询，土地利用规划，进行区域内土地整备，出具土地利用经济评价。此类业务需要结合规划、产业经济、产业布局等专业知识，对人才的要求较高。

6. 房地产估价业务在押品金融领域的升级——各类押品评估产品创新

银行是估价行业的主要客户之一，2019 年行业业务数据显示，银行抵押贷款业务评估总价值占比约 56%。银行自身的迭代升级也带动估价行业的迭代升级，据调研，各类银行使用房地产在线评估系统覆盖率已有 152 家（见表 7-1）。其中国有银行基本实现全覆盖，说明银行的需求在不断升级，需要估价公司提供创新类产品，以辅助银行提高工作效率。目前估价行业已有数据类创新产品涉足金融领域，多在风险控制环节，目的是辅助银行提高放贷效率。

表 7-1　房地产在线评估银行覆盖率

序号	类别（等级）	银行数量	覆盖率（%）
1	国有银行 A 类	6	100
2	股份制银行 B 类	12	100
3	城商行 C 类	134	27
合　计		152	36

数据来源：全国部分估价机构调研结果（调研时间：2019 年 10 月）。

7. 房地产估价线上、线下深度结合

疫情爆发以来，2020 年 2 月 17 日，中国房地产估价师学会提出远程在线查勘的必要性和技术可能性。2 月 21 日，广东协会要求各会员机构应用多种手段完成市场调查工作。2 月 22 日，河南协会明确可采用估价报告电子签章方式，用以缩短估价委托人（尤其外地估价委托人）时间成本、提高工作效率。这一系列的操作表明部分有条件的评估公司现已开始通过线上线下深度结合开展评估工作，以期提高评估工作的效率。随着疫情持续时间的延长，或将改变估价师的工作习惯，或将有更多的房地产估价机构采用线上线下结合的模式进行评估工作。

8. 跨行业机构及资本渗透房地产估价行业

跨行业机构已开始渗入房地产估价行业。2019 年，京东、淘宝、工商银行入司法网络询价平台名单库，开始为司法机构提供询值服务；部分不具备估价资质的数据公司也已开始为银行提供在线询值业务；部分银行普惠金融中的抵押快贷评估已引入数家数据公司进行价格比对。部分房地产经纪公司开始提供线上估价服务，如：安居客 APP 推出房价报告，我要估价服务；贝壳找房 APP 也同样推出房屋估价服务。随着智能化水平的不断提升，预计未来将有更多的跨行业机构渗透至估价行业，房地产评估转型迫在眉睫。

9. 行业内部机构整合创新

目前估价行业内部机构主要有 6 种整合模式，① 分别为联盟—公司，联盟—合伙，联合—公司，联合—合

① 6 种整合模式的定义可参考《房地产估价企业模式创新研究》课题。

伙，实体—公司，实体—合伙。

估价行业目前较为常用的整合模式为联盟—公司、实体—公司整合模式。已有多家公司采用以上两种整合模式。如：采用联盟—公司整合模式：中估联行、中房评、中城联行等，采用实体—公司整合模式：首佳顾问。

其余 4 种整合模式属于创新整合模式，其中两种创新整合模式已有公司开始采用。上海联城行通过实体—合伙模式进行整合；上海 T 公司通过联合—公司模式整合。

（许　军　田蓉泉　上海联城房地产评估咨询有限公司）

四、房地产金融

（一）年度金融政策梳理

1. 中央关于金融工作的指示精神

3 月，政府工作报告。稳健的货币政策要松紧适度。在实际执行中，既要把好货币供给总闸门，不搞“大水漫灌”，又要灵活运用多种货币政策工具，疏通货币政策传导渠道，保持流动性合理充裕，有效缓解实体经济特别是民营和小微企业融资难融资贵问题，防范化解金融风险。深化利率市场化改革，降低实际利率水平。完善汇率形成机制，保持人民币汇率在合理均衡水平上的基本稳定。

8 月，国务院金融稳定发展委会议。加大宏观经济政策的逆周期调节力度，下大力气疏通货币政策传导。继续实施好稳健货币政策，保持流动性合理充裕和社会融资规模合理增长。实施积极的财政政策，把财政政策与货币金融政策更好地结合起来。

12 月，中央经济工作会议。中央经济工作会议强调，要完善和强化“六稳”举措，健全财政、货币、就业等政策协同和传导落实机制，确保经济运行在合理区间。稳健的货币政策要灵活适度，保持流动性合理充裕，货币信贷、社会融资规模增长同经济发展相适应，降低社会融资成本。

2. 各部委政策

5 月，银保监会公布 2019 年银行机构“巩固治乱象成果 促进合规建设”工作要点，要求严查房地产违规融资；坚持房地产融资审慎监管制度，严控银行保险资金违规进入房地产市场。

7 月，央行召开银行业金融机构信贷结构调整优化座谈会，强调合理控制房地产贷款投放，加强对存在高杠杆经营的大型房企的融资行为的监管和风险提示。

7 月，发改委发布《关于对房地产企业发行外债申请备案登记有关要求的通知》（发改办外资〔2019〕778 号），明确房地产企业发行外债只能用于置换未来一年内到期的中长期境外债务。

8 月，央行召开 2019 年下半年工作电视会议，强调要坚持“房子是用来住的，不是用来炒的”，持续加强房地产市场资金管控。

12 月，央行发布《中国人民银行公告〔2019〕第 30 号》，自 2020 年 3 月 1 日起，金融机构应与存量浮动利率贷款客户就定价基准转换条款进行协商，将原合同约定的利率定价方式转换为以 LPR 为定价基准加点形成（加点可为负值），加点数值在合同剩余期限内固定不变；也可转换为固定利率。

（二）宏观融资总量及价格

1. 货币供应总量

2019 年年底，广义货币供应量 M_2 余额为 198.6 万亿元，同比增长 8.7%，增速比上年年底高 0.6 个百分点，以适度的货币增长支持了经济高质量发展。基础货币余额为 32.4 万亿元，同比增速-2.05%，增速比上年年底低2.87个百分点（见图7-17）。货币乘数（广义货币/基础货币）为6.13，保持扩大趋势（见图7-17）。

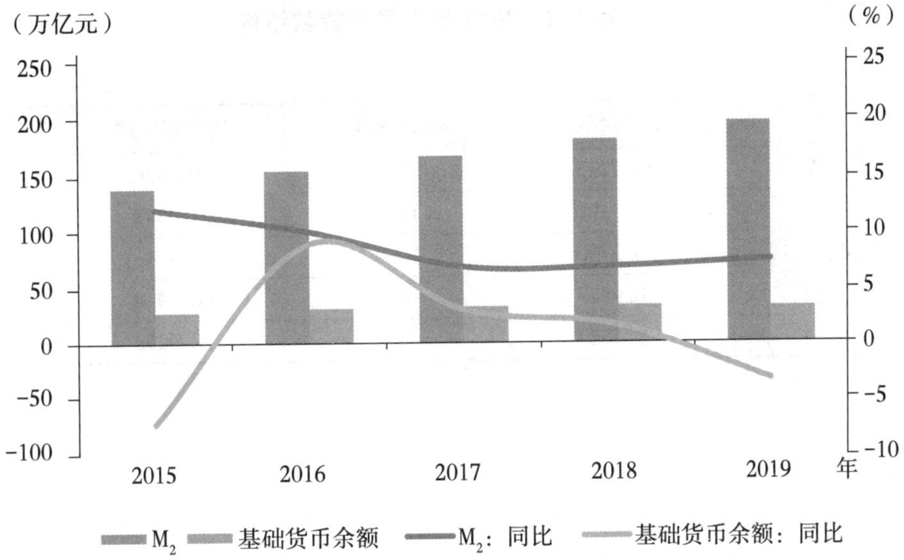

图7-17　2015—2019年M_2、基础货币及其同比增速

数据来源：中国人民银行。

2. 存款

2019年年底，金融机构人民币各项存款余额为192.9万亿元，同比增长8.7%，比年初增加15.4万亿元，同比略多增1.9万亿元。从存款部门分布看，住户存款、非银行业金融机构当年存款增量分别为9.7万亿元、1.2万亿元，分别同比多增2.5万亿元、少增0.86万亿元；非金融企业2019年存款增量为3.2万亿元，同比多增1.2万亿元（见表7-2）。

表7-2　2019年人民币存款结构

单位：万亿元，%

类　型	存款余额	同比增速	当年新增额	同比多增额
人民币各项存款	192.8785	8.7	15.3560	1.9378
住户存款	81.3017	13.5	9.6979	2.4708
非金融企业存款	59.5365	5.8	3.2389	1.1817
政府存款	33.7671	3.7	1.2086	-0.8647
非银行业金融机构存款	17.1429	7.3	1.1631	-0.8615
境外存款	1.1304	4.4	0.0476	0.0115

数据来源：中国人民银行。

3. 贷款

2019年年底，金融机构人民币贷款余额为153.1万亿元，同比增长12.3%，比年初增加16.8万亿元，同比多增0.65万亿元。从贷款部门分布看，住户贷款余额55.3万亿元，同比增长15.5%，比年初增加7.4万亿元，同比略多增0.0551万亿元，其中，个人住房贷款余额30.2万亿元，同比增速16.7%，比年初增加4.4万亿元，同比多增0.5万亿元。非金融企业及机关团体贷款余额96.3万亿元，同比增长10.9%，当年新增额9.4

万亿元，同比多增 1. 2 万亿元（见表 7-3）。

表 7-3　2019 年人民币贷款结构

单位：万亿元，%

类　型	贷款余额	同比增速	当年新增额	同比多增额
人民币各项贷款	153. 1123	12. 3	16. 8156	0. 6510
住户贷款	55. 3191	15. 5	7. 4348	0. 0551
非金融企业及机关团体贷款	96. 2736	10. 9	9. 4448	1. 1654
非银行业金融机构贷款	0. 9827	-8. 7	-0. 0932	-0. 5333
境外贷款	0. 5367	5. 8	0. 0292	-0. 0362

数据来源：中国人民银行。

4. 社会融资规模

2019 年年底，社会融资规模存量为 251. 3 万亿元，同比增长 10. 7%（社会融资规模统计口径有所完善）。其中，人民币贷款余额为 151. 6 万亿元，同比增长 12. 5%；外币贷款折合人民币余额为 2. 1 万亿元，同比下降 4. 6%；委托贷款余额为 11. 4 万亿元，同比下降 7. 6%；信托贷款余额为 7. 4 万亿元，同比下降 4. 4%；未贴现的银行承兑汇票余额为 3. 3 万亿元，同比下降 12. 5%；企业债券余额为 23. 5 万亿元，同比增长 13. 4%；政府债券余额为 37. 7 万亿元，同比增长 14. 3%；非金融企业境内股票余额为 7. 4 万亿元，同比增长 5%（见表 7-4）。

表 7-4　2019 年社会融资结构

单位：万亿元，%

类　型	余　额	同比增速	当年新增额	同比增减额
社会融资规模	251. 3	10. 7	25. 5753	3. 0833
人民币贷款	151. 6	12. 5	16. 8835	1. 2123
外币贷款	2. 1	-4. 6	-0. 1275	0. 2926
委托贷款	11. 4	-7. 6	-0. 9396	0. 6666
信托贷款	7. 4	-4. 4	-0. 3467	0. 3508
未贴现的银行承兑汇票	3. 3	-12. 5	-0. 4757	0. 1586
企业债券	23. 5	13. 4	3. 2416	0. 6098
政府债券	37. 7	14. 3	4. 7204	-0. 1327
非金融企业境内股票融资	7. 4	5. 0	0. 3479	-0. 0127
其他融资	6. 7	27. 0	1. 4148	-0. 1756

数据来源：中国人民银行。

5. 市场利率

从银行融资看，2019 年货币市场利率总体平稳，利率中枢有所下行。2019 年 12 月底，3 月期 SHIBOR 为 3. 02%，比上年年底的 3. 35%下降 33bp；银行间市场存款类机构以利率债为质押的 7 天期回购利率（DR007）为 2. 65%，比上年年底的 3. 04%下降了 39bp。

从非金融机构融资看，国债可代表当前无风险利率水平，企业债代表企业直融成本，这两个指标利率都是衡量金融市场各类融资利率的标尺。2019 年 12 月底，1 年期国债、1 年期 AAA 企业债、1 年期 AA-企业债到期收益率分别为 2.36%、3.17%、5.44%，较 2018 年年底分别下降 28bp、55bp、79bp（见图 7-18）。

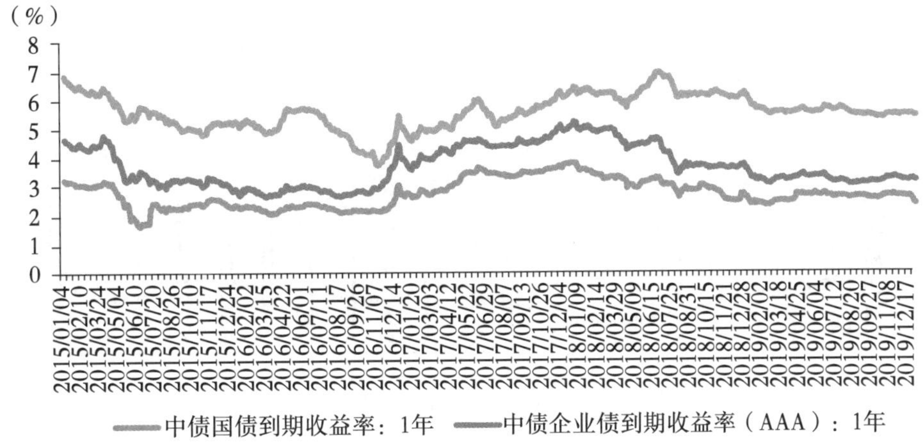

图 7-18　2015—2019 年主要融资利率走势

数据来源：wind 数据库。

（三）房地产信贷

1. 房地产信贷总量

2019 年年底，人民币房地产贷款余额 44.4 万亿元，同比增长 14.8%，增速比上年年底低 5.2 个百分点。全年增加 5.7 万亿元，占同期人民币各项贷款增量的 34.0%，比上年全年水平低 5.9%（见图 7-19）。

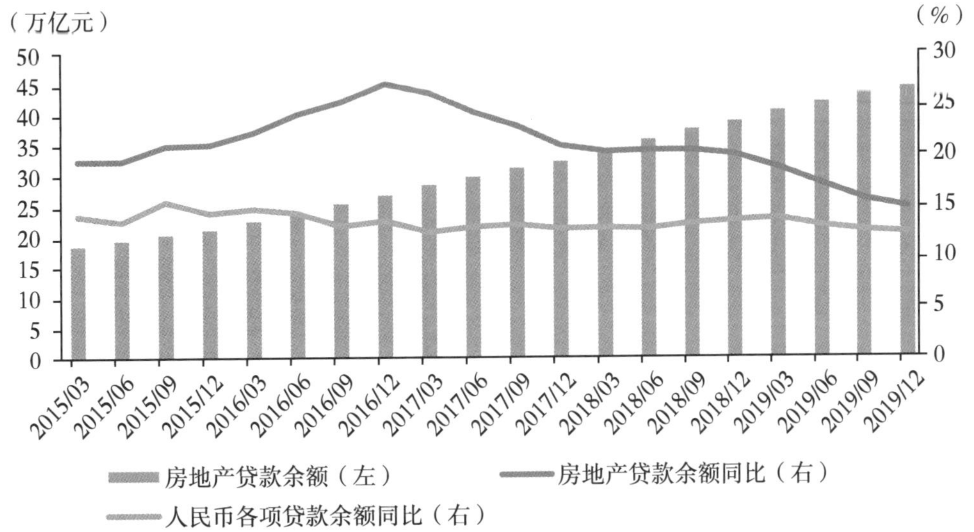

图 7-19　2015—2019 年房地产贷款余额及其同比增速

数据来源：中国人民银行。

2. 与其他行业比较

从国民经济各行业来看，房地产贷款增幅持续平稳回落，增速仍高于其他行业。2019 年年底，房地产贷款同比增速 14.8%，高于服务业贷款同比增速 13.0%，远高于工业贷款增速 6.8%（包括重工业和轻工业）（见图 7-20）。

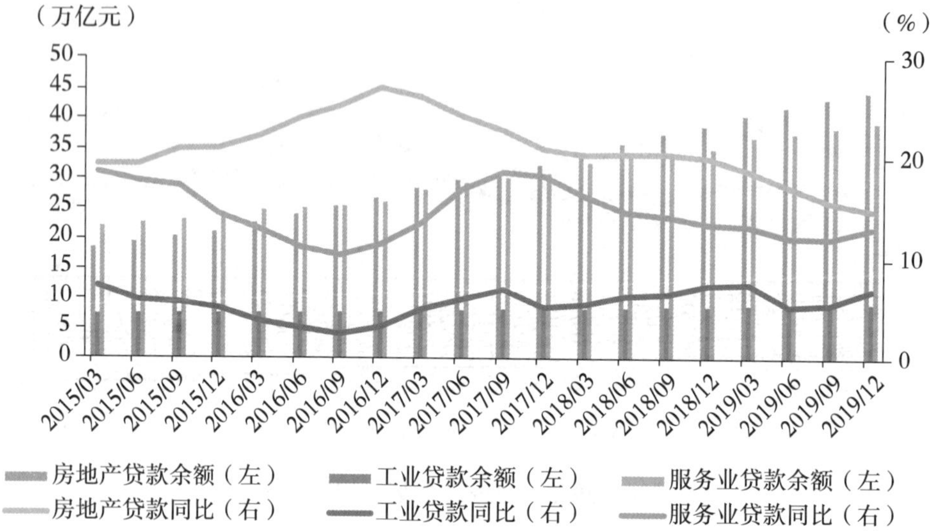

图 7-20　2015—2019 年部分行业贷款余额及其增速

数据来源：中国人民银行。

3. 房地产按揭贷款利率

2019 年 12 月所有贷款加权平均利率为 5.44%，较上年年底下降 19 个 bp。其中，个人购房贷款利率加权平均利率为 5.62%，较上年年底下降 13 个 bp；一般公司贷款加权平均利率为 5.74%，较上年年底下降 17 个 bp（见表 7-5）。

表 7-5　2015Q1—2019Q4 各项贷款及利率

单位：%

季　度	个人购房贷款利率（当月）	一般公司贷款利率（当月）	所有贷款加权平均利率（当月）	基准利率上浮贷款占比（当月）
2015Q1	6.01	6.78	6.56	68.93
2015Q2	5.53	6.46	6.04	66.80
2015Q3	5.02	6.01	5.70	66.80
2015Q4	4.70	5.64	5.27	59.95
2016Q1	4.63	5.67	5.3	61.58
2016Q2	4.55	5.58	5.26	58.14
2016Q3	4.52	5.65	5.22	60.38
2016Q4	4.52	5.44	5.27	52.73
2017Q1	4.55	5.63	5.53	58.57

续表

季　度	个人购房贷款利率（当月）	一般公司贷款利率（当月）	所有贷款加权平均利率（当月）	基准利率上浮贷款占比（当月）
2017Q2	4.69	5.71	5.67	64.39
2017Q3	5.01	5.86	5.76	68.14
2017Q4	5.26	5.80	5.74	64.41
2018Q1	5.42	6.01	5.96	74.35
2018Q2	5.60	6.08	5.97	75.24
2018Q3	5.72	6.19	5.94	73.76
2018Q4	5.75	5.91	5.63	65.26
2019Q1	5.68	6.04	5.69	67.88
2019Q2	5.53	5.94	5.66	66.18
2019Q3	5.55	5.96	5.62	—
2019Q4	5.62	5.74	5.44	—

数据来源：中国人民银行。

（四）房地产信托

1. 房地产信托相关政策

2019年7月3日，银保监会对近期部分房地产信托业务增速过快、增量过大的信托公司进行了约谈警示，此次被指导的公司包括中融信托、中航信托、江苏信托、万向信托、兴业信托、交银国际信托、光大信托、五矿信托、百瑞信托、国民信托等10家。

2019年7月6日，银保监会提出加强房地产信托领域风险防控的五方面要求：严格执行房地产市场调控政策和现行房地产信托监管要求；提高风险管控水平，确保业务规模及复杂程度与自身资本实力、资产管理水平、风险防控能力相匹配；提高合规意识，加强合规建设，确保房地产信托业务稳健发展；控制业务增速，将房地产信托业务增量和增速控制在合理水平；提升受托管理能力，积极优化房地产信托服务方式，为房地产企业提供专业化、特色化金融服务。

2. 资金投向余额情况

截至2019年4季度末，资金信托余额17.9万亿元，同比下降5.3%，工商企业依然以5.5万亿元的余额规模稳居榜首，其次是基础产业、房地产、金融机构、证券投资。投向房地产行业的规模为2.7万亿元，同比持平。

从资金信托的投向占比看，2019年4季度五大投向占比为：工商企业占比30.6%，基础产业占比15.7%，房地产业占比15.1%，金融机构占比14.0%，证券投资占比10.9%。房地产业的资金信托余额占比较上年年底提升了0.9%（见图7-21）。

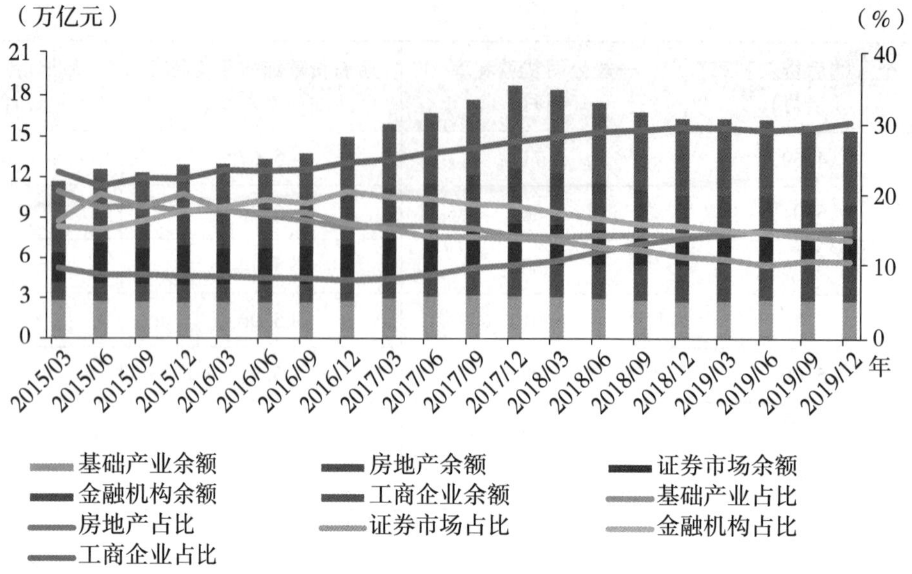

图 7-21　2015—2019 年资金信托投向余额及占比

数据来源：中国信托业协会。

3. 新增项目资金投向

截至 2019 年 4 季度末，新增资金信托 4.47 万亿元，同比增加 2.76%。其中，投向房地产行业的新增金额为 1.09 万亿元，同比增加 25.2%，占新增信托资产规模的比例为 24.5%，相比上年增加 4.5 个百分点；工商企业新增资金信托为 1.5 万亿元，占比 34.6%；金融机构新增资金信托为 0.4 万亿元，占比 9.7%；基础产业新增资金信托为 0.6 万亿元，占比 14.0%；证券投资新增资金信托为 0.14 万亿元，占比 3.1%。其他新增资金信托为 0.6 万亿元，占比 14.1%（见图 7-22）。

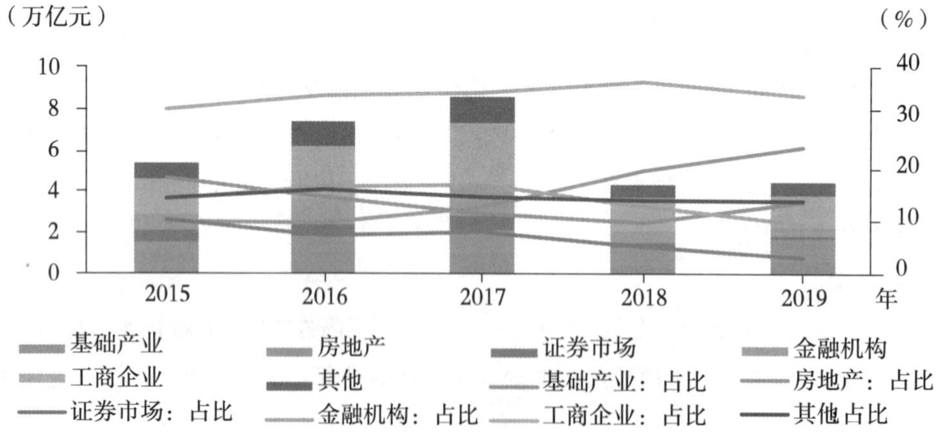

图 7-22　2015—2019 年新增资金信托投向及其占比

数据来源：中国信托业协会。

4. 各细分行业投向

根据国家统计局的国民经济行业分类，中国信托业协会数据显示，截至 2019 年 4 季度末资金信托的各行业投向中，投向金融业资金占比最高，投向房地产业的 2.7 万亿元，占比 15.1%（见图 7-23）。

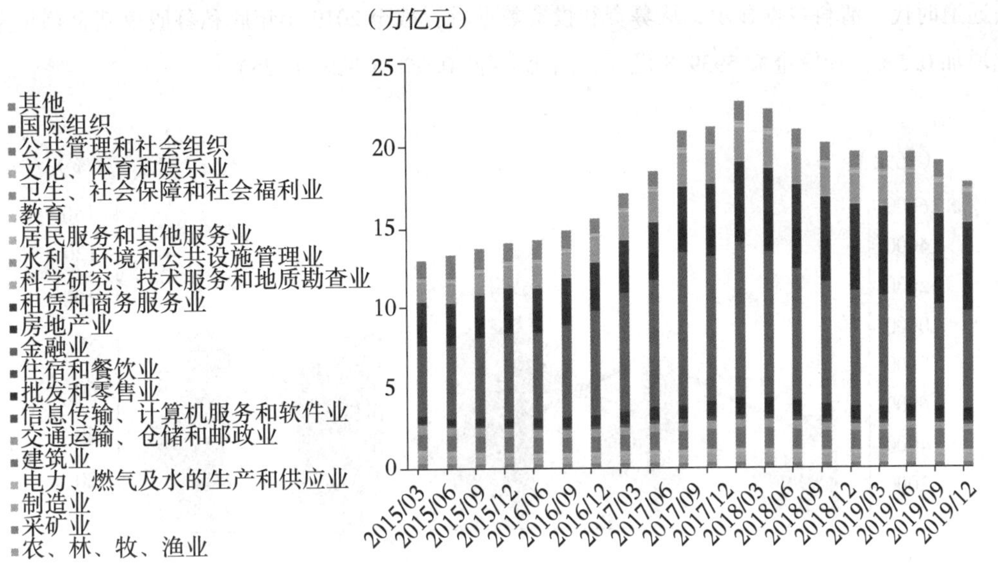

图 7-23　2015—2019 年资金信托各细分行业投向

数据来源：中国信托业协会。

5. 资金信托收益率

2019 年年底 1 年以下（含）、1—2 年（含）的房地产信托预期年收益率为 7.6%、8.4%，分别比上年同期减少 25 个 bp、增加 32 个 bp（见图 7-24）。

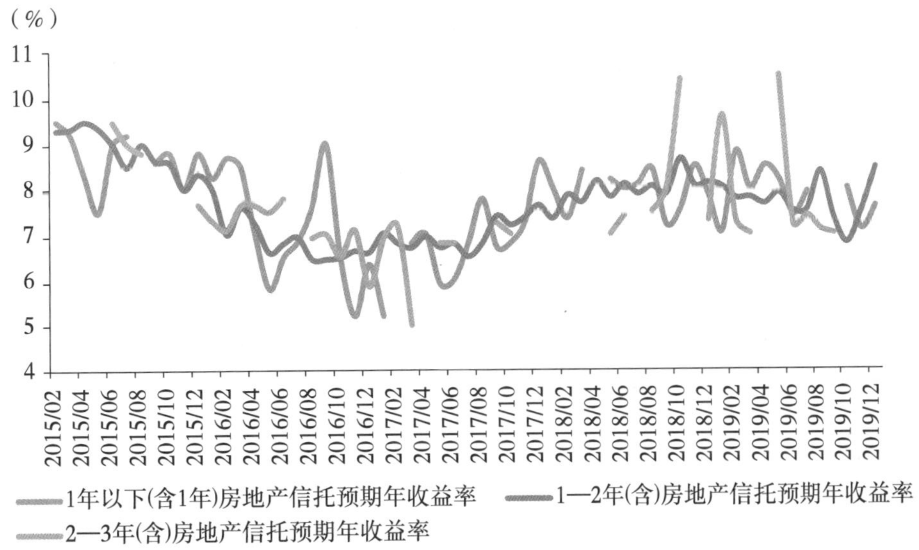

图 7-24　2015—2019 年房地产信托预期收益率

数据来源：中国信托业协会。

（五）房地产私募基金

随着《关于规范金融机构资产管理业务的指导意见》及其配套细则正式落地，私募股权基金进入严监管、去杠杆、去通道时代。清科数据显示，从募资和投资数据看，截至 2019 年年底私募股权基金募集金额 10156. 9 亿元，同比增加 0. 5%；投资金额 5939. 8 亿元，同比下降 30. 3%（见图 7-25）。

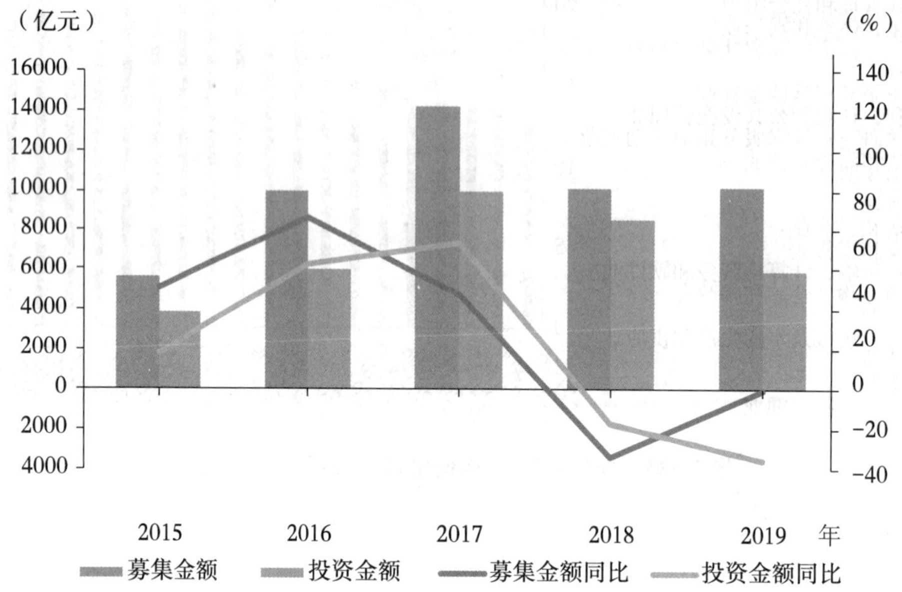

图 7-25　2015—2019 年私募股权基金募集及投资金额

数据来源：清科数据库。

从募集情况看，2019 年，房地产基金募集数量 88 只，募集金额为 231. 3 亿元，占比为 1. 9%。募集数量较上年同期增长一倍，募集金额略低于上年同期（2018 募集 47 只，285. 6 亿元）（见表 7-6）。

表 7-6　2019 年新募基金的募集金额及占比

单位：亿元，%

类　型	金　额	占　比
成长基金	8040. 3	64. 6
创业基金	1912. 1	15. 4
基础设施基金	886. 5	7. 1
并购基金	698. 6	5. 6
夹层基金	432. 3	3. 5
早期基金	243. 1	2. 0
房地产基金	231. 3	1. 9

数据来源：清科数据库。

从投资情况看，2019 年，私募股权基金在房地产领域的投资案例共有 50 起，较上年增加 29 起；投资金额为 141. 3 亿元，同比下降 62. 2%；投资金额名列行业第 15 位，较上年下降 8 位（见图 7-26）。

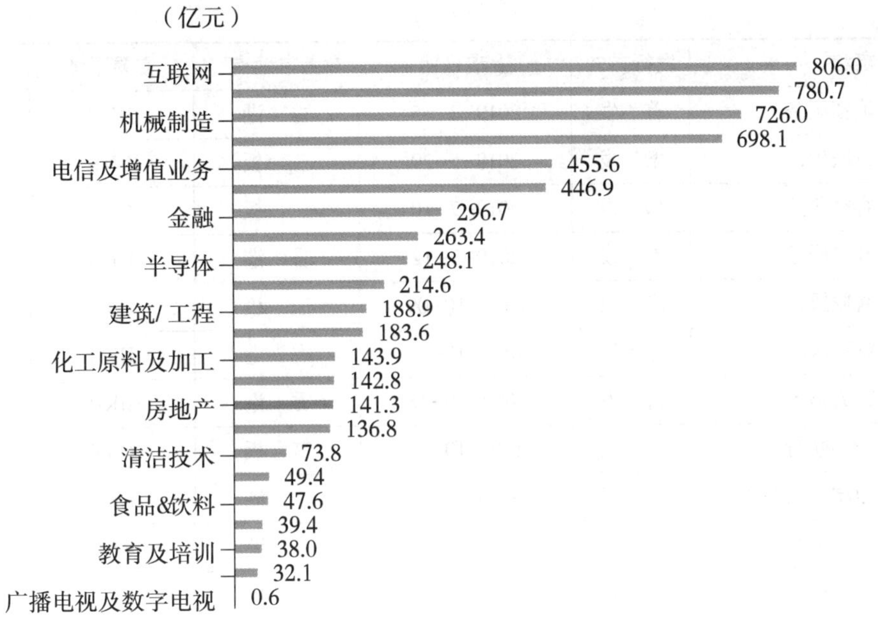

图 7-26　2019 年私募基金投资行业分布

数据来源：清科数据库。

（六）境内证券市场融资

1. 股票融资

2019 年房地产行业（按照 **wind** 行业划分）股票市场首发、增发和配股融资规模达 425. 9 亿元，同比减少 13. 5%。其中地产开发类公司融资规模达 300. 2 亿元，较上年（融资规模为 378. 3 亿元）减少 20. 6%；物业服务类公司融资 125. 9 亿元，较上年（融资规模为 114. 2 亿元）增加 10. 2%（见表 7-7）。

表 7-7　2019 年房地产企业股市融资情况

单位：亿元

公司名称		发行方式	上市日期	上市地点	交易币种	发行规模
地产开发类	德信中国	首　发	2019-2-26	香　港	HKD	16. 84
	大悦城	增　发	2019-2-26	深　圳	CNY	144. 47
	银城国际控股	首　发	2019-3-06	香　港	HKD	9. 14
	中梁控股	首　发	2019-7-16	香　港	HKD	32. 29
	中国天保集团	首　发	2019-11-11	香　港	HKD	5. 24
	新力控股集团	首　发	2019-11-15	香　港	HKD	22. 69
	上海临港	增　发	2019-12-02	上　海	CNY	47. 67
	中新集团	首　发	2019-12-20	上　海	CNY	14. 49
	宝龙商业	首　发	2019-12-30	香　港	HKD	16. 39

续表

公司名称		发行方式	上市日期	上市地点	交易币种	发行规模
物业、服务类	滨江服务	首发	2019-3-15	香港	HKD	5.32
	万联生活	增发	2019-5-29	三板	CNY	0.02
	容客科技	增发	2019-7-10	三板	CNY	0.11
	和泓服务	首发	2019-7-12	香港	HKD	1.28
	智联股份	增发	2019-10-09	三板	CNY	0.08
	鑫苑服务	首发	2019-10-11	香港	HKD	2.60
	蓝光嘉宝服务	首发	2019-10-18	香港	HKD	18.26
	新港联行	增发	2019-10-18	三板	CNY	0.07
	银城生活服务	首发	2019-11-06	香港	HKD	1.46
	景业名邦集团	首发	2019-12-05	香港	HKD	14.10
	招商积余	增发	2019-12-05	深圳	CNY	29.90
	保利物业	首发	2019-12-19	香港	HKD	53.82
	时代邻里	首发	2019-12-19	香港	HKD	8.33

数据来源：wind 数据库。

2. 境内债券融资

2019 年房地产行业共发行债券 518 只（不包括资产证券化产品），累计发行金额 4997.4 亿元，同比减少 9.5%；主要产品以超短期融资债券、定向工具、私募债、短期融资券、公司债和中期票据为主，其中从发行面额的占比来看：公司债（31.3%）>私募债（27.8%）>超短期融资债券（16.1%）>中期票据（13.7%）>定向工具（7.7%）>短期融资券（3.0%）。

根据克而瑞 2019 年销售金额榜单，TOP20 的房地产企业发行债券 1005.7 亿元，占比为 20.1%。发行主体主要有碧桂园、华夏幸福、金科集团、绿城集团、阳光城、招商蛇口、新城控股、龙湖集团等企业（见表 7-8）。

表 7-8　2019 年销售 TOP20 房企发行债券情况

发行人	发行日期	发行面额（亿元）	利率（%）	期限（年）	债券类型
碧桂园	2019-3-29	5.7	5.95	4	私募债
碧桂园	2019-3-29	5.9	5.03	5	一般公司债
碧桂园	2019-7-30	22.1	5.14	4	一般公司债
碧桂园	2019-9-25	18.5	6.80	4	私募债
碧桂园	2019-11-18	30.0	4.98	4	一般公司债
万科	2019-2-22	20.0	3.65	5	一般公司债
万科	2019-9-24	25.0	3.55	5	一般公司债
万科	2019-10-16	5.0	3.18	7 个月	超短期融资债券
保利置业	2019-1-17	15.0	3.60	3	一般中期票据

续表

发行人	发行日期	发行面额（亿元）	利率（%）	期限（年）	债券类型
保利置业	2019-8-27	5	3. 80	5	一般公司债
保利置业	2019-8-27	30	3. 35	3	一般公司债
保利置业	2019-9-20	35	3. 33	3	一般公司债
中海地产	2019-1-22	15	3. 75	7	一般公司债
中海地产	2019-1-22	20	3. 47	6	一般公司债
新城控股	2019-1-3	10	6. 00	3	一般中期票据
新城控股	2019-1-10	6	4. 30	7 个月	超短期融资债券
新城控股	2019-3-18	10	5. 90	5	一般公司债
新城控股	2019-3-18	11	5. 05	4	一般公司债
世　茂	2019-1-11	20	4. 65	3	一般公司债
世　茂	2019-3-15	10	4. 64	3	一般公司债
世　茂	2019-3-22	10	3. 67	1	一般短期融资券
世　茂	2019-5-20	5	4. 15	3	一般公司债
世　茂	2019-9-17	10	4. 30	5	一般公司债
世　茂	2019-10-18	10	4. 24	3	一般中期票据
世　茂	2019-11-7	10	4. 80	7	一般公司债
世　茂	2019-11-7	9	4. 30	5	一般公司债
华润置地	2019-7-5	10	3. 65	3	一般中期票据
华润置地	2019-7-19	10	3. 63	3	一般中期票据
华润置地	2019-8-2	10	3. 53	3	一般中期票据
华润置地	2019-8-19	10	3. 45	3	一般中期票据
绿　城	2019-1-18	5	3. 98	5	一般公司债
绿　城	2019-1-25	20	5. 59	3	一般中期票据
绿　城	2019-4-22	26	5. 60	3	一般中期票据
绿　城	2019-10-14	5	3. 84	3	一般中期票据
绿　城	2019-11-27	5	4. 34	7	一般公司债
绿　城	2019-11-27	10	3. 78	5	一般公司债
绿　城	2019-12-9	5	3. 61	2	一般公司债
龙　湖	2019-2-19	5	4. 70	7	一般公司债
龙　湖	2019-2-19	17	3. 99	5	一般公司债
龙　湖	2019-7-17	15	4. 67	7	一般公司债
龙　湖	2019-7-17	5	3. 90	5	一般公司债
金　地	2019-2-27	30	3. 20	7 个月	超短期融资债券
阳光城	2019-2-27	15	7. 50	3	一般公司债
阳光城	2019-3-20	5	7. 50	3	定向工具
阳光城	2019-4-11	8	7. 50	3	一般公司债
阳光城	2019-4-18	9	6. 50	1	一般短期融资券

续表

发行人	发行日期	发行面额（亿元）	利率（%）	期限（年）	债券类型
中南置地	2019-6-27	11.8	7.80	4.0	私募债
中南置地	2019-11-20	10.0	7.60	4.0	一般公司债
金　科	2019-1-4	12.0	6.50	1.0	一般短期融资券
金　科	2019-1-11	10.0	7.00	2.0	一般中期票据
金　科	2019-1-18	7.0	5.87	0.5	超短期融资债券
金　科	2019-3-7	20.0	6.90	4.0	一般公司债
金　科	2019-4-12	13.0	6.58	2.0	一般中期票据
金　科	2019-4-24	8.0	5.86	0.7	超短期融资债券
金　科	2019-7-4	15.8	6.50	3.0	一般公司债
金　科	2019-12-16	12.0	5.89	0.7	超短期融资债券
招　商	2019-1-16	15.0	2.98	0.3	超短期融资债券
招　商	2019-4-16	35.0	2.80	0.2	超短期融资债券
招　商	2019-6-21	23.0	4.21	5.0	一般公司债
招　商	2019-6-21	12.0	3.75	3.0	一般公司债
招　商	2019-7-10	15.0	4.13	5.0	一般公司债
招　商	2019-7-10	6.0	3.58	3.0	一般公司债
招　商	2019-7-11	10.0	3.14	0.7	超短期融资债券
金　茂	2019-3-21	6.0	3.47	0.7	超短期融资债券
金　茂	2019-4-9	7.0	3.39	0.7	超短期融资债券
华夏幸福	2019-1-9	8.0	8.75	3.0	私募债
华夏幸福	2019-1-9	10.0	8.20	3.0	私募债
华夏幸福	2019-1-16	25.0	5.50	0.7	超短期融资债券
华夏幸福	2019-1-23	5.0	8.20	3.0	私募债
华夏幸福	2019-3-21	10.0	5.50	5.0	一般公司债
华夏幸福	2019-3-28	13.0	7.80	1.0	私募债
华夏幸福	2019-8-27	20.0	7.80	3.0	私—募债

数据来源：wind 数据库。

（七）保险资金投资不动产

2019 年，29 家保险资产管理机构注册债权投资计划和股权投资计划共 255 只，同比增加 19.7%；合计注册规模 4636.65 亿元，同比增加 2.0%。其中，不动产债权投资计划 97 只，同比增加 9.0%；注册规模 1225.81 亿元，同比减少 1.6%（见表 7-9）。

表 7-9 2015—2019 年保险资金投资不动产统计

年 份	注册规模（亿元）	占比（%）	投资数（只）	占比（%）
2015	1019.6	38	69	57
2016	1001.8	32	77	51
2017	2113.5	42	123	57
2018	1245.4	27	89	42
2019	1225.8	26	97	38

数据来源：wind 数据库。

（八）不动产资产证券化

2019 年不动产资产证券化产品发行 1318.4 亿元，发行笔数 136 笔。其中，供应链金融 ABS 发行规模为 501.4 亿元，占比 38%；CMBS/CMBN 发行规模为 358.4 亿元，占比 27%；类 REITs 发行规模为 251.3 亿元，占比 19%；购房尾款 ABS/ABN 发行规模为 146.2 亿元，占比 11%；物业费 ABS 发行规模为 61.1 亿元，占比 5%（见表 7-10）。

表 7-10 2019 年不动产资产证券化产品发行

类 别	发行规模（亿元）	占比（%）	发行笔数（笔）	占比（%）
类 REITs	251.3	19	14	10
CMBS/CMBN	358.4	27	13	10
物业费 ABS	61.1	5	8	6
购房尾款 ABS/ABN	146.2	11	16	12
供应链金融 ABS	501.4	38	85	63
合 计	1318.4	100	136	100

数据来源：wind 数据库。

截至 2019 年年底，不动产资产证券化产品的存续规模已达到 6048.3 亿元，累计发行笔数 426 笔。其中，不动产抵押类资产证券化产品（类 REITs、CMBS/CMBN）发行规模 3289.7 亿元，占发行总额的 54%，包括类 REITs 发行 65 笔，融资规模 1388.8 亿元；CMBS/CMBN 发行 72 笔，融资规模 1900.9 亿元。此外，信用类不动产 ABS 产品（物业费 ABS、购房尾款 ABS/ABN、供应链金融 ABS）发行规模 2758.6 亿元，占总规模的 46%，包括物业费 ABS 发行 61 笔，融资规模 731.5 亿元；包括购房尾款 ABS/ABN 发行 64 笔，融资规模 851.3 亿元；包括供应链金融 ABS 发行 164 笔，融资规模 1175.8 亿元（见表 7-11）。

表 7-11 截至 2019 年年底不动产资产证券化产品累计发行

类 别	发行规模（亿元）	占比（%）	发行笔数（笔）	占比（%）
类 REITs	1388.8	23	65	15
CMBS/CMBN	1900.9	31	72	17
物业费 ABS	731.5	12	61	14
购房尾款 ABS/ABN	851.3	14	64	15
供应链金融 ABS	1175.8	19	164	38
合 计	6048.3	100	426	100

数据来源：wind 数据库。

（九）境外证券市场融资

2019 年，内地房企共在海外发债 240 只，同比增长 110.5%，相较上年增速上升 62.5 个百分点；实际募资 784.2 亿美元，同比上升 61.9%，较上年增速上升 37.9 个百分点（见表 7-12）。

表 7-12 2019 年 TOP20 房地产企业境外债券发行情况

发行人	起息日期	发行规模（亿美元）	利率（%）	上市地区	交易币种
碧桂园	2019-1-25	5.5	7.13	新加坡	USD
碧桂园	2019-4-8	5.5	6.50	新加坡	USD
碧桂园	2019-4-8	13.5	7.25	新加坡	USD
碧桂园	2019-9-17	5.0	6.15	新加坡	USD
万 科	2019-3-7	6.0	4.20	中国香港	USD
万 科	2019-11-12	4.2	3.15	中国香港	USD
万 科	2019-11-12	3.0	3.50	中国香港	USD
恒大集团	2019-4-11	4.5	10.00	新加坡	USD
恒大集团	2019-4-11	4.0	10.00	新加坡	USD
恒大集团	2019-4-11	3.0	10.50	新加坡	USD
恒大集团	2019-4-11	4.0	10.50	新加坡	USD
恒大集团	2019-4-11	12.5	9.50	新加坡	USD
恒大集团	2019-4-11	2.0	9.50	新加坡	USD
融 创	2019-1-15	6.0	8.38	新加坡	USD
融 创	2019-2-15	8.0	7.88	新加坡	USD
融 创	2019-4-11	7.5	7.95	新加坡	USD
融 创	2019-6-14	6.0	7.25	新加坡	USD

续表

发行人	起息日期	发行规模（亿美元）	利率（%）	上市地区	交易币种
融　创	2019-11-1	6.5	7.50	新加坡	USD
保利置业	2019-3-25	5.0	3.88	中国香港	USD
绿　地	2019-1-24	3.0	7.88	中国香港	USD
绿　地	2019-3-12	3.5	7.25	中国香港	USD
绿　地	2019-6-25	5.0	6.75	中国香港	USD
绿　地	2019-7-17	3.0	6.00	中国香港	USD
绿　地	2019-11-13	3.7	5.60	中国香港	USD
中海地产	2019-7-15	4.5	3.45	中国香港	USD
中海地产	2019-11-27	2.9	3.05	中国香港	USD
新城控股	2019-1-22	3.0	7.50	新加坡	USD
新城控股	2019-1-28	3.0	6.75	新加坡	USD
新城控股	2019-4-15	2.0	6.15	新加坡	USD
新城控股	2019-5-20	3.0	6.50	新加坡	USD
新城控股	2019-12-16	3.5	7.50	新加坡	USD
世　茂	2019-2-21	10.0	6.13	新加坡	USD
世　茂	2019-7-15	10.0	5.60	新加坡	USD
华润置地	2019-2-26	3.0	3.75	中国香港	USD
华润置地	2019-2-26	5.0	4.13	中国香港	USD
华润置地	2019-12-9	10.5	3.75	中国香港	USD
绿　城	2019-11-12	6.0	4.55	中国香港	USD
龙　湖	2019-9-16	8.5	3.95	新加坡	USD
金　地	2019-6-14	2.5	5.60	中国香港	USD
阳光城	2019-6-18	3.0	10.25	新加坡	USD
旭辉控股	2019-1-2	4.0	7.63	中国香港	USD
旭辉控股	2019-2-28	3.0	7.63	中国香港	USD
旭辉控股	2019-3-28	5.6	6.55	中国香港	USD
旭辉控股	2019-7-23	16.0	6.70%	中国香港	CNY
旭辉控股	2019-11-7	4.0	6.45	中国香港	USD
旭辉控股	2019-11-7	1.0	6.45	中国香港	USD
金　科	2019-6-20	3.0	8.38	中国香港	USD
华夏幸福	2019-2-28	5.3	8.63	新加坡	USD
华夏幸福	2019-4-8	3.5	7.13	新加坡	USD
华夏幸福	2019-4-8	6.5	8.60	新加坡	USD

数据来源：wind 数据库。

（赵永升　傅　强　黄泽华　中国民生银行地产金融事业部）

五、境外房地产投资

（一）中国对外直接投资

根据国家商务部、国家统计局和国家外汇管理局的统计数据显示，2019 年全年中国对外直接投资额 8167.2 亿人民币（折合 1171.2 亿美元）（见图 7-27），同比下降 18.1%；其中，中国境内投资者跨境非金融类直接投资累积投资金额近 7712.6 亿人民币（折合 1106 亿美元）（见图 7-28），同比下降 8.2%。至此，中国对外非金融类直接投资金额是自 2016 年以来连续第三年下降。

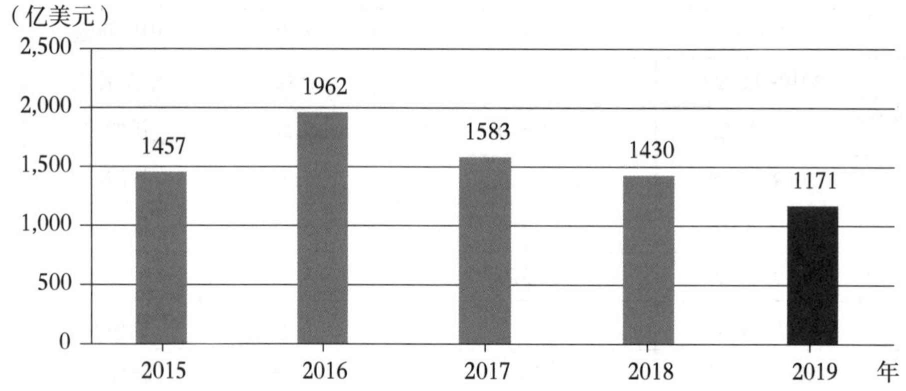

图 7-27　2015—2019 年中国对外直接投资统计

数据来源：2015—2018 年对外直接投资数据来源于中国商务部、国家统计局、国家外汇管理局公布的年度《中国对外直接投资公报》，2019 年数据来源于中国商务部发布的快报数据，未包含全部收益再投资部分。

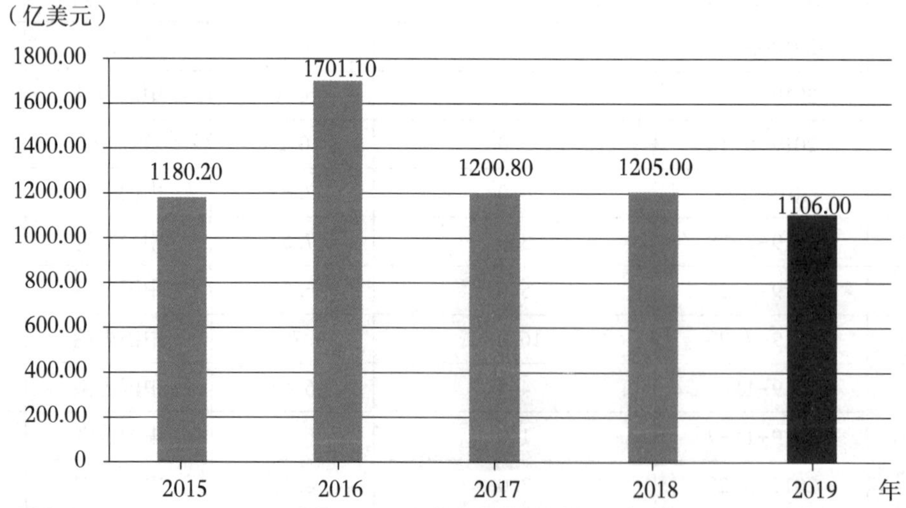

图 7-28　中国非金融类对外直接投资

数据来源：商务部、国家统计局、国家外汇管理局。

根据 2019 年中国非金融对外直接投资的月度数据可知（见图 7-29），与往年相同 2 月份仍为全年最低点，相较 1 月份的跌幅较大，而之后的平均涨幅又扩大，呈现稳定态势，直至 2019 年 12 月份中国非金融类对外直接投资才出现较大幅的增长，环比 11 月份增长 43%，达到 119 亿美元，但仍然低于上年同期的 160 亿美元。

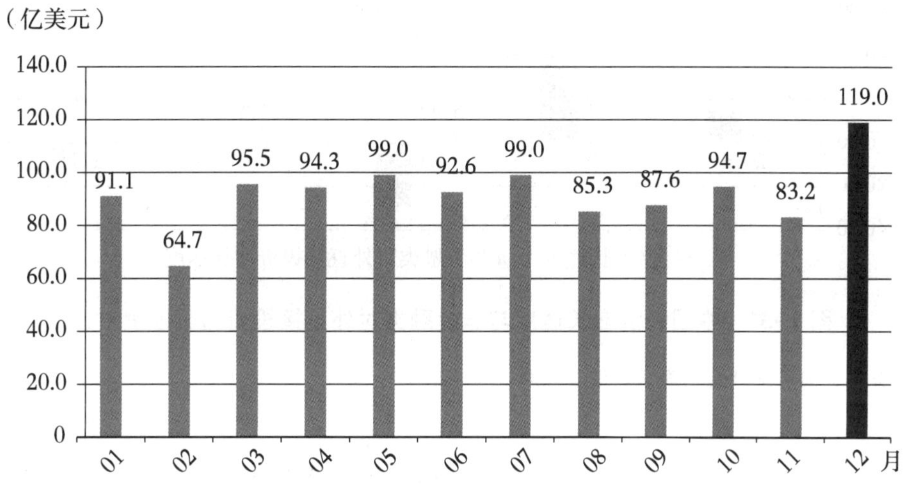

图 7-29　2019 年中国非金融类对外直接投资月度统计数据

数据来源：中国商务部、国家统计局、国家外汇管理局。

2019 年，中国大陆企业海外并购交易总额 573 亿美元（见图 7-30），同比下降 39.1%，回落至 2015 年的水平。诸多因素共同导致大型跨境交易大量减少，如资本出境的从严核查，相关境外投资政策的变更和调控影响了并购的开展，以及境外并购市场总体不明朗的发展趋势等多重因素；但是，仍然存在大量小规模的海外并购，致使整体交易数量保持不变，与上年基本持平甚至略有回升。2019 年全年中国企业境外并购共完成项目 667 起，其中，民营企业交易数量 384 起，是最活跃的海外买家，尽管这些交易的交易金额明显下降，超大型并购交易数量明显减少，但仍然连续四年超越国有企业（约 6.4 倍），占到总交易额的 58%。另外，财务投资者的交易数量达到 223 起。相反，国有企业的境外投资数量呈现明显减少态势，呈现自 2014 年以来的新低。

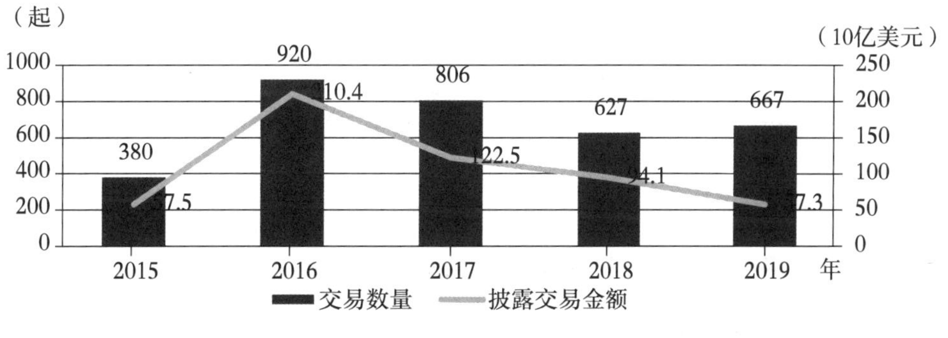

图 7-30　2015—2019 年中国企业海外并购交易数量与交易金额

数据来源：汤森路透，投中数据及普华永道分析。

2019年中国国内生产总值（GDP）增长率与非金融类对外直接投资增长速度对比，与上年相比较，中国非金融类对外直接投资继续延续了下跌趋势（见图7-31）。

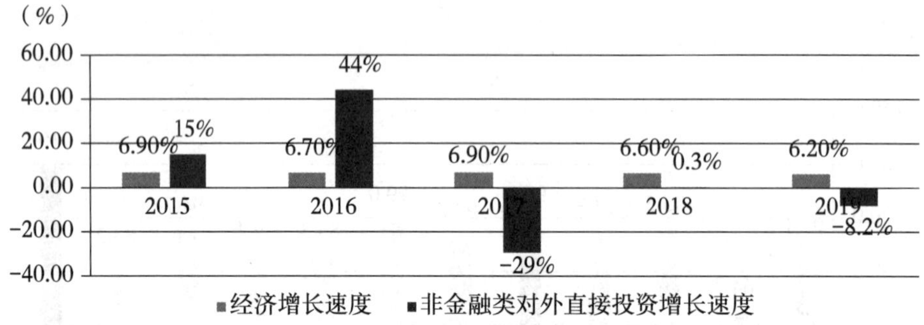

图7-31　中国经济增长速度与非金融类对外直接投资增长速度对比

数据来源：商务部、国家统计局、国家外汇管理局。

截至2019年11月底，中国完成非金融类直接投资的国家和地区由2018年的161个增加到166个。完成投资的境外企业和项目也由2018年的5735家上升至5791家，与上年同期相比均出现了小幅回升，是自2016年以来的首次增长。

与往年有所不同，在整体对外投资金额大幅下挫的情况下，亚洲仍逆势增长，跃升为中国海外第一大对外直接投资目的地，亚洲总交易金额达到54000百万美元，增长21.3%，占投资总额的近三成，主要投入TMT、金融服务及房地产、酒店与建造等行业。

受全球主要经济体政治格局的影响，2019年内中国对美国和欧洲两大境外主要投资目的地的投资额均进一步出现较大幅度的下滑。上年位于首位的欧洲，2019年则跌回至第三大目的地，交易额仅19990百万美元，同比大幅下降57.1%，为连续第三年下降，创2014年以来最低（见图7-32）。英国已于2020年1月31日正式脱离欧盟，进一步降低中企在欧洲投资的不确定性。受到地缘政治风险和外商投资政策阻力带来的影响，大洋洲、南美洲、北美洲宣布的交易金额和数量同比也均有较大下降。

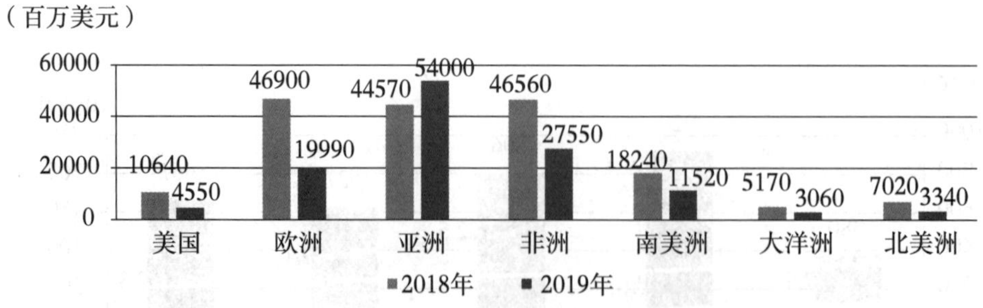

图7-32　2018年与2019年中国对外直接投资分布对比

数据来源：China Global Investment Tracker.①

① 说明：China Global Investment Tracker中统计的数据仅包含投资规模在1亿美元以上的投资案例统计，且不包含对香港的投资（后同）。

就单个被投资国家和区域来看，往年居于榜首的欧洲区域国家的交易金额明显缩水，比如瑞士、德国和英国这些主要投资地区均出现了大幅下降。自 2018 年 12 月起，为了保护关键基础设施不被非欧洲实体收购，德国已提高了对收购德国公司股份的安全调查门槛，英国作为欧洲较开放的金融国度，由于担心境外资本在国防和科技等经济领域的投资会损害其国家安全，也加大了阻止或取消非本国资本对其境内核心企业收购的力度（见图 7-33）。

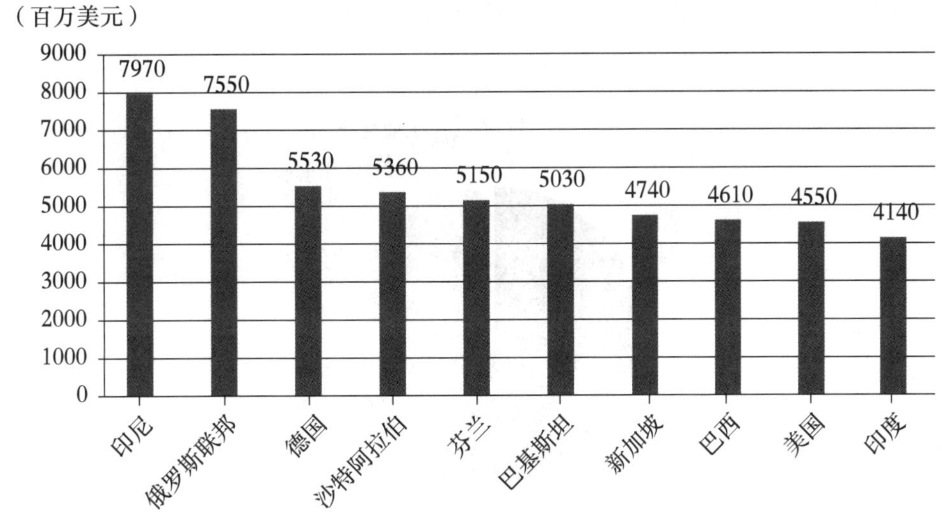

图 7-33　2019 年中国对外直接投资前十大国家和地区

数据来源：China Global Investment Tracker.

根据 Rhodium Group 荣鼎咨询发布的报告（见图 7-34），截至 2019 年上半年中国对美国的直接投资总额降至 31 亿美元，与上年同期基本持平。但随着中美关系趋于缓和，中国企业第四季度对美国投资略有回暖。

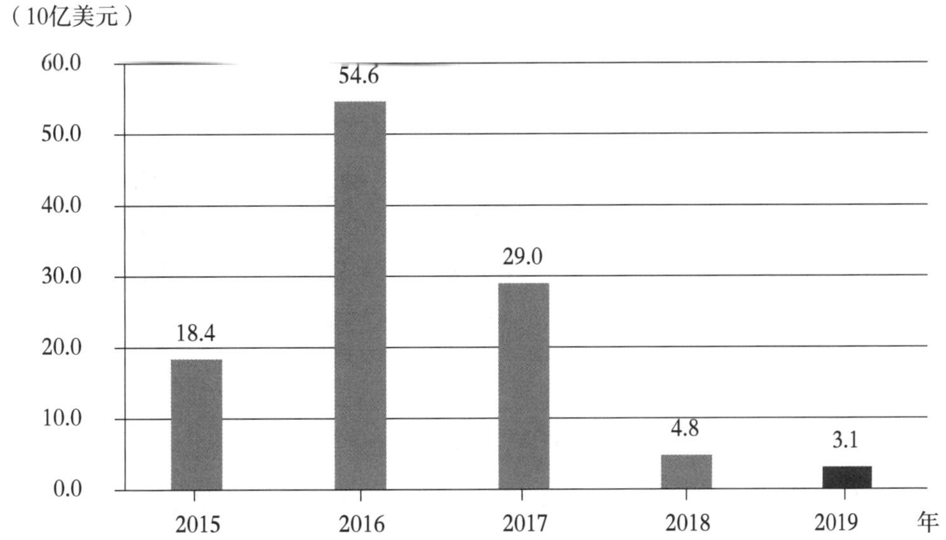

图 7-34　2015—2019 年 中国对美国直接投资总额

数据来源：Rhodium Group 荣鼎咨询。

从行业来看，2019 中国对外直接投资的行业主要集中于能源、运输，以及 TMT（科技、媒体和通信）为首的先进制造和科技领域，均与国家政策鼓励投资领域及“一带一路”倡议相契合。从投资出发地来看，东部地区依然是热门出发地，集中在“珠三角+长三角+香港+北京”。据 CGIT 的统计数据显示，2019 年交易金额大于 1 亿美元的中国企业对外直接投资交易中，能源领域的交易额为 425 亿美元，占比 34%，比重最大；运输领域的投资额为 284 亿美元，占比 23%，主要分布在新加坡、澳大利亚、德国等国家；房地产领域的投资额为 108 亿美元，占比 9%，主要分布在美国、新加坡、加拿大等国家（见图 7-35）。

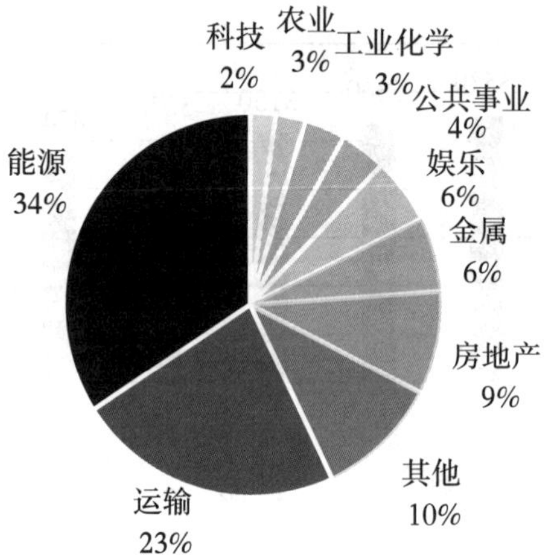

图 7-35　中国对外直接投资行业分布

数据来源：China Global Investment Tracker.

在其他地方并购交易金额显著下降的情况下，中国大陆赴“一带一路”沿线国家的海外并购活动保持良好。从 2017 年的 135 起增加至 2018 年的 160 起再到 2019 年的 176 起，呈现逐年上升趋势。但在交易金额上已连续第三年下降，2019 年投资总额仅 118 亿美元（见图 7-36）。

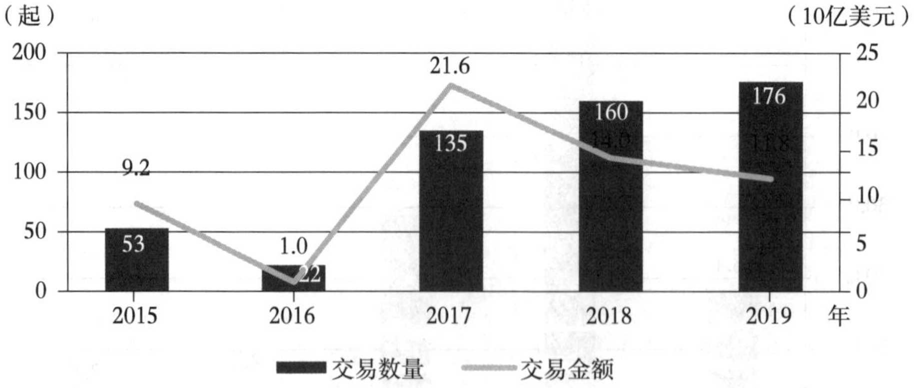

图 7-36　2015—2019 年中国大陆企业赴“一带一路”并购交易情况

注：“一带一路”：区域范围横跨三大洲，包括 66 个国家。
数据来源：汤森路透，投中数据及普华永道分析。

（二）中国境外投资环境分析

1. 人民币汇率走势

纵观2019年全年，中美贸易摩擦成为了牵引人民币汇率走势跌宕起伏的主要因素。人民币汇率走势呈现“先升值，再阶梯式贬值，后双向波动”三个阶段（见图7-37）。

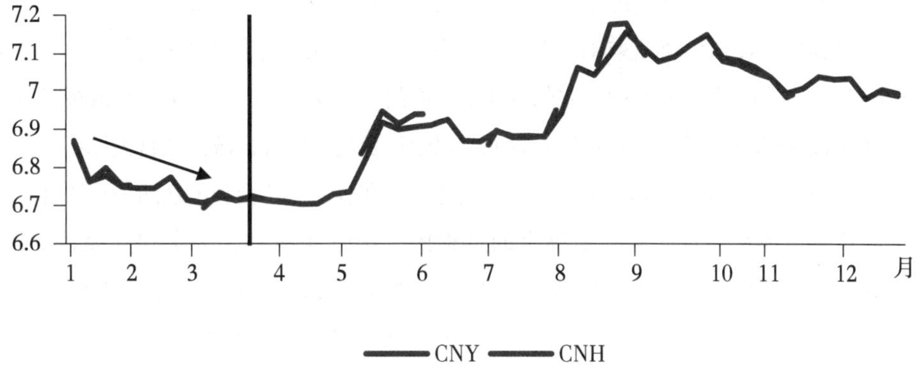

图7-37　2019年人民币对美元汇率走势

来源：Wind，民生银行研究院。

2018年10月至2019年3月期间，在市场普遍预期人民币汇率会在年底“破”7之时，人民币汇率扶摇直上最高上涨超3200点，整体涨幅高达4.75%，瞬间使得做空人民币的投机行为成为无稽之谈。2019开年美元便遭受了近年来最为疲软的开局，究其原因便是美联储在2018年年底对于提前结束加息的预期升高。反观人民币走势，外汇宏观管理组合拳的支撑以及中美利差低位企稳使得人民币汇率走势一片大好。

5月6日，人民币却迎来了年内第一次大幅度的贬值，仅当日贬值幅度便达到了700点。在之后的几日里，人民币贬值幅度几乎抹去了之前所有的涨幅。该时段内人民币兑美元下跌近1900点，整体跌幅达到了2.8%。最终，5月的人民币贬值止步于6.9353，并于7月1日反弹触及6.8312。

年内第二次大幅度的贬值源于2019年8月1日，美方称将从2019年9月1日起对中国进口3000亿美元商品加征10%关税，这也是贸易战对人民币汇率走势造成的最直观的影响。5个交易日后，当时市场普遍认为的心理大关7也伴随着盘中下跌超1200点而被突破。与此同时，全球金融市场整体大跌，但反观中国股市却相对坦然。此时，做空人民币的投机行为兴起，央行以在香港发行人民币央行票据的方式遏制住了这一点，离岸人民币的汇率最终得到稳定。

人民币兑美元汇率走势最终于9月3日触及低点7.1842后开启了反弹，并于11月5日反弹至7以内。究其原因，9月之后的中国宏观经济基本面逐渐企稳以及伴随着金融市场开放举措的推出，金融项下大量的境外资本持续流入支撑了人民币汇率强势走向。虽然第一阶段中美贸易协议没有给到实质性的结果导致了在同年年底近两个月的时间内，人民币出现了大幅震荡，但纵观整体，人民币汇率已进入到稳中有升的阶段。

2. 境外投资面临的内外政策新环境

外国投资政策变化凸显合规风险

纵观全球，2019年许多发达经济体提出了贸易保护主义，其企图通过贸易摩擦、中性竞争、以国家安全为名义审查等手段重塑全球贸易投资规则。从欧洲方面来看，同年 4 月欧盟出台了《外资审查条例》用于赋予欧盟成员国阻止境外资本对于本国关键技术、原材料、基础设施以及敏感信息收购的法律权利。同年 9 月，美国财政部发布的《外国投资风险审查现代化法案》（FIRRMA）实施细则中也明确流出了 28 类关键基础设施。这两者皆导致中国境外投资将面临更为严峻的考验。

境外经营合规管理工作持续推进

中国发布的《企业境外经营合规管理指引》指导着中国企业境外投资合法合规经营。根据《中国企业对外投资现状及意向调查报告》数据显示，受访企业均对于其境外投资方面做了充分的合规改善与提高，其中 61.9%的企业开展了合规培训，甚至有 37.8%的企业设有专门独立的合规审查部门，合规工作已成为董事会或最高管理层尤为关心并时刻探讨的关键项。中国企业在对于其境外投资经营方面，以依法合规为宗旨，诚信经营为原则，促进所在国家和地区，尤其是较为落后地区的经济发展，长期以来一直得到当地国家和政府、社会和民众的一致认可。

中国合规管理政策指引体系一直处于不断健全的过程中。2019 年年初，为了建立完善的跨境合规管理体系，确保中国金融企业境外投资能遵守东道国法律法规，中国银保监会发布了《关于加强中资商业银行境外机构合规管理长效机制建设的指导意见》以及《银行业金融机构反洗钱和反恐怖融资管理办法》。2019 年年底，为了明确民营企业能更好地以合法合规的形式“走出去”，中共中央和国务院联合发布了《关于营造更好发展环境支持民营企业改革发展的意见》。

“走出去”政策制度体系进一步完善

2019 年年初，商务部、国家统计局、国家外汇管理局联合发布《对外直接投资统计制度》，该制度根据中国对外投资业务特点及高质量发展的需要，针对相关产业分类提出了最新的统计标准并对于部分指标做出了更为规范的解释。同年 7 月，商务部制定了《对外投资备案（核准）报告实施规程》用于确保中国企业对外投资健康合规发展。同年 12 月，最高人民法院发布《关于人民法院进一步为“一带一路”建设提供司法服务和保障的意见》用于发挥司法职能作用，为“一带一路”带来更为稳定、公平、法制化的经营环境。

（三）中国境外房地产投资的现状

1. 中国境外房地产投资的数量与规模

2019 年，对于中国投资者境外地产投资是充满挑战的一年，国内对外政策的不断收紧、信贷环境的紧缩以及全球经济的不确定性增强等因素均使得上半年中国投资者境外地产投资规模呈下降趋势（见图 7-38）。2019 年上半年根据数据显示，中国内地投资者境外地产投资总计 38 亿美元，而中国香港投资者境外地产投资相对

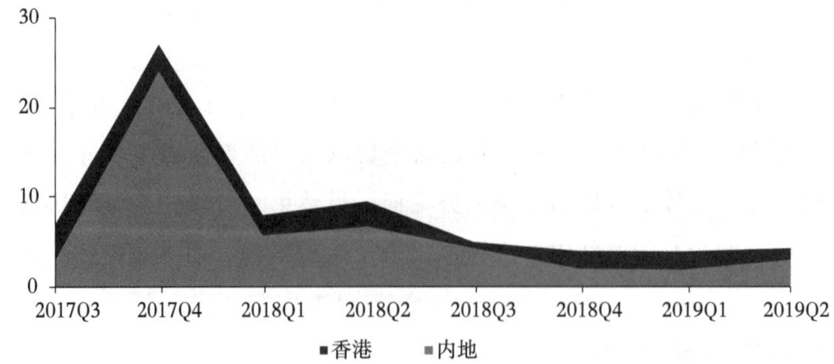

图 7-38　2017—2019 年中国境外房地产投资季度总额

数据来源：戴德梁行研究部。

较多，为52亿美元，两者与上年同期相比分别下跌63%和31%，其中，最为明显的便是中国内地投资者境外地产投资数额达到了7年以来的历史最低水平。

根据China Global Investment Tracker汇总的2019年投资规模在1亿美元以上的案例数，中国海外房地产投资案例数目延续了2018年的8个，是自2016年中国以330亿美元投资额跃居全球第一大跨境房地产投资国后连续第三年下跌（见图7-39）。

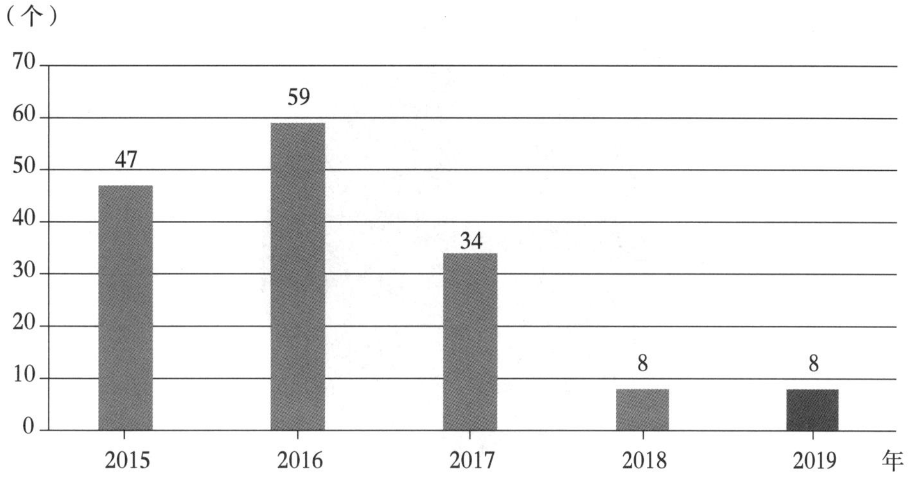

图7-39　2015—2019年中国海外房地产投资规模在1亿美元以上的投资案例数

数据来源：China Global Investment Tracker.

2. 中国境外房地产投资的类别

土地开发在2019年成为了中国内地投资者境外地产投资的首选，上半年规模达到24亿美元，占总体总额的62%。其次是写字楼和工业物流投资，在2019年上半年继续保持活跃，以15%和13%跃居第二和第三（见图7-40）。

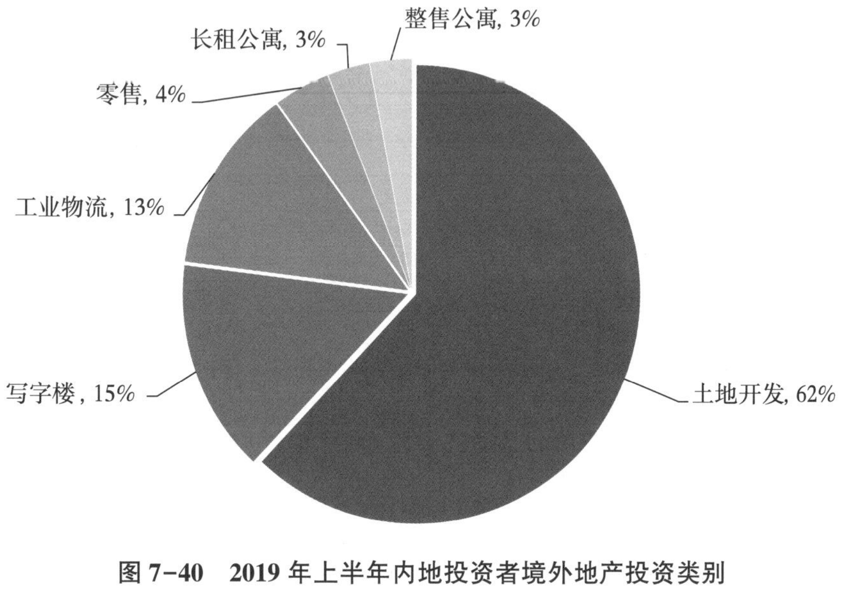

图7-40　2019年上半年内地投资者境外地产投资类别

数据来源：戴德梁行研究部。

中国香港投资者境外地产投资方面，整个上半年，写字楼类型地产投资比例达68%，是最为青睐的地产类型，对于酒店业投资的兴趣也有明显提高。但是总体来看，全球经济不确定的大环境使得上半年中国香港境外地产投资整体面临下行压力。就2019年第二季度而言，投资总额环比下跌42%，这也是连续六个季度中国香港投资者境外地产投资规模呈现负增长（见图7-41）。

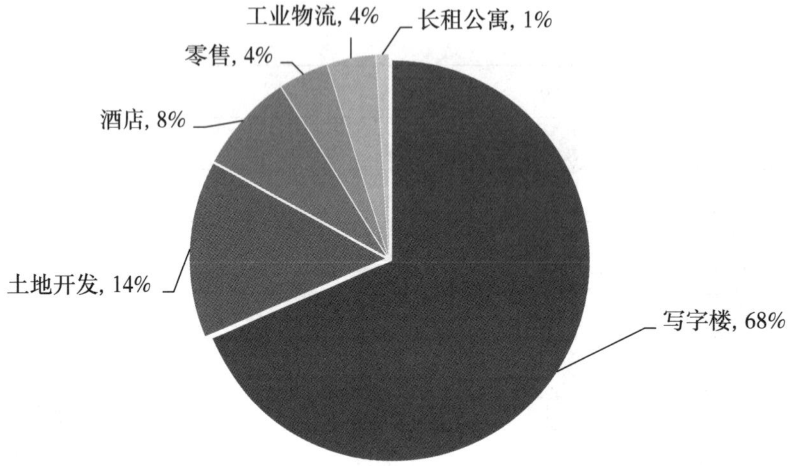

图7-41　2019年上半年中国香港境外投资者境外地产投资类别

数据来源：戴德梁行研究部。

3. 中国境外房地产投资的地域分布

2019年全年，对于中国内地投资者境外地产投资目的地选择方面，由于英国脱欧以及中美贸易战等“黑天鹅”事件的发生使得对于传统投资青睐目的地英国及美国在今年的投资数量上大幅度减少。相较之下，中国香港依然力拔头筹，而澳大利亚也迎头赶上（见图7-42）。

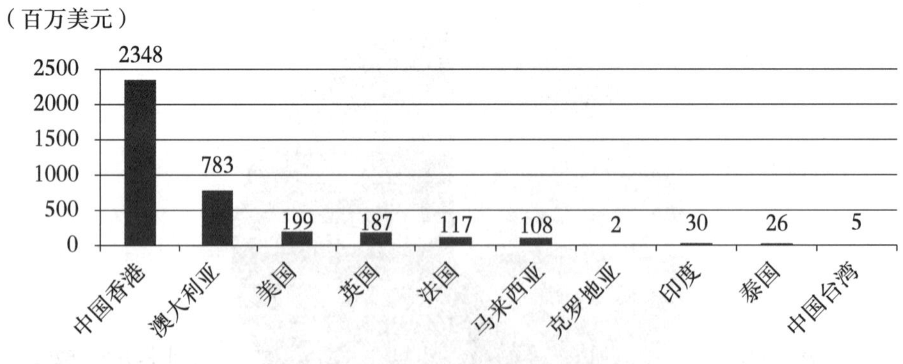

图7-42　2019年中国内地境外房地产投资目的地

数据来源：戴德梁行研究部。

对于中国香港投资者境外地产目的地选择上，新加坡则成为了2019年上半年最为被青睐的地区。这得益于新加坡近年来较为稳定的政治环境以及其稳健的写字楼租金。2019年中国香港投资者新加坡地产投资总计达到了14亿美元。然而除了往年热门的美国、英国及日本依旧火热以外，在2019年上半年中国香港投资者对于印度、马来西亚及越南等地的地产市场也展现出了浓厚的兴趣（见图 7-43）。

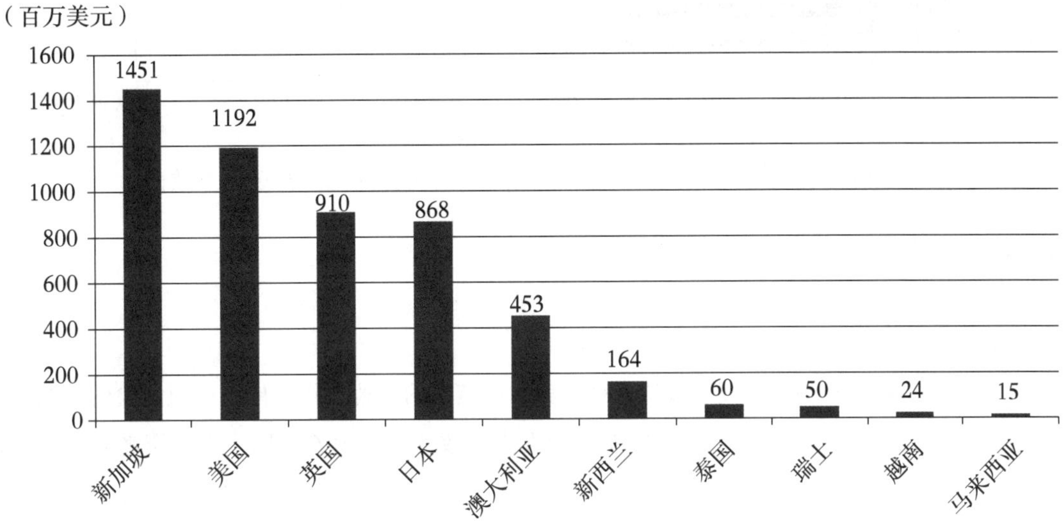

图 7-43　2019 年中国内地境外房地产投资目的地

数据来源：戴德梁行研究部。

根据 2019 年中国境外房地产投资数据统计以及对于全球宏观形势的判断，再加上近期全球贸易保护、大国地缘政治不确定性以及中国国内对于境外投资从严审慎的基调等境内外因素，中国境外房地产投资预计将在未来依然保持平稳谨慎的发展态势。中国投资者在对于境外地产投资的选择和判断上也变得更加趋于理性，对外直接投资的政策导向、人民币汇率趋势以及经济体物业价值走势等全方位因素将被作为中国境外投资的筛选和判断依据，这相较于数年前扩张式的境外投资模式产生了极为成熟的转变与改善。

4. 个人中国境外房地产投资重点目的地分析

自从 2013 起，中国个人投资者投资境外地产进入了大众视野，并于 2015 年至 2017 期间发生了爆发式增长。回顾 2019 年全年，由于受到全球贸易大环境的影响，境外房地产投资整体数量上产生了一定程度的下跌。

2019 年中国个人投资者境外房地产投资规模相较 2018 年下跌 50%，在投资的目的地选择上也从过往的美国、欧洲等传统投资地区转变为亚洲新兴市场等具有性价比的地区（见图 7-44、图 7-45）。

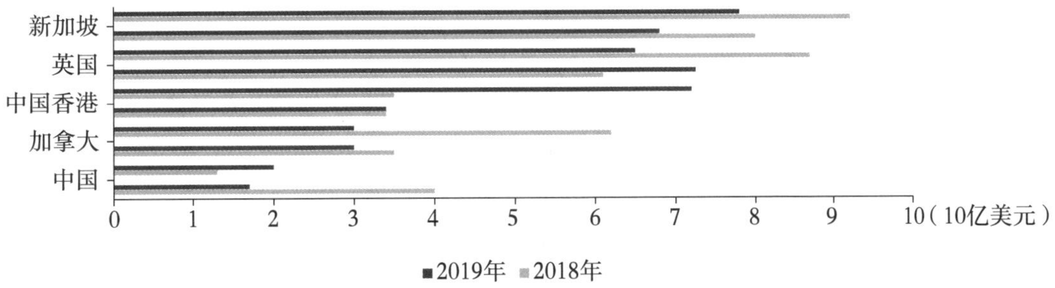

图 7-44　全球十大海外房产资本输出国

数据来源：《2020 中国人海外房地产投资趋势》报告。

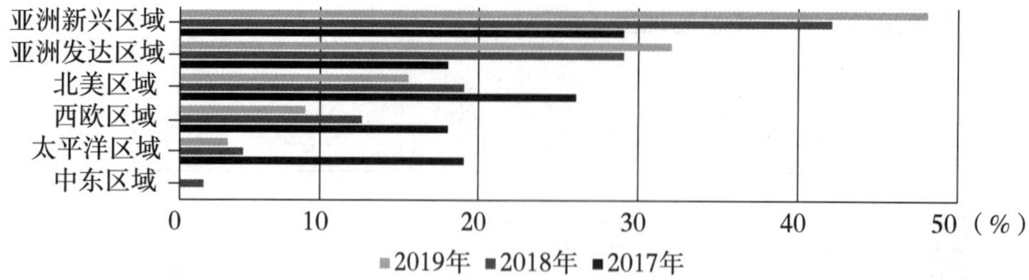

图 7-45　2017—2019 年来中国海外房产投资目标区域被调查者人数占比

数据来源：《2020 中国人海外房地产投资趋势》报告。

美国和英国

作为中国个人投资者境外地产投资区域的选择，美国和英国的房地产作为传统保值避险的工具，一直是在投资者心目中占据了首要位置。这一趋势于 2017 年起发生了改变，伴随着中国个人投资者对于北美地区房地产投资热情的减弱，2019 年中国个人投资者对美地产投资 134 亿美元，这数字相较于 2016 年的 300 亿美元峰值下滑较多。与此同时，中国个人投资者由于英国脱欧以及英镑贬值等因素影响，其 2019 年位于英国伦敦的房地产市场投资总额为 72 亿英镑，虽略高于 2018 年投资总额，但却低于 2017 年全年最高水平。由此可见，中国个人投资者在投资英国伦敦房地产的数量上整体处于下降趋势。

欧洲其他地区

相较于英国，欧洲其他国家地区得益于经济复苏及“一带一路”的实施吸引了来自境外投资者的关注，其中，有着购房移民附加值的希腊房地产市场成为了中国投资者最为青睐的欧洲国家。2019 年希腊发放的欧盟黄金签证中约 74%给到了中国投资者，截至 2019 年年底，中国共计有 4662 个家庭以投资房地产的形式获得了希腊永居身份。

同样拥有欧洲黄金签证光环的西班牙和葡萄牙分别紧随希腊之后，位列第二、第三。仅 2019 年上半年，有 242 个中国人通过地产投资获得了西班牙居留许可，而全年获得葡萄牙黄金居留签证的达到了 360 人之多，90%是以投资房地产的形式获得，而房产投资者中中国投资者数量位列第一。除以上传统投资国家以外，2019 年塞浦路斯房地产投资额达到了 48 亿美元，中国成为了其中第二大境外投资来源国。究其原因，塞浦路斯从 2013 年起实施了投资入籍法案，这一举措吸引了境外投资者的大量目光。

日本

近期日本作为亚洲房地产流动性最为健康的市场有目共睹，究其原因还得归属于东京奥运会、大阪世博会以及日本开放赌场等事件的影响。截至 2019 年第三季度，日本住宅投资总额同比上涨超 10%，境外投资占比相较于 2018 年增长近一倍，占总投资量的 1/3。其中，中国投资人占比达到 17%，相较于 2012 年增长了 5%。

作为日本的首都，2019 年上半年，东京地产交易市场 80%仍然是以本地投资者主导。对于境外投资者，由于良性的地产流动性使得在东京的地产投资仍然拥有着大量的机会。回顾 2019 年，来自中国香港和韩国的外资显得格外活跃，但来源于美国的投资量却降至 2009 年以来最低水平。

对于东京地产的投资类型，办公楼市场逐渐失去活力，而多户住宅市场资本化率的压缩也使得吸引力欠佳。零售地产市场也由于加征消费税使得外国游客数量下降的预期而存在不确定性。物流地产仍然表现抢眼。

东南亚

2019 年的东南亚房地产市场呈现出分化态势，柬埔寨房地产由于 2018 年的过热导致目前处于降温阶段，过量的库存使得房价处于下行趋势。同样，泰国也存在供应过剩的现象，增长力度减缓。曼谷作为泰国最为青睐的城市之一，市中心房价呈现回落态势，但2019年个人投资者对于普吉、芭提雅等旅游胜地的度假酒店资产投资热情依旧，可见投资者在对于地产类别的选择上已经从投资型转型为养老居住型。

2019年对于中国个人投资者而言，菲律宾也成为了“一匹黑马”，菲律宾马尼拉房价上涨逾20%，租金方面上涨7%。究其原因，菲律宾的经济发展潜力以及健康的人口结构被中国个人投资者一致看好。

越南房地产市场归功于经济的飞速发展而被全世界投资者所认可。但由于房地产市场政策依旧充满着不确定性，2019年境外个人投资者仍然保持观望状态。

直至2019年年底，新加坡所有资产领域的发展仍然处于低于预期的态势并持续了多年，相比较于亚太地区其他国家的上升趋势显得格格不入。新加坡在过去几年面临着经济困境，高端资产面临空置率的大幅上升以及资本价值和租金的悬崖下跌。现如今，新加坡的办公楼市场大量消化了过剩供给，空置率处于历史最低，而反之新的供给却十分有限，这使得办公楼领域吸引了大量的资金流入。

综观亚太地区地产市场，2019年上半年出现交易激增情况的地区寥寥无几，而新加坡却成为了其中之一，且其中过半的交易来自于境外投资。根据RCA数据显示，2019年上半年交易额达到了49亿美元，同比大幅上涨73%。究其原因，对于多数亚太地区境外投资人而言，2019年新加坡的政治稳定成为了一大优势。2019年香港受到了街头抗议的影响，大量资金选择新加坡作为避险目的地，因此新加坡高端住宅市场由此收益以及办公楼的入住率也得到了进一步的提升。

澳大利亚

坐拥成熟的市场、较强的流动性、大量高品质资产和经济稳定的澳大利亚一直是国内及国际投资者青睐的目的地。目前在总体交易量中，跨境交易占到了约50%的份额。

悉尼作为澳大利亚的热点城市，几乎所有地产类型都需求强劲。2019年上半年，多数境外投资者青睐办公楼、住宅、工业地产及酒店类地产，唯独零售地产呈现卖家比买家多的现象。悉尼办公楼收益率由5年前的8%压缩至2019年年中的4.9%。办公楼租金也伴随着极低的空置率而不断走强。相反，悉尼住宅价格在近两年有所下降，于2019年出现触底信号。虽然长期的价格下跌，但根据Demographia的数据显示，悉尼目前的住宅价格仍然在亚太地区处于高位，紧随香港和温哥华之后。

作为2019年上半年地产交易呈现增长的另一个地区，澳大利亚交易量半年增长3%，达到119亿美元。而其中，墨尔本在投资潜力方面超越了长期的对手悉尼，成为了亚太地区机构投资者的首选。2019年间，墨尔本资本化率持续压缩，办公楼市场空置率处于澳大利亚最低，而资本价值相较于悉尼来看高于其一半之多，这符合了亚洲投资者更关注资产单价而不是收益率的特点。墨尔本的物流地产市场则得益于当地良好的人口结构以及当地经济的多样化而热度上升。核心资产开发市场由于墨尔本低空置率、低开发风险的特点也显得魅力十足。除了以上热门地产市场以外，墨尔本的住宅市场却有所回落，其主要原因是过往与当地收入不符的过高的价格使得近两年墨尔本住宅房价有所下跌。

中国香港

2019年对于香港而言是艰难的一年，长达几个月之久的街头示威游行严重影响了旅游业和零售业，而对于经济的深度影响远超于表象实际的破坏。根据数据显示，2019年8月，香港零售业的销售额同比下降23%，部分严重地区的店铺销售额则遭到了惨痛的腰斩。同月，境外游客数量也同比锐减了40%，这直接影响到了香港酒店的入住率长期不及50%。但好在香港作为长久以来境外投资者最为青睐的市场之一，多数香港业主选择继续持有资产并等待风暴过去。因此，示威游行现象并没有对香港商业地产市场价值造成过多的影响。

由于香港多数核心区域办公楼市场并没有由于示威活动受到过多的负面影响，加上优质区域相对有限，这使得多数优质办公楼地产长期处于供不应求的现象。根据仲量联行数据显示，2019 年 6 月香港租金达到峰值，而第三季度则下跌了 2.2%。但好在与 7 月相比，8 月可出租空间数量大幅下跌了 72%，这使得核心区域甲级办公楼的空置率保持在 5.5%。相较之下，零售业市场则可能面临较长的负面影响，再加之中美贸易战的不确定性，这使得零售业市场处于高波动态势。

虽然仍然高于 2019 年年初的水平，但与零售业相同，2019 年香港住宅价值也面临着下跌的趋势。好在近年来房价的上涨使得今年价格的下跌并没有让业主产生负资产的现象发生，香港住宅价值依然在全球范围内名列前茅。

（四）中国境外房地产投资主要案例

2019 年，全球经济增长的动能放缓，不确定性上升，中国政府推进“一带一路”高质量发展，积极融入全球的价值链、产业链、创新链，实现对外开放的内外联动，对外直接投资趋向多元；在中国、美国相争的大背景下，2019 年大部分投资人把目光投向了英国，腾讯更是一口气投了 6 个英国科技企业。中资已经慢慢更多去关注金融科技、人工智能、医疗、教育等行业，非理性投资得到遏制。

1. 2019 年 3 月 7 日：中国香港李锦记健康产品集团收购伦敦金融城三栋大楼 Eastcheap Estate 资产包

李锦记健康产品集团斥资 4550 万英镑（约合 4.01 亿元人民币）买下了位于伦敦金融城区域的三栋大楼，该三栋物业位于李锦记集团之前 110 亿元收购的“对讲机大楼”的正后方。（2017 年 6 月 30 日，李锦记健康产品集团历史第一高价买下了伦敦“对讲机大楼”，并准备将其改名为“无限极中心”。这笔交易因为创纪录的成交价，震惊了英国地产圈）三栋大楼分别是 25 Eastcheap，33 Eastcheap 和 39 Eastcheap。

三栋大楼中办公和零售面积共有 31838 平方英尺，年租金将近 220 万英镑，平均剩余租期为 10 年，年租金回报率为 4.52%。这意味着李锦记在未来 10 年，每年都能获得近 220 万英镑的租金收入。

目前，三栋大楼目前都已完全租出，共租给 13 个办公单位和 7 个零售租户，包括证券公司、财富管理公司、餐厅及咖啡连锁店等。考虑到这三栋大楼就在李锦记之前买的对讲机大楼的正后方，不排除未来李锦记有想法将两个地块打通，申请更进一步的规划。

2. 2019 年 3 月 30 日：中国香港陈振彬家族收购位于伦敦金融城的地标级写字楼 Monument Place

中国香港陈振彬家族斥资 9000 万英镑（约合 9.2 亿元港币，8 亿元人民币），收购了位于伦敦金融城的地标级写字楼 Monument Place，陈振彬目前还担任香港观塘区议会主席。

卖家欧洲核子研究中心（CERN）去年将该楼放上市场时，曾为其标价 9700 万英镑，但陈振彬最终顺利砍价 700 万英镑以 9000 万英镑就拿下了这栋地标大楼。

值得一提的是，欧洲核子研究中心曾于 2015 年 3 月买楼时对价 9300 万英镑，陈振彬付出的价格比此价还低。

3. 2019 年 6 月 20 日：中国香港永光集团收购了位于英国伦敦新邦德街 172 号的商铺

中国香港永光地产以 7400 万英镑（约合 6.45 亿元人民币）的价格买下了新邦德街 172 号商铺，租客是高端珠宝品牌 — Moussaieff（慕莎依芙）。

根据永光地产官网公布的物业信息和公开信息收集的资料，谭逢敬目前在伦敦拥有至少 9 家顶级商铺（172 号新邦德街，368-370 号牛津街暂未更新在官网上）。

4. 2019 年 6 月 25 日：中国广东佛山碧桂园收购了位于伦敦国王十字区 Brill Place 住宅开发项目

碧桂园旗下的帕拉丁资产管理（Prime Pacific），与英国投资公司 ED Group 共同创立的伦敦精品住宅投资基金—Paladin LBS UK Residential Fund I，收购了位于伦敦国王十字区（King' s Cross）的Brill Place住宅开发项目，投资总额为1700万英镑。

Brill Place是一栋22层高的塔楼，位于圣潘克拉斯国际火车站（St Pancras International Station）对面，距离国王十字升级改造区核心的Granary Square仅几步之遥。目前该项目已经获得了开发54套住宅和附属商业空间的规划许可。项目将提供一居室、两居室和三居室公寓住宅，计划于2020年开始施工。

该基金（Paladin LBS UK Residential Fund I）预计未来1—2年在伦敦投资5个房地产项目，整个基金目标总规模将达到2~3亿美元，主要投资于伦敦高薪人口聚集、交通便利及商业配套完善的地区。

5. 2019年7月5日：中国香港永泰控股与一位香港私人投资者，收购了伦敦金融城地标写字楼8 Salisbury Square

8 Salisbury Square大楼位于伦敦老金融城，紧邻Blackfriars和CIty Thameslink站，该楼原为KPMG英国总部所在地，但KPMG已于2013年搬去了伦敦金丝雀码头。

2019年7月中国香港永泰控股斥资2.25亿英镑（约合22.22亿元港币，20亿元人民币）收购了8 Salisbury Square。该大楼总面积约为15.5万平方英尺（1.43万平方米），按照收购价算单价约为每平米14万元人民币。

8 Salisbury Square大楼年租金约为1036万英镑，年租金收益率为4.6%，租户平均租期约为10.5年，且租客无租赁中断权。大楼目前已经满租，新租客包括英国政府、跨国咨询公司Gartner、英国健康基金The Health Foundation、英国商业银行，其中英国政府贡献了大约25%的租金收入。

这意味着中国香港金主未来十年总共能收到1.09亿英镑的租金收入。

6. 2019年12月20日：中国信泰资本联手美国房地产信托Omega收购Healthpeak Properties英国养老地产包

中国信泰资本联手美国房地产信托Omega，已经正式完成对Healthpeak Properties英国养老地产包剩余49%股份的收购，在本轮收购剩余49%股权的交易中，中国信泰资本出资最多，投入了1.16亿英镑。加上此前收购的51%股份，信泰资本与其合作方前前后后总共付出6.34亿美元（约合4.87亿英镑，44亿元人民币），全资买下了67处位于英国各地的养老地产。信泰资本实现了对Healthpeak Properties旗下英国资产100%的控股，取得了其全部在英养老地产资产。

Healthpeak Properties是以养老地产为主的美资REIT，拥有英国医疗地产领域中最大规模的资产组合。

对于此次收购，信泰资本高级合伙人Allan He表示："由于英国人口不断老龄化和供需失衡，加上脱欧带来的投资机会，我们认为现在是投资英国养老产业的最好时机。"

7. 2019年12月21日：中渝置地联合英国房地产公司Meyer Bergman共同收购了位于伦敦西区大型商场Whiteleys

有"重庆李嘉诚"之称的张松桥再次出手英国，中渝置地发布公告宣布，将联合英国房地产公司Meyer Bergman，共同投资收购了位于西伦敦海德公园附近的大型商场Whiteleys，总投资额高达12.5亿英镑（约合人民币113亿元）。

其中，中渝置地和Meyer Bergman将共同投资至少4亿英镑，而美国私募股权公司阿波罗（Apollo）也将提供8.5亿英镑的贷款，用于收购Whiteleys、并将其重新翻新改造。

Whiteleys过去曾是伦敦第三大商场，而后因经营不善导致歇业，未来将被改建为一个以豪华住宅为主的新项目。

（任思媛　兆瑞资本）

六、城市轨道交通场站综合开发

城市轨道交通场站综合开发是伴随着我国城市轨道交通开发建设和运营兴起的又一类别的基础设施和房地

产开发建设。是当前有效的轨道交通收益模式，也是轨道交通可持续发展的重要基础。城市轨道交通场站综合开发依托轨道交通线路、站点和车辆基地，包括站点上盖物，地下配套设置和周边土地，也包括车辆基地上盖物的规划、投资、建设和运营。亦称以公共交通为导向的 TOD 模式（Transit Oriented Development）。

（一）建设运营现状

2019 年是中国内地城轨建设第 50 年，从 1 个城市到如今的 40 个城市，总规模从前 20 年建设不到 100 公里，到近 20 年超过 6000 公里，中国成为了城轨“大国”。

截至 2019 年年底，中国内地共有 40 个城市开通城轨交通运营线路 6730 公里，同比 2018 年的 5671 公里增加了 18.68%（见图 7-46）。2019 年全年，中国内地共新增温州、济南、常州、徐州、呼和浩特 5 个城轨交通运营城市；此外，澳门也正式进入城轨时代。另有 27 个城市有新增线路（段）投运，新增运营线路 26 条，新增运营线路长度共计 968.77 公里，再创历史新高（见图 7-47）。

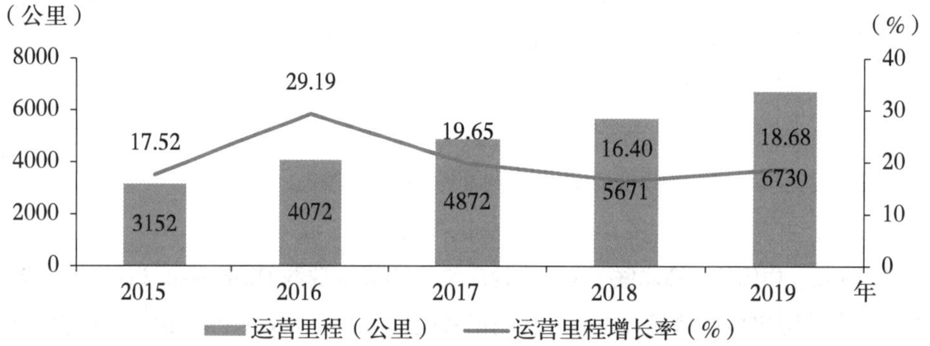

图 7-46　2015—2019 年全国城市轨道交通运营线路里程

数据来源：中国城市轨道交通协会、易居研究院。

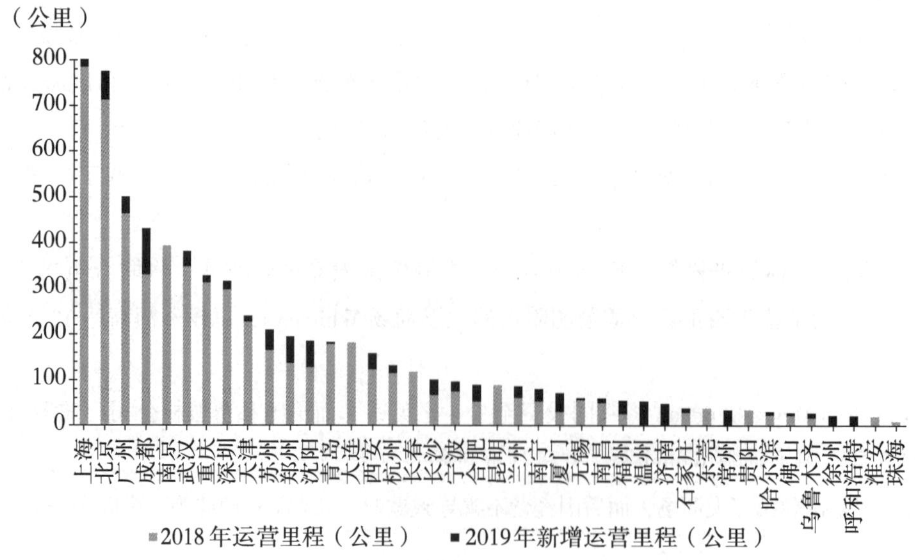

图 7-47　2019 年各城市轨道交通运营里程及新增里程

数据来源：中国城市轨道交通协会、易居研究院。

2019 年，国家发改委共批复郑州、西安、成都的新一轮城市轨道交通建设规划，并批复了北京的二期建设规划调整方案。新获批建设规划及调整涉及项目 28 条线路，长度共计 688 公里，总投资额共计 4648 亿元。与 2018 年相比，2019 年获批城市数、线路里程、投资金额均有所下降，其中线路里程同比下降 36%，投资额同比下降 45%。

按照目标计划，2020 年全国城轨交通新开通规模将超过 1000 公里，2025 年年底全国城轨交通运营规模将超过 1 万公里，2030 年年底甚至可能接近 1.5 万公里，届时中国地铁在全球地铁中的比重将超过 50%。①

2019 年 3 月 28 日，深圳铁路投资建设集团有限公司正式挂牌成立。深圳地铁集团在国内率先形成国家铁路、城际铁路、城市轨道交通“三铁合一”的发展格局。

2019 年 6 月 11 日，广州地铁集团成立了广东省城际铁路运营公司。在未来 5 年内“分类、分期、分批”筹备约 700 公里城际线路，广清、新白广、广佛南环等城际线路运营工作正在筹备中。线路开通后，广州地铁集团将成为全国首家运营城际铁路线路的地铁公司。

2019 年 9 月 18 日，济莱高铁建设项目开工，该项目由济南轨道交通集团负责建设，这是国内首条由地铁公司承建的高铁项目。

围绕都市圈、城市群建设，国家铁路、城际铁路、城市轨道呈现融合趋势，这为轨道交通 TOD 的发展带来了新的机遇。

（二）综合开发新政

中央文件指明发展方向。2019 年 9 月，中共中央、国务院印发了《交通强国建设纲要》，指出到 2035 年基本建成交通强国。

行业标准化加快推进。2019 年 11 月 29 日，中国城市轨道交通协会资源经营专业委员会发布了《城市轨道交通资源经营指标评价体系（2019 版）》。另外有多个标准在编，比如中国城市公共交通协会、中国房地产业协会联合开展的《TOD 通用技术标准》《TOD 综合开发等级评价标准》，中国城市轨道交通协会的《城市轨道交通场站及周边土地综合开发标准》《城市轨道交通场站及周边土地综合开发评价标准》。

城市层面新政落地。2019 年共有 6 座城市出台了轨道交通 TOD 相关的新的政策，分别是杭州、深圳、北京、成都、西安、天津。在 40 个开通轨道交通的城市中，已有 16 座城市出台了相关政策。

1. 开发目标：重视 TOD 与城市拓展的融合

2019 年与轨道交通 TOD 关联度较强的政策多集中出台于二线城市，如成都、西安、天津，并且普遍强调将 TOD 与城市拓展相融合。成都坚持“轨道交通改变城市格局、TOD 开发改变城市形态、轨道交通产业支撑先进制造业发展”的中心思想，把 TOD 开发作为建设公园城市的重要手段。天津也要求加快推进“轨道交通+综合开发+实体经济”发展模式。

2. 规划政策：强调 TOD 规划与线网规划同步

规划层面上各城市做法相对一致，都支持轨道交通场站用地分层规划、统一建设、一体设计。如天津借鉴上海、深圳、广州、杭州等 4 座城市的做法，在政策中要求，充分发挥规划的先导性作用，促进城市轨道交通规划和物业综合开发协同发展。北京建立一体化“工作营”机制，深圳立法规范轨道交通规划建设管理与审批，也是确保“多规合一”。

3. 开发范围：明确轨道交通场站综合开发用地范围

天津明确了综合开发范围包括场站和场站周边两部分，其中场站综合开发土地是指城市轨道交通项目本体

---

① 上海地铁资讯中心，研数据 析规律 明方向丨中国城市轨道交通发展速度分析与思考。

工程，加上周边零星地、边角地和周边可用于综合开发的土地；场站周边综合开发土地是半径 800 米并动态调整。成都明确了不具备单独规划建设条件的轨道交通场站综合开发用地，是指以轨道交通站点为中心，一般站点半径 500 米、换乘站点半径 800 米以及车辆基地周边不低于基地本体面积两倍的开发用地范围。

4. 土地政策：土地供应方式更趋灵活

出台政策的城市大多采取分层设立土地使用权，并采取划拨、带条件招拍挂、协议出让、作价出资等多种供地方式。

成都实行包括划拨、协议、带条件拍卖挂牌、一般招拍挂、打捆出让等方式。

天津规定土地出让方式包括划拨及设置土地供应前置条件有偿出让。

西安规定，土地供应方式有划拨、协议、带条件招拍挂和招拍挂，其中，不具备独立规划建设条件的经营性地下空间，协议出让，经营性（地上）开发空间，可附条件。

5. 收益分配：成本分摊和收益分配更加细化

成都规定，轨道交通场站综合开发用地范围内的土地，由区（市）县出资完成土地整理的，供地后按现行体制分配后区（市）县所得净收益由区（市）县与成都轨道集团按 50∶50 的比例分成；由成都轨道集团出资完成土地整理的，按 25∶75 的比例分成。

天津规定，成本按照以功能来分摊的原则。对轨道交通建设运营所需功能的投资，由相关城市轨道交通建设运营主体承担；对物业综合开发增加功能的投资，由土地受让方承担；对两者功能共用部分的投资，按比例由相关城市轨道交通建设运营主体和土地受让方分摊。锁定开发范围土地一、二级收益，即土地出让收益反哺轨道交通建设和运营，物业开发收益根据相关合同约定，反哺轨道建设和运营。

（三）年度新进展

北京京投发展公司 2019 年度新开工 40.62 万平方米，竣工 34.72 万平方米，新增房地产储备 110.4 万平方米。

广州正在编制全市交通发展战略规划，统筹实施 71 个枢纽综合体综合开发项目。2019 年，广州地铁在建面积超过 120 万平方米，国铁棠溪站和城际金融城站、镇龙站等综合交通枢纽一体化工程正加快建设。

深圳地铁目前拥有 12 个轨道沿线上盖项目的综合开发权，开发规模约 450 万平方米，在建 TOD 项目面积 330 万平方米。2019 年 3 月 9 日，深铁置业成为独立法人，将以枢纽为代表的"站城一体化"地铁物业开发为核心。另外，深圳地铁或将更加着力发展商业地产，承担起深圳保障性住房建设任务的转型过程，安托山项目全部用作保障性住房，就是深圳地铁物业开发方向转变的拐点。

成都确定的轨道交通场站综合开发用地共多达 714 个站点、75 个车辆基地，可综合开发土地有 20 余万亩，目前确立了 105 个站点和 75 个车辆基地 TOD 项目的功能定位，用地面积 9 万亩，已完成 69 个场站开发一体化城市设计。2019 年初确定了 14 个 TOD 示范项目陆续开公告，首个 TOD 项目陆肖站于 3 月 1 日开工，8 月 16 日，另有 5 个 TOD 示范项目集中开工。

截至 2019 年年底，杭州市地铁集团直接完成武林广场地块、武林广场地下商城地块、九堡客运中心上盖、七堡车辆段上盖等 9 宗场站及沿线用地的一级做地工作，地块面积 818 亩，土地出让金收入约 146 亿元。杭州市地铁可开发车辆基地总用地 326 公顷，可开发总建面 550 万平方米，计划 2022 年前完成全市 13 个车辆基地的收储和盖板建设。

南京市完成了 83 个站点的一体化设计。在行业率先推进车站及上盖物业确权，实现资产增值近 100 亿元。

青岛市 2019 年新增香溪地、悦海地等 8 个项目开工，新增开工面积超百万方，10 个项目同时在建，完成投资超过46亿元。青岛强调以轨道交通大投入带动产业发展的理念，加快“TOD+产业导入”建设。

温州市对第一条市域铁路线S1线的所有站点周边500米范围内的土地进行控制，TOD引导贯穿全线。

无锡市地铁2019年正在运作的项目包括具区路场段上盖、天河场段上盖、永乐东路站点上盖3个项目。

自然资源部有关资料显示，北京、杭州、广州等城市已开发轨道交通综合项目16个，已批准建设项目50个。[①] 截至2019年年底全国轨道交通TOD在建项目共13个，在建项目总建筑面积合计1218万平方米；已销售（运营）项目共5个，总建筑面积合计349万平方米；在建与已销售项目的规模达到1567万平方米，同比2018年的675.22万平方米，大幅增加了132%，占到当年及以前累计开发面积的14%。出让土地9幅，建筑面积超过400万平方米；另有前期阶段项目或土地15个，建筑面积超过1400万平方米。

（四）存在问题

2019年轨道交通上盖物业综合开发的步伐持续加快。通过将轨道交通建设项目与其他非交通开发项目在规划、设计、投融资、建设、运营等环节统筹考虑，可以更好地满足城市功能空间需求，促进土地节约利用，同时还兼具为轨道交通建设融资的功能，提高土地产出效益。但总体而言，与香港等发达地区相比，大陆城市轨道交通上盖物业发展仍处于起步探索阶段。

1. 轨道经济未形成

目前我国城市轨道交通TOD开发收益占整个轨道交通建设和运营的比例并不高，难以反哺运营亏损，资金平衡作用仍较为有限，自身造血机制有待进一步形成。

2. 盈利模式不清晰

目前除了深圳、广州、北京、上海及杭州、南京等个别二线城市已经有过开发项目并积累了一定经验外，大多数城市仍处于探索阶段，各地探索盈利模式的积极性较高，但局限性也较大。

3. 前期资金较缺乏

目前国内多数地铁公司还是主要依赖政府补贴或上级集团拨款，较少有地铁公司的自有资金能支付轨道交通上盖综合开发项目的土地获取成本。

4. 开发规划不同步

一些城市由于轨道交通上盖开发时序往往与地铁线路规划、区域经济发展、房地产市场变化等因素无法有效融合，造成这些城市对于轨道交通车辆基地的设置大多在偏远地区，失去了开发价值。对于这一问题部分城市如深圳、上海已经开始意识到，并在逐步解决，新出台政策的城市也把这一点明确提出。

（五）对策建议

针对目前全国各城市在推进轨道交通上盖物业发展过程中出现的问题，除了地铁公司发展进度各异外，更多地还是有待土地政策和规划政策的创新和调整。

1. 顶层设计，鼓励发展“轨道+物业”模式

地铁建设投入巨大，但投资所产生的效益大部分被外部化或流失掉了。应通过明晰产权消除正外部性，即尽可能的将地铁产生的正外部性转化为地铁企业效益。同时因存在交易成本，产权的初始安排比重新安排更高效，即应该在地铁建设之前尽快明确沿线土地的产权。建议由轨道公司作为责任主体，协调统一“轨道+物业”这个有机系统。鼓励发展结合TOD理念的“轨道+物业”模式，提高“物业”尤其是地铁上盖物业的开发运营在盈利模式中的地位，将上盖物业开发作为地铁公司盈利模式的核心。

---

① 自然资源部：轨道交通地上地下空间综合开发利用节地模式推荐目录。

2. 缓解资金压力，允许土地款分期缴纳

轨道交通场站上盖开发用地的交付进度受地铁建设影响较大，获取土地之后无法及时进行上盖物业开发是场站综合用地上盖开发的特征，而无法及时交付这一类土地的根本原因在于受到了政府公益性的地铁建设进度的影响。建议在目前的土地政策基础上，进一步深化，比如根据土地交付进度缴纳出让金；比如将车辆基地实施上盖综合开发的“造地成本”纳入其周边场站综合开发用地的土地整理成本，在土地出让金中予以扣除。

3. 实力背书，市场参与创新合作模式

轨道交通 TOD 综合物业开发项目体量大，专业性强，地铁公司与房地产开发商合作成为重要趋势。协议合作模式是一种创新的合作模式，其优点是对于协议获取土地或者作价出资土地，限制股权变更或转让的前提下，依旧可行，但该模式的缺点是对合作方而言，没有土地使用权或项目公司股权，不能用以融资，存在一定的市场接受障碍。若由各地市政府层面进行背书与担保，让市场合作主体放心的参与项目协议合作开发，则可以充分利用市场的力量。

4. 重视规划，加强“开发规划”的同步性

上盖开发规划先于线路规划，才是轨道交通上盖综合开发顺利和成功进行的保障。应参考和借鉴香港、上海在这方面的经验，采取一体化工作营机制，根据城市开发边界和地区功能布局，同步研究各场站综合开发的总体要求。在轨道交通专项规划编制中，同步研究各场站综合开发的规划控制要求，条件成熟的场站可达到控制性详细规划深度，明确各场站的功能定位、开发范围、开发规模和相关控制要素等。地铁规划部门也可以与城市规划部门互相协调，在条件允许的情况下，由地铁公司主导地铁周边土地的规划。

（六）附表

1. 在建项目情况

在建项目共 13 个，总建筑面积合计 1218 万平方米。其中有 5 个项目规模超过 100 万平方米。各城市中，成都当年开工实施的范围最大，合计超过 370 万平方米（见表 7-13）。

表 7-13　2019 年主要城市轨道交通 TOD 在建项目情况

城市	项目名	项目动态	时间	总建筑面积（万平方米）	物业类型
贵阳	1 号线窦官车辆段	一期获预售，三期四期监理勘察招标报建	1 月 2 日	20	商业、LOFT 公寓
兰州	东岗车辆段	通过消防设计审查	1 月 5 日	21	商业
福州	福州金山站 TOD	开　工	1 月 23 日	26	公共交通、商业、办公、居住
成都	陆肖站	开　工	3 月 1 日	208	商业、住宅
武汉	地铁・盛观尚城	一期第三次加推秒售罄，二期开工	4 月一期销售 11 月二期开工	59	住宅、公寓、商业
广州	黄埔地铁 6 号线 TOD 项目	开　工	5 月 28 日	93	住宅、学校、交通、商业
上海	TODTOWN 天荟	开盘加推当日售罄，三期工程启动，南交通广场投入使用	6 月 20 日	70	住宅、商业、办公、酒店、公寓

续表

城市	项目名	项目动态	时　间	总建筑面积（万平方米）	物业类型
成都	行政学院站、昌公堰站、双凤桥站、万盛站和梓潼宫站 TOD 项目	开　工	8 月 16 日	164	总建面 420 万方
佛山	3 号线美旗站上盖“万科天空之城”	销售中心开放	10 月	60	住宅、商办、酒店、公寓
上海	龙阳路上盖	上海地产集团和华润合作开发，2026 年竣工。	11 月	138	全自持商业办公综合体
北京	北京城市副中心站综合交通枢纽项目	开工建设，2024 年通车	11 月 30 日	238	商业综合体、公园、交通枢纽
佛山	2 号线湖涌站	TOD 主体结构正式封顶	12 月 1 日	17	住宅、商业、办公、配套
武汉	8 号线车辆段“地铁时代云上城”项目	A1 楼、A2 楼封顶	12 月 18 日	105	住宅、商业、配套

2. 销售项目情况

2019 年主要城市已销售（运营）**5** 个项目，总建筑面积合计 **349** 万平方米（见表 **7-14**）。

表 7-14　2019 年主要城市轨道交通 TOD 项目销售情况

城市	项目名	项目动态	时　间	总建筑面积（万平方米）	物业类型
重庆	童家院子上盖物/恒大轨道时代	一期开盘，二期三期目前正在规划中	4 月 25 日	113	住宅
北京	京投发展/公园悦府	三期开盘，单盘累计销售突破 100 亿元	5 月 11 日	62	住宅、商业、办公
长春	地铁万科/西宸之光	首个 TOD 项目，二期开盘	6 月 11 日	35	住宅、商业
深圳	地铁锦荟广场	试运营	7 月 23 日	5	商业
杭州	5 号线车辆段/万科未来天空之城	体验中心建成	10 月 26 日	134	商业综合体、文化和体育中心

3. 土地出让情况

2019 年主要城市轨道交通 TOD 项目累计公开出让土地的计容建筑面积约 443 万平方米（见表 7-15）。

表 7-15　2019 年主要城市轨道交通 TOD 项目土地获取情况

城市	场站名称	时间	建筑面积（万平方米）	用地性质	说　明
北京	9 号线郭公庄车辆段	1 月 11 日	16	商业综合体、金融和教育	京投联合体以 37.2 亿元竞得郭公庄车辆段项目三期土地开发项目 B 地块
北京	16 号线北安河车辆段	1 月 24 日	30	住宅、托幼、其他类多功能	京投联合体以 63 亿元竞得北安河车辆段综合用地。
上海	13 号线南京西路地铁上盖	1 月 24 日	10	办公、商业	华润联合体以 58 亿元摘得该站上盖地块，合计 10.4 万平方米，自持运营。
青岛	4 号线劲松四路站	2 月 26 日	27	商　住	青岛地铁资源开发有限公司竞得该地块。
宁波	3 号线儿童公园站	5 月 20 日	3	住宅、商业	宁波轨交和华润联合体以 3.3 亿元摘得该站地块，自持商业商务用房。
无锡	3 号线东风站上盖	6 月 14 日	3	商　住	无锡地铁和华润联合体以 2.62 亿元摘得该站上盖商住物业。计划两年完工。
杭州	米市巷地块	11 月 19 日	1	商业商务及轨道交通	杭州地铁以 1.1 亿元竞得该地块，拟引进合作方。
东莞	滨海湾站 TOD 项目	12 月 2 日	328	居住、产业、生态、休闲综合体	华润招标获得项目总占地面积约 164.21 公顷。
青岛	4 号线劲松四路站二期	12 月 30 日	25	商业办公、住宅	青岛地铁联合体以 19.95 亿元竞得该站地块。

4. 前期阶段项目

较大规模的项目处于前期阶段（见表 7-16）。

表 7-16　2019 年主要城市轨道交通 TOD 项目前期动态

城市	项目名	项目动态	时　间	面积（万平方米）	物业类型
福州	5 号线、6 号线樟岚上盖	项目获批，新建上盖开发平台 1 座	1 月 1 日	20	综合体
广州	13 号线凰岗停车场	控制性详细规划获批	1 月 21 日	40	住宅、配套
广州	南沙庆盛 TOD	试行香港建设管理模式	2 月 12 日	48	城市综合体，公共绿化平台
大连	供地计划	八个站点的 TOD 项目	3 月 21 日	—	—
东莞	滨海湾站 TOD 项目	站城综合体规划概念方案完成	4 月 29 日，12 月 10 日	11（占地面积）	多功能为一体的 TOD 产城融合新城
哈尔滨	安通街 3 号线地铁车辆段上盖物业	TOD 详规完成	5 月 1 日	62（占地面积）	居住、公园绿地、城市轨道交通
佛山	2 号线林岳西站 TOD 综合开发项目	控制性详细规划	5 月 7 日	26（占地面积）	创智创新、商务商贸、公共服务、生态居住
杭州	杭州西站综合体	项目实施方案完成	8 月 21 日	130	文化、商业、休闲、公寓、办公

（崔　霁　邓乔乔　上海易居房地产研究院）

Ⅷ. 大事记

2019年中国房地产大事记

1. 中国人民银行三次下调存款准备金率

1月4日，央行下调金融机构存款准备金率1%。5月15日，央行对聚焦当地、服务县域的中小银行，实行8%的优惠存款准备金率，用于发放民营和小微企业贷款。9月6日，央行下调金融机构存款准备金率0.5个百分点至13.0%。年内共释放流动性资金约2.7万亿元。

2. 加快培育发展住房租赁市场

1月4日，自然资源部、住建部同意福州、南昌、青岛、海口、贵阳等5座城市利用集体建设用地建设租赁住房试点方案。7月19日，住建部公布中央财政支持住房租赁市场发展试点入围城市名单，包括北京、长春、上海、南京、杭州、合肥、福州、厦门、济南、郑州、武汉、长沙、广州、深圳、重庆、成都等16座城市。9月18日，财政部、住建部明确在住房租赁市场发展示范期内，专项资金标准按城市规模分档确定，其中，直辖市每年10亿元，省会城市和计划单列市每年8亿元，地级城市每年6亿元，示范期3年。

3. 多地调整土拍规则，规范土地开发行为

2月27日，杭州市主城区涉宅用地封顶溢价率上限由50%调整为30%。5月11日，苏州市将土地出让报价条件从定值调整为区间设置，控制出让土地最高限价。5月21日，合肥市规定关联公司不得报名竞买同一幅土地。6月6日，东莞市规定网上报价达到上限后，所报价与平均价相差的绝对值最小的为竞得入选人。9月4日，济南市新增“限地价限房价竞配建保障性住房”“限地价竞自持面积”“限地价竞房价”三种新规则。

4. 12只A股地产股被纳入MSCI指数

3月1日，421只A股被纳入国际知名指数编制公司MSCI指数体系，万科A、华侨城A、金融街、金科股份、招商蛇口、荣盛发展、保利地产、新湖中宝、华夏幸福、金地集团、绿地控股、新城控股等12家上市房企榜上有名。

5. 2019中国房地产开发企业500强测评成果发布

3月20日，由中国房地产业协会和中国房地产测评中心共同主办的“2019中国房地产开发企业500强测评成果发布会”在北京举行，500强榜单前三强仍为恒大、万科、碧桂园，融创、保利、中海、龙湖、新城、华润和富力分列第四到十位。

6. 全面放开放宽城市落户限制，推进户籍制度改革

4月8日，国家发展改革委印发《2019年新型城镇化建设重点任务》，提出加大户籍制度改革力度，积极推动已在城镇就业的农业转移人口落户条件的具体政策。12月25日，中共中央办公厅、国务院办公厅重申明确放开落户限制：全面取消城区常住人口 300 万以下的城市落户限制，全面放宽常住人口 300 万至 500 万的大城市落户条件。年内江苏省、山西省、广西壮族自治区、海南省等省和全国百余座城市发布了不同力度的“放宽落户”和“人才引进”政策，优惠政策内容重点聚焦降低落户门槛、人才住房需求、个税减免、人才奖励等多个方面。

7. 2019 年全国棚改计划及实际开工同比均下降 50%

全国（除港澳台地区外）2019 年计划棚改套数共计 285. 29 万套，同比下降 51. 5%。截至年底，全国各类棚户区改造实际开工 316 万套，较 2018 年减少 310 万套，同比下降近 50%，完成投资 1. 2 万亿元。

8. 住宅用地供应差别化调控政策实施

4 月 17 日，自然资源部发布通知要求地级以上城市和百万人口以上县（县级市）对住宅用地根据“五类”调控目标分类供应：商品住宅库存消化周期在 36 个月以上的，应停止供地；36 个月至 18 个月的，要适当减少供地；18 个月至 12 个月的，维持供地持平水平；12 个月至 6 个月的，要增加供地；6 个月以下的，要显著增加并加快供地。

9. 住建部连续两次预警提示，房价仍是不能碰的红线

4 月 19 日，住房和城乡建设部对一季度房价、地价波动幅度较大的 6 座城市进行了预警提示。5 月 18 日，又对新建商品住宅、二手住宅价格指数累计涨幅较大的佛山市、苏州市、大连市、南宁市 4 座城市进行了预警提示。

10. 房地产融资监管政策接连升级

5 月 17 日起，银保监会先后发布“23 号文”、约谈警示部分信托公司，调整房地产信托放行标准。7 月 12 日，国家发改委办公厅发布《关于对房地产企业发行外债申请备案登记有关要求的通知》，要求房地产企业发行外债只能用于置换未来一年内到期的中长期境外债务。9 月 4 日，国务院常务会议强调专项债资金不得用于土地储备和房地产相关领域、置换债务以及可完全商业化运作的产业项目。

11. 2019 中国房地产上市公司测评成果发布

5 月 23 日，由中国房地产业协会和中国房地产测评中心共同主办的“2019 中国房地产上市公司测评成果”在香港发布，中国恒大成功蝉联榜首，前三名与 2018 年一致，依次为中国恒大、万科和碧桂园。保利地产、中国海外发展、融创中国、龙湖集团、新城控股、华润置地和富力地产分列第四至十位。

12. 碧桂园列《财富》世界 500 强第 177 位

7 月 22 日，美国《财富》杂志发布 2019 年世界 500 强榜单，其中碧桂园以 573. 087 亿美元的营业收入列 177 位，较 2018 年上升 176 位，是本年《财富》世界 500 强榜单中排名跃升最快的企业。

13. 特色小镇建设回归理性，419 个“问题小镇”遭淘汰或整改

7 月 24 日，针对部分小镇存在一些乱象、名不副实等问题，国家发改委继续规范引导特色小镇建设，公布了各地区各有关部门淘汰整改的 419 个“问题小镇”。

14. “不将房地产作为短期刺激经济手段”

7 月 30 日，中央政治局会议重申“坚持房子是用来住的、不是用来炒的”定位，首次提及“不将房地产作为短期刺激经济的手段”。

15. 完善贷款市场报价利率（LPR）形成机制，房贷利率定价基准调整

8 月 17 日，央行决定改革完善贷款市场报价利率（LPR）形成机制：LPR 包括 1 年期和 5 年期以上两个品种，由各报价行按公开市场操作利率（主要指中期借贷便利利率）加点形成的方式每月报价一次。8 月 25 日，央行发布《关于新发放商业性个人住房贷款利率调整的公告》，表示自10月8日起新发放商业性个人住房贷款利率以最近一个月相应期限的LPR为定价基准加点形成。首套商业性个人住房贷款利率不得低于相应期限LPR，二套房贷款利率不得低于相应期限LPR加60个基点。

16. 深圳建设先行示范区

8月18日，国务院发布《中共中央国务院关于支持深圳建设中国特色社会主义先行示范区的意见》，支持深圳建设中国特色社会主义先行示范区。目标到2025年深圳市经济实力、发展质量跻身全球城市前列，研发投入强度、产业创新能力世界一流，文化软实力大幅提升，建成现代化国际化创新型城市。

17. 新版《土地管理法》和《城市房地产管理法》立法通过

8月26日，第十三届全国人大常委会表决通过了《土地管理法》（33年经历了4次立法修改）和《城市房地产管理法》（24年经历了3次立法修改）两部新法，破除集体建设用地进入市场的法律障碍，改革土地征收制度，调整土地征收程序，完善农村宅基地制度，合理划分中央和地方土地审批权限。

18. 中国房地产企业品牌价值50强揭晓

9月19日，由中国房地产业协会和中国房地产测评中心共同主办的" 2019中国房地产企业品牌价值测评成果发布会暨房地产品牌发展高峰论坛" 在云南抚仙湖举行。中海地产（中国海外发展）、恒大和万科分别以629亿元、541亿元和467亿元品牌价值，位列2019中国房地产开发企业品牌价值排行榜前三强。

19. 雄安新区首宗招拍挂土地出让成功

11月11日，雄安新区首宗以挂牌方式公开出让的国有建设用地由中国雄安集团城市发展投资有限公司成功独得。该地块成交价30亿元，总面积21.7万平方米，楼面价约3371元/平方米。土地用途为商业、文化设施、城镇住宅。

20. 长三角一体化发展加速构建

12月1日，中共中央、国务院印发《长江三角洲区域一体化发展规划纲要》，将长三角一体化发展上升为国家战略。从产业发展、基础设施、公共服务、环境保护等方面勾画出长三角一体化发展蓝图，目标到2035年一体化发展体制机制更加完善，整体达到全国领先水平，成为最具影响力和带动力的强劲活跃增长极。

21. 各地为保障市场平稳运行，调控措施不放松

全年全国各地累计出台约620次调控措施，同比2018年（约450次）上涨38%，调控频次刷新历史纪录。各地房地产调控以“稳房价、稳地价、稳预期”为目标，出台了力度不同、方向趋同的调控政策。

22. 全口径销售金额超千亿房企数量达34家

全年中国房地产企业新建商品房全口径销售金额（指把企业集团连同合营及联营公司所有项目计入业绩的统计方式）超过千亿元的有碧桂园、万科、恒大、融创、保利、绿地、中海、新城、世茂、华润、龙湖、招商蛇口、阳光城、金地、旭辉、中南、金科、金茂、中梁、华夏幸福、富力、融信、正荣、绿城、远洋、雅居乐、奥园、祥生、佳兆业、荣盛、滨江、中铁、蓝光、美的等34家房企，较2018年增加4家。其中，碧桂园、万科和中国恒大分别以7715.3亿元、6312.1亿元和6080亿元位居销售排行榜前三位。

23. 新建商品房销售金额创历史新高，销售面积同比微降

全年全国房地产开发投资132194亿元，同比增长9.9%；商品房销售面积171558万平方米，同比下降0.1%；商品房销售金额159725亿元，同比增长6.5%。以销售额/销售面积计算，销售均价为9310元/平方米。其中，住宅均价约为9287元/平方米，较上年上涨743元/平方米。

24. 全国商品房库存持续减少

2019 年年底，新建商品房待售面积 49821 万平方米，比上年年底减少 2593 万平方米，同比下降 5%。其中，住宅待售面积减少 2618 万平方米，同比下降 10%。

25. 土地市场整体降温

全年全国房地产开发企业土地成交价款 14709 亿元，同比下跌 8.7%；土地购置面积 25822 万平方米，同比下跌 11.4%。

26. 一线城市写字楼空置率达 10 年来最高点

戴德梁行数据显示，2019 年全国一线城市整体写字楼市场空置率攀升至 10%左右，为近 10 年最高点。其中，北京甲级写字楼市场空置率达阶段性高点 15.9%，深圳同比上涨 6.3 个百分点至 22.0%。二线城市写字楼平均空置率则更高，平均在 28%左右。

27. 房地产开发企业和物业管理服务企业上市阵营扩充

2019 年，中梁控股、新力控股、德信中国、银城国际、中国天保、景业名邦等 6 家房地产开发企业在港交所上市。同期，物业管理服务企业上市阵营快速扩充，招商积余和新大正物业等两家在深交所上市；滨江服务、奥园健康、和泓服务、鑫苑服务、蓝光嘉宝服务、银城生活服务、保利服务、时代邻里、宝龙商业等 9 家在港交所上市。

28. 上市房企市值总体上升

2019 年年底，沪深上市房企市值总计达 21765.4 亿元，同比上涨 24.1%，其中，万科以 3599.2 亿元市值规模领跑。在香港上市房企总体市值达 49309.9 亿港元，同比上涨 20.1%，其中中国海外发展、中国恒大和华润置地市值分别达 3325.2、2856.9 和 2766.8 亿港元。

29. 长租公寓经营态势分化加剧

年内，资本助力头部公寓运营商加速扩张，自如、蛋壳、窝趣、魔方及城家五家长租公寓获得融资共计 18.4 亿美元。青客公寓于 11 月 5 日在纳斯达克成功上市，成我国长租公寓海外上市第一股。反观中小企业，年内星窝、寓见、乐栈、乐伽、安闲居、万巢、玉恒、诚寓、悦如、友居、德寓、中择等 12 家长租公寓由于资金链断裂而倒闭。

30. 房地产营销对其委托代理机构依赖度明显提升

年内，房地产开发企业通过其委托代理机构营销的项目占比由 2018 年的 15%涨至 50%，从事楼盘销售的营销代理机构佣金亦随之水涨船高，从之前的 1%~2%上涨至 2.5%以上，个别项目费率甚至超过了 10%。

31. 房企内部运营管理规范，反腐工作持续进行

年内，房地产行业已有雅居乐、朗诗、融创、万达、复星、美的置业、保利、大悦城、金科、中粮置地、新华联等十余家房企公开内部反腐动作，涉案人员接近 40 人。

32. 重庆市多项行业指标遥遥领先于其他城市

重庆市全年房地产开发投资（4439 亿元）、商品房销售面积（6105 万平方米）、商品房销售金额（5273 亿元）、房地产施工面积（27987 万平方米）、新开工面积（6725 万平方米）、竣工面积（5069 万平方米）、开发企业实际到位资金（5953 亿元）等系列主要指标，继续保持领先于全国各城市，占据第一的位置。

33. 北京市限竞房库存居高不下

年底，北京市商品住宅库存达 7.85 万套。其中，近两年集中入市的限竞房占据了近两年市场供应的 70%。

限竞房累计供应 5. 87 万套，但库存高达 3. 38 万套，整体去化率只有 42. 42%。

34. 上海市租赁用地出让仍保持高频，大量租赁住房入市

上海市土地市场延续“重租赁”的趋势，全年共 33 宗租赁住房用地成交，其中，29 宗为纯租赁住房用地，总成交金额 116. 21 亿元；4 宗为含租赁住房的混合用地，成交均价 189. 77 亿元。全部建成之后，将新增供应至少 4 万套住房。

35. 杭州市位居全国土地出让金收入榜首

2019 年，杭州市土地出让金收入达到 2836. 6 亿元，同比增长 13. 42%。

企业形象展示

企业形象展示名录

（详见彩页）

旭辉集团股份有限公司
中梁控股集团
阳光城集团股份有限公司
中南置地
新城控股集团股份有限公司
正荣地产控股股份有限公司
融信集团
祥生地产集团有限公司
融侨集团股份有限公司
上海中建东孚投资发展有限公司
建发房地产集团有限公司
新力控股（集团）有限公司
宝龙地产控股有限公司
禹洲集团
中骏集团控股有限公司
红星地产
东原房地产开发集团有限公司
正商集团
弘阳集团有限公司
联发集团有限公司
三盛集团有限公司
景瑞地产（集团）有限公司
仁恒置地有限公司
康桥集团
上海建工房产有限公司
上坤置业有限公司
大华（集团）有限公司
中国三迪控股有限公司
华鸿嘉信控股集团有限公司
恒泰集团
荣安地产股份有限公司
厦门大唐房地产集团有限公司
华董（中国）有限公司
杭州澳海控股集团有限公司
杭州市城建开发集团有限公司
中建信和地产有限公司
国贸地产集团有限公司
河南信友置业集团有限公司
恒通建设集团有限公司
海盟（中国）投资控股集团股份有限公司
安徽华安发展控股集团有限公司
福建永鸿投资发展集团
恒大地产集团有限公司
广州富力地产股份有限公司
四川蓝光发展股份有限公司
龙光地产控股有限公司
佳兆业集团控股有限公司
合景泰富集团控股有限公司
奥园城市更新集团
奥园商业地产集团

企业形象展示名录

（详见彩页）

美的置业集团有限公司
俊发集团有限公司
时代中国
中天城投集团有限公司
海伦堡中国控股有限公司
重庆华宇集团有限公司
四川新希望房地产开发有限公司
卓越置业集团有限公司
广州市方圆房地产发展有限公司
星河湾集团有限公司
深圳市益田集团股份有限公司
云星集团
广东珠江投资股份有限公司
花样年集团(中国)有限公司
领地集团有限公司
重庆协信远创实业有限公司
重庆新鸥鹏地产(集团)有限公司
融创中国控股有限公司
大连万达商业管理集团股份有限公司
鑫苑集团
北京金隅地产开发集团有限公司
荣盛房地产发展股份有限公司
龙湖集团控股有限公司
当代节能置业股份有限公司
阳光100中国控股有限公司

亿达中国控股有限公司
龙记泰信集团
石榴置业集团股份有限公司
中国铁建房地产集团有限公司
北京北辰实业股份有限公司
金辉集团股份有限公司
吉林大众置业集团有限公司
北京鸿坤伟业房地产开发有限公司
隆基泰和实业有限公司
中国电建地产集团有限公司
华夏幸福基业股份有限公司
广汇置业服务有限公司
中昂地产（集团）有限公司
光明房地产集团股份有限公司
大汉城镇建设有限公司
新疆华源实业（集团）有限公司
哈尔滨综合开发建设有限公司
南京建邺城市建设集团有限公司
西安紫薇地产开发有限公司
青岛海纳云科技控股有限公司
上海全筑建筑装饰集团股份有限公司
杭州老板电器股份有限公司
中国联塑集团控股有限公司
广东巴德士化工有限公司
广州集泰化工股份有限公司

用心构筑美好生活

BUILDING A BETTER LIFE

旭辉集团2000年成立于上海，其控股股东旭辉控股（集团）2012年在香港主板整体上市（00884.HK），是一家以房地产开发为主营业务，定位于“美好生活服务商、城市综合运营商”的综合性大型企业集团。

成立近20年来，秉承“用心构筑美好生活”的使命，旭辉始终追求“有质量的发展”，目前集团业务遍布中国内地80个大城市及中国香港、日本、澳大利亚，累计开发项目逾450个，服务30万业主。2019年合约销售规模突破2000亿元，跻身中国房地产开发企业500强榜单TOP14。

旭辉围绕着为客户提供美好生活的出发点，开展多元化业务，推动房地产生态圈的打造，借助房地产主业的优势，不断开拓创新，业务遍及社区生活服务、长租公寓、教育、养老、商业管理、建筑产业化、基金管理、工程建设、装配式装修等。

展望未来，旭辉将以数字构建行业领导力，以科技开启业务创新，以专业匠心与人文情怀，不断为客户创造美好的生活体验，为中国城市发展尽绵薄之力。

集团简介
GROUP PROFILE

中梁控股集团地产板块于2019年7月16日在香港联交所上市（股份代号：2772.HK，以下简称“中梁”）。获得标普、惠誉、穆迪三大国际信用评级“B+、B+、B1”评级，为同期上市内房股最高评级，同时，三家评级机构对于公司的展望都为“稳定”；同年11月再获联合信用AA+评级，并被纳入恒生综合大中型指数、恒生港股通指数；2020年2月，中梁控股获得联合国际“BB”的国际长期发行人评级，展望稳定。根植于长三角经济区，布局全国，凭借卓越的产品品质、优质的客户服务，中梁稳居中国房地产开发企业综合实力20强，并位列发展潜力10强TOP1等。

战略引领，凭借在中国房地产行业多年经验，中梁在区域扩展的策略引导下，项目已拓展至中国五大经济核心区域（长三角经济区、中西部经济区、环渤海经济区、海峡西岸经济区及珠三角经济区），覆盖20多个省市的140余座城市（地级行政单位），成功开发了500余个项目。

文化驱动，中梁秉承“开放、开拓、开创、共识、共担、共享”的价值观，践行“公开、公平、公正、简单、务实、有效”的组织文化，不断努力创造价值，与同行者共享发展成果，并积极回馈社会。 从2017年开始，中梁响应国家号召、聚焦青少年成长教育，推出“书香中梁”公益项目，助力祖国未来成长。

展望未来，中梁聚焦住宅核心业务，持续发展商业、产业等新业务。以更加开放合作的姿态，迎接市场的机遇与挑战，打造高素质经营人才，通过多元化投资策略识别新的增长机遇，共创价值，让四季心情绽放。

融侨
RONG QIAO
融侨集团
30
1989-2019
医食住教 美好生活在融侨
中国驰名商标
中国民营企业
500强TOP88
中国房企经营
绩效第2名
中国房地产
开发企业32强
中国房地产
企业品牌价值
21强
城市美好生活综合服务商
地产
物业
商业
酒店
园艺
港口开发
教育
医疗
工业村
装修工程
农业
公益

禹洲集团
YUZHOU GROUP
01628.HK 控股公司
2020 新跨越
NEW LEAP
YU ZHOU
跨新峰
达新境

中骏
专筑您的感动

中骏集团介绍 INTRODUCTION

中骏集团创立于 1987 年，至今已有 32 年历史，总部位于上海，是集合房地产开发及相关产业、投资控股、建筑机械、电力设备制造及销售于一体的大型国际化综合性集团企业，2010 年在香港联交所主板上市（股票代码 01966.HK）。2019 年，中骏集团销售规模超 800 亿元人民币。

2017 年 30 周年庆典之际，集团提出了“千亿级”发展及构建“FUN+ 幸福生活”生态圈的双轨战略。2019 年，在集团双轨战略驱动下，中骏进一步明确以地产开发为主体，以商业购物中心及长租公寓为两翼的“一体两翼”的核心业务发展模式，全面提升协同效能，实现“换道超车”的超常规发展。

基于对产品及服务品质的不懈追求，中骏在发展的同时，也得到了业界和客户的广泛认可。集团于 2015——2019，连续五年跻身中国房地产 50 强；2016——2019，连续四年荣登中国财富 500 强企业；2019 年荣获“2019 中国房地产开发企业 50 强（第 42 位）”“2019 中国房地产上市公司综合实力 50 强（第 39 位）”。

业务架构及介绍 FRAMEWORK

多业态齐头并进

[中骏集团]
- 中骏电气
- 中骏机电

地产开发　商业管理　物业管理　FUN+幸福生活生态圈

FUN+幸福生活生态圈

面向未来，中骏集团基于对客户智慧生活趋势的研究，开始构建“FUN+ 幸福生活”生态圈，布局 FUNLIVE 方隅公寓、FUNWORK 联合办公、健康管理等新兴业务板块，致力于引领未来智慧生活潮流。

中骏
专筑您的感动

50强

打造受人尊敬的**百年企业**

成为全球领先的**城市运营服务商**

不用扬鞭自奋蹄的拼搏精神

客户至上　持续奋斗

简单自律　开放创新　惧者生存

幸福生活生态圈 **FUN+**

中国骏马

创建智慧生活　让幸福触手可及

利他共赢的**合作精神**

工科博士

股票代码 01966.HK

以未来决定现在的**创新精神**

专注客户需求的**匠心精神**

红星地产
MACALLINE
这 才 是 生 活
红星地产
这才是生活
光辉10余载
53城100余项目
红星地产形象代言人：
红THE品质
星ONE地产人
2020
MACALLINE
QUALITY
DEVELOPER

Rsun 弘阳
诚 者 致 远
弘阳集团 诚者致远
BE HONEST BE FAR
弘阳24载，与城市共生长
深度服务城市生活
诚于心，筑于人
商业 · 地产(1996.HK) · 物业 · 资本
Rsun

联发
创造品质生活
为美好 共向上
联发 城市美好生活运营商
3Q+
生活价值体系 让美好生长
HQ健康生活|IQ智慧生活|CQ人文生活|+客户关照体系

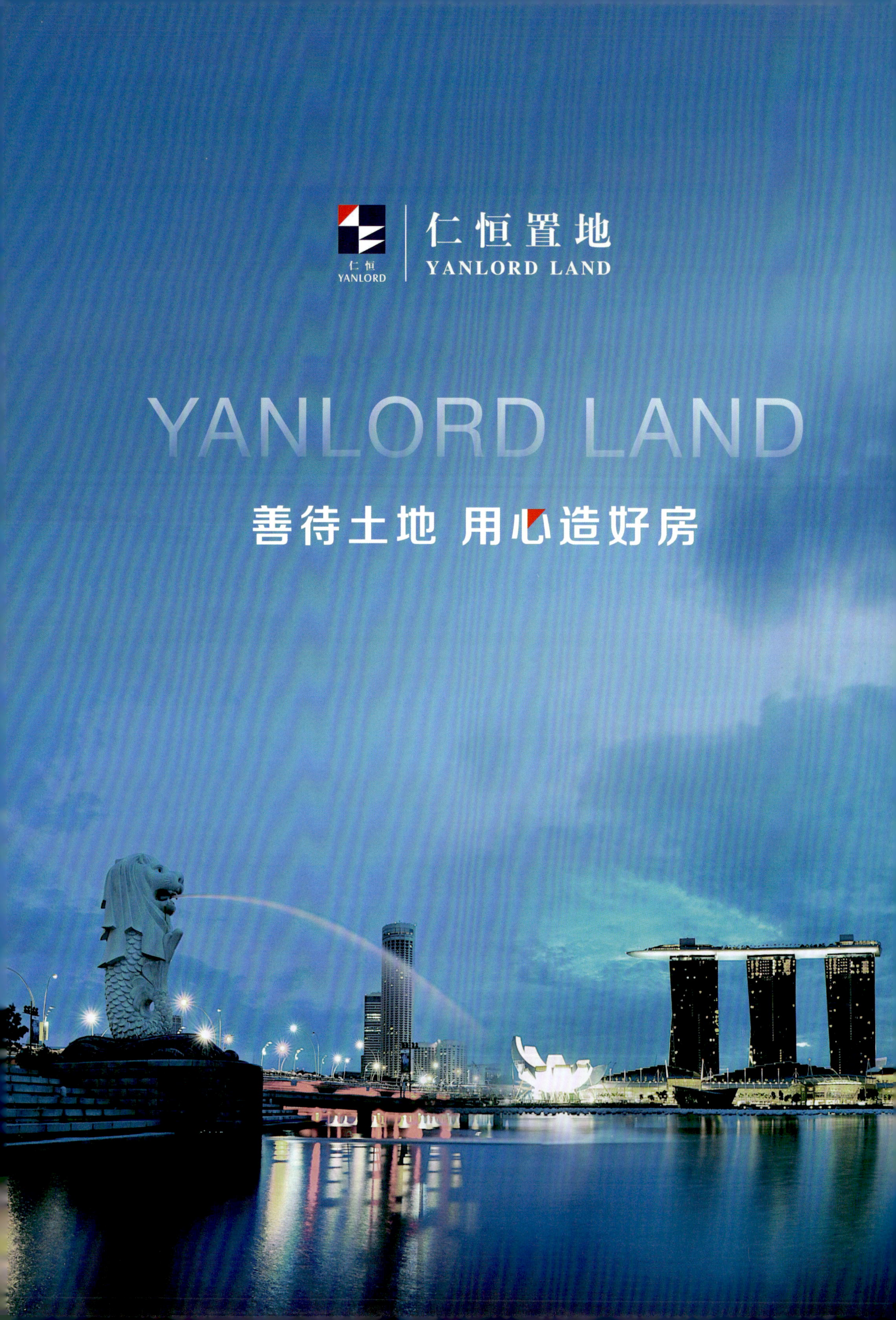
仁恒
YANLORD
仁恒置地
YANLORD LAND
YANLORD LAND
善待土地 用心造好房

康桥集团
KANGQIAO GROUP
品质筑家
相伴一生
康桥集团5+好房
连接四十七万余户家庭的生活理想
KANGQIAO GROUP

上海建工房产有限公司
专攻建筑经典
成就人居梦想

上坤
为宜居而来
COMING
FOR LIVABLE
上坤，为宜居而来
成为一家满足客户对家与美好生活
想象的百年企业

善筑天下 迪惠未来
Hilton

Build
The
Future city
筑就城市未来
用社区连接世界
合成效果图

華董·中國
HUA DONG
聚势华董
华董中国
HUADONG CHINA
创变未来
蝉联中国房地产开发企业100强
中国房地产开发企业成长速度10强
中国房地产开发企业稳健经营10强
中国房地产开发企业品牌价值成长性10强
中国房地产开发企业浙江省10强
缔造精致生活

澳海集团
AOHAI GROUP
诚信 / 务实 / 开拓 / 创新
诚者致远
AOHAI GROUP
匠心以恒
中国集具成长性和竞争力的综合性房地产企业
22载
18城
93个
品质住宅
幸福逾
65万业主
上海市西郊商务区21号楼(澳海集团大楼)
www.aohaidichan.com

中建信和
拓展幸福空间
城市运营
服务商
中建信和
城市运营服务商
长沙中建·梅溪湖中心
长沙中建·江山壹号
常德中建·生态智慧城
株洲中建·玥熙台
重庆中建·湖山印象
地产开发 商业运营
物业服务 绿色生态 新型城镇化

HIMA
海盟(中国)
海纳百川 盟约如山
大
健康地产
运营商
HIMA
海盟·山水豪庭 系列
HIMA
海盟·御锦豪庭 系列
HIMA
海盟·健康小镇 系列
HIMA
海盟(中国)
150强
中国房地产
10强
中国地产成长速度

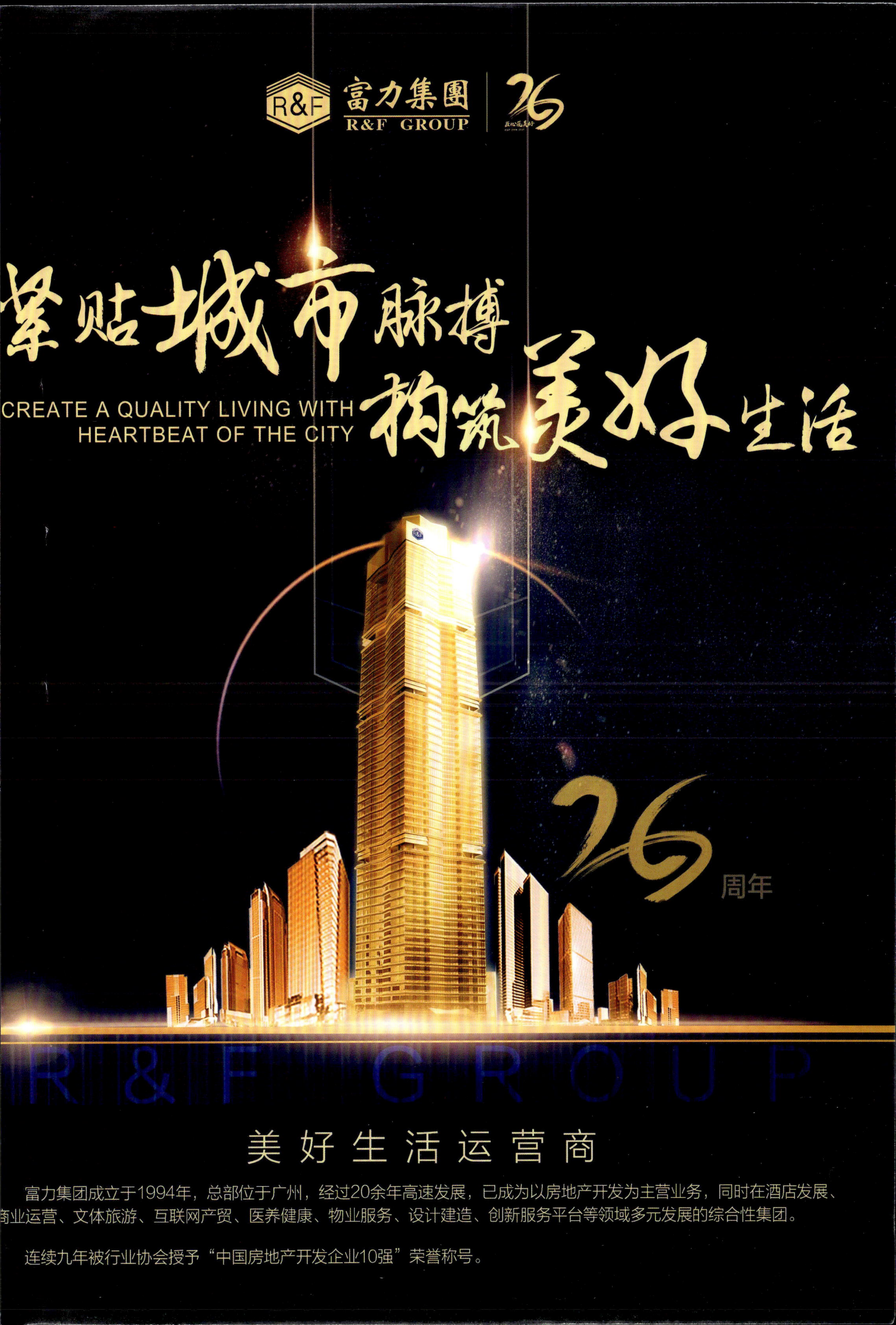
富力集團
R&F GROUP
26
匠心筑美好
紧贴城市脉搏
构筑美好生活
CREATE A QUALITY LIVING WITH
HEARTBEAT OF THE CITY
26周年
R&F GROUP
美好生活运营商
富力集团成立于1994年，总部位于广州，经过20余年高速发展，已成为以房地产开发为主营业务，同时在酒店发展、商业运营、文体旅游、互联网产贸、医养健康、物业服务、设计建造、创新服务平台等领域多元发展的综合性集团。
连续九年被行业协会授予“中国房地产开发企业10强”荣誉称号。

美的置业

智慧生活
SMART LIFE

智慧地产制造商

SMART LIFE
BEAUTIFUL LIFE

城市更新
综合服务商

全国期城市建设及运营
42年致力城市建设及运营，中天城投以地产为擎，联动文旅、市政、商业、物业、教育、体育六大版块，打造更宜居、宜业、宜游、宜学、宜养的美好生活，不断激发城市内生动力。
现在是未来
地产 文旅 市政 物业 商业 教育 体育
中国企业500强 / 中国地产100强
中天金融（000540.SZ）
旗下成员企业
ZHONGTIAN
中天

海伦堡
HELENBERGH
中国地产 TOP 50
与你共生美好
FLOURISH WITH YOU
深耕22载丨布局5大城群丨匠造140余城
秉承“与你共生美好”的品牌理念
海伦堡探索积淀，美好前行22载
全面发力住宅物业、商业物业、科技创意园业务板块
履迹30余座城市，匠造140余城
以实力著品牌、以匠心筑美好
HELENBERGH
HELENBERGH CHINA HOLDINGS

华宇集团
HUAYU GROUP

卓越集团
Excellence Group
共 筑 卓 越 人 生
共筑卓越人生
商住并举 · 布局全国
长期致力于城市综合运营开发
以综合开发+持有运营双轮驱动
现已布局32座核心一、二线城市
四大板块 · 多元业务
致力于为城市创造可持续的发展价值
· 地产开发 · 城市更新 · 资产运营 · 金融投资

方圆集团
现代东方生活服务商

- 中国房地产百强企业
- 中国民营企业500强
- 广东省百强民营企业

方圆集团，是东方文化地产的践行者和现代东方人居生活全产业链运营服务的集成者，为客户提供全生命周期的高质量服务。

截至2019年，已连续13年跻身“中国房地产百强企业”，并荣获“中国民营企业500强”和“广东省百强民营企业”的称号。

方圆·东方的院子

方圆始终坚持走现代东方的差异化路线。注重生活氛围营造，关注居住空间体验，重塑人际情感关系，打造具有新时代文化精神的“东方的院子”产品。

观 澜

雍 和

月 岛

云山诗意

雅颂御府

东方时光

方圆品牌全体系生态圈

更有归属的生活

- 产品观－居有好居
  - 东方的院子 2+6产品系统
    - 合院 低密产品：观澜、雍和、月岛
    - 和院 高层产品：雅颂御府、云山诗意、东方时光
  - 现代东方式 亲情社区
    - 和睦 邻里空间：合院共享街巷制空间、邻里中心
    - 智慧社区 五大保护系统：天眼社区、智能出行、友邻共生、智能管家、安全护盾
- 服务观－想有所得
  - 方圆九大 幸福生态系统
    - 物业 商业 教育 健康 酒店 公益 科技 金融 海纳会
  - 心+服务
    - 方心客户 服务：方圆东方社、社区常新、方圆伙伴传奇
    - 东方管家 服务：东方管家、方圆生活APP

星河湾集团
Star River Group
品质新赛道
创新星征程
New rules of quality
星河湾集团，始终以品质为核心
潜心锻造星河湾4.0标准，凝聚核心竞争力
以行业领军姿态，驰骋品质创新赛道
以大国匠心精神，打造行业顶级标杆
广州、北京、上海、太原、沈阳、西安
青岛、汕尾、曲江、江阴、汉口、长沙、海丰
STAR
RIVER
GROUP

27
中国综合社会服务商
城市更新｜能源与基础设施｜商业｜产业｜住宅｜教育｜医疗｜文化｜科技｜金融
珠江投资
汇聚力量 创新价值
远见未来
聚势前行
THE PEARL RIVER
INVESTMENT
珠江投资 中国综合社会服务商
立足城市发展，远见行业未来
珠江投资27周年，焕新品牌价值
以十大业务板块为载体，多元赋能城市发展
以服务社会为企业之责，构建珠江好生活
汇聚力量，创新价值，与您共未来
在法律许可的范围内，品牌开发商保留本活动的最终解释权。
投资商：广东珠江投资股份有限公司
全国24小时服务热线：400-600-3888

教育城（中国云教育产业园）效果图

sunac 融创
至臻 · 致远

融创中国
中国家庭美好生活整合服务商

融创中国控股有限公司（01918.HK）是香港联交所主板上市企业。

公司成立于 2003 年，以“至臻，致远”为品牌理念，致力于通过高品质的产品与服务，整合优质资源，为中国家庭提供美好生活的完整解决方案。

融创中国坚持地产核心主业，围绕“地产 +”全面布局，下设融创地产、融创服务、融创文旅、融创文化、融创会议会展、融创医疗康养六大战略板块。经过多年稳健发展，融创中国已确立行业领先优势，成为受到客户高度认可的中国家庭美好生活整合服务商。

○ 融创地产 · 北京壹号院 ○

○ 融创服务 · 归心服务中心 ○

○ 融创文旅 · 无锡融创文旅城 ○

○ 融创文化 · 东方影都融创影视产业园 ○

○ 融创会议会展 · 成都世纪城新国际会展中心 ○

○ 融创医疗康养 · 清华融创青岛医学中心 ○

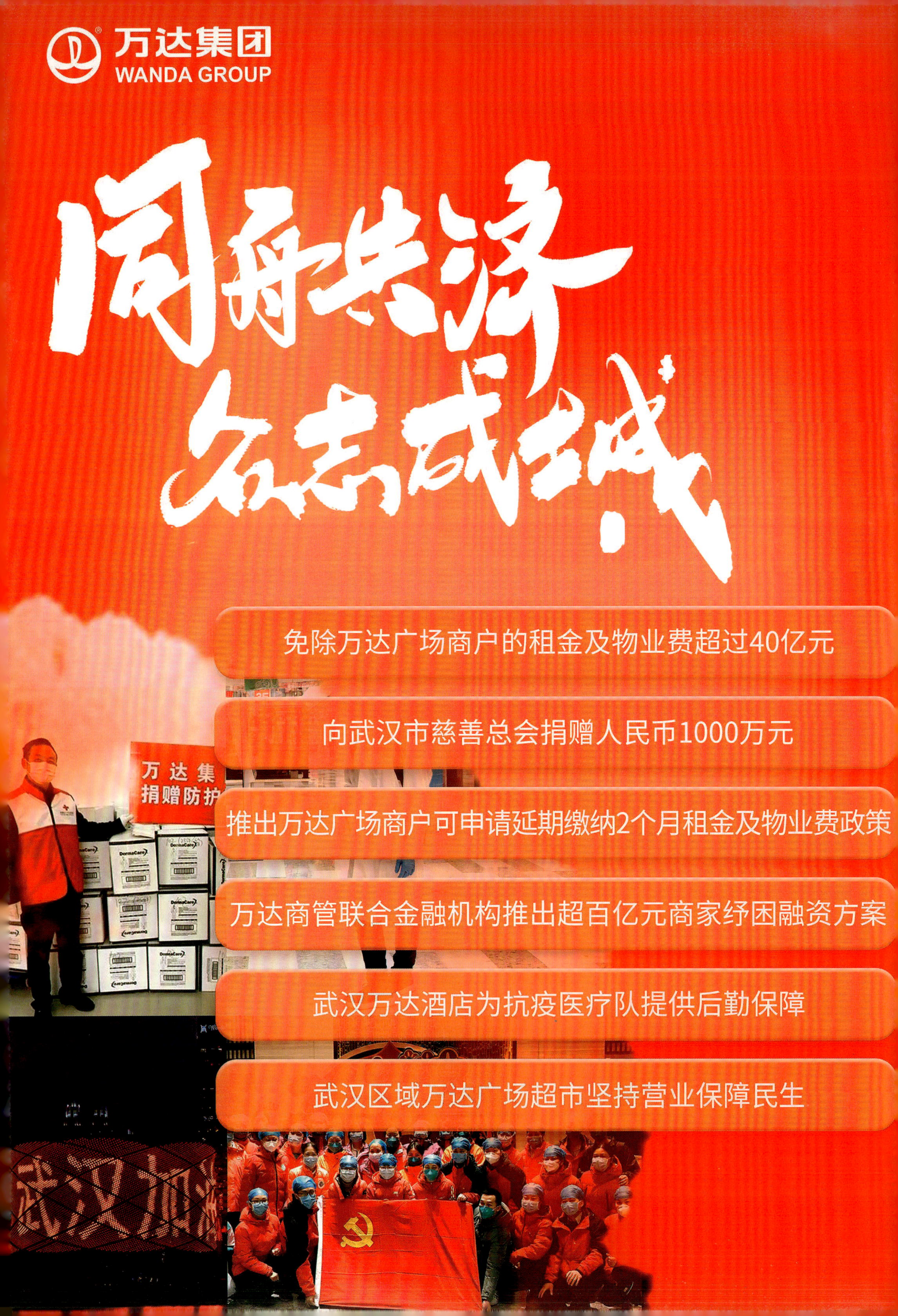
万达集团
WANDA GROUP
同舟共济
众志成城
免除万达广场商户的租金及物业费超过40亿元
向武汉市慈善总会捐赠人民币1000万元
推出万达广场商户可申请延期缴纳2个月租金及物业费政策
万达商管联合金融机构推出超百亿元商家纾困融资方案
武汉万达酒店为抗疫医疗队提供后勤保障
武汉区域万达广场超市坚持营业保障民生

地产
开发
产城
运营
融资
代建
智慧
科技
商业
管理
物业
管理

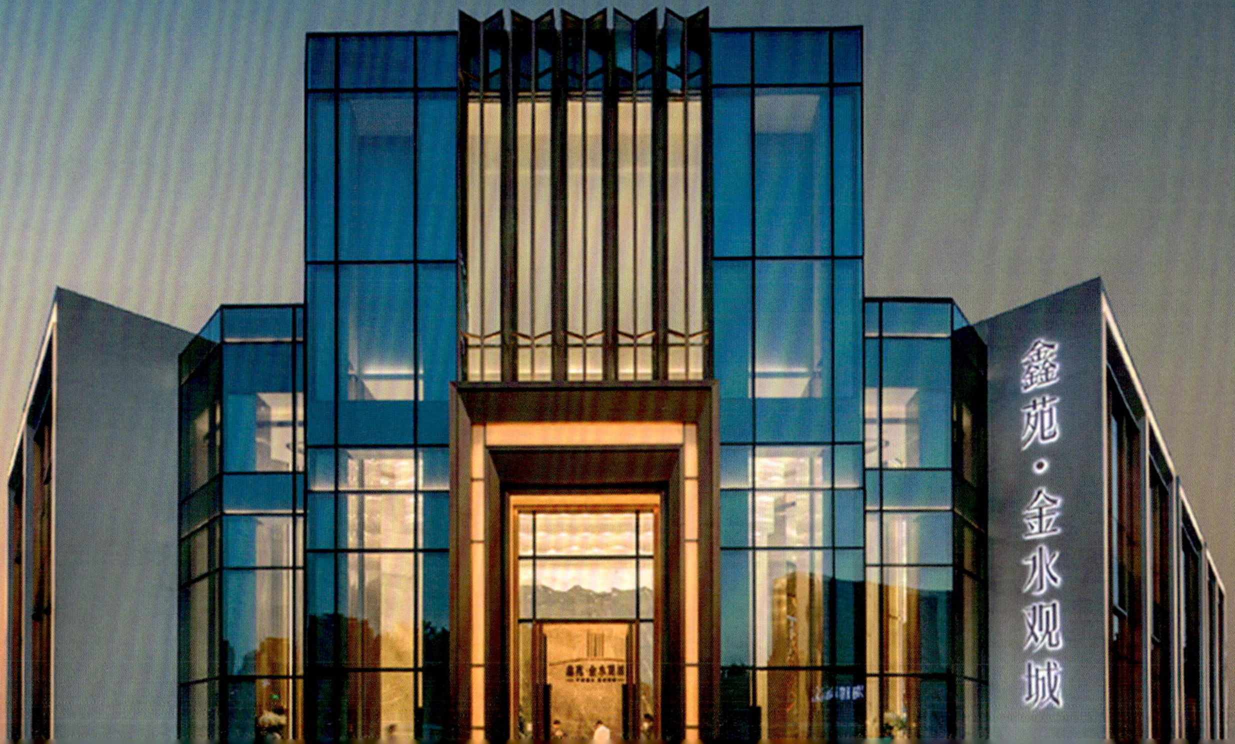
鑫苑·金水观城

重庆龙湖光年 全国首个商圈高铁TOD
多 维 航 道
笃 定 前 行
天街
Paradise Walk
LONGFOR
龙湖
效果图

MOMA 當代置業
股票代码：1107.HK
20
MOMA当代20年
持之以恒 以至善
健康建筑　绿色家园　城市向美
倾注于绿色科技+舒适节能+数字互联的全生命周期产业家园
MOMA
THE MUSEUM OF
MODERN
ARCHITECTURE

RUKEE龙记泰信
品质生活
一生选择
CHINA HIGH QUALITY REAL ESTATE COMPANY
中国品质地产践行者
龙记泰信
WWW.CHINARUKEE.COM

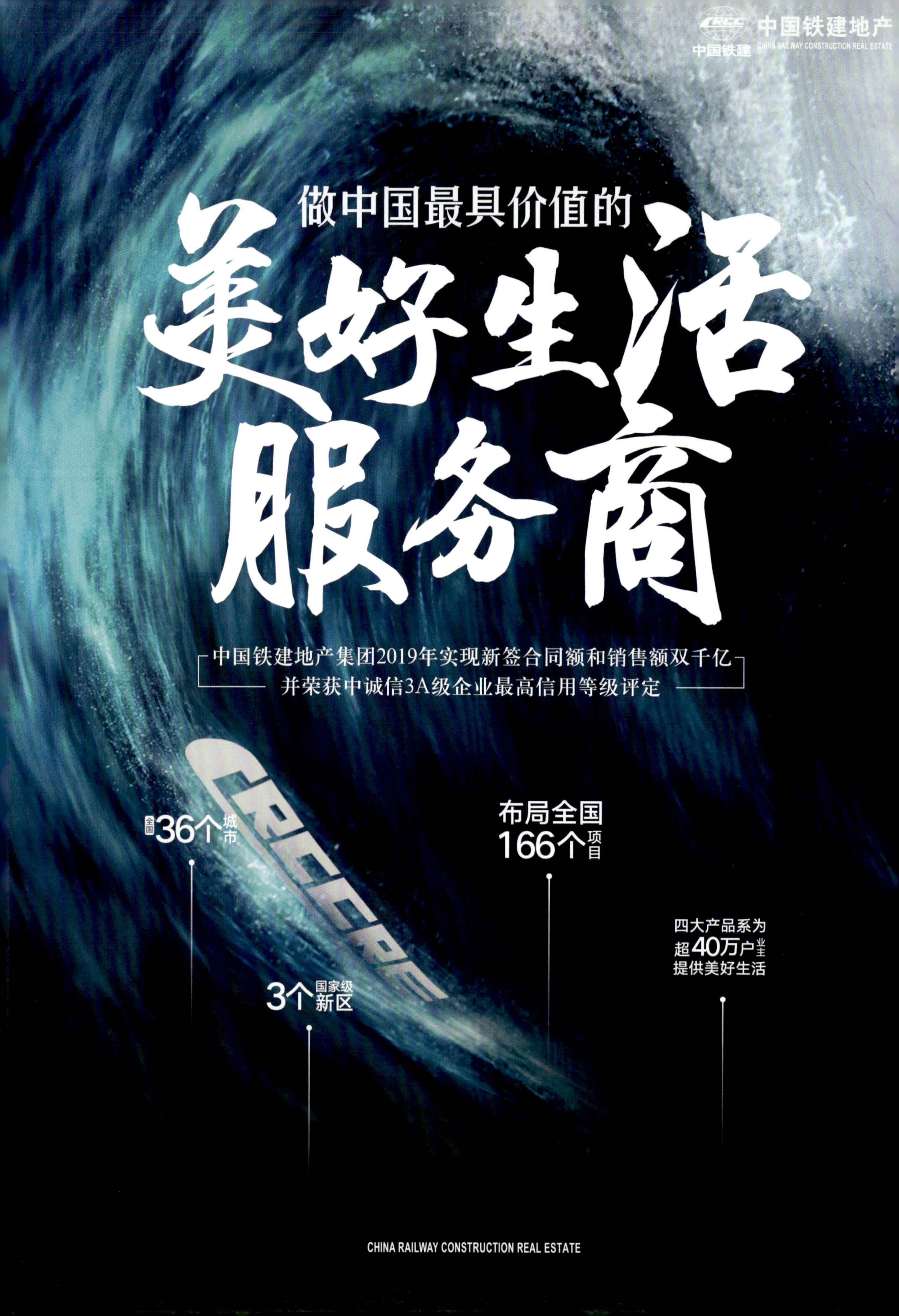
CRCC
中国铁建
中国铁建地产
CHINA RAILWAY CONSTRUCTION REAL ESTATE
做中国最具价值的
美好生活
服务商
中国铁建地产集团2019年实现新签合同额和销售额双千亿
并荣获中诚信3A级企业最高信用等级评定
CRCCRE
全国36个城市
布局全国
166个项目
四大产品系为
超40万户业主
提供美好生活
3个国家级新区
CHINA RAILWAY CONSTRUCTION REAL ESTATE

股票代码 HK.0588 SH.601588
北辰实业
BEIJING NORTH STAR
创造物业价值 筑造百年基业
全国一流的复合地产品牌企业 / 全国最具影响力的会展品牌企业

GROWING
TOGETHER
WITH CITY
和城市
共生长

电建地产
POWERCHINA REALESTATE
Langold
南国置业
LANGOLD REAL ESTATE
悦江而上 渝见如故
电建五子定重庆 深耕华西绘蓝图
E·HOPE
洛悦城
家的幸福
百万方健康公园大盘
106-166m² 公园宅邸
E·HOPE
洛悦府
家的幸福
北滨路江幕大平层
103-169m² 精装现房
E·TIME
泷悦华府
西永中轴低密纯墅境
99-147m² 低密大宅
洛悦芳华
E·HOPE
家的幸福
大学城·树人旁·低密纯洋房
静待绽放
E·HOPE
洛悦国际
家的幸福
九龙心低密健康住区
98-139m² 城心大宅
广告

华源集团
HUAYUAN GROUP

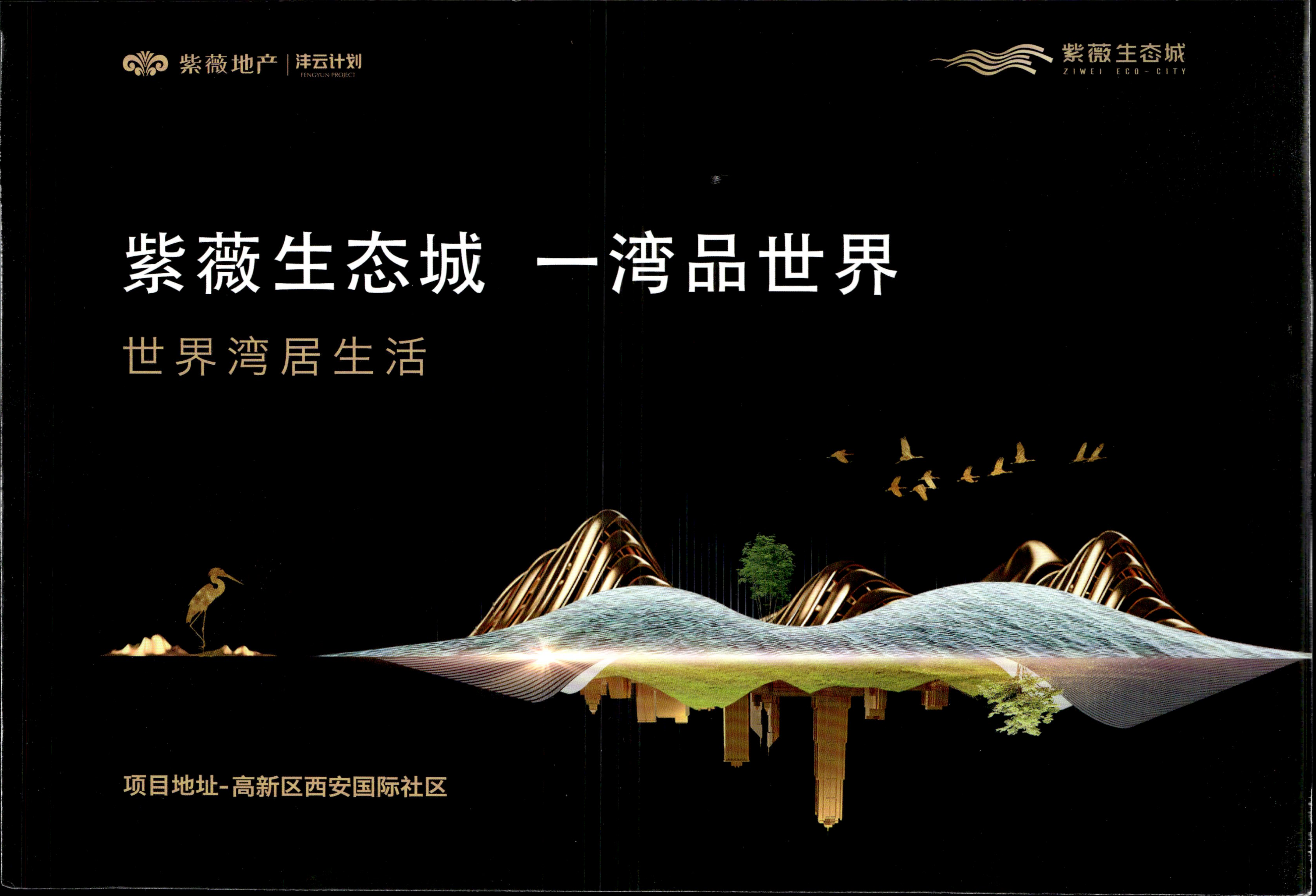
紫薇地产 | 沣云计划
FENGYUN PROJECT
紫薇生态城
ZIWEI ECO-CITY
紫薇生态城 一湾品世界
世界湾居生活
项目地址-高新区西安国际社区

海尔·海纳云
国内引领的
数字社区/园区生态平台
领跑“数字中国”建设
助力“数字经济”腾飞
32+
智慧场景
50+
行业应用
1000万+
用户
10大
联合实验室
10+
行业标准制定
100+
生态合作方
网址：www.hainayun.net
地址：青岛 · 崂山 · 海尔云谷

TRENDZONE
拥有
市场 | 设计 | 建造
生产 | 销售 | 服务
一体化解决方案
连续6年蝉联
中国房地产开发企业500强
首选供应商服务商品牌
20+省
80+城市
1000+楼盘
数千万方优秀案例
人居环境塑造 人居生活服务
trendzône DECORATION
全筑股份
[股票代码 603030]

BARDESE®
巴德士漆
专业环保水性外墙漆
真石漆·岩片漆·砂胶漆·多彩漆
中国房地产500强首选供应商
中国建筑装饰百强企业推荐品牌

JOINTAS 集泰股份
股票代码：002909·SZ
antas 安泰
实在好胶 安心选择
集泰，
助绿色常在
1家
广州集泰化工股份有限公司是一家专注于研发、生产和销售环境友好型胶粘剂和涂料的国家重点高新技术企业，已于2017年在深圳证券交易所中小板上市（证券代码：002909），拥有国家级“绿色工厂”和国家认可的CNAS实验室。
2大
集泰股份拥有业内领先的两大品牌“安泰”和“集泰”。“实在好胶，安心选择”，安泰建筑胶致力于为客户提供坚固稳定、安全可信赖的胶粘和密封技术专业解决方案，主要产品包括有机硅密封胶、水性密封胶、电子胶等。
前3甲
安泰建筑胶在中国幕墙网评选的建筑胶十大首选品牌连续15年稳居行业前三甲。同时，连续6年蝉联中国房地产500强首选密封胶品牌前三强。
安泰 antas 中性硅酮耐候胶 193
安泰 antas 中性硅酮密封胶 172
安泰 antas 硅酮结构密封胶 169
安泰 antas 防霉密封胶 636
安泰 antas 改性硅烷密封胶 352
Add：广州市黄埔区科学城南翔一路62号C座
www.jointas.com